《山西省标准地名志》编纂委员会　编著

山西省标准地名志

上卷

山西出版传媒集团
山西人民出版社

图书在版编目（CIP）数据

山西省标准地名志 /《山西省标准地名志》编纂委员会编著 . —太原：山西人民出版社，2023. 6
ISBN 978-7-203-12923-3

Ⅰ . ①山⋯ Ⅱ . ①山⋯ Ⅲ . ①地名 - 山西 Ⅳ . ① K922.5

中国国家版本馆 CIP 数据核字（2023）第 099584 号

山西省标准地名志

编　　著：《山西省标准地名志》编纂委员会
责任编辑：贾　娟
复　　审：李　鑫
终　　审：梁晋华
装帧设计：陈　婷

出 版 者：山西出版传媒集团 · 山西人民出版社
地　　址：太原市建设南路 21 号
邮　　编：030012
发行营销：0351 – 4922220　4955996　4956039　4922127（传真）
天猫官网：https://sxrmcbs.tmall.com　电话：0351 – 4922159
E — mail：sxskcb@163.com　发行部
sxskcb@126.com　总编室
网　　址：www.sxskcb.com

经 销 者：山西出版传媒集团 · 山西人民出版社
承 印 厂：山西出版传媒集团 · 山西人民印刷有限责任公司

开　　本：889mm × 1194mm　1/16
印　　张：80.5
字　　数：1841 千字
版　　次：2023 年 6 月　第 1 版
印　　次：2023 年 6 月　第 1 次印刷
书　　号：ISBN 978-7-203-12923-3
定　　价：398.00 元（上、下卷）

如有印装质量问题请与本社联系调换

《山西省标准地名志》编纂委员会

编委会主任　姚　逊
编委会副主任　琚李梅　姚　军
编委会委员（按姓氏笔画排序）
王卫东　刘进文　刘竹芳　李永唐
张　云　张俊林　赵世静　赵路明
郝江男　贾新平　高　波　高文元

《山西省标准地名志》编辑部

主　　编　马晓东
常务副主编　贾　娟
副 主 编　谢鸿喜　沈　乔　穆大鹏
学术顾问　谢鸿喜　张　敏　李　纳　张继红　王灵善
王杰瑜
编辑部成员（按姓氏笔画排序）
卫泽江　王广振　王康雄　邓晓鸣　闫　革
孙　强　杜伟明　李　娟　李志勇　赵振盛
姜　方　贾　凡　柴　林　郭　新　曹永鸿
常晓敏　温雷月
编写人员（按姓氏笔画排序）
马晓东　马　骊　王　芳　王介平　王巧鹏
王灵善　王杰瑜　牛磊磊　田　毅　田玉川
杨培杰　武亨伟　张继红　陈超尚　贾　娟
贾　鹏　贾登红　谢　涛

前 言

山西是华夏地名文化的发祥地，最早的地名记载始于殷商甲骨卜辞，其中部分卜辞地名至今仍然在沿用。山西地名用词、读音内涵丰富古老，反映出显著的区域地理、人文特征和各个历史时期的文化景观和社会信息。因此，在地域整体形象中，也成为重要的识别元素和文化遗产。由于历史上地名屡经通假省简、同音讹书，繁复演变，今人已难以诠释，以至民间地名解释穿凿附会、望文生义，莫此为甚。故追溯地名渊源，辨伪去妄，提高地名释读的准确性、科学性为本志的主要任务和特点。

2019 年，《山西省标准地名志》编纂委员会组织成立了由地名学、方志学、地理学、历史学、语言学等省内专家、学者以及专业工作者组成的编辑部。同年召开编纂工作会议，明确了编纂计划和编纂要求，部署了编纂任务。历时三年多，经过编辑部全体老师日以继夜的辛勤工作和不懈努力，终于完成山西省有史以来第一部地名学与方志学相结合的专业地名志书。

这部以地名为主题的专业志书，突出了地名的基本要素、本质属性及其所指代的地理实体的基本特征。所不同的是，专家根据山西地名研究的现状，把研究撰写的重点放在体现地名学研究的核心内容，也就是反映地名文化的内容上来，全面梳理所收地名的来历、含义与演变，包括专名和通名的用字、读音、通假、讹书、方言、北方民族语言等考证工作。内容要求言之有据，持之有故，对山西地名中的谬误，多疑多考，逐一辨正；多说并存时，公正记录；对于不可考释的地名，宁付之阙如，不妄下断语；对历史文献中的讹误，也作客观叙述。这项工作由马晓东负责完成。

以上地名渊源的诠释主要依据文献资料和实地考察。而我国地名文献典籍浩如烟海，从中摘取有关记载并非易事。为此有关专家提供了个人数十年的考察记录，同时在三年中，查阅五百多种古籍文献，从中摘出一万余条相关地名资料，选附于地名含义之后。其工作过程钝学累功，不辞劳苦，对于山西地名的考释、地名志内容的完善功莫大焉。这项工作由谢鸿喜、沈乔、马晓东完成。

《山西省标准地名志》涉及内容专业、广泛，编写难度较大。编辑部在选词、细则要求制定、组织计划实施、指导编纂方法、资料收集、初稿撰写、完善细节、编辑加工、统稿、审稿定稿、对外联络、排版、校对、印制过程中，围绕编纂工作会议的决策部署，精心组织，有序推进，为志书的如期定稿切实提供了保障。这项工作由贾娟负责完成。

地名志的区划·居民点地名部分具体撰写工作分工如下：马骊（太原市）；王杰瑜 、马骊（大同市）；田玉川、贾鹏（阳泉市）；王巧鹏（长治市）；王灵善（晋城市）； 武亨伟（朔州市）；王介平、 杨培杰 （晋中市）；谢涛（运城市）；张继红（忻州市）；贾登红（临汾市）；贾娟、田毅（吕梁市）。其他地名部分分工如下：田玉川、贾鹏、牛磊磊、陈超尚、王芳（自然地名）；马晓东、贾登红（经济文化地名）；马晓东（交通地名）。

山西省民政厅区划地名处对本志的编纂工作予以全面的指导、统筹和协调。本志地理实体概貌中的地理方位、行政区域的四至、辖区、面积、人口、驻地等内容由各地市民政局提供，并经核实加盖公章确认。在此，谨向山西省各级民政部门有关同志表示衷心感谢。

《山西省标准地名志》历时三年多编纂完成，词目数量多，内容涉及面广，限于相关资料、编纂时间、编写人员水平等因素，难免还存在一些疏漏和不足之处，欢迎广大读者批评指正。

《山西省标准地名志》编辑部

编纂例言

一、本志由《山西省标准地名志》编纂委员会组织成立的编辑部负责编纂。

二、本志以 2014 年 1 月至 2019 年 5 月，国务院启动的第二次全国地名普查成果为基础，并参考了有关学科的研究资料，由地名学、方志学、地理学、历史学、语言学、民族学等方面专家、学者以及地名工作者共同努力编纂而成。

三、本志定位为“山西省历史上第一部省级地名学与方志学相结合的大型专业志书”。全志共收录山西省境内现行标准地名 3800 余条，总字数 184 万字。包括政区·居民点地名、自然地名、经济文化地名、交通地名四大类。力求采收地名规范精准，以期全面记录全省各类地名的结构、概貌特征、地理位置、历史演变、来历含义及社会、自然、经济、文化等信息。

四、本志收录的地名词目，限为 1949 年 10 月 1 日以后的现行地名并须符合本志收录范围。采词均采用标准名称和法定简称。

五、政区、居民点地名采词以 2021 年 12 月 31 日为截止日期。其中包括省级地名及全部地级地名、县级地名、乡级地名。并选收部分重要居民点、乡镇人民政府驻地居民点、中国历史文化名村、中国传统村落、省级历史文化名村、区片名等。

六、乡级以上行政区划地名均依据《中华人民共和国乡镇行政区划简册(2022)》中“行政区划代码”顺序编排。居民点类地名分别置于各自上一级行政单位词目之下。具体顺序编排：乡镇人民政府驻地—中国历史文化名村—中国传统村落。

七、本志内容在山西省第二次全国地名普查成果的基础上，经过反复考订和更新，力求资料翔实。行政区划变更、驻地、面积、四邻等资料截止至 2021 年 12 月底。市、县人口数为 2021 年 5 月公布的第七次全国人口普查数据。乡镇、居民点人口数为第七次全国人口普查数据的近似值。其余资料亦尽力反映最新信息。

八、本志中的地名公共信息内容如归属、位置、四邻、面积、人口、驻地等均由各市民政局审核并盖章确认。

九、本志内容重点突出地名所代表、承载的各种社会现象，包括人物、事件、产品、文艺等。特别是力求体现地名学研究的核心内容，包括地名的来历、含义、演变、文献书证、名胜古迹等，以期深入挖掘并全面展现山西省历史文化特点。此类专业内容由编辑部专家整理撰写、引文核对、审定把关，并对传统望文生义的地名误解进行了清理纠正。

十、本志释文严格遵循编纂细则要求，包括地名规范的汉字书写形式，规范的汉语拼音拼写。地名专用字、生僻字、方言用字也有必要的注音和释义。同时注重记录有关地名演变的史籍原文，并吸纳当代地名考证成果。除其地名含义迄无足够资料外，都尽力考究，给予实录。凡为表征地名的文化应用，与地名有关的人物和事件也有简明记录。力求做到义项完备准确，基本信息丰富，使之具有鲜明的科学性、史料性、知识性、实用性。

十一、本志按照地名的行政归属和类别相结合的方式编排，即政区名、居民点名以市为单元、以县区为单位组排；自然地名、经济文化地名、交通地名均以大类为单元，以子类为单位组排。

十二、本志地名的位置指示，凡注明距市、县人民政府驻地千米数的，为该驻地街区几何中心起算的直线距离。

十三、志中附录12幅标准地名图，反映山西省政区及各市政区概貌。根据各幅标准地名图的内容，分别插排在书首和相关的单元中，供读者查阅地名时参用。

十四、本志参考书目和资料来源主要是正史中的地理志、历代全国性地理总志、山西地方志、古代地理著作、各类地方性著作、各市县地名志资料等。特选取部分书目列入主要参考文献附于卷尾，以示本志编纂工作的背景和基础。

《山西省标准地名志》编辑部

总目录

上　卷

下　卷

上　卷

政区 · 居民点地名

ZHENGQU JUMINGDIAN DIMING

山西省

SHANXI SHENG

审图号：晋S(2022)005号

山西省自然资源厅 监制

山西省［Shānxī Shěng］

简称“晋”。别称“三晋”“河东”“山右”。省级行政区。为华夏文化的发祥地，有“中国文化艺术博物馆”之称。在中国中部，黄河中游东岸，太行山西麓。东邻河北省，南接河南省，西隔黄河与陕西省相望，北与内蒙古自治区毗连。面积约15.67万平方千米。人口3491万。辖太原市、大同市、阳泉市、长治市、晋城市、朔州市、晋中市、运城市、忻州市、临汾市、吕梁市11个地级市，包括迎泽区、榆次区、盐湖区、尧都区等26个市辖区，原平市、介休市、汾阳市等11个县级市，盂县、黎城县、沁水县等80个县。省人民政府驻太原市。

全省地势东、西高中间低，为典型黄土山地高原。东部为太行山脉，西部为吕梁山脉及黄土高原丘陵沟壑区，中部为一系列断陷盆地。最高点五台山主峰叶斗峰海拔3061米，为华北最高峰；最低点沁河出省境处海拔225米。主要河流有汾河、沁河、桑干河、滹沱河、清漳河、浊漳河、涞水河等，分属黄河、海河两大水系。有太原市、大同市、代县、平遥县、祁县、新绛县6个国家历史文化名城，静升镇、汾城镇等8个历史文化名镇，西湾村、张壁村等32个国家历史文化名村；另有太谷县、介休市、汾阳市、孝义市、左云县、浑源县6个省级历史文化名城，荫城镇、横河镇等7个省级历史文化名镇，得胜堡村、安家皂村等64个省级历史文化名村。

简称“晋”。以省境为春秋时晋国而得名。晋，义为箭。《国语》记载，唐叔虞射艺超群，“射兕于徒林，以封于晋”。“晋”当为纪念叔虞“射兕封晋”的开国功勋。另一说因晋水得名。《史记正义》引《毛诗谱》云：“叔虞子燮父以尧墟南有晋水，改曰晋侯。”清《晋祠志》：“光绪丙午夏大旱，晋省大吏派员到处祈雨”；“晋大吏为顺舆情，尽义务起见，却极热心”。

别称“三晋”。春秋晚期晋国由赵、韩、魏、知、范、中行六卿专权。晋定公二十二年（前490年），赵氏击败范氏、中行氏。晋出公十七年（前458年），智伯与赵、韩、魏四家尽分范、中行的土地；二十二年，赵、韩、魏三家又灭智氏，三分其地。从此，赵、韩、魏三家势力远在晋君之上。至晋幽公元年（前433年），晋君仅有绛、曲沃，反朝于三家，分晋实已完成。周威烈王二十三年（前403年），周天子正式承认三家为诸侯，史称“三家分晋”，史书因称韩、赵、魏三国为“三晋”。《商君书·徕民》：“秦之所与邻者，三晋也。”《战国策·赵策一》：“三晋合而秦弱，三晋离而秦强，此天下之所明也。”《史记·燕召公世家》：“孝公十二年，韩、赵、魏灭智伯，分其地，三晋强。”三晋疆域屡有变迁，战国晚期约当今山西、河南中部、北部和河北南部、中部。近代演变为山西省的别称。唐崔曙《九日登望仙台呈刘明府容》：“三晋云山皆北向，二陵风雨自东来。”明于谦《暑月将自太原巡汴》：“三晋冲寒到，中州冒暑回。”

别称“河东”。河东原指黄河东部区域。秦置河东郡，在今山西省西南部。唐贞观元年（627 年），置河东道。开元二十年（732 年），成为正式监察区，中唐以后成为包括今山西省境的地方最高政区。北宋置河东路。金代析置河东北路、河东南路。后以“河东”泛指今山西省境。顾炎武《日知录》：“河东、山西，一地也。唐之京师在关中，而其东则河，故谓之河东；元之京师在蓟门，而其西则山，故谓之山西。各自其畿甸之所近而言之也。”唐代诗人杜甫《可叹》：“河东女儿身姓柳”。宋代诗人苏轼《寄吴德仁兼简陈季常》：“忽闻河东狮子吼”，后演变为成语“河东狮吼”。文学作品把赵匡胤平定割据政权北汉的统一战争称为“下河东”。

别称“山右”。古代因习惯坐北朝南，故将太行山西侧称为山右，将太行山东称为山左。谢肇淛《五杂组》：“富室之称雄者，江南则推新安，江北则推山右。”又云：“山右或盐，或丝，或转贩，或窖粟，其富甚于新安。”又如山西石刻学著作《山右石刻丛编》及大型晋人古籍整理集成性著作《山右丛书初编》等。

山西省以地处太行山西麓而得名。“山西”之称始见于《史记·货殖列传》：“夫天下物所鲜所多，人民谣俗，山东食海盐，山西食盐卤。”其中的“山西盐卤”即今山西运城盐池。《新唐书·高祖本纪》：“（大业）十一年，拜山西河东慰抚大使”，亦指今山西省境。元中统三年（1252 年），置河东山西道宣慰使司，治大同路（治今山西大同市），直隶中书省，辖大同路、冀宁路、晋宁路，即今山西省全境，及内蒙古自治区包头市以东、乌兰察布市集宁区以西及大青山以南地区。明洪武二年（1369 年），置山西等处行中书省，治太原府（治今山西太原市），“山西”省名始于此。九年，改山西承宣布政使司，但仍俗称山西省。清因之。1912 年，废府州。1913 年，置中路、北路、河东、归绥 4 个道。1914 年，实行晋绥分治，原辖归绥道 12 个县划出另组绥远特别区域。余辖 105 个县。1927 年，废道直属省。1937 年，全省划分为 7 行政区。抗日战争时期八路军先后依托太行、吕梁建立晋察冀、晋绥、晋冀鲁豫三大敌后抗日根据地。1949 年，山西省辖太原 1 个地级市和忻县、兴县、榆次、汾阳、长治、临汾、运城 7 个专区。1952 年 11 月，撤销察哈尔省，将大同市和雁北专区所辖 13 个县划归山西省。1953 年，全省辖太原、大同、阳泉、长治 4 个地级市、雁北、忻县、榆次、长治、临汾、运城 6 个专区及朔县、崞县、解县等 103 个县、黄碾、口泉等 15 个市辖区、运城 1 个镇。1958 年，全省政区大规模合并调整后，共辖太原、大同、阳泉、长治 4 个地级市、晋北、晋中、晋东南、晋南 4 个专区及榆次、侯马 2 个县级市、40 个县、8 个市辖区。1960 年，开始逐步恢复原有行政区域，并逐渐趋向稳定。至 1971 年，全省辖太原、大同、阳泉、长治 4 个地级市、雁北、忻县、晋中、吕梁、晋东南、临汾、运城 7 个地区及 3 个县级市、101 个县、13 个市辖区。2000 年，实施撤地设市和撤并乡镇的行政区划重大改革及近年多次调整后始成为现状。

山西省政区地名具有以下特点：

1. 地名历史悠久，内涵丰富，反映出显著的区域特征和各个历史时期的文化景观。现行最古老的地名中有起源于殷商甲骨卜辞中的黎（今黎城）、芮（今芮城）、襄（今襄垣）、长（今长子）等，沿用至今已长达 3000 余年。东周时期就已出现的城邑至今仍为市、县名的地名有太原、临汾、吕梁、曲沃、蒲、绛、屯留、离石、榆次、祁、盂、中阳、昔阳、翼城等，其沿用时间均在 2000 年以上。秦、汉至清代形成的地名数量占全省地名总数的 80% 以上，它提供了两千年间山西境内姓氏分布、民族征战、经济交通、封建典章制度、伦理道德、民情风俗、人物故事等方面的信息。

2. 由于特殊的地理环境和悠久历史，山西地名还具有方言色彩浓厚和方言土俗字繁复等特点。山西属北方方言区的晋语区，其语音完整保留了唐、宋时期的中古音，甚至还留有先秦上古音的孑遗，地名中因此产生了大量表音的方言字和土俗字。如方言称山的鞍部为“墕”，称黄土山头为“峁”，称沿河道路为“辿”等等。另外“凹”还有窊、皛等俗写，“角落”方言字作“旮旯”，又俗写为“圪崂”。有的地名是产生于古代缓读的发音方法和少数民族发音方法，如“圈”被分读为圪恋，又俗写为圐圙、库伦；“閧”和“巷”被分读为胡同或衚衕、圪洞等。据统计，山西地名方言字尚有 60 多个未被《现代汉语词典》收录。历史上地名的书写形式在方言的作用下趋简、趋省地演变，大量方言字和土俗字充斥其间，使很多地名的含义难以诠解。

3. 山西各地区的地名也各具文化特色。晋西南、晋中、晋北一带盆地区开发较早，经济发达，地名中保留了大量开发者的姓氏，有古姓相里、令狐、库狄、薛孤、豆卢、宇文、呼延等。还有地名反映始居古部族条戎、茅戎、皋落、猃狁、仇池等，以及先秦古国贾、芮、焦、智、猗、霍、赵等。山西作为中原和北方游牧区的过渡地带，也留下大量北方民族语言的地名，如岢岚为匈奴语“驳马”；车赶为匈奴语“白”；武宿为蒙古语“水”；“三给”为蒙古语“仓库”等。雁北地区古为中原北部屏障，内、外长城横亘其间，历代战火频仍，其地名通名故多反映军事设施的关、隘、口、墩、台、营、堡、皂、寨、屯等。晋西北黄土高原地名通名多墕、塬、垣、塔、峁、坪等，反映出黄土高原多样的地貌类型。晋东南在太行山和太岳山间，地名通名多反映山地特征的沟、峪、梁、山、河、掌、湾、岭、坡等。大量地名文化遗存共同展示了山西深厚的历史文化积淀和丰富的自然环境特征。

4. 地名的繁荣和标准化建设。中华人民共和国成立后随着社会主义建设事业的发展，山西省的地名开始进入繁荣阶段。主要表现在地名数量增多，地名类型多样，地名管理日趋加强。其中出现了一批具有鲜明时代特征的地名，如人民公社化时期、“文化大革命”时期以红色地名为主；改革开放后随着城镇化进程的加快，出现了以城、花园、广场、山庄为通名命名的居民区、商厦、大型建筑物地名，如：服装城、大学城、歌城、御花园等。另一方面城镇的原有地名多被新地名取代。同时地名管理部门开展了地名普查和统一规范工作，针对一些不规范地名进行了清理、更名，初步实现了山西地名的标准化。

山西省作为华夏文明、三晋文化的发祥地，也有着较广泛的地名文化影响力。地名的社会应用方面以“山西”“晋”“河东”“山右”冠名的社会现象皆不胜枚举。如：晋中、晋北、晋西北、晋东南、晋南、晋绥、晋察冀、晋冀鲁豫、秦晋之好、西晋、东晋、五代晋、晋语、晋商、晋剧、晋菜、晋军、晋作家具、晋派建筑、晋式月饼、三晋文化、山西票号、山西商人、山西会馆、山西面食、山西老陈醋等。还有大量有关的成语典故在我们的生活中应用。如：秦晋之好、秦晋之盟、楚才晋用、晋用楚才、三十年河东三十年河西等。历史人物有魏晋至隋唐时期山西境内的门阀士族河东卫氏、河东薛氏、河东裴氏、河东柳氏、河东王氏等。

三晋文化：是中华文化的主要组成部分，并对中华文化做出过巨大贡献。从殷周发端历经千年演进，到春秋战国时期形成了显著的地域文化特征。三晋地处中原，是中华文化的内核区，有着悠久的农耕文明和富庶的农业经济基础。三家分晋后，韩赵魏商业经济发达，安邑、邯郸均为当时有名的国际商业、文化中心。从学术思想上看，三晋地区是法家思想的主要发源地，从晋国成文法的诞生，到战国李悝辅佐魏国改革，汇编《法经》，是我国古代第一部完整的法典。韩国的韩非集战国法家理论之大成，赵国出现法家慎到、荀况，原籍三晋的吴起、商鞅到楚、秦推行法治，彪炳史册。三晋也是战国纵横家的诞生之地，苏秦、张仪、公孙衍是国际政治舞台上的风云人物。赵武灵王的改革也是中华文化史上的重大事件，它的文化意义在于，其开放、务实、求新的文化观对中原文化和北方文化的交流融合产生了重要影响，极大地促进了中原文化与北方文化、华夏文化和胡族文化、农耕文化和游牧文化的交流融合，使中华文化获得了更加蓬勃的生机。

晋商：指明清两代山西商人群体。与浙商、徽商并称“明清三大商帮”。以经营盐业、茶业、票号等称雄国内商界，尤以票号最为出名。他们在自身实践中发扬开拓进取，自强不息，不畏艰辛，敢于冒险的“晋商精神”，并贯穿到他们的经营意识、组织管理和心智培养中，为后人留下了丰富的精神遗产。

晋派建筑：以山西建筑为代表并包括陕西、甘肃、宁夏等地区的建筑流派。大体分为山西城市民居建筑和黄土高原地区窑洞建筑。其特点是注重装饰艺术的石雕、木雕、砖雕等工艺，能集地域环境、传统文化、精神象征于一体，成为中国建筑艺术的瑰宝。

山西会馆：明清时期商业都市、集镇中由山西同乡或同业组成的团体。明清山西商人足迹遍布全国各商埠，集镇，并在当地建设山西会馆。在一定条件下，对于保护工商业者的自身利益，起了某些作用。为倡导以义为利的精神及祈求故乡神灵的护佑，凡建晋商会馆必在馆内建高等级的关帝庙和戏台。由此塑造了晋商的义利观形象，推动了关帝信仰的普及。

晋语：即以山西方言为代表的中国北方非官话方言。起源于古老的秦晋方言或赵魏西北方言。因其流行于黄土高原，四面山川阻隔，地理环境相对封闭，故保留了较多古汉语特点，造成其在北方官话区之间的独特性。晋语别于官话的最大特点除了保留入声，还有很多与官话差异较大的特征词以及古语词遗存。而且晋语区是中国唐诗重要产区，晋语基本能合唐代格律诗平仄音韵。晋语区范围大致东起太行山、西近贺兰山、北抵阴山、南至汾渭河谷，使用人口 6000 多万。

晋菜：以山西为发源地的菜系。基本风味以咸香为主，甜酸为辅，擅长爆、炒、熘、煨、烧、烩、扒、蒸等多种烹饪技法，地域特点明显，风味各异。菜点风格可分为南路、北路、中路三派。

太原市

TAIYUAN SHI

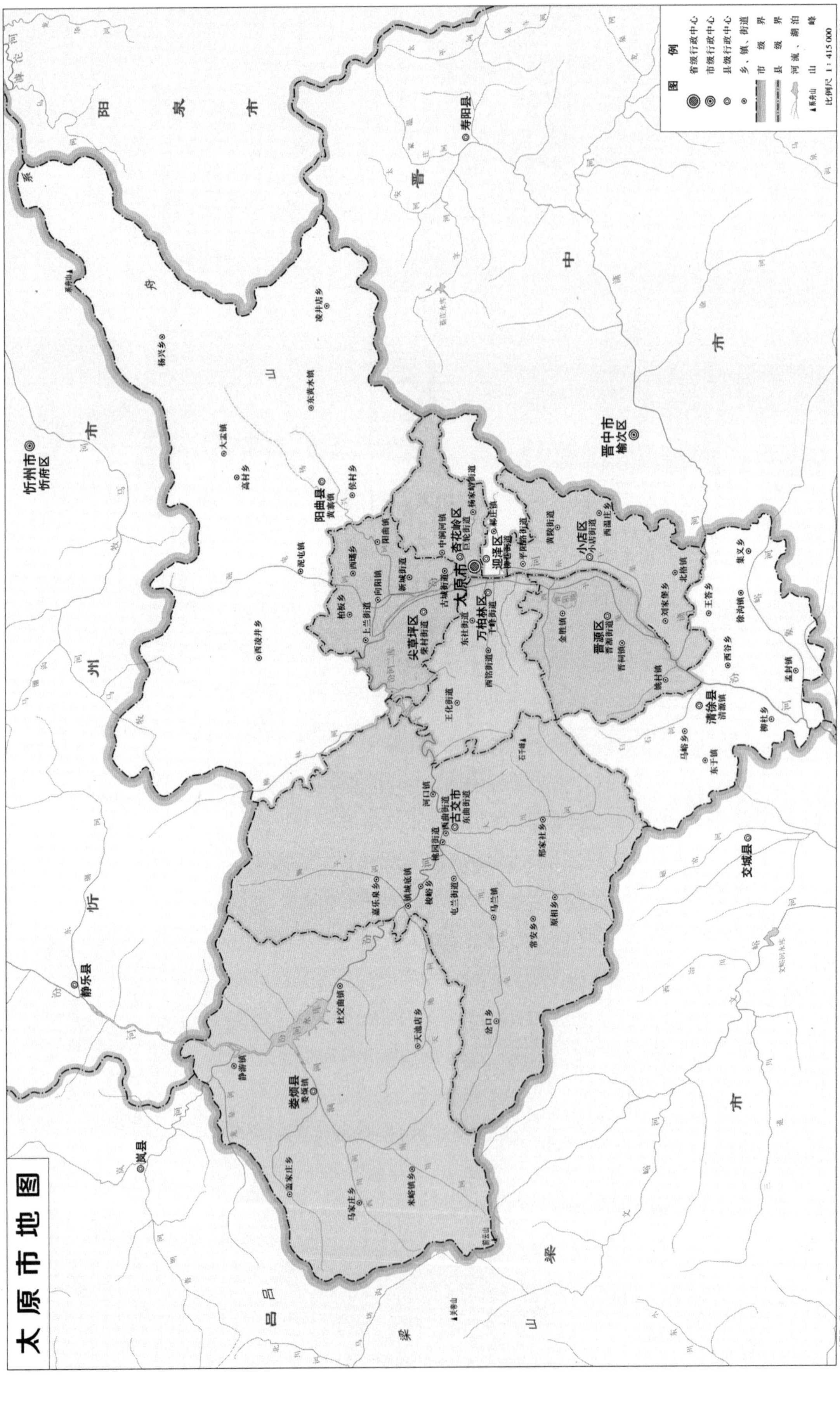

太原市地图

图例

省级行政中心

市级行政中心

县级行政中心

乡、镇、街道

市级界

县级界

河流、湖泊

山峰

比例尺 1：415 000

山西省自然资源厅 监制

审图号：晋S(2022)005号

太原市［Tàiyuán Shì］

简称“并”。别称“晋阳”“并州”“北都”“北京”“西京”。俗称“龙城”。地级政区名。山西省人民政府驻地。在省境中部，汾河中游。东邻阳泉市，南接晋中市，西与吕梁市毗连，北隔系舟山与忻州市相望。面积6988平方千米。人口530.4万。辖小店区、迎泽区、杏花岭区、尖草坪区、万柏林区、晋源区6个区，清徐县、阳曲县、娄烦县3个县，代管古交市。市人民政府驻杏花岭区。地势东、西、北三面环山，中、南部为汾河河谷平原。有店头村1个中国历史文化名村，晋祠镇1个省级历史文化名镇，青龙镇村1个中国传统村落。为国家历史文化名城和全国重要新材料和先进制造业基地。

简称“并”。从汉代到北宋，历为并州的治所。北宋嘉祐四年（1059年）升并州为太原府，此后“并州”一名不再为政区名，仅以“并”作为太原的简称。宋李纲《谢赐御筵表》：“适犬戎之犯顺，骑绕并门。”刘国钧《并游侠行》：“朝从燕市游，夕向并门饮。”杨深秀有《并垣皋比集一卷》。

别称“晋阳”。前497年，晋卿赵简子家臣董安于在晋水北岸筑城。因城在晋水之阳，故名“晋阳”。此后历为赵国都城、秦太原郡治、西汉代国都、东汉并州治所、曹魏并州治所、西晋太原国都。西晋末扩展城垣，周二十七里。北魏为并州治所。北齐河清中于汾水（今汾河）东岸增筑一城，州郡与县分城而治，州郡治旧城（西城），县治新城（东城）。武平中又于旧城内增置龙山县。隋开皇中改龙山县为晋阳县，改晋阳县为太原县。唐于东西二城间跨汾水筑中城，三城周凡四十里；建号北京，兼为河东节度使治所。五代时先后为晋及北汉国都。北宋太平兴国四年（979年），平北汉，毁晋阳城宫殿，并晋阳、太原二县为一，改名平晋县，移治于旧城东北，另建新城。因晋阳长期为太原、山西地区乃至古代北方的政治中心，故后世又以晋阳代指今太原。《左传・定公十三年》：“秋，晋赵鞅入于晋阳以叛”。《水经注・晋水》：“城在晋水之阳，故曰晋阳矣”。东晋史学家孙盛著有《晋阳秋》。司马光有诗《晋阳三月未有春色》。金代文学家蔡珪著有《晋阳志》。

别称“并州”。汉元封五年（前106年），将全国分为十三州刺史部，亦称“十三州部”，今山西省境置并州刺史部。到东汉末始成为郡以上的一级行政区划，治晋阳县（隋改太原，在今山西太原市西南）。建安十八年（213年），并入冀州。三国魏黄初元年（220年），复置。隋开皇二年（582年），大力整顿全国政区，在今太原境置并州总管府。唐开元十一年（723年），改为太原府。北宋太平兴国四年（979年），平北汉，诏毁晋阳城，降太原府为并州，移治榆次县（今晋中市榆次区），七年，复徙阳曲县之唐明村（今太原旧城区）。嘉祐四年（1059年），又升为太原府。此后“并州”一名不再为政区名，仅作为太原的别称。《魏书·地形志》：“并州，汉、晋治晋阳。”《通典·州郡典》：“后魏为太原郡，兼置并州。北齐、北周皆因之。隋初废郡置并州，又改为太原郡。大唐为并州。”《大清一统志》：“宋太平兴国四年，降为并州，嘉祐四年复名太原府。”金元时期诗人元好问有诗《并州少年行》《八月并州雁》。清光绪末，山西巡抚衙门在太原发行《并州官报》。

别称“北都”。武周天授元年（690年），武则天以并州为武氏“枌榆之地”加号晋阳为北都。开元十一年（723年），升北都太原府。《元和郡县志》：“开元十一年，玄宗行幸此州，以王业所兴又建北都，改并州为太原府。”《新唐书·地理志》：“北都，天授元年置，神龙元年罢；开元十一年复置。天宝元年曰北京，上元二年罢。肃宗元年复置北都。”李白《秋日于太原南栅饯阳曲王赞公贾少公石艾尹少公应举赴上都序》：“天王三京，北都居一。其风俗远，盖陶唐氏之人欤？”

别称“北京”。唐天宝元年（742年），改北京太原府。五代后唐初为西京，旋改北京。《旧唐书·地理志》：“北京太原府。天宝元年改北都为北京。”唐照明《华严经决疑论序》：“北京李长者，皇枝也，讳通玄。”

别称“西京”。五代唐同光元年（923年），以太原为西京。《旧五代史·庄宗纪》：“（同光元年夏四月）以太原为西京，以镇州为北都。”

俗称“龙城”。20世纪50年代，郝树侯《太原史话》在“龙城”一节写道：“赵宋统治集团把晋阳叫做‘龙城’。意思是说晋阳北面的系舟山是龙角，西山南行有龙山、天龙山是一个粗长的龙尾，晋阳正当着这条蟠龙的中心，所以时常有‘真龙天子’出现。”此后“龙城”一名被广大市民采用，不断出现在对太原市的对外文化宣传中。

“太原”一名，先秦时期作“大原”。本指今山西省西南部的峨眉台地。台地面积6000平方千米，周300千米，北界汾河河谷，西界黄河，东、南有涑水环绕。原上平坦开阔，一望无垠，华夏先民很早就生活在这里，并称之为“大原”。《诗经·小雅·六月》：“薄伐猃狁，至于大原”；《左传》：“宣汾、洮，障大泽，以处大原”；《禹贡》：“既修太原，至于岳阳”；《国语》：“宣王料民于大原”等等，皆指此地。与大原相邻的地方是“大卤”，所谓大卤即今运城盐池。大原和大卤密迩相连，实为一地，所以《谷梁传》在解释“大原”地名时说：“中国曰大原，夷狄曰大卤，号从中国，名从主人。”前247年，秦军攻赵，取榆次、狼孟等三十七城，置太原郡。以郡地平阔故名“太原”。《史记·秦本纪》：“（庄襄王三年）四月，初置太原郡。”今太原兴起后，古大原的名称逐渐消失，以致后人把《诗经》等文献中的“大原”附会于今天的太原。更有甚者把“至于大原”附会到甘肃的镇原。其根源都在于没有了解到这两个太原的源流。

秦庄襄王三年（前247年），始置太原郡，郡治晋阳。西汉初先后为韩国、代国、太原国，汉武帝复为太原郡。东汉因之，属并州。三国魏、西晋为太原国，后改太原郡，属并州。北魏因之。隋为并州，后改太原郡。唐为并州，属河东道。天授元年（690年），武则天加号晋阳为北都。开元十一年（723 年），升北都太原府。天宝元年（742 年），改北京太原府。五代后唐初为西京，旋改北京。北汉刘崇称帝以太原府为国都。宋太平兴国四年（979 年）太原府降为并州，迁治唐明镇，新建并州城，即今太原城区。景祐四年（1059 年），升为太原府，属河东路。金为太原府，属河东北路。蒙古太祖十一年（1216 年），置太原路，直隶中书省。大德九年（1350 年），因太原路地震，改冀宁路，属河东山西道宣慰司。明洪武二年（1369 年），为太原府，属山西行中书省。九年，属山西等处承宣布政使司。清为太原府，属山西省。1912 年，太原府废。1913 年，属中路道，以阳曲为治所，属山西省。1914 年，改属冀宁道。1940 年 5 月，设日伪太原市公署。1945 年，抗战胜利，复设太原市政府，为省辖市。1949 年 3 月，太原市人民政府在榆次组建，4 月 24 日，太原市人民政府迁至太原城区。1951 年 8 月，晋源县划属太原市。1960 年 1 月，清徐县、阳曲县划入。1972 年 3 月，娄烦县划入。1988 年 2 月，撤销古交工矿区，设立古交市。1997 年 5 月，撤销南城区、北城区、河西区、南郊区、北郊区 5 个区，设立小店区、迎泽区、杏花岭区、尖草坪区、万柏林区、晋源区 6 个区，由此形成太原市下辖 6 个区、1 个市、3 个县的格局。

辖区内政区地名的专名具有以下特征：1. 以地形命名。如：太原，以所处广袤的汾河谷地命名。2. 以山河命名。如：杏花岭区，以辖区内的高地杏花岭命名；晋源区，以境内有晋水源头而得名。3. 以区片命名。如：尖草坪区，以太原城北的区片尖草坪命名；万柏林区，以汾河西岸的区片万柏林命名。4. 以古地名命名：如：娄烦县，以唐代楼烦监得名；古交市，以交城县故地得名；阳曲县，以晋北的秦汉阳曲县迁此而得名；迎泽区，以境内旧有太原古城迎泽门而得名。5. 以驻地命名。如：小店区，因区人民政府驻地在原小店镇而得名。6. 以两地首字命名。如：清徐县，以清源县和徐沟县二县首字得名。

地名通名有以下特征：1. 以北方常见通名为主，如：村、庄等。2. 太原为古代边防重镇，通名故多见营、寨、屯等。3. 有以自然地理实体为通名，如：山、河、泉等。4. 有以黄土地貌为通名，如：峁、梁、坪等。

太原是中国历史文化名城，有着 2500 年的建城史。历史上该地区处于华夏文化和北方少数民族文化的过渡带，从春秋时期的戎狄到秦汉以后的匈奴、鲜卑、羯、氐、羌、突厥、契丹、女真、蒙古先后进入并活动在这片土地上，与华夏民族完成了几次大的交流融合。同时也形成太原文化中所具有的开放包容、兼收并蓄的特点和当地群众务实淳朴、尚武侠义的民俗风情。绵长的文化孕育出刘恒、李世民、武则天、狄仁杰、王之涣、王昌龄、李存勖、呼延赞、罗贯中、傅山等杰出的政治家和文学艺术家。悠久的历史在太原留下了极具特色的名胜古迹和文化遗存，如晋祠、龙山石窟、晋阳古城遗址、窦大夫祠、天龙山石窟、童子寺遗址、西山大佛、娄睿墓、徐显秀墓、明太原城、永祚寺双塔、太原府文庙、宋代并州城丁字街遗存、佛教东传基地狼虎寺遗址等等。有太原锣鼓、莲花落、清徐彩门楼、清徐老陈醋酿制技艺、六味斋酱肉传统制作技艺、郭杜林晋式月饼制作技艺等国家级非物质文化遗产名录 16 项，药膳八珍汤（头脑）、老鼠窟元宵、晋阳风火流星等省级非物质文化遗产名录57项。晋祠风景名胜区、汾河水库风景名胜区、天龙山景区、龙山景区、蒙山景区、太山景区、汾河景区、崛围山景区等都是融会自然风景与古迹名胜的旅游休闲胜地。全国科普教育基地有中国煤炭博物馆、山西省科学技术馆、太原市少年科技城、太原市动物园、山西大学生命科学系动植物标本室。国家级爱国主义教育基地有山西国民师范旧址革命活动纪念馆、太原解放纪念馆、高君宇故居纪念馆。省级爱国主义教育基地有太原支部旧址、文瀛公园（太原解放纪念碑、孙中山纪念馆）、永祚寺、双塔烈士陵园等。被评为“中国特色魅力城市”“国家园林城市”。

与专名“太原”相关的社会应用有：

太原公子：历史上用以称颂太原留守李渊的公子李世民、晋王李克用的公子李存勖。二人均生活在太原城，又都聪明勇决，识量过人，辅佐父辈坐拥天下。所以后来“太原公子”一词，成为雄才大略皇子的代名词。1920年，毛泽东在广州农民运动讲习所时曾评价李世民说：李世民是草莽英雄，“太原公子，褐裘而来”。宋徐观国《蓦山溪》：“太原公子，能武又能文，闲暇里，抱琴书，车马时相过。”柳亚子曾赞扬山西人景耀月“太原公子气如虹”。

太原王氏：我国王氏家族中主要的宗支。相传始祖为周灵王之太子晋。汉代开始兴起。自东汉至隋唐，多三公、宰相等要职。宋南渡后又迁居各地及海外。现生活在东南亚各国的王氏族人仍以“太原堂”为族号，以太原为根祖之地。

太原话：晋语的代表性方言，有声母21个（包含零声母），36个韵母，有入声，平声不分阴阳，文白异读现象较多。单字声调与并州片其他地区方言一样，有平声11、上声53、去声45、阴入2以及阳入54这5个单字声调。与以北京话为代表的官话方言有较大差别，基本保留着古音和一些极古老的文言词，被称为中国语言演化史上的“活化石”。

太原战役：解放战争时期中国人民解放军对国民党军坚固设防的太原城进行的攻坚战役。太原由国民党军太原绥靖公署主任阎锡山部10万重兵固守。1948年10月5日，解放军围攻太原，先于城南展开外围争夺战。至11月，攻占城南和东山要塞。1949年4月20日，解放军对太原城发起总攻，22日，肃清城外据点，24日，突破城垣，全歼守军。太原战役胜利后，大同和平解放。至此，山西全省解放。

与简称“并”相关的有：

并刀：指太原出产的刀具。因太原地区精于冶炼，出产刀具以锋利著名。宋黄孝迈《湘春夜月》：“这次第，算人间没个并刀，剪断心上愁痕。”宋周邦彦《少年游》：“并刀如水，吴盐胜雪，纤手破新橙。”宋陆游《秋思》：“诗情也似并刀快，剪得秋光入卷来。”清陈维崧《念奴娇·与任青际饮》：“沥尽并刀悲壮血，看有何人怜惜。”

与别称“晋阳”相关的有：

晋阳之甲：成语，指地方官吏因不满朝廷而举兵为兴“晋阳之甲”。典出《左传·定公十三年》：“晋赵鞅兴晋阳之甲”。《世语新说·规箴》：“殷荆州兴晋阳之甲，往与觊别，涕零。”

晋阳之战：指春秋末发生在晋国四卿智氏、赵氏、韩氏、魏氏之间的一场兼并战争，最终导致智伯兵败身亡，走向“三家分晋”。

晋阳饭庄：在北京珠市口“阅微草堂”旧址上，是北京市最早一家经营山西风味菜肴的大型饭庄，在京城餐饮业享有盛誉，被国内贸易部授予“中华老字号”称号。

与别称“并州”相关的有：

并州刀剪：指太原出产的刀、剪。因太原地区精于冶炼，出产刀具以锋利著名，也被称为“并刀”。唐杜甫《戏题王宰画山水图歌》：“焉得并州快剪刀，剪取吴淞半江水。”朱锡梁《白门怀古》：“销铸并州刀，剪尽尾形辫。”

并州官报：是山西巡抚衙门于1908年在太原创办的一份官方报刊。报馆设在太原桥头街浚文书局。报为16开，册型，32个页码，五日刊。内容以“文牍为主，新闻为辅”。辛亥革命爆发后停刊。

太　原 [Tài yuán]

区片名。简称并。山西省省会，太原市人民政府驻地。在太原市境东部，汾河两岸。为全国著名工业基地和历史文化名城。太原之名始见于《左传·昭公元年》：“晋荀吴帅师败狄于太原。”太原，义为大平原，即指今太原盆地。建城始于唐开元十八年（730年）的河东军城，其城周约5里，为晋阳古城的桥头堡。唐末城废称故军。五代称唐明镇。宋太平兴国七年（982年），并州治所徙此，潘美重筑并州城。新城呈正方形，周12里，辟金肃、朝曦、怀德、开远四门，内设子城，子城外分25坊，街道皆呈“丁”字形，为内衙外市格局。明洪武八年（1375年），由谢成督工扩建太原府城，在宋代并州城基础上分别向东、南、北三面扩展，建成周长24里的新府城。城呈正方形，辟迎晖、朝曦、迎泽、承恩、振武、阜成、镇朔、拱极8门，街道仍保留丁字形特点，奠定了今太原城区的基础。1950年后，旧城墙逐步拆除，街区向四面拓展，主干街道均经拓宽改造，旧城西南尚有部分丁字街保留宋代格局。1950年后，新建成区以机关、工矿企业区为主。环旧城有北郊、城北、河西北、河西中、河西南、东山、西山、城南、北营等9个工业区。形成了以老城为中心、以迎泽大街为轴线、以九大工业区为组团的城市空间结构。20世纪末，太原由传统的重工业基地重新定位为中部地区中心城市、全国新材料和先进制造业基地、国家历史文化名城。城市建设依据“南移西进、北展东扩”规划高速发展。路网格局由内环、中环及外围环城高速公路构成。汾河公园总长40多千米，为纵贯市中景观绿化长廊。至2021年，建成区面积340平方千米，进入住建部发布的全国市区建成区面积100强。2022年12月，“太原”地名入选为山西省首批地名文化遗产千年古城名录。

小店区 [Xiǎodiàn Qū]

县级政区名。在太原市东南部。东邻晋中市榆次区，南界清徐县，西隔汾河与晋源区相望，北连万柏林区、迎泽区。面积 295 平方千米。人口 135.72 万。辖坞城街道、营盘街道、北营街道、平阳路街道、黄陵街道、小店街道、龙城街道、学府街道 8 个街道，北格镇 1 镇，西温庄乡、刘家堡乡 2 个乡。区人民政府驻小店街道昌盛西街 19 号。因区人民政府驻地在小店镇而得名。区境东为丘陵，西濒汾河，中部为汾河河谷平川。地势自东北向西南倾斜。

秦属太原郡晋阳县地。隋属太原县地。北宋太平兴国四年（979 年），平北汉，毁晋阳城，于汾河之东筑城，置平晋县，治所在今小店街道城西村。熙宁三年（1070 年），废平晋县入阳曲县。政和五年（1115 年），复置平晋县。贞祐四年（1216 年），废平晋县，次年复置。元仍称平晋，属太原路，后属冀宁路。明洪武四年（1371 年），徙平晋县治于汾河之西古晋阳南关（今晋源镇）。七年，废平晋县，改称太原县。清仍属太原县地。1947 年 9 月，改太原县为晋源县。1949 年 5 月，区境属外一区、外二区、晋源县。1950 年 2 月，属第四区、晋源县。1951 年 8 月，撤销晋源县，于汾河东置太原市第七区，驻北格镇。区境域分属太原市第四区、第七区。1954 年 1 月，属太原市第四区，区人民政府驻小店镇。同年 6 月，第四区改名为小店区，第一区改名为南城区，今境分属小店区和南城区。1957 年 3 月，分属太原市郊区、南城区。1959 年 3 月，撤销郊区，属南城区。1960 年，太原市撤销区建置，成立城市人民公社和农村人民公社，区境分属小店农村人民公社和双塔、柳巷城市人民公社。1961 年 5 月，撤销“大公社”，恢复区建置，区境分属南城区、晋源区。1963 年 4 月，撤销晋源区，将太原市所辖农村人民公社合并成立太原市郊区，区境分属南城区、郊区。1970 年 3 月，撤销太原市郊区建置，新置南郊区、北郊区，区境属南郊区。区革命委员会驻小店。1984 年，撤销人民公社建置、恢复乡镇村建置。1997 年 12 月，太原市调整辖区行政区划，新设小店区。1998 年 1 月，小店区挂牌成立至今。

从地名专名来看，辖区内行政区划地名和居民点地名有以下特征：1. 以军事地理实体命名的现象。如：营盘、坞城等。2. 以姓氏命名。如：刘家堡、巩家堡、杨庄等。3. 以自然地理实体命名。如：石嘴、五龙沟、河滩等。4. 以历史古迹或人文地理实体命名。如：黄陵、红寺、盐房等。

从地名通名来看，辖区内行政区划地名和居民点主要以军事地名为特色。明初，军队在太原府城南设营屯田，留下了大量屯田地名，有“九营十八寨”之说。明中叶后，俺答汗不断南下侵掠，平川无险可守，这一带民众被迫筑堡自保。因此小店区地名多以营、寨、堡为通名，如：北营、马练营、后所营、西草寨、孙家寨、巩家堡、化章堡等。

现存名胜古迹有东太堡遗址、西晋王陵城遗址、狄仁杰故里狄村、史匡翰墓、平晋县故城遗址、晋王朱棡墓、白云寺、孙家寨延圣寺、六祖寺、圆照寺、辛亥太原首义誓师旧址等。纪念地有郑村烈士陵园、小店区革命烈士纪念馆等。

历史名人有唐代名相狄仁杰、明代兵部尚书王琼、中国共产党早期党员革命烈士纪廷梓等。特色民间文化有东蒲舞龙、铁棍、背棍、二鬼摔跤、九大套、秧歌戏、辛村形意拳等。名特产有小店元宵、小店牺汤、西里解燃香、王吴猪胰子等。

坞城街道［Wūchéng Jiēdào］

乡级政区名。在小店区北部。东邻北营街道，南连黄陵街道，西接平阳路街道，北与营盘街道毗连。面积5.55平方千米。人口12.02万。辖太航社区、八一社区、坞城路西社区、师范街社区、开元社区等18个社区。街道办事处驻并州南路107号。“坞城”一名源自境内的乌城村，嘉靖《太原县志》载名“乌城村”。20世纪50年代，太原有历史专家提出乌城村是北魏时期的“坞堡”遗址，后以此确定标准地名为“坞城”。

明清时期属太原县许西都乌城村。1945年，属太原市外二区。1953年11月，属太原市第四区。1954年1月，分属第三区和第七区。6月，属小店区。1957年3月，属太原市郊区。1958年10月，属亲贤人民公社。1959年2月，属南城区。1960年3月，属郊区。6月，属由市直辖的双塔城市人民公社。1961年5月，分设坞城城市人民公社，属太原市南城区。1970年3月，域内农村划属南郊区亲贤人民公社。1979年1月，坞城人民公社更名为坞城街道。1998年，属小店区至今。

地处太原盆地，地势平坦。为太原市高校区、文化区。山西省人民政府机关、山西大学、山西财经大学、山西省社会科学研究院、中共山西省委党校、华北卫生研究七所等在境内。

营盘街道［Yíngpán Jiēdào］

乡级政区名。在小店区北部。东起建设南路与迎泽区郝庄镇毗邻，南至亲贤北街与坞城街道相连，西至平阳路与平阳路街道为邻，北至南内环街与迎泽区老军营街道交界。面积5.38平方千米。人口11.06万。辖南内环一社区、南内环二社区、长治一社区、狄村社区、寇庄社区等21个社区。街道办事处驻狄村南街36号。因辖区在清代多驻军兵营，有大营盘、二营盘、三营盘等军事地名而得名。

清代属阳曲县正南乡亲贤一、二、三都。民国属阳曲县第一区。1945年，分属太原市外一区、外二区。1949年，属太原市第五、六区。1950年，属第四区。1953年11月，设狄村乡。1954年6月，属小店区。1956年，置狄村街道。1957年3月，属郊区。1959年2月，属南城区。1960年3月，属郊区。6月，撤销区及所属街道办事处，划为市直辖区级城市人民公社，分属亲贤农村人民公社、郝庄农村人民公社、双塔城市人民公社。1961年5月，撤销市属城市人民公社，属南城区。1963年4月，亲贤人民公社、郝庄人民公社属郊区，双塔城市人民公社属南城区。1970年3月，撤销郊区，亲贤人民公社、郝庄人民公社属南郊区，双塔城市人民公社属南城区。1979年1月1日，双塔城市人民公社更名为双塔街道。1998 年，属小店区。1999 年 12 月，双塔街道更名为营盘街道，因街道辖大营盘、二营盘等区片，故名。

地处太原盆地，南沙河横经。境内狄村为唐代名相狄仁杰故里，有狄母手植唐槐、狄公祠旧址、唐槐公园。名胜古迹还有太原名刹南十方院白云寺、慈观寺旧址、辛亥太原首义誓师旧址等。

狄村社区 [Dícūn Shèqū]

居民点。属营盘街道。在小店区人民政府驻地北 10 千米。面积 1.16 平方千米。人口 0.34 万。辖张家巷村、赵家前村、孙家脑村、柳罐沟村、殷家沟村、正街村、新寇庄村 7 个自然村。狄村以唐代名相狄仁杰故里而得名。明代在此建狄公祠。清代镌立“狄梁公故里”碑。清道光《阳曲县志》载：“狄梁公故里碑，在狄村官道西，康熙年县令戴兰梦立，道光六年邑人张延铨重建。”

明、清属阳曲县亲贤三都辖村。民国属阳曲县第一区，后属太原市外二区，为区公所驻地。1949 年，属太原市第五区狄村行政村。1950 年，属第四区。1953 年，设狄村乡。1954 年，属小店区。1956 年，属狄村街道。1957 年，属郊区。1960 年，属双塔人民公社狄村城市管理区。1961 年，属南城区双塔人民公社。1970 年，属南郊区郝庄人民公社。1984 年属狄村街道。1998 年，属双塔街道。2000 年，属营盘街道。2007 年，狄村改制为社区。社区居委会驻建设南路 189 号。

狄村为唐代名相狄仁杰故里。村中慈观寺传为狄仁杰故宅遗址。唐槐公园为明代狄公祠旧址，园内唐槐传为狄仁杰之母亲手植。村北有清末二营盘兵营旧址，1911 年，辛亥农历九月初八日凌晨，太原新军在此誓师发动起义，打响推翻清朝帝制第一枪，当天光复太原城，史称“狄村誓师”。

狄仁杰（630—700），字怀英，并州晋阳人。唐代政治家、武周时期的宰相。曾经直谏武则天力劝复立庐陵王李显为太子，使唐朝社稷得以延续。卒赠文昌右相，谥号文惠。唐睿宗继位后，追封为梁国公。

北营街道 [Běiyíng Jiēdào]

乡级政区名。在小店区北部。东与晋中市榆次区乌金山镇交界，南接黄陵街道，西邻坞城街道，北与迎泽区郝庄镇毗连。面积 24.12 平方千米。人口 4.49 万。辖田和社区、许坦社区、南站东社区、常青藤社区、山毛社区等 19 个社区。街道办事处驻许坦东街锦东国际。因街道驻地在北营区片一带而得名。

明、清时期分属太原、阳曲和榆次三县。1922 年，属太原县第二区。1945 年，抗战胜利后，属太原市外二区。1949 年，仍属太原市外二区。1953 年 11 月，属太原市第四区。1954 年，属小店区。1957 年 3 月，属郊区。1959 年 2 月，属南城区。1960 年 3 月，属郊区。同年 6 月，属市直辖的城市人民公社。1961 年 5 月，属南城区，境域分属北营城市公社、黄陵农村公社。1963 年 2 月，黄陵农村公社属郊区；北营城市公社属南城区。1970 年 3 月，黄陵农村公社属南郊区；北营城市公社仍属南城区。1979 年 1 月，北营公社改制为北营街道。

1997年属小店区至今。

地处太原盆地东北缘，罕山西麓，平均海拔800米。边山地区为明代晋王府陵园区。老峰社区原名老坟村，俗称老坟上，因有明初第一代晋王（恭王）朱棡墓地而得名。万历《太原府志·古迹》：“晋恭王墓，（太原）县东北三十五里许东都驼山之阳。始封王也。”道光《阳曲县志·舆地图》：“明晋恭王墓，在城东南二十里黑驼山南老坟村，榆次县界。康熙初，奸民发掘事洩捕治。又有奸民复开一穴，其径深邃，入即死焉。寻奉官掩筑。”1972年，村民在墓区取土曾发现金锭两枚。现存圆锥形封土一座、宝城残垣六百余米，陵园面积48万平方米。2000年，公布为太原市文物保护单位。东峰社区原名东坟村，有第八代晋王（端王）朱知烊之墓而得名。

西峰社区［Xīfēng Shèqū］

居民点。属北营街道。在小店区人民政府驻地东北9千米。面积0.77平方千米。人口0.15万。曾用名“新坟上”。明宁化王朱济焕坟地。为别于晋恭王坟称“新坟”。又因处晋恭王坟西，故名“西坟”。后以坟、峰方言谐音，改称西峰村。明、清属太原县许东都。1918年，属太原县第二区。1947年，属晋源县第二区武宿乡。1948年7月，属太原县第二区。1949年，属晋源县郑村行政村。1951年，属太原市第四区。1953年，郑村乡。1954年，属小店区。1956年，属黄陵乡。1957年，属郊区。1958年，属黄陵公社。1960年，属郑村管理区。1970年，属南郊区黄陵人民公社。1984年5月，撤社建乡，属黄陵乡西峰村。1998年，属小店区。2014年，改制为社区。

地形状况为丘陵山区、平均海拔800米。古迹有晋简王墓。墓地位于西峰村东，分布面积约500平方米。为明代第九代晋王（简王）朱新堺的墓葬。光绪《山西通志·古迹考》载：“简王墓，在城东南驼山。”现地表仅存东陵墙残基和疑似献殿台基残址。

平阳路街道［Píngyánglù Jiēdào］

乡级政区名。在小店区西北部，东以体育路为界与坞城路街道相邻，南至龙城大街与小店街道相连，西濒汾河与万柏林区下元街道、长风西街街道、晋源区义井街道相望，北至南内环街与迎泽区老军营街道毗邻。面积7.92平方千米。人口11.1万。辖平北西一社区、平北西二社区、水总社区、杨家堡社区、文华苑社区等14个社区。街道办事处驻平阳景苑20号楼。因辖区有主干大街平阳路而得名。

明、清时期属阳曲县境。1945年，属太原市外二区。1950年2月，属太原市第四区。1953年11月，设亲贤乡，仍属第四区。1954年1月，属太原市第七区。6月，属小店区。1957年3月，属郊区。1958年10月，亲贤乡改为亲贤人民公社。1959年2月，属南城区。1960年3月，境内农村属郊区。6月，属市直辖的城市人民公社。1961年5月，撤销市属城市人民公社。亲贤人民公社归南城区管辖；1963年4月，亲贤人民公社属郊区；境域城市街道属南城区。1970年3月，亲贤人民公社属南郊区。1984年5月，亲贤人民公社改制为亲贤乡。1998年，属小店区。2000年1月，亲贤乡改为平阳路街道。

境内地形平坦，汾河纵经西部，平均海拔800米。汾河沿岸有汾河公园、汾水阁、雁丘等。雁丘为纪念性景点，是为再现金代诗人元好问《雁丘辞》的历史故事而建。金泰和五年（1205年），元好问赴并途中，遇到捕雁者捕得两雁，一死一脱网。脱网者悲鸣不去，竟自投地而死，诗人感慨，遂购得两雁葬于汾河之畔，垒石为墓，名之“雁丘”，并赋《雁丘辞》。其中“恨人间，情是何物，直教生死相许”为千古名句。

黄陵街道［Huánglíng Jiēdào］

乡级政区名。在小店区北部，东与晋中市榆次区乌金山镇相连，南与西温庄乡相接，西与龙城街道、小店街道为邻，北与北营街道毗连。面积17.7平方千米。人口2.78万。辖教育学院社区、煤机社区、农科南路二社区、农科南路一社区、民航社区等11个社区，五大龙沟村1个行政村。街道办事处驻荣军南街1号。因街道办事处驻黄陵社区而得名。黄陵，原名王陵城，晋太康五年太原王司马辅葬于此地，故称王陵。王、黄音近，后演化名为黄陵。嘉靖《太原县志》载名“黄陵村”。《魏书·地形志》载太原郡长安县“有二陵城”，即“王陵城”之讹。《太平寰宇记·河东道一》中关于并州平晋县：“王陵城，有晋太原王司马辅冢存。”道光《太原县志·古迹》载：“王陵城在汾水东旧县东北，今名黄陵村。”

明、清时期属太原县黄陵南都、黄陵北都。1922年，属太原县第二区。1945年，属太原市外二区。1953年11月，属太原市第四区，境内设黄陵乡、南坪头乡、郑村乡。1954年1月，属太原市第七区。6月，属小店区。1957年3月，属郊区。1958年9月，设黄陵人民公社。1959年2月，属南城区。1960年3月，属郊区。同年6月，属市直辖的城市人民公社。1961年5月，属南城区。1963年4月，属郊区。1970年3月，属南郊区。1984年5月，黄陵人民公社改制为黄陵乡。1998年，属小店区。2000年，改为黄陵街道至今。

地处太原盆地，罕山西麓。名胜古迹有王陵城遗址。王陵城旧址在黄陵社区，创建年代不晚于北魏，因有晋太原王司马辅之陵而得名。现存东西向残墙一段，墙体砖包夯筑。明万历《太原府志》记载：“王陵城在太原县汾水东，旧县东南郑村，今改名黄陵村”，即此。

郑村社区［Zhèngcūn Shèqū］

居民点。属黄陵街道。在小店区人民政府驻地东北8千米。人口0.26万。以郑姓聚居而得名。明代防御俺答南侵建村堡，名“郑村堡”。明嘉靖《太原县志·堡寨》：“郑村堡，高一丈五尺，周围八十丈。”明代以村在古驿道上设郑村铺。

明清属太原县黄陵北都。1918年，属太原县第二区，为主村。1947年，属晋源县第二区。1949年，属晋源县郑村行政村。1951年，属太原市第四区。1953年，设郑村乡。1954年，属小店区。1956年，属小店区黄陵乡，成立联进高级农业社。1957年，属郊区黄陵乡。1958年，属黄陵人民公社。1960年，属双塔公社郑村管理区。1970年，属南郊区黄陵人民公社。1984年5月，撤社建乡属黄陵乡，成立郑村村委会。1998年，属小店区。2000年，属黄陵街道。2007年，郑村改制为社区。

地处太原盆地东北缘，罕山西麓，地形平坦，平均海拔800米。历为太原、榆次间交通古道。境内郑村烈士陵园为著名革命纪念地。1960年，太原市人民政府决定，将1949年解放太原战役中牺牲散葬在孟家井村、王虎梁村、北格村等地的来自全国29个省、市、自治区的解放军烈士遗骨迁此安葬，奠基竖碑，建成郑村烈士陵园。1988年8月，南郊区人民政府公布为区级文物保护单位。现为太原市爱国主义教育基地、太原市重点烈士纪念建筑物保护单位。

北营社区 [Běiyíng Shèqū]

居民点。属黄陵街道。在小店区人民政府驻地东北7千米。面积3.6平方千米。人口0.33万。为古代兵营，因地处故平晋县城北而得名。清道光《太原县志》载名“北营”。明、清属太原县黄陵北都。1918年，属太原县第二区黄陵主村。1947年，属晋源县第二区。1948年7月，属太原县第二区。1949年，属晋源县黄陵行政村。1951年，属太原市第四区黄陵行政村。1953年，属太原市第四区黄陵乡。1954年，属小店区黄陵乡。1956年，成立星聚高级农业社。1957年，属郊区黄陵乡。1958年，属黄陵人民公社。1960年，属双塔公社许坦管理区。1970年，属南郊区黄陵人民公社。1984年5月，撤社建乡，属黄陵乡，成立北营村委会。1998年，属小店区黄陵乡。2000年，属黄陵街道。2007年，改制为北营社区至今。

地处太原盆地，平均海拔800米。历为太原南部交通要道，清末正太铁路建成后设北营站，2008年12月，拆除北营站始建太原南站。

小店街道 [Xiǎodiàn Jiēdào]

乡级政区名。小店区人民政府驻地。位于区境中部，东邻西温庄乡，南连北格镇，西濒汾河与晋源区金胜镇、晋源街道相望，北与龙城街道相接。面积43.57平方千米。人口8.73万。辖康宁社区、通达街社区、汾东南路社区、永康北路社区、巩家堡社区等25个社区。街道办事处驻通达街36号。以辖区原为小店镇而得名。

“小店”古为太原城南交通大镇，多商旅客店，明代筑堡。嘉靖《太原县志》载名“小店堡”。北宋为平晋县治所，故城在境内城西社区一带。明清为平晋县、太原县地。1918年，为太原县第二区驻地。1947年9月，属晋源县，设小店乡。1951年4月，属太原市第七区。1954年1月，为第四区人民政府驻地。6月，属小店区，为小店区人民政府驻地。1957年3月，属郊区。1958年9月，小店乡改为金星人民公社。1959年2月，属南城区。1960年3月，属小店人民公社。1961年5月，属晋源区。1963年4月，属郊区。1970年3月，属南郊区。1984年，置小店镇。1998年1月，属小店区，小店镇为小店区人民政府驻地。2001年2月，撤销小店镇，设立小店街道至今。

地处太原盆地，西濒汾河。古迹有平晋县故城遗址、小店真武庙、李家庄民居、院道寺、圪塔营真武庙等。地方小吃有小店元宵。平晋县故城遗址位于城西社区东南50米，分布面积约4000平方米。北宋太平兴国四年（979年），毁晋阳城后，于汾河之东建城置平晋县。明洪武七年（1374年），县废。20世纪50年代，尚残存城址，地表发现有陶灯、砖瓦等，现仅存城基。

地方名人有中国共产党早期党员纪廷梓（1903—1931），小店人。1924年，加入中国共产党。同年与张叔平、傅懋恭等建立中国共产党太原支部。1931年1月，被捕遇害。

贾家寨社区［Jiǎjiāzhài Shèqū］

居民点。属小店街道。在小店区人民政府驻地西南4千米。东临温家堡社区，西濒汾河与晋源区北瓦窑村相望，南临杜家寨村，北接大村社区。面积2.23平方千米。人口0.17万。贾家寨为明初屯田兵营，原为太原县“九营十八寨”之一。明中叶筑堡，以贾姓聚居而得名。明嘉靖《太原县志》：“贾家寨堡，高二丈二尺，周围八十丈。”清道光《太原县志》载名“贾家寨”。明、清属太原县东桥南都。1918年，属太原县第三区。1949年，属晋源县第二区孙家寨行政村。1951年，属太原市第七区。1954年，属小店区东蒲乡。1956年，属小店镇建恒星高级社。1957年，属太原市郊区小店镇。1958年，属郊区小店公社下属大队。1960年，设贾家寨管理区。1970年，属南郊区小店人民公社。1984年5月，属小店镇，建贾家寨村委会。1998年，属小店区小店镇。2001年2月，属小店街道。2014年，改制为贾家寨社区。地处太原盆地汾河东岸川原，地形平坦，平均海拔800米。现为太原市无公害蔬菜生产基地。名胜古迹有贾家寨真武庙、贾家寨三官庙。真武庙位于村北，现仅存正殿，为清代建筑。三官庙位于村东南，现存主体建筑为清代风格。正殿内保存有三官巡游图、神龙降雨图壁画约40平方米。

孙家寨社区［Sūnjiāzhài Shèqū］

居民点。属小店街道。在小店区人民政府驻地西南5千米。东临杜家寨村，西濒汾河与晋源区南瓦窑村相望，南临北格镇东蒲村，北接大村。面积3.88平方千米。人口0.37万。原为明初屯田兵营，太原县“九营十八寨”之一。明中叶筑堡，以孙姓聚居而得名。明嘉靖《太原县志》：“孙家寨堡，高二丈二尺，周围二百丈。”清道光《太原县志》载名“孙家寨”。明、清属太原县东桥南都。1918年，属太原县第三区。1949年，属晋源县人民政府第二区孙家寨行政村，1951年，太原市第七区。1954年，属小店区东蒲乡。1956年，属小店镇建金星高级社。1957年，属太原市郊区小店镇。1958年，属郊区小店公社下属大队，1960年，属小店公社贾家寨管理区。1970年，属南郊区小店公社。1984年，属南郊区小店镇，建孙家寨村委会。1998年，属小店区小店镇。2001年2月，属小店街道。2014年，改制为孙家寨社区至今。

地处太原盆地，西濒汾河，地形平坦，平均海拔800米。现为太原市无公害蔬菜标准化生产基地。村东北遗存有唐代创建的名刹延圣寺。清道光《太原县志》记载：“延寿寺，在汾河东孙家寨西北。初名圣人庙，建于唐，明时为水所湮。万历二十二年，生员孙曾显等重建。崇祯三年，任陕西按察司照磨孙敬承等督工修筑。国朝乾隆三十六年，举人孙兆庭督众重修。岁以四月八日祭。”现存主体结构为清代建筑。1988年8月，南郊区人民政府公布为区级文物保护单位。

龙城街道 [Lóngchéng Jiēdào]

乡级政区名。位于小店区中部，东邻黄陵街道，南接小店街道、黄陵街道，西濒汾河与晋源区金胜镇相望，北与平阳路街道、坞城街道、北营街道毗连。面积13.71平方千米。人口7.84万。辖康馨苑社区、龙城天悦社区、新庄社区、大吴社区、嘉节社区等15个社区。街道办事处驻首开国风上观小区。

明清属太原县地。1949年，属太原市外二区。1953年，属太原市第四区。1954年，属小店区。1957年，属郊区。1959年，属南城区。1963年，属郊区。1970年，属南郊区。1984年5月，分属黄陵乡、小店镇。1998年，属小店区。2000年1月，分属黄陵街道、小店街道。2013年，划出黄陵街道、小店街道部分区域组建龙城街道至今。

地处太原盆地的汾河川原区，平均海拔800米。古迹有西吴北极宫、大吴史匡翰墓、嘉节真武庙、范家堡关圣寺、郝家宅院等。史匡翰墓在大吴社区。史匡翰（903—942），五代后晋雁门（今山西省代县）人，史建瑭之子，晋高祖石敬瑭之婿。官至义成军节度使，赠太保。《新五代史》有传。清光绪《山西通志》记载：“后晋驸马史匡翰墓，在太原县东北皇陵村”。封土夷平，地表现存天福八年（943年）神道碑1通。2000年9月，被公布为市级文物保护单位。

新营社区 [Xīnyíng Shèqū]

居民点。属龙城街道。在小店区人民政府驻地东北5千米。面积1.39平方千米。人口约800人。村西北原有明初军屯旧址东营、西营，后因火灾被毁，又于东南建营，故称新营。清道光《太原县志》载名“新营”。明、清属太原县高中都。1918年，属太原县第二区。1949年，属晋源县武宿乡。1953年，属太原第七区郑村乡。1954年，属小店区郑村乡。1956年，属小店区西温庄乡，与武宿村合建飞行高级农业社。1957年，属郊区。1958年，属郊区小店人民公社万亩方管理区。1960年，属武宿管理区。1961年，属西温庄人民公社。1970年，属南郊区西温庄人民公社。1984年5月，撤社建乡属西温庄乡，成立新营村委会。1998年，属小店区西温庄乡。2000年，属黄陵街道。2007年，改制为社区，2013年，划属龙城街道。地处太原盆地，地形平坦，平均海拔800米。

学府街道 [Xuéfǔ Jiēdào]

乡级政区名。位于太原市小店区中部，东邻坞城街道，南接龙城街道，西与晋源区隔汾河相望，北与平阳路街道毗连。面积8.84平方千米。人口3.86万。辖中辐院社区、大马社区、6904社区、殷家堡社区、中环社区、中环二社区、小马社区7个社区。街道办事处驻学府街126号。

明清属太原县地。1949年，属太原市外二区。1953年，属太原市第四区。1954年，属小店区。1957年，属郊区。1959年，属南城区。1963年，属郊区。1970年，属南郊区。1984年5月，分属黄陵乡、小店镇。1998年，属小店区。2000年1月，分属平阳路街道。2021年，划出平阳路街道和龙城街道部分区域组建学府街道至今。地处太原盆地的汾河川原区，平均海拔800米。

北格镇 [Běigé Zhèn]

乡级政区名。在小店区境东南部。东与晋中市榆次区张庆乡接壤，南与清徐县徐沟镇、集义乡毗连，西邻刘家堡乡，北连小店街道。面积 67.62 平方千米。人口 4.79 万。辖辛村、郜村、张花村、北格村、同过村等 16 个行政村。镇人民政府驻北格村紫云街。因镇人民政府驻北格村而得名。

明清属太原县蒲村都、张花都。民国初属太原县第三区，为区公所驻地。1947 年，属晋源县。1951 年，撤销晋源县建置，属太原市第七区，为区人民政府驻地。1953 年，置北格乡。1954 年 6 月，属小店区。1956 年，置北格镇。1957 年，属郊区。1958 年，设北格人民公社。1961 年，属晋源区。1964 年，属郊区。1970 年，属南郊区。1984 年，置北格镇。1998 年，属小店区至今。

地处太原盆地，南濒潇河，平均海拔 800 米。古为太原、榆次、徐沟三县间交通贸易大镇。明清有以粮食交易为主的集市，街市南北长达 6 华里。名胜古迹有流涧六祖寺、辛村植福寺、魁星阁。

北格村 [Běigé Cūn]

居民点。北格镇人民政府驻地。在小店区人民政府驻地正南 10 千米。面积 4.89 平方千米。人口 0.42 万。相传北格与南格原为一村，统称为新街镇，村中有魁星阁，村在阁北，因演变而得名。明嘉靖《太原县志》载名“北格”。历为太原、榆次、徐沟三县间交通贸易大镇。明清有以粮食交易为主的集市，街市南北长达 6 华里。明、清属太原县。1918 年，为太原县第三区区公所驻地。1949 年，属晋源县，1951 年，属太原市第七区人民政府驻地。1954 年，属小店区，为北格乡驻地。1957 年，属郊区，为北格镇驻地。1958 年，设北格人民公社。1970 年，属南郊区。1984 年 5 月，撤社置北格镇，建北格村委会至今。汾河、潇河流经，地形平坦，平均海拔 800 米。

辛村 [Xīn Cūn]

居民点。属北格镇。在小店区人民政府驻地东南 15 千米。面积 9.05 平方千米。人口 0.58 万。辛村原名“新村”。相传旧村遭潇河洪水淹没，迁至今地新建，故名新村，后演变为今名。明嘉靖《太原县志·古迹》：“柳盗跖宅，在辛村，今人呼为柳家窝。跖，春秋时大盗，年九十而死。”明清时期为太原县第一大村，属辛村一都，民间有“头辛村，二马村”之谚。民国时期属太原县第三区为主村。1949 年，属晋源县为行政村。1951 年，属太原市第七区为行政村。1953 年，置辛部乡。1954 年，属小店区辛部乡。1956 年，属北格镇建普光高级社。1958 年，属郊区北格人民公社为大队。1960 年，建辛部管理区。1970 年，属南郊区北格人民公社。1984 年 5 月，属北格镇，成立辛村村委会。1998 年，属小店区。

地处太原盆地，地形平坦，平均海拔 800 米。名胜古迹有植福寺、魁星阁、紫竹林、紫云观、胥氏民居、刘氏民居等。其中植福寺位于村北，始建于唐代，明初毁于水灾，万历间重建，清代重修。现仅存正殿，面宽五间，单檐悬山顶，殿内供奉唐代石佛，山墙残存壁画。1988 年 8 月，南郊区人民政府公布为区级文物保护单位。

三贤村 [Sānxián Cūn]

居民点。属北格镇。在小店区人民政府驻地东南 16 千米。面积 4.31 平方千米。人口 0.26 万。古名断金村，相传村中古有三位贤者轻利友善，故以“其利断金”的成语命名，后改今名。原属平晋县断金乡。明清属太原县三贤都三贤堡。1918 年，属太原县第三区为主村。1949 年，属晋源县第三区为行政村。1951 年，属太原第七区为行政村。1953 年，属代家堡乡。1956 年，属北格镇为协勤高级社。1958 年，属郊区北格人民公社为大队。1960 年，属代家堡管理区。1970 年，属南郊区北格人民公社。1984 年 5 月，属北格镇，为三贤行政村。1998 年，属小店区北格镇。地处潇河北岸，地形平坦，平均海拔 800 米。有三贤天主堂、武氏民居等近代建筑。

西温庄乡 [Xīwēnzhuāng Xiāng]

乡级政区名。位于小店区东部。东与晋中市榆次区郭家堡乡交界，南连北格镇，西邻小店街道，北接黄陵街道。面积 38.65 平方千米。人口 2.35 万。辖武宿社区、西贾社区、西攒社区、横河社区、西温庄社区等 21 个社区。乡人民政府驻西温庄社区，因驻地得名。

明清属太原县。民国初属太原县第二区。1947 年，属晋源县。1951 年 4 月，太原县划入太原市。同年 8 月，属太原市第七区。1953 年 11 月，设西温庄乡。1954 年，属小店区。1957 年，属郊区。1958 年 9 月，属小店人民公社。1961 年 5 月，设立西温庄人民公社，属晋源区。1964 年，属郊区。1970 年，属南郊区。1984 年，撤社改为西温庄乡。1998 年，属小店区至今。地处太原盆地，地形平坦，平均海拔 800 米。有西温庄天主堂、冀氏民居等近代建筑。

西温庄社区 [Xīwēnzhuāng Shèqū]

居民点名。西温庄乡人民政府驻地。在小店区人民政府驻地东 8 千米。面积 4.72 平方千米。人口 0.39 万。西温庄、东温庄原为一村，本名温庄。相传曾名千文镇、温泉镇。明嘉靖《太原县志》载名“温庄”。清《太原县志》载名“东、西温庄”。从近年当地发现温泉资源分析，温庄应以温泉而得名。

明清属太原县王名都。民国初与寺庄合成温寺村。1918 年，属太原县第二区为主村。1949 年，属晋源县为行政村。1951 年，属太原第七区西温庄行政村。1953 年，为西温庄乡驻地。1954 年，属小店区。1956 年，成立建庄高级农业社。1957 年，属郊区。1958 年 9 月，属小店人民公社。1961 年 5 月，设立西温庄人民公社，为公社驻地。1970 年，属南郊区，1984 年 5 月，撤社建西温庄乡，西温庄行政村为乡人民政府驻地。1998 年，属小店区至今。2014 年，改制为社区。地形平坦、平均海拔 800 米。有西温庄天主堂、冀氏民居等近代建筑。

武宿社区 [Wǔsù Shèqū]

居民点。属西温庄乡。在小店区人民政府驻地东北 10 千米。东与晋中市榆次区秋村交界，西邻太原武宿机场，北为武宿立交桥。面积 3.82 平方千米。人口 0.4 万。相传原名永兴村，为宋代兵马教场，后更名武宿。北方民族语“武宿”意为水，当以附近西温庄有温泉而得名。明嘉靖《太原县志》载名“武宿”。明清属太原县高中都。民国时期属太原县第二区。1949 年，属晋源县为行政村，1951 年，属太原第七区北王名行政村。1954 年，属小店区郑村乡。1956 年，属西温庄乡，与新营合建飞行高级农业社。1957 年，属郊区。1958 年，属小店公社万亩方管理区。1960 年，为管理区驻地。1961 年，属西温庄公社为大队。1970 年，属南郊区。1984 年 5 月，撤社建乡成立武宿村委会。1998 年，属小店区。2008 年，改制为社区至今。地处太原盆地，地形平坦，平均海拔 800 米。太原武宿国际机场所在地，为国内干线机场，首都国际机场备降机场。

后所营社区 [Hòusuǒyíng Shèqū]

居民点。属西温庄乡。在小店区人民政府驻地东南 8 千米。面积 1.95 平方千米。人口 0.15 万。为明代军屯“九营十八寨”之一，太原左卫后所驻地，故名后所营。明清属太原县勋南都。民国时期属太原县第三区为主村。1949 年，属晋源县杨庄行政村。1951 年，属太原市第七区。1953 年，属西温庄乡。1954 年，属小店区。1956 年，成立裕后高级农业社。1957 年，属郊区。1958 年，属小店公社万亩方管理区。1960 年，属杨庄管理区。1961 年，属西温庄人民公社为大队。1970 年，属南郊区西温庄人民公社。1984 年 5 月，属西温庄乡，成立后所营村委会。1998 年，属小店区西温庄乡。2014 年，改制为社区。地处太原盆地，地形平坦，平均海拔 800 米。

刘家堡乡 [Liújiābǎo Xiāng]

乡级政区名。在小店区西南部。东邻北格镇，南与清徐县王答乡交界，西隔汾河与晋源区晋祠镇、姚村镇相望，北与小店街道毗连。面积 46 平方千米。人口 4.01 万。辖刘家堡村、王吴村、南马村、洛阳村、石沟村等 12 个行政村。乡人民政府驻地刘家堡村。因驻地而得名。

明清属太原县乞伏都。民国时期属太原县第三区。1948 年，属晋源县。1951 年，属太原市第七区。1953 年，分属刘家堡乡、王吴乡、洛马乡、东草寨乡。1954 年，属小店区。1956 年，属西里解乡。1957 年，属郊区。1958 年，设刘家堡人民公社。1960 年，属小店人民公社。1961 年 5 月，恢复刘家堡人民公社，属晋源区。1964 年，属郊区。1970 年，属南郊区。1984 年，撤社置刘家堡乡。1998 年，属小店区。

地形平坦，有汾河、潇河流经，平均海拔 800 米。境内名胜古迹有刘家堡三官庙、西里解关帝祠、狐神庙、王吴龙天庙、石沟观音堂及众多清代民居建筑。历史人物有明代名臣王琼。

刘家堡村 [Liújiābǎo Cūn]

居民点。中国美丽休闲乡村。刘家堡乡人民政府驻地。在小店区人民政府驻地西南方向 16 千米。面积 2.53 平方千米。人口 0.22 万。相传因五代后汉皇帝刘知远曾屯兵于此而得名。明代筑堡，俗称堡儿上。明、清属太原县乞伏都柳林庄的自然村。民国时期属太原县第三区为支村。1948 年，属晋源县。1951 年，属太原市第七区，设刘家堡行政村。1953 年，为刘家堡乡驻地。1956年，属西里解乡，为光明高级社。1958年，为刘家堡人民公社驻地。1984年，置刘家堡乡，成立刘家堡村委会，为乡人民政府驻地至今。

地处汾河、潇河交汇处，地形平坦，平均海拔800米。据村中《王氏族谱》记载：明代名臣王琼诞生于刘家堡。王琼（1459—1532），字德华，号晋溪。历事成化、弘治、正德、嘉靖四朝，由工部主事升至户部、兵部和吏部尚书。著有《西番事迹》《北边事迹》等。现存名胜古迹有王琼故宅“干城第”、王琼故里碑、三官庙、清代民居及解放战争时期中共太原县委旧址等。2021年10月，被评为中国美丽休闲乡村。

迎泽区 [Yíngzé Qū]

县级政区名。太原市辖区。在市境东部。东与晋中市榆次区、寿阳县接壤，南与小店区毗邻，西隔汾河与万柏林区相望，北与杏花岭区接界。面积117平方千米。人口59.4万。辖迎泽街道、文庙街道、庙前街道、柳巷街道、桥东街道、老军营街道6个街道及郝庄镇1个镇。区人民政府驻柳巷街道。区境为太原老城南部及南门外区域，以明代太原府城南门“迎泽门”而得名。嘉靖《太原府志》：“太原府城，门八：东曰宜春，曰迎晖；南曰迎泽，曰承恩。”

民国初分属阳曲县、太原县。1945年，太原以城池为界，划为内八区、外八区，区境为内一、二、三、八区及外一区、外二区管辖地。1949年，区境分属第一、二、五、六区。1954年6月，更名为南城区。1960年6月，撤销南城区，分属柳巷、双塔两个城市人民公社。1961年5月，复置南城区。1998年，置迎泽区至今。

区境为唐代河东军的军城故地。宋代为并州城的核心区域。明洪武九年（1376年）太原城扩建后为主要商业区。地名文化丰富多彩，保留有如铁匠巷、帽儿巷、靴巷、大剪子巷、小剪子巷等古太原城内的手工业街巷名。有的地名以当时机构驻地命名，如以官衙命名的按司街、察院后、都司街、府东街、府西街等，以驻军兵营命名的老军营、校尉营、东缉虎营、西缉虎营等，以清朝新旧满洲城旧地命名的新城街、旧城街。有的地名以名人、庙宇命名，如狄梁公街、傅家巷、寇庄西路、侯家巷、文庙巷、庙前街、皇庙巷、万寿宫、皇华馆、开化寺街、姑姑庵、三圣庵、永祚寺路等。有的以商业市场命名，如馒头巷、食品街、酱园巷、炒米巷、南牛肉巷、柴市巷、豆芽巷等。还有以典故命名寄托美好寓意的，如起凤街取唐王勃《滕王阁序》“腾蛟起凤”，云路街取《北史·文苑传序》中“俱承龙光，并驱云路”等等。

区境历史悠久，名胜古迹众多。有全国重点文物保护单位9处，其他文物保护单位97处。如太原标志性建筑永祚寺双塔、王家峰北齐墓群、崇善寺、纯阳宫、大关帝庙、清真古寺、基督教堂、山西大学堂旧址、皇庙、古关帝庙等。革命纪念地有太原文瀛湖辛亥革命活动旧址、中国共产党太原支部旧址、双塔革命烈士陵园。名胜有清代阳曲八景中的“巽水烟波”“双塔凌霄”、4A级旅游景区汾河公园、迎泽公园、文瀛湖公园、傅山碑林公园等。有历史文化风貌区4处，即文庙—文瀛湖历史风貌区、迎泽大街历史风貌区、城西水系历史文化风貌区、百年商业街巷区钟楼街、开化寺、桥头街、柳巷。

商业中华老字号有六味斋酱肉店、益元庆醋坊、老香村、双合成糕点铺、乾和祥茶庄、大宁堂中药店、清和元、恒义诚、认一力、一间楼烟酒店、开化寺商场、大中寺商场、开明照相馆、亨升久鞋店、亨得利钟表行、华泰厚裁缝店、义元生绸缎庄等百年老店。新兴商贸街市有朝阳街服装城、帽儿巷“食品街”等。

土特产品有六味斋酱肉、老鼠窟元宵、老香村糕点、清和元头脑等。地方特色民间艺术有武社火、铁棍背棍、高跷等。宁化府益源庆醋业工艺被列入省级非物质文化遗产。

地处太原盆地，东倚罕山，西濒汾河，地势东高西低。罕山为太行山脉中段西翼，区境最高点位于郝庄镇占道村北，海拔1604米，最低点位于南内环街汾河沿岸，海拔781.7米。有南沙河、马庄河等。太原火车站、太原市长途汽车站在境。

柳巷街道［Liǔxiàng Jiēdào］

乡级政区名。迎泽区人民政府驻地。在区境西北部。东与文庙街道相邻，南、与迎泽街道接壤，西与庙前街道毗连，北与杏花岭区鼓楼街道、杏花岭街道交界。面积1平方千米。人口7.42万。辖起凤街社区、校尉营社区、开化寺南街社区、察院后社区、宁化府社区等9个社区。街道办事处驻察院后社区。以境内有著名商业街柳巷而得名。柳巷起源于元代古街“大柳巷”“小柳巷”。《永乐大典·太原志》：“皇华坊，即小柳巷。澄清坊，即大柳巷。”

明清时期为太原府城中心主要商业区。民国属太原市内一区、内二区。1949年，属第一、二区。1950年，属第一区。1954年，属南城区。1960年，属柳巷公社。1961年，属南城区，设柳巷城市人民公社。1979年，设柳巷街道。1998年，属迎泽区。

地处太原盆地，太原古城中心。为太原古城著名商业区，钟楼街、开化寺、桥头街、柳巷皆为百年商业街巷。古迹有宋代寿宁寺遗址、广化寺遗址、元代关帝庙、明清按察司旧址、四美园旧址等。有全国重点文物保护单位纯阳宫、太原清真古寺、山西省立第一中学旧址等，省级重点文物保护单位有太原文瀛湖辛亥革命活动旧址、人民革命烈士纪念塔等，市级重点文物保护单位有亨升久旧址、泰山庙、书业诚旧址、钟楼街120号民居、迎泽宾馆、五一百货大楼、皇华馆12号民居、开化寺南街34号民居、开化寺西街28号民居、崇德庐石刻群、孙中山演讲旧址、西校尉营古关帝庙等。有省级爱国主义教育示范基地中国共产党太原支部旧址。重要纪念地有孙中山纪念馆等。中华老字号有益源庆醋坊、六味斋酱肉店、清和元头脑餐馆、老香村糕点铺、老鼠窟元宵店等。传统商场大中市场、开化市场均由佛寺演变而成。文瀛湖由宋代并州城东南汇水区形成，历为市民休憩游乐区。土特产品有六味斋酱肉、老鼠窟元宵、清和元头脑等。

文庙街道 [Wénmiào Jiēdào]

乡级政区名。在迎泽区西北部。东、南郝庄镇接壤，南与桥东街道毗邻，西与柳巷街道相连，北与杏花岭区杏花岭街道、大东关街道交界。面积 2.6 平方千米。人口 7.36 万。辖文庙社区、五一东街社区、上马街一社区、上马街二社区、山右巷社区等 13 个社区。街道办事处驻文庙巷 21 号。以辖区内有清代太原府文庙而得名。

宋代位于并州城东门外。明初扩入太原府城中。民国属太原市内一区、外一区。1949 年，属第一、第五区。1950 年，属第四区。1954 年，属南城区。1955 年，设上马街街道。1960 年，属双塔公社。1961 年，属南城区，设新城城市人民公社。1962 年，改文庙城市人民公社。1979 年，改文庙街道。1998 年，属迎泽区至今。

地处明代太原府城东南隅，旧堪舆家以东南巽位象征文运，故文庙、学校多建于这一带，素有文化区之誉。清末至民国时有国立山西大学、汉山书院、山西农林学堂、太原女子师范、私立山右大学等著名学校，现在仍有太原师范学院附中、太原进山中学等学校。名胜古迹有全国重点文物保护单位山西大学堂旧址、太原府文庙、崇善寺等。其他文物保护单位有皇庙、万寿宫 3 号民居、万寿宫基督教堂、文津巷民居、山西省手工业管理局旧址、山西省教育图书博物馆旧址等。2009 年，划入太原历史文化名城的文庙——文瀛湖历史风貌区。

庙前街道 [Miàoqián Jiēdào]

乡级政区名。在迎泽区西北部。东与柳巷街道相邻，南与迎泽街道为邻、老军营街道毗连，西与万柏林区兴华街道隔汾河相望，北与杏花岭区三桥街道、鼓楼街道接壤。面积 3 平方千米。人口 6.77 万。辖庙前街社区、海边街社区、桃园路一社区、新建路一社区、水西关街一社区等 14 个社区。街道办事处驻都司街 8 号。因境内有明代大关帝庙而得名。道光《阳曲县志》：“转北曰大关帝庙街，坊一‘威震华夏’。左曰东庙巷，右曰西庙巷。”

辖境为唐代河东军城旧址。五代称故军。北宋初，置唐明监，太平兴国七年（982 年），在此创建并州城子城。金、元时期位于太原府子城及西南隅。明、清为太原府城西南部。民国属太原市内三区。1949 年，属第二区，设庙前行政街。1950 年，属第一区。1954 年，属南城区。1955 年，设庙前街道。1960 年，属柳巷公社，设庙前街管理区。1961 年，属南城区，设庙前城市人民公社。1979 年，改庙前街道。1998 年，属迎泽区至今。

地处太原盆地，西濒汾河。名胜古迹有大关帝庙、宋代丁字街遗存、明代三立书院旧址、傅家巷傅山家族祖居旧地、清代满洲城旧地等。古街巷保留宋代并州城“丁字街”格局。明清街名有傅家巷、都司街、韶九巷、晋府店、羊市街等。以居民区、服务业为主。

迎泽街道 [Yíngzé Jiēdào]

乡级政区名。在迎泽区西南部。东与桥东街道相邻，南与小店区营盘街道，西与老军营街道接壤，北与柳巷街道毗连。面积 4.4 平方千米。人口 11.2 万。辖并州路一社区、并州路二社区、南内环一社区、南内环二社区、解放南路一社区等 15 个社区。办事处驻双塔西街 39 号。以辖境有迎泽大街而命名。

原为太原古城南关城、首义关区域，地处平川，南沙河横经。1949 年，属太原市第六区。1951 年，属第一区。1954 年，属南城区。1955 年 7 月，成立南关、并州路街道。1959 年，属迎泽街街道。1960 年 5 月，属柳巷人民公社南关街管区。1961 年 5 月，属迎泽人民公社。1979 年 1 月，恢复迎泽街道。1998 年，属迎泽区至今。城市公共文化设施有太原市最大的公园——迎泽公园、山西省体育馆、太原市少年宫等。

桥东街道 [Qiáodōng Jiēdào]

乡级政区名。在迎泽区西南部。东与郝庄镇相邻，南与小店区营盘街道交界，西与迎泽街道毗连，北与文庙街道相接。面积 6.43 平方千米。人口 9.2 万。辖南官坊社区、桥北社区、东岗社区、营盘社区、南内环街社区等 19 个社区。办事处驻桥东街 8 号。以辖境桥东街而得名。

明清为太原府城新南门外区域。清末正太铁路通车，在此建太原火车站和铁路桥，形成桥东街、南官房等街巷。1949 年，属太原市第六区。1951 年，属第一区。1954 年，属南城区。1955 年 7 月，成立正太街街道，以石太铁路旧名正太铁路为名。1959 年 6 月，更名桥东街街道。1960 年 5 月，改置桥东管理区，属双塔人民公社。1961 年 5 月，设桥东人民公社。1979 年 1 月，恢复桥东街道。1998 年，属迎泽区至今。有太原市长途汽车客运总站、山西省人民医院。

老军营街道 [Lǎojūnyíng Jiēdào]

乡级政区名。在迎泽区西南部。东与迎泽街道相邻，南与小店区平阳路街道接壤，西与万柏林区千峰街道、下元街道、长风西街隔汾河相望，北与庙前街道毗连。面积 3.5 平方千米。人口 8.2 万。辖老军营小区第一社区、老军营小区第二社区、新建南路一社区、滨河东路一社区、劲松社区等 10 个社区。街道办事处驻老军营小区小环路 14 号。因境内有旧老军营村而得名。

地处太原盆地，西濒汾河。老军营原名古正村，明代为太原城南驻军兵营，清代演变为老军营村。康熙《阳曲县志 · 古迹》："老军营，驻兵防边屯扎日久，师老于此，故名。"道光《阳曲县志》："南关都，四村。老军营，旧名古正村，距城五里。"明清属阳曲县南关都。民国属阳曲县第一区，后属太原市内八区。1949 年，属第六区。1950 年，属第四区。1951 年，属第一区。1954 年，属南城区。1959 年，属南城区迎泽街道。1961 年，属南城区迎泽城市人民公社。1979 年，属南城区迎泽街道。1989 年 8 月，将迎泽街道新建南路以西区域划出，置老军营街道。1998 年，属迎泽区至今。

20 世纪 50 年代后，太原市区向南拓展，老军营村逐步城市化，后成为地片名、小区名、街道名。现为学校、机关、商业、居民住宅聚集区。有傅山碑林公园、汾河公园、珠林园、墨艺苑、盆景中心等。其中傅山碑林公园是展示历史名人傅山书法艺术的现代仿古园林。园中陈列有镌刻傅山先生及明清书法家作品碑石数百方。公园设计以中国古典园林造景手法，将仿古建筑、书法、雕塑等多种艺术与园林环境完美结合，被誉为"现代造园典范”。

郝庄镇 [Hǎozhuāng Zhèn]

乡级政区名。在迎泽区中东部。东与寿阳县平头镇、东南与晋中市榆次区乌金山镇交界，南与小店区北营街道、营盘街道接壤，西与桥东街道相邻，北与文庙街道毗连。面积 86 平方千米。人口 4.3 万。辖朝阳一社区、郝庄社区、东太堡社区、马庄社区、店坡社区等 21 个社区，港道村、水峪村、观家峪村、董家庄村、孟家井村等 10 个行政村，有 56 个自然村。镇人民政府驻郝庄村。以驻地命名。

明清为太原城外东南丘陵区，属阳曲县东南乡。民国属阳曲县第一区，后属太原市外一区。1949 年，属太原市第五区。1950 年，属第四区。1954 年，属新城区，设郝庄乡。1956 年，乡废，属孟家井镇。1957 年，属郊区孟家井镇。1958 年，设郝庄人民公社。1959 年，属南城区。1960 年，属双塔公社。1961 年，属南城区。1963 年，属郊区。1970 年，属南郊区。1979 年，设郝庄乡。1998 年，属迎泽区。2002 年 4 月，设郝庄镇至今。

地处太原盆地东北缘，罕山西麓，属黄土丘陵区。名胜古迹有全国重点文物保护单位永祚寺、王家峰北齐墓群；省级重点文物保护单位有孟家井瓷窑遗址；市级重点文物保护单位有南十方院白云寺、松庄慈云寺、枣园洞穴村落遗址、保宁寨址、双塔烈士陵园等。纪念地有西北野战军第七纵队指挥部旧址、罕山战斗遗址、太原前线司令部遗址等。

郝庄村 [Hǎozhuāng Cūn]

居民点。郝庄镇人民政府驻地。在迎泽区人民政府驻地东南 3.5 千米。人口 0.56 万。相传明初郝姓聚居而得名。明、清属阳曲县东南乡辛村二都。民国属阳曲县第一区，后属太原市外一区。1949 年，属太原市第五区。1950 年，属第四区。1954 年，为新城区郝庄乡驻地。1956 年，属孟家井镇。1958 年，为郝庄人民公社驻地。1979 年，为郝庄乡人民政府驻地。2002 年 4 月，为郝庄镇人民政府驻地至今。地处东山西麓，南沙河流经。名胜古迹纪念地有永祚寺双塔、双塔烈士陵园、狄仁杰先祖狄湛墓等。

永祚寺，俗称双塔寺，为全国重点文物保护单位。明万历二十七年（1599 年），地方缙绅以其地在太原城巽方，为兴文运而建文峰塔，俗称东塔。后由万历皇帝之母宣文太后出资，高僧福登和尚主持再建佛塔，俗称西塔。两塔相距 60 米，塔高 54.85 米，平面八角 13 层。表面砖雕、琉璃装饰。双塔高耸入云，巍峨壮观，是太原城市的标识。寺内有大雄殿为国内著名无梁殿建筑，是明代砖仿木结构的代表作。与南京灵谷寺无量殿、五台山显通寺无量殿，同称为我国“三大无梁殿建筑”。

杏花岭区 [Xìnghuālǐng Qū]

县级政区名。太原市人民政府驻地。在市境东部。东与晋中市寿阳县交界，南与迎泽区毗邻，西隔汾河与万柏林区相望，西、北与尖草坪区相连，北、东与阳曲县接壤。面积 146.43 平方千米。人口 79.22 万。辖巨轮街道、三桥街道、鼓楼街道、杏花岭街道、坝陵桥街道、大东关街道、职工新街街道、敦化坊街道、涧河街道、杨家峪街道、享堂街道 11 个街道和中涧河 1 个镇。区人民政府驻巨轮街道胜利街 99 号。

杏花岭区因太原旧城东部高地杏花岭而得名。这片高地明代为晋王府东南隅，清初晋王府焚毁后废为荒坡，相传多植杏树，后市民以"杏花岭"为区片名。其名始见于道光《阳曲县志》："出南华门，皆晋府旧地，有杏花岭、天地坛、灰渣坡等名。"清末成为街巷名，专指今杏花岭街东段。1950 年后，曾为行政街名、街道办事处名、城市人民公社名。1998 年，为市辖区名。

区境在宋代为并州城的东北隅及城外乡村。明、清属阳曲县，为太原府城北半部及城东、北乡村。民国初属阳曲县第一区。1945 年，分属太原市内四区、内五区、内六区、外六区、内七区、外八区。1949 年，为太原市内三、内四和外四区。1950 年，为第二区、第三区。1954 年，更名为北城区，区政府驻典膳所 2 号。1960 年，撤销北城区，分设巨轮、尖草坪和向阳 3 人民公社。1961 年，恢复北城区，区人委驻五一路 158 号。1969 年，北城区人民委员会改革命委员会。1977 年 8 月，北城区革命委员会移驻解放路 369 号。1981 年，恢复北城区人民政府。1998 年，更名为杏花岭区，原北城区的上兰街道、迎新街街道、南寨街道、光社街道、古城街道、尖草坪街道 6 个街道划归尖草坪区。原北郊区的中涧河乡、小返乡 2 个乡和南郊区的杨家峪乡划归杏花岭区后成今境。2008 年 8 月，杏花岭区人民政府移驻胜利街 99 号。

地处太原盆地东北边缘，东倚太行山余脉东山山地，西濒汾河，主要支流有涧河、北沙河、小返河横经。地势东北高、西南低，地形分为山地、丘陵和平川。最高点中涧河镇建华村北海拔 1647 米；最低点半坡东街汾河故道海拔 783 米。

区境地名分为城区街巷名、城郊乡村名两大类。城区街巷多为 1949 年后命名，现仅保留部分明清时期地名，如南华门、东肖墙、鼓楼街、三桥街、黑龙潭等，反映了太原古城的历史建置和民情风俗。城郊地名多反映所处东山丘陵区的地形特点，如杨家峪、中涧河、王家山、耙儿沟等。

政区地名和居民点地名具有以下特征：1. 以自然地理实体命名。如：杏花岭、涧河。2. 以地理位置命名。如：府东街、北大街、中涧河、后小河。3. 以历史古迹或人文地理实体命名。如：柳溪街、三桥街、鼓楼街、坝陵桥。4. 以姓氏命名。如：杨家峪、耿家庄。5. 以谐音雅化而命名。如：敦化坊原名为东马房。6. 因境内特色而命名。如：巨轮因境内工厂众多而得名；职工新街因各工矿企业在此新建职工宿舍而得名。

为明清太原府城的行政中心，也是山西省近代兵器工业的发祥地。明代的山西巡抚部院、布政使司、冀宁道署、太原府衙、阳曲县衙均分布在区境府东街、府西街。清光绪间，主张"洋务自强"的山西巡抚张之洞在太原创建新药局，后布政使胡聘之又创建修造军械的太原机器局。民国时期改太原兵工厂，以"晋造"兵器闻名于世。1949 年后，成为我国重要的中口径火炮研发制造基地，现已列为国家工业遗产。

现存各级文物保护单位106处。其中全国重点文物保护单位有唱经楼、太原天主堂2处；省级文物保护单位有督军府旧址、山西国民师范革命活动旧址、赵树理旧址等5处；市级文物保护单位有太原旧城墙遗址、傅公祠、城隍庙等22处；区级文物保护单位77处。辖区内有国家级4A级旅游景区太原动物园、东湖醋园2家；有国家级工农业旅游示范点东湖醋园1家；有全国爱国主义教育基地和全国百家红色旅游基地太原解放纪念馆、山西国民师范革命活动旧址2家；还有长沟生态园、采薇庄园、太原酒厂、锦林百花园、龙角山生态风景区、汾河公园、龙潭公园、薰衣草庄园等观光旅游景点。地方特色民间艺术有面花、雪梨酥月饼制作及西华门舞狮，均被列入省级非物质文化遗产名录。

巨轮街道 [Jùlún Jiēdào]

乡级政区名。杏花岭区人民政府驻地。在区境西部，东与敦化坊街道接壤，东南与坝陵桥街道相连，南与鼓楼街道、三桥街道毗邻，西隔汾河与尖草坪区汇丰街道相望，北与涧河街道为邻。面积3.61平方千米。人口8.23万。辖胜利西街社区、胜利桥社区、新建北路社区等12个社区。街道办事处驻胜利西街社区。因地处太原城北重工业区，时以巨轮为工业象征，故于1960年设置巨轮公社，并沿用至今。

明属太原府城北关厢区域。清属阳曲县北关一都、北关二都。民国初，属阳曲县第一区，1947年，属太原市外六区。1949年，属第八区。1950年，属第三区，有上北关、阁外街2行政街及程家村行政村。1952年，属第二区。1954年，属北城区。1960年，废区，设置大公社，属巨轮公社胜利街城市管理区。因地处重工业区，时以巨轮为工业象征，故名。1961年，属北城区巨轮人民公社。1979年，改巨轮街道办事处，属北城区。1998年，属杏花岭区至今。

境内地名有以下特征：1. 以军事实体命名。如沙河堡，因位于明太原府城大北门外沙河堡之城堡而得名。2. 以嘉言希冀命名。如胜利街。3. 以姓氏命名。如程家村等。4. 以人文地理实体命名。如大北门等。

地处太原盆地，涧河、北沙河流经。近代在洋务运动影响下，在境内创建修造军械的太原机器局。民国时期继续在此发展军工企业，并先后建成育才机器炼钢厂、西北化学工厂、西北机车厂、西北窑厂、西北印刷厂、西北铸造厂等企业，是太原重工业的发祥地。名胜古迹有太原机器局旧址等。

三桥街道 [Sānqiáo Jiēdào]

乡级政区名。在杏花岭区西部。东连鼓楼街道，南邻迎泽区庙前街道，西濒汾河与万柏林区兴华街道、汇丰街道相望，北接巨轮街道。面积3.64平方千米。人口8.86万。辖柳溪街社区、桃园北路西社区、金刚里社区、旱西关东社区等13个社区。街道办事处驻桃园二巷北社区。以境内有宋代太原城北门护城河桥遗址“三桥街”命名。宋代为并州城西北隅三星坊。金代为太原府城三桂坊。明、清始称三桥子街，以街北有桥，市民每于正月十六有“走三桥”习俗而得名。

民国初属阳曲县第一区。1947 年，属太原市内五区。1949 年，属第三区。1950 年，属第二区。1954 年，属北城区。1960 年，属巨轮人民公社。1961 年，属三桥人民公社。1979 年，改三桥街道，属北城区。1998 年，属杏花岭区至今。

辖区内地名具有以下特征：1. 以城门命名。如旱西门街、旱西关街。2. 以历史遗迹命名。如柳溪街、鱼池街、桃园。3. 以人文地理实体命名。如三桥街、坡子街、金刚堰路。4. 以方位命名。如旱西南巷、旱西北一条、金刚里北一巷、金刚里西巷、桃北东巷、桃园二巷北一条。

地处汾河故道，西濒汾河，北沙河流经。名胜古迹有普光寺、龙潭公园、汾河公园、饮马河公园等。境内曾为宋河东廉访使司、明代太原府、阳曲县驻地。有宋代怀德门、金元文庙、明代旱西门、清代令德书院、清末洋务运动火柴局等历史遗址。历史人物有金代汾阳军节度使王擣、王珙、王珣“兄弟三桂”，明代南京刑部尚书周瑄、明代礼部尚书周经，清代翰林贾瑜等。

鼓楼街道［Gǔlóu Jiēdào］

乡级政区名。在杏花岭区西南部。东与杏花岭街道、坝陵桥接壤，南与迎泽区柳巷街道、庙前街道交界，西与三桥街道相连，北与巨轮街道毗连。面积 2.97 平方千米。人口 6.03 万。辖西羊市社区、东仓巷社区、东缉虎营社区、西缉虎营社区、府东街社区等 12 个社区。街道办事处驻东缉虎营社区。以境内旧有历史建筑鼓楼和鼓楼街而得名。鼓楼原为太原城中标志性建筑，始建于明代。楼高逾十丈，楼座上为木结构三层楼阁。1933 年，鼓楼被改作晋绥物产陈列馆。南面悬匾“造产救国”“用志不忘”，为阎锡山手书。太原战役中鼓楼作为防御工事，遭炮火击毁，1952 年拆除。

北宋至明、清为太原府城中心区域。宋、金、元属太原府城西北隅寿宁坊、澄清坊。明代在都察院前创建鼓楼，始有鼓楼前街、鼓楼街之名。民国初，属阳曲县第一区。1947 年，属太原市内四区。1949 年，属第二区。1954 年，属北城区。1960 年，属巨轮人民公社。1961 年，设立鼓楼人民公社，属北城区。1979 年 1 月，改鼓楼街道，属北城区。1998 年，属杏花岭区至今。

地处太原盆地，地势平坦。历史上南部为太原城商贸区，中部为旧衙署区，北部为寺庙、居民区。所遗存街巷地名皆蕴含大量古城历史文化信息。如上肖墙、北肖墙、西肖墙是明代晋王府宫墙遗址；坊山府、临泉府为明代藩王府邸旧地；东、西后小河是宋太原城护城河遗址；北司街以山西承宣布政使司衙署得名；帽儿巷是明清帽子作坊商业街；督军府旧址是明清两代山西巡抚部院。名胜古迹还有唱经楼、古圆通寺、傅公祠、府城隍庙、明代冀宁道署、山西省银行旧址、府东街东花园、文殊寺、山西省议会旧址等。

杏花岭街道［Xìnghuālǐng Jiēdào］

乡级政区名。在杏花岭区西南部。东与大东关街道接壤，南与迎泽区柳巷街道、文庙街道交界，西与鼓楼街道相连，北与坝陵桥街道毗邻。面积 1.68 平方千米。人口 4.29 万。辖东华门社区、杏花岭社区、精营东边街社区、天地坛社区等 10 个社区。街道办事处驻西华门社区。

因辖境有杏花岭街而得名。杏花岭街旧地原为明代晋王府东南隅。清初晋王府被毁废为荒地，相传有杏树而得名。清末山西农林学堂垦植杏花岭一百余亩林地作为农林试验场。民国初为晋军军事演习场地。抗日战争时期日军在杏花岭修建神社和体育场。20 世纪 90 年代，杏花岭体育场拆除，改建为住宅小区。

宋代为并州城东门外山地。明洪武初扩建太原城，为晋王府城东南隅。晋王府被毁后，清中期始见“杏花岭”地名。民国初属阳曲县第一区。1947 年，属太原市内七区。1949 年，属第四区。1952 年，属第二区。1954 年，属北城区，设杏花岭行政街。1955 年，设杏花岭街道。1960 年，改杏花岭城市管理区，属巨轮人民公社。1961 年，改杏花岭人民公社，属北城区。1979 年，复置杏花岭街道，属北城区。1998 年，属杏花岭区至今。

境内地名有以下特征：1. 以地形特征命名。如：双龙巷。2. 以吉语命名。如：东来巷。3. 以历史古迹命名。如：天地坛、西华门、教场巷、典膳所。4. 以方位命名。如：精营东边街、精营南横街。文物建筑有赵树理旧居、山西省立川至医学专科学校旧址，南肖墙关帝庙、浑源会馆旧址、牺盟会太原市委旧址、阎氏家宅、杨爱源旧居、王靖国公馆旧址、徐永昌旧居，教场巷关帝庙、同蒲铁路专家楼旧址等。

坝陵桥街道 [Bàlíngqiáo Jiēdào]

乡级政区名。在杏花岭区西南部。东与职工新街街道接壤，南与杏花岭街道毗邻，西与鼓楼街道、巨轮街道相连，北与巨轮街道、敦化坊街道交界。面积 1.48 平方千米。人口 4.12 万。辖新开巷社区、小东门社区、五一路北社区、坝陵南街社区等 8 个社区。街道办事处驻坝陵南街社区。以境内旧有坝陵桥街而得名。

宋代为并州城北沙河流经处。明初扩入太原府城，清代在沙河故道北侧建关帝庙，河道有桥以关羽“灞陵桥挑袍”故事命名为灞陵桥。后演变为“坝陵桥”。民国初属阳曲县第一区。1947 年，属太原市内六区。1949 年，属第三区。1952 年，属第二区。1954 年，属北城区，设坝陵桥行政街。1955 年，设坝陵桥街道办事处，属北城区。1960 年，属巨轮人民公社坝陵桥管理区。1961 年，属北城区，改坝陵桥人民公社。1979 年，复名坝陵桥街道，属北城区。1998 年，属杏花岭区至今。

境内地名多以太原古城建筑设施命名。如小北门街、小东门街为城门所在地；坝陵街、坝陵南街、坝陵北街来自古桥坝陵桥。现存历史建筑有山西国民师范革命活动旧址，中共北方局和八路军办事处旧址，太原工程队旧址，西北机械厂旧址，二四七厂苏联专家楼旧址等。

大东关街道 [Dàdōngguān Jiēdào]

乡级政区名。在杏花岭区西南部。东与杨家峪街道接壤，南与迎泽区文庙街道交界，西与迎泽区文庙街道、杏花岭街道毗连，北与职工新街街道相邻。面积 5.09 平方千米。人口 7.3 万。辖新源里南社区、新源里北社区、建设北路南社区、建设北路北社区、大东关街南社区等 11 个社区。街道办事处驻大东关街北社区。因地处明清太原城大东门外的大东关地片而得名。

明代为太原府城宜春门（大东门）外关厢区域。清代属东关东、南、北三甲。民国初属阳曲县第一区。1947 年，属太原市内七区。1949 年，属第五区。1951 年，属第四区，设大东关行政街。1954 年，属北城区。1955 年，设大东关街道办事处，属北城区。1960 年，属巨轮人民公社大东关管理区。1961 年，属北城区，改大东关人民公社。1979 年，复名大东关街道办事处，属北城区。1998 年，属杏花岭区至今。

境内地名具有以下特征：1. 以古城命名。如：大东关街。2. 以自然地理实体命名。如：红沟路、小沟街、小沟坡东街。3. 以古迹命名。如：白龙庙街。4. 以方位命名。如：大东关南巷、红沟南街。名胜古迹有宝林寺等。

职工新街街道 [Zhígōngxīnjiē Jiēdào]

乡级政区名。在杏花岭区西南部。东与杨家峪街道相邻，南与杨家峪街道、大东关街道毗连，西与坝陵桥街道相接，北与敦化坊街道交界。面积 3.71 平方千米。人口 5.29 万。辖新村社区、剪子湾社区、太行路社区、北沙河社区、赛马场西社区等 9 个社区。街道办事处驻迎春社区。20 世纪 50 年代初，因各工矿企业相继在此新建职工宿舍而得名。

清代属阳曲县东北乡辛村一都。民国时期，属太原市外八区。1949 年，属第五区。1950 年，属第四区。1953 年，属第二区，当时各大企业在此创建职工宿舍，因称“职工新村集体宿舍”。1954 年，属北城区，置职工新街行政街。1955 年，改职工新街街道。1960 年，属巨轮公社职工新街管理区。1961 年，属北城区。1962 年，设职工新街城市人民公社。1979 年，改职工新街街道。1998 年，属杏花岭区至今。

地处东山西麓，北沙河流经境内新村、赛马场、北沙河等社区，长 3.3 千米。名胜古迹有同蒲铁路管理局旧址等。太原东站在境。

敦化坊街道 [Dūnhuàfáng Jiēdào]

乡级政区名。在杏花岭区西部。东与杨家峪街道接壤，南与坝陵桥街道、职工新街街道毗邻，西与巨轮街道相连，北与享堂街道接界。面积 3.45 平方千米。人口 7.3 万。辖河北里社区、敦化坊南社区、晋安西街社区、胜利东街社区、富力城社区等 11 个社区。街道办事处驻胜利东街社区。因旧时境内有敦化坊村而命名。敦化坊原名为东马坊，后以谐音雅化为今名。

清代属阳曲县东北乡辛村一都。民国初属阳曲县第一区。1947 年，属太原市外八区。1949 年，属第八区享堂行政村。1950 年，属第三区。1952 年，划属第二区，设敦化坊、享堂两个行政街。1954 年，属北城区。1955 年，改敦化坊、享堂两个街道办事处。1960 年，属巨轮公社敦化坊、享堂两个城市管理区。1961 年，合并为敦化坊城市人民公社，属北城区。1979 年，改敦化坊街道办事处。1998 年，属杏花岭区至今。

境内地名有以下特征：1. 以企事业单位命名。如：晋安东街、敦化化工路。2. 以地理位置命名。如河北里，因位于北沙河以北而得名。3. 以历史古迹命名。如：享堂路、享堂北街。4. 以旧村名命名。如：敦化北路、敦化坊路。5. 以方位命名。如：

北中环街。

涧河街道［Jiànhé Jiēdào］

乡级政区名。在杏花岭区西北部。东与中涧河镇、享堂街道接壤，南与巨轮街道毗邻，西与尖草坪区尖草坪街道交界，北与中涧河镇相连。面积3.66平方千米。人口7.39万。辖涧河社区、兴府园社区、东岗社区、柏新苑社区、锦绣苑社区等13个社区。街道办事处驻同乐苑社区。以辖区内有涧河流经而得名。

明、清为太原府城外东北郊。有季节性河流涧河发源于东山，西注汾河，全长14.95千米。沿河旧有罗家湾村、张圪栳村、河湾村、枣林村、三家店村、刘家街村、郑家崖村等7个村，清初合并为东涧河村、中涧河村、西涧河村3个村，属阳曲县东北乡辛村四都。民国属阳曲县第一区。1947年，属太原市外八区。1949年，属第八区，设东涧河行政村。1950年，属第三区。1951年，为第三区涧河行政村。1953年，改涧河乡。1954年，属新城区，改涧河行政街。1957年，属郊区，设涧河街道办事处。1958年，属北城区。1960年，属太原市尖草坪公社。1961年，析出设立涧河公社，属北城区。1979年1月，涧河公社改涧河街道。1998年，属杏花岭区至今。

境内地名有以下特征：1. 以自然地理实体命名。如：东山、尖草坪街、涧河路。2. 以历史古迹或人文地理命名。如：花园后南街、柏杨树街。3. 以企事业单位命名。如：钢中路、涧河城工街、耐火巷。4. 以方位命名。如：尖草坪南巷、柏杨树北一巷。

地处东山西麓，涧河从东至西流经境内涧河、花南等社区，长1.5千米。近现代建筑有晋安化工厂职工宿舍楼等。

杨家峪街道［Yángjiāyù Jiēdào］

乡级政区名。在杏花岭区西部。东与迎泽区郝庄镇交界，南与迎泽区郝庄镇、文庙街道接壤，西与大东关街道、职工新街街道、敦化坊街道、享堂街道相邻，北与中涧河镇毗邻。面积29.89平方千米。人口9.08万。辖东华苑社区、城东社区、长江社区、淖马社区、杨家峪社区等13个社区及东沟村、大窑头村、小窑头村、山河村、瓦窑头村、瓜地沟村6个行政村。街道办事处驻杨家峪社区。因辖区内有杨家峪村而得名。

清代属阳曲县东北乡辛村三都。民国属阳曲县第一区。1947年，属太原市外八区。1949年，属第五区，设杨家峪行政村。1950年，属第四区。1953年，改杨家峪乡。1954年，属新城区。1957年，属郊区。1958年，属郊区杨家峪农村人民公社。1959年，属北城区。1960年，属巨轮公社，设杨家峪农村管理区。1961年，属北城区，改杨家峪农村人民公社。1963年，属郊区。1970年，属南郊区。1984年，改杨家峪乡。1998年，属杏花岭区。2001年，改杨家峪街道至今。

辖区内地名有以下特征：1. 以历史遗迹命名。如：享堂、道场沟。2. 以自然地理实体命名。如：水沟。3. 以居民姓氏命名。如：杨家峪、朱家峰。4. 以方位命名。如：山庄头、东沟。

名胜古迹纪念地有牛驼寨战斗遗址、广晋煤矿公司旧址，小窑头胡家大院、杨家峪洪福寺等。

享堂街道 [Xiǎngtáng Jiēdào]

乡级政区名。在太原市杏花岭区北部。东与杨家峪街道交界，南与敦化坊街道接壤、西与涧河街道相邻，北与中涧河镇毗连。面积 6.33 平方千米。人口 3.24 万。辖享堂社区、卧虎山社区、背圪洞社区、矿机社区、敦化坊社区 5 个社区。街道办事处驻富力城北社区。因辖区内有享堂社区而得名。清代属阳曲县东北乡辛村一都。民国属阳曲县第一区。1947 年，属太原市外八区。1949 年，属第八区享堂行政村。1950 年，属第三区。1952 年，划属第二区，设享堂行政街。1954 年，属北城区。1955 年，改享堂街道办事处。1960 年，属巨轮公社，设享堂城市管理区。1961 年，属北城区敦化坊城市人民公社。1963 年，属郊区杨家峪农村人民公社。1970 年，属南郊区。1984 年，属杨家峪乡。1998 年，属杏花岭区。2001 年，属杨家峪街道。2006 年，设享堂社区。2021 年，分置享堂街道至今。

“享堂”地名来自明代晋王朱棡妃谢氏墓前的享堂建筑。谢妃为明代开国功臣谢成的女儿，是第二代晋王朱济熺的母亲。附近原有村名“新村凹”，后以谢妃墓前的地标建筑改称“享堂村”。1949 年后，城北工业区发展，享堂村周围成为山西机床厂、太原机车车辆厂等大型企业的居民区，并形成了享堂街、享堂路等主干街路。

中涧河镇 [Zhōngjiànhé Zhèn]

乡级政区名。在杏花岭区北部。东与阳曲县侯村乡、晋中市寿阳县平头镇交界，南与杨家峪街道、享堂街道、迎泽区郝庄镇接壤，西与涧河街道、尖草坪区阳曲镇相连，北与尖草坪区新城街道、阳曲县侯村乡毗邻。面积 100.08 平方千米。人口 2.89 万。辖柏杨树社区、中涧河社区、东涧河社区、南窊社区等 6 个社区及牛驼村、小返村、丈子头村等 14 个行政村。镇人民政府驻中涧河社区，因驻地得名。

清代属阳曲县东北乡辛村四都，共辖 13 村。民国属阳曲县第一区。1947 年，属太原市外八区。1949 年，属第八区，设东涧河、丈子头、柏杨树 3 行政村。1950 年，属第三区，增设瓜地沟行政村。1951 年，为第三区涧河行政村。1953 年，改涧河乡、丈子头乡、瓜地沟乡等 3 个乡。1954 年，属新城区，改涧河行政街和丈子头乡、瓜地沟乡。1957 年，属郊区，设涧河街道办事处和丈子头乡。1958 年，属北城区。1960 年，属尖草坪人民公社，设涧河城市管理区。1961 年，属北城区，设涧河城市人民公社和丈子头农村人民公社。1979 年，涧河城市人民公社复名涧河街道办事处，属北城区；丈子头农村人民公社属北郊区。1983 年，丈子头人民公社改名中涧河人民公社。1984 年，改中涧河乡。1998 年，属杏花岭区。2021 年 4 月，中涧河乡与小返乡合并，改置中涧河镇至今。镇人民政府驻中涧河社区。

境内地名有以下特征：1. 以古迹命名。如：七府坟。2. 以自然地理实体命名。如：中涧河、西岭。3. 以地形特征命名。如：牛驼。4. 以姓氏命名。如：王家山、耿家庄。5. 以当地物产命名。如枣沟。

地处太原东山丘陵地带，地势东高西低，沟谷纵横，是太原城东北的天然屏障，古为兵家必争之地。牛驼村主峰 1258 米，高峻陡峭，地势险要，是太原城东北部制高点和军事要塞，1949 年，太原战役曾激战于此。境内主要河流有涧河，从北至东流经境内下岭村、牛驼村、瓦窑头村、东涧河社区，长 20.65 千米。近现代建筑有长沟天主堂、耿家庄天主堂。旅游设施有长沟生态园、太原曦岭国际滑雪场等。

中涧河社区 [Zhōngjiànhé Shèqū]

居民点。中涧河镇人民政府驻地。在杏花岭区人民政府驻地东北 2.8 千米。面积 2.2 平方千米。人口 0.4 万。清代沿涧河有东涧河、中涧河、西涧河 3 村，以其居中而得名。道光《阳曲县志·舆地图》：“中涧河，距城七里。有护国大王庙。”地处东山丘陵地区，涧河流经村南。20 世纪 50 年代后，属城乡结合部，后发展为城中村。2005 年，全村整体农转非。2006 年，村委会改制为中涧河社区。尖草坪街、卧虎山快速路经此。社区南侧有太原市动物园。

牛驼村 [Niútuó Cūn]

居民点名。属中涧河镇。在杏花岭区人民政府驻地东北 7.5 千米。东至下岭村，南至瓦窑头、西至东涧河，北至丈子头。人口约 900 人。“牛驼”本指一种有驼峰的牛，相传因当地山势陡峭，远观如牛驼而得名。古为阳曲县地。清属阳曲县东北乡辛村四都。民国属阳曲县第一区。1947 年，属太原市外八区。1949 年，属第八区。1950 年，属第三区。1954 年，属新城区。1957 年，属郊区。1958 年，属北城区。1960 年，属尖草坪人民公社。1979 年，属北郊区。1998 年，属杏花岭区至今。为太原城东重要门户，明清时在村南 1.5 千米处设驻兵营寨，俗称牛驼寨。1937 年 11 月，日军入侵山西即从此攻陷太原。在解放战争的太原战役中，为东山四大要塞之一。1948 年 10 月 17 日至 11 月 13 日，解放军与阎锡山军在此激烈争夺 30 天，最终攻克牛驼寨要塞中心，老爷庙碉堡，打开了太原的东大门。现存牛驼寨战斗遗址，包括老爷岭庙碉等工事遗迹。2000 年 12 月，被公布为市级文物保护单位。村东侧有全国爱国主义教育基地“牛驼寨烈士陵园”和“太原解放纪念馆”。2022 年 12 月，“牛驼寨”地名入选山西省首批红色地名名录。

尖草坪区 [Jiāncǎopíng Qū]

县级政区名。在太原市境中东部。东与杏花岭区、阳曲县相邻，南与万柏林区毗连，西与万柏林区阳曲县接壤，北与阳曲县交界。面积 296 平方千米。人口 53.04 万。辖柴村街道、尖草坪街道、光社街道、上兰街道、南寨街道、迎新街街道、古城街道、汇丰街道、新城街道 9 个街道，向阳镇、阳曲镇 2 个镇，柏板乡、西墕乡 2 个乡。区人民政府驻柴村街道。因境内地片名“尖草坪”命名。

辖区历史上为阳曲县地，在太原城北有地片名“菅草坪”，俗写作“尖草坪”。民间有“尖草坪，乱坟场，只长尖草不长粮"之谚。清代属阳曲县正北乡荣南都、兰伏都、西北乡堡符都。民国初属阳曲县第一区、第三区、第五区。1947 年，属太原市外五区、外六区、外七区。1949 年 5 月，分属太原市七区、八区及阳曲县四区、六区。1954 年，分属北城区、新城区，新城区人民政府驻新城村。1957 年，分属北城区、郊区。1959 年，撤郊区，分属北城区、河西区。1960 年，撤区，分属尖草坪、万柏林、向阳、西山 4 个人民公社。1961 年，撤公社，分属北城区、河西区。1963 年，分属郊区、北城区。1970 年，分属北城区、北郊区，北郊区革命委员会驻柴村。1998 年，设立尖草坪区至今。

从地名专名来看，辖区内行政区划地名和居民点地名有以下特征：1. 以军事地理实体命名。如：镇城、西关口、东关口等。2. 以姓氏命名。如：柴村、呼延、宇文等。3. 以自然地理实体命名。如：棋子山村、横岭村、水峪村等。4. 以历史古迹或人文地理实体命名。如：皇后园、土堂、七府坟等。

从地名通名来看，辖区内行政区划地名和居民点主要有以下特征：1. 多以兵寨、城堡为通名，如：蝎子寨、南寨、永宁堡等。2. 以当地黄土地貌梁、峁、塄为通名，如：风格梁、甘草峁、西塄等。3. 其他多为北方常见通名村、庄等，如：杨家庄、小返村等。

地势西北高东南低。自西向东从山地、丘陵向河谷过渡。东部山地为太行山支脉西翼，西部平原为太原盆地东北部，属汾河冲积平原。最高峰柏板乡道红梁海拔 1540 米，最低点为柴村街道呼延村东北侧汾河河滩，海拔 773.5 米。有全国重点文物保护单位兰村窦大夫祠、崛围山多福寺、土堂净因寺。有崛围山风景区、汾河二库风景区、中华傅山园、上兰土雕艺术园、宇文山庄等旅游景点。地方特色民间艺术有社火、背棍、铁棍、高跷等。历史人物有春秋晋国大夫窦犨、明清著名的思想家、书画家、医学家傅山等。

尖草坪街道 [Jiāncǎopíng Jiēdào]

乡级政区名。在尖草坪区东南部。东与杏花岭区中涧河镇交界，西南与古城街道相连，北与光社街道接壤。面积 1.6 平方千米。人口 3.03 万。辖钢东社区、恒山社区、利民社区、虹桥社区、花园社区、新兴商贸社区、龙城社区、花园社区 8 个社区。街道办事处驻恒山社区。因境内地片名"尖草坪"命名。

清代属阳曲县北关都。民国初属阳曲县第一区。1947 年，属太原市外七区。1949 年，属太原市第八区。1950 年，属第三区。1954 年，属北城区，设尖草坪行政街。1955 年，改为尖草坪街道。1960 年 8 月，撤区属尖草坪公社，分设坪东、坪西两个城市管理区。1961 年 5 月，管理区合并，改尖草坪人民公社。1979 年 1 月，恢复尖草坪街道。1998 年，属尖草坪区。

辖境处于太原城通往晋北要道，为太原重工业区，民国时期在此创建西北炼钢厂。现有全国钢铁四强、世界不锈钢十强生产基地太原钢铁（集团）有限公司及华北最大的小商品、小食品市场等驻境。

光社街道 [Guāngshè Jiēdào]

乡级政区名。在尖草坪区中东部。东与阳曲镇和杏花岭区中涧河镇、涧河街道相邻，南与尖草坪街道相连，西与古城街道毗连，北与新城街道、迎新街街道接壤。面积 7 平方千米。人口 1.95 万。辖简易社区、七府坟西街社区、七府坟南街一社区、七府坟南街二社区、建工街一社区、建工街二社区、光社社区 7 个社区，及新店村、杜家村 2 个行政村。街道办事处驻七府坟南街一社区。以境内有光社村而得名。

明清属阳曲县正北乡兰伏一、二都。民国属阳曲县第一区。1947 年，属太原市外七区。1949 年，属太原市第八区。1951 年，属第三区。1954 年，属新城区，设光社行政街。1955 年，改光社街道办事处。1957 年，属郊区。1959 年，属北城区。1960 年，属尖草坪公社，设光社城市管理区。1961 年，属北城区，废管理区。1962 年，设光社城市人民公社。1979 年，改光社街道。1998 年，属尖草坪区至今。

地处太原盆地，汾河东岸，东山西麓。名胜古迹有光社夏文化遗址、新店永宁堡、新店妙吉祥寺、民国太原飞机场遗址等。1956 年，在光社村南黄土台地新石器文化遗址进行了发掘，获得一批陶、石、骨器。陶器以鬲为主，有锥状实足根。从陶器的特点看，光社遗址为夏时期的文化遗存也有“先周文化”的因素。它对于先周文化起源于山西的研究有重要意义，考古界命名为“光社文化”。

上兰街道 [Shànglán Jiēdào]

乡级政区名。在尖草坪区西北部。东邻向阳镇，南连柴村街道，西接马头水乡、阳曲县西凌井乡，北与柏板乡接壤。面积 12 平方千米。人口 1.91 万。街道办事处驻上兰村。辖华工社区、太纸社区、寒泉社区 3 个社区及上兰村、土堂村 2 个行政村。街道办事处驻上兰村，因驻地得名。

清代属阳曲县西北乡兰伏都。民国初属阳曲县第五区。1949 年，属阳曲县第四区。1953 年，划归太原市第三区，设上兰镇。1954 年，改上兰街道，属新城区。1957 年，属郊区。1959 年，属北城区。1960 年，属向阳公社。1961 年，设上兰村人民公社。1963 年，属郊区。1970 年，属北郊区。1984 年，改上兰镇。1985 年 9 月，从上兰镇分设上兰街道，上兰街道属北城区，上兰镇属北郊区。1998 年，上兰街道、上兰镇同属尖草坪区。2001 年，上兰镇并入上兰街道。

地处太原盆地北缘，汾河出吕梁山口烈石口。有全国重点文物保护单位兰村窦大夫祠、土堂净因寺。有清代阳曲八景中的“烈石寒泉”“土堂怪柏”及傅山祠堂、虹巢、赵戴文墓、近代工业西北造纸厂旧址等。地方特色民间艺术有戏曲、锣鼓、秧歌、旱船、背棍、抬棍、花鼓等。民间体育竞技项目“拔花花”被列入省级非物质文化遗产。

拔花花是流行于当地农村的一项比体力、比技巧的群众性体育竞技活动，每年农历正月十五至二月二之间，由民众自发举办。活动时搭起高约七八米的木架，中间横木下固定一个滑轮，轮上穿一条麻绳，横木上方约两米高位置再固定一根横木插绢花。活动者要由地面拉住麻绳爬上中间的横木，再站起来拔下鲜花，翻回到地面。要求迅速灵活，身手矫捷，是集竞技性、娱乐性、趣味性于一体的民间健身、娱乐活动。

上兰村［Shànglán Cūn］

居民点。上兰街道办事处驻地。在尖草坪区人民政府驻地正北 8 千米。面积 7.97 平方千米。人口 0.73 万。兰姓始居，与下兰村相对而得名。一说因汾河滩多马兰花而名。

清代属阳曲县西北乡兰伏四都。民国初为阳曲县第五区。1949 年，属阳曲县第四区。1951 年，划入太原市第三区，为上兰行政村。1953 年，为上兰镇人民政府驻地。1954 年，属新城区，为上兰行政街。1955 年，置上兰街道，为办事处驻地。1957 年，属郊区。1958 年，属北城区。1960 年 6 月，属向阳公社。1961 年 5 月，属北城区兰村城市人民公社，为公社驻地。1963 年 4 月，属郊区上兰农村人民公社，为公社驻地。1970 年，属北郊区。1984 年，上兰镇，为镇人民政府驻地。2001 年，属上兰街道，1998 年，属尖草坪区至今。

地处汾河出山口，古名“立石口”，后称“烈石口”。有全国重点文物保护单位兰村窦大夫祠。有清代阳曲八景中的“烈石寒泉”及虹巢、赵戴文墓、近代工业西北造纸厂旧址、山西私立进山学校旧址、上兰广济寺、上兰民居等。地方特色民间艺术有戏曲、锣鼓、秧歌、旱船、背棍、抬棍、花鼓等。民间体育竞技项目“拔花花”被列入省级非物质文化遗产。

土堂村［Tǔtáng Cūn］

居民点。位于太原市尖草坪区北部。属上兰街道。在尖草坪区人民政府驻地北 7.5 千米。面积 3.9 平方千米。人口 0.11 万。因村西净因寺有黄土雕建大佛阁，俗称土堂，因以为村名。道光《阳曲县志 · 舆地图下》：“土堂村大佛寺，金太和五年建，旧名净因寺。因内有土洞殊高敞，因名土堂。”

清代属阳曲县西北乡兰伏四都。民国初为阳曲县第五区。1949 年，属阳曲县第四区。1951 年，划入太原市第三区，为土堂行政村。1953 年，属上兰镇。1954 年，属新城区上兰行政街。1955 年，属上兰街道。1957 年，属郊区。1958 年，属北城区。1960 年 6 月，属向阳公社。1961 年 5 月，属北城区兰村城市人民公社。1963 年，属郊区上兰农村人民公社。1970 年，属北郊区。1984 年，属上兰镇。1985 年 9 月，分出土堂北居委会属上兰街道，属北城区。1998 年，属尖草坪区。2001 年，并入上兰街道至今。

地处太原盆地西北缘，西倚山地，东濒汾河。有全国重点文物保护单位净因寺，俗称“大佛寺”或“土堂寺”。据寺碑记载，创建于五代后唐长兴元年（930 年）。金太和五年（1205 年）重建。明清多次修葺。寺分前后二院，前院坐西朝东，中轴线存天王殿（原山门）、大佛阁，两侧存南殿、禅房。后院坐北朝南，中轴线建有倒座、大雄宝殿，两侧西为地藏殿，东为观音殿。前院大佛阁依崖而建，内塑土雕大佛高约 10 米，结跏趺坐，雄伟壮观。2006 年 5 月，公布为全国重点文物保护单位。寺旁崖间古柏虬曲，姿态万千，为太原一大奇观，清代阳曲八景“土堂怪柏”即指此。清顺治十年（1653 年）冬，傅山自汾州移居土堂，同年手书《逍遥游》题下注：“土堂大佛陶之南呵冻”。有诗作《土堂杂诗》、画作《土堂怪柏》及书法作品遗存。

南寨街道 [Nánzhài Jiēdào]

乡级政区名。在尖草坪区境中部。东与新城街道接壤，南与迎新街街道毗邻，西与迎新街街道、向阳镇相连，北与柏板乡、西墕乡接界。面积 5.1 平方千米。人口 5.05 万。辖江阳社区、兴安社区、新华社区、兴安苑社区、朝阳社区等 8 个社区，南寨村、圪垛村 2 个行政村。街道办事处驻地朝阳社区。因境内有南寨村而得名。

明清属阳曲县正北乡堡符二都。民国属阳曲县第一区。1947 年，属太原市外七区。1949 年，属太原市第八区。1951 年，属第三区。1954 年，属新城区。1957 年，属郊区。1958 年，属北城区。1960 年，属尖草坪公社。1961 年，属北城区，设南寨城市人民公社。1979 年，改南寨街道办事处。1998 年，属尖草坪区至今。

地处太原盆地，杨兴河南岸，历为太原通往晋北要隘。近现代建筑遗存有山西新华化工厂宿舍楼、山西新华化工厂旧址。

迎新街街道 [Yíngxīnjiē Jiēdào]

乡级政区名。在尖草坪区中部。东与新城街道接壤，南与古城街道毗邻，西与柴村街道隔汾河相望，北与南寨街道交界。面积 8.9 平方千米。人口 2.77 万。辖大同路社区、102 社区、红楼社区、青楼社区、北固碾社区 5 个社区，南固碾村、下兰村 2 个行政村。办事处驻地红楼社区。因境内有主干路迎新街而得名。

明清属阳曲县西北乡兰伏六都。民国属阳曲县第一区。1947 年，属太原市外七区。1949 年，属太原市第八区。1950 年，属第三区。1954 年，属新城区。1956 年，设迎新街道。1957 年，属郊区。1958 年，属北城区。1960 年，属尖草坪公社，设迎新城市管理区。1961 年，属北城区。1962 年，设迎新城市人民公社。1979 年，改迎新街道。1998 年，属尖草坪区至今。地处太原盆地，杨兴河经境西入汾河。近现代建筑遗存有迎新街青楼建筑群、迎新街红楼建筑群、迎新俱乐部遗址等。

北固碾社区 [Běigùniǎn Shèqū]

居民点。全国文明村。属迎新街道。在尖草坪区人民政府驻地东北 4 千米。面积 3.2 平方千米。人口 0.37 万。相传古代村民曾经利用汾河水建有水碾，与南固碾相对而名。

清代属阳曲县西北乡兰伏六都。民国初属阳曲县第一区。1947 年，属太原市外七区。1949 年，属太原市第八区，为北固碾行政村。1951 年，属太原市第三区，仍为行政村。1953 年，属新城乡。1954 年，属新城区新城乡。1957 年，属郊区新城乡。1958 年，属郊区新城农村人民公社。1960 年 6 月，属向阳公社。1961 年 5 月，属北城区新城农村人民公社。1963 年，属郊区新城农村人民公社。1970 年，属北郊区。1984 年，属北郊区新城乡，设北固碾村委会。1998 年，属尖草坪区。2001 年 3 月，属新城街道。2003 年，由新城街道划属迎新街街道。2011 年 1 月，设北固碾社区至今。地处汾河川原，地势平坦。2014 年，荣获“全国文明村”称号。

古城街道 [Gǔchéng Jiēdào]

乡级政区名。在尖草坪区东南部。东邻光社街道、尖草坪街道，南与杏花岭区巨轮街道接壤，西与柴村街道隔汾河相望，北与迎新街道接界。面积 6.6 平方千米。人口 3.06 万。辖大同路南社区、大同路北社区、赵庄社区、翠馨苑社区、古城社区等 11 个社区。街道办事处驻大同路北社区。因境内有古城社区而得名。

地处太原盆地，汾河东岸。古城为春秋晋大夫窦犨采邑。自古为太原北部交通要隘。唐代置三交驿。宋代称三交口。后人因城堡年代悠久称其古城。日僧圆仁《入唐求法巡礼行记》：“（七月）十二日五更，（从蹋地店）发，行卅五里，到白杨普通院断中。更行十五里，到三交驿歇。”《续资治通鉴长编》：“（太平兴国四年八月）癸亥，命潘美为河东三交口都部署，以捍契丹。”《永乐大典·太原志·古迹》阳曲县条下：“三交城在县北五里，世传晋大夫窦鸣犊之城。”《读史方舆纪要》卷四十：“《宋长编》：‘河东有地名三交，契丹所保，多由此入寇。太平兴国中诏潘美屯三交口，潜师拔之。美积粟屯兵，寇不敢犯。’又雍熙三年，贺怀浦将兵屯三交，即此城也。”

明、清属阳曲县正北乡兰伏一都。民国属阳曲县第一区。1947 年，属太原市外七区。1949 年，属第八区，设古城行政村。1950 年，属第三区。1952 年，属第二区，设古城行政街。1954 年，属北城区。1955 年，设古城街道办事处。1960 年，属尖草坪公社。1961 年，属北城区。1962 年，设古城城市人民公社。1979 年，改设古城街道办事处。1998 年，属尖草坪区至今。旧有古城遗址，20 世纪 50 年代后逐步拆除。现有古城东街、古城西街。

翠馨苑社区 [Cuìxīnyuàn Shèqū]

居民点。属古城街道。在尖草坪区人民政府驻地东南 5 千米。面积 0.17 平方千米。人口 0.45 万。因社区居委会驻地在翠馨苑小区而得名。

原属古城居委会，2003 年 8 月，增设翠馨苑社区居委会。地处汾河东岸，南接森林公园。社区长期依托毗邻森林公园的优势，打造文明绿色社区，在辖区种植多种树木、鲜花，绿化面积达 35%。于 2005 年成为国家第一批、全省唯一的绿色社区。并获得山西省“文明和谐社区”“山西省物业示范小区”“平安小区”等多项荣誉。

汇丰街道 [Huìfēng Jiēdào]

乡级政区名。在尖草坪区南部。东隔汾河与杏花岭区三桥街道相望，南与万柏林区兴华街道毗连，西、北与柴村街道为邻。面积 10.2 平方千米。人口 4.63 万。辖大东流社区、西流社区、选煤社区、欣园社区、友喜社区等 17 个社区。办事处驻新兴社区汇丰街 39 号，以驻地汇丰街命名。

明清属阳曲县正西乡呼延三下都。民国属阳曲县第三区。1947 年，属太原市外五区。1949 年，属第七区。1950 年，属第五区。1953 年，属设流屯乡。1954 年，属万柏林区。1956 年，流屯乡并入东社乡。1957 年，属郊区。1959 年，属河西区。1960 年，属万柏林公社。1961 年，属河西区。1962 年，设东社农村人民公社。1963 年，属郊区。1970 年，属北郊区。1998 年，属尖草坪区。1998 年，设汇丰街道至今。

地处汾河川原，地形平坦。为尖草坪区金融商贸中心，主街因名汇丰街。古迹有西流龙王庙、小东流慈云寺等。

选煤社区 [Xuǎnméi Shèqū]

居民点。山西省文明社区。属汇丰街道。在尖草坪区人民政府驻地南2千米。面积0.02平方千米。人口0.49万。因社区驻地在太原选煤厂职工宿舍区而得名。2001年8月，社区成立。有西山煤电集团太原选煤厂、三给车站驻境。2014年，获省“山西省文明社区”称号。

柴村街道 [Cháicūn Jiēdào]

乡级政区名。尖草坪区人民政府驻地。在区境中西部，东与向阳镇、迎新街道、古城街道隔汾河相望，南与汇丰街道、万柏林区东社街道接壤，西与万柏林区王化街道毗连，北与上兰街道、阳曲县西凌井乡为邻。面积105.4平方千米。人口5.1万。辖柴村中心社区、柴村社区、芮城社区、营村社区、摄乐社区、三给社区、优山美郡社区7个社区，大留村、呼延村、西张村、杨家村、小石河村、马头水村等23个行政村。街道办事处驻柴村社区，因办事处驻柴村而得名。

明清属阳曲县正西乡呼延一、二、三都、王封都。民国属阳曲县第三区。1947年，分属太原市外五区、阳曲县。1949年，分属太原市第七区、阳曲县。1950年，分属太原市第五区、阳曲县。1951年，分属第三区、第五区。1953年，分设柴村乡、呼延乡、三给乡、马头水乡。1954年，属新城区。1957年，属郊区。1958年，属郊区柴村农村人民公社、化客头农村人民公社。1959年，属河西区。1960年，属万柏林公社。1961年，属河西区。1963年，属郊区。1970年，属北郊区，为区革委会驻地。1984年，柴村人民公社改置柴村镇。1998年，属尖草坪区，为区人民政府驻地。2001年，柴村镇改置柴村街道。2021年，马头水乡并入至今。

辖境在太原盆地西北边缘，西依吕梁山区支脉崛围山，东为汾河谷地。地势西北高、东南低，地貌类型分为土石山区、黄土丘陵及洪积扇群区、汾河冲积平原区。名胜古迹有汾河二库风景名胜区、崛围山风景区，清代阳曲八景之一“崛围红叶”即指此。景区内有多福寺、舍利塔、傅山故居霜红龛、西张石窑寺等古迹。

呼延村 [Hūyán Cūn]

居民点。属柴村街道。在尖草坪区人民政府驻地北4.5千米。面积4.5平方千米。人口0.7万。《永乐大典·太原志》载名“呼延社”，为匈奴呼延氏聚居而得名。一说为北魏鲜卑呼延氏居此而名。一说为北宋名将呼延赞的故乡。位于崛围山东麓，东濒汾河。原村址在村东大洼里，村人称为“下园子”，后因汾河泥沙淤积，村庄地下潮湿，村居西移今址。清代属阳曲县呼延一都。民国属阳曲县第三区。1951年，由阳曲县划入太原市第三区，为行政村。1953年，设呼延乡。1954年，呼延乡属新城区。1956年，并入新城区柴村乡。1958年，属郊区柴村人民公社。1970年，归北郊区。1984年，属柴村镇，建立呼延村民委员会。1998年，归尖草坪区。2001年，属柴村街道至今。

名胜古迹有多福寺、傅山隐居处青羊庵、霜红龛、舍利塔等古迹。清代阳曲八景之一的“崛围红叶”为当地名胜。

多福寺为全国重点文物保护单位，原名崛围教寺，始建于唐代，明代改今名。现存山门、钟楼、大雄宝殿、文殊阁、藏经楼、东西垛殿等。殿内塑像、壁画，均为明代遗存。寺前山巅舍利塔为宋代原构。寺内有明末清初著名学者傅山隐居处霜红龛，其作品集《霜红龛集》即以此地命名。“崛围红叶”是清代太原著名景观，现为省级崛围山风景名胜区。

历史名人呼延赞，并州太原人，北宋名将。后周淄州马步军都指挥使呼延琮之子。少任骁骑兵，宋太祖补选他任东班头领，后升任骁雄军使。太平兴国四年（979 年），随宋太宗征讨北汉。历任富州刺史、保州刺史、辽州刺史等。

新城街道 [Xīnchéng Jiēdào]

乡级政区名。在尖草坪区中部。东与阳曲镇相连，南与光社街道接壤，西与迎新街街道、南寨街道相接，北与南寨街道、阳曲镇相邻。面 9 平方千米。人口 1.55 万。辖新城社区、新星社区、东方社区 3 个社区，东张村、赵道峪村 2 个行政村。街道办事处驻新城社区，因驻地得名。

明、清属阳曲县正北乡兰伏二都。民国属阳曲县第一区。1947 年，属太原市外七区。1949 年，属外八区，设新城行政村。1950 年，属第三区。1953 年，设新城乡。1954 年，属新城区，为区人民政府驻地。1957 年，属郊区。1958 年，设新城农村人民公社。1959 年，属北城区。1960 年，属尖草坪公社。1961 年，属北城区。1963 年，属郊区。1970 年，属北郊区。1984 年，设新城乡。1998 年，属尖草坪区。2001 年 3 月，改为新城街道至今。

地处汾河川原，为太原城通往晋北要道。太古岚支线铁路经此，设汾河站。名胜古迹有明代新城永安堡、新城清代民居。

向阳镇 [Xiàngyáng Zhèn]

乡级政区名。在尖草坪区北部。东与西墕乡接壤，南与迎新街街道、南寨街道毗邻，西与柴村街道隔汾河相望与柏板乡、西墕乡接界。面积 29.9 平方千米。人口 1.9 万。辖向阳社区 1 个社区，西村、新翟村、横渠村、南翟村、向阳村等 11 个行政村。镇人民政府驻向阳村，因驻地得名。

明、清属阳曲县西北乡兰伏三、四都。民国属阳曲县第五区。1951 年，划入太原市第三区，设向阳行政村。1953 年，设向阳乡。1954 年，属新城区。1957 年，属郊区。1958 年，设向阳农村人民公社。1959 年，属北城区。1960 年，属尖草坪公社。1961 年，属北城区。1963 年，属郊区。1970 年，属北郊区。1984 年，改向阳镇。1998 年，属尖草坪区至今。以镇人民政府驻地向阳村而得名。

北依二龙山，西濒汾河。文保单位有向阳店清代民居、西村关帝庙、横渠知青房旧址、解放军 313 部队营房旧址等。旅游景点有中华傅山园。上兰支线铁路过境。

向阳村 [Xiàngyáng Cūn]

居民点。向阳镇人民政府驻地。在尖草坪区人民政府驻地北 6.6 千米。面积 5.3 平方千米。人口 0.68 万。地处太原盆地北缘，地势北高南低，成缓坡状。北靠卧龙岗大梁，背风向阳，故名。原为两村，后住户增多，两村合为一村。

清代为向阳镇。道光《阳曲县志》：“向阳镇，距城三十里。有泰山庙、地藏寺、大沟桥。”历为太原城北通往晋西北诸县交通要道，商品集散地。南北土特产由此转运省内外，旧有“填不满的向阳店”之谚。

清属阳曲县西北乡兰伏三都。民国初属阳曲县第五区。1951 年，划入太原市第三区，设向阳行政村。1953 年，设向阳乡，为乡驻地。1954 年，属新城区。1957 年，属郊区。1958 年，设向阳农村人民公社。1959 年，属北城区。1960 年，属尖草坪公社。1961 年，属北城区。1963 年，属郊区。1970 年，属北郊区。1984 年，改向阳镇，为镇人民政府驻地。1998 年，属尖草坪区。文物保护单位有向阳店泰山庙、清代福和厚店铺、清代民居等。上兰支线铁路经此设向阳店站。

横渠村 [Huāqú Cūn]

居民点。全国文明村。属向阳镇。在尖草坪区人民政府驻地北 7.3 千米。面积 1.1 平方千米。人口 0.14 万。因古代建有水渠，因渠得名。明代天启年间山西巡抚曹尔祯又在横渠村旧渠基础上兴修水渠，称“横渠渠”。道光《阳曲县志》载有曹尔祯《横渠渠记》，可知明天启前已经有“横渠”之名。

清属阳曲县西北乡兰伏四都。民国初属阳曲县第五区。1951 年，划入太原市第三区，为行政村。1953 年，设横渠乡。1954 年，属新城区。1956 年，并入向阳乡。1957 年，向阳乡属太原市郊区。1958 年，属向阳农村人民公社。1959 年，属北城区。1963 年，属郊区。1970 年，属北郊区。1984 年，属向阳镇，设横渠村委会。1998 年，归尖草坪区。为太原闻名的花灯村，有正月“闹红火”的民俗传统，被誉为太原市“特色民间文化品牌村”。2011 年，被授予“全国文明村”称号。

西村 [Xī Cūn]

居民点。属向阳镇。在尖草坪区人民政府驻地西北 7.2 千米。面积 1.1 平方千米。人口 0.24 万。相传原名吕秋庄，因在东温村之西，后改称西村。为明末清初思想家傅山先生故里。傅山于此曾作《西村》《西村漫吟》等诗。清属阳曲县西北乡兰伏四都。民国初属阳曲县第五区。1951 年，划入太原市第三区。1954 年，属新城区向阳乡。1957 年，属郊区向阳乡。1958 年，属向阳人民公社。1959 年，属北城区向阳人民公社。1960 年，属尖草坪公社。1961 年，属北城区向阳人民公社。1963 年，属郊区向阳农村人民公社。1970 年，属北郊区向阳农村人民公社。1984 年，属北郊区向阳镇。1998 年，属尖草坪区向阳镇至今。20 世纪 50 年代，曾遭汾河水灾，村民迁高处重建新村。2006 年，为打造文化名村，在村西北建成集观光旅游、休闲健身为一体的旅游景区中华傅山园。

傅山（1607—1684），明清之际著名思想家、书法家、医学家。太原府阳曲县西村人。初名鼎臣，字青竹，改字青主，又有真山、浊翁、石人等别号。兼通经史、诸子，又长于书画、医学。著有《霜红龛集》《傅青主女科》《傅青主男科》等。

阳曲镇 [Yángqǔ Zhèn]

乡级政区名。在尖草坪区东北部。东邻杏花岭区小返乡，南接光社街道，西与新城街道、向阳镇、西墕乡接壤，北与阳曲县侯村乡交界。面积 35 平方千米。人口 1.83 万。辖阳曲社区 1 个社区及阳曲村、歇子寨村、岗底村、皇后园村、棋子山村等 19 个行政村。镇人民政府驻阳曲村。因驻地得名。

明清时期为太原城东北商贸大镇。清属阳曲县正北乡荣南一都、二都。民国初属阳曲县第五区。1949 年，属阳曲县第七区，为区人民政府驻地。1953 年，划入太原市第三区，设阳曲乡。1954 年，阳曲乡属新城区。1956 年，阳曲乡、东留庄乡合并设阳曲镇。1957 年，属郊区。1958 年，设阳曲农村人民公社。1959 年，属北城区。1960 年，属区级尖草坪公社。1961 年，属北城区。1963 年，属郊区。1970 年，属北郊区。1984 年，复置阳曲镇。1998 年，属尖草坪区至今。

地处太原盆地北端，杨兴河流经。有阳曲镇清代民居、北山头清代民居、天主堂、新兴清代龙天庙、歇子寨民居等古建筑。

阳曲村 [Yángqǔ Cūn]

居民点。阳曲镇人民政府驻地。在尖草坪区人民政府驻地东北方向 11 千米。面积 4.4 平方千米。人口 0.53 万。因东汉阳曲县治所迁此而得名。

东汉建安二十年（215 年），阳曲县治所迁此。三国魏时期，在此建阳曲护军。古名“阳曲湾”，地形险要，为太原北部军事屏障和交通要隘。明、清时期设兵汛防。旧有驿道经此。地处阳兴河东岸，原有附村阳曲湾，后合为一村。有清代关帝庙及清代民国民居建筑群。108 国道经此，现仍为太原南北交通要道。

《三国志·魏志·武帝纪》：“（建安二十年）省云中、定襄、五原、朔方郡，郡置一县领其民，合以为新兴郡。”《水经注·汾水》引《魏土地记》：“阳曲胡寄居太原界，置阳曲护军治。”光绪《山西通志·府州厅县考》：“旧阳曲，今忻州定襄县是也。后汉末移于太原北四十五里阳曲故城是也。”道光《阳曲县志·兵书》：“阳曲湾在县北三十里。陈谟议请筑城阳方以保太原，盖阳曲湾为太原之隘口，而阳方口又阳曲湾之隘口也。”

清属阳曲县正北乡荣南二都。民国初属阳曲县第五区。1949 年，为阳曲县第七区人民政府驻地。1953 年，为太原市第三区阳曲乡驻地。1954 年，阳曲乡属新城区。1956 年，为阳曲镇人民政府驻地。1957 年，属郊区。1958 年，为阳曲农村人民公社驻地。1959 年，属北城区。1960 年，属区级尖草坪公社。1961 年，属北城区。1963 年，属郊区。1970 年，属北郊区。1984 年，复为阳曲镇人民政府驻地，后选举产生阳曲村委会。1998 年，属尖草坪区至今。

皇后园村 [Huánghòuyuán Cūn]

居民点。属阳曲镇。在尖草坪区人民政府驻地东北 11 千米。面积 1.4 平方千米。人口 0.18 万。相传为西汉文帝之母薄太后驻跸处。道光《阳曲县志·舆地图》：“薄太后驻跸处，即今皇后园村。”

清属阳曲县正北乡荣南二都。民国初属阳曲县第五区。1953 年，划入太原市第三区。后属太原市郊区阳曲镇。1958 年，为阳曲人民公社皇后园大队。1984 年，属阳曲镇。1987 年，选举产生皇后园村委会至今。北同蒲铁路过境、设皇后园站。

庄头村 [Zhuāngtóu Cūn]

居民点。属柴村街道。在尖草坪区人民政府驻地西 6 千米。面积 2.96 平方千米。人口约 300 人。原为呼延村民山上田庄的前沿，故名。道光《阳曲县志·舆地图》："正西乡王封上下都，庄头村，距城四十里。"

清属阳曲县正西乡王封都。民国初属阳曲县第三区。1951 年，划入太原市第五区。1953 年，属马头水乡。1958 年，属郊区化客头农村人民公社。1961 年，属河西区马头水农村人民公社。1984 年 5 月，属马头水乡。2021 年，属柴村街道至今。地处崛围山巅，景色幽美。村民依托当地丰富的旅游资源，发展农家乐旅游业，有食宿、采摘、娱乐、登山等旅游项目。西山旅游公路经此。

柏板乡 [Bǎibǎn Xiāng]

乡级政区名。在尖草坪区北部。东与西墕乡接壤，南与向阳镇相邻，西南与上兰街道毗连，西与阳曲县西凌井乡、泥屯镇交界，北与阳曲县西凌井乡、泥屯镇接界。面积 36.9 平方千米。人口 1.28 万。辖柏板村、镇城村、东关口村、西关口村、上薛村、宇文村、岗北村 7 个行政村。乡人民政府驻柏板村。因驻地得名。

明清属阳曲县东北乡兰伏五都。民国初属阳曲县第五区。1954 年，划属太原市新城区，设柏板乡。1957 年，属郊区。1958 年，并入向阳农村人民公社。1959 年，属北城区。1960 年，属向阳公社。1961 年，属北城区，设柏板农村人民公社。1963 年，属郊区。1970 年，属北郊区。1984 年，设柏板乡。1998 年，属尖草坪区至今。

地处太原盆地西北缘，通往晋西北入山口。有凌井河、泥屯河流经。太原绕城高速公路经境。盛产苹果、梨、葡萄。文保单位有柏板丹凤寨、柏板民居、镇城圣母庙、镇城新石器文化遗址、宇文新石器文化遗址、上薛堡等。乡土习俗有镇城圣母庙每年农历七月初二庙会，与晋祠庙会为同一天。故有"有钱的到晋祠，没钱的到镇城"之谚。

柏板村 [Bǎibǎn Cūn]

居民点。柏板乡人民政府驻地。在尖草坪区人民政府驻地北 9.5 千米。面积 7.6 平方千米。人口 0.15 万。地名研究者认为"柏板"是北方民族语，意为富裕户。道光《阳曲县志》："柏板村，距城四十里。有崇济侯庙、履坦桥、护村堤。"

明清属阳曲县东北乡兰伏五都。民国属阳曲县第五区。1954 年，划属太原市新城区，为柏板乡驻地。1961 年，属北城区，为柏板农村人民公社驻地。1984 年，为柏板乡人民政府驻地至今。

地处凌井沟入山驿道口，古称"羊肠坂"。历为太原通往晋西北之要道，临汾驿—凌井驿驿道经此，现改建为康西公路，与太原绕城高速公路、阳柴公路于此交会。现有文保单位柏板丹凤寨、柏板民居、阳曲县第五区高等小学校旧址等。柏板丹凤寨在柏板村北，为清代村民躲避战乱而修筑。为黄土夯筑，平面呈方形，周长 280 米。寨门为石券拱形门。有烽燧、望台、暗堡等建筑遗存。

西关口村 [Xīguānkǒu Cūn]

居民点。属柏板乡。在尖草坪区人民政府驻地北 12 千米。人口 0.14 万。因地处天门关前，东临凌井河，与东关口相对而得名。道光《阳曲县志 · 兵书》："天门关，在县西北六十里。"又载："天门关二山回合如门，在县之乾方，故曰天门。"天门关古为通往晋西北及汾阳宫要道，隋增筑，唐置关，宋设戍兵，金置酒官，明设巡检司。关凭涧设阻，依山筑障，山势陡峭，冬雪经久不化，"天门积雪"旧为阳曲八景之一。《新唐书 · 地理志》太原府阳曲县条下："有赤塘关、天门关。"《宋史 · 高继宣传》："（元昊）俄寇麟府，继宣帅兵营陵井，抵天门关。"皆指此地。民国初属阳曲县第五区。1954 年，划属太原市新城区柏板乡。1961 年，属北城区柏板农村人民公社。1984 年，属柏板乡至今。有平天堡址、西关口民居等古建筑。

西墕乡 [Xīyān Xiāng]

乡级政区名。在尖草坪区东北部。东与阳曲镇接壤，南与向阳镇毗邻，西与柏板乡相连，北与阳曲县泥屯镇交界。面积 22 平方千米。人口 0.57 万。辖西墕村、东墕村、中墕村、西高庄村、东高庄村、陈家窑村、赵家山村 7 个行政村。乡人民政府驻西墕村。因驻地得名。

明清属阳曲县西北乡堡符一都。民国属阳曲县第五区。1954 年，划入太原市新城区，设西墕乡。1957 年，属郊区。1958 年，属向阳农村人民公社。1959 年，属北城区。1960 年，属尖草坪公社。1961 年，属北城区高庄农村人民公社。1963 年，属郊区。1966 年，撤销高庄人民公社，并入柏板人民公社。1970 年，属北郊区。1980 年，恢复高庄人民公社。1983 年，公社驻地迁至西墕，更名为西墕人民公社。1984 年，设西墕乡。1998 年，属尖草坪区至今。泥屯河流经，为太原市第二水资源储备区。文保单位有西墕民居、西高庄蒲淤桥、东高庄民居、中墕永昌堡等。

西墕村 [Xīyān Cūn]

居民点。西墕乡人民政府驻地。在尖草坪区人民政府驻地东北 16 千米。面积 3 平方千米。人口 0.1 万。地名研究者认为"墕"属山西方言土俗字，意即鞍部，指两山之间比较平缓的部位。因其地形似马鞍，在东墕、中墕之西故名。道光《阳曲县志》："西墕村，距城四十里。有威德寺。"

明清属阳曲县西北乡堡符一都。民国属阳曲县第五区。1954 年，划入太原市新城区，为西墕乡驻地。历属郊区、北城区、尖草坪公社、北城区高庄农村人民公社、柏板人民公社、北郊区高庄人民公社。1983 年，为西墕人民公社驻地。1984 年，为西墕乡人民政府驻地至今。地处太原盆地北端。G5 高速公路、太原—佳县高速公路经此，设西墕枢纽。古迹有西墕文化遗址、罗家宅院、南街民居等。

万柏林区 [Wànbǎilín Qū]

县级政区名。在太原市境中部，汾河西岸。东隔汾河与杏花岭区、迎泽区、小店区相望，南与晋源区接壤，西与古交市相邻，北与尖草坪区、阳曲县毗连。面积 289.03 平方千米。人口 95.12 万。区人民政府驻千峰街道。辖千峰街道、下元街道、和平街道、兴华街道、万柏林街道、杜儿坪街道、白家庄街道、南寒街道、西铭街道、小井峪街道、东社街道、王化街道、长风西街街道、神堂沟街道 14 个街道。地处吕梁山余脉的西山东麓，太原盆地西部，地势西高东低。汾河纵经东境，玉门河、虎峪河、九院沙河横经区境，东入汾河。最高点庙前山主峰海拔 1865.7 米，最低点南屯村汾河滩海拔 776 米。

民国时期，曾经在汾河西择地规划建设工业基地，并广植柏树，故名万柏林。1949 年后，“万柏林”作为地片名，泛指玉河街至三给村之间地区。明清时期区北部属阳曲县西关都、正西乡西鸣都、呼延都等，南部属太原县凤中一都、凤中二都等。民国初属阳曲县第三区、第五区及太原县北部区域，后属太原市外三、四、五区及阳曲县部分区域。1949 年，属太原市第七区及阳曲县部分区域。1950 年，改为太原市第五区。1954 年，改称万柏林区。1957 年，属太原市郊区。1958 年 7 月，以原万柏林区属地为主组成河西区。1960 年 6 月，撤区，分属义井、和平、万柏林、西山 4 个市辖公社。1961 年 3 月，复置河西区。11 月，将原西山人民公社地域析出，设立西山工矿区。1963 年 2 月，西山工矿区并入河西区。4 月，将河西区的农业地区析出，与其他区的农业地区合并设郊区。1970 年 3 月，郊区分为南郊区、北郊区，区境属北郊区和河西区。1998 年，设立万柏林区至今。以境内区片名万柏林命名。

从地名专名来看，辖区内行政区划地名和居民点地名有以下特征：1. 以历史古迹或人文地理实体命名。如：神堂沟、小井峪等。2. 以姓氏命名。如：阎家沟、袁家庄、大王村等。3. 以自然地理实体命名。如：风声河村、狼坡村、虎峪村等。4. 有城中村改造后以原村名命名，如：南屯路、新庄北街、小井峪路、沙沟南街、下元街、后北屯街等。5. 有房地产开发后以新建小区名命名，如：西苑北路、丽华北街、望景路、国兴东巷、永乐北街、翡翠路、华清巷等；6. 有以驻地单位命名，如：西客站东路、滨体北街、供应路、煤机路、普国路、环安街等；7. 有以吉祥等寓意命名的，如：千禧街、双拥路、文兴路、广博街、新义街、慧泉路、南兴路等。

从地名通名来看，辖区内行政区划地名和居民点主要有以下特征：1. 多以古代驻军营、寨、屯、堡为通名，如：南屯、北寨、吴家堡等。2. 以当地山川地貌山、峪、沟为通名，如：聂家山、圪嶚沟、大井峪等。3. 其他多为北方常见通名村、庄、街、路等，如：南上庄、新村、广博街、双拥路、西中环路等。

名胜古迹有中国煤炭博物馆、山西博物院、汾河公园旅游景区、白道狼虎寺、北齐彭城太妃墓、西铭广仁寺、窊流村华严寺、圪獠沟天主教堂、神堂沟龙泉寺以及王封村一线天、万柏林万亩生态园、九院狼坡、玉泉山城郊森林公园等。地方特色民间艺术有刻纸、剪纸、千角布艺挂屏、树皮画、中医贴画、锣鼓艺术、南屯铁棍等。

千峰街道 [Qiānfēng Jiēdào]

乡级政区名。万柏林区人民政府驻地。在区境东部。东与迎泽区庙前街道和杏花岭区三桥街道隔汾河相望，南濒虎峪河与下元街道相邻，西与和平街道毗连，北与兴华街道接壤。面积 2.16 平方千米。人口 3.69 万。辖金玉社区、理工大社区、迎泽北社区、迎泽南社区、公园路社区、前北屯社区、移村社区、瓦窑社区 8 个社区。街道办事处驻公园路社区。因办事处原驻地在千峰北路而得名。

明清属阳曲县西关都。民国初属阳曲县第三区。1947 年，属太原市外五区。1949 年，属太原市第七区。1950 年，属第五区。1954 年，属万柏林区。1957 年，属郊区。1959 年，属河西区。1960 年，属和平公社。1961 年，属河西区，设下元城市人民公社。1979 年，设下元街道办事处。1985 年，从下元街道划出公园路、千峰北路、千峰南路、西矿院、下元、迎泽西大街，从和平街道办事处划出新屯北巷、玉河东街北区、新屯巷、玉河东街南区、彭村路等共 19 个居委会组建千峰街道。1998 年，属万柏林区至今。

辖境处汾河西岸川原，东部濒汾河处为古代汾河渡口，清代阳曲八景之一“汾河晚渡”即指此地。有中国煤炭博物馆、汾河公园旅游景区。

下元街道 [Xiàyuán Jiēdào]

乡级政区名。在万柏林区中部。东濒汾河与迎泽区老军营街道相望，南邻长风西街街道，西连小井峪街道，北与千峰街道接界。面积 2.16 平方千米。人口 5.09 万。辖纺织苑东社区、纺织苑西社区、大众街社区、迎泽桥西社区、气化街社区等 10 个社区。街道办事处驻气化街社区。

以境内区片名下元而命名。下元本名“下袁”，以袁姓始居而得名。道光《阳曲县志》：“下袁村，距城七里。”清代属阳曲县西关都。民国属阳曲县第三区。1947 年，属太原市外五区。1949 年，属第七区，设下元行政村。1950 年，属第五区。1954 年，属万柏林区。1957 年，属郊区。1958 年，属河西区。1960 年，属和平公社。1961 年，由太纺、大众、工学院三个管理区合并组建下元人民公社，属河西区。1979 年，设下元街道，属河西区。1998 年，属万柏林区至今。

地处太原盆地，东濒汾河，有虎峪河、九院沙河经境注入汾河。地形平坦，古代下袁村东通汾河渡口，为西山地区赴太原城必经之道。1950 年后河西工业区发展，下元成为区片名，泛指汾河西岸的南内环西街至玉门河之间地区。并逐步由城乡接合部形成太原汾河以西区域商业中心和交通枢纽。太原理工大学、山西省财政税务专科学校、山西经贸职业学院、山西中医学院、太原四十九中等院校坐落于此。

和平街道 [Hépíng Jiēdào]

乡级政区名。在万柏林区中部。东邻千峰街道，南连小井峪街道，西与南寒街道相连，北与万柏林街道、东社街道接界。面积7.65平方千米。人口6.54万。辖重院社区、西线社区、玉河社区、前进路北社区、北二条社区等10个社区。街道办事处驻北二条社区。因境内有和平北路而得名。

明清属阳曲县正西乡西鸣二都。民国初属阳曲县第三区。1947年，属太原市外五区。1949年，属第七区。1950年，属第五区。1953年，建成太原重机厂，设建设路行政街。1954年，属万柏林区。1955年，设建设路街道办事处。1956年，改和平路街道办事处。1957年，属郊区。1958年，属河西区。1960年，属和平公社，设重机管理区。1961年，属河西区，设和平路城市人民公社。1979年，改和平路街道。1998年，属万柏林区至今。

地处太原盆地，玉门河横经。境内原为村庄、荒滩、农田。1953年建成太原重机厂后，众多企事业单位、职工宿舍区在此分布，形成河西中部工业区。名胜古迹有窊流华严寺、玉门河公园。

兴华街道 [Xīnghuá Jiēdào]

乡级政区名。在万柏林区东北部。东与杏花岭区三桥街道隔汾河相望，南与千峰街道毗邻，西与和平街道相连，北与尖草坪区汇丰街道交界。面积5.8平方千米。人口5.28万。辖滨汾苑社区、滨河社区、和泽苑社区、后北屯社区、建机巷社区等10个社区。街道办事处驻千峰北路社区。因1991年初成立兴华街道时，办事处驻兴华街而得名。

明清属阳曲县西关都。民国初属阳曲县第三区。1947年，属太原市外五区。1949年，属第七区。1950年，属第五区。1952年，设后北屯行政村。1953年，设流屯乡。1954年，属万柏林区。1956年，属东社乡。1957年，属郊区。1958年，属河西区。1960年，属和平公社，设后北屯农村管理区。1961年，属河西区。1991年8月，设兴华街道办事处。1998年，属万柏林区至今。

地处汾河西岸，玉门河经境东注汾河。境内社区地名多以汾河、新建小区命名，如滨汾苑社区、漪汾苑社区、永乐苑社区、和泽苑社区以及漪汾街、滨河路等。大型文化场馆有山西博物院、山西省地质博物馆、太原市图书馆、滨河体育中心等。

万柏林街道 [Wànbǎilín Jiēdào]

乡级政区名。在万柏林区北部。东与兴华街道，尖草坪区汇丰街道接壤，南与和平街道毗邻，西与东社街道相连，北与尖草坪区柴村街道接界。面积4.98平方千米。人口3.99万。辖安广社区、东风社区、和平苑社区、晋机西社区、新建社区、兴汾苑社区、和平社区、彭村社区8个社区。街道办事处驻和平社区。因位于万柏林地片的核心区域而命名。

明清属阳曲县正西乡呼延三下都。民国属阳曲县第三区。1947年，属太原市外五区。1949年5月，属太原市第七区，设彭村行政村，为区人民政府驻地。1950年，属第五区。

1953年，设万柏林行政街。1954年，属万柏林区。1955年12月，设万柏林街道。1957年，属郊区。1958年，属河西区。1960年，属万柏林公社。1961年，属河西区，设万柏林城市人民公社。1979年1月，复设万柏林街道。1998年，属万柏林区至今。

地处太原盆地，地形平坦。有千峰北路、和平北路、兴华西街等城市主干道。古迹有明代南京刑部尚书周瑄、明代礼部尚书周经墓地遗址。近现代文保建筑有晋机西社区军营旧址。1936年，为西北制造厂工人宿舍区，隶属西北实业公司。1948年，开辟为阎锡山部队的军营。原有军营40—50排，现存8排204间，为土券窑洞。

和平社区 [Hépíng Shèqū]

居民点。山西省文明社区。万柏林街道办事处驻地。在万柏林区人民政府驻地北4千米。东至千峰北路，西至和平北路，南至彭西一巷，北至兴华街。面积0.5平方千米。人口0.35万。其中60岁以上的老人口占总人数的35%，是标准老龄社区。2001年1月，由原和平一至四居民委员会和西宫东街二居民委员会整合而成。因地处和平北路，故名。为应对居民老龄化服务需要，社区设有综合服务大厅、党员学习教室、居家养老、医疗、文娱活动、阅读、老年餐厅等场所配置，全部免费对群众开放。2007年5月，获山西省“文明社区”称号。2009年，时任国务院总理温家宝等领导人曾亲临社区进行工作指导。

杜儿坪街道 [Dù'érpíng Jiēdào]

乡级政区名。在万柏林区西部。东与南寒街道接壤，南与白家庄街道毗邻，西与古交市邢家社乡交界，北与西铭街道接界相连。面积33.57平方千米。人口3.29万。辖河涝湾社区、虎胜街社区、西园社区、虎峪街社区、煤源社区、葡萄园社区、苹果园社区7个社区，小虎峪村、大虎峪村、河龙湾村3个行政村。街道办事处驻西园社区。因办事处驻地有杜儿坪街而得名。

明属太原县胡峪里。清代改太原县虎峪村。1947年，划入太原市外四区。1949年，属第七区。1950年，属第五区。1951年，设大虎峪行政村。1953年，改大虎峪乡。1954年，属万柏林区。1956年，改虎峪乡。1957年，属郊区。1958年，属河西区白家庄街道。1960年，属西山公社，设杜儿坪城市管理区。1961年，属西山工矿区，设杜儿坪城市人民公社。1963年，属河西区。1979年，改杜儿坪街道。1998年，属万柏林区至今。

地处西山腹地，地形西高东低，峰峦起伏，沟壑纵横。境内最高峰庙前山海拔1865.7米。有虎峪河经境。近年经煤矿环境治理建成偏桥沟风情小镇、四达沟景区、赵氏沟生态旅游开发区等新景区。文物保护古建筑有大虎峪三仙圣母庙、清代民居等。

白家庄街道 [Báijiāzhuāng Jiēdào]

乡级政区名。在万柏林区西南部。东与神堂沟街道接壤，南与晋源区金胜镇交界，西与杜儿坪街道相连，北与南寒街道、杜儿坪街道毗邻。面积21.31平方千米。人口3.51万。辖五三街社区、二中社区、五四街社区、官地社区、新胜社区5个社区，九院村、桃杏村、白家庄村3个行政村。街道办事处驻二中社区。因辖境有白家庄村而得名。

明清属太原县桃杏里、九园里、白家庄。1947年，划入太原市外四区。1949年，属第七区，设白家庄行政村。1950年，属第五区。1953年，置白家庄镇。1954年，属万柏林区，设白家庄行政街。1955年，改白家庄街道办事处。1957年，属郊区。1958年，属河西区。1960年，属西山公社，设白家庄城市管理区。1961年，属西山工矿区，设白家庄城市人民公社。1963年，属河西区。1979年，改白家庄街道。1998年，属万柏林区至今。

地处西山矿区，有九院沙河流经。2010年，在西山生态环境治理中，建成九院狼坡生态景区，占地1.7万亩。有九院沙河源头、夫妻唐槐、汲水泉、后官窑旧址、九龙庙旧址、采摘园等景点。近现代建筑遗存有侵华日军驻地、办公场所、慰安所、矿工生活区等。

南寒街道 [Nánhán Jiēdào]

乡级政区名。在万柏林区中部。东与和平街道、小井峪街道接壤，南与神堂沟街道毗邻，西与杜儿坪街道、西铭街道相连，北与东社街道交界。面积10.01平方千米。人口7.99万。辖太白街社区、建筑街社区、康乐苑社区、河南街社区、西矿街南社区等14个社区。街道办事处驻南寒社区，因驻地得名。

南寒原名“南韩”。相传明朝时洪洞县有韩姓兄弟二人始居于此，因名韩村。后以汇子沟为界分为南韩、北韩两村，俗以谐音讹为今名。道光《阳曲县志》：“正西乡西鸣二都，共四村。南韩村，距城十五里。”

明清属阳曲县正西乡西鸣二都。民国初属阳曲县第三区。1947年，属太原市外四区。1949年，属第七区。1950年，属第五区。1954年，属万柏林区。1957年，属郊区。1958年，属河西区。1960年，属西山公社建矿城市管理区。1961年，属西山工矿区，设南寒城市人民公社。1963年，属河西区。1979年，改南寒街道办事处。1998年，属万柏林区至今。

地处西山东麓，西南高，东北低，南部是半山地半丘陵地带。玉门河、虎峪河流经。西矿街为主干街道，太原绕城高速公路过境。古建筑有明代建筑观音堂、清代建筑真武庙等。

西铭街道 [Xīmíng Jiēdào]

乡级政区名。在万柏林区西部。东邻南寒街道，南接杜儿坪街道，西连化客头街道，北与东社街道接界。面积27.78平方千米。人口1.74万。辖狮头苑社区、电石苑社区2个社区及西铭村、小西铭村、风声河村、南峪村4个行政村。街道办事处驻狮头苑社区。因境内有西铭村而得名。

西铭村是晋阳通向晋西北地区的军事要隘。唐代设西明折冲府，为府兵驻地。明清属阳曲县正西乡西鸣都。道光《阳曲县志》：“西鸣村，距村二十里。有广仁寺。”民国初属阳曲县第三区，改名西铭村。1947年，属太原市外四区西铭主村。1949年，属第七区。1950年，属第五区。1953年，设西铭乡，辖西铭村、小西铭村、风声河村、南寒村、北寒村、窊流村、南社村7个村。1954年，属万柏林区。1957年，属郊区。1958年，属河西区，设西铭街道办事处。1960年，属西山公社，设西铭分社，辖西铭、虎峪、南寒、下庄4个管理区。1961年，属河西区，设西铭农村人民公社。1962年，并入东社农村人民公社。1963年，设西铭人民公社。1970年，属北郊区。1984年，改西铭乡。1998年，属万柏林区。2007年，西铭乡改为西铭街道至今。

地处太原盆地西北边缘，西部为石千峰山地。境内煤矿开采历史悠久，西铭矿是山西焦煤西山煤电集团股份有限公司所属的特大型现代化矿井。民间文化艺术有舞龙灯、扭秧歌、踩高跷、划旱船等。名胜古迹有观音堂庙、广仁寺、南屿黑龙王庙、南屿千年国槐等。

广仁寺位于西铭村中。创建于唐代，宋、金、元寺宇犹盛，元末毁于兵火。明洪武年间重建，后历代修葺。现寺院三进院的南北配殿为清代原构。有金代大定石经幢、清代道光二十三年《公立会碑记》等文物。寺中古槐树虬枝盘曲，浓荫蔽日，分别称为“象槐”“凤槐”和“龙槐”。1994 年 7 月，被北郊区人民政府公布为区级文物保护单位。

小井峪街道［Xiǎojǐngyù Jiēdào］

乡级政区名。在万柏林区中部。东与下元街道、长风西街街道接壤，南与神堂沟街道毗邻，西与南寒街道相连，北与和平街道交界。面积 21.67 平方千米。人口 6.35 万。辖大井峪社区、御德苑社区、三益社区、长风街北社区、十二院城社区等 16 个社区。街道办事处驻西矿街社区。因境内有小井峪村而得名。

小井峪唐代名“井谷”，“谷”即古“峪”字。据 1984 年小井峪村出土唐代《龙润墓志铭》载：“永徽六年二月廿日，附身附椁，必诚必信，送终礼备，与夫人合葬于并城北廿里井谷村东，义井村北，刊石志事，置诸泉户。”据村民传说，村处狐爷沟之口，因村中原有井，故名井峪。后分为大井峪、小井峪两村。

明清分属太原县、阳曲县地。1947 年，划入太原市外四区。1949 年，属第七区，设大井峪行政村。1950 年，属第五区，设小井峪行政村。1953 年，设小井峪乡。1954 年，属万柏林区。1957 年，属郊区。1959 年，属河西区，设小井峪农村人民公社。1960 年，属和平公社小井峪农村管理区。1961 年，属河西区小井峪农村人民公社。1963 年，属郊区。1970 年，属北郊区。1984 年，改小井峪乡。1998 年，属万柏林区。2007 年 3 月，小井峪乡改为小井峪街道至今。

地处西山东麓，地形平坦，有虎峪河、九院沙河流经。古建筑有沙沟天主教堂、小井峪古戏台、小井峪开元寺等。有和平南路、迎泽西大街、南内环西街等主干道。

东社街道［Dōngshè Jiēdào］

乡级政区名。在万柏林区北部。东与万柏林街道接壤，南与和平街道、南寒街道毗邻，西与化客头街道相连，北与尖草坪区柴村街道、汇丰街道接界。面积 19.9 平方千米。人口 2.05 万。辖铝厂社区、东社社区、枣尖梁社区 3 个社区，袁家庄村、下庄村、王家庄村、上庄村、南寨村、大岩村、圪塄沟村 8 个行政村。街道办事处驻东社社区。

东社村的名字源于古代当地农村举办祭神社火庙会的地方基层组织“社”，以其方位名之为“东社”“西社”。道光《阳曲县志》记载：“正西乡呼延一都，共四村。东社村距城十五里。有大明寺。”从古至今东社村始终保持有组织庙会的传统，正月二十五的龙王庙会，是河西地区每年第一个物资交流大会，在当地有广泛影响。

明清属阳曲县正西乡呼延一都和西鸣一都。民国初属阳曲县第三区。1947 年，属太原市外五区。1949 年，属第七区，设东社行政村。1950 年，属第五区。1953 年，设东社乡。

1954年，属万柏林区。1957年，属郊区。1958年，废乡并入西铭农村人民公社。1959年，属河西区。1960年，属万柏林公社柴村分社，设东社农村管理区。1961年，属河西区。1962年，设东社农村人民公社。1963年，属郊区。1970年，属北郊区。1984年，改东社乡。1998年，属万柏林区。2001年，东社乡改为东社街道至今。

地处西山东麓，地形西高东低。东部为平川，西部有部分丘陵山地。太古高速公路和西北环高速公路在境交会，东社出口与城市连接线与兴华西街贯通，是太原市区通往晋西北的交通枢纽。西山支线铁路过境，有太原西站、玉门沟站。名胜古迹有圪撩沟天主教堂、下庄天主教堂、袁家庄观音堂及王家庄居贤观等。

居贤观原名六郎庙，位于西山麓王家庄村，历史上为道教宫观，同时也是地方民众举行祈雨祭祀活动的主要场所。据观内正殿脊檩题记载，殿宇始建于明万历四十一年（1613年），历代修葺。现有聚仙殿、财神殿、三星殿、左右配殿和丹房。主体建筑聚仙殿为明代建筑，大殿内左右山墙上保存有“龙王行云布雨图”“行云回宫图”两幅明朝壁画，极为珍贵。

长风西街街道 [Chángfēngxījiē Jiēdào]

乡级政区名。在万柏林区南部。东隔汾河与小店区平阳路街道相望，南与晋源区义井街道交界，西与小井峪街道、神堂沟街道接壤，北与下元街道毗连。面积7.16平方千米。人口5.01万。辖地矿社区、晋祠路社区、丽华社区、南上庄社区、南屯社区等11个社区。街道办事处驻晋祠路社区。因街道初建时办事处驻长风西街而得名。

明清属太原县风中都。1947年，划入太原市外三区。1949年，属第七区，设南屯行政村。1950年，属第五区。1953年，设小王乡。1954年，属万柏林区。1957年，属郊区。1959年，属河西区。1960年，属和平公社，设小王管理区、南屯管理区。1961年，属河西区小井峪农村人民公社。1963年，属郊区。1970年，属北郊区。1998年，属万柏林区。2007年3月，划出下元街道的义井东社区、长风南社区、地矿社区、晋祠路社区4个社区和原小井峪乡的南屯村、南上庄村、新庄村、小王村4个村成立长风西街街道。

地处汾河川原，地形平坦，九院沙河流经。平均海拔800米。有长风西街、晋祠路、新晋祠路、南内环西街、千峰南路、和平南路等主要城市交通干道。有长风停车场公交枢纽站。古迹有南屯龙华寺、明代南屯兵营旧址。民俗节庆活动有南屯三月真武庙会。

南屯社区 [Nántún Shèqū]

居民点。属长风西街街道。在万柏林区人民政府驻地西南10千米。人口0.14万。明初因军人在此屯田形成村落，与北屯相对而名“南屯”。有明军屯田兵营旧址营儿里、著名古刹龙华寺、太原城南古驿道、道教建筑真武庙等。龙华寺始建于北齐，后废毁。2012年重建，雕塑壁画，联匾彩绘，集佛教文化艺术之大成，现为3A级旅游景区。有一年一度的真武庙传统民间庙会，在太原、晋中一带有较大影响。

神堂沟街道 [Shéntánggōu Jiēdào]

乡级政区名。在万柏林区西南部。东与长风西街街道相邻，南与晋源区义井街道交界，西与白家庄街道毗连，北与小井峪街道接壤。面积 7.54 平方千米。人口 2.05 万。辖国兴社区、义井西社区、寨沟社区、西峪社区、神堂沟社区、黄坡社区、聂家山社区 7 个社区。街道办事处驻西峪社区。因辖区有神堂沟温泉旅游风景区而命名。

明清属太原县义堰都。1947 年，划入太原市外三区。1949 年，属第七区。1950 年，属第五区。1954 年，属万柏林区。1957 年，属郊区。1959 年，属河西区。1960 年，属和平公社。1961 年，属河西区。1963 年，属郊区。1970 年，属北郊区。1998 年，属万柏林区。2007 年，设立神堂沟街道。

地处太原盆地西北边缘，西倚石千峰山地。名胜古迹纪念地有神堂沟温泉旅游度假区、龙泉寺佛教文化园区、西山万亩生态园、长风城郊森林公园、黄坡革命烈士陵园、黄坡新石器文化遗址、北齐彭城太妃墓等。

神堂沟社区 [Shéntánggōu Shèqū]

居民点。属神堂沟街道。在万柏林区人民政府驻地西南 7.2 千米。面积 1.6 平方千米。人口约 600 人。因西部沟中有寺院，故名。地处西山边山地带，西部山峰起伏，地形西高东低，海拔高度在 800 米至 1000 米。边山断裂内侧有温泉水井，井深 603 米，水位埋深 33 米，单井出水量 2520m^3/ 天，温度 42℃左右，属大气降水深循环热矿泉。太原市发挥神堂沟片区地热资源优势，逐步建成集休闲、旅游、度假、会议、学习、培训为一体的神堂沟温泉度假区，也是省城唯一的以温泉为特色的城市休闲场所。社区西有 1996 年重建的龙泉寺，占地 1.6 公顷，建筑面积 4000 多平方米。主体建筑有大雄宝殿、观音殿、地藏殿、五观堂、南北寮房、金刚万佛宝塔。现定名为“太原市龙泉公园佛教文化区”。

王化街道 [Wánghuà Jiēdào]

乡级政区名。在万柏林区西北部。东与东社街道接壤，南与西铭街道、杜儿坪街道毗邻，西与古交市东曲街道交界，北与古交市河口镇、阳曲县西凌井乡相连。面积 136.98 平方千米。人口 2.59 万。辖大虎沟社区、宋家山社区、北头村社区、大窊社区、化客头社区等 26 个社区。街道办事处驻化客头社区。因辖境由王封乡和化客头街道合并而成，故名。

化客头名来自古代地方冶铁业。清代写作“画茄头”“化起头”，民国时期始作“化客头”，并沿用至今。康熙《阳曲县志・村落》：“画茄头、茄东村、王封村、宋家山、小卧龙，以上离城西四十里。”道光《阳曲县志・舆地图下》：“正西乡王封上下都，化起头村，距城三十五里。”1932 年，重印的道光《阳曲县志》前附《八区编村表》“第三区所辖编村・北头村编村”条下：有附村“化客头、大卧龙、南峪村、斜道村、黑寺岩”。地名研究者认为，其本义是“化铁头”，因古代当地有冶炼业而得名。因繁体铁字复杂难写，后人以方言谐音改为今名。

明清属阳曲县正西乡王封上、下都。民国初属阳曲县第三区。1945 年，属阳曲县第四区北头行政村。1950 年 4 月，划属太原市第五区。1953 年，设化客头乡、王封乡、冀家沟乡。1954 年，属万柏林区。1956 年，设化客头镇。1957 年，属郊区。1958 年，设化客头农村人民公社、王封农村人民公社。1959 年，属河西区。1960 年，属西山公社。

1961年，属河西区。1963年，属郊区。1970年，属北郊区。1984年，设化客头乡、王封乡。1998年，属万柏林区。2001年，化客头乡与大虎沟街道合并设立化客头街道。2021年，撤销王封乡、化客头街道，合并设立王化街道。

地处吕梁山余脉石千峰东麓，北头河流经。S104太原—佳县省道过境。名胜古迹有北魏名刹狼虎寺旧址、白道狼虎寺高僧塔、化客头关帝庙、清代民居等。

狼虎寺本名治平寺，位于境内白道村，为太原西山地区最为古老的名刹，是中国佛教东传的基地。现已划入“太原东社城郊森林公园”范围内。万历《太原府志·古迹·寺观》：“治平寺，县西二十里狼虎山。大观年重修。”康熙《阳曲县志·寺观》：“治平寺在城西三十里西山上。俗名狼虎寺。”道光《阳曲县志·舆地图下》：“白道村治平寺在城西三十里虎狼山（当“狼虎山”之误）。元魏昙始禅（当缺“师”字）卓锡处，有《行状碑》，宋大观二年立。”光绪《山西通志·古迹考》：“后魏治平寺在阳曲县西三十里狼虎山。魏昙始禅师栖此。内有《昙始行状碑》，宋大观二年立石。”

昙始，在历史文献中又称惠始、慧始，生活在十六国末至北魏初期，中国佛教东传的先行者，是朝鲜、日本佛教文化的鼻祖。他在太原创建治平寺，作为佛教东传的基地，为东亚各国文化的传播交流做出了历史性贡献。南朝梁慧皎的《高僧传》和《魏书·释老志》有传。寺宇建于狼虎山坳，前临深溪，背依高阜，堪称佳境。现有僧寮窑洞为明代建筑，残存宋代石作构件、寺西僧人墓地等。

晋源区［Jìnyuán Qū］

县级政区名。在太原市南部，汾河西岸。东濒汾河与小店区隔河相望，南与清徐县毗连，西与古交市接壤，北邻万柏林区。面积289.95平方千米。人口31.64万。辖义井街道、罗城街道、晋源街道3个街道及金胜镇、晋祠镇、姚村镇3个镇。区人民政府驻晋源街道。因区境有晋水源头，原为晋源县地而得名。

春秋晋阳城故地。秦汉置晋阳县，北齐改龙山县。隋改太原县，历为太原郡、并州治所。唐代为河东道、太原府治，加号北都、北京。五代北汉都城。北宋毁晋阳城。明洪武四年（1371年），为平晋县治所。八年，改太原县。1943年，日伪改晋泉县。1949年，改晋源县，属汾阳专区，后属榆次专区。1951年4月，划为太原市属县。同年8月，撤销晋源县。分别划属太原市第四、第六、第七区。1954年，第六区改为晋源区。1957年，属郊区。1959年，属河西区。1961年，属晋源区。1963年，属郊区。1970年，属南郊区。1998年，置晋源区至今。

从地名专名来看，辖区内行政区划地名和居民点地名有以下特征：1. 以历史古迹或人文地理实体命名。如：晋阳堡、南城角、古城营等。2. 以姓氏命名。如：庞家寨、贾家庄、杨家村等。3. 以自然地理实体命名。如：青阳河村、赵家山村、南峪村等。

从地名通名来看，辖区内行政区划地名和居民点主要有以下特征：1. 多以古代驻军营、寨、屯、堡为通名，如：五府营、西寨、高家堡等。2. 以当地山川地貌山、河、沟为通名，如：赵家山、十字河、洞儿沟等。3. 其他多为北方常见的通名村、庄等，如：野庄、田村等。4. 因地处古晋阳城周围地区，沿山多古墓地，"坟"遂为通名，如：阎家坟、王家坟等。

地处吕梁山余脉西山东麓与太原盆地交接地带，在西山与汾河之间，地势西北高东南低。最高点庙前山海拔 1865.7 米，最低点姚村镇高家堡村南汾河滩海拔 762.1 米。汾河纵经区境东部，晋水、风峪河、清水河、冶峪沙河、柳子沙河、开化沙河、南峪沙河等东注汾河。矿藏有煤炭、铝土、耐火黏土、硫铁、石膏、石灰岩、矿泉水等。

区境有文物古迹 233 处，其中全国重点文物保护单位 10 处，省级文物保护单位 2 处，市县级文物保护单位 79 处。有省级爱国主义教育示范基地 4 处，市级爱国主义教育基地 5 处。境内风景名山有悬瓮山、天龙山、卧虎山、龙山、蒙山、太山等。名胜古迹有晋祠、天龙山石窟、龙山石窟、童子寺遗址、古城营惠明寺阿育王塔、晋阳古城遗址、蒙山大佛、蒙山连理塔等。有国家级历史文化名村、中国传统村落店头村、程家峪村、赤桥村。省级历史文化名镇晋祠镇。国家级天龙山国家森林公园。有晋祠银杏、天龙山蟠龙松等珍稀名木。有华北最大的人工湖晋阳湖。

地方特色民间艺术有锣鼓、高跷、铁棍、背棍、太原秧歌、旱船、划棍等。晋祠庙会、晋阳风火流星等被列入国家级非物质文化遗产。

义井街道 [Yìjǐng Jiēdào]

乡级政区名。在晋源区北部。东与小店区平阳路街道隔汾河相望，南邻金胜镇，西与万柏林区神堂沟街道接界，北与万柏林区长风西街街道毗连。面积 11.8 平方千米。人口 4.47 万。辖西峪街一社区、西峪街二社区、义井社区、吴家堡社区、兰亭玉湖城社区等 14 个社区，南堰村、北堰村 2 个行政村。街道办事处驻西峪东街 19 号。因境内原有义井村而得名。

明清属太原县。民国隶属太原县、晋源县。1951 年，属太原市第六区。1954 年，属晋源区。1957 年，属郊区。1958 年，改晋源农村人民公社。1959 年，属河西区。1960 年，属义井公社，设义井南、义井北管理区。1961 年，属河西区，设义井城市人民公社。1979 年，改义井街道办事处。1998 年，属晋源区至今。2006 年，义井整村拆迁改造。2008 年，兴化村、义井村合并为义井社区。

地处太原盆地西北边缘，西倚石千峰山地。有新石器晚期文化义井遗址。有长风文化商务区，包括长风广场、山西大剧院、太原博物馆、山西省图书馆、山西省科技馆等文化机构。

罗城街道 [Luóchéng Jiēdào]

乡级政区名。在太原市晋源区境北部。东与金胜镇相邻，南与晋源街道接壤，西与万柏林区官地街道毗连，北与义井街道交界。面积 15.1 平方千米。人口 1.78 万。辖罗城社区、罗城第一社区、罗城第二社区、罗城第三社区 4 个社区，王家坟村、阎家坟村、开化村、寺底村、棘针村、罗城村 6 个行政村。街道办事处驻晋祠路三段 343 号。因境内有罗城村而得名。嘉靖《太原县志·古迹》“晋阳城”条下：“其城又西面，外有罗城以御西山之水，谓之罗城，俗呼长龙城。近有罗城镇。”

明清属太原县。民国末属晋源县。1951 年，属太原市第六区，设罗城行政村。1953 年，设罗城乡。1954 年，属晋源区。1956 年，罗城乡并入南堰街道办事处。1957 年，属郊区。1959 年，属河西区。1960 年，属义井公社。1961 年，属河西区，设罗城城市人民公社。1979 年，改罗城街道办事处。1998 年，属晋源区至今。

地处太原盆地西北边缘，西倚蒙山山地。名胜古迹有蒙山大佛风景区，主要景点有蒙山大佛、开化寺、铁佛殿、连理塔、御驾桥等。蒙山大佛始建于北齐天保二年（551 年）。

棘针村 [Jízhēn Cūn]

居民点。属罗城街道。在晋源区人民政府驻地东北 5.1 千米。人口 0.14 万。史籍载原为古唐城旧址，相传为帝尧所建，认为唐叔虞之子燮父迁都晋水旁即指此地。后为晋阳城北区域。宋代毁晋阳城后，为荆棘丛生之地，形成村落因名圪针窝，后演变为棘针村。俗仍称“圪针窝”。道光《太原县志》载名“棘针”。

《括地志》：“故唐城，在并州晋阳县北二里。《城记》云：‘尧筑也。’徐才宗《国都城记》云：‘唐叔虞之子燮父徙居晋水旁，今并理故唐城。唐者即燮父所徙之处。其城南半入州城，中削为坊，城墙北半见在。’《毛诗谱》云：‘叔虞子燮父以尧墟南有晋水，故曰晋侯。’”《元和郡县志》：“故唐城，在（晋阳）县北二里，尧所筑，唐叔虞之子燮父徙都之所也。”2016 年，围绕晋阳湖公园的开发建设，已经整村拆迁改造。有晋祠路经此。

王家坟村 [Wángjiāfén Cūn]

居民点。属罗城街道。在晋源区人民政府驻地西北 5 千米。人口 0.11 万。因明代重臣王琼的坟茔在此地而得名。明嘉靖年间王琼坟茔建成，雇有殷姓人家守坟，日久逐渐形成村落。嘉靖《太原县志·陵墓》：“王恭襄公墓在县西北七里蒙山之麓。少保吏部尚书名琼，嘉靖十三年敕命工部员外郎朱继忠监造。”王琼墓地建筑大多已毁，现仅存墓前享殿。《山西省全国第三次文物普查资料》记载：“王琼墓位于晋源区罗城街道办事处王家坟村西。王琼（1459—1532），字德华，号晋溪，晋祠镇人，明代著名政治家，军事家，曾任户部，兵部，吏部，三部尚书。卒葬原籍。明嘉靖十三年（1534 年），敕命工部员外郎朱继忠监选陵墓。坐西朝东，分布面积 140 万平方米。墓葬封土无存，地面建筑仅存享堂 1 座，砖体窑洞式结构。享堂北面残存石柱 3 根。”

地处风峪沙河北岸，蒙山东麓。历史上是太原县特产“毛歪嘴杏”的主产地，现已绝迹。原有片石、石料生产加工业，近年调整为以果木业为主。

晋源街道 [Jìnyuán Jiēdào]

乡级政区名。晋源区人民政府驻地。在区境中部。东与小店区小店街道隔汾河相望，南接晋祠镇，西与古交市邢家庄乡交界，北与罗城街道、金胜镇毗连。面积 86.48 平方千米。

人口 4.63 万。辖晋源社区、新城社区、南城角社区、五府营社区、晋源龙滩社区 5 个社区，晋源东街村、晋源西街村、晋源南街村、晋源北街村、东关村等 20 个行政村。街道办事处驻新城社区。因原驻晋源村而得名。

明清属太原县在城五都。民国为太原县城、晋泉县城、晋源县城。1951 年，属太原市第六区，为区人民政府驻地。1954 年，改晋源区。1957 年，属郊区，设晋源镇。1958 年，改晋源农村人民公社。1959 年，属河西区。1960 年，属区级义井公社，设晋源分社。1961 年，属晋源区，设晋源农村人民公社，为区人民政府驻地。1963 年，属郊区。1970 年，属南郊区。1984 年，置晋源镇。1998 年，属晋源区。2001 年改晋源街道至今。

地处西山与太原盆地交接地带，汾河纵经。地势西高东低，西北部为丘陵山区，最高点为庙前山，海拔 1865.7 米；东南部为平川区，汾河沿岸海拔约 770 米。辖境为明清太原县古城区。2011 年，明太原县城列入太原历史文化名城中的五大历史文化街区之一，古城墙、寺庙、桥梁、衙署、民居等古建筑得到复建和修缮。名胜古迹有晋阳古城遗址、店头古堡、龙泉寺、九龙庙、紫竹林、阿育王塔等。有国家级历史文化名村、中国传统村落店头村。

传统风味食品有驴油炒灌肠、羊杂割、元宵等。民间社火有秧歌、太原莲花落、吹奏乐、锣鼓、铁棍、龙灯等。东街村的“风火流星”于 2008 年入选国家非物质文化遗产，南街村的“二月二焰火”“龙天庙会”于 2007 年入选为山西省非物质文化遗产。

店头村［Diàntóu Cūn］

居民点。国家级历史文化名村、中国传统村落。属晋源街道。在晋源区人民政府驻地西北 3 千米。面积 0.045 平方千米。人口约 400 人。因村在风峪古驿道东端出山口，旧多客店，故名店头。

村落位于太原西山九峪之首的风峪沟口，南对龙山，北倚蒙山，风峪河从村南流过。古为晋阳通往陕甘宁和晋西北驿道的交通要隘。嘉靖《太原县志・山川》：“风谷山，县西一十里，西属交城县入娄烦路，唐北都西门之驿路也。”风谷，又名“蓝谷”，《晋书・刘聪载纪》：“曜入晋阳，夜与刘粲等掠百姓，逾蒙山遁归。猗卢率骑追之，战于蓝谷”，也指此地。明清属太原县。嘉靖《太原县志》载名“店头”。清代商旅业达鼎盛时期，人口达 3000 多人，商贾往来，店铺云集。民国末属晋源县。1951 年，划入太原市，隶属第六区、郊区、南郊区、晋源区至今。

现存聚落遗址沿风峪河北岸古道分布。民居多为石券窑洞，临河依山，层层叠起，前后地道连通，蔚为奇观。村中有古街、民居群、古戏台、灯山、商铺、古井等历史遗迹及观音阁、紫竹林、石佛洞、文昌阁壁画、真武庙、山神庙、五道庙等古建筑。村外有太山龙泉寺、李存孝墓、明工部尚书王永寿墓等古迹。

古城营村［Gǔchéngyíng Cūn］

居民点。属晋源街道。在晋源区人民政府驻地北方向 3.2 千米。人口 0.78 万。因村址在晋阳古城废址上形成，明代有军屯驻军，故名古城营。

为旧太原县明代“九营十八寨”之一。明清属太原县在城都。民国时期先后属太原县、晋泉县、晋源县地。1951 年，属太原市第六区，为古城营行政村。1953 年，设古城营乡。1954 年，属晋源区。1956 年，属晋源区晋源镇。1957 年，属郊区。1958 年，属晋源农村人民公社。1959 年，属河西区。1960 年，属区级义井公社晋源分社。1961 年，属晋源区晋源农村人民公社。1963 年属郊区。1970 年，属南郊区。1984 年，属晋源镇，成立古城营村委会。1998 年，属晋源区。2001 年，属晋源街道至今。

地处晋阳古城址上，地形平坦。名胜古迹有晋阳古城遗址、惠明寺阿育王塔、九龙庙、天主堂等。历史上晋阳城建设经历了创建和不断扩建的千年历史过程，北宋初，晋阳古城被毁后，城市遗存全部完整埋藏于地下。城址叠压、遗存丰富，具有十分重要的文物和历史价值，被誉为中国的“庞贝城”。现存的晋阳古城遗址东西宽 4750 米，南北长 3750 米，面积约 20 平方千米。地面现存遗迹有西墙残垣、宫城基址。近年还发现建筑基础、砖瓦、琉璃构件和石刻造像。1965 年，被列为省级重点文物保护单位。2001 年，被列为全国重点文物保护单位。2006 年，太原市颁行《晋阳古城遗址保护管理条例》。

另外，惠明寺舍利塔，又名阿育王塔，为中国 19 座释迦牟尼舍利塔之一。清太原县八景中的“古塔凌苍”即此地。

晋源东街村 [Jìnyuándōngjiē Cūn]

居民点。属晋源街道。在晋源区人民政府驻地北 1.8 千米。人口 0.22 万。原为晋阳城址。明洪武四年（1371 年），为平晋县治。八年，新建县城改名太原县，地处县城东街，故名。明嘉靖《太原县志》：“明洪武六年，知县潘原英择地创立儒学在今县治东街。”

明清属太原县在城南关东都。民国时期先后属太原县、晋泉县、晋源县地。1951 年，属太原市第六区，为晋源东街行政村。1953 年，属晋源镇。1954 年，属晋源区晋源镇。1957 年，属郊区。1958 年，属晋源农村人民公社。1959 年，属河西区。1960 年，属区级义井公社晋源分社。1961 年，属晋源区晋源农村人民公社。1963 年，属郊区。1970 年，属南郊区。1984 年，属晋源镇，成立晋源东街村委会。1998 年，属晋源区。2001 年，属晋源街道至今。

地处明太原县城核心区。有太原县文庙、太山庙、三官庙、王琼故居、段缯故居、秦氏民居、牛氏民居等。太原县文庙俗称“晋源文庙”，始建于明朝洪武四年（1371 年）。现存主体结构为明代建筑。中轴线依次有棂星门、泮池、大成门、大成殿，两侧为东西庑及乡贤祠。2013 年，公布为全国重点文物保护单位。

段綍宅院为明末清初著名金石镌刻家段綍故居。段綍，字叔玉，东街人，曾求学于傅山门下，尤擅碑版刊刻。傅山书法多由他镌刻。经他刊刻的的石刻作品有《宝贤堂法帖》，还收集傅山书法墨迹亲自抚勒刊刻傅山个人刻帖《太原段帖》，是不可多得的艺术珍品。

金胜镇 [Jīnshèng Zhèn]

乡级政区名。在晋源区境中北部。东与小店区平阳街道隔汾河相望，南与罗城街道相邻，西与古交市邢家庄乡相接，北与义井街道相连。人民政府驻旧晋祠路 3 段 133 号。面积 45.5 平方千米。人口 3.88 万。辖一电社区、电西社区、金胜社区、武家庄社区、贾家庄社区等 15 个社区，董茹村、上冶峪村、新村、石庄头村、西峪村 5 个行政村。镇人民政府驻金胜社区。因驻地得名。

明清属太原县。民国时期先后属太原县、晋泉县、晋源县地。1951 年，属太原市第六区，设金胜行政村。1953 年，分属西寨乡、古寨乡、冶峪乡。1954 年，属晋源区。1957 年，属郊区。1958 年 6 月，设金胜乡。同年底，改金胜农村人民公社。1959 年，属河西区。1960 年，属区级义井公社金胜农村人民公社。1961 年，属河西区。1963 年，属郊区。1970 年，属南郊区。1984 年，改金胜乡。1998 年，属晋源区。2001 年，改金胜镇。

地势西高东低，北高南低。西北有西梁山、北山、西岭等山地丘陵，东南为汾河平川，风峪河、清水河、冶峪河等东注汾河。晋阳湖公园为太原著名旅游休闲风景区。古迹有春秋至唐代的墓葬区金胜墓群、冶峪墓群、石庄头墓群等。以农业、林果业、工业为主。太原绕城高速公路、新晋祠路经此。

金胜村 [Jīnshèng Cūn]

居民点。金胜镇人民政府驻地。在晋源区人民政府驻地东北 6.8 千米。面积 0.285 平方千米。人口 0.35 万。又名大佛寺村。北朝金墉城旧地，简称金城，后演变为今名。金代蔡珪《晋阳记》："内城寺，在县西北。旧谓之金墉城"，即指此地。村中原有大佛寺，隋代高僧澄空创建。光绪《山西通志 · 古迹》："大佛寺在太原县汾水西，开皇中释澄空建。澄空将铸佛像，鸠集金炭二十年，启炉无成。又二十年复无成。又二十年登炉顶，扬言于众曰：吾欲舍命金液，倘大佛圆满，后五十年当为建重阁。语讫跃入炉中，像遂成。高七十尺，庄丽端妙，毫发胥具。唐开元初，天平军节度使李暠捐钱七万缗建重阁复之，曰平等。计僧投炉日至是适五十年矣。"今寺院为重建。村中建有历史文化展览馆。晋祠路经过村西。

西寨村 [Xīzhài Cūn]

居民点。属金胜镇。在晋源区人民政府驻地东北 6.8 千米。面积 0.49 平方千米。人口 0.49 万。旧为明太原县军屯"九营十八寨"之一，因处汾河西岸而得名。明代中叶后为防御俺答侵袭筑西寨堡。嘉靖《太原县志 · 堡寨》："西寨堡，高二丈二尺，周围三百丈。"村中现存地名有"南街""西街""堡东""堡外"等。为清初著名学者阎若璩故里。村中阎氏世代读书传家，有"六代甲第"之称。古迹有西寨观音堂、真武庙、关帝庙、阎氏宅院及民居等。村外有"阎潜丘先生故里"碑。新晋祠路、滨河西路经此。

历史名人阎若璩（1638—1704），字百诗，号潜丘，祖籍太原县西寨村人。清初著名学者，考据学代表人物之一。所著《古文尚书疏证》受到学术界的推崇。梁启超先生评价："阎百诗《古文尚书疏证》，不能不认为近三百年学术解放之第一功臣。"附近阎家坟村有阎氏祖墓。

石庄头村 [Shízhuāngtóu Cūn]

居民点。属金胜镇。在晋源区人民政府驻地西北 7.3 千米。人口 0.4 万。原名石堂头，因傍佛教石窟而得名，后演变为今名。嘉靖《太原县志·陵墓》：“彭城太妃墓，县北十五里石堂头。尔朱荣之女，北齐神武帝之妃，有志石。”彭城太妃墓现尚存，为山西省重点文物保护单位。古迹石庄头石窟位于村山梁上，开凿在一块崖壁上。始凿于北齐，原为石雕像，明代外加泥塑，向南有窟 4 座。

古寨村 [Gǔzhài Cūn]

居民点。属金胜镇。在晋源区人民政府驻地东北 6 千米。人口 0.27 万。原名“姑姑寨”，相传村中寺院中有尼姑而得名，后演变为今名。嘉靖《太原县志》载名为“姑姑寨”。历史上村民以豆腐等豆制品加工为传统产业，民间有“姑姑寨，鸡儿一叫人不在”之谚，反映了村民生产的勤劳。古寨豆腐因选料精良，水质特殊，工艺独到而闻名于世。其制作工艺已于 2011 年列入第三批省级非物质文化遗产保护名录。现有花卉苗木种植、农产品加工、奶牛饲养和新型建材生产等产业。古迹有古寨玉皇庙、清代民居等。

晋祠镇 [Jìncí Zhèn]

乡级政区名。山西省级历史文化名镇。位于晋源区中部。东濒汾河与小店区刘家堡乡相望，南与姚村镇相邻，西与晋源街道、清徐县清源镇交界，北与晋源街道毗连。面积 73.47 平方千米。人口 3.97 万。辖晋祠社区、晋祠第一社区、小站社区 3 个社区，杨家村、花塔村、小站营村、赤桥村、北大寺村等 21 个行政村。镇人民政府驻晋祠村。因驻地得名。相传西周成王封其弟叔虞于唐，后人称唐叔虞，在悬瓮山下晋水源头修建了唐叔虞祠。唐叔虞祠亦称晋王祠，后简称为“晋祠”。嘉靖《太原县志》载名“晋祠堡”。道光《太原县志》载名“晋祠”。刘大鹏《晋祠志》：“晋祠者，唐叔虞祠也。祠东有民结庐而居，遂因祠名镇。”

明清属太原县晋源都。民国时期隶属太原县、晋泉县、晋源县。1951 年，属太原市第六区，设晋祠、花塔、赤桥、北大寺、王郭、东庄等行政村。1953 年，改晋祠镇。1954 年，属晋源区晋祠镇。1957 年，属郊区晋祠镇。1958 年 6 月，设晋祠农村人民公社。1959 年，属河西区。1960 年，属区级义井公社。1961 年，属晋源区。1963 年，属郊区。1970 年，属南郊区。1984 年，改晋祠镇。1998 年，属晋源区至今。

镇区西倚天龙山、悬瓮山、卧虎山、龙山，东濒汾河，北连晋阳古城，历史悠久，物产丰富，旧有“荷花世界稻花乡”“北国鱼米乡”之誉。地表水与地下水储量丰富，是北方城市中少有的富水区。名胜古迹有晋祠、天龙山风景名胜区、龙山石窟、童子寺、明秀寺、虞弘墓等。2003 年公布为山西省第一批历史文化名镇。

晋祠地名的社会应用有：

晋祠三绝：指晋祠中的周柏、宋代彩塑和难老泉。周柏位于圣母殿北侧，相传周代所植。宋代彩塑指圣母殿中的彩塑，共四十三尊，主像是圣母邑姜，其余四十二尊是宦官、女官和侍女。彩塑姿态自然，塑工精美，栩栩如生，是中国雕塑史上的精品。难老泉是晋水主源，长年不息，水温保持在 17℃。

晋祠大米：太原特产。即晋祠镇一带以难老泉水浇灌生长的稻米。颗粒饱满，色泽晶莹，清香爽口，曾与天津小站大米并列为华北名米。史载，西汉即有大面积种植。宋代稻田面积达万余亩。现全区种植面积 26370 亩。2009 年，晋祠大米开始申报国家地理标志保护产品。

晋祠村 [Jìncí Cūn]

居民点。晋祠镇人民政府驻地。在晋源区人民政府驻地西南 3.6 千米。人口 0.98 万。为依傍著名晋祠古建筑园林发展形成的历史名村。村在悬瓮山麓，晋水发源于此。相传周成王封其弟叔虞于唐，后人奉祀叔虞修建祠宇庙，称唐叔虞祠，亦称晋王祠，后称晋祠。村因有晋祠而得名。宋代为晋祠镇。嘉靖《太原县志・古迹》："晋祠镇，县西南十里。宋旧镇。"明成化五年（1470 年），为防御俺答南下侵袭，乡民建成中堡、北堡。万历十年（1583 年），扩建南堡，形成北、中、南三堡相连的狭长的城池，俗称晋祠堡。堡城东西宽约 250 多米，南北长近 1500 米。堡墙甃石，"高一丈八尺，周三百丈"。堡中为贯通南北的古堡三街，即北堡街、中堡街、南堡街。城堡辟八门：北门一，即承恩门；东门三，即枕流门、望汾门、阁门；西门二：即景清门、望翠门；南门一，即迎禧门。城堡外悬瓮山烟岚笼罩，清代晋祠外八景之一"山城烟堞"即指此。20 世纪城堡逐步拆除。2001 年，为晋祠申报世界文化遗产，配合环境整治再次大规模拆迁改造，重修北极阁和市楼。现仅存南堡街一段，其他已非原貌。名胜古迹有晋祠、晋祠公园、杨二酉故居等。G5 高速公路过境。

晋祠为 1961 年 3 月国务院公布的全国第一批重点文物保护单位。初名为唐叔虞祠，又称晋王祠。为纪念周成王胞弟唐叔虞封晋而建。其创建年代在北魏之前。北齐天保间，文宣帝于此"大起楼观，穿筑池塘"。天统五年（569 年），后主高纬下诏改为大崇皇寺。五代后晋天福六年（941 年），额题兴安王庙。宋太平兴国四年（979 年）扩建。天圣间，在祠内西隅为叔虞之母邑姜营建圣母殿，熙宁间改为惠远祠，重修鱼沼飞梁。金、元、明、清多次增建重修。祠内占地面积 11.53 万平方米。有主体建筑圣母殿及关帝庙、文昌宫、唐叔虞祠、三圣祠、奉圣寺等建筑群。中轴线建有山门、水镜台、会仙桥、金人台、对越坊、献殿、鱼沼飞梁和圣母殿。现存建筑中圣母殿、鱼沼飞梁为宋代遗构，献殿为金代遗构，景清门为元代遗构，叔虞殿及奉圣寺中殿木构部分尚存元制，余皆为明、清建筑。晋祠中的周柏、难老泉、宋代侍女像被称为"晋祠三绝"。唐太宗李世民书"晋祠铭碑"、唐华严经刻石、宋铸造铁人像、铁狮、元代木雕伎乐像、诸多明代琉璃、明清彩塑及宋、元、明、清壁画、古树名木均为历史文化瑰宝。现为中外著名旅游胜地。

青阳河村 [Qīngyánghé Cūn]

居民点。属晋祠镇。在晋源区人民政府驻地西南 6 千米。人口 0.5 万。因村中有祭祀少昊青阳氏的庙宇"青阳庙"而得名。地处西山沿山地带。名胜古迹有青阳庙遗址、大王庙、北汉皇帝刘继元太惠妃墓、张家老坟（传说有赵襄子谋臣张孟谈墓）、龙池洞、饮乌槽、棋盘石、明代高汝行墓等。俗传青阳庙为张氏的祖庙，村为张氏的发祥地，当地正在积极筹备建设"张氏祖祠公园"。以农业为主，盛产红枣、葡萄、苹果、梨、核桃等。

王郭村 [Wángguō Cūn]

居民点。属晋祠镇。在晋源区人民政府驻地西南 5.1 千米。人口 0.58 万。俗传为北齐咸阳王斛律金之城郭。嘉靖《太原县志·堡寨》:“王郭村堡,高二丈八尺,周围一百丈。”名胜古迹有全国重点文物保护单位明秀寺、北齐东安王娄睿墓、隋虞弘墓、昌宁公祠（台骀庙）、关帝庙、观音堂、蚜蚄庙、真武庙等。农业以水稻、玉米种植为主。

王郭村明秀寺，俗称琉璃寺，位于王郭村西。明嘉靖二十一年（1542 年），毁于兵火后重建，清代重修，现存建筑均为明代遗构。寺宇坐西朝东，二进院落布局。中轴线现存过殿、正殿，两侧仅存北配殿为原构。正殿内金妆三世佛塑像，后壁、东西两山墙上现存壁画诸天像、三世佛、西方三圣、千佛图等，皆为明代艺术精品。2006 年 5 月，被公布为全国重点文物保护单位。

赤桥村 [Chìqiáo Cūn]

居民点。中国传统村落。属晋祠镇。在晋源区人民政府驻地西南 2.5 千米。人口 0.23 万。又名豫让桥。俗传春秋末豫让刺赵襄子自刎于此，血染桥面故名赤桥。嘉靖《太原县志·桥梁》：“赤桥，县西南七里晋水北渠上。智伯引水灌城。初名豫让桥，至宋太祖凿卧虎山，有血流成河，故更今名。”地处卧虎山东麓，智伯渠流经村中，依山傍水，景色秀丽。村中旧有“赤桥十景”，并以特产晋祠稻、莲藕、手工草纸闻名。现存古迹纪念地有豫让桥遗址、明代豫让祠、兴化洞、兰若寺、郑伯阳故居、刘大鹏故居、清代民居、华北野战军第十八兵团指挥部旧址、真武庙等。2018 年 12 月，赤桥村被列入第五批中国传统村落名录。以农业、旅游业为主。有晋祠路通过。

历史名人有郑伯阳、刘大鹏。

郑伯阳，本名郑大玄，字伯阳，赤桥村人，为明末遗民。崇祯末，他与老友傅山、孙綍、段樵诗酒唱和，“月夕花朝，不谈外事，洵有隐者风”。他作为明末遗民的典型被收入《清稗类钞·隐逸类》：“太原郑大元，偕孙綍、段樵、傅山隐沁源山中。旋归柳峪，授徒自给。友一驼一哑一聋，号四废，不知所终。”傅山曾作《颔柳子口郑生大玄》以赠，诗云：“大玄吾愧汝，一饭不曾尝。节苦甘沟壑，蒙亨小学堂。三人悲独在，四废寄清狂。手植芳椒老，辛红满夕阳。”诗中赞扬郑伯阳的高尚气节，也抒发了作者内心的悲苦辛酸。

刘大鹏，字友凤，号卧虎山人，别署梦醒子，赤桥村人。光绪二十八年（1902 年）他着手《晋祠志》编写，经过五年潜心搜集记录成书。全书 42 卷，汇集了历代有关晋祠的文献记载与民间故老传闻，详细描绘了当时晋祠风物。此外还编写了《晋水志》《柳子峪志》《明仙峪志》，均附《晋祠志》后出版。他的《退想斋日记》是他长达半个世纪耳闻目睹的亲身阅历，是近代社会、文化、经济的重要资料。

姚村镇 [YáoCūn Zhèn]

乡级政区名。在晋源区南部。东与小店区刘家堡乡隔汾河相望，南与清徐县清源镇交界，西与古交市邢家庄乡毗连，北与晋祠镇相邻。面积 57.6 平方千米。人口 2.81 万。辖姚村社区 1 个社区，姚村、高家堡村、北邵村、枣元头村、田村等 15 个行政村。镇人民政府驻姚村。因驻地得名。

明清属太原县姚郜都。民国时期隶属太原县、晋泉县、晋源县。1951 年，属太原市第六区，设姚村、高家堡、南峪、郜城等行政村。1953，年改姚村乡。1954 年，属晋源区。1957 年，属郊区。1958 年 6 月，设姚村农村人民公社。1959 年，属河西区。1960 年，属区级义井公社。1961 年，属晋源区。1963 年，属郊区。1970 年，属南郊区。1984 年，改姚村乡。1998 年，属晋源区。2000 年 5 月，设姚村镇。

地处西山与太原盆地交接地带，西部为西山山地，东濒汾河。柳子沙河、黄楼沟、南峪沙河流经镇区，东注汾河。为太原市绿色果品基地和蔬菜基地。特产洞儿沟蜜桃、壶瓶枣、固驿韭菜等。名胜古迹纪念地有姚村大仙岩寺、槐树村狐爷庙、枣园头永宁寺、洞儿沟天主堂、杜里坪清太徐抗日政府旧址等。

姚村 [Yáo Cūn]

居民点。姚村镇人民政府驻地。在晋源区人民政府驻地西南 11 千米。人口 0.38 万。因姚姓始居而得名。俗传十六国时期，姚苌为后秦主，封其弟姚绪为晋王，遗姚氏一族于此，故得名姚村。嘉靖《太原县志》载名“姚村”。历为姚村乡、姚村人民公社、姚村镇驻地。名胜古迹有大仙岩寺、姚村天主堂、传统民居等。

洞儿沟村 [Dòng'érgōu Cūn]

居民点。属姚村镇。在晋源区人民政府驻地西南 12 千米。人口 0.11 万。相传原名兴盛庄，是固驿村的庄子。后形成村落，以最初只有窑洞，故命名为洞儿沟村。地处晋源区西南边界，邻清徐县界。清代以来为天主教主要活动场所。村西七苦山麓有方济各院，1924 年，由意大利籍主教凤朝瑞主持修建。同时修建的还有洞儿沟天主堂。七苦山自然风光优美，有“之”字型山路通向山顶，有上天之门、祭坛和主殿，为天主教信众朝拜地。

杜里坪村 [Dùlǐpíng Cūn]

居民点。属姚村镇。在晋源区人民政府驻地西 11.8 千米。人口约 100 人。原名杜梨坪，因是山间平地，以产杜梨而得名，后谐音演变为今名。杜里坪村是红色革命老区根据地，在抗日战争时期为清太徐县委县政府驻地。现存办公室旧址，有革命文物陈列室。2007 年 11 月，被太原市确定为爱国主义教育基地。

北郜村 [Běishào Cūn]

居民点。属姚村镇。在晋源区人民政府驻地西南 10 千米。人口 0.27 万。相传北魏国子监祭酒邢郜在此筑城堡，名“郜城堡”，北郜处于城堡北，故名。嘉靖《太原县志》载名“郜城堡”。现存北郜老爷庙、吴家宅院、韩家宅院、龙天庙、观音寺等古建筑。主产水果、蔬菜和花卉。

清徐县 [Qīngxú Xiàn]

县级政区名。在太原市南部。东与晋中市榆次区交界、南与晋中市太谷县、祁县相邻，西与古交市、吕梁市文水县、交城县毗连，北与晋源区、小店区接壤。面积609平方千米。人口34.44万。辖清源镇、徐沟镇、东于镇、孟封镇4个镇及马峪乡、柳杜乡、西谷乡、王答乡、集义乡5个乡。县人民政府驻清源镇。因县境是由清源县、徐沟县2个县合并而成，故取两县名首字命名为清徐县。

古称梗阳，始建于春秋。昭公二十八年（前514年），置梗阳县。隋开皇十六年（596年），析晋阳、榆次县地置清源县，以城西北有清源水得名，治所梗阳城。历属并州、太原郡、太原府。金大定二十九年（1189年），析清源县梗阳乡11村、平晋县断金乡33村、榆次县西管乡4村于县东境置徐沟县，治所徐沟镇，属太原府。清乾隆二十九（1764年），清源改县为乡，并入徐沟县。1912年，复置清源县，直属山西省。1913年，属中路道。1914年，属冀宁道。1927年，废道直属山西省。1937年，属山西省第四行政区。1952年7月，清源、徐沟两县合并，取县名首字命名清徐县，先后属汾阳专区、榆次专区。1958年，划属太原市至今。

从地名专名来看，辖区内行政区划地名和居民点地名有以下特征：1. 以历史古迹或人文地理实体命名。如：固驿、同戈站、尧城等。2. 以姓氏命名。如：师家堡、郝阎、靳村等。3. 以自然地理实体命名。如：南岭村、平泉村、养天池村等。

从地名通名来看，辖区内行政区划地名和居民点主要有以下特征：1. 多以古代驻军营、寨、屯、堡为通名，如：董家营、赵家堡、牛家寨等。2. 以当地山川地貌山、河、沟、岭为通名，如：赵家山、梁泉岭、安家沟等。3. 其他多为北方常见通名村、庄等，如：常家庄、刘村等。

地处吕梁山余脉东南麓，太原盆地中西部。地势西北高东南低，依次分为中低山区、山前洪积扇、倾斜平原和冲积平原，山区和平川分别约占总面积的1/3和2/3。最高点庙前山海拔1865.7米，最低点孟封镇韩武村汾河出境处海拔753米。主要河流有汾河、潇河、乌马河、象峪河、白石河等。有东湖、不老泉等著名泉池。有尧城村、都沟村、西北坊村、东高白村4个中国传统村落。名胜古迹风景区有狐突庙、清源文庙、清徐尧庙、香岩寺、宝梵寺、罗贯中纪念馆、国家级农业旅游示范点葡峰山庄旅游风景区、中隐山生态旅游风景区、国家4A级旅游景区东湖醋园等。地方特色民间艺术有背铁棍、挖棍艺术、抬阁、抬轿子、舞龙、高跷、皮影戏、旱船艺术、清徐彩门楼、二鬼摔跤等。清徐老陈醋酿制技艺、清徐徐沟背铁棍、民居砖雕、清徐彩门楼等被列入国家级非物质文化遗产。赵氏孤儿的传说、东于架火迎鼓习俗、清徐熏葡萄技艺、清徐孟封饼制作工艺、集义高跷、清徐葡萄酒酿技艺、徐沟豆腐干制作技艺、不倒翁、皮影戏等被列入省级非物质文化遗产。

地名的社会应用以“清徐葡萄”驰名全国。当地有着悠久的葡萄栽培历史，唐代诗人刘禹锡《葡萄歌》有写山西葡萄的名句：“自言我晋人，种此如种玉。”《马可波罗游记》中也描述了太原南部广袤的葡萄园和所产的葡萄酒。清代以来县境盛产葡萄干，远销全国各地。清徐葡萄皮薄、粒大、品质优良、色彩鲜艳，现有五十多个品种，种植面积 1200 公顷，总年产 27000 吨。县境拥有百里葡萄沟、万亩葡萄园、国家级生态旅游示范区等数十处大型葡萄示范基地和葡萄采摘园。目前清徐县被列为中国四大葡萄产区之一，有“葡萄之乡”美誉。2012 年，对“清徐葡萄”实施国家农产品地理标志登记保护。

清源镇 [Qīngyuán Zhèn]

乡级政区名。清徐县人民政府驻地。在县境西北部。东与西谷乡为邻，南与柳杜乡接壤，西与吕梁市交城县夏家营镇交界，西北连东于镇，北邻马峪乡、晋源区姚村镇。面积 78.6 平方千米。人口 10.28 万。辖清湖社区、贯中社区、康乐社区、迎新社区、葡乡社区等 22 个社区，六合村、大北村、小北村、北营村、平泉村 23 个行政村。镇人民政府驻陈家庄村。以当地有清源水而得名。《通典·州郡九》：“清源，汉榆次县地。隋於古梗阳城置今县。有清源水。”光绪《清源乡志·山川》：“清源水在本县西北五里。隋于古梗阳城置清源县，即以此得名。”

春秋梗阳邑。历为梗阳县、清源县、清源乡、清徐县治所。1949 年，属清源县第一区。1952 年，属清徐县第一区。1953 年，设城关镇，驻清源。1958 年，属红旗人民公社。1959 年，属城关人民公社。1984 年，改清源镇。2001 年，吴村乡并入清源镇。2005 年 3 月，镇人民政府由清源迁至陈家庄。

地处太原盆地，西倚西山山地，汾河流经。为太原市特色蔬菜生产区，辟有现代农业园。盛产食醋、葡萄、梨等。名胜古迹有国家级重点文物保护单位清源文庙，省级重点文保单位清泉寺及平泉不老池、东湖、上固驿亿万峰塔、梗阳邑古城遗址、三国城、罗贯中纪念馆、文源阁醋都博物馆、中隐山生态景区等旅游景点。

清源文庙始建于金泰和三年（1203 年），元、明、清历代修建。现存建筑除大成殿为金代遗构外，余皆为明清建筑。中轴线上有状元桥、泮池、戟门、大成殿，轴线两侧为厢房、配殿。大成殿为金代建筑遗构，具有重要的文物价值。2006 年，被公布为全国重点文物保护单位。

清源 [Qīngyuán]

区片名。清徐县人民政府、清源镇人民政府驻地。在清源镇中部，白石河南岸。春秋梗阳邑。《左传·襄公十八年》：“秋，齐侯伐我北鄙。中行献子将伐齐，梦与厉公讼，弗胜，公以戈击之，首队于前，跪而戴之，奉之以走，见梗阳之巫皋。他日，见诸道，与之言，同。巫曰：‘今兹主必死，若有事于东方，则可以逞。’献子许诺。”《后汉书·郡国志》引《汉官》：“（晋阳）南有梗阳城，中行献子见巫皋。”前 514 年，魏献子为政，置梗阳县。《魏书·地形志》：晋阳“有晋王祠、梗阳城。”隋开皇十六年（596 年），置清源县，治所在梗阳城北侧，以城西北清源水命名。《括地志》："梗阳故城在并州清源县南百二十步。"《读史方舆纪要》"清源县"条下："梗阳城在今县治南，故晋邑也。故城周六里。"明景泰元年（1450年），重修清源城。周围六里二百步，辟南、西、北三门，上建戍楼，周以女墙。弘治二年（1489年）始开东门。清顺治十七年（1660年），知县和羹在梗阳城旧址上创筑南关城，北连县城。南关城周六里，有四门：东北延昌门、东南青阳门、西南永定门、西北门不开，俗称小西门。城中心有市楼，又名镇楼，高十余丈，下券门洞，通达四方。1952年，为清徐县城。20世纪80年代后城镇化进程加快，城区向四周拓展。以文源路为东西向主轴线，路南侧为春秋梗阳旧地，中间南北主街纵观，多以居民区为主。路北侧是隋代置清源县时新开辟的县城。有东湖、文源阁、县衙旧址、文庙、城隍庙、火神庙、梗阳书院旧址等古建筑。城区周边有西关市楼、平泉不老池、清泉寺等。

历史人物有春秋晋国著名巫师梗阳巫皋。后世有复姓"梗阳"，《中国人名大辞典》："晋大夫食邑于梗阳，其后氏焉。"《姓氏寻源》："金时史咏之妻梗氏，或为梗阳氏所改。"

平泉村［Píngquán Cūn］

居民点。属清源镇。在清徐县人民政府驻地西北2.5千米。耕地面积795亩。人口0.14万。因村中有平泉水而得名。平泉水，古名清源水，今名不老泉。隋置清源县即以此得名。《永乐大典・太原志・山川》"清源县"条下："清源水在本县西北五里。源出赵简子祠前，引以溉田，故又名平泉水。南流入于汾水。"清代清源八景之一的"平泉流碧"即指此地。光绪《清源乡志・山川》："清源水，即八景中'平泉流碧'也，在城北五里平泉村。有二池，相距数十步。一出赵简子祠前，名'无底窟'；一出龙王庙中石洞，名'泉眼'。水清可鉴发，俗名'平泉'，又名'不老池'。《通典》：'有清源水。'《旧唐书》：'隋于古梗阳城置清源县'，即以此得名。溉稻田四百余亩，唯水性碱，余波泛滥，由北营东南流入城东，有清水渠以泄之。"2003年，泉水一度断流，2012年，地下水位回升又复流。现在仍为当地名胜。

历史上曾属清源县、清源乡地。1952年，属清徐县。1953年，属城关镇。1959年，属城关人民公社，1984年，属清源镇至今。农业以种植葡果、大棚蔬菜为主。历史人物有明代名臣王福。王福，字崇善，号棘轩，平泉村人。正统十年进士，授监察御史，后迁顺天府尹。村边旧有王府尹墓。

徐沟镇［Xúgōu Zhèn］

乡级政区名。全国重点镇。在清徐县东部。东连集义乡，南接晋中市太谷县水秀乡、晋中市祁县东观镇，西与孟封镇、西谷乡接壤，北与王答乡、小店区北格镇相邻。面积80.26平方千米。人口5万。辖徐沟社区1个社区，东南坊村、东北坊村、西北坊村、西南坊村、北关村等28个行政村。镇人民政府驻徐沟镇金川路。徐沟名源于古涂水。涂水历史上又名洞涡水、同过水、同戈水、徐水、徐沟。《魏书・地形志》中"阳邑"条下："有白壁岭、樊阳水、八表山、徐水。"《元丰九域志》："清源：六乡、徐沟一镇。"

北宋初，鉴于涂水南岸洞涡驿的重要军事地位，在驿南4千米置徐沟镇，金代因之。后因徐沟镇地处清源、榆次、平晋3个县的交界处，民众交居，税役难征，民讼难决。大定二十九年（1189年），本镇耆宿邓裕等8人上书建议设县。遂以旧镇徐沟为治所，设置徐沟县，并划拨西部清源县11个村、北部平晋县13个村、东南部榆次县4个村，共同组成徐沟县行政区域。《金史·地理志》："徐沟，本清源县之徐沟镇，大定二十九年升。"清乾隆二十九年（1764年），清源县并入徐沟县。1912年，分置清源县，直属山西省。1913年，属中路道。1914年，属冀宁道。1949年，属徐沟县一区。1952年7月，清源、徐沟两县合并为清徐县，属第六区。1953年，置徐沟镇。1958年，设东风人民公社，为公社驻地。1959年，改徐沟人民公社。1984年，置徐沟镇。2001年，高花乡并入至今。

地处太原盆地，潇河流经。镇区原为八百年历史的徐沟县城，历为太原城南达秦蜀的通衢重镇。古城平面略呈正方形，四条主街分别通向四门，将全城划分为西北坊、西南坊、东北坊、东南坊四个区片。城市规划整齐，功能完善。现存徐沟县城隍庙、文庙、西太后路居处"天禄堂"、金河书院遗址、徐沟县衙遗址、北宜武砖塔，西怀远娘娘庙、尧王祭祖台等历史建筑。地方传统风味小吃也多以"徐沟"冠名，如徐沟酒、徐沟灌肠、徐沟豆腐干、徐沟元宵等，其中徐沟豆腐干制作技艺已被列入省级非物质文化遗产。具有数百年历史的"徐沟背铁棍艺术"起源于古老的祈雨雩祭仪式，后演变为民间社火歌舞，2006年，被列入国家级非物质文化遗产，因此徐沟又有"中国民间艺术之乡"之誉。

徐沟［Xúgōu］

区片名。徐沟镇人民政府驻地。原徐沟县县城故址。在徐沟镇中部。秦汉属榆次县地，为涂水乡。以北部潇河古名涂水而得名。《魏书·地形志》"阳邑"条下："有白壁岭、樊阳水、八表山、徐水。"北魏时期把太谷的金水河作为涂水正源，又作"徐水"。隋、唐属晋阳、清源、榆次地。宋代置徐沟镇。《元丰九域志》："清源，府西南七十里。六乡，徐沟一镇。"是为"徐沟"之名最早记载。金大定二十九年（1189年），置徐沟县。清乾隆二十八年（1763年），废清源县并入徐沟县。1912年，复置清源县，1915年，又并入徐沟县，1917年，再置清源县。1952年，两县合并为清徐县，徐沟改镇至今。徐沟县城周长5里10步，最初以原宋代徐沟镇旧城为基础，仅有土垣，无护城河，以附近金水河、嵰峪河的渠水防患。明嘉靖间，增筑北关城。城池加高加厚，外包城砖，并开凿护城河。隆庆二年（1568年），增筑城垣，次年再筑东、西、南瓮城。万历五年（1577年），再次砖石砌筑城墙，八年，创建四门城楼。十年，命名东门为融和门；西门为丰乐门；南门为迎薰门；北门为拱极门。城平面略呈正方形，四条主街分别通向四门，将全城划分为西北坊、西南坊、东北坊、东南坊四个区片。清代历朝多次整修。1949年后，旧城逐步改造拆除。近年随着太原发展重心南移，将向以商贸和教育为中心的卫星城市发展。

东南坊村［Dōngnánfāng Cūn］

居民点。属徐沟镇。在清徐县人民政府驻地东17千米。面积为3.09平方千米。人口0.24

万。因位于徐沟老城东南部，清代设里甲“东南坊”而得名。康熙《徐沟县志·建置》：“里甲：东南坊，在城。”聚落始形成于金代大定间。历为徐沟县城的街市、居民区。1949年以来，历属徐沟县第一区、清徐县第六区、徐沟镇。2011年被评为全国文明村，并列为山西省新农村建设试点村之一。多年来还荣获“精神文明先进集体”“小康示范村”“先进基层党组织”“十佳沼气示范村”“新农村建设先进村”等称号，为全镇建设的典范村。

西北坊村 [Xīběifāng Cūn]

居民点。中国传统村落。属徐沟镇。在清徐县人民政府驻地东17千米。面积1.53平方千米。人口0.13万。因在徐沟老城的西北部，清代设里甲“西北坊”而得名。康熙《徐沟县志·建置》：“里甲：西北坊，在城。”聚落始形成于金代大定间。历为徐沟县城的衙署、庙宇区。1949年以来，历属徐沟县第一区、清徐县第六区、徐沟镇。现存徐沟文庙、城隍庙古建筑群，始建于金代大定年间，经过历代重建和修缮，现存建筑大多为明、清遗构，均为古建筑经典之作。

东于镇 [Dōngyú Zhèn]

乡级政区名。全国重点镇。在清徐县境西部。东邻马峪乡、清源镇，南连清源镇、吕梁市交城县夏家营镇，西与吕梁市交城县夏家营镇、岭底乡交界，北与古交市邢家社乡接壤。面积96平方千米。人口2.97万。辖东于社区1个社区，东于村、水屯营村、东高白村、中高白村、西高白村等24个行政村。镇人民政府驻东于村。因驻地得名。

历史上为清源县、清源乡地。1949年，属清源县三区。1952年，属清徐县第三区。1953年，设东于乡、高白乡。1958年，并入高白乡。9月，属红旗人民公社。1959年，析置高白人民公社。1972年，改名东于人民公社。1984年，改东于镇至今。

地处太原盆地西北边缘，西倚西山山地。有白石南河、都沟河、泽渔河、柿儿河、方山河、壶屏石河等6条河流流经镇境。有市级重点文物保护单位宝梵寺，县级重点文物保护单位有东于娘娘庙、东高白贾状元祠、新民龙王庙、洛池渠惨案遗址4处。G5高速公路、G307国道经境。

东于村 [Dōngyú Cūn]

居民点。东于镇人民政府驻地。在清徐县人民政府驻地西8千米。面积9.29平方千米。人口0.73万。相传原名东榆，后演变为今名。光绪《清源乡志·营防》：“东于墩铺，在城西南十五里东于村。”有市级重点文物保护单位宝梵寺，县级重点文物保护单位娘娘庙。

东高白村 [Dōnggāobái Cūn]

居民点。中国传统村落。属东于镇。在清徐县人民政府驻地西9千米。耕地面积1517亩。人口0.3万。原名“蒿泊”，因处水泊，蒿草丛生而得名。清初清源县知县和羹以地名不吉，建议改名“高白”。顺治《清源县志·都分》：“高白一都，旧名蒿泊都。知县和羹以民苦水旱，地多荒芜，遂芟去草头水旁为高白都云。”光绪《清源乡志·都甲》：“高白镇，旧名蒿泊。城西二十里。距县五十里。辖袁家山、刘家卯、桑岩、羊圈、方山口。”民国时期，将高白村分为东、中、西三村，处于东部的叫东高白。历史上曾属清源县、徐沟县、清源乡。1952 年，属清徐县第三区。1953 年，属东于乡。1958 年，属高白乡，同年，改属东于人民公社。1984 年，属东于镇至今。

古迹有贾状元祠、状元坟、圆觉寺、奶奶庙等。历史人物贾廷诏，清代清源县蒿泊村人，乾隆壬戌（1742 年）武状元，由头等侍卫任山东抚标中军参将。著有《三韬六略之解》《孙子兵法浅释》。

孟封镇 [Mèngfēng Zhèn]

乡级政区名。位于清徐县境南部。东与徐沟镇接壤，南与晋中市祁县贾令镇交界，西与柳杜乡、吕梁市文水县南安镇隔汾河相望，北与西谷乡相邻。面积 78.7 平方千米。人口 3.17 万。辖孟封村、阎家营村、西罗村、东罗村、尧城村等 25 个行政村。镇人民政府驻孟封村。因驻地命名。

1949 年，属清源县第二区。1952 年，属清徐县第二区。1953 年，设孟封乡。1958 年，属卫星人民公社。1959 年，设孟封人民公社。1984 年，置孟封镇。2001 年，杨房乡并入至今。

地处太原盆地，汾河、乌马河、象峪河流经。名胜古迹有尧城城址、尧庙、小武关帝庙、北里旺圣恩寺等。工业旅游有水塔老陈醋公司宝源老醋坊景区。有食醋酿造业。特产孟封饼。

孟封村 [Mèngfēng Cūn]

居民点。孟封镇人民政府驻地。在清徐县人民政府驻地东南 21 千米。面积 11.18 平方千米。人口 0.48 万。主要姓王、赵、张等。为明代屯田驻军兵营，原名孟封营。光绪《清源乡志 · 都甲》："孟封营，城东南三十里，距县三十里。"地处汾河川原，农业主产玉米、小麦、蔬菜。特产孟封饼。孟封饼，古称"孟封锅盔"，是源于清徐县孟封村的传统名食，色泽金红，口感绵甜，以香、酥、软、甜为特色，被誉为饼中佳品。

尧城村 [Yáochéng Cūn]

居民点。中国传统村落。属孟封镇。在清徐县人民政府驻地东南 16 千米。面积 4.87 平方千米。人口 0.21 万。古名陶唐城。清代称尧城镇。相传帝尧曾在此建都，后因水患大迁都平阳，因得名尧城。顺治《清源县志 · 古迹》："陶唐城，在县东南三十里。相传陶唐氏自逐鹿徙居于此，或云陶唐造历之所。今名尧城。"历史上属清源县、清源乡地。1952 年，属清徐县至今。

地处平川，以农业种植为主。现存尧庙、北城门、井神庙、龙王庙、王氏民居及部分城墙。尧庙位于村北，始建年代无考，元、明、清历代重修。尧庙现存两个轴线，东轴线仅存主体建筑尧王殿，西轴线存倒座戏台及由四星楼和东西配殿组成的西偏院。尧王殿为明代建筑，面宽五间，进深六椽，七檩周廊式，重檐歇山顶。殿内梁架下层设庞大藻井，全部用斗栱挑出。藻井分三层，底层、中层为正方形，上层为八角形斗栱层层叠置，构建精美。其余戏台、配殿等为清代建筑。2004 年 6 月，被公布为省级文物保护单位。2013 年，被公布为全国重点文物保护单位。

鹅池村［Echí Cūn］

居民点。属孟封镇。在清徐县人民政府驻地东南21千米。面积1.06平方千米。人口0.17万。本名“鹅城”，后以方言讹作“鹅池”。相传晋永嘉元年洛阳发生地陷，有一对天鹅飞经，一只苍色的飞走，白色的落在此地，刘曜以为祥瑞，在此建城，取名鹅城。光绪《清源乡志·古迹》：“鹅城，在城东南二十里。《晋书》：永嘉元年，洛阳地陷，有二鹅苍者飞去，白者止此。刘曜以为己瑞，筑城应之。”历史上属清源县、清源乡地。1952年，属清徐县至今。地处平川，以农业种植为主。文物古建筑有鹅池大舜帝庙、白衣庵、娘娘庙、民国民居等。

马峪乡［Mǎyù Xiāng］

乡级政区名。在清徐县西北部。东邻清源镇，南连东于镇，西与东于镇、古交市邢家社乡交界，北与晋源区姚村镇毗邻。面积101.26平方千米。人口2.11万。辖西马峪村、东马峪村、龙石山村、都沟村、东梁泉村等13个行政村。乡人民政府驻西马峪村。因驻地得名。

历史上为清源县、清源乡地。1949年，属清源县一区。1952年属清徐县三区。1953年5月，设马峪乡。1958年，属红旗人民公社。1960年，属城关人民公社。1961年，分设马峪人民公社。1984年，置马峪乡。2001年，碾底乡并入至今。

地处吕梁山余脉东麓，地势北高南低，地形属半山区。最高点庙前山位于马峪乡最北端，海拔1865.7米，最低点位于乡境东南部的都沟村，海拔1320米。有白石河、郭家河、都沟河、泽渔河流经。白石河流经境内20.08千米。

名胜古迹旅游景点有国家级重点文物保护单位狐突庙，省级文物重点保护单位严香寺，市级重点文物保护单位文殊塔，县级重点文物保护单位贞节牌坊、李家楼乐台、东梁泉乐台、东马峪乐台、罗氏祖坟、狐神行宫、东马峪遗址等。有国家级农业观光示范园葡峰山庄，旅游胜地龙林山名胜风景区，绿园生态观光示范园，峪源生态观光园等。

西马峪村［Xīmǎyù Cūn］

居民点。马峪乡人民政府驻地。在清徐县人民政府驻地西4.5千米。面积2.1平方千米。人口0.26万。因地处马鞍山谷口处而得名“马谷”，后演变为马峪，并以郭家河为界分为西马峪、东马峪。光绪《清源乡志·都甲》：“东马峪、西马峪，二村毗连，城西五里，距县三十五里。”光绪《清源乡志·坛庙寺观》：“礼应侯狐神庙，在西马峪马鞍山下。”

历史上为清源县、清源乡地。1949年，属清源县第一区。1952年，属清徐县第三区。1953年5月，为马峪乡驻地。1961年，为马峪人民公社驻地。1984年，为马峪乡人民政府驻地。地处马鞍山南麓的边山地带，为清徐葡萄的主产地。名胜古迹有狐突庙、武庙、民居宅院、长龙街古井等。狐突庙位于村北，始建于宋宣和五年（1123年），元至元二十六年（1289年）重修。现存寝宫为宋代建筑，寝宫正中塑狐突夫妇金装像。献殿为明代建筑，东、西山墙现存明代壁画50平方米。西墙为“利应侯出巡布雨图”，东墙为“施雨回宫图”。2006年5月，被公布为全国重点文物保护单位。

都沟村［Dōugōu Cūn］

居民点。中国传统村落。属马峪乡。在清徐县人民政府驻地西 5 千米。面积 1.9 平方千米。人口 0.18 万。相传为春秋时晋国大夫屠岸贾的故乡。曾名屠贾、屠谷、屠沟，后从外地迁来杨姓人家，逐渐兴旺，嫌屠沟含义不祥，故改为都沟。顺治《清源乡志·古迹》："屠岸贾故里，在县西南十里。今名屠贾村。"光绪《清源乡志·都甲》："屠沟村，城西南十里，距县四十里。辖山庄、仰天池、桃园。"历史上属清源县、清源乡地。1952 年，属清徐县至今。地处屠谷山边山地带，为清徐葡萄主产区。名胜古迹有岩香寺石窟、清代王氏贞节石牌楼等。

柳杜乡［Liǔdù Xiāng］

乡级政区名。位于清徐县西南端。东与孟封镇隔汾河相望，南界吕梁市文水县南安镇，西连吕梁市交城县夏家营镇，北与清源镇为邻。面积 37.82 平方千米。人口 1.99 万。辖柳杜村、北社村、东南社村、西宁安村、乔武村等 12 个行政村。乡人民政府驻柳杜村。因驻地命名。

历属清源县、清源乡地。1949 年，属清源县第四区。1952 年 7 月，属清徐县第四区。1953 年，设柳杜乡。1958 年，属红旗人民公社。1959 年，属吴村人民公社。1961 年，设柳杜人民公社。1984 年 5 月，置柳杜乡至今。

地处汾河川原区，汾河纵经。古迹有乔武石佛寺、西青堆蛮王墓、北社关岳庙、西青堆清代民居等。西青堆蛮王墓为北魏蛮族首领梅安之墓地。北魏时期地处江淮西部地区的蛮人大批投奔北方，《魏书·列传·蛮》："泰常八年，蛮王梅安率渠帅数千朝京师，求留质子以表忠款。始光中，拜安侍子豹为安远将军、江州刺史、顺阳公。"后因蛮族首领梅安赴魏都平城途中卒葬于此。坟冢青草茂密，故称青堆。"青堆烟草"列入清代清源八景。光绪《清源乡志·古迹》："蛮王墓，在城南十里许。后魏正平元年，蛮王梅安来朝，道卒葬于此，名青堆。八景中'青堆烟草'也。"清乾隆间汾河洪水冲没墓冢，现仅存遗址。1983 年，被列入太原市重点文物保护单位。

柳杜村［Liǔdù Cūn］

居民点。柳杜乡人民政府驻地。在清徐县人民政府驻地南 10 千米。人口 0.18 万。由柳村和杜村合并组成，故名。顺治《清源县志·都分》："青堆南都：杜村、新堡、乔武、西一庵、柳村。"光绪《清源乡志·都甲》："柳村、杜村，二村毗连。城南二十里，距县三十二里。"因两村相连，中以一条街道相隔，民国时期合为一村，始称柳杜。

清初属清源县青堆南都，后属清源乡地。1949 年，属清源县第四区。1952 年，属清徐县第四区。1953 年 5 月，为柳杜乡驻地。1961 年为柳杜人民公社驻地。1984 年，为柳杜乡人民政府驻地。文保建筑有柳杜大寺庙、赵氏宅院、韩氏宅院、柳杜人民公社旧址。农业主产玉米、小麦、蔬菜等。

西谷乡［Xīgǔ Xiāng］

乡级政区名。位于清徐县中北部。东邻王答乡、徐沟镇，南连孟封镇，西接清源镇，北与小店区刘家堡乡接壤。面积35平方千米。人口2.14万。辖西谷村、东木庄村、北云支村、南云支村、长头村等9个行政村。乡人民政府驻西谷村。因驻地得名。

1949年，属清源县第二区。1952年，属清徐县第二区。1953年，设西谷乡。1958年，属卫星人民公社。1959年，设西谷人民公社。1984年5月，置西谷乡。汾河纵经西境，地势平坦，为县产粮区。

西谷村［Xīgǔ Cūn］

居民点。西谷乡人民政府驻地。在清徐县人民政府驻地东10千米。人口0.33万。谷姓始居，故名。光绪《清源乡志·都甲》："西谷村，城东十五里，距县十五里。"为产粮区，主产小麦、高粱、玉米。有碳黑公司、醋业公司。太中银铁路经此。古迹有清末西谷学堂旧址、真武庙、阎家宅院等。

王答乡［Wángdá Xiāng］

乡级政区名。位于清徐县东北部。东邻徐沟镇，南接徐沟镇，西连西谷乡、小店区刘家堡乡，北与小店区北格镇、刘家堡乡接壤。面积44.5平方千米。人口3.18万。辖王答村、北录树村、赵家堡村、郝村、南录树村等15个行政村。乡人民政府驻王答村。因驻地得名。

明清属徐沟县地，设王答里。1949年，属徐沟县三区。1952年，属清徐县第五区。1953年，设王答乡。1958年，属东风人民公社。1959年，设王答人民公社。1960年，并入西谷人民公社。1961年，恢复王答人民公社。1984年5月，置王答乡至今。

地处太原盆地，潇河流经乡境同戈站、赵家堡、郝村。历史上同戈站为晋阳南部天堑，又为太原盆地交通要冲。隋唐置折冲府洞涡府。唐末为洞涡驿。元代设同戈站。《旧唐书·昭宗纪》："（天复元年四月）叔琮长驱出团柏，营于洞涡驿"，即此地。名胜古迹有同戈站河神庙、南录树关帝庙、郝村奶奶庙及大寨、黑城营、董家营等村清代民居。历史人物有乔人杰，字汉三，号荫堂，清徐沟县郝村人。乾隆间天津道台、湖北按察使，入祀天津名宦祠。子乔邦宪，字溶泉，道光癸巳进士，官至刑科给事中。孙乔松年，字健侯，号鹤侪，谥勤恪，道光乙未进士，曾任松江府知府、安徽巡抚、陕西巡抚。《清史稿》有传。

王答村［Wángdá Cūn］

居民点。王答乡人民政府驻地。在清徐县人民政府驻地东13千米。人口0.48万。里俗相传周成王弟叔虞赴晋过此乡人欢迎，叔虞答拜，故名。万历《徐沟县志·古迹》："王答村，俗称周成王封弟叔虞至晋过其地，里人具筐篚拜迎之，叔虞亦答拜，因号王答村。"其释名显系望文生义之说，真实含义已无可考。明清属王答里。1949年，属徐沟县三区。1952年，属清徐县第五区。1953年，为王答乡驻地。1959年，为王答人民公社驻地。1984年5月，为王答乡人民政府驻地至今。以农业种植为主。为县东交通枢纽。

赵家堡村［Zhàojiābǎo Cūn］

居民点。属王答乡。在清徐县人民政府驻地东16千米。东、北濒临潇河，南与同戈站、南录树村接壤，西与北录树、小店区南代家堡村毗连。面积4.38平方千米。人口0.27万。相传原名梁家堡，后因梁家败落，赵姓兴起，因改今名。清康熙《徐沟县志·村屯》载名

“赵家堡”。金代以来历属徐沟县地。1952 年，属清徐县。1953 年，属王答乡。1958 年，属王答人民公社。1984 年，属王答乡至今。现为清徐县工业大村，主要以暖气片铸造为主导产业。为全国最大的暖气片生产基地。

集义乡 [Jíyì Xiāng]

乡级政区名。在清徐县东部。北与小店区北格镇、晋中市榆次区张庆乡相接，东邻晋中市榆次区修文镇、东阳镇，南连晋中市太谷县水秀乡，西与徐沟镇接壤。面积 52.54 平方千米。人口 2.91 万。辖集义村、小王村、王坊村、姚家堡村、贾村堡村等 20 个行政村。乡人民政府驻集义村。因驻地命名。

1949 年，属徐沟县第二区。1952 年 7 月，属清徐县第六区。1953 年，设大常乡，集义乡、辽西乡。1957 年，合并为集义乡。1958 年，属东风人民公社。1961 年，设集义人民公社。1984 年 5 月，置集义乡至今。

地处太原盆地，潇河、象峪河流经境内橙桥、桃园堡、东辽西、中辽西、西辽西等村。名胜古迹有省级重点文物保护单位大常寿宁寺、县级重点文物保护单位温李青观音堂、过街戏台及贾村堡真武庙、关帝庙、代李青民居等。为清徐县农业大乡、山西省无公害蔬菜主产区和放心菜生产示范区。

集义村 [Jíyì Cūn]

居民点。集义乡人民政府驻地。在清徐县人民政府驻地东 20 千米。人口 0.37 万。相传唐节度使李光弼征讨叛将安禄山收复太原时，村民集众举义相应而得名。万历《徐沟县志・古迹》：“集义村，唐安禄山反，李光弼复太原，本村民举义兵应之，因号集义。”明清属徐沟县地。1949 年，属徐沟县第二区。1952 年 7 月，属清徐县第六区。1953 年，为集义乡驻地。1961 年，为集义人民公社驻地。1984 年 5 月，为集义乡人民政府至今。古迹有集义古地道、李家宅院、张家宅院等。现为山西省无公害蔬菜生产基地。

大常村 [Dàcháng Cūn]

居民点。属集义乡。在清徐县人民政府驻地东 26 千米。东邻西范村，南靠南庄，西连东贾村，北与小王村接壤。面积 6.12 平方千米。人口 0.31 万。金代以来历属徐沟县地。清代称“大常镇”。1952 年，属清徐县至今。光绪《徐沟县志》：“大常镇，距城二十里。”因常姓聚居，与小常村相对而得名。

历史名人有金代神童常添寿。常添寿金代徐沟县大常人，与麻九畴、刘滋、刘微、张汉臣同称“明昌五神童”。《金史・麻九畴传》：“明昌以来，称神童者五人，太原常添寿四岁能作诗，刘滋、刘微、张汉臣后皆无称，独知几能自树立。”《永乐大典・太原志》：“金代神童常添寿，徐沟县东大常里人。年四岁，作诗云：‘我有一卷经，不用笔写成。展开无一字，昼夜放光明’。”《金史・程辉传》：“辉性倜傥敢言，喜杂学，尤好论医。从河间刘守真说，率用凉药。神童常添寿者，方数岁，辉召之，因书‘医非细事’。添寿涂‘细’字，改书作‘相’，辉颇惭，人亦以此为中其病云。”

明代以后大常村为晋中商贸大镇，村中南北大街商业兴盛，店铺林立，有利泉茂粮店、义和公绸缎棉布行、乾亨吉百货行、茂林涌点心店、德和泰药店、东生泉醋坊、顺兴利油坊以及木器、铁器、银器、铜器、粮食等加工行业不可胜计。另外还有小学、医院、庙宇、教堂，其市井繁荣，百业同臻，俨然一方都会，晋中民众誉为“小太谷”。现为太原市无公害蔬菜基地，集义乡第二大村。名胜古迹有寿宁寺、过街戏台、清代民居建筑等。

阳曲县 [Yángqǔ Xiàn]

县级政区名。在太原市东北部。东邻阳泉市盂县、晋中市寿阳县，南与晋中市寿阳县交界，南与杏花岭区、尖草坪区、万柏林区毗连，西与古交市、忻州市静乐县相邻，北、与忻州市静乐县、忻府区、定襄县接壤。面积 2070 平方千米。人口 12.84 万。辖黄寨镇、大盂镇、东黄水镇、泥屯镇 4 个镇、高村乡、侯村乡、凌井店乡、西凌井乡、杨兴乡 5 个乡。县人民政府驻黄寨镇。

“阳曲”地名原在今忻州市定襄县城南，因地处滹沱河弯曲处故名。《山西通志・定襄辨》：“今之定襄古阳曲也。”秦置阳曲县，东汉末县治始南迁至今太原市尖草坪区阳曲镇。《元和郡县志》：“阳曲县，南至府七十里。后汉末移于太原县北四十五里，阳曲故城是也。”

春秋晋国置盂县。前 514 年，将祁氏采邑分为盂、祁、邬、平陵、梗阳、涂水、马首等 7 县。《左传・昭公二十八年》：“秋，晋韩宣子卒，魏献子为政。分祁氏之田以为七县，孟丙为盂大夫。”秦、汉为盂县（治所在今大盂镇）、狼盂县（治所在今黄寨镇）地，属太原郡。东汉建安二十年（215 年），阳曲县治所由系舟山北迁至今尖草坪区阳曲镇，属太原郡。西晋末狼盂县废入阳曲县。北魏盂县废入阳曲县，属永安郡。隋改为阳直县。开皇十六年（596 年），改称汾阳县。唐武德七年（624 年），复改为阳曲县，属并州。宋太平兴国七年（982 年），阳曲县治移太原城，为并州治所。金代为太原府治所。元代为冀宁道治所。明、清为太原府治所。1912 年，废府直属山西省。1913 年，属中路道。1914 年，属冀宁道。1927 年，废道，直属山西省。抗日战争中，中共领导的抗日根据地以同蒲铁路线为界，分为东阳曲和西阳曲两县。1942 年 9 月至 1945 年 9 月，东阳曲东部和盂县西部合为盂阳县。1948 年 8 月，合并恢复阳曲县，县人民政府迁驻辛庄村，11 月 3 日，迁驻黄寨村。1949 年 3 月，属太原行署第一专区。9 月，改属忻县专区。1950 年 2 月，将阳曲县小返、瓜地沟等 7 个行政村、38 个自然村划归太原市。1951 年 8 月 29 日，又将向阳、兰村等 12 个行政村、32 个自然村划入太原市。1953 年，将庄子上村、李家山村等 7 个行政村、36 个自然村划入太原市。1954 年 9 月 17 日，将阳曲县柏板乡、北山头乡等 2 个乡 19 个自然村划入太原市。1958 年 11 月，阳曲县划属太原市至今。

从地名专名来看，辖区内行政区划地名和居民点地名有以下特征：1. 以历史古迹或人文地理实体命名。如：城晋驿、故县、大盂、洛阴等。2. 以姓氏命名。如：李家沟、路家山、荣家庄等。3. 以自然地理实体命名。如：北山根底、海子湾村、南龙泉村等。

从地名通名来看，辖区内行政区划地名和居民点主要有以下特征：1. 多以古代驻军营、寨、屯、堡、关为通名，如：石岭关、韩寨、籍营等。2. 以当地山川地貌山、河、沟为通名，如：王坝岭、沙河、常家沟等。3. 其他多为北方常见通名村、庄等，如：河庄、高村等。

地处忻定盆地与晋中盆地分界地带。地势北、西、东三面高，向中、南逐渐过渡到太原盆地。最高点柳林尖山海拔 2101.9 米，最低点青龙镇杨兴河出境处海拔 830 米。有全国重点文物保护单位不二寺、帖木儿塔、大王庙大殿、辛庄开化寺、前斧柯悬泉寺、阳曲轩源庙 6 处。省级重点文物保护单位南高庄城址、明泰大师塔、轩辕庙、中共阳曲县委旧址、石岭关城址 5 处。市级重点文物保护单位 24 处。县级文物保护单位 100 处。山西省爱国主义教育基地 1 处。重要纪念地有阳曲县烈士陵园、西庄烈士陵园等。青龙镇为国家级传统古村落。另有黄寨、三畛、北社、上原等列为古村落候选名单。

地方特色民间艺术有刺绣、根雕、剪纸、面塑、秧歌、锣鼓、旱船等。曲绣、青龙古镇传说、东黄水李氏豆腐干、高村鼓坊八音会被列入市级非物质文化遗产名录。有郭氏之源于阳曲、系舟信雨、傅山文化、马文蔚书法等非物质文化遗产。有西门庄园、西沟果岭、青草坡乡村庄园、郭家堡等农家乐旅游项目。

黄寨镇 [Huángzhài Zhèn]

乡级政区名。位于阳曲县中部。东与东黄水镇相邻，南与侯村乡毗连，西与泥屯镇交界，北与高村乡、大盂镇接壤。面积 94.45 平方千米。人口 4.68 万。辖商贸新街社区、新阳东街社区、南坡街社区、首邑北路社区、首邑南路社区等 11 个社区，黄寨村、北塔地村、中社村、大屯庄村、城晋驿村等 17 个行政村。镇人民政府驻黄寨村。因驻地得名。

1949 年，属阳曲县第八区。1951 年，属阳曲县第一区。1953 年，设黄寨乡。1956 年，撤销区级建制为全县 20 个乡之一。1958 年，设红星人民公社，驻黄寨。1959 年，设黄寨人民公社。1980 年，分设北留人民公社，并分出县城区域设新阳街道。1984 年，置黄寨镇。1982 年，分设黄寨街道，1984 年，撤销黄寨街道并入黄寨镇。2001 年，北留乡并入。

地处太原盆地北端，东、北、西三面环山。地势北高南低，地形分为丘陵、平川。主要山脉有棋子山、文庙梁。主要河道有杨兴河、中社河 2 条，河流总长 20.5 千米。境内最高点棋子山海拔 1417.9 米，最低点西南部杨兴河出境处海拔 850 米。

境内有全国重点文物保护单位不二寺，省级文物保护单位中共阳曲县委旧址，市级文件保护单位中社遗址、南崖上遗址、钟岗遗址、狼孟城址、录古咀卧龙堂。土特产有苹果、太后香小米。

黄寨村 [Huángzhài Cūn]

居民点。黄寨镇人民政府驻地。在阳曲县人民政府驻地北 0.5 千米。面积 8.16 平方千米。人口 0.27 万。原名黄土寨，以村东黄土山上有狼孟古城址，后为兵寨而得名。民国初简为今名。道光《阳曲县志》：“狼孟城，战国赵氏邑，秦置狼孟县。按：狼孟故城在县东北六十里黄土寨村东。至今城址犹存，南北袤二百余步，东西广一百余步，中有古寨。”1932 年，重印的道光《阳曲县志》前附《八区编村表》载名为“黄寨镇”。

战国为赵国狼孟邑。秦汉为狼孟县治所。西晋废。《水经注·汾水》：“洛阴水又西，经狼孟县故城南，王莽之狼调也。左右夹涧幽深，南面大壑，俗谓之狼马涧。旧断涧为城，有南、北门，门闉，故壁尚在。”清代成晋驿迁至黄土寨，古驿道从黄土寨村中穿过，驿道两侧店铺、商号鳞次栉比，俨然一小都会。清光绪二十六年（1900 年），慈禧太后南逃经此地路居。《清实录》：“光绪二十六年。庚子。八月。乙酉。上奉慈禧端佑康颐昭豫庄诚寿恭钦献崇熙皇太后，自忻州启銮。是日驻跸黄土寨。丙戌，上奉慈禧端佑康颐昭豫庄诚寿恭钦献崇熙皇太后自黄土寨启銮。”1948 年 11 月 2 日，中共阳曲县委、阳曲县人民政府迁驻黄寨村刘氏民宅，其旧址现为省级重点文物保护单位。1948 年，属阳曲县第一区。1953 年，为黄寨乡驻地。1958 年，属红星人民公社。1959 年为黄寨人民公社驻地。1984 年 5 月，为黄寨镇人民政府驻地至今。

地处杨兴河沿岸，聚落与狼孟古城、阳曲县城濒河鼎足而立，展示出这里两千多年的发展脉络和历史进程。古迹纪念地有狼孟城址、中共阳曲县委员会旧址、西太后两宫驻跸旧址、黄寨旧街民居等。

城晋驿村［Chéngjìnyì Cūn］

居民点。属黄寨镇。在阳曲县人民政府驻地东北 5 千米。面积 5.09 平方千米。人口约 0.15 万。古为太原通往晋北、塞外的交通要道。元代在此设驿站，名“成晋驿”，后演变为“城晋驿”。据元代记述大都和腹里地区的志书《析津志》记载：“九原，正南偏西六十五里，成皆（按：“成皆”为“成晋”之讹）；正南八十里，冀宁。”《永乐大典·太原志》记载：“成晋驿在县北八十里柏井镇。北至九原驿七十里。”明代筑城堡，设守卒，并作为并北屏障石岭关的后方基地，成为太原府四大驿站之一。清中叶后，成晋驿站迁移到黄寨镇。民国时期因为有城堡的缘故人们把成晋驿讹写为“城晋驿”。1932 年重印的道光《阳曲县志》前附《八区编村表》始载名为“城晋驿”。

明代成晋驿筑堡城。城池平面呈长方形，南北长约 500 米，东西宽约 300 米。四面辟 4 座城门。南、北门之间一条大街纵贯全城，东、西两门不相直，东、西街分别与南北大街丁字相交。清代石岭关巡检司兼成晋驿驿丞驻城内。驿站设置于西门内大街，内设马神庙、驿书房、差官房、住房、马棚、草房、煮料房及戏台和驿门各 1 座。有驿丞、马夫、厂夫等工作人员。西门外临古驿道，沿城墙均为客栈、饭店、车马店。现存成晋驿古城、古街大致完整，北门、东门尚存，门洞为拱券式青石砌筑。城墙黄土夯筑，残高 5 ~ 6 米。原成晋驿站的旧址现已改建成为城晋驿村小学。古驿道今改造为 108 国道。

柏井村［Bǎijǐng Cūn］

居民点。属黄寨镇。在阳曲县人民政府驻地东北 5.5 千米。面积 0.44 平方千米。人口 0.15 万。古名百井，为太原北部军事重镇。宋代在此筑百井寨城，到金代称为百井镇，于此置酒官。明代后演变为柏井。文献记载始见于《旧唐书·李自良传》。唐大历十二年（777

年），回纥入侵，河东军节度使鲍防遣大将焦伯瑜等北上抗击，“促伯瑜等逆战，遇虏于百井。”《元丰九域志·河东路》记载：“阳曲。八乡。百井、阳兴二寨。”《金史·地理志》记载：阳曲有“镇五：阳曲、百井、赤塘关、天门关、陵井驿。”《永乐大典》记载：“柏井镇，在阳曲县北六十里。宋旧寨，有兵戍。金为镇，置酒官。”清道光《阳曲县志》载名“柏井村”。相传村南古刹有大柏树四株，有井一眼，开春上溢自流，取名柏井。

杨兴河流经村中，古驿道纵经村中约 1 千米，两侧多商铺、客栈、庙宇。现存清代民居院落、沿街店铺、古木、石碑等古迹。庙宇有观音堂、吕祖庙、圣母庙、玉皇阁等。

大盂镇［Dàiyú Zhèn］

乡级政区名。在阳曲县北中部。东邻杨兴乡，南连东黄水镇、黄寨镇，西与高村乡接壤，北与忻州市忻府区交界。面积 145.1 平方千米。人口 1.43 万。辖大盂村、南高庄村、沙河村、上原村、景庄村等 12 个行政村。镇人民政府驻大盂村。因驻地得名。

清代属阳曲县东北乡安生三都。民国属阳曲县第七区。1949 年，为阳曲县第九区驻地。1953 年，阳曲县第三区驻地。1956 年，置大盂乡。1958 年，属星火人民公社。1959 年，设大盂人民公社。1984 年，置大盂镇至今。

地处系舟山脉南麓的大盂山间盆地，北部山脉系舟山为汾河、滹沱河分水岭。地势东高西低，地形分为丘陵、盆地。主要山脉有庙儿山、峰坡山、小五台山、双山、玉皇爷山，最高点小五台山海拔 1839 米，最低点大盂村西海拔 990 米。杨兴河由东向西流经。名胜古迹有省级文物保护单位南高庄城址，市级文物保护单位慈仁寺、大盂泰山庙、峰东唐代石窟及小五台山文殊洞、三畛民居群、铁猫寺、春秋盂县遗址等。

大盂村［Dàiyú Cūn］

居民点。大盂镇人民政府驻地。在阳曲县人民政府驻地东北 13.8 千米。东邻景庄村，南邻高村乡马坡村，西与高村乡辛庄村接壤，北临南高庄村。面积 5.65 平方千米。人口 0.22 万。村四周环山，中间低平，地形如盂，故取名“盂”。前 514 年，晋国魏献子把祁氏的采邑分为盂、祁、邬、平陵、梗阳、涂水、马首等 7 县，在此置盂县。《左传·昭公二十八年》记载：“秋，晋韩宣子卒，魏献子为政。分祁氏之田以为七县，盂丙为盂大夫”，即指此地。秦仍置盂县。经历汉、魏、晋，到北魏太延五年（439 年），盂县废，故城被称为“大祁城”。隋开皇十六年（596 年）又在原地复置盂县，大业初再废。唐宋后形成大盂镇。历为并北重镇。民国时期为阳曲县第七区公所驻地。1949 年，为阳曲县第九区人民政府驻地。1953 年，为阳曲县第三区人民驻地。1956 年，为大盂乡驻地。1959 年，为大盂人民公社驻地。1984 年，为大盂镇驻地至今。

为阳曲县北部交通、商贸集镇。名胜古迹有关帝庙、铁猫寺、清代民居、慈仁寺、荣氏宅院等。古盂城遗址在村西南至高村之间，已无痕迹。道光《阳曲县志·建置》：“大盂城，在县东北八十里。即今大盂镇。镇西南六里，高村之东犹传‘西教场’‘顺城街’之名。每值春夏之交天方明，烟雾中隐隐有城一座，垣堞门楼皆备。人或有心穿入，则不见其形，出则复见。日出烟消始失。”

石岭关村 [Shílǐngguān Cūn]

居民点。属大盂镇。在阳曲县人民政府驻地北 20 千米。地处太原市、忻州市交界处。北至忻州市关城村界，南至上原村界，东至峰东村界，西至小西沟村界。耕地面积 694 亩。人口约 150 人。以地处石头岭上，古代置石岭关而得名。

唐置石头岭关，也称“石岭关”“石岭镇”。金置酒官。明设石岭关巡检司，万历间改筑石城。为太原北部天然屏障，中原通往代、云、宁、朔的交通要冲。《永乐大典·太原志》：“石岭关在县东北一百里，傍系舟山。唐李播《方志图》谓之‘石头岭’。”《元和郡县志·河东道二》“阳曲县”条下：“石岭镇在县东北七十里。”《新唐书·地理志》“忻州定襄郡”条下：“定襄，上。武德四年析秀容置。有石岭关。”关城踞山因地筑成，为不规则形，城周约 1.25 千米。现关城大部分已毁，仅存南门及部分城墙。

东黄水镇 [Dōnghuángshuǐ Zhèn]

乡级政区名。在阳曲县中东部。东邻凌井店乡，南与晋中市寿阳县侯村乡交界，西与侯村乡、黄寨镇接壤，北与大盂镇毗邻。面积 152.04 平方千米。人口 1.56 万。辖东黄水村、范庄村、洛阴村、故县村等 12 个行政村。镇人民政府驻东黄水村。因驻地得名。

清代属阳曲县至孝一都。民国时期属阳曲县第二区。1948 年，属第十一区。1953 年，设东黄水乡。1956 年，合置大乡东黄水乡。1958 年，属红星人民公社。1959 年，设东黄水人民公社。1984 年，置东黄水镇至今。

地处系舟山西麓。地势东高西低，地形分为山区、平川。主要山峰有阪泉山、红崦山、两岭山、台子梁。中社河横经中部。境内最高点红崦山海拔 1575.1 米，最低点西南部水泉沟村中社河海拔 890 米。农业特产小米。名胜古迹有全国重点文物保护单位大王庙大殿，省级文物保护单位西盘威元代明泰大师塔、西殿村轩辕庙，市级文物保护单位寿昌寺、黄花洞佛寺、东黄水圣母庙、西殿村遗址、阪泉山圣母堂、红崦山明代石窟、黄花洞等。东黄水“李氏豆腐干”被列为市级第三批非物质文化遗产名录。

东黄水村 [Dōnghuángshuǐ Cūn]

居民点。东黄水镇人民政府驻地。在阳曲县人民政府驻地东 10 千米。东起两岭山，南临吉家岗村，西接故县村，北至大汉村。面积 22.8 平方千米。人口 0.27 万。辖东黄水村、石沟东村、伽西村、泊子沟村、东北社村 5 个自然村。原名黄鼠村，因村名欠雅曾多次更名。俗传曾名五龙镇，又名五堡村，后以方言谐音改为黄水村。清代分为东黄水、西黄水两村。清初书法家傅山为村中关帝庙题匾署“东黄鼠镇”。康熙《阳曲县志》载名“黄水镇”。道光《阳曲县志》载名“东黄水镇”。光绪《盂县志·沿革》：“自县西南行百四十余里达阳曲之黄鼠村。”以农业种植为主。土特产豆腐干、猪头肉。古迹有关帝庙、圣母庙、两岭山隋唐佛教造像、清代民居等。

范庄村 [Fànzhuāng Cūn]

居民点。位于太原市阳曲县东部。属东黄水镇。在阳曲县人民政府驻地东 12 千米。

东接凌井店村，南临吉家岗村，西、北接东黄水村。下辖范庄村、路家山村 2 个自然村。面积 16.29 平方千米。人口约 700 人。以姓氏得名。以农业种植为主，特产“范庄小米”。

村西大王庙大殿为明代建筑，古为祭祀赵氏孤儿赵武庙宇。殿内梁架前后内额与四椽栿构成井口方梁，四角用三层抹角梁与斗栱层层挑起井口梁，下饰垂莲柱，构成“悬梁吊柱”，因此俗称为“无梁殿”。殿内后方通设供台，山墙、后檐墙上绘有《巡行图》《回宫图》等精美明代壁画计 65 平方米。1986 年 8 月，被公布为省级文物保护单位。2013 年，被公布为全国重点文物保护单位。

故县村 [Gùxiàn Cūn]

居民点。属东黄水镇。在阳曲县人民政府驻地东北 7 千米。东邻东黄水村，南接洛阴村，西连黄寨镇晋驿村，北界棘针沟村。面积 12.68 平方千米。人口 0.19 万。辖故县村、蒲子村、小汉村、兴隆庄村 4 个自然村。

古名“木井城”，为通往太行山以东的交通要隘。东魏孝静帝时期筑城，因城中有井，以木砌甃，故以名之。《北史 · 后妃传》：“神武迎蠕蠕公主还，尔朱氏迎于木井北”，即此地。《元和郡县志》：“（阳曲）县城，故木井城也，东魏孝静帝筑城，城中有井，以木为甃，因名之。”隋大业末年为阳直县治，唐武德年间，又为汾阳、阳曲县治，后因名故县。现村以农业种植为主，特产小米。古迹有古木井遗址、东梁地汉代遗址、福昌寺、清代民居王氏宅院等。

泥屯镇 [Nítún Zhèn]

乡级政区名。位于阳曲县中西部。东与高村乡、黄寨镇隔山相邻，南与尖草坪区柏板乡、西墕乡毗连，西与西凌井乡、北小店乡接壤，北与忻州市忻府区交界。面积 298.32 平方千米。人口 2.41 万。辖泥屯村、归朝村、白家社村、伽东村、戴庄村等 24 个行政村。镇人民政府驻泥屯村。因驻地得名。

清代属阳曲县西北乡堡袴都。民国时期属阳曲县第五区。1949 年，属阳曲县第二区。1953 年，设泥屯乡。1956 年，撤销区级建制合并小乡置泥屯乡。1958 年，设泥屯人民公社。1984 年，置泥屯镇。2001 年，岔上乡并入至今。

东、西、北三面环山，地势北高南低，地形分为平川、山区。主要山脉有文昌山、马头山、牙儿山等，境内最高点轿顶山海拔 1868 米，最低点芦家河村泥屯河出境处海拔 830 米。中部泥屯河流经，旧称“泥屯川”。为县粮油主产区。特产小米、苹果。古迹有思西新石器文化遗址、西青善元代隆化禅院塔、白家社明代惠庵寺、中兵村徘徊寺、戴庄释迦寺、东青善兴国寺等。

泥屯村 [Nítún Cūn]

居民点。泥屯镇人民政府驻地。在阳曲县人民政府驻地西 12 千米。东靠棋子山，南接戴庄村，西连松树村，北邻伽东村。面积 9.21 平方千米。人口 0.19 万。当为明代军屯处。俗传因村临泥屯河，地势低湿而得名。康熙《阳曲县志 · 村落》载名“泥屯村”。道光《阳曲县志 · 舆地图下》载：“东、西泥屯村，距城五十五里。有古觉寺。”。1952 年，为阳曲县第二区人民政府驻地。后历为泥屯乡、泥屯人民公社、泥屯镇驻地。古迹有泥屯新石器文化遗址、赵氏民居等。

中兵村 [Zhōngbīng Cūn]

居民点。属泥屯镇。在阳曲县人民政府驻地西 12.5 千米。东临耙齿沟，南临东青善村，西接张家庄村，北接戴庄村。面积 3.46 平方千米。人口约 780 人。原名“中坪村”，后以方言谐音改今名。道光《阳曲县志·舆地图下》载：“中坪村，距城五十五里。有徘徊寺。”1932 年，重印的道光《阳曲县志》前附《八区编村表》始载名为“中兵村”。地处泥屯河畔，以梨果业著名，特产酥梨。古迹有徘徊寺，又名毗卢寺，明万历四十四年（1616 年）重建。现存寺宇有明代建筑。

高村乡 [Gāocūn Xiāng]

乡级政区名。位于阳曲县中北部。东与大盂镇为邻，南与黄寨镇毗连，西与泥屯镇接壤，北与忻州市忻府区豆罗镇交界。面积 118.37 平方千米。人口 1.26 万。辖高村、北白村、辛庄村、南白村、西南窊村等 10 个行政村。乡人民政府驻高村。因驻地得名。

清代属阳曲县正北乡高白一都。民国时期属阳曲县第七区。1949 年，属阳曲县第九区。1951 年，属第三区。1953 年，设高村乡。1956 年，属大盂乡。1958 年，属星火人民公社。1959 年，属大盂人民公社。1972 年，分设高村人民公社。1984 年，置高村乡至今。

地处大盂盆地丘陵区。地势西北高，东南低。主要山脉有官帽垴、拍子山、凤凰山、梁鸿山、卧牙山，东南属大盂盆地。境内最高点官帽垴海拔 1400 米，最低点高村海拔 990 米。主要河道有杏沟塘坝、西干渠 2 条，总长 7.5 千米。为县粮油生产基地，盛产葵花。古迹有全国重点文物保护单位辛庄开化寺及辛庄卿云观、河庄赤塘关旧址、北白元代岱岳庙碑、北社西林寺等。高村鼓坊“八音会”被列为市级第三批非物质文化遗产名录。

高村 [Gāo Cūn]

居民点。高村乡人民政府驻地。在阳曲县人民政府驻地北 12 千米处。东邻大盂村，南接西南窊村，西至北社村，北连南白村。面积 23.39 平方千米。人口 0.3 万。辖高村、杏沟村、峪庄村、康岩村 4 个自然村。相传原名太平西庄，后改今名。道光《阳曲县志·舆地图下》载：“正北乡高白一都，共六村。高村，距城九十里。有西谿观、仁济寺。”村落由北堡、中堡、南堡 3 部分组成。以农业种植为主。特产小米。古迹有仁济寺、神堂庙、南高新石器文化遗址及多处清代民居。高村传统八音会被列入市级非物质文化遗产名录。北同蒲铁路经此设高村站。

北社村 [Běishè Cūn]

居民点。属高村乡。在阳曲县人民政府驻地北 11.1 千米。东邻高村，南接黄寨镇大直峪村，西连高村，北至南白村。面积 18.06 平方千米。人口约 600 人。辖北社村、马头村、五家咀村、白水村、兴社村 5 个自然村。原名郭家堡，后因当地有举办祭祀庙会的地方民间组织“社”，又地处沟北，故名“北社”。道光《阳曲县志·舆地图下》载：“正北乡堡符三都共七村，北社村，距城八十里。”为原生态的传统村落，古庙宇、古民居保存完整。

古迹有西林寺、大王庙、关帝庙、天王寺、观音堂、北社大庙、郭家堡门、北社戏台及清代民居群等。特产小米。2014 年，被农业部确定为第四批全国一村一品示范村（阳曲小米）。

辛庄村 [Xīnzhuāng Cūn]

居民点。属高村乡。在阳曲县人民政府驻地北 14.7 千米。东邻大盂村，南接高村，西连北白村，北至王文岭村。面积 9.2 平方千米。人口 0.22 万。原名新庄，后演变为今名。道光《阳曲县志・舆地图下》载："正北乡高白一都，共六村。辛庄村，距城九十里。有卿云观、开化寺、龙王、关帝、泰山等庙。"特产核桃。名胜古迹有辛庄开化寺、卿云观、结义庙、民居建筑等。辛庄开化寺，也称开花寺，创建年代无考。据碑文记载，金皇统年间由外村移建此处。明嘉靖间重修。寺宇正殿为明代建筑，内塑三世佛塑像及胁侍菩萨、迦叶、阿难、护法金刚等共计 11 尊，为明代塑像精品。2004 年 6 月，被公布为省级文物保护单位。2013 年，被公布为全国重点文物保护单位。卿云观始建于元至元年间，明、清屡有修葺。道光《阳曲县志・寺庙》载："辛庄卿云观，城北九十里，太平乡蕊罗山下。元至元间全真李志朴建。按察使西谿王公书额，教授伶贤甫撰记。皇庆间重修，有碑记。"现仅存正殿，为明、清遗构。

侯村乡 [Hóucūn Xiāng]

乡级政区名。在阳曲县中南部。东与东黄水镇、晋中市寿阳县平头镇相邻，杏花岭区小返乡毗连，西与尖草坪区阳曲镇、泥屯镇接壤，北与黄寨镇相连。面积 131.96 平方千米。人口 1.72 万。辖侯村、西黄水村、张拔村、洛阳村等 15 个行政村。乡人民政府驻侯村。因驻地得名。

清代属阳曲县东北乡石城一、二、四、六都。民国时期属阳曲县第二区。1949 年，属阳曲县第七区。1953 年，设侯村乡。1956 年，合并大乡仍为侯村乡。1958 年，属红星人民公社。1959 年，属黄寨人民公社。1961 年，分设侯村人民公社。1984 年，置侯村乡。2001 年，北留乡的西龙庄、韩寨 2 村并入。

地形东高西低，东部为阪泉山山地丘陵，西部为阳曲川。最高点阪泉山海拔 1760 米，最低点青龙镇村杨兴河出境处海拔 830 米。以农业、林果业为主。特产葡萄、白桃。有市级文物保护单位侯村遗址、青龙镇烽火台、青龙镇文昌宫、张拔玉泉寺、青龙镇龙王庙、桥沟龙泉寺及沟东轩辕庙、洛阳草堂寺等。青龙古镇传说为市级第三批非物质文化遗产名录。

侯村 [Hóu Cūn]

居民点。侯村乡人民政府驻地。在阳曲县人民政府驻地南 4 千米。东邻西万寿村，南邻西黄水村，西邻桥沟村，北邻北塔地村。下辖侯村、辉家沟村 2 个自然村，面积 5.39 平方千米。人口 0.2 万。侯姓始居，故名。清代属阳曲县东北乡石城六都。1952 年，为阳曲县第七区人民政府驻地。后为侯村乡、侯村人民公社驻地。道光《阳曲县志・舆地图下》载："正北乡石城六都，共七村。侯村，距城五十里。"以农业种植为主。古迹有侯村东周文化遗址、侯村堡址及侯村民居建筑群。

青龙镇村 [Qīnglóngzhèn Cūn]

居民点。中国传统村落、省级历史文化名村。属侯村乡。在阳曲县人民政府驻地西南5千米。东邻桥沟村，南至西黄水村，西接尖草坪区河底村，北连西龙庄村。面积7.31平方千米。人口0.22万。辖青龙镇村、会沟村、大碾沟村、河里村4个自然村。原名青蒿嘴。后以村庄沿河分布，蜿蜒曲折，形似龙形，故雅称青龙镇。道光《阳曲县志·舆地图》："青龙镇，距城五十里。旧名青蒿嘴，以其地产青蒿，故名。有关帝、文昌、龙王、泰山等庙。"

村庄历为军事、交通、商业名镇，历史文化旅游资源丰富。市级文物保护单位有青龙镇烽火台、青龙镇文昌宫、青龙镇龙王庙等。另外还有明代古堡，李自成屯兵寨、地道、碉堡等古代军事设施；有关帝庙、文昌祠等祠庙建筑群；有著名的静安园、养和堂、小梅山等园林遗址；有明清以来古宅院三十余处及五阁九窑十八洞和不同风格的黄土文化建筑。民俗文化有锣鼓、社火、戏曲等。2014年11月，被列入第三批中国传统村落名录。2017年1月，入选为第五批山西省历史文化名镇名村。

凌井店乡 [Língjǐngdiàn Xiāng]

乡级政区名。位于阳曲县东部。东与阳泉市盂县交界，南与晋中市寿阳县接壤，西与东黄水镇毗连，北与大盂镇、杨兴乡相邻。面积183.4平方千米。人口1.04万。辖凌井店村、蒿子坡村、西头村、西汉湖村、河村等13个行政村。乡人民政府驻凌井店村。因驻地得名。

清代属盂县善应二都。抗日战争时期，与阳曲县东部组建盂阳县。1945年，属东阳曲县第三区。1949年，属盂县第十区。1953年8月，划归阳曲县，置第九区。1956年，置凌井店乡。1958年，属东星人民公社。1959年，设凌井店人民公社。1984年，置凌井店乡至今。

地处系舟山区，地势西北高，东南低。主要山脉有大威垴山、马头山、胡泉梁、寺佛山、罗里山。最高点大威垴山海拔1715.7米，最低点东部乌河出境处海拔1200米。乌河发源于西部山地，东流经盂县入滹沱河。以农业种植为主。古迹有河村明代清泉寺、大方山金代吴氏家族墓、南庄文殊寺等。

凌井店村 [Língjǐngdiàn Cūn]

居民点。凌井店乡人民政府驻地。在阳曲县人民政府驻地东23.2千米。东、北邻后街村，南连河村，西至西汉湖村。面积11.02平方千米。人口0.12万。辖凌井店村、南社村2个自然村。俗称"店上"。历为阳曲县、盂县之间商品集散地。光绪《盂县志》："西乡六市：凌井店市，一、四、七日集。"农业以种植为主，土特产有土豆、小米、荞面等。古迹有关帝庙、樊氏民居等。

西凌井乡 [Xīlíngjǐng Xiāng]

乡级政区名。位于阳曲县西部。东与泥屯镇隔山相望，南与尖草坪区柏板乡为邻，西与古交市河口镇、忻州市静乐县交界，北与忻州市忻府区三交镇接壤。面积536.89平方千米。人口0.62万。辖西凌井村、北小店村、韩庄村、官庄村、岭底村等12个行政村。乡人民政府驻西凌井村。因驻地得名。

清代属阳曲县西北乡兰伏七都。民国时期属阳曲县第五、六区。1949 年 8 月，属阳曲县第五区。1953 年，设凌井乡、北小店乡。1956 年，合并大乡仍名凌井乡。1958 年，属钢铁人民公社。1959 年，设凌井人民公社。1961 年 6 月，分设北小店人民公社。1982 年，凌井人民公社改为西凌井人民公社。1984 年，置西凌井乡、北小店乡。2001 年，西庄乡、伙路坪乡并入西凌井乡。2021 年，北小店乡并入至今。

地势北高南低，主要山脉有石大王山、洞峁山、长梁背山、了城峁南山、官山、白草峁山。最高点黄围岩山海拔 1956.2 米，最低点凌井河天门关出境处海拔 920 米。主要河道有凌井河、柳林河。中部为凌井河沟谷，史称“乾烛谷”。沟谷间古为驿道，道路逶迤盘曲，因称“羊肠坂”。传为隋炀帝开凿，故又名“杨广道”。古道南接太原盆地，北通晋西北各县。名胜古迹有全国重点文物保护单位前斧柯悬泉寺及凌井沟摩崖造像、天门山栈道遗址、凌井沟七十二景等。

西凌井村 [Xīlíngjǐng Cūn]

居民点。西凌井乡人民政府驻地。在阳曲县人民政府驻地西北 23.6 千米。东邻泥屯镇南路村，南接尖草坪区柏板乡东关口村，西接韩庄村，北接泥屯镇赤泥社村。面积 66.73 平方千米。人口 0.12 万。辖西凌井村、泉水沟村、圪叉居村 3 个自然村。道光《阳曲县志·舆地图下》：“西北乡兰伏七都，共三十四村。凌井村，距城九十里。”因阳曲县东有凌井店村，后加“西”以区别。明、清置凌井驿，属阳曲县西北乡兰伏七都。民国时期属阳曲县第五、六区。1949 年 8 月，属阳曲县第五区。后为凌井乡、凌井人民公社驻地。村落沿公路分布。农业以种植为主。古迹有二郎庙、重修栈道碑。

前斧柯村 [Qiánfǔkē Cūn]

居民点。属西凌井乡。在阳曲县人民政府驻地西 61 千米。东至卯上村，南邻悬泉寺村，西邻神武村，北至榆树梁村。人口约 30 人。相传古有仙人在榆树梁棋盘岩对弈，一樵夫观棋片刻，斧柄已烂。后人遂以为村名。后分为前斧柯、后斧柯两村。清道光《阳曲县志·舆地图下》：“更名都，共二十五村。前斧柯村，距城七十里。”以农业为主。著名古迹有全国重点文物保护单位悬泉寺。悬泉寺，原名“玄泉寺”，在村南约 5 千米官山山腰。据碑文载，宋熙宁年间有“玄泉”额，后为明代晋王府家庙。明成化、弘治至今多次重修，现存主体结构为明清建筑。寺宇依崖壁而建，依次为山门、钟鼓楼、伽蓝殿、大雄宝殿、地藏殿、三圣殿、观音堂（上建藏经楼）、斋堂、七佛洞（天然石洞）、龙王殿等。大雄宝殿为明代遗构。2004 年 6 月，被公布为省级文物保护单位。2013 年，被公布为全国重点文物保护单位。

六固村 [Liùgù Cūn]

居民点。属西凌井乡。在阳曲县人民政府驻地西北 39.3 千米。东、南临箭杆村，西接海子湾村，北接忻州市忻府区三交镇牛尾庄村。面积 41.68 平方千米。人口约 320 人。辖六固村、安家庄村、吾情沟村 3 个自然村。原名“陆固村”，后演变为今名。“固”为阳曲县古方言，意指利用山中天然石洞改造成的窑洞。其本字当为“崮”。道光《阳曲县志·舆地图下》："西北乡兰伏七都，共三十四村。陆固村，距城八十五里。"地处深山，箭杆河流经，景色宜人，有三郎洞自然风景区。

杨兴乡 [Yángxīng Xiāng]

乡级政区名。在阳曲县东北部。东与阳泉市盂县西潘乡交界，南与凌井店乡毗连，西与大盂镇相邻，北与忻州市忻府区西张乡、定襄县南王乡接壤。面积 425 平方千米。人口 0.53 万。辖杨兴村、水头村、坪里村、鄯都村、温川村等 8 个行政村。乡人民政府驻杨兴村。因驻地得名。

清代属阳曲县东北乡杨兴一、二、三都。民国时期属阳曲县第八区。1948 年，属阳曲县第十区。1951 年，将原第十区更名为阳曲县第八区。1953 年，设杨兴乡。1956 年，合并大乡，仍为杨兴乡。1958 年，属卫星人民公社。1959 年，设杨兴人民公社。1961 年，分设温川人民公社。1984 年，置杨兴乡。2001 年，温川乡并入至今。

地处系舟山区，地势西高东低，主要山脉有系舟山、柳林尖山、阴山、驴蹄垴山、南坪梁、红林尖、天翅垴，最高点系舟山主峰柳林尖山海拔 2101.9 米，最低点温川河出境处，海拔 940 米。为黄河流域、海河流域分水岭。主要河流温川河源在乡境水头村，东经盂县注入滹沱河；杨兴河源在乡境谷头村，西南流经太原尖草坪区注入汾河。古迹有全国重点文物保护单位元代帖木儿塔、市级文物保护单位玉皇庙及鄯都关帝庙、水头观音寺等。革命纪念地有 1937 年 12 月在杨兴村成立的阳曲县抗日民主政府旧址、石坡头村第一个农村基层党支部旧址。抗日战争和解放战争期间，杨兴乡曾作为革命根据地，连巅村、麻黄沟村、石槽村、北温川村、贾庄村等村先后为中共阳曲县委、县政府驻地。

杨兴村 [Yángxīng Cūn]

居民点。杨兴乡人民政府驻地。在阳曲县人民政府驻地东北 28.7 千米。东邻坪里村，南界阳泉市盂县西烟镇，西至水头村，北连忻州市忻府区西张乡。面积 42.35 平方千米。人口 0.11 万。辖杨兴村、八里岔村、芦子沟村 3 个自然村。

本名"阳兴"，后演变为今名。宋代置阳兴寨，为驻军地。明代为阳兴镇。清代改杨兴镇。其改名之由可能与民间俗传杨六郎在此驻军有关。《元丰九域志·太原府》："阳曲，八乡。百井、阳兴二砦。"《宋史·地理志二》："阳曲，次赤。有百井、阳兴二砦。"《永乐大典·太原志》"阳曲县"中记载："阳兴镇，在县东北一百里。宋旧寨，有戍兵。今改为镇，置酒官。"康熙《阳曲县志·村落》："杨兴村，以上离城东北一百里。"道光《阳曲县志·舆地图下》："东北乡杨兴二都，共二十六村。杨兴镇，距城一百二十三里。有长兴寺、龙兴寺。"元好问曾经此地，有《阳兴砦》诗。抗日战争时期为阳曲县抗日民主政府驻地。1949 年，为阳曲县第八区政府驻地。后为杨兴乡、杨兴人民公社驻地。以农业种植业和养殖业为主。古迹有阳兴砦旧址、玉泉山白龙庙、王家宅院、史家宅院等。清代有"杨兴八景"：六郎寨、白龙庙、槐抱榆、双人石、灾难碑、刘仙洞、南天门、桃红寨。

地方名人王志昂，杨兴村人。光绪进士，民国山西省都督府财政司长。村中有旧居。

史家庄村［Shǐjiāzhuāng Cūn］

居民点。属杨兴乡。在阳曲县人民政府驻地东北35千米。东邻炭沟子，南至坪里村，西连杨兴村，北界忻州市忻府区西张乡。耕地面积2172.6亩。人口约120人。因史姓始居而得名。据《史氏家谱》记载：元大德年间史姓定居于此。道光《阳曲县志·舆地图下》："东北乡杨兴二都，共二十六村。史家庄，距城一百三十里。"以农林牧业为主。古迹有全国重点文物保护单位元代帖木儿塔。

帖木儿塔位于村东200米，由3座塔组成，均为元代建筑。中塔为史公仲显墓塔，是元大德九年（1305年）也先帖木儿为纪念其父史仲显所建。东塔为也先帖木儿墓塔，建于元至正十年（1350年）。西塔为也先帖木儿其弟拜延帖木儿墓塔，建于元至正十三年（1353年）。2004年6月，被公布为省级文物保护单位。2013年5月，被公布为第七批全国重点文物保护单位。也先帖木儿，汉名史彦昌，史家庄人，官至武德将军、云南腾冲路达鲁花赤。

娄烦县［Lóufán Xiàn］

县级政区名。在太原市西北部。东邻古交市，南与吕梁市交城县交界，西与吕梁市方山县、岚县接壤，北与忻州市静乐县相连。面积1289.85平方千米。人口12.54万。辖娄烦镇、静游镇、杜交曲镇3个镇及马家庄乡、盖家庄乡、米峪镇乡、天池店乡4个乡。县人民政府驻娄烦镇。

娄烦本名"楼烦"，其名来自战国楼烦国。《史记·匈奴列传》称："而晋北有林胡、楼烦之戎，燕北有东胡、山戎，各分散溪谷，自有君长，往往而聚者百有余戎，然莫能相一。"楼烦国故地在今晋西北。秦汉置楼烦县，治所在今朔州市境。隋大业四年（608年）在今宁武县南置楼烦郡，楼烦之名始南迁。唐开元四年（716年）在岚州南境创置楼烦监，并在今娄烦县境创建楼烦监城，"楼烦"之名始再迁至今境。

今娄烦县境在秦、汉时期属太原郡汾阳县地。晋末属三堆县地。北魏属平寇县地。隋先后属岢岚县、汾源县、静乐县地。唐武德四年（621年），在南境置六度县，治今东六度村，六年，废入静乐县。唐开元四年（716年），置楼烦监，设监牧使，并创建楼烦监城。唐龙纪元年（889年），置楼烦县，为宪州治。宋属岚州。金因之。蒙古太祖十六年（1221年），省入静乐县，置楼烦巡检司。明、清为楼烦镇，属静乐县。抗日战争时期，属晋绥边区八分区静乐县地。1971年，划出静乐县南部置娄烦县，属吕梁地区。因当地群众将"楼烦"俗写为"娄烦"而得名，县人民政府驻娄烦镇。1972年4月，划属太原市至今。

从地名专名来看，辖区内行政区划地名和居民点地名有以下特征：1. 多以所处地形命名。如：黑山、岔儿上、峰岭底、石峪、宽坪等。2. 以居民姓氏命名。如：盖家庄、折家沟、孔家峪等。3. 以历史古迹或人文地理实体命名。如：东六度、天池店、柳林寺、童子崖。4. 以方言命名。如：社科湾、王光塔、新舍科等。

从地名通名来看，辖区内行政区划地名和居民点主要有以下特征：1. 以当地山川地貌岭、沟、梁、曲、湾为通名，如：段家岭、牛圈沟、武家梁、罗家曲等。2. 其他多为北方常见通名村、庄等，如：辽庄、范家村等。

“楼烦”地名在历史上的影响：今娄烦县境虽然不是先秦楼烦部族的故地，但早在旧石器、新石器时期就有人类活动开发，现存古遗址达 50 多处。秦汉以后以牧场广阔为历朝监牧地。唐代先后命名为楼烦监、楼烦县，从此楼烦县名继承了先秦“楼烦”地名的余绪，也承载了赵武灵王效仿楼烦胡服骑射推行改革的辉煌历史。史书记载，楼烦之戎是一个善于骑射的部族，楼烦文化曾有力推进了与华夏文化的融合，“楼烦将”勇敢善战的传统一直延续至秦汉时期。《史记·高祖功臣年表》：“阳都侯丁复以赵将从起邺，至霸上，为楼烦将。”《项羽本纪》：“汉有善骑者楼烦，楚挑战三合，楼烦辄射杀之。”等等，表明了楼烦军的强大作战能力。到汉武帝时期，楼烦人受到北部匈奴和南部汉朝的夹击，被迫处于“河南地”。前 127 年，汉将卫青略河南地，赶走楼烦王置朔方郡，楼烦部族至此消失。

地处吕梁山区，汾河上游。主要山脉有云顶山、赫赫岩山、皇姑山、龙和山、周洪山、峰岭底山等吕梁支脉。汾河纵贯全境，有华北最大的水库汾河水库。主要河流还有岚河、监河、天池河、南川河、北川河、细米河等。地形西南高东北低。最高点赫赫岩山海拔 2708.9 米，最低点杜交曲镇龙尾头村汾河滩海拔 1030 米。主要矿藏有煤、铁、石灰石等。野生植物针叶类以落叶松为华北最好材种。野生动物褐马鸡为国家一级保护动物。名胜古迹纪念地有娄烦古城遗址、高君宇故居、山城峁新石器文化遗址、周洪山普净禅院、三教寺、米峪镇烈士陵园、水峪事件殉难烈士纪念地等。汾河水库景区、云顶山风景名胜区为省级风景名胜区。

娄烦镇 [Lóufán Zhèn]

乡级政区名。娄烦县人民政府驻地。位于娄烦县境中部。东濒汾河水库与庙湾乡相望，南接天池店乡，西连马家庄乡、盖家庄乡，北与静游镇毗邻。面积 159 平方千米。人口 3.36 万。辖娄烦一社区、娄烦二社区、娄烦三社区、城东社区、城中社区、城西社区 6 个社区，大夫庄村、童子崖村、娄家庄村、姚罗村、三元村等 26 个行政村。镇人民政府驻河家庄村。以镇人民政府原驻地娄烦而得名。

唐代为宪州和楼烦县治所。元代废县为镇，设巡检司。清属团城都。民国时期为静乐县第二区驻地。1956 年，设娄烦乡。1958 年 9 月，属红旗人民公社。同年因修建汾河水库，镇人民政府迁至河家庄今址。1961 年 12 月，改娄烦人民公社。1971 年 5 月，新置娄烦县，改三元村人民公社。1972 年，改城关人民公社。1984 年 5 月，置娄烦镇。2001 年，四坪乡并入至今。地处吕梁山区，汾河上游。东濒汾河水库，监河流经。名胜古迹有三教寺、周洪山普净寺、童子崖新石器文化遗址、河家庄新石器文化遗址、汾河水库风景区等。

娄烦 [Lóufán]

区片名。在娄烦镇中部。娄烦本名“楼烦”，其名来自战国楼烦国。楼烦国故地在今晋西北。隋大业四年（608 年），在今宁武县南置楼烦郡，“楼烦”之名始南迁。唐开元四年（716 年），在岚州南境创置楼烦监，并创建楼烦监城，“楼烦”之名始迁至今境。唐龙纪元年（889 年），李克用表置宪州于此，置楼烦县为州治。宋、金仍为楼烦县。蒙古太祖十六年（1221 年），废县并入静乐县，改置楼烦巡检司，明洪武二年（1369 年），建楼烦镇。清因之。抗日战争时期为晋绥边区八分区静乐县委、县政府驻地。楼烦城创建于唐开元四年（716 年），城周 4 里，城内东西大街为主街，长 2 里，两侧商号鳞次栉比，集市繁华。南北向大街长 1 里，与东西大街丁字相交，两侧多为手工作坊、旅店、服务业。城北高地人称“衙门”，历为楼烦监、楼烦县、楼烦巡检司等机构驻地。民居及三教寺、城隍庙、老爷庙、奎星阁等古建筑分布城中。1958 年，楼烦城规划为汾河水库库区，城中居民迁至汾河西岸童子崖、河家庄一带重建家园。1959 年，水库一期工程告竣后古城淹没。1971 年，新置娄烦县，以民间俗写“娄烦”为标准地名，县人民政府驻地也改为娄烦镇。新建的娄烦地处监河河谷，北依周洪山麓，南临监河，建成区沿河东西向呈带状分布。主干街道有南大街、北大街、滨河北路、滨河南路等。有监河湿地公园、南山公园、北山采摘园、市民广场等公共园林。名胜古迹有汾河水库景区、河家庄新石器文化遗址、山城峁新石器文化遗址、明代建筑三教寺等。

三元村 [Sānyuán Cūn]

居民点。属娄烦镇。在娄烦县人民政府驻地东 2 千米。东邻城北村，西接官庄，南连四家坪，北倚周洪山。面积 0.32 平方千米。人口 0.17 万。原名桑园，后简为今名。康熙《重修静乐县志·村名备考》载名为“桑园”。原属静乐县地。1971 年，划属娄烦县，设三元村人民公社，为公社驻地。1972 年，属城关人民公社，为三元村大队。1984 年 5 月，属娄烦镇，建立三元村民委员会至今。

1941 年，八路军 358 旅开辟抗日根据地进驻三元村，为 358 旅指挥部驻地。现有八路军 358 旅指挥部旧址纪念馆、358 旅司令部作战科旧址、三元战斗遗址、358 旅旅长张宗逊旧居等纪念地。古迹有明代三元堡遗址、普净寺遗址、清代民居等。现为红色旅游景点和爱国主义教育基地。

姚罗村 [Yáoluó Cūn]

居民点。属娄烦镇。在娄烦县人民政府驻地东 1 千米。东邻新良庄，南靠南山公园，西与娄烦社区居委会相连，北接河家庄。面积 1.8 平方千米。人口约 500 人。以姚姓、罗姓始居而得名。清康熙《重修静乐县志·村名备考》载名“窑罗村”。“窑罗”当为“姚罗”之讹，因村中姚姓为大姓。监河流经。驻地单位有住建局、检察院、法院、育才中学、娄烦中学等。古迹有姚罗堡遗址，为明代防御城堡。历史名人有清代乾隆进士姚士林，出生于姚罗村，雍正二年（1724 年）中举人，乾隆元年（1736 年）考中进士。他在任江苏新阳县知县数年中，勤政爱民，深受百姓爱戴。他辞官返乡时，因上任时接收了前任知县的钱粮亏损旧账，任期未能还清，回乡后变卖了祖上遗产，去当地还清了旧债。新阳县父老深感其诚实厚道，赠银千余两。

静游镇［Jìngyóu Zhèn］

乡级政区名。全国重点镇。在娄烦县境北部。东界忻州市静乐县丰润镇，南与庙湾乡、娄烦镇为邻，西连盖家庄乡，北与吕梁市岚县社科乡接壤。面积 138 平方千米。人口 2.75 万。辖下静游村、上静游村、河岔村、东六度村、峰岭底村等 26 个行政村。镇人民政府驻下静游村。因驻地得名。

清代属静乐县廉耻乡。1949 年，属静乐县第二区。1956 年，置静游乡。1958 年，属万宝全人民公社。1961 年，设静游人民公社。1971 年，属娄烦县。1984 年，置静游镇。2001 年，龙泉乡、河杨树底乡并入成今境。

地处吕梁山区，汾河纵经，岚河在境内与汾河交汇。名胜古迹纪念地有全国重点文物保护单位高君宇故居纪念馆、东六度旧石器文化遗址、上静游戏台、辽庄龙王庙、峰岭底高君宇故居、大坡湾东周文化遗址、六度县旧址、明代烽火台等。

下静游村［Xiàjìngyóu Cūn］

居民点。静游镇人民政府驻地。在娄烦县城北 15 千米。东邻峰岭底，南邻任家沟，西邻常庄，北邻上静游。面积 6.87 平方千米。人口 0.47 万。清康熙《重修静乐县志·村名备考》载名“下进牛”“上进牛”。相传为古代监牧地而得名。清末雅为今名。1949 年后历为静游乡、静游人民公社、静游镇驻地。汾河、岚河在村东交汇。名胜古迹有阳坡湾新石器文化遗址、大坡湾东周文化遗址等。

峰岭底村［Fēnglǐngdǐ Cūn］

居民点。属静游镇。在娄烦县人民政府驻地东北 11.6 千米。面积 13.32 平方千米。人口 0.31 万。清康熙《重修静乐县志·村名备考》载名为“峰岭村”。因村南山上有烽火台故名烽岭，后讹为“峰岭”。村在山下因名峰岭底。历史名人有高君宇。纪念地有高君宇故居纪念馆。

高君宇（1896—1925），原名高尚德，字锡三。静乐县峰岭底村（今属娄烦县）人。五四运动时为北京大学学生会负责人之一。1920 年，加入北京共产主义小组，为全国最早的 58 名党员之一。1922 年，当选为中国社会主义青年团第一届中央执行委员会委员和中共第二届中央执行委员会委员。1925 年，在北京病逝。现存高君宇故居，包括故居、纪念馆、广场、陵园四部分。1996 年 1 月，被公布为省级文物保护单位。2019 年，被公布为全国重点文物保护单位。

杜交曲镇［Dùjiāoqǔ Zhèn］

乡级政区名。全国重点镇。在娄烦县境东南部。东邻古交市嘉乐泉乡，南与天池店乡毗连，西至娄烦镇，西北、北与静游镇、静乐县神峪沟乡接壤。面积 309 平方千米。人口 11.26 万。辖杜交曲村、庙湾村、庄儿上村、罗家曲村、银洞咀村等 26 个行政村。镇人民政府驻杜交曲村。因驻地得名。

清代属静乐县廉耻乡。1949 年，属静乐县第二区。1956 年，属罗家曲乡、庙湾乡、雷家庄乡和策马乡。1958 年，属红星人民公社、湖东人民公社。1961 年，属罗家曲人民公社和双井人民公社。1971 年，属娄烦县。1983 年，分别改杜交曲人民公社和庙湾人民公社。1984 年，置杜交曲镇、庙湾乡。2021 年，庙湾乡并入至今。汾河经境，北部为汾河水库风景区。古迹有罗家曲观音寺、神堂山新石器文化遗址、下石家庄明代城堡遗址等。

杜交曲村 [Dùjiāoqǔ Cūn]

居民点。杜交曲镇人民政府驻地。在娄烦县人民政府驻地东南 17 千米。面积 0.35 平方千米。人口 0.25 万。清康熙《重修静乐县志 · 村名备考》载名“杜召曲”，后演变为今名。当以地处汾河弯曲处，杜姓始居而得名。农业以种植为主。古迹有韩家坡新石器文化遗址、杜交曲新石器文化遗址。

水峪村 [Shuǐyù Cūn]

居民点。属杜交曲镇。在娄烦县人民政府驻地东 11.6 千米。村东连古交市、南接下石家庄村、西靠汾河水库、北连双井村。面积 12.51 平方千米。人口约 590 人。因村中有水峪沟而得名。清康熙《重修静乐县志 · 村名备考》载名“水峪村”。抗日战争时期曾为中共晋西北三地委、三专属驻地，有水峪事件殉难烈士纪念碑，现为市级爱国主义教育基地。

水峪事件殉难烈士纪念碑在村西南 1.5 千米。1941 年底，晋绥边区三地委、三专署驻扎在水峪村一带。1942 年 2 月，日伪军突袭水峪村，地委干部十余人牺牲。1995 年，在纪念抗日战争胜利 50 周年之际，中共娄烦县委在水峪村倡建烈士纪念碑。正面镌刻由杨秀山同志题写“水峪事件殉难烈士纪念碑”大字，背面碑文记述事件发生经过和死难烈士事迹。2003 年 3 月，被公布为县级文物保护单位。

马家庄乡 [Mǎjiāzhuāng Xiāng]

乡级政区名。在娄烦县境西部。东邻娄烦镇，东南连天池店乡，南与米峪镇乡毗连，西与方山县马坊镇交界，北与盖家庄乡接壤。面积 198 平方千米。人口 1.25 万。辖边家庄村、河家兰村、苇院坪村、潘家庄村、大圣堂村等 17 个行政村。乡人民政府驻马家庄村。因驻地得名。

清代属静乐县。1949 年，属静乐县第二区。1956 年，置马家庄乡。1958 年，属红旗人民公社。1961 年，设马家庄人民公社。1971 年，属娄烦县。1984 年，置马家庄乡。2001 年，罗家岔乡并入。西川河与涧河在境内交汇。太原钢铁集团有限公司矿业分公司尖山铁矿驻境。古迹有新城村皇帝峁娄烦古城遗址、张家庄余湾涧东周遗址等。

马家庄村 [Mǎjiā Zhuāng Cūn]

居民点。马家庄乡人民政府驻地。在娄烦县人民政府驻地西南 8 千米。东邻边家庄，南邻张家庄，西邻苇院坪，北邻边家庄。面积 7.19 平方千米。人口 0.16 万。以马姓始居而得名。清康熙《重修静乐县志 · 村名备考》载名“马家庄”。为农业村，主产玉米、土豆。养殖以肉牛、山羊为主。

新城村 [Xīnchéng Cūn]

居民点。属马家庄乡。在娄烦县人民政府驻地西南 8 千米。面积 0.1 平方千米。人口 0.1 万。原为前城东沟村、后城东沟村、杏树圪洞村 3 个自然村。2001 年，撤乡并镇时，将前城东沟更名为“新城村”，辖新城村、后城东沟村 2 个自然村。后因建设尖山铁矿尾矿库时占用村地，新城村已经不存，现在村委会在娄烦镇租房办公。名胜古迹有娄烦古城遗址，俗传为楼烦王所居。

娄烦古城遗址位于新城村的皇帝峁上。为东周遗存。平面呈长方形，东西长约 400 米，南北宽约 360 米，分布面积约 14.4 万平方米。地表仅存夯筑城墙，南城墙外侧有穿杆孔。地表采集有东周泥质绳纹灰陶瓦。2004 年 6 月，公布为省级文物保护单位。2013 年，公布为全国重点文物保护单位。

盖家庄乡 [Gějiāzhuāng Xiāng]

乡级政区名。在娄烦县西北部。东与娄烦镇相邻，南与马家庄乡接壤，西与方山县马坊镇交界，北隔红花寨山与岚县梁家庄乡毗邻，北与静游镇相连。面积 117 平方千米。人口 0.53 万。辖王光塔村、寺明庄村、万子村、周家窑村、新窑上村等 11 个行政村。乡人民政府驻地盖家庄村。因驻地得名。

清代属静乐县。1949 年，属静乐县第二区。1956 年，设盖家庄乡。1958 年，属红旗人民公社。1961 年，设盖家庄人民公社。1971 年，属娄烦县。1984 年，置盖家庄乡。因驻地得名。细米河流经，古称细磨川。西部和东南部有天然林，为县主要林区之一。有铁矿、石灰石开采加工业。古迹有新窑上新石器文化遗址、南峪明代城堡址。

盖家庄村 [Gějiāzhuāng Cūn]

居民点。盖家庄乡人民政府驻地。在娄烦县人民政府驻地西北 17 千米。东接新窑上，南靠丈圪塔山，西邻南峪，北靠马头山。面积 8.57 平方千米。人口约 448 人。因盖姓始居而得名。清康熙《重修静乐县志·村名备考》载名“盖家庄”。农业村。有采矿业。

米峪镇乡 [Mǐyùzhèn Xiāng]

乡级政区名。在娄烦县西南部。东与天池乡相邻，南与交城县东坡底乡毗连，西与方山县马坊镇交界，北与马家庄乡接壤。面积 212 平方千米。人口 1.08 万。辖独石河村、康家沟村、郭家庄村、柴厂村等 16 个行政村。乡人民政府驻米峪镇村。因驻地得名。

清代属静乐县。1949 年，属静乐县第二区。1956 年，设米峪镇乡。1958 年，属红光人民公社。1961 年，设米峪镇人民公社。1971 年，属娄烦县。1984 年，改米峪镇乡。

地处黄土丘陵区，地势西南高，东北低，四周群山环绕，沟川交错。西部关帝山原始森林覆盖。南川河发源于关帝山，由西南向东北过境。有林牧业。名胜古迹纪念地有兴旺庄北朝佛教造像碑、米峪镇战斗遗址、云顶山自然保护区等。

米峪镇村 [Mǐyùzhèn Cūn]

居民点。米峪镇乡人民政府驻地。在娄烦县人民政府驻地西南 20 千米。面积 0.29 平方千米。人口 0.13 万。相传原名庄儿上，后因处南川河谷粮食集市贸易中心，故名米峪村，后因集市繁荣又称米峪镇。清康熙《重修静乐县志·村名备考》载名“米峪村”。农业村，主产马铃薯、谷子、玉米、红芸豆、蚕豆等。古迹有米峪镇戏台、米峪镇夏文化遗址。

国练村［Guólièn Cūn］

居民点。属米峪镇乡。在娄烦县人民政府驻地西南13.6千米。面积0.16平方千米。人口约890人。原名“圐圙”，北方方言谓有围墙的场地，后为便于书写，以方言谐音写为“谷恋”或“国练”。清康熙《重修静乐县志·村名备考》载名“谷恋村”。抗日战争时期著名的米峪镇战斗发生于此。

1940年6月，八路军120师358旅在米峪镇一带与日军第九混成旅团村上大队激战。现在有米峪镇战斗纪念碑、米峪镇战斗遗址、米峪镇烈士陵园。2009年12月，被山西省委、省人民政府公布为山西省爱国主义教育基地。

天池店乡［Tiānchídiàn Xiāng］

乡级政区名。在娄烦县境南部。东与古交市镇城底镇相邻，南与古交市岔口乡交界，西连米峪镇乡，北接娄烦镇、杜交曲镇。面积168平方千米。人口1.18万。辖王家崖村、大树村、河北村、下冶南村、孔河沟村等20个行政村。乡人民政府驻天池店村。因驻地得名。

唐龙纪元年（889年），在境内置天池县。县治所初在乡境孔河沟村，唐乾元后移治天池店。宋咸平五年（1002年），省入静乐县。明清时期属静乐县店中都。民国时期分属静乐县第二区、第六区。1949年，属静乐县第二区。1956年，分属天池店乡和白家滩乡。1958年，属和平人民公社。1961年，设天池店人民公社。1971年，划属娄烦县。1984年，置天池店乡至今。

地处吕梁山区，天池河流经，古称天池川，亦作天城川。名胜古迹有红坡遗址、榆塔遗址、天池店遗址、清代张氏民居等。特产杏、红枣、核桃、酥梨、苹果。有灵钟山人工林。

天池店村［Tiānchídiàn Cūn］

居民点。天池店乡人民政府驻地。在娄烦县人民政府驻地南30千米。面积0.16平方千米。人口约620人。唐宋时期为天池县治所。治所初在孔河沟村，唐乾元后移治天池店。宋咸平五年（1002年）省入静乐县。《旧唐书·地理二》“宪州”条下：“天池，州西南五十里置。本置于孔河馆，乾元后移于安明谷口道人堡下。”《新唐书·地理三》“宪州”条下：“天池，下，有雁门关。”《宋史·地理二》“宪州”条下：“静乐，中。咸平五年，废天池、玄池二县入焉。”康熙《静乐县志》载名“天池店”。因处天池县故治，又位于交通要道，旧多商旅客店，故名。名胜古迹有天池店东周文化遗址、天池店村张氏宅院。属农业村。

古交市［Gǔjiāo Shì］

县级政区名。太原市代管。位于太原市西北部。东与阳曲县、万柏林区、晋源区、清徐县接壤，南与吕梁市交城县交界，西与娄烦县相接，北连忻州市静乐县。面积 1511.98 平方千米。人口 21.07 万。辖东曲街道、西曲街道、桃园街道、屯兰街道 4 个街道，河口镇、镇城底镇、马兰镇 3 个镇及嘉乐泉乡、梭峪乡、岔口乡、常安乡、原相乡、邢家社乡 6 个乡。市人民政府驻东曲街道。

原名“故交”，以其地为原交城县治所而得名。1958 年，改为今名。隋开皇十六年（596 年），析晋阳县西境置交城县，县治所在今古交市区，属并州。因县西北有汉代交城遗址而得名。武周天授二年（691 年），交城县徙治却波驿（今交城县治）后，因其地为交城县故治，称为“故交”。五代、宋、金、元、明、清均为交城县、阳曲县地。1958 年 8 月，析阳曲县 7 个乡镇，交城县 9 个乡镇，置太原市河口工矿区，区人民政府驻河口镇。11 月，更名太原市古交工矿区，由此“故交”始名“古交”，区人民政府徙驻古交镇。1988 年，设县级古交市，由太原市代管至今。

从地名专名来看，辖区内行政区划地名和居民点地名有以下特征：1. 以历史古迹或人文地理实体命名。如：镇城底、上雁门、古交等。2. 以姓氏命名。如：武家庄、耿家庄、姚家社等。3. 以自然地理实体命名。如：赤泥岩村、水泉源村、五端山村等。

从地名通名来看，辖区内行政区划地名和居民点主要有以下特征：1. 多以当地自然地理实体山、河、泉、岭等为通名，如：马家山、麻坪岭、嘉乐泉等。2. 以黄土地貌梁、峁、堝、窊、坪等为通名。如：高湾梁、青羊峁、泉家窊等。3. 其他多为北方常见通名村、庄、社等，如：辛庄、屯村、姚家社等。

地处吕梁山脉中段东麓，汾河上游。山峦起伏，沟壑纵横。地势西高东低，最高点西部铁史沟山海拔 2312.5 米，最低点东部扫石村汾河峡谷海拔 894 米。

古交市有悠久的冶铁、采煤历史，现在是全国炼焦煤生产主基地，也是吕梁山东麓的交通枢纽和商品集散地，连接省城太原和晋西北的一座现代化工矿城市。有河口镇、镇城底镇、马兰镇 3 个全国重点镇。名胜古迹纪念地有古交旧石器文化遗址、千佛寺、狐爷山风景区、二龙山风景区、福福山生态风景区、大型文化景观园林汾河公园、水泉寨公园、红色纪念地草庄头战斗遗址、睦联坡烈士陵园等。其中古交旧石器文化遗址、千佛寺为全国重点文物保护单位。地方特色民间艺术有撕纸、剪纸等。其中，撕纸被列入市级非物质文化遗产。

古交［Gǔjiāo］

区片名。原名故交。在大川河与汾河交汇处迤南。隋开皇十六年（596 年），在此置交城县。唐天授二年（691年），交城县治迁至却波村（今交城县人民政府驻地）后城废，始称故交。明清时期原城址南部为驻军地水泉寨，北部则废为农田称寨湾滩，居民则在大川河西岸建成聚落，称故交镇。1958年，古交工矿区人民政府驻地选址于故交镇，同年改名古交镇。当时镇上有通顺街、当中街、南坪街等几条小街道。1988年，古交市撤区设市后开始大规模城市建设，旧街道分别拓宽、取直、改造，原太古公路过境段拓建为市区主干道金牛大街，新修筑的滨河路、古城街、青年路、迎宾路、腾飞路、大川东、西路等组成城市新框架。现为太原西部现代化工业城市、交通枢纽和商品集散地。名胜古迹有千佛寺、凤凰崖旧石器遗址、皇帝峁旧石器遗址等。

东曲街道 [Dōngqū Jiēdào]

乡级政区名。古交市人民政府驻地。在古交市东部。东与万柏林区王封乡接壤，南与邢家社乡毗邻，西与桃园街道交界，北隔汾河与河口镇相望。面积74.13平方千米。人口3.51万。辖川东社区、义学路社区、青年路社区、建设路社区、新村街社区等11个社区，及高五足村、神堂岩村、芦子足村、许家山村4个行政村。街道办事处驻长峪沟社区。

因辖区处汾河湾，俗以大川河为界分东曲、西曲两区段。境内旧有东曲村，故名。原属交城县地。1953年，属交城县第六区。1958年，属太原市古交工矿区。1984年，属古交工矿区古交镇。1988年，古交市古交镇。1989年，设立东曲街道。2001年1月，河南乡并入东曲街道。

汾河穿境而过。属城乡结合的工矿区。辖境驻有古交市中心医院、古交矿区总医院、古交钢铁厂、西山煤电集团东曲矿、古交矿区指挥部、古交矿区给排水公司等工矿企业。

西曲街道 [Xīqū Jiēdào]

乡级政区名。在古交市中部。东邻东曲街道，南连桃园街道、屯兰街道，西与梭峪乡为界，东与河口镇相毗连。面积21.16平方千米。人口1.62万。辖西曲社区、滩上社区、迎宾路社区、滨河北路社区、矾石沟社区、石炭咀社区6个社区，港立村、永树曲村2个行政村。街道办事处驻西曲社区居委会。因驻地得名。

因辖区处汾河湾，俗以大川河为界分东曲、西曲两区段。原属交城县地。1953年，属交城县第六区。1958年，划属河口工矿区。11月，属古交工矿区古交农村人民公社。1984年，属古交工矿区古交镇。1988年，属古交市古交镇。1989年，设西曲街道。

汾河流经南部。境内主要为西曲矿、矾石沟矿居民住宅区。有西山煤电集团西曲矿、西曲选煤厂、矾石沟矿等企业。现为煤矿沉陷重点影响区。名胜古迹有西曲福祥寺。太岚铁路支线经此，设古交站。

桃园街道 [Táoyuán Jiēdào]

乡级行政区。在古交市中部。东与东曲街道相邻，南与邢家社乡、常安乡、原相乡毗连，西与马兰镇、屯兰街道接壤，北与西曲街道交界。面积62.42平方千米。人口2.99万。辖郝家庄社区、桃园路社区、当中街社区、腾飞路社区、千佛路社区等9个社区，麻坪岭村、李家社村、石家河村、梁庄村、高升村、东大岭村6个行政村。街道办事处驻水源路7号。

因境内有桃园路社区而得名。

历属交城县地。1953年，属交城县第六区。1958年，划属河口工矿区。11月，属古交工矿区古交农村人民公社。1984年，属古交工矿区古交镇。1988年，属古交市古交镇。2001年，析古交镇、西曲街道部分区域设立桃园街道至今。

地处吕梁山区，大川河、原平川河在境内汇入汾河。境内当中街周边为明清故交镇区旧地。名胜古迹有旧石器时期的古交遗址、凤凰崖遗址、石家河遗址、明扶岭遗址、王家沟遗址、李家社遗址等。千佛路社区为千佛寺原址。

屯兰街道 [Túnlán Jiēdào]

乡级政区名。在古交市西部。东邻西曲街道，南连桃园街道，西接马兰镇，北至镇城底镇。面积19.31平方千米。人口1.16万。辖屯乐苑社区、风坪岭社区、康乐苑社区、木瓜会社区、鹿庄社区、屯村社区、冷泉社区等7个社区。街道办事处驻木瓜会社区，因屯兰河在境内汇入汾河而得名。

原属交城县地，清代置屯兰都。1953年，属交城县第六区。1958年，划属河口工矿区。同年11月，属古交工矿区。1984年，属古交工矿区古交镇。1988年，属古交市古交镇。1997年，设屯兰街道至今。

地处吕梁山区，汾河、屯兰河流经。境内有西山煤焦化集团屯兰矿、西山煤电集团发电厂、屯兰选煤厂等国有企业。名胜古迹有屯兰旧石器文化遗址、屯村新石器文化遗址、屯村娘娘庙等。

河口镇 [Hékǒu Zhèn]

乡级政区名。全国重点镇。在古交市东部。东与万柏林区王化街道相邻，南与东曲街道接壤，西与西曲街道、梭峪乡、嘉乐泉乡毗连，北与嘉乐泉乡接界。面积201.46平方千米。人口2.22万。辖扫石社区、汾水社区、河口社区、河下社区、火山社区、寨上社区6个社区，榜栳村、耿家庄村、院家峁村、石堂河村、大坡村等13个行政村。河口镇人民政府驻河口社区。因驻地得名。

明清属阳曲县正西乡河口都。民国时期属阳曲县第四区。1956年，属阳曲县河口乡。1958年，划属河口工矿区，为区人民政府驻地。11月，属古交工矿区河口农村人民公社。1984年，置河口镇。1988年，属古交市至今。

地处石千峰北麓，汾河流经。多为黄土丘陵和山地，地势南低北高。境内最高点福福山海拔1839米，最低点扫石村海拔893米。历史上为煤铁工矿区，地下矿藏资源有铁、煤、石灰石、铝矾土、硫黄等。现有古交钢铁厂、洗煤厂等企业。名胜古迹有古钢旧石器文化遗址、寨上新石器文化遗址、火山龙王庙、河下老爷庙等。旅游景区有福福山生态旅游区、一步岩绿色环保生态景区。

河口社区 [Hékǒu Shèqū]

居民点。河口镇人民政府驻地。在古交市人民政府驻地东北5千米。面积4.2平方千米。人口0.44万。因地处汾河入山口而得名。明清为阳曲县河口都。民国时期为阳曲县第四区驻地。1956 年，为阳曲县河口乡驻地。1958 年，划属河口工矿区，为区人民政府驻地。11 月，为古交工矿区河口农村人民公社驻地。1984 年，为河口镇人民政府驻地。道光《阳曲县志・舆地图下》："正西乡河口都，共七十一村。距城八十里。有土桥一，渡船二。又有关帝庙、圣母庙、龙王庙、观音堂。"农业主产谷物、蔬菜、土豆、水果。工业以煤炭、铝土、铁矿资源为主。境内有古钢旧石器文化遗址、河口新石器文化遗址、古圣母庙、民国西北炼钢厂铁矿口旧址、民国西北炼钢厂采矿部旧址等。

镇城底镇 [Zhènchéngdǐ Zhèn]

乡级政区名。全国重点镇。在古交市西部。东与屯兰街道相邻，南与马兰镇接壤，西与娄烦县天池店乡、杜交曲镇毗连，北与梭峪乡接界。面积 50.01 平方千米。人口 1.31 万。辖镇城底社区、上雁门社区、下雁门社区、城家曲社区 4 个社区，长足上村、独兰村、山头村、台盘村、佛罗汉村 8 个行政村。镇人民政府驻镇城底社区。因驻地得名。

清代分属静乐县、交城县。1949 年，属交城县。1958 年，划属河口工矿区。同年 11 月，属古交工矿区镇城底农村人民公社。1984 年，置镇城底镇。1988 年，属古交市镇城底镇。1989 年 10 月，分设镇城底街道。2001 年，镇城底街道并入镇城底镇至今。

地处吕梁山区，汾河、天池河在此交汇。地势西北高，东南低。境内最高点镇城底镇东部海拔 1249 米，最低点镇城底镇下雁门村海拔 1184 米。煤矿蕴藏丰富。有西山煤电镇城底矿、山西煤焦化集团总公司等企业。古迹有上雁门新石器文化遗址、上雁门龙天庙、下雁门古地道、天主教堂等。

镇城底社区 [Zhènchéngdǐ Shèqū]

居民点。镇城底镇人民政府驻地。在古交市人民政府驻地西 12 千米。面积 2.83 平方千米。人口 0.11 万。因天池河上游的上雁门为唐代雁门关，建有军镇城堡，地处其下方故名"镇城底"。方言读"城"若"石"，光绪《交城县志》故载名"镇石底"。为古交市、娄烦县之间的中心城镇。

上雁门社区 [Shàngyànmén Shèqū]

居民点。国家级文明村。属镇城底镇。在古交市人民政府驻地西 12 千米。面积 3.4 平方千米。人口 0.16 万。附近下雁门社区有一座古城堡遗址，因城堡临近汾河、孔河交汇处，因称"交城"或"古交城"。从其位置环境分析，应该是东魏肆州长城的组成部分。唐代称"雁门关"。《新唐书・地理志》宪州天池县："有雁门关。"《太平寰宇记》宪州天池县："雁门关在州东南六十里，属天池县雁门乡。其关东临汾水，西倚高山，接岚、朔州。"《清一统志》在"忻州"条下特别将其与代州的雁门关区别说明："雁门关在静乐县东南，亦名雁门村。忻、代俱有雁门关，代在雁门山，建在前。忻在雁门乡，建在后。非一关也。"地名研究者初步断定，历史上所谓的"古交城""雁门关""镇城"是不同时期的称谓，皆指下雁门村的古城遗址。隋代所置"交城县"和今"镇城底"均以此得名。明清称雁门村。后以天池河为界分为上、下雁门两村。上雁门属静乐县；下雁门属交城县。清康熙《重修静乐县志・村名备考》载名"雁门村"。1971 年，划入古交工矿区。2015 年，被授予“全国文明村”称号。村东北有新石器文化遗址。

马兰镇［Mǎlán Zhèn］

乡级政区名。全国重点镇。在古交市西北部。东邻屯兰街道，南与桃园街道、常安乡相连，西与岔口乡毗连，北与镇城底镇、娄烦县天池店乡交界。面积115.49平方千米。人口2.2万。辖武家庄社区、马兰社区、利民社区、西塔社区4个社区，姬家庄村、营立村、白草塔村、下石沟村、康庄村等10个行政村。镇人民政府驻利民社区。

地处吕梁山区，汾河、屯兰川、原平川流经。古代为牧马场，有马兰城而得名。原属交城县。1958年，划属太原市河口工矿区。同年，改属太原市古交工矿区，设立姬家庄人民公社。1984年，置姬家庄乡。1988年，属古交市。1989年，析姬家庄乡部分区域设马兰街道。2001年，姬家庄乡与马兰街道合并置马兰镇至今。境内有西山煤电集团马兰矿、马兰选煤厂、煤气化公司一、二厂、古交煤焦集团等工矿企业。古迹有马兰夏商文化遗址、武氏祖堂。

马兰社区［Mǎlán Shèqū］

居民点。属马兰镇。在古交市人民政府驻地西南12千米。面积4.22平方千米。人口0.12万。古名马兰城，为汉、魏、北齐牧马场。《永乐大典·太原志·古迹》“交城县”条下：“马兰城，在县西三十里孔河之上，里之谓之马兰村。汉、魏、北齐尝为牧马之处。”《读史方舆纪要》：“汉、魏、北齐皆尝牧马于此。”2001年，改马兰社区居委会。有马兰矿、马兰洗煤厂等企业驻此。古迹有马兰夏商文化遗址。古迹有武氏祖堂，为县级重点文物保护单位。

武家庄社区［Wǔjiāzhuāng Shèqū］

居民点。属马兰镇。在古交市人民政府驻地西南12千米。面积8.81平方千米。人口0.38万。俗传旧名狐家庄，为春秋晋大夫狐突故里。后以武氏为当地巨族，故改名武家庄。原为自然村，1989年，改村委会，2001年，改社区居委会。古迹有明代躲避战乱的崖窟旧址、武家庄西堡遗址、武氏祠堂、积秀书院旧址、龙王庙、七郎庙、武氏民居等。为清代地方名人武攀龙故里。武攀龙，字兰石，顺治三年（1646年）进士，官至河南布政使、江南分守江宁兵备布政司参政。另有清代安徽池州府知府武调元、四川庆符县殉难县令武来雨等历史人物。

嘉乐泉乡［Jiālèquán Xiāng］

乡级政区名。在古交市西北部。东邻河口镇、阳曲县西凌井乡，南连梭峪乡，西界娄烦县杜交曲镇，北与静乐县赤泥窊乡交界。面积286.57平方千米。人口1.23万。辖嘉乐泉社区、铁炉沟社区2个社区，阁上村、狮子村、咀头村、南村、郝家曲村等12个行政村。乡人民政府驻嘉乐泉社区。因驻地得名。

清代属交城县河北都。抗日战争时期，属晋绥边区西阳曲县。1949年，属阳曲县。1952年，属阳曲县第六区。1956年，设嘉乐泉乡、阁上乡。1958年，划属河口工矿区。同年11月，属古交工矿区。1961年，设嘉乐泉人民公社、阁上人民公社。1984年，置嘉乐泉乡、阁上乡。1988 年，属古交市。2021 年，阁上乡并入至今。地处神岩峁山南麓，狮子河纵经。境内煤、铁、铝矾土矿藏丰富。自古有土法冶炼、采煤、炼焦传统。抗日战争时期晋绥边区建铁厂制造地雷、手榴弹。现有采煤、焦化等产业。太原煤气化公司嘉乐泉矿驻境。名胜古迹有东仙洞、西仙洞，俗称阁上仙洞，为古代乡民祈雨的石灰岩溶洞群，现辟为自然风景区。抗日战争时期属晋绥边区根据地，中共西阳曲县委、县政府曾驻境内狮子村。另有古建筑南村观音阁、象耳足七爷庙、佛堂坪五龙庙等。

嘉乐泉社区 [Jiālèquán Shèqū]

居民点。嘉乐泉乡人民政府驻地。在古交市人民政府驻地西北 15 千米。面积 7.07 平方千米。人口 0.15 万。村以泉水为名。清代属交城县地。抗日战争时期，属晋绥边区西阳曲县。1949 年，属阳曲县。1952 年，为阳曲县第六区区公所驻地。1956 年，为嘉乐泉乡驻地。1961 年，为嘉乐泉人民公社驻地。1984 年，为嘉乐泉乡人民政府驻地。2001 年，改社区。煤炭、石灰石、白云石等资源丰富，有嘉乐泉煤矿。名胜古迹有嘉乐泉新石器文化遗址、嘉乐泉民居宅院群、阳曲县第六区公所旧址、嘉乐泉明代程氏墓塔等。

梭峪乡 [Suōyù Xiāng]

乡级政区名。在古交市西北部。东与西曲街道相邻，南与镇城底镇接壤，西与娄烦县杜交曲镇交界，北与嘉乐泉乡毗连。面积 42.27 平方千米。人口 1.54 万。辖白家沟社区、长峁社区、狮河口社区、梭峪社区、会立社区 5 个社区，杏林坪村、长港村、李家沟村、炉峪口村 4 个行政村。乡人民政府驻梭峪社区。因驻地得名。

清代属交城县河北都。抗日战争时期，属晋绥边区西阳曲县。1949 年，属阳曲县。1956 年，设梭峪乡。1958 年，划入河口工矿区。11 月，改古交工矿区，分属镇城底人民公社、嘉乐泉人民公社。1959 年，属镇城底人民公社。1965 年，分设杏林坪人民公社。1983 年，改梭峪人民公社。1984 年，置梭峪乡。1988 年，属古交市至今。

地处汾河北岸，狮子河在境内汇入汾河。有煤、铁、铝矾土等矿藏。太原煤气化公司炉峪口煤矿驻境。名胜古迹有石佛岩造像。

梭峪社区 [Suōyù Shèqū]

居民点。梭峪乡人民政府驻地。在古交市人民政府驻地西北 9 千米。面积 5.74 平方千米。人口 0.24 万。原名莎峪，因沟中多莎草而得名，后以方言谐音演变为今名。光绪《交城县志》载名“莎峪”。以煤、焦、铁产业著名。

岔口乡 [Chàkǒu Xiāng]

乡级政区名。在古交市西部。东至马兰镇，南连常安乡，西与交城县东坡底乡交界，北与娄烦县天池店乡接壤。面积 175.53 平方千米。人口 0.96 万。辖岔口村、提子头村、关头村、寨底村、大应寒村等 12 个行政村。乡人民政府驻岔口村。因驻地得名。

原属交城县地。1953 年，设岔口乡。1958 年，划属河口工矿区。同年 11 月，属古交工矿区，设岔口农村人民公社。1984 年，置岔口乡。1988 年，属古交市至今。

地处关帝山东麓，屯兰川河横经。古为通往晋西北的山间险道，明代置孔河关。抗日战争和解放战争时期，中共晋绥八分区党委、八专署、晋绥军区八分区司令部驻境内关头村，中共交城县委、县抗日民主政府驻境内麻会村。曾是八路军、新四军通往延安的秘密交通线和驻地。名胜古迹纪念地有五里铺新石器文化遗址、岔口戏台、麻会圣母庙及关头晋绥边区八专署旧址、彭德怀、刘伯承路居等。有关帝山林场。有铁、铝矾土、石英石、水晶石等矿产资源。

岔口村 [Chàkǒu Cūn]

居民点。岔口乡人民政府驻地。在古交市人民政府驻地西 31 千米。面积 8.23 平方千米。人口 0.1 万。辖岔口村、上阳坡村、下阳坡村 3 个自然村。因村在屯兰河上游三条支沟交汇处，形成三岔路口而得名。为古代重要关隘。明代天启间建驻军营房。光绪《山西通志·关梁考》：“岔口在交城县北一百一十里。北至静乐天成川四十里。明天启间，建营房于孔河都、岔口诸村，防兵二百，守备统之。”地处太原通往晋西北的要道。历史上曾经是交城县、岚县、静乐县之间的商业贸易集散地，有粮油、药材、皮货等商品交易经营店铺。抗日战争和解放战争时期为晋绥边区根据地。原属交城县地。1958 年，划属古交工矿区后，历为岔口人民公社驻地、岔口乡人民政府驻地。以种植业和畜牧业为主。古迹有岔口清代戏台、清代富商马氏宅院等。

常安乡 [Cháng'ān Xiāng]

乡级政区名。在古交市西南部。东与原相乡相邻，南与交城县水峪贯镇隔山为界，西与岔口乡、马兰镇毗连，北与桃园街道接壤。面积 98 平方千米。人口 0.84 万。辖东塔村、科头村、郭家梁村、小娄峰村等 12 个行政村。乡人民政府驻常安村。因驻地得名。

清代属交城县原瓶都。1953 年，设常安乡。1958 年，划属河口工矿区。同年 11 月，属古交工矿区，属原相农村人民公社。1961 年，设常安人民公社。1984 年，置常安乡。1988 年，属古交市至今。

地处马鞍山（俗称狐爷山）北麓，原平河上游。地势四周高、中间低。最高点狐爷山海拔 2100 米，最低点辛庄村海拔 1100 米。有煤矿、铁矿。名胜古迹纪念地有郭家梁马鞍山狐突墓、狐偃墓、狐爷庙遗址。光绪《山西通志·古迹》：“旧《通志》：交城县狐突墓在县西北马鞍山。宋宣和五年封利应侯，子毛、偃胥祔葬，三墓并存。乡人建庙以祀之。”

常安村 [Cháng'ān Cūn]

居民点。常安乡人民政府驻地。在古交市人民政府驻地西南 20 千米。面积 6.77 平方千米。人口约 900 人。相传原名长干，因河水经常断流而名，后雅为今名。光绪《交城县志》载名为“长安”，方言读若“张干”。古迹有东果园夏商遗址、常安东周遗址。

睦联坡村 [Mùliánpō Cūn]

居民点。属常安乡。在古交市人民政府驻地西南 24 千米。面积 1.05 平方千米。人口约 700 人。相传以和睦团结的意愿命名。光绪《交城县志》载名为“睦联村”原属交城县。1958 年，划属河口工矿区。11 月，属古交工矿区。1961 年，设常安人民公社睦联坡生产大队。

1984 年，置常安乡，睦联坡生产大队更名为睦联坡村民委员会。1988 年，属古交市至今。古迹纪念地有睦联坡狐爷庙、晋绥八分区殉国烈士纪念碑。

晋绥八分区殉国烈士纪念碑位于睦联坡村南 1 千米北山坡上。1944 年 7 月，为纪念晋绥八分区殉国烈士，在此修建纪念碑。1983 年，以后维修扩建，增建烈士纪念馆。2000 年 9 月，被太原市人民政府公布为市级文物保护单位。

原相乡 [Yuánxiāng Xiāng]

乡级政区名。在古交市南部。北邻桃园街道，南与交城县岭底乡交界，西与常安乡接壤，东与邢家社乡相连。面积 104.26 平方千米。人口 0.67 万。辖原相村、兆峰村、河口村、下石沙村、胡家峪村等 10 个行政村。乡人民政府驻原相村。因驻地得名。

历代属交城县。1953 年，设原相乡。1958 年，划属河口工矿区。同年 11 月，属古交工矿区，设原相农村人民公社。1984 年，置原相乡。1988 年，属古交市至今。地处马鞍山（俗称狐爷山）北麓，原平河支流南川流经。南部狐爷山自然风景区为关帝山国家森林公园的组成部分。

原相村 [Yuánxiāng Cūn]

居民点。原相乡人民政府驻地。在古交市人民政府驻地南 20 千米。面积 11 平方千米。人口 0.11 万。原名原厢，后演变为今名。光绪《交城县志》载名为“原相”。古迹有下白泉舍利塔、寺行村行明寺石佛像、白岸村关帝庙等。

邢家社乡 [Xíngjiāshè Xiāng]

乡级政区名。在古交市东南部。东邻万柏林区杜儿坪街道、晋源区晋源镇，南接清徐县东于镇、吕梁市交城县岭底乡，西接原相乡，北与原相乡、桃园街道接壤。面积 261.34 平方千米。人口 1.19 万。是古交市面积最大的乡镇。辖邢家社村、康家社村、中社村、西峪沟村、龙子村等 15 个行政村。乡人民政府驻邢家社村。因驻地得名。

清代属阳曲县正西乡大川都。民国时期属阳曲县第四区。1949 年，属交城县。1953 年，设邢家社乡。1958 年，划属河口工矿区。11 月，属古交工矿区，设邢家社农村人民公社。1984 年置邢家社乡。1988 年，属古交市。2001 年，草庄头乡并入。

地处石千峰西麓，大川河自南而北纵经。林区广阔。有煤矿、煤气层等地下矿藏。名胜古迹有石千峰旧石器文化遗址、董家塔新石器文化遗址、胡岩刁东亭寺遗址、龙子南岩唐代石窟、草庄头抗日战斗遗址等。

邢家社村 [Xíngjiāshè Cūn]

居民点。邢家社乡人民政府驻地。在古交市人民政府驻地南 10 千米。面积 7.29 平方千米。人口 0.1 万。村以姓氏为名。道光《阳曲县志·舆地图下》载：“正西乡大川都，共计六十七村，邢家社，距城九十里。”1932 年，重印的道光《阳曲县志》前附《八区编村表》：“第四区所辖编村：邢家社。”地处大川河中游西岸。古迹有邢家社汉代遗址及清代民居、酒坊、药铺等建筑。

龙子村 [Lóngzǐ Cūn]

居民点。国家级文明村。属邢家社乡。在古交市人民政府驻地南 14 千米。面积 19.49 平方千米。人口约 600 人。道光《阳曲县志·舆地图下》载:“正西乡大川都,共计六十七村,龙子村,距城九十里。”1932 年,重印的道光《阳曲县志》前附《八区编村表》:“第四区所辖编村:龙子村”。为古交市无公害蔬菜生产基地。2008 年,被山西省命名为“社会主义新农村建设示范村”称号。2014 年,被授予“全国文明村”称号。

大同市

DATONG SHI

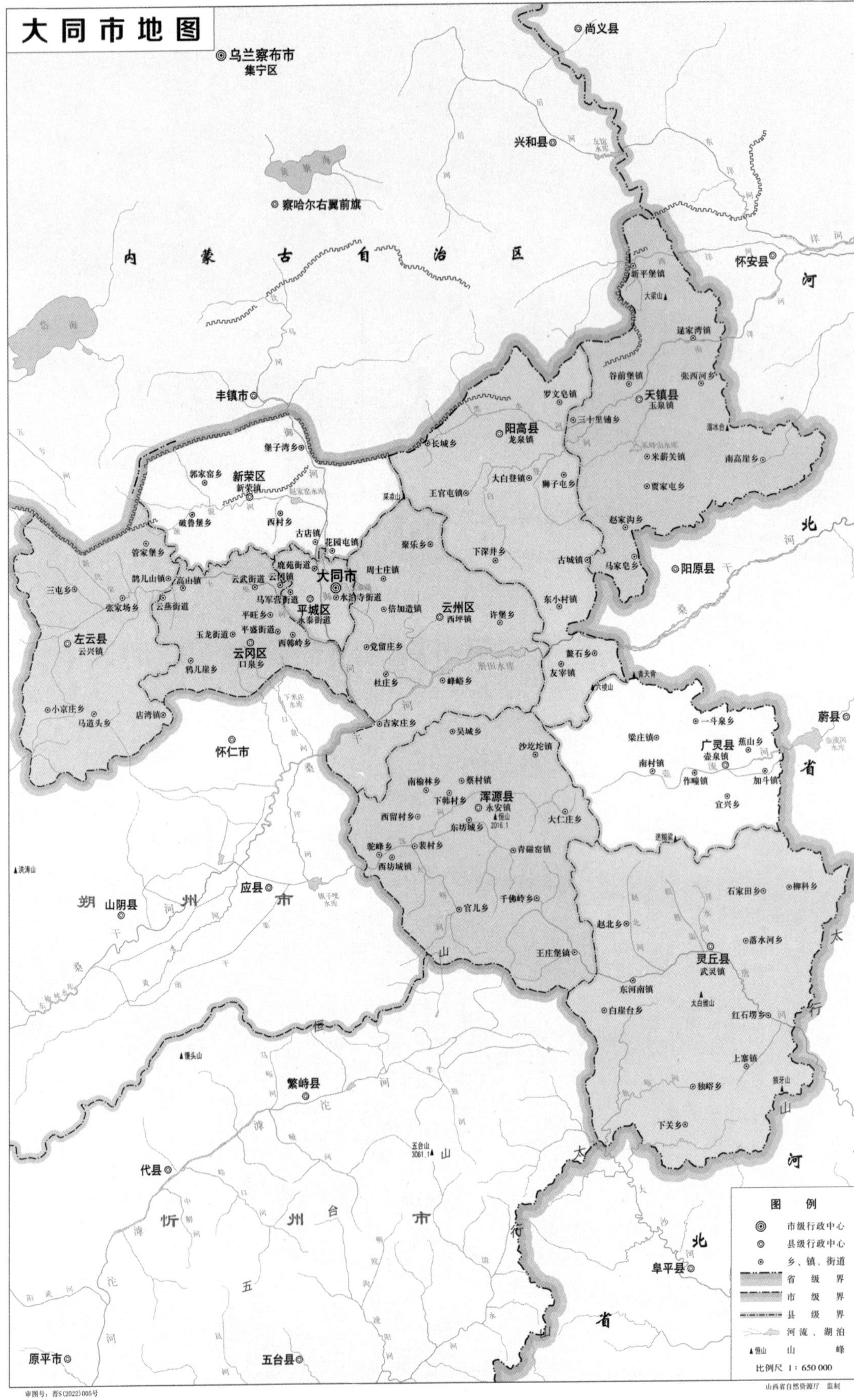
大同市地图
乌兰察布市
集宁区
尚义县
兴和县
察哈尔右翼前旗
内蒙古自治区
丰镇市
怀安县
河北省
新荣区
新荣镇
大同市
平城区
云冈区
云州区
阳高县
龙泉镇
天镇县
玉泉镇
左云县
云兴镇
浑源县
永安镇
广灵县
壶泉镇
灵丘县
武灵镇
阳原县
蔚县
怀仁市
应县
山阴县
朔州市
繁峙县
代县
忻州市
五台县
原平市
阜平县
太行山
五台山
3061.1
恒山
2016.1
图例
市级行政中心
县级行政中心
乡、镇、街道
省级界
市级界
县级界
河流、湖泊
山峰
比例尺 1∶650 000
审图号：晋S(2022)005号
山西省自然资源厅 监制

大同市 [Dàtóng Shì]

简称“同”。别称“平城”“云中”“代京”“北京”“西京”。地级行政区。山西省省辖市。山西省第二大城市。位于山西省境东北部。北与内蒙古自治区乌兰察布市接壤，西、南与朔州市、忻州市相连，东、东南与河北省张家口市、保定市毗邻。面积 14176 平方千米。人口 310.5 万。辖平城区、云冈区、新荣区、云州区 4 个区，左云县、天镇县、阳高县、浑源县、灵丘县、广灵县 6 个县。市人民政府驻平城区。因市人民政府驻大同而得名。

简称“同”。从唐代至今，历为大同军、大同府、大同市、大同县治所。近代电报技术普及后，“同”成为大同的简称。清末光绪三十年（1904 年），山西籍翰林解荣辂等提议修筑从大同至成都的“同成铁路”。后因工程浩大未能实施。1913 年，北洋政府与法国、比利时订立一千万镑的《同成铁路借款合同》。1933 年，阎锡山开始修建大同至蒲州风陵渡的“同蒲铁路”。

别称“平城”。平城之名始于战国赵国。秦置平城县。北魏后废。此后平城成为大同的别称。如明代武英殿大学士金幼孜赴大同作《悲平城》。

平城书院：光绪十年（1884 年），署理大同知府丁体常筹建。借用云中书院部分屋宇为生童肄业之所。将大有、常平二仓之谷禀准出粜，得钱一千三百九十文，又收捐银百两，共集资一千五百文，发商生息，作为月课、奖赏之用。十二年（1886 年），大同知县徐永吉以平城书院为大同县办书院，并在大同县公署东（其址今为大同市二中所在地），正式兴建平城书院。

别称“云中”。北周在境内置云中县。蒙古至元二年（1265 年），并入大同县。唐天宝元年（742 年），改云州为云中郡，后改云州。此后“云中”成为大同的别称。乾隆《大同府志》：“云中郡者，唐以前之旧名，自辽改大同府迄今因之。”

如云中三老：金代刘祁《归潜志》中称：“金朝名士大夫多出北方。世传《云中三老图》，魏参政子平宏州顺圣人、梁参政甫应州山阴人、程参政晖蔚州人，三公皆执政世宗时，为名臣。”所及魏子平、梁甫、程晖三人，为金世宗执政期间的名臣，且都是西京大同府人氏，故称“云中三老”。

云中八景：明正德《大同府志·诗》载“云中八景”为：魏陵烟雨，石窟寒泉、采凉积雪、宝塔凝烟、玉桥官柳、雷山返照、凤台晓月、桑干晚渡。此为旧八景。据清《云中郡志·艺文》记载，清“云中八景”中去掉玉桥官柳、桑干晚渡、石窟寒泉，增加镇楼秋爽、柳港泛舟、云冈佛阁，形成新八景。

《云中郡志》：清顺治九年（1652 年），胡文烨纂修《云中郡志》，对今大同市境及雁北地区的历史、地理等均有记述，是研究大同地方志的重要资料。

别称“代京”。北魏建国后，于天兴元年（398 年）七月，将都城由盛乐迁至平城，当时平城也是司州、代郡的治所，故别称“代京”。《北史·王慧龙传》：“乃诣代京，采拾遗文，以辅《起居注》所缺。”

别称“北京”。太和十八年（494 年），孝文帝从平城迁都洛阳后，相对于新京洛阳而言，平城又被北魏旧臣称为“北京”。《魏书·肃宗纪》熙平二年十月乙卯，诏曰：“北京根旧，帝业所基，南迁二纪，犹有留住。……”

别称“西京”。《辽史·地理志五·西京道》：“同光三年（925 年），复以云州为大同军节度使。晋高祖代唐，以契丹有援立功，割山前、代北地为赂，大同来属，因建西京。”大同为辽五京之一，称为“西京”。

“大同”一名来自今内蒙古乌拉特前旗的河套平原，古称大同川，为塞北交通要冲。隋代为防御突厥来犯，在此筑大同城。《隋书·长孙晟传》：“（开皇）十九年，染干因晟奏，雍闾作攻具，欲打大同城。诏发六总管，并取汉王节度，分道出塞讨之。”可见当时的大同城已经是北御突厥的重要军事重镇了。《新唐书·地理志》：“丰州九原郡……（中受降城）西二百里大同川有天德军，大同川之西有天安军……天德军，乾元后徙屯永济栅，故大同城也。”

1976 年，内蒙古文物工作队在乌梁素海东岸发现了一座唐墓，并出土了《唐太原郡王公逆修墓志铭》。根据墓志铭文记载，墓地北五里的土城子即天德军原址，附近有地名“城库伦”就是隋代大同城的故地。

“大同”一名南迁至平城的时间应在唐高宗调露元年（679 年）。《元和郡县志·河东道》：“河东最为天下雄镇，河东节度理太原府……犄角朔方。天兵军，太原府城内……大同军，府门郡北三百里，调露中突厥南侵，裴行俭开置，管兵九千五百人，马五千五百匹。东南去理所八百余里。雁门，今代州。”唐代的大同军城即今天的大同城区。又据《新唐书》记载：调露元年六月，“吏部侍郎裴行俭伐西突厥”。大同军当置于此时，其命名之由显然是为了借重于塞北御敌防线大同川的历史威名，以宣示国家统一的决心。

与“大同”相关的地名文化应用有：

大同铜器：大同铜器历史悠久，工艺精湛，造型美观，久负盛名。坊间有“五台山上拜佛，大同城内买铜”之说。《民国大同志稿》：“大同虽非铜区，而铜制品向颇著称，物美价廉，多运往外蒙古地方。其大宗售品有铜锅、铜壶等物，尤以火锅为最。自平绥路通车，中外游人旅客咸乐购置之，用作馈赠，其销路愈畅，本品愈多，故手工业中，铜工最为独步。”1973 年，周恩来总理陪同法国总统访问大同时，曾以大同铜火锅相赠。2017 年，被列为国家级非物质文化遗产代表性项目。

大同婆娘：大同自古出美女，明清时流传的大同三宝为“婆姨、火锅、皮毛”。据明谢肇淛《五杂俎·地部二》记载："九边如大同，其繁华富庶不下江南。而妇女之美丽，什物之精好，皆边塞之所无者。市款既久，未经兵火故也。谚称蓟镇城墙、宣府教场、大同婆娘为'三绝'云。"

大同话：指流行于山西北部大同地区的汉语方言，属于晋语。就全部晋语来说，按当前普遍认同的说法，大同方言属于大同包头片（主要分布在山西北部和内蒙古中西部）；就山西境内的晋语来说，大同方言属于以大同为中心的云中片。大同方言主要包括的大同市区、大同县、天镇县、阳高县、左云县，朔州的右玉县、山阴县、怀仁市，以及内蒙古丰镇市等区域。

大同煤田：为中国华北聚煤区北部的多纪煤田，位于山西省北部，跨大同、怀仁、山阴、左云、右玉等市县，面积1828平方千米，煤炭总储量718亿吨，主要产优质动力煤。其中，大同市境内占有含煤面积632平方千米，累计探明储量376亿吨。大同煤田有两个煤系，即侏罗纪煤系与石炭二叠纪煤系。北魏郦道元把大同西郊煤炭自燃称为"火山"。《水经注·㶟水》："右合火山西谿水，水导源火山，西北流，山上有火井，南北六七十步，广减尺许，源深不见底，炎势上升，常若微雷发响，以草爨之，则烟腾火发。"清乾隆《大同府志·风土·物产》有曰："石炭，大同西山中出者极多。"

大同煤雕：大同煤雕以大同煤层深处树化石——煤矸石为创作材料，以影雕和浮雕技法为主要创作技法，具有线条流畅、生动自然、形象逼真的独特艺术风格，是煤都大同蜚声海内外的民间艺术品。

大同玉：大同玉为硬度6.5至7.5、比重2.65、二氧化硅含量超过97%的玉髓。多分布于大同、天镇、阳高等县，是大同火山群喷发出的岩浆遇水冷却沉积而成。

大同盘扣：大同盘扣在北魏和隋唐时代最为盛行，是大同服装最有代表性的产物，大同盘扣不但在大同服饰上使用，而且在编织、绘画上已广泛应用。大同盘扣被列为省级非物质文化遗产。

大同府衙宴：大同府衙宴其种类繁多，如烤羊眼、过油肉、酿茄子等，多年来已行成了系列食品，是大同美食的重要组成部分。大同府衙宴被列入区级非物质文化遗产。

大同黄花：国家地理标志产品，绿色食品A级产品。大同一带大面积栽培始于明末清初。特别是生长于火山群下的黄花，因其独特的地理、气候和土壤条件，苗大苔繁、肉厚角长，为黄花上品，在全国享有盛名。

大同自古以来就是与北方农耕区和畜牧业区的过渡地带，也是中原农耕文明与草原游牧文明的交流、融合之地。北魏天兴元年（398年），拓跋氏由盛乐（今和林格尔县盛乐镇）迁都平城（今大同市），直至孝文帝拓跋宏于太和十八年（494年）迁都洛阳，平城作为都城将近百年的历史，经济发达，文化昌明，城市繁华，盛极一时。辽、金时期以大同为陪都，先后设西京道、西京路治大同城。明代以大同为长城沿线的"九边重镇"之一，成为拱卫京师的首要之地。故大同有"三代京华、两朝重镇"的美誉。1982年，国务院将大同古城公布为中国首批24个历史文化名城之一。1985年，国务院批准大同市为全国13

个较大的市之一，是中国重要的煤炭能源基地和国家重化工能源基地，因被誉为“中国煤都”。改革开放以来，大同市先后获得了国家新能源示范城市、中国优秀旅游城市、国家园林城市、全国双拥模范城市、全国性交通枢纽城市、中国雕塑之都、中国十佳运动休闲城市等称誉。2014 年，被住建部正式命名为“国家园林城市”。

以阳高县许家窑旧石器遗址为代表，表明远在 10 万年前，已有人类在此繁衍生息。春秋时期大同为北狄所居之地。春秋末地属代国，后并入赵国。

前 221 年，秦始皇统一天下实行郡县制度，市境分属雁门郡、代郡。西汉初年实行郡国并存制度，其地属代国，后复属雁门郡、代郡。汉武帝元封五年（前 106 年），置十三部刺史，雁门郡属并州刺史部，郡治善无县（今右玉县北）；代郡则属幽州刺史部，治桑干县（今河北省阳原县境）。东汉仍属雁门郡、代郡。雁门郡属并州刺史部，移治阴馆（治所在今朔州市朔城区境）。代郡属幽州刺史部，移治高柳（治所在今阳高县境）。三国魏黄初元年（220 年），分属并州雁门郡和冀州中山国。西晋永嘉四年（310 年），晋怀帝封鲜卑拓跋猗卢为代公，陉岭以北尽属代国。北魏天兴元年（398 年），迁都平城（今大同），置司州，分属高柳郡、灵丘郡、繁畤郡。太和十九年（495 年），迁都洛阳，改置恒州，领代郡、桑干郡、繁畤郡、灵丘郡。北齐属北恒州、蔚州地。北周属北朔州、蔚州地。隋初属朔州、代州。大业初，罢州置郡后，属马邑郡、雁门郡地。唐武德四年（621 年），置北恒州。六年（623 年），于雁门郡之灵丘别置蔚州。七年（624 年），北恒州废。贞观元年（627 年），分天下为十道，地属河东道。十四年（640 年），为云州治。唐调露元年（679 年），为防御突厥南侵，将河套地区的大同军移治云州，“大同”之名始于此。天宝元年（742 年）改云州为云中郡，改蔚州为安边郡。乾元元年（758 年），复为云州、蔚州。会昌三年（843 年），以云、蔚诸州为大同道，罢属河东。乾符三年（876 年），升大同军节度。中和二年（882 年），改为雁门节度。四年，云州复隶河东道。辽重熙十三年（1044 年），改云州为西京，设西京道大同府。十七年，析云中，置大同县，为大同府治。金天辅六年（1122 年），宗翰攻占大同府，仍以大同为西京，改西京道为西京路。元至元二十五年（1288 年），改西京道大同府为大同路，隶属河东山西道宣慰司。至正十一年（1351 年），置大同中书分省（治大同路）。明洪武初改大同路为大同府，隶属山西承宣布政使司。洪武四年（1371 年），置大同都卫。八年，改为山西行都指挥使司，领二十六卫。永乐七年（1409 年），置大同镇。清仍为大同府，属山西省。顺治五年（1648 年），大同府移治阳和卫，名阳和府。九年，还故治，复名大同府。1912 年，大同废府留县。1913 年，属北路道。1914 年，属雁门道。1927 年废道，各县直属山西省。

抗日战争时期，大同地区行政区划有 3 种：1. 日伪行政区。1937 年 9 月，日本关东军侵占大同城，10 月 15 日，成立伪“晋北自治政府”，隶属伪“蒙疆联合委员会”，统辖雁北 13 县。1939 年 9 月，改为伪“晋北政厅”，隶属伪“蒙古联合自治政府”。1943 年，改为伪“大同省公署”，隶属伪“蒙古自治邦政府”。2. 国民党行政区。1937 年 9 月至 1939 年 12 月，分属山西省第一行政区和第二行政区。3. 中国共产党领导下的行政区。东部：1937年底，属晋东北十八县政治主任公署，1938年，改为晋东北行政督察专员公署，1940年，成立第二专员公署，归晋察冀北岳区管辖。西部：1937年冬，属晋西北根据地，1940年，建立晋西北民主政权。1941年，属晋西北行政公署，1943年，改为晋绥边区行政公署，归晋绥边区管辖。1945年，大同为阎锡山政府所统治，恢复1937年前原县建制，仍属山西省。1949年2月，撤销晋绥边区，大同西部划为晋西北区，设置晋西北行政公署雁北分署。

1949年5月1日，大同和平解放，置大同市，隶属察哈尔省。10月，属雁北专区。1952年，雁北专区划归山西省，大同市由省直辖。1959年，雁北专区与忻县专区合并为晋北专区，大同市隶属晋北专区。1961年，晋北专区撤销，大同市复归雁北专区。11月，归山西省直辖。1970年，大同市划归雁北地区。1972年，复为省辖市。1993年7月，雁北地区撤销，与大同市合并成立新的大同市至今。

地处黄土高原东北边缘，大同盆地中心。西北高，东南低，地形由西北向东南倾斜。西北部属阴山山脉和吕梁山脉；东部有地质奇观大同火山群；东南部属太行山脉，五岳之一的北岳恒山横亘南部，主峰天峰岭海拔2016.1米。一般海拔在1000 ~ 1500米之间，最高点阳高县六棱山黄羊尖海拔2420米，最低点灵丘县花塔村冉河滩海拔558米。最大河流桑干河自西南向东北横贯东境，其他有御河、南洋河、壶流河、唐河属海河水系。气候干寒多风，温差较大，年平均气温6.4℃，1月平均气温 -11.8℃，7月平均气温21.9℃，年降水量400 ~ 500毫米。

大同为北魏都城，辽、金陪都，是中国九大古都之一。境内古迹众多，著名的文物古迹包括云冈石窟、华严寺、善化寺、恒山悬空寺、九龙壁等。呈现出以云冈石窟、悬空寺、灵丘道等为代表的北魏文化，以华严寺、善化寺、观音堂、觉山寺塔、圆觉寺塔为代表的辽金文化，以边塞长城、兵堡驿站、九龙壁、明代大同府城为代表的明清文化等3大板块，构成了鲜明的地域文化特色。有九龙壁、华严寺、善化寺、关帝庙、平城遗址、许家窑遗址、悬空寺、云冈石窟、平型关战役遗址等27处全国重点文物保护单位，其中云冈石窟被列入世界文化遗产名录。省级重点文物保护单位20处，市、县文物保护单位300余处。有大同煤矿遇难矿工“万人坑”展览馆等5处全国爱国主义教育示范基地。

大同境域的二人台表演等地方民间艺术特色显著。广灵剪纸被列入世界（国家）非物质文化遗产，雁北耍孩儿、灵丘罗罗腔、阳高县恒山道教音乐、平城区铜器制作技艺被列为国家级非物质文化遗产，碓臼沟秧歌、广灵染色剪纸、数来宝、踢鼓秧歌、地秧歌、大涧道情戏、鳌石赛戏、阳高布艺、五音联弹会、广灵内画、高家笙、管制作技艺、浑源铸钟制作技艺、浑源耍故事等被列为省级非物质文化遗产。

中国传统村落有天镇县的新平堡村、灵丘县的觉山村、新荣区得胜堡村、浑源县神溪村。中国历史文化名镇有天镇县的新平堡镇。广灵县因剪纸被文化部命名为“中国民间文化艺术之乡”。云冈区的云冈镇、老窑沟被评为全国文明村镇。

辖区地名具有深厚的边塞文化和军事文化的特色。明大同镇长城东起于天镇县，经阳高县、云州区，新荣区、平城区、云冈区、左云县再向朔州市境延伸，沿线多为卫所驻地，这是大同区域地名中与人文历史相关联的最多也最为集中的一类。

辖区内地名命名特点如下：

地名专名有以下特点：1. 以军事建置的卫所命名。如：左云，以大同左卫与云川卫合并名之；天镇，以天成卫与镇虏卫合并名之；阳高，以阳和卫与高山卫合并名之等。2. 反映明代民族战争的文化遗痕。如：镇羌堡、镇虏堡、马军营、靖边堡等。3. 反映长城军事建筑遗存。如：长城、砖墩洼、六墩、十墩等。4. 以所处的山川地形命名。如：上深涧、二道沟、水泉洼、土岭村等。5. 以姓氏官职命名。如：王官屯，原名王官人屯；杨千堡，原名杨千户堡、同家梁、管家堡等。6. 以古城、驿铺命名。如：平城乡、昝娘城村、三十里铺、二十里铺等。7. 以祥瑞、希冀命名，表达了中华传统文化中对美好的向往和追求。如：得胜堡、聚乐堡、新荣区、兴旺庄、和之美等。8. 以物产命名。如：黄花滩、荞麦川、青磁窑等等。

地名通名有以下特点：1. 凡通名中带“口、堡、屯、墩、营、寨、台”的，大多与明代大同镇长城一线军事驻防有关。大同长城沿线地名凡以“口”为通名的村落，都在长城的关隘及交通要道上，如：大同市新荣区助马口、拒门口、镇川口；天镇县小磨口、榆林口、白羊口；左云县大河家口、黑土口、西黄土口；天镇李二口等。凡以“墩”“台”为通名的地名附近皆有边墩或烽火台，如左云县六墩沟、安烟墩、黑烟墩、白烟墩、太平墩；新荣区元墩、三墩、六墩子；阳高县二墩、三墩、五墩、十墩；天镇县三墩店、四方墩、五里墩、二十墩、六墩沟村、十二墩村。左云县二台子、三台子、八台子；新荣区二台、高向台；云州区五里台；阳高县十里台、八里台。凡以“堡”为通名的地名在明朝分为军堡和民堡，后来均逐渐变成普通的村落。今大同市以堡为名的乡镇及村庄众多，如左云县杨千堡；新荣区拒墙堡、破鲁堡、镇川堡；阳高县太平堡；天镇县谷前堡、夏小堡、新平堡等。明代的驻军地多以“营”“屯”“皂”为通名，如落阵营、谷大屯、安家皂等。2. 其他以自然地形地貌为通名。如：阁老山、西韩岭、落水河、下神峪等。3. 还有多为北方常见通名“村”“庄”“窑”等。如：西村、解庄、郭家窑。

为中国最大的煤炭能源基地之一，全国重化工能源基地。特产铜器、皮毛、工艺陶瓷、浑源黄芪、广灵东方亮小米、画眉驴、灵丘小尾寒羊、大同黄花、莜面等。为华北交通枢纽，有大同云冈机场。京包铁路、北同蒲铁路、大秦铁路、大准铁路、云冈支线铁路、口泉支线铁路在境接轨。有 7 条国道、12 条省道经境。

大　同［Dà Tóng］

地片名。在大同市境中部。战国时期赵国向北方拓土，创建平城。秦置平城县，旧城在今操场城一带，东汉末废。398 年，北魏建都平城，都城由宫城、外城两部分组成，宫城范围在今大同市老城北门外的操场城一带。外城范围即今大同老城。北魏末遭战争破坏。唐调露元年（679 年），大同军由河套移治于平城故地，并依魏都外城旧址重建。此为"大同"命名之始。开元二十年（732 年），为云州治所。辽重熙十三年（1044 年），改云州为西京，置西京道大同府。城池又依唐代大同军城的基础上建设。时大同府城建四门：东曰迎春门；南曰朝阳门；西曰定西门；北曰拱极门，城周为 20 里。辽保大二年（1122 年），金兵攻克大同府，改置西京路。城门重新命名：东门宣仁门；西门阜成门；南门奉天门；北门拱极门。随之营建大同府城中的宫室、宫苑，修缮华严寺、大普恩寺等寺院。明洪武五年（1372 年），徐达在辽、金旧城基础上重建新的大同府城。并截去城北部分，使府城成为长 1.82 千米，宽 1.8 千米略呈正方形的城池。辟四门，东曰阳和；南曰永泰；西曰清远；北曰武定。城中四条主街通四门，街市中心十字路口各建一楼，东为太平楼，南有鼓楼，西有钟楼，北有奎星楼。城区四隅街巷依然保留了北魏、唐、辽的坊巷格局。明景泰间在城北明初截去的古城遗址上筑北小城，又名草场城，俗作操场城。天顺间，又续筑东小城和南小城。从战国建平城以来，经秦汉平城、北魏平城、辽金西京、明清大同镇，至今城址未发生过位移，城市的南北中轴线即今大同城中心的南北大街始终未变。

1914 年，京绥铁路通车，在北门外设大同站，车站周边街区开始繁荣，城内街道也得到局部整修。同时口泉沟矿区采煤业兴起，铺设铁路运输专线，初步形成工矿街区和生活区。抗日战争时期日军掠夺开采，在今新平旺建办公区和住宅区，名为"平旺寮"。中华人民共和国成立初，城市建设全面铺开。1952 年，城西新建路建成，西门外成为城市新的活动中心。众多企业及居民区在旧城周围相继建成，新的街道随之形成。如东关顺城北路、东关顺城南路、御河北路、御河南路、迎宾东路、迎宾西路、新胜东街、新胜西街、民航街、青年路、裕华街、光华街、医卫街、新开南路、新开北路、大庆东路、大庆西路等。还有一些旧的街道得到拓宽改造，重新命名，如顺城街拓宽后命名为雁同东路、雁同西路；原西门外的街道命名为新建西路等。2008 年，地方政府确定全力打造世界文化遗产旅游城市、中国历史文化名城、国家级风景名胜区三大品牌的发展战略。全面恢复大同古城历史风貌，同时按照古今兼顾，新旧两利的思路建设现代化、生态化的御东新区。形成以御河为城市中轴线的传统与现代相结合的城市新风貌。2022 年 12 月，"大同"地名入选山西省首批地名文化遗产千年古城名录。

新荣区 [Xīnróng Qū]

县级政区名。大同市辖区。位于市境西北部。为山西省地理位置最北的县级区。西与左云县相连，东与阳高县接壤。南与云岗区毗邻，北与内蒙古丰镇市接界。面积 1090.9 平方千米。人口 8.86 万。辖新荣镇、古店镇、花园屯镇 3 个镇及破鲁堡乡、西村乡、郭家窑乡、堡子湾乡 4 个乡。区人民政府驻新荣镇。因驻地得名。

北魏属永固县地。辽、金属宣宁县，县治在区境拒墙堡，有辽金宣宁县故城遗址。明属大同府大同县，为大同镇中卫、左卫防区，内、外边墙和“边墙五堡（镇边堡、镇川堡、宏赐堡、镇虏堡、镇河堡）”分布在区境长城沿线。清代分属大同县、左云县。1949 年，分属察哈尔省的大同市和左云县。1952 年，察哈尔省撤销归山西省，仍分属大同市、左云县。1954 年，分属大同市郊区、大仁县、左云县。1958 年，属大同市郊区、左云县。1960 年，属古城区、左云县。1964 年，属大同县、左云县。1966 年，属大同市郊区、左云县。1970 年，属大同市北郊区、左云县。1972 年，更名新荣区。2018 年，原南郊区古店镇并入至今。

辖区内地名专名有以下特点：1. 以军事城堡命名。如：镇川堡、宏赐堡、助马堡、破鲁堡等。2. 以古迹命名。如：祁皇墓、方山永固陵等。3. 以长城建筑命名。如：十三边、二十一墙等。4. 以山川地形命名。如：山前庄、二道沟、道沟梁、下深涧等。5. 以姓氏命名。如：高家窑、王家场、智家堡等。6. 以祥瑞、希冀命名，表达了中华传统文化中对美好的向往和追求。如：得胜堡、新荣、兴胜沟、太平庄等。

从地名通名来看有以下特点：1. 以交通隘口为通名。如：助马口、得胜口、拒墙口、拒门口等。2. 以堡、营、屯等为通名。如：镇羌堡、三百户营、贾家屯等。3. 以自然地形地貌为通名。如：大窑山、杨家岭、窨子沟、北榆涧等。4. 多为北方常见通名村、庄、窑等。如：狮子村、甘庄、卢家窑。

地处大同盆地北端，地势北高南低。最高点采凉山海拔 2144 米，最低点破鲁堡乡吴施窑村海拔 1062.8 米。淤泥河、饮马河、万泉河流经。农业主产土豆、谷子、莜麦、胡麻等。矿藏以煤为主。名胜古迹有全国重点文物保护单位方山永固陵。省级重点文物保护单位有长城遗址、助马堡堡址、白山遗址、望城堡堡址等 12 处遗址。破鲁堡村的宁静寺始建于辽代，为大同市保存较完整的辽代建筑物之一。宁静寺、宣宁县故城、万泉庄遗址和方山遗址等被列入市级重点文物保护单位。明代修筑的德胜堡、镇边堡、镇川堡、红赐堡、镇虏堡、镇河堡等尽显边塞风光，为游览胜地。得胜堡村为全国历史文化名村。碓臼沟秧歌民间艺术被列入省级非物质文化遗产。京包铁路、大准铁路经境，设堡子湾站。

新荣镇［Xīnróng Zhèn］

乡级政区名。全国重点镇。新荣区人民政府驻地。位于境区中部。面积 104.5 平方千米。人口 3.23 万。辖御河东街社区、长城东街社区、开元北路社区、开元南路社区、迎宾南路社区 5 个社区，安乐庄村、鲁家沟村、畔沟村、李大头窑村、新荣村等 11 个行政村，有 17 个自然村。镇人民政府驻新荣村。因驻地得名。

1949 年，属大同县地。1954 年，属大仁县。1956 年，置新荣乡。1958 年，属大同市郊区，设长城人民公社。1959 年 5 月，设新荣人民公社。1960 年 6 月，属古城区。1961 年，分设镇虏堡人民公社。1963 年，分设西村人民公社。1964 年，属大同县。1965 年，属雁北地区。1970 年 10 月，属大同市北郊区。1972 年，属新荣区。1984 年 11 月，置新荣镇至今。

辖区内地名专名有以下特点：1. 以长城建筑命名。如：十三边、八墩子、二十一墙等。2. 以古迹命名。如：祁皇墓、元营子、西寺、教场沟等。3. 以祥瑞、希冀命名，表达了中华传统文化中对美好的向往和追求。如：得胜堡、新荣、东胜庄、安乐庄等。4. 以山川地形命名。如：山前庄、四道沟、靳圪塔梁、下深涧等。5. 以姓氏命名。如：高家窑、贾家屯、智家堡等。

地名通名有以下特点：1. 以交通隘口为通名。如：助马口、得胜口、拒墙口、拒门口等。2. 以军事设施堡、营、屯等为通名。如：镇河堡、三百户营、贾家屯等。3. 以自然地形地貌山、岭、沟、涧、梁等为通名。如：大窑山、杨家岭、窨子沟、北榆涧、道沟梁等。4. 多为北方常见通名村、庄、窑等。如：西村、西旺庄等。5. 以“窑”为通名。因当地多煤炭开采，俗称小煤矿为煤窑，简称为“窑”。如：杨里窑、新窑、张力窑等。

地处大同盆地，淤泥河流经。名胜古迹有太玄观、方山遗址、古长城、宁静寺、宣宁县城遗址、采凉山、四家山、弥陀山、万泉河、饮马河等自然景观。2014 年 7 月，被确定为全国重点镇。

新荣村［Xīnróng Cūn］

居民点。新荣镇人民政府驻地。在新荣区人民政府驻地西 0.7 千米。人口 0.24 万。原名乱窑。道光《大同县志》载名“乱窑子”。1956 年，置乡时以村名欠雅，因名新荣乡，驻地改新荣村。以新兴繁荣之意而命名。1970 年后，在原村庄以西逐步建成新街区，以长城东街、长城西街、府东街、府西街为主干街道。建成区面积约 4 平方千米。盛产胡麻。工业以采煤为主。有大型的晋剧表演、威风锣鼓、高跷、秧歌、小型耍孩、二人台、道情等民俗活动。名胜古迹有明长城、古长城生态园。

古店镇［Gǔdiàn Zhèn］

乡级政区名。全国重点镇。位于新荣区东南部。东隔御河与花园屯镇相望，南接平城区马军营乡，西与西村乡接壤，北与堡子湾乡交界。面积 83.4 平方千米。人口 1.17 万。辖古店村、马站村、孤山村、北宋庄村、山底村、圣水沟村等 10 个行政村。镇人民政府驻古店村。因驻地得名。

1949 年，属大同县。1953 年，设古店乡，属第一区。1956 年，孤山、山底、羊坊合并为古店乡，属大同市郊区。1958 年 9 月，由原古店、圪坨、窨子沟、马庄、镇川五个乡合并成立飞跃人民公社，属大同市郊区。1959 年 5 月，设古店人民公社，仍属大同市郊区。1960 年 3 月，属古城区。1966 年 5 月，复属郊区。1970 年 10 月，属北郊区。1971 年 4 月，属南郊区。1984 年，置古店镇。2018 年，属新荣区。

境内矿产资源丰富，有煤炭、石墨、花岗岩、玄武岩、石英石、粘土资源、铁矿以及水资源。镇北赵家窑村山口拥有风力资源，风力发电项目发展潜力较大。古店镇是拥有多种资源的“资源名镇”。2004 年 2 月，被国家发改委、建设部等六部委列为全国小城镇建设重点镇。大秦铁路、大准铁路、京包铁路过境设大同北站、古店站。2014 年 7 月，被确定为全国重点镇。

古店村 [Gǔdiàn Cūn]

居民点。古店镇人民政府驻地。在新荣区人民政府驻地东南方向 23 千米。人口 0.32 万。原名孤店。明正德《大同府志》载名“孤店堡”。道光《大同县志》载名“孤店儿”。因旧无居民，仅有客店而得名。明清时期御河东岸村民为避水灾陆续迁居于此形成村落。后为书写简便改为今名。有同煤集团钢铁有限公司等企业。

花园屯镇 [Huāyuántún Zhèn]

乡级政区名。在新荣区东南部。东与阳高县长城乡、云州区周士庄镇接壤，南、西与平城区水泊寺乡、古店镇为界，北与内蒙古自治区丰镇市毗连。面积 252.8 平方千米。人口 1.07 万。辖花园屯村、前井村、杨窑村、苇子湾村、镇川堡村等 19 个行政村，有 39 个自然村。镇人民政府驻花园屯村。因驻地得名。

原属大同县。1954 年，属大仁县。1958 年，属大同市郊区。1959 年，设花园屯人民公社。1960 年，属古城区。1970 年，属大同市北郊区。1972 年，属新荣区。1984 年，置花园屯乡。2001 年，镇川乡并入。2021 年，撤销花园屯乡，设立花园屯镇至今。地处采凉山西麓，御河、饮马河、镇川河在境内汇流，为大同市重要的水源地。有煤炭、辉绿岩、玄武岩等矿产资源。特产道士窑羊肉、花园屯糕面。名胜古迹有方山永固陵、慧泉禅寺、太玄观、明长城等。

方山永固陵位于镇境西寺村西南的西寺梁山（北魏称方山）山顶。永固陵是北魏文成帝拓跋濬妻、孝文帝祖母文明太皇太后冯氏陵寝。太和五年（481 年）始建，太和八年（491 年）建成。建筑布局以方山顶为陵园主要区域，地面平整，东、南、西三面为绝壁，从南向北依次有永固堂石室、冯太后坟冢永固陵、孝文帝衣冠冢万年堂等，南面绝壁前沿“之”字形道路下到二层台地上，有思远浮图遗址，是融合佛教建筑于皇陵内的做法。2001 年 6 月，被公布为全国重点文物保护单位。

花园屯村 [Huāyuántún Cūn]

居民点。花园屯镇人民政府驻地。在新荣区人民政府驻地东南 31 千米。人口 0.28 万。相传旧为北魏平城皇室花园，明代为军队屯田之地，故名。道光《大同县志》载名“花园屯”。地下水资源丰富。传统农业村。

破鲁堡乡 [Pòlǔbǎo Xiāng]

乡级政区名。在新荣区西南部。东与西村乡相邻，南与云冈区云冈镇交界，西与左云县管家堡乡相连，北与郭家堡乡毗邻。面积 180 平方千米。人口 1 万。辖破鲁堡村、彭家场村、水深塘村、上深涧村、下深涧村等 20 个行政村。乡人民政府驻破鲁堡村。因驻地得名。2002 年，乡人民政府驻地迁至火石沟村至今。

原属左云县、大同县地。1959 年，设大同市郊区上深涧人民公社、左云县破鲁堡人民公社。1970 年，属北郊区。1971 年，破鲁堡人民公社划属大同市北郊区。次年，同属新荣区。1984 年，置破鲁堡乡、上深涧乡。2021 年，上深涧乡并入至今。地处丘陵川原区，淤泥河流经。为农业大乡。有煤炭业、风力发电站。古迹有明长城、破鲁堡宁静寺。

火石沟村 [Huǒshígōu Cūn]

居民点。破鲁堡乡人民政府驻地。在新荣区人民政府驻地西 10 千米。人口约 670 人。因村东沟中盛产火石，人称为火石沟，后因此为村名。

破鲁堡村 [Pòlǔbǎo Cūn]

居民点。属破鲁堡乡。在新荣区人民政府驻地西南 16 千米。人口 0.16 万。原名破虏堡。明嘉靖二十二年（1543 年），建破虏堡，设守备。万历元年（1573 年）砖包。堡城平面呈正方形，周二里，高三丈三尺。清初为避讳“虏”，改破鲁堡。康熙间设把总一员及守兵。清末改为民堡村落。《三云筹俎考》：“破虏堡，嘉靖二十二年土筑，万历元年砖包。本堡旧称极边，自添建五堡，边墙外徙，稍称腹里，以故万历十三年改守备为操守。然地势平坦，无险可据，虏易长驱，堵截为难。所恃土田颇饶，军士月粮外岁收子粒足供宿饱，鲜有逃亡，而灭虏、保安一带均赖之矣。”又载：“城周二里二分，高三丈五尺。内驻操守、坐堡、把总各一员，军六百六十三名，马、骡二百一十七匹头。”光绪《左云县志・建置》：“破鲁堡，明设守备，后改设把总。今裁。”

地处二道边墙南侧。特产莜麦。古迹有破鲁堡城墙残址、宁静寺。

郭家窑乡 [Guōjiāyáo Xiāng]

乡级政区名。在新荣区北部。东与堡子湾乡接壤，南与破鲁堡乡隔淤泥河相望，西、北与左云县管家堡乡、内蒙古自治区凉城县、丰镇市毗邻。面积 147.5 平方千米。人口 0.64 万。辖郭家窑村、半坡店村、二队地村、东张士窑村、拒门堡村等 19 个行政村，有 26 个自然村。乡人民政府驻郭家窑村。因驻地得名。

原属左云县地。1971 年，郭家窑人民公社划属大同市北郊区。次年，改属新荣区。1984 年，置郭家窑乡。2001 年，东胜庄乡并入。地处弥陀山南麓丘陵区，淤泥河流经，有郭家窑灌区水利设施。特产土豆。有煤炭企业。名胜古迹有助马堡堡址、弥陀山生态观光旅游区。

郭家窑村 [Guōjiāyáo Cūn]

居民点。郭家窑乡人民政府驻地。位于大同市新荣区西北部。在新荣区人民政府驻地西北 10 千米。人口 0.16 万。相传为洪洞县移民郭氏居此而得名。传统农业村。

西村乡 [Xīcūn Xiāng]

乡级政区名。在新荣区南部。东与古店镇相邻，南与云冈区云冈镇交界，西与上深涧乡接壤，北与新荣镇毗连。面积 163.5 平方千米。人口 0.75 万。辖西村、镇河堡村、谢家场村、狮村、户部村等 15 个行政村，有 21 个自然村。乡人民政府驻西村。因驻地得名。2002 年，乡人民政府驻地迁至户部村至今。

1949 年，属大同县。1954 年，属大仁县。1958 年，属大同市郊区长城人民公社。1959 年，属新荣人民公社。1960 年，属古城区。1963 年，设西村人民公社。1964 年，属大同县。1970 年，属大同市北郊区。1972 年，属新荣区。1984 年，置西村乡。2001 年，户部乡并入。地处丘陵沟壑区。有煤炭资源。为农业乡。

户部村 [Hùbù Cūn]

居民点。西村乡人民政府驻地。在新荣区人民政府驻地东南 10 千米。人口约 280 人。原名护堡村，故址即今镇虏堡，明嘉靖十八年（1539 年），筑镇虏堡后，有部分居民由原村迁至现址，建成村落，并沿用旧村名仍称为“护堡村”，后以方言谐音又演变为“户部”。道光《大同县志》：“户部村，四十五里。”

西村 [Xī Cūn]

居民点。属西村乡。在新荣区人民政府驻地西南 10 千米。人口 0.18 万。原名西龙探头，因村东有水沟而得名，后简化为西村。道光《大同县志》载名“西龙探头”。为明长城南北通道，村北有军事要塞镇河堡。

镇虏堡村 [Zhènlǔbǎo Cūn]

居民点。属西村乡。在新荣区人民政府驻地东南 10 千米。人口约 700 人。因明代镇虏堡而得名。原名护堡村。明嘉靖十八年（1539 年），筑镇虏堡。万历十四年（1586 年）包砖。清代避讳“虏”，改镇鲁堡。后又复名镇虏堡。《三云筹俎考》：“镇虏堡，嘉靖十八年土筑，万历十四年砖包。本堡无边，仅守火墩，但地势平夷，无险可恃。若虏马一逾拒墙，本堡之祸不可向迩。游骑旁掠则云冈且告急矣。此实北路扼要之处，不可以堡小而忽之。”又载：“城周二里九分，高四丈。内驻守备一员，官军二百六十六员名，马、骡四十七匹头。”现存城堡遗址平面呈正方形，周长实测 1400 米，仅辟南门。地处淤泥河南岸。农业村，主产小杂粮。古迹有镇虏堡龙王庙、镇虏堡东周文化遗址。

堡子湾乡 [Bǎoziwān Xiāng]

乡级政区名。在新荣区北部。东、北与内蒙古自治区凉城县、丰镇市接壤，南与古店镇相邻，西与新荣镇毗连。面积 159.18 平方千米。人口 1 万。辖拒墙堡村、磨复其湾村、祁皇墓村等 18 个行政村，有 28 个自然村。乡人民政府驻堡子湾村。因驻地得名。

1949 年，属大同县。1954 年，属大仁县。1958 年，属大同市郊区长城人民公社。1959 年，属胡家窑人民公社。1960 年，属古城区。1963 年，属得胜人民公社。1964 年，属大同县。1970 年，属大同市北郊区。1972 年，属新荣区。1981 年，得胜人民公社更名堡子湾人民公社。1984 年，置堡子湾乡。2001 年，拒墙堡乡并入。

地处黄土高原最北端，地势东高西低。东部采凉山、方山属阴山山脉。圈子河、饮马河、镇川河、淤泥河流经，形成得胜小盆地。农业乡。特产得胜韭菜、甘草、黄芪。有煤炭、石墨企业。名胜古迹有得胜堡、镇羌堡、宏赐堡、长城墩台、饮马河，祁皇墓、明长城等遗址。古为晋、蒙之间军事屏障和交通要隘。

堡子湾村 [Bǎoziwān Cūn]

居民点。堡子湾乡人民政府驻地。在新荣区人民政府驻地东北 16 千米。人口约 800 人。因地处饮马河湾，村中明代筑堡而得名。道光《大同县志》："堡子湾，七十五里。"农业村。京包铁路经此设堡子湾站。

得胜堡村 [Děshèngbǔ Cūn]

居民点。中国传统村落，山西省历史文化名村，中国历史文化名村。属堡子湾乡。在新荣区人民政府驻地东北 20 千米。面积 14.67 平方千米，人口 0.19 万。

地处头道边墙南侧，为明代重要的军事防御寨堡之一。传原名绥虏堡。嘉靖二十七年（1548 年）修筑。二十八年，宏赐堡参将驻此。隆庆五年（1571 年），明朝和蒙古鞑靼部建立封贡关系，在得胜堡等地开边互市，并于此举行授封仪式，封俺答夫妇为顺义王和忠顺夫人，史称"隆庆议和"。万历二年（1574 年）砖包。万历三十二年（1604 年）七月，向南扩建，改得胜堡，以堡门石刻匾书"得胜"而命名。《三云筹俎考》："得胜堡，嘉靖二十七年设，万历二年砖包。本堡路将驻劄之地，逼邻虏穴一墙之外，毳幕遍野，贡市往来之踵，相接于途。嘉靖二十八年，前抚詹移弘赐堡参将驻劄于此，外接镇羌，内联弘赐，击柝相闻，烽火一传，两堡依附，矢镞可及，虏终不能独窥一城，以恣跳梁，锁钥之司，极为得策。"又载："城周三里四分，高三丈八尺。内驻参将一员，官军二千九百六十员名，马、骡一千一百九十一匹。"

1949 年，属大同县。1958 年，设得胜堡生产大队，属大同市郊区长城人民公社。1963 年，属得胜人民公社。1981 年，属堡子湾人民公社。1984 年 7 月，属堡子湾乡。得胜堡是目前大同市保存最完整的古堡之一，现存堡城周长实测 1896 米，内有南堡门、玉皇阁、民居等古迹。为研究长城文化和边塞军事文化提供了实证资料。农业村。特产韭菜。2009 年 8 月，入选为第三批山西省历史文化名村。2014 年 11 月，被列入第三批中国传统村落名录。2019 年 1 月，入选为第七批中国历史文化名村。

祁皇墓村 [Qíhuángmù Cūn]

居民点。属堡子湾乡。在新荣区人民政府驻地东北 19 千米。人口约 200 人。因村东侧孤山顶有祁皇墓而得名。道光《大同县志》载名"祁皇墓村"。传祁皇为十六国时期代国桓王拓跋猗㐌皇后祁氏。北魏追尊拓跋猗㐌为桓王，封祁氏为桓王后。她育有三子：拓跋普根（魏景帝），拓跋贺傉（魏惠帝）、拓跋纥那（魏炀帝）。地处饮马河西岸。为农业村。

平城区 [Píngchéng Qū]

县级政区名。大同市人民政府驻地。位于大同市中部，为大同市政治、经济和文化的中心。东与云州区接壤。南、西与云冈区相连，北与新荣区交界。面积 238.9 平方千米。人口 110.5 万。辖永泰街道、武定街道、鹿苑街道、古城街道、迎宾街道、清远街道、大庆路街道、新华街道、卧虎湾街道、御河街道、振华街道、开源街道、新旺街道、马军营街道、白登山街道、文瀛湖街道、水泊寺街道、小南头街道 18 个街道。区人民政府驻永泰街道，以大同古名平城而得名。

战国赵国平城邑。秦为平城县治所，属雁门郡。西汉以其地处边郡，设置军事监护性质的东部都尉，治所驻平城县。王莽时改为平顺县。东汉复名平城县，仍属雁门郡。东汉末，匈奴侵扰，郡县流徙，其地遂空。建安二十年（215 年），曹操在今晋北地区设置新兴郡，招集边郡遗民，南迁平城县至新兴郡地，县治在今代县平城村。西晋永嘉四年（310 年），封鲜卑拓跋猗卢为代公，以句注陉北之地予猗卢。时以盛乐为北都，平城为南都，自是平城亦称“代”或“代都”。北魏天兴元年（398 年），拓跋珪定都平城（今平城区）即帝位，置司州、代尹，治所平城县。太和十八年（494 年），迁都洛阳后，改司州为恒州，代尹为代郡，仍治平城县。北魏末，六镇兵变，故都平城尽为丘墟，平城县废。北齐属太平县地，天保七年（556 年），于故恒州置恒安镇，寻改镇为北恒州。北周改太平县为云中县，复置恒安镇，今区境属云中县地。隋开皇元年（581 年），改云中县为云内县。唐贞观十四年（640 年），于故云中县置定襄县。今区境属定襄县地。调露元年（679 年），在今区境置大同军。永淳元年（682 年），定襄县废。开元十八年（730 年），置云中县。二十年（732 年），为云州治所。天宝元年（742 年），改云州为云中郡。乾元二年（759 年），复名云州。后晋天福元年（936 年），石敬瑭割燕云十六州与契丹，云州地属契丹。辽重熙十三年（1044 年），升云州为西京，置西京道大同府。十七年，析云中县地置大同县，为大同府治。金仍置大同县。元至元二十五年（1288 年），属大同路。至正十一年（1351 年），置大同中书分省，治所大同县，寻废。明洪武二年（1369 年），改大同路为大同府，治所大同县。清因之。1912 年，废大同府，留大同县。1913 年，置北路道，治大同县。1914 年，改为雁门道。1927 年，废雁门道，大同县直属山西省。1937 年，属山西省第一行政区。1949 年 5 月 1 日，大同县改大同市，属察哈尔省。1952 年，改属山西省。1954 年，将大同市一、二区合并设立城区。2018 年，改平城区至今。

“平城”地名社会应用有平城之役、平城遗址。

平城之役：也称“平城之战”“平城之围”，即指“白登之围”。汉高帝七年（前 200 年），刘邦误听汉使连续回报，皆言匈奴可击，刘敬（娄敬）指出匈奴有诈，不可轻易进兵。刘邦不听，亲率先头部队至平城。冒顿单于以四十万精骑围刘邦于白登山，凡七日，汉军内外联络中断，无法相救。刘邦采纳陈平之计，重赂匈奴阏氏，冒顿解围之一角，汉军乃得突围。宋代苏洵《送石昌言使北引》：“何其不思之甚也！昔者奉春君使冒顿，壮士健马皆匿不见，是以有平城之役。”

平城遗址：为北魏前期的都城遗址。北魏天兴元年（398 年）至太和十八年（494 年），拓跋氏在平城建都 96 年，历经六帝七世，人口达百万。宫城内外建有宫殿楼台大型建筑 60 多座，发现了北魏粮窖遗址、北魏夯土台基遗址、北魏明堂遗址等遗迹。遗址北依方山，外靠长城，南至今大同古城迤南，分宫城、外城和郭城三部分。1988 年 1 月，平城遗址被国务院公布为第三批全国重点文物保护单位。

境内地名多受到古代城市文化影响。从地名专名来看有以下特点：1. 以佛教寺院命名。如：塔寺街、上寺北巷、佛殿街、南寺街、贵儿寺街、赐福庵街、七佛寺街、南寺街、清泉寺街等。2. 以商业市场作坊命名。如：柴市角、马市角、羊市巷、大皮巷、东油坊巷、段市角、缸角等。3. 以庙宇命名。如：财神庙街、武庙街、龙王庙街、三元宫街、三官庙街、一万贯庙街等。4. 以衙署王府命名。如：帅府街、东华门街、皇城街、十府街、乱衙门街、钱局巷等。5. 以城市位置命名。如：南顺城街、北关街、东关街、南关街等。6. 以人物和姓氏命名。如：赵大豆巷、马家巷、曹家巷、昝家巷、蔡名誉巷、施家圪洞等。

从地名通名来看多为“街”“巷”“村”“庄”，其中有地方特点的通名是“角”，专指古城中小十字街。如东马市角、南马市角、西马市角、北马市角；再如姚家角东街、姚家角南街、姚家角西街、姚家角北街等等。城建专家认为大同城市的“角”是北魏、唐代城市区域划分“坊”的遗存，极为珍贵。

地处大同盆地西北部，地势西北高、东南低。最高点新华街道海拔 1106.4 米，最低点工农路永固水泥管厂海拔 1024 米。主要河流有御河、十里河，属海河流域。为北魏都城、辽金陪都、明清重镇、大同历史文化名城的核心区。千年古城积淀了丰厚的名胜古迹，有明代古城墙、上华严寺、下华严寺、善华寺、九龙壁、法华寺、关帝庙、鼓楼、朝阳寺等。大秦铁路起点，与京包铁路、北同蒲铁路在此接轨。

大庆路街道 [Dàqìnglù Jiēdào]

乡级政区名。在平城区境西部。东与开源街道相连，西与马军营街道接壤，北与迎宾街道毗邻。面积 7.5 平方千米。人口 7.2 万。辖同兴街社区、企业街社区、文化东街社区等 9 个社区，新添堡村、房子村 2 个行政村。街道办事处驻大庆路前进新苑。以大庆东路横贯辖境而得名。

1949 年，属大同市第二区，为马军营村地。1956 年，大同机车工厂等企业兴建，逐步形成工业区、居民区。1965 年，从马军营人民公社划出，设同兴街街道，属大同市城区。1971 年，改大庆路街道。2018 年，属平城区至今。

古城街道 [Gǔchéng Jiēdào]

乡级政区名。在平城区境中部。东与御河相连，南与永泰街道为邻，西与清远街道、振华街道接壤，北与武定街道毗连。面积7平方千米。人口4.5万。辖大十字社区、帅府社区、仁和美社区等12个社区。办事处驻原大同十三中院内。以辖区在大同古城内而命名。

明清为大同府城。历属大同县。1949年，属大同市第一、二、三区。1954年，属城区。1960年，属城区人民公社。1962年，始设东街街道、西街街道、南街街道、北街街道。2018年，属平城区。2021年，撤销东街街道、西街街道、南街街道、北街街道4个街道，设立古城街道至今。名胜古迹有代王府、法华寺、大同文庙、雁塔、九龙壁、关帝庙、朝阳宫、云龙禅寺、五龙壁、明清大同府衙遗址、乾楼、钟楼、善化寺、华严寺、大同清真大寺、鼓楼等。为大同古城区商业中心。

善化寺俗称南寺，位于大同城内南寺街9号。据寺碑记载：始建于唐开元年间，称开元寺。五代后晋更名大普恩寺。金代重修。明正统十年（1445年），赐名善化寺。寺院中轴线布列天王殿（山门）、三圣殿和大雄宝殿，东侧有东配殿、东垛殿，西侧有西配殿、普贤阁及西垛殿。除天王殿（山门）、三圣殿、大雄宝殿和普贤阁为辽金建筑外，其余两侧配殿和钟鼓楼为明清时期建筑。寺内保存金代塑像34尊，清代壁画190平方米。明代塑像9尊，金碑2通，明清重修碑3通。1961年公布为全国重点文物保护单位。

华严寺位于大同城内清远街中段南侧，始建于辽。现存建筑薄伽教藏殿建于辽重熙七年（1038年），保大二年（1122年），寺因兵火受损。大雄宝殿于金天眷三年（1140年），重建，元至大年间补葺。明成化、万历年间，寺院分为上寺、下寺两院。上寺以大雄宝殿为主。下寺中轴线建有山门、薄伽教藏殿。薄伽教藏殿内现存辽代壁藏楼阁、彩塑以及经幢、碑刻和明清时期木雕、彩塑、壁画等，荟萃了历代佛教文物精华。1961年，被公布为全国重点文物保护单位。

新旺街道 [Xīnwàng Jiēdào]

乡级政区名。在平城区境西南部。东与御河毗邻，南与御河街道相接，西与开源街道接壤，北与永泰街道毗邻。面积6.2平方千米，人口12万。辖安信社区、和信社区、柳港园东院社区等15个社区，新泉村1个行政村。街道办事处驻原新旺乡政府。以原新旺乡改设而得名。

1949年，属大同市第四区。1952年，属大同市第二区。1954年，属大同市城区。1959年，设云中人民公社。1966年，属大同市郊区，设城关人民公社。1970年，属南郊区。1984年，置城关乡。2001年，更名为新旺乡。2018年，属平城区。2021年，撤销新旺乡，设立新旺街道至今。

马军营街道 [Mǎjūnyíng Jiēdào]

乡级政区名。在平城区境西部。东与卧虎湾街道、清远街道、振华街道、大庆路街道为邻，南、西、北与云冈区相邻。面积48.6平方千米，人口4.1万。辖绿洲西城社区、博学社区、军苑社区3个社区，马军营村、安家小村、十里店村、西水磨村等9个行政村。街道办事处驻同泉路549号。以辖境有马军营村而得名。

1949年，分属大同市第二区、大同县。1950年，分属口泉矿区、大同县。1952年，分属大同市第一区、第二区、第三区、口泉矿区。1953 年，分属第一区、第三区、口泉矿区。1954 年，属大同市郊区。1958 年，属大同市城区上游人民公社。1959 年，属大同市郊区马军营人民公社。1960 年，属大同市城区人民公社。1961 年，设马军营人民公社。1966 年，属大同市郊区。1970 年，属南郊区。1984 年，改设马军营乡。2018 年，属平城区。2021 年，撤销马军营乡，设立马军营街道至今。

有煤矿。名胜古迹有鹿野苑石窟、小站旧石器文化遗址、佛字湾摩崖石刻、观音堂、山西省立第三中学旧址等。

白登山街道 [Báidēngshān Jiēdào]

乡级政区名。全国民族团结进步创建示范区。在平城区境东部。东与云州区相连，南与文瀛湖街道接壤，西与鹿苑街道隔御河相望，北与新荣区花园屯乡交界。面积 34.8 平方千米。人口 4.6 万。辖御东学府南社区、御东学府北社区、桐府社区、御华社区 4 个社区，金家湾村、马家小村、泉寺头村、燕庄村、西坟村等 11 个行政村。街道办事处驻东坟村。以附近白登山命名。

1949 年，属大同县。1953 年，分属大同市第四区、大同县。1954 年，分属大同市第四区、大仁县。1955 年，分属大同市郊区、大仁县。1956 年，分属大同市郊区的水泊寺乡。1958 年，属东方红人民公社。1959 年，属水泊寺人民公社。1960 年，属古城区。1964 年，属大同县。1965 年，属大同市城区。1966 年，属大同市郊区。1970 年，属南郊区。1984 年，属水泊寺乡。2018 年，属平城区。2021 年，分置白登山街道至今。名胜古迹有马家小村新石器文化遗址等。2017 年 12 月，被评为第五批全国民族团结进步创建示范区。

文瀛湖街道 [Wényínghú Jiēdào]

乡级政区名。在平城区境东部。东与云州区相连，南与水泊寺街道毗邻，西与古城街道隔御河相望，北与白登山街道接壤。面积 20.8 平方千米。人口 6.7 万。辖永固社区、西京社区、华北星社区、富力社区等 7 个社区，马家堡村、泗家庄村、曹夫楼村、齐家坡村、水泊寺村 5 个行政村。街道办事处驻富力城 4 期公用办公楼。以当地名胜文瀛湖命名。

1949 年，属大同县。1953 年，分属大同市第四区、大同县。1954 年，分属大同市第四区、大仁县。1955 年，分属大同市郊区、大仁县。1956 年，属大同市郊区的水泊寺乡。1958 年，属东方红人民公社。1959 年，改设水泊寺人民公社。1960 年，属古城区。1964 年，属大同县。1965 年，属大同市城区。1966 年，属大同市郊区。1970 年，属南郊区。1984 年，属水泊寺乡。2018 年，属平城区。2021 年，分置文瀛湖街道至今。名胜古迹有曹夫楼真武庙、文瀛湖等。文瀛湖，原名“文莺湖”。道光《大同县志·疆域》载：“文莺湖，俗名小东海。在东郭十里之间，波澄一镜，滨簇千家。采掠诸峰，嶙峋环列，竞秀争奇，如覩十洲三岛。”现开辟为文瀛湖公园。

水泊寺街道 [Shuǐpōsì Jiēdào]

乡级政区名。在平城区境东部。东与云州区相连，西与新旺街道隔御河相望，北与文瀛湖街道接壤。面积 15 平方千米。人口 6.5 万。辖重熙社区、永安社区、恒大社区、文源社区等 7 个社区，沙岭村、石家寨村 2 个行政村。街道办事处驻恒安街 571 号。以原水泊寺乡分置而得名。

1949 年，属大同县。1953 年，分属大同市第四区、大同县。1954 年，分属大同市第四区、大仁县。1955 年，分属大同市郊区、大仁县。1956 年，分属大同市郊区的水泊寺乡、小南头乡。1958 年，属东方红人民公社。1959 年，改设水泊寺人民公社。1960 年，属古城区。1964 年，属大同县。1965 年，属大同市城区。1966 年，属大同市郊区。1970 年，属南郊区。1984 年，置水泊寺乡。2001 年，小南头乡并入。2018 年，属平城区。2021 年，分置水泊寺街道至今。

境内有大同市博物馆、大同市大剧院、大同市美术馆、西京文化博物馆，大同市图书馆。名胜古迹有北苑遗址、北朝恒安镇遗址等。

小南头街道 [Xiǎonántóu Jiēdào]

乡级政区名。在平城区境东部。东、南与云州区党留庄乡相连，西与御河街道隔御河相望，北与水泊寺街道接壤。面积 31.5 平方千米。人口 2.9 万。辖寺儿村、西王庄村、东王庄村、小南头村、西谷庄村、艾庄村、塔儿村 7 个行政村。街道办事处驻小南头村。以驻地而得名。

1949 年，属大同县。1953 年，分属大同市第四区、大同县。1954 年，分属大同市第四区、大仁县。1955 年，分属大同市郊区、大仁县。1956 年，属大同市郊区的小南头乡。1958 年，属东方红人民公社。1959 年，改设小南头人民公社。1960 年，属古城区。1964 年，属大同县。1965 年，属大同市城区。1966 年，属大同市郊区。1970 年，属南郊区。1984 年，置小南头乡。2001 年，并入水泊寺乡。2018 年，属平城区。2021 年，分置小南头街道至今。

永泰街道 [Yǒngtài Jiēdào]

乡级政区名。平城区人民政府驻地。在区境中南部。东与御河交界，南与新旺街道相接，西与迎宾街道为邻，北与古城街道毗连。面积 5.3 平方千米。人口 11 万。辖柳航里社区、永泰社区、红旗里社区、平康里社区、兴国寺社区等 18 个社区。街道办事处驻北都街 700 号。

以地处大同古城永泰门外而得名。明天顺间在此筑南小城。历属大同县地。1949 年，属大同市第四区。1951 年，属大同市第三区。1953 年，属大同市第二区。1954 年，属大同市城区。1955 年，设南关街道，属大同市城区。1960 年，属城区人民公社南关分社。1962 年，复设南关街道。1966 年，更名为工农路街道。1975 年，复名为南关街道。2018 年，属平城区。2021 年，撤销南关街道，设立永泰街道至今。辖境地处大同盆地中心，地形开阔平坦。古迹有大同古城、明代南小城城墙遗址、兴国寺等。

清远街道 [Qīngyuǎn Jiēdào]

乡级政区名。在平城区境北部。东与古城街道相连，南与振华街道接壤，西与马军营街道为界，北与新华街道毗邻。面积 4.4 平方千米。人口 3.9 万。辖清源西街社区、五州帝景社区、苹果园社区等 8 个社区，宋庄村、五里店村 2 个行政村。街道办事处驻云中路 1 号。以地处明清为大同府城西门清远门外而命名。

1949 年，属大同市第二区。1954 年，属城区。1958 年，属新建路街道。1966 年，更名为红卫路街道。1975 年，复名为新建路街道。1989 年，以红旗广场为界，将新建路街道北部划出，设立新建北路街道。2018 年，属平城区。2021 年，撤销新建北路街道，设立清远街道至今。

武定街道 [Wǔdìng Jiēdào]

乡级政区名。在平城区境北部。东与御河相连，南与古城街道相接，西与新华街道接壤，北与新华街街道、鹿苑街道毗邻。面积 3.6 平方千米。人口 6.6 万。辖铁牛里社区、雁同西路社区、安益园社区等 11 个社区。街道办事处驻武定北路 338 号。因地处大同古城北门武定门外而得名。

为秦汉平城故地，北魏平城宫城旧址。明景泰间，巡抚都御史年富主持，在城北即明初截去的古城遗址上筑北小城，城“周六里，高三丈八尺”。东门名长春门，西门名延秋门，南门名大夏门，北门名玄冬门，后封西门。明正德《大同府志·城池》：“内有草场”，故名草场城。清代四营官兵在此演兵，又名操场城。民国属大同县。1949 年，属大同市第一区。1954 年，设新华街街道，属城区。1955 年，设北关街道。1960 年，属城区人民公社北关分社。1962 年，复设北关街道。1966 年，属新华街街道，1975 年，更名为北关街道。2018 年，属平城区。2021 年，撤销北关街道分置武定街道至今。名胜古迹有北魏大型建筑遗址、北魏粮仓遗址、秦汉平城县故城址、明代操场城遗址等。

鹿苑街道 [Lùyuàn Jiēdào]

乡级政区名。在平城区境北部。东与御河相连，南与武定街道相接，西与新华街道接壤。面积 5 平方千米。人口 5.2 万。辖站东社区、北辰社区、同丰社区、北苑社区、崇仁社区 5 个社区，先锋村、白马城村 2 个行政村。街道办事处驻雁北煤校北侧北苑社区服务中心。因地处北魏平城鹿苑附近而得名。

历属大同县。1949 年，属大同市第一区。1954 年，设新华街街道，属城区。1955 年，设北关街道。1960 年，属城区人民公社北关分社。1962 年，复设北关街道。1966 年，属新华街街道，1975 年，更名为北关街道。2018 年，属平城区。2021 年，撤销北关街道分置鹿苑街道至今。

振华街道 [Zhènhuá Jiēdào]

乡级政区名。在平城区境南部。东与古城街道相邻，南与迎宾街道接壤，西与马军营街道相连，北与清远街道毗邻。面积 3 平方千米。人口 7.2 万。辖同泉里社区、育才社区、新世纪社区、迎春里社区等 11 个社区。街道办事处驻同泉路 209 号。以辖区主街振华南街命名。

1949 年，属大同市第四区。1954 年，属大同市城区西门街街道。1958 年，属新建路街道。1960 年，属城区人民公社新建路分社。1961 年，复属新建路街道。1966 年，更名为红卫路街道。1975 年，复名为新建路街道，1989 年，属新建南路街道。1996 年，将新建南路街道西部片区划出，分设振华南街街道。2018 年，属平城区。2021 年，改名振华街道至今。

迎宾街道 [Yíngbīn Jiēdào]

乡级政区名。在平城区境南部。东与永泰街道相连，南与开源街道接壤，西与大庆路街道相邻，北与振华街道毗连。面积 3.8 平方千米。人口 8.3 万。辖北馨园社区、永康路社区、振兴街社区等 15 个社区，周家店 1 个行政村。街道办事处驻云中路文昌街街口。以境内主干道路迎宾路命名。

明清为大同府城西门外。1949 年，属大同市第二区。1954 年，属城区。1958 年，设新建路街道。1966 年，更名为红卫路街道。1975 年，复名为新建路街道。1989 年，以红旗广场为界，将新建路街道南部划出，设立新建南路街道。2018 年，属平城区。2021 年，改名迎宾街道至今。

新华街道 [Xīnhuá Jiēdào]

乡级政区名。在平城区境北部。东与鹿苑街道、武定街道相连，南与振华街道接壤，西与卧虎湾街道相连，北与鹿苑街道毗邻。面积 3.6 平方千米。人口 5 万。辖新华南街社区、岳秀园社区、局东社区等 10 个社区。街道办事处驻新华街卧虎湾小区。因境内有主干路新华街命名。

1949 年，属大同市第一区。1952 年，建成大同铁路分局始形成街巷和居民区。1954 年，属大同市城区安益街街道。1960 年，属城区人民公社北关分社。1962 年，设北关街道。1966 年，设新华街街道。1975 年，将新华街街道更名为北关街道。1990 年，由北关街道划出部分居委会分设新华街街道。2018 年，属平城区。2021 年，析置卧虎湾街道后成今境，并改名新华街道。

卧虎湾街道 [Wòhǔwān Jiēdào]

乡级政区名。在平城区境北部。东与新华街道接壤，南与清远街道相连，西、北与马军营街道毗邻。面积 5.4 平方千米。人口 3.5 万。辖拥军路社区、桥西社区、山橡社区、鸿浩嘉园社区、城北社区、西苑社区 6 个社区，陈庄村 1 个行政村。街道办事处驻西苑路 298 号。因附近有古地名卧虎湾而得名。相传为北魏平城的“虎圈”所在地，《水经注 · 㶟水》记载：如浑水（今御河）又南流，分为两条。“又南经虎圈东，魏太平真君五年成之，以牢虎也。”

1949 年，属大同市第一区。1952 年，建成大同铁路分局始形成街巷和居民区。1954 年，属大同市城区安益街街道。1960 年，属城区人民公社北关分社。1962 年，属北关街道。1966 年，属新华街街道。1975 年，属北关街道。1990 年，属新华街街道。2018 年，属平城区。2021 年，析置卧虎湾街道至今。

御河街道 [Yùhé Jiēdào]

乡级政区名。在平城区境南部。东与御河相接，西与开源街道交界，北与新旺街道毗连。面积 20.4 平方千米。人口 3.2 万。辖青年路社区、青年路北社区 2 个社区，七里村、智家堡村、东河村、田村 4 个行政村。街道办事处驻青年路二电厂活动中心。因境内御河流经而命名。

1949年，属大同市第四区。1954年，属大同市城区。1960年，属城区人民公社南关分社。1962年，属南关街道；1966年，更名为工农路街道。1975年，将工农路街道更名为南关街道。1986年，将南关街道南部片区划出，设立南向阳里街道。1989年，始名向阳里街道。2018年，属平城区。2021年，撤销向阳里街道，设立御河街道至今。地处大同古城迤南。名胜古迹有北魏明堂遗址。

开源街道 [Kāiyuán Jiēdào]

乡级政区名。在平城区境南部。东与新旺街道、御河街道相接，西与大庆路街道交界，北与迎宾街道毗连。面积7.6平方千米。人口5.1万。辖民和社区、民富社区、民谐社区等11个社区，西河河村1个行政村。街道办事处驻延和路129号。因境内开源街而命名。

1949年，属大同市第四区。1954年，属大同市城区。1960年，属城区人民公社南关分社。1962年，属南关街道。1966年，更名为工农路街道。1975年，将工农路街道更名为南关街道。1986年，将南关街道南部片区划出，设立南向阳里街道。1989年，始名向阳里街道。2018年，属平城区。2021年，撤销向阳里街道，分设开源街道、御河街道至今。

云冈区 [Yúngāng Qū]

县级政区名。在大同市境西南部。东与平城区相邻，南与朔州市怀仁市交界，西与左云县毗连，北与新荣区接壤。面积737.8平方千米，人口68.5万。辖西花园街道、老平旺街道、新泉街道、口泉街道、民胜街道、玉龙街道、云燕街道、云武街道、新平旺街道、和旺街道、新胜街道、新文街道、平泉街道、玉泉街道、和瑞街道、平喜街道、清泉街道、和顺街道、平德街道、平盛街道、平源街道21个街道，高山镇、云冈镇2个镇、口泉乡、西韩岭乡、平旺乡、鸦儿崖乡4个乡。区人民政府驻口泉乡五一街106号。以境内名胜古迹云冈石窟命名。

有悠久采煤历史。清末官商合办保晋公司开凿忻州窑煤矿。民国时期，阎锡山成立军人煤矿，开凿煤峪口、永定庄煤矿，后改晋北矿务局。抗日战争时期，日伪满铁产业部、大同炭矿株式会社掠夺开采。1949年，由西大同县析地置大同市第五区，驻地口泉镇。1950年3月，撤销第五区，改设第四区和口泉矿区办事处。同年8月，第四区并入口泉矿区办事处。1951年，置口泉矿区。1955年，更名为口泉区。1970年，置南郊区、矿区，矿区隶属大同市和大同矿务局双重领导。1980年2月，矿区属大同市。2018年，置云冈区，由原矿区的行政区域及原城区的西花园街道、老平旺街道、原南郊区的高山镇、云冈镇、口泉乡、平旺乡、西韩岭乡、鸦儿崖乡组成。

“云冈”地名相关的社会应用有：云冈石窟。

云冈石窟：在大同古城西约16千米的武州山南麓。从北魏和平初开凿起，一直延续至正光年间止，其中大部分是孝文帝迁都洛阳前的作品。窟区自东而西依自然山势分为东、中、西三区，东西绵延约 1 千米。现存主要洞窟 45 个，附属洞窟 209 个，雕刻面积达 18000 余平方米。佛龛约计 1100 多个，大小造像 59000 余尊。1961 年，国务院公布为全国首批重点文物保护单位。2001 年 12 月，被联合国教科文组织列入世界遗产名录。2007 年 5 月，被国家旅游局评为首批国家 5A 级旅游景区。

境内地名多受到采煤工业影响。从地名专名来看有以下特点：1. 以煤矿企业命名。民国时期的晋北矿务局大同煤矿下辖煤峪口矿厂、永定庄矿厂、同家梁矿厂、四老沟矿厂、忻州窑矿厂、白洞矿厂等，现在多演变为街道名、乡镇名。如：煤峪口街道、挖金湾街道、晋华宫街道等都因当地的煤矿企业命名。如：南北临沟、中间高的“马脊梁”。地处高山南麓，因沟坡陡峭的“大斗（陡）沟”。以及“四老沟”“杏儿沟”等。2. 以自然地理命名。如：水泉村、口泉乡、长流水村等。3. 以地方历史遗迹命名。如：校尉屯、竹林寺、白庙村等。4. 以姓氏命名。如：同家梁、姜家湾、党家洼等。

从地名通名来看有以下特点：1. 多以煤炭采掘遗址“窑”为通名。如：忻州窑、罗家辛窑、韩家窑等。2. 因地处山区，沟壑纵横故多以“山”“沟”“湾”为通名。如：燕子山、桃柏沟、张家湾等。3. 以北方常见的“村”“庄”“屯”为通名。如：石头村、栗庄、吴官屯等。

地处大同西南部山地丘陵区。地势西北高东南低。主要河流十里河、口泉河属海河流域。最高点七峰山海拔 1714.1 米，最低点口泉河谷海拔 1058 米。地下煤炭矿藏丰富，是全国重要的煤炭生产基地，初步形成了以煤炭采掘为主，兼营煤机修造的工业体系。名胜古迹纪念地有云冈石窟、吴官屯石窟、大同煤矿“万人坑”遗址纪念馆、晋华宫国家矿山公园、青磁窑旧石器文化遗址等。地方特色民间艺术表演形式有口泉瓦盆鼓。

云冈石窟位于大同市区西 17 千米处的武周山南麓，石窟依山开凿，东西绵延 1 千米。存有主要洞窟 45 个，大小窟龛 252 个，石雕造像 51000 余躯，为中国规模最大的古代石窟群之一，与敦煌莫高窟、洛阳龙门石窟和天水麦积山石窟并称为中国四大石窟艺术宝库。1961 年，被国务院公布为全国首批重点文物保护单位。2001 年 12 月 14 日，被联合国教科文组织列入世界遗产名录。2007 年 5 月 8 日，被国家旅游局评为首批国家 5A 级旅游景区。

西花园街道 [Xīhuāyuán Jiēdào]

乡级政区名。在云冈区境东部。东与平城区马军营街道相邻，南、西与平旺乡相连，北与老平旺街道接壤。面积 2.2 平方千米。人口 2.8 万。辖桃园社区、柳园社区、梨园社区、槐园社区、华泰园社区 5 个社区。街道办事处驻医院路 1 号。

1949 年，属大同市第二区。1954 年，属大同市城区。同年开始规划建设花园式的新型工业区，山西柴油机厂等工厂、宿舍区、学校、商场相继建成。1956 年，属王家园街道。1958 年，分置西花园街道，属口泉区。以其为花园式工业区命名。1970 年，属大同市城区。1971 年，更名为红卫街街道。1975 年，复名为西花园街道。2018 年，属云冈区至今。地处大同盆地。有北方通用动力集团有限公司、山西柴油机工业有限公司等大型国有企业。

老平旺街道 [Lǎopíngwàng Jiēdào]

乡级政区名。在云冈区境东部。东与平城区马军营乡相邻，南与西花园街道接壤，西、北与平旺乡相连。面积 3.5 平方千米。人口 1.6 万。辖一电厂社区、电力技校社区、王家园社区、老平旺社区 4 个社区。街道办事处驻同泉路 18 号。

原为平旺村田野，日伪时期在此创建发电厂。1949 年，属大同市第二区。后扩建为工业区。1955 年，属口泉区，设王家园街道。1958 年，分属西花园街道和卫星人民公社管辖。1966 年，复置王家园街道。1970 年，属大同市城区。1971 年，更名为东方红街街道。1975 年，更名为老平旺街道。因街道办事处临近平旺村，新平旺兴起后，俗称平旺村为老平旺，故名。2018 年，属云冈区至今。地处大同盆地，十里河流经。有大同高级技工学校、大同大学大同师范分校等大中专院校。

新胜街道 [Xīnshèng Jiēdào]

乡级政区名。在云冈区境东部。东与平旺乡交界，南与平泉街道相邻，西与民胜街道连接，北与新文街道接壤。面积 3.5 平方千米。人口 2.6 万。辖安居街社区、育新路社区、新胜街社区、迎新街社区、林荫路社区、华杰里社区 6 个社区。街道办事处驻迎新街 82 号。因辖区有主干路新胜街而得名。

原为新平旺街道所辖。1986 年，大同矿务局于此建职工宿舍区。1993 年，划出新平旺街道部分辖区，分置新胜街道。2018 年，属云冈区。2021 年，分出部分行政区域置新文街道后成为今境。地处大同盆地。有大同大学煤炭工程学院、同煤集团肿瘤医院、同煤集团职业病防治医院等。

新平旺街道 [Xīnpíngwàng Jiēdào]

乡级政区名。在云冈区东部。东与和旺街道相邻，南连民胜街道，西北与平旺乡相接。面积 3.6 平方千米。人口 2.7 万。辖荣幸街社区、安全路社区、红旗街社区、向阳楼社区 4 个社区。街道办事处驻向阳楼社区同煤单身楼。

抗日战争时期，日伪开办"大同炭矿"，建成办公、宿舍区，称"平旺寮"。1949 年，属大同市第五区。1950 年，属口泉矿区，并逐步建设成为矿区中心区，因临近平旺村，故名新平旺。1955 年，属口泉区，设新平旺街道。1960 年，属口泉人民公社新平旺分社。1962 年，复设新平旺街道。1970 年 10 月，属大同市矿区。为矿区政治、经济、文化中心，矿区人民政府、同煤集团机关所在地。2018 年，属云冈区至今。2021 年，分出部分行政区域置和旺街道后成为今境。辖区内有大同煤矿集团公司、同煤集团总医院。

新泉街道 [Xīnquán Jiēdào]

乡级政区名。在云冈区境中部。东、北与玉泉街道相连，南与口泉乡毗邻，西与口泉街道相接。面积 4.9 平方千米。人口 1.44 万。辖南一路社区、北路社区、云峰街社区 3 个社区。街道办事处驻北路社区。以辖区主干道路新泉路命名。

历属大同市第五区、口泉矿区、口泉区。1956 年，大同矿务局于此建煤矿中央机修厂，形成厂区、居民区。1971 年，置机修厂街道，属矿区。1980 年，改新泉路街道，2018 年，属云冈区。2021 年，改为新泉街道。驻地单位有晋能控股集团中央机修厂、晋能控股焦煤矿有限责任公司、大同市国家粮食储备库等。

民胜街道 [Mínshèng Jiēdào]

乡级政区名。在云冈区境中部。东与新胜街道相连，南与玉泉街道毗邻，西与平旺乡相接，北与新平旺街道交界。面积 3.8 平方千米。人口 2.28 万。辖民胜社区、民荣社区、民峰社区 3 个社区。街道办事处驻民胜社区。以辖区有主干道路民胜街而命名。

原为大同县煤峪口村地。1953 年，大同矿务局在此创建化工厂。1955 年，属口泉乡新平旺街道。1960 年，属口泉人民公社新平旺分社。1963 年，复属新平旺街道，1970 年，属大同市矿区。1971 年 2 月，分置民胜街道。2018 年，属云冈区。有同煤集团化工厂、大同煤矿供电实业公司等。

口泉街道 [Kǒuquán Jiēdào]

乡级政区名。在云冈区境中部。东与新泉街道相邻，南与口泉乡毗连，西与玉龙街道接壤，北与平旺乡交界。面积 7.6 平方千米。人口 2.59 万。辖口泉街社区、泉峪路社区、金凤凰社区、道东街社区、泉武街社区、泉民街社区 6 个社区。街道办事处驻道东街社区。因驻地在口泉街而得名。

乾隆《大同府志》、道光《大同县志》皆载名“口泉”。因地处河谷口，旧有泉而得名。1949 年 5 月，属大同市第五区。1950 年 3 月，属口泉矿区。1955 年，设口泉区口泉街道。1958 年 11 月，属泉峰人民公社。1959 年 5 月，复设口泉街道。1960 年，属口泉人民公社口泉分社。1961 年，属口泉人民公社。1964 年 9 月，再设口泉街道。1970 年 10 月，设立口泉镇，属南郊区管理。1976 年 6 月，属大同市矿区。1988 年，再设口泉街道。2018 年，属云冈区至今。古迹有口泉华严寺、千佛寺、黄禄观、观音殿等。

平泉街道 [Píngquán Jiēdào]

乡级政区名。在云冈区境南部。东、南与口泉乡毗邻，西与玉泉街道相接，北与新胜街道毗连。面积 0.47 平方千米。人口 2.6 万。辖新区里社区、荣秀苑社区、景秀苑社区、北秀苑社区、南秀苑社区 5 个社区。街道办事处驻泉辉街 187 号。

1984 年前，属大同市南郊区，1987 年，设立平泉路街道，属矿区。2018 年，属云冈区。2021 年，分出部分行政区域置玉泉街道后成为今境。有同煤四中、育才中学、平泉二小学等。

和瑞街道 [Héruì Jiēdào]

乡级政区名。在云冈区境东部。东邻平喜街道，南连和顺街道，西邻绕城高速，北接大同云城乳业公司。面积 1.7 平方千米。人口 4.5 万。辖泰安里社区、泰福里社区、云城花园社区、泰宏里社区、泰宁里社区等 7 个社区。街道办事处驻平顺路 634 号。

原为同煤集团城市棚户区、采煤沉陷区的“两区”改造重点建成区。2007 年，设和瑞街道，属矿区。以当时构建和谐社会的理念而命名。2021 年，分出和瑞街道部分行政区域分置平喜街道、清泉街道后成为今境。

和顺街道 [Héshùn Jiēdào]

乡级政区名。在云冈区境东部。东与西韩岭乡毗邻，南与平德街道相接，西与和瑞街道相连，北与平喜街道、和瑞街道交界。面积 2.67 平方千米。人口 4.2 万。辖泰庆里社区、泰华里社区、泰乐里社区、泰荣里社区等 8 个社区。街道办事处驻和庆街 2 号。因辖区内有和顺街而得名。

2008 年 9 月，设立和顺街道，属矿区。该街道为同煤集团城市棚户区、采煤沉陷区的“两区”改造重点建成区。2018 年，属云冈区。2021 年，由和顺街道分出部分行政区域，置平德街道、平盛街道、平源街道后成为今境。

玉龙街道 [Yùlóng Jiēdào]

乡级政区名。在云冈区境西南部。东与口泉街道相邻，西与鸦儿崖乡相接，南与口泉乡相接，北与口泉乡、平旺乡部分行政村毗邻。面积 25 平方千米。人口 4.2 万。辖永前街社区、小南湾社区、道北街社区、晾马台街社区等 11 个社区。街道办事处驻永前街社区 1 号。

历属大同县地。1949 年，属大同市第五区。1950 年，属口泉矿区。1956 年，属口泉区。1970 年，属大同市矿区。2018 年，属云冈区。2021 年，由白洞街道、大斗沟街道、四老沟街道、同家梁街道、永定庄街道 5 个街道合并设立玉龙街道至今。口泉河由西至东流经。有晋能控股永定庄煤业有限公司、晋能控股同家梁煤业有限公司等。

云燕街道 [Yúnyàn Jiēdào]

乡级政区名。在云冈区西端。东、南与高山镇相接，西、北与左云县店湾镇交界。面积 9.5 平方千米。人口 1.9 万。辖燕华里社区、燕新里社区、木代社区、金马街社区、腾飞路社区 5 个社区。街道办事处驻燕华里社区怡宾街。1949 年后，历属大同市、口泉区、矿区。2018 年，属云冈区。2021 年，撤销马口街道、燕子山街道、马脊梁街道，合并设立云燕街道至今。

云武街道 [Yúnwǔ Jiēdào]

乡级政区名。在云冈区境东北部。东至观音堂，南至石头村，西至校尉屯，北至竹林寺村。面积 2.9 平方千米。人口 1.9 万。辖晋南里社区、文华里社区、新东街社区、东沙沟里社区、平台里社区 5 个社区。街道办事处驻文华里社区职工公寓。因驻地有云冈武州山而得名。

1954 年，属郊区，1960 年后，属口泉区。1970 年，属大同市矿区。2018 年，属云冈区。2021 年，撤销青磁窑街道、晋华宫街道 2 个街道，合并设立云武街道至今。

古迹有旧石器文化遗址青磁窑遗址，现为省级文物保护单位。遗址分布在十里河北岸第二级阶地后缘。发现于 20 世纪 70 年代，80 年代初，由中国科学院古脊椎动物与古人类研究所、大同市文化局、大同市博物馆联合进行考古发掘，出土旧石器 1000 多件和一批动物化石。石器包括石锤、石凿、刮削器、尖状器等，动物化石有三门马、羚羊、古棱齿象、扭角羊等 8 个种类。这一遗址距今约十万年左右，地质年代暂定为中更新世后段，时代为旧石器时代早期后段。旅游区有明代烽火台、晋华宫矿、晋华宫国家矿山公园等。

和旺街道［Héwàng Jiēdào］

乡级政区名。在云冈区东部。东与平旺乡相邻，南连新文街道，西、北与新平旺街道相接。面积 3.5 平方千米。人口 2.7 万。辖和三路社区、和四路社区、和九路社区、幸福路社区、新建路社区 5 个社区。街道办事处驻云冈区同泉路 2659 号（原地税二分局）。

抗日战争时期，日伪开办大同炭矿，建成办公、宿舍区，称“平旺寮”。1949 年，属大同市第五区。1950 年，属口泉矿区。1955 年，属口泉区新平旺街道。1960 年，属口泉人民公社新平旺分社。1963 年，属新平旺街道。1970 年 10 月，属大同市矿区。2018 年，属云冈区。2021 年，以原新平旺街道部分行政区域析置和旺街道至今。

新文街道［Xīnwén Jiēdào］

乡级政区名。在区境东部。东、北与平旺乡交界，南与新胜街道相邻，西与和旺街道连接。面积 1.88 平方千米。人口 2.9 万。辖文化街社区、校北街社区、平易路社区、府兴里社区 4 个社区。街道办事处驻同泉路 2698 号。原为新平旺街道所辖。

1986 年，大同矿务局于此建职工宿舍区。1993 年，属新胜街道。2018 年，属云冈区。2021 年，以新胜街道部分行政区域析置新文街道至今。

玉泉街道［Yùquán Jiēdào］

乡级政区名。在云冈区境南部。东与平泉街道相连，南与口泉乡毗邻，西与新泉街道相接，北与民胜街道相接。面积 1 平方千米。人口 2.6 万。辖新回里社区、新河里社区、建安里社区、盛秀苑社区、平安里社区 5 个社区。街道办事处驻盛秀苑社区 51 栋。

1984 年前，属大同市南郊区，1987 年，属矿区平泉路街道。2018 年，属云冈区。2021 年，由平泉路街道分出，置玉泉街道至今。

平喜街道［Píngxǐ Jiēdào］

乡级政区名。在云冈区境东部。东至春安新区，南至和宁街，西至平喜路，北接和瑞街。面积 1.33 平方千米。人口 2.3 万。辖泰仁里社区、泰和里社区、泰昌里社区、泰丰里社区、泰康里社区 5 个社区。街道办事处驻平顺路 486 号。

原为同煤集团城市棚户区、采煤沉陷区的“两区”改造重点建成区。2007 年，属矿区和瑞街道。2021 年，分出和瑞街道 5 个社区置平喜街道至今。

清泉街道［Qīngquán Jiēdào］

乡级政区名。在云冈区境东部。东、南连西韩岭乡，西邻平源街道，北与平旺乡相邻。面积 1.6 平方千米。人口 1.9 万。辖福泰里社区、福祥里社区、福荣里社区、福美里社区、福禧里社区、福瑞里社区 6 个社区。街道办事处驻旺泉路 655 号。

原为同煤集团城市棚户区、采煤沉陷区的“两区”改造重点建成区。2007 年，属矿区和瑞街道。2021 年，分出和瑞街道 6 个社区置清泉街道至今。

平德街道 [Píngdé Jiēdào]

乡级政区名。在云冈区境东部。东南与西韩岭乡毗邻，西与口泉乡相接，北与和顺街道相连。面积 0.83 平方千米。人口 1.3 万。辖泰兴里社区、泰文里社区、泰清里社区、泰祥里社区、泰盛里社区、泰惠里社区 6 个社区。街道办事处驻恒安新区。原为同煤集团城市棚户区、采煤沉陷区的“两区”改造重点建成区。2008 年，属矿区和顺街道。2018 年，属云冈区。2021 年，由和顺街道分出，置平德街道至今。

平盛街道 [Píngshèng Jiēdào]

乡级政区名。在云冈区境东部。东邻西韩岭乡，南与春安新区安置区接壤，西至平德路，北与平源街道为邻。面积 1.3 平方千米。人口 1.4 万。辖安宁里社区、安定里社区、安荣里社区、安华里社区、安圆里社区、安美里社区、安馨里社区 7 个社区。街道办事处驻恒安新区安宁里小区南门商 83—86 号。原为同煤集团城市棚户区、采煤沉陷区的“两区”改造重点建成区。2008 年 9 月，属矿区和顺街道。2018 年，属云冈区。2021 年，由和顺街道分出，置平盛街道至今。

平源街道 [Píngyuán Jiēdào]

乡级政区名。在云冈区境东部。东起北同蒲线，南邻平安大道，西至平顺路，北至和福街。面积 1.1 平方千米。人口 1.4 万。辖安福里社区、安康里社区、安庆里社区、安民里社区、安丰里社区等 8 个社区。街道办事处驻安瑞里小区商 166 号。原为同煤集团城市棚户区、采煤沉陷区的“两区”改造重点建成区。2008 年 9 月，属矿区和顺街道。2018 年，属云冈区。2021 年，由和顺街道分出，置平源街道至今。

高山镇 [Gāoshān Zhèn]

乡级政区名。在云冈区境西北部。东与云冈镇毗邻，南连口泉乡、鸦儿崖乡，西与左云县三屯乡、店湾镇接壤，北与新荣区上深涧乡相接。面积 141.5 平方千米。人口 2.5 万。辖北羊路社区、二台社区、枯树社区、罗家辛窑社区、马脊梁社区等 10 个社区，高山村、段家小村、燕子山村、张家湾村、南信庄村等 12 个行政村。镇人民政府驻高山村。因驻地得名。

1949 年之前，分属左云县、大同县地。1952 年，分属大同市第三区、左云县。1954 年，分属大同市郊区、左云县。1958 年，属口泉区，设高山人民公社。1959 年，属大同市郊区。1960 年，属口泉区。1966 年，属大同市郊区。1970 年，属北郊区。1971 年，属南郊区。1984 年，置高山镇。2001 年，峰子涧乡并入。2018 年，属云冈区。2021 年，四台街道并入至今。十里河流经，北魏为武周塞古道。名胜古迹有焦山寺石窟、高山城遗址、高山新石器文化遗址、北坡烽火台等。有煤炭、电力企业。

高山村 [Gāoshān Cūn]

居民点。又名新高山。中国传统村落。高山镇人民政府驻地。在云冈区人民政府驻地西 20 千米。人口 1.7 万。明天顺六年（1462 年），于此创建高山城。嘉靖十四年（1535 年），改扩建。万历十年（1582 年）砖包。明正德《大同府志·城池》：“高山堡，在府城西六十里。天顺二年建筑。周围三里十步，高二丈一尺。门二。设站马戍兵。”《三云筹俎考》：“高山城，本城密迩镇城，与聚落为左右二翼，西通左卫，实为咽喉之地。故虽属北西路，分地而钤制之责专受镇守，仓廒积储视左、右二卫等，又割前卫中、右所分置其内，诚重之也。城滨于河，冲决浸渍渐至倾颓，大为后虑。近筑河堤，颇足捍御。唯地当孔道，应付烦剧，军士苦之。”又载：“城周四里三分，高三丈五尺。内驻守备、把总各一员及卫所镇抚等官，军一千二百二十四名，马、骡七百一十二匹。”雍正《朔平府志·建置城池》“左云县”条下：“高山城，在县东六十里。明天顺六年建置。嘉靖十四年改建今城。万历十年砖包。周四里三分，高连女墙四丈二尺。东、西二门。内驻扎巡检司、都司等官。”原属左云县地。1949 年，属大同县，后属大同市。名胜古迹有明代高山城遗址、高山新石器文化遗址、高山戏台等。有煤炭、电力企业。2019 年 6 月，被列入第五批中国传统村落名录。

云冈镇［Yúngāng Zhèn］

乡级政区名。山西省历史文化名镇、全国文明镇。在云冈区境北部。东邻平城区马军营乡，南连平旺乡，西接高山镇，北与新荣区上深涧乡、西村乡接壤。面积 122.5 平方千米。人口 3.6 万。辖东益花苑社区、西益花苑社区、新大街社区、同云里社区、新开路社区等 8 个社区，云冈村、吴官屯村、姜家湾村、荣华皂村、校尉屯村等 13 个行政村。镇人民政府驻云冈村。因驻地命名。

1949 年，属大同县地。1953 年，属大同市第三区，置云冈乡。1954 年，属大同市郊区。1958 年，属口泉区，设云冈人民公社。1959 年，属大同市郊区。1960 年，为口泉区口泉人民公社云冈分社。1961 年，设云冈人民公社。1966 年，属大同市郊区。1970 年，属北郊区。1971 年，属南郊区。1984 年，置云冈镇。2018 年，属云冈区。2021 年，姜家湾街道并入至今。

名胜古迹有世界文化遗产云冈石窟。市级文物保护单位有新石器文化遗址南梁遗址以及鲁班窑石窟、云冈堡旧址、云冈石窟窟顶东周—北魏—辽金遗址等。历史上为武周塞交通要道，云冈石窟前有古道遗址。2003 年 9 月，入选为第一批山西省历史文化名镇。2005 年 10 月，入选为第一届全国文明镇。2009 年 1 月，入选为第二届全国文明镇。

云冈村［Yúngāng Cūn］

居民点。云冈镇人民政府驻地。在云冈区人民政府驻地西 10 千米。人口 2.3 万。明正德《大同府志·土堡》载名“石佛寺堡”。嘉靖三十七年（1558 年），依旧堡基础筑云冈堡，以武州山最高峰云冈命名。堡辟东、西二城门，分别命名“迎曦”“怀远”，为大同与左云间必经孔道。万历二年（1574 年），在堡北山上另筑堡，称上堡，旧堡则称下堡。《三云筹俎考》：“云冈堡，嘉靖三十七年土建。本堡东、西当镇城、左卫孔道。旧城地形卑下，北面受敌，于崖北创筑一堡，移官军处之。仍存旧堡以便行旅。近因新堡缺水，复于二堡相联，东、西修筑连墙二道，中有敌台、铺房。万一有儆，庶取水者有所趋避，而戍守者恃为重关，此该堡之两利也。”又载：“城周一里四分，高三丈五尺。内驻操守、坐堡、把总各一员，军二百一十七名，马六十六匹。”

清初改为民堡村落。原属大同县，雍正间划属左云县，民国复属大同县。现旧堡址已经纳入云冈石窟风景区范围内。下堡已于2009年整体搬迁拆除。上堡因取水不便早已废弃，现遗址保存完整，堡址呈长方形，东西长190米，南北长约150米。辟南门。堡前现存两堡间的连墙，为明万历十四年（1586年）所筑。名胜古迹云冈石窟，现为世界文化遗产、中国四大石窟之一、5A级旅游景区。旅游公路经此。

口泉乡［Kǒuquán Xiāng］

乡级政区名。在云冈区境中南部。东与西韩岭乡、平旺乡毗邻，南与朔州怀仁市接壤，西连鸦儿崖乡、高山镇，北与云冈镇相接。面积213平方千米，人口4.9万。辖泉安社区、永定庄社区2个社区，四老沟村、回去村、同家梁村、银塘沟村、赵家小村等31个行政村。乡人民政府驻口泉村。因驻地得名。

1949年，属大同市第五区、大同县。1950年，属口泉矿区、大同县。1954年，属大同市郊区、口泉矿区。1955年，属大同市郊区、口泉区。1956年，属口泉区。1958年，设泉峰人民公社。1959年，改口泉人民公社。1960年，属口泉人民公社口泉分社。1961年，改设口泉人民公社。1964年，改设口泉街道。1966年，改设口泉人民公社，属大同市郊区。1970年，属南郊区。1984年，置口泉乡。2001年，西万庄乡12个行政村、赵家小村乡11个行政村并入。2018年，属云冈区至今。

乡境西北部处七峰山地丘陵区，东南部为平川区，口泉河自西向东流经。工业以煤炭业为主。名胜古迹有禅房寺砖塔、玉龙洞、七峰山烽火台、口泉公园、口泉植物园等。

口泉村［Kǒuquán Cūn］

居民点。口泉乡人民政府驻地。在云冈区人民政府驻地西南10千米。人口4.6万。因地处河谷口，附近有泉水而得名。乾隆《大同府志・山川》载：“口泉，导源坤云山北口泉峪，汇为方池，池上结小亭，西有桥，历桥徒登数十梯而上，有泉神武，庙左古井一，乃泉源也。其水东北流经烟岭村，又东北经口泉村，又东注武川水。”乾隆《大同府志・村堡》：“大同县治西南四十里省口泉村。”清设口泉里，民国为口泉镇。清代以来为口泉峪煤炭生产重镇，历经民国开采、日军掠夺、建国后发展建设，故有“一道口泉街，半部大同史”之说。地处边山地带，口泉河谷出山口。有采煤业。古迹有明代口泉堡址。

西韩岭乡［Xīhánlǐng Xiāng］

乡级政区名。在云冈区境东南部。东濒御河与云州区杜庄乡相望，南与朔州怀仁市毛家皂镇交界，西与口泉镇毗邻，北隔十里河与平城区马军营乡接壤。面积110平方千米。人口2.9万。辖西韩岭村、东韩岭村、东肖河村、小太村、肥村等17个行政村。乡人民政府驻西韩岭村。因驻地命名。

原属大同县。1953年，属大同市第四区。1954年，属大同市郊区。1958年，属卫星人民公社。1959年，设西韩岭人民公社。1960年，属口泉区口泉人民公社西韩岭分社。1961年，设西韩岭人民公社。1966年，属郊区。1970年，属南郊区。1984年，置西韩岭乡。2001 年，北村乡并入。2018 年，属云冈区至今。

地处大同盆地，十里河流经。有煤炭、电力企业。古迹有茶坊普度寺、东韩岭三元宫、马辛庄北魏墓群等。

西韩岭村 [Xīhánlǐng Cūn]

居民点。西韩岭乡人民政府驻地。在云冈区人民政府驻地东南 5 千米。人口 0.36 万。明正德《大同府志·土堡》载名“韩岭家堡”。道光《大同县志》载名“西韩家岭”。因韩姓始居而得名。古迹有关帝庙。大秦铁路、北同蒲铁路经此，设韩家岭站。

平旺乡 [Píngwàng Xiāng]

乡级政区名。在云冈区境中东部。东与平城区马军营乡接壤，东、南与西韩岭为邻，南、西与口泉乡相连，北与云冈镇相接。面积 47.9 平方千米。人口 3.9 万。辖光明街社区、联盟街社区、红光街社区、兴安街社区、永红街社区 5 个社区，平旺村、掩皮村、王家园村、时庄村、马营村等 10 个行政村。乡人民政府驻平旺村。因驻地得名。

原属大同县地。1949 年，分属大同市第五区、大同县。1950 年，分属口泉矿区、大同县。1953 年，属口泉矿区，置平旺乡。1955 年，分属郊区、口泉区。1958 年，分属城区卫星人民公社、口泉区火箭人民公社、火星人民公社。1959 年，属口泉区。1960 年，属口泉人民公社，设平旺分社。1961 年，设平旺人民公社。1966 年，属郊区。1970 年，属南郊区。1984 年，置平旺乡。2001 年，口泉乡 4 个村并入。2018 年，属云冈区。2021 年，忻州窑街道、煤峪口街道 2 个街道并入至今。

地处大同盆地。古迹有王家园西岩寺、时庄玉祖庙等。纪念地有著名爱国主义教育基地大同煤矿集团“万人坑”展览馆。“万人坑”中累累白骨，是日军侵占大同煤矿期间，掠夺大同煤炭资源、杀害无辜矿工的铁证。1966 年，大同矿务局对“万人坑”遗址进行修整，建成有 3 个展厅的爱国主义教育示范基地。现为全国重点文物保护单位，并入选为全国 100 个红色旅游经典景区。

平旺村 [Píngwàng Cūn]

居民点。俗称老平旺。平旺乡人民政府驻地。在云冈区人民政府驻地东北 3 千米。人口 0.85 万。传原名“尚阳堡”，后因地处平原而名“平望”，后演变为“平旺”。明正德《大同府志·土堡》载名“平望堡”。清乾隆《大同府志·村堡》载名“平旺”。特产莜麦。古迹有平旺龙王庙。同蒲铁路、大秦铁路、口泉支线铁路过境设平旺站。

鸦儿崖乡 [Yāéryá Xiāng]

乡级政区名。在云冈区境西南部。东与口泉乡为邻，南与朔州市怀仁市云中镇接壤，西与左云县店湾镇交界，北与高山镇相接。面积 82 平方千米，人口 2.9 万。辖双井沟社区、高屯社区、雁东街社区、永乐街社区、红旗沟社区等 9 个社区，鸦儿崖村、常流水村、魏家沟村、马林涧村、乔村等 11 个行政村。乡人民政府驻鸦儿崖村。因驻地得名。

原分属大同县、左云县地。1949 年，分属大同市第五区、大同县、左云县。1950 年，分属口泉矿区、大同县、左云县。1951 年，分属口泉矿区、左云县。1956 年，设鸦儿崖乡，属口泉区。1958 年，设口泉区星星人民公社。1959 年，设鸦儿崖人民公社，左云县 6 自然村划入，属口泉区。1960 年，属口泉人民公社，设鸦儿崖分社。1961 年，设鸦儿崖人民公社。1966 年，属郊区。1970 年，属南郊区。1984 年，置鸦儿崖乡。2018 年，属云冈区。2021 年，杏儿沟街道、王村街道、挖金湾街道、雁崖街道 4 个街道并入至今。

地处七峰山西麓，口泉河流经。有煤炭企业。古迹有高驼烽火台、常流水烽火台等。

鸦儿崖村 [Yāéryá Cūn]

居民点。鸦儿崖乡人民政府驻地。在云冈区人民政府驻地西南 30 千米。人口 0.25 万。因地处山沟，崖间有鸦而得名。明代也作“雅儿崖”。明正德《大同府志·土堡》载：“雅儿崖堡，在府城西一百二十里。永乐二十一年筑。”清乾隆《大同府志·村堡》载名“鸦儿崖村”。地处山间河谷。农业村。产优质动力煤。

云州区 [Yúnzhōu Qū]

县级政区名。在大同市东部。东与阳高县接壤，南、西南与浑源县、朔州市怀仁市交界，西与平城区相邻，北与新荣区毗连。面积 1478.3 平方千米。人口 15.11 万。辖西坪镇、倍加造镇、周士庄镇 3 个镇及吉家庄乡、峰峪乡、杜庄乡、党留庄乡、聚乐乡、许堡乡 6 个乡。区人民政府驻西坪镇。以区境为唐代云州地而命名。

战国为赵国平邑城。秦置平邑县，属代郡。西汉因之。王莽时期更名为平胡县。东汉初废县。永元八年（96 年），置北平邑县，属代郡。晋废。《史记·赵世家》：“赵献侯十三年（前 411 年），城平邑。”《汉书·地理志》：“平邑，莽曰平胡。”《大清一统志》引《十三州志》：“平邑城在高柳南八十里，北俗谓之丑寅城”。北魏天兴元年（398 年），迁都平城，属司州畿内地。隋属马邑郡云内县。唐调露元年（679 年），为云州地。辽重熙十七年（1048 年），析云中县置大同县，治今大同城。《辽史·地理志》载：“大同县，本大同川地。重熙十七年西夏犯边，析云中县置大同县。”金因之。元属大同路。明清属大同府。1912 年，废大同府留大同县。1949 年 5 月 1 日，大同城解放，城区设大同市，原东大同县与西大同县移交来的五、六、九区合并成立大同县，县人民政府驻大同市，属察哈尔省雁北专区。1952 年，属山西省雁北专区。1954 年，大同、怀仁两县合并称大仁县。1958 年，撤销大仁县，划归大同市郊区，属市辖区。1960 年，撤销郊区，改置古城区，为大同市辖区。1964 年，撤销古城区，恢复大同县，属大同市。1965 年，属雁北专区。1967 年，属雁北地区。1971 年，县人民政府由大同市区迁驻西坪人民公社，即今西坪镇，建立新县城。1993 年，雁北地区与大同市合并，大同县改属大同市。2018 年 2 月 9 日，撤销大同县，设立大同市云州区至今。

“云州”地名相关的社会应用有：云州健儿、燕云十六州。

云州健儿：指驻守北方的英勇善战的士兵。健儿是唐代士兵的一种，诸军镇置有健儿。李梦阳《送李帅之云中》："黄风北来云气恶，云州健儿夜吹角。"

燕云十六州：燕指幽州，云指云州。五代时，后晋石敬瑭以燕云十六州割让给契丹。后以"燕云"泛指今大同至河北北部、北京地区。《宋史·地理志》："至是，天下既一，疆理几复汉唐之旧，其未入职方氏者，唯燕云十六州而已。"

辖区内地名专名有以下特点：1. 以姓氏命名。如：杜庄乡、党留庄、陈家堡等。2. 以古迹命名。如：营房沟、三府坟村、大坊城村等。3. 以祥瑞、希冀命名，表达了中华传统文化中对美好的向往和追求。如：长安村、聚乐堡、长胜庄等。4. 以山川地形命名。如：水沟寺村、大沟梁、沙岭村等。

地名通名有以下特点：1. 以交通隘口为通名。如：麻峪口、瓮城口、沙沟口等。2. 以军事设施堡、寨、皂等为通名。如：周家堡、苏家寨、山自皂等。3. 以自然地形地貌山、沟、窊、涧为通名。如：北石山、牛寺沟、南山窊、鱼儿涧等。4. 多为北方常见通名村、庄、店等。如：堡村、下甘庄、康店。

地处大同盆地，周边主要山地有采凉山，六棱山。桑干河横经区境，主要支流御河由北而南注入。境内最高点大梁草帽山海拔 2174.5 米，最低点许堡乡鹅毛村桑干河出境处海拔 897.5 米。云州区为中国黄花之乡、国家火山公园、生态休闲胜地。有大同火山群国家地质公园、大同西坪国家沙漠公园、大同桑干河国家湿地公园"三大国家公园"。有桑干河流域自然保护区和六棱山自然景区。吉家庄新石器遗址被列入省级文物保护单位。土特产品有"大同黄花"，黄花产量居全省首位。1975 年，被山西省人民政府确定为黄花生产基地。京包铁路、大秦铁路、同蒲铁路、大准铁路过境，设湖东站。2022 年 12 月，"云州"地名入选为山西省首批地名文化遗产名录。

西坪镇［Xīpíng Zhèn］

乡级政区名。云州区人民政府驻地。在云州区境中部。东、北与聚乐乡相邻，东南、南与许堡乡、峰峪乡接壤，西与倍加造镇毗连，西北与周士庄镇相连。面积 261.04 平方千米。人口 4.3 万。辖西坪村、水头村、瓜园村、东坪村、小坊城村等 27 个行政村。镇人民政府驻西坪村。因驻地得名。

历属大同县地。1949 年，属大同县第六、七区。1950 年，属第二区。1953 年，分设西坪乡、小坊城乡、官堡乡、瓜园乡、鱼儿涧乡。1954 年，属大仁县。1956 年，属大仁县西坪乡。1958 年，属大同市郊区，设东方红人民公社。1959 年，设西坪人民公社。1960 年，属大同市古城区。1964 年，属大同县。1971 年，为大同县人民政府驻地。1984 年，撤销西坪人民公社，置西坪镇。2001 年，将中高庄乡并入西坪镇。2018 年，属大同市云州区。2021 年，瓜园乡并入至今。

地处大同盆地，桑干河流经南部。以农业、养殖业为主，为大同市郊肉、蛋、奶生产基地。特产黄花。名胜古迹有大同火山群地质公园、昊天寺、水头新石器文化遗址、小坊城汉代城址、大坊城慧通寺、古脊椎动物化石点、陈庄汉墓、渔儿涧明代张氏家庙、东坪清代民居等。其中古刹昊天寺坐落于火山口上，寺院创建于北魏时期，明清重修。

西坪村 [Xīpíng Cūn]

居民点。西坪镇人民政府驻地。在云州区人民政府驻地西北 1 千米。人口 0.5 万。原名“西平”，因地势平坦，与东平村相对而得名。后演变为“西坪”。乾隆《大同府志・疆域》：“西平村，距城五十里。”

1953 年，设西坪乡，属大同县。1954 年，属大仁县。1956 年，为大仁县西坪乡政府驻地。1958 年，属大同市郊区东方红人民公社。1959 年，为西坪人民公社驻地。1960 年，属大同市古城区。1964 年，属大同县。1971 年，在西坪村东至水头村南兴建大同县城，1985 年，初具规模。现为全区政治、经济、文化中心。城市街道为方格网状，东、西、南、北四条主干道十字展开，安平、益民、永业、文昌四小街纵横交织。有云州区人民政府、西坪镇人民政府、体育馆、大同一中、城镇小学、生态公园等。名胜古迹有昊天寺。

倍加造镇 [Bèijiāzào Zhèn]

乡级政区名。在云州区境西部。东与西坪镇接壤，南连瓜园乡相连，西南与党留庄乡毗邻，北与周士庄镇交界。面积 77.52 平方千米，人口 1.53 万。辖倍加造村、谢疃村、郭家窑头村、任家小村、东骆驼坊村等 9 个行政村。镇人民政府驻倍加造村。因驻地得名。

1949 年，属大同县第一区。1950 年，分属第一区、第二区、第三区。1953 年，分属西骆驼坊乡、解庄乡、蔚州疃乡、倍加造乡、官堡乡、周士庄乡。1954 年，属大仁县。1956 年，合并置倍加造乡。1958 年，属大同市郊区，设东方红人民公社。1959 年，设倍加造人民公社。1960 年，属大同市古城区。1964 年，属大同县。1984 年，置倍加造镇。2018 年，属大同市云州区至今。

地处大同盆地，地势较平坦。农业镇。特产黄花。古迹有解庄关帝庙、解庄清代民居、独树明代烽火台等。大同云冈机场位于境内。

倍加造村 [Bèijiāzào Cūn]

居民点。倍加造镇人民政府驻地。在云州区人民政府驻地西 12 千米。人口 0.49 万。原名“贝家皂”，因贝姓始居而得名。又讹作“倍家皂”，后演变为今名。乾隆《大同府志・疆域》：“倍家皂，距城三十里。”道光《大同县志・疆域》：“贝家皂，三十里。”原属大同县地。曾为倍加造乡、倍加造人民公社、倍加造镇驻地。农业村。古迹有贝加皂明代堡址、倍加造汉代文化遗址。

周士庄镇 [Zhōushìzhuāng Zhèn]

乡级政区名。在云州区境北部。东与西坪镇毗邻，南连倍家造镇相连，西与南郊区水泊寺乡接壤，西北与新荣区花园屯乡交界，东北与聚乐乡相接。面积 145.01 平方千米。人口 1.76 万。辖周士庄村、牛家堡村、罗卜庄村、路家庄村、王千户村、二十里铺村等 23 个行政村。镇人民政府驻周士庄村。因驻地得名。

1949 年，分属大同县第一区、第七区、第十区。1950 年，属第三区。1953 年，分属四十里铺乡、上庄乡、周士庄乡、三十里铺乡。1954 年，属大仁县。1956 年，分属后铺乡、三十里铺乡。1958 年，属大同市郊区，设花果人民公社。1959 年，设周士庄人民公社。1960 年，属大同市古城区。1964 年，属大同县。1984 年，置周士庄镇。2018 年，属大同市云州区至今。

地处采凉山南麓。农业镇。特产黄花。名胜古迹有三条涧白登之战遗址、二十里铺普度寺、三府坟特色山庄、水峪洪恩寺、孟家造清代民居、三十里铺烽火台、四十里铺古驿道、五十里铺清代民居等。

周士庄村［Zhōushìzhuāng Cūn］

居民点。周士庄镇人民政府驻地。在云州区人民政府驻地西北 13 千米。人口 0.53 万。相传原名周氏庄，后演变为今名。正德《大同府志·土堡》载名“周士店堡”。乾隆《大同府志·疆域》：“周氏庄，距城四十里。”道光《大同县志·疆域》：“周士庄，四十里。”为境内重要的物资集散地。农业村。古迹有周士庄明代堡址、周士庄清代民居、老爷庙等。京包铁路过境设周士庄站。

吉家庄乡［Jíjiāzhuāng Xiāng］

乡级政区名。在云州区境西南部。东、南与浑源县南榆林乡、西留村乡交界，西与朔州市怀仁市接壤，北与杜庄乡相邻，东北与峰峪乡毗连。面积 189 平方千米，人口 1.06 万。辖吉家庄村、佛堂寺村、西安家堡村、东安家堡村、小桥村、瓮城口村等 21 个行政村。乡人民政府驻周士庄村。因驻地得名。

1949 年，分属大同县第三区、第四区。1950 年，属第九区、第十区。1953 年，分属吉家庄乡、佛堂寺乡。1954 年，属大仁县。1956 年，置吉家庄乡。1958 年，属大同市郊区，设桑干河人民公社。1959 年，设吉家庄人民公社。1960 年，属大同市古城区。1964 年，属大同县。1984 年，置吉家庄乡。2001 年，麻峪口乡并入。2018 年，属大同市云州区至今。

地处大同盆地，桑干河流经。为纯农业乡。主产玉米、土豆、谷黍、蔬菜、西瓜等。特产大同黄花。名胜古迹有省级重点文物保护单位吉家庄新石器文化遗址，南息龙王庙戏台、西浮头清代民居、小桥新石器文化遗址等。

吉家庄村［Jíjiāzhuāng Cūn］

居民点。吉家庄乡人民政府驻地。在云州区人民政府驻地西南 40 千米。人口约 400 人。以吉姓始居而得名。正德《大同府志·土堡》载名“吉家庄堡”。道光《大同县志·疆域》：“吉家庄，六十五里。”农业村。古迹有吉家庄新石器文化遗址、吉家庄明代堡址。吉家庄新石器文化遗址位于吉家庄村东南约 150 米处的桑干河南岸台地上，东西约 750 米，南北约 1250 米，面积约 93.75 万平方米，为新石器时代仰韶晚期到龙山时期的文化遗存。1965 年，被公布为山西省第一批重点文物保护单位。

峰峪乡［Fēngyù Xiāng］

乡级政区名。云州区辖镇。在云州区境南部。东与许堡乡相邻，南与浑源县吴城乡交界，西南、西北与吉家庄乡、杜庄乡毗连，北与瓜园乡接壤。面积 173.25 平方千米，人口 1.13 万。辖峰峪村、兼场村、西堡村、孙家港村、施家会村等 19 个行政村。乡人民政府驻峰峪村。

因驻地得名。

1949年，属大同县第三区。1950年，属第十区。1953年，分属兼场乡、西浮头乡、东浮头乡。1954年，属大仁县。1956年，置峰峪乡。1958年，属大同市郊区，设桑干河人民公社。1959年，设峰峪乡人民公社。1960年，属大同市古城区。1964年，属大同县。1984年，置峰峪乡。2001年，徐町乡并入。2018年，属大同市云州区至今。

地处大同盆地，石井湾山北麓，桑干河流经。农业乡。特产黄花。古迹有施家会新石器文化遗址、东后子口新石器文化遗址、吉家会明代烽火台等。

峰峪村 [Fēngyù Cūn]

居民点。峰峪乡人民政府驻地。在云州区人民政府驻地南20千米。人口约760人。因村南有通往浑源县的峪口，故名。清代曾雅为“凤羽”。道光《大同县志·疆域》：“凤羽，七十五里。”农业村。主要经济作物有万寿菊。

杜庄乡 [Dùzhuāng Xiāng]

乡级政区名。云州区辖乡。在云州区境西南部。东与瓜园乡为邻，东南与峰峪乡接壤，南与吉家庄乡隔桑干河相望，西与朔州市怀仁市毛家皂镇交界，北与党留庄乡毗连。面积146.27平方千米，人口1.46万。辖杜庄村、长安村、南六庄村、下泉村、周家堡村、落阵营村等19个行政村。乡人民政府驻杜庄村。因驻地得名。

1949年，属大同县第五区。1950年，分属第一区、第二区。1953年，分属落阵营乡、马家会乡、千千村乡3个乡。1954年，属大仁县。1956年，分属落阵营乡、千千村乡2个乡。1958年，属大同市郊区，设东方红人民公社。1959年，设杜庄人民公社。1960年，属大同市古城区。1964年，属大同县。1984年，置杜庄乡。2018年，属大同市云州区至今。

地处大同盆地，桑干河流经南部。农业乡。特产黄花。名胜古迹有大同土林景观、利仁皂战国文化遗址、落阵营清代民居等。

杜庄村 [Dùzhuāng Cūn]

居民点。杜庄乡人民政府驻地。在云州区人民政府驻地西南21千米。人口约712人。相传明代有杜姓在此建村垦田，初名杜家庄，后简称杜庄。正德《大同府志·土堡》载名“杜家庄堡”。乾隆《大同府志·疆域》：“杜家庄，距城四十里。”农业村。古迹有杜庄旧石器遗址、龙王庙戏台等。大同土林景观位于杜庄村北，方圆一千米，俗称“石板沟”，为独特的流水侵蚀地貌，气势恢宏、千姿百态，是华北地区唯一的土林景观。

党留庄乡 [Dǎngliúzhuāng Xiāng]

乡级政区名。云州区辖乡。在云州区境西部。东、南与杜庄乡毗邻，西与平城区水泊寺乡接壤，北与倍家造镇交界。面积70.13平方千米，人口1.48万。辖党留庄村、马连庄村、安留庄村、蔡庄村、侯大庄村等11个行政村。乡人民政府驻党留庄村。因驻地得名。

1949年，属大同县第一区。1953年，分属邢庄乡、马连庄乡、党留庄乡3个乡。1954年，属大仁县。1956年，属党留庄乡。1958年，属大同市郊区，设东方红人民公社。1959年，属倍加造人民公社。1960年，属大同市古城区。1961年，设党留庄乡人民公社。1964年，属大同县。1984 年，置党留庄乡。2018 年，属大同市云州区至今。

地处大同盆地。农业乡。特产黄花。古迹有蔡庄汉代文化遗址、安留庄关帝庙戏台、罗庄明代堡址等。

党留庄村 [Dǎngliúzhuāng Cūn]

居民点。党留庄乡人民政府驻地。在云州区人民政府驻地正西 16 千米。人口 0.28 万。相传原名党刘庄，后改为今名。现村北有“党家坟”的地名。正德《大同府志 · 土堡》载名“党留庄堡”。乾隆《大同府志 · 疆域》：“党留庄，距城二十五里。”道光《大同县志 · 疆域》：“党留庄，三十里。”农业村。古迹有党留庄堡址、汉代文化遗址、龙王庙戏台等。

聚乐乡 [Jùlè Xiāng]

乡级政区名。云州区辖乡。在云州区境北部。东、东南、北与阳高县王官屯乡、下深井乡交界，南与西坪镇为邻，西与周士庄镇接壤，西北与新荣区花园屯乡相连。面积 139.47 平方千米，人口 0.38 万。辖聚乐堡村、西关村、张庄村、五里台村、北吴家洼村等 8 个行政村。乡人民政府驻聚乐村。因驻地得名。

1949 年，属大同县第十区。1950 年，属第三区。1953 年，属鸦儿崖乡、聚乐堡乡。1954 年，属大仁县。1956 年，置聚乐堡乡。1958 年，属大同市郊区花果人民公社。1959 年，设聚乐堡人民公社。1960 年，属大同市古城区。1964 年，属大同县。1984 年，置聚乐乡。2001 年，阁老山乡并入。2018 年，属云州区至今。

采凉山位于乡西北部，系阴山余脉，海拔 2144.6 米，为大同之镇山，“采凉积雪”为大同八景之一。名胜古迹有国家级火山地质公园、大同火山群、西关旧石器地点、张庄民居等。特产黄花。

聚乐堡村 [Jùlèbǎo Cūn]

居民点。聚乐乡人民政府驻地。在云州区人民政府驻地北 15 千米。人口 0.14 万。相传原名聚落店，明天顺二年（1458 年），筑聚落堡。弘治十三年（1500 年），拓展北面，增建仓场。正德《大同府志 · 土堡》：“聚落堡，在府城东六十里。天顺二年建筑。周围三里一百二十步，高三丈一尺。门二：东曰‘镇安’；西曰‘怀远’。设站马戍兵。弘治十三年，因增展北面，添设仓场，以备屯兵之用。”乾隆《大同府志 · 疆域》：“聚落城，距城六十里。”道光《大同县志 · 疆域》：“聚乐堡，六十里。”现村中存有聚落堡遗址，平面呈长方形，东西宽约 480 米，南北长约 335 米。东、西墙正中辟东门、西门，门外瓮城已经不存。古建筑还有慈禧太后路居处、聚落新石器文化遗址等。

许堡乡 [Xǔbǎo Xiāng]

乡级政区名。云州区辖乡。在云州区境东部。东、东南、北与阳高县东小村乡、友宰镇、下深井乡交界，南与浑源县沙圪坨镇接壤，西与瓜园乡、峰峪乡为邻，西北与聚乐乡相连。面积 272.35 平方千米。人口 1.55 万。辖许堡村、肖家窑子头村、下庄村、养老洼村、集仁村等 14 个行政村。乡人民政府驻许堡村。因驻地得名。

1949 年，属大同县第四区。1953 年，分属集仁乡、许堡乡、南水地乡、下庄乡。1954 年，属大仁县。1955 年，置许堡镇。1958 年 8 月，设燎原人民公社。10 月，设许堡人民公社。1971 年，属大同县。1984 年，置许堡乡。2001 年，西册田乡并入。2018 年，属大同市云州区至今。

地处大同盆地，桑干河流经南部。土特产品有黄花、册田水库大鲤鱼、正宗油皮、神泉驴肉、药草羊肉等。名胜古迹有东水地战国平邑城遗址、南水地明代石佛殿、肖家窑子头汉墓群、明代烽火台等。

许堡村 [Xǔbǎo Cūn]

居民点。中国传统村落。许堡乡人民政府驻地。在云州区人民政府驻地东 15 千米。人口约 913 人。原名许家庄堡。明代筑堡。嘉靖二十九年（1550 年），在民堡基础上重建。万历二十九年（1601 年）砖包。从清代始简称为“许堡”。正德《大同府志·土堡》载名“许家庄堡”。《宣大山西三镇图说》：“（许家庄堡）本庄故民堡，嘉靖二十九年更民堡为之。万历二十九年砖包。”乾隆《大同府志·疆域》：“许堡，距城八十里。”农业村。名胜古迹有许堡天主堂、明代许堡堡址。2016 年 12 月，被列入第四批中国传统村落名录。

阳高县 [Yánggāo Xiàn]

县级政区名。位于大同市境东北部。东与天镇县、河北省阳原县接壤，南与浑源县、广灵县为界，西与云州区毗邻，北隔长城与内蒙古自治区的丰镇市、兴和县相望。面积 1598.3 平方千米，人口 26.8 万。辖龙泉镇、罗文皂镇、王官屯镇、古城镇、大白登镇、东小村镇、友宰镇 7 个镇，长城乡、狮子屯乡、下深井乡、鳌石乡 4 个乡。县人民政府驻龙泉镇。

战国赵国高柳城。秦为高柳县、参合县、道人县地，属代郡。高柳县治所在今龙泉镇李官屯，参合县治所在今大白登村（一说在莫家堡），道人县治所在今古城镇。西汉高柳为西部都尉治。《汉书·地理志》：“代郡，秦置。高柳，西部都尉治。”东汉建武二十七年（51 年），代郡治所移驻高柳。参合县省入道人县。王莽改道人县为“道仁”。东汉末道人县废。西晋代郡迁治今河北省蔚县境，高柳县废。北魏为畿内地。永熙中复置高柳县，为高柳郡治，属恒州。北齐郡、县俱废。隋为云内县地，属马邑郡。唐置清塞守捉城，城址即今县城。贞元十五年（799 年），置清塞军，属河东道。辽置长青县，治所在今大白登村，属西京道大同府。金大定七年（1167 年），改名白登县，属西京路大同府。蒙古至元二年（1265 年），废白登县为镇，属大同县。寻复置县，属大同路。明洪武初，白登县废入大同县。洪武二十六年（1393 年），置阳和卫，治所在今县城，属山西行都指挥使司。“阳和”为当地河流“阳河”的谐音，即古雁门水、阳门河，今名南洋河。宣德元年（1426 年），徙高山卫来此同治。清顺治三年（1646 年），阳和卫、高山卫合并为阳高卫，取两卫首字为名，属大同府。五年，大同府治所迁此，一度称阳和府。八年，大同府复还故治，仍为阳高卫。雍正三年（1725 年），改为阳高县，属大同府。1912 年废府。1913 年，属北路道。1914 年，属雁门道。1927 年，废道后直属山西省。1937 年，属山西省第一行政区。抗日战争时期，在阳高县南部山区建立了阳高县抗日民主政府，属晋察冀边区。1949 年 1 月，属察哈尔省雁北专区。1952 年 10 月，属山西省雁北专区。1958 年，天镇县并入，属晋北专区。1961 年，天镇县析出，复属雁北专区。1967 年，属雁北地区。1993 年 7 月，雁北地区与大同市合并，阳高县属新的大同市至今。

县境在晋、蒙交界处，明代大同镇长城横亘北部，因此地名极具边塞文化和军事文化特色。从地名专名来看有以下特点：1. 以军事建置命名。如：镇边堡村、前营村、上堡村等。2. 以长城建筑命名。如：长城乡、砖墩洼、十九墩等。3. 以姓氏官职命名。如：王官屯，原名王官人屯；刘指挥庄、田家寨、太师庄等。4. 以所处的山川地形命名。如：沙河台、山口头、河儿屯、黄土坡等。5. 以古城遗址命名。如：古城乡、靳娘城村、大白登等。6. 以祥瑞、希冀命名，表达了中华传统文化中对美好的向往和追求。如：太平堡、富贵村、永安堡、重兴镇等。

从地名通名来看有以下特点：1. 凡通名中带“堡、屯、墩、营、寨、台”的，大多与明代大同镇长城一线军事驻防有关。凡以“堡”为通名的村落，都有军事防御的堡城，如莫家堡、镇门堡等。凡以“墩”“台”为通名的地名附近皆有长城边墩或烽火台，如二墩、三墩、五墩、十墩、十里台、八里台。明代的驻军地多以营、屯、皂为通名，如：西营、四百户屯、安家皂等。2. 其他以自然地形地貌为通名。如：水泉洼、大泉山、牛马河、鹿角沟等。3. 还有多为北方常见通名村、庄、窑等。如：西小村、董家庄、于家窑等。

与“阳高”相关的地名文化应用有：阳高杏、阳高杏脯、阳高布艺。

阳高杏：阳高县域栽培杏树有悠久历史，现培育有 10 多个杏树品种。其中鲜食杏品种有水蜜大金杏最受消费者青睐，也是制作杏脯的上乘原料。

阳高杏脯：以优质阳高杏为原料，经去核、晒干后制成。分黄杏脯和青杏脯两种，有生津开胃之功效。

阳高布艺：省级非物质文化遗产保护项目。工艺种类主要有布贴、刺绣，制作精美，风格典雅，工艺细腻。第五代传承人王桂香，代表作品有布老虎、十二生肖、鞋垫等。2006 年 8 月，阳高布艺应邀参加全国第六届文化艺术节暨第三届民间工艺品博览会，获金奖荣誉。

地形三面环山，中部为盆地。北、西、南三面有云门山、采凉山、六棱山、黑龙洞山环绕。桑干河流经南部，东流入河北境。另有白登河、吾其河、黑水河、黄水河等流经。最高点六棱山海拔 2375 米，平均海拔在 1000 米以上。农业主产谷子、黍子、豆类、莜麦、土豆、玉米、胡麻、白麻和甜菜等。特产槟沙果、京杏、杏脯、圆白菜等。名胜古迹纪念地有许家窑遗址、云林寺、古城汉墓群、镇边堡、守口堡、南瓮城惨案遗址、明长城、大泉山风景旅游区等。地方特色民间艺术晋北鼓吹、恒山道乐被列入国家非物质文化遗产。

戏剧“二人台”，是晋、冀、蒙等地区群众喜闻乐见的地方剧种，阳高的二人台艺术、鳌石村赛戏、阳高桂香布艺、阳高高家笙管技艺被列入省级非物质文化遗产。2007年10月，被中国民间文艺家协会授予“中国二人台艺术之乡”称号。

阳高 [Yánggāo]

地片名。在县境西北部。唐代置清塞守捉，并建清塞城。贞元十五年（799年），置清塞军，属河东道。《元和郡县志·云州》：“（州境）东至清塞城一百二十里”，即此。明洪武二十六年（1393年），于清塞故城置阳和卫，属山西行都指挥使司。洪武三十一年（1398年），徐达建阳和卫城。城周9里30步，高3丈5尺。辟3门：东成安门；南迎暄门；西成武门。宣德元年（1426年），高山卫徙治城中。嘉靖元年（1522年），设兵备道。隆庆二年（1568年），宣大总督驻此。崇祯四年（1631年），砖甃全城。城区平面呈正方形，大东街、大南街、大西街、大北街十字交叉，把全城等分为东南街、东北街、西南街。西北街4区片。城东半部属阳和卫；西半部属高山卫。阳和卫署驻大东街；高山卫署、兵备道署驻大西街；总督府驻大南街路西。商业街市分布大街两侧。清顺治三年（1646年），阳和卫、高山卫合并为阳高卫，属大同府。“阳高”之名至此始。五年，大同府治所迁此。八年，大同府复还故治，仍为阳高卫。雍正三年（1725年），改为阳高县。后历为阳高县治所。1949年后，城区基本保持原貌。20世纪50年代后，城区向西关拓建，形成新华南街、新华北街。80年代城墙逐步拆除，建成区向旧城的西、南、北拓展。先后建成东西向主街长青街、暄阳街、高柳街；南北向主街兴隆路、云林路、义和路及景观街阳和大道，建成区面积约10平方千米。古迹纪念地有云林寺、李培仁旧居遗址、高山卫署旧址等。

龙泉镇 [lóngquán Zhèn]

乡级政区名。全国重点镇。阳高县人民政府驻地。位于县境西北部。东与罗文皂镇、天镇县三十里铺乡交界，南与王官屯镇、下深井乡、大白登镇、狮子屯乡接壤，西与长城乡毗连，北与内蒙古丰镇市官屯堡乡交界。面积248.13平方千米。人口10.42万。辖长青街社区、云门街社区、镶门街社区、众益苑社区、政通路社区等15个社区，西北村、西南村、东关村、北徐屯村、南徐屯村等35个行政村。镇人民政府驻云门街120号。因附近村有龙王庙和圣泉寺，故得名龙泉镇。

1949年，属阳高县城关区。1950年，属第一区。1953年，设城关乡、柳林堡乡、北徐屯乡。1955年，设城关镇、北徐屯乡。1958年8月，设红星人民公社。10月，改城关人民公社。1961年，分属城关镇、城关人民公社。1984年7月，改城关人民公社为城关乡。1990年3月，城关乡并入城关镇。2001年2月，孙仁堡乡与城关镇合并为龙泉镇。2021年，北徐屯乡并入至今。

地处阳高、天镇间盆地区，黑水河、白登河流经，地势北高南低，多盐碱荒滩。境内云门山海拔1890米。名胜古迹纪念地有云门山玄云观、八里台佛寺、孙仁堡观音寺、灵光寺、观音寺、悬云寺、云林寺、云中寺、龙王庙、守口堡、纪家庄明代烽火台、夏家场龙王庙、沙河台龙王庙、南徐屯民居、姚家庄清代民居等。南瓮城惨案遗址被列为省、市德育教育基地。有农牧业。京包铁路经境设阳高站。大张高铁经境设阳高南站。2014 年 7 月，被确定为全国重点镇。

龙泉寺村 [Lóngquánsì Cūn]

居民点。属龙泉镇。在阳高县人民政府驻地西北 0.4 千米。人口 0.27 万。清代名为织锦庄，由龙泉寺、景家庙、韭菜巷 3 聚落组成。后发展分为龙泉寺、景家庙两村，分别以当地寺庙为名，织锦庄村名遂不存。雍正《阳高县志》载名“织锦庄”。因村庄寺宇花木茂盛，春秋景色幽美，红蕊绿叶如织锦，故为村名。“织锦飞花”被列入清代“阳高八景”之一。

罗文皂镇 [Luówénzào Zhèn]

乡级政区名。在阳高县境东北部。东与天镇县三十里铺乡接壤，南、西连龙泉镇，北与内蒙古自治区丰镇市、兴和县交界。面积 159.96 平方千米，人口 2.82 万。辖罗文皂村、吴家堡村、莫家堡村、杨家堡村、柳林堡村等 14 个行政村，有 5 个自然村。镇人民政府驻罗文皂村。因驻地得名。

1949 年，属阳高县第九区。1955 年，置罗文皂镇。1958 年，属八一人民公社。10 月，设罗文皂人民公社。1961 年，析设北徐屯人民公社、太平堡人民公社。1984 年，置罗文皂镇。2001 年，太平堡乡并入。有磁铁矿、铁矿、云母、黄金、铅、锌、地热水等资源。名胜古迹有明长城、烽火台群、镇门堡址、许家园胡神庙、云门山温泉等。

罗文皂村 [Luówénzào Cūn]

居民点。罗文皂镇人民政府驻地。在阳高县人民政府驻地东北 15 千米。人口 0.64 万。“皂”为蒙古语，意为“百户”。旧为百户所，传因罗氏、文氏聚居而得名。正德《大同府志・城池》载名“罗文皂堡”。清代以来著名商贸大镇，为阳高、天镇、内蒙古兴和各县农副产品集散地。古迹有海印寺、烽火台。京包铁路经此设罗文皂站。

大白登镇 [Dàbáidēng Zhèn]

乡级政区名。在阳高县境中南部。东与狮子屯乡接壤，南与古城镇、下深井乡相邻，西连下深井乡，北接龙泉镇。面积 108.54 平方千米，人口 1.92 万。辖大白登村、北曹庄村、石家庄村、王家堡村、小白登村等 22 个行政村，有 8 个自然村。镇人民政府驻大白登村。因驻地得名。

1949 年，属阳高县第十一区。1950 年，属阳高县第八区。1953 年，置大白登乡。1955 年，置大白登镇。1958 年，属大泉山人民公社。1983 年，更名大白登人民公社。1984 年，置大白登镇。2001 年，潘寺乡并入至今。白登河流经，中部川原平坦。有铁矿石、石灰石等矿藏。古迹有周官屯明代城堡、四百户屯清代民居高山屯戏台等。

大白登村 [Dàbáidēng Cūn]

居民点。大白登镇人民政府驻地。在阳高县人民政府驻地东南 10 千米。人口 0.22 万。辽代为长青县治所。金大定七年（1167 年），改长青县为白登县。明初废县为镇。永乐九年（1411年），筑白登堡。正德《大同府志・城池》："白登堡，在阳和卫城南三十里。永乐九年筑。周围二里一百八十步，高三丈，壕深一丈五尺。门二。窝铺十二座。"雍正《阳高县志・古迹》："白登村在城南二十里许，乃白登县之遗迹也。"村民有兰、祝、马、曹、袁、雷、欧、郇等姓氏，传为洪洞大槐树移民。白登河流经。古迹有白登故城遗址，清代阳高八景之一的"白登遗迹"即指此。

大泉山村 [Dàquánshān Cūn]

居民点。国家森林乡村。属大白登镇。在阳高县人民政府驻地南12千米。面积18.37平方千米，人口约925人。因沙石裸露，水土流失严重，故以美好期望命名曰大泉山。为20世纪50年代至70年代的水土保持、绿化环境先进单位。1955年11月1日，毛泽东为《看，大泉山变了样子》一文加了按语，成为"全国治理水土流失的一面红旗"。现建有大泉山森林公园、大泉山生态水保示范区、白登河湿地公园。大泉山森林公园范围涉及大泉山、致富山、绿苑山，占地3700亩。有林木果园、采摘果园、苗圃、认养林区、森林休闲区等。大泉山生态水保示范区占地面积2000亩，有生态水保模型、生态水保技术示范工程、纪念碑、纪念馆、139级台阶景观、红色水保景观道、张凤林、高进才故居等。白登河湿地公园占地226.67万平方米，有造林、湿地植被保护、野生动物鸟类保护、看护房等。现为山西省农业旅游示范点、首批省级特色旅游名村、省级爱国主义教育基地、省级水利风景区、山西最美乡村、山西最美旅游村。2019年12月，入选为第一批国家森林乡村名单。2022年12月，"大泉山村"地名入选山西省首批地名文化遗产近现代重要地名名录。

王官屯镇 [Wángguāntún Zhèn]

乡级政区名。在阳高县境西南部。东与下深井乡接壤，南与大同县聚乐堡乡交界，西与长城乡为邻，北与龙泉镇毗连。面积200.84平方千米。人口2.42万。辖王官屯村、南沙岭村、杨庄村、大安滩村、小安滩村等27个行政村，有10个自然村。镇人民政府驻王官屯村。因驻地得名。

1949年，属阳高县第十二区。1950年，属第三区。1955年，置王官屯镇。1958年，属国光人民公社。10月，设王官屯人民公社。1984年，置王官屯镇。2001年，朱家窑头乡并入至今。

境内三面环山，白登河流经中部。有铁、煤等矿藏。特产阳高杏脯，被誉为"杏果之乡"。古迹有随士营明代古堡、慧光寺、北沙岭明代城堡、烽火台、龙王庙等。

王官屯村 [Wángguāntún Cūn]

居民点。王官屯镇人民政府驻地。在阳高县人民政府驻地西南13千米。人口0.18万。原名王官人屯，后简为今名。乾隆《大同府志・疆域》载名"王官屯"。特产杏脯，又称"王官屯杏脯"。2017年12月，中华人民共和国农业部正式批准对"王官屯京杏"实施农产品地理标志登记保护。京包铁路过境设王官屯站。

古城镇 [Gǔchéng Zhèn]

乡级政区名。在阳高县境中部。东与天镇县马家皂乡交界，南与东小城村镇为邻，西与下深井乡接壤，北与狮子屯乡毗连。面积 152.17 平方千米。人口 1.79 万。辖古城村、许家窑村、赵家村、上辛庄村等 22 个行政村，有 7 个自然村。镇人民政府驻古城村。因驻地得名。

1949 年，属阳高县第六区。1955 年，置古城镇。1958 年，属超英人民公社。10 月，属安家皂人民公社。1961 年，分设古城人民公社。1984 年，置古城镇。2001 年，下神峪乡并入至今。地处黄土丘陵区，干旱缺水。古迹有许家窑旧石器文化遗址、秦汉道人县城址、汉墓群、下娘城明代堡址、昝娘城清代民居等。

古城村 [Gǔchéng]

居民点。古城镇人民政府驻地。在阳高县人民政府驻地东南 30 千米。人口 0.2 万。秦、汉为道人县治所。王莽时期改名道仁县。东汉复名道人县。东汉末废。后因有道人县古城遗址而得名。《汉书 · 地理志》："道人，莽曰道仁。" 颜师古《汉书注》："本有仙人游其地，因以为名。"《水经注 · 瀠水》："瀠水又东经道人县故城南。《地理志》曰：'王莽之道仁也。'《地理风俗记》曰：'初筑此城，有仙人游其地，故因以为城名矣。'" 古迹有秦汉道人县城址、古城汉墓群等。古城汉墓群位于古城村周边，分布面积为 19 平方千米。地表存圆形封土 12 座。2006 年 5 月，被公布为全国重点文物保护单位。

许家窑村 [Xǔjiāyáo Cūn]

居民点。属古城镇。在阳高县人民政府驻地东南 12 千米。耕地面积 1.31 平方千米。人口约 430 人。清乾隆《大同府志 · 疆域》载名"许家窑村"。1974 年，在村南约 1 千米与河北省阳原县侯家窑村之间梨益沟南岸的台地上，发现一处旧石器时代中期遗址。1976 年、1977 年、1979 年，进行三次田野发掘，发现人类化石二十件，石制品三万多件，还有包括二十多个种类的大量动物化石，是山西人类化石发现最多的旧石器遗址。遗址南北长约 2000 米，东西宽约 500 米，面积约 1 平方千米。距今约 10 万年，是"许家窑文化"的命名地。地质年代为更新世晚期。1996 年 11 月，被公布为全国重点文物保护单位。

东小村镇 [Dōngxiǎocūn Zhèn]

乡级政区名。在阳高县境南部。东与河北省阳原县接壤，南濒桑干河与友宰镇、鳌石乡相望，西与云州区许堡乡毗邻，北与下深井乡、古城镇为邻。面积 105.8 平方千米。人口 1.06 万。辖东小村、西小村、东营村、西营村、神泉寺村等 13 个行政村，有 4 个自然村。镇人民政府驻东小村。因驻地得名。

历史上属大同县地。1947 年，划入阳高县。1949 年，属阳高县第四区。1955 年，置东小村乡。1958 年，属胜天人民公社。10 月，设东小村人民公社。1984 年，置东小村镇至今。地处黄土丘陵区。古迹有神泉堡古堡、沟桥旧石器文化遗址、神泉寺旧石器文化遗址、孙启庄烽火台等。

东小村 [Dōngxiǎo Cūn]

居民点。东小村镇人民政府驻地。在阳高县人民政府驻地南 45 千米。人口 0.19 万。明代称"东小村儿"，又名尉家小村。正德《大同府志 · 土堡》载名"东小村儿堡"。乾隆《大同府志 · 疆域》："尉家小村，距城一百二十里。" 1984 年《山西省阳高县地名录》："相传此村村民系由大同县马连庄姓尉的迁居此地，故名尉家东小村。后日寇侵华时，将'尉家'去掉，名为东小村至今。" 古迹有明代烽火台、东小村关帝庙、清代民居等。

友宰镇 [Yǒuzǎi Zhèn]

乡级政区名。在阳高县境南部。东与鳌石乡相接，南与浑源县沙圪坨乡、广灵县望狐乡隔山相望，西与云州区许堡乡为邻，北与东小村镇毗连。面积 141.01 平方千米。人口 1.03 万。辖友宰村、西团堡村、东团堡村、大峪口村、坊城村等 11 个行政村，有 3 个自然村。镇人民政府驻友宰村。因驻地得名。

历史上属大同县地。1947 年，划入阳高县。1949 年，属阳高县第一区。1950 年，属阳高县第二区。1955 年，置友宰镇。1958 年，属卫星人民公社。10 月，属友宰公社。1961 年，分设友宰人民公社。1984 年，置友宰镇至今。

地处六棱山北麓，桑干河流经北部。有石灰岩、花岗岩、铁矿石、磁铁矿等矿藏。名胜古迹有秋林释迦禅寺、圣泉寺、六棱山原始森林、洪门寺、道观玉皇阁洞等。

友宰村 [Yǒuzǎi Cūn]

居民点。友宰镇人民政府驻地。在阳高县人民政府驻地南 60 千米。人口 0.13 万。明代大同前卫筑堡，称友宰村堡、友宰堡。明、清曾属大同县地。正德《大同府志 · 土堡》载名"友宰村堡"。乾隆《大同府志 · 疆域》："友宰堡，距城一百二十里。" 农业村。名胜古迹有明代友宰古堡、友宰清代民居等。

长城乡 [Chángchéng Xiāng]

乡级政区名。在阳高县境西北部。东接龙泉镇，南邻王官屯镇，西与云州区聚乐堡乡、新荣区花园屯乡为邻，北与内蒙古自治区丰镇市官屯堡乡交界。面积 134.73 平方千米。人口 0.52 万。辖二十六村、镇边堡村、大二对营村、范家窑村、罗岭村等 8 个行政村。乡人民政府驻二十六村。因境内长城横贯而得名。

1949 年，属阳高县第五区。1955 年，分属二十六镇、镇边乡。1958 年，属钢铁人民公社。同年 10 月，设二十六人民公社。1961 年，改名长城人民公社。1984 年，置长城乡。地处采凉山北麓土石山区，北界长城与内蒙古自治区丰镇县相邻。有煤、铁、铜、金、钼等矿藏。古迹以明代长城、城堡及众多烽火台为特色。

二十六村 [èrshíliù Cūn]

居民点。长城乡人民政府驻地。在阳高县人民政府驻地西 20 千米。人口约 230 人。相传因村址坐落在第 26 条梁而得名。从附近沿长城有村名十五梁、十九梁分析，有可能是当年长城驻军对防区位置的排序。古迹有明代长城。

镇边堡村 [Zhènbiānbǎo Cūn]

居民点。属长城乡。在阳高县人民政府驻地西 27 千米。人口 0.12 万。原名镇胡堡，后改镇边堡。1984 年，根据《中国地名普查若干规定》改为正边堡。近年又恢复原名。明嘉靖十八年（1539 年），重筑城堡。万历十一年（1583 年）砖包。《三云筹俎考》："镇边堡，嘉靖十八年更筑，万历十一年砖包。本堡原非官设，初名‘镇胡’，后改此名，以守备驻之。”又载“城周三里八十步，高四丈一尺。内驻守备一员，官军六百九十九员，马、骡八十二匹头。”现存堡城倚采凉山北麓而建，坐南朝北，平面呈矩形，开东、西两城门。东门为正门，门额石匾镌刻“镇边堡”，外设瓮城。境内还有明代古长城、烽火台、正边堡汉代文化遗址、正边堡戏台等。

镇宏堡村 [Zhènhóngbǎo Cūn]

居民点。属长城乡。在阳高县人民政府驻地西 19 千米。人口约 515 人。原名靖虏堡，清代改为镇宏堡。1984 年根据《中国地名普查若干规定》改为正宏堡。近年又复名镇宏堡。堡城建于明嘉靖二十五年（1546 年）。隆庆六年（1572 年）砖包。明时在此设守备，分守长城 11 里，边墩 26 座，火路墩 5 座。《三云筹俎考》：“靖虏堡，嘉靖二十五年设，隆庆六年砖包。本堡一望平川，并无崇山峻岭。碾儿沟、子濠沟等处极冲。”又载：“城周二里四分，高三丈三尺。内驻守备一员，旗军五百一十三名，马八十六匹。”堡城仅辟南门。“文革”期间城墙被毁。

狮子屯乡 [Shīzǐtún Xiāng]

乡级政区名。在阳高县境中东部。东与天镇县三十里铺乡交界，南与古城镇毗连，西与大白登镇为邻，北与北徐屯乡接壤。面积 117.09 平方千米。人口 1.75 万。辖狮子屯村、东双寨村、西双寨村、汪家屯村、下梁源村等 18 个行政村，有 26 个自然村。乡人民政府驻狮子屯村。因驻地得名。

1949 年，属阳高县第八区。1953 年，分属罗家屯乡、下梁源乡、东双寨乡。1955 年，置狮子屯乡。1958 年 8 月，属超美人民公社。10 月，属大泉山人民公社。1961 年 4 月，设狮子屯人民公社。1984 年，置狮子屯乡。2001 年，后营乡并入至今。南部属黄土丘陵区，北中部为平川区，白登河、吾其河流经。旧以盛产土硝、土盐闻名。为全县优质玉米种植基地。名胜古迹有明代昌平总兵张巍墓、龙泉寺石窟、下梁源云源寺、胡神庙等。

狮子屯村 [Shīzǐtún Cūn]

居民点。狮子屯乡人民政府驻地。在阳高县人民政府驻地东南 16 千米。人口 0.22 万。相传原名为柳树村，后因村有石狮而改今名。正德《大同府志 · 土堡》载名“师子屯堡”。乾隆《大同府志 · 疆域》：“狮子屯，距城三十里。”农业村。古迹有狮子屯汉代文化遗址、狮子屯汉墓等。

下深井乡 [Xiàshēnjǐng Xiāng]

乡级政区名。在阳高县境南部。东与古城镇、大白登镇接壤，南与东小村镇为邻，西与王官屯镇为界，北与龙泉镇毗连。面积 159.41 平方千米。人口 1.58 万。辖下堡村、贾庄村、观上村、丰稔山村、砖井村等 18 个行政村，有 5 个自然村。乡人民政府驻下堡村。因驻地原在下深井村而得名。

历史上属大同县地。1947 年，划入阳高县。1949 年，属阳高县第八区。1950 年，属第七区。1953 年，分属下深井乡、上深井乡、孙家港乡。1955 年，置下深井镇。1958 年

8月，设前进人民公社。10月，设下深井人民公社。1984年7月，置下深井乡。2001年3月，张官屯乡并入至今。特产金杏、杏仁等。名胜古迹有东水头村关帝庙、上深井村戏台、明代烽火台、贾峰村戏台等。

下堡村 [Xiàbǎo Cūn]

居民点。下深井乡人民政府驻地。在阳高县人民政府驻地南25千米。人口0.11万。因下深井村有村堡，分上堡、下堡两区片，后分为两自然村。正德《大同府志·土堡》载名“深井村堡”。清乾隆《大同府志·疆域》：“下深井村，距城八十里。”农业村。特产金杏、杏仁等。

鳌石乡 [Áoshí Xiāng]

乡级政区名。在阳高县境南部。东、北与河北省阳原县接壤，南隔六棱山与广灵县梁庄乡为界，西与友宰镇毗连。面积70.57平方千米，人口1.15万。辖鳌石村、南徐村、东马营村、西马营村、南曹庄村等9个行政村。乡人民政府驻鳌石村。因驻地得名。

历史上属大同县地。1947年，划入阳高县。1949年，属阳高县一区。1953年，属鳌石乡。1958年，属友宰人民公社。1984年7月，置鳌石乡。桑干河流经。农业乡。特产黑李。名胜古迹有榆林清代戏台、龙堡村清代民居群、南徐村清代民居、西马营龙王庙等。

鳌石村 [Áoshí Cūn]

居民点。鳌石乡人民政府驻地。在阳高县人民政府驻地南68千米。人口0.2万。原属大同县地。道光《大同县志》载名“鳌石”。相传因这里地势低洼，屡遭桑干河洪水灾害，因命名“鳌石”以避水灾。为农牧业村。特产黑李。古迹有鳌石明代堡址、鳌石清代民居等。民间有戏曲演出传统，谚云：“鳌石人脸儿涨，大小人儿都爱唱”，从古老的赛戏到秧歌剧、二人台、晋剧，无所不唱。2010年，“鳌石赛戏”入选为山西省非物质文化遗产名录。

天镇县 [Tiānzhèn Xiàn]

县级政区名。大同市辖县。位于山西省东北端，晋、冀、内蒙古三省区交界处。西与阳高县相邻，东与河北省张家口市怀安县接壤，北与内蒙古自治区乌兰察布市兴和县交界，南与河北省张家口市阳原县毗连。面积1709.28平方千米。人口22.3万。辖玉泉镇、谷前堡镇、米薪关镇、逯家湾镇、新平堡镇5个镇，三十里铺乡、贾家屯乡、赵家沟乡、南高崖乡、张西河乡、马家皂乡6个乡。县人民政府驻玉泉镇。

秦置延陵县，治所在今新平堡，属代郡。西汉因之。东汉县废，属当城县地。北魏为畿内地。隋属云内县地。唐置天成军，属河东道蔚州。乾元元年（758年），横野军并入天成军。辽置天成县，治所即今县城，属西京大同府。蒙古初属宣德府，中统二年（1261年），改属兴和路。明洪武四年（1371年），属大同府。三十一年，置天成卫，属山西行都指挥使司。正统十四年（1449 年），镇虏卫自大同迁此，与天成卫同治，亦属山西行都指挥使司。清顺治三年（1646 年），天成卫、镇虏卫合并为“天镇卫”，取二卫首字为名。雍正三年（1725 年），改为天镇县，属大同府。1912 年废府。1913 年，属北路道。1914 年，属雁门道。1927 年，废道后直属山西省。1937 年，属山西省第一行政区。1949 年 1 月，属察哈尔省雁北专区。1952 年 10 月，属山西省雁北专区。1958 年，天镇县并入阳高县，属晋北专区。1961 年，恢复原天镇县，复属雁北专区。1967 年，属雁北地区。1993 年，雁北地区与大同市合并，天镇县属新的大同市至今。

县境在山西省北边，长城环抱，地名具有边塞文化和军事文化特色。从地名专名来看有以下特点：1. 以军事城堡命名。如：新平堡镇、新堡湾、谷前堡镇等。2. 以古迹命名。如：大营盘、下营村、将军庙村、石佛寺村等。3. 以长城建筑命名。如：十六墩、马市口村、三墩店等。4. 以山川地形命名。如：沙沟寺、后峪堡、水冲口、东沙河村等。5. 以姓氏命名。如：宣家塔、逯家湾、鲍家屯等。6. 以祥瑞、希冀命名，表达了中华传统文化中对美好的向往和追求。如：永嘉堡、保平堡、常胜山、大平沟等。

地名通名有以下特点：1. 以交通隘口为通名。如：白羊口、李二口、榆林口、水磨口等。2. 以军事设施堡、营、屯等为通名。如：南河堡、上营、过家屯等。3. 以自然地形地貌为通名。如：上阴山、对井沟、张西河、袁家梁等。4. 多为北方常见通名村、庄、窑等。如：坨子村、石羊庄、乔家窑等。

地处阴山余脉南麓。地势北、西、南三面高，逐渐向中东部河谷地带倾斜，呈向东敞开的簸箕状。最大河流南洋河从西至东流经中部，主要支流有三沙河、洪塘河等，属海河水系。地貌类型分为山地、丘陵、平川。境内最高点韭菜圪垯山海拔 2106.3 米，最低点永嘉堡村南洋河出境处海拔 903 米。矿藏有铁、大理石、石墨、银、金、钛、白云母、长石、石英等。有温泉资源。有全国重点文物保护单位慈云寺、沙梁坡汉墓群。省级重点文物保护单位盘山石窟。玉泉镇、新平堡镇被列入全国重点镇。新平堡镇又为中国历史文化名镇。新平堡村为中国传统村落。地方特色民间艺术有剪纸、刺绣、纸扎等。九曲黄河灯、黑龙王豆腐干制作工艺被列入市级非遗项目名录。土特产品有天镇凉粉、天镇豆腐干、天镇莜面等。大张高铁、京包铁路过境，分设天镇北站、天镇站。

“天镇”相关的地名文化应用有：天镇战役、天镇凉粉、天镇豆腐干、天镇豆腐皮、天镇唐杏。

天镇战役：为抗击日军侵占山西第一战。1937 年 8 月底，日军侵占察哈尔全境后，兵锋直指雁北门户天镇。9 月 1 日，战役在天镇外围打响。5 日，日军出动飞机、坦克及步兵、骑兵 3000 余人，向天镇盘山主阵地发起总攻。晋军官兵浴血拼杀，激战终夜。9 月 6 日，日军飞机轮番轰炸，竟施放大量毒气弹。晋军伤亡惨重，盘山遂于 7 日失守。8 日，日军猛攻天镇城，晋军顽强坚守。9 日，阳高失守，天镇后路被截，军长李服膺下令退出天镇。11 日，日军在天镇城中疯狂屠杀居民 2300 余人。史称“天镇屠城惨案”。

天镇凉粉：为雁北风味小吃。以当地特产土豆经过加工制成淀粉，然后再加工为凉粉。

以盐水、酱油、香油、醋、辣椒油、味精、芥末、葱花为佐料，拌入黄瓜丝、萝卜丝、香菜、豆腐干丝，风味独特。

天镇豆腐干：为雁北特产。制作选用上等黄豆为原料，经过传统工艺精制而成。有五香豆腐干和熏豆腐干两种。以做工精细，色美味香，畅销于京、津、蒙、晋等省区。

天镇豆腐皮：为天镇县城的传统名产。经过黄豆打浆、烧胚、过滤、点浆、舀皮、压水、扯皮一系列传统工艺加工而成。产品以工艺精、味道美、色泽鲜、吃法多远销北方各省。

天镇唐杏：生产特定区域位于天镇县西部平川区，以东沙河村为主的南河堡全乡范围。因当地气候雨热同期，昼夜温差大，有利于唐杏的糖分积累。其果实肉厚甘美，酸甜适口，并有较高的药用价值。2017 年 12 月，中华人民共和国农业部正式批准对“天镇唐杏”实施农产品地理标志登记保护。

天镇 [Tiān Zhèn]

地片名。在天镇县境中部。唐代于此置天成军，并建天成军城。辽为天成县治所，属西京大同府。《元和郡县志·云州》：“（州境）东至清塞城一百二十里，又东至天成军六十里”，即此。明洪武二十六年（1393 年）于天成县故城置天成卫，属山西行都指挥使司。洪武三十一年（1398 年）重建天成卫城。城周 9 里 13 步，高 3 丈 5 尺。辟 4 门：东泰定门；南迎宣门（清代改迎恩门）；西武宁门；北镇远门。正统十四年（1449 年）镇虏卫徙治城中。万历十三年（1585 年）重修城池，城墙增高 1 尺，城门外各建瓮城。城区平面呈正方形，东大街、南街、西大街、北街十字交叉，十字街中心建昊天阁。出于风水环境考虑，北街北段又折向东，再折向北门，使南、北城门不相直。四街把全城等分为东南号、东北号、西南号、西北号 4 区片。城东半部属天成卫；西半部属镇虏卫。商业街市分布大街两侧。清顺治三年（1646 年），天成卫、镇虏卫合并为天镇卫，属大同府。“天镇”之名至此始。雍正三年（1725 年），改为天镇县。后历为天镇县治所。1949 年后，城区基本保持原貌。20 世纪 50 年代后，城区向东关、西关两侧拓展。近年来，开始在旧城北规划建设县城新区，作为城市功能拓展及城市形象提升的主要区域。而旧城区的发展方向为体现北方边城文化特色旅游区及商贸服务区。古迹有慈云寺、武宁门、镇远门遗址等。

玉泉镇 [Yùquán Zhèn]

乡级政区名。全国重点镇。天镇县人民政府驻地。位于县境中部。东接张西河乡，南邻米薪关镇、赵家沟乡，西连三十里铺乡，北隔南洋河与谷前堡镇相望。面积 157.63 平方千米。人口 7.7 万。辖幸福里社区、团结里社区、朝阳里社区、东风里社区、平安里社区等 15 个社区，东北街村、西南街村、西北街村、东南街村、南园子村等 31 个行政村。镇人民政府驻县城大街。

清代属天镇县城及大东南乡、正南乡、正东乡、西南乡部分村庄。1949 年，属天镇县第一、三、四区。1954 年，属城关乡、南河堡乡。1958 年，属阳高县天镇人民公社。1961 年，属天镇县天镇人民公社。1962 年，将天镇人民公社更名为城关人民公社。1964 年，分设城关镇。1984 年 7 月，城关人民公社并入城关镇。2001 年 3 月，城关镇更名为玉泉镇。

2021 年，南河堡乡并入至今。

因县城北邓家园有“玉泉”而得名。另外旧时传说县城在隋唐“为玉泉驿”，但清末已经考证为误传。光绪《天镇县志・土地志》：“旧志乃谓‘天镇隋为玉泉驿’，又云‘唐亦为玉泉驿，后改玉泉县，后又升玉泉郡’。证以显化寺之古碣，而所谓古碣者又渺不可见。盖与古榆林县之说同为无稽矣。”

地处南洋河川原地带，地势平坦。名胜古迹有全国重点文物保护单位慈云寺、季冯窑坡沙梁汉墓群。省级重点文物保护单位盘山石窟及天成卫城址、旧城明清民居、于八里东周—汉古城遗址、路八里东周—汉文化遗址、季沙河明代堡址等。农业主产玉米、土豆、甜菜、油料等。特产天镇凉粉、天镇豆腐干、天镇莜面等。京包铁路过境，设天镇站。2014 年 7 月，被列入全国重点镇。

谷前堡镇 [Gǔqiánbǎo Zhèn]

乡级政区名。在天镇县境北部。东与逯家湾镇接壤，东南与玉泉镇相邻，西南与玉泉镇、三十里铺乡相接，北与内蒙古自治区兴和县交界。面积 129.9 平方千米。人口 2.58 万。辖谷前堡社区 1 个社区及谷前堡村、谷后堡村、张家庄村、袁才庄村、白羊口村等 13 个行政村，有 23 个自然村。镇人民政府驻谷前堡村。因驻地得名。

清代属天镇县西北乡。1949 年，分属天镇县第一区、第三区。1954 年，分属谷后堡乡、水桶寺乡、白羊口乡、水磨口乡。1958 年，属阳高县谷前堡人民公社。1961 年，复属天镇县。1984 年 7 月，置谷前堡镇。2001 年 3 月，增设谷前堡社区。镇境北倚环翠山，其主峰韭菜圪垯山海拔 2106.3 米，为全县最高点。南洋河流经南部。有种植业、畜牧业。古迹有明长城、明代烽火台群、瓦窑口明代城堡遗址等。京包铁路过境，设沙屯堡站。

谷前堡村 [Gǔqiánbǎo Cūn]

居民点。谷前堡镇人民政府驻地。在天镇县人民政府驻地西北 3 千米。人口 0.49 万。原名“谷家堡”，因谷姓始居，明代筑堡而得名。后又筑一堡，分别称为谷前堡、谷后堡。明正德《大同府志・土堡》载名“谷家堡”。光绪《天镇县志》：“西北乡二十八村：五里曰谷前堡，六里曰谷后堡。”为农牧村。

米薪关镇 [Mǐxīnguān Zhèn]

乡级政区名。在天镇县境南部。东与南高崖乡毗连，南与贾家屯乡相邻，西与玉泉镇为界，北与玉泉镇接壤。面积 194.7 平方千米。人口 1.91 万。辖米薪关村、张辛窑村、段家沟村等 25 个行政村，有 19 个自然村。镇人民政府驻米薪关村。因驻地得名。

清代属天镇县正南乡。1949 年，分属天镇县第四区、第五区。1954 年，属油房窑乡。1958 年，设米薪关人民公社，划属阳高县。1961 年，复属天镇县米薪关人民公社。1984 年 7 月，置米薪关镇。2001 年 3 月，谷大屯乡并入至今。地处县南山区，平均海拔 1300 米，最高点孤峰山海拔 1713 米。古迹有胡家屯新石器—汉代文化遗址、谷大屯旧石器文化遗址、卧虎山东周—汉文化遗址等。

米薪关村 [Mǐxīnguān Cūn]

居民点。米薪关镇人民政府驻地。在天镇县人民政府驻地南 12 千米。人口 0.14 万。又作“米辛关”。正德《大同府志·城池》：“米辛关堡，在天成卫城南二十里。周围三百二十丈，高三丈三尺，壕深二丈。门二。窝铺十二座。”乾隆《大同府志·形胜》：“米薪关，（天镇）县南二十里。关南有米薪山。”光绪《天镇县志》：“正南乡三十二村：二十三里曰胡家屯，曰米薪关。”俗传穆桂英在此筹集粮草故名。历代为天镇县南部山区交通要隘。为农业村。

逯家湾镇 [Lùjiāwān Zhèn]

乡级政区名。在天镇县境东北部。东与河北省怀安县接壤，南隔阳门山与张西河乡为界，西与谷前堡镇相邻，北抵清凉山与新平堡镇毗连。面积 216.92 平方千米。人口 1.46 万。辖永嘉堡村、薛家窑村、白舍科村、熏窑口村、夏家沟村等 19 个行政村，有 13 个自然村。镇人民政府驻下湾村。因驻地得名。

明代属天成卫后所地。清代属天镇县后都，光绪间属大北乡。1949 年，属天镇县第六区。1954 年，分属白羊口乡、砖窑乡、永嘉堡乡、瓦窑口乡。1958 年，设逯家湾人民公社，并入阳高县。1961 年，复属天镇县。1984 年 7 月，置逯家湾镇。2001 年 3 月，宣家塔乡并入。地处南洋河川原区，河流经境 32 千米。古迹有明代永嘉堡城址、李家寨堡址、温家窑堡址、宣家塔四方墩烽火台、瓦窑口堡址及明代烽火台群等。京包铁路过境设永嘉堡站、夏小堡站。

下湾村 [Xiàwān Cūn]

居民点。逯家湾镇人民政府驻地。在天镇县人民政府驻地东北 20 千米。人口约 600 人。相传村址原为永嘉堡王家与熏窑口赵家的土地，清末逯姓迁入租种耕地，逐渐形成聚落，因地处南洋河弯曲处，因称逯家湾。后以河流上下游位置分为下湾、上湾两村。为传统农业村。古迹有上湾汉代遗址、十墩沟烽火台。京包铁路经此，设永嘉堡站。

新平堡镇 [Xīnpíngbǎo Zhèn]

乡级政区名。山西省历史文化名镇，中国历史文化名镇，全国特色景观旅游名镇。在天镇县境北部。东与河北省怀安县接壤，南与逯家湾镇为邻，西、北与内蒙古自治区兴和县交界。面积 187 平方千米。人口 1.27 万。辖新平堡村、大营盘村、平远堡村、平远头村、新平尔村等 15 个行政村，有 8 个自然村。镇人民政府驻新平堡村。因驻地得名。

秦汉为代郡延陵县治。东汉为延陵乡。明代为北方军事重镇，新平路参将分驻于此。清代属天镇县口北乡。1949 年，属天镇县第七区。1954 年，属新平堡乡。1958 年，属阳高县新平堡人民公社。1961 年，复属天镇县。1984 年 7 月，置新平堡镇。2001 年 3 月，大营盘乡并入。地处晋、冀、蒙 3 个省区交界处。北倚双山，南为大梁山，中部西洋河由西向东流经，形成川原。为传统农业镇。民间传统文体活动有柴家窑村的“鞭杆拳”和“穗子拳”等武术项目。名胜古迹有明长城、战国延陵城遗址、新平堡城址、保平堡城址、平远堡城址、桦门堡城址、明代马市旧址等。2009 年，被公布为山西省历史文化名镇。2010 年，入选为第五批中国历史文化名镇。2011 年 7 月，入选为第二批全国特色景观旅游名镇。

新平堡村 [Xīnpíngbǎo Cūn]

居民点。中国传统村落。中国美丽休闲乡村。新平堡镇人民政府驻地。在天镇县人民政府驻地北 31 千米。人口 0.28 万。战国赵国延陵邑。秦延陵县治所。西汉因之。东汉县省为延陵乡。北魏俗称“琦城”，城址包括今新平堡、西马市及内蒙古兴和县的古城村一带。明嘉靖二十五年（1546 年），筑新平堡，距边墙 7 里，为新平路分守参将驻地。《汉书·地理志》“代郡”条下辖“县十八”，其中有“延陵”，即此地。《水经注·㶟水》：“（延乡水）水出县西山，东经延陵故城北。《地理风俗记》曰：当城西北有延陵乡，故县也，俗谓之琦城。”《三云筹俎考》：“新平堡，嘉靖二十五年土筑，隆庆六年砖包。本堡该路将驻劄之地，设在山后出山口，若莺嘴然。东为宣镇、西阳河藩篱，南为瓦窑、天城屏翰。嘉隆间，节被入犯。今五路台吉松木儿及守口夷人俱在古城并榆林旧县等处住牧，内水泉儿沟、榆林县川极冲。若虏从此入犯，投南则大同镇兵马并力拒堵，投东则宣镇兵马可以拒堵。今虽设有市口，诸酋往来交易，颇称恭顺，脱或渝盟，此为首祸之地，不可不严饬也。”又载：“新平堡，城周三里六分，高三丈五尺。内驻参将、守备各一员、中军、千把总七员，旗军一千六百四十二名，马、骡五百九十六匹头。”光绪《山西通志·古迹考四》：“《汉书·地理志》：‘代郡，秦置，有延陵县’，此‘延陵’之始见于史者。今延乡水所经县北之新平堡是也。”

地处西洋河南岸。原为传统农业村，现依托历史文化资源发展旅游业，有农家饭庄、古镇民俗风情馆、农业生态观光园等旅游设施。名胜古迹有新平堡城、玉皇阁、参将署、烽火台群、清代民居、新平堡马市、明清商业街等。2012 年，公布为第一批中国传统村落。2016 年 10 月，入选为中国美丽休闲乡村。

西马市村 [Xīmǎshì Cūn]

居民点。新平堡村所属自然村，在新平堡西北 800 米。在天镇县人民政府驻地北 31 千米。人口 0.11 万。原名马市口，明万历三年（1575 年），俺答汗长子黄台吉在此建马市，作为大同镇与俺答贡市贸易场所。约于其时筑马市口堡。清代设马市口堡汛。雍正九年（1731 年），设千总一员及马步守军。后因与东部河北省怀安县的马市口重名，遂改今名。明隆庆五年（1571 年），俺答汗受封为顺义王，宣大总督王崇古因请再开宣大马市。后在大同得胜堡、宣府张家口堡、大同新平堡、山西水泉营堡分别开马市。《明史·食货志》：“隆庆四年，俺答孙把汉那吉来降，于是封贡互市之议起，而宣、大互市复开，边境稍静。”《明史纪事本末》：“（万历三年十月）黄台吉改贡市于新平堡。”乾隆《大同府志·疆域》：“马市口，距城六十三里。”

现马市旧址仅存一段 50.8 米的堡墙和高台。高台下有门洞通台顶，疑为明代宣威楼旧址。光绪《天镇县志·公署志》：“宣威楼，在新平堡北三里马市口。明市场所在地也。”东南侧为新平堡二道边长城。明代马市交易，后演变为每年农历五月十八的物资交流大会，临近三省区商客纷至，群众云集，加以戏剧、杂要等娱乐活动，热闹非凡。西邻内蒙古自治区兴和县古城村。

三十里铺乡 [Sānshílǐpù Xiāng]

乡级政区名。全国文明乡镇。在天镇县境西部。东与玉泉镇相邻，南隔马梁山与赵家沟乡为界，西与阳高县罗文皂镇、北徐屯乡接壤，北与谷前堡镇毗连。面积116.73平方千米。人口2.26万。辖三十里铺村、兰玉堡村、刘家庄村、肖家屯村、二十里铺村等20个行政村。乡人民政府驻三十里铺村。因驻地得名。

清代属天镇县西北乡。1949年，分属天镇县第三区、第四区。1954年，置三十里铺乡。1958年，属阳高县，设三十里铺人民公社。1961年，复属天镇县。1984年7月，置三十里铺乡。2001年3月，孙家店乡并入至今。为传统农业乡。古迹有二十里铺龙王庙、烽火台、西平堡明代堡址等。2015年2月，获第四届“全国文明镇”称号。

三十里铺村 [Sānshílǐpù Cūn]

居民点。三十里铺乡人民政府驻地。在天镇县人民政府驻地西15千米。人口0.32万。地处宣大古驿道中，清代设铺司，因距天镇县城30华里，故名三十里铺。乾隆《大同府志·建置》：“（天镇）县属铺递五：三十里铺，城西三十里，西接阳高县。”光绪《天镇县志·土地志》：“西北乡二十八村：三十里曰肖家屯，曰三十里铺。”为传统农业村。古迹有明代城堡遗址，城堡东西宽51米，南北长45米，辟东门。

贾家屯乡 [Jiǎjiātún Xiāng]

乡级政区名。在天镇县境南部。东邻南高崖乡，南与赵家沟乡、河北省阳原县交界，西与玉泉镇接壤，北与米薪关镇毗连。面积129.42平方千米。人口1.08万。辖贾家屯村、将军庙村、夏家屯村、楼子疃村、塔儿村、西罗窑村等14个行政村，有11个自然村。乡人民政府驻将军庙村。

清代属天镇县正南乡。1949年，分属天镇县第四区、第五区。1954年，置贾家屯乡。1958年，属阳高县，设贾家屯人民公社。1961年，复属天镇县。1984年7月，置贾家屯乡至今。传统农业乡。古迹有楼子疃旧石器文化遗址、袁家河明代堡址等。

将军庙村 [Jiāngjūnmiào Cūn]

居民点。贾家屯乡人民政府驻地。在天镇县人民政府驻地东南30千米。面积11.79平方千米。人口0.13万。相传原名峰崖沟，后因村中有将军庙，故以庙名村。光绪《天镇县志·土地志》：“正南乡三十二村：四十五里曰将军庙。”据传当地旧有祭祀刘猛将军的习俗，民间供奉为治理虫害的神灵，又称为蝗王庙、八蜡庙、虫王庙，现已无存。1958年，为将军庙人民公社驻地。1984年，为将军庙乡人民政府驻地。2001年，将军庙乡并入贾家屯乡后，将军庙村为贾家屯乡人民政府驻地。地处王之坟山西麓的黄土丘陵区。特产土豆、西瓜。历史建筑有清代龙王庙、将军庙供销社旧址。

贾家屯村 [Jiǎjiātún Cūn]

居民点。属贾家屯乡。在天镇县人民政府驻地南23千米。人口0.19万。相传曾名常家庄。明正德《大同府志》载名“常家庄堡”，属天成卫前所。清代属正南乡。清乾隆《大同府志·疆域》及光绪《天镇县志》皆载名“贾家屯”。为传统农业村。古迹有贾家屯明代堡址。

赵家沟乡 [Zhàojiāgōu Xiāng]

乡级政区名。在天镇县境南部。东、北邻贾家屯乡，南与河北省阳原县黄凉坡乡接壤，西南与马家皂乡毗邻，西北与三十里铺乡相连。面积 120.16 平方千米。人口 0.79 万。辖赵家沟村、杨家庄村、郭家窑村等 10 个行政村，有 6 个自然村。乡人民政府驻赵家沟村。因驻地得名。

清代属天镇县大西南乡。1949 年，属天镇县第二区。1954 年，置赵家沟乡。1958 年，属阳高县，设赵家沟人民公社。1961 年，复属天镇县。1984 年 7 月，置赵家沟乡。传统农业乡。古迹有柳子堡明代惠庆塔、刘家沟明代堡址、后峪堡村明崇祯大同镇总兵渠家桢墓等。

赵家沟村 [Zhàojiāgōu Cūn]

居民点。赵家沟乡人民政府驻地。在天镇县人民政府驻地南 30 千米。人口 0.11 万。因赵姓始居而得名。后洪洞县移民组、陈二姓来此定居。明代筑堡，属天成卫前所。正德《大同府志·土堡》载名“赵家沟堡”。光绪《天镇县志·土地志》：“大西南乡三十六村：五十里曰赵家沟。”传统农业村。古迹有赵家沟汉墓群。

南高崖乡 [Nángāoyá Xiāng]

乡级政区名。在天镇县境东南部。东、南与河北省怀安县、阳原县交界，西与米薪关镇毗邻，北与张西河乡接壤。面积 218.44 平方千米。人口 0.85 万。辖南高崖村、姜前屯村、姜后屯村、下罗窑村等 9 个行政村，有 19 个自然村。乡人民政府驻南高崖村。因驻地得名。

乡境东部原属河北省怀安县地。1949 年，划属天镇县第五区。1954 年，置南高崖乡。1958 年，属阳高县，设南高崖人民公社。1961 年，复属天镇县。1984 年 7 月，置南高崖乡。位于天镇县与河北省怀安县、阳原县交界处。地处山区，寒冷多风。洪塘河由西向东流经境内，属海河流域。传统农业乡。古迹有姜后屯明代堡址、王会庄明代烽火台、菜子园明代堡址等。

南高崖村 [Nángāoyá Cūn]

居民点。南高崖乡人民政府驻地。在天镇县人民政府驻地东南 45 千米。人口约 700 人。原名高崖堡，后因与县北高崖村同名，改为南高崖。为传统农业村。古迹有南高崖明代堡址。南高崖—张辛窑县级公路起点。

张西河乡 [Zhāngxīhé Xiāng]

乡级政区名。在天镇县境东部。东与河北省怀安县交界，东南与南高崖乡为邻，南与米薪关镇相连，西与玉泉镇接壤，北与逯家湾镇毗连。面积 85.21 平方千米。人口 1.08 万。辖张西河村、张东河村、刘伸屯村等 18 个行政村，有 8 个自然村。乡人民政府驻张西河村。因驻地得名。

清代属天镇县正东乡。1949 年，属天镇县第六区。1954 年，置张西河乡。1958 年，属阳高县，设张西河人民公社。1961 年，复属天镇县。1984 年 7 月，置张西河乡。传统农业乡。古迹有张东河堡、天宁寺遗址、大桥村通惠桥、朱家屯堡等。

张西河村 [Zhāngxīhé Cūn]

居民点。张西河人民政府驻地。在天镇县人民政府驻地东 12.5 千米。人口 0.17 万。俗称“张西河底”或“张河底”。因张家河向北流经，沿岸形成张家西河、张家东河两村，后简为张西河、张东河。乾隆《大同府志·疆域》：“张西河，距城二十五里。”光绪《天镇县志·土地志》：“正东乡二十七村：二十五里曰张西河，二十六里曰张东河。”光绪《天镇县志·山川志》：“旧《志》：张家河在县东，发源黑龙背、麻黄棱诸泉。经朱家沟北流入南洋河。”地处宣大古驿道中，清代设铺司，称“张西河底铺”。乾隆《大同府志·建置》：“张西河底铺，（天镇）城东二十里。”1949 年，为天镇县第六区人民政府驻地。传统农业村。古迹有张西河堡遗址、张西河汉墓群、白龙王庙等。另有张西河汉代遗址及东古城、西古城等地名遗存，即《水经注》所载“石虎城”。

马家皂乡 [Mǎjiāzào Xiāng]

乡级政区名。在天镇县境西南部。东、南与河北省阳原县要家庄乡、东井集镇交界，西与阳高县古城镇为邻，北与赵家沟乡接壤。面积 79.98 平方千米。人口 1.42 万。辖马家皂村、安家皂村、定安营村、龙池堡村、兴隆堡村等 12 个行政村。乡人民政府驻马家皂村。以驻地得名。

历为天镇县地。1949 年，属天镇县第二区。1954 年，分属袁家皂乡、安家皂乡、定安营乡。1956 年，分属马家皂乡、定安营乡。1958 年 8 月，属马家皂人民公社。1958 年 10 月，并入阳高县，分属马家皂人民公社、安家皂人民公社。1961 年 4 月，复属天镇县马家皂人民公社。1971 年 7 月，公社所辖 17 个生产大队再划入阳高县，仍为马家皂人民公社。1984 年 3 月，置马家皂乡。2018 年，马家皂乡划入天镇县至今。名胜古迹有古城村汉墓群，为全国重点文物保护单位。特产谷子、杂粮、兔皮等。

马家皂村 [Mǎjiāzào Cūn]

居民点。马家皂乡人民政府驻地。在天镇县人民政府驻地西南 40 千米。人口 0.22 万。历史上又写作“马家竈”。旧为百户所，因马氏聚居而得名。原为天镇县地，1971 年，划入阳高县。2018 年，复归天镇县。正德《大同府志·城池》载名“马家皂堡”。乾隆《大同府志·疆域·天镇县》：“马家皂，距城六十里。”光绪《天镇县志》又载名为“马家竈”。农牧业村。有皮毛加工业，特产兔皮、貂皮、羊皮褥、皮袄等。古迹有马家皂天主堂、马家皂北寺、袁家皂清真寺、安定营明代城堡、强家营明代城堡等。

安家皂村 [ānjiāzào Cūn]

居民点。山西省历史文化名村，中国历史文化名村，中国传统村落。属马家皂乡。在天镇县人民政府驻地南 45 千米。人口 0.28 万。南与许家窑古人类遗址相邻，西与古城汉墓群毗连。因旧为百户所，安氏始居而得名。正德《大同府志·城池》载名“安家皂堡”。乾隆《大同府志·疆域·天镇县》：“安家皂，距城六十里。”光绪《天镇县志》又载名为“安家竈”。历属天镇县。1971 年，划属阳高县。2018 年 2 月，复归天镇县。清代为当地商品集散地，相传全村有字号的商铺达 34 家。名胜古迹有县级重点文物保护单位明代安家皂古堡遗址、安家皂清代民居等。1958 年，被国务院表彰为“全国农业社会主义建设先进单位”。2017 年，被公布为第五批山西省历史文化名村。2019 年 1 月，入选为第七批中国历史文化名村。2019 年 6 月，被列入第五批中国传统村落名录。

广灵县 [Guǎnglíng Xiàn]

县级政区名。位于大同市东南部。东与河北省蔚县交界，南与灵丘县接壤，西与浑源县相邻，北与阳高县、河北省阳原县毗连。辖壶泉镇、南村镇、加斗镇、作疃镇、梁庄镇、一斗泉乡、蕉山乡、宜兴乡，共 5 个镇 3 个乡。面积 1283 平方千米，人口 18.3 万。县人民政府驻壶泉镇。

春秋为代国地。战国赵国平舒邑。《史记 · 赵世家》：“（赵孝成王）十九年，赵与燕易土，以龙兑、汾门、临乐与燕；燕以葛、武阳、平舒与赵。”秦置平舒县、狋氏县，治所分别在今平水村和庄头村，属代郡。新莽改平舒县为平葆县，改狋氏县为狋聚县。东汉初恢复原名。西晋狋氏县省入平舒县，仍属代郡。北魏平舒县属司州代尹，为畿内县，北齐废。隋为雁门郡灵丘县地。唐为蔚州灵丘县地。辽统和十三年（995 年），置广灵县，属西京大同府。“广灵”因析灵丘县、灵仙县地辟建而得名。《辽史 · 圣宗纪》作“广灵县”；《辽史 · 地理志》讹作“广陵县”。金属西京路蔚州。元属上都路宣德府蔚州。明属大同府蔚州。清属大同府。1912 年，废府。1913 年，属北路道。1914 年，属雁门道。1927 年，废道后直属山西省。1937 年，属山西省第一行政区。1949 年，属察哈尔省雁北专区。1952 年，属山西省雁北专区。1958 年，广灵县并入浑源县，属晋北专区。1960 年，恢复原广灵县。1961 年，属雁北专区。1967 年，属雁北地区。1993 年，雁北地区与大同市合并，广灵县属新的大同市至今。

与“广灵”相关的地名文化应用有：

广灵剪纸：为中国传统民间剪纸三大流派之一。构图生动，刀法细腻，用料与染色考究，在中国剪纸艺术中占有重要地位。2007 年，建成中国广灵剪纸艺术博物馆。2009 年，被联合国教科文组织列入“人类非物质文化遗产代表作名录”。

广灵秧歌：又名“优歌”，为流行在广灵、浑源以及河北省的涞源、蔚县、易县一带的地方戏曲。由当地的蹦蹦戏、民歌以及北路梆子等剧种影响发展而成。清乾隆《广灵县志》记载：“春场在先农坛。是日，设春筵用优歌。”广灵秧歌唱腔包括训调十九个、小曲三个、各种板式八种。2009 年，被列入省级非物质文化遗产保护名录。

广灵小米：来自当地特色的优良谷子品种“大白谷”和“东方亮”。色泽黄亮，清香甜美，品质优良。明代即为岁贡，遂有“御米”之称。2003 年，获得绿色食品认证。现为国家重点保护的地理标志产品。

广灵画眉驴：国家重点保护的地理标志产品。全国优种驴之一。画眉驴属大型驴。突出的外形特征是体格高大粗壮，体躯较短，体质坚实，有容易饲养、发病率低、适应性强、寿命长等特点。

地名命名特点如下：

地名专名有以下特点：1. 以古迹命名。如：平城北堡、山神庙村、周图寺村等。2. 以山川地形命名。如：西河洼、水涧村、东蕉山西堡等。3. 以姓氏、官职命名。如：邱家滩、洗马庄、杨窑等。4. 以祥瑞、希冀命名，表达了中华传统文化中对美好的向往和追求。如：宜兴乡、集兴疃、聚和村等。

地名通名有以下特点：1. 以自然地形地貌为通名。如：丰水岭、西蕉山、牛口峪、刘家沟等。2. 以人文地理实体堡、寺、窑等为通名。如：东福堡、西照寺、荆家窑等。3. 山西省地名以“疃”为通名仅见于大同市东部一带，广灵县较为集中。如：翟疃、西姚疃、东留疃等。4. 多为北方常见通名村、庄等。如：商村、殷家庄、邵家庄等。

地处太行山北端东麓，地势由西向东倾斜。地貌类型分为土石山区、黄土丘陵区、河谷平川区。主要山峰有六棱山、宜兴南山、直峪山、唐山、加斗山、牛头山等。境内主要河流有壶流河、直峪河、莎泉峪、长江峪河等，均属海河流域。境内最高点西北六棱山海拔 2375 米，最低点壶流河东出县境处海拔 935.6 米。壶流河湿地总面积有 2000 公顷，有黑鹳、白尾海雕、金雕等国家一、二级保护动物，是山西省宝贵的湿地资源。壶泉镇为全国重点镇。名胜古迹有全国重点文物保护单位水神堂、省级重点文物保护单位洗马庄汉墓群和千福山汉墓群、市级重点文物保护单位 20 处。地方民间艺术有世界非物质文化遗产广灵剪纸、国家级非物质文化遗产广灵罗罗腔、山西省非物质文化遗产道情戏、广灵内画、广灵秧歌等。土特产品有“东方亮”小米、五香瓜子、五香豆腐干、黄花菜、广灵画眉驴等。S36 广灵—浑源高速公路起点。2022 年 12 月，“广灵县”地名入选山西省首批地名文化遗产千年古县名录。

广灵 [Guǎnglíng]

地片名。在广灵县境中部。辽统和十三年（995 年），置广灵县，并于此建县城。历经金、元，至明洪武十六年（1383 年），在旧城基础上重修城池。天顺间，因瓦剌侵袭，增筑城防设施。城周 3 里 180 步，高 3 丈 6 尺。建敌台 12 座。护城河深 3 丈。辟南、北二门：南曰景阳门；北曰永安门。弘治八年（1495 年）建南、北门城楼。嘉靖、隆庆间相继修葺。万历二年（1574 年），砖甃全城。崇祯十三年（1640 年），筑护门砖台 2 座。清顺治六年（1649 年），为抵御姜瓖之变再次修缮城垣。1949 年后，逐步拆除城墙，修缮和重建旧城街道。改革开放以来，建成以东西向为主的广泰西街、广泰东街，以南北向为主的平舒大道，另有文华街、永安东街、和阳路等主干街道。至 2020 年，建成区面积为 8.2 平方千米。

壶泉镇 [Húquán Zhèn]

乡级政区名。全国重点镇。广灵县人民政府驻地。在县境中部。东邻蕉山乡，南连宜兴乡、加斗镇，西至作疃镇，北接一斗泉乡。面积92.98平方千米。人口6.17万。辖北关社区、三庄社区、西关社区、东台社区等9个社区及稻地村、翟疃村、西河乡村、商村等24个行政村。镇人民政府驻东台社区。因境内有水神堂壶泉而得名。

1949年，属广灵县第七区。1950年，属第三区。1953年，置城关镇。1958年11月，属浑源县，设广城人民公社。1959年7月，复属广灵县，设城关人民公社。1984年7月，置城关镇。2001年3月，王洼乡5个村、平城乡1个村、作疃乡4个村、宜兴乡2个村、加斗乡1个村并入城关镇，并更名为壶泉镇至今。地处壶流河中游川原区，地形平坦。名胜古迹有全国重点文物保护单位水神堂，现为4A旅游景区。省级重点文物保护单位有千福山汉墓群。另有稻地汉代古城遗址、西河乡汉代寡妇城遗址、北关汉墓群、沙河汉墓群、沙岭汉墓群、城新汉墓群等。水神堂“壶泉春柳”为清代广灵八景之一。

东台社区 [Dōngtái Shèqū]

居民点。壶泉镇人民政府驻地。在广灵县人民政府驻地东北0.6千米。人口0.41万。东台社区成立于2013年5月，辖区东起滨河西路，南接永安西街，西临延陵路，北至广泰西街。县志载“东台堡”，位于县城东关门之东，地势稍高，故名东台。

蕙花社区 [Huìhuā Shèqū]

居民点。属壶泉镇。在广灵县人民政府驻地东南0.5千米，壶流河北岸。人口0.19万。古名“兰亭”，相传古代特产兰蕙而得名。《水经注·㶟水》：“祁夷水又东北，经兰亭南”，即此。村东北木槽涧西岸台地上有“蕙花汉代文化遗址”，分布面积约4000平方米。文化层厚1米，出土有汉代灰陶残片。现为县级文物保护单位。乾隆《广灵县志·方域》：“嘉顺乡：东台堡、蕙花村。”以传统剪纸民间艺术闻名，有“广灵剪纸第一村”之誉。

南村镇 [Náncūn Zhèn]

乡级政区名。在广灵县境西部。东连作疃乡，南与灵丘县赵北乡接壤，西、北邻梁庄镇。面积279平方千米。人口2.47万。辖南村、白庄村、莎泉村等16个行政村。镇人民政府驻南村。因驻地得名。

1949年，属广灵县第二区。1953年，置南村镇。1958年11月，属浑源县，设钢铁人民公社。1959年7月，复属广灵县，设南村人民公社。1984年，置南村镇。2001年，香炉台乡并入。为广灵县第二大镇，属山川结合型乡镇。地势西高东低，中部为盆地，壶流河流经。名胜古迹有白羊峪风景区、赵家坪永安寺清代大殿、下白羊瓦片地汉代遗址、熬峪新石器文化遗址、北齐长城遗址等。白羊山“白羊暮霭”为清代广灵八景之一。

南村 [Nán Cūn]

居民点。南村镇人民政府驻地。在广灵县人民政府驻地西15千米。人口0.31万。因地处莎泉村南而得名。正德《大同府志·土堡》载名“南村堡”。为广灵县西部地区最大商贸集镇。传统农历“双日”为集，每年四月初八到四月十八日有盛大的传统物资交流会。古迹有明代南村堡遗址。南村—神泉堡县级公路和南村—王成庄县级公路起点。

莎泉村 [Suōquán Cūn]

居民点。属南村镇。在广灵县人民政府驻地西 16 千米。人口 0.1 万。北魏于此置莎泉县，属北灵丘郡，因县治南有莎泉水而得名。莎（音 suō）。北齐莎泉县省入灵丘县。故城后废为莎泉村，明代筑堡，并置莎泉铺。后因村分东、中、西三部分，渐形成莎泉东堡村、莎泉中堡村、莎泉西堡村 3 个自然村。从浑源县乱岭关经莎泉，至蔚县道路古称“莎泉道”。《魏书・世祖纪第四》：“（太延二年）诏广平公张黎发定州七郡一万二千人，通莎泉道”，即指此。

《魏书・地形志》：“北灵丘郡，天平二年置。领县二：灵丘、莎泉。”《隋书・地理志》“雁门郡”条下：“灵丘，后魏置灵丘郡，后齐省莎泉县入焉。”乾隆《大同府志・山川》：“壶流河，《明史》作‘葫芦河’。发源广灵县西三十里莎泉，广一亩，沸腾汹涌。《魏书・地形志》北灵丘郡莎泉县以此得名。”正德《大同府志・铺舍》：“蔚州十一铺，西路六：平水铺、百家铺、莎泉铺、牛口铺、望狐铺、榆涧铺。”乾隆《广灵县志・方域》：“平宁乡：莎泉村。”为农业村。

名胜古迹有莎泉古城遗址、莎泉、明代东堡堡址等。莎泉古城遗址，俗称“古城”，即北魏莎泉县治旧地。城址平面呈长方形，南北长约 300 米，东西宽约 250 米。有古砖、陶器残片出土。现为县级文物保护单位。莎泉为广灵县名泉，壶流河源头之一。在莎泉东堡村南。乾隆《广灵县志・山川》：“莎泉，在县西三十里。泉约亩许，沸腾汹涌，淙淙有声。即壶流河发源。”1958 年，围泉建成莎泉水库，总库容量 49 万立方米，坝长 860 米，用于灌溉、养鱼。

梁庄镇 [Liángzhuāng Zhèn]

乡级政区名。在广灵县境西北部。东邻一斗泉乡，东南连作疃镇，南接南村镇，西与浑源县沙沟坨镇毗连，北与阳高县友宰镇、河北省阳原县交界。面积 368.4 平方千米。人口 2.03 万。辖梁庄西堡村、梁庄东堡村、望狐村、东福窑村、国家眷村等 21 个行政村。镇人民政府驻梁庄西堡。因驻地得名。

1949 年，属广灵县第四、八区。1958 年 11 月，属浑源县，设红旗人民公社、灯塔人民公社。1959 年 7 月，复属广灵县，设梁庄人民公社、望狐人民公社。1984 年，置梁庄乡、望狐乡。2021 年，撤销望狐乡、梁庄乡，合并设立梁庄镇至今。

北、西、东三面环山，壶流河上游流经形成小川原，俗称“望狐川”。地形北高南低。传统农业区。名胜古迹有六棱山东麓汉白玉石林风景区、榆林村明代堡址、小关村明代烽火台、闯道坡明代堡址、吕家洼清代民居等。

梁庄西堡村 [Liángzhuāngxībǎo Cūn]

居民点。梁庄镇人民政府驻地。在广灵县人民政府驻地西北 25 千米。人口 0.16 万。相传原名万家庄，后梁姓聚居因改名梁家庄，俗简称梁庄。正德《大同府志・城池》载名“梁家庄堡”。乾隆《广灵县志・方域》：“平宁乡：梁家庄。”后以方位分为梁庄东堡村、梁庄西堡村、梁庄北堡村 3 个村。传统农业村。古迹有梁庄西堡明代堡址、清代民居、东堡关帝庙戏台等。

加斗镇［Jiādǒu Zhèn］

乡级政区名。在广灵县境东南部。东与河北省蔚县交界，南与灵丘县柳科乡相邻，西与壶泉镇、宜兴乡接壤，北与蕉山乡毗连。面积 139.8 平方千米。人口 1.71 万。辖西加斗村、东加斗村、南加斗村、东石门村、西石门村等 13 个行政村。镇人民政府驻西加斗村。因驻地得名。

1949 年，属广灵县第一区。1958 年 11 月，属浑源县，设广益人民公社。1959 年，复属广灵县，设加斗人民公社。1984 年，置加斗乡。2001 年，张岔乡 3 个村并入。2021 年，撤销加斗乡，设立加斗镇至今。境内南倚斗山，北濒壶流河，地势平坦。传统农业镇。名胜古迹有加斗山、月明山、西石门杨氏宗祠、东加斗明代堡址、东加斗村白家宅院、西姚疃明代堡址、西姚疃唐柳等。加斗山“斗山积雪”为清代广灵八景之一。

西加斗村［Xījiādǒu Cūn］

居民点。加斗镇人民政府驻地。在广灵县人民政府驻地东南 8 千米。人口 0.33 万。明洪武间始筑加斗寨城，因南倚加斗山而得名。正德《大同府志·关塞》：“加斗寨，在广灵县东南十五里加斗村。旧有遗址。洪武间筑，周围一里二百步，高二丈五尺，壕深一丈，南门。”后寨废形成村落，以方位命名东加斗、西加斗两村。明天顺间筑西加斗堡。清初新增南加斗村。正德《大同府志·城池》载名“西加斗堡”。乾隆《广灵县志·方域》：“嘉顺乡：东、西加斗。”乾隆《广灵县志·山川》：“加斗山，又名神峰山，在县东南二十里。有圮城形迹犹存。峰峦峭立，迥出云霄，有如斗星布列。内有石孔似门，孤峰挺立，其秀丽之状非他比也。下有加斗村，即元总管聂谅故里。”聂谅，西加斗人。元代大宁路总管，祀乡贤。子聂仁，常德府总管通判，升高州知州。传统农业村。古迹有观音庙戏台、三教寺、清代民居等。

东留疃村［Dōngliútuǎn Cūn］

居民点。属加斗镇。在广灵县人民政府东南 8 千米。人口 0.15 万。原名“留老疃”，现分为东留疃、西留疃两自然村。为元代著名孝子袁表故里，以袁表孝养祖父的故事命名。疃，古代地名通名，义为村庄。袁表幼时，祖父衰老，家贫无力抚养，其父袁吉以杷将其拖入山中抛弃。袁表遂将父扔在柴堆中的杷收藏起来，父问其故，袁表泣曰：“预为阿翁具。”父即悔悟，与袁表又将老人以杷载回家。袁表的故事载于地方史志，明、清历代《山西通志》有传，并入祀乡贤祠。后人因将其故乡称为“留老疃”，载回祖父的山称为“留老山”。乾隆《广灵县志·方域》：“安流乡：留老疃。”乾隆《广灵县志·山川》：“留老山，在城南十五里。昔袁吉弃父于此，其子袁表谏而载归。下即袁表故里。”相传袁表拖回祖父的路上至今草皆伏倒，为地方一景。古迹有东留疃村安坚寺、观音殿、西留疃关帝庙、西留疃民居群等。

作疃镇［Zuòtuǎn Zhèn］

乡级政区名。在广灵县境中部。东依壶泉镇，南与宜兴乡毗邻，西接南村镇，北邻一斗泉乡。面积 112 平方千米。人口 1.88 万。辖作疃东堡村、作疃西堡村、作疃南庄村、将官庄村、大西庄村等 20 个行政村。镇人民政府驻作疃西堡村。因驻地得名。

1949 年，属广灵县第六区，1953 年，属第五区。1956 年，属城关镇。1958 年，属浑源县，设满天红人民公社。1959 年 7 月，复属广灵县，分属平城人民公社、作疃人民公社。1984 年，置作疃乡。2021 年，撤销作疃乡，置作疃镇至今。地处壶流河川原。特产白麻、黄花菜，誉为“白麻之乡”。古迹有汉代平舒县城遗址、平城北堡汉墓群、平城北堡明代堡址、三官庙、北齐长城、明长城遗址等。

作疃西堡村 [Zuòtuǎnxībǎo Cūn]

居民点。作疃乡人民政府驻地。在广灵县人民政府驻地西 7.5 千米。人口 0.1 万。相传原名泽疃，因地势低湿而得名，后演化为作疃。疃，古代地名通名，意为村庄。正德《大同府志·土堡》载名“作疃堡”。乾隆《广灵县志·方域》：“平宁乡：作疃。”1949 年后，以方位分为作疃西堡村、作疃东堡村、作疃南庄村 3 个自然村。为农业村庄。古迹有作疃西堡明代堡址、作疃西堡新石器文化遗址、光绪进士魏倬故居等。

一斗泉乡 [Yīdǒuquán Xiāng]

乡级政区名。在广灵县境北部。东与蕉山乡相邻，南与壶泉镇、作疃乡毗连，西与梁庄镇接壤、北、东北与河北省阳原县揣骨疃镇、蔚县阳眷镇交界。面积 112.8 平方千米。人口 1.18 万。辖一斗泉村、南岳庄村、北岳庄村、桃子村、后山窑村等 11 个行政村。乡人民政府驻一斗泉村。因驻地得名。

1949 年，属广灵县第八区。1953 年，属岳庄乡。1956 年 7 月，置一斗泉乡。1958 年 11 月，属浑源县。分属前进人民公社、广城人民公社。1959 年 7 月，复属广灵县，设一斗泉人民公社。1962 年，将河北省阳原县的桥涧、板塔寺、黑土坪、黑鱼洞 4 个生产大队划入一斗泉人民公社。1984 年，置一斗泉乡。境内四周环山，北高南低。南部为盆地，季节性河流大涧沟纵经盆地区。古迹有南岳庄明代堡址、北岳庄汉代遗址、榆林大佛寺、裴家洼汉代文化遗址等。

一斗泉村 [Yīdǒuquán Cūn]

居民点。一斗泉乡人民政府驻地。在广灵县人民政府驻地北 10 千米。人口 0.25 万。因村有名泉一斗泉而得名。明代有旧一斗泉堡、新一斗泉堡两村，清初合为一村。俗亦简称“斗泉”。正德《大同府志·城池》载名“新一斗泉堡”。乾隆《广灵县志·方域》：“静乐乡：一斗泉。”乾隆《广灵县志·山川》：“一斗泉，在县西北二十里。昔乡人掘井三十余丈，竟不及泉，忽水自西山崖畔突出，池仅斗许，足供百家，故名。”为传统农业村。古迹有明代烽火台、田氏祠堂等。

蕉山乡 [Jiāoshān Xiāng]

乡级政区名。在广灵县境东部。东与河北省蔚县交界，南连加斗镇，西接壶泉镇，北邻一斗泉乡。面积 127 平方千米。人口 1.58 万。辖西蕉山村、南蕉山村、中蕉山村、东蕉山东堡村、东蕉山西堡村等 15 个行政村。乡人民政府驻西蕉山村。因驻地得名。

1949 年，属广灵县第一区。1958 年 11 月，属浑源县，设广城人民公社。1959 年 7 月，复属广灵县，设蕉山人民公社。1984 年 2 月，置蕉山乡。2001 年，王洼乡 3 个村并入。北部为山区、半山区，南部为壶流河川原，地形西北高东南低。名胜古迹有洗马庄汉墓群、龙虎岩明代堡址、罗疃明代广济桥、中蕉山福智寺、曹川明代堡址等。为广灵县与蔚县之间交通要道。

西蕉山村 [Xījiāoshān Cūn]

居民点。蕉山乡人民政府驻地。在广灵县人民政府驻地东 6.5 千米。人口 0.16 万。原名焦山村，专指今中焦山村，因地处焦山山麓而得名。明代东、西两侧村落兴起，以方位分别命名西焦山、东焦山、中焦山。正德《大同府志·城池》载名“中焦山堡”。乾隆《广灵县志·方域》：“嘉顺乡：焦山（係官堡）、东焦山、西焦山”。相传“焦山”因山体干旱无草木而得名。20 世纪 60 年代，当地以地名不雅，遂改为“蕉山”。传统农业村。古迹有西蕉山汉代文化遗址、西蕉山汉墓群、西蕉山明代堡址、清代民居、关帝庙戏台、龙王庙戏台等。

殷家庄村 [Yīnjiāzhuāng Cūn]

居民点。山西省传统村落，中国传统村落，国家森林乡村。属蕉山乡。在广灵县人民政府驻地东北 15 千米。面积 3.01 平方千米。人口 0.14 万。以殷姓始居而得名。明嘉靖间筑堡。正德《大同府志·土堡》载名“殷家庄堡”。乾隆《广灵县志·方域》载名“殷家庄”，属嘉顺乡。明清时期马氏家族兴起并广建宅第。现存古迹有明代殷家庄堡址、三官庙、真武庙、马氏宅院及明清民居 80 余处。2014 年，被列入第一批山西省传统村落保护名录。2016 年 12 月，被列入第四批中国传统村落保护名录。同年，殷家庄古民居公布为山西省重点文物保护单位。2019 年 12 月，入选为第二批国家森林乡村。

洗马庄村 [Xǐmǎzhuāng Cūn]

居民点。属蕉山乡。在广灵县人民政府驻地东 8 千米。人口 0.17 万。为元代吏部侍郎庞清故里，因他曾任洗马官职而得名。乾隆《广灵县志·方域》载名“洗马庄”，属嘉顺乡。乾隆《大同府志·山川》：“飞凤山，西距广灵县治二十里。一冈突兀，下有洗马庄，元侍郎庞清居此，清尝官洗马。”名胜古迹有洗马庄汉墓群、洗马庄旧石器文化遗址、明代堡址、观音庙等。其中洗马庄汉墓群位于村北，分布面积约 50 万平方米，从暴露的墓砖判断为两汉时期。地表现存封土堆 10 座，墓葬基座均为方形，封土堆呈覆斗状。1986 年，被公布为省级文物保护单位。传统农业村。

宜兴乡 [Yíxīng Xiāng]

乡级政区名。在广灵县境东南部。东邻加斗镇，南与灵丘县史庄乡交界，西与作疃镇、南村镇毗连，北与壶泉镇接壤。面积 130.1 平方千米，人口 1.16 万。辖西宜兴村、东宜兴村、宜兴庄村、屯堡村、苍耳洼村等 13 个行政村。乡人民政府驻西宜兴村。因驻地得名。

1949 年，属广灵县第一区。1958 年 11 月，属浑源县卫星人民公社。1959 年 7 月，复属广灵县，设宜兴人民公社。1984 年，置宜兴乡至今。南部为直峪山、宜兴南山山区，北部为壶流河川原区。地形西南高，东北低，最高点草垛山海拔1412.7米。传统农业乡。特产“东方亮”谷子、黄花菜、直峪大葱。名胜古迹有圣泉寺北魏—明清石窟、直峪村圣佛寺遗址、宝峰寺遗址、琳峰庵石窟等。宜兴南山“圣泉松风”为清代广灵八景之一。有旅游服务业，以观光农业为主。

西宜兴村 [Xīyíxīng Cūn]

居民点。宜兴乡人民政府驻地。在广灵县人民政府驻地南5千米。人口0.26万。“宜兴”以吉语命名。又俗作“宜行”。正德《大同府志・土堡》载名“宜兴堡”。后村民在东部新建村落，遂按方位分称东宜兴、西宜兴。乾隆《广灵县志・方域》：“安流乡：东、西宜行。”农业村庄。特产“东方亮”谷子。古迹有明代宜兴堡址、孙氏祠堂、北齐长城遗址等。村南红沙坡是广灵南下灵丘的交通要隘。

灵丘县 [Língqiū Xiàn]

县级政区名。在大同市东南部。东与河北省保定市涞源县接壤，南与河北省保定市阜平县毗邻，西与浑源县、繁峙县相邻，北与广灵县、河北省张家口市蔚县交界。面积2731.66平方千米。人口21.26万。辖武灵镇、东河南镇、上寨镇3个镇，落水河乡、赵北乡、石家田乡、柳科乡、白崖台乡、独峪乡、下关乡、红石塄乡8个乡。县人民政府驻武灵镇。

战国赵国灵丘邑。秦置灵丘县，属代郡，治所在今落水河乡固城村、新庄村间。因有赵武灵王墓，故名灵丘。《汉书・地理志》代郡灵丘注：“应劭曰：武灵王葬此，因氏焉。”西汉因之。东汉光和元年（178年）别属中山国，寻省。北魏复置灵丘县，属灵丘郡，郡隶司州，太和中隶恒州。灵丘郡、县治所均在今灵丘县城。北周蔚州治灵丘，于县境南置大昌县。隋开皇三年（583年），省大昌县入灵丘县。大业三年（607年），废蔚州，县改属雁门郡。唐初突厥占领，县废。唐武德六年（623年），复置灵丘县，属蔚州，侨治于阳曲。七年，侨治于繁畤。八年，侨治于秀容。贞观五年（631年），复治今县城，为蔚州治。天宝元年（742年），废蔚州，县属安边郡。至德二年（757年），属兴唐郡。乾元元年（758年），属蔚州。辽属西京道蔚州。金贞祐二年（1214年），升为成州，属西京路。元复为灵丘县，属蔚州。明属大同府蔚州。清雍正三年（1725年），改属大同府。1912年，废府。1913年，属北路道。1914年，属雁门道。1927年，废道后直属山西省。1937年，属山西省第一行政区。抗日战争时期，属晋察冀边区北岳区第二专区。1949年，属察哈尔省雁北专区。1952年，属山西省雁北专区。1958年，属晋北专区。1961年，属雁北专区。1967年，属雁北地区。1993年，属大同市至今。

与“灵丘”相关的地名文化应用有：

灵丘古道：为灵丘县境内著名古代交通遗迹。北魏建都平城后曾多次在原飞狐道的基础上拓建而成。《魏书·高祖纪上》：“（太和六年）秋七月，发州郡五万人治灵丘道。”灵丘道为魏都连接中原的捷径，为北魏取得北方的局部统一起到了重要作用，也为后来历代交通产生了深远影响。道路从平城经石铭陉、灵丘唐河峡谷、东下华北平原，可达邺城。其中灵丘唐河峡谷段高峰壁立，下临深渊，崖间栈道，最为艰险。北魏诸帝皆由此南巡中原，留下了众多历史文化遗踪。如隘门、御射台、南巡御射碑、觉山寺、北魏栈道遗址等。现在灵丘道已经改建为 S203 大同—灵丘省道、S201 马市口—走马驿省道、G108 国道。

灵丘罗罗腔：国家级非物质文化遗产。为弋阳腔演变而来的地方戏曲剧种，主要流行于灵丘县及其周边区域。兴盛于清代乾隆年间，多在举行娱神祭祀时演出，后渐衰微。罗罗腔由一人在前台演唱，众人在后台帮腔，和之以“罗罗哟哟”之声，“罗罗腔”之名即由此而来。1960 年成立了专业的灵丘罗罗腔剧团。2006 年 5 月，灵丘罗罗腔被列入第一批国家级非物质文化遗产名录。

灵丘荞麦：灵丘县境为荞麦种植生产最适宜区，栽培历史悠久。灵丘苦荞面凉粉为传统小吃，有独特的地方风味。2007 年，灵丘苦荞麦获农业部农产品地理标志保护认证。

地名命名特点如下：

地名专名有以下特点：1. 以古迹命名。如：白马寺村、固城村、曲回寺村等。2. 以山川地形命名。如：阳山沟、南岭北、落水河乡等。3. 以姓氏命名。如：弋家坡、伊家店、石家田等。4. 以祥瑞、希冀命名，表达了中华传统文化中对美好的向往和追求。如：大兴庄、兴旺庄、五福地等。

地名通名有以下特点：1. 以自然地形地貌为通名。如：东岭沟、白崖台、白草湾、乐陶山等。2. 以人文地理实体寨、堡、寺、铺等为通名。如：王寨、温东堡、黑寺、王村铺等。3. 多为北方常见通名村、庄等。如：甄村、焦庄、高家庄等。

地处太行山脉北段西麓，北部为恒山支脉，南部为五台山支脉，中部为唐河河谷平川。地势西北高东南低。最高点太白维山海拔 2234.6 米，最低点独峪乡花塔村大沙河出境处海拔 611.5 米。地下矿藏有金、银、锰、铁、石灰石、石英石等。农业以种植业、畜牧业为主。有旅游服务业、矿产品销售。农产品地理标志有灵丘苦荞。特产灵丘苦荞茶、苦荞粉及苦荞系列产品。名胜古迹有全国重点文物保护单位有曲回寺石像冢、觉山寺砖塔、平型关战役遗址；省级重点文物保护单位有赵武灵王墓、明内长城等。纪念地有平型关战役遗址、平型关大捷动员会纪念碑、刘庄“三·一”惨案纪念碑。武陵镇为全国重点镇。觉山村、花塔村为中国传统村落。京原铁路过境，设灵丘站。S203 大同—灵丘省道终点。

灵丘 [Língqiū]

地片名。在灵丘县境北中部。北魏于此置灵丘县。北魏末寄治秀容，北齐还治于此。唐武德初先后寄治阳曲、繁畤、秀容，贞观五年（631 年），复还治于此。开元二年（714 年），筑灵丘县城，城周 3 里 330 步，高 2 丈，辟南门。明天顺二年（1458 年）在旧城区南侧 32 步重筑灵丘城，旧城址后俗称“后北城”。新城周达 5 里，高 4 丈，池深 1 丈 5 尺。辟南、北两门：南门外东向曰“承恩”，内正向曰“秀丽”；北门不开，内曰“镇朔”，外曰“怀远”。

正德三年（1508），重修并建门楼。嘉靖二十年（1541年），重修。隆庆元年（1567年），再修。万历二十四年（1596年），甃以砖石。天启六年（1626年），灵丘发生7级大地震，城毁过半，房舍无存。因发帑重筑灵丘城，城址仍旧。城高3丈，只辟东门。清顺治十二年（1655年），因久雨城圮，重修后新辟南门。乡民以南门似牛头，东门似牛尾，俗称为“卧牛城”。民国时期城址依旧完整。1945年，八路军解放灵丘城，拆除了城门楼、城墙包砖、县署及部分庙宇。20世纪50年代至90年代，城墙逐步推平。2009年后，拓宽扩建旧街道，形成新华街、振华西街、振华东街、青年路、新建路主干道路。古迹有赵武灵王墓、后北城遗址、明代城墙遗址等。

武灵镇 [Wǔlíng Zhèn]

乡级政区名。全国重点镇。灵丘县人民政府驻地。位于县境中北部。东与落水河、石家田乡相邻，南与红石塄接壤，西与东河南镇交界，北与赵北乡毗连。面积344.1平方千米。人口13.52万。辖康北社区、康南社区、迎宾社区、宝地社区、平安社区等13个社区，城内村、沙坡村、西关村、城道坡村、东关村等50个行政村。镇人民政府驻古城社区。

清代为灵丘县东、南、西、北四乡交汇处。1949年，属城关区、赵北区。1953年，属第一、二区。1955年，属城关区。1958年，设卫星人民公社，后改城关人民公社。1984年8月，置城关镇。2002年3月，城关镇、高家庄乡、唐之洼乡合并为武灵镇。2021年，史庄乡并入至今。因有赵武灵王墓而得名。

南部地处唐河川原区，唐河、泽水河、塌涧河流经，有灌溉之利。北部处黑脑尖山东南麓，多为丘陵区。名胜古迹纪念地有赵武灵王墓、李存孝故里碑、灵源汉墓群、平型关烈士陵园、灵丘惨案遗址、武灵主题公园、唐河公园、平型关烈士陵园、黑寺村白求恩战地救护所旧址、窑沟村前韩洞寺院遗址、东口头黑龙庙遗址等。2014年7月，被列入全国重点镇。

东河南镇 [Dōnghénán Zhèn]

乡级政区名。在灵丘县境西部。东与灵武镇相邻，东南与红石楞乡、上寨镇毗连，南与独峪乡、白崖台乡接壤，西界白崖台乡、浑源县王家堡镇，北接赵北乡。面积247平方千米。人口2.01万。辖东河南村、古之河村、古树村、燕家湾村、三合地村等24个行政村，有51个自然村。镇人民政府驻东河南村。因驻地得名。

清代属灵丘县西乡。1949年，属灵丘县东河南区。1953年，属第三区。1955年，属东河南区。1956年，分属蔡家峪乡、东河南乡、古之河乡。1958年，设古之河人民公社。1961年，更名东河南人民公社。1984年8月，置东河南镇至今。境内为唐河川原区，南、北高，中部唐河河槽，有灌溉之利。名胜古迹有成才沟新石器文化遗址、清泥涧明代烽火台、蔡家峪明代堡址、韩淤地明代烽火台等。小寨村南的乔沟为1937年平型关大捷主战场。

东河南村 [Dōnghénán Cūn]

居民点。东河南镇人民政府驻地。在灵丘县人民政府驻地西18千米。人口0.64万。相传原名滱阴堡，因在滱水（唐河）之阴而得名。后以位于阴崖湾东部，唐河南岸而改今名。

历为县西通浑源、大同交通要道，明清于此驻军置“东河南村寨”，并设东河南铺。康熙《灵丘县志·疆域》载名“东河南”。乾隆《大同府志·疆域·灵丘县道路》：“西南由堂子洼经鼓子河，过东河南铺入蔡家峪，凡六十里至浑源州属汤头湾铺。”乾隆《大同府志·疆域·灵丘县》：“东河南村，距城三十里。”光绪《灵丘县补志》：“西乡共七十九村庄：东河南，三十五里。”以农业种植为主。古迹有萧太后城遗址、杨六郎城遗址、杏树台汉代文化遗址、东河南汉代文化遗址、清代民居、京原铁路过境，设东河南站。

小寨村 [Xiǎozhài Cūn]

居民点。属东河南镇。在灵丘县人民政府驻地西南 28 千米。人口 0.11 万。因地处平型关北口，历代建有驻军堡寨，与东面的东河南寨相对规模较小，故以名之。为县西南通繁峙县交通要道，清代设小寨铺。康熙《灵丘县志·疆域》载名“小寨”。乾隆《大同府志·疆域·灵丘县道路》：“西南由堂子洼经鼓子河，过东河南铺入蔡家峪，凡六十里至浑源州属汤头湾铺。又西南由小寨铺凡六十里至代州繁峙县属平型关。”光绪《灵丘县补志》：“西乡共七十九村庄：小寨村，四十三里。”村南的乔沟是 1937 年平型关大捷主战场，现为红色旅游景区。

上寨镇 [Shàngzhài Zhèn]

乡级政区名。在灵丘县境东南部。东与河北省涞源县交界，南与河北省涞源县、阜平县相邻，西南、西、西北与下关乡、独峪乡、东河南镇接壤，北与红石楞乡毗连。面积 291 平方千米。人口 1.21 万。辖上寨村、庄子沟村、串岭村、雁翅村、石矾村等 14 个行政村，有 54 个自然村。镇人民政府驻上寨村。因驻地得名。

清代属灵丘县东乡、南乡。1937 年，八路军在上寨镇成立上寨县抗日民主政府，1938 年，撤销，后属灵丘县抗日民主政府。1949 年，属灵丘县上寨区。1953 年，属第四区。1954 年，属第二区。1956 年，置上寨乡。1958 年，设上寨人民公社。1984 年 8 月，置上寨镇。2001 年，狼牙沟乡并入至今。地处山区，沟壑纵横，上寨河由西流经向东注入唐河。纪念地有下寨晋察冀边区兵工厂旧址、晋察冀军区六团驻地旧址、刘庄“三·一惨案”纪念碑、石矾八路军三五九旅部旧址等。

上寨村 [Shàngzhài Cūn]

居民点。上寨镇人民政府驻地。在灵丘县人民政府驻地东南 40 千米。人口 0.41 万。地处上寨河出山口，镇北寨顶山（又名寨梁）旧有营寨，与下寨村相对而得名。乾隆《大同府志·疆域·灵丘县》：“上寨村，距村八十里。”光绪《灵丘县补志》：“南乡共一百十一村庄：上寨村，七十里。”传统农业村。1937 年 9 月 23 日，林彪在此召开平型关作战会议，并召开动员会。现有平型关大捷五师动员会纪念碑。

刘庄村 [LiúZhuāng Cūn]

居民点。属上寨镇。在灵丘县人民政府驻地东南 26.5 千米。人口 0.13 万。特产花椒、核桃。为抗日战争时期“刘庄惨案”发生地。1943 年 3 月 1 日凌晨，驻上北泉据点的日伪军 80 余人，将刘庄村包围，强行将村民驱赶进刘檀院的东、西房，然后把门堵死，四周堆积柴草，浇上汽油点火焚烧。大部分村民被活活烧死，部分冲出的群众也被敌人架起的机枪打死。遇难者达 243 人。1946 年 5 月 9 日，刘庄群众将死难者遗骨合葬于村西，并建立纪念碑楼，内立石碑记载当年惨案发生经过和死难者姓名。1971 年，村民与驻军重修碑楼，并在碑楼南侧新建纪念亭 1 座，内立汉白玉复制碑 1 通。1996 年 10 月，公布为县级文物保护单位。2016 年 6 月，刘庄“三·一”惨案纪念地被公布为第五批省级文物保护单位。

落水河乡 [Luòshuǐhé Xiāng]

乡级政区名。在灵丘县境东部。东与河北省涞源县交界，南与红石楞乡相邻，西与武灵镇毗连，北与石家田乡、柳科乡接壤。面积 289 平方千米。人口 1.83 万。辖北水芦村、孤山村、巨羊驼村等 16 个行政村，有 35 个自然村。镇人民政府驻落水河村。因驻地得名。

清代属灵丘县东乡。1949 年，属灵丘县落水河区。1953 年，属第六区。1956 年，属落水河乡。1958 年，设落水河人民公社。1984 年 8 月，置落水河乡至今。境内北、东、南三面环山，西连唐河平川，土地平阔。季节河大东河流经全境西注唐河。文物古迹有乐陶山新石器文化遗址、王庄杏树台商代文化遗址、孤山金堂寺等 35 处。

落水河村 [Luòshuǐhé Cūn]

居民点。落水河乡人民政府驻地。在灵丘县人民政府驻地东 8 千米。人口 0.29 万。流经村中的大东河原名落水河，村以河得名。康熙《灵丘县志·疆域》载名“落水河”。乾隆《大同府志·疆域·灵丘县》：“落水河，距城十五里。”光绪《灵丘县补志》：“东乡共六十五村庄：落水河，十五里。”传统农业村。古迹有落水河明代堡址、清代民居等。

腰站村 [Yāozhàn Cūn]

居民点。属落水河乡。在灵丘县人民政府驻地东 22 千米。人口约 480 人。因灵丘、涞源两县城相距 90 华里，腰站位于两城中间而得名。旧有谣谚：“腰站人，命儿苦，两头赶集四十五。”乾隆《大同府志·疆域·灵丘县》：“腰站村，距城四十里。”清代于此设腰站铺。乾隆《大同府志·疆域·灵丘县道路》：“东由固城铺经召柏铺，过腰站铺，凡五十八里至直隶易州广昌县属红泉子铺。”1937 年 9 月 25 日，八路军 115 师独立团在此阻击日军板垣师团，确保平型关战役胜利。史称“血战驿马岭”或“腰站战斗”。古迹纪念地有驿马岭阻击战遗址、腰站战斗纪念碑、龙泉寺遗址、秀岭驿东界碑等。地方传统文化有腰站秧歌。

赵北乡 [Zhàoběi Xiāng]

乡级政区名。在灵丘县境西北部。东与武灵镇接壤，南与东河南镇相邻，西、西北与浑源县王庄堡镇、千佛岭乡、黄花滩乡交界，东北与广灵县南村镇接壤。面积 283 平方千米。人口 0.6 万。辖赵北村、联庄村、上红峪村、下红峪、白马寺村等 19 个行政村。镇人民政府驻赵北村。因驻地得名。

清代属灵丘县西乡。1949 年，属灵丘县赵北区。1953 年，属第二区。1956 年，属赵北乡。1958 年，设赵北人民公社。1984 年 8 月，置赵北乡。2001 年，原王成庄乡并入至今。

地处黄花梁山南麓，以山地、丘陵为主，赵北河河谷为产粮区。古迹有寺沟菩萨洞、王成庄老爷庙、白马寺东周文化遗址等。

赵北村 [Zhàoběi Cūn]

居民点。赵北乡人民政府驻地。在灵丘县人民政府驻地西北 20 千米。人口 0.13 万。原名“赵壁”，后以方言谐音改为今名。康熙《灵丘县志·疆域》载名“赵壁”。乾隆《大同府志·疆域·灵丘县》：“赵璧村，距村四十里。”光绪《灵丘县补志》：“西乡共七十九村庄：赵璧村，四十五里。”传统农业村。古迹有赵北东周文化遗址、赵北明代堡址、清代戏台、清代民居等。

石家田乡 [Shíjiātián Xiāng]

乡级政区名。在灵丘县境东北部。东邻柳科乡，东南与落水河乡为界，西南靠武灵镇，西北与广灵县宜兴乡接壤。面积 185.82 平方千米。人口 0.51 万。辖石家田村、上北罗村、下北罗村、东张庄村等 11 个行政村，有 18 个自然村。镇人民政府驻石家田村。因驻地得名。

清代属灵丘县东乡、北乡。1949 年，属石家田区。1953 年，属第七区。1954 年，属第四区。1956 年，属石家田乡。1958 年，设石家田人民公社。1984 年 8 月，置石家田乡至今。地处龙池山南麓，多山地、丘陵。大东河上游流经。古迹有下北罗辽代造像碑、温东堡关帝庙戏台、东张庄关帝庙等。

石家田村 [Shíjiātián Cūn]

居民点。石家田乡人民政府驻地。在灵丘县人民政府驻地东北 25 千米。人口 0.13 万。因石姓始居而得名。古为通往广灵县要道，明代设石家田铺。正德《大同府志·铺舍》：“灵丘县十四铺，北路五：大涧铺、三山铺、石家田铺、塔地铺、伊家店铺，接蔚州松涧铺。”康熙《灵丘县志·疆域》载名“石家田”。乾隆《大同府志·疆域·灵丘县》：“石家田村，距村三十里。”光绪《灵丘县补志》：“东乡共六十五村庄：石家田，四十五里。”农业村。古迹有石家田战国文化遗址、石家田明代堡址。

柳科乡 [Liǔkē Xiāng]

乡级政区名。在灵丘县境东北部。东与河北省涞源县留家庄乡接壤，南与落水河乡、石家田乡为邻，西与石家田乡毗连，北与广灵县宜兴乡、河北省蔚县果庄子乡交界。面积 202 平方千米。人口 0.33 万。辖柳科村、下彭庄村、塔地村等 11 个行政村。镇人民政府驻柳科村。因驻地得名。

清代属灵丘县东乡。1949 年，属石家田区。1953 年，属第七区。1954 年，属第四区。1956 年，属石家田乡。1958 年，属石家田人民公社。1961 年，分设柳科人民公社。1984 年 8 月，置柳科乡至今。地处凤凰尖山西麓，为高寒山区，年平均气温 4.0℃。有旅游服务业。旅游景点有空中大草原，是一处亲近自然、回归自然的旅游胜地。古迹有白北堡战国文化遗址、刁泉唐代冶铜遗址、枪头岭明代冶银遗址、伊家店兴盛寺遗址等。

柳科村 [Liǔkē Cūn]

居民点。柳科乡人民政府驻地。在灵丘县人民政府驻地东北 23 千米。人口 0.1 万。

相传原名柳窠，后改为柳科。光绪《灵丘县补志》：“东乡共六十五村庄：柳科村，四十里。”古迹有柳科明代堡址。

白崖台乡 [Báiyátái Xiāng]

乡级政区名。在灵丘县境西南部。东、北与东河南镇接壤，南与独峪乡为邻，西与繁峙县横涧乡交界。面积210平方千米。人口0.23万。辖白崖台村、东长城村、冉庄村、关沟村等10个行政村，有26个自然村。镇人民政府驻白崖台村。因驻地得名。

清代属灵丘县南乡。1949年，属东河南区。1953年，属第九区。1956年，分属东河南乡、冉庄乡。1958年，设冉庄人民公社。1965年，更名为平型关公社。1972年，复名为冉庄人民公社。1984年8月，置白崖台乡至今。地处山区，坡陡沟深，冉庄河纵经。1937年9月25日，八路军在境内伏击日军，取得著名的平型关大捷。现存纪念地有平型关战役纪念馆、平型关战役乔沟战场、老爷庙争夺战遗址、115师指挥所旧址、林彪临时住所旧址、平型关关口、平型关大捷纪念碑等。1961年，被公布为全国重点文物保护单位。现为红色旅游景区。京原铁路过境设平型关站。

白崖台村 [Báiyátái Cūn]

居民点。白崖台乡人民政府驻地。在灵丘县人民政府驻地西南35千米。人口0.1万。因山崖呈白色而得名。康熙《灵丘县志·疆域》载名“白崖台”。乾隆《大同府志·疆域·灵丘县》：“白崖台，距城五十里。”光绪《灵丘县补志》：“南乡共一百十一村庄：白崖台，六十里。”古迹纪念地有平型关战役遗址、白崖台老爷庙、老爷庙明代烽火台、繁峙县县界碑等。

红石塄乡 [Hóngshíléng Xiāng]

乡级政区名。全国文明村镇。在灵丘县境东南部。东与河北省涞源县交界，南与上寨镇毗连，西与武灵镇相邻，北与落水河乡接壤。面积146.7平方千米。人口0.24万。辖红石塄村、边台村、下车河村等7个行政村，有12个自然村。镇人民政府驻红石塄村。因驻地得名。

清代属灵丘县东乡。1949年，属上寨区。1953年，属第四区。1954年，属第二区。1956年，分属太白乡、红石塄乡。1958年，设太红人民公社。1972年，更名红石塄人民公社。1984年8月，置红石塄乡至今。地处太白巍山东麓，唐河纵贯全境。名胜古迹有觉山寺、御射台遗址、觉山古栈道遗址、沙湖门桃花洞风景区等。2015年2月，被授予第四届“全国文明村镇”称号。

红石塄村 [Hóngshíléng Cūn]

居民点。红石塄乡人民政府驻地。在灵丘县人民政府驻地东南25千米。人口0.07万。因位于高地，多红色石而得名。光绪《灵丘县补志》：“东乡共六十五村庄：红石塄，四十五里。”古迹有红石塄戏台、清代戏台。

觉山村 [Juéshān Cūn]

居民点。中国传统村落。属红石塄乡。在灵丘县人民政府驻地东南10千米。面积7.1

平方千米。人口约 16 人。因村中有觉山寺而得名。古迹有全国重点文物保护单位觉山寺辽塔、北魏灵丘道栈道遗址、北魏文成帝南巡御射台、辽金磁窑遗址。2012 年 12 月，被列入第一批中国传统村落名录。

觉山寺位于村西。始建于北魏太和七年（483 年）。辽大安五年（1089 年）重建。明清多次重修。现存觉山寺塔为辽代遗构，建于辽大安六年（1090 年），为八角十三级密檐式砖塔，通高 43.45 米。塔体工艺精湛，雄厚庄重，是我国现存辽代砖塔的典型代表，2001 年，被公布为全国重点文物保护单位。

御射台遗址位于觉山村城头会自然村西南。据《魏书・高宗纪》：和平二年（461 年）二月文成帝拓跋濬南巡，观山险水秀而发兴与众臣竞射，众臣无人能射过山峰，皇帝弯弓放箭，出山三十余丈、过山南二百二十步，于是刊《皇帝南巡之颂》碑，记述歌颂其政治功绩。石碑现藏于觉山寺碑厅。2001 年，在遗址上立“御射台”碑。

下关乡 [Xiàguān Xiāng]

乡级政区名。在灵丘县境南部。东与上寨镇为邻，南与河北省阜平县接壤，西、北与独峪乡相连。面积 266 平方千米。人口 0.4 万。辖下关村、上关村、白水岭村、岗河村、中庄村等 10 个行政村，有 41 个自然村。镇人民政府驻下关村。因驻地得名。

清代属灵丘县南乡。1949 年，属下关区。1953 年，属第五区。1954 年，属第三区。1956 年，分属下关乡、谢子坪乡。1958 年，设下关人民公社。1984 年 8 月，置下关乡。境内群山环绕，沟壑纵横，下关河流经，南入河北省境。古迹纪念地有女儿沟禅庵寺、明长城、杨庄村白求恩特种外科医院旧址、龙堂会瀑布等。

下关村 [Xiàguān Cūn]

居民点。下关乡人民政府驻地。在灵丘县人民政府驻地南 62 千米。人口 0.11 万。地处南下河北省阜平县铁岭口的要隘，清代设征税釐卡，与北侧上关村相对而得名。康熙《灵丘县志・疆域》载名“下关”。乾隆《大同府志・疆域・灵丘县》：“下关村，距城九十里。”光绪《灵丘县补志》：“东乡共六十五村庄：下关村，九十里。”光绪《山西通志・关隘志》：“铁岭口北之下关镇为最冲，今设釐卡。”传统农业村。古迹有关帝庙遗址、下关供销社旧址。

杨庄村 [Yángzhuāng Cūn]

居民点。中国传统村落。属下关乡。在灵丘县人民政府驻地南 63 千米。人口约 196 人。村中有白求恩特种外科医院旧址。1938 年 12 月，白求恩在村中晋察冀军区医院第一所的基础上，创办特种外科医院。医院设在村内的一处院落中，有东房伤员接待室、南房手术室、北房处置室，及院南侧病房、白求恩居所，分布面积约 5000 平方米。1976 年，维修并建白求恩事迹展览馆。1996 年，被公布为县级文物保护单位。2022 年 10 月，被列入第六批中国传统村落。

独峪乡 [Dúyù Xiāng]

乡级政区名。在灵丘县境南部。东与上寨镇接壤，东南与下关乡为邻，西南与河北省阜平县交界，西与忻州市繁峙县毗连，北与白崖台乡相邻。面积271平方千米。人口0.4万。辖独峪村、大兴庄村、豹子口头村、杜家河村、曲回寺村等14个行政村，有25个自然村。镇人民政府驻独峪村。因驻地得名。

清代属灵丘县南乡。1949年，属下关区。1953年，属第五区。1954年，属第三区。1956年，分属张家湾乡、曲回寺乡。1958年，属银厂人民公社。1961年，分设独峪人民公社。1984年8月，置独峪乡。地处碾盘岭南麓，丘陵起伏，独峪河流经。名胜古迹纪念地有曲回寺石像冢、明代长城、烽火台、河浙村白求恩战地医院旧址、大兴庄严峰寺遗址等。

独峪村［Dúyù Cūn］

居民点。独峪乡人民政府驻地。在灵丘县人民政府驻地南55千米。人口约157人。由独峪、小独峪两村组成。独峪原名上独峪，后又名大独峪；小独峪原名下独峪。亦作"渎峪"。康熙《灵丘县志·疆域》载名"独峪"。乾隆《大同府志·疆域·灵丘县》："上渎峪村，距城七十里。下渎峪村，距城七十里。"光绪《灵丘县补志》："南乡共一百十一村庄：大、小独峪，七十里。"传统农业村。古迹有明代独峪堡址。

曲回寺村［Qǔhuísì Cūn］

居民点。中国传统村落。属独峪乡。在灵丘县人民政府驻地西南68千米。人口约280人。因寺院得名。古代"曲"字读若"哭"，故又俗作"哭回寺"。正德《大同府志·寺观》："哭回寺，在灵丘县城南一百里。唐开元二年建。"乾隆《大同府志·疆域·灵丘县》："曲回寺村，距城七十里。"著名古迹有唐代开元二十一年（733年）创建的曲回寺，及分布周边的47座石像冢。传统农业村庄。特产核桃、花椒。G108国道经此。

曲回寺石像冢群位于曲回寺村、河浙村及其四周，半径约10千米。分布面积约7850万平方米。唐开元二十一年（733年），禅师惠感奉诏创建曲回寺，石像冢与寺院同时创建。现有圆形封土堆47座。其中Z1号石像冢位于曲回寺村西北老虎山山脚下，高3～4米，底径10米，门洞朝南，封门石上雕刻七佛，右侧有"天宝十载（751年）"题记。Z6号石像冢位于村北山脚下，2001年，由山西省考古所发掘清理，冢内为石块砌筑的三圈石墙，略呈同心圆状，石墙之间回填土和砂石。2001年，曲回寺石像冢群被国务院公布为全国重点文物保护单位。2022年10月，被列入第六批中国传统村落。

花塔村［Huātǎ Cūn］

居民点。中国传统村落。属独峪乡。在灵丘县人民政府驻地西南90千米。面积8.55平方千米。人口约154人。位于灵丘县、繁峙县、河北省阜平县3个县交界处。三楼河流经，海拔558米，为大同市境海拔最低点。原名高家庄，旧为繁峙县高姓地主的庄子。康熙《灵丘县志·疆域》载名"高家庄"。后以地处河滩、花木繁盛而改今名。塔，源于北方民族语"塔拉"，在山西方言中意为"河滩平地"。

村庄四面环山，大山封闭，一河中流，进入村庄须经一条长827米的隧道，出隧道后豁然开朗，土地平旷，屋舍俨然，具有桃花源田园风情。全年气候温热潮湿，号称"塞外小江南"。村落生态环境保护完整，大部分房屋为清代建筑，有着独特的自然和人文积淀。

特产苹果、桃、核桃、花椒、青檀木。古迹有明长城、观音庙遗址。村中青山绿水，果木繁茂，气候温和，景色宜人。2008 年，被山西省人民政府命名为“生态民俗村”。2019 年 6 月，被列入第五批中国传统村落名录。

浑源县 [Húnyuán Xiàn]

县级政区名。大同市辖县。位于大同市东南部。东与广灵县、灵丘县接壤，西与朔州市应县、怀仁市交界，南与忻州市繁峙县毗邻，北与云州区、阳高县相连。面积 1968 平方千米。人口 36 万。辖永安镇、西坊城镇、王庄堡镇、青磁窑镇、蔡村镇、沙圪坨镇 6 个镇，东坊城乡、吴城乡、南榆林乡、下韩乡、大仁庄乡、西留乡、驼峰乡、裴村乡、千佛岭乡、官儿乡 10 个乡。县人民政府驻永安镇。

秦置崞县，治所在今毕村古城洼，属雁门郡。西汉因之。王莽改崞张县。东汉复名崞县。《水经注·㶟水》：“又东，崞川水注之，水南出崞县故城南，王莽之崞张也。县南面玄岳，右背崞山，处二山之中，故以崞张为名矣。”西晋永嘉五年（311 年），刘琨以崞县等五县地予拓跋猗卢。北魏置崞山县，属繁畤郡。东魏天平二年（535 年），侨置今原平市境。隋属云内县、灵丘县地。五代后唐置浑源县，迁治于今县城。以浑河发源县境而得名，属应州。926 年，李嗣源即帝位，为避其名讳，改浑源为“浑元”。如《新五代史·唐废帝家人传》：“废帝皇后刘氏，父茂威，应州浑元人也。”后晋石敬瑭割地归辽后，复名浑源，属应州。金贞祐二年（1214 年），置浑源州，浑源县倚郭为州治，隶西京路。蒙古初以州、县同名之故，改浑源县为恒阴县，以县在恒山北麓而名。至元四年（1267 年），恒阴县省入浑源州，属大同路。明属大同府。清因之。1912 年 5 月，废州改为浑源县。1913 年，属北路道。1914 年，属雁门道。1927 年，废道后直属山西省。1937 年，属山西省第一行政区。抗日战争时期，属晋察冀边区北岳区第二专区。1945 年 10 月，浑源县人民政府成立。1949 年，属察哈尔省雁北专区。1952 年，属山西省雁北专区。1958 年，属晋北专区，同年，广灵县并入浑源县。1959 年，广灵县析出。1961 年，属雁北专区。1967 年，属雁北地区。1993 年，属大同市至今。

与“浑源”相关的地名文化应用有：

浑源窑：古代著名瓷窑，创烧于唐代，辽、金、元达鼎盛时期，是古代瓷器的重要产地。唐代烧制品种有白釉、黑褐釉、黄釉、三彩等，器物以碗为主。金元时期有青釉、白釉、黑釉等，器形有罐、枕、盘、碗、盏、钵等，以各式罐为多。纹饰有划花、剔花、剔划花、贴花，以黑釉剔花最富代表性。现存大磁窑址、青磁窑址、界庄窑址等。坐落在青磁窑镇古磁窑村南约 350 米处的坡地上的唐至金代的古瓷窑遗址，为省级文物保护单位。

浑源彝器：又称“李峪青铜器”。1923 年 2 月，李峪村民高风章在庙坡附近挖土时发现古墓，并挖出60多件春秋青铜器，轰动全国。当时文物界称为“浑源彝器”或“李峪青铜器”。现有部分珍品保存在上海博物馆，其中包括镇馆之宝牺尊。1975年和1976年又先后两次出土鼎、鬲、豆、戈、剑20多件。1978年再次试掘两座古墓，发现壶、盘、铜剑数件及大量石斧、陶罐、陶鬲、钵、盆等彩陶器皿。经考古调查，铜器出土地为一东周墓地。

浑源黄芪：又称“浑芪”“正北芪”“恒山黄芪”。2011年，“浑源正北芪”被国家工商总局商标局正式注册为地理标志证明商标。产于北岳恒山，历史悠久。为国内绿色保健之佳品，也是我国外贸出口的名贵药材，以药用价值高而著称。浑源县因有“黄芪之乡”美誉。“浑源正北芪加工技艺”被列为省级非遗保护项目。

浑源凉粉：浑源县传统特色小吃，以土豆淀粉为主要原料，以清香可口倍受欢迎。浑源凉粉制作技艺历史悠久，先后被列入大同市、山西省非物质文化遗产名录。

县境在北岳恒山山区，因此地名多与其地理、物产等有关。从地名专名来看有以下特点：1. 以瓷器古窑址命名。如：大磁窑镇、磁窑峡、古磁窑村、青磁窑村等。2. 以古建筑命名。如：香水寺村、藏经庄、东坊城乡等。3. 以姓氏官职命名。如：文家庄、裴村乡、进士沟等。4. 以所处的山川地形命名。如：乱岭关、水峪村、驼峰乡、西河沟等。5. 以祥瑞、希冀命名，表达了中华传统文化中对美好的向往和追求。如：太安岭、兴安村、南顺村等。

从地名通名来看有以下特点：1. 凡通名中带铺、关、口的，均与古代交通有关。如：中庄铺、乱岭关、凌云口等。2. 其他以自然地形地貌为通名。如：北花峪、西河沟、胶泥圪坨等。3. 还有多为北方常见通名村、庄、窑等。如新裴村、石庄、李家窑等。4. 受河北省地名文化影响也有以“疃”为通名的村庄，如：水磨疃、下疃、花疃等。

地处大同盆地东南边缘，太行山脉恒山支脉横亘中部，将县境分为北坡川原区、南山区两大部分。北坡川原区的北、南、东三面环山，中部为浑河盆地，地势东高西低。境内恒山古为并州镇，中国五岳之一，为北方道教文化中心。最大河流为浑河，古名崞川水，从东至西流经中北部，长约50千米，流域面积1470.6平方千米，主要支流有王千庄峪、唐峪河、凌云口峪等。最高点卧羊场山海拔2334.1米，最低点西坊城镇小辛庄浑河河床海拔1026米。地下矿藏有煤炭、花岗岩、铁、铜、金等。有天然温泉。有煤炭开采、旅游业。土特产品有浑源凉粉、浑源黄芪、恒蘑、仁用杏等。名胜古迹有全国重点风景名胜区恒山风景区、全国重点文物保护单位悬空寺、荆庄大云寺大雄宝殿、永安寺、栗毓美墓、圆觉寺塔、律吕神祠、浑源县文庙共7处。省级重点文物保护单位有恒山庙群、麻庄汉墓群遗址、界庄磁窑遗址、青磁窑镇古瓷窑遗址、麻家大院、北岳行宫共6处。2014年7月，永安镇、西坊城镇被列入全国重点镇。2014年12月，永安镇神溪村被列入中国传统村落和国家级湿地公园。地方民间艺术有戏曲耍孩儿、跑旱船、踩高跷、浑源扇鼓、八音会等。2022年12月，“浑源县”地名入选山西省首批地名文化遗产千年古县名录。

浑源 [Húnyuán]

地片名。在县境北中部。五代后唐置浑源县，并建县城。以县处浑河（古称崞川水）发源地而得名。后为避唐明宗李嗣源名讳，改为浑元县治所。辽代复为浑源县治。金贞祐二年（1214年），浑源州、浑源县同治一城。元初浑源州、恒阴县同治于此。明、清为浑源州治所。1912年5月，废州改为浑源县治所。浑源县城位于恒山北麓高地上，地形如龟，城池依地势围合呈八角形。古人喻为“宛若负书状”，比作洛河神龟背驮“洛书”的形态。城内古街巷又多曲折，民间称为“龟城蛇道”。究其设计本意乃为玄武之象，与北岳所在的方位相合。县城原来仅辟东、西两门，俗传西门为神龟之头，东门为神龟之尾。正北处不设城门而建北极阁玄武庙。正南处也无门而建城楼。明正德《大同府志·城池》：“浑源州城，唐徙治时所筑。其形如龟，周围四里二百二十步，高一丈五尺，壕深七尺。东、西二门。洪武元年修。东半属安东中屯卫中所，西半属安东中屯卫前所。”乾隆《浑源州志·城池》记载，明代以前“城周四里二百二十步。城高一丈五尺，厚一丈。池深七尺，宽二丈。”明永乐二年（1423年），知州陈渊将城墙增高一丈，又深浚护城河。嘉靖四十五年（1567年），知州颜守贤重修城池。万历二十年（1593年），侍郎吴兑呈请以砖砌城墙。知州刘复礼、守备林凤举、董厥负责督工。重建后的城池“高四丈，基厚三丈五尺，顶厚二丈，雉堞七尺，垛口七百零七，敌台十七座，楼橹一十一座，铺舍九间”。同时命名东门曰望恒门；西门曰平川门。城门上各建城楼，外筑瓮城。万历二十九年（1602年），御史崔邦亮以交通不便，始辟南门，命名引翠门。清顺治六年（1650年），在姜瓖起兵反清战争中，西门楼及角门铺舍毁于火，城墙多有塌损，知州郎永清重修。城门外有东、西、南三关。城内东西大街横贯中部，两侧16条小街翼列南北，形成一系列“十”字街衢。其中的石桥南、北街的十字口为全城的中心点。大街旁主要为商铺、手工作坊、州衙、文庙、鼓楼、钟楼等。小巷中多为民居、府邸。名刹永安寺、圆觉寺、玄帝庙、三皇庙、上帝阁、文昌阁分列城南北。20世纪50年代，始逐步拆除城墙、填平护城壕。1972年后，拓宽改造街巷，先后铺设沥青路面。在城外修建了东关路、翠屏路、恒山北路、恒山南路、北城路等主干道路。改革开放后，东西大街再度拓宽至12米。又完成永安街、恒山路、迎宾街、步云路等城市主次干道路综合改造和小街巷硬化工程。1993年，被公布为山西省第二批历史文化名城。2015年以来，旧城区历史文化街区得以整修恢复。新城区建设也在现代建筑中融入区域特色。古迹有永安寺、圆觉寺塔、文庙、浑源州衙、麻家大院、栗毓美墓、栗毓美故居、田应璜故居等。县城南4千米为恒山风景名胜区。

永安镇 [Yǒngān Zhèn]

乡级政区名。全国重点镇。浑源县人民政府驻地。在县境北中部。东与沙圪坨镇相连，南与青磁窑镇接壤，西与东坊城乡交界，北濒浑河与蔡村镇相望。面积81.49平方千米。人口11.33万。辖永安社区、春晖社区、和顺社区、翠屏社区、恒麓社区等11个社区及西顺村、当巷村、道巷村、益民村、民安村等25个行政村。镇人民政府驻西顺村。

历史上为浑源县、浑源州治所。1949年，属浑源县城关区。1956年，置城关镇。1958年，设城关人民公社。1964 年，分属城关镇、城关人民公社。1967 年，城关镇和城关人民公社合并为城关镇。1973 年，镇、社分置，恢复城关镇和城关人民公社。1983 年，镇、社合并为城关人民公社。1984 年，城关人民公社改置为城关镇。2002 年，将张庄乡、城关镇合并为永安镇。以境内著名古刹永安寺命名。

地处恒山主峰北麓，浑河横经。西北部为浑河平川，东南部为恒山山地。名胜古迹有永安寺、圆觉寺、栗毓美墓、浑源州文庙、神溪村律吕神祠，均为全国重点文物保护单位。纪念地有沙河桥大街烈士塔。另有 30 多处清代民居建筑及近年恢复重建的浑源州衙、麻家大院、栗家府、田应璜故居等。特产浑源黄芪。2014 年 7 月，被列入全国重点镇。

历史人物以栗毓美和田应璜为代表。

栗毓美（1778—1840），字含晖，号朴园。浑源州人。清代河东河道总督，著名治河专家。他的故居栗家府在永安镇区栗家巷路北，为县级文物保护单位。栗毓美死后皇帝御赐祭葬，墓地在永安镇东北。2006 年被列为全国重点文物保护单位。

田应璜（1865—1927），字子宗。蔡村镇海村人，清末举人。先任山西大学堂历史教授。1913 年，当选为国会议员、参议院副院长，后历任山西大学校长、北洋政府教育总长等职。田应璜旧居田家大院位于永安镇小井巷，坐北朝南，为北方典型四合院。

神溪村 [Shénxī Cūn]

居民点。中国历史文化名村，中国传统村落，全国文明村。属永安镇。在浑源县人民政府驻地西北 3.5 千米。面积 4.9 平方千米。人口 0.25 万。因村东大石下有溪流源头，石上有律吕神祠，故名神溪。村以神溪而得名。

相传唐代（或传为金代）张珪曾在石上遇仙人告知“律吕行雨”，后人因立庙祭祀律吕。元至元间、明成化间又重修神祠。律呂神的出现应该与民间的祈雨文化相关，体现了律吕在人民心目中上律天时、下袭水土的信仰功能。明代《新刻出像增补搜神记》：“律吕神祠，在大同府浑源州之北五里神溪孤石上，建于元魏，元重修。相传泰初元年六月，弘州人有张珪者，晚憩於孤石之上，忽一神人丰姿飘洒清莹绝尘自空而下，顾珪谓曰：‘律吕律吕，上天敕汝，此月二十日行绠雨。’语毕即腾空而去，珪会其意，归家遍以语邻村人使速收麦，未及收者至日为雨所伤尽空。事闻朝廷，遣使祭焉。”乾隆《浑源州志·祠庙》：“律吕神祠，在城北七里神谿孤石上。北魏时建。相传唐太和元年六月望，宏州人张珪晚憩石上。有神人空中言曰：‘律吕、律吕，上天敕汝，是月二十五日行硬（当为“绠”）雨’，语毕腾空而去。珪至家，遍语邻村，使速收麦，未及收者，辄败。事闻朝廷，遣使致祭。元至元六年重修，东昌教授麻治撰记。明成化间重葺。”清代类书《渊鉴类涵》：“泰初元年六月，宏州张珪憩石山。有神曰：‘律吕、律吕，敕汝二十日行绠雨。’语毕腾空而去。珪遍语邻人使速收麦，未及收者至是日为雨所漂。”

地处凤凰山南麓，南面浑源川，地势平阔。湿地面积 315.99 万平方米，湿地率为 78.14%。村东律吕神祠为全国重点文物保护单位。现存为明代遗构，正殿供奉水母娘娘，四壁为行雨图等壁画。还有神溪泉、神德湖、凤山书院遗址、关帝庙、明清古民居、古戏台等名胜古迹。“神溪夜月”为清代浑源州八景之一。省级非物质文化遗产有浑源铸钟制作技艺、浑源耍故事等。2007 年，被公布为第三批中国历史文化名村。2014 年 11 月，入选为第三批中国传统村落名录、国家级湿地公园。2020 年 11 月，被授予第六届全国文明村称号。

西坊城镇 [Xīfāngchéng Zhèn]

乡级政区名。全国重点镇。在浑源县境西部。东、南与裴村乡接壤，西与朔州市应县大临河乡交界，北与驼峰乡毗邻。面积 56.78 平方千米。人口 1.47 万。辖西坊城村、小辛庄村、义家寨村、大辛庄村、黄沙口村等 11 个行政村。镇人民政府驻西坊城村。因驻地得名。

1949 年，属第九区。1953 年，属第三区。1956 年，分属圪坨乡、西坊城乡。1958 年，设西坊城人民公社。1984 年 9 月，置西坊城镇至今。地处恒山北麓，北濒浑河。90% 区域在浑河平川区，其余为边山丘陵区。古建筑有大有号戏台、圪坨神庙、涧村关帝庙、王氏宗祠、圪坨李氏祠堂、黄沙口戏台、黄沙口南烽火台、东烽火台，文殊寺、大峪口龙王庙等。2014 年 7 月，被列入全国重点镇。

西坊城村 [Xīfāngchéng Cūn]

居民点。西坊城镇人民政府驻地。在浑源县人民政府驻地西南 18.9 千米。人口 0.38 万。相传原名“西茶坊”，明代筑堡城。后改名西坊城。正德《大同府志·土堡》载名：“西坊城堡”。顺治《浑源州志·里社》载名“西方城堡”。乾隆《大同府志·疆域》：“浑源州治西四十里有西坊城村。”古建筑有王氏宗祠、清代文殊寺、西坊城供销社旧址等。

蔡村镇 [Càicūn Zhèn]

乡级政区名。在浑源县境西北部。东临沙圪坨镇，南靠永安镇，西接下韩、南榆林两乡，北邻吴城乡。面积 59.53 平方千米。人口 1.32 万。辖蔡村、峣村、文家庄村、碾槽沟村等 8 个行政村。镇人民政府驻蔡村。因驻地得名。

1949 年，分属第八区、第十二区。1951 年，属第八区。1956 年，置蔡村乡。1958 年，设蔡村人民公社。1984 年 9 月，置蔡村镇至今。地处浑河平川北部，北倚小泉华山，为半川半丘陵地区。特产黄花。古迹有碾槽沟古驿道遗址、峣村观音殿、白道窑神庙、师家号清代民居、文家庄清代民居等。

蔡村 [Cài Cūn]

居民点。蔡村镇人民政府驻地。在浑源县人民政府驻地西北 5.6 千米。人口 0.33 万。因蔡姓始居而得名。明代筑堡。正德《大同府志·土堡》载名“蔡村堡”。顺治《浑源州志·里社》：“州编户十四里：蔡村里，城北十二里。”古迹有蔡村明清墓群。特产黄花。

沙圪坨镇 [Shāgētuó Zhèn]

乡级政区名。在浑源县境东北部。东与广灵县梁庄镇交界，南与大仁庄乡接壤，西与永安镇、吴城乡相连，北与阳高县友宰镇毗邻。面积 163.4 平方千米。人口 2.46 万。辖赤泥泉、东信庄村、黄家坡村、沙圪坨村等 23 个行政村。镇人民政府驻沙圪坨村。因驻地得名。

1949 年，分属第五区、第十一区。1956 年，分属沙圪坨乡、杨庄乡。1958 年，设杨庄人民公社。1960 年，因荞麦川村是当时全省农业战线先进单位，更名荞麦川人民公社，公社驻地仍在沙圪坨村。1983 年，地名普查时做标准化处理，又更名为沙圪坨人民公社。1984 年，置沙圪坨镇。2000 年 12 月，杨庄乡并入至今。地处浑河平川的东端，北、东、南三面环山。北部老白湾山海拔 1994 米。南部花银山海拔 2052 米。特产黄芪。古迹有黄家坡新石器文化遗址、塔村神庙、杨庄神庙、龙洼魁星楼、龙王庙、刘氏家庙等。

沙圪坨村 [Shāgētuó Cūn]

居民点。沙圪坨镇人民政府驻地。在浑源县人民政府驻地东北 16.3 千米。人口 0.24 万。俗称“沙曲窝”。又名“沙窟陀”，因村后三面高地环抱，多为沙地而得名。圪坨，为山西方言，“窝”的缓读。顺治《浑源州志·里社》载名“沙窟陀堡”。乾隆《大同府志·疆域》：“沙圪坨堡，距城三十里。”古迹有沙圪坨东、西过街阁、刘氏家庙。

乱岭关村 [Luànlǐngguān Cūn]

居民点。属沙圪坨镇。在浑源县人民政府驻地东北 20 千米。人口 0.14 万。亦名“鸾岭关”“乱岭口关”。明洪武七年（1374 年）置巡检司，后革。正德《大同府志·关梁》：“乱岭关，在浑源州城东四十里，恒山右胁。路通蔚州。洪武七年置巡检司。”顺治《浑源州志·里社》载名“乱岭关堡”。乾隆《大同府志·疆域》：“鸾岭关，距城四十里。”古迹有乱岭关 1 ~ 5 号烽火台、林泉寺。

王庄堡镇 [Wángzhuāngbǎo Zhèn]

乡级政区名。在浑源县境东南部。东与灵丘县东河南镇、赵北乡接壤，南与灵丘县白崖台乡为邻，西与忻州市繁峙县大营镇交界，北与千佛岭乡毗连。面积 183.87 平方千米。人口 1.65 万。辖王庄堡村、白羊村、南坡头村等 24 个行政村。镇人民政府驻王庄堡村。因驻地得名。

1949 年，属第六区。1953 年，置王庄堡乡。1958 年，设王庄堡人民公社，同年划入灵丘县。1959 年，复归浑源县。1984 年，置王庄堡镇。2001 年 2 月，西河口乡并入。地处恒山间唐河谷地，西有二龙山，东有虎头山，唐河纵贯其间，地形由西向东倾斜。为传统水果产区，有槟果、接李、苹果梨，被誉为“水果之乡”。境内汤头村有汤头温泉，为北魏温泉宫旧址。古迹有汤头神庙、湾沟门汉代文化遗址、明代长城遗址等。

王庄堡村 [Wángzhuāngbǎo Cūn]

居民点。王庄堡镇人民政府驻地。在浑源县人民政府驻地东南 36 千米。人口 0.41 万。原名王家庄。明代筑城堡，称“王家庄堡”，又置王庄驿，清初废驿站。正德《大同府志·城池》载名：“王家庄堡”。顺治《浑源州志·里社》：“州编户十四里：王家庄里，城南九十里。”顺治《浑源州志·邮传》：“王庄驿，在堡南门内，今犹存残遗。国朝官俱裁。”又载：“王庄驿，明季原设。国初仍旧。至顺治九年因简僻将驿裁革。”乾隆《大同府志·疆域》：“王家庄堡，距城九十里。”后简为今名。古迹有蚂蚁河新石器文化遗址、明代王家庄堡址、王氏家族墓地等。

汤头村 [Tāngtóu Cūn]

居民点。属王庄堡镇。在浑源县人民政府驻地东南 50 千米。人口 0.14 万。因村中有温泉而得名。明代筑“汤头堡”，又设置铺递“汤头铺”。汤头温泉开发历史悠久。《水经注》：“滱水东合温泉水，水出西北暄谷，其水温热若汤，能愈百疾，故世谓之温泉焉。”北魏于此建温泉行宫。《魏书・帝纪・高宗纪》：“（兴光元年）行幸中山，遂幸信都。十有二月丙子，还幸灵丘，至温泉宫。庚辰，车驾还宫。”顺治《浑源州志・里社》载名“汤头堡”。顺治《浑源州志・邮传》载名“汤头铺”。地处唐河西岸，现有汤头温泉、工人疗养院。

青磁窑镇 [Qīngcíyáo Zhèn]

乡级政区名。山西省历史文化名镇。在浑源县境东南部。东与大仁庄乡相邻，南与千佛岭乡毗连，西与东坊城乡接壤，北与永安镇接壤。面积 166 平方千米。人口 1.9 万。辖青磁窑村、小岭村、古磁窑村、大磁窑村、界庄村等 16 个行政村。乡人民政府驻青磁窑村。因驻地得名。

1949 年，属第四区。1953 年，置大磁窑乡。1956 年，置青瓷窑乡。1958 年，大磁窑乡、青磁窑乡、林场乡 3 个乡高级社联合成立大磁窑人民公社。1961 年，青磁窑乡、林场乡 2 个乡划出，分别成立青磁窑人民公社和国营恒山林场。1984 年，置大磁窑镇、青瓷窑乡。2001 年，林场乡并入青瓷窑乡。2021 年，撤销大磁窑镇、青磁窑乡，合并设立青磁窑镇至今。地处恒山主峰西南麓，四周环山，唐峪河流经中部。峰峦重叠，沟壑纵横，为典型土石山区。境内大尖山、银东梁山海拔均在 2000 米以上。现为浑源县转型工业区之一，省营恒山电厂，县营果子园煤矿、化工厂、瓷厂均建于此。西南部有丰富的花岗岩矿藏，是浑源县花岗岩的主产地。东部有煤炭资源，西部有森林，特产“浑源黄芪”。名胜古迹有北岳恒山、恒山古建筑群、恒山水库、界庄唐代窑址、古磁窑窑址、桃山龙王庙等。

界庄唐代窑址位于界庄村北约 360 米处的依山坡地上。创烧于唐，盛于金，终于元。断崖上暴露有红烧土层、灰墙、窑炉等。1997 年、1999 年，两次发掘 500 平方米，共清理窑炉 6 座，其中一座出土有唐代青釉、黑釉、白釉、绞胎等瓷片及唐三彩陶片等，器形有罐、执壶、碗、瓶、盆、炉和盏托等，有一种外黑里白釉碗，别具特色。金元时期遗物有白釉、黄釉、黑釉、青釉、酱釉、仿钧、仿定等，以青瓷为主，占总量的三分之一。器型有罐、碗、盘、壶、注子、枕、炉、佣类等，装饰手法有剔划花、印花等，题材有牡丹、菊花、禽鸟等。另外出土有匣钵、窑柱、支钉、垫饼、垫圈、范模等窑具。1986 年 8 月，被公布为省级文物保护单位。2017 年 1 月，入选为第五批山西省历史文化名镇。

青磁窑村 [Qīngcíyáo Cūn]

居民点。青磁窑镇人民政府驻地。在浑源县人民政府驻地东南 11.8 千米。人口 0.2 万。因村旧有烧制黑色陶瓷的瓷窑，故名青磁窑。顺治《浑源州志・里社》载名“青磁窑堡”。乾隆《大同府志・疆域》：“青磁窑，距城三十里。”古迹有青磁窑堡址、青磁窑窑址。青磁窑址位于村东山坡下，主要烧制黑釉粗瓷，釉色乌黑，产品有缸、罐、瓶、鸡腿瓶等。

烧窑业止于元代。

东坊城乡 [Dōngfāngchéng Xiāng]

乡级政区名。在浑源县境中部。东与永安镇相邻，南与青磁窑镇、官儿乡毗连，西与裴村乡接壤，北与下韩乡、西留村乡交界。面积119.23平方千米。人口2.62万。辖东坊城村、水磨疃村、晋家庄村等11个行政村，有49个自然村。乡人民政府驻东坊城村。因驻地得名。

1949年，分属第三区、第四区。1958年，分属城关人民公社、荆庄人民公社。1961年，分设东坊城人民公社。1984年，置东坊城乡。2000年，荆庄乡并入至今。南倚恒山，北濒浑河，地处平川区。特产黄芪。古迹有全国重点文物保护单位荆庄大云寺大雄宝殿、龙山大云寺、李峪商周青铜器遗址、水磨疃过街阁、北齐长城遗址、明长城遗址等。

东坊城村 [Dōngfāngchéng Cūn]

居民点。东坊城乡人民政府驻地。在浑源县人民政府驻地西南方向1.5千米。人口0.28万。相传原名“东茶坊”，明代筑堡城。后演变为东坊城，也写作“东方城”。明清设铺递，称“东方城铺”。顺治《浑源州志·邮传》载名“东方城铺”。顺治《浑源州志·里社（附堡寨）》载名“东方城堡”。

荆庄村 [Jīngzhuāng Cūn]

居民点。属东坊城乡。在浑源县人民政府驻地西南8.9千米。人口0.37万。相传原名沙河村，后荆姓聚居得名荆家庄，近代又简为今名。明正德《大同府志·土堡》载名“荆家庄堡”。乾隆《浑源州志》载名“荆家庄”。

有全国重点文物保护单位荆庄大云寺大雄宝殿。大云寺始建于北魏时期，原为三进院布局，中轴线建有山门、天王殿、大雄宝殿，两侧为钟鼓楼、配殿。历代均有修葺，1947年寺毁，1971年，修建供销社时将寺院大部分建筑拆毁。现仅存大雄宝殿，为金代遗构。殿内现存壁画约50平方米。寺院北侧现存清代重修碑记两通。

裴村乡 [Péicūn Xiāng]

乡级政区名。在浑源县境西部。东接东坊城乡，南与官儿乡、朔州市应县大临河乡接壤，西邻西坊城镇，北濒浑河与西留村乡相望。面积88.01平方千米。人口1.61万。辖新裴村、三合号村、什义号村等9个行政村，有22个自然村。乡人民政府驻新裴村。因驻地得名。

1949年，属第九区，后属第三区。1953年，置裴村乡。1958年，属西坊城人民公社。1961年，分设裴村人民公社。1967年，因公社有农业先进单位什义号大队，故改名什义号人民公社。1984年，置什义号乡。2001年，更名为裴村乡。南倚恒山，北濒浑河，地势南高北低。山区占总面积的65%。盛产黄芪等中药材。古迹有北齐长城遗址、明长城遗址、下疃龚氏家族墓地、凌云口戏台等。

新裴村 [Xīnpéi Cūn]

居民点。裴村乡人民政府驻地。在浑源县人民政府驻地西南15千米。人口0.18万。原名“裴村”，明代筑堡称“裴村堡”。后因洪水冲毁部分房屋，灾后在北侧新建村落，因名新裴村。正德《大同府志·城池》载名：“裴村堡”。顺治《浑源州志·里社》载名“裴村堡”。乾隆《大同府志·疆域》：“裴村堡，距城二十五里。”古建筑有裴村龙王庙、裴村供销社旧址等。

驼峰乡 [Tuófēng Xiāng]

乡级政区名。在浑源县境西部。东与西留村乡接壤，南与西坊城镇毗邻，西与朔州市应县大临河乡、义井乡交界，北接云州区吉家庄乡、朔州怀仁市河头乡。面积 88.03 平方千米，人口 1.2 万。辖驼峰村、田村、东堡村、中堡村、西堡村等 12 个行政村。乡人民政府驻驼峰村。因驻地得名。

1949 年，属第七区。1958 年，属西坊城人民公社。1959 年，分属西留人民公社。1961 年，分设驼峰人民公社，1984 年 9 月，置驼峰乡。地处龙首山山脉，北倚焦山，南濒浑河，地势北高南低。南部处浑河平川区，占总面积的 30%。特产黄芥、胡麻。古迹有中堡戏台、西堡村堡址、西郭家庄关帝庙、屈家坪神庙等。

驼峰村 [Tuófēng Cūn]

居民点。驼峰乡人民政府驻地。在浑源县人民政府驻地西南 25 千米。人口 0.26 万。地处浑河与焦山之间。因焦山山形如驼，故名驼峰，村以山名。正德《大同府志·城池》载名：“驼峰堡”。乾隆《大同府志·疆域》：“驼峰堡，距城四十里。”古迹有驼峰郝氏家族墓、驼峰戏台、驼峰民居、驼峰教堂等。

西留村乡 [Xīliúcūn Xiāng]

乡级政区名。在浑源县境西北部。东南与东坊城乡接壤，南与裴村乡毗邻，西靠驼峰乡，北接大同县河头乡。面积 85.03 平方千米，人口 1.21 万。辖西留村、宝峰寨村、泉头村、车道口村等 7 个行政村。乡人民政府驻西留村。因驻地得名。

1949 年，属第七区。1956 年，分属西留乡、西郭家庄乡。1958 年，属西坊城人民公社，1961 年，分设西留人民公社。1984 年 9 月，置西留乡至今。北部为山地丘陵区，南部为平川区，浑河流经。古迹有宝峰寨堡址、清代永安桥、泉头民居、东柏林龙王庙戏台等。

正德《大同府志》卷 2 土堡载：“浑源州有西留村堡，”这是西留村最早的文字记载、清乾隆《大同府志》卷 2《疆域》：“西留村距（源州）城二十五里。”浑河流经，属海河流域。有清代永安桥、清代贾庄乐楼、1948 年贾庄惨案遗址。农业以种植业为主，主产有玉米、土豆、谷黍等。工业以石灰岩开采与石料加工为主。

西留村 [Xīliú Cūn]

居民点。西留乡人民政府驻地。在浑源县人民政府驻地西 11.3 千米。人口 0.4 万。原名西刘村。《三晋石刻大全·浑源县卷》收录元代《孙公亮墓志铭》：“二十四日归葬于浑源州西刘村先茔之次。”后因村东约 10 千米有东留村（属蔡村镇），为区分改为今名。“留”为“刘”的俗写。明代建西留村堡，明正德《大同府志·城池》载名：“西留村堡”。顺治《浑源州志·里社》：“州编户十四里：西留村里，城西北二十五里。”乾隆《大同府志·疆域》：“西留村，距城二十五里。”地处卧虎山南麓，前临浑河川原。为传统农业村。古建筑有县级文物保护单位西留明代戏台、孙公亮家族墓地、田氏宅院、左氏宅院、孙氏宅院、张氏宅院、永安桥、龙王庙等。

下韩村乡 [Xiàháncūn Xiāng]

乡级政区名。在浑源县境西北部。东与永安镇接壤，南与东坊城乡毗连，西与西留村乡相邻，北与南榆林乡为界。面积 28.17 平方千米。人口 1.09 万。辖下韩村、中韩村、西辛坊村、花疃村、石庄村、麻庄村、藏经庄村 7 个行政村。乡人民政府驻下韩村。因驻地得名。

1949 年，属第十区。1956 年，分属下韩村乡、花疃乡。1958 年，属蔡村人民公社。1961 年，分设下韩村人民公社。1984 年 9 月，置下韩村乡。北部处神溪山坡地，大部属浑河平川区。矿产资源有煤炭等。古迹有麻庄汉墓群、花疃民居、中韩堡址、藏经庄宝宁寺等。

下韩村 [Xiàhán Cūn]

居民点。下韩村乡人民政府驻地。在浑源县人民政府驻地西北 6.5 千米。人口 0.35 万。原名韩村，后有部分韩姓人家到村北安家，形成上韩村，原韩村因俗称为下韩村。明代筑韩村堡，清代设铺递“下韩村铺”。正德《大同府志 · 土堡》载名：“韩村堡”。顺治《浑源州志 · 里社》：“州编户十四里：韩村里，城西北十五里。”顺治《浑源州志 · 邮传》载名“下韩村铺”。乾隆《大同府志 · 疆域》：“韩村堡，距城十五里。”传统农业村。古迹有清末义裕成、三德诚、德胜兴商铺旧址、关帝庙、下韩清代民居等。韩镇县级公路、韩陈县级公路起点。

麻庄村 [Mázhuāng Cūn]

居民点。属下韩乡。在浑源县人民政府驻地西 8 千米。面积 4.39 平方千米。人口 0.12 万。因麻姓始居而得名。境内的麻庄汉墓群分布于麻庄村的古城洼周围，有封土堆 20 余座。为西汉雁门郡崞县城的葬地。1973 年，发掘清理两座汉墓群。两座墓群的形制均为斜坡墓道的长方形土坑竖穴木椁墓。出土的随葬物有铜钉、铜熏炉、铜博山炉、铜绢、石砚、素面铜釜、洗、筒形器、刷把等。1965 年，被公布为山西省重点文物保护单位。

南榆林乡 [Nányúlín Xiāng]

乡级政区名。在浑源县境西北部。东与下韩乡相连，南与东坊城乡毗邻，西与西留村乡接壤，北与云州区吉家庄乡交界。面积 113.51 平方千米，人口 0.93 万。辖南榆林村、毕村、姜家沟村、北榆林村、上韩村等 11 个行政村。乡人民政府驻南榆林村。因驻地得名。

1949 年，属第十区。1956 年，属北榆林乡。1958 年，属北榆林人民公社。1961 年，分设南水头人民公社。1984 年，置北榆林乡。2001 年，北榆林乡、南水头乡合并为南榆林乡。地处马头山东麓，为黄土丘陵区，季节河毕村沟流经。古迹有毕村汉代崞县古城遗址、北榆林堡址、二岭烽火台、三岭烽火台等。纪念地有县级文物保护单位浑源县革命烈士陵园。有现代观光旅游园茂源牧场、马头山百草园。

南榆林村 [Nányúlín Cūn]

居民点。南榆林乡人民政府驻地。在浑源县人民政府驻地西北 10.1 千米。人口约 878

人。相传旧有榆树林地，以当地的东南—西北向大沟为界，形成南榆林、北榆林两村。正德《大同府志·城池》载名："南榆林堡"。乾隆《大同府志·疆域》："南榆林堡，距城二十里。"传统农业村。

吴城乡 [Wúchéng Xiāng]

乡级政区名。在浑源县境北部。东与沙圪坨镇相连，南与蔡庄镇毗邻，西与南榆林乡接壤，北与云州区峰峪乡交界。面积 106.53 平方千米。人口 0.93 万。辖吴城村、上辛安村、下辛安村、翟家洼村、北大仁庄村等 10 个行政村。乡人民政府驻吴城村。因驻地得名。

1949 年，属第八区。1956 年，置吴城乡。1958 年，设吴城人民公社，1961 年，分设大洼人民公社。1984 年，置吴城乡。2001 年，大洼乡并入。地处小泉华山东麓，石窑湾山南麓，为黄土丘陵区。工业有仁用杏产业。古迹有北大仁庄清代民居、麻塔龙王庙、大洼关帝庙、西河沟明代寡妇桥、东辛坊汉墓等。

吴城村 [Wúchéng Cūn]

居民点。吴城乡人民政府驻地。在浑源县人民政府驻地北 15.7 千米。人口 0.15 万。因吴姓始居而得名。正德《大同府志·城池》载名："吴城堡"。顺治《浑源州志·里社（附堡寨）》载名"吴城村堡"。乾隆《大同府志·疆域》："吴城堡，距城三十里。"传统农业村。

大仁庄乡 [Dàrénzhuāng Xiāng]

乡级政区名。在浑源县境东部。东与广灵县南村镇交界，南与青磁窑乡毗连，西与永安镇相连，北与沙圪坨镇接壤。面积 226 平方千米。人口 1.98 万。辖大西沟村、东泥沟村、官王铺村等 16 个行政村。乡人民政府驻大仁庄村。因驻地得名。

1949 年，分属第一区、第八区。1956 年，置大仁庄乡、黄花滩乡。1958 年，属黄花滩人民公社。1959 年 5 月，分设大仁庄人民公社。1984 年，分属大仁庄乡、黄花滩乡。2021 年，黄花滩乡并入至今。地处恒山山区，全境山峰环绕，王千庄峪流经。中部马鬃梁山海拔 2173 米。四周山峦起伏，气候高寒。多林地、草坡。有煤炭资源，岔口一带有铁矿、金矿。古迹有北齐长城遗址、净石五峰山五峰观、彭头沟关帝庙、刘官庄磁窑址、陡嘴王氏家族墓地等。

大仁庄村 [Dàrénzhuāng Cūn]

居民点。大仁庄乡人民政府驻地。在浑源县人民政府驻地东南 34 千米。人口 0.1 万。相传原名"大人庄"，后改今名。顺治《浑源州志·里社》载名"大仁庄"。传统农业村。

千佛岭乡 [Qiānfólǐng Xiāng]

乡级政区名。在浑源县境南部。东与灵丘县赵北乡交界，南与王庄堡镇毗连，西与官儿乡接壤，北与大仁庄乡、青磁窑镇相邻。面积 198.95 平方千米。人口 1.45 万。辖小窝单村、龙咀村、金峰店村、鸽子峪村、杨家庄村等 17 个行政村。乡人民政府驻中庄铺村。以境内名胜千佛岭命名。

1949 年，属第六区。1953 年，属第三区。1958 年，设中庄铺人民公社。10 月，划归灵丘县。1959 年 7 月，复归浑源县。1961 年，分设温庄人民公社。1984 年 9 月，置中庄铺乡。2001 年 1 月，原温庄乡并入中庄铺乡，改名为千佛岭乡至今。地处恒山腹地，枪风岭南麓。唐河（古称“滱水”）发源于枪风岭。古迹有千佛岭石窟、千佛岭明代砖塔、明长城遗址、杨庄烽火台、羊投崖翠善寺遗址等。

中庄铺村 [Zhōngzhuāngpù Cūn]

居民点。千佛岭乡人民政府驻地。在浑源县人民政府驻地东南 22.3 千米。人口约 800 人。相传曾名李家庄，明代设铺递，改名锺撞铺。清乾隆后又改为今名。顺治《浑源州志・邮传》载名“锺撞铺”。顺治《浑源州志・里社》载名“锺撞铺堡”。乾隆《大同府志・疆域》：“中庄，距城六十五里。”光绪《浑源州续志・兵制》：“中庄铺，原设兵二名，现步兵一名，守兵三名。”传统农业村。

官儿乡 [Guānér Xiāng]

乡级政区名。在浑源县境西南部。东与青磁窑镇相连，南与忻州繁峙县砂河镇交界，西与裴村乡接壤，北与东坊城乡毗邻。面积 204.39 平方千米。人口 1.11 万。辖官儿村、黄崖村、蔡沟村等 9 个行政村，有 54 个自然村。乡人民政府驻官儿村。因驻地得名。

1949 年，属第二区。1953 年，分属黄崖乡、木沟乡、观音堂乡。1958 年，设官儿人民公社。1984 年，置官儿乡。2001 年，土岭乡并入至今。地处恒山深处，山高沟深，气候寒冷。南部卧羊场山海拔 2333 米。北部龙山海拔 2226.8 米。大峪河河床深陡，流经中部。为黄芪—正北芪产地。古迹有北齐长城遗址、明长城遗址、小银厂神庙戏台等。

官儿村 [Guānér Cūn]

居民点。官儿乡人民政府驻地。在浑源县人民政府西南 2.05 千米。人口约 470 人。民间俗传原名“龟口村”，后雅为“官口村”，又演变为“官儿村”。从浑源县境现存“刘官儿庄”等类同地名分析，应该是源于某官员的庄子。顺治《浑源州志・里社》载名“官儿庄”。光绪《浑源州续志・图考》载名“官儿村”。是“浑源黄芪”主产区。古迹纪念地有官儿龙王庙、官儿革命烈士纪念碑。

左云县 [Zuǒyún Xiàn]

县级政区名。在大同市西北部。东与新荣区、云冈区相邻，南与朔州市怀仁市、山阴县接壤，西与朔州市右玉县毗连，北以明长城为界与内蒙古自治区凉城县相望。面积 1293.61 平方千米。人口 11.79 万。辖云兴镇、店湾镇、鹊儿山镇 3 个镇，管家堡乡、张家场乡、三屯乡、马道头乡、小京庄乡 5 个乡。县人民政府驻云兴镇。

战国白羊城。《史记・匈奴列传》：“及冒顿以兵至，击，大破东胡王。南并楼烦、白羊、河南王，悉复收秦所使蒙恬所夺匈奴地者。”光绪《山西通志·府州厅县考》“左云县”：“明洪武四年，置大同都卫，治白羊城，即今治也。”由白羊城南下是一条狭长的山间河谷，出山即达马邑城，并可长驱中原，从白羊城北上可直出塞外。这条全长约 100 千米的通道就是武州塞。

秦置武州县，治所在今古城村，属雁门郡。西汉因之。王莽改为桓州县，属填狄郡。东汉复为武州县，治徙今偏关县境，属雁门郡。北魏为畿内地。太和十八年（494 年），置武周县，属恒州代郡。县治无考，当代大同市的地方史学者认为“北魏武周县治在今旧高山”。北齐为北恒州地。北周为北朔州地。隋为云内县西境，先后属朔州、马邑郡。唐属云州云中县地。辽属宣德县地。金属宣宁县地。元为大同县地，属大同路。明洪武初属大同府。洪武四年（1371 年），置大同都卫，治白羊城，即今左云县城。二十五年，大同都卫改行都指挥使司，徙治大同。二十六年，置镇朔卫，治所仍在今县城，属山西行都指挥使司。永乐元年（1403 年），镇朔卫徙治北直蓟县。七年，徙大同左卫来治。正统十四年（1449 年），徙云川卫同治，两卫合称“左云川卫”，属山西行都指挥使司。清顺治初改左云卫，“左云”之名至此始。雍正三年（1725 年），改称左云县，属朔平府。1912 年，废府。1913 年，属北路道。1914 年，属雁门道。1927 年，废道后直属山西省。1937 年，属山西省第二行政区。抗日战争时期，属晋西北行政公署第五专区，后属晋绥边区第五专区。1949 年，属察哈尔省雁北专区。1952 年，属山西省雁北专区。1958 年，右玉县并入左云县，属晋北专区。1961 年，恢复原右玉县，复属雁北专区。1967 年，属雁北地区。1993 年，属大同市至今。

与“左云”地名相关的地名文化应用有：左云秦权、左云古城墓群、左云苦荞。

左云秦权：著名出土文物，是国内发现的第一枚秦代铸铁“秦权”。1956 年出土于左云县破鲁堡乡东辛庄村北河湾修坝挖渠处。为铸铁质，状如马蹄，重 31.5 公斤。嵌有小篆体铜铭文：“二十六年皇帝尽并兼天下诸侯黔首大安立号为皇帝乃诏丞相状绾法度量则不壹歉疑者皆明壹之”。秦权作为秦代的标准砝码，是研究秦始皇统一度量衡的重要实物资料。现藏于中国历史博物馆。

左云古城墓群：汉代墓葬群。位于三屯乡后八里村、张家场乡旧高山村和双官屯村。三处汉墓合称“左云古城墓群”，分布面积约 46324 平方米。

左云苦荞：国家地理标志保护产品。产地范围为马道头乡、小京庄乡、张家场乡、三屯乡、管家堡乡、鹊儿山镇、云兴镇、店湾镇等 8 个乡镇现辖行政区域。

县境在晋、蒙交界处，明长城横亘北部，地名极具边塞文化和军事文化特色。从地名专名来看有以下特点：1. 以军事建置命名。如：威鲁堡、宁鲁、大堡寨、屯军庄等。2. 以长城建筑命名。如：长城岭、三台子、黑烟墩等。3. 以姓氏官职命名。如：毛官屯、任官堡、陈家河、于千户岭等。4. 以所处的山川地形命名。如：则塄坡、山沟子、平川、清水河等。5. 以古城遗址命名。如：古城、旧高山、东古城等。6. 以祥瑞、希冀命名，表达了中华传统文化中对美好的向往和追求。如：兴隆沟、向阳寨、保安、太平墩等。

从地名通名来看有以下特点：1. 凡通名中带“堡、屯、墩、寨、台”的，大多与明代大同镇长城一线军事驻防有关。凡以“堡”为通名的村落，都有军事防御的堡城，如：管家堡、杨千堡等。凡以“墩”“台子”为通名的地名附近皆有长城边墩或烽火台，如：白烟墩、安烟墩、元台子、八台子。明代的驻军地多以屯、寨为通名，如：毛官屯、大堡寨等。2. 其他以自然地形地貌河、山、湾、沟等为通名。如：酸茨河、台子山、柳树湾、段家沟等。3. 还有多为北方常见通名村、庄、窑等。如：潘家村、南京庄、朱家窑等。

地处黄土高原与内蒙古高原过渡带，境内四周环山，中部丘陵起伏，沟壑纵横。主要山脉有尖口山、五路山等，十里河、井儿沟河、源子河、大峪河、七磨河、宁鲁堡河、廖家堡河、淤泥河、马石路河等流经。最高点五路山海拔 2013.3 米，最低点鹊儿山镇十里河岸海拔 1198 米。为国家级生态示范县。境内煤炭资源禀赋优越，是全国重点产煤大县和全国优质动力煤基地县。有云兴镇 1 个全国重点镇。左云县城为山西省第二批历史文化名城。名胜古迹有长城、保安堡、古城古墓群、摩天岭长城风景名胜区等。地方特色民间艺术有寺庙音乐、民歌、平安灯、高跷、踢鼓秧歌、龙舞、小车舞、旱船秧歌、狮子舞、挠搁、剪纸、刺绣、面塑等，其中踢鼓秧歌源于清朝初期的民间街头秧歌，融入内蒙古的说唱音乐和民间舞蹈，后又吸纳了晋剧、北路梆子、道情、二人台等多种戏曲艺术成分，形成了地方说唱歌舞形式“街头表演秧歌”。楞严寺寺庙音乐被列入国家级非物质文化遗产。平安灯、小秧歌被列入市级非物质文化遗产。特产“左云苦荞”为中国国家地理标志产品。

左云 [Zuǒyún]

地片名。在左云县中西部。战国白羊城。明洪武四年（1371 年），置大同都卫。二十五年（1392 年），置镇朔卫，始筑城池，旋省。永乐七年（1409 年），置大同左卫。正统十四年（1449 年），云川卫所迁此，与大同左卫同治，始砖甃城墙。城周 10 里 120 步。辟城门 3 座：南门拱辰门；西门靖远门；北门控朔门。城墙南、西、北正中辟门，以门为端点设南、北、东、西街 4 条主干道，每个街区内又设十字街。清顺治六年（1649 年），因姜瓖兵变惨遭屠城，部分建筑被毁。清雍正三年（1725 年），改左云卫为左云县治所。20 世纪 80 年代以来，城区向北逐渐拓展，建成云新东大街、云新西大街、云新北大街及环城路。2009 年，经山西省人民政府批准为第三批省级历史文化名城，并划定北街、南街 2 处历史文化街区。

云兴镇 [Yúnxīng Zhèn]

乡级政区名。全国重点镇。左云县人民政府驻地。在县境中西部。东与张家场乡相邻，南与小京庄乡、马道头乡接壤，西与朔州市右玉县牛心堡乡交界，北与三屯乡毗连。面积 133.04 平方千米。人口 6.17 万。辖东街社区、西街社区、南街社区、云兴街社区、东延路社区、林河路社区、云和园社区 7 个社区，北门村、西门村、南门村、南关村、陈家河村等 17 个行政村。镇人民政府驻陈家河村。

1949 年，分属左云县第一区、第二区。1953 年 10 月，分属城关乡、北六里乡、南八里乡、张祥村乡。1958 年，属跃进人民公社。1961 年，设立城关人民公社，1976 年，置城关镇。1984 年，撤销城关人民公社置城关乡。1989 年，城关乡并入城关镇。2002 年 11 月，城关镇更名为云兴镇。取左云兴盛之意。

地处十里河川原和丘陵区，无霜期短。特产胡麻。地方特色民间艺术有寺庙音乐、民歌、平安灯、高跷、踢鼓秧歌、龙舞、小车舞、旱船秧歌、狮子舞、挠搁、剪纸、刺绣、面塑等。楞严寺寺庙音乐被列入国家级非物质文化遗产。平安灯、小秧歌被列入市级非物质文化遗产。2014 年，被列入全国重点镇。

鹊儿山镇 [Quèérshān Zhèn]

乡级政区名。在左云县境东北部。东、南与云冈区高山镇接壤，西与张家场乡相邻，北与管家堡乡毗连。面积 54.32 平方千米。人口 0.8 万。辖鹊儿山矿社区 1 个社区，鹊儿山村、小破堡村、石墙框村、草垛沟村、胡泉沟村等 8 个行政村。镇人民政府驻鹊儿山村。因驻地得名。

1949 年，属左云县第三区。1953 年，分属草垛沟乡、小破堡乡。1956 年，属小破堡乡。1958 年，属卫星人民公社。1961 年，设小破堡人民公社。1984 年，置鹊儿山镇。十里河流经。特产胡麻。境内煤炭、石灰石等资源丰富，是典型的煤炭资源型乡镇。

鹊儿山村 [Quèérshān Cūn]

居民点。鹊儿山镇人民政府驻地。在左云县人民政府驻地东北 30 千米。人口 0.11 万。以山地“鹊儿山”命名。光绪《左云县志 · 乡村图》载名“鹊儿山”。民国《左云县要览 · 地志》载：“鹊儿山，在县东五十里，石墙框之北。东连焦山，北接弥陀山，西通燕子山，东南与火山相接。”有国家二级企业鹊儿山矿。

店湾镇 [Diànwān Zhèn]

乡级政区名。在左云县境东南部。东与云冈区鸦儿崖乡接壤，南与朔州怀仁市交界，西南与马道头乡毗连，西、北与张家场乡相邻。面积 184.15 平方千米。人口 0.71 万。辖东条涧村、兴隆沟村、水窑村、上山井村、大路坡村等 22 个行政村。镇人民政府驻下山井村。因原驻地在店湾得名。

1949 年，属左云县第四区。1953 年，分属上山井乡、水窑乡、东周窑乡、井儿沟乡、下张家坟乡、大路坡乡。1956 年，分属井儿沟乡、下张家坟乡、上山井乡、水窑乡。1958 年，属火箭人民公社。1961 年，设井儿沟人民公社、水窑人民公社。1984 年，置店湾镇、水窑乡。2021 年，水窑乡整建制并入店湾镇。

地处土石山区，主要河道有山井河。境内煤炭资源丰富，是典型的煤炭资源型乡镇。古迹有台子山烽火台、南深井龙王庙、东周窑全神庙、上山井旧石器遗址、火石梁新石器聚落遗址，东沟清代民居、柏山清代民居等。

下山井村 [Xiàshānjǐng Cūn]

居民点。店湾镇人民政府驻地。在左云县人民政府驻地东南 25 千米。人口约 0.1 万。原名山井村。后分为下山井村、上山井村 2 个村。光绪《左云县志》载名“山井村”。地处山区，地势山高坡陡。有煤炭资源。为传统农业村。

店湾村 [Diànwān Cūn]

居民点。属店湾镇。在左云县人民政府驻地东 16 千米。人口约 372 人。因地处沿河湾的运煤古道边，有食宿客店，故名。光绪《左云县志·乡村图》载名“店湾”。店湾煤矿驻境。

水窑村 [Shuǐyáo Cūn]

居民点。属店湾镇。在左云县人民政府驻地东南 30 千米。人口约 399 人。因当地沟中有古煤窑，有泉水故名水窑沟，村以沟得名。光绪《左云县志·乡村》载名“水窑村”。有煤矿。

管家堡乡 [Guǎnjiābǔ Xiāng]

乡级政区名。在左云县境东北部。东与新荣区破鲁乡接壤，南与张家场乡、鹊儿山镇相邻，西与三屯乡毗连，北隔长城与内蒙古自治区凉城县曹碾乡相望。面积 120.92 平方千米。人口 0.63 万。辖管家堡村、海家窑村、东辛村、徐达窑村、黑烟墩村等 17 个行政村。乡人民政府驻管家堡村。因驻地得名。

1949 年，属左云县第三区。1953 年，分属管家堡乡、吴施窑乡、廖家堡乡。1958 年，属卫星人民公社。1961 年，设管家堡人民公社。1984 年，置管家堡乡。2000 年 12 月，威鲁乡并入至今。地处平顶山南麓丘陵区，淤泥河流经。名胜古迹有明长城、烽火台、南禅寺、白羊口、月华池、碧水塔、市场城、灭虏堡、威鲁堡、保安堡及汉代、北朝、辽金文化遗址等。特色民俗文化有秧歌、挠阁、高跷等社火活动。

管家堡村 [Guǎnjiābǔ Cūn]

居民点。曾名灭虏堡、灭鲁堡。管家堡乡人民政府驻地。在左云县人民政府驻地东北 35 千米。人口 0.13 万。明代天顺间筑管家堡。嘉靖二十二年（1543 年），改建后命名“灭虏堡”。万历元年（1573 年）砖包。为明大同镇左卫道所辖北西路城堡之一。东至破鲁堡 20 里、北至边墙 7 里、西至威鲁堡 20 里、南至高山城 32 里。分边墙 4 里 3 分，边墩 6 座，火路墩 10 座。清代讳“虏”，改名灭鲁堡。民国复名管家堡，以管姓聚居而命名。

正德《大同府志·土堡》载名“管家堡”。《三云筹俎考》：“灭虏堡，嘉靖二十二年土筑。万历元年砖包。本堡外控保安诸堡，内蔽左卫，盖云西要冲地也。东与破虏相接，地势旷衍，无崇山峻岭之限，而边外丰州、云内一带，虏酋黄金榜实土骨赤部落驻牧。嘉隆间，该堡屡遭残困，若保安、助马烽火严明，破虏、威虏声势相接，虏知有备，亦不敢远掠矣。”又载：“城周二里四分，高三丈八尺。内驻守备、坐堡各一员，把总二员。军九百六十四名。马骡三百六匹头。”光绪《左云县志·乡村图》载名“灭鲁堡”。现在村东有灭虏堡遗址，平面呈长方形，东西长 230 米，南北宽 295 米。北墙中部辟砖券拱门。古迹还有明烽火台、土隍庙、管家堡北朝文化遗址、汉墓等。为农业村。

张家场乡 [Zhāngjiāchǎng Xiāng]

乡级政区名。在左云县境东北部。东与店湾镇接壤，南与马道头乡、水窑乡相邻，西与云兴镇毗连，北与三屯乡、管家堡乡为界。面积 190.44 平方千米。人口 1.03 万。辖张家场村、远尚村、大堡角村、旧高山村、猪儿洼村等24个行政村。乡人民政府驻张家场村。因驻地得名。

1949年，属左云县第四区。1953年，分属猪儿洼乡、远尚乡、纸坊头乡。1956年，置张家场乡。1958年，属东风人民公社。1961年，设张家场人民公社。1984年，置张家场乡。2001年，杨千堡乡并入至今。地处十里河川原区域。煤炭、石灰岩等矿产资源丰富，主产优质动力煤。名胜古迹有小厂子村汉长城遗址、旧高山城址、明代烽火台等。

张家场村 [Zhāngjiāchǎng Cūn]

居民点。张家场乡人民政府驻地。在左云县人民政府驻地东北15千米。人口约870人。因张姓始居，村中有较大打谷场，故以命名。光绪《左云县志·乡村》载名“张家场”。十里河流经。农业村。古迹有明代烽火台。

三屯乡 [Sāntún Xiāng]

乡级政区名。在左云县境北部。东与张家场乡相邻，南隔十里河与云兴镇相望，西依五路山蹄窟岭与朔州市右玉县接壤，北隔长城与内蒙古凉城县交界。面积234.57平方千米。人口0.6万。辖三屯村、后八里村、北十里村、段家村、宁鲁堡村等17个行政村。乡人民政府驻地三屯村。因驻地得名。

1949年，属左云县第一区。1953年，属黄村乡。1956年，分属三屯堡乡、黄家村乡。1958年，属上游人民公社。1961年，设三屯堡人民公社。1984年，置三屯乡。主要河流南河湾、大河湾流经。古迹有明代烽火台、则塄坡全神庙、八台清代天主教堂等。

三屯村 [Sāntún Cūn]

居民点。原名三屯堡。三屯乡人民政府驻地。在左云县人民政府驻地北12千米。人口约890人。明初为军屯地，原名“三官屯”。明隆庆三年（1549年）筑三屯堡。万历二年（1574年），砖砌女墙。为明大同镇左卫道所辖中路城堡之一。《三云筹俎考》：“三屯堡，隆庆三年土筑。万历二年砖砌女墙。本堡虽设临边以黑龙山为险。边外土城一带，虏酋兀兰把喇素部落住牧。先年，虏零掠无常，耕牧往来均为所苦。自此堡设而人便收敛，亦为要区。但规模狭小，士马无多，有警难以防御，且军皆拨自左云二卫，故土系思，时多逃匿，以故议者欲并归冲堡云。”又载：“城周七分，高三丈五尺。内驻防守、坐堡、把总各一员。军二百九十二名。马十六匹。”光绪《左云县志·乡村图》载名“三屯堡”。现在村西有三屯堡遗址，城堡平面呈长方形，东西长约90米，南北宽约100米。南墙中部辟堡门。古迹还有清代戏台、汉墓等。

马道头乡 [Mǎdàotóu Xiāng]

乡级政区名。在左云县境南部。东与水窑乡相邻，南与朔州市怀仁市交界，西与小京庄乡接壤，北与云兴镇、张家场乡、店湾镇毗连。面积145.86平方千米。人口0.81万。辖鹊儿岭村、辛堡子村、高庙村、郭家坪村、四十里庄村等17个行政村。乡人民政府驻马道头村。因驻地得名。

1949年，属左云县第四区。1953年，分属潘家窑乡、马道头乡、黄家店乡、段家沟乡。

1956 年，属马道头乡、四十里庄乡。1958 年，属前进人民公社。1961 年，设马道头人民公社。1984 年，置马道头乡。地势东北高，西南低，地形为黄土丘陵区。主要河流大峪河。古迹有马道头汉墓、杜家沟佛教石窟、庄家店新石器文化遗址等。

马道头村 [Mǎdàotóu Cūn]

居民点。马道头乡人民政府驻地。在左云县人民政府驻地正南 19 千米。人口约 770 人。因地处古代驿道而得名。正德《大同府志・土堡》载名“马道头堡”。光绪《左云县志・乡村》载名“马道头”。古迹有明代马道头堡址、烽火台、关帝庙等。马道头堡址平面呈圆形，直径 80 米，西南辟堡门，门外筑半圆形瓮城。

小京庄乡 [Xiǎojīngzhuāng Xiāng]

乡级政区名。在左云县境西南部。东与马道头乡相邻，南、西与朔州市山阴县、右玉县交界，北与云兴镇毗连。面积 230.3 平方千米。人口 1.05 万。辖小京庄村、孟家堡村、酸茨河村、树儿里村、降家村等 23 个行政村。乡人民政府驻小京庄村。因驻地得名。

1949 年，属左云县第二区。1953 年，分属麻黄头乡、李石匠乡、李顶窑乡、小京庄乡。1956 年，分属小京庄乡、李顶窑乡。1958 年，属前进人民公社。1961 年，设小京庄人民公社。1984 年，置小京庄乡。2001 年，酸茨河乡并入至今。源子河流经。名胜古迹有明代东古城遗址、烽火台、东古城清代地藏王庙等。为县粮油主产区。

小京庄村 [Xiǎojīngzhuāng Cūn]

居民点。小京庄乡人民政府驻地。在左云县人民政府驻地西南 18 千米。人口约 830 人。原名小金庄，与大金庄相对而名。民国时期改名小京庄。正德《大同府志・土堡》载名“小金庄堡”。光绪《左云县志・乡村》载名“小金庄”。传统农业村。

阳泉市

YANGQUAN SHI

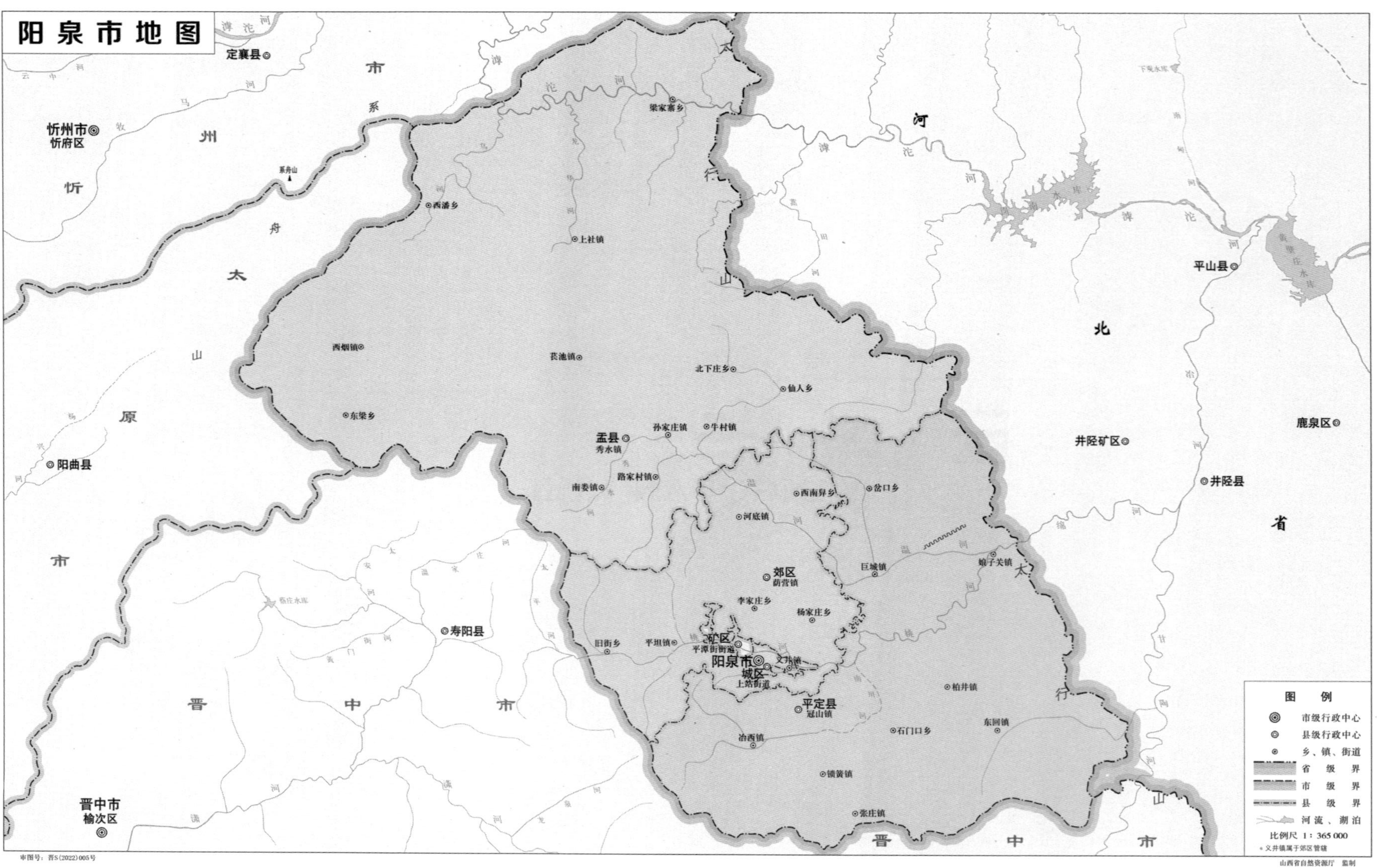
阳泉市地图
定襄县
忻州市
忻府区
阳曲县
寿阳县
晋中市
榆次区
平山县
鹿泉区
井陉矿区
井陉县
河
北
省
忻
州
市
太
原
市
晋
中
市
系舟山
阳泉市
城区
矿区
郊区
荫营镇
平定县
冠山镇
盂县
秀水镇
梁家寨乡
西潘乡
上社镇
西烟镇
苌池镇
北下庄乡
仙人乡
东梁乡
孙家庄镇
牛村镇
南娄镇
路家村镇
西南舁乡
岔口乡
河底镇
巨城镇
娘子关镇
李家庄乡
杨家庄乡
旧街乡
平坦镇
平潭街街道
义井镇
上站街道
柏井镇
东回镇
石门口乡
冶西镇
锁簧镇
张庄镇
图例
市级行政中心
县级行政中心
乡、镇、街道
省级界
市级界
县级界
河流、湖泊
比例尺 1：365 000
* 义井镇属于郊区管辖
审图号：晋S(2022)005号
山西省自然资源厅 监制

阳泉市 [Yángquán Shì]

地级政区名。山西省辖市。为国内新型重化工城市，中国著名无烟煤和耐火材料生产基地。位于省境中部东翼，东与河北省井陉县、平山县接壤，南与晋中市昔阳县毗连，西与太原市阳曲县、晋中市寿阳县相邻，北与忻州市定襄县、五台县交界。面积4559平方千米。人口131.1万。辖城区、矿区、郊区3个区，平定县、盂县2个县。市人民政府驻城区。

“阳泉”市名源自境内大阳泉村的“漾泉”，又写作“阳泉”。初为泉名，后为村名，清末为火车站名，民国为镇名，1947年始为市名。清光绪《平定州志》记载：“阳泉，在州西十五里，泉源有五：一在村南涧中，俗名饮马坑；一在村西野子沟，皆夏秋有水，冬春则涸；一在村北寺沟，相去丈余，水盈盈常不涸；一在张氏山庄问渠亭右侧，深广丈余，石甃为池，土人常祷雨于此；或曰今村中上港井亦泉也，今有石槽尚存，后填以巨石，因以为井，皆自平地涌出，本名漾泉，讹为‘阳’云。”元代王构《聂谷道吊冯大来》诗中云：“正值漾泉春色好，东风开满树头花”。

“阳泉”之名，始见于金大定二十六年（1186年）《重修灵瞻王庙碑文》（今大阳泉村西的蒲台山神庙）中的“阳泉里”。1257年，金末文学家元好问流寓平定期间，曾做《阳泉栖云道院》的五言诗，诗名即提到“阳泉”二字。元顺帝元统二年（1334年），今阳泉境内柳沟村六泉庙的碑文中也出现有“阳泉村”的记载。清光绪三十三年（1907年），正太铁路全线通车，因在大阳泉村附近设站，故名“阳泉站”。民国时期，车站附近渐有居民和店铺，后发展为阳泉镇。1947年5月，建立阳泉市。

唐虞夏商时，今阳泉市境相传为古冀州之地。春秋时，今盂县地有仇犹国。周贞定王十二年（前457年），晋卿智伯灭仇犹；十六年（前453年），韩赵魏三家分晋，市境属赵。秦属太原郡。西汉初，于市境置上艾县，县治在今平定县新城村，属并州太原郡。东汉，上艾县属冀州常山国。三国时，南北分属魏并州乐平郡、新兴郡。西晋沿用曹魏旧制。东晋十六国时，历属前赵、后赵、冉魏、前燕、前秦、后燕、北魏等国。北魏时南北分属并州乐平郡石艾县和肆州新兴郡定襄县。后全境属东魏和北齐。隋时于今娘子关置苇泽县，属井州，后废；于今盂县境置原仇县（后改称盂县），与石艾县同属辽州。唐初，市境属受州，后受州废，石艾、盂县先后属并州、太原府；天宝元年（742年），石艾更名广阳，徙县治于广阳村。五代历属后唐、后晋、后汉、北汉。北宋太平兴国四年（979年），改广阳县为平定县，县治迁回平定上城，隶平定军；盂县属并州；之后，平定县、盂县同属河东路。金升平定州、盂州，属河东路、河东北路。元属冀宁路。明，盂州降为县，与平定州同属山西太原府，清雍正二年（1724 年），平定为直隶州，增领盂县、寿阳县，属山西省。民国初为平定县和盂县，属山西冀宁道，后直辖山西省。抗日战争时期，平定分置平定（路北）县、平（定）东县和平（定）西县，盂县分置盂（县）平（山）县、盂（县）阳（曲）县、盂（县）寿（阳）县；正太铁路以南的平（定）东、平（定）西二县属晋冀鲁豫边区，以北各县属晋察冀边区。解放战争时期，平定、盂县逐渐恢复原建置；1947 年 5 月 4 日，以原平定县的一部分设阳泉市，以后一度改称阳泉工矿区。阳泉市（工矿区）先后归华北联合行政委员会、华北人民政府、山西省管辖。新中国建立后，阳泉市（初为工矿区，1952 年恢复市建置）数度由晋中（榆次）地区（专署）代管，平定县、盂县则属晋中（榆次）地区（专署）。先后置城区、郊区和矿区。1983 年 9 月，实行市管县体制，平定县、盂县划归阳泉市，阳泉市成为由山西省直辖的下辖两县（平定、盂县）三区（城、矿、郊）的城市。

以地名“阳泉”冠名的社会应用有：阳泉炭、国阳新能、阳泉评说。

阳泉炭：阳泉以产煤炭闻名于世，因此“阳泉炭”在俗语中是优质煤炭的代名词。例如汪曾祺《寂寞和温暖》中有：“这人心里没假。他的心是一块阳泉炭，划根火柴就能点着。烧完了是一堆白灰。”

国阳新能：阳泉素有“中国煤乡”之称，阳泉煤炭集团子公司，国有大型煤炭企业上市公司“国阳新能”即取名于所在地阳泉的“阳”字。

阳泉评说：为阳泉地方说唱艺术，属韵诵类。起源于平定县、发展在阳泉市，流传于晋东各县。它以阳泉方言为基调，赋予方言特有的韵律和不规则的节奏，长短句式，合辙押韵，表演说中有评，评中带说，风趣幽默。表演形式分为单人、双人、多人和化妆评说等多种，具有鲜明的地方特色和浓郁的乡土气息。

从地名专名来看，辖区内行政区划地名和居民点地名有以下特征：1. 以历史事件命名，如：平定县原名广阳县，北宋太平兴国二年（977 年），宋军为平定北汉割据政权，首克广阳，置平定军，后改广阳县为平定县。2. 以市境内功能分区特点命名，如：城市居民生活区为“城区”，矿山工业区为“矿区”，农村为“郊区”。3. 以自然地理实体命名，如：平定冠山镇，因紧临冠山而得名；盂县秀水镇，因秀水河穿境而过得名。阳泉地处太行山区，居民点以“东”“西”“南”“北”“上”“下”“前”“后”方位为专名的较多，如：郊区的东垴村、西垴村、南杨家庄村、北杨家庄村；平定的上董寨村、下董寨村，盂县的前河东村、后河东村等。4. 以历史古迹或人文地理实体命名，如：平定县娘子关，因纪念春秋时期介子推之妹建有“妒女祠”而得名。一说因唐平阳公主率军驻守传称至今。5. 阳泉农村居民点多以姓氏命名，如：张庄、韩庄、宋家庄、孙家庄、李家庄、杨家庄、赵家沟、牛村等。

从地名通名来看，辖区内行政区划地名和居民点地名有以下特征：农村居民点以“庄”“垴”“岩”命名，如：辛庄、南庄、东庄，平潭垴、郭家垴、傅家垴，黄沙岩、麦家岩、黄树岩等，与之对应的有“坪”“沟”“峪”，如：千亩坪、青岩坪、西小坪，义东沟、管道沟、东水沟，西峪、井峪、鹿峪等。

阳泉市地处黄土高原东缘，太行山中麓西侧，为山西黄土高原与华北平原的过渡带。境内地形以山地为主，地势西北高，东南低，最高点盂县坪塔梁主峰海拔 1803.6 米；最低点平定娘子关绵河河谷海拔 350 米；市中心海拔 700 米。属暖温带半湿润大陆性季风气候，特点是春季干旱多风，夏季炎热多雨，秋季降温迅速，冬季寒冷干燥。平均气温 11.3℃。1 月平均气温 -3.2℃，7 月平均气温 24.3℃。年平均降水量 516 毫米。

阳泉历史悠久，文化荟萃。同时也是抗日战争“百团大战”的主战场，是中国共产党在解放战争中亲手创建的第一座城市。有全国重点文物保护单位郊区林里关王庙、坡头泰山庙、盂县大王庙、盂北泰山庙、平定马齿岩寺、西关三圣寺大殿、府君庙、藏山祠、冠山天宁寺双塔、开河寺石窟、冠山书院 11 处。有省级重点文物保护单位石评梅故居、藏山祠、冠山书院、开河寺石窟、盂县烈女祠、大铁钟。市级重点文物保护单位 49 处。有全国爱国主义教育示范基地百团大战纪念馆。有市革命烈士纪念馆、保晋公司纪念馆、平定县娘子关城楼、平定县固关长城遗址、盂县藏山赵氏孤儿藏身地、郊区小河石评梅纪念馆等 7 处省级爱国主义教育示范基地。有地方民间艺术平定砂货烧制工艺等。平定武迓鼓、赵氏孤儿传说、平定砂器制作技艺、平定黑釉刻画陶瓷制作技艺被列入国家级非物质文化遗产。阳泉评说、阳泉布老虎、阳泉剪纸、阳泉文迓鼓、平定皇纲、盂县民歌、盂县武术社火、阳泉煤雕制作工艺、平定传统三八席制作技艺等 14 项被列入省级非物质文化遗产。有狮脑山百团大战纪念碑、平定县七亘大捷纪念地、平定县南庄、郊区辛庄等纪念地。有藏山旅游景区、大汖温泉度假景区、翠枫山自然风景区、桃林沟景区、华北奕丰生态园、固关景区、小河评梅景区、娘子关旅游景区、红岩岭景区、林里关王庙、银圆山庄景区和冠山景区等国家 A 级以上旅游景区 12 家。有国家级风景名胜区平定娘子关、平定关山森林公园。有红色旅游景区狮脑山百团大战、平定县七亘大捷。有生态旅游景区平定县药林寺、华北奕丰生态园。有“中国民间文化艺术之乡”郊区荫营镇。有平定县瓦岭村、平定县西锁簧村、郊区小河村、郊区大阳泉村、郊区官沟村、盂县大汖村、盂县乌玉村、盂县骆驼道村等 52 个中国传统村落。有娘子关镇 1 个国家级历史文化名镇，小河村和大阳泉村等 14 个国家级历史文化名村（2007 年第三批：小河村；2010 年第五批：大阳泉村；2019 年第七批：辛庄村、宋家庄村、桃叶坡村、瓦岭村、上董寨村、下董寨村、南庄村、上盘石村、下盘石村、乱流村、乌玉村、大汖村），官沟村、上董寨村、大汖村等 17 个省级历史文化名村。著名历史人物有元代史学家吕思诚、清代历史地理学者张穆、民主革命家女权运动先驱石评梅、作家高长虹等。

城　区 [Chéng Qū]

县级政区名。阳泉市人民政府驻地。别称“站上”。位于市区中部偏南。东、南与郊区义井镇毗邻，北依郊区李家庄乡，西至洪城路与阳泉矿区为界。面积 55.88 平方千米。人口 22.5 万。辖上站街道、下站街道、北大街街道、南山路街道、义井街道 5 个街道，托管郊区义井镇。城区人民政府驻上站街道南大街 300 号。区境位于阳泉市中部的桃河谷地，桃河横贯。

别称“站上”。1906 年 10 月，山西第一条铁路正太线（河北正定至山西太原）通过境内，设立阳泉站，当地人们习惯把阳泉称作“站上”。由于铁路两旁地势南高北低，至今铁路以南仍然叫“上站”，铁路以北仍然叫“下站”。

区境原属平定县。1953 年 5 月，属阳泉市第一区。1956 年 3 月，更名为站上区。1957 年 8 月，撤销站上区，直属阳泉市。1963 年 2 月，恢复站上区。1969 年 1 月，站上区更名城区至今。

阳泉城区地名从专名来看有如下特点：1. 以境内桃河、石太铁路、阳泉站、桃河大桥为参照而命名，如：以铁路南北地势分为上站街道、下站街道；以桃河南北位置分为北大街、南大街；以桃河南北命名桃北中街、桃南中街。2. 以城市扩容前原旧有地名命名的社区有义井、南山北路；小阳泉、北岭坡、南边堰、龙躺梁等社区。3. 城市街道和居民点多以期冀祥瑞之意命名；如：和义居、凤凰城、和润庭院等。

从地名通名来看有如下特点：1. 阳泉主要处于太行山区，以山丘、河流、沟谷遍布为主要特点，地名通名中多以地形地貌命名。如：沟、峪、口、崖底、壕、垴、梁、岩、圪梁、洞、坡、河、坪、凹等。2. 以古代里坊、驿铺、营寨遗存命名，如：里、头、驿、铺、庄、寨等。

城区地处太行山峦间的桃河谷地，属河谷及丘陵地形。整个地势西高东低，最大的丘陵老牛山（南山），海拔 744.4 米，为全区最高点。最低白点羊墅桃河谷地海拔为 631 米。桃河横贯城区，西入东出，把带形小盆谷天然地分割为两半。主要景点有百团大战纪念碑、狮脑山森林公园、南山公园、桃河公园等。名胜古迹有小漾泉、禅岩寺、阳泉火车站旧址、新泉观等。

小漾泉位于城区南大街中段月亮湾 200 米处南侧，分布面积约 300 平方米。据《平定州志》载：“阳泉，在州西十五里，泉源有五……一在村南沟，俗名南沟泉……水盈盈，常不涸……”说的便是此泉。这些泉源，皆自平地涌出，故名漾泉。为一古泉眼。金代诗人元好问游此，有《阳泉栖云道院》诗作。狮脑山禅岩寺遗址位于阳泉市狮脑山百团大战纪念碑的南侧禅岩山处，分布面积 1288 平方米。据《平定州志》载：“……有僧普惠示寂岩下，故名”。遗址北侧为陡峭悬崖，崖上留有明清时期题刻多处。有明代兵部、吏部尚书乔宇题刻的“禅岩山”，现存是一处明清时期的寺庙遗址。阳泉火车站旧址，清光绪三十二年(1906年)由法国人建造，是一处典型的欧式建筑。现存有候车厅、贵宾室和钟楼。有地方民间艺术阳泉评说、阳泉布老虎被列入省级非物质文化遗产。

上站街道 [Shàngzhàn Jiēdào]

乡级政区名。城区人民政府驻地。在区境中西部。东与义井街道接壤，南与南山街道相邻，西与矿区蔡洼街道相连，北与下站街道接界。面积5平方千米。人口5.92万。辖小阳泉南社区、小阳泉北社区、市政府大院社区、德胜街社区、金三角社区等10个社区。街道办事处驻南大街油娄沟社区。以辖区地片名“上站”命名。

因辖区主要为阳泉火车站以南地形较高区域，俗称上站，是阳泉市最早形成的城市区域之一。1947年5月，属阳泉市一区三街。1955年11月，设上站街道。1956年1月，属站上区。1957年8月，直属阳泉市。1957年11月，下站街道并入。1960年3月，改设上站人民公社。1963年2月，属站上区。1969年1月，属阳泉市城区。1980年8月，置上站街道至今。

地处太行山峦间的桃河谷地，属河谷及丘陵地形。整个地势呈西高东低之势，构成阶梯地貌。有市级重点文物保护单位新泉观，现存为清代建筑，是三神合一的庙宇。有南大东街工农兵铁铸像、阳泉化工厂职工俱乐部等。

下站街道 [Xiàzhàn Jiēdào]

乡级政区名。属城区。在区境西北部，东与郊区李家庄乡接壤，南、西与上站街道相邻，北与北大街街道隔桃河相望。为阳泉市经济、文化、商业中心。面积1.8平方千米。人口2.98万。辖太上街社区、兴隆街社区、新市街社区、河边街社区、东营盘社区、官坊街社区6个社区。街道办事处驻太上街社区新建街。以辖境地片名“下站”命名。下站街道始设于1956年。1960年，属上站人民公社管辖。1980年，改设为下站街道。1987年，改造新建街、华盛街。2006年，建成新泉桥、桃源桥。地处桃河谷地，属河谷及丘陵地形。桃河自西向东横贯辖区，把辖区分为南北两半。有区级文物保护单位人民日报社造纸厂旧址门楼。有保晋煤铁行小学旧址、裕兴池、阳泉市政府旧址、桃河大桥等。

北大街街道 [Běidàjiē Jiēdào]

乡级政区名。属城区。在区境西北部。东与郊区李家庄乡毗邻，南与上站街道隔桃河相望，西与矿区蔡洼街道相连，北与郊区李家庄乡毗连。面积35平方千米。人口3.66万。辖东沟社区、铝矾土矿社区、滨河西社区、滨河东社区、古城社区等9个社区。街道办事处驻北大街73号。因驻地得名。1973年，北大街街道境域属城区北大街人民公社。1980年8月，设立北大街街道。地处桃河谷地，属河谷及丘陵地形。桃河流经境内滨河西、中心广场等社区。有阳泉市工人文化宫、阳泉矿务局养老院礼堂、阳泉宾馆等。

南山路街道 [Nánshānlù Jiēdào]

乡级政区名。属城区。在区境南部。东、南与郊区义井镇相邻，西与矿区菜洼街道接壤，北与上站街道毗连。面积 7.4 平方千米。人口 7.3 万。辖北岭社区、新华西街社区、新华东街社区、朝阳街社区、龙躺梁社区等 13 个社区。1973 年，属城区上站人民公社。1980 年 8 月，撤销上站人民公社，设立南山路街道。街道办事处驻朝阳街。因辖境有主干道南山路而得名。有南山，原名老牛山，因位于市区南部得名。海拔 744.4 米。山地和丘陵占 90% 左右。

义井街道［Yìjǐng Jiēdào］

乡级政区名。属城区。在区境东部。东与平定县石门口乡相邻，南与郊区义井镇接壤，西与上站街道为界，北与郊区杨家庄乡毗连。面积 3.43 平方千米。人口 2.4 万。辖娘电社区、白羊墅社区、畅颐社区、德业居社区、鸿龙湾社区等 12 个社区。街道办事处驻义泉街。明清属平定州义羊都义井镇。1949 年，属阳泉市。1958 年，属城区上站人民公社，1980 年 8 月，设立义井街道，2021 年 2 月，坡底街道并入。以辖境有义井河而得名。义井河、桃河流经。有体育馆、广场。石太、阳涉铁路过境设白羊墅站。

矿　区［Kuàng Qū］

县级政区名。属阳泉市。在市境西南部。矿区分南、北两块，北块（老区）东与阳泉市城区接壤，南、西、北均与阳泉市郊区交界；南块（即贵石沟新区），四周与平定县冶西镇、冠山镇为邻。面积为 87.27 平方千米。人口 23 万。辖平潭街街道、桥头街道、蔡洼街道、赛鱼街道、沙坪街道、贵石沟街道 6 个街道。区人民政府驻平潭街街道。地处狮脑山麓，桃河流经。桃河两岸的主干道“桃南路”和“桃北路”贯通全境。狮脑山海拔 1158.1 米，因地形似狮而得名狮脑山，为石太铁路侧翼的制高点，曾是百团大战和解放阳泉之战的重要战场，山巅建有百团大战纪念碑。有市级重点文物保护单位马王庙，有平潭烽火台遗址。

矿区因富含煤炭资源，历为采矿区而得名。1949 年 9 月，属阳泉工矿区。1951 年 12 月，属阳泉市。1952 年，属阳泉市一区。1956 年 3 月，属站上区。1958 年，设矿区人民公社。1963 年 2 月，属站上区。1969 年 1 月，属阳泉市城区。1970 年 1 月，设阳泉市矿区。1980 年，正式成为阳泉市辖区。

区境为中国著名的无烟煤产区，有一矿、二矿、三矿、四矿等百年老矿四座，后在贵石沟建矿命名“五矿”，20 世纪 90 年代在三矿向西延伸近 6 千米建成“新景矿”。矿区因境内地下无烟煤储量大，埋藏浅，煤质优，发热量大，开采历史久远，国家在本区域设立特大型煤炭开采企业“阳泉矿务局”，后改制为“阳煤集团”。阳煤集团作为国有大型企业，旗下许多煤炭以外的产品多以“阳煤”冠名。

辖区内政区和居民点地名的专名有以下特征：1. 以自然地理实体命名。如：东山、洪城河、沙坪。2. 以地理位置命名。如：桥北园、河口、桥头。3. 以煤矿采煤遗存命名。如：东四尺、丈八井、小南坑、七股道等。4. 以祥瑞、希冀命名。如：馨瑞、如意庄、富山。5. 以人文地理实体命名。如：赛鱼、神堂嘴、庙上。6. 以历史人物和居民姓氏命名。如：简子沟、马家坪、刘家垴、苏村。7. 以市政设施而命名。如：菜市、大楼、大院等。政区和居民点地名的通名有以下特征：1. 以境内山地丘陵地貌而命名。如：沟、山、峪、坡、垴、掌等。2. 多以村、庄、窑等为通名。

平潭街街道 [Píngtánjiē jiēdào]

乡级政区名。矿区人民政府驻地。在区境东北部。东接城区北大街街道，南与蔡洼街道隔桃河相望，西与桥头街道办事处相连，北与郊区平坦镇接界，面积 2.76 平方千米。人口 5.33 万。辖西山社区、洪城河社区、马家坪社区、育才社区、平潭街东社区、平潭街西社区、东山社区、大院社区、苹果园社区 9 个社区和西河村 1 个行政村。街道办事处驻平潭街。因驻地得名。

清代属平定州平潭镇。当地有水潭而得名。相传春秋末赵简子在此筑平潭城。元、明、清置平潭驿。成化《山西通志·古迹》：“平潭城，平定州西北二十五里。遗址略存。世传赵简子所筑。”光绪《平定州志·都村》：“赛兴都二十六�武：平潭镇，州西二十里。”民国属平定县地。1947 年，属阳泉市二区。1955 年 11 月，设平潭街街道，属一区。1958 年 10 月，属矿区人民公社，撤销平潭街街道办事处。1959 年 4 月，撤销矿区人民公社，复设平潭街街道，直属阳泉市。1960 年 3 月，撤销平潭街街道，属矿区人民公社。1970 年 6 月，属红旗岗人民公社。1981 年 3 月，设平潭街街道至今。

平潭街街道是阳煤集团（阳泉矿务局）机关驻地。大院社区即是以阳煤集团机关大院所在地命名。平潭街东、平潭街西两社区以平潭街地理方位命名。相传洪城河以晋国六卿内讧，范氏和中行氏联合击赵，两军在此激战，血流成河而得名，后改为“洪城河”。马家坪原叫马家坟，后因阳煤集团建宿舍，故改名马家坪。名胜古迹有马王庙，“平潭秋月”曾为清代平定八景之一，现已无存。近现代建筑有民国时期简子沟煤炭生产线等。

桥头街道 [Qiáotóu Jiēdào]

乡级政区名。属矿区。在区境中部。东与平潭街道接壤，南与蔡洼街道隔桃河相望，西与赛鱼街道相邻，北与郊区平坦镇毗连。面积 10.5 平方千米。人口 3.05 万。辖桥头社区、刘家垴社区、西马家坪社区、桥西社区、段西沟社区、段南沟社区、段北沟社区、馨瑞社区 8 个社区，富山村、石卜咀村 2 个行政村。街道办事处驻矿区煤山路。原属矿区向阳人民公社。1981 年 3 月，设立桥头街道。因地处阳煤大桥北头得名。1999 年，整治煤山路，2000 年，维修改造桃北西路。2008 年，建成阳煤大桥。桃河东流入境。是阳泉市最早开发的工矿区，由资源型经济转化为非煤经济，现为新型工矿区，有阳煤集团四矿留守处等。近现代工业遗存有清末保晋公司阳泉第四矿厂旧址。

蔡洼街道 [Càiwā Jiēdào]

乡级政区名。属矿区。在区境西南部。东与城区上站街道接壤，南依狮脑山与郊区义井镇相连，西与矿区赛鱼街道、郊区平坦镇为邻，北临桃河与平潭街道、赛鱼街道相望。面积 12.46 平方千米。人口 3.48 万。辖小南坑社区、菜市社区、东窑房社区、东四尺社区、蔡东社区、蔡西社区、南台社区、新源社区 8 个社区，南山村、大南沟村 2 个行政村。街道办事处驻蔡洼东街。因驻地得名。1970 年，境域属红旗公社。1981 年，设蔡洼街道。市矿区东南有一沟，相传原为春秋晋国大夫赵简子屯兵和存粮之所，称简子沟。后因有菜地，称菜洼，后谐音改蔡洼。地处阳煤集团二矿，为典型资源型工业区。有煤业、机械等众多企业。近现代建筑有简子沟铁路编组站、铁炉沟煤矿遗址、阳泉电厂职工俱乐部等。

赛鱼街道 [Sàiyú Jiēdào]

乡级政区名。属矿区。在区境西部。东与桥头街道相邻，南与蔡洼街道接壤，西与郊区平坦镇交界，北与沙坪街道毗连。面积 28.23 平方千米。人口 6.22 万。辖麻地巷社区、赛鱼社区、大垴沟社区、虎尾沟社区、南楼社区、龙泉社区、如意庄社区、井沟社区 8 个社区，官沟村、永和村、赛鱼村 3 个行政村。街道办事处驻赛鱼社区。因驻地得名。

古名“赛鱼城”。唐武德八年（625 年），迁置受州治所于此，辖寿阳、盂县，贞观八年（634 年）废。《元和郡县志·河东道》：“废受州城，在县西北三十里。旧名赛鱼城，武德八年因故迹筑，移受州理此，贞观八年废。”《读史方舆纪要·山西二》：“《城冢记》：州西北三十里有赛鱼城，唐武德八年，受州尝治于此。今亦名废受州城。”光绪《平定州志·古迹》：“赛鱼城，在州西三十里。唐武德八年为受州治。贞观八年州废。一名废受州城。”清代属平定州赛兴都。民国属平定县地。光绪《平定州志·都村》载：“赛兴都二十六郫：赛鱼郫，州西三十里。”1981 年，由红卫公社改置。为水源保护区。1996 年，修建赛鱼路。1999 年，整治矿山南路。2000 年，改造桃北西路。2007 年，修建国际新城滨河公园。桃河、蒙河流经。为典型资源型工矿区。有煤矿、化工厂等。近现代建筑有阳泉三矿旧址、赛鱼大桥等。有石太铁路货运站。

沙坪街道 [Shāpíng Jiēdào]

乡级政区名。属矿区。位于矿区西北部。东与郊区平坦镇相邻，南与赛鱼街道接壤，西、北与郊区李家庄乡交界。面积 24.05 平方千米。人口 3.34 万。辖蒙北社区、中沙坪社区、沙沟社区、黄石板社区、秋沟社区、桥南园社区、里沙坪社区 7 个社区，半坡村、大村、合新村、前庄村 4 个行政村。街道办事处驻一矿丈八楼。因驻地原为沙滩地而得名。蒙河流经。1963 年 12 月，设前庄街道，属矿区人民公社。1965 年 1 月，更名为沙坪街道。1970 年 6 月，撤销矿区人民公社，设立沙坪人民公社。1981 年 3 月，改设沙坪街道。有阳煤集团矿井一矿和矿电厂。

贵石沟街道 [Guìshígōu Jiēdào]

乡级政区名。属矿区的飞地，位于平定县境内。东、北与平定县冠山镇相邻，南、西与平定县冶西镇接壤。面积 9.27 平方千米。人口 1.99 万。辖水滩社区、苏村社区、小河滩社区、枣岭山社区 4 个社区。街道办事处驻五矿桥头。原属平定县城关人民公社。1984 年，划入阳泉市矿区，设立贵石沟街道。因地处平定县南坳乡贵石沟村得名。20 世纪 80 年代后，兴建矿山路、建设路、南川路。南川河、中川河、北川河流经。有煤业公司五矿。有五矿专用铁路。

郊　区 [Jiāo Qū]

县级政区名。阳泉市辖区。在市境中部。东与平定县岔口乡、巨城镇接壤，南与平定县石门口乡、冠山镇、冶西镇毗邻，西与晋中市寿阳县相连，北与盂县接界。面积 512.93 平方千米。人口 27.5 万。辖荫营镇、河底镇、义井镇、平坦镇 4 个镇，西南舁乡、杨家庄乡、李家庄乡、旧街乡 4 个乡，有 30 个社区。其中，郊区开发区社会事务服务中心管理 16 个社区。郊区人民政府驻荫营镇。

秦属太原郡。西汉属上艾县。北魏太平真君九年（448 年），废上艾县，孝昌年间（525—527 年），恢复建置，改名石艾县，为石艾县属地。隋开皇十六年（596 年），置原仇县，为石艾县、原仇县两县属地。大业二年（606 年），原仇县更名盂县，为石艾县、盂县两县属地。唐武德八年（625 年），受州移治塞鱼（后更名赛鱼），即今平潭乡赛鱼村，石艾县、盂县同属受州。贞观八年（634 年），废受州，石艾县、盂县改属太原府。唐天宝元年（742 年），石艾县更名广阳县，为广阳县、盂县两县属地。五代因之。北宋太平兴国二年（977 年），以镇州广阳寨建平定军，太平兴国四年（979 年），广阳县改名平定县，为平定县、盂县两县属地。金大定二年（1162 年），平定军改为平定州。兴定年间（1217—1222 年），盂县升为盂州。元至元二年（1265 年），平定县并入平定州。明洪武二年（1369 年），改盂州为县。清雍正二年（1724），平定州升为直隶州，盂县为其属县。为平定州属地。1938 年 1 月，盂县抗日政府成立。由于日军的分隔，本区境域以正太铁路为界，分成路北、路南两部分。1941 年 2 月，盂县东南部的牵牛镇、东村等 92 个行政村划归平定（路北）县。1943 年 1 月，寿东县抗日政府成立，7 月，改称盂寿县。原属晋察冀边区的辛兴、旧街乡正太铁路以北地区及燕龛乡属寿东县（盂寿县）。1945 年 8 月，撤销盂寿县，上述地区复归平定（路北）县。1946 年 6 月，平（定）东县、平（定）西县合并为平定（路南）县。1947 年 5 月 2 日，阳泉解放；4 日设阳泉市。1949 年，阳泉市改称阳泉工矿区。1950 年，改设二、三区公所。1952 年，改称阳泉市。1956 年，改第二区为荫营区。1957 年，与站上区合并设郊区。1958 年，改置荫营公社。1963 年，恢复荫营区。1969 年，更今名。因辖境为阳泉市区周围的乡村区域而得名。

辖区内政区和居民点地名的专名有以下特征：1. 因境内矿产资源而命名。如：矾窑、火石岩、银洞沟。2. 因辖区地下水资源丰富，以泉湖泊而命名。如：平潭、白泉、三泉、大阳泉、芦湖、苇泊、小河、甘河、西河。3. 有以地形象形命名。如：猪头垴、石马沟、老虎沟、簸箕掌。4. 以环境特征命名。如：霍树头、桃林沟、桃坡等。5. 以祥瑞、希冀命名。如：辛兴、长吉岭、余积粮沟等。6. 以人文地理实体命名。如：燕龛、庙上、神堂嘴、庙岭、佛洼等。7. 以相对位置而命名。如：河底、口上、坪上、前洼。政区和居民点地名的通名有以下特征：1. 以境内山地丘陵地貌而命名。如：沟、山、峪、坡、岭、掌等。2. 多以村、庄、窑等为通名。

区境地名的社会应用有：三泉迓鼓、三异苹果、赛兴秧歌。

三泉迓鼓：在荫营镇三泉村，以民间曲艺迓鼓闻名乡里，故有以专名“三泉”冠名的“三泉迓鼓”，2009 年，被列为省级非物质文化遗产。

三异苹果：辖区西南异乡有西南异、东南异、北异三村，并称为“三异”，也称“异上”，当地盛产苹果，品质上乘，故冠名“三异苹果”。

赛兴秧歌：辖区平坦镇赛鱼、辛兴村一带，人称“赛兴”，两村及附近村落古有打霸王鞭的传统秧歌，故以此冠名“赛兴秧歌”。

地处黄土高原东缘，太行山西麓的河谷盆地，地势西高东低，最高点水草山，海拔 1496 米，最低点白羊墅桃河河谷，海拔 595 米。区境历史文化深厚，著名历史人物有元代史学家吕思诚、清代历史地理学者张穆、山西保矿运动的首倡者张士林等。名胜古迹有枣园旧石器文化遗址、战国平潭古城遗址、全国文物保护单位关王庙、禅智寺等。有小河村、大阳泉村 2 个国家历史文化名村，辛庄村、官沟村 2 个中国传统村落，辛庄村 1 个省级历史文化名村。境内民间曲艺文迓鼓、珐花器制作为山西省级非物质文化遗产。

荫营镇 [Yīnyíng Zhèn]

乡级政区名。国家小城镇综合示范镇，全国重点镇。阳泉市郊区人民政府驻地。在郊区中部。东与平定县巨城镇接壤，南与李家庄乡、杨家庄乡毗邻，西与平坦镇相连，北与河底镇、西南异乡接界。面积 103.81 平方千米。人口 6.24 万。辖瑞丰社区、文苑社区、老虎沟社区、荫营煤矿社区、上荫营社区等 9 个社区，矾窑村、上千亩坪村、下千亩坪村、上烟村、下烟村等 23 个行政村，有 60 个自然村。镇人民政府驻桥上村西大街。因自古灌木丛生、绿树成荫而得名。

明清属平定州地。民国属平定县。1949 年，属阳泉工矿区第二区。1956 年，属荫营区。1961 年 4 月，设荫营人民公社。1969 年，属阳泉市郊区。1984 年 5 月，置荫营镇。2001 年，三郊乡、白泉乡并入形成今境。

辖区内地名专名有以下特征：1. 以自然地理实体命名。如：上千亩坪、下千亩坪、火石岩等。2. 以地理位置命名。如：南垴、前洼、后洼等。3. 以姓氏命名的，如：段家庄、马庄等。4. 以民间传说命名的。如：东落菇堰、西落菇堰。相传有大雁落于此地，故名落孤雁，后谐音为落菇堰。从地名通名来看，辖区内居民点地名有以下特点：辖区多丘陵地貌，居民点多以垴、洼、庄、沟等冠名，如：东垴、西垴、南垴；前洼、后洼、鸡洼；韩庄、辛庄、马庄。

地处太行山脉西麓的河谷盆地，西部为丘陵土石山区，地势西高东低。有省级历史文化名村、中国传统村落辛庄村。现存全国重点文物保护单位玉泉山关王庙，市、区级重点文物保护单位唐代寿圣寺和万岁寺。尤以刘备庙、关王庙、张飞庙同在一地，三庙相望较为罕见。纪念地有1926年阳泉最早的中国共产党特别支部旧址。荫营镇是文化部命名的“中国民间文化艺术之乡”，辖区三泉村盛行打迓鼓的民间曲艺文化，现为省级非物质文化遗产。

桥上社区［Qiáoshàng Shèqū］

居民点。荫营镇人民政府驻地。在郊区人民政府驻地东南0.3千米。北依瑞丰花园小区，南依阳盂公路（南大街），荫营东西大街、李荫路在此交汇，是典型的城中村。人口0.2万。交通便利，是荫营镇乃至郊区经济文化商贸中心。有郊区体育馆，文化广场，青少年活动中心等。

下荫营村［Xiàyīnyíng Cūn］

居民点。属荫营镇。在区境中部。人口0.5万。相传因韩信攻赵时曾于此驻兵扎营得名。2013年版《阳泉市郊区志》：“荫营位于刘备山东侧。古时绿树成荫，为军事要地，相传汉将韩信下赵时，曾在此安营扎寨，故名荫营。”光绪《平定州志·都村》载：“三贤都十二邨：荫营邨，州北四十里。”

辛庄村［Xīnzhuāng Cūn］

居民点。山西省历史文化名村、中国历史文化名村、中国传统村落。属荫营镇。在郊区人民政府驻地东北6.4千米。面积10平方千米。人口约580人。明成化间刘姓迁此居住，始建新村，故名新庄，后以谐音更名辛庄。明清属平定州拒城都。光绪《平定州志·都村》载：“拒城都十二邨：辛庄，州东北五十里。”民国属平定县地。1961年，属三郊人民公社，1984年，属三郊乡。2001年，属荫营镇。有辛庄官窑，为清代文化遗存。抗日战争时期，平定（路北）县抗日政府曾在此活动，被誉为晋东“小延安”。现为阳泉市爱国主义教育基地，保存有抗战地道等遗迹。2014年，被列入第三批中国传统村落名录。2019年1月，入选为第七批中国历史文化名村。

三都村［Sāndū Cūn］

居民点。中国传统村落。属荫营镇。在郊区人民政府驻地北3千米。面积4.6平方千米。人口0.4万。明清属平定州三贤都。光绪《平定州志·都村》载：“三贤都十二邨：三都邨，州北五十五里。”民国属平定县地。1949年，属阳泉市。为文化古村。名胜古迹有寿圣寺、三圣母庙、大王庙、瑞云观遗址、五龙庙等。其中寿圣寺创建于唐贞观二年（628年），明清重修。现存正殿为元代遗构，余皆为清代建筑。正殿面宽三间，进深六椽，硬山顶，殿内存石碑10通，碣4方。1999年，被公布为区级文物保护单位。2019年6月，被列入第五批中国传统村落名录。

河底镇［Hédǐ Zhèn］

乡级政区名。属郊区。在郊区北部。东与荫营镇接壤，西南与平坦镇相邻，西北与盂县路家村镇交界，东北与西南舁乡毗连。面积102.62平方千米。人口2.14万。辖固庄煤矿社区1个社区、河底村、中佐村、龙光峪村、苇泊村、上章召村等24个行政村。镇人民政府驻河底村。因驻地得名。

1956年，属阳泉市荫营区，设河底镇。1958年，设河底人民公社。1984年，置河底镇。2000年，东村乡、燕龛乡并入成今境。温河、东坡河、大平河、苇泊河流经。有市级重点文物保护单位下章召村禅智寺。有区级文物保护单位河底村通保观、天主教堂、牵牛镇村玉皇阁、苇泊村天齐庙、山底村玉皇庙、东村龙王庙、燕龛村甘泉寺。有铝矾土、耐火材料、建材、冶炼、铸造企业。

河底村 [Hédǐ Cūn]

居民点。河底镇人民政府驻地。在郊区人民政府驻地西北7.2千米。人口0.6万。因地势较低得名。明清属平定州三贤都河底镇。光绪《平定州志·都村》载："三贤都十二邨：河底镇，州北六十里。"民国属平定县地。1937—1945年，为抗日民主政权平定（路北）县政府驻地。1949年，属阳泉市。有采煤、水泥、铸造企业。名胜古迹有通保观、普丰阁、攀云桥、河底文庙、河底天主堂、关帝庙遗址等。

义井镇 [Yìjǐng Zhèn]

乡级政区名。属郊区，由城区托管。位于阳泉市郊区东南部。东与平定县乱流村接壤，南与平定县冶西镇、冠山镇接壤，西与上站街道相连，北与郊区杨家庄乡、李家庄乡相邻。托管面积41平方千米。人口3.5万。辖义井村、义东沟村、南庄村、大阳泉村、王家峪村、西峪村、神峪村、河下村、瀑里村、小河村、圪台村、白羊墅村12个行政村。镇人民政府驻义东沟村。因境内有义井村而得名。

明清属平定州义羊都义井镇。民国属平定县。光绪《平定州志·都村》载："义羊都十四邨：义井镇，州西十里。"1949年，属县级阳泉市工矿区第二区。1956年，属阳泉市站上区。1958年，属阳泉市义井公社。1969年，划归阳泉市郊区。1984年，义井公社改义井乡。1990年5月，义井乡改义井镇。2017年5月，义井镇由阳泉市城区代管。

桃河、义井河流经。义井中学为省基础教育校本教研基地先进学校。有狮脑山森林公园、百团大战纪念碑、石评梅故里、清代著名地理学家张穆故居、大阳泉明清一条街等。"百团大战"纪念碑为全国爱国主义教育示范基地。小河村、大阳泉村为中国历史文化名村和中国传统村落。

义东沟村 [Yìdōnggōu Cūn]

居民点。义井镇人民政府驻地。在郊区人民政府驻地南15千米。人口1.17万。明清属平定州义羊都义井镇。民国属平定县。光绪《平定州志·都村》载："义羊都十四邨：义东沟，州西十五里。"1949年，属阳泉市。因在义井村东侧而得名。名胜古迹纪念地有观音阁、三义庙等。抗日战争初期，刘伯承同志曾经率129师驻此在三义庙路居。

义井村 [Yìjǐng Cūn]

居民点。属义井镇。在郊区人民政府驻地南11.1千米。面积1.2平方千米。人口0.22万。明清属平定州义羊都义井镇。民国属平定县。光绪《平定州志·都村》载："义羊都十四邨：义井镇，州西十里。"1949年，属阳泉市。因路边旧有供行人汲饮的公用井水，故名。现为典型的城中村，是阳泉市发展房地产业和第三产业的重点区域。

小河村 [Xiǎohé Cūn]

居民点。山西省历史文化名村，中国历史文化名村，中国传统村落。属义井镇。在郊区人民政府驻地南 12 千米。面积 4 平方千米。人口 0.1 万。明清属平定州义羊都。民国属平定县。光绪《平定州志·都村》载：“义羊都十四邨：小河邨，州北八里。”1949 年，属阳泉市。1961 年，属义井人民公社。1984 年，属义井乡。1996 年，属义井镇。2013 年版《阳泉市郊区志》：“该村因有一条小河经村中汇入桃河，故名。”村民始住村西桃树岭。相传西晋末年，小河出现巨蟾，凶猛异常，伤害村民。建兴四年（316 年），羯族人石勒，攻打乐平郡，曾驻兵于小河射死巨蟾，为民除害。村民怀念其功绩，从桃树岭迁居小河两岸，又在其驻兵处村西寨垴堰山立《石勒射蟾碑》，以示纪念。村中有石家花园、关帝庙、石家祠堂、神萃宫、观音庵、崇德堂宅院、李家宅院、当铺院等名胜古迹。为民国时期著名作家、教育家石评梅祖籍所在地，有石评梅纪念馆，现为市级重点文物保护单位、省级爱国主义教育基地。2003 年，被公布为山西省第一批历史文化名村。2007 年，被公布为第三批中国历史文化名村。2012 年，被列入第一批中国传统村落名录。

历史名人石评梅（1902—1928），中国近现代女作家、革命活动家，“民国四大才女”之一。一生中创作了大量诗歌、散文、游记、小说，与革命家高君宇用生命谱成了一曲爱情悲剧。1928 年 9 月 30 日因病逝世。友人遵其生前愿望，葬在高君宇墓畔，即今北京陶然亭高石之墓。

大阳泉村 [Dàyángquán Cūn]

居民点。山西省历史文化名村，中国历史文化名村，中国传统村落。属义井镇。在郊区人民政府驻地南 11 千米。面积 1.91 平方千米。人口 0.8 万。明清属平定州义羊都。民国属平定县。光绪《平定州志·都村》载：“义羊都十四邨：大阳泉，州西十五里。”据《平定州志》及 2013 年《阳泉市郊区志》载：其地多处清泉自平地涌出而取名“漾泉”，谐音演变为阳泉。明嘉靖年间，以村北寺沟古庙为界分为大阳泉和小阳泉。大阳泉地处小阳泉南侧，村子较大，故名。原属平定县地。

1947 年，属阳泉市三区，后划入二区。1950 年，属一区。1961 年，属义井人民公社。1984 年，属义井乡。1996 年，属义井镇至今。为清代著名历史地理学者张穆故里。村中张穆故居、五龙宫、阳泉古村为市级文物保护单位，广育祠和冯家祠堂为区级重点文物保护单位。并保留了完整的清代村落风貌，有明清古街巷、德玉成古店铺、大生堂古店铺、正元堂古店铺、大成魁古店铺、五道庙、观音阁、张家老宅等古民居及古树名木等。2009 年，被公布为第三批省级历史文化名村。2010 年，被公布为第五批中国历史文化名村。2012 年，被列入第一批中国传统村落。历史名人张穆（1805—1849），大阳泉村人。近代地理学家、诗人、书法家。致力于西北边疆地理和蒙古史的研究。著有《蒙古游牧记》《俄罗斯补辑》《魏延昌地形志》。

平坦镇 [Píngtǎn Zhèn]

乡级政区名。属郊区。在郊区西南部。东与荫营镇、李家庄乡相邻，南与平定县冠山镇、晋中市寿阳县尹灵芝镇接壤，西与旧街乡相连，北与盂县南娄镇、河底镇交界。面积108.31平方千米。人口1.81万。辖桃林沟村、甘河村、魏家峪村、龙凤沟村等11个行政村。镇人民政府驻辛兴村。

1949年，属县级阳泉市工矿区第一区。1956年，属阳泉市站上区。1958年，属阳泉市矿区人民公社。1963年2月，分设杨家庄人民公社。1969年，划归阳泉市郊区。1972年，设平潭人民公社。1984年，改设平坦乡。1996年，乡改平坦镇。因境内众水汇潭，平衍光鉴，故名“平潭”，后为书写简便改为今名。

芦湖河、马家坡河、蒙村河、洪城河、桑掌河流经。春秋末期赵简子曾在此筑平潭城，现存烽火台、古城、简子沟等遗迹。有国家4A级风景区、国家级科普教育基地翠枫山自然风景区。有市级文物保护单位官沟银圆山庄，为典型北方民居建筑群。官沟村为中国传统村落。2009年，桃林沟村被评为全国文明村。

辛兴村 [Xīnxīng Cūn]

居民点。平坦镇人民政府驻地。在郊区人民政府驻地西南13.5千米。人口0.23万。明万历年间，靳姓从河北省曲阳县迁来建村。后因桃河淹没村庄重建新村，故名新兴，后谐音演变为今名。清属平定州赛兴都辛兴镇。民国属平定县。光绪《平定州志·都村》载：“赛兴都二十六郫：辛兴镇，州西四十里。”1949年，属阳泉市。古建筑有清代遗构圣泉寺正殿及明代重修碑。

官沟村 [Guāngōu Cūn]

居民点。中国传统村落。属平坦镇。在郊区人民政府驻地南11.2千米。面积3.5平方千米。人口约820人。2013年《阳泉市郊区志》载：“该村曾用名罐沟、观沟。因村落地处口小肚大、形似罐子的山沟，故名罐沟；另因村中古有一座观音庙故得名观沟。1954年，村民为表达对村运美好的向往和追求，以祥瑞、希翼改名为官沟。”原属平定县。1947年，属阳泉市二区。1950年，划入一区。1961年，属矿区人民公社。1969年，属北大街人民公社。1972年，属平坦人民公社。1984年，属平坦乡。1996年，属平坦镇至今。村中张家大院原为山西保矿运动的首倡者、爱国开明士绅张士林故宅。2009年，被公布为市级文物保护单位。经过近年旅游开发，被开发者命名为“银圆山庄”，旅游宣传有“小布达拉宫”之称。是现为阳泉市爱国主义教育基地。2012年，被列入第一批中国传统村落名录。

桃林沟村 [Táolíngōu Cūn]

居民点。全国文明村。属平坦镇。在郊区人民政府驻地西南6.5千米。人口0.14万。因地处山沟，有桃树得名。有国家4A级桃林沟景区、清代建筑观音庙。桃林沟景区总面积约1.86平方千米，建有桃花园、花果山观光园、农业观光园、桃花源主题文化公园及水上人家等景点，被誉为“阳泉市休闲的后花园”。2009年，被评为全国文明村。

西南舁乡 [Xīnányú Xiāng]

乡级政区名。属郊区。在郊区东北部。东邻平定县岔口乡，南连荫营镇，西接河底镇，北界盂县牛村镇。面积 58 平方千米。人口 1.29 万。辖张家井村、大洼村、东南舁村、西南舁村、五里庄村等 12 个行政村。乡人民政府驻西南舁村。因驻地得名。

1949 年，属盂县第三区。1953 年 4 月，划归阳泉市第二区，设西南舁乡。1956 年，属阳泉市荫营区。1958 年，属阳泉市西南舁人民公社。1984 年，撤公社设西南舁乡至今。张山峪河流经。有区级重点文物保护单位玉像寺、三义庙、佛堂寺、天齐庙等。被列入区级非物质文化遗产名录共 44 项。为区粮食主产区。种植核桃。获中国优质苹果基地百强乡镇称号。

西南舁村 [Xīnányú Cūn]

居民点。西南舁乡人民政府驻地。在郊区人民政府驻地东北 9.9 千米。人口 0.3 万。原属盂县地。清乾隆《盂县志》载名为“西南榆”，民间为书写简便，以同音字改为“西南舁”。古迹有玉像寺、三义庙。玉像寺始建于北齐武平年间，历代多次重修增建，现存建筑均为清代遗构。寺分上下两院，另存明清石碑、石碣、经幢。1994 年，被公布为区级文物保护单位。

大洼村 [Dàwā Cūn]

居民点。中国传统村落。属西南舁乡。在郊区人民政府驻地东北 8.5 千米。东邻郊山村，北与西南舁村接壤。面积 4.1 平方千米。人口约 980 人。原属盂县地。原作“大凹村”，后写为今名。光绪《盂县志·乡堡》：“招贤四都：大凹村，五十里。”大洼村是阳泉民间舞蹈“踩高跷”“大秧歌”的起源地。周边地区传统的民间民俗文化种类繁多，内容丰富，自清代就盛行舞龙灯、舞狮子、踩高跷、跑旱船、扭秧歌、霸王鞭等节目。其中踩高跷、扭秧歌为本土特色文化，被誉为阳泉市“民间艺术的典型代表，农耕文化的靓丽名片”。2019 年 6 月，被列入第五批中国传统村落名录。

杨家庄乡 [Yángjiāzhuāng Xiāng]

乡级政区名。属郊区。在郊区东部。东界平定县巨城镇，南连义井镇，西接李家庄乡，北邻荫营镇。面积 23.6 平方千米。人口 1.01 万。辖南杨家庄村、北杨家庄村、孙家沟村、小西庄村、白家庄村等 8 个行政村。乡人民政府驻北杨家庄村。因驻地得名。

1949 年，属平定县第四区。1953 年 4 月，划归阳泉市第二区。1956 年，属阳泉市荫营区。1958 年，属阳泉市白泉人民公社。1963 年 2 月，分设杨家庄人民公社。1969 年，划归阳泉市郊区。1984 年，撤销公社设立杨家庄乡至今。有工业园区及水泥、矾石、耐火等企业。

北杨家庄村 [Běiyángjiāzhuāng Cūn]

居民点。杨家庄乡人民政府驻地。在郊区人民政府驻地东南 6.4 千米。人口 0.14 万。相传元至元年间，杨姓建村而得名杨家庄。后分为北杨家庄、南杨家庄两村。明清属平定州白泉都。民国属平定县。光绪《平定州志·都村》载：“白泉都九[illegible]：杨家庄，州北二十五里。”1949 年，属阳泉市。1953 年，为杨家庄乡驻地。1963 年，设杨家庄公社驻地。

1984 年，为乡人民政府驻地。工业以耐火材料、陶瓷产业为主。

李家庄乡［Lǐjiāzhuāng Xiāng］

乡级政区名。属郊区。在郊区中南部。东连杨家庄乡，南界城区下站街道，西邻平坦镇，北接荫营镇。面积 16.22 平方千米。人口 1.44 万。辖李家庄社区、恒大社区、冯家庄社区、甄家庄社区 4 个社区，汉河沟村、黄沙岩村、大西庄村、柳沟村、余积粮沟村、桃坡村 6 个行政村。乡人民政府驻汉河沟村，因乡人民政府原驻地在李家庄村而得名。

1949 年，属阳泉市第三区。1956 年，属阳泉市站上区。1958 年，属阳泉市，设李家庄人民公社。1969 年，划归阳泉市郊区。1984 年，改设李家庄乡。2009 年，乡政府驻地迁汉河沟村。李家庄河流经。有市级文物保护单位柳沟村六泉庙。主产玉米、谷子。有农业专业合作经济组织，有市食品厂、奶牛养殖场。工业以水泥、电气、铝业为主。石太铁路白荫支线过境。207、307 国道复线，天镇—黎城高速过境。

汉河沟村［Hànhégōu Cūn］

居民点。全国文明村镇，国家森林乡村。李家庄乡人民政府驻地。在郊区人民政府驻地南 3 千米。面积 4 平方千米。人口 0.13 万。国道 307 复线和城郊公路李荫路分别从其北部和东部穿境而过，交通便利。建有醋文化产业园。2020 年 11 月，被授予第六届全国文明村镇称号。2019 年 12 月，入选为第一批国家森林乡村名单。

李家庄社区［Lǐjiāzhuāng Shèqū］

居民点。属李家庄乡。在郊区人民政府驻地南 6.2 千米。面积 2.0 平方千米。人口 0.39 万。处于城郊接合部，被称为“市区的北大门，郊区的南大门”。是城市生活的给养地。驻地企事业单位十余家，拓宽的市泉中北路和李荫公路两条城市主干道通过村南部及东北部，交通便利。

旧街乡［Jiùjiē Xiāng］

乡级政区名。在郊区西南部。东邻平坦镇，南、西与晋中市寿阳县交界，北与盂县路家村镇接壤。面积 86.38 平方千米。人口 0.64 万。辖旧街村、测石村、枣园村、南沟村、保安村等 10 个行政村。乡人民政府驻旧街村。因驻地得名。

1949 年，分属平定县第三区、第四区。1953 年，设旧街乡。1958 年，属平定县旧街人民公社。1971 年 2 月，旧街人民公社划归阳泉市城区。1979 年 11 月，划归阳泉市郊区。1984 年，置旧街乡。桃河、保安河流经。有红色狼峪展览馆、范子侠将军纪念亭等。有农业专业合作经济组织 9 个。有枣园农产品开发、獭兔养殖、禽业公司。工业以煤炭开采、铸造业为主。石太铁路、青银高速、307 国道过境。

旧街村［Jiùjiē Cūn］

居民点。旧街乡人民政府驻地。在郊区人民政府驻地西南 20 千米。人口 0.23 万。清代地处平潭驿与寿阳驿之间的交通要道，因在此设置铺递“旧街铺”，驻铺兵。后发展为村镇。光绪《平定州志·驿铺》载：“州境铺递十五处。又十里至旧街铺，铺兵四名。”现存庙坪、凤凰碑（千佛碑）等文化遗产。307 国道经此。

枣园村［Zǎoyuán Cūn］

居民点。全国文明村。属旧街乡。在郊区人民政府驻地西南 22 千米。人口约 670 人。因有枣树园而得名。古迹有清代戏台。2011 年，被评为全国文明村镇。

平定县［Píngdìng Xiàn］

县级政区名。属阳泉市。在阳泉市东南部。东与河北省井陉县接壤，南与昔阳县毗邻，西与寿阳县相连，北与阳泉市郊区和盂县接界。面积 1390.94 平方千米。人口 30.62 万。辖冠山镇、冶西镇、娘子关镇、锁簧镇、张庄镇、柏井镇、东回镇、巨城镇 8 个镇，石门口乡、岔口乡 2 个乡。县人民政府驻冠山镇。“平定”之名始于北宋太平兴国二年（977 年），在镇州广阳寨建平定军。以当时赵匡胤伐北汉首克其地而得名。光绪《平定州志・沿革》：“宋太祖征河东首下之，置平定军，属镇州。太平兴国二年以镇州广阳砦建平定军。”太平兴国四年（979 年），改广阳县为平定县，属平定军，同时迁治榆关（即今平定县城）。

战国时期为赵国上艾邑。秦置上艾县，属太原郡。西汉因之。东汉属常山国。西晋属乐平郡。北魏太平真君九年（448 年）废。孝昌元年（525 年）复置县，改名石艾县。治所在今县西南新城村。唐天宝元年（742 年），改石艾县为广阳县。五代时期，属北汉。北宋太平兴国二年（977 年），在镇州广阳寨建平定军，“平定”之名始此。四年，改广阳县为平定县，迁治榆关（即今平定县城）。金大定二年（1162 年），平定县升为平定州，领平定、乐平两县。蒙古至元二年（1265 年），平定县、乐平县并入平定州。明属太原府。清雍正二年（1724 年），升平定州为直隶州，领盂县、寿阳县、乐平县。1912 年，废州改平定县。1913 年，属中路道。1914 年，属冀宁道。1927 年，废道直属省。1937 年，属山西省第一行政区。抗日战争时期分置平东、平西、平北 3 个县，分属太行区一专署、二专署和冀晋区二专署。1945 年 12 月，平东、平西 2 个县合并设路南县，平北县改称路北县。1948 年 8 月，路南和路北 2 个县合并，恢复平定县，属榆次专区。1958 年 8 月，撤销平定县，属阳泉市郊区。1961 年 4 月，恢复平定县，属晋中专区。1967 年，属晋中地区。1983 年 9 月，属阳泉市至今。

平定县境地处太行山区和太行八陉的井陉古道之间，辖区地名命名有显著的自然地理和军事文化特征。辖区内地名专名有以下特征：1. 以山河等自然地理实体命名。如：冠山镇、陡岭村、白沙岩村、磨河滩村等。2. 反映人文地理实体遗痕。如：固驿铺、甘桃驿村、娘子关镇、旧关村等。3. 反映历史文化遗存。如：上盘石村、下盘石村为盘石关故地。西城、新城因有上艾古城遗址而得名。上董寨、下董寨为董卓垒故地。4. 以所处的地形、地貌命名。如：南坳、岔口、大石门、谷洞等。5. 以姓氏命名。如：葛家庄、郭家垴、孟家掌等。6. 以物产资源命名。如：枣岭村、梨林头、木炭掌、麻巷村铁金沟、白灰村等。7. 以祥瑞、希冀命名。如：红育村原名“神峪村”、富裕村原名“西峪村”、多乐沟、凤凰岭、顺桥等。

辖区内地名通名有以下特点：1. 多以反映太行山区地形地貌的峪、垴、沟、岭、梁、掌等为通名，仅用到“峪”的地名就有40余个。如：麻地峪、高明垴、官道沟、汗井岭、柏树梁、果树掌等。2. 以古代建置建筑城、堡、寨、口、铺等为通名。如：西城、朝阳堡、上董寨、石门口、槐树铺等。3. 以当地方言圪梁（小山梁）、谷洞（洼地）、圪嵦（角落）为通名。如：陈家圪梁、郑家谷洞、晋家圪嵦。4. 其他多为北方常见通名村、庄等。如：苏村、冠庄等。

平定县地处太行山脉中段山脊线以东。地势西、南、北三面高，而中、东部低，县城地处中部谷地，嘉河由西向东穿城而过，城南河绕城而过。最高峰七千寨山，海拔1529.9米。最低点娘子关河谷，海拔350米。有国家历史文化名镇娘子关镇，宋家庄村、上董寨村、下董寨村等10个省级历史文化名村。名胜古迹有天宁寺双塔、冠山书院、开河寺石窟、娘子关、固关长城、石评梅故居等。有省级爱国主义教育基地娘子关城楼和固关长城遗址。纪念地有七亘大捷旧址、南庄地道战旧址等。

有地方民间艺术剪纸、面塑、刻花瓷等。平定武迓鼓、平定砂器制作技艺、平定黑釉刻花陶瓷制作技艺为国家级非物质文化遗产。有省级非物质文化遗产平定皇纲、平定雩祭、平定婚俗、平定传统三八席制作技艺、娘子关跑马排春节习俗、黄瓜干制作技艺、冠山连翘茶等10项。

以“平定”冠名的相关地名文化应用有：

平定兵变：1931年7月4日晚，遵照中共中央军委对山西革命斗争的指示，驻扎在平定的高桂滋部正太护路军第一师部分官兵，在军内地下共产党员的组织领导下，趁高桂滋到北平为其父祝寿之机，组织起义兵变。起义后的1200多名官兵撤出平定，于次日到达盂县清城镇。经过短暂整编，在北阁外的广场上宣布成立了中国工农红军第二十四军，军长赫光，政治委员谷雄一。7月20日，起义部队进入河北阜平县并占领了县城，建立了苏维埃政权和基层农会政权。红二十四军作为中国共产党在北方创建的第一支红军正规军，开启了红军在北方建军建政之先河，是红军史的重要组成部分。

平定武迓鼓：为当地一种鼓乐舞蹈民间艺术，古朴典雅，英姿洒脱。相传产生于宋熙宁六年（1073年），迄今已有900余年的历史。现被列入国家级第二批非物质文化遗产保护名录。

平定黑釉刻花瓷制作技艺：为当地传统的陶瓷制作艺术。作品采用黑白两色为主要表现手段，经过特殊工艺烧制而成，产品刻饰美观、形象简洁、造型古朴。现被列入第四批国家级非物质文化遗产名录。

平定砂锅：为地方特产。光绪《平定县志》记载其“烧饭不变色，煎药不变性，炖肉不变味”，具有制作工艺考究、造型优美、壁薄体轻、内外表面光洁耐腐蚀的特点，产品行销国内外，颇受欢迎。

平定砂器制作工艺：平定砂器制作工艺从选料到成品熏制，有一套复杂工序。首先粘土要采用距煤层 20 米处青坩、铝矾土和 15 米处粘坩，再经一年以上风化陈腐才能使用；筛土要经过特殊方法以除净铁、铅、镉等杂质；踩泥要用光脚，且踩得越久越好以增加粘性；煅烧采用“竖穴窑”，燃料层次和坯子的位置要恰到好处，更关键的是火候的掌握和熏釉的精准。被列入第四批国家级非物质文化遗产名录。

冠山镇 [Guànshān Zhèn]

乡级政区名。全国重点镇。平定县人民政府驻地。在平定县中部。东与石门口乡接壤，南与锁簧镇毗邻、张庄镇，西与冶西镇相连，北与阳泉市城区义井镇接界。面积 87.11 平方千米。人口 10.7 万。辖东升社区、城南社区、东关街社区、大林山社区、佳景社区等 19 个社区，宋家庄村、南关街村、里社村等 39 个行政村。镇人民政府驻县城评梅西街。

1949 年，属平定县第一区。1956 年，设城关镇，1958 年，属阳泉市城关乡，1961 年，属平定县城关人民公社。1984 年 2 月，置城关乡。1985 年，置城关镇。2000 年 12 月，南坳镇、维社乡并入，更名冠山镇至今。冠山是平定城郊著名的风景名山，冠山镇因地处冠山之麓而得名。

辖区内地名专名有以下特征：1. 以方位命名：西锁簧、南坳、东关等。2. 以地形地貌命名：冠庄、红土洼、岭上等。3. 以姓氏命名：葛家庄村、胡家庄村、姜家沟村等。4. 以自然属性命名：甘井、石板坪等。5. 以传说和典故命名：鹊山、洗马堰等。

辖区内地名通名有以下特征：1. 城郊附近地名与县城方位相关，如：东关、西关、南关、上城等。2. 自然地理特点命名的有峪、沟、山等，如：贵石沟、小峪村、鹊山村等。

冠山镇境内四周群山环绕，仅县城附近有小块平地。有宋家庄村、西锁簧村 2 个省级历史文化名村。有全国重点文物保护单位冠山书院、冠山天宁寺双塔、平定马齿岩寺、开河寺石窟等。境内冠山风景区为平定古州文化胜地，有元代创建的冠山书院、资福寺、槐音书院遗址、崇古书院、礼周亭、仰止亭、石棺石、吕祖洞、文昌阁、字纸洞遗址、真武庙等。纪念地有百团大战冠山战场遗址、中共平定县特别支部旧址、牺盟会五县中心区旧址、赵亨德烈士纪念馆等。以名山冠名的有冠山连翘茶，具有解毒消肿，清心下火等药用功效，属非物质文化遗产。

历史名人有张三谟，明末名臣，大峪村人。明天启二年（1622 年）进士。历任御史、顺天府尹、大理寺卿等。在御史任上弹劾魏忠贤余党。明亡后，闲居故里，与傅山等有诗文唱和。

窦瑸，清代名将，东关人。乾隆七年（1742 年）武进士。历任台湾城守营参将、湖广提督等职。晚年捐资重修冠山书院，新筑仰止亭。卒葬平定东关祖茔。

蔡子璧，字六如，东关人。嘉庆二十五年（1820 年）进士。历任户部主事、天津知府等职。晚年主讲晋阳书院。著有《格言记录》《伴农书屋杂记》。

蔡侗，字同人，东关人。光绪二十四年（1898 年）进士，授翰林院庶吉士。辛亥革命后归里，聘为省咨议局咨议。1931 年，聘为山西大学国文教授。

城里街村 [Chénglǐjiē Cūn]

居民点。属冠山镇。在县城西南部，面积 1.49 平方千米。人口 0.62 万。汉代名“榆关”。韩信率兵攻赵，在此筑寨屯军，以榆塞门，故名榆关。光绪《平定州志》：“上城，汉朝信击赵，下井陉口，驻兵于此，筑城为寨，以榆塞门，因名。”原榆关城“周二里三百四十八步”，南有迎薰门，东有榆关门。宋太平兴国四年（979 年），平定军治和平定县治迁此，又在榆关城下拓建城池“周六里三十八步”，东有拱岱门，西有瞻华门。从此形成了平定县城上、下两城相倚的城市格局。现存上城榆关门为砖券拱形，城台有楼，门额书“榆关门”楷体大字，左侧城墙嵌石偈一方，刻“汉淮阴侯韩信下赵驻兵处”。古有“通京大路”之称。有全国重点文物保护单位天宁寺双塔。有石评梅故居、赵亨德故居、平定州城址、平定县特别支部旧址、十字街 4 号刘氏宅院等。经济以商贸物流业为主。

历史名人有吕思诚，字仲实。元泰定元年（1324 年）进士，历任刑部尚书、中书左丞、翰林学士承旨、知制诰兼修国史等职。著有《两汉通纪》《仲实集》。他的诗句“不敢妄为些子事，只因曾读数行书”，至今为人传诵。

宋家庄村 [Sòngjiā Zhuāng Cūn]

居民点。山西省历史文化名村，中国传统村落。属冠山镇。在平定县人民政府驻地南 5.2 千米。面积 4.96 平方千米。人口 0.51 万。以昔阳县西寨宋氏居此形成巨族而得名。光绪《平定州志・都村》载：“尚艾都二十六邨：宋家庄，州南十里。”名胜古迹纪念地有玉屏山、石楼山、六庆堂（旗杆院）、大同阁、三槐堂文明阁、赵增益故居（宋家庄革命烈士纪念馆）、换鹅堂宅院、王氏宅院、孙氏宅院、垂恕堂宅院等古院落。2014 年，被列入第三批中国传统村落名录。2019 年，被公布为山西省第七批历史文化名村。

西锁簧村 [Xīsuǒhuáng Cūn]

居民点。中国传统村落。属冠山镇。在平定县人民政府驻地南 5.5 千米。面积 4.18 平方千米。人口 0.12 万。因地处沟谷，群山环绕，四峰耸立，村内沟道弯曲，境内山岭起伏，河川道路支岔，地形如古代门锁之簧，又位于东锁簧村之西而得名。光绪《平定州志・都村》载：“东会都十一邨：西锁黄，州南十五里。”村中保留有明清民居建筑数十处，门楣、抱鼓石、影壁、窗棂等木雕、砖雕、石雕精美，有“西锁簧的宅，宋家庄的台”之谚。水母庙前的汉槐系全省重点保护古稀珍贵树木，2001 年，被山西省人民政府命名为“三晋第一古槐”。现建有“观槐城”农民公园。2013 年，被列入第二批中国传统村落名录。

冶西镇 [Yěxī zhèn]

乡级政区名。属平定县。在平定县西南部。东、北与冠山镇接壤，南与张庄镇和昔阳县沾尚镇相邻，西与寿阳县尹灵芝镇相连。面积 141.17 平方千米。人口 1.41 万。辖聂家庄社区、冶西社区 2 个社区，冶西村、中川四村、新派联村、苇地洼村、下冶头村等 18 个行政村。镇人民政府驻冶西村。1949 年，属平定县第三区。1953 年设冶西乡。1958 年改设冶西人民公社。1984 年 2 月设冶西乡。12 月，改为冶西镇。

镇区内地名专名有以下特征：1. 以方位命名：东庄、北茹南茹、下南茹、大南庄、西岭等。2. 以地形地貌命名：原坪、花河峪等。3. 以姓氏命名：聂家庄、孟家、陈家圪梁等。地名通名多以地形地貌命名，反映出本地的地形地貌和水资源丰富的特点，如：苇地洼、苇池、天花池等。

地处太行山脉，地势西高东低，地形分为3川28道沟。主要山脉有方山、七岭山，境内最高峰七岭山位于寨坪村西2千米处，海拔1529.9米，为平定县最高点。有省级历史文化名村苇池村。从冶西的地名来看，这一地区很早以前就有着发达的生铁冶炼工艺和作坊，并且铁矿资源储量丰富。境内的尚怡水库和原坪水库，是著名的水利工程和休闲旅游风景区。

冶西村 [Yěxī Cūn]

居民点。冶西镇人民政府驻地。在平定县人民政府驻地西南8千米。面积6.36平方千米。人口0.22万。古时曾有冶铁坊，因村位于其西，故名。光绪《平定州志·都村》载："尚艾都二十六[illegible]：冶西郭，州南十五里。"有冶西老君庙、冶西文昌阁，为清代建筑遗构。特产紫砂陶。有矿产资源煤炭、高岭土等。青银高速经此。

苇池村 [Wěichí Cūn]

居民点。山西省历史文化名村，中国传统村落。属冶西镇。西距平定县人民政府驻地12千米。面积5.5平方千米。人口约550人。因村临北川河，沿岸池沼芦苇丛生而得名。光绪《平定州志·都村》载："尚艾都二十六郭：苇池郭，州西南二十里。"村中依山傍水，风景秀丽，以二道街为中心，分布有明末清初时期民居大院40余座，占地约1万平方米。2014年，被列入中国传统古村落名录。2017年，被公布为第五批山西省历史文化名村。

锁簧镇 [Suǒhuáng Zhèn]

乡级政区名。属平定县。地处平定县西南部，东与石门口乡接壤，南与张庄镇毗邻，西与冶西镇相邻，北与冠山镇相连，人民政府距县城7.5千米。面积53平方千米。人口3.12万。辖东锁簧村、前锁簧村、马家锁簧村、西白岸村、前梨林头村等19个行政村。镇人民政府驻东锁簧村。因驻地得名。1949年，属平定县第一区。1953年，设锁簧乡。1958年，设锁簧人民公社。1984年，改置锁簧镇。境内山岭起伏，河川道路复杂。有园区养殖。工业以煤炭加工、机械制造、精细化工、建筑材料为主。北庄村为平定砂锅主产地。名胜古迹有马家锁簧文昌阁、东白岸老君阁、里梨林头观音祠、立壁大王庙等。阳涉铁路、207国道过境。

东锁簧村 [Dōngsuǒhuáng Cūn]

居民点。中国传统村落。锁簧镇人民政府驻地。在平定县人民政府驻地南10千米。面积4.38平方千米。人口0.28万。因群山环绕、沟壑纵横，形同古时锁钥簧条，古人称这一地段为锁簧沟，本村位于沟东得名。光绪《平定州志·都村》载："东会都十一郭：东锁黄，州东南十五里。"名胜古迹有昭济圣母祠、藏岩圣母祠、关帝庙、双阁、西阁和三官庙。矿产资源有无烟煤、硫铁矿、黏土等。经济以运输、饮食加工为主。207国道、阳涉铁路经此。2019年，被列入第五批中国传统村落。

张庄镇 [Zhāngzhuāng Zhèn]

乡级政区名。属平定县。地处平定县南部，东与东回镇相连，南与晋中市昔阳县接壤，西与冶西镇为邻，北与锁簧镇毗邻，镇人民政府距县城约 10 千米。面积 162 平方千米。人口 4.02 万。辖张庄村、岳家山村、复兴村、凤凰村、宁艾村等 30 个行政村。镇人民政府驻张庄村。因驻地得名。

1949 年，属平定县第二区。1953 年，设张庄乡。1961 年，设张庄人民公社。1984 年，改设张庄镇。2000 年，古贝乡、阳胜乡并入。农业以种植玉米、谷物、蔬菜、核桃树为主。工业以煤炭生产加工、碳素新材料生产为主。名胜古迹有药林寺省级森林公园、八路军制药厂旧址、新城上艾古城遗址、新城静音院、宁艾真觉寺等。阳涉铁路、207 国道、天镇—黎城高速过境。

张庄村 [Zhāngzhuāng Cūn]

居民点。张庄镇人民政府驻地。在平定县人民政府驻地南 15 千米。面积 4.73 平方千米。人口 0.23 万。相传唐朝天宝年间，张姓徙居得名。光绪《平定州志・都村》载："东郊都二十三郸：张庄郸，州东南三十里。"名胜古迹有山神庙、中阁、闲堂、张庄旧石器文化遗址等。阳涉铁路、207 国道经此。

桃叶坡村 [Táoyèpō Cūn]

居民点。山西省历史文化名村，中国历史文化名村，中国传统村落。属张庄镇。在平定县人民政府驻地东南 17.5 千米。面积 6.2 平方千米。人口约 700 人。因村庄依山势而建，北高南低，形状犹如桃树叶子而得名。光绪《平定州志・都村》载："东郊都二十三郸：桃叶坡，州东南三十里。"村西马鞍山是阳泉市境内唯一一处死火山。村中古民居遗存丰富，有明崇祯年间创建的几座古院落，反映了明晚期的建筑特点。另有王家祠堂、清康熙间"谷洞院"、乾隆早期宅院及嘉庆、道光、光绪、民国时期宅院群，被誉为"古代民居建筑博物馆"。2014 年 11 月，被列入第三批中国传统村落名录。2017 年，被公布为山西省第五批历史文化名村。2019 年，被公布为第七批中国历史文化名村。

下马郡头村 [Xiàmǎjùntóu Cūn]

居民点。中国传统村落。属张庄镇。在平定县人民政府驻地南 16 千米。面积 8.34 平方千米。人口 0.16 万。光绪《平定州志・都村》载："东郊都二十三郸：马郡头，州南三十里。"村中有清代民居、古街等传统建筑。节庆民俗文化活动丰富。2019 年 6 月，被列入第五批中国传统村落名录。207 国道经此。

宁艾村 [Níngài Cūn]

居民点。中国传统村落，全国文明村。属张庄镇。南邻昔阳县界。在平定县人民政府驻地南 15 千米。面积 8.26 平方千米。人口 0.28 万。光绪《平定州志・都村》载："尚艾都二十六郸：甯艾郸，州南三十里。"地处阳胜河中游，地形平坦。有农业产业观光、农耕文化体验、游乐休闲度假为一体的乡村旅游田园综合体。其中莲花山生态观光旅游园有农家乐、特色餐饮、水果蔬菜采摘园、水上乐园、垂钓池等旅游服务项目。古迹有真觉寺。

寺院创建于明万历二十六年（1598 年），现存正殿为明代遗构。1992 年，被公布为县级文物保护单位。2019 年 6 月，被列入第五批中国传统村落名录。2020 年 11 月，被授予第六届全国文明村镇称号。2020 年 11 月，山西省文化和旅游厅确定宁艾村为山西省第二批 3A 级乡村旅游示范村。207 国道经此。阳涉铁路经此并设宁艾站。

东回镇［Dōnghuí Zhèn］

乡级政区名。属平定县。地处平定县东南部，东与河北省石家庄市井陉县交界，南与晋中市昔阳县毗邻，西与石门口乡接壤，北与柏井镇相连，镇人民政府距县城约 35 千米。面积 239 平方千米。人口 2.84 万。辖后石窑村、洪水村、东岔村、西峪掌村、小川村等 22 个行政村。镇人民政府驻东回村。因驻地得名。

1949 年，属平定县第二区。1953 年，设东回乡。1958 年，设东回人民公社。1984 年，改设东回镇。2000 年，马山、潺泉 2 乡并入。有地处太行山区，有艾山山脉，岭南河流经。有市级文物保护单位马山马齿岩寺、瓦岭柏岭山寺庙建筑群、西回寿圣寺等。有中国传统村落瓦岭村。主产玉米、杂粮、核桃。有化工企业。

东回村［Dōnghuí Cūn］

居民点。东回镇人民政府驻地。在平定县人民政府驻地东 34 千米。面积 7.12 平方千米。人口 0.16 万。村西有分水岭一道，以水流走向分为东回、西回，本村水流向东得名。光绪《平定州志·都村》载："东回都十二郪：东回郪，州东南七十里。"有集贸市场、商品一条街。经济以农、林业为主。古迹有乾明寺。抗日战争时期的东回村遭遇战发生于此。1937 年 10 月 25 日拂晓，川军第 22 集团军第 41 军 122 师 364 旅与日军华北方面军第 20 师团一部在东回发生遭遇战。川军英勇作战，伤亡惨重，史称"东回村遭遇战"。

瓦岭村［Wǎlǐng Cūn］

居民点。山西省历史文化名村，中国历史文化名村，中国传统村落。属东回镇。在平定县人民政府驻地东南 35 千米。面积 12.12 平方千米。人口 0.11 万。以周边一系列山岭形似瓦垄得名。光绪《平定州志·都村》载："东回都十二郪：瓦岭郪，州东南五十里。"明、清、民国时期为当地商业中心。有"义合昌""志诚号"两家钱庄及赁货铺、烧酒坊、油坊、糖坊、醋坊、酱坊、药铺、杂货铺、私塾、草台班、社火队等。抗日战争时期曾为秦赖支队司令部驻地、平东抗日民主县政府驻地、一区公所、二区公所驻地、八路军正太办事处敌工站驻地。地处山区，景色秀丽，旧有"瓦岭八景"即古寺夜钟，高峰晓日，苍松独秀，翠柏成荫，清潭映月，巍寨生风，飞龙拓印，曲水环村。村中现保留了明清建筑柏岭山香烟寺、二郎庙、文昌阁、石砌民居大院、祠堂等。民居大院以楼院、双喜院、南窑院、油坊院、旗杆院等为代表。2013 年，被列入第二批中国传统古村落名录。2018 年 12 月，被公布为第五批山西省历史文化名村。2019 年，被公布为第七批中国历史文化名村。

七亘村［Qīgèn Cūn］

居民点。中国传统村落。属东回镇。在平定县人民政府驻地东南 45 千米。面积 14.26 平方千米。人口约 770 人。因在晋东边陲，危崖陡峭，四面环山，山间有七条通道而得名。

光绪《平定州志·都村》载："营测都十一邨：七亘邨，州东南一百里。"经济以农业种植为主，有养殖业、红色旅游业。1937 年 10 月中旬，八路军第 129 师师长刘伯承率部驰援娘子关国民党友军，在七亘山上设伏，连续两次伏击日军，首次运用"重叠待伏"战术，八路军以伤亡 30 余人的代价歼毙敌人 400 余名，史称"七亘大捷"。1985 年建"七亘大捷纪念碑"。古迹纪念地有宋代佛教石窟、八路军七七一团指挥所旧址等。1986 年，建为县爱国主义教育基地。2019 年，被列入第五批中国传统村落名录。

马山村 [Mǎshān Cūn]

居民点。中国传统村落。属东回镇。在平定县人民政府驻地东南 40 千米。面积 8.2 平方千米。人口约 900 人。光绪《平定州志·都村》载："营测都十一邨：马山邨，州东南八十里。"抗日战争中为革命根据地，曾经是平东县抗日政府驻地。著名古建筑有马齿岩寺，始建年代无考，金大定二十九年（1189 年）补修，元、明、清历代屡有重修。现存过殿为金代遗构，南殿为清代建筑。过殿面阔三间，进深六椽，单檐歇山顶。殿内两山墙和后檐墙存清代壁画约 72 平方米，内容为佛讲经说法和俗家弟子献宝图等。另有金、明、清重修碑碣及古树名木。1986 年，被公布为市级文物保护单位。2019 年，马齿岩寺被公布为第八批全国重点文物保护单位名单。2019 年 6 月，被列入第五批中国传统村落名录。

南峪村 [Nányù Cūn]

居民点。中国传统村落。属东回镇。在平定县人民政府驻地东南 50 千米。面积 6.14 平方千米。人口约 198 人。以农业种植为主。民俗节庆活动有全神庙庙会。2019 年 6 月，被列入第五批中国传统村落名录。

柏井镇 [Bǎijǐng Zhèn]

乡级政区名。属平定县。地处平定县东部，东与河北省石家庄市井陉县交界，南与东回镇为邻，西连石门口乡，北与巨城镇、娘子关镇接壤，镇人民政府距平定县城约 25 千米。面积 117 平方千米。人口 1.9 万。辖柏井一村、柏井二村、柏井三村、柏井四村、柏木井村等 18 个行政村。镇人民政府驻柏井一村。因驻地得名。

1949 年，属平定县第二区。1953 年，设柏井乡，后改公社。1961 年，设柏井人民公社。1984 年，置柏井乡。2000 年，槐树铺乡并入后设柏井镇。农业以种植小杂粮、核桃、果树、蔬菜和畜牧养殖为主。工业以新型建材为主。名胜古迹有柏井四村平定窑址、金龙山大王庙、柏木井圣母祠、白灰村观音堂等。有省级非物质文化遗产项目魇马界。石太铁路、青银高速、307 国道过境。

柏井一村 [Bǎijǐngyī Cūn]

居民点。中国传统村落。柏井镇人民政府驻地。在平定县人民政府驻地东 23 千米。面积 3.47 平方千米。人口约 680 人。又名柏井寨、柏井堡。相传村中有水井，四柏木环绕，故名。又传汉将韩信曾在此筑柏井城。《史记》称"未至井陉口三十里而舍"，即此。元代置柏井驿。明嘉靖间筑柏井堡。元代《析津志·天下站名》：有"井陉驿、柏井驿"。光绪《平定州志》："柏井驿，在乐平乡北七十里。东接甘桃驿四十里。有西天门，山路险要，东达故关。”清代称柏井镇，后划分为柏井一村、柏井二村、柏井三村、柏井四村。有省级非物质文化遗产魇马畀。经济以农业、运输业为主。名胜古迹有金龙山龙王庙、西天门、乐楼等。青银高速、307 国道经此。2019 年 6 月，被列入第五批中国传统村落名录。2021 年 1 月，被山西省民政厅确定柏井一村为 2020 年度山西省善治示范村。

柏井四村 [Bǎijǐngsi Cūn]

居民点。中国传统村落。属柏井镇。在平定县人民政府驻地东 22 千米。面积 4.19 平方千米。人口约 669 人。清代称柏井镇，后划分为柏井一村、柏井二村、柏井三村、柏井四村。光绪《平定州志・都村》载：“东回都十二郇：柏井镇，州东五十里。”以农业种植为主。307 国道和太旧高速公路穿村而过。古迹有平定窑窑址、法华寺、财神阁等。其中陶瓷窑遗址文化层厚约 2 ~ 3 米，梯田断崖上暴露有陶窑，采集有唐及金代白瓷片、黑釉瓷片、黄绿釉瓷片。是平定窑窑址之一。1992 年，被公布为县级文物保护单位。2019 年 6 月，被列入第五批中国传统村落名录。

白灰村 [Báihuī Cūn]

居民点。中国传统村落。属柏井镇。在平定县人民政府驻地东南 45 千米，固关长城南端。面积 4.78 平方千米。人口约 180 人。古称“柏灰”“白灰口”，为晋冀间军事交通要隘。村东与河北省井陉县接壤，有县级槐北公路出境。元代吕思诚所录《瓦窑铭》载名为“柏灰”。明清属平定州阳城乡营测都。光绪《平定州志・都村》载：“营测都十一郇：白灰郇，州东南九十里。”民国初年为平定县二区主村，属村有固兰（今属井陉县）、汪里（今属井陉县）、南青、多乐沟、庙庄、口上、庄窝掌（现良白）、绿豆峰（现齐家峪）、杏树峰（现齐家峪）、齐家峪、骆驼崖（现东西沟）、水兰（现东西沟）、陈家垴（现东西沟）、圪料掌（现东西沟）、洪水等。抗日战争时期，属平东县四区，区公所驻白灰村观音庙。1949 年后，历属平定县第七区和直属区。1955 年，成立初级合作社，1956 年，转为高级合作社。1958 年后，先后隶属于槐树铺人民公社、槐树铺乡和柏井镇。

地处山间河谷。矿产资源石灰石和白云石储藏量丰富。村旁有寒武纪地质和奥陶体地质底层结构所形成的石猪、石猴、牛舌头、石蛤蟆含柏、王冒石、腰痛石等肖形石奇观。古建筑有明代长城、观音堂、三教祠、五龙圣母庙、烽火台、明清民居等。2019 年 6 月，被列入第五批中国传统村落名录。

娘子关镇 [Niángzǐguān Zhèn]

乡级政区名。中国历史文化名镇。属平定县。在平定县东部。东与河北省井陉县接壤，南与柏井镇毗邻，西与巨城镇相连，北与岔口乡接界。面积 150.99 平方千米。人口 1.63 万。辖磨河滩社区 1 个社区，娘子关村、旧关村、坡底村、西塔堰村、西武庄村等 15 个行政村，有 104 个自然村。镇人民政府驻磨河滩村。因当地名胜娘子关命名。

娘子关为太行山中段的著名关隘，古名苇泽关。金代以后始名娘子关。《魏书・地形志》：“石艾县有苇泽关。”《元和郡县志》：“太原府广阳县：苇泽故关，在县东北八十里。”娘子关之名最早见于元好问《游承天悬泉》诗：“并州之山水所洑，骇浪几轰山石裂。只知晋阳城西天下稀，娘子关头更奇崴。”其由来有二说：一说娘子关是由关前妒女祠而得名，妒女相传是春秋时介子推之妹。金代诗人元好问、清代地理学家顾祖禹皆主此说。《读史方舆纪要》平定州：“苇泽关，一名娘子关，盖以妒女祠而名。”另一说唐平阳公主曾率娘子军驻守于此，故名。《大清一统志》和清光绪《平定州志》皆主此说。清光绪《平定州志》：“娘子关，在州东北九十里。即古苇泽城。唐平阳公主驻兵于此，故名，今设把总，属正定镇。”1949 年，属平定县第五区。1958 年，设娘子关人民公社。1984 年，置娘子关乡。1985 年 8 月，置娘子关镇至今。

辖区内地名有以下特征：1. 以古寨、古堡及关隘设施命名：上董寨、下董寨、娘子关、旧关等。2. 以姓氏命名：罗家庄、程家等。3. 以方位命名：河北、东塔堰、西塔堰等。4. 以地形地貌命名：河滩、坡底、吊沟等。

以“娘子关”冠名的地名社会应用有：娘子关跑马排、娘子关放河灯、娘子关水磨三项非遗项目。

娘子关跑马排：流行于下董寨村，属省级非物质文化保护项目。村民们从腊月廿三“报灯官”开始，练社火、搭牌楼、糊灯笼，直到正月十六，才开始最重要的活动：跑马排、闹社火。每年的正月十六这天，村民都身穿各种古装服饰，牵着自家饲养的用来农耕的马，聚集在一条长 100 米、宽约 4 米的古巷中循环奔跑。马上不装马鞍，骑马的人双腿紧夹马身，双手平举，飞奔而过。“跑马排”成为人们祈祷国泰民安、万事如意、五谷丰登、跑出希望的一种象征。相传这项活动起源于唐朝，是当时驻扎娘子关的唐军信史传递信息的一种方式，后来逐步演变成一种民俗娱乐活动，流传至今，已经有上千年的历史。

娘子关放河灯：每年农历六月初六庙会期举办。届时河面上万盏河灯游动，景象尤为壮观。河灯是光明、吉祥而温暖的象征，过去用以悼念逝去的亲人，驱除一年的病魔，表达娘子关人民对幸福、平安、光明的向往。

娘子关水磨：村民凿石成磨，以木为轮，利用引聚的水流为动力，推动石磨。在石屋磨坊中，日复一日磨面加工，历经千年，形成了娘子关古村的一大景观。

地处晋冀要冲，境内峰峦叠嶂、山势险要，山高谷深，娘子关河谷为阳泉市最低点，海拔 350 米。地下水资源丰富，有大小泉眼 32 处，总流量 9.2 ~ 11.2 立方米 / 秒。有上董寨村、下董寨村两个省级历史文化名村。名胜古迹有明嘉靖二十一年（1542 年）建造的娘子关城、明代长城、清代建筑娘子关火车站、娘子关村“水上人家”、悬泉瀑布、法国埃菲尔设计的绵河铁路桥等。境内山川以“关险、洞幽、山奇、水秀”而闻名，是全国著名的旅游景点。2003 年，被公布为山西省第一批历史文化名镇。

磨河滩村 [Móhétān Cūn]

居民点。娘子关镇人民政府驻地。在平定县人民政府驻地东北 44 千米。面积 1.92 平方千米。人口 0.15 万。因地处桃河滩，有水磨坊而得名。有省级重点文物保护单位正太窄轨铁路桥及娘子关站。有古迹避暑楼、观音庙、吕祖庙、五龙庙、牛鼻头窑等。有电熔镁企业。石太铁路经此设娘子关站。阳泉—井陉省道经此。

娘子关村 [Niángzǐguān Cūn]

居民点。中国传统村落。属娘子关镇。在平定县人民政府驻地东北 45 千米的晋冀两省交界处。面积 7.3 平方千米。人口 0.12 万。古称苇泽关。一说，因有纪念春秋时期介子推之妹的妒女祠而得名。另一说，因唐初平阳公主驻兵于此，故名。光绪《平定州志·都村》载："承天都十郫：娘子关，州东北九十里。"村庄依山面水，雄关踞险，长城环绕，古为兵家必争之地，也是晋冀通衢和商贸巨镇，现为著名旅游胜地。周边自然景观秀丽，人文景观独特，以"关险、洞幽、山奇、水秀"闻名，有"北国小江南"之称。名胜古迹有明长城、娘子关关城、宿将台、邳彰庙、铁佛寺庙、关帝庙、水上人家、娘子关瀑布等。2013 年，被列入第二批中国传统村落名录。2019 年 7 月，入选为第一批全国乡村旅游重点村名单。石太铁路、阳泉—井陉省道经此。

上董寨村 [Shàngdǒngzhài Cūn]

居民点。中国历史文化名村，中国传统村落。属娘子关镇。在平定县人民政府驻地东 25 千米。面积 10.55 平方千米。人口约 790 人。原名"董卓垒"。相传东汉中平间董卓任并州牧，在此筑垒，后改名董寨。《元和郡县志·河东道二》"广阳县"条下："董卓垒在县东北八十里。《水经注》曰：泽发水出董卓垒东。"明清为董寨村，后发展为两村，居温河上游者称为"上董寨"，居温河下游者称为"下董寨"。光绪《平定州志·都村》载："承天都十郫：董寨郫，州东北五十里。"村内有上寿圣寺、下寿圣寺、菩萨庙和古院落王家大院等文物古迹，2013 年，被列入第二批中国传统村落名录。2019 年 1 月，被公布为第七批中国历史文化名村。

下董寨村 [Xiàdǒngzhài Cūn]

居民点。中国历史文化名村，中国传统村落。属娘子关镇。在平定县人民政府驻地东 25 千米。面积 12.09 平方千米。人口约 990 人。原名"董卓垒"。相传东汉中平间董卓任并州牧，在此筑垒，后改名董寨。《元和郡县志·河东道二》"广阳县"条下："董卓垒在县东北八十里。《水经注》曰：泽发水出董卓垒东。"明清为董寨村，后发展为两村，居温河上游者称为"上董寨"，居温河下游者称为"下董寨"。光绪《平定州志·都村》载："承天都十郫：董寨郫，州东北五十里。"村中有古庙群和 300 米古街道，龙潭景观绵延数千米。地方特色民俗有正月十六举办的跑马排活动。这项活动起源于当地古驿道驿卒递送信息的历史，后演变成正月十六的民俗活动。2013 年，被列入第二批中国传统村落名录。2014 年，元宵节跑马排活动被列入山西省非物质文化遗产名录。2019 年 1 月，被公布为第七批中国历史文化名村。

旧关村 [Jiùguān Cūn]

居民点。属娘子关镇。在平定县人民政府驻地东北 45 千米。面积 7.5 平方千米。人口约 890 人。古名"井陉口""石研关""井陉关""故关"。《吕氏春秋》："天下九塞，井陉其一。"《魏书·地形志》："石艾县有井陉关。"成化《山西通志》："井陉关，一名故关，在平定州东九十里。汉韩信击赵，东下井陉，即此。洪武三年置故关巡检司。其南三里有甘桃口，北十里有娘子关，俱路通直隶真定府井陉县界。”古为“太行八陉”之第五陉“井陉”的重要孔道，晋冀咽喉要隘。明代嘉靖二十年（1542年），向西移十里又新筑关城，称“固关”，俗名“新关”，故关因相对称为“旧关”，并沿用至今。光绪《平定州志·都村》载：“东回都十二郫：旧关，州东九十五里。”抗日战争初为“娘子关保卫战”主战场之一。经济以运输业为主。名胜古迹有明长城、敌台、关帝庙、烽火台等。青银高速、307国道经此。

新关村 [Xīnguān Cūn]

居民点。中国传统村落。属娘子关镇。在平定县人民政府驻地东35千米。面积5.53平方千米。人口约320人。地处“太行八陉”之一井陉关故道。明嘉靖二十年（1542年），在此地建起新城，取名固关。据《西关志·固关卷》记载，当时“虏寇太原密迩故关，地当要冲，而旧城险不足，乃北筑于隘口”。因新城以石头砌筑，坚固厚实，依山设险，晋冀咽喉，城防工程固若金汤，因此称“固关”。后因与东部旧关相对改名新关。名胜古迹有固关长城、龙王庙、大衙门、老爷庙、二衙门、三官庙、山神庙、文昌庙、魁星庙、老母庙、玄武庙等古建筑遗存。20世纪90年代初，在长城遗址上又修建了关楼、瓮城、高速公路跨桥、堞楼、哨台等。现存固关长城全长20千米，北段与娘子关长城相连，为著名旅游景区。2016年，被列入第四批中国传统村落。

巨城镇 [Jùchéng Zhèn]

乡级政区名。属平定县。在平定县境北部。东与娘子关镇相邻，南与石门口乡毗连，西与郊区杨家庄乡为界，北与岔口乡接壤。面积158平方千米。人口2.58万。辖远鑫苑社区1个社区，巨城村、龙庄村、前里墚村、南山沟村、柴家庄村等23个行政村。镇人民政府驻巨城村。因驻地得名。

清代属平定州拒城都。1949年，属平定县第五区。1953年，设巨城乡。1961年，设巨城人民公社。1984年，改巨城镇。2000年，岩会乡并入。温河、桃河流经。有上盘石村、南庄村2个中国传统村落。有红色旅游胜地南庄村抗战地道遗址公园。农业以种植小杂粮、红薯、大棚蔬菜、畜牧养殖为主。工业以钛白粉、电石、耐火材料、冶金、铁合金为主。古建筑有赵家园寿圣寺遗址、水峪关帝庙、圪套昭济庙、西小麻文武庙等。石太铁路过境设下盘石站、岩会站。青银高速、阳泉—井径省道过境。

巨城村 [Jùchéng Cūn]

居民点。巨城镇人民政府驻地。在平定县人民政府驻地北25千米。面积3.36平方千米。人口0.17万。古称拒城，后以其名不雅，改拒为巨，故名。光绪《平定州志·都村》载：“拒城都十二郫：拒城郫，州北五十里。”工业以加工耐火材料为主。古建筑有清代民居忠恕堂宅院、天盛堂宅院等。阳泉—井陉省道经此。

南庄村 [Nánzhuāng Cūn]

居民点。中国历史文化名村，中国传统村落。属巨城镇。在平定县人民政府驻地北25千米。面积7.23平方千米。人口约350人。相传本村居民由阳泉市郊区张家井村迁此，因在张家井村以南得名。光绪《平定州志·都村》载："拒城都十二郇：南庄，州东北五十里。"抗日战争时期，为平定（路北）县政府二区驻地，被平定（路北）县人民政府誉为"小延安"。现存抗日战争时期所挖地道，并开辟为红色旅游景点。2014年，被列入第三批中国传统村落名录。2019年，被公布为第七批中国历史文化名村。

上盘石村 [Shàngpánshí Cūn]

居民点。中国历史文化名村，中国传统村落。属巨城镇。在平定县人民政府驻地北23千米。面积15.58平方千米。人口0.1万。相传为《穆天子传》中的古地名"盘石"。隋唐以前置盘石关。后来根据地处桃河上下游位置分为上盘石和下盘石两村。该村处于上游，由此得名上盘石。《穆天子传·卷一》："觞天子于盘石之上。"《新唐书·地理志》"广阳县（今平定县）"条下："东北有盘石故关、苇泽故关。"光绪《平定州志·都村》载："盘石都九郇：上盘石，州东四十五里。"村居河谷，四面环山。村东有盘石关旧址。古建筑有资福寺、青龙山大王庙等。2014年，被列入第三批中国传统古村落名录。2019年1月，被公布为第七批中国历史文化名村。

移穰村 [Yíráng Cūn]

居民点。山西省历史文化名村，中国传统村落。在平定县人民政府驻地东北16千米。面积11平方千米。人口0.22万。原岩会乡人民政府驻地。2000年，撤乡并镇后属巨城镇。原名"义掌"，又作"移掌""移章""移长"等，清代雅化为今名。清康熙十六年（1677年），傅山为移穰村寿圣寺题联："外道阐提多，像设三身回蔑戾；众生饥饿苦，慈悲五谷护移穰。"光绪《平定州志·都村》载："移穰都七郇：移穰郇，州东三十二里。"为平定县文化古村之一。古建筑有寿圣寺、文昌阁、关帝庙、牛王庙、龙天庙、清代民居等。传统民间艺术以"移穰花纸（又名染花纸）"和"移穰舞龙灯"闻名于晋东。移穰村染花纸已有200多年的历史，每逢正月十五村中的大街和东街，都要吊挂花纸，配以彩灯，一派节日气氛。晚间举办龙灯舞、打铁火等民俗表演。2016年12月，被列入第四批中国传统村落名录。2017年1月，入选为第五批山西省历史文化名村。

下盘石村 [Xiàpánshí Cūn]

居民点。中国传统村落。属巨城镇。在平定县人民政府驻地东北约25千米。面积14.54平方千米。人口约310人。相传为《穆天子传》中的古地名"盘石"。隋唐以前置盘石关。后来根据地处桃河上下游位置分为上盘石和下盘石两村。该村处于下游，由此得名下盘石。《穆天子传·卷一》："觞天子于盘石之上。"《新唐书·地理志》"广阳县（今平定县）"条下："东北有盘石故关、苇泽故关。"光绪《平定州志·都村》载："盘石都九郇：下盘石，州东五十里。按，（上盘石、下盘石）二郇旧志并为一。"地处桃河河谷，南北皆山，地势险要，为历代交通要冲。农业主产玉米、谷子、小麦、豆类、蔬菜等。古建筑有木密寺遗址、关帝庙、龙王庙等。2016年12月，被列入第四批中国传统村落名录。石太铁路经此设下盘石站。

岩会村 [yánhuì Cūn]

居民点。中国传统村落。属巨城镇。在平定县人民政府驻地东北 20 千米。面积约 10.54 平方千米。人口约 450 人。光绪《平定州志·都村》载："盘石都九郫：岩会郫，州东四十里。"地处太行山区，桃河流经。旧有"岩会八景"：金灯映月，尺地泉涌，悬岩有佛，山马饮河，石阁无梁，仙穴生风，凤翅单舒，五台旭日。古建筑有河神庙、观音堂、聚宝阁、五道庙戏台、奶奶庙等。有晋东地区罕见的地窨院等古代民居。2016 年 12 月，被列入第四批中国传统村落名录。

会里村 [Huìlǐ Cūn]

居民点。中国传统村落。属巨城镇。在平定县人民政府驻地 25 千米。面积 6.42 平方千米。人口约 770 人。光绪《平定州志·都村》载："承天都十郫：会里郫，州东北五十里。"地处温河河谷，依山面水，古民居遗存丰富，有刘家大院、梁家大院、董家大院、刘家永民院、赵家宅院等。近现代保护建筑有老爷庙、会里面粉加工厂旧址等。2019 年 6 月，被列入第五批中国传统村落名录。

西岭村 [Xīlǐng Cūn]

居民点。中国传统村落。属巨城镇。在平定县人民政府驻地东北 20 千米。面积 1.45 平方千米。人口约 320 人。地处牛王山南麓，以所处位置得名。平均海拔 820 米，主要种植玉米、谷子等。2010 年以来，村民实施美丽乡村建设，打造特色乡村。在保留村庄肌理的基础上，改造街道、民居，兴建了一批充满文化气息的人文景观。有文昌阁、崇智园、百福园、盛园、百寿亭、品霞亭、四喜亭等。2019 年 6 月，被列入第五批中国传统村落名录。

石门口乡 [Shíménkǒu Xiāng]

乡级政区名。属平定县。在平定县境东部。东与东回镇接壤，南与张庄镇相邻，西与冠山镇毗连，北与柏井镇为界。面积 91 平方千米。人口 1.75 万。辖石门口村、南上庄村、徐峪沟村、枣岭村、乱流村等 12 个行政村。乡人民政府驻石门口村。因驻地得名。

1949 年，属平定县第二区。1953 年，设石门口乡，1961 年，改石门口人民公社。1984 年置石门口乡。2000 年，岩会乡乱流村并入。阳胜河、南川河、桃河在此交汇，有大石门水库。有全国重点文物保护单位开河寺石窟。有清代苍岩圣母祠、韩信庙、灵官庙、南坪观音堂等。有工业园区。石太铁路过境设乱流站。青银高速、307 国道过境。

石门口村 [Shíménkǒu Cūn]

居民点。石门口乡人民政府驻地。在平定县人民政府驻地东 15 千米。面积 6.8 平方千米。人口约 800 人。据北齐《李清报德造像碑》载，原名榆交。因村在南北两山之间，山高险峻，形似石门而得名。光绪《平定州志·都村》载："东郊都二十三郫：石门口，州东三十里。"以农业种植为主。名胜古迹有北朝古刹长国寺、烽火台。长国寺位于村旁，寺内现存正殿为清代遗构。殿南崖壁有北齐天保六年（555 年）、唐长寿三年（694 年）、清道光元年（1821 年）石刻，周边残存摩崖造像 5 处。1992 年，被公布为县级文物保护单位。青银高速、307 国道经此。

乱流村 [Luànliú Cūn]

居民点。山西省历史文化名村，中国历史文化名村，中国传统村落。属石门口乡。在平定县人民政府驻地东 25 千米。面积 7.50 平方千米。人口 0.14 万。原名“安禄交村”，曾名“乱柳”，后因地处桃河、南川河的交汇处而改今名。光绪《平定州志 · 都村》载：“义羊都十四郫：乱柳郫，州东北五十里。”名胜古迹有开河寺、石家大院等。开河寺石窟位于村西魁头山北侧，分别开凿于东魏武定五年（547 年）、北齐皇建二年（561 年）和北齐河清二年（563 年）。摩崖造像开凿于隋开皇元年（581 年）。有 1、2、3 石窟及摩崖造像，均为三壁三龛式，共有大小龛约 40 个，大小像约 76 尊，题刻 5 处。雕像形态各异，姿态万千。2004 年，被公布为山西省文物保护单位。2013 年，被公布为第七批全国重点文物保护单位。2014 年，被列入第三批中国传统村落名录。2017 年，入选为第五批山西省历史文化名村。2019 年，入选为第七批中国历史文化名村。

西郊村 [Xījiāo Cūn]

居民点。中国传统村落。属石门口乡。在平定县人民政府驻地东 10 千米。面积 11.71 平方千米。人口 0.2 万。地处南川河与支流交汇处，与东郊村遥相对应，故名。光绪《平定州志 · 都村》载：“东郊都二十三郫：西郊郫，州东二十里。”民间有“平定州，八圪料，出了东门问西郊”之谚。清代属平定州广阳乡东郊都。民国初期属平定县第一区。抗日战争时期属平东县第三区。解放战争时期属平定县第六区。1949 年后，历属平定县城关区、亨德乡、上庄乡、西郊红星人民公社、石门口人民公社，1984 年，属石门口乡。周边山环水绕，旧有“西郊十景”：四山环绕、二水交流、北潭映月、烽台银烟、剑峰翠柏、将军古墓、西岭晚霞、卧牛南山、凤落苍岩、圣庙唐槐。名胜古迹有韩信试剑峰、淮阴侯庙、苍岩圣母祠。2016 年 12 月，被列入第四批中国传统村落名录。

大石门村 [Dàshímén Cūn]

居民点。中国传统村落。属石门口乡。在平定县人民政府驻地东南 20 千米，大石门水库下游。面积 10.01 平方千米。人口约 680 人。光绪《平定州志 · 都村》载：“东郊都二十三郫：大石门，州东南三十五里。”耕地面积 3000 多亩，林地面积 4500 亩。有大石门水库景观、阳胜河河道景观。每年冬春之际有天鹅、苍鹭、绿头鸭等野生迁徙鸟类在此休憩。古建筑有贾氏家庙。2019 年，被列入第五批中国传统村落名录。

岔口乡 [Chàkǒu Xiāng]

乡级政区名。属平定县。在平定县境北部。东与河北省井陉县交界，南与巨城镇相邻，西与郊区西南舁乡毗连，北与盂县仙人乡接壤。面积 191 平方千米。人口 1.81 万。辖岔口村、大前村、红育口村、秋林庄村、青阳村等 22 个行政村。乡人民政府驻岔口村。因驻地得名。

1949 年，属平定县第五区。1953 年，设岔口乡，1958 年，设岔口人民公社。1984 年，置岔口乡。2000 年，黄统岭乡并入。岔口河、理家庄河流经。有“太行第一溶洞”玉皇洞。有泰山圣母庙遗址、翠云阁。工业以铝矾土开采加工及钙粉加工为主。青银高速过境。

岔口村 [Chàkǒu Cūn]

居民点。岔口乡人民政府驻地。在平定县人民政府驻地北 40 千米。面积 3 平方千米。人口约 830 人。因村在河道交汇处得名。光绪《平定州志 · 都村》载："拒城都十二�武：岔口郵，州东北八十里。"有关帝庙、环翠桥、全神祠。经济以农业种植业为主。

甘泉井村 [Gānquánjǐng Cūn]

居民点。全国文明村，中国美丽休闲乡村。属岔口乡。在平定县人民政府驻地北 45 千米。面积 2 平方千米。耕地面积 2300 亩。人口约 530 人。发展现代农业，利用沟、渠、路旁及空地营造农田防护林网，种植蔬菜大棚，发展蛋鸡养殖。并建设科普示范基地、文化休闲广场、农民公园。2015 年，入选为第四届全国文明村。2019 年 12 月，入选为 2019 年中国美丽休闲乡村名单、全国乡村治理示范村名单。2021 年，被司法部、民政部命名为第八批"全国民主法治示范村（社区）"。2020 年 11 月，山西省文化和旅游厅确定为山西省第二批 3A 级乡村旅游示范村。

冯家峪村 [Féngjiāyù Cūn]

居民点。中国传统村落。属岔口乡。在平定县人民政府驻地东北 35 千米。面积 0.87 平方千米。人口约 250 人。地处太行山区，四面群山环抱。村中现存民居多为明清建筑，窑洞墙体皆以石砌筑，依山叠起，极具晋东特色，被誉为"石头古村"。其中最早的窑洞约为元末明初建造，东坡枣树垴有明代晚期民居，另有楼阁、庭院、全神庙、戏台等。村民以赵姓为主，据光绪《平定州志》记载："赵氏世居上董寨，明万历年间，其先祖廷玉、廷宝始卜居于冯家峪。"民间故有"还有北乡一圪料，冯家峪都姓赵"的谣谚。农历正月二十五为本村传统庙会。2016 年 12 月，被列入第四批中国传统村落名录。

大前村 [Dàqián Cūn]

居民点。中国传统村落。属岔口乡。位于县境北端。在平定县人民政府驻地东北 55 千米。面积 5.52 平方千米。人口约 80 人。地处群山之间，民居依坡而建，错落有致。现存明清石砌窑洞院落保留完整。名胜古迹有明长城、观音庙、龙王庙、古柏树、古磨、古井、泉水、瀑布等。2016 年 12 月，被列入第四批中国传统村落名录。

盂　县 [Yú Xiàn]

县级政区名。属阳泉市。在阳泉市北部、太行山中段西麓。东与河北省平山县、井陉县接壤；南与晋中市寿阳县、阳泉市郊区毗邻；西与太原市阳曲县相连；北与忻州市五台县、定襄县接界。面积 2514.4 平方千米。人口 28.10 万。辖秀水镇、牛村镇、孙家庄镇、路家村镇、南娄镇、苌池、上社镇、西烟镇 8 个镇，梁家寨乡、北下庄乡、仙人乡、下社乡、西潘乡、东梁乡 6 个乡。县人民政府驻秀水镇。

古称“仇犹”“仇由”“原仇城”。为春秋时期白狄族建立的仇犹国，前457年，被晋国所灭。《元和郡县志·河东二》“盂县”条下：“县城本名原仇城，亦名仇由城。按韩子曰：‘智伯欲伐仇由国，道难不通，铸大钟遗之。仇由大悦，除塗将内之。赤章曼支谏，不听，断毂而驰，仇由以亡’，盖其地也。”

秦汉后历属上艾县、盂县、石艾县地。隋开皇十六年（596年），分置原仇县，治所即今盂县县城，属乐平郡。隋大业二年（606年）改名为盂县。

“盂县”一名始于春秋时期，故治在今太原市阳曲县大盂镇。以其地处大盂盆地。地形四周高中低平，如盂形，故名。为春秋盂县故地。前514年，魏献子为政，分祁氏之田为七县，孟丙为盂大夫。秦、汉为盂县治所。北魏废，称大祁城。隋开皇十六年（596年）复置盂县。大业初废盂县，又在原仇县另置盂县，即今盂县。《左传·昭公二十八年》：“秋，晋韩宣子卒，魏献子为政。分祁氏之田以为七县，分羊舌氏之田以为三县。司马弥牟为邬大夫，贾辛为祁大夫，司马乌为平陵大夫，魏戊为梗阳大夫，知徐吾为涂水大夫，韩固为马首大夫，孟丙为盂大夫，乐霄为铜鞮大夫，赵朝为平阳大夫，僚安为杨氏大夫。”《汉书·地理志》：“太原郡”条下：“盂，晋大夫孟丙邑。”

唐武德三年（620年），置受州于盂县，辖盂县、寿阳2县。贞观元年（627年），乌河县并入盂县。贞观八年（634年），废受州，盂县改属并州太原府。五代、北宋因之。金贞祐三年（1215年），升盂县为盂州，属太原府。元代先后属太原路、冀宁路。明洪武二年（1369年），降盂州为盂县，属太原府。清雍正二年（1724年），属平定州。1913年，属中路道。1914年，属冀宁道。1927年，撤道直属山西省。1937年9月，属山西省第一行政区。1938年1月，属晋察冀边区第一行政区。抗日战争时期，全境分割为盂平县、盂阳县、寿东县（后称盂寿县）。1945年8月后，逐步恢复盂县原建制。1949年10月1日，属榆次专区。1958年11月，撤销盂县并入阳泉市，称阳泉市盂县联社。1960年1月，恢复盂县建制，属晋中专区。1983年7月，属阳泉市至今。

辖区内地名专名有以下特点：1. 以山河等自然地理实体命名。如：秀水镇、水泉村、千峰岭村、西山头村等。2. 以人文地理实体命名。如：佛堂村、曲曲城村、西教场村、禅房村等。3. 反映历史文化遗存。如：上文村为宋代理学家程颢、程颐母亲侯氏的故乡。南兴道、北兴道、中兴道等以纪念宋代理学家程颢、程颐在附近程子岩讲学而命名。大贤村为纪念唐代著名华严学者李通玄居此而命名。4. 以所处的地形、地貌命名。如：西烟、东坡头、青崖头等。5. 以姓氏命名。如：贾家沟、赵家堖、孙家庄等。6. 以物产命名。如：石辉坪、磁窑坡、桑园村等。7. 以祥瑞、希冀命名。如：前元吉村、仙人乡、大吉村、花园社区等。

辖区内地名通名有以下特点：1. 多以反映太行山区地形地貌的岩、沟、峪、岭、梁等为通名。如：黄树岩、大洼沟、石窑峪、门贤岭、胡家梁等。2. 以古代建置建筑城、寨、驿、铺等为通名。如：清城、梁家寨、东麻河驿、上榆林铺等。3. 其他多为北方常见通名村、庄等。如：秦村、柴庄等。

地势西南高东北低，西部地区由南向北倾斜。中部地区以白马山脉为界向南北两向倾斜。最高海拔1803.6米，最低海拔392米。有南娄镇、西烟镇2个中国历史文化名镇，乌玉村、大宋村2个中国历史文化名村。名胜古迹有全国重点文物保护单位西关大王庙、府君庙（释迦寺）、坡头泰山庙、藏山祠。有国家4A级旅游景区藏山、大宋温泉度假村。有省级重点文物保护单位水神山烈女祠、三圣寺、盂北泰山庙、宋代大铁钟。国家非物质文化遗产有白水村的“牛斗虎”、赵氏孤儿传说。藏山因藏匿赵氏孤儿闻名华夏，是三晋文化名山和忠义文化渊源。历史名人有唐朝名将张士贵、程颢与程颐的母亲侯氏、侯可、中国现代作家高长虹。据《山西历代进士题名录》载：盂县共考取进士173人，被称为“进士之乡”。农业主产玉米、谷子，种植核桃、苹果、中药材。工业以煤炭为主，有冶金、电力、耐火材料、石材开采。石太高速客运铁路过境，设阳泉北站。过境公路有207国道、307国道、天镇—黎城高速公路、榆次—盂县省道、双山—阳曲省道、阎家庄—贾家峪省道等。

以“盂县”冠名的地名社会应用有盂桔梗、盂县花椒、盂县卤土豆、盂县枣介糕、盂县核桃等。

盂桔梗：为盂县历史悠久的地道中药材。桔梗，别名白药、和尚头、铃铛花、土人参，为多年生草本植物。因盂县海拔高，空气清新，土壤中富含磷钾肥，自然条件独特，为桔梗的生长提供了最佳环境。盂县生长的野生桔梗品质上乘，药用价值极高，被中药界称之为“盂桔梗”，中药商贩也一直把盂县作为桔梗的主要收购基地。

盂县花椒：为地方特产，主要种植于盂县北部地区，已有一千多年的栽培历史。主要品种有：大红袍、小红袍、黄金椒等。具有皮细、籽小、粒大、色鲜、味香、耐贮存、椒籽含油量高等特点。全县现有花椒树60多万株，年产花椒40多万公斤。

盂县卤土豆：为地方名吃，以土豆为主料，配以花椒、八角、姜、糖、盐、味精、老葱、蒜瓣、可乐、芝麻、孜然、酱油等卤煮而成。

盂县枣介糕：为地方名食，以黄米面、红枣加工而成。主要用于婚庆宴席和日常饮食。

盂县核桃：盛产于盂县各乡镇。主要特点是果形美、果实大、皮薄，取仁容易，出仁率高，含油率70%左右。年产量约160万公斤。产品主要销往西欧、东南亚各国。1994年，盂县上社镇大西里村生产的绵核桃曾参加全国农业博览会并获银质奖。

秀水镇［Xiùshuǐ Zhèn］

乡级政区名。盂县人民政府驻地。在县境东南部。东与孙家庄镇接壤，东南与路家村镇毗邻，西南连南娄镇，西北与苌池镇相接。面积54.2平方千米。人口8.23万。辖桥沟社区、花园社区、桃园社区、红楼社区、金龙社区、香苑社区等11个社区，东关北村、东关南村、秀水村等28个行政村。镇人民政府驻东关北村。

明属祁邑乡。清属永宁乡。1949年，属盂县第一区。1953年，分属城关、城武、中兰、下南庄等7小乡。1956年，分属城关、城武、泥河、大横沟4大乡。1958年，属前进人民公社。1959年，设城关人民公社。1984年，置城关镇。2000年12月，改称秀水镇至今。因境内有秀水河得名。

地处太行山西麓，地势南北高、中间低。南有红面山，北有高神山，秀水河、香河流经。名胜古迹有高神山仇犹国君祠庙遗址、古仇犹城遗址、战国墓群、金代建筑西关大王庙、傅山路居处畏热堂、明代史文焕旧宅等。有抗战时期朱德、任弼时路居盂县东白水村旧址。有地方文化南关高跷、白水村"牛斗虎"、水泉村舞龙等。

历史人物有史文焕，东关人。史登科之子。明万历二十六年（1598年）进士。曾任陕西右参政、按察使、右布政使。著有《矜生录》、《警心浅言》。

田兴梅，字子和，北关人。乾隆五十八年（1793年）进士。曾任云南浪穹县知县、河南内黄县知县。卒祀乡贤。

田嵩年，字季高，号梦琴，北关人。田兴梅之子。嘉庆二十五年（1820年）进士。曾任南书房行走、日讲起居注官、顺天府尹。

刘声骏，字子和，盂县城内人。曾参与公车上书活动。光绪二十四年（1898年）进士。著有《子和诗稿》3卷。抗日战争时期，敌伪多次邀请他出任伪县长，他严词拒绝。

东关北村［Dōngguānběi Cūn］

居民点。秀水镇人民政府驻地。在县人民政府驻地东南1.2千米。地处盂县县城中心，是典型的城中村。面积0.83平方千米。人口0.6万。清乾隆年间，因其居城内东关大街之北，又与西烟公社北村重名，遂改为此。有郑鸿章宅院，创建于明代，现存为清代建筑。有盂县故城，现仅存北门遗址。

西关村［Xīguān Cūn］

居民点。属秀水镇。耕地面积670余亩。人口0.16万。因在盂县县城西门外，故名。清代属永宁一都。光绪《盂县志・乡堡》："永宁一都四堡：西关堡。"名胜古迹有全国重点文物保护单位大王庙。大王庙又称藏山别祠，俗传为赵氏孤儿、晋国上卿赵武的行宫。庙宇创建年代无考，据庙内元代"重修藏山庙记"碑记载，金承安五年（1200年）重建。元、明、清历代屡有修葺。现存为二进院落布局，中轴线建筑依次为山门兼戏台、正殿和寝宫，山门两侧为钟、鼓楼，正殿东侧为碑廊，鼓楼西侧为仪门。现存建筑寝宫为金代原构，正殿为明代建筑，其余为清代建筑。碑廊内存有元、明、清历代碑石17通。2001年，被公布为全国重点文物保护单位。

城关［Chéngguān］

地片名。即盂县老城。面积22平方千米。人口6万。春秋仇犹古城，后称为原仇城。隋开皇十六年（596年），始置原仇县。大业二年（606年）改名盂县。方志记载，新置原仇县后，县城"始定今治"并开始营建。县城建在香河与秀水河之间的高地上，城墙高耸，河流环绕，金城汤池，自成天然。唐代为折冲府信童府驻地。经过唐、宋、金、元历代建设，到元至正二十四年（1364年），"城周长约三里一分强。高二丈五尺，厚一丈五尺"。城门三座，东曰拱辰门；南曰南薰门，有月城；西曰镇远门。

明代中后期，俺答不断入侵山西，山西各地出现修筑城池，积极备战的景况。嘉靖二十一年（1542年），盂县令董希孟重修县城，加高城墙，深浚城壕。东关绅民为保护自身安全，推举绅士张淑名出面组织，与官方合力修筑东关外城。东关外城西与县城相连，共同形成内城和外城相互依靠，东西相应的格局。两城周长合为“五里四分而弱”。新建的外城共开四门，东开两门，曰朝天门（万历间改名来远门）、拱翠门；南曰凝秀门（万历间改名迎薰门）；西北曰边陲门（万历间改名镇远门）。万历三十四年（1606 年），盂县令蔡可行复修内城、外城，大部城门重新命名。内城东门拱辰门改迎晖门；南门南薰门改拱阳门；西门镇远门改永顺门。

清康熙二十二年（1683 年），因地震城墙塌毁多处，次年盂县令孔兴范主持补修。雍正七年（1729 年），盂县令阎煊再行修葺，工费颇巨。咸丰四年（1854 年），盂县令康孔昭捐资修城，“并东、西、南三门、谯楼一举而新之”。

从清末至民国时期，盂县县城经过战争摧折日益凋残。1949 年以后，旧城街道得以逐步重修。1958 年，加宽了东关街路面。“文革”期间，对人民广场、钟镇街、南大街进行了改扩建。改革开放以后，县城向周边拓展，建成新建东路、西路、南路、东园路、金龙桥西路等，多数街道改沥青路面。20 世纪 90 年代，对金龙西街、北街、桃园路、秀水南路拓宽改造。2009 年，金龙大街东、西两段贯通，成为盂县县城最长的大街，集中体现了盂县城市建设的风貌。有小学、医院、中医院、党政机关、金龙广场、人民广场。有全国重点文物保护单位大王庙。有农产品加工、家具生产、模具生产等企业。石太高速客运铁路过境。

孙家庄镇 [Sūnjiāzhuāng Zhèn]

乡级政区名。属盂县。地处盂县东部，东与北下庄乡、牛村镇相邻，南与路家村镇接壤，西与秀水镇、苌池镇毗邻，北与上社镇相连，镇人民政府距县城约 5 千米。面积 92.8 平方千米。人口 2.68 万。辖孙家庄村、二郎庙村、郭家坪村、常家沟村、大吉村等 28 个行政村。镇人民政府驻孙家庄村。1953 年，设孙家庄乡，1961 年，设孙家庄人民公社。1984 年，置孙家庄乡。2000 年，孙家庄乡、土塔乡 2 个乡合并成立孙家庄镇。因驻地得名。北部多山，中部有水神山。秀水河、香河流经。矿产资源有铁矿石、石灰石、铝矾土和少量云母、粘土、煤炭。名胜古迹有全国重点文物保护单位坡头泰山庙、省级重点文物保护单位水神山烈女祠、古仇犹国君钓鱼台、土塔古村落等。主产玉米、杂粮、核桃。工业以煤炭、铝矾土开采加工、冶铁为主，有铁厂、煤矿等。石太高速客运铁路过境设站。天镇—黎城高速、双山—阳曲省道过境。

孙家庄村 [Sūnjiāzhuāng Cūn]

居民点。孙家庄镇人民政府驻地。在盂县人民政府驻地东 5 千米。人口 0.1 万。以姓氏得名。清代属庆丰三都。光绪《盂县志・乡堡》：“庆丰三都：孙家庄，八里。”主产玉米、梨、苹果。清顺治元年（1644 年），思想家傅山流寓盂县，居住在孙家庄友人孙起八家，其间作有《甲申避地过起八兄山房》《九月望起八兄生日时起八居忧同右玄限韵立成》等诗作。双山—阳曲省道经此。

乌玉村［Wūyù Cūn］

居民点。属孙家庄镇。山西省历史文化名村，中国历史文化名村，中国传统村落。在盂县人民政府驻地东南 5 千米。面积 2.2 平方千米。人口 0.18 万。清代属招贤三都。相传因煤炭资源丰富，故取名乌玉村。光绪《盂县志·乡堡》："招贤三都：乌玉村堡，县东南十五里。"村内有清代商人李嘉谷宅院，为清代民居建筑群，具有典型晋东民宅建筑风格。宅院包括乌玉别墅和东、中、西三座相连的四合大院。各院都建有主门楼，院内均有五间明柱过厅，最后为两层楼房，一层是砖券窑洞，二层是明廊木结构套房，雕梁画栋，蔚为壮观。四座大院占地 50 余亩，房间共百余间。村中另有大王庙等宗教建筑。2014 年 11 月，被列入第三批中国传统村落名录。2017 年 1 月，被公布为第五批山西省历史文化名村。2019 年 1 月，被公布为第七批中国历史文化名村。

玉炭咀村［Yùtànjǔ Cūn］

居民点。全国文明村。属孙家庄镇。人口约 150 人。相传因附近蕴藏大量煤炭资源，唯本村地下没有煤炭，名无炭咀。2020 年，被列入第六届全国文明村。

路家村镇［Lùjiācūn Zhèn］

乡级政区名。属盂县。在盂县东南部。东、南与阳泉市郊区河底镇接壤，西与南娄镇相邻，北与秀水镇、孙家庄镇、牛村镇毗连。面积 93.8 平方千米。人口 2.32 万。辖皇后村、苗家庄村、刘家村等 27 个行政村。镇人民政府驻路家村。因驻地得名。

1949 年，属盂县第一区。1953 年，设路家村乡。1961 年，改路家村人民公社。1984 年，复置路家村乡。1999 年，改路家村镇。2000 年，清城乡并入。地处山地、丘陵区。招三河流经。名胜古迹纪念地有东杜村永清寺、清城红军二十四军成立大会会址、作家高长虹故居、田家祠堂、霞峰塔等。主产玉米、谷子、豆类和薯类。有猪、牛、羊等养殖业。工业以煤、铝矾土、硫磺加工为主。天镇—黎城高速、双山—阳曲省道过境。

历史人物高长虹，西沟村人。现代诗人、作家。1924 年至 1929 年间，他先后在太原、北京、上海等地，发起并组织了"狂飙运动"，创办了《狂飙》《弦上》《长虹周刊》等进步刊物，为鲁迅倡导组织的"莽原社"重要成员。1989 年，中国社会科学出版社出版《高长虹文集》。

路家村［Lùjiā Cūn］

居民点。路家村镇人民政府驻地。在盂县人民政府驻地东南 6 千米。面积 4 平方千米。人口 0.12 万。相传原名郑家庄，后路姓迁入，更名路家村。清代属招贤三都。光绪《盂县志·乡堡》："招贤三都：路家村，十里。"古建筑有五龙圣母庙。经济以农业种植业为主。天镇—黎城高速经此。

阎家沟村［Yánjiāgōu Cūn］

居民点。全国文明村。属路家村镇。在盂县人民政府驻地东南 5.2 千米。人口约 800 人。以阎姓始居而得名。清代属招贤三都。光绪《盂县志·乡堡》："招贤三都：阎家沟，十里。"有庙会。工业以煤炭为主。天镇—黎城高速经此。推进新农村民生、文化建设。先后被授予市农村小康建设先进单位、文明生态示范村和省卫生村、信用村。2014年，被评为全国文明村。

南娄镇 [Nánlóu Zhèn]

乡级政区名。全国重点镇。属盂县。在盂县东南部。东与秀水镇接壤，南与东梁乡毗邻，西与苌池镇相连，北与连路家村镇接界。面积179.8平方千米。人口3.22万。辖西小坪村、郭村、香河村、纸匠村、下曹村等37个行政村。镇人民政府驻南娄村。因驻地得名。

明属铜颖乡。清属招贤乡。1953年，分属拦掌乡、南娄乡等4个小乡。1956年，分属南娄乡、涧沟乡、许家沟乡3个大乡。1958年，属前进人民公社。1959年，属拦掌人民公社。1962年，公社驻地迁至南娄村。1984年，置南娄乡。2000年12月，下曹乡、王村乡5个村并入，置南娄镇。

地处方山西麓，地势西高东低，秀水河、香河流经镇境。境内现建有五大工业园区：南娄集团循环经济园区、下曹工业集团铸造园区、西小坪耐火材料园区、晋玉焦化园区、中信集团焦化园区。西小坪耐火材料公司是全国最大的硅酸盐耐火材料基地。名胜古迹有天齐庙、上曹村天子庙、唐代李通玄注《华严经》之地北寺山兰若寺、双鹤山菩萨戒比丘镇庵塔、石佛山北宋龛雕一佛二菩萨雕像、北寺山元代舍利塔等。当地有悠久的文化体育活动传统，起源于明洪武二年（1369年）的西小坪村武术社火，已有600余年的历史，2006年，被列为第一批省级非物质文化遗产保护项目。

历史人物武全文，西小坪村人。顺治四年（1647年）进士，累升弄部郎中、平凉兵备道。著有《旷观园文集》、《旷观园诗集》、《武氏家学汇编》。

武承谟，字邵孟，号逸溪，西小坪村人。武全文之孙。康熙三十九年（1700年）进士。著有《尚志堂诗草》《逸溪堂稿》《客窗质语》。

田雨公，字敬堂，号杏轩，香河村人。道光十八年（1835年）进士，任大理寺少卿。晚年主讲于平定冠山、榆次凤鸣、太原晋阳书院。

田国俊，字炽庭，呈研芸，香河村人。咸丰九年（1859年）进士。曾任苏州按察使、贵州按察使、江南盐运使。善书画而自成一家。

南娄村 [Nánlóu Cūn]

居民点。南娄镇人民政府驻地。在盂县人民政府驻地南6千米。人口约800人。相传村南原建有古楼，因得名“楼里”，后因“楼”与“娄”谐音，渐演变为“娄里”，1949年后，分为南娄、北娄两村。清代属招贤二都。光绪《盂县志·乡堡》：“招贤二都：娄里村堡，县南十五里。”有古庙宇天齐庙，俗称八大庙。有庙会。工业以煤炭业为主。双山—阳曲省道经此。

牛村镇 [Niúcūn Zhèn]

乡级政区名。属盂县。在盂县东部。东与仙人乡相邻，南与路家村镇接壤，西与孙家庄镇接界，北与北下庄乡毗连。面积69.4平方千米。人口2.12万。辖牛村、杏村、教场村、骆驼岩村、磁窑坡村等26个行政村。镇人民政府驻牛村。1953年，设牛村乡。1959

年，设牛村人民公社。1984 年，置牛村镇。因驻地得名。境内地势东高西低，东部为山区。矿产资源有煤和铝土。阴山河流经。主产玉米、谷子、杂粮。工业以煤炭、铝矾土开采加工为主。名胜古迹有佛教名寺建福院、教场三神祠、磁窑坡金代窑址、南下庄天子庙等。207 国道、天镇—黎城高速、双山—阳曲省道过境。

牛村 [Niú Cūn]

居民点。牛村镇人民政府驻地。在盂县人民政府驻地东 10 千米。人口 0.26 万。以牛姓始居而得名。清代属庆丰一都。光绪《盂县志·乡堡》："庆丰一都：牛村堡，县东二十里。"工业以煤炭、铝矾石开采为主。古迹有慧福寺遗址。天镇—黎城高速经此。

苌池镇 [Chángchí Zhèn]

乡级政区名。属盂县。在盂县西北部。东与孙家庄镇接壤，南与秀水镇、南娄镇、东梁乡为邻，西与西烟镇毗邻，北与西潘乡、上社镇连接。面积 225.9 平方千米。人口 2.32 万。辖东苌池村、西苌池村、南苌池村、兴道村等 18 个行政村。镇人民政府驻东苌池村。因驻地得名。

1949 年，属盂县第九区。1953 年设苌池乡。1958 年，属先锋人民公社。1959 年，设立苌池人民公社。1984 年，置苌池乡。2000 年，苌池乡、王村乡、肖家汇乡 3 个乡合并为苌池镇。地势南高北低。有全国重点文物保护单位藏山祠。有国家 4A 级藏山风景区。有国家级非物质文化遗产赵氏孤儿传说。藏山祠是祭拜赵武的祠庙，因赵武谥名文子，也叫文子祠；金大定十二年（1172 年）重修，元、明、清历代屡有修葺；依山建造，祠前为明代"藏孤胜境"牌楼，祠内中轴线上依次布列山门、乐台、正殿、寝宫、梳妆楼，东西两侧为钟鼓楼、配殿和耳殿；除寝宫部分梁架保存金代风格外，余皆清代建筑。正殿内山墙和北壁绘壁画 69 平方米，以连环画形式表现赵武生平。农业以种植业、畜牧业、干果业为主。天镇—黎城高速过境。

历史名人王珻（1670—1742），字石承，又字韫辉，号石和，盂县芝角村人。康熙四十五年（1706 年）进士。雍正二年（1724 年），为晋阳书院山长。

东苌池村 [Dōngchángchí Cūn]

居民点。苌池镇人民政府驻地。在盂县人民政府驻地西北 11 千米。人口 0.26 万。原名"苌池"，后分为东、西、南 3 个村，该村居东，故名。清代属圣佑一都。光绪《盂县志·乡堡》："圣佑一都：苌池村堡，县北二十里。"有国家级非物质文化遗产赵氏孤儿传说。古迹有东苌池汉代文化遗址、普济桥、文殊寺等。经济以农业为主。有天镇—黎城高速经此。

上社镇 [Shàngshè Zhèn]

乡级政区名。属盂县。在盂县北部。东与河北省平山县交界，南与北下庄乡、孙家庄镇、苌池镇相邻，西与西潘乡毗连，北与梁家寨乡接壤。面积 449.52 平方千米。人口 2.47 万。辖上社村、宋家庄村、佛堂村、徐峪沟村、白藏村等 22 个行政村。镇人民政府驻上社村。因驻地得名。

1949年，属盂县第五区。1953年，设上社乡。1959年，改公社。1984年，设镇。2000年，榆林坪乡、肖家汇乡2个乡并入。2021年2月，撤销下社乡，下社村等6个行政村并入。地势南高北低，属丘陵地区。龙华河、石塘河、南北河流经。古迹有全国重点文物保护单位府君庙（释迦塔）。景区纪念地有莲花掌自然风景区、里独头革命烈士陵园、千佛寺遗址、灵岳寺遗址、宝丰院遗址、山西决死队总部旧址。主产玉米、谷子、蔬菜、核桃。有猪、牛、羊等养殖业。工业有黄沙、铁矿石、石英石、蛭石开采加工。天镇—黎城高速、双山—阳泉省道过境。

上社村 [Shàngshè Cūn]

居民点。上社镇人民政府驻地。在县政府驻地秀水镇北30千米。人口0.22万。据传原名东庄，后村址移于龙华河中下游，又是附近居民祭祀土神之所，故名。清代属圣佑二都。光绪《盂县志·乡堡》：“圣佑二都：上社镇堡，县北六十里。”古迹纪念地有关帝庙、白衣阁、五龙圣母庙、山西决死队总部旧址等。天镇—黎城高速、双山—阳泉省道经此。

西烟镇 [Xīyān Zhèn]

乡级政区名。全国重点镇。属盂县。在盂县西部。东与苌池镇接壤，南与东梁乡相邻，西与太原市阳曲县杨兴乡交界，北与西潘乡毗连。面积309.9平方千米。人口2.09万。辖东村、南村、西村、北村等17个行政村。镇人民政府驻北村。因驻地得名。

宋代属祁邑乡。元、明属玉泉乡。清属辐辏乡。1949年，属盂县第七区。1953年，分属大湾乡、王甫庄乡、乌耳庄乡、西烟乡等6个小乡。1956年，分属西烟乡、尧上乡2个大乡。1958年，属宏伟人民公社。1959年，设西烟人民公社。1984年，置西烟镇，2000年12月，南社乡并入至今。地处系舟山脉南麓的黄土丘陵沟壑区，四周环山，牧坡广阔，宜林宜牧面积10万亩，占镇总面积的53%。历为县境西部交通要冲，盂县、阳曲两县间物资贸易大镇。有云中阁遗址、藏山行祠遗址、唐代上文摩崖造像。

历史人物有唐代名将张士贵，祖籍上文村。

侯道济，上文村人。祖元，父嵩，皆以武勇闻。道济始以儒学登科，任丹徒令。子可，孙仲良，皆为世名儒。

侯可，字无可，上文村人。为北宋理学家程颢、程颐之舅父。后徙居华州华阴。《宋史》有传。

上谷郡君侯氏，上文村人。为北宋理学家程颢、程颐之母亲。她严格要求二程勤奋读书，鞭策和激励进取成长。后封寿安县君，追封上谷郡君。程颢作《上谷郡君家传》。

北村 [Běi Cūn]

居民点。西烟镇人民政府驻地。在盂县人民政府驻地西45千米。人口0.13万。因地处丘陵间的鞍部而得名。山西地名中将这种地形俗写为“墕”，也作“烟”“堙”。本村在北，故名。清代属辐辏二都。光绪《盂县志·乡堡》：“辐辏二都：西烟镇堡，县西七十里。”特产菜籽油、葵花籽、红谷米等。为县农副产品集散地。

仙人乡 [Xiānrén Xiāng]

乡级政区名。属盂县。在盂县东部。东与河北省井陉县、平山县交界，南与平定县岔口乡、郊区西南异相连，西南与牛村镇相邻，西北与北下庄乡毗邻。面积 204.7 平方千米。人口 1.3 万。辖交口村、七里峪村、仙人村、东庄村等 16 个行政村。乡人民政府驻交口村。因境内仙人村有盂县名胜“伏洞仙踪”而命名。

1949 年，属盂县第十一区。1953 年，设仙人乡。1958 年，属红旗人民公社。1959 年，设立仙人人民公社。1984 年，设仙人乡至今。2000 年，东庄头乡并入。地势东高西低。阴山河从西部流经。有核桃种植业和畜牧养殖业。名胜古迹有石灰岩溶洞玉华洞、仙人村摩崖造像、仙人村傅山路居、明长城盂县段等。207 国道、双山—阳曲省道过境。

交口村 [Jiāokǒu Cūn]

居民点。仙人乡人民政府驻地。在盂县人民政府驻地东 21 千米。人口 0.14 万。战国时期村西南有皋牢城，俗称曲曲城。历为东去井陉、北去平山、南去平定的交叉路口，故名“皋牢口”，俗名“交口”。后为简便改今名。清代属庆丰一都。光绪《盂县志·乡堡》：“庆丰一都：皋牢口，一名交口村，四十里。”主产玉米、谷子、豆类及杂粮。古迹有大王庙。207 国道、双山—阳曲省道经此。

北下庄乡 [Běixiàzhuāng Xiāng]

乡级政区名。属盂县。在盂县东北部。东与河北省平山县、仙人乡接壤，南与牛村镇相邻，西与孙家庄镇毗连，北与上社镇为界。面积 124.3 平方千米。人口 1.05 万。辖石旧都村、郑家沟村、围沟村等 17 行政村。乡人民政府驻北下庄村。因驻地得名。

1949 年，属盂县第六区。1956 年，设北下庄乡。1958 年，属卫星人民公社。1959 年，设立北下庄人民公社。1984 年，置北下庄乡。2000 年，东木口乡并入至今。地势西北高东南低。阴山河、黑砚水河流经。自古为盂县通往河北省平山县的重要碍口和军事要冲。工业以铝矾土开采加工为主。名胜古迹有全国重点文物保护单位泰山庙、十八盘风景区、西关头苍岩圣母庙、东麻河驿龙天庙等。

泰山庙，元至正十七年（1357 年）重建，明天顺、清康熙、民国六年都曾进行过修缮，占地面积 1819.3 平方米，沿中轴线自南向北有戏台（剩基础）、石牌坊、过殿、正殿、后殿，两侧分布钟鼓楼、耳殿、配殿等。正殿和后殿均为元代建筑，其余建筑为明、清两代遗物。后墙和两侧山墙有壁画，有较高艺术价值。2006 年，被国务院公布为全国重点文物保护单位。

北下庄村 [Běixiàzhuāng Cūn]

居民点。北下庄乡人民政府驻地。在盂县人民政府驻地东北 17 千米。人口 0.11 万。原名“下庄村”，因村坐落于柴凹尖山脚下，清代因与今下社乡的下庄村重名，遂改今名。清代属庆丰二都。光绪《盂县志·乡堡》：“庆丰二都：北下庄，三十八里。”主产玉米、谷子。工业以铝矾石为主。

梁家寨乡［Liángjiāzhài Xiāng］

乡级政区名。在盂县北部。东与河北省平山县交界，南与上社镇接壤，西与西潘乡相邻，北与忻州市五台县毗连。面积286.46平方千米。人口1.26万。辖庄里村、七东村、王家滩村、黄树岩村、御枣口村等17个行政村。乡人民政府驻大崔家庄村。

1949年，属盂县四区。1953年，设御枣口乡。1958年，属英雄人民公社。1959年，设立御枣口人民公社。1983年，公社驻地迁至梁家寨，改称梁家寨公社。1984年，设梁家寨乡。2000年，北峪口乡并入。2021年2月，撤销下社乡，庄里村等3个行政村并入。地势西高东低，以山地为主，滹沱河从西至东流经。有古迹仇犹观。有景点大汖古村。主产核桃、花椒、柿子和黑枣。神黄铁路、天镇—黎城高速、阎家庄—贾家峪省道过境。

大崔家庄村［Dàcuījiāzhuāng Cūn］

居民点。梁家寨乡人民政府驻地。在盂县人民政府驻地北72千米。面积5.8平方千米。人口约600人。原名"崔家庄"，后因与小崔家庄相对，改为今名。清代属圣佑四都。光绪《盂县志·乡堡》："圣佑四都：崔家庄，九十里。"主产小麦、玉米，种植核桃、花椒、柿子。有盂县释迦寺，现存为明清建筑。有大汖温泉度假区。天镇—黎城高速经此。

梁家寨村［Liángjiāzhài Cūn］

居民点。属梁家寨乡。在盂县人民政府驻地北64千米。面积4.2平方千米。人口约584人。辖老坟湾村1个自然村。以梁姓始居而得名。清代属圣佑四都。光绪《盂县志·乡堡》："圣佑四都：梁家寨堡，县北百十里。"以农业种植业、干果业为主。有水利工程彭真渠，为市级文物保护单位。

大汖村［Dàchǎng Cūn］

居民点。山西省历史文化名村，中国传统村落，中国历史文化名村。属梁家寨乡。在盂县人民政府驻地北60千米。面积0.39平方千米，人口约40人。清代地方志根据谐音载名为"大蔡村"，后村民借"汖"表达方言"山间浅池"的含义。光绪《盂县志·乡堡》："圣佑四都：大蔡村，百二十五里。"村在太行山深处，四围岩石壁立，有泉流池水。"汖"，为山西地方方言土俗字，其本字当为"浅"（古音读若"残"），专指浅水池。俗写作"汖"（方言读chǎng）。村名源于村旁的三处石汖（大汖、二汖、小汖），村居大汖处，故名。明代隶属祁邑乡。清代隶属圣佑乡。村中大王庙中石雕神像背后刻有"金承安二年"字迹。古村建在陡坡上，地基为岩石，十分坚固，坐北朝南，依山而建，鳞次栉比，错落有致，被誉为"太行山深处的布达拉宫"。建筑分平房、窑洞、楼房、楼窑组合四个类型，墙壁用碎石砌筑，墙体用黄黏土抹面。村口古槐，三人合抱，树龄千年以上。因其环境幽美和建筑风格独特，被开发为著名旅游景区。2013年，被列入中国传统村落名录。2017年1月，被公布为第五批山西省历史文化名村。2019年1月，被公布为第七批中国历史文化名村。

骆驼道村［Luòtuódào Cūn］

居民点。中国传统村落。属梁家寨乡。在盂县人民政府驻地北73千米。北与五台县交界。面积3.7平方千米。人口约186人。辖红崖掌1个自然村。因村旁山丘如同驼峰，前临山间古道，故名。一说认为，清代晋商商帮骆驼驮运经此，故名骆驼道。村民收入以种植业、林业为主。村落依山而建，近百座石砌院落依山叠起，高低错落，石阶和石板街道连环贯通，曲径通幽。民居皆就地取材，多以青石砌筑为二层楼形式，一层用于圈养牲口、储存粮食，二层用于起居。房屋外墙黄土敷面，屋顶铺设青瓦。村庄绿树掩映，古老宁静。现在仍保留有古道遗址、明清梁家大院和原始的古村风貌。2019 年，被列入第五批国家级传统村落名录。

石家塔村 [Shíjiātǎ Cūn]

居民点。属梁家寨乡。中国传统村落。在盂县人民政府驻地北 65 千米。面积 12.8 平方千米。人口约 330 人。辖牛圈坪村 1 个自然村。因地处河滩地，石姓始居而得名。光绪《盂县志·乡堡》："圣佑四都：石家塔，百二十五里。"抗日战争时期曾为中共盂县县委、盂县抗日民主政府驻地。以产花岗岩闻名。为国家重点公益林保护区。古迹纪念地有清代民居及中共盂县县委（《新生报》报社）、县抗日民主政府等驻地旧址等红色旅游资源。2019 年，被列入第五批国家级传统村落名录。

黄树岩村 [Huángshùyán Cūn]

居民点。属梁家寨乡。中国传统村落。位于县境北部。在盂县人民政府驻地北 55 千米。面积 5.2 平方千米。人口约 200 人。原名"黄鼠堙"，后雅为今名。光绪《盂县志·乡堡》："圣佑四都：黄鼠堙，百五里。"农业以种植业、干果业为主。古迹纪念地有清代龙王庙戏台、李和辉烈士墓地。2019 年，被列入第五批中国传统村落名录。

西潘乡 [Xīpān Xiāng]

乡级政区名。属盂县。在盂县西北部。东与上社镇相邻，南与西烟镇接壤，西与太原市阳曲县交界，北与忻州市定襄县毗连。面积 260.97 平方千米。人口 0.98 万。辖枣园村、潘家汇村、羊泉村等 13 个行政村。乡人民政府驻西潘村。因驻地得名。

1949 年，属盂县第八区。1956 年设西潘乡。1958 年，属宏伟人民公社。1959 年，设立西潘人民公社。1984 年，置西潘乡。2021 年 2 月，撤销下社乡，枣园村并入。地势西南高东北低，东西两山对峙，最高峰冷冻尖。有市重点文物保护单位普济寺。主产玉米、土豆和核桃。工业以石材开采加工为主。

西潘村 [Xīpān Cūn]

居民点。西潘乡人民政府驻地。在盂县人民政府驻地西北 35 千米。人口约 400 人。原名"潘村"，因潘始居而得名。民国期间以乌河为界分东潘、西潘两村。光绪《盂县志·乡堡》："圣佑四都：潘村，百里。"主产核桃、花椒、柿子、黑枣。工业以石材开采和加工为主。古迹有西潘化石出土点、西潘东周文化遗址等。

东梁乡 [Dōngliáng Xiāng]

乡级政区名。属盂县。在盂县西部。东与南娄镇相邻，南与晋中市寿阳县接壤，西与太原市阳曲县交界，北与西烟镇毗连。面积 162.7 平方千米。人口 1.06 万。辖东梁村、西梁村、南蒋村等 10 个行政村。乡人民政府驻东梁村。因驻地得名。

1949 年，属盂县第七区。1953 年，设东梁乡。1959 年，改公社。1984 年，复置乡。地势东高西低。吴河流经。名胜古迹有玉泉山原始森林公园、辛庄大庙戏台、观音庙戏台等。主产玉米、谷子、土豆和豆类。有养殖业。天镇—黎城高速、双山—阳泉省道过境。

东梁村 [Dōngliáng Cūn]

居民点。东梁乡人民政府驻地。在盂县人民政府驻地西 33 千米。面积 7.5 平方千米。人口 0.15 万。原名梁村，金天辅年间以乌河为界分东梁、西梁二村，村居河东，故名。光绪《盂县志・乡堡》："善应一都：东梁村堡，县西七十里。"特色产品小杂粮。古迹有东梁战国文化遗址。天镇—黎城高速、双山—阳曲省道经此。

长治市

CHANGZHI SHI

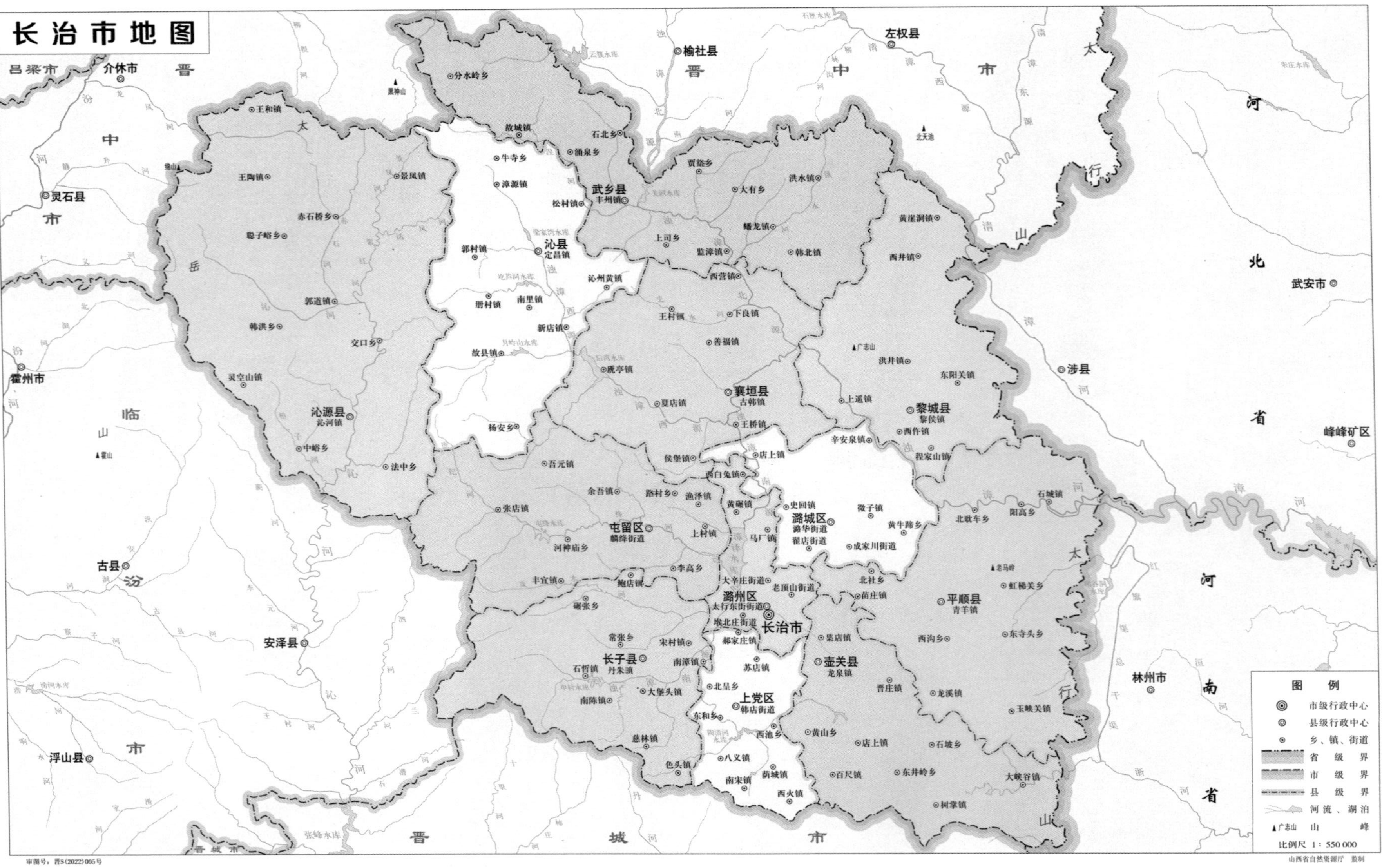
长治市地图
长治市
潞州区
上党区
屯留区
潞城区
襄垣县
平顺县
黎城县
壶关县
长子县
武乡县
沁县
沁源县
晋中市
临汾市
晋城市
吕梁市
河北省
河南省
图例
市级行政中心
县级行政中心
乡、镇、街道
省级界
市级界
县级界
河流、湖泊
山峰
比例尺 1：550 000
审图号：晋S(2022)005号
山西省自然资源厅 监制

长治市［Chángzhì Shì］

地级政区名。全国文明城市、中国优秀旅游城市。山西省辖地级市。位于山西省东南部，地处太行山西麓。东隔太行山与河北省邯郸市、河南省安阳市和新乡市交界，西与临汾市接壤，南与晋城市毗连，北与晋中市相邻。面积 1.39 万平方千米。人口 318.1 万。辖潞州区、上党区、屯留区、潞城区 4 个区，襄垣县、平顺县、黎城县、壶关县、长子县、武乡县、沁县、沁源县 8 个县。市人民政府驻潞州区英雄中路 68 号。

长治简称“潞”，别称“上党”“潞州”“潞安”。因其居太行之巅，其地最高，与天为党，故名“上党”。“上党”之名最早见于战国初，《史记·赵世家》：“（赵成侯）十三年（前 362 年），成侯与韩昭侯遇上党。”对于“上党”的含义，东汉刘熙在他的训诂名著《释名》中解释：“党，所也。在于山上，其所最高，故曰上党。”各类地理文献也认为这里“居太行之巅，地形最高，与天为党也。”以其地势险要而得名，自古以来为兵家必争之地，古有“得上党可望得中原”之说。

秦置上党郡。西汉因之。东汉属并州。建安十八年（213 年），属冀州。三国魏黄初元年（220 年），复属并州。西晋后历属前赵、后赵、西燕、后秦。太元十一年（386 年），慕容永称帝于长子，上党郡归之。北周建德七年（578 年），置潞州，因潞子之国而得名。隋开皇三年（583 年），废上党郡，移潞州治所于壶关。大业初，改潞州为上党郡。唐武德元年（618 年），复改潞州。次年，置总管府。贞观元年（627 年），置都督府。开元十七年（729 年），以唐玄宗旧邸，置大都督府。天宝元年（742 年），改上党郡，属河东道。乾元元年（758 年），仍为潞州大都督府。

别称“潞州”，以境内古潞子国命名。《元和郡县志》卷十五：“州得名，因潞子之国。”潞州始置于北周宣政元年（578 年），州治在今襄垣县境。隋代复改上党郡。从唐武德元年（618 年）再置潞州，治所在上党县（今长治市）。天宝初，改上党郡，乾元元年（758 年），复为潞州。北宋崇宁三年（1104 年），升为隆德府，属河东路。金复为潞州，属河东南路。蒙古初改隆德府，窝阔台汗三年（1231 年），复改潞州。元属晋宁路。明洪武二年（1369 年），属山西行中书省。九年（1376 年），属山西承宣布政使司。

别称“潞安”。明嘉靖八年（1529 年）明军平息了当地陈卿农民暴动后，升潞州为潞安府，附郭置长治县。《明史·地理志》：“潞安府元潞州，属晋宁路。洪武二年直隶行中书省。九年直隶布政司。嘉靖八年二月升为潞安府。”清因之。1912 年，废潞安府。

“长治”之名称始见于明朝。明嘉靖八年（1529 年）明军平息了陈卿农民暴动后，升潞州为潞安府，附郭设置长治县，取“长治久安”之意。乾隆《潞安府志》收录明代唐龙《潞安府记》：“遂疏以请，诏称可赐府名曰‘潞安’，内附以‘长治县’，青羊置县曰‘平顺’。兵备涖府，若县以按察司副使领其职，是皆安之而已。”1912 年，废潞安府。1913 年，属中路道。1914 年，属冀宁道。1927 年，废道后直属山西省。1937 年，属山西省第三、五行政区。抗日战争时期，属晋冀鲁豫边区三、四、六、七专区。1945 年 9 月，属晋冀鲁豫边区太行区二、三专区和太岳区七、九专区。1949 年 9 月，属山西省长治专区，专署驻长治城。1958 年，属晋东南专区。1975 年，长治市由山西省直辖。1983 年，长治、潞城 2 县划入长治市。1985 年 5 月，晋东南地区撤销，所辖平顺、壶关、黎城、屯留、长子、武乡、沁源、襄垣、沁县划属长治市。2018 年 11 月，长治市撤销城区、郊区、长治县、潞城市、屯留县，设立潞州区、上党区、潞城区、屯留区，始成为今境。

辖区内政区地名专名有以下特征：1. 以希冀命名。如长治市，明嘉靖八年（1529 年）明朝政府平息了陈卿领导的农民起义后，始设长治县，意为长治久安之意，“长治”由此得名沿用；平顺，也因明嘉靖年间的农民起义，在青羊里设置了平顺县，其意为“剿平逆寇，地方平顺”。2. 以古国名命名。潞城区以春秋潞子国得名；黎城县以春秋黎国所在地而得名；屯留区以春秋赤狄留吁命名。3. 以历史人物命名。长子县传“唐尧之世，封长子丹朱于境，故县名长子”；襄垣县传为赵襄子筑城屯兵之地，故取名襄垣。4. 以地理形势命名。壶关县因县之北有百谷山、双龙山，两山夹峙，中间空断，山形似壶，地名壶关口，因而得名“壶关”。5. 以河流命名。沁源县，因沁河发源于此而得名；沁县，因沁河在沁州境内而得名；武乡县，因境内有武山和武乡水而得名。

政区和居民点地名的通名有以下特色：1. 长治地处太行山、太岳山区，地名通名以反映山地特征的沟、峪、梁、山、河、掌、湾、岭、坡等为主。如：四桥沟、八老坡、秋风峪等。2. 以北方常见通名为主，如：村、庄等。如中村、王庄等。3. 有大量晋东南方言所称的通名，如：峧、掌、圪道等。如：孔家峧、郑家掌、荻圪道等。

以别称“上党”冠名的地名应用有：上党战役、上党梆子、上党落子、上党八音会、上党二簧、上党门等。

上党战役：抗日战争结束后，国共两党首次在上党地区发生军事冲突，揭开了第二次国共内战的序幕。1945 年 9 月 10 日，为保卫抗战胜利成果，晋冀鲁豫军区部队，在上党地区对国民党军展开自卫反击作战。这次战役歼灭了阎锡山所属部队 11 个师，攻克了长治周边县城，巩固了晋冀鲁豫解放区后方。战役发生于国共重庆谈判期间，作为配合谈判的重要军事行动，有力加强了中国共产党在重庆和平谈判中的地位。

上党梆子：戏曲种类名。为山西省四大梆子剧种之一，流行于山西东南部的上党地区。它形成于明末清初，清代道光末年被官方称为“本地土戏”。1934 年，赴太原演出，改称“上党宫调”，当地群众则称之为“大戏”。1954 年，山西省首届戏曲观摩演出大会始定名为“上党梆子”。上党梆子以演唱梆子腔为主，兼唱昆曲、皮黄、罗戏、卷戏，俗称“昆、梆、罗、卷、黄”（其中的罗戏、卷戏已很少演出）。上党梆子行当齐全，以生、净、青衣、武小生应工的戏份最多，小生、小旦、小丑戏不占重要地位。各种行当的基本表演程式称为“三把”，运用起来头昂胸挺、腕柔臂圆，显示出稳健有力、强烈明快的表演风格。上党梆子剧目丰富，传统演出剧目达到七百余个。2006年5月，上党梆子被列入第一批国家级非物质文化遗产名录。

上党落子：原名“黎城落子”，也叫“上党落子腔”，腔调优美动人，是山西上党地区的主要剧种之一。上党落子形成于清朝道光年间，迄今已有150多年的历史了。它是在河北省武安落子的基础上，经黎城县民间老艺人王四虎父女90多年的余韵翻新，然后又经晋东南有关部门专业戏剧工作者进一步充实加工，才形成具有上党地区乡土风味与特色、群众喜闻乐见的上党地区主要剧种之一。它流行于上党地区的黎城、平顺、壶关、长子和长治市区一带，在上党戏剧中排行为老二。这个剧种不但擅长风趣的家庭生活小戏，而且更适合排演多种题材的历史传统大剧，深受当地人群喜爱。2008年6月，“上党落子”经国务院批准被列入第二批国家级非物质文化遗产名录。

上党八音会：为民间组织音乐班子所举行的一种传统民间吹打演出形式，主要使用鼓、锣、钹、笙、箫、笛、管等八种乐器演出，故名八音会。据传形成发展于元、明之际，成熟兴盛于明末清初。在山西省东南部的长治、晋城一带广为流传。主要演出是在古庙会、节日庆典、街头舞台、婚丧嫁娶仪式上坐场吹打，也作为民众农闲娱乐。八音会的吹打乐器主要为吹奏类的唢呐、笙、口噙子、咂腔；拉弹类的高音呼胡、中音呼胡、老呼胡、板胡、二胡、扬琴、二弦等；打击类的老鼓、同鼓、扁鼓、手板、锣、梆子等。器乐套曲有《大十番》《小十番》《十样景》等31首。2006年5月，上党八音会被列入第一批国家级非物质文化遗产名录。

上党二簧：又称上党皮簧。俗称土二簧。为山西省地方古老戏曲剧种。唱腔分西皮、二簧两大种类，包括反二簧在内，总称“皮簧”，属板腔体。西皮声腔高亢圆润，常用于抒发感情，多被生、旦采用。二簧腔板式少，但委婉清丽。2011年5月，上党二簧被列入第三批国家级非物质文化遗产名录。

上党堆锦：俗称“长治堆花”，是长治地区特有的传统手工艺，也是上党人民引以为傲的一项民间手工艺品种，被称为立体国画。相传唐中宗神龙年间，受封为临淄王的李隆基就任潞州别驾，将宫廷中以丝绸为材料的堆绢工艺带到上党地区。经千余年的传承创新，逐渐形成地域性的堆锦工艺，并出现了一批优秀的堆锦艺人。上党堆锦以丝绸为主要面料，以硬纸板、棉花为骨架，经过纯手工工艺加工而成，作品精细巧妙、栩栩如生、立体感强，具有高度的观赏价值。2008年，上党堆锦被列入第二批国家级非物质文化遗产。

上党腊驴肉：起源于唐宋，鼎盛明清，为宫廷贡品，风味独特、久负盛名，其肉质肥而不腻、瘦而不柴，广为流传的民间谚语“天上龙肉、地上驴肉”就是对其之赞誉。腊驴肉与当地的凉粉、酥火烧被称为长治三宝。1982年，上党腊驴肉被评为山西省名优产品，1994年，获全国首届保健精品博览会金奖。

党参：因长治古称上党，故名党参。党参以根入药，具有补中益气的功能，可治多种疾病。以党参为主药，可配制多种中药。《潞州志》中有“紫团山在县东南一百六里，昔常有紫气见山顶，团团如盖，产人参，名紫团参”；《禹贡》中记载：“唐潞州上党郡大都督府土贡……上党郡贡人参二百小两。”此时的上党人参已是名噪一时的地方特产，不仅产量可观，而且品质优良，自唐以来，就是朝廷钦点的贡品。《潞安府志》在“物产卷”部分列到“党参”时，特别注明“古有人参 ...... 今所出惟党参”，并说“党参甘平，补中益气，止渴生津”。上党不但出产人参，而且以品质优良著称，清代学者陆烜在其所著的《人参谱》中曾说：“上党居天下之脊，得日月雨露之气独全，故产人参为最良”。因上党独特的地理环境，产出的党参奇佳，古人推崇上党人参。《紫桃轩杂缀》中记载：“人参生上党山谷者最良，辽东次之，高丽、百济又次之。”

上党门：古建筑名。上党门是全国文物保护单位，位于长治市西大街的府坡街北端，是隋代上党郡署的大门。上党门始建于隋开皇年间。唐玄宗李隆基任潞州别驾时，在衙署内大兴土木，增建飞龙宫、德风亭。最盛时亭堂楼宫有 280 余间。金元之际毁于兵火。明洪武三年（1370 年），重建上党门门庭，后又增建钟鼓楼。弘治三年（1490 年）重修。1932 年，再次重修。

与别称“潞州”相关的地名应用有潞绸、潞酒、潞麻、潞墨。

潞绸：也称“潞州紬”。为长治传统丝织产品。当地丝织业的历史记载始见于隋代，到明代发展到鼎盛时期。当时潞州为北方最大织造中心，有机户千余家，织机万余张，所产“潞绸”除作为皇室贡品，还畅销海内外，与杭缎、蜀锦合称“中国三大名绸”。古典文学名著《金瓶梅》数十次提到“潞绸”，如“第十四回”描写潘金莲过生日的衣着：“上穿了沉香色潞绸雁衔芦花样对襟袄儿。”2014 年，潞绸手工织造技艺入选国家级非物质文化遗产。

潞酒：为长治地方名酒。相传始于唐代，宋代以后已经行销北方各地。为清香型大曲酒，六十五度。特点是无色透明、柔绵纯正、清香醇厚、余味回甜。元代宋伯仁《酒小史》里有“潞州珍珠红酒”的记载。清代梁绍壬《两般秋雨庵随笔》：“此外不得不推山西之汾酒、潞酒，然禀性刚烈，弱者恿焉，故南人勿尚也。”

潞麻：又叫大麻，产于晋东南城区的上党盆地。春秋战国时期，韩国在这里置上党郡，北周宣政元年（578 年）废上党郡，改置潞州，潞麻因此而得名。据《潞安府志》载：当地农民“勤农织之事，业寡桑柘，而富麻苎”。早在唐朝前后，潞麻生产已冠于东方，行销四海，被誉为“一熟天下贱”。

潞墨：历史由来已久，且与多位历史名人有关，这也增加了潞墨的历史厚重感和神秘色彩。隋唐时代，制墨受到重视，政府设官办厂，产地以潞州为主。宋代学者苏易在所撰《文房四谱》中记载：“上党松心为之尤佳，突之末者为上。”唐明皇李隆基任潞州别驾时，对潞墨精心研制。明代学者王象晋在《群芳谱》记载，李隆基以芙蓉花汁调粉，作御墨，曰“龙香剂”，历代宫廷御墨均称为“龙香墨”。其登基后特把潞州生产的松烟墨作为赐品奖赏文士墨客。唐时，潞墨有“千金易得、一墨难求”的美誉。唐代诗仙李白得到地方官吏张司马赠送的潞墨后，随即挥毫泼墨写下名篇《酬张司马赠墨》盛赞潞墨。潞墨历史已逾千年，历经兴起、衰落、失传。潞墨传承人李云步经潜心研究，多年学习，挖掘传统文化，依照古法，经过无数次的研制，终于使潞墨再现于世。

与别称“潞安”相关的地名应用有：潞安矿务局、潞安大鼓等。

潞安矿务局：即今“潞安集团”，为山西省五大煤炭企业集团之一。集团总部在长治市襄垣县侯堡镇。20 世纪 50 年代，曾经以艰苦奋斗的“石圪节精神”闻名全国，为全国工交战线五面红旗之一，受到周恩来等国家领导人的高度评价。

潞安大鼓：又称“潞安老调”“潞安鼓书”，是长治地方传统鼓书说唱形式。表演形式为多人分持鼓板、三弦、二胡、低胡等分行当围圈说唱；走上高台后通常由一人敲击鼓板站立说唱，另有专人分司三弦和二胡等伴奏。其唱腔音乐为板式变化体，曲调丰富，旋律优美，富于乡土气息。

地势由西北向东南倾斜，北高南低。最高点大梁顶位于沁源县韩洪乡鱼儿泉村西北部，海拔 2525.6 米，最低点为浊漳河出境处，位于平顺县东北部石城镇山西、河南、河北三省交汇处的马塔村，海拔 396.4 米。主要河道有沁河、漳河，分属黄河水系和海河水系。年平均气温 9.3℃，1 月平均气温 -6.2℃，7 月平均气温 22.6℃。年平均降水量 555 毫米。四季分明，气候温和适中。春季干燥多风；夏季炎热多雨；秋季温和凉爽；冬季寒冷，雨雪稀少。

有上党区荫城镇 1 个国家历史文化名镇。有上党区荫城镇琚寨村、平顺县阳高乡奥治村、石城镇东庄村、石城镇岳家寨村、虹梯关乡虹霓村、黎城县停河铺乡霞庄村和沁源县王镇古寨村等 7 个中国历史文化名村。有上党区荫城镇、长治市壶关县树掌镇 2 个山西省历史文化名镇。有上党区南宋乡南宋村、武乡县韩北乡王家峪村、黎城县停河铺乡霞庄村、沁源县王和镇古寨村、平顺县北社乡西社村、虹梯关乡虹霓村、石城镇东庄村、石城镇上马村、石城镇岳家寨村、石城镇黄花村、石城镇白杨坡村等 14 个山西省历史文化名村。有 78 个中国传统村落。

市境全国重点文物保护单位有八路军总司令部旧址、太岳军区司令部旧址、黄崖洞兵工厂旧址、天台庵、大云院、法兴寺等 73 处，省级文物保护单位有八路军总部办事处故县旧址、抗日阵亡将士纪念碑、长治县都城隍庙、长子县文庙等 56 处，市级文物保护单位有六府塔、唐代义阳王碑、柏后炎帝庙等 207 处，县级文物保护单位 1033 处。爱国主义教育基地 67 处，其中包括国家级爱国主义教育基地八路军太行纪念馆、黄崖洞革命纪念地、太行太岳烈士陵园、西沟展览馆 4 个。省级风景名胜区有太行山大峡谷、老顶山、黄崖洞、神龙湾—天脊山、太行水乡、精卫湖—白松林、南涅水石刻、仙堂山、太行龙洞、菩提山 10 个。国家森林公园有老顶山、太行峡谷、黄崖洞 3 处。省级森林公园有老爷山、西沟、玉华山 3 处。县级森林公园有黎都、北高庙、神山、青羊山、黎侯、二郎山、嶷山、凉楼 8 处。历史人物有战国上党守冯亭、西汉名将冯奉世、西汉壶关三老令狐茂、唐相苗晋卿、大历十才子之一的苗发、明初忠臣暴昭、明代吏部尚书刘龙、明代抗倭名将任环、清代大学士吴琠等。

潞州区 [Lùzhōu Qū]

县级行政区。长治市人民政府驻地。在市境中部。东与潞城区、平顺县、壶关县相邻，南与上党区毗连，西与长子县、屯留区接壤，北与襄垣县交界。面积356平方千米。人口89万。共辖东街街道、西街街道、英雄南路街道等13个街道，马厂镇、黄碾镇、西白兔镇3个镇，1个旅游开发中心，有126个行政村、83个社区。区人民政府驻潞州区太行东街66号。

"潞州"为古代政区地名。以境内古潞子国命名。《元和郡县志》卷十五："州得名，因潞子之国。"明、清属长治县地。1949年10月，属长治工矿区地。1951年，撤销长治工矿区，属长治市地。1953年，属长治市城郊区地。1958年，撤销城郊区，属晋东南专区长治市地。1975年，长治市复为省辖市，置城区、郊区。2018年11月，城区与郊区合并。更名为"潞州区"。

辖区政区、居民点地名专名特征为：1. 辖区地名多为城市街巷名，主要反映了长治古城的功能分区及城市建设新貌，如：府上街、县前巷、东华门街、铁香炉巷、煤灰坡、昭觉寺巷、英雄路、八一路、太行东街、延安北路、新华街等。2. 以姓氏命名，如：焦家庄、化家庄、王村、暴马等。3. 以山河命名，如：临漳、故漳、南山头、河头等。4. 以历史故地命名，如：张祖村为张果老故里，北寨和南寨为五代夹寨城故址。5. 以建筑设施命名，如：古驿、堠北、桥上等。

政区居民点地名的通名有以下特色。1. 辖区地处太行山区，地名通名以反映山地特征的沟、峪、梁、山、河、掌、湾、岭、坡等为主。如：黎岭、屈家山、石炭峪等。2. 以北方常见通名为主，如：店、村、庄等。如：苏店、中村、原家庄等。

地处上党盆地东部边缘，东依太行山，西临浊漳河，石子河、黑水河流经。最高点老顶山海拔1378.2米。最低点西白兔镇漳村漳河滩海拔874.2米。相传神农炎帝曾在老顶山尝百草，制耒耜，兴稼穑，教农耕。商朝时为黎国。周朝为潞子国。秦汉以来历为上党郡、潞州、潞安府、壶关县、上党县、长治县治所，为晋东南区域政治、文化、经济、交通的中心。名胜古迹纪念地有全国重点文物保护单位潞安府城隍庙、上党门潞安府衙、全国爱国主义教育示范基地太行太岳烈士陵园、观音堂、崇教寺、关村炎帝庙，还有莲池书院、潞州城墙遗址、分水岭墓群等。省级重点文物保护单位有八路军总部办事处故县旧址、壁头遗址、小罗灵仙庙、张村府君庙等4处。有省级爱国主义教育示范基地八路军总部办事处故县旧址。有省级风景名胜区老顶山风景名胜区、老顶山国家森林公园、国家2A级景区始祖百草堂。漳泽水库已开发为国家级水利风景区漳泽湖。有国家级非物质文化遗产潞安大鼓、上党堆锦、上党落子、上党梆子等。锦绣坊女红工艺被列入省级非物质文化遗产。

历史名人有北宋时期驸马、大臣李遵勖，中国共产党早期党员董扎根等。

东街街道 [Dōngjiē Jiēdào]

乡级政区名。属潞州区。在区境东南部。东至老顶山街道，南至五马街道，西至西街街道，北至英雄中路街道。面积 8.9 平方千米。人口 6.87 万。辖和平社区、东关社区、下东社区等 8 个社区和北石槽村 1 个行政村。街道办事处驻东大街。因境内有东大街而得名。

1945 年，属长治市第三区。1949 年，属长治工矿区。1956 年，属城郊区东北街道。1957 年，设东街街道。1961 年，属城区人民公社东街管区。1972 年，属城区人民公社东风路管区。1975 年，复设城区东街街道至今。古迹有全国重点文物保护单位潞安府城隍庙。

西街街道 [Xījiē Jiēdào]

乡级政区名。属潞州区。在区境南部。东至英雄南路街道，南至常青街道，西至堠北庄街道，北至太行西街街道。面积 16.9 平方千米。人口 6.9 万。辖上党门社区、参府社区、西关社区等 13 个社区。街道办事处驻华丰南路长子门村。因境内有西大街得名。

1945 年，属长治市第一区。1949 年，属长治工矿区。1956 年，属城郊区西南街道。1957 年，设西街街道。1961 年，属城区人民公社西街管区。1972 年，属城区人民公社红星路管区。1975 年，复设城区西街街道至今。黑水河流经。有全国重点文物保护单位上党门。文保建筑有潞安府衙、侵华日军潞安陆军医院旧址。

英雄南路街道 [Yīngxióngnánlù Jiēdào]

乡级政区名。属潞州区。在区境南部。东至东街街道，南至上党区，西至西街街道，北至英雄中路街道。面积 3.25 平方千米。人口 4.33 万。辖演武社区、解放东社区、解放西社区等 6 个社区。街道办事处驻演武北巷。因境内英雄南路得名。

1945 年，属长治市第二区。1949 年，属长治工矿区。1957 年，设南街街道。1961 年，属城区人民公社南街管区。1972 年，属城区人民公社战斗路管区。1975 年，复设城区南街街道。2001 年，更名英雄南路街道。南护城河流经。有全国爱国主义教育示范基地太行太岳烈士陵园。有六府塔公园。重要纪念地有魁星阁遗址、长治清真西寺。特产上党腊驴肉等。

英雄中路街道 [Yīngxióngzhōnglù Jiēdào]

乡级政区名。属潞州区。在区境南部。东至东街街道，南至英雄南路街道，西至西街街道，北至紫金街道。面积 5.1 平方千米。人口 3.28 万。辖府后社区、莲花池社区、东营社区等 5 个社区，街道办事处驻新市街。因境内英雄中路得名。

1945 年，属长治市第三区。1949 年，属长治工矿区。1957 年，设英雄街街道。1961 年，属城区人民公社英雄街管区。1972 年，属城区人民公社英雄路管区。1975 年，复设城区英雄街街道。2001 年，更名英雄中路街道。古迹、纪念地有慈禧太后书房院、潞州城墙遗址、牺盟会旧址等。

紫金街道 [Zǐjīn Jiēdào]

乡级政区名。属潞州区。在区境南部。东至太东街街道，南至英雄中路街道，西至常青街道，北至太行西街街道。面积 4.2 平方千米。人口 3 万。辖滨河西社区、兴安社区、八一社区等 5 个社区和桃园村 1 个行政村。街道办事处驻紫金西街 119 号。因境内紫金街得名。1945 年，属长治市第三区。1949 年，属长治工矿区。1975 年，设北郊街道。2001 年，更名紫金街街道。石子河流经。古迹有华阳君庙遗址、玄帝庙。

太行东街街道 [Tàihángdōngjiē Jiēdào]

乡级政区名。潞州区人民政府驻地。在区境中部。东至老顶山街道，西至八一广场，南至紫金街道，北至高新技术开发区。面积 9.8 平方千米。人口 3.83 万。辖广场东社区、电力社区、文卫社区等 7 个社区和景家庄村、柏后村 2 个行政村。街道办事处驻延安中路 27 号。因境内太行东街得名。1945 年，属长治市第三区。1949 年，属长治工矿区。1983 年，设建东路街道。1985 年，更名太行东街街道。重要纪念地有上党战役游园、北关战斗遗址等。

太行西街街道 [Tàihángxījiē Jiēdào]

乡级政区名。属潞州区。在区境中部。东至太东街街道，南至紫金街道，西至常青街道，北至大辛庄街道。面积 7.2 平方千米。人口 6.79 万。辖桥北社区、广场西社区、省建巷社区等 10 个社区和捉马村、屈家庄村 2 个行政村。街道办事处驻保宁门东街。因太行西街得名。1945 年，属长治市第三区。1949 年，属长治工矿区。1983 年，设建西路街道。1985 年，更名太行西街街道。

延安南路街道 [Yán'ānnánlù Jiēdào]

乡级政区名。属潞州区。在区境南部。东至五马街道，南至五马街道，西、北邻常青街道。面积 9.8 平方千米。人口 6.29 万。辖淮海社区、惠丰社区、清华社区、淮北社区 4 个社区，五马村、李家庄村 2 个行政村。街道办事处驻延安南路 256 号。

1945 年，属长治市第二区。1949 年，属长治工矿区。1956 年，属城郊区南郊政府。1958 年，分属惠丰人民公社、淮海人民公社。1985 年，分属城区五马街道、北董街道，2001 年 1 月，五马街道、北董街道合并，设立延安南路街道。

常青街道 [Chángqīng Jiēdào]

乡级政区名。属潞州区。在区境南部。东至紫金街道，西至堠北庄街道，南至五马街道，北至西街街道。面积 5 平方千米。人口 1.84 万。辖常宁社区、附城社区 2 个社区，西南关村、长子门村、紫坊村等 6 个行政村。街道办事处驻紫金西街 233 号。为蔬菜产区，故取四季常青之意命名。

1945 年，属长治市第二区。1949 年，属长治工矿区。1976 年，设立常青人民公社，属长治市郊区。1982 年，属长治市城区。2001 年，设常青街道。2018 年 11 月，属潞州区。黑水河、石子河流经。古迹有柏后神农庙、邱村护国灵贶王庙、昭泽王庙等。

紫坊村 [Zǐfāng Cūn]

居民点。全国文明村。属常青街道。在潞州区人民政府驻地西北 2 千米。面积 1.6 平方千米。人口 0.54 万。原名“纸坊村”，因旧有造纸作坊，故名。民国时期改为紫坊村。光绪《长治县志・都坊》：“太平乡在县西北共六十四村：纸坊村，三里。”

五马街道 [Wǔmǎ Jiēdào]

乡级政区名。属潞州区。在区境东南部。东至老顶山街道，南至上党区郝家庄乡，西至英雄南路街道，北至常青街道。面积 11.5 平方千米。人口 2 万。辖东山社区、香阅四季社区 2 个社区，南石槽村、北山头村、中山头村等 10 个行政村。街道办事处驻太岳东大街与延安南路交叉口东 200 米。因辖境有五马村得名。

1945 年，属长治市第二区。1949 年，属长治工矿区。1956 年，属城郊区北董乡、南石槽乡。1958 年，设惠丰人民公社。1961 年，设工农人民公社。1975 年，属长治市郊区。1982 年，属长治市城区。1983 年，设五马街道。2018 年 11 月，属潞州区。有省级爱国主义教育示范基地山西抗日五专署及刘伯承兵工厂旧址。特产上党腊驴肉等。

堠北庄街道 [Hòuběizhuāng Jiēdào]

乡级政区名。在潞州区境西南部。东与常青街道接壤，南与上党区郝家庄镇为邻，西邻长子县宋村镇、屯留区李高乡，北接大辛庄街道。面积 42.5 平方千米。人口 4.32 万。辖龙港社区 1 个社区，师庄村、张祖村、圪坨村等 22 个行政村。街道办事处驻堠北庄村。因驻地得名。

原属长治县地。1954 年，属潞安县。1958 年，属长治市城郊人民公社。1959 年，属工农联盟人民公社。1961 年，设堠北庄人民公社。1975 年，划入长治市郊区。1983 年，置堠北庄乡。2000 年，店上乡并入，改设堠北庄镇。2021 年 3 月，撤销堠北庄镇，设立堠北庄街道。浊漳河、岚河、黑水河流经。二广高速，207 国道和长治—晋城、沁县—长治省道过境。

堠北庄村 [Hòuběizhuāng Cūn]

居民点。堠北庄街道办事处驻地。在潞州区人民政府驻地西 2 千米。人口 0.19 万。因古代有烽堠，村在烽堠之北，故名。乾隆《长治县志》载名“堠北庄”。光绪《长治县志 · 都坊》：“太平乡在县西北共六十四村：堠北庄，五里。”二广高速、207 国道经此。

南寨村 [Nánzhài Cūn]

居民点。属堠北庄街道。在潞州区人民政府驻地西 5 千米。距堠北庄街道办事处 2 千米。面积 5.91 平方千米。人口 0.29 万。为五代时期夹寨城旧址，寨址后形成南寨村、北寨村 2 个村。乾隆《长治县志 · 古迹》：“夹寨城，西十三里。唐天祐四年梁遣李思安攻潞州，筑夹寨城围之。晋王李存勖与节度使李嗣昭合兵攻夹寨，破之。今称南寨、北寨。”《新五代史 · 唐神闵敬皇后刘氏传》：“庄宗攻梁军於夹城，得符道昭妻侯氏，宠专诸宫，宫中谓之‘夹寨夫人。’”翟灏《通俗编 · 妇女》谓小说有所云“压寨夫人”者，前无所闻，似即“夹寨”之讹。名胜古迹有奶奶庙、土地庙。

老顶山街道 [Lǎodǐngshān Jiēdào]

乡级政区名。属潞州区。在区境东部。东至壶关县集店镇，南至五马街道，西至大辛庄街道，北至潞城区翟店街道，东北至平顺县北社乡。面积 70 平方千米。人口 3.82 万。辖关村小区社区 1 个社区，壶口村、小罗村、冀家庄村等 20 个行政村。街道办事处驻关村。

1945 年，属长治县一区。1958 年，属潞城中苏友好人民公社。1961 年，设南垂人民公社。1983 年 5 月，撤销南垂人民公社，设立关村乡。2000 年，关村乡、壶口乡、老顶山乡、嶂头乡合并，置老顶山镇。2021 年 3 月，改置老顶山街道。有全国重点文物保护单位关村炎帝庙。古建筑有罗家庄玄帝庙、观音庙；壶口红梅寺；南垂耕读庙、玉皇庙；天桥村关帝庙；山门村三官庙；西长井村灵泽王庙；嶂头白衣堂、龙王庙等。

关村 [Guān Cūn]

居民点。老顶山街道办事处驻地。在潞州区人民政府驻地东北 4 千米。人口 0.5 万。因古为潞州北关口得名。明代为潞安府长治县八铺之一。乾隆《长治县志·疆域》："关村堡，在城北十里。"有全国重点文物保护单位关村炎帝庙。207 国道经此。

南垂村 [Nánchuí Cūn]

居民点。属老顶山街道。在潞州区人民政府驻地东北 7 千米。面积 7.18 平方千米。人口 0.3 万。"南垂"之名始见于北宋碑记。清代称"南垂镇"，为潞城县南部集镇。《山右石刻丛编》收录有北宋元祐三年《潞州潞城县金粟山南垂村真如院重修佛殿功德记碑》。光绪《潞城县志·建置沿革考》："市镇七处：南垂镇，以偶日集。"

大辛庄街道 [Dàxīnzhuāng Jiēdào]

乡级政区名。在潞州区境西北部。东邻老顶山街道，南与太行西街街道相接，西靠漳泽水库与堠北庄街道相连，北接马厂镇。面积 34 平方千米。人口 2.3 万。辖复兴花园社区、金色家园社区、滨湖路社区等 6 个社区，大辛庄村、果园村、北寨村等 11 个行政村。街道办事处驻梁家庄村西 500 米处。

1953 年，设大辛庄乡，属潞城县。1954 年，属潞安县。1958 年，属潞城中苏友好人民公社。1959 年，属南垂人民公社。1961 年 7 月，设大辛庄人民公社。1975 年，属长治市郊区。1983 年，置大辛庄乡乡。2000 年，大辛庄乡、小常乡合并，置大辛庄镇。2021 年 3 月，撤销大辛庄镇，设立大辛庄街道。浊漳河南源、果园河流经。有省级重点文物保护单位壁头遗址。青兰高速，207、208、309 国道过境。

大辛庄村 [Dàxīnzhuāng Cūn]

居民点。在潞州区人民政府驻地西北 8 千米。人口 0.21 万。原名"新庄"，后演变为"辛庄"，并分为大辛庄、小辛庄两村。光绪《潞城县志·建置沿革考》："南乡四十村：新庄，十八里。"207 国道经此。

梁家庄村 [Liángjiāzhuāng Cūn]

居民点。属大辛庄街道。在潞州区人民政府驻地西北 7 千米。人口 0.12 万。因姓氏得名。乾隆《长治县志·疆域》："西南境堠南庄铺十里，梁家庄、漳泽铺胥五里至屯留界。"光绪《长治县志·都坊》："太平乡在县西北共六十四村：梁家庄，十五里。"有全国重点文物保护单位观音堂。207 国道经此。

马厂镇 [Mǎchǎng Zhèn]

乡级政区名。在潞州区境北部。东至潞城区翟店街道，南至大辛庄街道，西至屯留区上村镇，北至黄碾镇。面积60.8平方千米。人口5.6万。辖三局一处社区、太锯社区、漳电社区等5个社区，高庄村、漳移村、王公庄村等20个行政村。镇人民政府驻马厂村。因驻地得名。

原属潞城县地。1953年，设马厂乡。1954年，属潞安县。1958年，属黄碾人民公社。1961年，属马厂人民公社。1975年，属长治市郊区。1983年，置马厂乡。2000年，马厂乡、富村乡合并，置马厂镇。2021年3月，撤销长北街道，整建制并入马厂镇。

浊漳河南源流经。有漳泽湖国家水利风景区。青兰高速、309国道过境。

马厂村 [Mǎchǎng Cūn]

居民点。全国文明村。马厂镇人民政府驻地。在潞州区人民政府驻地北15千米。人口0.66万。原属潞城县地。因古为养马场，后演变为今名。光绪《潞城县志·建置沿革考》："西乡五十五村：马厂，二十里。" 有长治地区最早的天主教堂、中共北方大学旧址。太原—长治省道经此。2017年11月，被授予第五届全国文明村称号。

台上村 [Táishàng Cūn]

居民点。属马厂镇。在潞州区人民政府驻地西北16千米。在马厂镇人民政府驻地西5千米。面积1.81平方千米。人口0.1万。原名"起云台村"。因村邻漳河东岸的高岗，上有道教建筑玄天庙和起云台，古为民间祈雨胜地，村故以起云台为名。后俗称为"台上"。光绪《潞城县志·建置沿革考》："南乡四十村：起云台，三十五里。"流经的河流和途径的道路为漳泽水库、环湖路、富高路。有清代建筑台上玉皇庙。

黄碾镇 [Huángniǎn Zhèn]

乡级政区名。在潞州区境西北部。东至潞城区翟店街道，南连马厂镇，西至屯留区渔泽镇，北接西白兔镇。面积65平方千米。人口7.03万。辖王庄社区、王庄煤矿社区、八一社区等5个社区，故南村、故北村、故县村等17个行政村。镇人民政府驻故北村。因原驻地黄碾村命名。

原属潞城县地。1953年，属长治市黄碾区。1955年，撤销黄碾区，属潞安县。1956年，复置长治市黄碾区。1958年，属长治市，设黄碾人民公社。1964年，属马厂人民公社。1975年，属长治市郊区。1983年，置黄碾镇。2000年，故漳乡并入。2021年4月，潞州区撤销故县街道，分别并入西白兔镇、黄碾镇。其中将八一、长钢、王庄矿、石圪节、王庄村5个社区划入黄碾镇。

有省级爱国主义教育示范基地八路军总部办事处故县旧址。重要纪念地有故县抗日战争一周年纪念塔、上党战役指挥部旧址、晋冀鲁豫军区司令部旧址、安居烈士祠、黄碾镇西旺烈士碑等。309国道、太原—长治省道过境。

黄北村 [Huángběi Cūn]

居民点。属黄碾镇。在潞州区人民政府驻地北20千米。人口0.18万。原属潞城县地。"黄碾"始见于五代时期，古为南下潞州要道。1983年，分为黄南村、黄中村、黄北村3个行政村。《旧五代史·唐书·庄宗纪》："己巳，至潞州北黄碾下营。"胡三省《通鉴注》：“黄碾村在潞州潞城县。”光绪《潞城县志·建置沿革考》：“西乡五十五村：黄碾，二十里。”太原—长治省道经此。

故南村［Gùnán Cūn］

居民点。属黄碾镇，北与长治钢铁厂接壤，南和漳泽水库毗邻。在潞州区人民政府驻地西北 20 千米。人口 0.2 万。原名故漳村。为漳村故地，因名故漳。1980 年，由故漳村分为故漳南村、故漳北村，后分别简为故南村、故北村。光绪《潞城县志·建置沿革考》：“西乡五十五村：故漳，三十里。”

西白兔镇［Xībáitù Zhèn］

乡级政区名。在潞州区境西北部。东至潞城区店上镇，南邻黄碾镇，西至屯留区渔泽镇，北至襄垣县侯堡镇。面积 24 平方千米。人口 2 万。辖漳村煤矿社区、七四四五社区、电化社区 3 个社区，西白兔村、窑上村、霍家沟村等 7 个行政村。镇人民政府驻西白兔村。因驻地得名。

原属潞城县地。1956 年，属长治市黄碾区西白兔乡。1958 年，属长治市潞矿人民公社。1961 年，属西白兔人民公社。1975 年，属长治市郊区。1983 年，置西白兔乡。2021 年 4 月，撤销西白兔乡，设立西白兔镇。同时撤销故县街道，分别并入西白兔镇、黄碾镇。其中将原故县街道的漳村矿社区、七四四五社区、电化社区 3 个社区划入西白兔镇。镇人民政府驻西白兔村。因驻地得名。

西白兔村［Xībáitù Cūn］

居民点。西白兔镇人民政府驻地。在潞州区人民政府驻地西北 25 千米。人口 0.21 万。旧属潞城县地。原名白兔村，后分为东白兔、西白兔两村。“白兔村”名始见于北宋。《山右石刻丛编》收录北宋《宝云寺经幢》载有：“上人本贯当郡潞城县白兔村人也，俗姓苗氏。”光绪《潞城县志·建置沿革考》：“西乡五十五村：西白兔，三十八里。”

中村［Zhōng Cūn］

居民点。中国传统村落。属西白兔镇。在潞州区人民政府驻地西北 28 千米。面积 0.3 平方千米。人口 0.12 万。因地处北村、南村之间，故名中村。光绪《潞城县志·建置沿革考》：“西乡五十五村：中村，四十五里。”原属潞城县地。1956 年，划入长治市黄碾区，属西白兔乡。1958 年，属黄碾人民公社。1961 年，属西白兔人民公社。1984 年，属西白兔乡 2021 年，属西白兔镇至今。村中现存明清民居申家大院，为潞商申氏家族的宅院遗存。大院由“申家二十四院”组成，有明代窑洞式建筑，也有明清庭院楼台式豪宅。建筑多施以精美的木雕、砖雕、石雕，工艺精美、风格独特，具有浓郁的上党地域特色。1938 年 10 月 25 日至 1939 年 7 月 8 日，八路军总政治部宣传部在中村龙王庙及村内驻扎了 256 天。2014 年，被列入第三批中国传统村落名录。

霍家沟村［Huòjiāgōu Cūn］

居民点。全国文明村。属西白兔镇。在潞州区人民政府驻地西北 26 千米。距西白兔镇人民政府驻地 1.9 千米。面积 89 平方千米。人口约 800 人。因霍姓始居而得名。光绪《潞城县志・建置沿革考》：“西乡五十五村：霍家沟，三十八里。”途经的重要道路为曹家沟—安居公路，西白兔—寺底线。有名胜古迹崇庆寺。2005 年 10 月，入选为第一届全国文明村名单。2009 年 1 月，入选为第二届全国文明村名单。

南村 [Nán Cūn]

居民点。全国文明村。属西白兔镇。在潞州区人民政府驻地西北 27 千米。距西白兔镇人民政府驻地 5.3 千米。面积 7.86 平方千米。人口 0.28 万。因北、中、南三村相对，故以方位而得名。光绪《潞城县志・建置沿革考》：“西乡五十五村：南村，四十五里。”以农业、煤化企业为主。2015 年 2 月，荣获第四届全国文明村称号。

上党区 [Shàngdǎng Qū]

县级行政区。在长治市南部，太行山西麓，上党盆地南缘。东靠壶关县，西连长子县，北与潞州区接壤，南与晋城市的高平市、陵川县相邻。面积 483 平方千米。人口 31.9 万。辖韩店街道 1 个街道，苏店镇、荫城镇、西火镇、八义镇、郝家庄镇、南宋镇 6 个镇，西池乡、北呈乡、东和乡 3 个乡，另有 1 个振兴乡村生态文化旅游区和 2 个开发区。区人民政府驻韩店街道。以隋代为上党县地而命名。

“上党”之名始见于战国初，《史记・赵世家》：“（赵成侯）十三年（前 362 年），成侯与韩昭侯遇上党。”东汉刘熙《释名》：“上党：党，所也；在山上，其所最高，故曰上也。”顺治《潞安府志・地理》：“潞以水名，其称上党，谓居太行之巅，地形最高，与天为党也。”

殷商为黎侯国。秦属壶关县。汉晋因之。隋开皇十六年（596 年），为上党县地，属潞州。大业初属上党郡。唐武德元年（618 年），属潞州。天宝元年（742 年），属上党郡。乾元元年（758 年），属潞州。宋建中靖国元年（1101 年），属隆德军。崇宁三年（1104 年），属隆德府。金属潞州。蒙古初属隆德府。窝阔台汗三年（1231 年），属潞州。明洪武二年（1369 年），上党县废入潞州。嘉靖八年（1529 年），析置长治县，属潞安府。清因之。1913 年，属中路道。1914 年，属冀宁道。1927 年，废道直属山西省。1949 年，属长治专区。1958 年，并入长治市。1967 年，属晋东南地区。1972 年，长治县人民政府由长治市区迁至韩店，始建长治新县城，属晋东南地区。1983 年 7 月，长治县从晋东南地区划出，属长治市。2018 年 9 月，撤销长治县，设立长治市上党区，以原长治县行政区域为新设上党区的行政区域。

辖区地名专名特征为：1. 以姓氏命名，如：郝家庄、任家庄、王董、苏店等。2. 以山河命名，如：下河南、横河、北岭头、东岭等。3. 以历史故地命名，如：八义村为长平之战“八义士谏赵括处”，黎岭为殷商古黎国旧地。4. 以建筑设施命名，如：庙后、看寺、北楼底等。通名多为村、庄、沟、坡等常用名，在东南部山区多见通名“掌”，指山间的小块平地。

区境东南部属太行山西麓和太岳山东麓支脉相交的山区；西南部山丘交错，为间断起伏的丘陵区；中部、西北部为山前冲积平原区。主要山峰有金泉山、老雄山、首阳山、五龙山、猪头山等，陶清河、荫城河、黑水河等流经，属海河水系。全区平均海拔 1166 米，最高点老雄山海拔 1419.5 米，最低点上秦漳河滩海拔 908 米，高低相差 511.5 米。

地方民间艺术有潞安大鼓、上党八音会、西火秧歌、南宋剪纸、北呈村五谷画、王坊村唐绣坊女红工艺等，潞安大鼓被列入国家级非物质文化遗产，上党八音会和西火秧歌被列入省级非物质文化遗产。全国重点文物保护单位有西岩寺塔、北和村炎帝庙、看寺村正觉寺、南宋村玉皇观（五凤楼）4 处。省级重点文物保护单位有八义遗址、丈八寺塔、东泰山庙、南宋村秦氏民宅、都城隍庙 5 处。市、县级重点文物保护单位 22 处。境内有第七批中国历史文化名镇荫城镇，中国历史文化名村琚寨村，有荫城村、八义村、西岭村等中国传统村落。历史名人有北宋名将李处耘、李继隆，李处耘女儿宋太宗赵光义明德李皇后。

韩店街道［Hándiàn Jiēdào］

乡级政区名。上党区人民政府驻地。地处区境中部。东与西池乡为邻，南与荫城镇相接，西南与东和乡相连，西与北呈乡毗邻，北与苏店镇接壤。面积 43 平方千米。人口 6.49 万。辖长安社区、府后街社区、新市街社区等 6 个社区，韩店村、池里村、黎岭村等 16 个行政村。街道办事处驻新建南路 55 号。因驻地得名。

1949 年，属长治县第三区。1953 年设韩店乡。1958 年，属长治市卫星人民公社。1959 年，设韩店人民公社。1962 年，属长治县。1984 年 2 月，置韩店镇。1993 年 7 月，改为城关镇。2000 年 12 月，柳林乡与城关镇合并，改置韩店镇。2020 年，改设韩店街道。

黎水河、海子河流经。特色农业有千亩干果林，中药材种植基地。特产柳林陈醋、东呈蘑菇。瓦日铁路，55、22 高速，208 国道，长治—陵川等省道过境。

韩店村［Hándiàn Cūn］

居民点。韩店街道办事处驻地。人口 0.52 万。相传原名韩村，因韩姓居此而得名。后因地处驿道，有韩姓人家开设骡马大店，人称“韩家大店”，后演变为“韩店”。《明史·扩廓帖木儿传》：“明兵已定元都，将军汤和等自泽州徇山西。扩廓遣将御之，战于韩店，明师大败。”乾隆《长治县志·疆域》：“县之村成市集而为镇者十有五：韩店。”有黎都公园。208 国道过境。

苏店镇［Sūdiàn Zhèn］

乡级政区名。全国重点镇。在上党区境东北部。东南与西池乡对接，南与韩店街道毗邻，西与郝家庄镇接壤，北与潞州区五马街道相连。面积 80 平方千米。人口 6.27 万。辖苏店村、郝店村、西申家庄村等 29 个行政村。镇人民政府驻苏店村。因驻地得名。

1949 年，属长治县第二区。1953 年，设苏店乡。1958 年，属长治市卫星人民公社。1959 年，设苏店人民公社。1962 年，属长治县。1984 年，置苏店镇。2000 年 12 月，将司马乡并入苏店镇。2021年，上党区撤销贾掌镇，整建制并入苏店镇。以原贾掌镇和原苏店镇的行政区域为苏店镇的行政区域。

黎水河穿过。主要山脉有五龙山。国家级重点文物保护单位正觉寺。人文景观有“上党战役”前线指挥部旧址，上党战役期间，刘伯承、邓小平曾在此指挥作战。有中国传统村落北天河村、西岭村。土特产品有苏店大白菜、申家庄胡萝卜。2014年7月，苏店镇被确定为全国重点镇。207国道、55高速、长陵公路等省道过境。

苏店村 [Sūdiàn Cūn]

居民点。苏店镇人民政府驻地。在上党区人民政府驻地北10千米。人口0.62万。因苏姓始居，沿驿道多客店而得名。乾隆《长治县志 · 古迹》：“县之村成市集而为镇者十有五：苏店。”光绪《长治县志 · 都坊》：“五龙乡在县东迤南共七十四村：苏店，十五里。”1949年，属长治县第二区。1953年至1956年，为苏店乡驻地。1958年后，为苏店管理区、苏店人民公社驻地。1984年，设苏店行政村。2020年，撤销庙上村、庙后村，并入苏店行政村。长治—陵川省道经此。有沼泽王庙、东岳庙、五龙庙，为明清建筑。

北天河村 [Běitiānhé Cūn]

居民点。中国传统村落、山西省红色地名。属苏店镇。在上党区人民政府驻地东北10千米。人口0.21万。原名天河。因村东大脑山有河流从高处泻下流经村中，故名。后分为北天河、南天河两村。光绪《长治县志 · 都坊》：“五龙乡在县东迤南共七十四村：北天河，十里。”历为上党区辖地。明清时期实行都里制，属五龙乡龙山都。民国，属长治县二区。1949年，沿用区、村、镇制。1953年，撤区设乡，实行乡村制，属长治县二区。1956年，农村进行社会主义改造，组成红胜高级合作社，简称“红胜社”。1958年，属苏店卫星人民公社苏店管理区。1961年，卫属苏店公社。1984年，属苏店镇。村南有上党战役刘邓指挥部旧址。1945年9月20日至28日的上党战役期间，刘伯承司令员和邓小平政委率晋冀鲁豫军区指挥部驻在北天河村。在此签发了“晋冀鲁豫军区作战第七号命令”，决定上党战役由攻坚战变为“围城打援战”，取得合围长治的胜利。现有上党战役纪念馆，为革命传统教育基地。2022年10月，被列入第六批中国传统村落名录。2022年12月，入选为山西省首批红色地名。

看寺村 [Kànsì Cūn]

居民点。属苏店镇。在上党区人民政府驻地西北7.5千米。人口0.32万。因村北有著名的正觉寺，故名。看，在上党古方言中有“看重”“推重”的含义。光绪《长治县志·都坊》：“太平乡在县西北共六十四村：看寺，二十里。”明清为长治县地，属太平乡好义都。民国属长治县第一区。1956年，组成光明高级合作社。1958年，属苏店卫星人民公社司马管理区。1961年，属司马人民公社。1984年，属司马乡。2000年，属苏店镇。名胜古迹正觉寺位于村中。现存正殿为金代遗构，后殿为宋代遗构，前院配殿为元代遗构。其余为明代建筑。2001年，公布为全国重点文物保护单位。

西岭村 [Xīlǐng Cūn]

居民点。中国传统村落。属苏店镇。在区人民政府驻地韩店街道东北 13 千米。人口约 600 人。此地有山形似凤凰展翅，名曰凤凰山，因村建在西岭之上始称西凤，后演变为今名。有西岭烈士碑，为纪念在解放战争中牺牲的武佩温烈士而立。有武德辉墓、西岭官道、玄帝庙、民居建筑群等，皆为清代建筑遗构。2012 年，被列入第一批中国传统村落名录。

荫城镇 [Yīnchéng Zhèn]

乡级政区名。中国历史文化名镇、全国重点镇。在上党区境东南部。东与壶关县黄山乡、百尺镇接壤，南与西火镇为邻，西南与南宋镇相连，西与八义镇相接，北与韩店街道、西池乡毗邻。面积 68 平方千米。人口 4.7 万。辖荫城村、石炭峪村、河下村等 32 个行政村。镇人民政府驻荫城村。因驻地得名。

1949 年，属长治县第四区。1954 年，置荫城乡，1958 年，属长治市红旗人民公社。1959 年，设荫城人民公社。1984 年，置荫城镇。2000 年 12 月，王坊乡并入荫城镇。

淘清河流经。有雄山。以煤、铁业为主。历属长治县地。古为上党四大名镇之一，为中国历史上著名冶铁业重镇，有“千年铁府”“万里荫城”之誉。名胜古迹有荫城古民宅建筑群、丈八寺塔、大峪北魏造像碑、长春玉皇观等。2014 年 7 月，被确定为全国重点镇。2019 年 1 月，入选为第七批中国历史文化名镇。有中国历史文化名村琚寨村，中国传统村落琚寨村、荫城村、桑梓一村、桑梓二村。

荫城村 [Yīnchéng Cūn]

居民点。中国传统村落。荫城镇人民政府驻地。在上党区人民政府驻地东南 15 千米。人口 0.47 万。相传原名“小雁头”，后因地处雄山之北，故名“荫城”。乾隆《长治县志·古迹》：“县之村成市集而为镇者十有五：荫城。”因当地煤铁资源丰富，历史上为冶铁业重镇。西汉置铁官。明代设铁业所。明清时期家家铁炉，户户打铁，铁器商铺多不胜数，全国铁商汇聚于此。《潞州志》记载荫城当时冶铁加工贸易盛况，“户有八百，商有五百，店铺林立，经商如织，商贾如云，列市如栉”。因有“万里荫城”“千年铁府”之誉。现完整保留了荫城古村落建筑群，计有古民居 5096 间，特色院落 18 处，寺庙 16 座，古戏台 8 座，城门 7 座，牌楼祠堂 5 处，门面店铺 500 余家。1949 年，属长治县第四区。1954 年，属荫城乡。1958 年，属红旗人民公社。1959 年，属荫城人民公社。1984 年，属荫城镇至今。2014 年 11 月，被列为第三批中国传统村落名录。

荆圪道村 [Jīnggēdào Cūn]

居民点。全国文明村。属荫城镇。在上党区人民政府驻地东南 15 千米。人口 0.1 万。又名“荆圪倒”。因村始建于天山沟一处大坑傍，上党地区方言称洼地为“圪倒”，四周荆木丛生，故名。光绪《长治县志·都坊》：“雄山乡在县南迤东共一百三十二村：荆圪倒，七十里。”明清时期，属长治县雄山乡亨顺都。民国属长治县第三区。1953 年，属长治县第四区。1958 年，属荫城红旗人民公社横河管理区。1961 年，属荫城人民公社。1984 年，属荫城镇。有民国时期建筑荆圪倒民居。2011 年 12 月，入选为第三届全国文明村名单。

琚寨村 [Jūzhài Cūn]

居民点。中国传统村落、中国历史文化名村。属荫城镇。在上党区人民政府驻地东南 12.8 千米。人口 0.26 万。相传古有凤凰来仪、百鸟翔集之瑞，故曾名“凤凰村”。本名璩寨，因璩姓聚居，村有寨堡而得名。后讹为“琚寨”。明正德《重修玉皇观碑记》记载：“凤凰，村之古名也”。清代《新妆关帝殿记》记载：“北璩寨，古号凤凰村，铭诸钟鼎非无据也。山環水绕，堂局明净，精鉴者称之为善地焉。”光绪《长治县志·都坊》：“雄山乡在县南迤东共一百三十二村：北璩寨，六十五里。”1949 年，属长治县第四区。1954 年，属荫城乡。1958 年，属红旗人民公社。1959 年，属荫城人民公社。1984 年，属荫城镇至今。历史上村民兼营农、工、商贸，以日用铁器、琉璃制品生产和铁货交易为主。特产刀具、铁钉、农具和生活用品，尤以“贾字厨刀”、铁花叶、荷花钉最为驰名。地方谚云“万里荫城名在外，荷花宝钉数琚寨”；“贾字厨刀好，俏走潞安府，名扬京津鲁”。现存有璩家大院、元代玉皇庙正殿等列入文物保护等级的古建筑 17 处、传统民居大院 50 余处。2016 年 12 月，被列入第四批中国传统村落名录。2019 年 1 月，入选为第七批中国历史文化名村。

桑梓一村 [Sāngzǐyī Cūn]

居民点。中国传统村落。属荫城镇。在区人民政府驻地韩店街道东南 12 千米。人口 0.25 万。取《诗·小雅·小弁》：“维桑维梓，必恭敬之”，柳宗元诗“乡禽何事亦来此，令我生心忆桑梓”之意，得名桑梓。后分为两村，故名。有清代建筑桑梓佛祖庙、桑梓土地庙、范氏民宅、栗氏民宅等。2018 年，被列入第五批中国传统村落名录。省道长陵线、县道司荫线经此。

桑梓二村 [Sāngzǐér Cūn]

居民点。中国传统村落。属荫城镇。在区人民政府驻地韩店街道东南 12 千米。人口 0.2 万。取《诗·小雅·小弁》：“维桑维梓，必恭敬之”，柳宗元诗“乡禽何事亦来此，令我生心忆桑梓”之意，得名桑梓，后分为两村，故名。有第八批全国重点文物保护单位、第二批省级文物保护单位上党西岩寺塔，现存为八级密檐式砖塔，塔除基部为清人补修外，余皆唐代原物。有桑梓遗址，为汉代文化遗存。有桑梓南庙、桑梓洞云庵、桑梓祖师庙、桑梓圣人观、屈氏民宅、张氏民宅等，皆为清代建筑遗构。2018 年，被列入第五批中国传统村落名录。省道长陵线、县道司荫线经此。

西火镇 [Xīhuǒ Zhèn]

乡级政区名。在上党区境东南部。东与壶关县百尺镇毗邻，南与晋城市陵川县、高平市接壤，西与南宋乡相接，北与荫城镇相连。面积 50 平方千米。人口 2.6 万。辖桥头村、南掌村、梁家庄村等 16 个行政村。镇人民政府驻西火村。因驻地得名。

1949 年，属长治县第四区。1953 年，设西火乡。1958 年，属长治市红旗人民公社。1961 年 12 月，设西火人民公社。1984 年 2 月，置西火乡。7 月，改置西火镇。2000 年 12 月，东火乡并入西火镇。

地处丘陵山地，三面有天子岭、金泉山、东山环绕，北部开阔，西火河、西掌河流经。名胜古迹有天下都城隍庙、东火小皇城、十泉岭张家大院、西村旗杆大院、赵家古堡、九江圣母庙等。地方名吃有“西火十大碗”。地方民俗文化有西火剪纸、东火扛妆、东村铁礼花和省级非物资文化遗产西火干板秧歌等。有中国传统村落东火村、平家庄村、西队村。农业主产玉米、药材、花卉。工业以生产优质煤炭为主。服务业以运输为主。

西火村 [Xīhuǒ Cūn]

居民点。西火镇人民政府驻地。在上党区人民政府驻地东南 21 千米。人口 0.26 万。传原为冶炼工匠集此生火炼铁，与东火相对，故名西火。乾隆《长治县志・古迹》：“县之村成市集而为镇者十有五：西火。”光绪《长治县志・都坊》：“雄山乡在县南迤东共一百三十二村：西火，七十里。”1962 年，分为西火东队、西火中队、西火西队 3 生产大队。1984 年，设东村、中村、西村 3 个行政村。2020 年，东村、中村、西村合并为西火行政村。为地方民俗文化“西火干板秧歌”的发祥地。因演出没有弦乐，只有铜器伴奏，就地干打干唱，故名“干板秧歌”，又称“地圪圈秧歌”“老西火”。清代至民国初流行于长治、壶关一带。2009 年，西火干板秧歌被列为山西省第二批非物质文化遗产保护项目。源于西火村的“西火十大碗”是传统的上党美食，也是当地招待贵宾、喜庆聚会的宴席。

东火村 [Dōnghuǒ Cūn]

居民点。中国传统村落。属西火镇。在区人民政府驻地韩店街道东南 17 千米。人口 0.21 万。有东火三教堂、东火南门、东火传统民居，现存皆为清代建筑遗构。2019 年 6 月，被列入第五批中国传统村落名录。省道长陵线经此。

平家庄村 [Píngjiāzhuāng Cūn]

居民点。中国传统村落。属西火镇。在区人民政府驻地韩店街道东南 18 千米。人口约 600 人。相传平姓建村，在明初战乱年代修筑土围城墙，取意“长平久安”，故名。有清代建筑平家庄阁。2019 年 6 月，被列入第五批中国传统村落名录。县道横杨线经此。

西队村 [Xīduì Cūn]

居民点。中国传统村落。属西火镇。在区人民政府驻地韩店街道东南 17 千米。地处长治和高平、陵川的交界地带，历来是交通要冲，曾经有着周长 18 里的城墙，有东西南北大小九道城门，现有明清建筑遗构旗杆院、旧祠堂、侯家大院、王家大院、李家大院等。2019 年 6 月，被列入第五批中国传统村落名录。

八义镇 [Bāyì Zhèn]

乡级政区名。在上党区境西南。东与荫城镇接壤，东南与南宋镇相邻，南与晋城市高平市相连，西与长子县色头镇为界，北靠东和乡。面积 47 平方千米。人口 2.43 万。辖八义村、西八村、南泉庄村等 16 个行政村。镇人民政府驻八义村。以驻地而得名。

1949 年，属长治县第五区。1953 年设八义乡。1958 年，属长治市红旗人民公社。1959 年，设八义人民公社。1984 年，置八义乡。2000 年 12 月，八义乡、师庄乡合并，置八义镇。

地处山区，主要山峰有五龙山、羊头山。色头河流经。名胜古迹有省级文物保护单位八义士谏赵处、八义窑址。有国家级非物质文化遗产八义窑红绿彩瓷烧制技艺。有中国传统村落张家沟村、八义村。有八义汆汤、八义干馍馍等地方小吃。农业主产玉米、谷子。工业以采煤为主。208 国道、二广高速过境。

八义村 [Bāyì Cūn]

居民点。中国传统村落。八义镇人民政府驻地。在上党区人民政府驻地南 9 千米。人口 0.36 万。原名八谏。以“八义士谏赵”的典故命名。战国秦赵长平之战中，赵中反间计，主将赵括悍然冒进，当地八义士拦路劝谏，赵括怒斩八义士，结果四十万赵军全被坑杀。后人为纪念八义士，于此立“八义士谏赵处”石碑，村以此得名。五代唐《唐故李府君夫人墓志铭并序》：“潞州上党郡八谏乡北玉村桑梓人也。”乾隆《长治县志·古迹》：“县之村成市集而为镇者十有五：八义。”光绪《山西通志·山川》：“八谏山在县西南六十里，下有八谏水。长平之役赵军中有八谏而死者，故名。”

宋代为北方瓷器生产重镇，史称“八义窑”。所产“红绿彩”瓷器，开创了我国五彩瓷器之先河，在中国陶瓷发展史上有重要地位。近年来先后发现 108 处宋代瓷窑遗址。北京故宫博物院收藏有“八义瓷碗”，山西省博物院收藏有“八义瓷虎枕”，皆为中国瓷器珍品。名胜古迹有省级文物“八义谏赵处”石碑、八义瓷窑遗址等。有八义汆汤、八义干馍馍等地方小吃。1949 年，属长治县第五区。1954 年，属八义乡。1958 年后，历为八义人民公社、八义乡人民政府、八义镇人民政府驻地。2012 年 12 月，被列为第一批中国传统村落名录。207 国道、二广高速过境。

张家沟村 [Zhāngjiāgōu Cūn]

居民点。中国传统村落。属八义镇。在区人民政府驻地韩店街道西南 14 千米。人口约 400 人。有重修福泉禅堂碑，元至正二年立石，记载了创建福泉寺的情况。有首阳山煤业。2019 年 6 月，被列入第五批中国传统村落名录。

郝家庄镇 [Hǎojiāzhuāng Zhèn]

乡级政区名。在上党区境西北部。东邻潞州区五马街道，东南、南靠苏店镇，西连长子县南漳镇、宋村镇，北接潞州区堠北庄街道。面积 43 平方千米。人口 3.68 万。辖太岳西大街社区 1 个社区，郝家庄村、北郭村、南郭村等 18 个行政村。镇人民政府驻郝家庄村。因驻地得名。

1949 年，属长治县第二区。1954 年，分属下秦乡、北郭乡、安城乡、七里坡乡、看寺乡、高河乡。1958 年，属长治市卫星人民公社。1959 年，属高河人民公社。1961 年，分属长治市工农人民公社、垢北庄人民公社。1964 年，设郝家庄人民公社。1984 年，置郝家庄乡。2000 年 12 月，高河乡并入。2020 年 2 月，撤销乡改置郝家庄镇。

陶清河、浊漳河、黑水河流经。古迹有高村碧霞元君行宫、东下郝元代石佛寺正殿、安城汉墓群等。民间相传上秦村为慈禧太后故里。太焦铁路经此设站。二广高速，208 国道，长治—陵川、长治—晋城等省道过境。

郝家庄村 [Hǎojiāzhuāng Cūn]

居民点。郝家庄镇人民政府驻地。在上党区人民政府驻地北 16.7 千米。人口 0.28 万。因郝姓始居而得名。光绪《长治县志·都坊》："太平乡在县西北共六十四村：郝家庄，十里。"古迹有灵光寺、真武庙、郝家庄汉文化遗址。地方名人有中国兽医学家高国景(1893—1964)，郝家庄人。明代兽医高大江后裔。擅长马骡结症和跛行的诊治。曾聘为北京农业大学教授，任中国农业科学院中兽医研究所副所长。著有《中兽医诊疗经验》。

上秦村 [Shàngqín Cūn]

居民点。属郝家庄镇。在上党区人民政府驻地西北 13 千米。人口 0.24 万。因秦姓聚居，故名秦村，后分为上秦、下秦二村。光绪《长治县志·都坊》："太平乡在县西北共六十四村：上秦村，十二里。"民间俗传为慈禧太后故里，有其童年住过的"娘娘院"。2007 年 12 月，被长治市人民政府公布为市级文物保护单位。

南宋镇 [Nánsòng Zhèn]

乡级政区名。在上党区境南部。东与西火镇接壤，南、西南与晋城市高平市为界，西、西北与八义镇相连，北与八义镇、荫城镇为邻。面积 32 平方千米。人口 1.77 万。辖南宋村、关头村、永丰村等 14 个行政村。镇人民政府驻南宋村。因驻地得名。

1949 年，分属长治县第四区、第五区。1953 年，设南宋乡。1958 年，属长治市红旗人民公社。1959 年，属荫城人民公社。1961 年，属赵村人民公社。1962 年，设立南宋人民公社。1984 年，置南宋乡。2000 年 12 月，赵村乡并入。2021 年 3 月，撤销南宋乡，改置南宋镇。

最高峰雄山南峰。有全国重点文物保护单位玉皇观。有中国传统村落南宋村、太义掌村、赵村。有现代观光农业。工业以煤炭为主。服务业以运输、旅游为主。有民间活动剪纸、花灯、秧歌等。二广高速、208 国道、长治—陵川省道过境。

南宋村 [Nánsòng Cūn]

居民点。中国传统村落。南宋镇人民政府驻地。在长治市长治县中部。在上党区人民政府驻地南 19.6 千米。人口 0.29 万。以宋氏始居，与北宋村相对而得名。光绪《长治县志·都坊》："雄山乡在县南迤东共一百三十二村：南宋，六十里。" 1949 年，属长治县第四区。1954 年，属南宋乡。1958 年，属红旗人民公社。1962 年，属南宋人民公社。1984 年，属南宋乡至今。著名古建筑玉皇观位于村中，现存五凤楼、正殿为元代遗构，八卦亭为明代风格，其余皆为清代建筑。2006 年，被公布为全国重点文物保护单位。村中街巷仍保留清代风貌，有高阳帝庙、秦家大院、孟家高楼、魁星楼等庙宇民居。2016 年 12 月，被列入第四批中国传统村落名录。

太义掌村 [Tàiyìzhǎng Cūn]

居民点。中国传统村落。属南宋镇。在区人民政府驻地韩店街道正南 13 千米。人口 0.13 万。因居太义村东部，且多山岭、少平地，意为掌，故名。有太义掌烈士碑，为纪念在抗日战争、解放战争中牺牲的路贵锁、宋天富等烈士而立。有三教堂、奶奶庙、传统民居，皆为清代建筑遗构。2019 年 6 月，被列入第五批中国传统村落名录。208 国道、县道司荫线经此。

赵村 [Zhào Cūn]

居民点。中国传统村落。属南宋镇。在区人民政府驻地韩店街道正南 13 千米。人口 0.25 万。有观音庙，现存为元代建筑遗构。有玉皇庙、传统民居，现存为明清代建筑遗构。2019 年 6 月，被列入第五批中国传统村落名录。

西池乡 [Xīchí Xiāng]

乡级政区名。在上党区境东部。东与壶关县黄山乡接壤，南与荫城镇相连，西与韩店街道为邻，北与苏店镇相接。面积 43 平方千米。人口 2.36 万。辖西池村、东池村、南池村等 16 个行政村。乡人民政府驻西池村。因驻地得名。

1949 年，属长治县第三区。1953 年，设西池乡。1958 年，分属长治市卫星、红旗人民公社。1959 年，分属韩店、荫城人民公社。1961 年，属仙泉人民公社。1964 年，设西池人民公社。1984 年 2 月，置西池乡。2000 年 12 月，西故县乡并入西池乡。

陶清河流经。农业主产玉米、谷子、小杂粮。工业以煤炭、石灰岩为主。特产柳编。民俗有二仙奶奶“十转赛”。青兰高速、长治—陵川省道过境。

西池村 [Xīchí Cūn]

居民点。西池乡人民政府驻地。在上党区人民政府驻地东南 9 千米。人口 0.19 万。因村有水池，分为西池、东池两村。光绪《长治县志 · 都坊》：“雄山乡在县南迤东共一百三十二村：西池，四十里。”农业主产玉米、谷子、小杂粮。特产柳编。长治—陵川省道过境。

北呈乡 [Běichéng Xiāng]

乡级政区名。在上党区境西北部。东与韩店街道相接，东南、南与东和乡接壤，西与长子县慈林镇、南漳镇毗邻，西北、北与郝家庄镇相连。面积 34 平方千米。人口 2.3 万。辖北呈村、南呈村、上村等 12 个行政村。乡人民政府驻北呈村。因驻地得名。

1949 年，属长治县第三区。1953 年，设北呈乡。1958 年，属长治市卫星人民公社。1959 年，属韩店人民公社。1961 年，设北呈人民公社。1984 年 2 月，置北呈乡。

陶清河流经。古迹有全国重点文物保护单位北和村炎帝庙、南呈地道等。乡境西坡村传说为慈禧太后出生地，有慈禧童年展览馆。农业主产玉米、谷子和蔬菜。太焦铁路、二广高速、207 国道过境。

北呈村 [Běichéng Cūn]

居民点。北呈乡人民政府驻地。在上党区人民政府驻地西北 7 千米。人口 0.25 万。相传原名程村，因程姓始居而得名。后“程”讹写为“呈”，又分为北呈、南呈、西北呈、西南呈 4 村。光绪《长治县志 · 都坊》：“八谏乡在县南迤西共七十六村：北呈，四十里。”207 国道经此。

东和乡 [Dōnghé Xiāng]

乡级政区名。在上党区境西部。东与韩店街道接壤，东南、南与八义镇相连，西与长子县色头镇、慈林镇交界，西北、北与北呈乡毗邻。面积 33 平方千米。人口 2.06 万。辖东和村、中和村、南和村等 11 个行政村。乡人民政府驻东和村。因驻地得名。

1949 年，属长治县第三区。1953 年，属三和乡。1958 年，属长治市卫星人民公社。1959 年，属韩店人民公社。1961 年，设东和人民公社。1984 年，置东和乡。2000 年 12 月，屈家山乡并入。陶清河流经。农业主产玉米、蔬菜。有雄山五矿。瓦日铁路、二广高速、208 国道过境。

东和村 [Dōnghé Cūn]

居民点。东和乡人民政府驻地。在上党区人民政府驻地西北 3.5 千米。人口 0.31 万。因和姓始居，后与中和、西和相对而命名。清代为东和镇。乾隆《长治县志 · 古迹》“县之村成市集而为镇者十有五：东和。”光绪《长治县志 · 都坊》：“八谏乡在县南迤西共七十六村：东和镇，五十里。”古迹有玉皇庙、白衣阁、龙王阁、普济寺等。208 国道经此。

屯留区 [Túnliú Qū]

县级行政区。在长治市境中西部。东接潞州区，南邻长子县，西南与临汾市安泽县相邻，西与沁源县为界，西北与沁县接壤，北与襄垣县毗连。面积 1142 平方千米。人口 27.6 万。辖李高乡、路村乡、河神庙乡 3 个乡，上村镇、渔泽镇、余吾镇、吾元镇、张店镇、丰宜镇 6 个镇，麟绛街道 1 个街道。区人民政府驻麟绛街道。

“屯留”一名来自春秋时期赤狄留吁国，后称纯留，亦曰屯留。《左传》宣公十六年（前 593 年）：“晋人灭赤狄甲氏及留吁”即此。《汉书 · 地理志》注：“师古曰：屯音纯”。《水经注 · 浊漳水》：浊漳水“东经屯留县故城南，故留吁国也，潞氏之属”。

秦置屯留县，属上党郡。汉因之。北齐废屯留县。隋开皇十六年（596 年），复置屯留县，属潞州。大业初，属上党郡。唐属潞州。宋属隆德府。金属潞州。蒙古至元三年（1266 年），废入襄垣县。元至元十五年（1278 年），复置屯留县，属潞州。明嘉靖八年（1529 年），属潞安府。清因之。1912 年，废潞安府。1913 年，属中路道。1914 年，属冀宁道。1927 年，废道直属山西省。1937 年，属山西省第五行政区。抗日战争时期，属晋冀鲁豫边区太岳区一专区。1949 年，属山西省长治专区。1958 年 5 月，屯留县、长子县合并，改名屯长县，属晋东南专区。1958 年 10 月，屯长县并入长治市。1959 年 9 月，屯长县由长治市划出。1961 年 5 月，恢复屯留县，属晋东南专区。1967 年，属晋东南地区。1985 年，属长治市。2000 年 12 月，全县合并为 7 个镇 4 个乡，294 个行政村。城关镇更名为麟绛镇。2018 年 9 月 30 日，撤销屯留县，设立长治市屯留区，以原屯留县行政区域为新设屯留区的行政区域。2019 年进行了行政村合并，全区合并后行政村数为 209 个。2018 年 12 月，成立了盘秀社区、羿神社区、嶷山社区、久安社区、瓶城社区 5 个社区，属麟绛镇管辖；常村社区划由长治市屯留区渔泽镇管辖。全区共 209 个行政村，6 个社区。2019 年，麟绛镇改为麟绛街道；2021 年，撤销西贾乡，将所辖的 13 个行政村分别划入麟绛街道、丰宜镇、李高乡。全区辖 3 个乡 6 个镇 1 个街道。

辖区内政区、居民点地名的专名具有以下特征：1. 以自然环境命名。如：崖底、红土洼、盘旋沟等。2. 以人文建筑命名。如：丈八庙、河神庙、石室等。3. 以姓氏命名。如：魏村、薛家沟、王庄等。4. 以历史遗迹命名。如：古城、寨上等。通名多为村、庄、岭、峪、沟等常见名。

地处太岳山东麓，地势西高东低。最高点摩诃岭海拔 1546.3 米，最低点绛河与漳泽水库交汇处海拔 895.9 米。名胜古迹有宝峰寺、蓬莱宫、先师和尚舍利塔、脑张遗址、崇福院、府君庙、玉溪禅院、佛爷庙、摩诃岭上党关遗址等。纪念地有老爷山革命战斗遗址、抗大一分校北岗旧址、中共晋冀豫党校旧址、魏拯民故居、磨盘脑战斗遗址、上党战役前方医院旧址、中共中央北方局特务连旧址等。旅游风景区有 3A 级旅游景区老爷山、嶷山生态园、盘秀山等。地方特色民间艺术有羿神传奇、瞪眼家伙、屯留道情、屯留大叶茶、八音会、布贴画艺术、金银器传统技艺等，其中瞪眼家伙、屯留道情、羿神传奇 3 项被列入省级非物质文化遗产。农业主产玉米、小麦、谷子。工业以煤炭、新型能源、电力为主。特产羿神酒、屯留煎饼、盘秀牛肉、三和面、西贾大葱、玉米糁等。青兰、二广高速，208、309 国道，228、220 省道过境。2022 年 12 月，"屯留"地名入选山西省首批地名文化遗产千年古县名录。

"屯留"相关的地名应用有：屯长道情。

屯长道情是屯留道情、长子道情的合称，流传于晋东南长治、长子、潞城、壶关等地，起源无考，当地流传朱元璋以道情说唱煽动民众造反推翻元朝的传说，兹为一说。道情源于唐代道教经韵，初称道歌，用渔鼓、简板伴奏，是传道宣传教义及募捐化缘的工具；宋代吸收词、曲牌，衍变为在民间布道时演唱的新经韵。传统的屯长道情属单曲体，一支曲调多次反复演唱，曲调有三种不同的结构形式——单板、双板、插板。省级非物质文化遗产。

历史名人有抗日名将魏拯民，开国大校宋冠英，中国共产党早期党员、革命烈士丁文法等。

麟绛街道 [Línjiàng Jiēdào]

乡级政区名。屯留区人民政府驻地。地处区境东部。东南和李高乡接壤，西与河神庙乡相邻，西北与余吾镇相连，东北与路村乡接界。面积 67.5 平方千米。人口 6.4 万。辖盘秀社区等 5 个社区、南街村、郭村、西堰村等 28 个行政村。街道办事处驻南街村羿神东街 15 号。因县境古有麟山、绛水，各取一字得名。

1949 年，属屯留县第一区。1956 年，分属屯留乡、西贾乡、鸣水乡、西故县乡。1958 年，属屯长县屯留卫星人民公社。1959 年，属屯留人民公社。1961 年，属屯留县屯留人民公社。

1964年，属城关人民公社。1984年4月，置城关镇。2000年，更名为麟绛镇。2019年，撤销麟绛镇，设立麟绛街道。

地处上党盆地，绛河流经。文物建筑有高店真武庙、郭村天主堂、中藕文昌庙。纪念地有树人小学旧址、烈士陵园。有水上公园、城东森林公园等休闲场所。特产羿神酒、屯留煎饼、盘秀牛肉。309国道、228省道过境。

南街村 [Nánjiē cūn]

居民点。全国文明村。麟绛街道办事处驻地。在屯留区人民政府驻地南侧0.2千米。人口0.15万。原屯留县城以区片分为南街村、东街村、西街村，后形成3个行政村，南街村因此得名。地处县城中心，以商店、市场等服务行业为主，农业种植业为辅。古建筑有奶奶庙、屯长巷清代民居、屯南巷清代民居等。2017年11月，被评为第五届全国文明村。

上村镇 [ShàngCūn Zhèn]

乡级政区名。在屯留区境东部。东邻漳泽水库与潞州区接壤，南与李高乡相邻，西与李高乡、麟绛街道毗邻，北与路村乡、渔泽镇为界。面积46.2平方千米。人口2.2万。辖上村、曲庄村、王庄村等16个行政村。镇人民政府驻上村。因驻地得名。

1949年，属屯留县第二区。1956年，分属史村乡、中华乡、上村乡。1958年，属屯长县星火人民公社。1959年，属路村人民公社。1961年，属屯留县上村人民公社。1984年4月，置上村乡。2000年12月，撤销上村乡，置上村镇。

地处上党盆地，绛河流经。文物建筑有岗头关帝庙、冀南纵队指挥所旧址、王庄圣母堂等。农业主产玉米。有煤矿、矿机配件厂等。服务业以商贸为主。青兰、二广高速，208、309国道过境。

上村 [Shàng Cūn]

居民点。上村镇人民政府驻地。在屯留区人民政府驻地东10千米。人口0.3万。因在绛河北岸高地上，故名。清代为上村镇，属东城乡上村里。光绪《屯留县志·坊里》："东城乡六里：上村里，统十甲。上村镇一、二、三、四甲"。光绪《屯留县志·市镇》："上村镇，在县东北二十里。系潞沁冲衢"。上党战役时期曾为我军冀南纵队指挥部。农业主产玉米、谷子。208国道经此。

渔泽镇 [Yúzé Zhèn]

乡级政区名。全国重点镇。在屯留区境东北部。东与潞州区故县街道办事处为界，东南临漳泽水库与潞州区马厂镇相望，南连上村镇，西北与路村乡相接，北与潞州区西白兔乡毗邻。面积26.33平方千米。人口2.4万。辖常村社区1个社区，北渔泽村、辛安庄村、峪里村、寺底村、崔蒙村、东古村、顾车村、金家庄村、岗上村、南渔泽村10个行政村。镇人民政府驻北渔泽村。因驻地得名。

1949年，属屯留县第二区。1956年分属中华乡、上村乡、常村乡。1958年，属屯长县星火人民公社。1959年，属路村人民公社。1961年，分属屯留路村人民公社、上村人民公社。1964年，设北岗人民公社。1984年4月，置北岗乡。2000年12月，北岗乡更名为渔泽镇。

地处上党盆地与太岳山区过渡带，绛河横经镇境。革命纪念地有中共中央北方局旧址、晋冀豫区暨抗日军政大学第一分校、抗大分校旧址等。农业主产玉米。有东古工业园。有煤矿、生物科技公司等企业。青兰、二广高速，208、309 国道过境。2014 年 7 月，被确定为全国重点镇。

北渔泽村 [Běiyúzé Cūn]

居民点。渔泽镇人民政府驻地。在屯留区人民政府驻地东北 10 千米。人口 0.11 万。传此地以前是一片沼泽，地势低洼，人们靠打鱼为生，故名。清代属东城乡上村里。光绪《屯留县志·坊里》："东城乡六里：上村里，统十甲。北渔泽，九甲"。1945 年，属屯留县第二区。1956 年，属常村乡。1958 年，属路村大队渔泽生产队。1964 年，属北岗人民公社北渔泽生产队。1984 年，属北岗乡。2000 年，属渔泽镇。农业主产玉米、谷子。古迹有北渔泽商周文化遗址、北渔泽战国墓群、真武庙、清代民居群。208 国道经此。

岗上村 [Gǎngshàng Cūn]

居民点。国家森林乡村、全国文明村。属渔泽镇。在屯留区人民政府驻地东北 13 千米。人口 0.22 万。村东有龙岗，村南有凤岗，故与南部的南岗村相对名为"北岗上"，又俗称"岗上"。清代属东城乡上村里。光绪《屯留县志·坊里》："东城乡六里：上村里，统十甲。北岗上，六甲"。1945 年，属屯留县第二区。1956 年，属上村乡。1957 年，属长治市故漳乡。1958 年，属故漳公社北岗大队。1964 年，属北岗人民公社北岗大队。1984 年，属北岗乡。2000 年，属渔泽镇。

1938 年底，抗大一分校从延安出发，到达屯留县东故县镇（今潞州区故县村）。其中有 160 多名女学员的"女生队"被安排在屯留县岗上村学习和生活。《习仲勋传》："1939 年 3 月 18 日，十五岁的齐心在晋东南抗日根据地从事抗日工作的姐姐齐云的带领下，到山西屯留县岗上村的中国人民抗日军政大学第一分校女生队学习，成为一位八路军女战士。"村中现存有抗大分校女子学生队旧址、学生队窑洞宿舍、抗大一分校特科营营部旧址（真武祖师庙）等纪念地。2016 年 7 月，抗大分校女子学生队旧址被公布为省级文物保护单位。现建有抗大一分校旧址纪念馆，为长治市国防教育基地和爱国主义教育示范基地。2019 年 12 月，入选为第一批国家森林乡村名单。2020 年 11 月，被授予第六届全国文明村称号。

寺底村 [Sìdǐ Cūn]

居民点。属渔泽镇。在屯留区人民政府驻地东北 13 千米。人口 0.22 万。因村旁山顶有广泉寺，故名。古为屯留、襄垣、潞城三县间交界地。金代为"寺底镇"。《金史·地理志》："屯留，有盘秀山、绛水。镇一：寺底"。清代属北城乡寺下里。光绪《屯留县志·坊里》："北城乡五里：寺下里，统十甲。寺底村，一、二甲"。1945 年，属屯留县第二区北渔泽村。1956 年，属常村乡。1958 年，属路村大队渔泽生产队。1964 年，属北岗人民公社北渔泽生产队。1984 年，属北岗乡。2021 年，属渔泽镇。1938 年 7 月，中共中央北方局、八路军总部一部、晋冀豫区党委进驻寺底村。现存纪念地有中共北方局、晋冀豫区委党校驻地旧址、朱瑞路居、寺底村烈士纪念碑。古迹有广泉寺石窟、府君庙等。

余吾镇 [Yúwú Zhèn]

乡级政区名。在屯留区境西北部。东连路村乡，南接麟绛街道、河神庙乡，西邻吾元镇，北界襄垣县夏店镇。面积 121 平方千米。人口 2.1 万。辖东街村、前后庄村、北魏村等 29 个行政村。镇人民政府驻南街村。

1949 年，属屯留县第三区。1956 年，分属魏村乡、余吾乡、上莲乡。1958 年，属屯长县余吾丰收人民公社。1959 年，属余吾人民公社。1961 年，属屯留县余吾人民公社。1984 年 4 月，置余吾镇。2000 年 12 月，上莲乡并入余吾镇。

地处太岳山东麓，余吾河、上莲河流经。名胜古迹纪念地有南北古牌坊、二仙头苗家祠堂、上党战役晋冀鲁豫军区指挥所旧址、老爷山革命战斗遗址、金禅寺莲花舍利塔、老爷山风景区、上党战役前方医院旧址、太岳纵队指挥所旧址等。309 国道过境。2022 年 12 月，“余吾镇”地名入选为山西省首批地名文化遗产千年古镇名录。

南街村 [Nánjiē Cūn]

居民点。余吾镇人民政府驻地。在屯留区人民政府驻地西北 8 千米。人口 0.13 万。殷商余无戎地。秦汉置余吾县，属上党郡。东汉省。《竹书纪年》载：“太丁四年周人伐余无之戎，克之”。《汉书·地理志》：“上党郡，县十四”，有余吾县。《后汉书·郡国志注》“屯留”条下：《上党记》曰：“有余吾城，在县西北三十里”。《水经注·浊漳水》：“陈水出西发鸠山，东迳余吾县故城南。汉光武建武六年，封景丹尚子为侯国”。《太平寰宇记》潞州屯留县：“余吾故城，亦春秋地名，汉为县，废城在今县西北”。《明一统志》潞安府：“余吾城，在屯留县西北一十八里。本春秋余吾邑，汉为县。城周九里，故址犹存，今为镇”。清代为余吾镇，属西城乡余吾里。光绪《屯留县志·坊里》：“西城乡六里：余吾里，统十甲。余吾镇，一、二、三、四甲”。现存古迹有商周文化遗址、释迦庙、关帝庙、奶奶庙、清代民居群。

东街村 [Dōngjiē Cūn]

居民点。属余吾镇。在区人民政府驻地麟绛街道西北 7.5 千米。人口约 720 人。《竹书纪年》载：“太丁四年，周人伐余无之戎，克之。”相传周朝时徐姓得名徐吾，战国时，将徐吾改为余吾，因位于东部，故名。有东街村遗址，为汉代文化遗存。县道老柳线经此。

吾元镇 [Wǔyuán Zhèn]

乡级政区名。在屯留区境西部。东邻余吾镇，南连张店镇，西界沁县杨安乡，北接襄垣县上马乡。面积 169.6 平方千米。人口 1.7 万。辖吾元村、丰秀岭村、张家沟村等 17 个行政村。镇人民政府驻吾元村。因驻地得名。

1949 年，分属屯留县第三区、第五区。1956 年，分属西村乡、东坡乡、吾元乡。1958 年，分属屯长县余吾丰收、吾元峰火人民公社。1959 年，分属吾元、余吾人民公社。1961 年，属屯留县吾元人民公社。1984 年 4 月，置吾元镇。2000 年，西村乡、东坡乡并入。

地处太岳山东麓，谷河、庶纪河、晋元河流经。现存纪念地有晋冀鲁豫军区部队弹药库旧址、太岳纵队七七二团粮库旧址、太岳纵队二十团休整旧址等。

吾元村 [Wǔyuán Cūn]

居民点。吾元镇人民政府驻地。在屯留区人民政府驻地西北 25 千米。人口 0.13 万。相传原名武元，后演化为吾元村。清代属西城乡中村里。光绪《屯留县志·坊里》："西城乡六里：中村里，统十甲。吾元村，六甲"。古迹纪念地有吴王垴汉墓群、上党战役烈士墓。2019 年，王家庄村、峪嶝峪村 2 个村并入吾元村。

张店镇 [Zhāngdiàn Zhèn]

乡级政区名。在屯留区境西部。东连河神庙乡，南接丰宜镇，西界临汾市安泽县、沁源县法中乡，北至吾元镇。面积 331 平方千米。人口 2.1 万。辖张店村、丈八庙村、八泉村等 23 个行政村。镇人民政府驻张店村。因驻地得名。

1949 年，属屯留县第五区。1956 年，分属丈八庙乡、雁落坪乡、张店乡、中村乡、西上村乡、七泉乡。1958 年，属屯长县北张店上游人民公社。1959 年，设北张店人民公社。1961 年，属屯留县张店人民公社。1984 年 4 月，置张店镇。2000 年，丈八庙乡、宜林乡、八泉乡并入。

地处太岳山区，绛河、西上村河、八泉河等流经。有盘秀山风景区、寨上村绛河源头、南凹段化石出土点等景点。309 国道过境。

张店村 [Zhāngdiàn Cūn]

居民点。张店镇人民政府驻地。在屯留区人民政府驻地西 30 千米。人口 0.13 万。因张姓聚居，地处古驿道，多客店而得名。清代为张店镇，属西城乡七泉里。光绪《屯留县志·坊里》："西城乡六里：七泉里，统十甲。张店镇，九甲"。309 国道经此。

寨上村 [Zhàishàng Cūn]

居民点。属张店镇。在屯留区人民政府驻地西 36 千米。人口约 700 人。因村址原为土寨，后来人们在此建村，故名。1945 年，属屯留县第五区。1954 年，属屯留县七泉乡。1958 年，属屯长县北张店人民公社寨上大队。1961 年，属屯留县八泉人民公社。1984 年，属电留县八泉乡。2000 年，属张店镇。为绛河的发源地。

丰宜镇 [Fēngyí Zhèn]

乡级政区名。屯留区辖镇。在县境西南部，东与麟绛街道接壤，南与长子县碾张乡为邻，西连临汾市安泽县，北接河神庙乡。面积 140.6 平方千米。人口 1.9 万。辖丰宜村、东夏旺村、洼沟村等 21 个行政村。镇人民政府驻丰宜村。因驻地得名。

1949 年，属屯留县第四区。1956 年，分属崔郭乡、丰宜乡、吴寨乡。1958 年，属屯长线鲍店红专人民公社。1959 年，属丰宜人民公社。1961 年，设屯留县丰宜人民公社。1984 年 4 月，置丰宜镇。2000 年 12 月，西流寨乡并入丰宜镇。2021 年，屯留区撤销西贾乡，原西贾乡东庄村、茶棚村、崔郭村、杜村、李家沟村 5 个行政村划入丰宜镇。

地处丘陵区，岚河、石泉河、黑家口河流经。古迹有王家大院旧址、上党关遗址等景点。青兰高速过境。

丰宜村［Fēngyí Cūn］

居民点。丰宜镇人民政府驻地。在屯留区人民政府驻地西南 20 千米。人口 0.24 万。相传明初冯、倪两姓居此，故名“冯倪村”，清代雅为“丰仪”，1958 年后，改为“丰宜”。光绪《屯留县志·坊里》：“南城乡五里：吴寨里，统八甲。丰仪镇，一、二甲”。

1945 年，属屯留县第四区。1956 年，属屯留县丰宜乡。1959 年，为屯长县丰宜人民公社驻地。1984 年，属丰宜镇。2019 年，南庄村并入丰宜村。古建筑有文昌阁、清代民居群等。青兰高速经此。

箭和村［Jiànhé Cūn］

居民点。属丰宜镇。在屯留区人民政府驻地西南 18 千米。人口约 500 人。原名箭壑，后人以方言谐音将“壑”改为“和”，故名。光绪《屯留县志·坊里》载名“箭壑”。1945 年，属屯留县第四区。1956 年，属屯留县丰宜乡。1958 年，属屯长县鲍店红专人民公社。1959 年，属屯长县丰宜人民公社箭壑大队。1984 年，属丰宜镇。古迹有岳王庙遗址。

李高乡［Lǐgāo Xiāng］

乡级政区名。在屯留区境东南部。东邻潞州区大辛庄街道、堠北庄街道，南接长子县宋村乡，西依丰宜镇，北靠麟绛街道、上村镇。面积 84.1 平方千米。人口 3.8 万。辖东李高村、古城村、鸣水村等 27 个行政村。乡人民政府驻东李高村。因驻地得名。

1949 年，属屯留县第一区。1956 年，分属李高乡、鸣水乡、史村乡。1958 年，属屯长县李高人民公社。1961 年，属屯留县李高人民公社。1984 年，置李高乡。2000 年，高头寺乡并入。地处上党盆地，绛河流经。有省级非物质文化遗产东史村瞪眼家伙。古迹纪念地有两看戏台、农民协会旧址、常珍奶奶庙、常金府君庙等。二广高速、208 国道过境。

东李高村［Dōnglǐgāo Cūn］

居民点。李高乡人民政府驻地。在屯留区人民政府驻地东南 10 千米。人口 0.21 万。因李姓、高姓始居，与西李高相对而得名。清代属东城乡王公里。光绪《屯留县志·坊里》：“东城乡六里：王公里，统九甲。东李高，五甲”。1945 年，属屯留县第一区。1956 年，属屯留县李高乡。1958 年后，为屯长县李高人民公社、屯留县李高人民公社驻地。古迹有东李高战国墓群。唐代李度墓等。

古城村［Gǔchéng Cūn］

居民点。属李高乡。在屯留区人民政府驻地南 6.5 千米。人口 0.14 万。为春秋留吁古城，后名“纯留”“屯留”。秦汉屯留县治。《春秋·襄公十八年》：“晋人执孙蒯于纯留”。《战国策》：“张仪劝秦伐韩曰：断屯留之道”。《竹书纪年》：“梁惠王十二年，郑取屯留、尚子”。北魏废后称“屯留城”。《魏书·地形志》：“屯留，有屯留城”，即指此地。光绪《屯留县志·古迹》：“屯留故城，在县南十三里，即古城村，周七里遗址尚存。《方舆纪要》：‘在县东南十里’”。清代为古城村，属南城乡西贾里。光绪《屯留县志・坊里》:“南城乡五里:西贾里,统十甲。古城村、官峪村,六、七、八甲”。1945年,属屯留县第一区。1956年,属屯留县李高乡。1958年,屯长县李高人民公社。1961年,属屯留县李高人民公社古城大队。1984年,属屯留县李高乡。2019年,古城、古城沟、东魏三村合并为古城村。古迹有留吁古城城址、古城新石器文化遗址、古城李氏祠堂、长安君墓等。228省道经此。

驼坊村 [Tuófāng Cūn]

居民点。属李高乡。在屯留区人民政府驻地东南方向12.5千米。人口0.21万。古代地处潞安府到平阳府的驿道,旧有骆驼店,故名。清代为驼坊镇,属南城乡高头寺里。光绪《屯留县志・坊里》:“南城乡五里:高头寺里,统十甲。驼坊镇,六、七、八甲”。古建筑有清代牛王庙。G55高速公路、011乡道过境。

路村乡 [LùCūn Xiāng]

乡级政区名。在屯留区境东北部。东与渔泽镇和上村镇毗邻,南接麟绛街道,西与余吾镇为邻,北与襄垣县侯堡镇相接。面积73平方千米。人口3.2万。辖路村、王村、官庄村等20个行政村。乡人民政府驻路村。因驻地得名。

1949年,属屯留县第二区。1956年,分属常村乡、路村乡、许村乡。1958年,属屯长县路村星火人民公社。1959年,属路村人民公社。1961年,属屯留县路村人民公社。1984年,置路村乡。2000年,西洼乡并入。

地处上党盆地,南浒庄河流经。古建筑有石室村蓬莱宫、姬村宝峰寺、王村崇福院。蓬莱宫位于路村乡石室村。现存戏台为清代遗构,其余建筑皆为明代遗构。2013年5月,蓬莱宫被公布为第七批全国重点文物保护单位。宝峰寺位于路村乡姬村西。现存五方佛殿为元代遗构,其余皆为明代遗构。水陆殿内山墙残存壁画17平方米。2006年,被公布为第六批全国重点文物保护单位。

路村 [Lù Cūn]

居民点。路村乡人民政府驻地。在屯留区人民政府驻地东北9千米。人口0.28万。因路姓始居而得名。清代属北城乡宝峰里。光绪《屯留县志・坊里》:“北城乡五里:宝峰里,统九甲。路村,一、二、三甲”。1945年,属屯留县第二区。1956年,属屯留县路村乡。1958年,为屯长县路村星火人民公社路村大队。1961年,为屯留县路村人民公社驻地。1984年,为路村乡人民政府驻地。古建筑有观音堂、奶奶庙、清代民居群等。2019年,栗村并入路村。309国道过境。

王村 [Wáng Cūn]

居民点。属路村乡。在屯留区人民政府驻地北7千米。人口0.24万。因王姓始居而得名。清代属北城乡宝峰里。光绪《屯留县志・坊里》:“北城乡五里:宝峰里,统九甲。王村,九甲”。1945年,属屯留县第二区。1956年,属屯留县路村乡。1958年,为屯长县路村星火人民公社王村大队。1961年,为屯留县路村乡人民公社王村大队。1984年,属路村乡。古迹纪念地奶奶庙、革命烈士魏拯民故居及省级文物保护单位崇福院金代正殿、金代敕赐崇福院建院碣等。地方名人魏拯民，王村人，1927 年加入中国共产党，1932 年赴东北，先后任中共哈尔滨道外区书记、市委书记、中共东满特委书记、中共南满省委书记兼东北抗日联军第一路军政治委员。1941 年，在吉林省桦甸县病逝。

河神庙乡［Héshénmiào Xiāng］

乡级政区名。在屯留区境中西部。东与麟绛街道接壤，南与丰宜镇为邻，西连张店镇，北接吾元镇。面积 107.02 平方千米。人口 1.76 万。辖河神庙村、圪套村、王墓岭村等 18 个行政村。乡人民政府驻河神庙村。因驻地得名。

1949 年，属屯留县第四区。1956 年，分属西故县乡、河神庙乡。1958 年，属屯长县屯留卫星人民公社。1959 年，属屯留人民公社。1961 年，属屯留县河神庙人民公社。1984 年，置河神庙乡。

地处丘陵区，绛河、西曲河、枣臻河流经。名胜古迹有屯绛八一水库风景旅游区、屯阳湾旅游度假村、西故县抗日民兵殉难地遗址、隋唐农民起义英雄王伯当落难遗址等。特产“珍珠黄”小米。309 国道过境。

河神庙村［Héshénmiào Cūn］

居民点。河神庙乡人民政府驻地。在屯留区人民政府驻地西 15 千米。人口约 900 人。因村有祭祀绛河神灵的河神庙，故名。清代属南城乡吴寨里。光绪《屯留县志·坊里》：“南城乡五里：吴寨里，统八甲。河神庙，六甲”。地处绛河南岸。古建筑有清代广济桥等。2019 年，店上村并入河神庙村。309 国道经此。

王墓岭村［Wángmùlǐng Cūn］

居民点。属河神庙乡。在屯留区人民政府驻地西南 15 千米。人口约 800 人。因岭上有传说中的隋唐英雄王伯当墓，故名。清代属南城乡崔郭里。光绪《屯留县志·坊里》：“南城乡五里：崔郭里，统九甲。王墓岭，三甲”。古迹有王伯当古墓、王伯当庙遗址。民间有王伯当的传说。2019 年，辛庄村、枣庄村 2 个村并入王墓岭村。309 国道经此。

潞城区［Lùchéng Qū］

县级行政区。在长治市境东北部。东与平顺县相连，南与长治市潞州区接壤，西与襄垣县毗邻，北与黎城县隔浊漳河相望。面积 614.94 平方千米。人口 21.9 万。辖黄牛蹄乡 1 个乡，店上镇、微子镇、辛安泉镇、史回镇 4 个镇，潞华街道、成家川街道、翟店街道 3 个街道，共有 20 个社区、134 个行政村。区人民政府驻潞华街道。

“潞城”一名始于隋开皇十六年（596 年）所置潞城县。因春秋为潞子国，有潞子古城而得名。《左传·宣公十五年》：“六月癸卯，晋荀林父败赤狄于曲梁。辛亥，灭潞。”《水经注·浊漳水》：“潞县北。县故赤翟潞子国也。其相丰舒，有俊才，而不以茂德。

晋伯宗数其五罪，使荀林父灭之。”

秦置潞县，县治在今古城村，属上党郡。北魏太平真君十一年（450年），废入刈陵县。隋开皇十六年（596年），始称潞城县，治所在今潞华街道，属潞州。唐天祐二年（905年），改称潞子县，属潞州。五代后唐同光元年（923年），复称潞城县，属潞州。北宋属隆德府。金、元属潞州。明嘉靖八年（1529年），属潞安府。清因之。1912年，废潞安府。1913年，属中路道。1914年，属冀宁道。1927年，废道直属山西省。1937年，属山西省第五行政区。抗日战争时期，属晋冀豫边区太行区第四专区。1945年，属晋冀豫边区太行区第三专区，后属第二专区。1949年10月，属山西省长治专区。1954年，与长治县合并称潞安县。1961年，恢复潞城县，属晋东南专区。1967年，属晋东南地区。1983年，属长治市。1994年4月26日，撤县设立潞城市。2018年6月19日，国务院批准撤销潞城市，设立长治市潞城区。

辖区内政区、居民点地名专名具有以下特征：1. 以山河命名。如：潞河、河湃、漫流岭等。2. 以古迹命名。如：古城、微子镇、羌城等。3. 以姓氏命名。如：成家川、翟店、靳村等。通名多为村、庄、岭、坡、沟等常见名。

地处上党盆地东北边缘，地势南北高，西南与东部低。东部多为山区，中部多为平川，西部多为丘陵。主要山脉有马鞍山、卢医山、禹王山、大禹山、最高峰大禹山，海拔为1316.1米，最低点辛安村浊漳河河谷，海拔616米。名胜古迹纪念地有辛安原起寺、东邑龙王庙、李庄文庙、李庄武庙、合室遗址、省级风景名胜区卢医山森林公园、北村八路军总部旧址、神头之战纪念园、潞城市烈士陵园、石梁烈士陵园等。地方特色民间艺术有社火、上党落子、扛桩、晃杆、踩跷、旱船、龙灯、竹马、狮子舞、擢、打花棍等。潞城市上党落子被列为国家级非物质文化遗产名录。潞城市民间社火、西流村王家乐户被列为山西省非物质文化遗产名录。2022年12月，“潞城区”地名入选为山西省首批地名文化遗产千年古县名录。

潞华街道［Lùhuá Jiēdào］

乡级政区名。潞城区人民政府驻地。在区境西南部，东与辛安泉镇、微子镇为邻，东南与成家川街道接壤，西南与翟店街道相连，西北与史回镇毗邻，北与黎城县上遥镇交界。面积137.54平方千米。人口8.82万。辖东街社区、三官阁社区、西街社区等20个社区，岭后村、东贾村、侯家庄村等22个行政村。街道办事处驻中华西街181号。以在潞城区中华街命名。

1945年，属第一区；1954年，属潞城镇；1956年，属潞城乡；1958年，属中苏友好人民公社；1959年，属五一人民公社；1961年，属潞城县，设城关人民公社；1984年，撤销城关人民公社，设城关镇；1994年，属潞城市；2000年，撤销城关镇，设立潞华街道；2018年，属长治市潞城区；2021年3月，撤销合室乡，整建制并入潞华街道。

名胜古迹有文庙、西街观音庙、潞城县人民大礼堂旧址、卢医庙、潞城南关商代文化遗址、潞城市烈士陵园、卢医山森林公园。清代潞城八景中的“卢山叠翠”“天冢鸣凤”

在境内。矿产资源有石灰岩和石膏。名产贾村豆腐。邯长铁路经此设站。青兰、长治绕城高速，207、309 国道过境。

西村 [Xī Cūn]

居民点。属潞华街道。在潞华街道西北方向 1 千米。人口 0.24 万。因村庄坐落城西而得名。光绪《潞城县志 · 建置沿革考》："西乡五十五村：西村，距城二里。"名胜古迹有村北部的潞城古八景之一的"天冢鸣凤"、广济寺、禹王庙、关帝庙等。有 G22 青兰高速、G207、G309 等国道过境。

成家川街道 [Chéngjiāchuān Jiēdào]

乡级政区名。在潞城区境南部。东、南与平顺县中五井乡、北社乡交界，西邻翟店街道，西北连潞华街道，北接微子镇，东北至黄牛蹄乡。面积 77 平方千米。人口 1.99 万。辖东邑村、成家川村、神泉村等 18 个行政村。街道办事处驻东邑村。以境内成家川村命名。光绪《潞城县志 · 建置沿革考》："东乡四十九村：成家川，七里。"

1949 年，分属潞城县第一、二区。1954 年，设潞安县东邑乡。1958 年初，属长治市潞城镇。同年，属长治市中苏友好人民公社。1961 年，设东邑人民公社。1984 年 1 月，置东邑乡。2000 年 12 月，黄池乡、东邑乡合并，设立成家川街道。

名胜古迹有全国重点文物保护单位东邑龙王庙、市级文物保护单位祥井村北魏摩崖造像、潞城古八景之一"葛井寒泉"。有纪念地八路军太南办事处台东旧址。特色农业有旱地西红柿、高粱。瓦日铁路、长治绕城高速等过境。

东邑村 [Dōngyì Cūn]

居民点。成家川街道办事处驻地。在潞城区人民政府驻地东南 7 千米。人口 0.28 万。相传古名黄邑村，后演变为东邑村。光绪《潞城县志 · 建置沿革考》："东乡四十九村：东邑，十里。"著名古建筑东邑龙王庙位于村北。现存正殿为金代建筑，其余为清代遗构。2006 年，被公布为第六批全国重点文物保护单位。民俗主要有戏曲、剪纸、社火。

神泉村 [Shénquán Cūn]

居民点。属成家川街道。在潞城区人民政府驻地西南 7 千米。人口 0.18 万。因村东葛井山南半崖有一泉洞，古称"寒泉"。相传葛洪师事鲍元炼丹药于此，故又名神泉，村以泉名。光绪《潞城县志 · 建置沿革考》："东乡四十九村：神泉，十五里。"民俗文化主要有戏曲、剪纸、社火。葛井山上的"葛井寒泉"为潞城古八景之一。相传为东晋医学家、炼丹术家葛洪炼丹处。文物古迹主要有关帝庙、李卫公庙、观音庙、奶奶庙。

翟店街道 [Zháidiàn Jiēdào]

乡级政区名。在潞城区境西南部。东邻成家川街道，南、西与潞州区老顶山镇、长北街道交界，北接潞华街道。面积 49.5 平方千米。人口 1.69 万。辖崇道村、贾村村、南舍村等 13 个行政村。街道办事处驻翟店村。因驻地得名。

1945 年，属第六区。1946 年至 1953 年，属第五区。1954 年至 1957 年，属潞城镇。1958 年，属中苏人民友好公社。1959 年，属南垂人民公社。1961 年至 1984 年，属潞城县，称崇道人民公社。1984年，撤销崇道人民公社，称潞城县崇道乡。1994年，属潞城市。2000年，撤销崇道乡，设立新的翟店镇。2018年，属长治市潞城区。2021年，撤销翟店镇，设立翟店街道。

地方民俗完整保留了上党地区古老的赛社文化、乐户文化、傩戏文化。其中贾村迎神赛社活动继承了乐户吹奏、傩戏表演等传统内容，以及下清、迎神、头赛、正赛、末赛的全过程，是宋元以来赛社文化的珍贵遗存。20世纪80年代，在贾村一带发现明万历初年手抄本《周星乐图》，即《迎神赛社礼节传簿四十曲宫调》。2006年6月，贾村民间社火被列入首批国家级非物质文化遗产保护名录。农业主产蔬菜。工业以食品、电力科技、建材为主。邯长铁路、207国道过境。

翟店村 [Zháidiàn Cūn]

居民点。翟店街道办事处驻地。在区政府驻地潞华街道西南6.6千米。人口0.29万。因翟姓始居，地处驿道多开客店而得名。明万历《潞城县志》载为“平原乡翟店铺”，为当时十二铺司之一。清康熙年间《潞城县志》载为翟店里。光绪《潞城县志·建置沿革考》：“南乡四十村：翟店，十里。”民间艺术有戏曲、社火。古建筑纪念地有大禹庙、关帝庙、奶奶庙、清代民居、革命烈士纪念碑等。207国道过境。

西天贡村 [Xītiāngòng Cūn]

居民点。全国文明村。属翟店街道。在潞城区人民政府驻地西南10千米。人口0.15万。因村在三垂冈西，地形较高，素有“淹了大禹垴，淹不了天宫村”之说。相传原名“天宫”，后分为东、中、西三村。清道光间将改为今名。光绪《潞城县志·建置沿革考》：“南乡四十村：西天贡，十五里。”古迹有关帝庙、三嵕庙、圣芳济堂、申家祠堂、申府诰命老夫人贞节牌坊遗址。2011年12月，入选为第三届全国文明村名单。

店上镇 [Diànshàng Zhèn]

乡级政区名。在潞城区境西北部。东与潞华街道接壤，南与史回镇、潞州区黄碾镇相连，西、北依周王山、陆台山、文王山与襄垣县侯堡镇、王桥镇交界。面积84平方千米。人口2.95万。辖店上村、河湃村、枣臻村等20个行政村。镇人民政府驻店上村。因驻地得名。

1949年，属潞城县第四区。1954年，设潞安县店上乡。1958年，属长治市黄碾人民公社。1961年，划入长治市黄碾区。1964年，属潞城县，设店上人民公社。1984年1月，置店上镇。2000年12月，石窟乡并入店上镇。

浊漳河流经。境内北村有八路军总部旧址、中共中央北方局旧址、北村抗日军政大学旧址等纪念地。1938年10月25日至1939年7月8日，八路军总部参谋部和中共中央北方局进驻北村，驻扎256天，后转移到武乡县砖壁村。2006年，被公布为第六批全国重点文物保护单位。太焦铁路、太原—长治省道过境。

店上村 [Diànshàng Cūn]

居民点。店上镇人民政府驻地。在潞城区人民政府驻地西北16千米。人口0.42万。原名“东河湃村”，清改今名。因古时开设店铺得名。光绪《潞城县志·建置沿革考》：

“西乡五十五村：店上，三十五里。”古迹有祖师阁。民俗文化主要有戏曲、剪纸、社火。太焦铁路经此设站。太原—长治省道经此。

河湃村 [Hébài Cūn]

居民点。属店上镇。在潞城区人民政府驻地西北 16 千米。人口 0.18 万。因浊漳南源河水流经，水波相击而得名。明《潞城县志》载河湃铺是潞城十二铺司之一。光绪《潞城县志·建置沿革考》：“西乡五十五村：河湃，三十五里。”河湃村附近有八路军总司令部北村旧址、邱壁阁、枣臻娲皇宫、温村玉皇庙、龙化寺、宋村观音堂等古迹纪念地。地方特产有熬脑大葱、土豆、大凤丸、潞城甩饼、潞酒等。潞宝煤焦铁路经此。

微子镇 [Wēizǐ Zhèn]

乡级政区名。在潞城区境东部。东连黄牛蹄乡，南邻成家川街道，西与潞华街道相接，北至辛安泉镇。面积 77 平方千米。人口 2.1 万。辖秦家山村、冯村、贾街村等 18 个行政村。镇人民政府驻微子村。

1945 年至 1953 年，属第二区。1954 年，属潞城镇。1958 年，属中苏友好人民公社。1959 年，属五一人民公社。1961 年，属潞城县，称微子镇人民公社。1984 年，撤销微子镇人民公社，微子镇。1994 年，属潞城市。2000 年，撤乡并镇，微子镇和漫流河乡合并，称微子镇。2018 年，属长治市潞城区。

古迹纪念地有神头之战纪念园、比干岭村三仁祠。三仁祠又名“比干庙”，是当地民众祭祀商代微子、比干、箕子而建的祠堂。潞城古八景之一的“微子清风”即此。每年农历七月十九举行传统的比干岭庙会。产核桃、蔬菜。矿产资源有煤、石膏等。是通往冀、鲁、豫三省的交通枢纽，素有“上党东大门”之称。邯长铁路经此设站。长治绕城高速，207、309 国道，河口—潞城省道过境。2022 年 12 月，“微子镇”地名入选为山西省首批地名文化遗产千年古镇名录。

微子村 [Wēizǐ Cūn]

居民点。微子镇人民政府驻地。在潞城区人民政府驻地东 7.5 千米。人口 0.57 万。因相传为商代微子所居故地而得名。光绪《潞城县志·金石记》收录金代杨汉卿《重修微子庙记》：“上党北五十里地曰‘微子’。自前古立祠于此。山下有故墟曰‘宋城’，世传商微子昔居焉。”光绪《潞城县志·建置沿革考》：“东乡四十九村：微子镇，十五里。”文物古迹有古刻碑、重修关帝庙碑、九仙庙、明代焉有桥。有每年正月二十三举办的微子镇传统添仓会，会期三天，迎神赛社，隆重热烈。有“微子镇，靠山羣，不闹十五闹添仓”的民谣。添仓会起源于古代祭祀三嵕神的原始信仰，后发展演变为文化娱乐，物资交流的盛会，届时晋、冀、鲁、豫四省客商云集古镇，每天赶会的人逾数万，被誉为“太行第一会”。长邯铁路、长治绕城高速公路、G207、G309 国道、河口—潞城省道过境。

辛安泉镇 [Xīnānquán Zhèn]

乡级政区名。在潞城区境东北部。东与黎城县西仵乡隔漳河相望，南与微子镇为邻，西与潞华街道毗连，北依马鞍山与黎城县上遥镇接壤。面积 87 平方千米。人口 1.4 万。

辖石梁村、续村、南马村等 14 个行政村。镇人民政府驻石梁村。以华北第二大岩溶性泉辛安泉命名。

1946 年至 1953 年，属第三区。1954 年至 1957 年，属潞城镇。1958 年，石梁乡划归黎城县，属黎城县。1961 年，属潞城县，称石梁人民公社。1984 年，撤销石梁人民公社，称潞城县石梁乡。1994 年，属潞城市。2000 年 12 月，撤乡并镇，西流乡和石梁乡合并改为辛安泉镇。

浊漳河流经，为长治市饮用水保护地。有潞城八景中的“西流晚渡”“南流涌泉”“石梁飞虹”，水势汪洋，风景优美，被誉为“潞城小江南”。名胜古迹有古城村春秋潞子国都城遗址、曲梁之战故地、潞川之战故地、潞河春秋墓群、潞子婴儿墓、上村显庆寺等。2011 年 6 月，西流村王家乐户列入山西省第三批省级非物质文化遗产名录。特产红薯、芝麻、中药材、核桃。邯长铁路，青兰高速，207、309 国道过境。

石梁村 [Shíliáng Cūn]

居民点。辛安泉镇人民政府驻地。在潞城区人民政府驻地东北 25 千米。人口 0.23 万。古名“曲梁”。为春秋古战场曲梁故地。《左传・宣公十五年》：“六月癸卯，晋荀林父败赤狄于曲梁”即此地。《后汉书・郡国志》上党郡潞县注引《上党记》：“晋荀林父伐曲梁，在城西十里，今名石梁。”光绪《潞城县志・建置沿革考》：“北乡七十八村：石梁，四十里。”地处浊漳河谷底。古迹纪念地有石梁东周文化遗址、石梁东周墓群、抗日烈士纪念碑。2022 年 12 月，“石梁村”地名入选为山西省首批地名文化遗产千年古村名录。有核桃经济林。邯长铁路、青兰高速、207 国道经此。

潞河村 [Lùhé Cūn]

居民点。属辛安泉镇。在潞城市人民政府驻地东北 20 千米。人口 0.17 万。因村濒浊漳河，浊漳河古称潞水，村以河名。光绪《潞城县志・建置沿革考》：“北乡七十八村：潞河，四十里。”文物古迹有潞河东周墓群、府君庙、观漳阁、烈士亭、烽火台、奶奶庙、观音庙、五道将军庙、河神庙。有古槐，列为“017 号古槐名木”。1982 年，在潞河村清理东周土坑竖穴墓 20 座，出土有铜鼎、豆、壶、盘、罐、编钟、兵器、车马器、玉佩、璜、陶鼎、陶豆和陶壶等。其中出土有“虞侯政壶”，为罕见的有虞国名号的青铜器，现藏山西博物院。G309 国道过境。

史回镇 [Shǐhuí Zhèn]

乡级政区名。在潞城区境西北部。东邻潞华街道，南连翟店街道，西界潞州区，北至店上镇。面积 46 平方千米。人口 1.98 万。辖史回村、垂阳村、朱家川村等 17 个行政村。镇人民政府驻史回村。因驻地得名。

1946 年，属第四区。1954 年，属潞城镇。1956 年，属垂阳乡。1959 年，属五一人民公社。1961 年，属潞城县，设史迴人民公社。1984 年，撤销史迴人民公社，称潞城县史迴乡。1994 年，属潞城市。2000 年，撤乡并镇，史回乡和王里堡乡合并，称潞城市史迴乡。2018 年，属长治市潞城区。2019 年 12 月，撤销史迴乡，设立长治市潞城区史回镇。

矿产资源有石膏、石灰岩、煤等。农业主产大葱、旱地西红柿、小杂粮。工业以钢铁、混凝土、石料为主。太焦铁路经此设站。青兰高速、309 国道、太原—长治省道过境。

史回村［Shǐhuí Cūn］

居民点。史回镇人民政府驻地。在区政府驻地潞华街道西 7.1 千米。人口 0.34 万。因姓氏得名。光绪《潞城县志·建置沿革考》："西乡五十五村：史廻，十五里。"古建筑有护国龙王庙、蝗皇庙。青兰高速、309 国道经此。

垂阳村［Chuíyáng Cūn］

居民点。属史回镇。在区政府驻地潞华街道西 8 千米。人口 0.33 万。垂，为潞城市一带特有的地名用字。如"三垂岡""南垂"等，从地形分析是指山崖边，与唐宋文章中的"垂崖"含义相同。"垂阳"当以地处西平岭南麓而得名。光绪《潞城县志·建置沿革考》："西乡五十五村：垂阳，十里。"民间文艺有戏曲、扛妆等。古建筑有玉皇庙。青兰高速、309 国道经此。

黄牛蹄乡［HuángniúTí Xiāng］

乡级政区名。在潞城区境东部。东与平顺县中五井乡接壤，南与成家川街道为邻，西接微子镇，北临辛安泉镇。面积 57 平方千米。人口 1.5 万。辖黄牛蹄村 、辛安村等 12 个行政村。乡人民政府驻黄牛蹄村。因驻地得名。

1945 年至 1953 年，属潞城县第二区。1954 年至 1957 年，属潞城镇。1958 年，属平顺县。1961 年，属潞城县，称黄牛蹄人民公社。1984 年，撤销黄牛蹄人民公社，称潞城县黄牛蹄乡。1994 年，属潞城市。2000 年 12 月，撤乡并镇，下黄乡并入黄牛蹄乡。2018 年，属长治市潞城区。

浊漳河流经。名胜古迹有全国重点文物保护单位辛安原起寺、李庄武庙和文庙 3 处。有市级文物保护单位潞城县抗日民主政府旧址、青口村靳会昌故居等。特产红缨椒。河口—潞城、李庄—东长井等省道过境。

黄牛蹄村［Huángniútí Cūn］

居民点。黄牛蹄乡人民政府驻地。在潞城区人民政府驻地东 13 千米。人口 0.19 万。又称"黄牛村"。因村西青石上有印迹如牛蹄，故以名村。明万历《潞城县志》载为黄牛村。光绪《潞城县志·建置沿革考》："东乡四十九村：黄牛村，三十里。"古建筑有关帝庙、汤王庙、天仙圣母庙、清代民居等。黄牛蹄保卫战发生于此。1940 年 10 月 26 日，日伪军到黄牛蹄村抢粮，附近几村民兵共同抵抗，击退了日伪军。地方史称为"黄牛蹄保卫战"。河口—潞城、李庄—东长井省道经此。

辛安村［Xīnān Cūn］

居民点。中国传统村落。属黄牛蹄乡。在潞城区人民政府驻地东 23 千米。人口 0.16 万。原名新安，后俗写为辛安。光绪《潞城县志·建置沿革考》："北乡七十八村：辛安，四十里。"1949 年，属潞城县第二区。1953 年，属辛安乡。1958 年，属超英人民公社。1961 年，属下黄人民公社。1984 年，属下黄乡。2000 年，属黄牛蹄乡至今。名胜古迹有原起寺、玉皇庙、辛安新石器文化遗址。原起寺位于辛安村东。创建于唐，现存大雄宝殿和青龙宝塔为宋代遗构，其余建筑为清代遗构。2001 年，被公布为第五批全国重点文物保护单位。有国家级非物质文化遗产上党落子。2016 年，入选为第四批中国传统村落名录。

土脚村 [Tǔjiǎo Cūn]

居民点。中国传统村落。属黄牛蹄乡。东距潞城区人民政府驻地 20.5 千米。人口约 400 人。原名“佛脚上村”。后因村在山麓而改今名。光绪《潞城县志・建置沿革考》：“北乡七十八村：佛脚上，三十五里。”1939 年，成立潞城县抗日民主政府。1940 年，以邯长路为界，设立潞东县抗日民主政府，机关驻土脚村。1949 年，属潞城县第二区。1953 年，属辛安乡。1958 年，属超英人民公社。1961 年，属下黄人民公社。1984 年，属下黄乡。2000 年，属黄牛蹄乡。古迹纪念地有玉皇庙、关帝阁戏台、潞城县抗日民主政府旧址等。2016 年，入选为第四批中国传统村落名录。

襄垣县 [Xiāngyuán Xiàn]

县级政区名。在长治市中部。东与黎城县相接，南与屯留区、潞城区接壤，西与沁县相连，北与武乡县毗邻。面积 1178 平方千米。人口 25.8 万。辖古韩镇、王桥镇、侯堡镇、夏店镇、虒亭镇、西营镇、王村镇、下良镇、善福镇 9 个镇。另有襄垣经济技术开发区 1 个开发区。县人民政府驻古韩镇。

“襄垣”一名始见于战国时期，赵国铸币有“襄垣”布。相传赵襄子在此筑城，故名。民国《襄垣县志・方里图》：“考襄邑始于赵襄子，故名襄垣。”

秦置襄垣县，治所在今北关村，属上党郡。汉因之。王莽改为上党亭。东汉复名襄垣，属上党郡。十六国时期，上党郡迁治襄垣县安民城，旋复治壶关。北魏延和二年（433 年），属乡郡。建义元年（528 年），置襄垣郡，郡治襄垣县。北齐废襄垣郡。北周宣政元年（578 年），于襄垣县置潞州。隋开皇三年（583 年），潞州徙治壶关。十六年，于襄垣县置韩州。大业初罢州，县属上党郡。唐武德元年（618 年），复于襄垣县置韩州，并筑新城于甘水之南，即今县城。贞观十七年（643 年），废韩州，县属潞州。宋属隆德军，后属隆德府。金属潞州。元因之。明嘉靖八年（1529 年），属潞安府。清因之。1912 年，废潞安府。1913 年，属中路道。1914 年，属冀宁道。1927 年，废道直属山西省。1937 年，属山西省第三行政区。抗日战争时期，属晋冀鲁豫边区太行区第三专区。1946 年，属太行区第二专区。1949 年，属山西省长治专区。1958 年 9 月，襄垣县与沁县合并为襄沁县，后沁源县又并襄沁县，改名沁县。县人民政府驻沁县县城。原襄垣县称沁东。1959 年 9 月，恢复襄垣县，属晋东南专区。1967 年，属晋东南地区。1985 年，属长治市至今。

辖区内政区、居民点地名专名具有以下特征：1. 以山岭命名。如：西山底、马鞍山、马岭堖等。2. 以河流命名。如：南漳村、阳泽河村、西河底等。3. 以姓氏命名。如：张家庄、杜村、赵村等。4. 以历史遗迹命名。如：东故县、城底村、寨头等。政区地名通名多为村、庄、岭、坡、沟等常见名。有部分角、畔、堖，多指黄土地形地貌。

地处上党盆地北部，东、北、西三面山地，均属太行山脉。中部低平向南部敞开，属长治盆地北端。最高点伟回山海拔 1719.8 米（主峰海拔 1725 米）；最低点合河口，海拔 791.1 米。浊漳西源、浊漳南源、浊漳北源在县境汇流，属海河水系。

有全国重点文物保护单位昭泽王庙（古韩镇）、永惠桥、五龙庙、灵泽王庙、文庙、昭泽王庙（郭庄村）等 6 处。有省级重点文物保护单位石勒城遗址、仙堂山古建筑群 2 处。有市级重点文物保护单位 16 处。有国家级 4A 级旅游景区仙堂山。地方特色民间艺术有襄垣鼓书、襄垣秧歌、车流秋、踩高跷、扛妆、赶旱船等，襄垣鼓书、后羿射日神话、襄垣手工挂面制作技艺、连氏手指算法被列入国家非物质文化遗产。2022 年 12 月，“襄垣县”地名入选为山西省首批地名文化遗产千年古县名录。

与地名“襄垣”相关的社会应用有：襄垣鼓书、襄垣秧歌。

襄垣鼓书：又称鼓儿词、襄垣调。为晋东南传统说唱艺术。起源于襄垣县境，流行于上党地区。起源年代无考。相传清乾隆初年襄垣县盲艺人成立三皇会，形成民间团体进行演出传播，并在曲调上不断丰富和改革。演出形式是以木架支鼓，演唱者操挎板、鼓箭击节，另一人操老胡或二胡伴奏。唱腔有慢板、快板两种。2008 年 6 月 7 日，襄垣鼓书被列入第二批国家级非物质文化遗产名录。

襄垣秧歌：也称武乡秧歌。为流行于武乡、襄垣一带的传统戏曲。流行于山西晋东南一带的传统戏曲剧种。源起无文字记载，据相传清初由夯歌演变而成。清咸丰年间，艺人田维等组织自乐班、同乐会等半职业社团。在发展中受梆子剧种影响，唱腔分慢板、快板、数板。行当比较齐全。

历史名人有明代翰林刘龙、开国大校栗光祥等。东晋名僧法显相传为襄垣县人。

古韩镇 [Gǔhán Zhèn]

乡级政区名。襄垣县人民政府驻地。在县境东南部。东界黎城县上遥镇，南邻王桥镇、侯堡镇，西连夏店镇，北接善福镇。面积 138.5 平方千米。人口 8.66 万。辖永安社区、朝阳社区、长兴社区等 6 个社区，西堖头村、石灰窑村、阳泽河村等 37 个行政村。镇人民政府驻府前路 296 号。因襄垣县在隋代为韩州治所，故有古韩之称。在禹时代，襄垣属冀州之域，到虞舜时，为并州之地；春秋时归属黎国；战国初，赵、韩、魏三家分晋，襄垣始属韩国，后归赵国，因而历史上有古韩之称。镇政府驻地在此，故名。

1949 年，属襄垣县第一区。1956 年，设城关乡。1959 年，设城关人民公社。1984 年，置城关镇。2000 年 12 月，城关镇与八里庄乡合并，置古韩镇。

漳河南源、漳河西源、西南漳河流经。名胜古迹有襄垣文庙、昭泽王庙、永惠桥、崇福寺、五龙庙、东岳庙、王家庄慕容将军庙、东湖、凉楼、森林公园等。其中襄垣文庙位于镇境朝阳社区，现仅存大成殿为元代遗构。2006 年，被公布为全国重点文物保护单位。工业以煤炭、化工为主。太焦铁路经此设站。太原—长治省道过境。

东关村 [Dōngguān Cūn]

居民点。属古韩镇。在襄垣县人民政府驻地东 1 千米。人口 0.17 万。因村处县城东门外，故名东关。古迹有东关汉墓群、关帝庙。

王桥镇 [Wángqiáo Zhèn]

乡级政区名。在襄垣县境东南部。东界黎城县上遥镇，南连潞城区店上镇，西与侯堡镇接壤，北与古韩镇相邻。面积 92.64 平方千米。人口 3.4 万。辖五阳煤矿社区 1 个社区，王桥村、洛江沟村、西山底村等 14 个行政村。镇人民政府驻五阳岭阳光大街 1 号。因原驻地在王桥村而命名。

1949 年，属襄垣县第二区。1956 年分属郭庄乡、原庄乡。1959 年 8 月撤乡，成立王桥人民公社。1984 年，置王桥镇。2000 年 12 月，原庄乡并入。

浊漳河南源、浊漳河西源流经。名胜古迹有昭泽王庙、王桥村关帝庙、玄帝庙、五阳村行宫庙、上王村歇马店、东山底村府君庙等，昭泽王庙为全国重点文物保护单位。太焦铁路经此设站。太原—长治省道过境。

五阳村 [Wǔyáng Cūn]

居民点。王桥镇人民政府驻地。在襄垣县人民政府驻地东南 8 千米。人口 0.2 万。因在五阳山麓而得名。乾隆《重修襄垣县志·山川》："五阳山，县南十五里，五峰高耸，日出光照，故名之。"《里镇》"南门外村"载名"五阳"。古迹纪念地有五阳汉代陶窑址、五阳村行宫庙、五阳烈士纪念碑。

东山底村 [Dōngshāndǐ Cūn]

居民点。属王桥镇。全国文明村。在襄垣县人民政府驻地南 10 千米。人口约 800 人。因在鹿台山下偏东，故名。乾隆《重修襄垣县志·里镇》"南门外村"载名"东山底"。有农业观光智能化育苗大棚。古迹有东山底村府君庙。2011 年 12 月，入选为第三届全国文明村名单。

侯堡镇 [Hóubǔ Zhèn]

乡级政区名。属襄垣县。在县境南部。东邻王桥镇、潞城区店上镇、潞州区西白兔镇，南界屯留区渔泽镇，西、北连夏店镇、古韩镇。面积 80.29 平方千米。人口 3.65 万。辖潞南社区、潞北社区 2 个社区，侯堡村、常隆村、段河村、东周村、西周村、东元垴村、桥上村、苏村、高家岩村、任家岭村等 19 个行政村。镇人民政府驻侯堡村府前街 194 号。因驻地得名。

1946 年，属襄垣第三区。1948 年，属襄垣第八区。1953 年，属常隆乡，1958 年 8 月，属常隆人民公社。1984 年，置侯堡镇。淤泥河流经。有东山、周王山等。二广高速、208 国道、沁县—长治省道过境。

侯堡村［Hóubǔ Cūn］

居民点。侯堡镇人民政府驻地。在襄垣县人民政府驻地西南 16 千米。人口 0.16 万。因此地依山傍水，易守难攻，曾为列国诸侯国边界御敌之堡，故名。乾隆《重修襄垣县志·里镇》“南门外村”载名“侯堡”。古迹有清代建筑余粮寺。

邕子村［Yōngzi Cūn］

居民点。属侯堡镇。在襄垣县人民政府驻地西南 20 千米。人口 0.1 万。原名为“雍子村”，因雍子河（今淤泥河）流经而得名。传因村民避清朝“雍正”讳，取谐音改村名为“邕子”。乾隆《重修襄垣县志·里镇》“南门外村”载名“雍子村”。1953 年，属襄垣县第三区阎村乡。1958 年，属常隆人民公社。1984 年，为邕子行政村。2019 年，张村并入邕子行政村。古迹有明代邕子双券桥、百宝寺、文昌阁。有省级文物保护单位中共襄垣县第一支部成立旧址，旧址为百宝寺。1927 年 10 月，梁品青在此创建襄垣县第一个党支部。

夏店镇［Xiàdiàn Zhèn］

乡级政区名。在襄垣县境西南部。东邻古韩镇，东南连侯堡镇，西南与屯留区余吾镇交界，西接虒亭镇，北至王村镇。面积 162.95 平方千米。人口 2.83 万。辖夏店村、渠街村、坡底村等 40 个行政村。镇人民政府驻夏店村新建西街 3 号。因驻地得名。

1949 年，属襄垣县第三区。（1945 年，属襄垣县第七区。）1956 年，分属夏店乡、南邯乡、九庄乡，1958 年，属夏店人民公社。1984 年，置夏店镇。2000 年 12 月，九庄乡、南邯乡并入。

浊漳西源流经。有大泉山。名胜古迹有全国重点文物保护单位灵泽王庙及五龙庙、合漳大悲庙、西石李氏宅院等。灵泽王庙位于镇境太平村。创建于金大安二年（1210 年），现存正殿为金代遗构。2006 年，公布为全国重点文物保护单位。太焦铁路经此设站。二广高速、208 国道、沁县—长治省道过境。

夏店村［Xiàdiàn Cūn］

居民点。夏店镇人民政府驻地。在县政府驻地古韩镇西 14 千米。人口 0.12 万。夏姓始居，地处驿道多客店，故名。乾隆《重修襄垣县志·市镇》：“夏店镇，在县西三十里，逢双日市。”现存明代建筑碧霞元君庙。二广高速、208 国道经此。

虒亭镇［Sītíng Zhèn］

乡级政区名。属襄垣县。在县境西部。东邻夏店镇，南与屯留区吾元镇交界，西与沁县新店镇毗连，北接王村镇。面积 226.64 平方千米。人口 2.3 万。辖虒亭村、暖泉村、西底村等 37 个行政村，镇人民政府驻虒亭村 145 号。因驻地得名。

1949 年，属襄垣县第四区。1956 年，分属虒亭乡、送返乡、东岭乡，1958 年，设虒亭人民公社。1984 年，置虒亭镇。2000 年 12 月，东岭乡并入。2021 年 3 月 1 日，撤销上马乡，整建制并入虒亭镇。

地处浊漳西源川原区。主要山脉有紫岩山、凤凰山、恐龙山等。名胜古迹有宝峰寺、后湾观音堂、东城村普济禅院、黄楼北三圣庙、后湾水库国家级水利风景区等。有上党战役土落截击战遗址，是东晋高僧法显出生地。特产炝锅鱼。太焦铁路经此设虒亭站。208国道、沁县—长治省道过境。2022 年 12 月，“虒亭镇”地名入选山西省首批地名文化遗产千年古镇名录。

虒亭村 [Sītíng Cūn]

居民点。虒亭镇人民政府驻地。在襄垣县人民政府驻地西 30 千米。人口约 700 人。原名上虎亭，始见于汉代。历为上党交通要道、县西商贸大镇。明清置虒亭驿。《汉书·地理志》上党郡：铜鞮县有上虒亭。《旧五代史·周书·太祖纪》：“壬辰，潞州奏，巡检使陈思让、监军向训破河东贼军于虒亭。”《元丰九域志·潞州》：“襄垣县，有虒亭镇。”乾隆《重修襄垣县志·市镇》：“虒亭镇，在县西六十里。今为虒亭驿。逢单日市。”有红脸烧饼和枷圪旯等特产。

原名铁梁城，城周山高林茂狼虫虎豹经常出没伤人。春秋时晋文公手下大将分兵围猎，根除虎患。将铁梁城改名虎亭。晋封地时为大夫羊舌赤食邑，羊舌认为其名与羊不利，逐在虎上加了二刀，改名虒亭。

当地有“崔生遇虎”的传说，曾载入清代褚人获的笔记小说《坚瓠集》：“崞县崔韬之任祥符，道过虒亭。夜宿孤馆。见一虎入门。韬潜避梁上。虎脱皮变美妇。即枕皮睡。韬下取皮投井中。妇醒失皮。向韬索之。韬佯不知也。因纳为妻。抵任生二子一女。及官满复过虒亭。谈及往事。妇问皮安在。韬从井中取出。妇披之复成虎。咆哮而去。”虒亭村旧有八角琉璃井，传为崔生坠虎皮处。2009 年，“虒亭崔生遇虎”的传说入选为山西省第二批非物质文化遗产名录。

土落村 [Tǔluò Cūn]

居民点。属虒亭镇。在襄垣县人民政府驻地西 40 千米。耕地面积 1273.3 亩。人口约 400 人。辖 2 个村。乾隆《重修襄垣县志·里镇》：“西门外村”载名“土落”。地处浊漳西源南岸。1945 年，上党战役期间，阎锡山军彭毓斌部除大部分被晋冀鲁豫军区部队消灭于老爷山，部队逃兵在土落河滩被全歼。地方史称“土落战斗”。1985 年，襄垣县人民政府在村南建立了上党战役纪念亭，2007 年，被公布为市级文物保护单位。

西营镇 [Xīyíng Zhèn]

乡级政区名。在襄垣县境东北部。东与武乡县韩北乡交界，南邻下良镇，西接王村镇，北与武乡监漳镇毗连。面积 59.84 平方千米。人口 1.1 万。辖西营村、吴北村、南漳村等 17 个行政村。镇人民政府驻西营村。因驻地得名。

1949 年，属襄垣县第五区。1953 年，设西营乡。1958 年，属下良人民公社。1961 年，设西营人民公社。1984 年，改置镇。

地处太行山麓丘陵区，浊漳北源流经。有马鞍山。抗日战争时期，为八路军总部的前哨门户和直属机关、部队的驻地。境内现存有八路军总部特务团旧址、八路军总部会昌校旧址、八路军总部军法处旧址、八路军三漳口会议旧址、中共北方局党政促进会旧址等纪念地。古迹纪念地有城底村石勒城遗址、南岩五龙庙、八一山烈士陵园、西营文昌阁、沙庵寺摩崖造像、西营永庆堂酒作坊等。特产有灌肠（后改称“官尝”）、干饼、积肉、手工挂面。

西营村［Xīyíng Cūn］

居民点。西营镇人民政府驻地。在襄垣县人民政府驻地北 27 千米。人口 0.27 万。相传后赵石勒曾于此屯兵，故名。乾隆《重修襄垣县志·市镇》：“西营镇，在县北四十五里。与武乡界接。二、五、七、十日市。”位于浊漳北源河谷平川。历史上是襄垣县、武乡县之间的商贸集镇。抗日战争时期，为八路军总部的前哨门户和太行根据地的军事经济中心。古迹有龙王庙、文昌阁、关帝庙等。特产枣糕、灌肠（后改称“官尝”）、干饼等。

城底村［Chéngdǐ Cūn］

居民点。属西营镇。在襄垣县人民政府驻地北 28 千米。人口 0.12 万。原名石勒城。因后赵石勒在此筑城积粟，城高村低，故名。乾隆《重修襄垣县志·古迹》：“石勒城，在县北五十里城底村。石勒攻上党筑之以积刍米，基址犹存。”位于浊漳北源东岸。有省级文物保护单位石勒城遗址。

王村镇［Wángcūn Zhèn］

乡级政区名。在襄垣县境西北部。东邻下良镇，西界沁县沁州黄镇，南连善福镇，北接武乡县上司乡。面积 141.05 方千米。人口 1.47 万。辖王村、下庙村、史属村等 20 个行政村。镇人民政府驻王村。因驻地得名。

1949 年，属襄垣县第六区。1958 年属王村人民公社。1961 年，分属史北人民公社、龙王堂人民公社、王村人民公社。1984 年，置王村镇。2000 年 12 月，史北乡、龙王堂乡并入，设王村镇。地处太行山麓丘陵区，史水河流经。境内有襄垣县抗日政府旧址、襄垣县抗日政府独立营旧址、八路军 385 团、386 团团部旧址、朱德路居等纪念地。二广高速、太原—长治省道过境。

王村［Wáng Cūn］

居民点。王村镇人民政府驻地。在襄垣县人民政府驻地西北 21 千米。人口 0.14 万。因王姓始居而得名。相传因元朝时蒙古人统治此地，设有一王，号称“百里王”，故名。乾隆《重修襄垣县志·里镇》：“北门外村”载名“王村”。古迹纪念地有观音堂、襄垣县第六区烈士纪念碑等。

下良镇［Xiàliáng zhèn］

乡级政区名。在襄垣县境东北部。东邻武乡县韩北乡，南与善福镇接壤，西与王村镇相连，北与西营镇、武乡县监漳镇为邻。面积 172.05 平方千米。人口 1.6 万。辖下良村、上良村、李庙坡村等 24 个行政村。镇人民政府驻下良村西街 210 号。因驻地得名。

1949 年，属襄垣县第五区。1954 年，设下良乡。1958 年，设下良人民公社。1984 年，置下良乡。2000 年 12 月，下良乡、强计乡合并，置下良镇。

地处太行山西麓，有韩王山、仙堂山。史水河、浊漳河流经。现存古建筑 60 余处，古城址 3 处，古寨址 2 处，古陶窑 5 处。境内仙堂山景区为国家级 4A 级旅游景区，是集自然风光、佛教文化、人文景观和休闲度假为一体的旅游胜地。名胜古迹纪念地有：化成寺、天齐庙、龙山寨遗址、上良烈士碑、石雕菩萨像、水碾二仙庙、东邯郸墓群、桃花庵、曹家坪烈士碑、襄垣县干部扩大会议旧址、西故县烈士纪念碑、子房沟瓷窑址、东故县遗址、青南关帝庙、潘王墓、栗氏家庙、段堡石龛、刘氏家族墓地、龙天都庙遗址、化岩角山佛教岩画、苗家庄民居等。

下良村 [Xiàliáng Cūn]

居民点。下良镇人民政府驻地。在襄垣县人民政府驻地东北 17 千米。人口约 900 人。相传原名梁村，后演变为下良、上良两村。相传因战国时郑国大夫良宵因国亡曾寓居此地，取名良村，只因其北之村提出良霄先到他处，后到此，也要称良村，后冠以方位，故称下良。乾隆《重修襄垣县志・里镇》："北门外村"载名"下良"。古迹有下良夏商文化遗址、明代化成寺、关帝庙、天齐庙、龙山寨等。

东故县村 [DōnggùXiàn Cūn]

居民点。属下良镇。在襄垣县人民政府驻地北 19 千米。人口约 200 人。北魏建义元年（528 年）于此置五原县，属襄垣郡。北齐废。后名为故县，与西故县相对，故名东故县。《魏书・地理志》："五原，建义元年分乡郡之铜鞮置。"乾隆《重修襄垣县志・里镇》："北门外村"载名"东故县"。地处史水河北岸。古迹有东故县东周文化遗址、东周墓群。有煤炭资源。

肖家垛村 [Xiāojiāduò Cūn]

居民点。属下良镇。在襄垣县人民政府驻地东北 20 千米。耕地面积 494.5 亩。人口约 219 人。因姓氏得名。相传原住肖、刘二家，到明朝，因刘家出了兵部尚书刘龙，刘姓排挤肖姓，肖姓无奈，搬迁它乡，得名肖家躲，后来为了不伤刘家之面，改"躲"为垛。乾隆《重修襄垣县志・里镇》："北门外村"载名"萧家垛"。地处浊漳北源西岸。为明代名臣刘龙故里。村中有刘龙纪念馆。村旁有刘氏家族墓地，现存石阙、刘龙神道碑、刘夔神道碑、刘凤仪神道碑。光绪《山西通志》："尚书刘龙墓，在（襄垣）县东北萧家垛。"历史人物刘龙（1476—1553），字舜卿，襄垣人。明弘治十二年（1499 年）己未科进士。官至资政大夫、南京吏部尚书、兵部尚书。卒赠太子太保，谥文安。著有《紫岩集》。

善福镇 [Shànfú Zhèn]

乡级政区名。在襄垣县境东部。东邻黎城县上遥镇，南连古韩镇，西至夏店镇、王村镇，北与下良镇毗连。面积 104.1 平方千米。人口 1.5 万。辖善福村、南娥村、冯村等 21 个行政村。镇人民政府驻善福村，因驻地得名。

1949 年，属襄垣县第一区。1953 年属善福乡。1958 年，属城关人民公社。1961 年，设善福人民公社。1984 年，置善福乡。2021 年 3 月 1 日，撤销善福乡、北底乡，合并设立善福镇；将原北底乡所辖的北底、东垴头、阁老凹 3 个村委会划归古韩镇管辖。地处太行山麓，浊漳北源、浊漳西源在境交汇。有松石林山、五音山、韩王垴山、北马鞍山。太原—长治省道过境。

善福村 [Shànfú Cūn]

居民点。善福镇人民政府驻地。在襄垣县人民政府驻地西北 10 千米。人口 0.16 万。原名善佛，后演变为今名。乾隆《重修襄垣县志 · 里镇》：“北门外村”载名“善福”。古迹有善福新石器文化遗址、玉皇庙。

上丰村 [Shàngfēng Cūn]

居民点。属善福镇。距县政府驻地古韩镇 6 千米。人口 0.19 万。因居民的希冀，向往丰收而得名。乾隆《重修襄垣县志 · 里镇》：“北门外村”载名“上丰”。古迹有上丰瓷窑址、明代玉皇庙。

平顺县 [Píngshùn Xiàn]

县级政区名。在长治市境东部。东与河南省林州市交界，南与壶关县、长治市潞州区相连，西与潞城区接壤，北与黎城县、河北省涉县毗邻。面积 1550 平方千米。人口 11.5 万。辖青羊镇、龙溪镇、石城镇、苗庄镇、玉峡关镇 5 个镇，西沟乡、阳高乡、北耽车乡、东寺头乡、虹梯关乡、北社乡 6 个乡。县人民政府驻青羊镇。

“平顺”县名始于明嘉靖八年（1529 年），陈卿农民暴动被剿灭后，析潞城、壶关、黎城 3 县地，取“太平顺化”之义置平顺县，治所青羊里，即今县城，属潞安府。乾隆《潞安府志》收录明代唐龙《潞安府记》：“遂疏请以，诏称可赐府名曰‘潞安’，内附以‘长治县’，青羊置县曰‘平顺’。兵备涖府，若县以按察司副使领其职，是皆安之而已。”

清乾隆二十九年（1764 年），平顺县废入潞城县。1912 年 5 月，置平顺乡，属潞城县。1914 年 1 月，分置平顺县，属中路道。6 月，属冀宁道。1927 年，废道直属山西省。1937 年，属山西省第五行政区。抗日战争初期，分置平南县、平北县，平南治所城关村，平北治所回源头村，属太行区太南专区。1941 年 8 月，属晋冀鲁豫边区太行区第四专区。1942 年，平南县、平北县合并，复置平顺县，仍属之。1945 年 11 月后，历属晋冀鲁豫边区太行区第三专区、第二专区。1949 年，属山西省长治专区。1958 年 11 月，壶关、平顺两县合并称壶关县，县治平顺县城关，属晋东南专区。1959 年 7 月，恢复原平顺县，属晋东南专区。1967 年，属晋东南地区。1985 年，属长治市至今。

辖区内政区、居民点地名的专名具有以下特征：1. 以山河命名。如：青羊镇、河南滩、西山南底等。2. 以井泉命名。如：水泉洼、上井村、西井等。3. 以姓氏命名。如：秦家崖、路家口、苗庄等。4. 以历史遗迹命名。如：碑滩、杏城、关南等。政区地名的通名多为村、庄、岭、坡、沟等常见名。最有特色的通名是“峧”，如老申峧、赵家峧等，方言指沟中平地。

地处太行山南段，地势高峻，呈东南高西北低，以山地丘陵为主。最高点风子岭海拔 1876.3 米；最低点石城镇马塔村浊漳河谷海拔 396.4 米。有全国重点文物保护单位龙门寺、淳化寺、佛头寺、大云院、金灯寺石窟、回龙寺、天台庵、九天圣母庙、明惠大师塔、夏禹神祠、西青北大禹庙、北社大禹庙，北社三嵕庙，北甘泉圣母庙等 14 处。省级重点文物保护单位红梯关铭 1 处，市级重点文物保护单位 10 处，有省级爱国主义教育示范基地 1 处。有中国传统村落 11 个。

地方特色民间艺术有上党落子、上党梆子、潞安大鼓、评书、莲花板、八音会、踩高跷、耍龙灯、跑旱船、狮子舞等。北社乡的“独辕四景车赛会”被列入国家非物质文化遗产名录；东庄的“刮街”、白杨坡的“转九曲”“传统棉花组织技艺”被列入山西省非物质文化遗产名录。浊漳河过境。境内青峰壁立，峡谷深幽，具有得天独厚的山水风光，旅游资源丰富，有风景名胜区太行水乡风景区、通天峡风景区、天脊山风景区、神龙湾风景区。其中通天峡风景区为国家级 4A 旅游景区。有西沟红色旅游、生态旅游、农家乐等特色旅游资源。

历史名人有全国劳动模范、连任 12 届全国人大代表的申纪兰。

青羊镇 [Qīngyáng Zhèn]

乡级政区名。平顺县人民政府驻地。在县境中西部，东接虹梯关乡、东寺头乡，南连西沟乡、壶关县晋庄镇、集店乡，西与苗庄镇、北社乡毗邻，北与北耽车乡、潞城区黄牛蹄乡接壤。面积 232 平方千米。人口 4.25 万。辖彩凤社区、青羊社区、紫东社区 3 个社区，车厢沟村、城关村、崇岩村等 30 个行政村。镇人民政府驻城关村。因青羊山得名。乾隆《平顺乡志·山水记》：“青羊山，平顺乡北城所倚也。平顺旧志：‘青羊山，以形似名，植柏青翠。’”民国《平顺县志·乡里》：“乾隆二十九年裁县时所存二十三里，今仍之，名称如左：青羊里，因在青羊山下，故名。”

明清置青羊里。民国属第一区。1949 年，属平顺县第一区。1956 年，设城关镇。1958 年，属红旗人民公社。11 月，属壶关县城关人民公社。1960 年，复属平顺县。1984 年，置城关镇。2000 年，与羊井底乡合并，改置青羊镇。2021 年，中五井乡并入青羊镇。

主要河流有平顺河、王庄河、老马岭河等。有白皮松、黄璐珍贵名木和桧柏、龙爪槐、雪松、云杉等风景树 30 余种。矿产资源有石膏等。特产核桃、苹果、黄梨等。工业以新能源、制药、石料加工为主。青兰高速、341 国道、河口—潞城省道过境。

城关村 [Chéngguān Cūn]

居民点。青羊镇人民政府驻地。面积 6.41 平方千米。人口 0.28 万。民国开始，大量县城建立乡镇建制，而且多无城名，县城所在地一般都冠以“城关镇”，县城所在之村称为“城关村”，新中国成立后，依照习惯村名沿用至今。明嘉靖八年（1529 年），依山建城。城周二里，辟南、东二门。南门上建迎薰楼，门额“太行一障”。十二年，砖砌东门，上建对育楼，额题“旸谷重熹”。南门外建有关厢，关厢西建门一座，路通壶关、长治；关厢东建门一座，路通潞城、黎城、林县、涉县。清乾隆间，平顺县废后城池渐毁。1917 年，恢复平顺县后又重建县城。抗日战争初期，平南县抗日政府驻城关村。1942 年，为平顺县抗日政府驻地。1949 年，设城关行政村，为平顺县第一区驻地。1956 年，为城关镇驻地。1958 年 11 月，为城关人民公社驻地。后为城关镇、青羊镇人民政府驻地。名胜古迹有东山头汉文化遗址、周公泉、青羊山公园、彩凤山公园、明平顺县城墙遗址等。

羊井底村 [Yángjǐngdǐ Cūn]

居民点。属青羊镇。在平顺县人民政府驻地西南 15 千米。人口 0.2 万。原名羊井铺，为清代驿铺。后村子扩展至山下，因名羊井底。光绪《潞城县志・建置沿革考》载名“羊井铺”。有清华航空工业园区。是著名的“上党梨乡”。青兰高速经此。古迹纪念地有玉皇庙、羊井底烈士碑。地方名人有全国林业、农业劳动模范武侯梨。村中有武侯梨故居。

龙溪镇 [Lóngxī Zhèn]

乡级政区名。在平顺县境西南部。东与杏城镇接壤，南与壶关县石坡乡相连，西邻壶关县晋庄镇，北接西沟乡。面积 91 平方千米。人口 1.7 万。辖龙镇村、南脑村、白家庄村、北坡村等 13 个行政村。镇人民政府驻龙镇。因驻地得名。

1949 年，属平顺县第二区。1956 年，设龙镇乡。1958 年，属金星人民公社。1959 年，属壶关县西沟人民公社。1960 年，复属平顺县。1971 年，分设龙镇人民公社。1984 年，置龙镇。2000 年 12 月，更名为龙溪镇。因龙镇村古名“龙溪镇”，故名。古建筑有龙溪清代民居、消军岭大觉寺遗址、新城双秀桥、观音堂等。

龙镇村 [Lóngzhèn Cūn]

居民点。国家森林乡村、全国文明村。龙溪镇人民政府驻地。在平顺县人民政府驻地南 18 千米。人口 0.25 万。原名“龙溪村”。因有龙溪流经，故以溪命村。清初为晋豫间商贸重镇，因称“龙溪镇”。后简为“龙镇”。民国《平顺县志・区村略》：“第二区第一主村龙溪镇，三十里。”有矿业、免烧砖、马铃薯淀粉等加工企业。特产党参。2019 年 12 月，入选为第一批国家森林乡村名单。2020 年 11 月，被授予第六届全国文明村称号。

石城镇 [Shíchéng Zhèn]

乡级政区名。在平顺县境东北部。东与河南省安阳市林州市任村镇接壤，南与虹梯关乡毗邻，西与阳高乡相接，北与河北省邯郸市涉县固新镇交界。面积 156.8 平方千米。人口 1.2 万。辖石城村、豆口村、东庄村等 18 个行政村。镇人民政府驻石城村。因驻地得名。

1949 年，属平顺县第三区。1956 年，设石城乡。1958 年，属前进人民公社。1959 年，属壶关县石城人民公社。1960 年，属平顺县石城人民公社。1984 年，置石城镇。2000 年，王家庄乡并入。

浊漳河流经。有水电站 8 处。有全国重点文物保护单位龙门寺。有省级非物质文化遗产平顺转九曲。有中国历史文化名村东庄村、岳家寨村。有白杨坡村、豆口村、东庄村等中国传统村落。特产大红袍花椒、核桃、柿子等。工业以水力发电、粮食加工为主。服务业以运输、商贸、旅游为主。瓦日铁路、河口—潞城省道过境。

石城村 [Shíchéng Cūn]

居民点。石城镇人民政府驻地。在平顺县人民政府驻地东北 60 千米。人口 0.82 万。相传原名“石勒城”，因后赵石勒筑城贮粮于此得名。清代置石城里。明弘治《黎城县志・闾里志》：“二乡，旧名漳源。在城之南凡三都十一里，计二十七村：石城。”乾隆《平顺乡志·山水记》："平顺分归之里十二：曰石城。"《嘉庆一统志》："石城，在潞城县东北一百二十里。今为石城里。旧传石勒筑此以贮粮。"民国《平顺县志·乡里》："乾隆二十九年裁县时所存二十三里，今仍之，名称如左：石城里，在县东七十里。因石勒筑城贮粮于此，故名。"特产花椒、石榴、核桃等。为县东北部晋、冀、豫三省农副土特产重要集散地。古迹纪念地有石城汉文化遗址、观音堂、烈士纪念碑。河口—潞城省道经此。其中包含全国著名古建筑龙门寺（原名法华寺），创建于北齐武定二年（550年），北宋太平兴国年间赐额为龙门寺。现存建筑山门（天王殿）为金代遗构、大雄宝殿为宋代遗构、西配殿为五代遗构、东配殿为明代遗构、燃灯佛殿为元代遗构，其余建筑均为清代遗构。龙门寺是国内罕见的集五代唐、宋、金、元、明、清六朝木构建筑于一寺的建筑群。1996年，被国务院公布为第四批全国重点文物保护单位。

东庄村 [Dōngzhuāng Cūn]

居民点。中国传统古村落、山西省历史文化名村、中国历史文化名村、国家森林乡村。属石城镇。在平顺县人民政府驻地东北65千米。面积5.8平方千米。人口0.11万。因地处豆口村东而得名。明弘治《黎城县志·闾里志》："二乡，旧名漳源。在城之南凡三都十一里，计二十七村：东庄。"乾隆《平顺乡志·山水记》载名"东庄"。光绪《潞城县志·建置沿革考》："东庄，属窦口里。"民国属平顺县地。民国《平顺县志·区村略》："第三区第五主村东庄，八十二里。"1949年，属平顺县第三区。1956年，属石城乡。1958年，属前进人民公社。1959年，属石城人民公社。1984年，属石城镇至今。地处晋、冀、豫三省交界处，与红旗渠隔河相望。村庄历史悠久，古代风貌保存完整。村内遗存明清古建筑有明代观音堂、清代河神庙、真武阁、清代民居等。2012年，入选为第一批中国传统古村落名录。2017年1月，入选为第五批山西省历史文化名村。2019年1月，入选为第七批中国历史文化名村。2019年12月，入选为第一批国家森林乡村名单。

白杨坡村 [Báiyángpō Cūn]

居民点。中国传统村落、全国文明村、山西省3A级乡村旅游示范村。属石城镇。在平顺县人民政府驻地东北65千米。面积1.81平方千米。人口约100人。因村旁山坡遍布白杨树而得名。民国《平顺县志·区村略》："第三区第五主村东庄，八十二里。联村有白杨坡。"1949年，属平顺县第三区。1956年，属石城乡。1958年，属前进人民公社。1959年，属石城人民公社。1984年，属石城镇至今。村中特色民俗活动"平顺转九曲"被列入山西省第三批非物质文化遗产代表作项目。土特产品有花椒、柿子等。2014年，被列入第三批中国传统村落名录。2017年11月，被授予第五届全国文明村称号。2020年11月，被确定为山西省第二批3A级乡村旅游示范村。

上马村 [Shàngmǎ Cūn]

居民点。中国传统村落。属石城镇。上马村属石城镇马塔村的合并村。东北距平顺县人民政府驻地76千米。东与河南省林州市交界，北与河北省涉县交界。面积2.96平方千米。人口约200人。以马姓始居而得名。后以位置分为上马、东马。民国《平顺县志·区村略》：

“第三区第七主村马塔，一百里。联村有上马。”1949 年，属平顺县第三区。1956 年，属石城乡。1958 年，属前进人民公社。1959 年，属石城人民公社。1984 年，属石城镇至今。村庄有玉皇庙、金华庙、朝阳庵遗址、清代民居等古建筑。特产花椒、杏等。2014 年，被列入第三批中国传统村落名录。

岳家寨村 [Yuèjiāzhài Cūn]

居民点。中国传统村落、山西省历史文化名村、中国历史文化名村、全国乡村旅游重点村。属石城镇。在平顺县人民政府驻地西南 65 千米。面积 4.3 平方千米。人口约 100 人。原名下石壕。民国《平顺县志 · 区村略》载名“下湿沟”。相传岳飞遇害后，族人从河南汤阴至此建村。2010 年，为了弘扬传统文化，又以村中多岳姓，更名为岳家寨村。1949 年，属平顺县第三区。1956 年，属石城乡。1958 年，属前进人民公社。1959 年，属石城人民公社。1984 年，属石城镇至今。村庄建于崇山峻岭之中，保留有“石街、石墙、石板房，石磨、石炕、石水缸”的原始村落风貌，被誉为“世外桃源”。特产花椒、梨等。2012 年，被列入第一批中国传统村落名录。2017 年 1 月，入选为第五批山西省历史文化名村。2019 年 1 月，入选为第七批中国历史文化名村。2021 年 8 月，入选为第为三批全国乡村旅游重点村名单。

源头村 [Yuántóu Cūn]

居民点。属石城镇。在平顺县人民政府驻地东北 60 千米。面积 2.492 平方千米。人口约 300 人。因在河流发源处，故名。民国《平顺县志 · 区村略》：“第三区第一主村石城镇，七十里。联村有源头村。”新中国成立之后，随行政体制变化，1958 年，公社化时期，为源头大队，属石城人民公社管辖，1984 年，改制为源头行政村，属石城镇人民政府管辖至今。辖前源头自然村。有全国重点文物保护单位龙门寺，创建于北齐武定三年，现存山门为金代遗构，大雄宝殿为宋代遗构，西配殿为五代遗构、东配殿为明代遗构，燃灯佛殿为元代遗构，其余为清代遗构。特产有核桃、花椒、杏。南邻河潞公路，交通便利。

黄花村 [Huánghuā Cūn]

居民点。中国传统村落、山西省历史文化名村。属石城镇。在平顺县人民政府驻地东北 72 千米。面积 26.67 平方千米。人口约 800 人。因村在黄花沟中而得名。乾隆《平顺乡志 · 山水记》载名“黄花”。光绪《潞城县志 · 建置沿革考》：“黄花，属石城里。”1949 年，属平顺县第三区。1956 年，属石城乡。1958 年，属前进人民公社。1959 年，属石城人民公社。1984 年，属石城镇至今。村位于晋、冀、豫三省交界处，自古为出豫、冀入晋要道。现存古建筑有元代奶奶庙、清代关帝庙、龙王庙、三教堂、清代民居等。自然景观有龙口吐水、石谷龙门、金灯流油、幡杆圣脑、五檀闹槐、透灵石碑、菩萨迎宾、峭壁石佛等景点。2016 年 12 月，被列入第四批中国传统村落名录。2017 年 1 月，入选为第五批山西省历史文化名村。

豆峪村 [Dòuyù Cūn]

居民点。中国传统村落。属石城镇。在平顺县人民政府驻地东北 65 千米。面积 9.3

平方千米。人口约 600 人。原名窦峪，因有窦建德墓和纪念窦建德的夏王祠而得名。后为好写改名“豆峪”。乾隆《平顺乡志·山水记》：“窦峪有夏王祠，相传窦建德墓所在。”光绪《潞城县志·建置沿革考》：“豆峪，属窦口里。”1949 年，属平顺县第三区。1956 年，属石城乡。1958 年，属前进人民公社。1959 年，属石城人民公社。1984 年，属石城镇至今。村中有清代建筑药王庙、龙王庙、窦王庙、文昌阁、清光绪年间举人刘日增故居、1942 年刘伯承路居等。2016 年，被列入第四批中国传统村落名录。

蟒岩村 [Mǎngyán Cūn]

居民点。中国传统村落。属石城镇。现为石城村的合并村。在平顺县人民政府驻地东北 67 千米。面积 3.7 平方千米。人口约 200 人。因山岩水蚀剥落，远望如蟒而得名。民国《平顺县志·区村略》：“第三区第一主村石城镇，七十里。联村有蟒岩。”1949 年，属平顺县第三区。1956 年，属石城乡。1958 年，属前进人民公社。1959 年，属石城人民公社。1984 年，属石城镇至今。村庄民居、道路均以石砌成，并保留了清代原始风貌。古建筑有五龙爷庙。特产花椒、柿子等。2016 年，被列入第四批中国传统村落。

豆口村 [Dòukǒu Cūn]

居民点。中国传统村落。属石城镇。在县人民政府驻地青羊镇东北 27 千米。人口 0.16 万。有张六顺宅院，现存为明代遗构。有赵作霖故居，一二九运动期间，赵作霖领导了天津地区学生的运动。有观音堂、关帝庙、奶奶庙、圣原庙戏台、水峪庵、土地庙等明清建筑遗构。有桃子、梨子、茅菜、草菇、桑葚等特产。2019 年 6 月，被列入第五批中国传统村落名录。省道潞林线经此。

恭水村 [Gōngshuǐ Cūn]

居民点。中国传统村落。属石城镇。在县人民政府驻地青羊镇东北 29 千米。人口约 170 人。因山形、瀑布、河流组合起来非常形象的“恭”字而得名。有关帝庙、观音堂、文昌阁、修路碑等清代建筑遗构。2019 年 6 月，被列入第五批中国传统村落名录。

老申峧村 [Lǎoshēnjiāo Cūn]

居民点。中国传统村落。属石城镇。在县人民政府驻地青羊镇东北 24 千米。人口约 230 人。有老申峧龙王庙、老申峧烈士碑，皆为清代建筑遗构。保持着太行山区山坡梯田精耕细作的传统农业种植方式。2019 年 6 月，被列入第五批中国传统村落名录。

流吉村 [Liújí Cūn]

居民点。中国传统村落。属石城镇。在县人民政府驻地青羊镇东北 29 千米。人口约 100 人。因村东后沟有泉水长年不断而得名滴流，后人认为这个景象代表吉祥，后演变为今名。保留着太行山区传统居住形态。2019 年 6 月，被列入第五批中国传统村落名录。

牛岭村 [Niúlǐng Cūn]

居民点。中国传统村落。属石城镇。在县人民政府驻地青羊镇东北 30 千米。人口约 350 人。因大山名金牛岭而得名。保留着太行山区传统居住形态。有干果、花椒等特产。2019 年 6 月，被列入第五批中国传统村落名录。

青草凹村 [Qīngcǎoāo Cūn]

居民点。中国传统村落。属石城镇。在县人民政府驻地青羊镇东北 30 千米。人口约 200 人。有青草凹火龙王庙、青草凹春秋阁，皆为清代建筑遗构。2019 年 6 月，被列入第五批中国传统村落名录。

窑上村 [Yáoshàng Cūn]

居民点。中国传统村落。属石城镇。在县人民政府驻地青羊镇东北 30 千米。人口约 150 人。因该村地形像梯形，底下多煤窑而得名。保留着太行山区传统居住形态。2019 年 6 月，被列入第五批中国传统村落名录。

遮峪村 [Zhēyù Cūn]

居民点。中国传统村落。属石城镇。在县人民政府驻地青羊镇东北 28 米。人口约 360 人。该村古时是山西通往河南的古道山口，叫隘峪口，后绿树成荫，改为遮峪口。有雪花龙王庙、郭宅宗庙、三圣寺、龙王庙等清代建筑遗存。2019 年 6 月，被列入第五批中国传统村落名录。

苇水村 [Wěishuǐ Cūn]

居民点。中国传统村落。属石城镇。在县人民政府驻地青羊镇东北 29 千米。人口约 110 人。相传南宋民族英雄岳飞后人居此。2019 年 6 月，被列入第五批中国传统村落名录。

苗庄镇 [Miáozhuāng Zhèn]

乡级政区名。在平顺县境西部。东与青羊镇接壤，南连壶关县集店乡，西、北与北社乡为邻。面积 33.61 平方千米。人口 0.93 万。辖苗庄村、西安善村、东安善村等 10 个行政村。镇人民政府驻苗庄村。因驻地得名。

1949 年，属平顺县第五区。1956 年，设立苗庄乡。1958 年，属壶关县辛村人民公社。1960 年，属平顺县羊井底人民公社。1961 年，设苗庄人民公社。1984 年，置苗庄镇。

为县粮果产区。农业主产玉米。经济作物主要有苹果、黄梨、核桃和旱地西红柿。企业以加工制造为主。有工业园区。服务业以运输、商贸为主。瓦日铁路、青兰高速、341 国道、李庄—东长井省道过境。镇境有北甘泉村元代古建筑圣母庙、南五马村元代卫公庙、西安善村东周文化遗址等。

苗庄村 [Miáozhuāng Cūn]

居民点。苗庄镇人民政府驻地。在平顺县人民政府驻地西 20 千米。人口 0.17 万。因姓氏得名。光绪《潞城县志・建置沿革考》：“所属之村并入壶关：苗庄。”民国《平顺县志・区村略》：“第一区第十九主村苗庄，三十五里。”农业主产玉米。经济作物主要有苹果、黄梨和旱地西红柿，是县西南重要农副土产集散地。古迹有洪福寺、二仙庙、三嵕庙、苗庄东周文化遗址等。青兰高速、341 国道、李庄—东长井省道过境。

北甘泉村 [Běigānquán Cūn]

居民点。属苗庄镇。在平顺县人民政府驻地西 19 千米。耕地面积 2827 亩。人口 0.23 万。主要农作物是玉米和旱地蔬菜。北甘泉村旧名为葭芦村，据《平顺县志》（康熙版）卷二记载，“葭芦里，在县西北，因里多生芦苇故名，属北干村、下社”；据《重修崇岩禅院》

碑记载，“东南有村曰假芦，假达磨折芦为渡以名村也”，后与下社村分治后，沿用原属名北干村，因当地方言，“北干村”音同“北甘泉”三字，以音见字，改称今名。民国《平顺县志·区村略》：“第一区第十七主村北甘泉，三十里。”北甘泉村九天圣母庙位于村西，现存正殿为元代遗构，其余皆为清代遗构。2013 年 5 月，北甘泉九天圣母庙被公布为第七批全国重点文物保护单位。G341 国道、瓦日铁路、207 国道和省道 S325 李东公路过境，交通便利。

玉峡关镇 [Yùxiáguān Zhèn]

乡级政区名。在平顺县境东南部。东与河南省林州市交界，南与壶关县石坡乡接壤，西与龙溪镇相邻，北与东寺头乡毗连。面积 195.4 平方千米。人口 1.1 万。辖杏城村、赵城村、黑虎村等 12 个行政村。镇人民政府驻杏城村。因驻地得名。

1949 年，属平顺县第七区。1956 年，设立杏城乡。1958 年，属协作人民公社。1959 年，属壶关县杏城人民公社。1960 年，属平顺县杏城人民公社。1984 年，置杏城乡。2000 年，杏城乡与玉峡关乡合并，置杏城镇。2021 年，杏城镇更名为玉峡关镇。

地处太行山区，最高峰风子岭海拔 1876 米。有十字河、八道水泉。有全国重点文物保护单位金灯寺石窟。矿产资源有铁、大理石、石膏。森林覆盖率 50%。特产党参、连翘等中药材。

杏城村 [Xìngchéng Cūn]

居民点。玉峡关镇人民政府驻地。在平顺县人民政府驻地东南 35 千米。人口 0.16 万。因旧有城堡，多杏树而得名。相传又名“杏花村”。民国《平顺县志·区村略》：“第二区第一四主村杏城，六十二里。”特产潞党参和紫团参、黄芩等中药材。

玉峡关村 [Yùxiáguān Cūn]

居民点。属玉峡关镇。在平顺县人民政府驻地东南 43 千米。人口约 300 人。原名玉斗崖。明代设玉峡关巡检司。清代设玉峡关汛。《明史·地理志》：“平顺县，有玉峡关巡检司。”《嘉庆一统志》：“玉峡关，在平顺县东南一百二十里。”光绪《潞城县志·建置沿革考》：“城外分汛四处：玉峡关汛，县东南七十里。地属壶关。”民国《平顺县志·兵防略》：“玉斗崖，即玉峡关。嘉靖八年设巡检，久废。”特产潞党参和紫团参、黄芩等中药材。

背泉村 [Beìquán Cūn]

居民点。属玉峡关镇。在平顺县人民政府驻地东南 48 千米。人口约 500 人。因对面阴坡有泉水，故得名背泉村。民国初，又俗写为“贝泉村”。民国《平顺县志·区村略》：“第二区第一五主村玉峡关，七十里。修志期间正值贝泉欲脱离主村，与玉峡关兴讼，临近小村谁属未定，故难附列，闾邻仍旧。”名刹金灯寺石窟位于村东。原名宝岩寺，创建于北周时期，历代重修。现存石窟开凿于明弘治、正德、嘉靖年间。寺院依崖布局，共 16 个洞窟，窟内大小造像 1000 余尊。2006 年，被国务院公布为第六批全国重点文物保护单位。特产潞党参和紫团参、连翘等中药材。

西沟乡 [Xīgōu Xiāng]

乡级政区名。在平顺县境西南部。东与东寺头乡为邻，南与龙溪镇相连，西、北与青羊镇接壤。面积63.01平方千米。人口0.77万。辖西沟村、三里湾村、石埠头村等10个行政村。乡人民政府驻西沟村。因驻地得名。

1949年，属平顺县第二区。1956年，设西沟乡。1958年10月，属金星人民公社。1959年，属壶关县西沟人民公社。1960年，属平顺县西沟人民公社。1984年，置西沟乡。

地处太行山区，平顺河流经。有全国红色旅游经典景区西沟村、廉政教育基地西沟展览馆。有省级红色文化遗址李顺达故居。是全国著名劳动模范李顺达、申纪兰、郭玉恩的故里。特产党参等中药材。

西沟村 [Xīgōu Cūn]

居民点。全国文明村、国家森林乡村。西沟乡人民政府驻地。在平顺县人民政府驻地南7千米。人口0.2万。原名“沙地栈”。后以当地地名“老西沟”改为“西沟村”。民国《平顺县志·区村略》：“第二区第九主村圪台，十里。联村有沙地栈。”东寺头村妙轮寺旧址现存元代至顺三年的《重修妙轮院并胜果院田庄之记碑》中载名有“砂地栈”。

为全国劳动模范李顺达、申纪兰的家乡。1943年，中共西沟村支部书记李顺达积极响应边区政府“组织起来”的号召，组织成立了太行山上第一个农业生产互助组，开展生产自救，交纳军粮，支援抗战。1944年，李顺达被太行区第一届群英会评为“生产互助一等英雄”。1949年以来，西沟群众凭借自力更生、艰苦奋斗的精神，变坡地为梯田、变荒山为宝山、变穷沟为富沟，让西沟发展成为富裕兴旺的新农村，被誉为“新中国农业战线的一面旗帜”。

现为全国农业旅游示范点、全国爱国主义教育示范基地、全国红色旅游经典景区。主要景点纪念地有西沟展览馆、太行之星纪念碑、李顺达互助组雕塑、李顺达纪念亭、西沟村史亭、李顺达故居、老西沟革命岩、血泪凹、创业田、李顺达墓、西沟森林公园、沙地栈公园、沙地栈小游园、古罗休闲公园等。特产核桃、花椒、苹果等。饮料品牌有“纪兰核桃露”。2005年10月，入选为第一届全国文明村名单。2009年1月，入选为第二届全国文明村名单。2019年12月，入选为第一批国家森林乡村名单。2022年12月，“西沟村”地名入选为山西省首批近现代重要地名名录。

三里湾村 [Sānlǐwān Cūn]

居民点。属西沟乡。在平顺县人民政府驻地南4千米。人口约600人。原名“川底村”，因位居山下河谷平川，故名。因作家赵树理曾在此创作长篇小说《三里湾》，于2011年改名为“三里湾村”。光绪《潞城县志·建置沿革考》载名“川底”。民国《平顺县志·区村略》：“第二区第九主村圪台，十里。联村有川底。”

为全国劳动模范郭玉恩的家乡。1951年，郭玉恩在川底村互助组的基础上试办平顺县第一个农业生产合作社，粮食产量提高。1954年，国务院授予郭玉恩全国农业战线的最高奖“爱国丰产”金星奖章。1954年，山药蛋派作家赵树理以川底村为背景，创作完成了描写农业合作化的长篇小说《三里湾》，作品中农业社长王金生的原型即郭玉恩。1958年，长春电影制片厂又根据小说《三里湾》改编摄制为喜剧电影《花好月圆》。川底村因此被称为“三里湾创作基地”，并由此改名为“三里湾村”。现有赵树理纪念馆、劳模郭玉恩塑像、知青联系站等旅游景点。

石埠头村 [Shíbùtóu Cūn]

居民点。属西沟乡。在平顺县人民政府驻地南3千米。人口约600人。因村在河边的石高地上，故名。乾隆《平顺乡志·山水记》：“石埠头、峦庄、门楼村、塔峪、寺头、菴子嘴、葛家峪七村，属青羊里。”为明代农民军首领陈卿故里。陈卿，潞城县青羊里石埠头村（今平顺县西沟乡石埠头村）人。原为潞城县衙小吏，因“欺官舞弊，枯恶不悛”之罪被判重刑，在押解中他伺机逃脱，于嘉靖三年（1524年）在青羊山中聚众起兵。经过明军数年围剿，嘉靖七年十月，陈卿被擒获处死，农民暴动方告平息。兵科给事中夏言建议在青羊山设置县治，因设立平顺县。村中现存陈氏民居，传为陈卿故宅旧地。

东寺头乡 [Dōngsìtóu Xiāng]

乡级政区名。在平顺县境东部。东邻河南省林州市石板岩乡，南接玉峡关镇，西连龙溪镇、西沟乡，北靠青羊镇、虹梯关乡。面积233平方千米。人口0.86万。辖寺头村、虎窑村、西湾村等13个行政村。乡人民政府驻东寺头村。因驻地得名。

1949年，分属平顺县第六区、第二区、第七区。1956年，设寺头乡。1958年，属英雄人民公社。1959年，属壶关县寺头人民公社。1960年，属平顺县寺头人民公社。1984年3月，更名为东寺头人民公社，旋置东寺头乡。2000年，石窑滩乡、羊老岩乡并入。

最高峰天池岭，海拔1321米。寺头河流经。矿产有方解石、石灰岩、大理石、磁铁矿等。森林覆盖率达53.1%。有国家4A级风景旅游区天脊山。明嘉靖间，陈卿农民军起兵啸聚于当地山林间，现存申河寨、马武寨、白果山、军寨等驻军山寨旧址。抗日战争初期，曾是太南区革命根据地政治、军事指挥中心。1940年至1945年，中共太行区地委、军分区驻于境内，为太行抗日根据地核心区域。特产党参等中药材。

东寺头村 [Dōngsìtóu Cūn]

居民点。国家森林乡村。东寺头乡人民政府驻地。在平顺县人民政府驻地东15千米。人口0.11万。原名“寺头村”，因村在古刹妙轮寺之前而得名。曾为寺头人民公社驻地，1984年，因与襄垣县寺头人民公社重名，在襄垣县之东，改为东寺头人民公社，驻地也随之改为“东寺头村”。民国《平顺县志·区村略》：“第二区第二八主村寺头，三十里。”

抗日战争时期，太行四专署和中共晋冀豫四地委驻寺头村长达七年，先后称中共太南特委、太南专署、中共太南地委、中共平顺地委、中共太行四地委、太行四专署，并有40多个所属单位驻扎寺头村及周边5个自然村。现存纪念地有中共太行四地委旧址、太行区第四专署旧址、十八集团军太南办事处旧址、兵工厂和银行旧址等。古迹有市级文物保护单位妙轮寺舍利塔、东寺头摩崖造像、五龙山摩崖石刻。2019年12月，入选为第一批国家森林乡村名单。

神龙湾村 [Shénlóngwān Cūn]

居民点。全国文明村、中国传统村落、全国特色景观旅游名村。属东寺头乡。东距平顺县人民政府驻地 36 千米。面积 8.7 平方千米。人口约 700 人。原名穿底沟。因村庄建在沟谷底部，四周崖壁包围，形似石井，故名。2009 年，以其神奇的地理特征，更名为神龙湾。民国《平顺县志·区村略》："第二区第二二主村穿底沟，六十五里。" 1949 年，属平顺县第二区。1956 年，属寺头乡。1958 年，属英雄人民公社。1959 年，属寺头人民公社。1962 年，属羊老岩人民公社。1984 年，属羊老岩乡。2000 年，属东寺头乡至今。

村庄周边风景秀丽，有神龙湾风景旅游区。旅游区分为祥云湖、天瀑峡、云中山、水帘洞、民俗村五大景区，主要景点有：挂壁公路、哈楼梯、清凉寨、玉龙潭、双龙戏珠大瀑布、一线天、冰冰洞等百余处景点。有神龙湾龙门寺、观音堂、红豆庄山神庙、娲皇圣母庙、玉皇庙等明清建筑。特产花椒、核桃、柿子等。2011 年 7 月，入选为第二批全国特色景观旅游名村。2014 年，被列入第三批中国传统村落名录。2017 年 11 月，授予神龙湾村第五届全国文明村称号。

虹梯关乡 [Hóngtíguān Xiāng]

乡级政区名。在平顺县境中东部。东与河南省林州市任村镇交界，南连东寺头乡，西邻青羊镇、北耽车乡，北接阳高乡、石城镇。面积 147.2 平方千米。人口 0.7 万。辖虹梯关村、梯后村、北秋房村、臭水峧村等 11 个行政村。乡人民政府驻虹梯关村。因驻地得名。

1949 年，分属平顺县第二区和第三区。1956 年，属虹梯关乡。1958 年，属飞跃人民公社。1959 年，属壶关县虹梯关公社。1960 年，属平顺县虹梯关公社。1984 年，置虹梯关乡。2000 年，苶兰岩乡并入。

地处太行山腹地，最高峰老马岭海拔 1213 米。虹霓河流经。矿产资源有石灰岩、石英岩、硅、铁等。森林覆盖率 32.3%。有全国重点文物保护单位明惠大师塔、省级重点文物保护单位虹梯关铭。有国家 4A 级旅游景区通天峡。特产党参等中药材。青兰高速过境。

虹梯关村 [Hóngtíguān Cūn]

居民点。中国传统村落。虹梯关乡人民政府驻地。在平顺县人民政府驻地东 20 千米。人口 0.15 万。原名"虹梯子"，因太行山古道石凿梯磴，盘回如虹，故名。又名"七里梯辿"。明代在此设虹梯关巡检司，因改为今名。《明史·地理志》："平顺县，东南有虹梯关、玉峡关二巡检司。"《嘉庆一统志》："虹梯关巡检司，在潞城县东北七十里。旧曰'虹梯子'，千峰壁立，径路峭狭，下临无底之壑，石磴盘回，望若虹霓。明嘉靖中设关并置巡检司。"特产花椒、核桃、党参、柴胡等。2022 年 10 月，被列入第六批中国传统村落名录。

虹霓村 [Hóngní Cūn]

居民点。中国传统村落、山西省历史文化名村、中国历史文化名村。属虹梯关乡。在平顺县人民政府驻地东北 30 千米。面积 4.04 平方千米。人口约 900 人。村庄位于河谷南、北两岸山地，为晋豫古商道必经之地。四周尖峰绝壁，虹梯关古道由此盘曲登山。原名"虹底村"，义为虹梯古道的底部。后演化为虹霓村。民国《平顺县志·区村略》："第二区第三十主村虹霓，六十里。”1949 年，属平顺县第六区。1956 年，属茉兰岩乡。1958 年，属飞跃人民公社。1959 年，属茉兰岩人民公社。1984 年，属茉兰岩乡。2000 年，属虹梯关乡至今。

村庄地处峡谷底层断裂带，虹霓河水从上游峡谷流出至此，沿断壁倾下，形成虹霓瀑布。名胜古迹有全国重点文物保护单位明惠大师塔、4A 级通天峡风景旅游区、唐代寺院海会院旧址、虹梯关碑铭等。2013 年，被列入第二批中国传统村落名录。2017 年 1 月，入选为第五批山西省历史文化名村。2019 年 1 月，入选为第七批中国历史文化名村。2020 年 11 月，被确定为山西省第二批 3A 级乡村旅游示范村。2022 年 12 月，获得“中国美丽乡村”称号。

阳高乡 [Yánggāo Xiāng]

乡级政区名。在平顺县境北部。东与石城镇毗邻，南与虹梯关相接，西与北耽车乡相连，北与黎城县程家山乡交界。面积 129.5 平方千米。人口 0.9 万。辖阳高村、车当村、奥治村等 9 个行政村。乡人民政府驻阳高村。因驻地得名。

1949 年，属平顺县第四区。1956 年，设阳高乡。1958 年，属前进人民公社。1959 年，属壶关县石城人民公社。1960 年，属平顺县石城人民公社。1961 年，设阳高人民公社。1984 年，置阳高乡。

地处太行山腹地，浊漳河流经乡境。有全国重点保护文物单位淳化寺、佛头寺、回龙寺、夏禹神祠。有中国历史文化名村奥治村。中国传统村落车当村、侯壁村、榔树园村等。特产有花椒、核桃、柿子、石榴等。瓦日铁路、河口—潞城省道过境。

阳高村 [Yánggāo Cūn]

居民点。中国传统村落。阳高乡人民政府驻地。在平顺县人民政府驻地东北 50 千米。人口 0.18 万。原名“羊羔”，相传此地朝阳高温适宜养羔羊，故名，后以谐音演变为今名。明弘治《黎城县志 · 闾里志》：“二乡，旧名漳源。在城之南凡三都十一里，计二十七村：羊羔。”乾隆《平顺乡志 · 山水记》载名“羊羔”。光绪《潞城县志 · 建置沿革考》载名“羊羔”。民国《平顺县志 · 区村略》：“第三区第十主村阳高，七十里。”著名古建筑淳化寺位于阳高村中。原有两进院落，现仅存佛殿 1 座，为金代遗构。2001 年，公布为第五批全国重点文物保护单位。盛产大红袍花椒和柿饼、核桃。工业以水力发电为主，有阳高电站。河口—潞城省道经此。2022 年 10 月，被列入第六批中国传统村落名录。

奥治村 [Àozhì Cūn]

居民点。中国历史文化名村、中国传统村落。属阳高乡。在平顺县人民政府驻地东北 40 千米。面积 19 平方千米。人口 0.12 万。相传大禹在此开河治水，“奥”古音读若“禹”，故名。光绪《潞城县志 · 建置沿革考》载名“奥治”。民国《平顺县志 · 区村略》：“第三区第一二主村奥治，六十五里。”1949 年，属平顺县第四区。1956 年，属阳高乡。1958 年，属前进人民公社。1959 年，属石城人民公社。1961 年，属阳高人民公社。1984 年，属阳高乡至今。浊漳河流经，位于 4A 级旅游景区“太行水乡”黄金地段。古建筑有全神庙、三教殿、关帝庙戏台、清代民居群等。村民多木砖雕艺人。特产花椒、棉花。2013年，被列入第二批中国传统村落名录。2014年，入选为第六批中国历史文化名村。2022年12月，“奥治村”地名入选为山西省首批地名文化遗产千年古村名录。

车当村 [Chēdāng Cūn]

居民点。中国传统村落。属阳高乡。在平顺县人民政府驻地东北45千米。面积10平方千米。人口约900人。因村前山体轮廓突出如车轮而得名。光绪《潞城县志·建置沿革考》载名“车当”。民国《平顺县志·区村略》：“第三区第一三主村车当，七十里。”1949年，属平顺县第四区。1958年，属前进人民公社。1959年，属石城人民公社。1961年，属阳高人民公社。1984年，属阳高乡至今。著名古建筑佛头寺位于村北。现仅存过殿，为宋代遗构。2006年，被公布为第六批全国重点文物保护单位。名胜古迹有月亮山、大禹岛、水上乐园、车当南山庙、车当山寨、全神庙、药王庙、清代民居群等。2019年，被列入第五批中国传统村落名录。

侯壁村 [Hóubì Cūn]

居民点。中国传统村落。属阳高乡。在平顺县人民政府驻地东北52千米。人口0.13万。因侯姓始居，旧有壁堡而得名。乾隆《潞安府志·艺文》收录明代《侯壁村重修大禹庙记》：“潞城县东去八十里许，有里曰‘侯壁’，居民聚处七十余家。”光绪《潞城县志·建置沿革考》载名“侯壁”。民国《平顺县志·区村略》：“第三区第三四主村侯壁，六十二里。”1949年，属平顺县第四区。1956年，属阳高乡。1958年，属前进人民公社。1959年，属石城人民公社。1961年，属阳高人民公社。1984年，属阳高乡至今。

古迹有著名古建筑回龙寺、夏禹神祠。回龙寺位于侯壁村边。现仅存正殿为金代遗构。殿内存清代工笔壁画。2006年，公布为第六批全国重点文物保护单位。夏禹神祠位于侯壁村中高地。现存正殿为元代遗构。2006年，被公布为第六批全国重点文物保护单位。盛产花椒。2019年，被列入第五批中国传统村落名录。

榔树园村 [Lángshùyuán Cūn]

居民点。中国传统村落。属阳高乡。在县人民政府驻地青羊镇东北17千米。人口约300人。相传因这里有榔树、活水岩，得名榔树岩，后改名榔树园。有龙王庙，现存为清代建筑遗构。有陈连壁烈士碑、陈耀庭烈士碑。有太行第四专员公署军需供应站旧址。2019年6月，被列入第五批中国传统村落名录。太行一号旅游公路经此。

南庄村 [Nánzhuāng Cūn]

居民点。中国传统村落。属阳高乡。在县人民政府驻地青羊镇东北21千米。人口约600人。有南庄烈士碑，为纪念在抗日战争及解放战争中牺牲的关许善等6位烈士而立。有龙王庙、关帝庙、观音堂等清代建筑遗构。特产花椒、核桃、杏、山桃等。2019年6月，被列入第五批中国传统村落名录。省道潞林线经此。

北耽车乡 [Běidānchē Xiāng]

乡级政区名。在平顺县境西北部。东邻阳高乡，南接虹梯关乡、青羊镇，西界潞城市黄牛蹄乡，北连黎城县程家山乡。面积173平方千米。人口0.98万。辖北耽车村、南耽车村、赤壁村、东梳村等12个行政村。乡人民政府驻北耽车村。因驻地得名。

1949年，属平顺县第四区。1956年，属北耽车乡。1958年，属灯塔人民公社。1959年，属壶关县北耽车人民公社。1960年，属平顺县北耽车人民公社。1984年，置北耽车乡。2000年12月，实会乡并入。

浊漳河流经。名胜古迹有全国重点文物保护单位大云院、天台庵。有太行水乡风景区。中国传统村落有安乐村、实会村、五曲村。有水电站5座。特产花椒、核桃、柿子、骏枣等。瓦日铁路、河口—潞城省道过境。

北耽车村［Běidānchē Cūn］

居民点。北耽车乡人民政府驻地。在平顺县人民政府驻地北35千米。人口0.11万。相传原名“担池村”，因村东、西各有水池，中间一条街道似扁担，故名。后方言谐音演变，与南耽车相对改为今名。明弘治《黎城县志 · 闾里志》：“二乡，旧名漳源。在城之南凡三都十一里，计二十七村：耽车。”光绪《潞城县志 · 建置沿革考》载名“耽车”。民国《平顺县志 · 区村略》：“第三区第二三主村北耽车，五十一里。”古建筑有观音堂、奶奶庙戏台、清代民居群等。特产花椒、柿饼。河口—潞城省道经此。

王曲村［Wángqǔ Cūn］

居民点。中国传统村落。属北耽车乡。在平顺县人民政府驻地北33千米。人口0.16万。因王姓始居，地处浊漳河湾，故名。明弘治《黎城县志 · 闾里志》：“二乡，旧名漳源。在城之南凡三都十一里，计二十七村：王曲。”光绪《潞城县志 · 建置沿革考》载名“王曲”。民国《平顺县志 · 区村略》：“第三区第一九主村王曲，五十里。”特产花椒、核桃、西瓜。全国著名古建筑天台庵位于王曲村中土丘之上。现仅存正殿，古建筑界认定为唐代遗构，是我国仅存的四座唐代木结构建筑之一，但也有人提出是五代唐时期建筑遗构的意见。院内东侧保存唐碑1通，已风化漫漶不清。1988年，天台庵被公布为第三批全国重点文物保护单位。2022年10月，被列入第六批中国传统村落名录。

实会村［Shíhuì Cūn］

居民点。中国传统村落。属北耽车乡。在平顺县人民政府驻地北28千米。人口约700人。原名“石灰村”，后以谐音雅化为今名。明弘治《黎城县志 · 闾里志》：“二乡，旧名漳源。在城之南凡三都十一里，计二十七村：石灰。”光绪《潞城县志 · 建置沿革考》载名“石灰”。民国《平顺县志 · 区村略》：“第三区第二十主村实会，五十二里。”1949年，属平顺县第四区。1956年，属北耽车乡。1958年，属灯塔人民公社。1959年，属北耽车人民公社。1961年，属实会人民公社。1984年，属实会乡。2000年，属北耽车乡至今。

浊漳河流经，村位于太行水乡景区入口处。名胜古迹有大云院、华野漂流、三国马超藏兵洞、观音堂、龙王庙。其中大云院位于实会村西北的双峰山麓。创建于五代晋天福三年（938年），初名仙岩院，宋太平天国八年（983年），敕名为大云禅寺，历代重修增建。现存弥陀殿为五代遗构。寺内存宋碑2通，明清碑7通，五代壁画28.83平方米。寺旁存七宝塔，建于后周显德元年（954 年）。1988 年，大云院被公布为第三批全国重点文物保护单位。特产花椒、核桃。水产特种养殖中华鲟，三文鱼和红鳟鱼。2019 年 6 月，被列入第五批中国传统村落名录。

安乐村 [Anlè Cūn]

居民点。中国传统村落。属北耽车乡。在县人民政府驻地青羊镇北 17 千米。人口 0.11 万。相传为纪念村里擅吹奏的“乐头”得名乐头，后因村民安居乐业改为安乐。有市级文物保护单位观音堂，现存为元代建筑。2019 年 6 月，被列入第五批中国传统村落名录。

北社乡 [Běishè Xiāng]

乡级政区名。在平顺县境西部。东邻青羊镇，南界苗庄镇、壶关县集店乡，西与潞州区老顶山街道毗连，北接潞城成家川办事处。面积 68.3 平方千米。人口 1.6 万。辖北社村、西社村、高岸村等 18 个行政村。乡人民政府驻北社村。因驻地得名。

1949 年，属平顺县第五区。1956 年，属北社乡。1958 年，属超美人民公社。1959 年，属壶关县北社人民公社。1960 年，属平顺县北社人民公社。1984 年，置北社乡。2000 年 12 月，东青北乡并入。

有全国重点保护文物单位九天圣母庙、北社三嵕庙、大禹庙、西青北大禹庙。传统民俗有每年农历三月祭祀九天圣母庙会形成的四景车大赛会。2011 年，四景车大赛会被列入第三批国家非物质文化遗产名录。有中国传统村落北社村、西社村。特产苹果、核桃。服务业以运输、商贸、旅游为主。瓦日铁路、341 国道、李庄—东长井省道过境。

北社村 [Běishè Cūn]

居民点。中国传统村落。北社乡人民政府驻地。在平顺县人民政府驻地西 15 千米。人口 0.2 万。因附近有宋代九天圣母庙，当地设有农村举办祭神社事的地方基层组织“社”，以其方位名为“北社村”。乾隆《平顺乡志・山水记》载名“北社”。光绪《潞城县志・建置沿革考》载名“北社”。民国《平顺县志・区村略》：“第一区第六主村北社镇，三十里。”

名胜古迹有三嵕庙、大禹庙。三嵕庙位于村中，现存建筑正殿为元代遗构。2013 年 5 月，公布为第七批全国重点文物保护单位。大禹庙位于村中。现存建筑正殿为元代遗构。是国家非物质文化遗产四景车发源地。农业主产玉米、谷子、大豆。为西部台地农副产品和蔬果品的销售集散地。瓦日铁路经此。2022 年 10 月，被列入第六批中国传统村落名录。

西社村 [Xīshè Cūn]

居民点。中国传统村落。属北社乡。在平顺县人民政府驻地西 16 千米。面积 2.7 平方千米。人口 0.1 万。因附近有宋代九天圣母庙，当地设有农村举办祭神社事的地方基层组织“社”，以其方位名为“西社”。乾隆《平顺乡志・山水记》载名“西社”。光绪《潞城县志・建置沿革考》载名“西社”。民国《平顺县志・区村略》：“第一区第八主村西社，三十五里。”1949 年，属平顺县第五区。1956 年，属北社乡。1958 年，属超美人民公社。1959 年，属北社人民公社。1984 年，属北社乡至今。古建筑卫公庙位于西社村东 100 米。现存正殿为元代遗构，2019 年 10 月，被公布为第八批全国重点文物保护单位名单。特产蟠桃、大枣和果品时蔬。2014 年 11 月，被列入第三批中国传统村落名录。

西青北村 [Xīqīngběi Cūn]

居民点。属北社乡。在平顺县人民政府驻地西 22 千米。人口约 600 人。与东青北村相对而名。光绪《潞城县志·建置沿革考》载名“西青北”。民国《平顺县志·区村略》：“第一区第十四主村西青北，四十里。”古建筑大禹庙位于西青北村中，现存正殿为明代遗构。庙宇整体布局完整，时代特征明显，为典型的明清建筑实例。2013 年 5 月，公布为第七批全国重点文物保护单位。盛产旱地西红柿。

东河村 [Dōnghé Cūn]

居民点。属北社乡。在平顺县人民政府驻地西 10 千米。人口 0.12 万。原名东河里。因在东峪沟最东端河沟边，故名。民国《平顺县志·区村略》：“第一区第五主村后东峪，二十里。联村有东河里。”全国重点文物保护单位九天圣母庙位于村西高地上，创建于隋代，历代重修，现存正殿为宋代遗构，献殿为元代遗构，梳妆楼为明代遗构，其它建筑皆为清代遗构。宋、元、明、清四朝建筑集于一庙，较为罕见。2001 年，被公布为第五批全国重点文物保护单位。为传统农业村。农业主产玉米，谷子。

黎城县 [Líchéng Xiàn]

县级政区名。在长治市境东北部。东邻河北省涉县，南接平顺县、潞城区，西连襄垣县、武乡县，北与晋中市左权县毗邻。面积 1113 平方千米。人口 13.4 万。辖黎侯镇、西井镇、东阳关镇、黄崖洞镇、上遥镇、洪井镇、西仵镇、程家山镇 8 个镇。县人民政府驻黎侯镇。

春秋黎侯国地。《左传·宣公十五年》：晋荀林父灭潞，“立黎侯而还”。《括地志·黎城县》：“故黎城，黎侯国也。在潞州黎城县东北十八里。”光绪《山西通志·古迹考》：“黎国，即今黎城也。”黎城县以黎侯城为名。

秦、汉为潞县地。北魏太平真君十一年（450 年）废潞县，始置刈陵县，治所在今古县村，属襄垣郡。隋开皇十八年（598 年），改名黎城县，属上党郡。唐先后属韩州、潞州。天祐二年（905 年）改名为黎亭县。五代唐复名黎城县。宋天圣三年（1025 年），县治迁至白马驿，即今县城。熙宁五年（1072 年），省入潞城县。元祐元年（1086 年），复置黎城县，属隆德府。金属潞州。贞祐三年（1215 年），属崇州。四年，复属潞州。元、明因之。嘉靖八年（1529 年），属潞安府。清因之。1912 年，废潞安府。1913 年，属中路道。1914 年，属冀宁道。1927 年，废道直属山西省。1937 年，属山西省第三行政区。抗日战争时期，属晋冀鲁豫边区太行区第四专区。1943 年，以横岭为界，析黎城为黎南、黎北两县，黎南县人民政府驻今县城；黎北县人民政府驻今南委泉村。1945 年 11 月，黎南、黎北复合为黎城县，县委、县人民政府迁驻今县城。1949 年，属山西省长治专区。1958 年，属晋东南专区。1967 年，属晋东南地区。1985 年，属长治市至今。

辖区内政区、居民点地名专名具有以下特征：1. 以山河命名。如：大岭垴、河南村、半后山等。2. 以井泉命名。如：南委泉、西井、东井村等。3. 以姓氏命名。如：乔家庄、暴家脚、李庄等。4. 以历史遗迹命名。如：石羊坟、东阳关、龙王庙等。政区、居民点地名通名多为村、庄、岭、坡、沟等常见名。有大量以方言“峧”为通名的地名，如孔家峧、老金峧等，多指沟中平地。

地处太行山脉中南段西麓，地势西北高东南低。主要山脉有广志山、板门山、茶壶山、轿顶山，最高点全榆洼顶海拔 2020 米，最低点黄崖洞镇清泉村清漳河出境口海拔 560 米。年均气温 10.3℃。年均降水量 532.5 毫米。主要河流有浊漳河、清漳河、源泉河。矿产资源有铁、钛铁、石膏、花岗石、硅等。名胜古迹有西周黎侯墓群、黎城城隍庙、长宁大庙、辛村天齐王庙、路堡龙王庙、西下庄昭泽王庙、老君庙等。纪念地有抗战三周年纪念塔、全国爱国主义教育示范基地黄崖洞兵工厂旧址。有山西省历史文化名村霞庄、中国传统村落河南村、枣镇村、东骆驼村。地方特色民间艺术有上党落子、黎侯虎、剪纸、尧的传说等。其中上党落子、黎侯虎被列入国家级非物质文化遗产；剪纸、尧的传说被列入省级非物质文化遗产。有中国历史文化名村霞庄村，中国传统村落枣镇村、长宁村、新庄村等。历史名人有西汉名将冯奉世。2022 年 12 月，“黎城县”地名入选为山西省首批地名文化遗产千年古县名录。

东阳关镇 [Dōngyángguān Zhèn]

乡级政区名。在黎城县境东部。东至河北省涉县，南至黎侯镇，西至洪井镇，北至西井镇。面积 147.1 平方千米。人口 1.7 万。辖东阳关村、火巷道村、善业村等 21 个行政村。镇人民政府驻东阳关村。因驻地得名。

1949 年，属黎城县第三区。1953 年，设东阳关乡。1958 年，属东阳关中苏人民公社。1961 年，设东阳关人民公社。1984 年，置东阳关镇。2001 年，龙王庙乡并入。

位于晋、冀、豫三省交界处，浊漳河流经。南锁太行，北扼冀中，为古代太行八陉“滏口陉”古道要隘，历为上党地区的东大门，史有“中州外翰”之称。名胜古迹有全国重点文物保护单位天齐王庙、长宁大庙，有清代黎城八景中的“壶口故关”“金牙晚照”。有中国传统村落枣镇村。长邯铁路、青兰高速、309 国道过境。

东阳关村 [Dōngyángguān Cūn]

居民点。东阳关镇人民政府驻地。在黎城县人民政府驻地东北 10 千米。人口 0.27 万。春秋晋国盂邑。魏晋以来为太行八陉“滏口陉”要隘，上党通往河北之要道。五代称“吴儿谷”，又名“吾儿谷”“吾儿峪”。明代置巡检司。后关址东迁金牙山之阳，故名“东阳关”。《左传·哀公四年》：“国夏伐晋，取邢、任、栾、鄗、逆畤、阴人、盂、壶口，会鲜虞，纳荀寅于柏人。”《旧五代史·唐书·末帝纪》：“（清泰三年冬十月）癸酉，幽州赵德钧以本军二千骑兵与镇州董温琪由吴儿谷趋潞州。”《元史·察罕帖木儿传》：“（至正十八年）乃分兵屯泽州，塞碗子城，屯上党，塞吾儿谷。”《明史·地理志》：“黎城，又东北有吾儿峪巡检司。”康熙《黎城县志·山川关津桥梁》：“东阳关，城东二十里。控武涉，吾儿峪巡检司移居者。”光绪《黎城县志·村落》：“东曰平贤乡：东阳关，二十里。”

1938年3月30日，八路军129师以三个团兵力在东阳关至涉县响堂铺之间设伏，伏击日军辎重部队取得胜利。此役史称“东阳关战斗”，亦称“响堂铺战斗”。农业主产玉米。古迹有明长城遗址、洪福寺、关帝庙、北魏造像碑、东阳关城址。长邯铁路经此设站。

枣镇村［Zǎozhèn Cūn］

居民点。中国传统村落。属东阳关镇。在黎城县人民政府驻地东北7.5千米。人口约600人。因盛产枣而得名。原名“枣臻”，后以谐音改今名。明弘治《黎城县志·闾里志》：“一乡，旧名平贤。在城之东，凡三都十里，计二十四村：枣臻。”光绪《黎城县志·村落》：“东曰平贤乡：枣镇村，二十里。”1949年，属黎城县第三区。1958年，属中苏人民公社。1961年，属东阳关人民公社。1984年，属东阳关镇至今。

1938年6月21日，刘伯承、邓小平率八路军129师师部驻枣镇村，并召开出击平汉正太线誓师大会。当时通讯文件中枣镇村保密代号为“东阳关三搌镇”。同年底，八路军129师随营学校驻枣镇村，保密代号为“桃花庄”。村中现存有古建筑三官庙、三教庙及明清民居50余处。有朱德、刘伯承、邓小平路居旧址。2016年，被列入第四批中国传统村落名录。

长宁村［Chángníng Cūn］

居民点。中国传统村落。属东阳关镇。在县人民政府驻地黎侯镇东北15千米。人口0.24万。因人们期望长久安宁的生活环境，故名。清道光元年为避其讳，改称长凝，后复名。有第七批全国重点文物保护单位长宁大庙，现存大殿为元代遗构，其余为明、清时期建筑建筑。2019年6月，被列入第五批中国传统村落名录。309国道、县道东峪线经此。

上遥镇［Shàngyáo Zhèn］

乡级政区名。在黎城县境西部。东至洪井镇、黎侯镇、西仵镇，南至潞城市辛安泉镇，西至襄垣县王桥镇、古韩镇，北至武乡县韩北镇。面积244.1平方千米。人口1.74万。辖上遥村、东社村、正社村等24个行政村。镇人民政府驻上遥村。因驻地得名。

1949年，属黎城县第四区。1953年设上遥乡。1958年，分属平头红星人民公社、上遥先锋人民公社。1961年，设上遥人民公社。1984年，置上遥镇。2001年，平头乡、柏峪乡并入。地处广志山南麓，浊漳河流经。有全国文物保护单位西下庄昭泽王庙。重要纪念地有八路军后勤部医院及制药厂、纺织厂、印刷厂、制服厂等。有中国传统村落河南村、正社村。工业以采矿为主。有2个水电站。

上遥村［Shàngyáo Cūn］

居民点。上遥镇人民政府驻地。在黎城县人民政府驻地西20千米。人口0.14万。相传原名“上峣村”，因在高山下而得名，后谐音演变为今名。明弘治《黎城县志·闾里志》：“三乡，旧名陇阜。在城之西，凡三都十一里，计二十七村：上遥。”光绪《黎城县志·村落》：“西曰陇阜乡：上遥镇，三十里。”1942 年，太行区党委为开展生产自救，组织军民建成漳北、漳南水渠，在村北渡槽上建成以刘伯承命名的“伯承桥”。桥长 20 米，宽 3.5 米。1991 年，公布为县级文物保护单位。特产羊毛、羊绒。

河南村 [Hénán Cūn]

居民点。中国传统村落。属上遥镇。在黎城县人民政府驻地西北 26 千米。面积 12.01 平方千米。耕地面积 428 亩。人口约 600 人。因村在浊漳河南岸而得名。康熙《黎城县志·沿革》载名“河南里”。光绪《黎城县志·村落》：“北曰委泉乡：河南村，六十里。”1949 年，属黎城县第四区。1954 年，属河南乡。1958 年，属先锋人民公社。1961 年，属上遥人民公社。1984 年，属上遥镇至今。村周边依山傍水，风景秀丽。1939 年 7 月 11 日，八路军总部机关和中共中央北方局从潞城县北村转移进驻村中。现存八路军总部旧址、朱德、彭德怀、左权路居旧址。有八路军总部纪念馆。2014 年，被列入第三批中国传统村落名录。

西井镇 [Xījǐng Zhèn]

乡级政区名。在黎城县境北部。东界河北省涉县，东南至东阳关镇，南连洪井镇，西与武乡县韩北镇相邻，北接黄崖洞镇。面积 246.26 平方千米。人口 2.9 万。辖西井村、东井村、岩头岭村等 35 个行政村。镇人民政府驻西井村。因驻地得名。

1949 年，属黎城县第六区。1953 年设西井乡。1958 年，属黎城县卫星人民公社。1961 年，设西井人民公社。1984 年，置西井镇。2001 年，南委泉乡、源庄乡并入。

地处太行山区，最高峰全榆洼顶海拔 2020 米。大南河、源泉河流经。有许由洗耳、舜井等神话传说。古迹纪念地有洪门寺遗址、千佛洞、彭祖庙、抗战三周年纪念塔、太行第一届群英大会旧址、抗日分校旧址、源泉烈士纪念亭等。农业主产小麦、玉米。工业主要有采矿业、铁厂、酒厂。服务业以商贸、零售为主。207 国道过境。

西井村 [Xījǐng Cūn]

居民点。西井镇人民政府驻地。在黎城县人民政府驻地北 33 千米。人口 0.4 万。因有井泉，与东井村相对为名。清代为西井镇。明弘治《黎城县志·闾里志》：“四乡，旧名玉泉。在城之北，凡三都八里，计二十六村：西井。”光绪《黎城县志·村落》：“北曰委泉乡：西井镇，七十里。”207 国道、平顺—黎城公路过境。

东骆驼村 [Dōngluòtuó Cūn]

居民点。中国传统村落。属西井镇。在黎城县人民政府驻地北 20 千米。人口约 500 人。原名攻则岡，后因村在骆驼山下，与西骆驼村相对而名。村中有明代隆庆《重修五谷神庙香亭碑记》载：“维大明隆庆六年岁次壬申二月丁巳朔越二十日，重修社庙记。古黎阳郡县北四十里，名曰攻则岡，峰发峦对朝骆驼山，下有各家一社人等居住。”光绪《黎城县志·村落》：“北曰委泉乡：东骆驼，四十里。”1949 年，属黎城县第五区。1954 年，属源庄乡。1958 年，属红旗人民公社。1961 年，属源庄人民公社。1984 年，属源庄乡。2000 年，属西井镇至今。纪念地有抗日战争时期新华日报社驻地旧址。古迹有关帝庙、五谷神庙、旱魃石、朱砂矿洞等。2016 年，被列入第四批中国传统村落名录。

南委泉村［Nánwěiquán Cūn］

居民点。山西省首批红色地名。属西井镇。在黎城县人民政府驻地西北 27 千米。耕地面积 2467 亩。人口 0.32 万。相传本名“温泉”，因村中有四季常温的泉水而命名。当地以方言谐音写为“委泉”，后分为南委泉、北委泉两村。康熙《黎城县志·沿革》：“北曰玉泉乡，今止存德化、北盛、苏村三里，共三十九村：北委泉、南委泉。”

抗日战争时期为太行革命根据地中心区之一。1943 年 10 月 31 日，太行区在黎城县北部地区设立黎北县，县抗日民主政府驻南委泉，属太行区三专区。1944 年 11 月 20 日至 12 月 7 日，太行区在南委泉村召开了“太行区第一届杀敌英雄和劳动英雄大会”，简称“太行首届群英会”“南委泉群英会”。邓小平、滕代远等参加了大会，对太行抗日根据地军民给予极大鼓舞，为太行山革命史上重要历史事件。现存纪念地有太行首届群英会大会主席台“英雄台”旧址、129 师师部旧址、129 师生产部旧址、129 师军法处旧址、新华日报办公室旧址、新华书店旧址、磁武涉林反顽斗争指挥部旧址、黎北县委旧址、黎北县民主政府旧址、太行区第一届群英会展览馆等。2022 年 12 月，入选为山西省首批红色地名。

仟仵村［Qiānwǔ Cūn］

居民点。中国传统村落。属西井镇。在县人民政府驻地黎侯镇西南 22.5 千米。人口约 260 人。原名千五，系人名，古同声字多通假，今作仟仵。有仟仵佛阁、仟仵龙王庙，现存皆为清代建筑遗构。2019 年 6 月，被列入第五批中国传统村落名录。

新庄村［Xīnzhuāng Cūn］

居民点。中国传统村落。属西井镇。在县人民政府驻地黎侯镇北 32 千米。人口约 250 人。古名土地庙，因村边有韩文公祀舍而得名，清道光十年，村中父老因感以庙名村不吉，遂更名新庄。2019 年 6 月，被列入第五批中国传统村落名录。

黄崖洞镇［HuángyáDòng Zhèn］

乡级政区名。在黎城县境北部。东与晋中市左权县相邻，南与河北省涉县、西井镇交界，北与武乡县韩北镇接壤。面积 127.1 平方千米。人口 1.46 万。辖东崖底村、南陌村、西头村等 17 个行政村。镇人民政府驻东崖底村。以全国爱国主义教育基地黄崖洞兵工厂旧址命名。

1949 年，属黎城县第六区。1953 年，分属东崖底、清泉、小寨、漆树、赤峪、赵姑 6 乡。1956 年，属东崖底红专人民公社。1961 年，属东崖底人民公社。1984 年，置东崖底镇。2001 年，改名为黄崖洞镇。

纪念地有黄崖洞兵工厂旧址、黄崖洞保卫战遗址、黄崖洞保卫战烈士墓地、纪念碑等。黄崖洞兵工厂旧址位于黄崖洞镇上赤峪村西水窑山。1939 年，八路军军工一所在此建兵工厂，称“水窑兵工厂”。1940 年春，正式制造出第一批枪械，为祝贺朱德总司令 55 岁生日，故定名为“五五式步枪”。1941 年 11 月，日军进犯黄崖洞，八路军总部特务团指战员凭借险要地形与敌血战 8 昼夜，歼敌千余人，史称“黄崖洞保卫战”。现为全国爱国主义教育基地，2006 年，黄崖洞兵工厂厂区旧址被国务院公布为全国重点文物保护单位。冀南银行小寨旧址、宽嶂旧址等为省级红色文化遗址。2022 年 12 月，黄崖洞入选为山西省首批红色地名。

东崖底村 [Dōngyádǐ Cūn]

居民点。黄崖洞镇人民政府驻地。在黎城县人民政府驻地北 45 千米。人口 0.17 万。原村庄在东山崖下，故名。康熙《黎城县志・沿革》载名“东崖底”。古迹有关帝庙等。207 国道经此。

南陌村 [Nánmò Cūn]

居民点。属黄崖洞镇。在黎城县人民政府驻地北 44 千米。人口 0.09 万。地处山谷间平地之南，陌，古人指街道，故名南陌。明弘治《黎城县志・闾里志》：“四乡，旧名玉泉。在城之北，凡三都八里，计二十六村：南陌。”古迹有大圣寺遗址等。特产核桃、柿子等。207 国道途经此村。

黎侯镇 [Líhóu Zhèn]

乡级政区名。黎城县人民政府驻地。在县境东南部。东与河北省涉县交界，南与平顺县、程家山镇、西仵镇接壤，西与上遥镇相邻，北与洪井镇、东阳关镇毗连。面积 71.1 平方千米。人口 4.7 万。辖鼓楼社区、东关社区、广邯社区等 12 个社区，上桂花村、下桂花村、南桥沟村等 22 个行政村。镇人民政府驻鼓楼街 115 号。因境内有西周黎侯墓而命名。

1949 年，属黎城县第一区。1953 年，设城关乡。1958 年，属城关五星人民公社。1961 年，设城关人民公社。1984 年，置城关镇。2001 年，城关镇、李庄乡、岩井乡合并，置黎侯镇。2021 年，将原停河铺乡靳家街行政村、七里店社区划入黎侯镇；将原黎侯镇的西洼村、正川村、坑东村、坑南村、坑西村 5 个行政村划入西仵镇；将原黎侯镇的岩井村、东下庄村、宋家庄村、岩南村 4 个行政村和董北村委会的大八山自然村划入程家山镇。

小东河流经。古迹纪念地有城隍庙、文庙、冯奉世墓、抗大六分校抗日壁画等。有国家级非物质文化遗产黎侯虎。境内七里店村为汉将冯奉世故里，有冯奉世祠、墓。历史名人冯奉世，字子明，上党郡潞县人。官至左将军，封关内侯。《汉书・冯奉世传》：“冯奉世，字子明，上党潞人也，徙杜陵。其先冯亭，为韩上党守。”产葡萄、核桃、苹果、西瓜。长邯铁路，青兰、长治—邯郸高速，207、309 国道过境。

洪井镇 [Hóngjǐng Zhèn]

乡级政区名。在黎城县境中部。东与东阳关镇为邻，南连黎侯镇，西邻上遥镇，北至西井镇。面积 128.2 平方千米。人口 1.68 万。辖洪井村、孔家峧村、横岭村等 26 个行政村。镇人民政府驻洪井村。因驻地得名。

1949 年，属黎城县第五区。1953 年，设洪井乡。1958 年，属虹光人民公社。1961 年，属洪井人民公社。1984 年，置洪井乡。2000 年，柏官庄乡并入。2021 年 3 月 12 日，撤销洪井乡、停河铺乡，合并（停河铺乡靳家街行政村、七里店社区划入黎侯镇）设立洪井镇。207 国道过境。

洪井村 [Hóngjǐng Cūn]

居民点。洪井镇人民政府驻地。在县政府驻地黎侯镇北 10 千米。人口约 700 人。清乾隆年间已有此村。因村中一水井水色混浊，似洪水不能食用，故名。光绪《黎城县志·村落》："北曰委泉乡：洪井村，二十里。"古迹有文昌阁等。207 国道经此。

孔家峧村 [Kǒngjiājiāo Cūn]

居民点。中国传统村落。属洪井镇。在县人民政府驻地黎侯镇北 15 千米。人口约 380 人。有观音阁、关帝庙、孔家峧戏台，皆为清代建筑遗构。2019 年 6 月，被列入第五批中国传统村落名录。207 国道经此。

霞庄村 [Xiázhuāng Cūn]

居民点。中国传统村落，中国历史文化名村。属洪井镇。在县人民政府驻地黎侯镇北 5.5 千米。人口约 840 人。因在苏村下方，故得名下庄，后因在白岩山前，风景独秀，借"白岩晓烟"之景，雅化为今名。有第六批省级文物保护单位八路军总部及抗大总校霞庄旧址，1939 年春天，八路军总部进驻，1940 年抗日军政大学总校（对外称黄海部）进驻。有霞庄观音堂，现存为明代建筑遗构。有文昌阁、王氏祠堂、霞庄桥、春秋阁等清代建筑遗构。2014 年，被列入第三批中国传统村落名录。2019 年，被列入第七批中国历史文化名村。207 国道经此。

西仵镇 [Xīwǔ Zhèn]

乡级政区名。在黎城县境南部。东连程家山镇，南至潞城区辛安泉镇，西邻上遥镇，北接黎侯镇。面积 29.6 平方千米。人口 1.1 万。辖坑东村、西仵村、东仵村等 13 个行政村。镇人民政府驻西仵村。因驻地得名。

1949 年，属黎城县。1953 年，设西仵乡。1961 年，属西仵人民公社。1984 年，置西仵乡。2021 年 3 月，撤销西仵乡，设立西仵镇。同时，将黎侯镇的西洼村、正川村、坑东村、坑南村、坑西村 5 个行政村和上遥镇的幸福庄行政村划入西仵镇。

浊漳河、小东河流经。有县"南大门"之称。农业主产玉米、小麦、核桃。工业以铁矿开采、冶炼为主。有西仵工业园区。

西仵村 [Xīwǔ Cūn]

居民点。西仵镇人民政府驻地。在黎城县人民政府驻地南 5 千米。人口 0.22 万。以仵姓聚居而名村，后分为西仵、东仵两村。明属漳源乡。清代置西仵铺。明弘治《黎城县志·闾里志》："二乡，旧名漳源。在城之南，凡三都十一里，计二十七村：西仵。"康熙《黎城县志·驿递铺舍》："黎铺五：曰总，在县治前；曰亭河；曰故关；曰吾儿峪；曰西仵。"工业以铁矿开采、冶炼为主。

程家山镇 [Chéngjiāshān Zhèn]

乡级政区名。在黎城县境南部。东、南界平顺县，西南接潞城区辛安泉镇，西至西仵镇，北邻黎侯镇。面积 119.8 平方千米。人口 1 万。辖风子驼村、路堡村、暴家脚村等 15 个行政村。镇人民政府驻程家山村。因驻地得名。

1949 年，属黎城县第二区。1953 年，设程家山乡。1958 年，属飞跃人民公社。1961 年，设程家山人民公社。1984 年，置程家山乡。2021 年 3 月 12 日，撤销程家山乡，设立程家山镇。将黎侯镇的岩井村、东下庄村、宋家庄村、岩南村 4 个行政村和董北行政村的大八山自然村划入程家山镇。工业有石膏矿。

程家山村 [Chéngjiāshān Cūn]

居民点。程家山镇人民政府驻地。在县政府驻地黎侯镇东南 10 千米。人口约 700 人。因程姓居多，且地处山坡，故名。光绪《黎城县志 · 村落》："南曰漳源乡：程家山，十五里。"有民间武术队。古迹有龙王庙等。特产柿子、核桃。

壶关县 [Húguān Xiàn]

县级政区名。在长治市境东南部。东与河南省林州市、辉县市接壤，南与晋城市陵川县毗邻，西与长治市潞州区、上党区为邻，北与平顺县相连。面积 1013 平方千米。人口 24 万。辖龙泉镇、百尺镇、店上镇、晋庄镇、树掌镇、大峡谷镇、集店镇 7 个镇，黄山乡、东井岭乡、石坡乡 3 个乡，另有 1 个壶关县经济技术开发区。县人民政府驻府前街 17 号。

"壶关"以古壶口关而得名。《水经注 · 浊漳水》："县有壶口关，故曰壶关。"秦汉为壶关县治在今长治市潞州区。北魏景明二年（501 年）壶关县移治于颖阳岗（今北行头村），属上党郡。隋大业三年（607 年），并入上党县。唐武德四年（621 年），复置壶关县，治所徙今高望堡，属潞州。贞观十七年（643 年），县治徙进流川，即今县城。宋属隆德府。金属潞州。元因之。明嘉靖八年（1529 年），属潞安府。清因之。1912 年，废潞安府。1913 年，属中路道。1914 年，属冀宁道。1927 年，废道直属山西省。1937 年，属山西省第五行政区。抗日战争时期，属晋冀鲁豫边区太行区第四专区。1946 年，属第二专区。1949 年，属山西省长治专区。1958 年，属晋东南专区。1958 年 11 月，与平顺县合并，仍称壶关县，县人民政府移驻平顺县城。1959 年 7 月，恢复壶关县。1967 年，属晋东南地区。1985 年，属长治市至今。

辖区内政区、居民点地名专名具有以下特征：1. 以山河命名。如：五龙山、黄山、汪流水等。2. 以井泉命名。如：四家池、天池、双井等。3. 以姓氏命名。如：崔家掌、璩家庄、晋庄等。4. 以历史遗迹命名。如：崇贤、神郊等。政区、居民点地名通名多为村、庄、岭、坡、沟等常见名。有部分"掌"的通名，如：北掌、池子掌等，多指山间小块平地。

地处太行山南段西麓，主要山脉有梯脑山、五龙山、高山寨。最高点在石坡乡双井村北部，海拔 1868.5 米，最低点在桥上乡杨家池东侧七一水电站，海拔 501.5 米。主要河流有陶清河、郊沟河、石子河等。矿产资源有煤、铁、粘土等。有国家级重点保护野生动物金钱豹、金雕、猫豹等10余种。有省级重点保护野生动物20余种。有观赏、药用等植物50余种。

名胜古迹纪念地有全国重点文物保护单位晋庄镇庄头天仙庙、黄山乡三嵕庙、树掌镇真泽二仙宫，省级重点文物保护单位东井岭乡窑洞保卫战旧址、黄山乡沙窟遗址、龙泉镇东岳庙等。有绍良遗址、万佛寺石刻、抗大一分校旧址、朱德总司令旧居、县第一次党代会旧址、常行民兵窑洞保卫战纪念馆等。有国家级4A级旅游景区太行山大峡谷旅游区。有中国传统村落芳岱村、崔家庄、西岭底村等11个。地方特色民间艺术有壶关剪纸、壶关秧歌、上党乐户壶关班社、壶关迓鼓等，上党乐户班社被列入国家级非物质文化遗产，壶关迓鼓被列入省级非物质文化遗产。2022年12月，“壶关县”地名入选为山西省首批地名文化遗产千年古县名录。

龙泉镇 [Lóngquán Zhèn]

乡级政区名。全国重点镇。壶关县人民政府驻地，由原西川底乡、五龙山乡合并。在县境西北部。东与晋庄镇、店上镇接壤，南与黄山乡相邻，西与上党区贾掌镇交界，北与集店镇毗连。面积123平方千米。人口11.3万。辖城南社区、城北社区、新南社区3个社区，南关村、东街村、西街村等51个行政村。镇人民政府驻奋进大街。因龙丽河流经而得名。

1949年，分属壶关县西庄区、黄山区。1953年，置城关乡，驻地在城关城隍庙。1958年8月，属火箭人民公社，驻地在西街村。1959年，设城关人民公社。1967年6月，驻地迁至南关村。1984年6月，置城关镇。2001年，西川底乡并入，改称龙泉镇。2021年，撤销五龙山乡，并入龙泉镇。

地处上党盆地东部边缘，地势平坦。古迹有省级重点文物保护单位秦庄村东岳庙，有四家池元代唐王庙、西归善大明寺等。2014年7月，确定为全国重点镇。2020年3月获得全省标杆乡镇党委。2021年，创建为全国文明乡镇。2021年，获得全省农村电商强镇、全县高质量发展综合绩效（发展任务）优秀奖、营商环境优秀奖。主要以产业、工商业、农业为主。

百尺镇 [Bǎichǐ Zhèn]

乡级政区名。在壶关县境西南部。东与东井岭乡接壤，南与晋城市陵川县秦家庄乡交界，西与上党区荫城镇、西火镇毗连，北与黄山乡、店上镇相邻。面积79平方千米。人口2.1万。辖百尺村、录池村、寨河村等36个行政村。镇人民政府驻百尺村。因驻地得名。

1949年，属壶关县流泽区。1956年，分属百尺乡、流泽乡、西牢乡。1958年，属钢铁人民公社。1961年，属百尺人民公社。1984年，置百尺镇。2001年，柏林乡并入。有县级文物保护单位流泽三帝观、百佛图北魏造像碑等。农业主产玉米、马铃薯。工业以煤焦、食品加工业为主。川底—荫城省道过境。

百尺村 [Bǎichǐ Cūn]

居民点。百尺镇人民政府驻地。在壶关县人民政府驻地东南20千米。人口0.17万。原名“白池”，后以谐音改今名。道光《壶关县志·村庄》：“紫团乡在县东南，计四十村：

白池。”古建筑有百尺关爷庙、祖师阁、诸神观等。农业主产蔬菜。工业以煤炭开采为主。川底—荫城省道经此。

西岭底村 [Xīlǐngdǐ Cūn]

居民点。中国传统村落。属百尺镇。在壶关县人民政府驻地南 22 千米。面积 1.92 平方千米。人口约 360 人。原名“西岭”，因位于行头岭西麓而得名。道光《壶关县志·村庄》：“紫团乡在县东南，计四十村：西岭。”1949 年，属壶关县流泽区。1956 年，属百尺乡。1958 年，属钢铁人民公社。1961 年，属百尺人民公社。1984 年，属百尺镇至今。保留有古建民居焦家大院、刘氏民宅等。2016 年，被列入第四批中国传统村落名录。

店上镇 [Diànshàng Zhèn]

乡级政区名。在壶关县境中西部。东与石坡乡、东井岭乡相邻，南与百尺镇、东井岭乡接壤，西与百尺镇、黄山乡毗连，北与龙泉镇、晋庄镇搭界。面积 97 平方千米。人口 1.6 万。辖店上村、林青庄村、王桥凹村等 38 个行政村。镇人民政府驻店上村。因驻地得名。

1949 年，属壶关县固村区。1956 年，分属店上乡、寨里乡、麻巷乡、长林乡。1958 年，属上游人民公社。1961 年，设店上人民公社。1984 年，置店上镇。2001 年，固村乡并入店上镇。有市级文物保护单位绍良夏商文化遗址、瓜掌清代民居群。长治—平城省道过境。

店上村 [Diànshàng Cūn]

居民点。店上镇人民政府驻地。在壶关县人民政府驻地东南 15 千米。人口 0.14 万。因地处古驿道，旧时多开设车马店而得名。长治—平城省道过境。

瓜掌村 [Guāzhǎng Cūn]

居民点。中国传统村落。属店上镇。在壶关县人民政府驻地东南 17 千米。人口约 590 人。因村东面山形似瓜而得名。1949 年，属壶关县固村区。1956 年，属店上乡。1958 年，属上游人民公社。1961 年，属店上人民公社。1984 年，属店上镇至今。古建筑有明代城堡墙、古官道、祖师庙、观音堂、清代民居群等。2016 年，被列入第四批中国传统村落名录。

晋庄镇 [Jìnzhuāng Zhèn]

乡级政区名。在壶关县境北部，东与平顺县交界，南与店上镇、石坡乡相邻，西与龙泉镇毗连，北与集店镇接壤。面积 102 平方千米。人口 1.5 万。辖晋庄村、十里村、北庄村等 26 个行政村。镇人民政府驻晋庄村。因驻地得名。

1949 年，属壶关县晋庄区。1956 年，分属晋庄乡、秦家庄乡、东郊乡。1958 年，属东风人民公社。1961 年，设晋庄人民公社。1984 年，置晋庄镇。2001 年，东崇贤乡并入。天仙庙位于晋庄镇庄头村东。创建于宋代，现存正殿为元代遗构，其余为清代建筑。2013 年，被公布为第七批全国重点文物保护单位。

晋庄村 [Jìnzhuāng Cūn]

居民点。晋庄镇人民政府驻地。在壶关县人民政府驻地东南 15 米。人口 0.16 万。因有晋氏聚居，故名。金代崇庆元年《晋氏墓碑记》：“传闻其始居平阳，以宦游山东官罢西归，道过壶关，东陟彼北山，乃有隐居之志，因卜筑焉，名曰‘晋庄’。”道光《壶关县志·村庄》："崇阳乡在县东，计二十六村：晋庄。"古迹纪念地有晋庄东周文化遗址、晋庄烈士碑。

东七里村 [Dōngqīlǐ Cūn]

居民点。中国传统村落。属晋庄镇。人口约 400 人。该村原属文化乡新兴七里，因在石子河东，故名东七里村。有李氏古堡民居，为清代建筑遗构。2019 年 6 月，被列入第五批中国传统村落名录。

树掌镇 [Shùzhǎng Zhèn]

乡级政区名。山西省历史文化名镇。在壶关县境南部。东与大峡谷镇接壤，南与陵川县交界，西与东井岭乡为邻，北与石坡乡毗连。面积 99 平方千米。人口 0.6 万。辖树掌村、河东村、紫泉村等 17 个行政村。镇人民政府驻树掌村。因驻地得名。

1949 年，属壶关县树掌区。1956 年，分属树掌乡、大会乡、神郊乡、翠谷乡、柏坡乡。1958 年，属翠岗人民公社。1961 年，设树掌人民公社。1984 年，置树掌镇。有全国重点文物保护单位真泽二仙宫。历史名人冯文止，字子静，号东山。树掌镇河东村人。清乾隆二十八年进士，曾任平陆教谕、河东运学教授、长子廉山书院山长。著有《东山堂集》。河东村现存冯文止故居"冯家大院"。长治—平城线省道过境。2017 年 1 月，入选为第五批山西省历史文化名镇。

树掌村 [Shùzhǎng Cūn]

居民点。中国传统村落。树掌镇人民政府驻地。在壶关县人民政府驻地东南 30.3 千米。面积 9.24 平方千米。人口 0.2 万。因村旧有大树，为小片平地，故名树掌村。1949 年，属壶关县树掌区。1956 年，属树掌乡。1958 年，属翠岗人民公社。1961 年，属树掌人民公社。1984 年，属树掌镇至今。有县级文物保护单位惠泉井、诸神观。旧为壶关县南部商贸大镇，有传统古商业街、古民居、古庙宇等遗存。2019 年 6 月，被列入第五批中国传统村落名录。

芳岱村 [Fāngdài Cūn]

居民点。中国传统村落。属树掌镇。在壶关县人民政府驻地东南 30.4 千米。面积 2.5 平方千米。人口约 380 人。原名黄柏崖、黄柏，清初以谐音雅为"芳岱"。1949 年，属壶关县树掌区。1956 年，属树掌乡。1958 年，属翠岗人民公社。1961 年，属树掌人民公社。1984 年，属树掌镇至今。1939 年夏，山西省第五行政区主任公署从长治撤退驻此，设五专署路东办事处。现存古迹纪念地有第五专署旧址、太行版《黄河日报》报社旧址及清代民居、庙宇、古道等。2014 年 11 月，被列入第三批中国传统村落名录。

神北村 [Shénběi Cūn]

居民点。中国传统村落。属树掌镇。在壶关县人民政府驻地东南 31.3 千米。人口约 970 人。因村位于神郊河畔北岸而得名。1949 年，属壶关县树掌区。1956 年，属树掌乡。1958 年，属翠岗人民公社。1961 年，属树掌人民公社。1984 年，属树掌镇至今。为上党地区二仙信仰的发祥地。古建筑有真泽二仙宫、明清民居、祠堂、庙宇等。其中真泽二仙宫位于神北村东。主体建筑当央殿为元代建筑，寝宫为明代建筑，其余为清代建筑。保存有宋碑 2 通，元碑 1 通，清代壁画 687 平方米。1939 年 7 月 1 日，抗大第一分校进驻神郊村真泽宫，也称“抗大第一分校校址”。2006 年，真泽二仙宫被公布为全国重点文物保护单位。2016 年 12 月，被列入第四批中国传统村落名录。

大会村 [Dàhuì Cūn]

居民点。中国传统村落。属树掌镇。在县人民政府驻地东南 28 千米。人口约 600 人。有县级文物保护单位大会诸神观，现存为清代建筑遗构。2019 年，被列入第五批中国传统村落名录。省道长平线经此。

河东村 [Hédōng Cūn]

居民点。中国传统村落。属树掌镇。在县人民政府驻地东南 30 千米。人口约 780 人。因地理方位而得名。有河东诸神观，现存为清代建筑遗构。2019 年，被列入第五批中国传统村落名录。县道忽东线经此。

大峡谷镇 [Dàxiágǔ Zhèn]

乡级政区名。全国乡村旅游重点镇。在壶关县境东南部。东界河南省林州市境，南接晋城市陵川县境，西邻树掌镇、石坡乡，北连平顺县境。面积 164.7 平方千米。人口 0.9 万。辖桥上村、红豆峡村、王家庄村等 27 个行政村。乡人民政府驻桥上村。因境内有国家 4A 级旅游景区太行山大峡谷而命名。

1949 年，属壶关县树掌区。1956 年，分属桥上乡、杨家池乡、梯脑山乡。1958 年，属东方红人民公社。1961 年，设桥上人民公社。1984 年，置桥上乡。2020 年 4 月，撤销桥上乡，置大峡谷镇，以原桥上乡的 13 个行政村，树掌镇的东柏坡村、西柏坡村、东脑村、紫团村、庄则上村 5 个行政村和石坡乡的下石坡村、马安驼村 2 个行政村为大峡谷镇行政区域。2021 年，撤销鹅屋乡，整建制并入大峡谷镇。

汉代羊肠坂古道经过镇境。东汉建安十一年（206 年）春，曹操征高干经此作乐府诗《苦寒行》，诗句描写了太行山羊肠坂古道的艰险环境。20 世纪 90 年代，沿古道建成太行山大峡谷风景区。景区以五指峡、龙泉峡、王莽峡和紫团山为主线，有真泽宫、紫团洞、九龙洞、云盖寺、崇云寺、万佛寺、猫路、天桥等景点。现为 5A 级景区、国家森林公园、国家地质公园，被誉为“中国十大最美峡谷”“中国县域旅游品牌旅游胜地 200 强”。服务业以旅游为主。2021 年 8 月，入选为第一批全国乡村旅游重点镇名单。

桥上村 [Qiáoshàng Cūn]

居民点。山西省 3A 级乡村旅游示范村。大峡谷镇人民政府驻地。在县政府驻地龙泉镇东南 39.3 千米。人口约 500 人。因在八泉河竖梯桥旁，故名。地处太行山大峡谷风景区腹地，以农家乐客栈等旅游服务业为主。古迹纪念地有明代青石拱桥、桥上革命烈士纪念碑。2020 年 11 月，入选为山西省第二批 3A 级乡村旅游示范村。

集店镇 [Jídiàn Zhèn]

乡级政区名。在壶关县境西北部。东与平顺县苗庄镇交界，南与晋庄镇、龙泉镇毗连，西与潞州区接壤，北与平顺县苗庄镇相邻。面积 70 平方千米。人口 3 万。辖集店村、西关壁村、东关壁村等 26 个行政村。乡人民政府驻集店村。因驻地得名。

1949 年，属壶关县西庄区。1956 年，属西庄乡。1958 年，属红星人民公社。1961 年，设西庄人民公社。1984 年，置集店乡。2001 年，辛村乡并入。2021 年，撤销集店乡，设立集店镇，同时将龙泉镇坛上村、杜家河村 2 个行政村划入集店镇。有古建筑逢善村明代天齐庙、南凰村明代九天圣母庙、集店南戏楼等。长治—平城省道过境。

集店村 [Jídiàn Cūn]

居民点。集店镇人民政府驻地。在壶关县人民政府驻地北 4 千米。人口 0.31 万。因古为粮食集贸市镇，设有骡马大店，故名。清代也俗写作“即店”。道光《壶关县志·疆域》：“经大河口村五里集店村。”《村庄》：“通润乡在县北，计一十六村：即店。”历史上有传统的东岳庙商贸庙会。古建筑东岳庙南戏楼，因建筑结构精巧，当地有“庄头的庙，常平的钟，集店的戏楼赛北京”之谚。长治—平城省道经此。

常平村 [Chángpíng Cūn]

居民点。中国美丽休闲乡村、国家森林乡村。属集店镇。在壶关县人民政府驻地东北 4.6 千米。人口 0.22 万。为吉语地名。一说因常、平两姓始居，故名。道光《壶关县志·村庄》：“崇阳乡在县东，计二十六村：常平。”工业以煤焦、炼钢、冶金、机械、电气、建材为主。有常平经济开发区。2018 年，入选中国美丽休闲乡村。2019 年 12 月，入选为第二批国家森林乡村名单。

黄山乡 [Huángshān Xiāng]

乡级政区名。在壶关县境西部。东连店上镇，南邻百尺镇，西界潞州区，北接龙泉镇。面积 56 平方千米。人口 1.5 万。辖黄山村、和乐村、上好牢村等 20 个行政村。乡人民政府驻黄山村。因驻地得名。

1949 年，属壶关县黄山区。1956 年，分属黄山乡、油坊河乡、上好牢乡。1958 年，属原子人民公社。1961 年，设黄山人民公社。1984 年，置黄山乡。2001 年，黄家川乡并入。地处丘陵区。古迹有新石器遗址、多室墓、三嵕庙、玉皇庙等。三嵕庙位于黄山乡南阳护村北。现存正殿为金代遗构，余皆清代建筑。2001 年，被公布为全国重点文物保护单位。

黄山村 [Huángshān Cūn]

居民点。黄山乡人民政府驻地。在壶关县人民政府驻地西南 12 千米。人口 0.18 万。以当地有黄山得名。道光《壶关县志·村庄》：“三老乡在县西南，计三十村：黄山。”《山川》：“黄山，在县南二十八里，递高八里，盘踞四十二里，山色黄。”有黄山佛爷庙，现仅存正殿为金代建筑遗构。三官阁、关圣阁等为清代建筑遗构。

东井岭乡 [Dōngjǐnglǐng Xiāng]

乡级政区名。在壶关县境中南部。东邻树掌镇，南界晋城市陵川县，西接店上镇、百尺镇，北邻石坡乡。面积 79 方千米。人口 1 万。辖东井岭村、郭堡庄村、高岸上村等 21 个行政村。乡人民政府驻东井岭村。因驻地得名。

1949年，属壶关县东井岭区。1956年，属郭堡庄乡。1958年，属战斗人民公社。1961年，设东井岭人民公社。1984年，置东井岭乡。2001年，常行乡并入。纪念地有省级重点文物保护单位常行村窑洞保卫战旧址。农业主产玉米、谷子、豆类。川底—荫城等省道过境。

东井岭村 [Dōngjǐnglǐng Cūn]

居民点。东井岭乡人民政府驻地。在县政府驻地龙泉镇东南25千米。人口约600人。因在井岭东，故名。道光《壶关县志·绘图》载名“东井岭”。地处太行山区。古迹有清代奶奶庙。川底—荫城省道经此。

崔家庄村 [Cuījiāzhuāng Cūn]

居民点。中国传统村落、国家森林乡村。属东井岭乡。在壶关县人民政府驻地东南35千米。人口约700人。原名“崔家”，因崔姓始居而得名。道光《壶关县志·村庄》：“紫团乡在县东南，计四十村：崔家。”1949年，属壶关县东井岭区。1956年，属郭堡庄乡。1958年，属战斗人民公社。1961年，属常行人民公社。1984年，属常行乡。2000年，属东井岭乡至今。古迹纪念地有三圣庙、清代民居群、黄沙山战役烈士墓等。2014年，被列入第三批中国传统村落保护名录。2019年12月，入选为第一批国家森林乡村名单。

石坡乡 [Shípō Xiāng]

乡级政区名。在壶关县境中北部。东与大峡谷镇接壤，南与东井岭乡、树掌镇相邻，西与晋庄镇、店上镇为邻，北与平顺县交界。面积132平方千米。人口0.6万。辖石坡村、东黄花水村、西黄花水村等17个行政村。乡人民政府驻石坡村。因驻地得名。

1949年，属壶关县东井岭区。1956年，分属石坡乡、郭家驼乡、南平头坞乡、杜家岩乡。1958年，属跃进人民公社。1961年，设石坡人民公社。1984年，置石坡乡。2001年，石河沐乡并入。纪念地有省级红色文化遗址郭家堖村朱德路居，县级文物保护单位中共壶关县第一次党代会旧址、安口村壶关县抗日政府旧址、双井村壶关县抗日政府旧址等。农业主产玉米、谷子、豆类。川底—荫城省道过境。

石坡村 [Shípō Cūn]

居民点。石坡乡人民政府驻地。在壶关县人民政府驻地东南45千米。人口0.13万。因村在石板坡上，故名。古迹有清代天仙庙。农业主产玉米、谷子。川底—荫城省道过境。

长子县 [Zhǎngzǐ Xiàn]

县级政区名。中国千年古县。在长治市境西南部。东、东南隔浊漳河与上党区相望，南、西南与晋城高平市、沁水县毗连，西与临汾市安泽县交界，西北、北与屯留区接壤，东北与潞州区相邻。面积1029平方千米。人口29.9万。辖丹朱镇、鲍店镇、石哲镇、大堡头镇、慈林镇、色头镇、南漳镇、南陈镇、宋村镇9个镇，碾张乡、常张乡2个乡。县人民政府驻丹朱镇钟楼街1号。

“长子”一名始见于《左传·襄公十八年》：“晋人执卫人石买于长子”。相传因帝尧的大儿子丹朱受封于此而得名。清光绪八年《长子县志》载“唐尧之世，封长子丹朱于境，故县名长子。”秦置长子县，属上党郡。西汉、东汉、魏、晋因之。晋太元十一年（386年），慕容永称帝，以长子为都城，国号燕，史称西燕。北魏普泰元年（531年），析县西部置乐阳县，治所在今岳阳村。北齐长子县、乐阳县俱废。隋开皇九年（589年），置寄氏县。十八年，改长子县，属上党郡。唐属潞州。宋属隆德府。金属潞州。元因之。明嘉靖八年（1529年），属潞安府。1912年，废潞安府。1913年，属中路道。1914年，属冀宁道。1927年，废道直属山西省。1937年，属山西省第五行政区。抗日战争时期，先后属晋冀鲁豫边区太岳区第七专区、第二专区、第一专区。1949年，属山西省长治专区。1958年7月，长子、屯留合并为屯长县。1959年，恢复长子县，属晋东南专区。1967年，属晋东南地区。1985年，属长治市至今。

辖区内政区、居民点地名的专名有以下特征：1. 以山河命名。如：岚水、横水、东方山等。2. 以古迹命名。如：岳阳、北高庙等。3. 以姓氏命名。如：郭村、陈家庄、崔庄等。4. 以祥瑞、希冀命名。如：崇仁、居德、同福等。

政区居民点地名的通名多为村、庄、岭、坡、沟等常见名。有部分“圪倒”的通名，如王家圪倒等，为晋东南方言，义为低洼地。

地处太岳山脉与上党盆地的过渡地带，地势西南高，东北低。主要山脉有羊头山。最高点方山海拔1646.9米，最低点宋村镇西大关村岚水河滩海拔907.1米。主要河流有漳河南源、陶清河、岚水河等。矿产资源有煤、铁、粘土、钛等。名胜古迹有法兴寺、崇庆寺、天王寺、玉皇庙、碧云寺、前万户汤王庙、崔府君庙、护国灵贶王庙、大中汉三嵕庙、伏羲庙、义合三教堂、韩坊尧王庙、长子古城址及墓地、长子文庙等。纪念地有北高庙烈士陵园。有省级风景名胜区精卫湖——白松林、北高庙水上生态园。长子鼓书、长子响铜乐器制作技艺被列入国家级非物质文化遗产。省级非物质文化遗产有上党八音会、精卫填海神话。2007年，被评为中国千年古县。2022年12月，“长子县”地名入选为山西省首批地名文化遗产千年古县名录。

“长子”相关的地名应用有：长子鼓书、长子响铜乐器制作技艺、长子炒饼。

长子鼓书是形成于山西省长治市长子县的一种曲艺说书形式。表演形式为说唱相间、以唱为主，且采用长子一带的方音表演。通常以单人敲击书鼓和简板并自拉二胡伴奏的演出居多，后来也出现有双人或多人分持不同伴奏乐器配合说唱的演出情形。唱腔为板腔体，主要板式有流水板、数板、垛板、悲板等；伴奏乐器除书鼓、简板和二胡外，还有采用竹板、板胡、低胡等的情形。2011年6月，长子鼓书被列入第三批国家级非物质文化遗产名录。

长子响铜乐器制作技艺：长子县约在唐代贞观年间即已开始制造乐器，是我国最早的响铜乐器产地之一，享有“铜乐器之乡”的美称。这里的响铜乐器锻制技艺属典型的传统手工技艺，包括熟锻、淬火、冷锻、二次定音、抛光等环节。平调大锣、蒲剧锣、开道锣等近三十种乐器产品。长子响铜乐器制作技艺主要通过口传心授方式在家族和师徒间传承，传承者需要经过长期实践才能真正掌握这一技艺。整套响铜乐器制作工艺中有很多工序（例如“千锤打锣，一锤定音”的定音技术等）完全靠手工操作完成。2008 年 6 月 7 日，长子响铜乐器制作技艺被列入第二批国家级非物质文化遗产名录。

长子炒饼是用面粉、肉丝、蒜苔、粉条加上鸡汤，配以各种佐料制成的上党传统小吃。当地民谚有云“上党炒饼在长子，长子炒饼在石哲，精工细作炉卜香，赛过宫廷八仙汤”。长子炒饼在选料上精致，制作细腻，操作流程要经过多道工序。成品具有色泽金黄，爽口不腻，质地柔软的特点。省级非物质文化遗产。

丹朱镇 [Dānzhū Zhèn]

乡级政区名。2019 中国西部百强镇。长子县人民政府驻地。在县境中东部。东与宋村镇、南漳镇相连，南与大堡头镇相邻，西与常张乡接壤，北与鲍店镇毗邻。面积 71.5 平方千米。人口 8.22 万。辖丹康社区、丹乐社区、丹和社区等 5 个社区，同富村、同旺村、同昱村等 43 个行政村。镇人民政府驻东大街 298 号。相传帝尧长子丹朱受封于此而得名。

1948 年，划为长子县第一区，1953 年，第一次划乡，成立城关乡，1956 年，改为城关镇，1958 年，改为红星人民公社，1959 年，改为长子人民公社，1962 年，改为城关人民公社，1984 年，撤销城关人民公社，设立城关镇，2000 年，撤乡并镇，将草坊乡并入，改称丹朱镇。沿用至今。

浊漳河、雍河流经。矿产资源有煤。有全国重点文物保护单位天王寺、崔府君庙、万户汤王庙等 5 处。有省级重点文物单位长子古城址、孟家庄战国墓地、长子文庙。农业主产玉米、谷子、高粱。经济作物有油料、麻皮、蔬菜等。名产河东白菜，坝里青椒，河西大蒜。工业以酿造、饲料加工为主。特产西小河南、北庄的豆腐、乔坡底的麻糖等。长治—安泽、屯留—龙泉省道过境。2020 年 9 月，入选为 2019 年中国西部百强镇。

南鲍村 [Nánbào Cūn]

居民点。属丹朱镇。在长子县人民政府驻地东南 6 千米。人口 0.2 万。因有西汉司隶校尉鲍宣墓和祠，又位于鲍庄南侧，故名南鲍。元代延祐六年《重修灵贶王庙碑》：“石匠采石局提领南鲍冯成、赵礼刊。”光绪《长子县志·古迹》：“汉司隶鲍宣墓：县东十余里有南鲍村者，汉司隶鲍公墓在焉。”光绪《长子县志·坊里》：“东乡四十八村：南鲍村，十里。”鲍宣街穿插过境。古迹有鲍宣墓、汤王庙、南鲍清代民居群。长治—安泽公路省道过境。

历史名人鲍宣（前 30—3），字子都。渤海高城（今河北盐山东南）人。西汉谏大夫，曾任司隶校尉、豫州牧。后因触怒汉哀帝下狱，又改罚髡钳刑流放长子。王莽秉政，被入狱自杀。

鲍店镇 [Bàodiàn Zhèn]

乡级政区名。在长子县境北部。东与屯留区李高乡、宋村镇相邻，南、西南与丹朱镇、常张乡接壤，西与碾张乡毗连，北与屯留区西贾乡交界。面积95平方千米。人口4.36万。辖鲍店东街村、鲍店南街村、鲍店西街村等41个行政村。镇人民政府驻南街村。因驻地得名。

1949年，为长子第五区驻地，1956年，变为鲍店乡。1958年7月，长子县、屯留县2个县合并为屯长县，10月，屯长县撤销并入长治市，成立长子、屯留联社，鲍店属屯留联社。1959年，鲍店公社回归长子管辖。1984年4月，撤销鲍店人民公社，设立鲍店镇。2000年12月，与南常乡合并，仍称鲍店镇。2021年3月，行政区划调整岚水乡并入鲍店镇，仍称鲍店镇。地处上党盆地西缘，鸡鸣水流经。古迹有鲍店东周墓群、鲍店新石器文化遗址、关帝庙、三官庙、古佛寺、清代民居群等。

光绪《长子县志·坊里》："北乡七十五村：鲍店镇，四十里，集。"鲍店镇是历史上"上党四大商镇"之一。早在明代就形成盛大的集市贸易。特别是鲍店的"九月会"为全国药材交易大会，会期历时100天，万商云集，闻名全国。清代将正月解州会、四月尧庙会、七月五台山会、九月鲍店会合称为"山西四大庙会"。现在仍保留一月九集的传统，以粮食交易为主。特产粉面、粉皮、粉条、粉丝，生产农户有800多户。屯留—长子省道经此。

南街村 [Nánjiē Cūn]

居民点。鲍店镇人民政府驻地。在长子县人民政府驻地北15千米。人口0.13万。原名"鲍店镇"，后分为鲍店南街村、鲍店北街村、鲍店东街村、鲍店西街村4个行政村。又简称南街、北街、东街、西街。因鲍姓始居，多车马店而得名。

石哲镇 [Shízhé Zhèn]

乡级政区名。在长子县境西部。东与南陈镇、常张乡相邻，南接南陈镇、晋城市沁水县境，西与临汾市安泽县接壤，北与碾张乡、常张乡毗连。面积326平方千米。人口3.83万。辖石哲西村、石哲东村、贾岭村等29个行政村。镇人民政府驻石哲东村。因驻地得名。

1949年，属长子县第四区。1956年，分属石哲乡、刁黄乡、马箭乡、横水乡、王村乡。1958年，分属晋义人民公社和壁村人民公社。1961年，属石哲人民公社。1984年4月，撤销人民公社，设立石哲镇。2000年12月，将晋义乡、岳阳乡、横水乡、王峪乡并入石哲镇。

浊漳河南源、岳阳河、两都河流经。名胜古迹纪念地有发鸠山风景区、精卫湖国家湿地公园、灵湫庙、灵湫行宫、西燕皇帝慕容永陵墓遗址、申村元代佛爷庙、长子抗日民主政府驻地旧址等。西部山区种植烤烟。长治—安泽省道过境。

石哲东村 [Shízhédōng Cūn]

居民点。石哲镇人民政府驻地。在长子县人民政府驻地西南10千米。人口0.16万。据原村西城门楼的横匾记载，该村原属一邑重镇，因村西有一河流，人们从垫着的石头块上过河。垫在河水中一块块石头块，当地人称"哲"，故以此为由起村名为石哲村，后发展为东、西两个行政村。该村位于东，故得村名为石哲东村。光绪《长子县志·坊里》："西乡八十七村：石哲镇，二十里，集。"农业主产玉米。长治—安泽公路省道经此。古建筑有灵湫北宫、清代民居群等。

慕容村［Mùróng Cūn］

居民点。属石哲镇。在长子县人民政府驻地西10千米。人口约700人。原名墓穴村，相传因西燕皇帝慕容永死后葬此而得名。后更名慕学村、晋容村。2008年，更名慕容村。光绪《长子县志·坊里》："西乡八十七村：慕学村，十五里。"有县级文物保护单位慕容永墓、观音堂、地藏殿、五谷神庙等。长治—安泽省道经此。

历史名人慕容永（？—394），字叔明，昌黎棘城（今辽宁义县）人，西燕皇帝。建武元年（386年），慕容永被推举为大都督、大将军、大单于。后据长子城即皇帝位，改元中兴。中兴九年（394年），慕容垂西征西燕，长子城破，慕容永被杀，西燕亡。

大堡头镇［Dàbǎotóu Zhèn］

乡级政区名。全国重点镇。在长子县境中南部。东与南漳镇相邻，南与慈林镇接壤，西依尧庙山与南陈镇交界，北与丹朱镇毗连。面积76.5平方千米。人口4.01万。辖大堡头村、小堡头村、南小河村等32个行政村。镇人民政府驻大堡头村。因驻地得名。

1949年，属长子县第三区。1956年，分属大堡头乡、崇仁乡、贾村乡。1958年，属长子人民公社。1961年，设大堡头人民公社。1984年4月，置大堡头乡。2000年3月，置大堡头镇。2001年3月，南郭村乡并入大堡头镇。

地处上党盆地，地势平坦，浊漳河、丹河流经。名胜古迹有全国重点文物保护单位韩坊村尧王庙、义合村三教堂。2014年7月，被确定为全国重点镇。

大堡头村［Dàbǎotóu Cūn］

居民点。大堡头镇人民政府驻地。在长子县人民政府驻地南5千米。人口0.42万。因旧有城堡，故得名堡头，后分为大堡头、小堡头两村。地处古驿道，明清置堡头铺。光绪《长子县志·坊里》："南乡八十三村：大堡头镇，十里，集。"传统农业村。古建筑有大堡头清真寺、观音庙、关帝庙、祖师庙、清代民居群等。长治—晋城、屯留—龙泉省道经此。

交里村［Jiāolǐ Cūn］

居民点。属大堡头镇。在长子县人民政府驻地东南方向6千米。人口0.18万。原名"交李"，以李姓始居，又位于浊漳河、丹河交汇处而得名，后演变为今名。元代至正十年《再修宣王庙碑》："碑阴具列赞功助缘如后：交李村崔德济。"光绪《长子县志·坊里》："东乡四十八村：交里村，十里。"浊漳河、丹河流经。传统农业村。长子—下霍县道过境。

慈林镇［Cílín Zhèn］

乡级政区名。在长子县境东南部，东与潞州区东和乡为邻，南与色头镇接壤，西与晋城市高平市交界，西北与南陈镇相连，北与大堡头镇、南漳镇毗邻。面积63平方千米。人口2.68万。辖山西晋城煤业集团赵庄煤业有限公司社区、山西潞安集团慈林山煤业有限公司社区2个社区、布村、西田良村、南贾村等32个行政村。镇人民政府驻南张店村。以历史名山慈林山命名。

1949 年，属长子县第三区。1956 年，分属张店乡、郭村乡和布村乡。1958 年，属布村人民公社。1984 年 4 月，撤销布村人民公社，设立东田良镇。2000 年 12 月，将南张店乡、东田良镇合并，设立慈林镇。

地处紫云山和慈林山北麓，丹河流经。矿产资源有煤。古迹纪念地有全国重点文物保护单位法兴寺、玉皇庙、丹朱岭抗日战日战斗遗址纪念碑等。法兴寺位于镇境崔庄，创建于北魏神瑞元年（414 年），初名慈林寺。唐上元元年（760 年）改名广德寺。宋治平年间，更名法恩寺。宋元丰四年（1081 年），重建后改今名。寺址原在长子县城东 15 千米慈林山麓，1986 年，迁于今址。现存圆觉殿为宋代遗构，殿中有宋代彩塑 22 尊，其中十二圆觉像庄重优美，神态俊逸，为宋代彩塑艺术代表作。寺内有唐代石舍利塔、燃灯塔等。1988 年，公布为全国重点文物保护单位。农业主产玉米、小麦。工业以煤炭开采为主。太焦铁路经境设东田良站。长治—晋城、黄碾—龙泉等省道过境。

南张店村 [Nánzhāngdiàn Cūn]

居民点。中国传统村落。慈林镇人民政府驻地。在长子县人民政府驻地南 15 千米。人口 0.15 万。清代为县南集镇，原名“张店镇”。因地处古驿道边，旧有张姓人家在此开店而得名。后因与屯留区张店重名，故改名南张店。

光绪《长子县志·坊里》：“南乡八十三村：张店镇，三十里，集。”1949 年，属长子县第三区。1956 年，属张店乡。1958 年，属南张店人民公社。1984 年，属南张店乡。2000 年，属慈林镇至今。古迹有古民居九连环大院、三皇阁、三清殿、关帝庙等。2016 年，入选为第四批中国传统村落名录。

应城村 [Yīngchéng Cūn]

居民点。属慈林镇。在长子县人民政府驻地东南 14 千米。人口 0.27 万。因旧有古城而得名。元代至正九年《天王寺绘塑弥陀像功德碑》：“应城村施主靳德。”光绪《长子县志·古迹》：“应城，在县东南三十五里。今名应城村。”古迹有应城新石器文化遗址、汉代文化遗址、土地庙、清代民居群等。长治—晋城省道经此。

西范村 [Xīfàn Cūn]

居民点。中国传统村落。属慈林镇。在长子县人民政府驻地南 15 千米。人口 0.13 万。古有程家庄迁来范姓人家定居于此，得名范村，后分为西范、东范两村。光绪《长子县志·坊里》：“南乡八十三村：西范村，三十里。”

古建筑有三官庙、牛王庙、白衣阁、关帝庙、清代戏台、清代民居群等。2016 年 12 月，被列入中国传统村落名录。粮食作物主要以种植玉米、土豆、萝卜、蔬菜为主，经济来源以外出务工为主。屯留—龙泉公路省道过境。

色头镇 [Sètóu Zhèn]

乡级政区名。在长子县境东南部。东与上党区接壤，南、西与晋城市高平市交界，北与慈林镇毗邻。面积 46 平方千米。人口 1.99 万。辖色头村、鲍寨村、庄里村等 15 个行政村。镇人民政府驻色头村。因驻地得名。

1949年，属长子县第三区。1956年，分属色头乡、琚村乡。1958年属布村人民公社。1961年，属色头人民公社。1962年，撤销平家庄1个生产大队，1983年，将后沟生产大队更名为西后沟生产大队，1984年，撤销色头人民公社，设立色头镇。

地处羊头山北麓，陶清河流经。农业以粮食作物、林地水果种植为主。有煤矿，是县传统煤炭生产基地。古建筑有全国重点文物保护单位崇庆寺、市级重点文物保护单位护国灵贶王庙、色头村明代三嵕庙、庄里兴国寺等。

色头村 [Sètóu Cūn]

居民点。色头镇人民政府驻地。在长子县人民政府驻地东南20千米。人口0.22万。光绪《长子县志·坊里》："南乡八十三村：色头村，四十里。"古建筑有炎帝庙、马王庙、三嵕庙、七星阁、秀才楼。

琚村 [Jū Cūn]

居民点。属色头镇。在长子县人民政府驻地东南18千米。人口0.23万。原名"璩村"，因璩姓聚居而得名。后讹为"琚村"。光绪《长子县志·坊里》："南乡八十三村：璩村镇，四十里，集。"为传统农业村。著名古建筑崇庆寺位于琚村东南紫云山腰。寺院创建于宋大中祥符九年（1016年），现存正殿为宋代遗构，有宋代彩塑21尊、明代彩塑13尊。1988年，被公布为全国重点文物保护单位。

南漳镇 [Nánzhāng Zhèn]

乡级政区名。中国民间文化艺术之乡。在长子县境东部，东与上党区接壤，南与慈林镇为邻，西与大堡头镇、丹朱镇接壤，北与宋村镇毗连。面积31平方千米。人口2.7万。辖南漳村、中漳村、北漳村等17个行政村。镇人民政府驻南漳村。因驻地得名。

1949年，属长子县第二区。1956年，分属南漳乡、西南呈乡。1958年，属长子人民公社。1961年，属南漳人民公社，1984年，撤销南漳人民公社，建立南漳乡，2000年12月，撤销南漳乡，设立南漳镇。

地处上党盆地，浊漳南源、陶清河流经。有国家非物质文化遗产铜响乐器制造技艺。有西南呈八音艺术团。2021年10月，被命名为"中国民间文化艺术之乡"。特产潞麻。太焦铁路经境设西南呈火车站。

南漳村 [Nánzhāng Cūn]

居民点。南漳镇人民政府驻地。在县政府驻地丹朱镇东9.6千米。镇人民政府距县城约10千米。人口0.35万。因在漳河沿岸，与北漳、中漳相对而得名。光绪《长子县志·坊里》："东乡四十八村：南漳村，二十里，集。"传统农业村。古建筑有南漳佛爷庙、祖师庙、仙翁庙等。

西南呈村 [Xīnánchéng Cūn]

居民点。属南漳镇。在长子县人民政府驻地东南10千米。人口0.41万。原名南程，因程姓始居而得名，后讹为南呈。又因与长治县的南呈村重名，以地处其西，改西南呈。光绪《长子县志·坊里》："东乡四十八村：南呈镇，二十里，集。"传统农业村。铜乐器生产已有1300多年历史，素有“北方铜乐器之乡”的美誉。古迹有西南呈新石器文化遗址、战国墓群、明代天神庙、帝宝阁、关帝庙、文昌阁等。太焦铁路经此设西南呈火车站。

宋村镇［SòngCūn Zhèn］

乡级政区名。在长子县境东部，东邻长治市潞州区、上党区，南与南漳镇、丹朱镇为邻，西与丹朱镇、鲍店镇毗连，北与屯留区交界。乡人民政府距长子县城5千米。面积63.5平方千米。人口3.61万。辖宋村、薛家庄村、北李末村等29个行政村。镇人民政府驻宋村。因驻地得名。

1949年，属长子县第二区。1956年，分属宋村乡，1958年，属长子人民公社。1959年，属宋村人民公社。1984年，撤销宋村人民公社，设立宋村乡。2000年12月，将谷村乡并入宋村乡。2021年3月，行政区划调整，撤销宋村乡，设立宋村镇。

岚河、浊漳南源流经。主要古迹有陶唐村三圣庙遗址、古陶厂遗址。农业主产玉米、谷子、小麦、大豆。有方兴现代农业生态园、县工业园。古建筑有王郭村金代三峻庙大殿、陶唐村古陶窑遗址、高家洼明代二仙庙等。长治—安泽省道过境。

宋村［Sòng Cūn］

居民点。宋村镇人民政府驻地。在长子县人民政府驻地东8千米。人口0.2万。因姓氏得名。光绪《长子县志·坊里》：“东乡四十八村：宋村，二十里。”有民国建筑芦氏民宅、王氏民宅。有方兴现代农业生态园、县工业园区。农业主产玉米。长治—安泽省道经此。

西郭村［Xīguō Cūn］

居民点。全国文明村。属宋村镇。在长子县人民政府驻地东5千米。人口0.09万。以郭姓聚居，与东郭村相对而得名。元代至正十年《再修宣王庙碑》：“碑阴具列赞功助缘如后：西郭李信。”光绪《长子县志·坊里》：“东乡四十八村：西郭村，八里。”传统农业村。主产反季节蔬菜。长治—安泽省道经此。2015年2月，荣获第四届全国文明村称号。

南陈镇［Nánchén Zhèn］

乡级政区名。在长子县境南部。东邻大堡头镇、慈林镇，南界高平市、沁水县，西、北连石哲镇。面积123平方千米。人口2.1万。辖南陈村、团城村、罗家沟村等23个行政村。镇人民政府驻南陈村。因驻地得名。

1949年，属长子县第一区。1956年，分属南陈乡、西堡头乡。1958年属南陈人民公社。1984年4月，撤销南陈人民公社，设立南陈乡，2000年12月，将西堡头乡并入南陈乡。2021年3月，乡级行政区划调整，南陈乡改乡设镇，改为南陈镇。浊漳河、苏里河流经。有树化石公园。农业主产玉米、高粱、谷子、大豆、薯类等。服务业以旅游为主。

南陈村［Nánchén Cūn］

居民点。南陈镇人民政府驻地。在县政府驻地丹朱镇西南10千米。人口0.27万。因陈姓聚居，与东北陈、西北陈相对而得名。元代至正十年《再修宣王庙碑》：“碑阴具列赞功助缘如后：南陈寿圣寺。”光绪《长子县志·坊里》：“西乡八十七村：南陈村，二十里。”传统农业村。古迹有南陈殷商文化遗址、汉墓群、寿圣寺等。

团城村 [Tuánchéng Cūn]

居民点。属南陈镇。在长子县人民政府驻地西南 10 千米。人口 0.1 万。因旧有城堡呈圆形，故名。光绪《长子县志·坊里》：“西乡八十七村：团城村，二十五里。”名胜古迹有仙翁山木化石群、金代建筑唐王圣帝庙、明代禹王庙。农业主产玉米、旱地蔬菜。

碾张乡 [Niǎnzhāng Xiāng]

乡级政区名。在长子县境西北部，东与鲍店镇接壤，南与常张乡毗邻，西与石哲镇相接，北与屯留区丰宜镇交界。面积 78 平方千米。人口 1.61 万。辖碾张北村、碾张南村、东里村等 17 个行政村。乡人民政府驻碾张北村。因驻地得名。

1949 年，属长子县第五区。1953 年，分属碾张乡，居德乡。1958 年，属屯留联社管辖，1959 年，属岚水人民公社。1961 年，属碾张人民公社。1984 年，撤销碾张人民公社，设立碾张乡。金丰河流经。名胜古迹有皇明湖、柳花泊古战场等。农业主产玉米、谷子、高粱。经济作物有油料、药材、芦苇。

碾张北村 [Niǎnzhāngběi Cūn]

居民点。碾张乡人民政府驻地。在长子县人民政府驻地西北 15 千米。人口约 900 人。因旧有碾米作坊，张姓始居，故名碾涨。金大定三年《妙觉寺赐敕石刻》：“潞州长子县碾张村院僧道嵩。”光绪《长子县志·坊里》：“西乡八十七村：碾张村，三十三里。”传统农业村。古迹有碾张新石器文化遗址、汉代文化遗址、金代妙觉寺碑等。

常张乡 [Chángzhāng Xiāng]

乡级政区名。在长子县境西北部。东与丹朱镇接壤，东南与大堡头镇毗邻，南、西与石哲镇为界，北与碾张乡、鲍店镇毗连。面积 55.5 平方千米。人口 1.68 万。辖常张村、大中汉村、南韩村等 16 个行政村。乡人民政府驻常张村。因驻地得名。

1949 年，属长子县第一区。1956 年，分属常张乡和壁村乡。1958 年，属壁村人民公社。1962 年，属常张人民公社。1984 年，撤销常张人民公社，设立常张乡。2000 年 12 月，将壁村乡并入常张乡。雍河流经。民间文化有西壁村舞龙灯。传统手工苇编、柳编有名。有泡沫制品、石砖等企业。

常张村 [Chángzhāng Cūn]

居民点。常张乡人民政府驻地。在长子县人民政府驻地西北 5 千米。人口 0.15 万。因姓氏得名。光绪《长子县志·坊里》：“西乡八十七村：常张村，八里。”传统农业村。古建筑有赵氏民居。

南韩村 [Nánhán Cūn]

居民点。属常张乡。在长子县人民政府驻地西 4 千米。人口约 600 人。以姓韩始居而得名。因与县城西北的韩村区分，故命名南韩。元代至正十年《再修宣王庙碑》：“碑阴具列赞功助缘如后：南韩，栗整、韩良卿。”光绪《长子县志·坊里》：“西乡八十七村：

南韩村，八里。”传统农业村。古迹有南韩东周文化遗址、元代玉皇庙等。长治—安泽公路等省道过境。

武乡县 [Wǔxiāng Xiàn]

县级政区名。在长治市境北部。东邻晋中市左权县、黎城县，南与襄垣县、沁县接壤，西、西北与晋中市平遥县、祁县相连，北与晋中市榆社县毗邻。面积1610平方千米。人口15.5万。辖大有乡、贾豁乡、上司乡、石北乡、涌泉乡、分水岭乡6个乡，丰州镇、洪水镇、蟠龙镇、监漳镇、故城镇、韩北镇6个镇。县人民政府驻宝塔街。

“武乡”因境内武山、武乡水得名。《水经注·浊漳水》：“涅水又东南，武乡水会焉。水源出武山，西南经武乡县故城西。”《名胜志》：武乡县“以武乡水为名”。

秦置涅氏县，治所在今故城村，属上党郡。东汉改涅县。魏因之。十六国时期属武乡郡。北魏延和二年（433年），属乡郡。太和十五年（491年），乡县、乡郡治所由榆社县境迁至南亭川，即今故县镇。永安间，涅县改为阳城县，属乡郡。隋开皇三年（583年），废乡郡。十八年，改阳城县为甲水县，并属潞州。大业二年（606年），废甲水县，乡县属上党郡。唐初属韩州。贞观十七年（643年），属潞州。天授元年（690年），改乡县为武乡县。宋属威胜军。金天会六年（1128年），属沁州。元因之。明万历二十四年（1596年），属汾州府。三十二年，复属沁州。清因之。1912年，废沁州。1913年，属中路道。1914年，属冀宁道。1927年，废道直属山西省。1937年，属山西省第三行政区。抗日战争时期，属晋冀鲁豫边区太行区第三专区。1947年，武乡县人民政府迁驻段村。1949年，属山西省长治专区。1958年11月，榆社县和武乡县合并为武乡县，属晋东南专区。1959年7月，恢复武乡县。1967年，属晋东南地区。1985年，属长治市至今。

辖区内政区、居民点地名的专名有以下特征：1. 以山河命名。如：洪水镇、监漳、狼儿山等。2. 以古迹命名。如：故城、故县、老寨上等。3. 以姓氏命名。如：韩壁、王家峪、代家垴等。政区居民点地名的通名多为村、庄、岭、坡、沟等常见名。有部分“垴”的通名，如：寨垴、大垴顶等，方言指高地。

地处太行山脉及太岳山之间，地势东西高，中间低。最高点花儿垴海拔2000.1米，最低点监漳镇西川村南部浊漳河滩海拔891米。主要河流有浊漳北源、蟠洪河、涅河等。矿产资源有煤、石灰岩、铁等。名胜古迹纪念地有八路军总司令部王家峪旧址、八路军总司令部砖壁旧址、八路军太行纪念馆、洪济院、大云寺、会仙观、真如寺、北良侯村造像、太行龙洞、板山风景名胜区、崇城山风景名胜区、八路军文化园、游击战体验园等。地方特色民间艺术有武乡秧歌、武乡顶灯、武乡剪纸、武乡鼓书等。其中，武乡秧歌戏被列为国家级非物质文化遗产，武乡顶灯、武乡剪纸、被列为省级非物质文化遗产。

“武乡”有关的地名应用有：武乡秧歌、武乡顶灯、武乡剪纸、武乡鼓书。

武乡秧歌又称襄武秧歌，襄垣秧歌，兴起于襄垣、武乡交界地区的十八村，流行于晋东南大部分地区。它源于明末清初的民间社火活动，早期是一种名为“挑高”的秧歌，后在当地说唱和民间歌舞的基础上吸收西火秧歌、上党梆子等的艺术因素发展成形，至清代中叶达于兴盛。武乡秧歌唱腔属板腔体，调式为徵调式，早期主要演唱小曲小调，后逐渐形成完整的音乐体系，有《流水》《乱弹》《圪联板》等 12 种基本板式和多种辅助板式，还有曲牌体音乐，演唱时节奏明快，高亢激越之中不失悠扬婉转。表演上讲究唱功和做功，道白以上党方言为主。2008 年 6 月，武乡秧歌入选为第二批国家级非物质文化遗产名录。

武乡顶灯是一种原始古朴的“歌伴舞”，形式典雅稀奇，表演洒脱粗犷，有着浓郁的乡土气息和历史遗风。顶灯在普通饭碗（木碗、瓷碗、塑料碗均可）的碗边转圈糊上各色纸，里边放上旧式灯盏或蜡烛，点燃后即为灯，顶在头上进行表演。顶灯人数不限，少至六七人，多至上百人。表演服饰没有统一规定，有的队统一穿一种服装，有的队因取材于一定的故事情节，跟角色配套穿衣。被列入省级非物质文化遗产。

武乡剪纸传承了山西剪纸的基本做法，以镂空的方式加工制作，剪纸刻法有阴刻、阳刻和阴阳刻三种，制作工具有剪刀、刻刀、垫板、宣纸等。被列入省级非物质文化遗产。

武乡鼓书也称鼓儿词、武乡调，起源于武乡，流行于上党地区，由宋金鼓词演变而来。武乡鼓书的唱腔属板腔变化体结构，有鼓儿词、柳调两种曲调，一般相间使用，有时只用其中一种。鼓儿词唱腔以大板为主要板式，另外有抢板、散板、哭板等。武乡鼓书以坐唱为主，在演唱长篇书时，由多人分任其中的主要人物角色，以独唱、对唱、齐唱等形式来表述情节和刻画人物。演唱者分操乐器伴奏，弦乐有京胡、二把、胡胡、月琴等四大件。人数再多时可加三弦、二胡、中胡等。被列入省级非物质文化遗产。

丰州镇 [Fēngzhōu Zhèn]

乡级政区名。武乡县人民政府驻地。在县境中部。东与贾豁乡、大有乡、上司乡接壤，南、西与沁县次村乡、松村乡相连，北与涌泉乡、石北乡、晋中市榆社县境毗邻。面积 203.6 平方千米。人口 5.6 万。辖宝塔社区、东坪社区、太东社区等 4 个社区，城关村、东村、张家沟村等 45 个行政村。镇人民政府驻太行街 169 号。因东魏在武乡境曾置丰州，故名。

原名“段村镇”。1947 年，武乡县人民政府驻地迁至段村。1949 年，属武乡县第五区。1956 年，分属故县乡、张家垴乡、城关乡等 13 个乡。1959 年，设城关人民公社。1984 年，置城关镇。2000 年，城关镇与曹村乡合并，置丰州镇。2021 年 3 月，撤销故县乡，整建制并入丰州镇。

有马牧河流经。有八路军太行纪念馆、八路军文化园等红色旅游景点。古迹有千佛塔、玉贞观。工业以建材为主。服务业以运输、餐饮、文化娱乐为主。太焦、武左铁路经此设武乡站。二广高速，太原—治、南岭—沁源等省道过境。

松庄村 [Sōngzhuāng Cūn]

居民点。属丰州镇。在武乡县人民政府驻地东南 6 千米。人口约 600 人。因有松树而得名。乾隆《武乡县志・里甲》："河南约，村庄六十一：松庄。"有老爷庙、纪登奎旧居、巁山工厂驻地。

张村沟村 [Zhāngcūngōu Cūn]

居民点。中国传统村落。属丰州镇。位于县人民政府驻地东北 4 千米。东北与晋中市的榆社县毗邻，西南与本镇的红土凹、胡家垴、下关村相连。面积约 4.46 平方千米。人口约 430 人。2019 年 6 月，入选为第五批中国传统村落名录。

洪水镇 [Hóngshuǐ Zhèn]

乡级政区名。全国重点镇。在武乡县境东部。东邻黎城县黄崖洞镇，南接蟠龙镇，西与大有乡相连，北界晋中市左权县、榆社县境。面积 267.8 平方千米。人口 3 万。辖槐安社区、墨镫社区 2 个社区，洪水村、新上岭村、南台村等 43 个行政村。镇人民政府驻洪水村。因驻地得名。

1949 年，属武乡县第一区。1953 年，分属下黄岩乡、郝家岭乡、新庄乡、墨镫乡等 17 个乡。1958 年，设洪水人民公社。1984 年，置洪水镇。2000 年 12 月，广志乡、窑湾乡并入。2021 年，撤销墨镫乡，整建制并入洪水镇。

地处山地、丘陵区，地势东高西低，平均海拔 1500 米，最高点板山花儿垴海拔 2008 米。浊漳北源、蟠洪河流经。有省级文物保护单位八路军和煤矿旧直一。2014 年 7 月，被确定为全国重点镇。

洪水村 [Hóngshuǐ Cūn]

居民点。洪水镇人民政府驻地。在武乡县人民政府驻地东 60 千米。人口约 900 人。相传原名"横水"，后演变为今名。乾隆《武乡县志・里甲》："洪水约，村庄四十九：洪水镇。"民国《武乡新志・区村略》载名"洪水编村"。传统农业村。武左铁路经此设站。南岭—沁源省道经此。

白和村 [Báihé Cūn]

居民点。属洪水镇。人口约 915 人。因村中河滩上烧石灰较多，每逢下雨河水成白色，故名白河，后来因河与和字读音相同，故名白和。乾隆《武乡县志・里甲》："墨镫约，村庄三十一：白河。"民国《武乡新志・区村略》载名"白和编村"。1984 年，属洪水镇。有 1941 年建成的第六批省级文物保护单位八路军白和煤矿旧址。

蟠龙镇 [Pánlóng Zhèn]

乡级政区名。在武乡县境东部。东临黎城县西井镇，南接韩北镇，西连大有乡、监漳镇，北与洪水镇接壤。面积 196.5 平方千米。人口 2.4 万。辖蟠龙村、苗杜村、上型塘村等 38 个行政村。镇人民政府驻蟠龙村。因驻地得名。

1949 年，属武乡县第二区。1953 年，分属柳沟乡、土河乡、北漳乡、下合乡、韩壁乡等 18 乡。1958 年，设蟠龙人民公社。1984 年，置蟠龙镇。2000 年，石门乡、东沟乡划入。

地处丘陵区，蟠洪河流经。煤、铁矿藏丰富。革命纪念地有全国重点文物保护单位八路军总司令部旧址及八路军柳沟兵工厂、八路军抗大总校等旧址。

蟠龙村 [Pánlóng Cūn]

居民点。蟠龙镇人民政府驻地。在县政府驻地丰州镇东 35 千米。人口 0.22 万。原名“攀龙”，因攀龙山得名，抗日战争中以同音演变为今名。乾隆《武乡县志·里甲》：“攀龙约，村庄六十五：攀龙镇。”民国《武乡新志·区村略》载名“攀龙编村”。位于洪水河畔。古建筑纪念地有法兴寺、五道庙、抗日军政大学总校旧址、烈士陵园、烈士纪念亭等。传统农业村。南岭—沁源省道经此。

砖壁村 [Zhuānbì Cūn]

居民点。山西省红色地名、中国传统村落、全国红色旅游经典景区、全国乡村旅游重点村。属蟠龙镇。在武乡县人民政府驻地东 45 千米。面积 8 平方千米。人口约 400 人。相传因村中大庙有砖影壁而得名。乾隆《武乡县志·里甲》：“韩壁约，村庄十七：砖壁。”1949 年，属武乡县第二区。1953 年，属砖壁乡。1958 年，属石门人民公社。1984 年，属石门乡。2000 年，属蟠龙镇至今。1939 年 7 月至 1945 年 5 月，八路军总司令部曾三次在此驻扎。1940 年，彭德怀在此指挥了“百团大战”。村中现存八路军总司令部旧址，有朱德、彭德怀、左权旧居及参谋处、会议室、北方局高干会会址 7 个展厅，分 10 个专题陈列馆。1961 年，被公布为全国重点文物保护单位。2005 年，被列入全国 100 个红色旅游经典景区。2016 年，入选为第四批中国传统村落。2020 年，入选为第二批全国乡村旅游重点村。2022 年，入选为山西省首批红色地名。

尚元村 [Shàngyuán Cūn]

居民点。属蟠龙镇。在武乡县人民政府驻地东 36 千米。人口约 400 人。原名“皮堙村”，因地处丘陵鞍部，皮姓始居而得名。1943 年 6 月，皮堙村民兵王尚元在战斗中英勇牺牲。1944 年，晋冀鲁豫边区追授他为“杀敌英雄”称号。1947 年，为纪念烈士王尚元，将皮堙村改名为“尚元村”。现村旁有为王尚元等革命烈士镌刻的纪念碑。南岭—沁源省道经此。

监漳镇 [Jiānzhāng Zhèn]

乡级政区名。在武乡县境南部。东邻蟠龙镇，南界襄垣县西营镇，西至上司乡，北连大有乡。面积 49.5 平方千米。人口 1.1 万。辖监漳村、成家庄村、禄村村等 15 个行政村。镇人民政府驻监漳村。因驻地得名。

1949 年，属武乡县第四区。1954 年，设监漳乡。1961 年，设监漳人民公社。1984 年，置监漳镇。地处山地丘陵区，浊漳北源、蟠洪河流经。有全国重点文物保护单位会仙观。传统农业大镇。经济作物以西香瓜、花生、露天蔬菜、日光大棚蔬菜为主。有建材公司。武左铁路经此设站。南岭—沁源省道过境。

监漳村 [Jiānzhāng Cūn]

居民点。监漳镇人民政府驻地。在武乡县人民政府驻地东南 25 千米。人口 0.12 万。因村临漳河而得名。乾隆《武乡县志·里甲》：“监漳约，村庄二十七：监漳村。”古建筑有会仙观、感应庙、文昌阁。会仙观位于村西，现存三清殿为金代遗构，玉皇殿为元代建筑，其余为明清建筑。2001 年，被公布为全国重点文物保护单位。主产西瓜、香瓜、花生、蔬菜。南岭—沁源省道经此。

下北漳村［Xiàběizhāng Cūn］

居民点。属监漳镇。在武乡县人民政府驻地东南26千米。浊漳河、蟠洪河流经。人口约690人。因村临漳河有南漳、北漳两村，村在北漳村下游，故名下北漳。乾隆《武乡县志·里甲》："监漳约，村庄二十七：下北漳。"1939年4月1日，中共中央北方局决定，在武乡县果烟垴成立鲁迅艺术学校，李伯钊任校长。学校下设戏剧、音乐、美术3个系。5月后迁至下北漳村。11月28日，中华全国文艺界抗敌协会晋东南分会，在鲁艺学校驻地下北漳召开成立大会，出席会议40余人，朱总司令亲临大会指导并讲话。1940年2月8日，鲁迅艺术学校师生，在王家峪参加了总司令部、野战政治部主持召开的晋东南文协座谈会。现存下北漳鲁迅艺术学校旧址，1980年8月，被公布为县级重点文物保护单位。

故城镇［Gùchéng Zhèn］

乡级政区名。在武乡县境西部。东与涌泉乡相邻；南与沁县松村乡、漳源镇交界，西、北与分水岭乡毗连。面积153.2平方千米。人口1.85万。辖故城村、磨里村、南沟村等25个行政村。镇人民政府驻故城村。因驻地得名。

1949年，属武乡县第七区。1953年，设故城乡。1954年，属武乡县第三区。1958年，设故城人民公社。1984年，置故城镇。2000年，东良乡并入。

地处县西山地丘陵区，主要山脉有磨则山、白马山、黑寨垴。为传统农业区。工业以果脯、饲料、畜禽产品加工为主。服务业以商贸、餐饮为主。208国道过境。名胜古迹有全国重点文物保护单位大云寺、洪济院及北良侯造像等。

故城村［Gùchéng Cūn］

居民点。故城镇人民政府驻地。在武乡县人民政府驻地西北25千米。人口0.22万。殷商卜辞中的古方国"臬"。战国时为韩国城邑"涅"。韩国布币文中有"涅""涅金"。秦置涅氏县，属上党郡，东汉改为涅县。故治在今故城。北魏永安年间，涅县更名阳城县。后在此置南垣州，寻改丰州。北齐改戎州，北周废。隋开皇十八年（598年），改阳城县为甲水县，大业初废。唐武德三年（620年），再置甲水县，六年废。县废后因得名"故城"。

《汉书·地理志》："上党郡：涅氏县。"颜师古曰："涅水出焉，故以名县也。"《后汉书·郡国志》："上党郡：涅县。"《魏书·地形志》并州乡郡："阳城，二汉、晋属上党，曰涅，永安中改。"《太平寰宇记》威胜军武乡县："涅城，《冀州图》云，涅城在县西六十里，后魏初于此立丰州，北齐改曰戎州，后周废之。"乾隆《武乡县志·里甲》："故城约，村庄二：东街、西街、南街、北街、东砦底。"

地处涅河河谷平川。农业主产玉米、谷子。著名古建筑大云寺位于村中。现存大雄宝殿为金代遗构，南殿、角殿及东、西配殿为明代遗构，余皆为清代建筑。2001年，公布为全国重点文物保护单位。

信义村［Xìnyì Cūn］

居民点。属故城镇。在武乡县人民政府驻地西北26千米。人口0.15万。相传原名"铜城”，后以当地望族程氏以忠孝节义传家，故改名“信义”。乾隆《武乡县志・里甲》：“信义约，村庄二十六：信义。”信义程氏于元末从河南虞城县迁居于此，至今27世，族人分布全县及国内外。

历史名人有程启南，字开之，号风庵。信义村人。万历辛丑进士。历任太常寺卿、工部尚书。天启二年（1623年），考核官吏，被誉为“天下廉吏第一”。

程康庄，字坦如，别号昆仑。信义村人，程启南嫡孙。明崇祯拔贡。清初任江苏镇江府通判、安庆府同知、耀州知州。在镇江任职期间，曾经补刻焦山《瘗鹤铭》，彪炳书法史。他工诗文，在江南时有“诗伯”之称，后人誉为“清初四大家”。其词、诗、文章编入《四大家文选》。著有《日课堂集》。

韩北镇 [Hánběi Zhèn]

乡级政区名。在武乡县境东南部。东临黎城县西井镇，南接襄垣县下良镇，西至监漳镇，北连蟠龙镇。面积162.4平方千米。人口1.2万。辖韩北村、圪道村、北上合村等19个行政村。镇人民政府驻韩北村。因驻地得名。

1949年，属武乡县二区。1953年，设韩壁乡。1959年，设韩壁人民公社。1984年，置韩壁乡。2000年12月，以方言谐音，更名为韩北乡。2021年3月9日，改置韩北镇。

地处太行山地丘陵区。古迹纪念地有全国重点文物保护单位真如寺、八路军总部直属机关旧址、离相寺等。传统农业区。有煤、铁矿开采。服务业以运输为主。

韩北村 [Hánběi Cūn]

居名点。韩北镇人民政府驻地。在武乡县人民政府驻地东南51千米。人口0.15万。原名“韩壁”，因韩姓始居，旧有壁堡而得名。据《韩北村志》：“北魏河南河阳南桓王韩备为避南乱携家眷定居武乡通化乡，后通化乡改称韩壁。”2002年，以方言谐音改名“韩北村”。乾隆《武乡县志・里甲》：“韩壁约，村庄十七：韩壁村。”纪念地有韩北革命烈士纪念碑。

王家峪村 [Wángjiāyù Cūn]

居民点。山西省红色地名、山西省历史文化名村、中国传统村落名录。属韩北镇。在武乡县人民驻地东南40千米。面积3.3平方千米。人口约500人。因王姓始居而得名。乾隆《武乡县志・里甲》：“下郝约，村庄十二：王家峪。”1939年10月至1940年底，八路军总司令部和中共中央北方局曾在村中驻扎。现存八路军总司令部王家峪旧址、中共中央北方局旧址、篮球场、小菜园、朱德手植“红星杨”及朱德、彭德怀、左权、刘少奇、刘伯承、邓小平、陈赓、陈锡联等领导人旧居。1961年，公布为全国重点文物保护单位。2003年9月，入选为第一批山西省历史文化名村。2019年6月，被列入第五批中国传统村落名录。2022年12月，入选为山西省首批红色地名。

大有乡 [Dàyǒu Xiāng]

乡级政区名。在武乡县境中东部。东邻蟠龙镇，南连监漳镇、上司乡，西至贾豁乡，北与晋中市榆社县交界。面积93.7平方千米。人口1.28万。辖大有村、西中庄村、鸦烟村等19个行政村。乡人民政府驻大有村。因驻地得名。

1949年，属武乡县第三区。1953年，设大有乡。1958年，设大有人民公社。1984年，置大有乡。地处山地丘陵区，大有河流经。传统农业乡。纪念地有李峪村地雷战遗址、长乐村战斗纪念碑，古迹有胡也沟神庙、关帝阁遗址等。

大有村 [Dàyǒu Cūn]

居民点。大有乡人民政府驻地。在县政府驻地丰州镇东18千米。人口约700人。原名“大曲”，后以吉语改为“大有”。乾隆《武乡县志·里甲》：“皋阳约，村庄四十：大曲。”民国《武乡新志·区村略》载名“大有编村”。古建筑有眺望阁、泰山圣母庙遗址、裴家庄园等。

长乐村 [Chánglè Cūn]

居民点。山西省红色地名。属大有乡。在武乡县人民政府驻地东22千米。人口约600人。相传原名“长第”，后以吉语命名长乐。明弘治七年《重修三圣寺记》：“寺坐落武乡县治之东二十五里长乐乡北山之阳。”乾隆《武乡县志·里甲》：“长乐约，村庄二十六：长乐村。”传统农业村。1938年4月16日，八路军129师和115师一部将日军主力包围在马家庄至长乐村一带约7千米长的漳河谷地，歼敌2200余人，粉碎了日军的“九路围攻”。史称“长乐战斗”，即以此地命名。后在附近的里庄村建长乐村战斗纪念碑。2022年12月，入选为山西省首批红色地名。

贾豁乡 [Jiǎhuō Xiāng]

乡级政区名。在武乡县境中北部。东连大有乡，南、西与丰州镇毗邻，北与晋中市榆社县接壤。面积97方千米。人口1.1万。辖贾豁村、东胡庄村、宋家庄村等15个行政村。乡人民政府驻贾豁村。因驻地得名。

1949年，属武乡第三区。1953年，设贾豁乡。1961年，设贾豁人民公社。1984年，置贾豁乡。地处黄土丘陵区。贾壑河流经。为传统农业乡。有石泉村海神庙，石勒皇帝古墓遗址。有省级红色文化遗址八路军129师师部宋家庄旧址。

贾豁村 [Jiǎhuō Cūn]

居民点。贾豁乡人民政府驻地。在武乡县人民政府驻地东北25千米。人口0.12万。原名“贾河”，后改今名。因村临河，贾姓始居于此，故名。乾隆《武乡县志·里甲》：“皋阳约，村庄四十：贾河。”民国《武乡新志·区村略》载名“贾豁编村”。传统农业村。有贾壑民居群、农业学大寨指挥部旧址。

上司乡 [Shàngsī Xiāng]

乡级政区名。在武乡县境南部。东邻监漳镇，南界襄垣县王村镇，西、北连丰州镇。面积57.9平方千米。人口0.85万。辖上司村、铺上村、小店村等13个行政村。乡人民政府驻上司村。因驻地得名。

1949年，属武乡县第四区。1953年，设上司乡。1959年，设上司人民公社。1984年，置上司乡。浊漳北源流经。古迹纪念地有南神山寺庙遗址、天主教堂、漆树坡窑洞保卫战旧址、漆树坡窑洞保卫战纪念碑。传统农业村。盛产梨。二广高速、太原—长治、南岭—沁源省道过境。

上司村 [Shàngsī Cūn]

居民点。上司乡人民政府驻地。在武乡县人民政府驻地东南 10 千米。人口约 600 人。原名司村，因司姓始居于此得名，后分为上司村、下司村。明崇祯十一年《大明创建敕封海渎庙碑记》："生于唐懿宗咸通九年七月五日武乡司村，其夕异香达天，殊不类人间子。"乾隆《武乡县志・里甲》："河南约，村庄六十一：上司村。"古建筑有天主教堂、赵氏民居。传统农业村。石西公路经此。

石北乡 [Shíběi Xiāng]

乡级政区名。在武乡县境西北部。东与晋中市榆社县相邻，南与丰州镇相接，西连涌泉乡，北与分水岭乡接壤。面积 78.6 平方千米。人口 0.6 万。辖东河村、石北村、下庄村等 12 个行政村。乡人民政府驻东河村。

1949 年，属武乡第六区。1953 年，设石北乡。1959 年，属涌泉人民公社。1961 年，分设石壁人民公社。1984 年，置石壁乡。2000 年 12 月，以方言谐音，更名为石北乡。因原驻地石北村而得名。地处土石山区，马牧河流经。古迹纪念地有义门村八路军总司令部旧址、张村古脊椎动物化石出土点。当地民众有习武传统，有少林拳、小红拳、通臂拳、炮拳等拳种。经济作物以食用菌、蔬菜为主。太焦铁路经此设站。太原—长治省道过境。

东河村 [Dōnghé Cūn]

居民点。石北乡人民政府驻地。在武乡县人民政府驻地北 13 千米。人口约 400 人。因在马牧河东岸而得名。乾隆《武乡县志・里甲》："张村约，村庄十四：东河。"传统农业村。太焦铁路经此设东河站。太原—长治省道经此。

涌泉乡 [Yǒngquán Xiāng]

乡级政区名。在武乡县境西部。东邻丰州镇，南界沁县漳源镇、牛寺乡，西连故城镇，北至分水岭乡、石北乡。面积 74 平方千米。人口 0.9 万。辖涌泉村、西里庄村、寨上村等 14 个行政村。乡人民政府驻涌泉村涌盛路 14 号。因驻地得名。

1949 年，属武乡县第六区。1953 年，设涌泉乡。1958 年，设涌泉人民公社。1984 年，置涌泉乡。地处丘陵区，涅河流经。古迹纪念地有黑营摩崖造像、大良众神庙、寨上村八路军总司令部旧址。

涌泉村 [Yǒngquán Cūn]

居民点。涌泉乡人民政府驻地。在武乡县人民政府驻地西 15 千米。人口 0.12 万。因村中有泉水而得名。民国《武乡新志・区村略》载名"涌泉编村"。为传统农业村。古迹有涌泉汉墓群、汉文化遗址、龙王庙、奶奶庙。

分水岭乡 [Fēnshuǐlǐng Xiāng]

乡级政区名。在武乡县境西北部。东、西、北邻晋中市榆社县、平遥县、祁县，南与故城镇、涌泉乡、石北乡接壤。面积 233 平方千米。人口 0.66 万。辖分水岭村、岩庄村、南关村等 11 个行政村。乡人民政府驻分水岭村。因驻地得名。

1949 年，属武乡县第七区。1953 年，设分水岭乡。1959 年，属分南人民公社。1971 年，划归祁县管辖。1972 年，复属武乡县分南人民公社。1984 年，置分南乡。2001 年，更名分水岭乡。地处黄河流域、海河流域分水岭，南流入涅河，北流入昌源河。古迹有良侯店摩崖造像、良侯店石窟、会同村明代广福院等。传统农业乡。长深高速、208 国道过境。

分水岭村 [Fēnshuǐlǐng Cūn]

居民点。分水岭乡人民政府驻地。在武乡县人民政府驻地西北 45 千米。人口约 600 人。因山地为汾河流域的胡甲水与海河流域的涅水分水处，故名分水岭。村以岭得名。乾隆《武乡县志·里甲》："护甲约，村庄十七：分水岭。"历为分南人民公社、分水岭乡人民政府驻地。文物保护建筑有烽火台、白晋铁路分水岭段遗存。208 国道经此。

南关村 [Nánguān Cūn]

居民点。属分水岭乡。在武乡县人民政府驻地西北 50 千米。耕地面积 1500 余亩。人口 700 余人。地处隆州谷古道，中部设南关、北关，为太原通往上党的要隘。金代诗人元好问经此作《南关二首》，诗后自注："是日自徐沟宿南关"。乾隆《武乡县志》："南关一镇，北界祁县，西达上店，山界连平遥，尤冀南户牖，潞泽咽喉。"北宋末，粘罕率金兵途经南关，感叹"关险如此，而使我得度，南朝可谓无人。"旧有"粘罕仰天叹处"石碣。影片《十八勇士》即取材于 1943 年，武乡县南关地下工作者十八勇士与日军血战的真实故事。

泉之头村 [Quánzhītóu Cūn]

居民点。中国传统村落。属分水岭乡。在武乡县人民政府驻地西北 45 千米。人口约 400 人。原名马家庄，后以村有泉井而改今名。乾隆《武乡县志·里甲》："马庄约，村庄二十六：马家庄。"民国《武乡新志·区村略》载名"泉之头编村"。1949 年，属武乡县第七区。1958 年，属石盘人民公社。1984 年，属石盘乡。2000 年，属分水岭乡。2002 年，划入石盘农业开发区。村中常年清泉流淌，景色秀丽，为典型的太行山古村落。村庄布局如八卦形，建筑中融合了道教文化元素。抗日战争期间，驻扎有八路军部队轻伤医院、武乡县人民政府、县一高小、县大众剧团、县毛纺厂、第七区公所等。现保留有陈氏宅院等古民居。2016 年，入选为第四批中国传统村落名录。

沁　县 [Qìn Xiàn]

县级政区名。在长治市境西北部。东与武乡县、襄垣县相连，南与屯留区接壤，西与沁源县毗邻，北与晋中市平遥县接界。面积 1320 平方千米。人口 13.9 万。辖定昌镇、松村镇、郭村镇、南里镇、故县镇、新店镇、漳源镇、册村镇、沁州黄镇 9 个镇，牛寺乡、杨安乡

2个乡。另有沁县现代农业产业示范区。县人民政府驻定昌镇胜利路33号。

“沁县”原为沁州故地，1912年，废除沁州后改为今名。秦置铜鞮县，治所在今古城村，属上党郡。汉、魏、晋因之。北魏延和二年（433年），县治迁故县村，属乡郡。建义元年（528年），析县东南部置五原县，属襄垣郡。北齐废襄垣郡、五原县。隋开皇三年（583年），废乡郡，铜鞮县属潞州。大业初，属上党郡。唐武德元年（618年），属沁州。三年，县治迁缑水堡，属韩州。九年，县治迁于今故县村。贞观十七年（643年），属潞州。永徽六年（655年），属沁州。显庆四年（659年）属潞州。宋太平兴国二年（977年），县治迁今县城，同为威胜军治所。金天会六年（1128年），改威胜军为沁州。元光二年（1223年），升沁州为义胜军。元复为沁州治所。明洪武初，省铜鞮县入沁州，直隶山西省。万历二十四年（1596年），属汾州府。三十二年，仍直隶山西省。清因之。1912年，废沁州为沁县。1913年，属中路道。1914年，属冀宁道。1927年，废道直属山西省。1937年，属山西省第三行政区，为行政区公署驻地。抗日战争时期，属晋冀鲁豫边区太岳区第七专区，后属第一专区。1949年，属山西省长治专区。1958年，属晋东南专区。9月，襄垣县、沁县2个县合并为襄沁县，县人民政府驻沁县县城。11月，沁源县并入，撤销襄沁县，改名沁县。1959年9月，恢复原沁县。1967年，属晋东南地区。1985年，属长治市至今。

辖区内政区、居民点地名的专名具有以下特征：1. 以山河命名。如：漳源、南涅水、尧山等。2. 以古迹命名。如：故县、古城等。3. 以姓氏命名。如：徐村、白家沟、温庄等。政区居民点地名的通名多为村、庄、岭、坡、沟等常见名。

地处太行、太岳山脉之间，地势西北高，东南低。最高峰棋盘山海拔1746.2千米，最低点白玉河出境口海拔920.1米。主要河流有浊漳河、沁阳河、圪芦河、白玉河等。矿藏资源有煤、石油、天然气。

名胜古迹纪念地有大云院、普照寺、南涅水洪教院、阏舆古城及墓地、笔峰山永庆寺、小东岭东路军高级将领会议纪念馆。地方特色民间艺术有沁州三弦书、围棋起源传说、剪纸、葫芦烫画、芦苇画、木雕、根雕、木刻、挑高秧歌、高跷、舞龙、滑官、二鬼摔跤、旱船、跑驴、赛龙舟等等，其中沁州三弦书被列入国家级非物质文化遗产名录，赛龙舟被列入省级非物质文化遗产名录。

“沁县”有关的地名应用有：沁州三弦书、沁州黄小米。

沁州三弦书又称“三弦铰子书”，形成于明末清初，至今已有三百多年的历史。沁州三弦书早期演出时由一人说唱，同时自行以三弦、摔板和小铙伴奏。后来发展出一人为主、多人分行当辅助说唱的群口演出形式，演唱时登台的众人分持三弦、二把和反二把、笛子、四弦、二胡等乐器，边唱边奏。其中承担主要说唱表演任务的人除弹三弦外，还需手打小铙、腿绑摔板。沁州三弦书的唱腔属于板腔体，由“月调”和“平调”两部分组成。“月调”包括“平板”、“垛板”、“颤板”（又作“战板”）、“哭板”等板式和唱法，“平调”由六个腔句构成，曲调优美动听，主要用来说唱一些小段。2008年6月，沁州三弦书被列入第二批国家级非物质文化遗产名录。

沁州黄小米：因产于沁县，故称此名。该米由于品质优良，具有高营养价值，被誉为“小米之王”。是我国四大名米之一。清代康熙年间，保和殿大学士吴琠，沁州人士，人称“吴阁老”，在还朝时还带了一些小米献给康熙皇帝。康熙食后，大加赞赏。这样“沁州黄”便成了年年向皇帝进贡的珍品。在1919年参加印度国际博览会便饮誉海外。“沁州黄”只长在沁县次村乡檀山、王朝、石料、钞沟、东庄等十多个自然村。

历史名人有清代良相吴琠。

定昌镇 [Dìngchāng Zhèn]

乡级政区名。沁县人民政府驻地。在县境中北部，东界松村镇、沁州黄镇，南连南里镇、册村镇，西邻郭村镇，北接漳源镇。面积111.7平方千米。人口5.83万。辖北关社区、南关社区、西苑社区等6个社区，合庄村、南石堠村、北石堠村等35个行政村。镇人民政府驻县城东北500米的小河村。以五代时期铜鞮县曾属定昌军而得名，寓意一定昌盛。

1945年，属沁县第一区。1946年8月，设城关乡，后改公社。1958年，属沁县火箭人民公社。1960年，属城关人民公社。1984年6月，置城关镇。2001年3月，城关镇与迎春乡合并，置定昌镇。2003年，撤销城关村1个村民委员会，增设北关、南关、西苑、东苑、育才、西湖6个居民委员会。2021年3月，撤销段柳乡，将原段柳乡所辖段柳村、长胜村、青屯村、南头村、泊村、宋家沟村、上北里村、良楼沟村8个行政村划入定昌镇。调整后定昌镇辖属6个社区居委会、35个村委会。

地处浊漳西源、迎春河河谷川原。水资源丰富，有“北方水城”之誉。名胜景区纪念地有北方水城水利风景区、北海、西湖、迎春湖、南湖、瘦西湖、铜鞮湖、山西千泉湖国家湿地景山公园、北海湿地公园、二郎山森林公园、南涅水石刻馆、山西牺盟会决死队纪念馆等。特产干馍、沁州黄小米。工业以小米深加工、矿泉水生产、煤焦为主。太焦、沁源—沁县（货运专线）铁路经此设站。208国道、沁县—长治、涉县—沁源省道过境。

小河村 [Xiǎohé Cūn]

居民点。定昌镇人民政府驻地，在县城北部。人口约600人。有赵家峪遗址，为西周、东周、汉代文化遗存。有赵家峪墓葬，为明代墓葬。有翠云山摩崖题刻，刊刻于1910年。有安子文旧居。1937年，安子文随同北方局组织部长彭真组建中共晋冀豫省委办事处，任书记，领导太岳区党的工作。省道东长线、沁涉线经此。

郭村镇 [GuōCūn Zhèn]

乡级政区名。在沁县境西部。东与定昌镇接壤，南与册村镇相连，西与沁源县景凤镇交界，北与漳源镇毗连。面积79平方千米。人口1.16万。辖郭村、开村、元王村等15个行政村。镇人民政府驻郭村。因驻地得名。

1949年，属沁县第四区。1953年，属郭村乡。1958年，属上游人民公社。1961年，属郭村人民公社。1984年，置郭村镇。地处太岳山脉伏牛山东麓，迎春河、南河湾流经。名胜古迹有大云院、普照寺、仁胜洪济寺、田氏宗祠、山西省第三行政督察专员公署暨牺盟上党中心区旧址等。传统农业乡镇。有千女水库。沁源—沁县（货运专线）铁路、涉县—

沁源省道过境。

郭村 [Guō Cūn]

居民点。郭村镇人民政府驻地。在沁县人民政府驻地西 12 千米。人口 0.2 万。因姓氏得名。乾隆《沁州志·建置沿革》："西乡：郭村。"文物建筑有大云院、清和观、上党银号旧址、郭村民居。大云院位于村中，始建于宋代。现存山门为清代建筑，正殿为金代遗构。殿内两山墙有壁画 50 平方米。院内存有金崇庆元年（1212 年）"大云禅院之记"碑。2001 年，被公布为全国重点文物保护单位。传统农业村。沁源—沁县（货运专线）铁路、涉县—沁源省道经此。

故县镇 [Gùxiàn Zhèn]

乡级政区名。在沁县境西南部。东邻南里镇、新店镇，南接杨安乡，西与沁源县交口乡交界，北与册村镇相连。面积 239.4 平方千米。人口 1.6 万。辖南泉村、故县村、后河村等 27 个行政村。镇人民政府驻故县村。因驻地得名。

1949 年，属沁县第二区。1953 年，设故县乡。1958 年，属太阳人民公社。1961 年，属故县人民公社。1984 年，置故县镇。2001 年，南仁乡并入。2021 年 3 月，撤销南泉乡，整建制并入故县镇。地处太岳山东麓，白玉河川原区。为沁县南部商贸大镇。农业主产玉米、谷子、小麦、高粱。服务业以零售和旅游为主，产业加强设施蔬菜大棚一千亩。名胜古迹有官卧山、王通讲学遗址、老马岭东周墓群、连家庄新石器文化遗址、石梯山摩崖造像、吴琠墓等。

故县村 [Gùxiàn Cūn]

居民点。故县镇人民政府驻地。在沁县人民政府驻地西南 25 千米。人口 0.29 万。唐武德九年（626 年），铜鞮县移治于此，至宋太平兴国三年（978 年）废。后因称"故县"。光绪《山西通志·府州厅县考》"沁州"："（武德）九年，移铜鞮县于今州南四十里之故城。"名胜古迹有故县唐代墓群、金代墓群等。

徐村 [Xú Cūn]

居民点。属故县镇。在沁县人民政府驻地南 29 千米。耕地面积 4790 亩。人口约 526 人。相传唐初徐氏在此建庄，故名"徐村"。乾隆《沁州志·古迹》："无量寺，在州南徐村明天顺三年建。"位于月岭湖北岸。为清代名臣吴琠故里。有旅游景点月岭湖观光农业综合开发园区。

历史名人吴琠（1636—1705），字伯美，号铜川。徐村人，当地人称吴阁老，顺治进士。历任左副都御史、湖广巡抚、保和殿大学士兼刑部尚书。卒谥文端。故县镇下清河村坟上自然村有吴琠墓。

新店镇 [Xīndiàn Zhèn]

乡级政区名。在沁县境南部。东与襄垣县虒亭镇交界，南与杨安乡接壤，西与南里镇、故县镇毗连，北与沁州黄镇相邻。面积 119.5 平方千米。人口 1.45 万。辖新店村、栋村、魏家坡村等 23 个行政村。镇人民政府驻新店村。因驻地得名。

1949 年，属沁县第四区。1953 年，设新店乡。1958 年，属新店镇人民公社。1984 年，置新店镇。地处河谷川原，白玉河、浊漳西源流经。为农业大镇。古迹纪念地有圣窑沟北齐石窟、窑科新石器文化遗址、南底水朱德故居。太焦铁路、208 国道、沁县—长治省道过境。

新店村 [Xīndiàn Cūn]

居民点。新店镇人民政府驻地。在沁县人民政府驻地东南 15 千米。人口 0.1 万。因地处南北交通要道，多客店而得名。乾隆《沁州志・建置沿革》：“南乡：新店。”浊漳西源流经。传统农业村。古建筑有清代杨家祠堂。208 国道经此。

古城村 [Gǔchéng Cūn]

居民点。属新店镇。在沁县人民政府驻地南 23 千米。人口约 600 人。因古为铜鞮邑和铜鞮县故治而得名。春秋晋国铜鞮邑，为羊舌氏封邑。《左传・成公九年》：“秋，郑伯如晋。晋人讨其贰于楚也，执著铜鞮。”前 514 年， 魏献子将羊舌氏封地分为三县，于此设铜鞮县。战国韩国同是邑，亦作“唐是”。秦汉铜鞮县治所。北魏废。《水经注・浊漳水》：“铜鞮水又东，迳铜鞮县故城北，城在水南山中。晋大夫羊舌赤铜鞮伯华之邑也。”乾隆《沁州志・建置沿革》：“南乡：古城。”古迹有春秋铜鞮城遗址。传统农业村。

漳源镇 [Zhāngyuán Zhèn]

乡级政区名。在沁县境北部。东邻松村镇，南连定昌镇、郭村镇，西界沁源县景凤镇，北接牛寺乡。面积 137 平方千米。人口 1.4 万。辖王可村、漳河村、北安家岭村等 22 个行政村。镇人民政府驻漳源镇村。因浊漳西源发源于镇境，故名。

1949 年，属沁县第五区。1953 年，设漳源镇。1956 年，设漳源乡。1958 年，属太阳红人民公社，1961 年，属漳源人民公社。1984 年，置漳源乡。2001 年，与羊庄乡合并，置漳源镇。

地处丘陵区，浊漳西源发源于境内。名胜古迹有千里海河第一源、漳河神庙、玉华山森林公园等。为农业、畜牧业大镇。有肉牛、生猪、肉羊及蛋鸡养殖场等。208 国道、沁县—长治省道过境。

交口村 [Jiāokǒu Cūn]

居民点。漳源镇人民政府驻地。在沁县人民政府驻地西北 17 千米。人口 0.18 万。因在浊漳河西源上游两河沟交汇处而得名。传统农业村。名胜古迹有玉华山旅游区、佛爷庙、娘娘庙、老君庙、真武庙、圣母庙等。208 国道、沁县—长治省道经此。

册村镇 [Cècūn Zhèn]

乡级政区名。在沁县境西部。东与定昌镇、南里镇相邻，南与故县镇毗连，西与沁源县交口乡交界，北与郭村镇接壤。面积 127.6 平方千米。人口 1.37 万。辖册村、乌苏村、上官村等 20 个行政村。镇人民政府驻册村。因驻地得名。

1949 年，属沁县三区。1953 年，属南里乡。1958 年，属前进人民公社。1961 年，属册村人民公社。1953 年，属南里乡。1961 年，设册村公社。1984 年，置册村乡。2001 年，与漫水乡合并，置册村镇。

地处太岳山东麓，圪芦河、杨家铺河、南余交河、北马服河流经。传统农业村。特产沁州黄小米、红富士苹果、红提葡萄等。境内有尧山循环工业经济示范园区、皇后泉矿泉水加工园区。名胜古迹省级重点文物保护单位阏舆古城、乌苏古墓群、后泉灵岩寺遗址、七星泉等。沁县—沁源（货运专线）铁路、涉县—沁源省道过境。

册村 [Cè Cūn]

居民点。册村镇人民政府驻地。在县政府驻地定昌镇西南 20 千米。人口 0.15 万。因原地处圪芦河湿地而得名。“册”，方言谓水泽。乾隆《沁州志 · 建置沿革》：“西乡：册村。”传统农业村。古迹有明代烽火台、二甲义田碑。

乌苏村 [Wūsū Cūn]

居民点。属册村镇。在沁县人民政府驻地西南 13 千米。人口约 900 人。有学者认为，乌苏村即战国阏与城故地，为秦赵阏与古战场遗址。“乌苏”为北方古语，意为水。《旧唐书·地理志》铜鞮：“武德五年移治亥水堡”，疑即此地。1949 年，属沁县第三区。1953 年，属南里乡。1958 年，属前进人民公社。1961 年，属册村人民公社。1984 年，属册村镇至今。古迹纪念地有省级重点文物保护单位阏舆古城及墓地、大明寺、中共太岳特区机关旧址等。2022 年 12 月，“乌苏村”地名入选山西省首批地名文化遗产千年古村名录。

沁州黄镇 [Qìnzhōuhuáng Zhèn]

乡级政区名。在沁县境东部。东、南与襄垣县王村镇交界，西与定昌镇、南里镇、新店镇接壤，北与松村镇、武乡县丰州镇毗邻。面积 227.9 平方千米。人口 1.29 万。辖次村、徐阳村、荆村等 20 个行政村。镇人民政府驻次村。为中国名米“沁州黄”的主产地，故名。

1949 年，属沁县第一区。1953 年，设次村乡。1959 年，属火箭人民公社。1961 年，属次村乡人民公社。1984 年，置次村乡。2021 年 3 月，撤销次村乡，更名设立沁州黄镇。同时撤销段柳乡，将原段柳乡所辖荆村、霍沟、大良、小东岭、轻城、圪垯上、闫家沟、西河底、黑峪沟、白家沟 10 村委会和新店镇的徐阳村委会划入沁州黄镇。

地处丘陵区，徐阳河流经。农业乡镇。特产“沁州黄”小米。建有“沁州黄”小米基地、“檀山皇”小米基地。工业以小米加工为主。古迹纪念地有小东岭八路军总部旧址、荆村佛爷庙、五龙头北齐石窟、空神庙等。

次村 [Cì Cūn]

居民点。沁州黄镇人民政府驻地。在沁县人民政府驻地东南 13 千米。人口约 700 人。因在上村之下，故名。乾隆《沁州志 · 建置沿革》：“东乡：次村。”地处徐阳河畔，农业主产谷子。古建筑有明代玉皇庙。

檀山村 [Tánshān Cūn]

居民点。属沁州黄镇。在沁县人民政府驻地东 11 千米。人口约 400 人。因居檀山岭上，故村以山名。乾隆《沁州志 · 古迹》：“先师寺，在州东次村檀山，元皇庆年建。”古建筑有檀山寺遗址、空神庙。

南里镇 [Nánlǐ Zhèn]

乡级政区名。在沁县境中部。北与定昌镇相邻，东与新店镇、沁州黄镇毗连，西南与故县镇接壤，西北与册村镇交界。面积66.3平方千米。人口1.02万。辖樊村、南里村、西林村等19个行政村。镇人民政府驻南里村。因驻地得名。

1949年，属沁县第三区。1955年，属唐村乡。1956年3月，属南里乡。1958年属卫星人民公社。1961年，属南里人民公社。1984年，置南里乡。2021年3月，撤销南里乡，设立南里镇。同时撤销段柳乡，将原段柳乡所辖寺家庄村、双沟村、交漳村、樊村、上王村、孙家沟村6个行政村划入南里镇。

南里河流经。古迹纪念地有一如寺、金代古墓、烽火台、西林整军旧址、新华日报社华北版旧址等。农业主产小麦、玉米、谷子、蔬菜。服务业以零售和旅游为主。

南里村 [Nánlǐ Cūn]

居民点。南里镇人民政府驻地。在沁县人民政府驻地西南11千米。人口0.11万。与北里、中里相对而得名。乾隆《沁州志 · 建置沿革》："南乡：南里。"古迹有南里商周文化遗址、一如寺旧址。传统农业村。

松村镇 [Sōngcūn Zhèn]

乡级政区名。在沁县境东北部。东与武乡县丰州镇交界，南与定昌镇、沁州黄镇相邻，西与漳源镇接壤，北与牛寺乡毗连。面积79.2方千米。人口1.1万。辖松村、羌营村、新庄村等18个行政村。镇人民政府驻松村。因驻地得名。

1949年，属沁县第一区。1953年，属松村乡。1958年，属城关火箭人民公社。1961年，设松村人民公社。1984年，置松村乡。2021年3月，撤销松村乡，设立松村镇。

地处丘陵区，涅河流经。为农业乡镇，旧有"米粮川"之称。古迹纪念地有康公村牌坊、后庄法华寺、北西沟夫子山、新庄玉皇山、长街奶奶庙、北头龙王沟宝塔、青修四八烈士纪念碑等。太焦铁路、涉县—沁源省道过境。

松村 [Sōng Cūn]

居民点。松村镇人民政府驻地。在沁县人民政府驻地东北13千米。镇人民政府距县城12.5千米。人口0.18万。原名孙村，后以方言谐音改今名。乾隆《沁州志 · 建置沿革》："东乡：孙村。"农业村。古迹有油房崖商周文化遗址、杨家坟东周文化遗址、上尖东周—汉文化遗址。涉县—沁源省道经此。

牛寺乡 [Niúsì Xiāng]

乡级政区名。在沁县境北部。东与松村镇接壤，南与漳源镇为邻，西与沁源县景风乡交界，北与武乡县故城镇毗连。面积125平方千米。人口0.7万。辖西汤村、走马岭村、南牛寺村等11个行政村。乡人民政府驻南牛寺村。因驻地得名。

1949年，属沁县五区。1953年，设西汤乡。1958年，属太阳红人民公社。1961年，属西汤人民公社。1984年，置西汤乡。2001年，西汤乡与南涅水乡合并，改置牛寺乡。

地处山地丘陵区，有玉华山、九龙山，涅河流经。有全国重点文物保护单位南涅水洪教院。有龙珠寺、水阁凉亭、烂柯山唐代石窟等旅游景点。农业主产玉米、沁州黄谷子。服务业以零售和旅游为主。208 国道过境。

南牛寺村 [Nánniúsì Cūn]

居民点。牛寺乡人民政府驻地。在沁县人民政府驻地西北 20 千米。人口约 500 人。原名牛寺，因旧有寺院，牛姓始居而得名。后分为北牛寺、南牛寺两村。清代在附近设驿铺，名牛寺铺。乾隆《沁州志・建置沿革》："北乡：北牛寺。"有清代建筑净土庵、龙珠寺。208 国道经此。

南涅水村 [Nánnièshuǐ Cūn]

居民点。属牛寺乡。在沁县人民政府驻地北 30 千米。人口 0.11 万。因村位于涅河以南，故名。古名"甲水"，为"涅水"之音转。隋唐之际为甲水县治所。《旧唐书・地理志》铜鞮："（武德）三年置甲水县。六年省甲水县。"《太平寰宇记》铜鞮县："故甲水城，隋开皇十八年置甲水县。故城在今县北七十里。"乾隆《沁州志・建置沿革》："北乡：甲水，古县治。"1949 年，属沁县第五区。1954 年，属南涅水乡。1958 年，属太阳红人民公社。1961 年，属南涅水人民公社。1984 年，属南涅水乡。2000 年，属牛寺乡至今。

名胜古迹有全国重点文物保护单位南涅水洪教院，及南涅水石刻出土点、新石器文化遗址、清代冯氏民居、观音阁等。1959 年，村中古寺庙遗址出土北魏至北宋时期的佛教石刻造像 1100 余尊，文物界称为"南涅水石刻造像"。作品种类有造像、石塔、单体造像、造像碑铭、碑文等。其中石塔分叠垒式五、七节不等，塔四面开凿佛龛，龛内雕刻以佛教故事，内容丰富，造型生动，雕刻精湛。单体造像多为佛、菩萨、罗汉，展现了不同时代的造像风格。造像碑、铭文碑大都有纪年题字，是研究北魏至北宋佛教造像艺术的珍贵资料。1985 年，在沁县城南二郎山建成南涅水石刻馆。

杨安乡 [Yángān Xiāng]

乡级政区名。在沁县境南部。东、南与屯留区张店镇、吾元镇交界，西与故县镇毗连，东北与新店镇相邻。面积 99 平方千米。人口 0.3 万。辖杨安村、柳沟村、松交村等 8 个行政村。乡人民政府驻杨安村。因驻地得名。

1949 年，属沁县第二区。1953 年，设杨安乡。1958 年，属太阳人民公社。1961 年，属杨安人民公社。1984 年，置杨安乡。地处丘陵区，松交河、杨安河、南沟河流经。纪念地有中共太岳地委、太岳军分区旧址、八路军 129 师 386 旅驻地旧址等。农业主产大豆、玉米、谷子、蔬菜。

杨安村 [Yángān Cūn]

居民点。杨安乡人民政府驻地。在沁县人民政府驻地南 38 千米。人口约 300 人。乾隆《沁州志・建置沿革》："南乡：杨安。"传统农业村。

佛堂岩村 [Fótángyán Cūn]

居民点。全国文明村、国家森林乡村。属杨安乡。在沁县人民政府驻地南 36 千米。人口约 300 人。因村旁山岩上建有佛堂，故名。地处山地丘陵区。传统农业村。村民长期通过荒山绿化实现共同富裕，造人工林 11000 亩，被国家绿化委授予“全国绿化千佳村”称号。2015 年，被授予第四届全国文明村称号。2019 年 12 月，入选为第一批国家森林乡村名单。

沁源县 [Qìnyuán Xiàn]

县级政区名。在长治市境西北部。东与沁县毗邻，南与屯留区、临汾市安泽县相连，西与临汾市古县、霍州市、晋中市灵石县接壤，北与晋中市介休市、平遥县交界。面积 2554.6 平方千米。人口 15 万。辖沁河镇、郭道镇、灵空山镇、王和镇、王陶镇、景凤镇 6 个镇，中峪乡、法中乡、交口乡、聪子峪乡、韩洪乡、赤石桥乡 6 个乡和沁源经济技术开发区。县人民政府驻沁河镇。

因沁河发源于县境，故名。《元和郡县志》：沁源县“因沁水为名”。《水经注・沁水》：“沁水即少水也，或言出谷远县羊头山世靡谷。三源奇注，经泻一隍，又南会三山水，历落出，左右近溪，参差翼注之也。”

秦置谷远县，治所即今县城，属上党郡。王莽改名谷近，东汉复名。西晋废。北魏建义元年（528 年），置沁源县，为义宁郡治所。隋开皇三年（583 年），废郡，县属晋州。开皇十六年（596 年），于县置沁州；又析县北置绵上县，治所今绵上村，属介州。大业二年（606 年），废州，属上党郡。义宁元年（617 年），于县复置义宁郡。唐武德元年（618 年），改义宁郡为沁州。三年，绵上县属沁州。天宝元年（742 年），改沁州为阳城郡。乾元元年（758 年），复改沁州。宋太平兴国六年（981 年），废沁州，县属威胜军。金天会六年（1128 年），属沁州。元光二年（1223 年），升沁源县为谷州。绵上县仍属沁州。元复名沁源县，属沁州。至元十年（1273 年）绵上县并入沁源县。明万历二十四年（1596 年），改属汾州府。三十二年，复属沁州。清因之。1912 年，废沁州。1913 年，属中路道。1914 年，属冀宁道。1927 年，废道直属山西省。抗日战争时期，曾属晋冀鲁豫边区太岳区第七专区、第一专区。1949 年，属山西省长治专区。1958 年，与沁县、襄垣合并称襄沁县，属晋东南专区。1959 年 7 月，恢复沁源县，属晋东南专区。1967 年，属晋东南地区。1985 年，属长治市至今。

辖区内政区、居民点地名的专名具有以下特征：1. 以自然地理实体命名。如：狼尾河、马官岭、鱼儿泉、西沟泉、琴泉等。2. 以人文地理实体命名。如：绵上、安乐关、赤石桥等。3. 以姓氏命名。如：军家沟、王家园、闫寨等。4. 以革命烈士命名。如：法中、学孟、正中。政区、居民点地名的通名多为村、庄、岭、坡、沟等常见名。

地处太岳山区，地势西北高，东南低。沁河纵经。最高点为鱼儿泉村的大梁顶海拔 2525.6 米，最低点在中峪乡龙头村的沁河出境口，海拔 947 米。主要河流有沁河、赤石桥河、紫红河等。矿产资源有煤、天然气、铝矾土等。有国家级重点保护野生动物黑鹳、金钱豹、白天鹅，其中黑鹳、金钱豹属国家一级保护动物，白天鹅属国家二级保护动物。有观赏、药用等植物 60 余种。森林覆盖率 55.23%，是全国天然林保护示范县，全国绿化模范县。

名胜古迹纪念地有太岳军区司令部旧址、岳北烈士陵园、灵空山圣寿寺、抗日阵亡将士纪念碑、省级风景名胜区灵空山景区、菩提寺风景区、花坡等。王和镇古寨村被列为山西省历史文化名镇名村。地方特色民间艺术有沁源秧歌、剪纸等，沁源秧歌被列入省级非物质文化遗产。2022 年 12 月，“沁源县”地名入选为山西省首批地名文化遗产千年古县名录。

沁河镇 [Qìnhé Zhèn]

乡级政区名。沁源县人民政府驻地。在沁源县境中南部。东、南与法中乡相连，西与中峪乡、灵空山镇毗邻，北与韩洪乡、郭道镇、交口乡接壤。面积 323.1 平方千米。人口 5.3 万。辖官渠巷社区、谷远路社区、齐泉街社区等 8 个社区，垣上村、北石渠村、南石渠村等 35 个行政村。镇人民政府驻北门西街 8 号。因沁河流经得名。

1949 年，属沁源县第一区。1956 年，分属县城关乡、闫寨乡、河西乡。1958 年，属沁县城关人民公社。1959 年，属沁源县城关人民公社。1984 年，置城关镇。2001 年，更名为沁河镇。2021 年 3 月，撤销李元镇，整建制并入沁河镇。

地处州西岭东麓，沁河西岸。古建筑纪念地有全国重点文物保护单位闫寨太岳军区司令部旧址、岳北烈士陵园、沁源县衙旧址。岳北烈士陵园位于沁源县旧城中部，1949 年，太岳区党委为纪念太岳根据地的先烈而创建。主体建筑有纪念堂、纪念碑、烈士亭。烈士亭内四壁有薄一波、安子文等人题词，楹联、匾额为沁源县县长马进手书。现为山西省红色旅游经典景区。汾阳—屯留省道过境。

地方名人史居正，字中甫，光绪举人，北石村人。清末响应辛亥首义，在沁源县东南厢以干草会名义组织民众攻克县城。后事败逃亡。“干草会事件”是近代沁源县农民反清斗争的重要事件。

闫寨村 [Yánzhài Cūn]

居民点。属沁河镇。在沁源县人民政府驻地东南 9 千米。人口 0.15 万。因闫姓始居，古为寨栅而得名。因方言影响也俗写为“园寨村”。雍正《沁源县志 · 里甲》：“从义里：园寨村。”民国《沁源县志 · 农田略》：“第一区：闫寨村。”1940 年至 1942 年，太岳军区司令部和政治部、参谋部在此驻扎。陈赓同志在此指挥了白晋路破袭战、百团大战、榆辽战役、砖壁保卫战。村东现存太岳军区司令部旧址，2013 年 5 月，被公布为第七批全国重点文物保护单位。村北有抗日阵亡将士纪念碑，1965 年，被公布为省级重点文物保护单位。汾阳—屯留省道经此。2022 年 12 月，“闫寨村”地名入选为山西省首批红色地名名录。

河西村 [Héxī Cūn]

居民点。属沁河镇。在沁源县人民政府驻地沁河镇北 3 千米。人口 0.14 万。原名“北寺上”，后因在沁河西岸，故改今名。雍正《沁源县志·里甲》：“东亨里：河西村。”为美籍华人物理学家任之恭故里。以商贸、餐饮为主。汾阳—屯留省道经此。

郭道镇 [Guōdào Zhèn]

乡级政区名。全国重点镇。在沁源县境中部。东邻沁县，南连交口乡、沁河镇，西依韩洪乡，北接聪子峪乡、赤石桥乡、景凤镇。面积 267.94 平方千米。人口 1.58 万。辖长虹社区、人民社区 2 个社区，郭道村、前兴稍村、朱鹤沟村等 19 个行政村。镇人民政府驻郭道村。因驻地得名。

1949 年，分属沁源县第二区、第四区。1956 年，分属郭道镇乡、绵上乡。1958 年，属沁县郭道人民公社。1959 年，属沁源县郭道人民公社。1972 年，撤销郭道人民公社，设立郭道工矿镇。1973 年，恢复郭道人民公社。1984 年 4 月，置郭道镇。2001 年 3 月，定阳乡并入郭道镇至今。

地处太岳山区，沁河与聪子峪河在境交汇。古建筑纪念地有绵上县忠烈碑、秦家庄第三游击支队烈士纪念碑、程壁徐向前路居、绵上石窟、介神庙等。2014 年 7 月，被确定为全国重点镇。

郭道村 [Guōdào Cūn]

居民点。郭道镇人民政府驻地。在县政府驻地沁河镇北 29 千米。人口 0.43 万。因郭姓首居，且在三岔道口，故名。雍正《沁源县志·里甲》：“乡集有五：郭道镇。”古迹纪念地有慈云寺、菩萨庙、介神庙、八路军 386 旅旅部旧址、决死纵队机要室旧址、徐向前旧居、陈赓路居等。服务业以零售、修理为主。汾阳—屯留省道经此。

伏贵村 [Fúguì Cūn]

居民点。全国文明村。属郭道镇。在沁源县人民政府驻地西北 39 千米。人口 0.12 万。雍正《沁源县志·里甲》：“平定里：伏贵村。”有伏贵墓葬、洁惠侯祠、五龙圣母祠、千年古杨、陈赓路居等。2011 年 12 月，入选为第三届全国文明村名单。

灵空山镇 [Língkōngshān Zhèn]

乡级政区名。在沁源县境西南部。东南邻沁河镇、中峪乡，南、西与临汾市古县、霍州市交界，北与韩洪乡相连。面积 150.4 平方千米。人口 0.94 万。辖郡家沟村、第一川村、上兴居村等 16 个行政村。镇人民政府驻柏子村。因境内灵空山风景旅游区得名。

1949 年，属沁源县第三区。1956 年，分属柏子镇乡、好村乡。1958 年，属沁县柏子人民公社。1959 年，属沁源县柏子人民公社。1984 年，置柏子镇。2001 年，柏子镇与五龙川合并，置灵空山镇。

地处太岳山区。最高点灵空山南山，海拔 1855.8 米。古迹纪念地有全国重点文物保护单位灵空山圣寿寺、仙桥、峦桥、决死纵队 25 团、38 团团部旧址、下兴居沁源县第三民族革命高小旧址等。农业主产玉米、土豆。特产山木耳等。工业以煤炭为主。服务业以旅游、商贸为主。

柏子村 [Bǎizǐ Cūn]

居民点。灵空山镇人民政府驻地。在沁源县人民政府驻地西北 30 千米。人口约 800 人。俗传以周文王百子的吉语命名。后改为今名。雍正《沁源县志・里甲》："乡集有五：柏子镇。"传统农业村。工业有煤矿开采。

第一川村 [Dìyīchuān Cūn]

居民点。属灵空山镇。在沁源县人民政府驻地西北 43 千米。人口约 608 人。因村在沁源县西部边境的第一道河川，故名。雍正《沁源县志・里甲》："新安里：第一川。"著名风景名胜区灵空山及圣寿寺古建筑群位于第一川村的北山自然村南。现存正殿为明代遗构，其余为清代建筑。建筑依崖而建，四周奇峰竞秀，满山油松参天蔽日蔚为壮观，被誉为"油松之乡"。著名古松"九杆旗"号称"世界最大油松"，2004 年，被载入上海大世界基尼斯纪录。2013 年 3 月，灵空山圣寿寺被公布为全国重点文物保护单位。服务业以旅游为主。

王和镇 [Wánghé Zhèn]

乡级政区名。在沁源县境北部。东邻赤石桥乡，南与王陶镇相接，西、北与晋中市介休市、平遥县交界。面积 157.8 平方千米。人口 1.21 万。辖王和村、红莲村、西沟村等 14 个行政村。镇人民政府驻王和村。因驻地得名。

1949 年，属沁源县第三区。1956 年，属王和乡。1958 年，属沁县王和人民公社。1959 年，属沁源县王和人民公社。1984 年，置王和镇。2001 年，王凤乡并入。

地处丘陵区，有王和岭、界碑岭，最高点麻田卧山海拔 1952 米；最低点古寨河谷海拔 1352 米 。农业主产谷子、小杂粮。特产王和牛肉等。工业以煤炭开采加工为主。有选煤厂。服务业以商贸为主。有省级红色文化遗址汾孝战役祝捷大会旧址。旅游景点有龙凤峡和古寨古村落。汾阳—屯留省道过境。

王和村 [Wánghé Cūn]

居民点。王和镇人民政府驻地。在沁源县人民政府驻地西北 72 千米。人口 0.21 万。相传因原系王姓始建，取家庭和睦之意而得名。雍正《沁源县志・里甲》："丰厚里：王和村。"以养殖业为主。特产王和牛肉。汾阳—屯留省道经此。

古寨村 [Gǔzhài Cūn]

居民点。山西省历史文化名村、中国传统村落、中国历史文化名村。属王和镇。在沁源县人民政府驻地西北 68 千米。人口 0.17 万。地处交通要道，古有兵寨而得名。雍正《沁源县志・里甲》："丰厚里：古寨村。"1949 年，属沁源县第五区。1956 年，属王和乡。1958 年，属王和人民公社。1984 年，属王和镇至今。现存清代民居建筑群、龙天庙、天坛庙、观音阁、真武庙等古建筑。2009 年 9 月，入选为山西省第三批历史文化名村。2016 年，被列入第四批中国传统村落名录。2019 年 1 月，入选为第七批中国历史文化名村。

王陶镇 [Wángtáo Zhèn]

乡级政区名。在沁源县境西北部。东与赤石桥乡相连，南与聪子峪乡、郭道镇、韩洪乡相接，西与晋中市灵石县、介休市交界，北与王和镇接壤。面积 281 平方千米。人口 0.95 万。辖王陶村、百草村、葫芦沟村等 14 个行政村。镇人民政府驻王陶村。因驻地得名。

1949 年，属沁源县第五区。1956 年，分属王陶乡、黄段乡。1958 年，属沁县王陶人民公社。1959 年，属沁源县王陶人民公社。1984 年，置王陶乡。2001 年，花坡乡并入。2020 年 3 月 14 日，撤乡设王陶镇。

地处太岳山区，绵山东麓，西南部最高海拔 1720 米。沁河发源于境内。矿产资源有煤、铝矾土。名胜古迹有沁河源头、文昌楼、花坡风景区、花坡旧石器文化遗址等。有煤矿企业。农业主产土豆、莜麦、荞麦。特产苦荞麦等。工业以煤炭、焦化业为主。汾阳—屯留省道过境。

王陶村 [Wángtáo Cūn]

居民点。王陶镇人民政府驻地。在县政府驻地沁河镇西北 59 千米。人口 0.26 万。相传因王姓曾在此烧制陶器，故名。雍正《沁源县志·里甲》："长盛里：王陶村。"古建筑有噤师庙、观音阁、清代民居群。汾阳—屯留省道经此。

景凤镇 [Jǐngfèng Zhèn]

乡级政区名。在沁源县境东北部。东界沁县漳源镇，南连郭道镇，西邻赤石桥乡，北接晋中市平遥县境。面积 275 平方千米。人口 0.62 万。辖红源村、汝家庄村、黎和村等 12 个行政村。镇人民政府驻景凤村。因驻地得名。

1949 年，属沁源县第二区。1956 年，属景凤乡。1958 年，属沁县紫红人民公社。1959 年，属沁源县紫红人民公社。1961 年，设景凤人民公社。1984 年，置景凤乡。2021 年，官滩乡、景凤乡合并，置景凤镇。地处太岳山区，林木茂盛。为县林牧大镇。特产土鸡、小杂粮。古迹有天神山、神仙洞、南湾石林、北齐石刻等。民间艺术有剪纸。

景凤村 [Jǐngfèng Cūn]

居民点。国家森林乡村。景凤镇人民政府驻地。在县政府驻地沁河镇东北 58 千米。人口约 452 人。原名景封，后演变为今名。雍正《沁源县志·里甲》："三合里：景凤村。"古迹有天神庙、九天圣母庙、菩萨庙、摩崖石刻、寂照寺等。2019 年 12 月，入选为第一批国家森林乡村名单。

中峪乡 [Zhōngyù Xiāng]

乡级政区名。在沁源县境西南部。东邻沁河镇、法中乡，南、西与临汾市安泽县、古县交界，北接灵空山镇、沁河镇。面积 119.8 平方千米。人口 0.55 万。辖蔚村、渣滩村、中峪村等 9 个行政村。乡人民政府驻中峪村。因驻地得名。

1949 年，属沁源县第一区。1956 年，属中峪乡。1958 年，属沁县城关人民公社。1959 年，属沁源县城关人民公社。1961 年，属中峪人民公社。1984 年，置中峪乡。地处丘陵区，西川河流经。古迹有中峪古道、梨花寨、螺山古寺、渣滩北齐摩崖造像等。

中峪村 [Zhōngyù Cūn]

居民点。中峪乡人民政府驻地。在沁源县人民政府驻地西南 24 千米。人口 0.12 万。

俗称“中峪店”“店里”。春秋千亩地。为河东地区通往上党地区的古道要隘。后因地处西川河谷四条古道交会之中心而得名。《史记·晋世家》：“十年，伐千亩，有功，生少子，名曰成师。”雍正《沁源县志·里甲》：“从正里：中峪村。”民国《沁源县志·山川略》：“中峪店，县西南三十里。为县西南赴安泽之孔道。清季冬防设分卡。民国以来仍之。”

地处西川河与中峪河交汇处。历史上为县南交通枢纽，东通长治，南达临汾，西临霍州，北向晋中。古迹纪念地有中峪古道、中峪新石器至东周文化遗址、螺山寺、小庙无梁殿、朱德路居遗址、大庙八一三惨案遗址等。

法中乡 [Fǎzhōng Xiāng]

乡级政区名。在沁源县境东南部。东邻沁县南泉乡、屯留区张店镇，南接临汾市安泽县，西与沁河镇相连，北与交口乡接壤。面积 225 平方千米。人口 0.83 万。辖友仁村、支角村、马西村等 11 个行政村。乡人民政府驻法中村。因驻地得名。

1949 年，属沁源县第一区。1956 年，分属法中乡、支角乡。1958 年，属沁县法中人民公社。1959 年，属沁源县法中人民公社。1984 年，置法中乡。2001 年，柏木乡并入。地处山地丘陵区，有雕巢岭，最高峰友仁山海拔 1470 米。古迹纪念地有水泉村宋代砖塔、张法中烈士纪念亭、黄河日报社旧址。特产法中小米。汾阳—屯留省道过境。

法中村 [Fǎzhōng Cūn]

居民点。法中乡人民政府驻地。在沁源县人民政府驻地东南 16 千米。人口 0.15 万。原名霍登村，为纪念抗日战争中在霍登村牺牲的张法中烈士，因改为今名。雍正《沁源县志·里甲》：“从正里：霍登村。”地处法中河畔。纪念地有张法中烈士纪念亭。传统农业村。汾阳—屯留省道经此。

交口乡 [Jiāokǒu Xiāng]

乡级政区名。在沁源县境东部。东与沁县册村镇、故县镇交界，南连法中乡、沁河镇，西、北接郭道镇。面积 222 平方千米。人口 0.9 万。辖自强村、长征村、侯壁村等 15 个行政村。乡人民政府驻交口村。因驻地得名。

1949 年，属沁源县第二区。1956 年，属交口乡。1958 年，属沁县交口人民公社。1959 年，属沁源县交口人民公社。1984 年，置交口乡。2001 年，白狐窑乡并入。地处丘陵、河谷区。古迹纪念地有菩提寺、沁源围困战纪念馆、东川七村烈士纪念碑。汾阳—屯留省道过境。

交口村 [Jiāokǒu Cūn]

居民点。交口乡人民政府驻地。在沁源县人民政府驻地东北 17 千米。人口 0.11 万。因在沁河上游两大支流交汇处，故名。雍正《沁源县志·里甲》：“三合里：交口村。”古迹纪念地有枣林庄唐代摩崖造像、召则脑惨案遗址。汾阳—屯留省道经此。

聪子峪乡 [Cōngzǐyù Xiāng]

乡级政区名。在沁源县境西北部。东邻赤石桥乡，南接郭道镇，西、北与王陶镇接壤。面积 78.6 平方千米。人口 0.51 万。辖聪子峪村、水峪村、才子坪村等 8 个行政村。乡人民政府驻聪子峪村。因驻地得名。

1949年，属沁源县第四区。1956年，属聪子峪乡。1958年，属沁县郭道人民公社。1959年，属沁源县郭道人民公社。1961年，属聪子峪人民公社。1984年，置聪子峪乡。地处太岳山东麓。古迹有灵通禅寺、宝通观、姑姑庵北齐摩崖造像。农业主产玉米、马铃薯。工业以煤焦业为主。

聪子峪村 [Cōngzǐyù Cūn]

居民点。全国文明村。聪子峪乡人民政府驻地。在沁源县人民政府驻地西北44千米。人口0.12万。原名蠢则峪，后以方言谐音演变为今名。雍正《沁源县志・里甲》："长盛里：蠢则峪。"2020年11月，被授予第六届全国文明村称号。

韩洪乡 [Hánhóng Xiāng]

乡级政区名。在沁源县境西北部。东与郭道镇为邻，南接沁河镇、灵空山镇，西与晋中市灵石县、临汾市霍州市交界，北接王陶镇、郭道镇。面积266平方千米。人口0.99万。辖韩洪村、定安村、王璧村等15个行政村。乡人民政府驻韩洪村。因驻地得名。

1949年，属沁源县第三区。1956年，属韩洪乡。1958年，属沁县韩洪人民公社。1959年，属沁源县韩洪人民公社。1984年，置韩洪乡。2001年，鱼儿泉乡并入。地处太岳山区。传统农业乡镇。特产旭河粉皮，王璧粉条，鱼儿泉党参。有古迹定湖笔砚塔、王璧文昌楼等。景点有沁河源、下窑夜明珠等。

韩洪村 [Hánhóng Cūn]

居民点。韩洪乡人民政府驻地。在沁源县人民政府驻地西北26千米。人口0.18万。相传为纪念明代沁源县令韩白龙而命名。雍正《沁源县志・里甲》："平定里：系郭道、韩洪二里并入。"地处太岳山东麓，韩洪河流经。农业主产马铃薯、玉米。特产粉皮。古迹纪念地龙王庙、太岳兵工厂烈士碑。

王璧村 [Wángbì Cūn]

居民点。属韩洪乡。在沁源县人民政府驻地西北24千米。人口约500人。旧有璧堡，王姓始居，故名。雍正《沁源县志・里甲》："平定里：王璧村。"地处太岳山东麓，韩洪河流经。古迹有文笔塔、三教庙、文昌楼。特产粉条、粉皮。

赤石桥乡 [Chìshíqiáo Xiāng]

乡级政区名。在沁源县境北部。东邻景凤镇，南连郭道镇，西至聪子峪乡、王和镇、王陶镇，北界晋中市平遥县境。面积187.96平方千米。人口0.72万。辖姚璧村、胡家庄村、青杨湾村等13个行政村。乡人民政府驻赤石桥村。因驻地得名。

1949年，属沁源县第四区。1956年，属赤石桥乡。1958年，属沁县赤石桥人民公社。1959年，属沁源县赤石桥人民公社。1984年，置赤石桥乡。2001年，庄儿上乡并入。2021年3月5日，将赤石桥乡的桃坡底行政村划入郭道镇。地处太岳山区，赤石桥河流经。农业乡镇。特产金花葵。纪念地有胡汉坪彭德怀路居、洪赵支队旧址、决死一纵队旧址、太岳军区兵站旧址等。

赤石桥村 [Chìshíqiáo Cūn]

居民点。赤石桥乡人民政府驻地。在沁源县人民政府驻地北 45 千米。人口 0.11 万。此地原有红金石砌筑的小桥，故名。雍正《沁源县志・里甲》：“长盛里：赤石桥。”传统农业村。

涧崖底村 [Jiànyádǐ Cūn]

居民点。属赤石桥乡。在沁源县人民政府驻地东北 60 千米。人口约 518 人。因在石崖下有涧水，为沁河源头之一，故名。也俗写为“简崖底”。雍正《沁源县志・里甲》：“三合里：简崖底。”民国《沁源县志・山川略》：“沁水之源有六：一在县东北涧崖底，水从崖下二孔涌出，势甚雄壮。”古迹纪念地有介神庙、刘少奇故居、洪赵支队旧址。传统农业村。当地月饼饼模制作技艺被列入省级非物质文化遗产保护项目。

晋城市

JINCHENG SHI

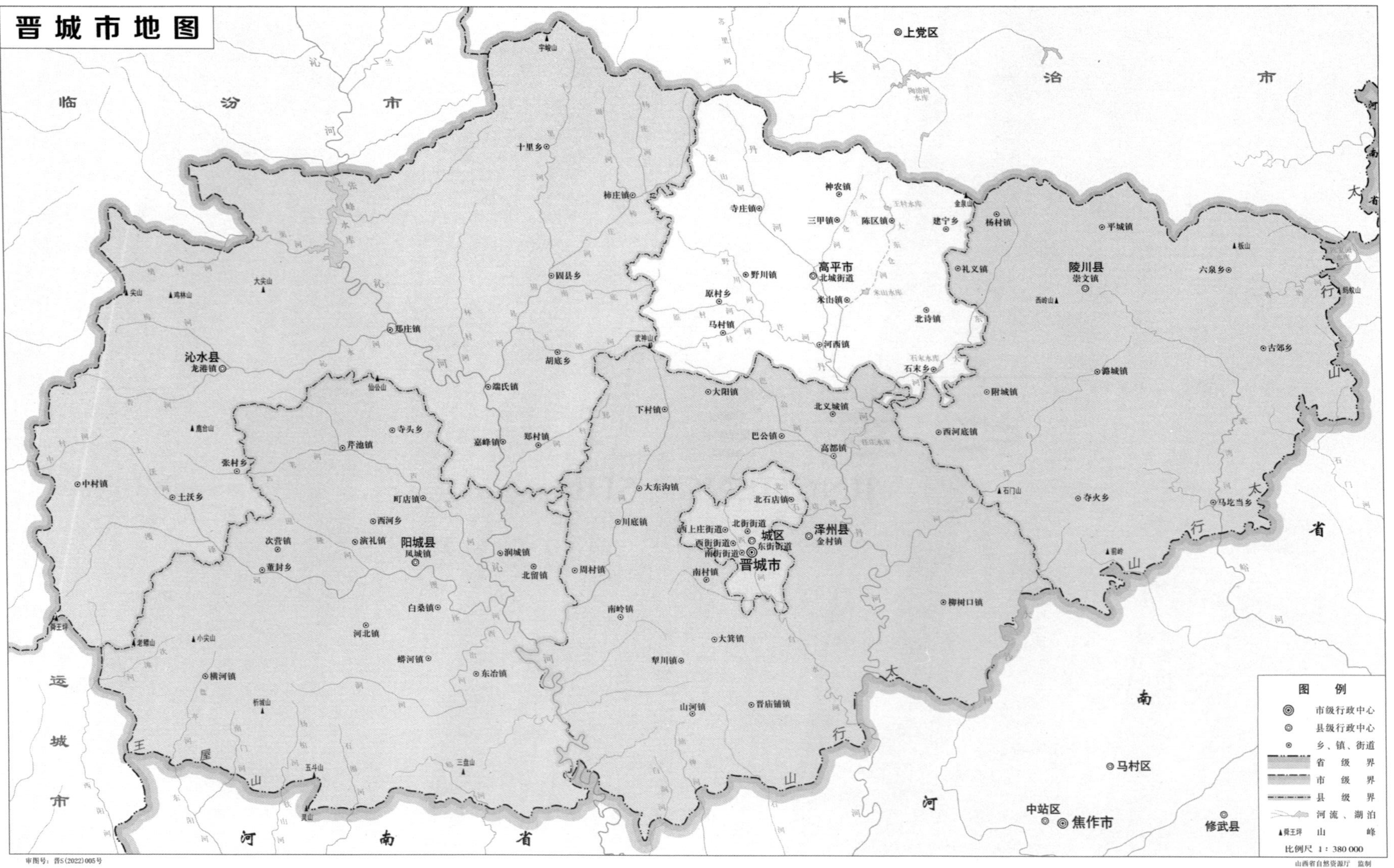
晋城市地图
长治市
上党区
临汾市
运城市
河南省
高平市
北城街道
陵川县
崇文镇
沁水县
龙港镇
阳城县
凤城镇
泽州县
金村镇
城区
晋城市
东街街道
西街街道
南街街道
北街街道
西上庄街道
北石店镇
焦作市
中站区
马村区
修武县
太行山
王屋山
图例
市级行政中心
县级行政中心
乡、镇、街道
省级界
市级界
县级界
河流、湖泊
山峰
比例尺 1：380 000
审图号：晋S(2022)005号
山西省自然资源厅 监制

晋城市 [JìnChéng Shì]

地级政区名。位于山西省东南部。东与河南省新乡市接壤，南与河南省焦作市、济源市毗邻，西与运城市、临汾市相连，北与长治市接界。面积 9425 平方千米。人口 218.8 万。辖城区 1 个市辖区，泽州县、阳城县、沁水县、陵川县 4 个县，高平市 1 个市。市人民政府驻城区。

“晋城”以春秋末三家分晋后，晋君流寓于此而得名。《太平寰宇记》：“以三国分晋地，封晋君于此，故曰晋城。”秦属上党郡。西汉分属上党郡、河东郡。三国属魏。西晋分属上党郡、平阳郡。慕容永分置建兴郡。北魏永安中废郡置建州，领 4 郡 10 县。隋改建州为泽州，“泽州”名始于此。唐武德三年（620 年），分丹川置晋城县，属建州，“晋城”之名始于此。宋为泽州高平郡。明洪武元年（1367 年），裁晋城县入泽州，隶平阳府。雍正六年（1728 年），升为泽州府。1912 年，废泽州府，留凤台、高平、阳城、陵川、沁水 5 个县。1914 年，改凤台县为晋城县。1949 年 10 月，属长治专区。1958 年，属晋东南专区。1967 年，属晋东南地区。1983 年，晋城县改县级晋城市。1985 年，撤晋东南地区，分设地级晋城市。以原晋东南地区所辖之晋城县、高平县、阳城县、陵川县、沁水县 5 个县为所辖行政区。原晋城市（县级）分为城区和郊区。

晋城历史悠久，是华夏文明发源地之一。流传有众多上古神话传说，如女娲补天、神农播谷、精卫填海、后羿射日、愚公移山、舜耕历山、大禹治水、夏桀居垂、商汤祷雨、穆王出巡等。发现有以沁水下川、陵川塔水河、西瑶泉为代表的旧石器文化，以高都、沁水八里坪为代表的新石器文化。晋城地处太行陉要隘，向为兵家必争之地，历代发生的著名战事有长平之战、高平之战等，构成了独特的战争文化。晋城是革命老区，是全国较早建立中共组织的地区之一，是华北敌后抗战主战场之一，也是重要的兵源、物资供应基地。朱德、刘伯承、邓小平、陈赓等老一辈革命家在这块英雄的土地上建功立业，留下了众多生活和战斗的革命遗迹，构成了独特的红色文化。

地方特色民间艺术有：上党梆子、上党二簧、上党八音会、高平刺绣、耍乐故事、高平鼓书、武氏正骨法、陵川剪纸、陵川钢板书、鸣鹿根雕、平腔秧歌、十不隔、五鬼盘叉、陵川布贴画、平城纸龙、陵川民居砖雕、土沃老花鼓、沁水圪栏棒、沁水鼓儿词、多人旱船、阳城生铁冶铸技艺、焙面娃娃、中庄秧歌、扛桩故事、阳城道情、阳城裤马、阳城琉璃、泽州四弦书、泽州秧歌、泽州鼓书、泽州面塑等。其中，上党梆子、上党二簧、上党八音会、土沃老花鼓、泽州秧歌、泽州四弦书、高平刺绣、武氏正骨法、阳城生铁冶铸技艺、焙面娃娃、阳城琉璃，被列入国家级非物质文化遗产。

晋城煤、铁资源丰富，品质优良，向称“炼铁之乡”。“兰花炭”行销海外，“大阳钢针”享誉九州。晋城是著名的蚕桑丝绸之乡，丝绸产品通过丝绸之路走向海外。晋城物产富饶，土特产品主要有泽州的“泽州黄”小米、“泽州红”山楂、巴公大葱，高平的黄梨、萝卜、丝绸、黑陶、烧豆腐，阳城的山萸、香果、黑椋子、节菖蒲、虹鳟鱼、乔氏琉璃，陵川的黑木耳、花椒、党参，沁水的猴头菇、蜂蜜等。

晋城历史人物有蔺相如、慧远、荆浩、刘羲叟、孔三传、萧照、李俊民、郝经、贾鲁、王国光、常伦、张敦仁、毕振姬、陈廷敬、赵树理等。晋城市还获得国家卫生城市、国家园林城市、中国优秀旅游城市、全国绿化模范城市、全国双拥模范城市、全国社会治安综合治理优秀市、国际花园城市等荣誉称号。

“晋城”地名的社会应用主要局限在民间流传的地方名产、名食方面，如晋城十大碗、晋城小红柿、晋城烧大葱、晋城红果、晋城猴头菇、晋城蜂蜜等。

晋城十大碗是当地特色综合菜系，具有悠久的历史和传统。主要有木耳圪贝、烧大葱、毛头丸、过油肉、小酥肉、 糊卜肉、糖醋溜丸、油圪麻、天鹅蛋、甜饭等。是本地区婚丧嫁娶、宴请宾朋的特色饮食。2018 年 9 月，中国烹协公布 340 道“中国菜”，其中“晋城十大碗”被评为山西十大主题名宴。

晋城小红柿，为全国 19 种名柿之一。特点是色艳、皮薄、汁多、肉嫩、糖分高。民间还加工而成的柿炒面、柿饼，均为地方名食。

晋城烧大葱是以大葱为制作主料，烹饪技巧以烧菜为主，口味属于葱香味。菜色泽金黄诱人，汤鲜葱香，配上鲜荔枝，使口味咸鲜香中有甘甜微酸。是当地特色小吃。

晋城红果主产于晋城市泽州县下村镇、巴公镇。主要有粉口山楂、红肉山楂 2 个品种，果实风味突出，是果酱、山楂加工的优良品种。晋城目前为中国八大山楂产区之一。

辖区内政区地名和居民点地名的专名有以下特征：1. 以自然地理实体命名。如：沁水县、陵川县、元岭村、谷堆村等。2. 以地理位置命名。如：水东、寺头、孤堆底等。3. 以姓氏命名。如：郑庄、宋家、逯甲庄等。4. 以祥瑞、希冀命名。如：嘉峰、兴德、太平沟等。5. 以历史古迹或人文地理实体命名。如：天井关、长平、高都、酒务、盖城等。6. 以历史人物命名。如：马武寨、王莽岭、汤帝庙等。

辖区内政区地名和居民点地名的通名有以下特征：1. 以古迹或人文地理实体城、铺、寨、口等为通名。如：碗城、晋庙铺、次营、大口等。2. 以自然地形地貌山、河、坪、岭、峪、沟、坡等为通名。如：黑石岭、逯河、石井沟等。3. 以方言俗语匠、辿、圪当等为通名。如：谢匠、西要辿、马圪当等。4. 多为北方常见通名村、庄等。如：鲁村、崔家庄等。

地处太行山、太岳山、中条山三山交会处，为黄河流域和海河流域的分水岭。地形分为高中山区、中山区、低中山区、丘陵区、盆地五个地貌单元区，山区、丘岭广布，占总面积的 87.2%。晋城属暖温带湿润大陆性季风气候区，四季分明，雨热同季，温和宜人。有大阳镇、周村镇、润城镇 3 个中国历史文化名镇；泽州县西黄石村、拦车村、冶底村，高平市苏庄村、大周村、伯方村、良户村，阳城县郭峪村、皇城村、屯城村、上庄村，沁水县郭南村、郭北村、窦庄村、湘峪村、西文兴村16个中国历史文化名村；横河镇、高都镇2个山西省历史文化名镇；泽州县石淙头村、渠头村、天井关村、东沟村、贾泉村、洞八岭村、段河村、陟椒村，高平市牛村村，阳城县南安阳村、尧沟村、上伏村、固隆村、府底村、泽城村，陵川县积善村，沁水县上阁村、尉迟村、武安村、嘉峰村20个山西省历史文化名村。全市现有文物总量6767处，其中全国重点文物保护单位66处、山西省重点文物保护单位23处。现存元代以前木构建筑40余座，占全国现存总量的近三分之一。

城　区 [Chéng qū]

县级政区名。晋城市人民政府驻地。在市境中南部。东与金村镇接壤，南与南村镇、大箕镇毗邻，西与大东沟镇、川底乡相连，北与巴公镇、高都镇接界。面积142.59平方千米。人口57.5万。辖东街街道、南街街道、西街街道、北街街道、钟家庄街道、西上庄街道、矿区街道7个街道，北石店镇1个镇，晋城经济技术开发区1个开发区。共有85个社区，49个行政村。区人民政府驻东街街道。

历为高都邑、高都县、晋城县、盖州、泽州、泽州府、凤台县治所。1914年，属晋城县地。1983年7月，属县级晋城市。1985年，原县级晋城市分为城区、郊区2市辖区，属地级晋城市。以区人民政府驻原晋城古城而得名。

城区是晋城市的历朝历代州府郡军驻地，清代山西省泽州府的府治（泽州府城）即在城区境内，自古为兵家必争之地，史称“河东屏翰、冀南雄镇”。现为中原经济区、山西省新型能源工业基地的重要组成部分。

辖区内政区地名和居民点地名的专名有以下特征：1. 以自然地理实体命名。如：焦山、五龙河等。2. 以地理位置命名。如：西关、山西底、道头等。3. 以姓氏命名。如：冯匠、钟家庄、司徒等。4. 以祥瑞、希冀命名。如：凤苑、红星、康乐等。5. 以历史古迹或人文地理实体命名。如：古书院、景德桥、府衙街等。

辖区内政区地名和居民点地名的通名有以下地方特色：1. 以古迹或人文地理实体店、铺等为通名。如：北石店、王台铺等。2. 以自然地形地貌山、河、岭、沟、坡等为通名。如：牛山、张岭、吴家沟、窑坡等。3. 以方言俗语匠、谷洞、圪塔等为通名。如：金匠、焦谷洞、庞圪塔等。4. 多为北方常见通名村、庄等。如：鸿村、晓庄等。

地处山间盆地。地势西北高，东南低，呈阶梯状。太行山脉绵亘南北，主要山峰有白马寺山、伊侯山、张村山、七岭山、五门山、方山、东武匠山、玉屏山等。平均海拔800米。年平均气温11.8℃，年平均降水量573.8毫米。城区境内有丹河支流白水河和北石店河，属黄河水系。境内文化教育驰誉三晋。北宋治平三年（1066年）哲学家、教育学家、程朱理学的奠基人程颢为晋城县令时，于全县设乡校72处、社学数十所。现存城北的古书院即其乡校遗址之一。地方特色民间艺术有上党梆子、上党二簧、上党八音会等。白马拖缰传说、泽州四弦书、泽州秧歌、上党二簧等被列入国家级非物质文化遗产。晋城泥塑、水陆院庙会被列入省级非物质文化遗产。名胜古迹纪念地有怀覃会馆、景德桥、景忠桥、回军村八路军军衣社旧址、白马寺山森林公园、洞头生态旅游村等。土特产品有“柏基”菌业香菇、黑木耳、东上村山楂、小车渠柿子等。

东街街道 [Dōngjiē Jiēdào]

乡级政区名。晋城市城区人民政府驻地。位于晋城市城区东部，东、南接钟家庄街道，西至南街街道，北至北街街道。面积2.97平方千米。人口5.18万。辖建设路社区、康乐社区、凤翔社区等11个社区。街道办事处驻建设路。因位于旧城东街一带而得名。

1983年，属晋城县城关人民公社。1984年，属晋城市城关街道。1986年1月，撤销城关街道，分设东街街道。境内有省级文物保护单位景忠桥。境内有泽州路、凤台街、新市街等几条市区主要街道交汇。驻社区单位400余个，有晋城国际贸易中心、凤展时代广场等大型设施。经济发展以现代服务业为主，以电脑、建材为主导。

西街街道 [Xījiē Jiēdào]

乡级政区名。属城区。在晋城市城区西北部。东邻南街街道，南连泽州县南村镇，西接西上庄街道，北至北街街道。面积3.98平方千米。人口7.46万。辖苗孟庄社区、前书院社区、景德桥社区等14个社区。街道办事处驻苗孟庄社区。因位于旧城西街一带而得名。

1983年，属晋城县城关人民公社。1984年，属晋城市城关街道。1986年1月，撤销城关街道，分设西街街道。地形平坦，有白水河流经。农业种植以蔬菜为主。工业以电力、建材、医药、加工为主。有省级文物保护单位金代景德桥、市级文物保护单位玉皇庙、张院民居。革命纪念地有八路军晋城办事处旧址、太岳区四地委、第四专署旧址。

南街街道 [Nánjiē Jiēdào]

乡级政区名。属城区。位于晋城市城区西南部。东至东街街道，南至钟家庄街道，西至西街街道，北至北街街道。面积3.77平方千米。人口5.87万。辖泰昌社区、凤西社区、西巷社区等8个社区。街道办事处驻西巷社区。因位于旧城南街一带而得名。

1983年，属晋城县城关人民公社。1984年，属晋城市城关街道。1986年1月，撤销城关街道，分设南街街道。

地势平坦，有白水河流经。为城区商贸中心。文物古迹有全国重点文物保护单位怀覃会馆，始建于清乾隆五十八年（1793年），是河南沁阳商人在晋城修建的同乡会馆，现存正殿、献亭、耳房、厢房等建筑。革命纪念地有晋城市烈士陵园。

北街街道 [Běijiē Jiēdào]

乡级政区名。属城区。位于晋城市城区北部。东邻钟家庄街道，南与东街街道相连，西至西上庄街道，北邻北石店镇。面积3.75平方千米。人口4.5万。辖东大街社区、东后河社区、中后河社区等9个社区。街道办事处驻书院街。因位于旧城北街一带而得名。

1983年，属晋城县城关人民公社。1984年，属晋城市城关街道。1986年1月，撤销城关街道，分设北街街道。

白水河、东河流经。有市级文物保护单位程颢书院1处；区级文物保护单位马骏旧居、古书院、明道祠堂遗址、牺盟会遗址、三通石刻等16处。革命纪念地有中共晋城第一个党小组（现泽州县党校）、晋城牺盟分会驻地。

矿区街道 [Kuàngqū Jiēdào]

乡级政区名。属城区。位于晋城市城区东北部。西、南两面与北石店镇接壤，北与泽州县巴公镇相邻，东与泽州县高教镇相接。面积10.8平方千米。人口5.6万。辖晋煤机关社区、王台铺矿社区、凤凰山矿社区等8个社区。街道办事处驻王台铺矿社区。因位于原晋城煤业集团煤矿区而得名。

1985年，属城区北石店乡。1986年1月，设立北石店矿区街道。2004年，将北石店矿区街道更名为矿区街道。有铁路专线2条，干线公路司（徒）王（台）线直通境内。有国家一级企业晋能控股装备制造集团等大中型企业。

钟家庄街道 [Zhōngjiāzhuāng Jiēdào]

乡级政区名。属城区。位于晋城市城区东南部。东与泽州县金村镇相连，南、西与泽州县南村镇、大箕镇交界，北与北石店镇、西上庄街道为邻。面积43.34平方千米。人口20.7万。辖钟家庄社区、晓庄社区、回军社区等30个社区和山门村、寺底村、洞头村等7个行政村。街道办事处驻上辇社区。钟家庄，初名钟庄。光绪《凤台县志·里村》："钟庄，距城三里。"

1946年，属晋城县第八区。1949年，属第一区。1956年，属城关镇。1958年，属城关东风人民公社。1962年，设钟家庄人民公社。1984年，置钟家庄乡。2001年1月，改设钟家庄街道。

白水河、花园头河、回军河流经。农业以特色种植、规模养殖为主。服务业以餐饮、商贸服务和乡村生态旅游为主。名胜古迹有洞头生态旅游区、市级文物保护单位文笔峰塔。有革命纪念地有回军村八路军军衣社旧址。太焦铁路、207国道、晋长、晋焦、晋济、晋阳高速和晋长二级路在此交汇，凤凰岭立交桥、泽州互通桥连接贯通城市干道和出境公路，晋城火车站、晋城客运中心位于境内。

西上庄街道 [Xīshàngzhuāng Jiēdào]

乡级政区名。属城区。位于晋城市城区西北部。东与北石店镇、北街街道、西街街道、南街街道相连，南与泽州县南村镇接壤，西与泽州县东沟镇相邻，北与泽州县巴公镇搭界。面积45.25平方千米。人口4.91万。辖北岩矿社区、金凤社区、市水泥厂社区、西马匠社区、西吕匠社区5个社区，西上庄村、道头村、掩村、夏匠村等25个行政村。街道办事处驻西上庄村。

1947年，属晋城县第五区。1949年，属晋城县第一区。1953年，分属西上庄、南畔、叶家河、阎庄四乡。1956年，属晋城县城关镇。1958年，属晋城县城关东风人民公社，为西上庄管理区。1962年，分设西上庄人民公社。1984年3月，置西上庄乡。1985年，属晋城市城区。2001 年 1 月，改设西上庄街道。

环城高速公路、陵（川）沁（水）一级公路、泽州北路、晋（城）阳（城）一级公路贯穿全境。农业以种植蔬菜、花卉、果园，养殖为主。工业以建材、化工、玻璃生产为主，有煤矿、水泥厂、陶瓷厂、制药公司等。服务业以物流业为主。名胜古迹有白马寺、万佛殿、落花寺、宝山寺、汤王馆等。革命纪念地有张岭村决死三纵队晋城独立第三营地。白马寺山森林公园为省级森林公园，有白马拖缰等传说。

西上庄村 [Xīshàngzhuāng Cūn]

居民点。西上庄街道办事处驻地。在城区人民政府地西北 3 千米。面积 1.4 平方千米。人口 0.35 万。属城郊类型村庄，交通便利。原名“上庄”。因在玉屏山东麓高地上而得名。后为与城东的上庄村区分而改今名。光绪《凤台县志・里村》：“上庄，距城十里。”

张岭村 [Zhānglǐng Cūn]

居民点。属西上庄街道。在城区人民政府驻地西北 3 千米。东邻北街街道古书院社区，南临西街办事处前书院社区，西靠道头村，北接郭山村。面积 1.14 平方千米。人口 0.12 万。耕地 720 亩。以种植小麦、玉米、谷子为主。因张姓始居，地处岭上，故名张家岭，后简为张岭。1959 年，属西上庄公社张岭大队，1984 年，为张岭行政村。域内有摩登农庄等。古迹有汤帝庙。

北阎庄村 [Běiyánzhuāng Cūn]

居民点。属西上庄街道。在城区人民政府驻地北 2.5 千米。东接泽州路，南至古书院煤矿和市区，西连张岭村，北靠白马寺山森林公园。面积 1.8 平方千米。人口 0.1 万。原名阎庄，以阎姓聚居而得名。明嘉庆年间（1567 年）庙碑记载：“有阎姓良玉，募银五百文。”康熙元年（1622 年）重修玉皇庙碑记：“阎庄村玉皇庙，其来旧矣，然初建不知何时，迄今又值改。”光绪《凤台县志・里村》：“阎庄，距城五里。”1983 年，地名普查时，因与南村、南岭的阎庄重名，其位于县城北面，故更名北阎庄。雍正《泽州府志・里甲》载名“阎庄里”。辖北阎庄村、杨庄村 2 个自然村。1956 年，属南村乡。1958 年，属城关东风人民公社。1980 年，属西上庄公社。1984 年，改为北阎庄村民委员会。农业为主导产业。陵沁一级公路从村中通过，名胜古迹纪念地有玉皇庙、中共晋城县委旧址、古槐树。

北石店镇 [Běishídiàn Zhèn]

乡级政区名。属城区。全国重点镇、全国文明镇。在晋城市城区东北部。东与高都镇、金村镇接壤，南与晋城市市区毗邻，西与西上庄相连，北与巴公镇接界。面积 39.53 平方千米。人口 3.2 万。辖王台辅矿社区、金鼎公司社区、丰安社区等 8 个社区，王台铺村、朝天宫村、东王台村 17 个行政村。镇人民政府驻北石店社区。因驻地得名。

1949 年，属晋城县第五区。1953 年为北石店乡，1958 年，属金村红星人民公社。1962 年，分设北石店人民公社。1984 年 3 月，置北石店乡。2001 年 1 月，改置北石店镇。

地处盆地，北部有丘陵。地方特色民间艺术有上党梆子、上党二簧、上党八音会等。2008 年，被文化部命名为“中国民间文化艺术之乡”。古迹有临泽遗址、关帝庙、石佛寺造像群等。革命纪念地有李先念整军旧址、李先念旧居、中共中原军区党校旧址等。为现代科技农业转化的示范区，有司徒现代都市农业示范园区、东上村生态农业园、北石店高科技农业示范园、大车渠生态农业园和大张村生态旅游观光园等五个大规模、高规格现代农业园区。

晋能控股装备制造集团及其大型煤矿王台铺矿在本镇。先后荣获“全国文明镇”“山西省文明乡镇”等荣誉称号。2014 年，被评为“全国重点镇”。

北石店社区 [Běishídiàn Shèqū]

居民点。北石店镇人民政府驻地。位于城区人民政府驻地东北 10 千米。东邻晋能控股装备制造集团，南与南石店村接壤，西连鸿春村，北靠王台铺矿。面积 2.15 平方千米。人口 0.15 万。原名“石店”，以地处古驿道多客店，石姓始居而得名。后分为北石店、南石店两村。雍正《泽州府志·里甲》载名“石店里”。光绪《凤台县志·里村》：“北石店，距城十五里。”有精品农业项目，建有千亩绿色农业科技示范园区。有古迹普圣寺。

大张村 [Dàzhāng Cūn]

居民点。属北石店镇。在城区人民政府驻地北 3 千米。东与孙村村接壤，南邻前村村、河东村，西与小张村、西上庄街道相连，北与窑头村、大车渠村相连，面积 3.71 平方千米。人口 0.16 万。耕地 1800 亩，林地 1100 亩。因张姓始居，与小张村相对，故名。光绪《凤台县志·里村》：“大张村，距城十一里。” 1953 年，属晋城县一区。1958 年，为金村红星人民公社大张村管理区。1962 年，为北石店公社大张村生产大队。1984 年，为大张行政村。煤储量丰富。有古迹玄武庙、双松寺。

沁水县 [qìnshuǐ xiàn]

县级政区名。在晋城市境西北部。东与高平市、泽州县为邻，西与翼城县交界，南与阳城县、垣曲县接壤，北与浮山县、安泽县、长子县毗连。面积 2658.2 平方千米。人口 20 万。辖龙港镇、中村镇、郑庄镇、郑村镇、柿庄镇、端氏镇、嘉峰镇 7 个镇，十里乡、土沃乡、张村乡、固县乡、胡底乡 5 个乡。县人民政府驻龙港镇。

沁水县因沁河流经而得名。春秋为晋国端氏邑。战国属韩、赵。秦置端氏县，属河东郡，治所在今西城村。三国魏属平阳郡。晋因之。北魏太平真君七年（446 年），废端氏县。延兴间，置安平郡。太和二十年（496 年），复置端氏县，属安平郡，郡、县同治。孝昌二年（526 年），析端氏县西境置东永安县和泰宁郡，郡、县同治，治所在今固镇村。又置西河县，治所在今西河村，属泰宁郡。北齐天保元年（550 年），废泰宁郡，改东永安县为永宁县，属安平郡。隋开皇三年（583 年），废安平郡和西河县，端氏县治所迁今端氏村，与永宁县俱属长平郡。十八年，改永宁县为沁水县，县治迁今县城，与端氏县同属泽州。大业三年（607 年），属高平郡。唐武德八年（625 年），端氏县为泽州治，领端氏、濩泽、沁水 3 个县。贞观元年（627 年），泽州治迁今晋城老城。天宝元年（742 年），属高平郡。乾元元年（758 年），属泽州。宋、金、元因之。蒙古至元三年（1266 年），端氏县并入沁水县。明仍属泽州。清雍正六年（1728 年），属泽州府。1912 年，废泽州府。1913 年，沁水县属中路道。1914 年，属冀宁道。1927 年，废道直属山西省。1937 年，属山西省第五行政区。1941 年，开辟为抗日根据地，先后组建沁水县、士敏县、沁南县 3 个县，分别隶属太岳区二、四专区。1943 年，沁水县并入士敏县。1946 年，沁南县更名沁水县，县人民政府由南阳村迁回县城。1947 年，沁水县、士敏县 2 个县合并，恢复沁水县原建制。1949 年，属长治专区。1958 年 11 月，沁水县并入阳城县，属晋东南专区。1960 年，复置沁水县。1967 年，属晋东南地区。1985 年，属晋城市。

辖区内政区地名和居民点地名的专名有以下特征：1. 以自然地理实体命名。如：沁水县、樊村河、水泉等。2. 以地理位置命名。如：河渚、岭东、河头等。3. 以姓氏命名。如：郑庄、褚家、尉迟等。4. 以祥瑞、希冀命名，表达了中华传统文化中对美好的向往和追求。如：加丰、永安、兴德等。5. 以历史古迹或人文地理实体命名。如：端氏、西城、固县等。

辖区内政区地名和居民点地名的通名有以下地方特色：1. 以古迹或人文地理实体店、壁、寨、口等为通名。如：常店、赵寨、孔壁等。2. 以自然地形地貌山、河、坪、岭、峪、沟、坡等为通名。如：南山、湘峪、梁坪、寺岭、黄沙沟等。3. 以方言俗语圪坨、古堆等为通名。如：杨圪坨、柿树古堆等。4. 多为北方常见通名村、庄等。如：侯村、苏庄等。

地处太行、太岳、中条三大山系衔接处，中为沁河谷地，地势西高东低。最高峰县西南历山舜王坪，海拔 2322 米。最低点县东南沁河口，海拔 520 米。年平均气温 10.9℃，年平均降水量 708.9 毫米。主要山脉有历山、鹿台山、大尖山等，主要河流有沁河、县河、端氏河等。境内矿藏丰富，有煤、铁、铜、钛、水晶石、石灰石等。其他自然资源有国家一级保护动物黑鹳、金雕、大鸨、金钱豹、原麝 5 种，国家二级保护动物大天鹅、苍鹰、大鲵等 33 种，山西省重点保护野生动物 26 种。植物资源有红豆杉、山桐籽、老鸦铃、领春木、连香树、丁香树、五角枫等。蚕茧、蜜蜂、核桃为三大特产。获山西省农产品地理标志登记保护的土特产品有沁水黄小米、沁水黑木耳等。

县境舜耕历山的传说历史悠久。下川旧石器文化遗址的发现，表明了在距今一两万年前，华北地区细石器工艺的成熟和最高制作水平。现有全国重点文物保护单位 4 处：西文兴村柳氏民居、湘峪古堡、郭壁村古建筑群、窦庄古建筑群。省级重点文物保护单位 6 处：玉溪石塔、东峪石佛造像、下川遗址、八里坪遗址、赵树理故居、东峪古长城。市级重点文物保护单位 77 处。县级重点文物保护单位 72 处。抗大太岳分校旧址、赵树理故居为省级爱国主义教育基地。国家级自然保护区——历山，为 4A 旅游景区。2014 年 10 月 20 日，在民政部第十八次“千年古县”专家评定会上，沁水县被确认为“千年古县”，成为我省第 5 个被命名的“千年古县”。列入中国传统村落名录的有郭北村、上阁村、端氏村等 16 个村；中国历史文化名村有窦庄村、郭壁村、湘峪村、西文兴村等 8 个村；省级历史文化名村 1 个：尉迟村。有全国文明村 2 个：永安村、河头村。中国民间文化艺术之乡 1 个：嘉峰镇。

地方特色民间艺术有舜的传说、土沃老花鼓、柳氏清明祭祖习俗、霍家山龙灯、圪栏棒、沁水鼓儿词、沁水秧歌、多人旱船等。舜的传说、土沃老花鼓、柳氏清明祭祖习俗列入国家级非物质文化遗产。霍家山龙灯、沁水鼓儿词、沁水秧歌列入省级非物质文化遗产。沁水县的著名历史人物有五代十国时期的画家荆浩、明代名臣刘东星、现代作家赵树理等。

荆浩，五代后梁画家。字浩然，沁水人。隐居太行山洪谷，自号洪谷子。对中国山水画的发展有重要贡献，使唐代出现的“水晕墨章”画法进一步成熟妥熟。所著《笔法记》，为中国古代画论中全面系统论述山水画创作方法和艺术准则的最早的一部著作。

赵树理，原名赵树礼，曾用野小、常哉、王甲土等笔名。山西沁水县尉迟人，出身于农民家庭。是我国现代文学史上著名的“山药蛋派”的主将，代表作品有《小二黑结婚》《李有才板话》《李家庄的变迁》《三里湾》等。由赵树理开创的山西“山药蛋派”，是现代文学史上的重要流派。

以“沁水”冠名的社会应用有沁水秧歌、沁水鼓书。

沁水秧歌，俗称“四八板”，是一种干打干唱的地方小戏，被列入山西省非物质文化遗产目录。

沁水鼓书，又称鼓儿词，流行于沁水、阳城一带。用上下句结构的唱词，夹以道白，使用的乐器为三弦、四弦、扁鼓（书鼓）、小板、小钹等。传统曲目有《包公案》《回文屏》《五女兴唐传》《三洪传》等，被列入山西省非物质文化遗产目录。

龙港镇 [Lónggǎng Zhèn]

乡级政区名。沁水县人民政府驻地。地处县境西部。东与郑庄镇接壤，东南与阳城县芹池镇为邻，南与张村乡相连，西南与土沃乡、中村镇毗连，西与临汾市翼城县桥上镇、隆化镇为界，北与浮山县寨圪塔乡相邻。面积 507 平方千米。人口 5.5 万。辖柳庄社区、宣化社区、永宁社区等 10 个社区，南瑶村、上苏庄村、柿元村等 25 个行政村。镇人民政府驻县城新建西街。因东有龙岗山，故以谐音命名龙港镇。

1949 年，属沁水县第一区。1956 年，分属城关镇、国华乡、里必乡、大坪乡、王寨乡、西石堂乡、河渚乡、尧都乡。1958 年，属城关镇红旗人民公社。1961 年，属城关人民公社。1984 年 5 月，置城关镇。2001 年 1 月，城关镇、杏峪乡、王寨乡合并组建龙港镇。2021 年 5 月，樊村河乡并入龙港镇。

境内地势西高东低，南北环山，海拔高度在 800 ~ 1000 米之间。梅河、杏河在境交汇。侯月铁路、阳翼高速公路经境。主产小麦、玉米、谷子，有蔬菜基地。境内矿产资源丰富，主要有煤、石灰岩、铁矿石、煤层气等。工业支柱产业为采掘、冶铸、建材。名胜古迹纪念地有沁水县烈士陵园、石堂村风景松、文庙、玉帝庙、碧峰寺、城隍庙、李翰墓、中木亭塔、中木亭三官堂、上木亭村千佛碑、张庄阁楼、固镇村牌楼、杏峪东阁、下苏庄节孝坊、马邑城遗址等。马邑城相传为长平之战中秦军牧马的地方。

国华村 [GuóHuá Cūn]

居民点。属龙港镇。在沁水县人民政府驻地东5千米。面积6.68平方千米。人口0.13万。原名富店村，相传因有史姓富商开店于此，故名。抗日战争时期，八路军侦察员刘国华就义于此，因改为国华村。光绪《沁水县志·村镇》："富店村，离城十五里。"辖国华村、东圪梁村、常家湾村、坪坡村、河北庄村5个自然村。耕地1131.3亩，林地3248.49余亩。省道坪曲公路和陵沁公路分别从村南北穿过。明代南京户部尚书李瀚墓在境内，有神道碑、神道兽等。

樊村 [Fán cūn]

居民点。属龙港镇。在沁水县人民政府驻地西北14千米。面积29平方千米。人口约693人。因初为樊姓建村得名。光绪《沁水县志·村镇》："樊村，离城四十里。"耕地3000亩，林地1万余亩。种植小麦、玉米，养殖羊、牛，特产核桃，绵核桃在晋东南地区享有盛名。古迹有三皇庙等。

赵寨村 [Zhàozhài Cūn]

居民点。属龙港镇。在沁水县人民政府驻地北20千米。面积20平方千米。人口约290人。因赵姓始居，有古寨址而得名。光绪《沁水县志·村镇》："赵寨村，离城四十里。"北连临汾市浮山县寨圪塔乡谭村。耕地1251亩，林地9321亩。种植、养殖业为该村主导产业。古迹有赵寨遗址、汤王庙。建有烈士陵园。

中村镇 [Zhōngcūn Zhèn]

乡级政区名。全国重点镇。属沁水县。位于沁水县南部。东临土沃乡，南接垣曲县历山镇，西毗翼城县西阎镇，北倚龙港镇。面积243.68平方千米。人口1.4万。辖中村、上阁村、张马村等13个行政村。镇人民政府驻中村。因驻地得名。

1949年，属沁水县第三区。1953年，设中村乡。1958年，属上游人民公社。11月，沁水县撤销，划入阳城县，属沁水镇。1960年1月，复置沁水县，设中村人民公社。1984年5月，置中村镇。2001年1月，下川乡并入。

地处历山国家自然保护区腹地。地势西南高东北低。历山主峰舜王坪海拔2358米，为沁水县最高峰。森林覆盖率达80%。矿产资源丰富，有煤、铁、石灰石。农作物主要有玉米、谷子、小麦、山药、麻。土特产有猴头、木耳、蘑菇、大松子、九节菖蒲、五灵脂、冬虫夏草等。旅游资源丰富，历山自然保护区为4A级旅游风景区，有舜王坪、白云洞、啸天洞、丹坪寨等名胜。文物古迹有中村西寺，上阁村龙岩寺、古民居舜帝庙、松峪舜帝庙、蒲泓村福盛寺等30余处。下川文化遗址位于境内，为旧石器时代晚期以细石器为主要特征的石器文化。考古学命名为"下川文化"，现为山西省重点文物保护单位。舜耕历山的传说发源于此，相传舜王坪为舜王躬耕处。省道沁东公路跨境而过，县道定中线、翼中线、中下线、下舜线贯穿全镇。

中村 [Zhōng Cūn]

居民点。中村镇人民政府驻地。在沁水县人民政府驻地西南30千米。面积58.52平方千米。人口 0.36 万。原名中村庄，据《灵虚观重修碑》记载，明万历二十四年（1596 年），称中村庄，崇祯四年前更名为中村。清代为中村镇。因四周环山、地处河谷中部而得名。雍正《泽州府志·公署》："社仓一十五所：中村镇，俱雍正八年设。"光绪《沁水县志·村镇》："中村镇，离城六十里。"森林覆盖率 80%。沁水—东鲁省道经此。文物古迹有下川文化遗址，为省级文物保护单位。有县级重点文物保护单位西寺、石雕狮子、上阁龙岩寺、古民居、舜帝庙、松峪舜帝庙、蒲泓福盛寺等。

上阁村 [Shànggé Cūn]

居民点。山西省历史文化名村，中国传统村落、中国历史文化名村。属中村镇。在中村镇人民政府驻地西南 35 千米。东与东沟村毗邻，南与北庄村隔山为界，西与张马村相邻，北与北岭村相连。面积 14.36 平方千米。人口 0.22 万。原名"姚家寨"，村民多为姚姓。后以村中建有楼阁而改今名。光绪《沁水县志·村镇》："上阁村，离城五十五里。"合作化时期，设上阁初级社。1956 年，设"民乐"高级社。1958 年 9 月，属上游人民公社，为上阁管理区。1961 年 6 月，属中村人民公社上阁大队。1984 年 5 月，为上阁行政村。2002 年，撤并村组李家坡并入。地处黄土垣上，十字河流经。清代有姚氏家族经商致富后，在村中兴建宅院保留至今。现存民居建筑有合兴号大院、前南院、高楼院、照壁院、书房院等。寺庙建筑遗存有"四庙九阁"，其中舜帝庙主殿、龙岩寺、古阁保存较好。2016 年 12 月，被列入第四批中国传统村落名录。2017 年 1 月，入选为第五批山西省历史文化名村。2019 年 1 月，入选为第七批中国历史文化名村。

郑庄镇 [Zhèngzhuāng Zhèn]

乡级政区名。属沁水县。在沁水县境中部。东临端氏镇，南与阳城县搭界，西倚龙港镇，北与临汾市安泽县接壤。面积 491 平方千米。人口 1.9 万。辖石室村、东大村、南大村等 25 个行政村。镇人民政府驻郑庄村。因驻地得名。

1949 年，属沁水县第四区。1950 年，属第三区。1954 年，分属郑庄乡、东大乡、南大乡、郎必乡、蒲峪乡、洺水乡。1958 年，属前进人民公社。1960 年，改郑庄人民公社。1984 年 5 月，置郑庄乡。2001 年 1 月，王必乡、郑庄乡合并，置郑庄镇。2021 年 5 月，撤销苏庄乡，整建制并入郑庄镇。

地处沁河河谷，沁河纵贯全境。境内有丰富的水利资源和煤炭资源，是沁水县粮、棉、油菜主产区。盛产花生和红富士苹果。境内有水电站 5 座。名胜古迹有八里坪遗址、东周遗址、王离城遗址、车辋寺、柳木岩摩崖石刻、玉清宫、太岳区党政军行署驻地遗址等。沁渡秋风、龙渠飞瀑是沁水古十景。侯月铁路、省道坪曲线、县道郑庄线经境。

郑庄村 [Zhèngzhuāng Cūn]

居民点。郑庄镇人民政府驻地。在沁水县人民政府驻地东 19 千米。面积 15.4 平方千米。人口 0.18 万。相传古名青龙口，后郑姓始居，故名郑庄。雍正《泽州府志·公署》："社仓一十五所：郑庄，俱雍正八年设。"光绪《沁水县志·村镇》："郑庄村，离城五十里。"1949 年后，历为沁水县第四区、第三区政府及公社、乡镇政府驻地。2002 年，张沟村并入郑庄，郑庄村辖郑庄村、张沟村 2 个自然村。2021 年，合并村庄，杨树庄村并入郑庄，现郑庄村辖郑庄村、张沟村、杨树庄村 3 个自然村，耕地 3246 余亩，主产小麦、玉米，养殖业为养羊、养蜂、养鸡、养猪等。省道坪曲线、县道郑（庄）庄（头）线途经该村，侯月铁路穿村而过。古迹有张沟佛庙等。有县级重点文物保护单位郑庄大桥创建碑。纪念地有太岳区行署机关驻地旧址。

河头村 [Hétóu Cūn]

居民点。全国文明村镇。属郑庄镇。在沁水县人民政府驻地东 18 千米。面积 18 平方千米。人口 0.16 万。清代名“河头寨”，因位于杏河入沁河处，故名。光绪《沁水县志·村镇》：“河头寨，离城四十八里。”耕地 3904 亩，林地 6000 余亩。前 376 年，魏、赵、韩三家分晋，迁晋静公于端氏聚，即今河头村西城自然村。沁水古十景之一“沁渡秋风”即指此。古迹有端氏聚遗址、河头汉墓群、摩崖石刻造像等。 2017 年 11 月，被评为第五届全国文明村镇。

苏庄村 [Sūzhuāng Cūn]

居民点。属郑庄镇。在沁水县人民政府驻地东北 45 千米。面积 25 平方千米。人口约 600 人。苏姓始居而得名。光绪《沁水县志・村镇》：“苏庄村，离城九十五里。”耕地 2954 亩，主产小麦、玉米、大豆、油料，养殖黑山羊为主。1945 年，上党战役结束地就在现苏庄村桃川自然庄，活捉军长史泽波，上党战役胜利告捷。有县级重点文物保护单位桃川战斗纪念地。

端氏镇 [Duānshì Zhèn]

乡级政区名。全国重点镇。属沁水县。地处沁水县境东部。东与胡底乡接壤，南与嘉峰镇相邻，西南与阳城县寺头乡为界，西与郑庄镇相连，东北与固县乡毗邻，面积 256 平方千米，人口 3.6 万。辖端氏村、苏庄村、樊庄村等 20 个行政村。镇人民政府驻端氏村。因驻地得名。

1949 年，属沁水县第五区。1950 年，属沁水县第四区。1954 年，属沁水县第二区。1956 年，设端氏乡。1958 年，设端氏人民公社。1984 年 5 月，置端氏镇。2001 年 1 月，必底乡并入端氏镇。

镇区位于巍山西麓，沁河流经。地貌类型为河谷、低山、平川区，平均海拔 750 米。为传统农业大镇，县蚕种生产基地，有“蚕乡”之称。土特产品紫皮大蒜、花椒等闻名。境内煤炭和煤层气资源丰富，有煤层气气井 1000 余口，是国家、省、市多条煤层气集输管道气源站。历为高平、阳城、沁水 3 县交通枢纽。坪曲公路、沁高高速公路（规划）、端润一级公路、侯月铁路经境。文物古建筑有贾景德故居、汤王庙、白云寺、南寺、三柏两眼井、坪上古民居、榼山夜月、刘东星墓、王元生墓、汤王庙、贾氏民居、贾景德祖墓碑、石柱顶柏梁。有省级非物质文化遗产霍家山龙灯。地方名人有刘东星、常伦、贾景德、武士敏、李小四等。刘东星（1538—1601），字子明，号晋川，坪上村人。明隆庆二年（1568 年）进士，历任刑部主事员外郎、浙江提学副使、吏部右侍郎、工部尚书等职。著有《明灯道古录》《晋川集》等。

端氏村 [Duānshì Cūn]

居民点。中国传统村落。端氏镇人民政府驻地。在沁水县政府驻地东 45 千米。面积 10 平方千米。人口 0.46 万。隋开皇三年(583 年),始为端氏县治所。蒙古至元三年(1266 年),端氏县并入沁水县，县废后为端氏镇。《太平寰宇记》泽州端氏县：“（端氏）故城在今县西北三十里，即汉理。隋开皇三年罢郡，自故城移于今理。”1941 年 10 月，在端氏成立沁东县抗日政府。12 月，为纪念抗日爱国将领武士敏改为士敏县，为县人民政府驻地。1947 年 7 月，士敏县并入沁水县后，为沁水县第五、第四、端氏区公所驻地。耕地 5857 亩，林地 5471 余亩。商贸、蚕桑业为支柱产业。自古为沁东地区“旱码头”，是沁水通往高平、晋城、侯马、运城的交通枢纽。侯月铁路、坪上—曲沃省道过经此。

有县级重点文物保护单位汤王庙、五龙庙、汤王庙、贾氏民居等。 地方名人贾景德（1880—1960），字煜如，号韬园。清光绪甲辰进士，后任山西省政府政务厅长、秘书长、国民政府铨叙部部长、行政院副院长和秘书长等。著有《韬园诗集》和《韬园文集》。2016 年 12 月，被列入第四批中国传统村落名录。

樊庄村 [Fánzhuāng Cūn]

居民点。属端氏镇。在沁水县人民政府驻地东 43 千米。面积 4 平方千米。人口约 583 人。明朝樊姓在此建庄，故名樊庄，后为与胡底樊庄区别，改为今名。耕地 1500 亩，林地 2490 亩。蔬菜种植是该村的主导产业，种植面积 200 亩。“紫皮大蒜”为地方特有品种。古迹有樊庄佛庙等。

嘉峰镇 [Jiāfēng Zhèn]

乡级政区名。全国重点镇。属沁水县。地处沁水县东南部，东与郑村镇接壤，南、西南、西与阳城县润城镇、町店镇、寺头乡相邻，北与端氏镇为邻，面积 99.7 平方千米。人口 4.2 万。辖潘庄村、长畛村、武安村等 18 个行政村。镇人民政府驻潘庄村。因镇境有嘉峰村而命名。

1949 年，属沁水县第六区。1950 年，属沁水县第四区。1954 年，属沁水县端氏区。1956 年，分属潘庄乡、张山乡、夏荷乡。1958 年 3 月，属潘庄乡。1958 年 9 月，属卫星人民公社。1959 年，属五一人民公社。1960 年 8 月，改为潘庄人民公社。1971 年 6 月，划归阳城县。1972 年 3 月，复归沁水县。1984 年 5 月，置嘉峰镇。

位于河谷平川，地势西高东低，沁河流经，地势开阔。在沁水煤田腹地，有丰富的煤炭和煤层气资源，为工业型乡镇。特产潘河村七须黄花菜、窦庄村紫皮蒜、前岭村红薯、谷柿醋。尉迟村有现代作家赵树理故居、陵园和赵树理展馆。文物古迹有窦庄城堡、郭壁古镇建筑群、崔府君庙、战国时期武安古寨、明万历大理寺正卿张五典的故里等。窦庄古建筑群、郭壁古建筑群为全国重点文物保护单位。传统民间文艺活动多人旱船尤具特色，2008 年，被文化部命名“中国民间文化艺术（多人旱船）之乡”。端润一级公路、侯月铁路、候村、武安、嘉峰 3 条铁路专用线经境。

潘庄村 [Pānzhuāng Cūn]

居民点。嘉峰镇人民政府驻地。在沁水县人民政府驻地东南55千米。面积5平方千米。人口0.2万。以潘姓始居而得名。光绪《沁水县志·村镇》："潘庄村，离城一百一十二里。"耕地2256亩。主产小麦、玉米。煤炭储量丰富，是"沁水煤田"的中心地区。侯月铁路、端润一级公路经此。古迹有潘庄遗址、鹿底观音堂、张氏宅院、潘庄葆和观等。

窦庄村 [Dòuzhuāng Cūn]

居民点。中国历史文化名村，中国传统村落。属嘉峰镇。在沁水县人民政府驻地东南52千米。面积4平方千米。人口0.14万。相传宋代左屯卫大将军窦磷由陕西扶风迁此建村，故名窦庄。明末被表为"夫人城"。《明季北略》："山西窦庄，七月二十二日甲午，贼赵四儿率六千余人，东渡山西，入沁水县，县东北有窦庄，系故忠烈铨里居。先是铨父尚书五典，谓海内将乱，筑墙为堡甚坚。至是，贼犯窦庄，五典、铨已死，铨子道濬，道泽俱官京师，惟铨妻霍氏守舍，众议弃堡避去，霍氏语其少子道隆曰：避贼而出，家不保，出而遇贼，身更不免。等死耳。死於家不犹愈死於野乎？且我坚守，贼必不得志，乃躬率僮仆为守御。贼至环攻之，堡中矢石并发，贼伤甚众，越四日乃退。其避山谷者，多遇贼淫杀，惟张氏宗族得全，冀北兵备王肇生，表其堡曰夫人城。"雍正《泽州府志·公署》："社仓一十五所：窦庄村，俱雍正八年设。"村落是在宋代窦氏老宅的基础上，以窦氏校场为中心，仿北京格局筑成，俗称"小北京"。现存古建筑面积约29900平方米，以民居为主，有庙宇、楼阁、祠堂、书房、校场、法庭、地牢、城墙、城门楼、牌坊、店铺、碑刻，以及窦将军墓、张铨墓及历代石碑30余通。除佛庙主殿及配殿为元代遗构，其他多为明、清建筑。现保存较完好的建筑有尚书府、上下宅、九宅院、旗杆院、武魁院、常家大院、古公堂等十多个明清院落和佛庙、观音堂、三圣阁、五凤楼、耕读院和南花园等。2004年，入选为山西省历史文化名村。2006年，窦庄古建筑群被公布为国家级重点文物保护单位。2008年，被评为中国历史文化名村。2012年，被列入第一批中国传统村落名录。

郭壁村 [Guōbì Cūn]

居民点。山西省历史文化名村，中国传统村落。属嘉峰镇。在沁水县人民政府驻地东南53千米。2022年1月，由郭南村和郭北村合并为郭壁村。面积8.3平方千米。人口0.13万。耕地1270亩。曾是沁河岸边古渡口之一，原名郭壁，因郭姓建堡壁而得名。现存郭壁村府君庙内的明嘉靖七年立的《郭壁府君庙重修记》称："郭壁，古镇也。"光绪《沁水县志·村镇》："郭壁村，离城一百三里。"民间有"金郭壁，银窦庄"之谚。明清时代曾是重要的交通枢纽和河岸码头，现存明清古建和商铺旧址。为全国重点文物保护单位郭壁古建筑群所在地。文物古迹有崔府君庙、郭南遗址、雨花阁、观音阁、行宫阁、文昌阁、郭南渡口遗址、忠信竺敬院、祖师阁、郭北王氏宗祠等。2004年，入选为省级历史文化名村。2014年，被列入中国传统村落名录。

永安村 [Yǒngān Cūn]

居民点。全国文明村。属嘉峰镇。在沁水县人民政府驻地东南25千米。面积3.1平方千米。人口 0.15 万。辖永安村、杨家圪嘴村、石榴凹村、庄头村、南凹寺村、东沟底村 6 个自然村。原名碾腰村，后因开煤矿出事故，村民为求平安，更名永安村。农业主产小麦、玉米。有煤炭资源。古迹有白龙庙、汤帝庙、王氏宅院、祖师爷庙、菩萨庙、南凹寺寺院等。2011 年 12 月，入选为第三届全国文明村。

武安村 [Wǔān Cūn]

居民点。中国传统村落，山西省历史文化名村，中国历史文化名村。属嘉峰镇。在沁水县人民政府驻地东南 60 千米。位于沁水县嘉峰镇东南部。面积 2.5 平方千米。人口 0.12 万。因秦将武安君白起在此屯兵而得名，是由堡寨而形成的村落。雍正《泽州府志·公署》："社仓一十五所：武安村，俱雍正八年设。"光绪《沁水县志·古迹》："武安城，即今武安村。白起侵赵屯兵于此，故垒尚存。"1949 年，属沁水六区武安行政村。合作化时初为武安初级社，1956 年，变高级社并冠名"常乐"。1958 年 9 月，公社化，称武安管理区，属端氏卫星人民公社。1961 年 6 月，改称武安生产大队，属潘庄人民公社。1984 年 5 月，县实行乡村制，称武安村，属嘉峰镇。2012 年，为独立建制村。文物古迹有战国时期的古地道、武安兵寨遗址、汤帝庙、关帝庙、秋闱高捷牌楼、惠济寺、赵氏宅院、牛氏宅院等。2016 年 12 月，被列入第四批中国传统村落名录。2017 年 1 月，入选为第五批山西省历史文化名镇名村。2019 年 1 月，入选为第七批中国历史文化名村。

尉迟村 [Yùchí Cūn]

居民点。山西省历史文化名村，中国传统村落。属嘉峰镇。在沁水县人民政府驻地东南 65 千米。面积 1.1 平方千米。人口约 610 人。东临沁河，南邻阳城县望川村。距镇政府 5 千米。原名吕窑村，因吕姓聚居而得名。相传唐将尉迟恭隐居于此而改为今名。光绪《沁水县志·村镇》："尉迟村，离城一百三十里。"1949 年，属沁水六区武安行政村。合作化时期初为尉迟初级社。1956 年，转为常兴高级社。1958 年 9 月，为尉迟管理区，属端氏卫星人民公社。1961 年 6 月，为尉迟生产大队，属潘庄人民公社。1984 年 5 月，称尉迟村，属嘉峰镇。特产沁河古堡谷柿醋。是作家赵树理的家乡。村内建有尉迟门、敬德庙、来翠阁、树理门、赵树理陵园、赵树理展馆、树理调解室。

赵树理（1906—1970），原名赵树礼，尉迟村人。现代小说家、人民艺术家，山药蛋派创始人。代表作有《小二黑结婚》《李有才板话》等。2016 年 12 月，被列入第四批中国传统村落名录。2019 年 1 月，入选为第七批中国历史文化名村。

郑村镇 [Zhèngcūn Zhèn]

乡级政区名。属沁水县。地处沁水县东南部。东与泽州县下村镇、大东沟镇接壤，南与阳城县北留镇毗邻，西与嘉峰镇、端氏镇相连，北与胡底乡相邻，面积 92.64 平方千米。人口 1.5 万。辖肖庄村村、兴德村、侯村等 15 个行政村。镇人民政府驻肖庄村。

1949 年，属沁水县第六区。1950 年，属沁水县第四区。1954 年，属沁水县端氏区。1956 年，设郑村乡。1958 年，属端氏人民公社。1959 年 4 月，分设郑村人民公社。1984 年，置郑村乡。2001 年 1 月，改置郑村镇。

地处低山丘陵区，由东西走向的三条山脉和郑村、湘峪两条大沟组成。地势南高北低，南边土地贫瘠，北部土地肥沃，气候温暖。煤炭和煤层气资源丰富，为以煤炭为支柱的工业型乡镇。名胜古迹有全国重点文物保护单位湘峪古堡，清代康熙皇帝的老师陈廷敬父亲的墓地、樊山避暑山庄、郭庄万善寺石窟等。纪念地有沁水县第一次党代会旧址。

肖庄村 [Xiāozhuāng Cūn]

居民点。郑村镇人民政府驻地。在沁水县人民政府驻地东南 57 千米。面积 6.1 平方千米。人口 0.2 万。原名“小庄”，20 世纪 50 年代后，以谐音改称肖庄。耕地 2392 亩，林地 2490 亩。主产小麦、大豆、玉米、谷子、棉花，养殖鸡、羊为主。

湘峪村 [Xiāngyù Cūn]

居民点。中国历史文化名村，中国传统村落。属郑村镇。在沁水县人民政府驻地东南 65 千米，地处泽州、阳城、沁水三县交界处。面积 5.23 平方千米。人口 0.15 万。光绪《沁水县志·村镇》：“湘峪村，离城一百三十里。”为明户部尚书孙居相、孙可相、孙鼎相兄弟的故里。因孙鼎相在兄弟中排行第三，又任过都察院右副都御史，其故居便称“三都堂”，湘峪古堡又称“三都古城”。湘峪古堡为全国重点文物保护单位，代表性建筑有三都堂、双插花院、帅府、藏兵洞、状元楼、探花楼、天绘图院、棋盘四院、金鸡院、望景楼、绣楼、书房院及孙居相墓等，被专家誉为“中国北方明代第一古城堡”。现已开发为国家级 3A 级旅游景区。2010 年，入选为中国历史文化名村。2012 年，被列入第一批中国传统村落名录。

侯村 [Hóu Cūn]

居民点。全国乡村治理示范村。属郑村镇。在沁水县人民政府驻地东南 57 千米。东、南临半峪村，西与嘉峰镇搭界，北连夏荷村。面积 4.16 平方千米。人口约 750 人。原名后村，后演变为侯村。耕地 960 亩，林地 4000 余亩。曾获“山西省民主法治示范村”称号。2019 年 12 月 24 日，入选为全国乡村治理示范村名单。

柿庄镇 [Shìzhuāng Zhèn]

乡级政区名。属沁水县。地处沁水县境东北部。东与高平市寺庄镇接壤，南与固县乡相邻，西与十里乡为界，北与长治市长子县相连。面积 241.22 平方千米。人口 1.14 万。辖柿庄村、应郭村、枣元村等 11 个行政村。镇人民政府驻柿庄村。因驻地得名。

1949 年，属沁水县第七区。1950 年，属沁水县第五区。1954 年，属沁水县柿庄区。1956 年，分属柿庄乡、枣园乡。1958 年 9 月，属跃进人民公社。1960 年 8 月，属柿庄人民公社。1971 年，划入高平县。1977 年，复归沁水县。1984 年 5 月，置柿庄乡。2001 年 1 月，改置柿庄镇。

境内山峦重叠，沟壑纵横，森林面积 20.4 万亩，占总面积的 42.9%；牧坡 2 万亩，占总面积的 5.4%。以农业种植为主。盛产黄梨，有“梨乡”之称。煤层气储量 400 亿立方。文物古迹有摩崖造像、匣石湾庙、白龙庙等。北固公路经此。

柿庄村 [Shìzhuāng Cūn]

居民点。柿庄镇人民政府驻地。在沁水县人民政府驻地东北 79 千米。面积 6.4 平方千米。人口约900人。也俗写为“市庄”。雍正《泽州府志·公署》：“社仓一十五所：柿庄村，俱雍正八年设。”光绪《沁水县志·村镇》：“市庄村，离城一百六十里。”耕地面积1980亩，林地4781亩。主产小麦、玉米、大豆。有格瑞克能源（国际）公司，主营煤层气。古迹纪念地有烈士陵、唐王庙等。

海江村［Hǎijiāng Cūn］

居民点。属柿庄镇。在沁水县人民政府驻地东北69千米。面积19.7平方千米。人口约408人。东邻高平市原村乡。1943年9月，为纪念抗日村长烈士田海江而命名。境内山大沟深，村民居住分散。耕地1800亩，林地13540亩。种植干果经济林核桃苗800亩。古迹有上退峪观音堂、白龙庙、李家岭庙。

土沃乡［Tǔwò Xiāng］

乡级政区名。属沁水县。位于沁水县境西南部。东邻张村乡，南与阳城董封乡毗邻，西倚中村镇，北和龙港镇接壤。面积152.3平方千米，人口0.7万。辖土沃村村、台亭村、西文兴村等12个行政村。乡人民政府驻土沃村。因驻地得名。

1949年，属沁水县第二区。1954年，属中村区。1956年，置土沃乡。1958年，属红专人民公社。1960年8月，设土沃人民公社。1984年5月，置土沃乡。

地处历山北麓，气候温和，水源较缺，主要河流土沃河受奥灰岩地层影响渗漏严重，常年干枯。农业主产玉米、小麦、谷子、瓜菜等。培育有万亩优质核桃林基地、千亩桑园基地。有煤炭、铁矿资源，采煤、冶铁历史悠久。明清时期就有炼铁炉上百座，记载炉号商号的碑石保存多块。西文兴村柳氏民居为全国重点文物保护单位、国家4A级旅游景区。南阳村在抗日战争时期为中共沁南县委、政府驻地，建有中国抗日军政大学太岳分校。有国家级非物质文化遗产柳氏清明祭祖习俗、土沃老花鼓。

土沃村［Tǔwò Cūn］

居民点。土沃乡人民政府驻地。在沁水县人民政府驻地西南22千米。面积20平方千米。人口约700人。因土地肥沃、物产丰富，故名。光绪《沁水县志·村镇》：“土沃村，离城四十里。”耕地1300亩，林地4290亩，主产小麦、玉米。民间艺术“土沃老花鼓”是传统的集打、唱、跳为一体的群众舞蹈表演形式，距今已有360多年的历史。2010年1月，入选为国家级非物质文化遗产名录。古迹有玉皇庙、天主教堂等。

西文兴村［Xīwénxīng Cūn］

居民点。中国历史文化名村，中国传统村落。属土沃乡。在沁水县人民政府驻地南16千米。面积约3.1平方千米。人口约200人。因位于王庄河上游西面，原名“西大兴”，后改名西文兴。光绪《沁水县志·村镇》：“大兴村，离城四十五里。”耕地424亩，林地626亩。土特产有香果、晋城红果、灵芝、猴关、党参、玉米皮编、历山木耳、黄花菜、槐花蜂蜜、小米。村民大多为柳姓，传为柳宗元后裔。柳氏民居为全国重点文物保护单位，现仍存有“河东世泽”“司马第”两块门匾。柳氏清明祭祖习俗列入国家级非物质文化遗产。每两年举办一次“华夏柳氏寻根祭祖暨柳宗元文化研讨会”。2005年，入选为第三批中国历史文化名村。2012年，被列入第一批中国传统村落名录。现已开发为国家级4A旅游景区。

张村乡 [Zhāngcūn Xiāng]

乡级政区名。属沁水县。地处沁水县境西南部。东与阳城县芹池镇接壤，南与阳城县次营镇相邻，西与土沃乡毗邻，北与龙港镇毗邻。面积81平方千米。人口0.4万。辖堡头村、张河村、瑶沟村、张村、芦坡村、冯村、胡家沟村7个行政村。乡人民政府驻张村。因驻地得名。

1949年，属沁水县第二区。1950年，分属沁水县第一、第二区。1954年，属中村区。1956年，设张村乡。1958年，属红专人民公社。1959年4月，分设先进人民公社。1960年8月，改张村人民公社。1984年5月，置张村乡。

地势西高东低，以山为主，最高峰流砂崖位于鹿台山顶，海拔1463米，最低点芦苇河出境处位于张村村，海拔820米。芦苇河发源于此。县道定中线、芹张线贯通全乡，是连接沁水县与阳城县的重要通道。森林面积2923公顷。当地小米以粒大、色黄、味香而远近闻名。蚕桑业为该乡支柱产业，是沁水县著名的蚕桑之乡。地下有丰富的煤、铁资源。名胜古迹有南板桥玉皇庙、堡头大庙、崔家沟大庙、郝家山大庙、冯村大庙、肖庄大庙、张村石圣寺、老管岭摩崖造像等。“鹿台积雪”为沁水古十景之一，鹿台寺遗址尚存。

张村 [Zhāng Cūn]

居民点。张村乡人民政府驻地。在沁水县人民政府驻地西南16千米。面积9平方千米。人口约666人。因张姓始居而得名。雍正《泽州府志·公署》：“社仓一十五所：张村，俱雍正八年设。”光绪《沁水县志·村镇》：“张村，离城四十里。”耕地3500亩，主产小麦、玉米，养殖蚕桑为主。盛产地软，又名大发菜，别名地木耳、地圪联。文物古迹有张村石神祠、崔家沟大庙、张村石圣寺等。

冯村 [Féng Cūn]

居民点。属张村乡。在沁水县人民政府驻地西南14千米，鹿台山下。东与阳城县芹池镇大西沟村交界。面积16.7平方千米。人口约637人。原名“峰村”，后以谐音改为冯村。光绪《沁水县志·村镇》：“峰村，离城四十五里。”耕地2295亩，林地6813亩。建有小杂粮和玉米种植基地，种植面积200亩。养殖业主要养殖羊、野猪、獭兔。景点有鹿台寺遗址、鹿台山山峰、虎山崖山峰、金鸡山山峰等。“鹿台积雪”为沁水古十景之一。

胡底乡 [Húdǐ Xiāng]

乡级政区名。属沁水县。位于沁水县境东端。东临高平市马村镇，南倚泽州县，西接端氏镇，北连固县乡。面积86.7平方千米，人口0.8万。辖管头村、老坟沟村、贾寨村等13个行政村。乡人民政府驻胡底村。因驻地得名。

1949年，属沁水县第五区。1950年，属沁水县第四区。1954年，属沁水县端氏区。1956年，设胡底乡。1958年9月，设金星人民公社。1971年，划入高平县。1977年，复归沁水县。1984年，置胡底乡。2001年1月，将樊庄乡并入胡底乡。

地处玉溪河谷丘陵区，海拔751米。有森林资源、煤炭和煤层气资源。现已探明煤层气储量300亿立方。晋煤集团胡底煤矿、兰花集团玉溪煤矿、中石油、蓝焰煤层气等国家大型企业驻境。农业主产小麦、玉米、谷子、大豆、高粱等。蚕桑和大葱为特色产业。玉溪石塔始建于唐，是省级文化保护单位。李家山村的竹马和王回村的高跷马被列入全国非物质文化遗产。省道坪曲公路经此。

胡底村 [Húdǐ Cūn]

居民点。胡底乡人民政府驻地。在沁水县人民政府驻地东58千米。面积6.6平方千米。人口0.17万。相传原名“湖底”，后演变为胡底。耕地1935亩，林地1895亩。农业以蚕桑为主，特产大葱，品种多为羊角葱。煤炭和煤层气资源丰富，有中石油、兰焰、兰花科创玉溪煤矿等企业。陵川—侯马高速、坪上—曲沃省道经此。

固县乡 [Gùxiàn Xiāng]

乡级政区名。属沁水县。位于沁水县境东北部。东与柿庄镇、高平市原村乡接壤，南与胡底乡、端氏镇相邻，西与端氏镇毗连，北与十里乡毗邻。面积164.8平方千米。人口0.8万。辖固县村、安上村、高村等11个行政村。乡人民政府驻固县村。因驻地得名。

1949年，属沁水县第七区。1950年，属沁水县第五区。1954年，属沁水县柿庄区。1956年，属固县乡。1958年，属跃丰人民公社。1960年，属固县人民公社。1971年，划入高平县。1977年，复归沁水县。1984年，置固县乡。

境内山峦起伏，沟壑纵横，地势西高东低，固县河流经。森林面积11.9万亩，占总面积的46.9%；牧坡9.5万亩，占总面积的37.8%。农业主产小麦、玉米、谷子、蔬菜等，为沁水县粮、菜主产区，素有“粮仓”之誉。地下煤炭、煤层气资源丰富。古迹纪念地有元天洞、三清宫、佛爷庙、北魏后托盘摩崖造像、元上村士敏县政府旧址。元上村《贾家家谱》传承17世，有370多年历史，被列为县级非物质文化遗产。县道唐（庄）固（县）、北（王庄）固（县）线在此交会。

固县村 [Gùxiàn Cūn]

居民点。固县乡人民政府驻地。在沁水县人民政府驻地东北60千米。东邻石泉村，南与安上村接壤，西至高村，北与将庄村毗邻。面积16.5平方千米，人口0.13万。原名故县，后改今名。因北魏在此置高延县而得名。《魏书·地形志》：“泰宁郡，孝昌中置及县。领县四：东永安、西河、西濩泽、高延。”主产小麦、玉米，养殖蚕桑为主。

十里乡 [Shílǐ Xiāng]

乡级政区名。属沁水县。地处沁水县东北部。东与柿庄镇接壤，南与固县乡毗邻，西与郑庄镇相连，北与长治市长子县交界。面积266.31平方千米。人口1.02万。辖河北村、范庄村、东峪村等12个行政村。乡人民政府驻河北村。因乡人民政府原驻地十里村而得名。

1949年，属沁水县第七区。1950年，属沁水县第五区。1954年，属沁水县柿庄区。1956年，设十里乡。1958年，属火箭人民公社。1960年，改十里乡人民公社。1984年，置十里乡。

地处山地丘陵区，十里河、明家河流经。为县玉米主产区。林业资源丰富，森林覆盖率为 55%。黄芩、党参等中药材资源丰富。特产松菇。名胜古迹有战国古长城遗址、北齐丈八寺石刻造像、西峪大庙等。抗日战争时期，陈赓率八路军 386 旅长期驻此。1941 年，国民革命军第 14 军团 98 军与日军在玉皇岭、马头山激战数日，武士敏将军壮烈殉国。现存 98 军军部旧址、宇峻山反扫荡战斗遗址等。

河北村 [Héběi Cūn]

居民点。十里乡人民政府驻地。在沁水县人民政府驻地东北 80 千米。东邻田家村、宋家村，南与沟口村接壤，西至沙庄村，北与十里村毗邻。面积 22.9 平方千米。人口约 800 人。因位于十里河北岸得名。耕地 2000 余亩。有优质玉米、绿色小杂粮、核桃林等基地。养殖以养羊为主，引进波尔黑山羊对本地黑山羊进行种群改良。

东峪村 [Dōngyù Cūn]

居民点。属十里乡。在沁水县人民政府驻地东北 90 千米。面积 10 平方千米。人口约 790 人。地处河谷，与西峪相对而称东峪。四周环山，中部平坦。耕地 1845 亩，林地 173 亩。建有肉牛育肥示范场。文物古迹有北齐石刻丈八寺佛像、国民革命军 98 军军部旧址、马头山战斗遗址、长城遗址等。

阳城县 [Yángchéng Xiàn]

县级政区名。位于晋城市西南部。东与泽州县接壤，南与河南省济源市毗邻，西南与运城市垣曲县相连，西部、北部与沁水县接界。面积 1968 平方千米。人口 37.9 万。辖凤城镇、北留镇、润城镇、东冶镇、次营镇、町店镇、河北镇、芹池镇、横河镇、蟒河镇、白桑镇、演礼镇 12 个镇，西河乡、寺头乡、董封乡 3 个乡。县人民政府驻凤城镇。

阳城古称“濩泽”。古籍中有“舜耕历山，陶于河滨，渔于濩泽”的记载。相传商汤祷雨桑林，即在阳城县境。秦置濩泽县、阳阿县，属河东郡。东汉建武元年（25 年），封邓鲤于濩泽，为侯国。三国魏黄初元年（220 年），复为濩泽县、阳阿县，分属司州河东郡和并州上党郡。西晋泰始元年（265 年），废阳阿县，濩泽县属平阳郡。北魏兴安二年（453 年），濩泽县移治今县城。和平五年（464 年），属建兴郡。孝昌元年（525 年），析濩泽县为濩泽、西濩泽两县，西濩泽县治在今次营镇泽城村，属泰宁郡。北齐天保七年（556 年），废泰宁郡，西濩泽县废入濩泽县，属安平郡。隋开皇三年（583 年），废安平郡，改建州为泽州， 濩泽县属之。贞观元年（627 年），泽州移治阳城，濩泽仍属之。天宝元年（742 年），改泽州为高平郡，改濩泽县为阳城县。以境内有古阳阿城而命名。北宋建隆元年（960 年），阳城县属河东路泽州。金元光二年（1223 年），设节镇军，以军辖州，升阳城为勣州，属忠昌军。蒙古中统元年（1260 年），勣州复为阳城县，属泽州。

清雍正六年（1728 年），属泽州府。1914 年，废府州制，后属冀宁道。1937 年，属山西省第五行政区。1942 年初，成立阳城县抗日民主政府，属晋豫区。7 月，将阳城分为两县，即阳城（南）县和阳北县，同时将阳城沁河以东、晋（城）韩（城）公路以北地区划归晋（城）北县，以南划归晋（城）南县（晋沁县），统属晋豫区。1945 年 4 月 13 日，恢复阳城县建制。1946 年 1 月至 1949 年 8 月，太岳区党政军首脑机关驻阳城县城。1949 年 9 月，属长治专区。1954 年 7 月，属晋东南专区。1958 年 10 月，沁水县并入阳城县，治所在阳城县城。1960 年 1 月，阳城县、沁水县分治。1985 年 5 月，属晋城市至今。

辖区内政区地名和居民点地名的专名有以下特征：1. 以自然地理实体命名的现象。如：山头、洞岭、沙腰、天掌、口上、石臼、耙坡、贝坡、官道口等。2. 以地理位置命名。如：东冶、西冶、东交、西交、北留、南留、临涧、阴树掌等。3. 以物产命名。如：麻地、黍地、桃园、柿园、苇园、竹园、枣甃、杏树岩、桃花岭等。4. 以祥瑞、希冀命名。如：鸣凤、固隆、安上、大宁、大乐、通义、献义、辉泉、龙泉、美泉、留昌、灵山、灵泉洞等。5. 以行业属性命名。如：烘炉、犁炉、炭窑、铧尖、矿山、煤坪、煤窑洼等。6. 以动物特征命名。如：蟒河、狼山、虎庄、蛇盘、狐沟、鸽掌、走马岭、蜂窝掌等。7. 以标志建筑命名。如：观腰、府底、白庙、碑岭、宫上、中寺、下寺、赤红庙等。8. 以姓氏命名。如：张沟、王村、潘街、史山、朱村、毕家庄、蔡家庄、曹家山、陈家河等。

辖区内政区地名和居民点地名的通名有以下地方特色：阳城方言中，具有地方特色的聚落通名以“掌”为最，如院掌、天掌、生掌、彦掌、窑掌、龙掌、水掌等。方言中使用频率最高的“圪”字。面积不大的洼地称为“圪坨”，如后圪坨、老圪坨、报益圪坨等；称小山包或类似山包的堆积物为“圪堆”，如老圪堆、庙圪堆、上凹圪堆等；称类似台阶的地方为“圪台”，如裴圪台、东蟒圪台、草坪圪台等；称狭窄偏僻的角落为“圪套”，如骡圈圪套、王林圪套等；称高地为“圪塔”或“疙瘩”，如李圪塔、范圪塔、柴圪塔、铁疙瘩沟等；称物体表面有障碍物为“圪节”，如庙圪节、水圪节、石圪节等。

地处太岳山脉东支、中条山东北、太行山以西，沁河中游的西岸，地势由西北向东南倾斜。南部的王屋山为晋豫界山，系中国古代九大名山之一。析城山、云蒙山、小尖山等众多山脉，景色各异。沁河、芦苇河流经，形成平川和谷地。有煤炭、煤层气、铝矾土、硫铁矿、陶瓷粘土、白云石等数十种矿产资源。煤炭探明储量 56.18 亿吨，占山西省总储量的 1/10 还多，是中国优质化工原料无烟煤生产基地。阳城县有动植物 1100 多种，被列入国家一、二级保护的动植物有 40 多种，其中野生猕猴、林麝、鹿、金钱豹、大鲵和褐马鸡等极为珍稀。有野生中药材 300 余种。

阳城在古史传说中是舜活动过的地方，在清代泽州府有“名列三城，风高五属”之誉。现存全国重点文物保护单位有下交汤帝庙、开福寺、陈廷敬故居、润城东岳庙、海会寺、郭峪村古建筑群、砥洎城 7 处；省级文物保护单位屯城东岳庙、阳城文庙、阳城圣寿寺及琉璃塔 3 处。有中华名山析城山、蟒河与历山自然保护区、九女湖、皇城相府等知名的旅游风景名胜区。有润城镇 1 个中国历史文化名镇，皇城村、郭峪村、上庄村 3 个中国历史文化名村；有南安阳村、尧沟村、上庄村、上伏村等10个省级历史文化名村。地方特色民间艺术有中庄秧歌、扛桩故事、阳城道情、阳城裤马、焙面娃娃、阳城犁镜、阳城琉璃等。阳城焙面面塑、阳城生铁冶铸技艺、阳城琉璃烧制技艺、皇城村重阳习俗被列入国家级非物质文化遗产；历史名人有南宋大画家萧照，明成化年间“天下第一清官”杨继宗，名臣王国光、张慎言，清顺治朝《康熙字典》总裁官陈廷敬，数学家张敦仁等。

萧照，南宋著名画家。字东生，濩泽（今阳城）人，擅画山水、人物。代表作有《松壑清阳图》《江山图》《中兴瑞应图》《竹林七贤图》等。

陈廷敬（1638—1712），泽州郭峪（今山西阳城县北留镇黄城）人，康熙时期拜文渊阁大学士、吏部尚书。是清初政坛上的一位显赫人物，也可谓是文化泰斗，曾担任《康熙字典》总修官，共收47000多字，是我国古代历史上收字最丰富的字典。

以“阳城”地名冠名的非物质文化遗产项目有“阳城道情”“阳城鼓书”“阳城犁镜”“阳城琉璃”。

阳城道情，是一种以坐唱为主的地方小戏，盛行于清代。相传起源于阳城南关，故又有南关道情之称。其形式简便灵活，唱腔娓娓动听，可单人或多人演唱，传统节目多为言情故事。现在也加入舞台表演元素。

阳城鼓书，一种由当地鼓书艺人传承的说唱艺术，分为鼓儿词和三弦调两种。鼓儿词一手敲鼓、一手打板，不配其他乐器；三弦调以三弦伴奏为主，击鼓为辅。

阳城犁镜，俗称犁面，是晋东南地区历史名优产品。用木炭炉化铁，在铁模中浇铸。其突出特点，一是光滑耐磨，二是产品形式多样，有桃叶、杏叶、兔耳、鹰嘴、驴脸、鸡窝、纱帽、瓜皮等180多个品种，能够满足各地对犁镜不同规格品种的要求。

阳城琉璃，阳城乔家琉璃世家已有近千年历史，在明代其琉璃工艺就已经闻名于世，主要产品为建筑物上的构件，有砖、瓦、脊、兽、仙等，及多种规格的琉璃狮子，远销全国各地。至今许多建筑物上都有乔家琉璃构件。

凤城镇 [Fèngchéng Zhèn]

乡级政区名。全国重点镇。阳城县人民政府驻地。地处县境中部腹地，东与润城镇为邻，南与白桑镇、河北镇相邻，西与演礼镇、西河乡接壤，北与町店镇毗邻。面积175.19平方千米，人口13万。辖东关社区、西关社区、南关社区等10个社区，坪头村、宋庄村、下川村等44个行政村。镇人民政府驻新阳东街。因阳城县城旧有“凤凰城”之誉而命名。

凤城镇因城北隆起，东西长而南北狭，尤其东南部甚狭，酷似凤凰，亦称凤凰城。清初城区为立平都，辖立平、化源、怀古、福民、西城、崇薰、通济、青阳8个里。清末废8里，城区设立平、化源、怀古、福民4个行政街。民国时期，城区分为十字、通济、崇薰3个编村。1945年4月14日，阳城县城解放后，为阳城县第一区。1946—1949年，太岳行署驻此，城区改为3个编街：城内为十字街、东关为通济街、西关、南关为崇薰街。1946年，由十字、东关、顺兴、南关、西关组成城关镇，十字行政街随之撤销。1956年，建立城关乡。1958年，以革命烈士李应朝命名，设应朝人民公社。1961年7月，改城关镇人民委员会。1981年，置城关镇。2001 年，城关镇、尹庄乡、八甲口镇合并，设立凤城镇。2021 年，将原白桑乡的洪上村划归凤城镇。

地势由西北向东南倾斜，城区四周隆起，东有东坡头，南有黄龙山，西有走马岭，北有卧庄岭，形成天然屏障，濩泽河流经。侯月铁路，晋阳高速、阳翼高速，阳济公路，陵沁过境公路，阳杨、阳云、阳桑、阳端、八芹等公路，均以凤城为枢纽辐射延伸，交通便利。有南安阳村 1 个省级历史文化名村。

经济有明显的城市特色和资源特色，形成了环绕县城、服务城镇的工商贸易经济带，经济结构以陶瓷、建材、建筑、房地产、三产等为主，呈北煤、南铁、东陶的布局。名胜古迹有国家级文物保护单位开福寺、阳城文庙。当地有所谓三庙（孔圣庙、关帝庙、水草庙）、两园（烈士陵园、西池园林）、一院（潘家十三院）、一栈（东关六福客栈）等。历史名人有明代天启工部尚书白所知、清顺治刑部尚书白胤谦、清代文华殿大学士吏部尚书田从典等。著名英国女传教士艾伟德，于 1930 年在阳城县东关传教，并开办客栈从事慈善活动，后加入中国籍。在抗日战争中，她带领 100 余名孤儿从阳城县转移到陕西扶风的大后方，完成了艰苦卓绝的大迁移。1957 年，她在阳城县传教的经历被好莱坞改编成电影《六福客栈》，使她的事迹广为流传。

南安阳村 [Nánānyáng Cūn]

居民点。山西省历史文化名村，中国传统村落，中国历史文化名村。属凤城镇。在阳城县人民政府驻地东南 6 千米。面积 2.77 平方千米。人口 0.15 万。因村位于南大河南岸，与北安阳村相对，故名。1954 年，为应朝村；1954 年至 1958 年，和北安阳合为应朝乡；1961 年为南安阳大队；1984 年，改为南安阳村民委员会，属城关镇；2001 年，撤并乡镇划归凤城镇。名称沿用至今。主产小麦、玉米、谷子、黄豆等。有花卉、农业园区，有大型采石、耐火材料、日用陶瓷、机械等企业。阳城—济源省道经此。有市级重点文物保护单位潘家大院，建筑形式类似福建方形土楼，北方罕见。有非物质文化遗产安阳砂锅。2006 年 11 月，入选为第二批山西省历史文化名村。2014 年 11 月，被列入第三批中国传统村落名录。2019 年 1 月，入选为第七批中国历史文化名村。

水村 [Shuǐ Cūn]

居民点。全国文明村。属凤城镇。在阳城县人民政府驻地西 0.8 千米。人口 1.5 万。原名“水磨头”，因村边有水磨坊，故名。后以牛槽沟内有清泉流经村内而改今名。1956 年，为五合农业社。1961 年，为水村大队。1984 年，为水村行政村。农作物以小麦、玉米为主。有骏马岭森林公园、美韵森林公园、惠泽园。有县级重点文物保护单位走马岭新石器遗址。2011 年，被评为全国文明村。

北留镇 [Běiliú Zhèn]

乡级政区名。全国重点镇。属阳城县。地处阳城县东部。东与泽州县周村镇为邻，南与东冶镇相邻，西与白桑镇、润城镇接壤，北与沁水县郑村镇毗邻。面积 81.81 平方千米。人口 3.7 万。辖北留村、南留村、贾庄村等 32 个行政村。镇人民政府驻北留村。因驻地得名。

明属章训都。清称北留里。1946 年，属阳城县第二区，设廷章乡，因纪念革命烈士程廷章而命名。1956 年，分属郭谷乡、章训乡、廷章乡。1958 年，设北留人民公社。同年 10 月，与润城人民公社合并为东方红人民公社。1959 年 10 月，分设北留人民公社。1984 年，置北留镇。

境内地势平坦，土地宽阔，北部丘陵起伏。有沁河流经境。矿产资源丰富，煤、铁、铝、硫、石灰石等矿藏储量巨大。北留工业园区是晋城市重要的煤转电、煤化工新型能源基地。有皇城村、郭峪村 2 个国家历史文化名村，尧沟村、大桥村 2 个省级历史文化名村。有国家级重点文物保护单位陈廷敬故居、海会寺、郭峪村古建筑群等，市文物保护单位有南留成汤庙、后河玉皇庙、南岭天主堂、大树三教庙等 11 处。历史名人有明万历政治家王国光、《康熙字典》总裁官陈廷敬等。

北留村 [Běiliú Cūn]

居民点。北留镇人民政府驻地。在阳城县人民政府驻地东 18 千米。面积 4 平方千米。人口 0.48 万。明代为北留墩。清代称北留墩。明崇祯《焕宇变中自记》：“（崇祯五年九月）拜请吴开先为将，招募义勇、新兵一千五百名，外有报父兄仇者数百人，北留墩前与贼对敌。”乾隆《阳城县志・里甲》载名“北留里”。民国为集镇。1941 年 5 月，革命烈士程廷章在沁水县白龙山反扫荡中被日寇残杀，曾命名廷章村。合作化时为庆丰农业社。1961 年后，改为北留大队。1984 年，为北留行政村。 耕地面积 1245 亩，山林面积 3450 亩。陵川—沁水省道经此。

郭峪村 [Guōyù Cūn]

居民点。属北留镇。山西省历史文化名村，中国历史文化名村，中国传统村落。在阳城县人民政府驻地东 19 千米。面积 3.53 平方千米。人口 0.23 万。耕地面积 529.5 亩，山林面积 1650 亩。村庄原为郭氏家族所建，故名郭峪。明清为郭峪镇。明万历十六年《郭峪镇修券造像碑》称“吾镇迩来辈英济济。”乾隆《阳城县志・里甲》载名“郭谷里”。同治《阳城县志・方舆》：“樊川川西即郭峪镇。”土改后属中庄村。合作化时为晋华初级社，后转入高级社。1961 年，为郭峪大队。1984 年，为郭峪行政村。

现存全国重点文物保护单位郭峪村古建筑群，始建于清朝年间，包括槐庄 12 号等民居 17 处，及郭峪城、陈廷敬祖居、张好古宅院牌楼门、陈氏牌楼、豫楼、容安斋、汤帝庙、侍郎寨、白云观遗址等 9 处共 26 个国保古建筑单元。现存传统院落在建筑格局、形式、材料以及工艺等方面保持原状，整体设计和营造均出自当地工匠之手，是地方建筑文化传统的真实体现。郭峪古城已建成 3A 级景区。建有集休闲、娱乐、旅游为主的“半平方千米园农庄”。2003 年 9 月，入选为第一批山西省历史文化名村。2007 年 5 月，入选为第三批中国历史文化名村。2012 年 12 月，被列入第一批中国传统村落名录。

皇城村 [Huángchéng Cūn]

居民点。北留镇辖行政村。全国特色景观旅游名村，中国传统村落。在阳城县人民政府驻地东 20 千米。面积 1.88 平方千米。人口 0.11 万。明代称“中道庄”。后因土筑城堡，墙呈黄色，故称“黄城”。土改后属于中庄村。合作化时为新华初级社。1961 年，为黄城大队。1984 年，为黄城行政村。2011 年，更名为“皇城村”至今。经济以生态农业、煤炭开采、生物制药、旅游为主。有全国重点文物保护单位陈廷敬故居（别称皇城相府）、海会寺，以及天官王府等。皇城相府由内城、外城、紫芸阡等组成，主体建筑有御书楼、斗筑居、河山楼、屯兵洞、陈氏宗祠等，是一处罕见的明清城堡式住宅建筑群，为国家 5A 级游景区。皇城村重阳节习俗为省非物质文化遗产。2009 年，被评为全国文明村。陈廷敬（1638—1712）为清文渊阁大学士、曾任四部尚书、《康熙字典》总裁官。2010 年 3 月，入选为第一批全国特色景观旅游名村。2012 年 12 月，被列入第一批中国传统村落名录。

尧沟村 [Yáogōu Cūn]

居民点。山西省历史文化名村，中国传统村落，中国历史文化名村。属北留镇。在阳城县人民政府驻地东 16 千米。面积 1.91 平方千米。人口 0.1 万。原名“窑沟”。明天顺间始建。清初曹氏在此地开炉炼铁、开煤窑，故名。后以同音改今名。合作化时为黎明初级社，后转入高级社。1961 年，为尧沟大队。1984 年，为尧沟行政村。主产谷子、小麦、玉米，盛产醋，有农家乐。有明清建筑群帅府 23 院，三庙（济渎庙、三教庙、山神庙）两阁（春秋阁、大士阁）。2006 年 11 月，入选为第二批山西省历史文化名村。2014 年 11 月，被列入第三批中国传统村落名录。2019 年 1 月，入选为第七批中国历史文化名村。

润城镇 [Rùnchéng Zhèn]

乡级政区名。全国重点镇、山西省历史文化名镇，中国历史文化名镇，全国乡村旅游重点镇。属阳城县。地处阳城县东北部。东与北留镇为邻，南与白桑镇相邻，西与凤城镇、町店镇接壤，北与沁水县嘉峰镇毗邻。面积 72.81 平方千米。人口 3.2 万。辖泊水新城社区 1 个社区，润城村、刘善村、北音村等 22 个行政村。镇人民政府驻润城村。因驻地得名。

清为润城都。民国为润城镇，1949 年，属阳城县第二区。1956 年，分属下伏乡、润城乡。1958 年 3 月，设润城人民公社。10 月，与北留人民公社合并为东方红人民公社。1959 年 10 月，分设润城人民公社。1984 年 9 月，置润城镇。

地势呈北高南低，山岭起伏，沟壑纵横。为古生界二叠系地层，故煤铁等矿产资源丰富。沁河纵经境内。矿产资源以煤炭、陶瓷粘土和铝矾土为主。冶铸业历史悠久，产量居阳城县之首。名胜古迹有全国重点文物保护单位润城东岳庙、砥洎城 2 处，省级重点文物保护单位屯城东岳庙 1 处，市级文物保护单位有润城玉皇庙、润城天成钱店、贝坡玄武庙、马沟广田寺、屯城文昌庙、上伏成汤庙、望川开明寺、王村宁远寨等 24 处。有 4A 级景区天官王府、天坛山景区，以及阳城八景之一的“沁渡扁舟”、砥洎城沁河古堡群等。润城镇为国家历史文化名镇，屯城村、上庄村为国家历史文化名村。地方特色民俗有润城枣糕、润城八八、中庄秧歌、谷柿香醋被列入晋城市非物质文化遗产名录。历史名人有清代户部尚书张慎言、布衣诗人张晋等。 曾先后获“山西省园林示范镇”“山西省百强镇”20 个示范镇、“中国民间文化艺术之乡”称号。S86 晋阳高速、S80 阳翼高速、S332 陵沁公路过境。2006 年 11 月，入选为第二批山西省历史文化名镇。2010 年 7 月，入选为第五批中国历史文化名镇。2014 年 7 月，被确定为全国重点镇。2021 年 8 月，入选为第一批全国乡村旅游重点镇名单。

润城村 [Rùnchéng Cūn]

居民点。中国传统村落。润城镇人民政府驻地。在阳城县人民政府驻地东 11 千米。面积 5.07 平方千米，人口 0.56 万。相传宋代因冶铁兴旺称“铁冶镇”。明嘉靖间改为润城。也写名“闰城”。雍正《泽州府志・公署》：“社仓四所，闰城”。乾隆《阳城县志・里甲》载名“润城里”。合作化时成立了高丰、庆丰、勤丰 3 个农业初级合作社。1956 年，转入高级社。1958 年，为润城管理区。1961 年，为润城大队。1976 年，分为润城、后滩 2 个大队。1984 年，为润城行政村。2005 年，西哄哄村并入润城村。为阳城经济重镇。有菌类种植园、苗圃等。服务业以商贸、旅游为主。晋城—阳城高速经此。

有全国重点文物保护单位润城东岳庙、砥洎城。有市级文物保护单位东坪庙、玉皇庙、大王庙正殿、清真寺等。有明清官商民宅百余座。主要姓氏有张、王、李、常、梁、延等。亦为阳城县回民聚居点之一，主要姓氏有袁、王二姓。历史名人有刘丙、张敦仁、张晋、张茂生、张彩等。张敦仁，字古愚，为乾隆乙未（1775 年）进士，曾任江西高安、安徽店陵知县，松江、苏州、江宁知府和吉安知府，擅长数学研究，著有《尔雅图考》《开方补遗》《求一算术》《求一通解》等。张晋，字僬三，乾隆年代诗人。著有《艳雪堂诗》《拟明史乐府》。

上庄村 [Shàngzhuāng Cūn]

居民点。全国文明村、中国历史文化名村、中国传统村落、山西省历史文化名村。属润城镇。在阳城县人民政府驻地东 13 千米。东至皇城村、郭峪村，西至中庄村，南至大桥村，北至润城镇东山村。面积 2.32 平方千米。人口约 996 人。因沿山沟分为上、中、下 3 个庄，此庄位于下庄、中庄的上头，故名上庄。相传古名“黑松沟”。宋元时期，因冶铁发达，又名“火龙沟”。明代实行里甲制，上庄、中庄、下庄统称“白巷里”。清代陈廷敬有《阳城白巷里免城役记》。同治《阳城县志・方舆》：“上庄，有古寨，王冢宰与乐园在焉。”民国属中庄编村。解放初属二区。合作化时为上庄初级社。1956 年，转入高级社。1958 年，公社化时，上庄、中庄、下庄 3 个庄合并为中庄管理区。1961 年，改为中庄大队。1984 年，为上庄行政村。从隋唐到明清，曾走出五位进士、六位举人，贡监生员达数百人之多。其中有吏部尚书王国光、湖广参政王淑陵、山东参政王徵俊等。清顺治三年，一榜出了王兰彰和王润身一门两位进士，成就了阳城历史上“十凤齐鸣”的科举辉煌。解放战争时期，太岳军区被服厂驻此。现为以民居、民俗和美食为特色的原生态文化古村落，被誉为“中国民居第一村”。境内有天官王府，为国家 4A 级景区；上庄古村落整体列入晋城市重点文物保护单位。发源于此的“中庄秧歌”“八八大宴席”分别被列入省、市级非物质文化遗产保护名录。2006 年 11 月，入选为第二批山西省历史文化名村。2008 年 10 月，入选为第四批中国历史文化名村。2012 年 12 月，被列入第一批中国传统村落名录。2015 年 2 月，被授予第四届全国文明村称号。

屯城村 [Túnchéng Cūn]

居民点。中国历史文化名村，中国传统村落。属润城镇。在阳城县人民政府驻地东13千米。面积3.9平方千米。人口0.14万。相传因秦将白起在此筑城屯兵而得名。元至元四年袁希耽《元故忠昌军节度使郑公神道碑记》："自六世祖再徙家县之泽阳乡屯城村，世以农为业。"同治《阳城县志·方舆》："元屯城渠，在城东北三十里。俗传其城秦白起伐赵时筑以屯兵者。"1949年，属二区。合作时为屯城初级社。1956年，转入高级社。1958年，为屯城管理区。1961年，为屯城大队。1984年，为屯城行政村至今。辖屯城村、小坡头村2个自然村。耕地面积1131亩，山林面积1800亩。主产谷子、小麦、玉米。有省级文物保护单位屯城东岳庙，有关帝庙、文昌庙、二郎庙3处市级文物保护单位。为明末清初南京吏部尚书张慎言以及张泰交、郑杲等人的故里。2014年2月，入选为第六批中国历史文化名村。11月，被列入第三批中国传统村落名录。

中庄村 [Zhōngzhuāng Cūn]

居民点。中国传统村落，山西省历史文化名村，全国乡村旅游重点村。属润城镇。在阳城县人民政府驻地东12.8千米。面积1.53平方千米。人口约613人。因位于上庄、下庄中间，故名中庄。1949年，属二区。合作化时为中庄初级社。1956年，转入高级社。1958年，上庄、中庄、下庄合并为中庄管理区。1961年，为中庄大队。1984年，为中庄行政村。现存明清宅院、民居。有农历二月初二、十月十五传统古庙会。2016年12月，被列入第四批中国传统村落名录。2017年1月，入选为第五批山西省历史文化名镇名村。2020年8月，入选为第二批全国乡村旅游重点村名单。

上伏村 [Shàngfú Cūn]

居民点。山西省历史文化名村，中国传统村落，中国历史文化名村。属润城镇。在阳城县人民政府驻地东12.6千米。面积2.61平方千米。人口0.16万。相传原名东河阳，因村有石佛像，故与下佛村相对而名"上佛村"，20世纪40年代，演变作"上伏村"。金大定间，苏瓘《海会寺重修法堂》："祐公上人者，下佛村人氏。俗姓马，法名宗祐，字古老。"乾隆《阳城县志·里甲》载名"上佛里"。1949年，属二区。合作化时为上伏初级社。1956年，转入高级社。1958年，为上伏管理区。1961年，为上伏大队。1984年，为上伏行政村。名胜古迹有上伏成汤庙，为晋城市文物保护单位。2009年8月，入选为第三批山西省历史文化名村。2016年12月，被列入第四批中国传统村落名录。2019年1月，入选为第七批中国历史文化名村。

町店镇 [Dīngdiàn Zhèn]

乡级政区名。山西省历史文化名镇。属阳城县。在阳城县境北部。东与沁水县嘉峰镇、润城镇为邻，南与凤城镇相邻，西与西河乡接壤，北与寺头乡毗邻。面积61.49平方千米。人口1.4万。辖町店村、中峪村、增村等14个行政村。镇人民政府驻町店村。因驻地得名。1949年，属阳城县第五区。1953年，为町店乡。1958年，设蒿峪人民公社。1959年，改町店人民公社。1984年，置町店乡。1995年，改置町店镇。

地处芦苇河谷，地势北高南低。沿河平川，两岸山峦属古生界二叠系地层，煤炭等矿藏丰富。产业由煤炭、煤层气两元支撑，呈运输、建材、制造、商贸等多元发展的格局。八芹公路、晋翼高速经境。名胜古迹有崦山白龙庙、白岩寺白岩书院、中峪驸马楼、下黄尚书里、义城山寨和桃坪藏兵洞。“町店战斗”发生于此。2007 年，入选为山西省第二批历史文化名镇。2010 年，获山西省“环境优美乡镇”称号。

町店村 [DīngDiàn Cūn]

居民点。町店镇人民政府驻地。在阳城县人民政府驻地北 10 千米。面积 9.28 平方千米，人口 0.3 万。相传原名金殿，后谐音改为町店。明清时期，属大宁都长兴里。1949 年，属第五区。1953 年，属町店乡。1958 年，为町店管理区。1961 年，为町店大队。1984 年，为町店行政村。境域有町店战斗战场遗址、町店战斗纪念陵园。1938 年 6 月底，为支援国民党第 14 集团军在侯马地区的作战，八路军总部令第 344 旅进至町店，打击与牵制驰援侯马之日军。7 月 6 日，日军第 108 师主力进至町店，八路军依托居高临下的有利地形，向日军猛烈攻击。此次战斗，共歼日军 500 余人，击毁汽车 20 余辆，史称“町店战斗”。

芹池镇 [Qínchí Zhèn]

乡级政区名。属阳城县。在阳城县境西北部，东与寺头乡为邻，南与西河乡、演礼镇、次营镇相邻，西与沁水县张村乡接壤，北与沁水县龙港镇 19 个行政村毗邻，面积 138 平方千米，人口 1.6 万。辖芹池村、阳陵村、大峪沟村等 19 个行政村。镇人民政府驻芹池村。因驻地得名。1949 年，属阳城县第五区。1956 年，分属芹池乡、宜固乡、贾寨乡。1958 年，设芹池人民公社。1984 年，置芹池乡。2001 年，芹池、羊泉两乡合并为芹池镇。

位于黄土丘陵山区，地势北高南低。有皇龙山、白龙山，芦苇河流经。地处沁水煤田腹部，探明储量达 7.4 亿吨，煤炭资源储量占全县一半以上。为典型的资源大镇、农业重镇。文物古迹有阳陵村古阳阿县治所；北宋阳城寿圣寺及琉璃塔，为全国重点文物保护单位，明代所修十二层琉璃塔为古塔珍品；灵泉禅院曾为唐代著名诗人、文学批评家司空图晚年所居之处；“灵泉松月”为阳城古八景之一。晋韩公路、八芹公路、芹张公路、羊固公路在此交会，阳翼高速经此。

芹池村 [Qínchí Cūn]

居民点。芹池镇人民政府驻地。在阳城县人民政府驻地西北 20 千米。面积 6.36 平方千米。人口 0.19 万。清代设芹池铺。乾隆《阳城县志・里甲》载名“芹池里”。1949 年，为西河村。1955 年，成立初级社。1956 年，转入高级社。1961 年，为西河大队，后因与次营镇西河大队重名，故于 1981 年 6 月更名为芹池大队。1984 年，改建为芹池行政村。聚落沿芦苇河北岸分布，主街东西向，地处通往沁水县的古驿道要冲， 阳翼高速公路、陵沁线、八芹线、芹张线经此。主产小麦、玉米、谷子。名胜古迹有东岳神庙、省级重点保护古树名木“唐槐”。有革命文物“宣龙排”，为阳城五区区公所抗联会武委会全体干部敬赠。

次营镇 [Cìyíng Zhèn]

乡级政区名。属阳城县。在阳城县境西部。东与演礼镇为邻，南与河北镇、董封乡相邻，西与沁水县张村乡接壤，北与芹池镇毗邻。面积101平方千米。人口2万。辖南次营村、北次营村等28个行政村。镇人民政府驻南次营村。因驻地得名。1949年，属阳城县第四区。1956年，分属次营乡、周壁乡、苏村乡。1958年，属次营人民公社。1984年，置次营镇。2021年5月，固隆乡并入次营镇。

地处嶕峣山南麓的黄土丘陵区，濩泽河、南大河流经。为县主要粮食和经济作物区、华北蚕桑重镇，有“华北蚕桑第一镇”之称。旅游开发以休闲农业和文化旅游为主，推进美丽乡村建设，着力打造“养心次营”新名片。古迹纪念地有县级文物保护单位“闹盐粮”农民革命斗争地旧址、朝圣庙、陶河汤帝庙、苏村汤帝庙正殿、上义汤帝庙、禅西林寺（上义寺）、上义关帝庙等。阳城—云蒙山公路、横河公路、苏逯公路、台次公路经此。

南次营村 [Náncìyíng Cūn]

居民点。次营镇人民政府驻地。在阳城县人民政府驻地西16千米。面积3.04平方千米。人口0.2万。相传古代南、北坡分别驻扎两个营寨，各为主次，故把南营寨地称南次营。乾隆《阳城县志·里甲》载名“次营里”。合作化时为团结社、友爱社两个初级社。1956年，合并为高级社。1958年，为南次营管理区。1961年，为南次营大队。1984年，为南次营行政村。抗战时期，太岳第四专署广华医院驻此。有20世纪70年代人工修建的万方胜天湖。耕地2138亩，主产小麦、玉米、谷子。有农历三月十八、六月十九传统庙会。为传统商汤祈雨“迎神赛社”习俗的发起村之一。曾多次被评为省文明村。

固隆村 [Gùlóng Cūn]

居民点。山西省历史文化名村，中国历史文化名村，中国传统村落。属次营镇。在阳城县人民政府驻地西15千米。面积3.8平方千米。人口0.16万。相传原名柴家庄。后因商贾云集、兴旺昌隆而更名固隆。乾隆《阳城县志·里甲》载名“固隆里”。同治《阳城县志·方舆》：“由白涧岭支趋固隆镇五十里。”1949年，属第四区行政村。合作化时为阳光农业社。1956年，转入高级社。1958年，属星火人民公社。1959年，属演礼人民公社。1961年，为固隆人民公社驻地。1984年，为固隆行政村。2021年，属次营镇。种植有核桃树、蘑菇、山樱椒、蚕桑等，养殖鸡、猪、羊。阳城—沁水张村、阳城—云蒙山公路于此相交。是抗日战争时期阳城“爆破大王”李土生的故里。有魁星阁森林公园。2017年1月，入选为第五批山西省历史文化名村。2019年1月，入选为第七批中国历史文化名村。2019年6月，被列入第五批中国传统村落名录。

府底村 [Fǔdǐ Cūn]

居民点。山西省历史文化名村，中国历史文化名村，中国传统村落。属次营镇。在阳城县人民政府驻地西10.5千米。面积2.86平方千米。人口0.13万。为唐代白涧折冲府驻地，故名府底。光绪《山西通志·古迹考》：“泽州五府：白涧府。”1949年，属四区。合作化时为敏东农业合作社。1956年，转为高级社。1958年，属星火人民公社。1959年，属演礼人民公社。1962 年，属固隆人民公社。1984 年，为府底行政村。2021 年，属次营镇。村西有绳纹板瓦、筒瓦、泥质灰陶等东屏阁文化遗址及元代建筑汤帝庙。地方特产有府底砂锅。2017 年 1 月，入选为第五批山西省历史文化名村。2019 年 1 月，入选为第七批中国历史文化名村。2019 年 6 月，被列入第五批中国传统村落名录。

泽城村 [Zéchéng Cūn]

居民点。山西省历史文化名村，中国历史文化名村，中国传统村落。属次营镇。在阳城县人民政府驻地西 11 千米。面积 4.08 平方千米。人口 0.13 万。为秦汉濩泽县治所故址，故名泽城。同治《阳城县志·方舆》："南下曰泽城，汉濩泽县即此。" 1949 年，属四区。合作化时为敏西合作社。1956 年，转为高级社。1958 年，属星火人民公社。1959 年，属演礼人民公社。1962 年，属固隆人民公社。1984 年，为泽城行政村。2021 年，属次营镇。2017 年 1 月，入选为第五批山西省历史文化名村。2019 年 1 月，入选为第七批中国历史文化名村。2019 年 6 月，被列入第五批中国传统村落名录。

横河镇 [Hénghé Zhèn]

乡级政区名。省级历史文化名镇，中国历史文化名镇。属阳城县。地处阳城县西南部，东与河北镇为邻，南与河南省济源市交界，西南与运城市垣曲县接壤，西、北与董封乡毗邻。面积 257.17 平方千米，人口 0.5 万。辖横河村、水头村等 12 个行政村。镇人民政府驻横河村。因驻地得名。

明清时期，属上义都，曾设析山里，治所在王甲（今属牛心温）。1949 年，属阳城县第六区。1956 年，分属横河乡、南门乡、桑园乡。1958 年，与李圪塔合并为云蒙人民公社。1961 年，属横河人民公社。1984 年 9 月，置横河乡。2001 年 1 月，改置横河镇。2021 年，将河北镇的杨柏村划归横河镇。

境内以山地为主，地势呈四周高，中间低，起伏明显。主要山峰有析城山、小尖山、云蒙山、鳌背山、十八罗汉山、盘亭山等。盘亭河、紫院河、南门河流经。最高点为西南部的云蒙山，海拔 1951.4 米。全镇形成以蚕桑、农副业、畜牧业、商业、采矿业、运输、野药山果采摘、水电等为主的综合型经济结构。有析城山风景区、小沟背风景区、五彩河风景区。析城山景区主峰海拔 1889.5 米，在 250 万年前形成了典型的喀斯特地貌，地表为 8.516 平方千米亚高山草甸。地下有数量众多的溶洞景观和地下河，是中国华北地区保存最好、具有科研价值的封闭式岩溶洼地。这里是远古神话传说的发祥地，有女娲补天、盘古开天、嫘祖养蚕、舜耕历山、商汤祷雨等远古神话传说。

2017 年 1 月，入选为第五批山西省历史文化名镇。2019 年 1 月，入选为第七批中国历史文化名镇。

横河村 [Hénghé Cūn]

居民点。横河镇人民政府驻地。在阳城县人民政府驻地西南 28 千米。面积约 4.58 平方千米，人口约 994 人。溪源小河（东河）源于水头，横穿盘亭，由东向西，流入西河（盘亭河上游），故名横河。耕地 1062 亩，林地 2258 亩。土特产有核桃、蚕茧、花椒、山芋、木耳、金针等。抗日战争时期，阳南县抗日政府、中共晋豫特委曾驻此。名胜古迹纪念地有晋豫边抗日纪念馆、十八罗汉山、铁盆嶂滴水成珠，铁盆嶂寺庙、洪密祖师大殿等。

河北镇 [Héběi Zhèn]

乡级政区名。属阳城县。在阳城县境南部。东邻白桑镇、蟒河镇，南与河南省济源市交界，西临横河镇、董封乡，北接凤城镇、次营镇。面积 200.26 平方千米。人口 2.2 万。辖河北村、九甲村等 32 个行政村。镇人民政府驻河北村。因驻地得名。

明清时称下交都，阳城解放后，以革命烈士崔振华命名为振华乡。1949 年，属阳城县第六区（驻土孟）。1956 年，设河北乡。1958 年，设河北人民公社。1984 年，置河北镇。2001 年，西交乡、杨柏乡并入河北镇。2021 年，驾岭乡并入河北镇；将河北镇的杨柏村划归横河镇。

境内地势北低南高。主要山脉析城山海拔 1889 米 ，有隔山河，源出风山岭东南麓，南流汇龙潭、杨柏、后龛、石板等小河，至砍柴铺入河南省济源市。野生植被区和林地占 55.7%。阳杨公路贯穿全境南北。境内有“有机杂粮、特色养殖、水果采摘、中药材种植、油用牡丹种植”等五个产业区。旅游资源丰富，有析城山旅游景区、中华山、盘道山大溶洞旅游点、南峪汤帝庙、封头汤帝庙拜亭、护驾村汤帝庙、暖辿大庙等，有全国重点文物保护单位下交汤帝庙、市级文物保护单位后龛玉皇庙等。抗日战争时期，阳南抗日政府曾驻暖辿村，曾一度被誉为阳城的“小延安”。有晋豫边抗日军政干部学校、中共晋豫区党委与晋豫联防区司令部旧址、阳城县反扫荡胜利英勇殉国烈士祠。

河北村 [Héběi Cūn]

居民点。河北镇人民政府驻地。在阳城县人民政府驻地西南 9 千米。面积 4.55 平方千米。人口 0.14 万。原名“河曲”，因在五里河北岸弯曲处，故名。后以村落位置改为今名。耕地 2077.5 亩，林地 476.3 亩。种植核桃、连翘，有养鸡园区。明右都御史原杰系本村人，原氏祠堂保存完好。1945 年，太岳行署第四专署、广华医院在此村设立民兵医院。阳杨公路经此。

孤堆底村 [Gūduīdǐ Cūn]

居民点。山西省历史文化名村，中国传统村落。属河北镇。在阳城县人民政府驻地 14 千米。面积 3.1 平方千米。人口约 378 人。因村处孤山脚下，故名。合作化时为王胜合作社。1956 年，为孤堆底高级社。1961 年，为孤堆底大队。1984 年，为孤堆底行政村。耕地 1014 亩，林地 25961 亩。主产小麦、谷子、玉米、豆子。为阳城县委书记楷模孙文龙的故乡，孙文龙纪念馆坐落于孤山脚下，为省级爱国主义教育基地、市级重点文物保护单位。孤堆底村为山西省（蚕桑）非遗文化传承地。2014 年 11 月，被列入第三批中国传统村落名录。2017 年 1 月，入选为第五批山西省历史文化名村。

匠礼村 [Jiànglǐ Cūn]

居民点。中国传统村落。属河北镇。在阳城县人民政府驻地西南 7 千米。面积 3.52 平方千米。人口 0.1 万。相传原名“美泉庄”，后因村里多工匠，故名为“匠礼”。乾隆《阳城县志·里甲》载名“匠礼里”。耕地 2791.5 亩，林地 1715.4 亩。以农业为主。主产小麦、谷子、玉米、豆子。村人杨继宗为明代“天下第一清官”。文物古迹有明景泰建筑杨氏宗祠、玉皇庙、成汤庙、美泉古井及 20 多座元明清民居院落。抗日战争和解放战争时期，著名民兵英雄“夜明珠”李银保系本村人。2016 年 12 月，被列入第四批中国传统村落名录。

驾岭村 [Jiàlǐng Cūn]

居民点。属河北镇。在阳城县人民政府驻地西南 15 千米。面积 2.67 平方千米，人口约 989 人。相传周穆王车驾出巡经此岭，故名驾岭。同治《阳城县志·方舆》：“折而北走曰‘驾岭’，有古寨，太极观在其西。”古代为交通要道，历史上曾为阳城八小镇之一。1949 年，属南峪乡。1953 年，成立自强农业社。1956 年，转为高级社。1958 年，为驾岭管理区。1961 年，为驾岭大队。1984 年，为驾岭行政村。2021 年，属河北镇。耕地 720 亩，农业以种植、养殖、手工编织为主。有衡器铸件生产基地。有铸造、矿渣加工、氧化电位水设备等企业。

神南村 [Shénnán Cūn]

居民点。属河北镇。在阳城县人民政府驻地西南 18 千米。面积 2.27 平方千米，人口约 456 人。因地处神庙南得名。1949 年，属顺地村。合作化时为神南初级社。1956 年，神南和封头合并为封头高级社。1958 年，为神南管理区。1961 年，和黄坡合并为一个大队。1984 年，为神南行政村。2021 年，属河北镇。2006 年，被确定为阳城生铁冶铸技艺国家级非物质文化遗产保护基地。

蟒河镇 [Mǎnghé Zhèn]

乡级政区名。属阳城县。在阳城县境南部。东与东冶镇为邻，南与河南省济源市交界，西与河北镇接壤，北与白桑镇毗邻。面积 156.86 平方千米。人口 1.31 万。辖台头村、蟒河村、西峪村等 18 个行政村。镇人民政府驻台头村。因境内有蟒河自然保护区而得名。

1949 年，属阳城县第三区。1953 年，设台头乡、桑林乡。1958 年，为台头人民公社。1984 年，置台头乡、桑林乡。2001 年 1 月，台头乡、桑林乡合并，改置蟒河镇。2021 年，将蟒河镇的上白桑村、后圪坨村、东樊村、西樊村、南窑村、北窑村、涧坪村、盘龙村 8 个村划归白桑镇。

境内地势西北高、东南低。地形以黄沙丘陵和低山为主。最高峰五斗峰，海拔 1572.6 米。有涧河、蟒河流经。矿产资源有石英砂、白云岩、角闪岩、硫铁矿、碳酸钙等。野生动植物主要有猕猴、金钱豹、麋鹿、大鲵、红豆杉、猕猴桃等。为阳城山茱萸之乡和中华猕猴桃主要产地。农业产业以山茱萸和蚕桑为主，有农民专业合作社。境内有总面积 55.73 平方千米的蟒河猕猴国家级自然保护区，主要保护对象为太行猕猴属华北亚种。蟒河生态旅游区风光以山水为胜，为著名生态旅游区。峡谷内 10 千米长的地表钙化景观，是我国东部唯一的钙化型峡谷景观。有“山西动植物资源宝库”“华北小桂林”之美誉。流传有舜渔濩泽、汤王祈雨、穆王东巡等传说。

台头村 [Táitóu Cūn]

居民点。蟒河镇人民政府驻地。在阳城县人民政府驻地南 13 千米。面积 1.54 平方千米，人口 0.14 万。因村处台地前沿，故名。光绪《山西通志》记述阳城七镇，有“台头”。清代为阳城县八镇之一。耕地 1140 亩。主产谷子、小麦、玉米。西蟒公路、阳城—济源省道经此。

东冶镇 [Dōngyě Zhèn]

乡级政区名。属阳城县。在阳城县境东南部。东与泽州县李寨乡、南岭乡、山河镇为邻，南与河南省济源市交界，西与蟒河镇接壤，北与白桑镇、北留镇毗邻。面积 259.33 平方千米。人口 2.1 万。辖东冶村、神树岭村、独泉村等 24 个行政村。镇人民政府驻东冶村。因驻地得名。

古代冶铁业发达，清代为“东冶镇”。1949 年，属阳城县第三区。1953 年，分设东冶乡，包括三窑乡和桑林的部分村庄。1958 年，分设东冶人民公社、三窑公社。1984 年，置东冶镇。2001 年，三窑乡并入。

整体地势西北高，东南低，中南部多系中、小山岭。主要山脉有三盘山、大岭堂。沁河、涧河、江河流经。矿产资源有铁矿、铝矾土、碳酸钙、白云石、煤等。主导产业为采矿、冶炼业，有“冶铸之乡”之誉。种植、养殖业较发达，蚕桑业位居阳城县三强。名胜古迹有磨滩风景区、后河关帝庙、寺沟关帝庙、县级文物保护单位独泉庙、坪泉抗日民主政府旧址等。

东冶村 [Dōngyě Cūn]

居民点。东冶镇人民政府驻地。在阳城县人民政府驻地东南 25 千米，涧河东侧。面积 12.93 平方千米。人口 0.3 万。因古代当地炼铁业发达，与西冶村相对而得名。同治《阳城县志·方舆》：“由绳束岭至东冶镇四十里，有清军署同知衙署监矿。”耕地 4083 亩。主产小麦、玉米、谷子，引进环保能源秸秆发电项目。工业以采铁矿和冶炼为主。侯月铁路、阳城—济源省道经此。是抗日战争时期“红庙事件”发生地。

白桑镇 [Báisāng Zhèn]

乡级政区名。属阳城县。在阳城县境南部。东与北留镇为邻，南与东冶镇、蟒河镇相邻，西与河北镇接壤，北与凤城镇、润城镇毗邻。面积 72.58 平方千米。人口 2 万。辖白桑村、张庄村、吕河村等 20 个行政村。镇人民政府驻白桑村。因驻地得名。

1949 年，属阳城县第一区。1956 年，分属洪上乡、白桑乡、五瑞乡。1958 年，属应朝人民公社。1959 年，分设白桑人民公社，辖 16 个管理区。1984 年，置白桑乡。2021 年，改置白桑镇。将原白桑乡的洪上村划归凤城镇；蟒河镇的上白桑村、后圪坨村、东樊村、西樊村、南窑村、北窑村、涧坪村、盘龙村 8 个村划归白桑镇。

地处香台山北侧，为土石丘陵区，沁河、濩泽河流经。有铁矿石、硫铁矿、煤炭、铝矾土、石灰石等资源。以硫磺冶炼闻名，有“硫磺之乡”之美称。以陶瓷建材业、煤炭洗选精深加工、化工、畜牧等为主要产业。农业以畜牧养殖、小杂粮生产为主。旅游资源有凤栖山庄、鸵鸟养殖、“一场四园”休闲景点、汤帝庙等。阳济公路、阳东公路、马瓜公路、侯月铁路经此。

白桑村 [Báisāng Cūn]

居民点。白桑镇人民政府驻地。在阳城县人民政府驻地东南 7 千米。面积 5.4 平方千米。人口 0.19 万。相传明代曾于此驻官兵，策应把守关隘白云口，取名白桑。煤炭、矸石和铝矾土资源丰富。20 世纪 70 年代的“一滴水”工程享誉中外。

演礼镇 [Yǎnlǐ Zhèn]

乡级政区名。属阳城县。在阳城县境西部。东与西河乡毗邻，南与凤城镇接壤，西与次营镇互连，北与芹池镇交界。面积 38.09 平方千米。人口 1.3 万。辖新庄村、演礼村、南任村等 13 个行政村。镇人民政府驻新庄村。因原驻地演礼村而得名。

1949 年，属阳城县第四区。1956 年，分属演礼乡、献义乡。1958 年，属次营星火人民公社。同年 11 月，分设演礼人民公社。1984 年，置演礼乡。2021 年，改置演礼镇。

地处黄土丘陵地带，丘壑纵横交错。南大河、濩泽河流经。境内有煤炭资源，工业生产以陶瓷、杆塔制造、水泥、铸件加工为主。农业以仁用杏、蚕桑、核桃等经济林和畜牧业为主。文物古迹有演礼白龙王庙、上清池汤帝庙等。阳云公路经境。

新庄村 [Xīnzhuāng Cūn]

居民点。演礼镇人民政府驻地。在阳城县人民政府驻地西 7 千米。面积 2.86 平方千米。人口 0.2 万。据《南任张氏家谱》载，明初洪洞张氏迁入南任，后分支落户于此，取名新立庄，后人简称新庄。合作化时为初级社。1956 年，联南河、礼庄沟转为高级社。1958 年，为新庄管理区。1961 年，为新庄大队。1984 年，为新庄行政村。有 300 多亩仁用杏经济林，建有生态公园。有传统旋锭、制糖工艺。古迹纪念地有大佛殿、张士成烈士纪念碑等。

寺头乡 [Sìtóu Xiāng]

乡级政区名。属阳城县。在阳城县境西北部。东与沁水县端氏镇、嘉峰镇为邻，南与町店镇、西河乡相邻，西与芹池镇接壤，北与沁水县郑村镇接壤。面积 72.75 平方千米。人口 0.9 万。下辖寺头村、南树村、北下庄村等 14 个行政村。乡人民政府驻寺头村。因驻地得名。1949 年，属阳城县第五区。1956 年，分属大乐乡、张庄乡。1958 年 11 月，设寺头人民公社。1984 年，置寺头乡。

地处仙公山和牛头山之间的黄土丘陵地带，芦苇河流经。煤炭、天然气资源丰富。煤田面积 68 平方千米，占区域面积的 95%。农业以蚕桑和食用菌为主导产业。有“华北蚕桑第一乡”之誉。名胜古迹有田庄老君庙、北树汤帝庙、大乐汤帝庙、马寨关帝庙、仙翁山、牛头山等。八芹公路经境。

寺头村 [Sìtóu Cūn]

居民点。寺头乡人民政府驻地。在阳城县人民政府驻地西北 25 千米。面积 3.35 平方千米。人口约 908 人。因村西古有甘戈寺，故名寺头。明清属大宁都大乐里。乾隆《阳城县志 · 里甲》载名“大宁里”。1949 年，属第五区。1953 年，为寺头初级社。1956 年，属于高级社。1958 年，为寺头管理区。1961 年，为寺头大队。1984 年，为寺头行政村。耕地 1695 亩，以农业和养蚕为主。有桑园。

西河乡 [Xīhé Xiāng]

乡级政区名。属阳城县。在阳城县境西北部。东南、南与凤城镇为邻，西与演礼镇相邻，北与芹池镇、寺头乡接壤，东北与町店镇毗邻。面积 35.83 平方千米。人口 1.5 万。辖郭河村、西沟村、王曲村等 12 个行政村。乡人民政府驻郭河村。因驻地郭河村位于西小河两岸而得名。

1949 年，属阳城县第一区。1953 年，设西沟乡。1958 年，属应朝人民公社。1961 年，属西沟人民公社。1974 年，公社由西沟村迁驻郭河村。因与平顺县西沟人民公社同名，故于 1983 年改名为西河人民公社。1984 年，置西河乡。

地处半山半丘陵地带，沟谷纵横，地势起伏，西小河流经。矿藏丰富，为城郊结合型乡镇。名胜古迹有市级文物保护单位郭河村元君庙、王曲庙、峪则大庙、中寨成汤庙等。阳翼高速、陵沁公路、在建的晋阳一级路、阳济高速、阳垣高速在境交会。

郭河村 [Guōhé Cūn]

居民点。西河乡人民政府驻地。在阳城县人民政府驻地西北 7 千米。面积 1.57 平方千米。人口 0.27 万。原名郭家河，郭姓始居而得名。后简为郭河。乾隆《阳城县志·里甲》载名“阳邑里”。1949 年，属阳邑村。1956 年，为优胜高级社。1958 年，为郭河管理区。1961 年，为郭河大队。1984 年，为郭河行政村。耕地 780 亩，产小麦、玉米、谷子等。煤炭资源丰富，有煤矿、棉厂。有凤西森林公园。村北有“元君庙”，民间称“娘娘庙”，每年农历九月二十三有传统庙会。有民间传统剪纸艺术。村里曾有上党梆子戏班。曾被授予省级文明和谐村荣誉称号。陵川—沁水省道经此。

董封乡 [Dǒngfēng Xiāng]

乡级政区名。属阳城县。在阳城县境西南部。东与河北镇为邻，南与横河镇相邻，西与运城市垣曲县交界，北与沁水县土沃乡、次营镇接壤。 面积 194.02 平方千米。人口 0.7 万。辖董封村、赤头村、征反坡村等 20 个行政村。乡人民政府驻董封村。因驻地得名。

1949 年，属阳城县第四区。1956 年，分属董封乡、岩山乡、临涧乡、次滩乡、柴圪塔乡 5 个乡。1958 年，属次营人民公社。1961 年，分设董封人民公社。1984 年 9 月，置董封乡。2001 年 1 月，李圪塔乡并入董封乡。

地处云蒙山麓，西南高中东部低，地形呈半开状盆地分布。主要山峰有云蒙山、小尖山、老鳔山。有濩泽河、次滩河、东哄哄河、龙泉河流经。境内以小尖山分界，南部属高寒山区，森林茂密，野生动植物丰富，为主要林牧基地，盛产栗子、药材；北部为典型的旱作农业区，主产玉米、小麦、谷子。境内有“修真古洞”，明朝吏部尚书王国光遇难曾隐居此洞，为阳城古八景之一。西哄哄隘地势险要，柴李圪塔（旧时柴圪塔、李圪塔两村的合称）是历史上出垣曲进入中条山腹地的咽喉要道，抗日战争时期朱德、彭德怀、邓小平等领导往返太行八路军总部到延安途经此地。1942 年，邓小平在上河村主持召开中共晋豫区党委党政军干部会议，史称“上河会议”。2007 年，建成上河会议纪念馆。阳云公路经境。

董封村 [Dǒngfēng Cūn]

居民点。董封乡人民政府驻地。在阳城县人民政府驻地西 18 千米。人口 0.11 万。相传因春秋时晋国赵氏家臣董安于功封食邑于此得名。历史上是阳城四大传统集镇之一。同治《阳城县志·方舆》：“岭东北系董封镇，相传为晋赵氏臣董安于食邑。”以农业种植为主。有猪场、羊场、鸡场、蜂场。阳城—云蒙山公路经此，是通往垣曲、沁水的交通要道。

陵川县 [Língchuān Xiàn]

县级政区名。在晋城市东北部。西连高平，西南连泽州县，北靠长治市壶关县，东、南与河南省辉县市、修武县毗邻，为山西省东南之门户。面积 1701.8 平方千米。人口 20.48 万。辖崇文镇、礼义镇、附城镇、西河底镇、平城镇、杨村镇、潞城镇 7 个镇，夺火乡、马圪当乡、古郊乡、六泉乡 4 个乡。县人民政府驻崇文镇。

“陵川”县名始于隋。《元和郡县图志》：“陵川县，本汉泫氏县地，隋开皇十六年于此置陵川县，因川为名，属泽州。”《明一统志》：“陵川，以县境陵阜环列，故名。”

春秋属晋国。战国属韩国。秦汉属泫氏县地。北魏永安二年（529 年），属高平县地。隋开皇十六年（596 年），划出高平县东部置陵川县。唐高祖武德元年（618 年），属盖州，又析县西南境置盖城县。贞观元年（627 年），废盖州，复属泽州。九年，盖城县省入陵川县。宋、金因之。蒙古至元二年（1265 年），陵川县并入晋城县。元至元三十一年（1294 年），复置陵川县，属泽州。明因之。清雍正六年（1728 年），属泽州府。1913 年，属中路道。1914 年，属冀宁道。1927 年，废道直属山西省。1937 年，属山西省第五行政区。1943 年，陵川分属陵川县、陵高县、长治县、壶关县 4 个县，均属晋冀鲁豫边区太行区。抗战胜利后，恢复陵川县原建制，属太行第四专区。1948 年，属太行第三专区。1949 年 10 月，属长治专区。1958 年，并入晋城县，属晋东南专区。1960 年，恢复陵川县。1967 年，属晋东南地区。1985 年，属晋城市。

辖区内政区地名和居民点地名专名有以下特征：1. 以自然地理实体命名。如：陵川县、下河、王早岭等。2. 以地理位置命名。如：桥西、营里、城南等。3. 以姓氏命名。如：尉寨、郭家川、冯山等。4. 以祥瑞、希冀命名。如：太和、德义、报国、积善、礼义等。5. 以历史古迹或人文地理实体命名。如：盖城、营盘、灵岩寺、诸神观等。6. 以历史人物命名。如：马武寨、王莽岭、侍郎岗等。

辖区内政区地名和居民点地名的通名有以下地方特色。1. 以古迹或人文地理实体城、铺、寨、营等为通名。如：附城、好水铺、尉寨、南营等。2. 以自然地形地貌山、河、掌、岭、峪、磢、坡等为通名。如：箭眼山、琵琶河、佛堂掌、郑家岭、赶马磢、石家坡等。

3. 以方言俗语圪当、圪峦等为通名。如：马圪当、石圪峦等。4. 多为北方常见通名村、庄等。如：崔村、马庄等。

地处太行山南端绝顶，地势呈东北高、西南低状，东部为石山区，中部为土石丘陵区，西南部为平川区。有王莽岭、马武山、莲花山、刘秀城山、佛山、北板山、棋子岭等 70 余座山。最高海拔 1791.9 米。最低海拔 533.2 米。有廖东河、原平河、武家湾河、香磨河、北召河流经。陵川县气候冬暖夏凉，大陆性气候较为明显。

境内有旧石器时期塔水河遗址、西瑶泉遗址，表明早在 2.6 万年前人类就在此居住 . 塔水河遗址位于今陵川夺火乡塔水河畔，1985 年出土了一个六龄童头盖骨化石及大量哺乳类动物化石、石制品、灰烬层、烧骨、破碎骨片等。有全国重点文物保护单位南召文庙、塔水河遗址、北马玉皇庙、南北吉祥寺、西溪二仙庙（真泽宫）、龙岩寺、崔府君庙、小会岭二仙庙、玉泉东岳庙、石掌玉皇庙、郊底白玉宫、南神头二仙庙、寺润三教堂、三圣瑞现塔、崇安寺、田庄全神庙等 16 处。王莽岭为国家级 4A 旅游景区、国家森林公园、国家地质公园。棋子山为国家级 2A 旅游景区、国家森林公园。黄围山为国家地质公园、省级自然保护区。有锡崖沟、凤凰欢乐谷、太行山红叶景区、上云台景区等旅游风景名胜景区。有省级爱国主义教育基地锡崖沟村。烂柯山的传说被列入国家级非物质文化遗产，围棋起源传说、十不隔、五鬼盘叉、平腔秧歌、钢板书、剪纸、民居砖雕艺术、布贴画等被列入省级非物质文化遗产。有崇文镇、礼义镇、附城镇 3 个全国重点镇，平川村、现岭村 2 个省级历史文化名村，东街村、平居村等 8 个中国传统村落。有省级农产品地理标志黑山羊。土特产黄松背五花参、虹鳟鱼、黑木耳、灵芝、“阿珍牌”小米、核桃、大红袍花椒等。

“陵川”地名社会应用有陵川钢板书、陵川布贴画、陵川锢漏锅、陵川“五花芯”党参、陵川羊肉火烧、陵川黑山羊、陵川传统花灯制作技艺等。

陵川钢板书：为陵川县地方说唱艺术。相传从清道光年间在民间兴起，曾流行于陵川县、凤台县、长治县等地。近年来，当地文艺工作者将陵川钢板书传统的坐场说书改造为带有表演形式的走场说书，并对道具、服装进行改良。在保留传统剧目的基础上，又融合了小品、乐器合奏、独奏、歌曲等多种形式。2021 年，陵川钢板书入选为第五批国家级非物质文化遗产名录。

泽陵川布贴画：俗称布贴画，又叫布堆画、布贴花、布摞花、拨花等。起源于古老的刺绣技艺，由各种不同色彩、不同质地、不同形状的布块按一定的构图拼接而成。陵川布贴画在民间流传已久，明清时期多为家庭妇女做针线活时用在腰兜、鞋子、衣帽、日用品等上面的装饰，造型多为花鸟虫鱼、吉祥图案等。布贴画制作过程为全手工制作，制作工序复杂，创作周期较长，创作过程主要分为制样、配色、选布、加工布料、剪贴、组装、装裱等步骤。作品剪工细腻，层次分明，图像逼真，具有较高的艺术价值。2011 年，陵川布贴画入选为山西省第三批非物质文化遗产名录。

陵川锢漏锅：锢漏锅为陵川县传统民间技艺，因陵川县境内从业人数多，历史悠久，技术精湛，山西人多称为“陵川锢漏锅”。锢漏锅工匠也称锢匠，又称锢漏匠。旧时他们走村串巷为百姓修理铁锅、铁桶、锅碗瓢盆等铁器、瓷器和陶器等生活用品。历史上陵川县的锢漏匠挑着行李家什，千乡百里，奔走四方，山西各地都有他们的足迹。到20世纪60年代后逐渐消失。

陵川“五花芯”党参：陵川县是潞党参的主产区，其中县境黄松背出产的“五花蕊”最为著名。民谚有“千斤参，万斤参，不如黄松背的一棵五花蕊”之说。参的横断面呈五花形，特点是油性大、粉性足、无渣质，其含糖量和药用价值比一般党参高出1 ~ 1.5倍，且只产于陵川县，年产30万公斤。今陵川县境建有党参GAP基地。

陵川羊肉火烧：为陵川县传统名吃，特点是香酥可口，暖胃祛寒，风味独特，为当地待客佳肴。

陵川黑山羊：主产于陵川县东部山区，优质的牧草资源和山间溪流，成就了黑山羊肉质鲜嫩、口感极佳等高品质特点。陵川黑山羊为农产品地理标志产品。

崇文镇 [Chóngwén Zhèn]

乡级政区名。全国重点镇。陵川县人民政府驻地。位于县境中部偏北。东南与潞城镇相接，西南、西与附城镇、礼义镇相连。北与平城镇为邻，面积142平方千米。人口8.51万。辖城内社区、城西社区、城南社区等7个社区和河头村、牛家川村、汤庄村等39个行政村。镇人民政府驻梅园西街。因镇内有古刹崇安寺而得名。

隋代以来历为陵川县治所。1949年，属陵川县第一区。1953年，改城关乡。1958年，设灯塔人民公社。1961年，设城关人民公社。1984年，置城关镇。2001年，将曹庄乡与城关镇合并，设崇文镇。

地处土石丘陵地带，东北高、西南低，四周岗峦环抱，中间地势低平。2004年，被评为晋城市十大重点镇之一，是山西省文化小城镇示范镇。有煤铁资源，工业产品以生铁和耐火材料为主。传统民间工艺“锢漏锅”闻名境内外。农业以蔬菜、水果、中药材为主，有养殖业。有著名古建筑西溪二仙庙（真泽宫）、崇安寺。西溪二仙庙，又名真泽宫，位于崇文镇岭常村西，现存正殿、东、西梳妆楼为金代遗构，2001年，西溪二仙庙被公布为第五批全国重点文物保护单位。崇安寺位于崇文镇城西社区。唐初名“丈八佛寺”，宋太平兴国元年（976年）赐名“崇安寺”。现存西插花楼为元代建筑，正殿后有佛龛，雕刻有一佛二弟子二菩萨像。2006年，崇安寺被公布为第六批全国重点文物保护单位。历史名人有郝天挺、郝经。县城南街有郝天挺家族旧居“棣花堂”遗址、纪念郝经的落雁池遗址。

历史名人有郝天挺（1161—1217），字晋卿，金朝学者。泽州陵川（今陵川县）人。不事举业，后著书教学，弟子包括元好问等人。《金史》有传。

郝经（1223—1275），字伯常，郝天挺孙，元初名儒。泽州陵川（今陵川县）人。曾经以翰林侍读学士充任国信使，奉诏使宋。卒谥“文忠”。著有《陵川集》。

礼义镇 [Lǐyì Zhèn]

乡级政区名。全国重点镇。属陵川县。位于陵川县境西北部。东与崇文镇为邻，南接附城镇，西与高平市交界，北与杨村镇为邻。面积 86 平方千米。人口 2.16 万。辖东街村、苏村、崔村等 28 个行政村。镇人民政府驻东街村。因驻地礼义而得名。

明清为陵川的集镇之一。1943 年，属太行区陵高县。1949 年，属陵川县第二区。1953 年，设礼义乡。1961 年，设礼义人民公社。1984 年，置礼义镇。

地处丘陵地带，东北部多山，中、西部平川，原平河流经，气候温暖，无霜期长。为陵川县粮食主产区之一。境内煤铁矿藏丰厚，为工业集镇，有全国重点文物保护单位南北吉祥寺（南吉祥寺、北吉祥寺）、崔府君庙、龙岩寺。崔府君庙现存山门为金代建筑，其余为明清建筑。南北吉祥寺保存有宋金建筑遗构。龙岩寺过殿为金代建筑，后殿为明代建筑。还有省级重点文物保护单位千佛造像碑。平川村为山西省级历史文化名村。2014 年 7 月，礼义镇被确定为全国重点镇。

东街村 [Dōngjiē Cūn]

居民点。中国传统村落。礼义镇人民政府驻地。在陵川县人民政府驻地西 18 千米。人口 0.22 万。有商贸街。原名李村，后雅化为“礼义村”。清代为礼义镇。1984 年，分为东街村、北街村、西街村 3 行政村。乾隆《陵川县志·里甲》：“礼义镇，礼义里管。距城三十五里。”为陵川、高平一带的商品集散地。省重点保护文物金代建筑崔府君庙位于村北高台上。2016 年 12 月，被列入第四批中国传统村落名录。

平川村 [Píngchuān Cūn]

居民点。山西省历史文化名村，中国传统村落。属礼义镇。在陵川县人民政府驻地西 20 千米。面积 4.57 平方千米，人口 0.25 万。因地处两山之间的平川地带，故名。乾隆《陵川县志·里甲》：“平川村，协平里管。距城三十里。”文物古迹有全国重点文物保护单位南吉祥寺、省级文物保护单位千佛造像碑、济渎庙、清真庵、魁星楼、水门楼、龙王庙、观音阁、李希曾故居、狮口院、寨上庙、信成院、赵家南院等。村西南有十六位殉难烈士碑。历史人物有北宋状元崔有孚。2009 年 8 月，入选为第三批山西省历史文化名村。2016 年 12 月，被列入第四批中国传统村落名录。

附城镇 [Fùchéng Zhèn]

乡级政区名。全国重点镇。属陵川县。地处陵川县西南部。东与潞城镇接壤，南接夺火乡，西靠西河底镇，北与礼义镇相连，东北连崇文镇。面积 190 平方千米。人口 2.16 万。辖附城村、庄里村、盖城村等 32 个行政村。镇人民政府驻附城村。因驻地得名。

清代为附城镇。1949 年，分属陵川县第二区、第三区。1956 年，分属附城乡、双泉乡、玉泉乡、大槲树乡、南马乡。1958 年，属附城跃进人民公社。1961 年，为附城人民公社。1984 年，置附城镇。2001 年，丈河乡并入。

地处山地丘陵区，有蒸饼山、毛古山、九峰山、万松山、西岭山、石门山。有季节性河流廖东河、北马河、附新河。农业以粮食、蚕桑、干鲜果、畜牧为主。矿藏有煤、铁矿石、硫、石灰石、铝矾土等。工业以化工、乳业为主。名胜古迹有小会岭二仙庙、玉泉东岳庙、北马玉皇庙、田庄全神庙、南村九仙台、祖师顶、南崖宫、坡里村关帝庙、河东村秦家民宅、赵河村观音阁、佳祥村崇文馆等。地方特色民间艺术有南马十不隔、玉泉武故事、城东老锹锹、小会盖城老竿、打铁花、龙灯舞、高低二跷等。其中南马十不隔被列入省级非物质文化遗产。有中国传统村落田庄村。2014 年 7 月，被确定为全国重点镇。

附城村［Fùchéng Cūn］

居民点。全国文明村。附城镇人民政府驻地。在陵川县人民政府驻地西南 20 千米。面积 6.77 平方千米。人口 0.41 万。唐武德初置盖城县，因村邻盖城，故名附城。乾隆《陵川县志·里甲》："附城镇，双庄里管。距城四十里。"清代为陵川县四大古镇之一。抗日战争时期，为陵高县抗日民主政府驻地。耕地 3864 亩。主产玉米、谷子、薯类、豆类、蔬菜。矿藏资源有煤炭、铝矾土、硫磺、铁矿。附城老金沟剖面层是国家珍贵地质遗迹。文物古迹有凤山道院、东街会馆（关帝庙）、陵邑会馆旧址等。民俗文化有打铁花、龙灯舞、高低二跷等。2015 年 2 月，被评为全国文明村。

田庄村［Tiánzhuāng Cūn］

居民点。中国传统村落。属附城镇。在陵川县人民政府驻地西南 9 千米。因田姓始居，故名。乾隆《陵川县志·里甲》："田庄，梁庄里管。距城二十里。"面积 1.65 平方千米。人口约 600 人。耕地 1036 亩。村民收入以种植苹果为主。古建筑有全神庙、菩萨庙、仿古戏台、明清民居四合院、祠堂等。全神庙正殿为元代遗构，2019 年 10 月，被公布为第八批全国重点文物保护单位。相传名剧《蝴蝶杯》系出于田庄村在青州为官的赵麟之首创，剧中主人公田玉川故居建于清代。2014 年 11 月，被列入第三批中国传统村落名录。

丈河村［Zhànghé Cūn］

居民点。全国文明村，中国传统村落，全国乡村旅游重点村。属附城镇。在陵川县人民政府驻地西南 34 千米。耕地面积 1068.54 亩。人口约 623 人。原名"涨河村"，后以谐音改今名。乾隆《陵川县志·里甲》："涨河村，义贤里管。距城六十里。"1961 年，为丈河人民公社驻地。1984 年，为丈河乡人民政府驻地。2001 年，属附城镇。地处石质山区，东北高，西南低，境内山峦起伏，沟深坡陡。野生资源丰富，林坡占总面积的 40.3%，草地牧坡占 49%。廖东河流经，为季节河流。农业主产玉米、谷子、豆类。有南崖宫和祖师顶等旅游景点。2016 年 12 月，被列入第四批中国传统村落名录。2020 年 8 月，入选为第二批全国乡村旅游重点村名单。2020 年 11 月，被授予第六届全国文明村称号。

下壁村［Xiàbì Cūn］

居民点。中国传统村落。属附城镇。西与高平市的双泉村交界，北面与高平市的秦庄毗邻。在陵川县人民政府驻地西南 20 千米。耕地面积 1355.17 亩。人口约 735 人。相传因村口石壁上有隋代摩崖造像，故名"下壁"。乾隆《陵川县志·里甲》："下壁村，双庄里管。距城四十里。"历史上曾经为重要的商业大村。鼎盛时期沿街有药铺、烟房园、铺园、花行、杂货铺、豆腐店等 72 家店铺，为周边商贸中心。地处土石丘陵地带，群山围绕，村落位于中间盆地中。为当地玉米主产区。历史上有煤矿、铁矿石、石灰岩的开发。古建筑有创建于唐开元六年（718 年）的玉皇庙，"文革"中被毁。1998 年，重修。2016

年 12 月，被列入第四批中国传统村落名录。

西河底镇 [Xīhédǐ Zhèn]

乡级政区名。属陵川县。在陵川县西南部。东南与附城镇相邻，南、西与泽州县柳树口镇交界，北与高平市石末乡接壤。面积 87 平方千米。人口 1.32 万。辖西河底村、焦会村、南沟村等 21 个行政村。镇人民政府驻西河底村。因驻地得名。

1949 年，属陵川县第三区。1956 年，分属万章乡、徐社乡、偏桥底乡。1958 年，属西河底红旗人民公社。1961 年，设西河底人民公社。1984 年，置西河底乡。1995 年 3 月，改为西河底镇。

地处平川、丘陵地带，平均海拔 900 米。南召河、西河底河、孔滩河流经。矿藏有铁矿石、煤炭等。特色产业是小米、桑蚕、养殖。名胜古迹有昭庆院、三圣瑞现塔、偏桥底玉皇庙、现岭祖神庙、万章大庙、黄庄玉皇庙、节孝碑坊、张仰八角井、南乡庙等。

西河底村 [Xīhédǐ Cūn]

居民点。西河底镇人民政府驻地。在陵川县人民政府驻地西南 24 千米。面积 3.78 平方千米。人口 0.2 万。原名“西王”，因位于县西，以王姓居多而得名。清代设驿铺“西王铺”，后演变为西河底。乾隆《陵川县志·里甲》：“西王铺，西社里管。距城六十里。”特产“西河底小米”，色黄质优，与沁州黄齐名。矿藏资源有铁矿、煤矿、铝矾土。省道陵（川）沁（水）、乡道现岭—西河底线、西河底—张仰线、西河底—秦山线、晋陵公路经此。文物古迹有三教堂、西河底村遗址、舞台。

积善村 [Jīshàn Cūn]

居民点。中国传统村落，山西省历史文化名村，中国历史文化名村。属西河底镇。在陵川县人民政府驻地西南 25.7 千米。面积 4.6 平方千米。人口 0.16 万。原名大送村。相传村庄地处交通要道，常有强盗劫掠。村民自发组织保护行人安全，因被称为积善村。乾隆《陵川县志·里甲》：“积善村，善乔里管。距城七十里。”农业以种植为主。名胜古迹有金代建筑三圣瑞现塔、遇真观、真武阁、药王庙、三官庙、卢街阁等。南昌院、东西窑底院等。三圣瑞现塔位于积善村昭庆院内，是金代密檐式砖塔的典型代表，仍保存有唐代方形密檐塔的风格。2006 年 5 月，三圣瑞现塔被公布为第六批全国重点文物保护单位。2012 年 12 月，被列入第一批中国传统村落名录。2017 年 1 月，入选为第五批山西省历史文化名村。2019 年 1 月，入选为第七批中国历史文化名村。

现岭村 [Xiànlǐng Cūn]

居民点。山西省级历史文化名村，中国传统村落。属西河底镇。在陵川县人民政府驻地西南 25 千米。人口约 700 人。原名“岘岭村”，以岭得名。乾隆《陵川县志·里甲》：“岘岭村，善乔里管。距城五十里。”大部分姓张。地处沟壑，平地较少。古建筑有清代所建三教堂（西庙）、白衣庙、诸神观（东庙）、清代民居爱吾庐、安贞吉、光及第等。古街小巷皆为青石铺砌，与灰墙黑瓦的古民居相互映衬，古朴宁静。2009 年 8 月，入选为第三批山西省历史文化名村。2019 年 6 月，被列入第五批中国传统村落名录。

黄庄村 [Huángzhuāng Cūn]

居民点。山西省历史文化名村，中国传统村落。西河底镇辖行政村。在陵川县人民政府驻地西南27千米。耕地面积2218亩。人口0.12万。位于西河底镇北部。原名“黄家庄”，因宋时有黄姓始居，故名。乾隆《陵川县志・里甲》：“黄家庄，善乔里管。距城五十五里。”后来发展为“黄、郭、杜”三大户。清代村里有官员杜怀典、富商杜世发等名人。清嘉庆间，为表彰杜怀典之妻冯氏的节孝美德，在杜氏宅院前修建“节孝兼全”坊。牌坊由绿色砂岩精心雕刻组合而成，牌坊三个门额上方有七块黑色大理石牌匾。杜家大院一进三院，排列整齐，错落有致。另有古建筑庙宇、清代民居群等。2016年12月，被列入第四批中国传统村落名录。2017年1月，入选为第五批山西省历史文化名村。

平城镇 [Píngchéng Zhèn]

乡级政区名。属陵川县。在陵川县北部。东连六泉乡，南与崇文镇相连，北与长治市壶关县接壤。面积120.7平方千米。人口1.68万。辖北街村、东街村、南街村等42个行政村。镇人民政府驻南街村。因驻地平城而得名。

明清设平城里。民国初期为陵川县第三区驻地。抗日战争初期，中共太南特委在此驻扎，被誉为太行山上“小延安”。1949年，属陵川县第七区。1956年，分属平城乡、义汉乡、扬寨乡。1958年，属平城卫星人民公社。1961年，属平城人民公社。1984年，置平城镇。

地处太行山土石丘陵地带，地势东北高、西南低。主要有黄沙山、北召山、圣宫山、玉皇山。有北召河、杨寨河、麻正河、寺沟河、原平河流经 。主要资源石灰岩储量达到3亿吨以上。农业盛产土豆。风味小吃有平城杏饼、芝麻烧饼、小车糕、扁食、肉丸、羊肉里圪抓、油饼胡角、煎饼圪夹黄蒸等。纪念地旅游点共69处。其中全国重点文物保护单位有南召文庙。红色革命纪念地有南坡村朱德路居。古建筑有乐氏二神仙圣德之碑、三皇阁、元阳观、文庙（孔庙）、武氏家庙清源观、关圣阁观音堂、三教堂、家佛堂、平城古圈、古民居郭家大院。长陵公路、曲辉公路、长平公路在镇境交会。

南街村 [Nánjiē Cūn]

居民点。平城镇人民政府驻地。在陵川县人民政府驻地北8千米。耕地面积1345亩。人口0.22万。原名“平城村”，1964年，平城村分为北街村、东街村、南街村3个行政村。乾隆《陵川县志・里甲》：“平城镇，平城里管。距城十五里。”文物古迹有三皇阁、清真寺、关圣阁、观音堂、元阳观、土地庙、祖师庙、大西庙、玉皇庙、西川遗址、双眼井等。长治—陵川省道经此。

侍郎岗村 [Shìlánggǎng Cūn]

居民点。属平城镇。在陵川县人民政府驻地北5.8千米。面积1.2平方千米。人口约700人。因有古代兵部侍郎坟地而得名。乾隆《陵川县志・里甲》：“侍郎岗，平城里管。距城十里。”铸造业历史悠久。古迹有三教堂。纪念地有侍郎岗战役旧址。1944年5月29日，八路军为了粉碎日军封锁，当夜袭击日伪侍郎岗炮楼驻军，全歼日伪军百余人。同时在附近的杨寨山口伏击日伪增援部队，毙伤俘虏敌军500余人。史称“侍郎岗战役”，又称“黄沙山战役”。

秦家庄村 [Qínjiāzhuāng Cūn]

居民点。全国文明村。属平城镇。在陵川县人民政府驻地西北12千米。面积3.24平方千米。人口约900人。因秦姓居多而得名。乾隆《陵川县志·里甲》：“秦家庄，秦润里管。距城二十五里。”耕地1000亩，主产玉米、谷子，种植连翘、冬枣。矿藏资源有煤炭、铁矿石、石灰岩。坪上—曲沃省道经此。文物古迹南庙、玉皇观、祖师庙、石拱桥。2020年11月，被授予第六届全国文明村称号。

庞家川村 [Pángjiāchuān Cūn]

居民点。全国文明村。属平城镇。在陵川县人民政府驻地西北8.4千米。面积3.74平方千米，人口约700人。原名“川则里”，后因地处平川，庞姓居多，改今名。乾隆《陵川县志·里甲》：“川则里，秦润里管。距城二十里。”主产谷子、玉米，养殖鸡、猪。为陵川规模养殖龙头村。坪上—曲沃省道经此。文物古迹有奶奶庙、关帝阁。2011年12月，被授予第三届全国文明村称号。

杨村镇 [Yángcūn Zhèn]

乡级政区名。在陵川县西北部。东与平城镇接壤，南、西与礼义镇相连，北与长治市上党区毗邻。面积31平方千米。人口1.23万。辖杨村、杨庄村、寺润村等17个行政村。镇人民政府驻杨村。因驻地得名。为陵川古镇之一。1949年，属陵川县第二区。1956年，分属池下乡、太和乡。1958年，属礼义五星人民公社。1961年，分设杨村人民公社。1984年，置杨村乡。2001年1月，改置杨村镇。

地处土石丘陵平川区，地势西北高，东南低平，平均海拔1100米。耕地面积9182亩。粮食作物以玉米、谷子为主，畜牧业以猪、鸡、羊为主。主要经济作物有核桃、蓖麻、中药材、核桃、苹果等，境内已探明地下矿藏有煤、铁矿石、铝矾土等。有纪念地旅游点共64处。古迹有寺润三教堂、杨村玉皇观、池下村玉皇观、东尧村关帝庙等。寺润三教堂位于杨村镇寺润村中，现存建筑为金代遗构。2006年，被公布为第六批全国重点文物保护单位。地方民间艺术有推小车、舞龙、舞狮、腰鼓、二鬼摔跤、秧歌等。曲辉公路、横杨公路经境。

杨村 [Yáng Cūn]

居民点。全国文明村。杨村镇人民政府驻地。在陵川县人民政府驻地西北12.8千米。面积3.73平方千米。人口0.25万。相传原名“古墨池”，周围山上有九股溪水，至此合入一池，俗称“九龙朝池”。后因居民多姓杨，改名杨村。乾隆《陵川县志·里甲》：“杨村，杨池里管。距城三十里。”耕地2065亩。有县级文物保护单位玉皇观。2009年1月，被评为全国文明村。县道横河—杨村线、省道坪曲坪（上）曲（沃）线经此。

太和村 [Tàihé Cūn]

居民点。属杨村镇。在陵川县人民政府驻地西北12千米。面积4.4平方千米。人口0.23万。古名远望村，因周围山岭环绕，站在远处山岭上才能看到，故名。义和团运动后，因教民与普通居民相处不和，连年诉讼，直至民国初经调解才得和好，故改名太和。乾隆《陵川县志・里甲》："远望村，平望里管。距城二十五里。"耕地4066亩，主产玉米、谷子、小麦。杨村镇五龙山石灰岩矿驻村。有古迹二仙庙、若亚教堂、牛王庙、任家民宅、南庙舞台。乡道东尧—太和线经过。

平居村［Píngjū Cūn］

居民点。中国传统村落。属杨村镇。在陵川县人民政府驻地西北10千米。耕地面积1829亩。人口约955人。地处丘陵，坐落在环山之中。以吉语命名。乾隆《陵川县志・里甲》："平居村，平望里管。距城二十里。"古迹有奶奶庙、文昌庙。每年四月初四为平居旅游文化节。2016年12月，被列入第四批中国传统村落名录。

潞城镇［Lùchéng Zhèn］

乡级政区名。属陵川县主。在陵川县中部。东接马圪当乡，南接夺火乡，西邻崇文镇、附城镇，北与崇文镇、六泉乡接壤。面积144平方千米。人口0.83万。辖潞城村、义门村、后西沟村等23个行政村。镇人民政府驻潞城村。因驻地得名。

清乾隆年间，潞城设八渠里、义贤里。民国时期，属陵川县第一区。1949年，分属陵川县第一区、第三区和第四区。1956年，分属潞城乡、郊底乡、冶南乡。1958年，属潞城红旗光明人民公社。1961年，属潞城人民公社。1984年，置潞城乡。2001年，潞城乡和侯庄乡合并，改置潞城镇。

地处土石山区，地势东北高、西南低。廖东河、八渠河、东井郊河、小潞城河流经。沿廖东河建有上郊、石景石、洪河头3座水库。为县内主要产粮区之一。粮食作物以玉米、谷子、豆类为主。主要经济作物有连翘、核桃。畜牧业以鸡、羊、猪为主。矿藏有石灰石、铁矿石，铝土矿。纪念地旅游点共155处，有棋子山、红叶区两个旅游景区。文物古迹有全国重点文物保护单位南神头二仙庙、石掌玉皇庙、郊底村白玉宫。义门村碧霞庙、上郊村玉皇庙为第一批县级文物保护单位。陵川八景之一"锦屏朝霞"在义门村。

潞城村［Lùchéng Cūn］

居民点。潞城镇人民政府驻地。在陵川县人民政府驻地南10千米。面积9.27平方千米。人口0.19万。耕地2621亩。原名路城村，后演变为潞城村。乾隆《陵川县志・里甲》："路城村，南关厢管。距城二十里。"主产玉米、谷子、小麦、马铃薯、红薯、大豆，经济作物有党参、油料、皮麻、蚕桑、葵花、果类等 省道陵（川）修（武）公路从村东经过。

石圪恋村［Shígēliàn Cūn］

居民点。属潞城镇。在陵川县人民政府驻地东南12千米。面积1.92平方千米。人口约100人。村周围多石山环抱，居民修房取石形成一片低陷而平整的青石场地，方言称为"圪恋"，故名。乾隆《陵川县志・里甲》："石圪恋村，寺谷里管。距城二十五里。"耕地587亩，主产玉米、谷子、小麦，饲养猪、羊、牛、鸡为主。有国保建筑南神头二仙庙，位于村南神头山凹，现存建筑正殿为金代遗构。殿内两侧山墙上现存20平方米壁画。2006年，南神头二仙庙被公布为第六批全国重点文物保护单位。乡道石掌—九光线经过。

夺火乡 [Duóhuǒ Xiāng]

乡级政区名。属陵川县。在陵川县南部边缘。东连马圪当乡，南与河南省焦作市修武县接壤，西靠附城镇，北接潞城镇。面积 245.6 平方千米。人口 0.29 万。是陵川县区域面积最大的乡镇。辖夺火村、圪台河村、佛水村等 11 个行政村。乡人民政府驻夺火村。因驻地得名。

清代为夺火镇。抗日战争期间，中共太行第八地委、太行八专署曾驻境内。1949 年，属陵川县第四区。1956 年，分属夺火乡、勤泉乡、高谷堆乡、凤凰乡。1958 年，属夺火前进人民公社。1961 年，设夺火人民公社。1984 年，置夺火乡 。

地处太行山区，主要山峰有箭眼山、走背山、蟒牛山、老苍岭等。最大的河流为凤凰河。历为陵川县通往中原的重要门户。矿藏有铁矿石、铝矾土、大理石等。有金钱豹、山猪、黄羊、野獾、野兔等野生动物。野生植物 300 余种，其中药材 100 多种。粮食作物以玉米、谷子、小麦为主。畜牧业以猪、羊、牛、鸡为主。旅游业为支柱产业。纪念地、旅游点共 41 处，其中有塔水河遗址、红叶区和门河 2 个旅游风景区。凤凰欢乐谷位于该乡凤凰村。塔水河遗址位于夺火乡塔水河村塔水河左岸，1986 年，发掘。出土遗物有儿童头骨化石残片、石制品及哺乳动物化石。地质年代为晚更新世晚期，文化时代为旧石器时代晚期。2006 年，塔水河遗址被公布为第六批全国重点文物保护单位。

夺火村 [duóhuǒ Cūn]

居民点，夺火乡人民政府驻地。在陵川县人民政府驻地南 38 千米。面积 19.4 平方千米。人口 0.1 万。原名铎壑，后演变为夺火。相传为春秋晋国铎遏父之封邑而得名。或以为“铎壑”一名与春秋时期的赤狄铎辰有关。清初学者毕振姬《四州文献》：“铎辰，赤翟。春秋遏铎父邑。今陵川之铎壑，讹夺。”历史上为陵川与河南修武间交通要隘，唐史中称“石会关”，明初称“永和隘”，置巡检司。乾隆《陵川县志·里甲》：“夺火镇，义贤里管。距城七十里。”耕地 1196 亩，主产玉米、谷子、小麦。县道礼（义）夺（火）线、省道陵（川）修（武）线、陵柳线经此。名胜古迹有太行山红叶风景区、烈士碑、北庙、佛爷庙等。

马圪当乡 [Mǎgēdāng Xiāng]

乡级政区名。属陵川县。在陵川县东南部。东邻夺火乡，南、西接河南省辉县市薄壁镇，北靠潞城镇。面积 236 平方千米。人口 0.33 万。辖古石村、武家湾村、灵岩寺村等 15 个行政村。乡人民政府驻古石村。以原驻地马圪当而得名。

1949 年，属陵川县第五区。1956 年 4 月，分属马圪当乡、双庙乡。1958 年 8 月，属横水泰山人民公社。1961 年，设马圪当人民公社。1984 年，改为马圪当乡。2001 年，横水河乡并入。

地处晋豫交界处的山地丘陵区，地势北高南低。主要山峰有医家山、宽掌山、黄围山、怪窑山、南山、五谷山、东山、孤峰山。境内河流属海河流域。陵川县第二大河流武家湾河流经，其支流有后郊河、横水河、碾槽河。地下矿藏有大理石、白云石、硅石等。森林资源丰富，主要特产有花椒、黑木耳、银耳、红果、核桃、栗子、柿子和苍术、柴胡、红参、天麻等中药材。粮食作物以小麦、玉米为主。乡境风景秀丽，旅游资源丰富，有“小江南”美誉。名胜古迹有灵岩寺、黄围山古建筑群、太行八陉之一的白陉古道、黄围灵湫、峡谷一线天、仙人桥、孤石、省级地质公园红豆杉大峡谷等。

古石村 [Gǔshí Cūn]

居民点。马圪当乡人民政府驻地。在陵川县人民政府驻地东南 50 千米。面积 27.48 平方千米。人口约 800 人。原名“孤石”，因村旁有大石孤立，故名，后演变为今名。乾隆《陵川县志·里甲》：“孤石村，东关厢管。距城九十里。”乾隆《陵川县志·古迹》：“孤石，城东南一百一十里干河道中，有孤石大亩许，不与四山连，杰然独秀于黄尘坦荡间。其状偃蹇如蹲，其形五色如炼，天下奇观也。环石居者名孤石村。”耕地 1071 亩，产核桃、柿子、木耳、大红袍花椒。文物古迹有关帝庙。

古郊乡 [Gǔjiāo Xiāng]

乡级政区名。属陵川县。在陵川县东部。东与河南省新乡市辉县市毗邻，南与马圪当乡为邻，西与潞城镇接壤，北与六泉乡相连。面积 230.8 平方千米。人口 0.51 万。辖古郊村、南边村、掌里村等 20 个行政村。乡人民政府驻古郊村。因驻地得名。

1949 年，属陵川县第六区。1956 年，分属古郊乡、岭东乡、上上河乡、苍郊乡、锡崖沟乡。1958 年，属古郊红星人民公社。1961 年，设古郊人民公社。1984 年，置古郊乡。2001 年，马武寨乡并入。

地处太行山之巅，地势险峻。主要山峰有王莽岭、马武山、莲花山、刘秀城山。河流属海河流域，主要有武家湾河、昆山河、锡崖沟河、古郊河。地下矿藏有金属镁、花岗岩、大理石。野生动物 2 种，野生药材 100 多个品种，野生种子植物 500 余种。粮食作物以玉米为主。风景名胜主要有 4A 级风景区王莽岭、棋子山 2 处。另有省级以下风景区昆山、莲花山区、马武寨、抱犊沟、南方红豆杉、马武寨生态保育区等 6 处。旅游景区有锡崖沟挂壁公路等。

古郊村 [Gǔjiāo Cūn]

居民点。古郊乡人民政府驻地。在陵川县人民政府驻地东 37 千米。面积 9.47 平方千米，人口 0.11 万。旧称“窟郊”。清康熙间，县令孙必振曾一度改名为重兴镇（又作崇兴镇），后更名为古郊。乾隆《陵川县志·关隘》：“正东由县五十里至崇兴镇，土名‘窟郊’。”乾隆《陵川县志·古迹附载》：“古郊村，孙令必振改为重兴镇。”乾隆《陵川县志·里甲》：“古郊村，八梁里管。距城六十里。”地处古郊河谷。耕地 1210 亩，产核桃。有连翘茶企业。侯马—陵川高速经此。有古迹玉皇庙、天仙庙、蟠龙寺、郎家祠堂、和家祠堂。

六泉乡 [Liùquán Xiāng]

乡级政区名。全国一村一品示范镇。属陵川县。在陵川县东北部。东与河南省新乡市辉县市接壤，南靠古郊乡、潞城镇，西与崇文镇、平城镇相连，北接长治市壶关县树掌镇。面积 237.9 平方千米。人口 0.66 万。辖六泉村、石家坡村、西湾村等 17 个行政村。乡人民政府驻六泉村。因驻地得名。

1949 年，分属陵川县第六区、第七区。1956 年，分属沙场乡、赤叶河乡、东爽脑乡、漫柳坡乡、下河乡。1958 年，属六泉光明人民公社。1961 年，设六泉人民公社。1984 年，置六泉乡。2001 年，冶头乡并入 。

地处太行山区，森林密布。北板山海拔 1791.7 米，为境内最高峰。佛子山被誉为太行第一峰。主要河流有廖东河、浙水河、赶马双河、赤叶河、六泉河、香磨河等。境内野生资源丰富，粮食作物以玉米为主。盛产核桃、苹果、梨、柿、桃等干鲜果，药材品种有党参、连翘、黄芩等，特产“五花芯”党参。2020 年 11 月，入选为第十批全国一村一品示范镇（中药材）。矿藏有铁矿、铜矿、花岗岩、大理石、石灰岩、白云岩、煤等。名胜景观有佛子山大峡谷、香磨河大峡谷、黑风圣母洞、千年红豆杉等。香磨河上的“灵泉瀑布”是陵川旧八景之一。刘家庄村关帝庙为县级文物保护单位。地方特色民间艺术有舞龙、五鬼盘叉等。陵（川）辉（县）公路经境。

六泉村 [Liùquán Cūn]

居民点。中国传统村落。六泉乡人民政府驻地。在陵川县人民政府驻地东 20 千米。面积 8.79 平方千米。人口约 600 人。以附近有“六泉”而得名。乾隆《陵川县志·山川》：“六泉，邑东北六十里。泉自山半洞中流出。”乾隆《陵川县志·里甲》：“六泉村，嵩阳里管。距城六十里。”地处太行第一峰佛山麓。耕地 655 亩，主产玉米、蔬菜，有柿子，有药材党参、连翘、黄芩等，土特产马铃薯。文物古迹有奶奶庙、玉皇庙、二仙殿、牛家民宅、靳家民宅。省道坪曲公路、陵辉公路经此。2016 年 12 月，被列入第四批中国传统村落名录。

廖池村 [Liáochí Cūn]

居民点。属六泉乡。在陵川县人民政府驻地东 10 千米。面积 1.54 平方千米。人口约 300 人。相传廖姓始居，村北有泉池而得名。俗写作“了池”。乾隆《陵川县志·里甲》：“了池村，西池里管。距城二十里。”耕地 475 亩，农业以种植为主。名胜古迹有千年红豆杉、黄飞虎殿、奶奶庙、天仙圣母庙、佛爷庙、石狮、廖池新石器文化遗址等。坪上—曲沃省道经此。

赤叶河村 [Chìyèhé Cūn]

居民点。属六泉乡。在陵川县人民政府驻地东 27 千米。耕地面积 850 亩。人口约 400 人。因赤叶河流经，故以河命名村。1947 年，诗人阮章竞根据解放区土地改革的形势需要，以赤叶河村的人物和故事为原型创作了《赤叶河》歌剧。内容反映了贫苦农民受地主阶级剥削压迫，在党的领导下斗地主闹翻身的故事。当时歌剧《赤叶河》在解放区广泛演出引起强烈反响，与《白毛女》并称为解放区的两大歌剧。村中现建有赤叶河红色旅游纪念园区。园内设赤叶河歌剧纪念馆、赤叶河歌剧院影视厅、赤叶河农耕文化博物馆、农耕农事娱乐体验园、赤叶河民俗博物馆、赤叶河非物质农村传统文化展示馆、牺盟会赤叶河办事处纪念馆、赤叶河革命烈士纪念事（墙）、赤叶河村史纪念馆等游览观光服务项目。

泽州县［Zézhōu Xiàn］

县级政区名。位于晋城市东南部。东与陵川县接壤，南与河南省济源、沁阳、博爱、焦作等诸县市毗邻，西与阳城、沁水县相连，北与高平市接界。面积 2024.4 平方千米。人口 41.4 万。辖金村镇、巴公镇、大阳镇、高都镇、南村镇、犁川镇、晋庙铺镇、周村镇、大东沟镇、下村镇、北义城镇、柳树口镇、山河镇、大箕镇、南岭镇、川底镇 16 个镇。县人民政府驻金村镇。

“泽州”之名始于隋。隋开皇三年（583 年）改建州为泽州。其名出自《墨子》“舜渔于濩泽”的典故。秦、汉属高都县地。北魏为阳阿县、高都县地。隋为丹川县地。唐初属晋城县地。清雍正六年（1728 年），属泽州府凤台县地。民国初为晋城县地。1983 年，属县级晋城市。1985 年 5 月，设地级晋城市，原县级晋城市分为郊区、城区两个市辖区。1996 年 8 月，撤销晋城市郊区，改置泽州县，以原晋城市郊区的行政区域为泽州县行政区域 。

辖区内政区地名和居民点地名的专名有以下特征：1. 以自然地理实体命名。如：王虎山、香山、圣王山、关山、瓮山等。2. 以地理位置命名。如：寺南庄、水北村、岭东、冶底、东四义村、西四义村、东部村、北部村、西部村等。3. 以地方特征、物产命名。如：核桃园村、枣园村、盐厂村、洪水村、辘轳井村、柏杨坪村等。4. 以祥瑞、希冀命名。如：元庆、环秀、东风等。5. 以历史古迹或人文地理实体命名。如：拦车、天井关、大阳、府城等。

辖区内政区地名和居民点地名的通名有以下地方特色。1. 以古迹或人文地理实体城、铺、寨、口等为通名。如：北义城、晋庙铺、西李寨、张路口等。2. 以自然地形地貌山、河、坪、岭、峪、沟、坡等为通名。如：马头山、白羊泉河、圪塔坡、柏杨坪等。3. 以方言俗语匠、圪坨、谷坨等为通名。如：郝匠、孟匠、东圪坨、范谷坨等。4. 多为北方常见通名村、庄等。如：金村、李家庄等。

县境东、西、南三面环山，北中部为丘陵地带。具有山地、丘陵、平川区等多种地貌类型。主要有吾圣山、香山、大圪垴山、伊侯山、大尖山、方山、岳城山、晋普山、圣王山等，最高峰为西北部的吾圣山位于下村镇，海拔 1346.6 米。主要河流有沁河、丹河、长河、周村河、冶底河、犁川河、东大河等 6 条。境内最大河流为丹河，古称源泽水、源漳水，是沁河重要支流，境内全长 73.5 千米。

古为煤铁之乡，炼铁历史可上溯到春秋战国时期，煤炭采掘不迟于唐代，手工业较为发达。为农业大县。全县耕地 72.37 万亩。粮食作物主要有冬小麦、谷子、玉米、大豆等，经济作物有棉花、油料等。1985 年以来，先后被确定为国家和省级商品粮生产基地县、省市黄牛生产基地县、瘦肉型猪生产基地县、晋城市蔬菜基地。1993 年，泽州县成为中国明星县（市）。1995 年，成为山西省第一批小康县。

名胜古迹有全国重点文物保护单位古刹青莲寺、府城玉皇庙、小南村二仙庙、冶底岱庙、周村东岳庙等 19 处。省级重点文物保护单位有高都遗址、高都东岳庙、高都二仙庙、景德桥、景忠桥、天井关等 10 余处。历史上文化教育发达，北宋治平间，教育家、哲学家程颢为晋城县令时积极提倡“乡必有校”，致有“泽州学者如牛毛”之誉。历史名人有宋代天文学家刘羲叟、诸宫调创造者孔三传、金代状元李俊民，明代大臣茹太素、张养蒙、民国学者郭象升等。境内有周村镇、高都镇、大阳镇 3 个中国历史文化名镇，石淙头村、西黄石村、拦车村等 11 个中国历史文化名村。有省级自然保护区——泽州猕猴自然保护区。国家级风景名胜区有珏山景区。省级风景名胜区有山里泉景区。省级以下风景名胜区有李寨风景区。旅游景点有天井关景区、象鼻山景区、水东龙门景区等。

以“泽州”地名冠名的社会应用有泽州秧歌、泽州四弦书、泽州中秋习俗、泽州刺绣、泽州剪纸、泽州面塑、“泽州黄”“泽州香”。

泽州秧歌，流行于晋城市全境，因境内古称泽州而得名。又因发源于高平东部，也称高平秧歌，陵川人称州腔秧歌，此外还有干板秧歌等称呼。泽州秧歌形成于清乾隆年间，嘉庆年间搬上舞台，到咸丰年间达到极盛。列入国家级非物质文化遗产名录。

泽州四弦书、泽州中秋习俗，被列入国家级非物质文化遗产名录。

泽州刺绣：种类丰富，包括丝线绣、布贴绣等。

泽州剪纸：内容形式丰富多彩，有花卉、鸟兽、虫鱼、人物、戏剧等。

泽州面塑：造型精美、形象各异，有蒸枣山、花馍、蒸饼等。

“泽州黄”，是泽州县名特产。主产地在该县大兴乡，由于特定土壤、气候、品种及管理措施，该乡所产谷子品质优良。据传，明代兵部侍郎张呙回乡探亲时，把“大兴米”带回朝中，献给皇帝，受到皇帝的赞扬，“泽州黄”从此闻名天下。

“泽州香”，是指产于晋城市东西丘陵温凉山区的小米。因气候、土质、水分等自然条件特别适合谷子的生长，晋城所产小米米粒金黄、米质好。据说清康熙年间，阳城人陈廷敬曾将泽州出产小米进贡给康熙皇帝，康熙见此米色泽金黄，食之甜香，即赐名“泽州香”。

金村镇 [Jīncūn Zhèn]

乡级政区名。泽州县人民政府驻地。在泽州县东部。东与柳树口镇接壤，南与大箕镇相接，西邻城区钟家庄街道，北与高都镇相连。面积 212.11 平方千米。人口 5.4 万。辖晋北社区、侯匠社区、福源社区 3 个社区，金村、岳匠村、东六庄村等 56 个行政村。镇人民政府驻金村。因驻地得名。

1949 年，属晋城县第三区。1953 年，分属山头乡、孟匠乡、府城乡、金村乡 4 个乡。1956 年，置金村乡。1958 年，属金村红星人民公社。1962 年，划出北石店公社、水东公社、铺头公社 3 个公社，设金村人民公社。1984 年，置金村乡。1985 年，属晋城市郊区。1996 年，属泽州县。2001 年 1 月，金村乡、水东乡、铺头乡合并，改置金村镇。

地处太行山区，地形分为丘陵、山地。有浮山、珏山。丹河、北石店河流经。最高峰浮山海拔 1033.4 米，最低点南掌海拔 340 米。名胜古迹有青莲寺、泽州玉皇庙、晋城二仙庙、府城关帝庙、水东崔府君庙、珏山、龙门、女娲窟、丹河石拱大桥等。长晋高速路、晋焦高速、陵沁一级、长晋二级高等级公路经过。郑太铁路经境设晋城北站。

金村 [Jīn Cūn]

居民点。金村镇人民政府驻地。在泽州县人民政府驻地东北 12.3 千米。面积 3.26 平方千米。人口 0.26 万。因金姓人始居而得名。乾隆《凤台县志・里甲》载名“金村里”。光绪《凤台县志・里村》：“金村，距城十里。”1956 年，为金村农业社。1961 年，为金村大队。1984 年，为金村行政村。名胜古迹有关帝庙、显庆寺、玄碧宫、静乐宫、陈氏祠堂、赵氏宅院、赵氏祠堂舞楼、苏氏老宅、赵氏书房院等。207 国道经此。

府城村 [Fǔchéng Cūn]

居民点。属金村镇。在泽州县人民政府驻地东北 16 千米。面积 2.48 平方千米。人口 0.15 万。为隋唐丹川折冲府驻地而得名。乾隆《凤台县志・关隘》载名“府城里”。光绪《山西通志・古迹考》：“泽州五府：丹川府。”光绪《凤台县志・里村》：“府城，距城二十五里。”1956 年，为府城农业社。1961 年为府城大队。1984 年，为府城行政村。有太原科技大学晋城校区。有全国重点文物保护单位府城玉皇庙、关帝庙。

玉皇庙位于府城村北，始建于宋熙宁九年（1076 年）。现存建筑玉皇殿为宋建，成汤殿为金建，后院东西耳殿和东西廊庑为元建，余皆为明清时期建筑。庙内保存有宋、元、明三代彩塑 280 余尊，壁画 120 平方米，金、元、明、清记事、重修碑碣 36 通（方）。殿顶保留有金、元、明部分琉璃艺术构件。其中元塑二十八宿星君像代表中国道教雕塑艺术的最高成就。1988 年 1 月，被公布为全国重点文物保护单位。

关帝庙位于府城村中，现存建筑为清代风格。中轴线依次建有舞楼、过亭、山门、关帝殿、三义殿。庙内存清代重修记事碑 42 通，清代壁画 43.75 平方米。2013 年 5 月，公布为第七批全国重点文物保护单位。

南村镇 [Náncūn Zhèn]

乡级政区名。全国重点镇。属泽州县。在泽州县西南部。东与大箕镇、城区钟家庄街道接壤，南邻大箕镇、犁川镇、南岭乡，西与李寨乡、川底乡毗连，北靠城区西上庄街道。面积 88.25 平方千米。人口 4.9 万。辖光明社区、杨洼社区等 7 个社区，南村、北东村、北社村等 26 个行政村。镇人民政府驻南村。

民国初属晋城县第一区。1942 年，属晋沁县第三区。1049 年，属晋城县第一区。1953 年，分属南村乡、北山底乡、张村乡、冶底乡 4 个乡。1956 年，合并为南村乡、冶底乡 2 个乡。1958 年，为南村卫星人民公社。1962 年，划出大箕人民公社，称南村人民公社。1984 年 3 月，置南村镇。1985 年，属晋城市郊区。1996 年，属泽州县。

境内以丘陵山地为主，有佛头山、晋普山，南村河、冶底河流经。农作物以种植小麦、玉米、大豆为主。矿产资源丰富，铸造历史悠久，有“煤铁铸造之乡”之称。现为全市最大的铸造业基地。文物古迹有全国重点文物保护单位冶底岱庙，有裴圪塔旗杆院、唐帝庙等。有晋城四大名景之“松林积雪”的松林寺。有中国历史文化名村冶底村。东常村是晋城第一个农村党组织创建地。207国道、晋（城）阳（城）高速、晋（城）洛（阳）高速公路经境。2014年7月，被确定为全国重点镇。

南村 [Nán Cūn]

居民点。南村镇人民政府驻地。在泽州县人民政府驻地西南1千米。面积4.1平方千米。人口0.14万。因村位置与北村（今北东村、北西村）相对而得名。雍正《泽州府志・里甲》载名“南村里”。1956年。为南村农业社。1961年，为南村大队。1984年，改南村行政村。农业主产玉米、谷子、小麦、大豆等。工业以铸造、建材为主。文物古迹有寨西寨址。207国道经此。

冶底村 [Yědǐ Cūn]

居民点。山西省历史文化名村，中国历史文化名村，中国传统村落。属南村镇。位于泽州县人民政府驻地西南20千米。面积9.97平方千米。人口0.24万。因周围环山，村处山底，旧有冶炼炉，故名冶底。雍正《泽州府志・里甲》载名“冶底里”。1956年，为冶底农业社。1961年，为冶底大队。1984年，为冶底行政村。主产小麦、玉米、谷子。有全国重点文物保护单位泽州岱庙、市级文物保护单位古寨。有旗杆院、观音堂、太清宫等古建筑。冶底九莲灯为市级非物质文化遗产。泽州岱庙位于南村镇冶底村西北。现存正殿为宋代遗构，舞楼为元代建筑，余为明清风格。庙内存元、明、清重修庙碑10通，古树5株。2001年6月，被公布为第五批全国重点文物保护单位。2003年9月，入选为第一批山西省历史文化名村。2014年2月，入选为第六批中国历史文化名村。2014年11月，被列入第三批中国传统村落名录。

东常村 [Dōngcháng Cūn]

居民点。全国文明村。属南村镇。在泽州县人民政府驻地西南6千米。面积2.11平方千米。人口约800人。原名“常村”，因常姓建村而得名。后分东常村、西常村2个村。雍正《泽州府志・里甲》载名“常村里”。东常村是晋城第一个农村党组织创建地。山西省早期共产党员常文郁同志受组织派遣回村，于1926年在此创建了晋城县第一个农村党小组——东常村党小组，次年扩建为中共晋城执委领导下的五个党支部之一——东常村党支部。现有市级爱国主义教育基地东常村纪念馆。文物古迹有古庙、奶奶阁、佛堂等。2005年10月，入选为第一届全国文明村名单。2009年1月，入选为第二届全国文明村名单。

下村镇 [Xiàcūn Zhèn]

乡级政区名。2021中国中部百强镇。属泽州县。在泽州县西北部。东与大阳镇为邻，东南与巴公镇相连，南与大东沟镇相接，西与沁水县郑村镇交界，西北与沁水县胡底乡接壤，北与高平市马村镇毗连。面积94.86平方千米。人口4.3万。辖滨河社区1个社区，下村、河东村、张庄村等25个行政村。镇人民政府驻下村。因驻地得名。

民国初属晋城第四区。1942 年，属晋（城）北县第三区。1949 年，属晋城县第三区。1953 年，分属柳树底乡、史村乡、杨山乡、上村乡、河东乡 5 个乡。1956 年，分属下村乡、柳树底乡、杨山乡 3 个乡。1958 年，为柳树底乡，后属东沟五星人民公社。1962 年，设下村人民公社。1984 年，置下村乡。1993 年，改置下村镇。

地形西北高，东南低，呈两山夹一川之势。海拔最高 1347 米，最低 800 米，全县最高点武圣山在境内，长河发源于山麓上河村，流经全镇。水资源丰富，有 5 个水库、2 个塘坝，水域面积 0.53 平方千米，为全县之首。矿藏主要有煤、铁、石膏、瓷土等，为县煤铁经济大镇。有镇办、村办、私营企业百余个。特产红果，素称“红果之乡”。名胜古迹有吾圣山峰、长河源头、古刹圣公寺、报佛寺和白泉寺等。史村东岳庙为全国重点文物保护单位。2022 年 9 月，入选为“2021 中国中部百强镇”名单，位列第 79 位。

下村 [Xià Cūn]

居民点。下村镇人民政府驻地。在泽州县人民政府驻地西北 22 千米。人口 0.22 万。因与上村、中村并列，以相对位置而得名。雍正《泽州府志 · 里甲》载名“下村里”。1956 年，为下村农业社。1961 年，为下村大队。1984 年，为下村行政村。耕地 1618 亩，村民以农业为主。名胜古迹有圣公寺、白泉寺、报佛寺、下村大庙、下村 293 号院、下村镇河东遗址、报佛山旅游景区。

大东沟镇 [Dàdōnggōu Zhèn]

乡级政区名。属泽州县。在泽州县西北部。东与巴公镇、城区西上庄街道相连，南与川底乡相接，西与沁水县郑村镇交界，北与下村镇毗连。面积 85.83 平方千米。人口 3.2 万。辖东沟村、峪南村、辛壁村等 24 个行政村。镇人民政府驻东沟村。因驻地得名。

清代为东沟镇，属建兴乡辛壁里。民国初属晋城县第四区。1945 年，为第三区区公所驻地。1953 年，分属东沟乡、北村乡、辛壁乡、西洼乡、司家山乡、庾能乡、贾泉乡、坪头乡、常店乡 9 个乡。1956 年，并为东沟乡、常庄乡 2 个乡。1958 年，属东沟五星人民公社。1962 年，设东沟人民公社。1982 年，因与武乡县东沟人民公社重名，改为大东沟人民公社。1984 年，置大东沟镇。

地处伊侯山、可寒山之间，长河纵贯南北，有山区、丘陵、河谷。海拔最高 1194 米，最低 751 米。煤、铁生产是传统产业，手工业发达。有铜匠、编造铁丝制品、补锅、修锁和打造农具传统技艺。农作物有小麦、谷子、玉米、高粱、豆类、棉花、油料等。果品有核桃、苹果、花椒、柿子等。古迹有太平观、乾明寺、成汤庙、徐家大院等，成汤庙为全国重点文物保护单位。有可寒山旅游景区。

东沟村 [Dōnggōu Cūn]

居民点。山西省历史文化名村，中国传统村落，中国历史文化名村。大东沟镇人民政府驻地。位于泽州县人民政府驻地西北 19 千米。面积 1.7 平方千米。人口 0.21 万。最初由徐姓人建庄，初名“徐庄”。后因此地盛产铁矿石，在村东山沟里开有很多矿洞，俗称洞沟，后谐音演变为东沟。据载村内徐姓清初由凤台县南寨街迁来，在村西的大道口开设店铺，后修房建宅发展为徐庄镇。清道光年间，其后人徐恒中进士，开始建东沟寨和规模宏大的徐家大院。清末徐庄和东沟寨统称东沟镇。光绪《凤台县志·里村》：“东沟镇，距城三十五里。”由于村镇处于交通要道，又有丰富的矿产资源，逐步发展为沁水、阳城、晋城西乡的粮食、山货集散地。有“四十里长河一码头”之称。有冶炼、煤炭和商贸业。主产小麦、玉米、谷子。有县级重点文物保护单位徐家大院、白龙王庙。2006 年 11 月，入选为第二批山西省历史文化名村。2014 年 11 月，被列入第三批中国传统村落名录。2019 年 1 月，入选为第七批中国历史文化名村。

贾泉村 [Jiǎquán Cūn]

居民点。山西省历史文化名村，中国传统村落，中国历史文化名村。属大东沟镇。位于泽州县人民政府驻地西北 18 千米。面积 3.6 平方千米。人口 0.26 万。相传初名“金泉”，后改名贾泉。村民有“金蛤蟆泉池聚水”的传说。

光绪《凤台县志·里村》：“贾泉，距城二十五里。”名胜古迹有汤帝殿、玉皇庙、老君殿、极乐院、观音堂、玄帝庙、六瘟庙、清代民居群、古村老街、北门公园、文化广场、东山观光林场等。旧有“六庙六泊池”“一百单八院”之说。2017 年 1 月，入选为第五批山西省历史文化名村。2019 年 1 月，入选为第七批中国历史文化名村。2019 年 6 月，被列入第五批中国传统村落名录。

周村镇 [Zhōucūn Zhèn]

乡级政区名。山西省历史文化名镇，中国历史文化名镇，全国重点镇。属泽州县。在泽州县西部。东与南村镇交界，南与李寨乡相接，西与阳城县北留镇接壤，北与川底乡毗连。面积 68.43 平方千米。人口 2.5 万。辖周村村、苇町村、下町村等 18 个行政村。镇人民政府驻周村。因驻地得名。

金代置周村镇。《金史·地理志》：“晋城，镇二：周村、巴公。”有“行山重镇”“丹水名区”之称。民国初年，属晋城县第四区。1942 年，属晋北县第二区。1949 年，属晋城县第六区。1953 年，分属苇町乡、下町乡、周村乡、坪上乡、川河乡 5 个乡。1956 年，合并为周村乡、下町乡。1958 年，属周村七一人民公社。1962 年，设周村人民公社。1984 年，置周村镇。

周村镇北部多为丘陵地带，南部为山区，境内最高峰华阳山为泽州县、阳城县、沁水县 3 县界山，海拔 1026 米。有长河等 5 条河流经境。形成规模种植、养殖、林果、蔬菜和观光农业五大特色产业。其中以“甲村圣果”为品牌的林果基地，以下町、苇町、甲村、坪上等村形成生态农业示范基地。有石淙头村 1 个国家历史文化名村。文物古迹有东岳庙、周孝侯祠、郭象升故居、古城墙、奎星阁、周处墓、石淙头瀑布等，周村东岳庙、坪上汤帝庙为全国重点文物保护单位。著名抗金义军首领梁兴、近代著名教育家郭象升为该镇人。当地特色民俗文化有周村水席、周村面塑、周村剪纸。2006 年 11 月，入选为第二批山西省历史文化名镇。2014 年 2 月，入选为第六批中国历史文化名镇。

周村 [zhōu Cūn]

居民点。中国传统村落，中国历史文化名村。周村镇人民政府驻地。在泽州县人民政府驻地西 15 千米。面积 6.44 平方千米。人口 0.38 万。相传原名长桥，因西晋平西将军周处葬于此，并建有周孝侯祠而得名。雍正《泽州府志 · 里甲》载名“周村里”。光绪《凤台县志 · 里村》：“周村，距城五十五里。”1956 年，为周村农业社。1961 年，为周村大队。1984 年，为周村行政村。历为晋城西部商贸大镇。有国保建筑周村东岳庙及魁星楼、观音阁、福星楼、古街道、古城墙、古城门、周处墓、明清民居建筑群等。周村东岳庙位于村东。现存建筑正殿、东殿为宋代遗构，其余建筑为明清风格。2006 年 5 月，被公布为第六批全国重点文物保护单位。有北留、周村工业园区。主产小麦、玉米、谷子、大豆。碗城—周村、陵川—沁水省道经此。2013 年 8 月，被列入第二批中国传统村落名录。

石淙头村 [Shícóngtóu Cūn]

居民点。山西省历史文化名村，中国传统村落，中国历史文化名村。属周村镇。位于泽州县人民政府驻地西 27 千米。面积 4.4 平方千米。人口约 468 人。相传原名“十终头”。后改为石淙头。光绪《凤台县志 · 里村》：“石淙头，距城六十五里。”1956 年，为石淙头农业社。1961 年，为石淙头大队。1984 年，为石淙头行政村。村中现存传统民居院落，为沁河流域寨堡式建筑风格。主要分为东、西两组，均为清嘉庆、道光年间的村中富商潘祁山所建，故俗称“潘家大院”。现存十二个完整的院落，大部分呈棋盘式分布。古院落以“四大八小”式一进或二进四合院为主，多为两层。2009 年 8 月，入选为第三批山西省历史文化名村。2014 年 11 月，被列入第三批中国传统村落名录。2019 年 1 月，入选为第七批中国历史文化名村。

犁川镇 [Líchuān Zhèn]

乡级政区名。属泽州县。在泽州县西南部。东与晋庙铺镇相连，南与山河镇交界，西与南岭乡相接，北与大箕镇、南村镇毗连。面积 40.21 平方千米。人口 1.6 万。辖上犁川村、上庄村、西沟村等 14 个行政村。镇人民政府驻上犁川村。因驻地得名。

古称“犁牛镇”。民国初属晋城县第三区。1942 年，属晋沁县第五区。1949 年，属晋城县第三区。1953 年，分属犁川、崔河、铁南、天水岭 4 乡。1956 年，设犁川乡。1958 年，属犁川火箭人民公社。1962 年，设犁川人民公社。1984 年，置犁川镇。 1985 年，属晋城市郊区（今泽州县）。

地处群山之中，晋普山为主峰。犁川河发源于境内，海拔最高 1153.9 米，最低 730 米。地下煤炭和铝铁矿资源丰富。为县运输大镇。旅游资源有琉璃八角井、玉皇庙、晋普山自然林等。207 国道、碗周公路、周犁公路经境。

上犁川村 [Shànglíchuān Cūn]

居民点。犁川镇人民政府驻地。在泽州县人民政府驻地西南 10.3 千米。人口 0.31 万。古代有冶铁铸犁作坊，地处河川，故名犁川。清代置犁川镇。光绪《凤台县志 · 里村》：“犁川镇，距城四十里。”1956 年，为上犁川农业社。1961 年，为上犁川大队。1984 年，为上犁川行政村。主要农作物有玉米、谷子、小麦、大豆等。有肉牛养殖基地、煤矸石环保建材厂。文物古迹有玉皇庙、八皇坡古道、八角井、朱氏民居。八角井为市级文物保护单位。碗城—周村省道经此。

晋庙铺镇 [Jìnmiàopù Zhèn]

乡级政区名。泽州县在泽州县最南端。东与大箕镇相连，南与河南省沁阳市接壤，西与犁川镇、山河镇交界，北与大箕镇相连。面积 150.27 平方千米。人口 1.8 万。辖晋庙铺村、石槽村、王汉掌村等 20 个行政村。镇人民政府驻晋庙铺村。因驻地得名。

明清为晋庙镇。民国初属晋城县第三区。1942 年，属晋沁县第四区。1953 年，划为 8 个乡。1956 年，合并为晋庙铺乡、拦车乡、苇头乡 3 个乡。1958 年 3 月，并为晋庙铺乡、拦车乡 2 个乡。8 月，属晋庙铺红光人民公社。1962 年，划出南河西乡部分，设晋庙铺人民公社。1984 年，置晋庙铺镇。

地处太行山巅，地势东北高西南低。最高峰大朵岭海拔 971.4 米，最低点水口村海拔 330 米。林地面积达到 16 万余亩，占总土地面积的 67%，是泽州县森林覆盖率最高的乡镇。境内山大坡广，牧草丰足，野生植物和中药材资源丰富。地下矿藏有铁矿石、铝矿石等。名胜古迹有孔子回车碑、孔子庙、碗子城、羊肠坂、盘石长城、化石洞、玉石洞、中小月寺等。有天井关、星轺驿、横望隘（小口隘）、大口隘、焦赞城、孟良寨等重要关隘十余处。2004 年，天井关被公布为省级重点历史文物保护单位。2006 年，拦车村和天井关村入选为山西省历史文化名村。周碗公路和晋济高速公路经境。

晋庙铺村 [Jìnmiàopù Cūn]

居民点。晋庙铺镇人民政府驻地。在泽州县人民政府驻地东南 15.3 千米。面积 5.57 平方千米。人口 0.12 万。古称“科斗店”。后因村中古时有晋庙，曾经设驿铺，故名“晋庙铺”。俗称“铺上”。现存明代碑碣上有“晋庙镇”之名。《读史方舆纪要》：“科斗店在天井关南。唐会昌三年，河阳帅王义元讨刘稹，遣兵军于天井关南科斗店，为稹将薛茂卿所败，即此。”光绪《凤台县志·里村》：“晋庙铺，距城五十五里。”1956 年，为晋庙铺农业社。1961 年，为晋庙铺大队。1984 年，为晋庙铺行政村。主产小麦、玉米、谷子。碗城—周村省道经此。

拦车村 [Lánchē Cūn]

居民点。山西省历史文化名村，中国历史文化名村，中国传统村落。属晋庙铺镇。位于泽州县人民政府驻地南 22.4 千米。面积 7.92 平方千米。人口 0.18 万。东至范谷坨，西至张虎街，南至窑掌，北至晋庙铺。辖拦车村、水奎村、寨河村 3 个自然村。古名星轺镇。清代名拦车镇，置星轺驿。相传孔子赴晋国，至此遇童子阻拦而回车，故有此名。《孔子回车庙解》已否认此说：“至于拦车之名，果俗因回车之妄附会之，而狼车则又拦车流讹也。今直名天井可矣。拦车、狼车名宜尽革削，以绝谬传。”《金史·地理志》：“晋城，镇二：周村、巴公。旧又置星轺镇。”乾隆《凤台县志·公署》：“拦车镇巡检司，距村六十里，兼管星轺驿。”今拦车北阁外西侧墙中，尚存有清光绪十九年（1893 年）郡庠生韩识荆书写的“拦车镇”石匾。1956 年，为拦车农业社。1961 年，为拦车大队。1984 年，为拦车行政村。文物古迹有孔子回车碑、关帝庙、汤帝庙。2006 年 11 月，入选为第二批山西省历史文化名村。2012 年 12 月，被列入第一批中国传统村落名录。2014 年 2 月，入选为第六批中国历史文化名村。

天井关村 [Tiānjǐngguān Cūn]

居民点。山西省历史文化名村，中国传统村落，中国历史文化名村。属晋庙铺镇。位于泽州县人民政府驻地南 19.2 千米。面积 3.96 平方千米。人口约 937 人。因古有井一眼，其深莫测，故有“天井”之称。为太行陉要隘。先秦称天门，西汉始置天井关，唐称太行关，宋名雄定关，金复名天井关，元称平阳关，明清又复称天井关至今。《战国策》：“桀之居，左天门之险，右天溪之扼。”《汉书・地理志》：“高都，有天井关。”《元和郡县志》泽州晋城县：“天井故关，一名太行关，在县南四十里太行山上。”《宋史・地理志》泽州：“雄定关，旧天井关，属晋城县，靖康元年改今名。”《读史方舆纪要》泽州：“天井关，州南四十五里，当太行绝顶。俗传孔子将入晋，回车于此。宋靖康初赐名雄定关，元末谓之平阳关。” 1956 年，为天井关农业社。1961 年，为天井关大队。1984 年，为天井关行政村。古迹有孔庙遗址、回车辙、回车碑楼、关帝庙、天井关阁楼、玉皇庙、天主教堂、石猴指路、天井、千年古槐等。 2006 年 11 月，入选为第二批山西省历史文化名村。2013 年 8 月，被列入第二批中国传统村落名录。2019 年 1 月，入选为第七批中国历史文化名村。

碗城村 [Wǎnchéng Cūn]

居民点。属晋庙铺镇。在泽州县人民政府驻地东南 27 千米。人口约 100 人。唐代建城，以城小如碗而得名。乾隆《凤台县志・关隘》：“碗子城，县南九十里太行绝顶。唐初筑城以控怀、泽之冲，其城甚小，故名。”光绪《山西通志》：“碗子城，南九十里。群山回匝，道路险仄。唐初筑此以控、泽之冲，其城甚小，故名。”城前古道盘曲，又称“羊肠坂道”。名胜古迹有孟良寨、碗子城、古羊肠坂题刻、古长城等。

高都镇 [Gāodū Zhèn]

乡级政区名。属泽州县。山西省历史文化名镇，中国历史文化名镇，中国民间文化艺术之乡。在泽州县东北部。东与陵川县西河底镇交界，东南与柳树口镇相接，南与金村镇相连，西南与城区北石店镇为邻，西北与巴公镇接壤，北与北义城镇毗连。面积 119.11 平方千米。人口 3.9 万。辖北街村、南街村、大南社村等 34 个行政村。镇人民政府驻北街村。因驻地得名。

清代属莒山乡。民国初属晋城县第五区。1943 年，分属陵高县和晋东县第二区。1949 年，属晋城县第九区。1953 年，分属泊村乡、元庆乡、高都乡、焦庄乡 4 个乡。1958 年，属高都红色人民公社。1962 年，设高都人民公社。1984 年，置高都镇。2001 年，大兴乡并入。

地处泽州盆地，东部为丘陵区。丹河与巴公河在境交汇。名胜古迹有全国重点文物保护单位景德寺、西顿济渎庙、薛庄玉皇庙。有山西省重点文物保护单位高都遗址，及东岳庙、二仙阁、景德寺、卧龙山等。为煤铁之乡、“泽州黄”小米生产基地。2011 年，文化部授予高都镇“中国民间文化艺术之乡”称号。2006 年 11 月，入选为第二批山西省历史文化名镇。2019 年 1 月，入选为第七批中国历史文化名镇。

北街村 [Běijiē Cūn]

居民点。山西省第二批 3A 级乡村旅游示范村。高都镇人民政府驻地。在泽州县人民政府驻地东北 20.8 千米。耕地面积 2013 亩。人口 0.19 万。相传古名“垂”，《路史》：夏桀“迁民于垂”即此。村南凤凰山原名垂棘山，山上有垂棘洞，洞口刻有“夏桀迁都处”。北魏于此置高都县，后为建州、高都郡治所。隋朝为泽州、丹川县治所。唐武德间移治晋城县，城遂废。清代名“高都镇”。光绪《凤台县志·里村》：“高都镇，距城三十五里。”1956 年，为高都农业社。1961 年，为高都一大队，1984 年，高都村分为北街、南街两个行政村。名胜古迹有国保建筑高都景德寺、省级重点文物保护单位高都东岳庙，以及玉皇庙、祖师庙、三清阁、高都会馆（关帝庙）、古民居等。高都景德寺创建于唐代，历代均有修葺。现存建筑正殿为金代遗构，其他建筑为明清风格。正殿前檐方形青石柱有宋元祐二年（1087 年）及金泰和五年（1205 年）题记。2013 年 3 月，景德寺被公布为全国重点文物保护单位。2020 年 11 月，入选为山西省第二批 3A 级乡村旅游示范村。

北上矿村 [Běishàngkuàng Cūn]

居民点。全国文明村。属高都镇。在泽州县人民政府驻地东北 26.7 千米。面积 2.72 平方千米。人口约 700 人。因村在北山上，地下铁矿石储量丰富得名。1956 年，为北上矿农业社。1961 年，为北上矿大队。1984 年，为北上矿行政村。为县玉米育种、小麦、“泽州黄”小米、桑园等基地。陵川—沁水省道经此。 有古迹张舄庙。2015 年 2 月，被授予第四届“全国文明村”称号。

巴公镇 [Bāgōng Zhèn]

乡级政区名。全国重点镇，全国文明镇。属泽州县。地处泽州县北部。东与高都镇、北义城镇相连，南与城区北石店镇交界，西与大阳镇、东沟镇接壤，北与高平市河西镇毗连。面积 112.08 平方千米。人口 6.1 万。辖东寺庄社区、东部社区 2 个社区，巴公二村、东四义村、山耳东村等 36 个行政村。镇人民政府驻巴公二村。

春秋时有巴子城。金代置巴公镇。清代为巴千米。民国初属晋城县第五区。1949 年，属晋城县第二区。1953 年，分属巴公乡、来村乡、渠头乡、东四义乡、北部乡、北堆乡 6 个乡。1956 年，合并为巴公乡、北部乡 2 个乡。1958 年，属巴公红旗人民公社。1962 年，划出大阳、陈沟后设巴公人民公社。1984 年，置巴公镇。

境内四面环山，中间平地，古称“巴公原”。主要山脉有龙王山、伊侯山、莒山。巴公南河、巴公北河流经。特产巴公大葱。渠头村为中国历史文化名村。文物古迹有碧落寺、蔺相如祠墓、巴公原古战场遗址、崇寿寺、普照寺、普觉寺、药王庙、清震观、圣临庵等。碧落寺位于南连氏村东，为古泽州四大佛教寺院之首。寺内现存北齐和唐代石窟十余处，以及北魏、武周、唐、宋摩崖题记。2006 年 5 月，碧落寺公布为全国第六批国家重点文物保护单位。崇寿寺位于西部村东。寺始建于北魏，现存建筑释迦殿为宋代遗构。寺内有北魏造像碑 1 通、唐代八角形石幢 2 座、历代石碑 12 通。2019 年 10 月，崇寿寺被公布为第八批全国重点文物保护单位。地方名人有晋城中共早期党员周玉麟、陈立志、孔祥桢。2005 年 10 月，入选为第一届全国文明镇。2009 年 1 月，入选为第二届全国文明镇。2014 年 7 月，被确定为全国重点镇。

巴公二村 [bāgōngèr Cūn]

居民点。巴公镇人民政府驻地。在泽州县人民政府驻地北 20 千米。面积 8.14 平方千米。人口 0.61 万。相传春秋时期，晋文公西伐巴蜀迁巴子于此，建巴子城。金代设巴公镇。《金史·地理志》："晋城，镇二：周村、巴公。"雍正《泽州府志·古迹》："巴公原，邑北三十里。巴公周同姓国。《四州文献》云：'晋文公西伐巴蜀，迁巴子于高都。'谓巴蜀今汾州。"光绪《凤台县志·里村》："巴公镇，距城三十五里。"历为晋豫交通要冲，明清为泽州北部商贸中心。1949 年，属晋城县二区。1956 年，为巴公农业社。1961 年，为巴公大队。1980 年，分为巴公一、二、三、四个大队。1984 年，改为巴公一村、巴公二村、巴公三村、巴公四村，共 4 个行政村。名胜古迹有周玉麟故居、观音阁、三官庙、观音堂、玄帝庙、普照寺、玉皇庙、普明精舍、马氏老宅、祁氏老宅、崔氏祠堂及两株 700 年的银杏树。

东四义村 [Dōngsìyì Cūn]

居民点。全国文明村，国家森林乡村，中国历史文化名村。属巴公镇。位于泽州县人民政府驻地北 12 千米。面积 6 平方千米。人口 0.27 万。据《创修圣临庵福禄顶过峡石棱风口砖墙碑记》载，唐天宝年间名为"四涧村"。大历六年（771 年）岁饥，有原、李、崔、段四位义士开仓济贫，故改为四义村。后以涧河为界分为东四义、西四义两村。雍正《泽州府志·里甲》载名"四义里"。光绪《凤台县志·里村》："东四义，距城三十五里。"1956 年，为东四义农业社。1961 年，为东四义大队。1984 年，为东四义行政村。现为农旅一体乡村旅游型村庄，有东凤湖、东四义公园、龙王山生态园林等景区。文物古迹有史宅、舞乐楼、圣临庵等。2005 年 10 月，入选为第一届全国文明村。2009 年 1 月，入选为第二届全国文明村。2019 年 12 月，入选为第一批国家森林乡村名录。

渠头村 [Qútóu Cūn]

居民点。山西省历史文化名村，中国历史文化名村，中国传统村落。属巴公镇。位于泽州县人民政府驻地北 13.6 千米。东至南义城村，西至巴公村，南起薛庄村，北至坡头村。面积 9 平方千米。面积 6.15 平方千米。人口 0.49 万。因村有水渠，初名龙渠镇，后改名渠头村。光绪《凤台县志·里村》："渠头村，距城三十五里。"因农业丰稔，古有"金渠头"之称。1956 年，为渠头农业社。1961 年，为渠头大队。1984 年，为渠头行政村。耕地 5283 亩。

主要农作物有玉米、谷子、小麦、大豆等。古迹有三嵕庙、关帝庙、王爷庙、白衣阁、吕仙阁、张家牌坊院、马家当铺院、李家垂花楼、白衣阁巷、牌楼巷等。渠头石狮有"华北第一狮"之称，传说这对狮子原是为李家坟茔雕刻的，刻好后运经关帝庙前时，因运力不济，于是置于庙门前做了护庙神兽。村民有“宁给关爷守门，不给李家看坟”的传说。2017 年 1 月，入选为第五批山西省历史文化名村。2019 年 1 月，入选为第七批中国历史文化名村。2019 年 6 月，被列入第五批中国传统村落名录。

大阳镇 [Dàiyáng Zhèn]

乡级政区名。中国历史文化名镇，中国民间文化艺术之乡。属泽州县。在泽州县西北部。东与巴公镇为邻，南与大东沟镇交界，西与下村镇交界，北与高平市马村镇相接。面积 52.58 平方千米。人口 2.6 万。辖大阳三分街村、金汤寨村、西街村等 20 个行政村。镇人民政府驻三分街村。

十六国时期，始为建兴郡和阳阿县治所。后县废为镇。民国初属晋城县第五区。1943 年，分属晋北县第三区、第四区。1949 年，属晋城县第二区。1953 年，分属都家山乡、西大阳乡、东大阳乡、李家庄乡 4 个乡。1956 年，为东大阳乡。1958 年，属巴公红旗人民公社。1961 年，分设大阳人民公社。1984 年，置大阳镇。

中部为泽州盆地，东北、西北、南部三面环山，西北部香山为全镇最高点，海拔 1080 米。大阳为上党地区历史古镇，被誉为“中国古城镇的活化石”。煤铁资源丰富，冶炼业自古发达。以手工制针闻名海内外，因称“九州针都”，德国的李希霍芬在其所著的《中国》一书中记述：“大阳的针，供应着这个大国的每一个家庭，并且远销中亚一带。”历史人物有孔三传、茹太素、张大经等。名胜古迹有大阳汤帝庙、天柱塔、74 条古街巷、12 大院、6 处古楼阁、制针作坊、冶铁遗址等。“大阳手工制针业”入选山西省首批非物质文化遗产保护名录。特色食品有“大阳馔面”。东大公路、巴马公路、大陈公路、大板（大阳镇—巴公镇板桥村）运煤专线与太焦铁路经境。2008 年 12 月，大阳镇入选第四批中国历史文化名镇。2011 年，被评为“中国民间文化艺术之乡”。

三分街村 [Sānfēnjiē Cūn]

居民点。中国传统村落。大阳镇人民政府驻地。在泽州县人民政府驻地正北 22 千米。人口 0.8 万。十六国时期始为建兴郡和阳阿县治所。后县废为镇。因村规模较大，故名“大阳”。当地读“大”音“代”。《山右石刻丛编》收宋真宗天禧四年《资圣寺牒》中载名“大阳镇”。雍正《泽州府志·里甲》载名：大阳东里、大阳西里、大阳南里、大阳北里、大阳中里。光绪《凤台县志·里村》载名“大阳镇”。民国属晋城县第五区。1949 年，属晋城县第二区大阳镇。1953 年，属东大阳乡。1961 年，为东大阳三大队。1984 年，为东大阳三分街行政村。有全国重点文物保护单位大阳汤帝庙。古迹有古阳阿县遗址、安庆寨、明清古街古民居、通济古桥、天柱塔等。大阳手工制针业为省非物质文化遗产。被誉为“九州针都”。2022 年 10 月，被列入第六批中国传统村落名录。

历史人物张大经，字建常，清泽州府凤台人，故居在今东大阳。乾隆十六年（1751 年）辛未科武状元，夺一甲第一名，及第后授一等侍卫。二十年，擢湖北武昌参将。后任山东济南城守营参将、山东文登营副将、陕西兴汉镇总兵。三十六年，奉皇帝谕征剿金川。三十八年六月战死金川前线。

东街村 [Dōngjiē Cūn]

居民点。中国传统村落。在泽州县人民政府驻地北 21 千米。面积 0.74 平方千米。人口 0.14 万。1949 年，属晋城县第二区大阳镇。1953 年，属西大阳乡。1961 年，为西大阳东大队。1984 年，为大阳东街行政村。古迹有：汤帝庙，观音堂、文庙，文昌阁、茹太素故居、金家大院、赵知府大院、君太号等。2013 年 8 月，大阳东街村被列入第二批中国传统村落名录。

历史人物茹太素，元末明初泽州人。故居在大阳东街村。为明初政治人物，曾任监察御史、四川按察使、浙江参政等。洪武十八年（1385 年），官至户部尚书。曾经向朱元璋上“万言书”。《明史》评价他“以平允称”“抗直不屈”。

西街村 [Xījiē Cūn]

居民点。中国传统村落。在泽州县人民政府驻地北 22 千米。面积 2.42 平方千米。人口 0.15 万。1949 年，属晋城县第二区大阳镇。1953 年，属西大阳乡。1961 年，为西大阳西大队。1984 年，为大阳西街行政村。古迹有汤帝庙、吾神庙、玄帝庙、龙树、段氏老宅、王家大院、霍氏老宅。2013 年 8 月，被列入第二批中国传统村落名录。

历史人物孔三传，早年生长在大阳镇。他是北宋泽州艺人，为说唱艺术诸宫调的发明者。诸宫调以唱为主，按不同宫调曲谱规格创作韵文，音乐上吸收了前代乐曲及宋代民间小调的精华。不但丰富了整个宋代的曲艺艺术，也对后来元代杂剧的兴起和中国曲艺及戏剧的繁荣有着重大影响。

山河镇 [Shānhé Zhèn]

乡级政区名。属泽州县。在泽州县南部。东与晋庙铺镇相邻，南与河南省济源市、沁阳市相接，西与阳城县东冶镇交界，北与犁川镇、南岭乡相连。面积 218.05 平方千米。人口 2.2 万。辖石河村、道宝河村、洞八岭村等 34 个行政村。镇人民政府驻马街村。因镇境由原土河乡、衙道乡、追山乡 3 个乡组成，故取原追山、土河两乡名各一字，命名为山河镇。

民国初属晋城县第三区。1942 年，分属晋沁县第四区、晋城县第五区。1949 年，分属晋城县第四区、第七区。1953 年，分属西凰头乡、土河乡、万杴乡、西山乡等 12 个乡。1956 年，并为东土河乡、东谷坨乡、衙道乡、龙口乡、马街乡、西尧乡 6 个乡。1958 年，并为土河乡、衙道乡、龙口乡、追山乡 4 个乡。后分属土河超美人民公社、犁川火箭人民公社。1962 年，分设土河人民公社、衙道人民公社、追山人民公社 3 个人民公社。1984 年，置土河乡、衙道乡、追山乡 3 个乡，属晋城市郊区。2001 年 1 月，追山乡、土河乡、衙道乡合并，置山河镇。

地处高山峡谷，最高海拔 1128 米，最低海拔 330 米。主要农作物有小麦、谷子、玉米、高粱和豆类等。经济作物有棉花、油菜籽、水果、中药材等。蚕茧、林果、中药材、林业全县领先，1995 年，被命名为国家级太行山封山育林示范区。旅游景区有山里泉自然风景旅游区、洞八岭谢家大院、道宝河石门瀑布、罗河龙洞、龙门大板凳、沁河山水风光、月湖泉、大月寺、西土河晋沁抗日根据地遗址等。

马街村［Mǎjiē Cūn］

居民点。山河镇人民政府驻地。在泽州县人民政府驻地西南16千米。面积14.2平方千米。人口约600人。因马姓始居而得名。光绪《凤台县志·里村》："马街，距城五十五里。"1956年，为马街农业社。1961年，为马街大队。1984年，为马街行政村。主产西洋菜、樱桃、角瓜、绿苹果。207国道经此。

洞八岭村［Dòngbālǐng Cūn］

居民点。属泽州县。山西省历史文化名村、中国传统村落名录、中国历史文化名村。属山河镇。位于泽州县人民政府驻地南27.4千米。面积2.96平方千米。人口约370人。因村南山下有一山洞，名曰龙洞，村庄四周又有南岭、西陵、上岭、小东岭、大天岭、爷岭、中风岭、新窑岭8个岭，故名洞八岭。光绪《凤台县志·里村》："洞八岭，距城六十五里。"1956年，为洞八岭农业社。1961年，为洞八岭大队。1984年，为洞八岭行政村。耕地780亩。主要农作物有玉米、谷子、小麦、大豆等。古迹有谢氏城堡、谢氏祠堂、洞八岭民居、茶房院等。2014年11月，被列入第三批中国传统村落名录。2017年1月，入选为第五批山西省历史文化名村。2019年1月，入选为第七批中国历史文化名村。

大箕镇［Dàijī Zhèn］

乡级政区名。在泽州县南部。东与金村镇相连，东南与河南省沁阳市交界，南与晋庙铺镇相接，西南与山河镇毗邻，西与犁川镇为邻，北与南村镇、城区钟家庄街道接壤。面积131.88平方千米。人口2.1万。辖苇园社区1个社区，大箕村、江匠村、南河底村等24个行政村。镇人民政府驻大箕村。因驻地得名。

民国初分属晋城县第一区、第二区、第三区。1942年，分属晋城县第三区、第四区和晋东县第四区。1949年，属晋城县第四区。1953年，分属大箕乡、王匠乡、申匠乡、南坪乡、河底乡5个乡。1958年，合并为大箕乡，后分属南村卫星人民公社、晋庙铺红光人民公社。1962年，分设大箕人民公社、河西人民公社。因与高平河西人民公社重名，故更名南河西人民公社。1984年，分置大箕乡、南河西乡。2001年1月，大箕乡和南河西乡合并置大箕镇。

大箕镇有山区、丘陵、河谷等地形。名胜古迹有晋城八景之一的"松林积雪"、小寨天主教堂、大箕迎旭桥、晋商王泰来故居、老翁山等。"小箕对鼓"为国家级非物质文化遗产。207国道、晋济高速、太焦铁路经境。

大箕村［dàijī Cūn］

居民点。大箕镇人民政府驻地。在泽州县人民政府驻地南8千米。面积2.83平方千米。人口0.17万。相传原名"大棘"，后写作"大箕"。雍正《泽州府志·里甲》载名：大箕里。1956年，为大箕农业社。1961年，为大箕大队。1984年，为大箕行政村。耕地1474亩。主要农作物有玉米、谷子、小麦、大豆等。工业企业有玻璃厂、铁厂、预制厂。古迹有小寨天主教堂、摩崖刻石、关帝庙、玉皇庙、迎旭桥、大箕河等。

柳树口镇 [Liǔshùkǒu Zhèn]

乡级政区名。属泽州县。在泽州县东南部。东南与河南省焦作市交界，西与高都镇、金村镇毗邻，北与陵川县夺火乡相连。面积 336.44 平方千米。人口 1.4 万。辖柳树口村、张路口村、北坡村等 20 个行政村。镇人民政府驻柳树口村。因驻地得名。

民国初属晋城县第二区。1943 年，属晋东县第一区。1949 年，属晋城县第八区。1953 年，分属 9 个乡。1956 年，并为 5 个乡。1958 年，属柳树口火星人民公社。1962 年，分设柳树口人民公社。1984 年，置柳树口乡。1985 年，属晋城市郊区。1996 年，属泽州县。2001 年，东下村乡并入，置柳树口镇。

辖区位于太行山区，地势北高南低。主要山脉有玛琅山、关山、圣王山、拐山等，东大河、西丹河流经。境内最高峰玛琅山，海拔 1315 米，最低点南石瓮，海拔 340 米。境内植被茂盛，牧坡广阔。林业用地面积达 42 万亩。属于纯农业型乡镇。农业主产玉米、谷子、小麦、大豆等。林果资源有核桃、柿子、苹果、野葡萄、山楂等。生态旅游资源丰富。晋（城）焦（作）高速公路、晋（城）张（路口）公路、柳（口）夺（火）公路和白小公路经此。

柳树口村 [Liǔshùkǒu Cūn]

居民点，柳树口镇人民政府驻地。在泽州县人民政府驻地东 27 千米。面积 7.6 平方千米。人口约 600 人。原名“柳树隘”“柳树店”。为晋豫间交通要隘。明置柳树店巡检司。雍正《泽州府志·公署》：“柳树店巡检司在城东南。”1956 年，为柳树口农业社。1961 年，为柳树口大队。1984 年，为柳树口行政村。有公路经此。 耕地 1340 亩，主产玉米，特产泡核桃。

北义城镇 [Běiyìchéng Zhèn]

乡级政区名。在泽州县东北部。东与陵川县西河底镇接壤，南接高都镇，西与巴公镇为邻，北与高平市河西镇交界。面积 71.65 平方千米。人口 2.8 万。辖北义城村、南义城村、郝庄村等 28 个行政村。镇人民政府驻北义城村。因驻地得名。

民国初属晋城县第五区。1942 年，属陵高县。1949 年，属晋城县第五区。1956 年，属北义城乡、鲁村乡。1958 年，属高都红色人民公社。1962 年，分为北义城人民公社、鲁村人民公社。1984 年，置北义城乡、鲁村乡。2001 年，北义城乡与鲁村乡合并，置北义城镇。

地处丹河两岸，地势东北高，西南低。有山地、丘陵和平原。主要山脉有东山、莒山，境内最高峰莒山，海拔 1005 米，最低点尹东村，海拔 750 米。 地下资源有铁矿、煤炭。耕地 48627 亩，特产北义城红薯和鲁村小米，是泽州县重要的商品粮生产基地。有全国重点文物保护单位北义城玉皇庙、尹西东岳庙等。长晋高速公路和二级公路穿越南北。

北义城村 [běiyìchéng Cūn]

居民点，北义城镇人民政府驻地。在县政府驻地西北 24.2 千米。人口 0.13 万。原名义城，后村北又建一村，名上义城，义城改称为下义城。后将上、下义城改为南、北义城。雍正《泽州府志·里甲》载名：“义城里”。光绪《凤台县志·里村》：“北义城，距城五十里。”1956

年为北义城农业社。1961 年，为北义城大队，1984 年，改北义城村民委员会。耕地 2201 亩。主要农作物有玉米、谷子、小麦、大豆等。特产北义城小米和红薯。国保建筑北义城玉皇庙位于村西北，中轴线建有舞楼、献殿、正殿。正殿为宋代遗构，其余建筑均为明清风格。2006 年 5 月，被公布为第六批全国重点文物保护单位。

西黄石村 [Xīhuángshí Cūn]

居民点。山西省历史文化名村，中国历史文化名村，中国传统村落，山西省第二批 3A 级乡村旅游示范村。属北义城镇。在泽州县人民政府驻地东北 20.7 千米。面积 3.97 平方千米。人口 0.19 万。相传原名金玉村，后改为黄石村。又以昌沟河为界分为东黄石村、西黄石村 2 个村。光绪《凤台县志・里村》："西黄石，距城六十里。"1956 年，为西黄石农业社。1961 年，为西黄石大队。1984 年，为西黄石行政村。耕地 3453 亩。主要农作物有玉米、谷子、小麦、大豆等。工业从事配件铸造。为传统宅院保存最完整的原生态村落。现存明清民居建筑达 250 余幢，有普觉寺、玉皇庙、三官庙、祖师殿等宗教建筑。2009 年 8 月，入选为第三批山西省历史文化名村。2010 年 7 月，入选为第五批中国历史文化名村。2012 年 12 月，被列入第一批中国传统村落名录。2020 年 11 月，入选为山西省第二批 3A 级乡村旅游示范村。

川底镇 [Chuāndǐ Zhèn]

乡级政区名。属泽州县。在泽州县西部。东靠大东沟镇、城区西上庄街道，南与周村镇、南村镇相接，西邻阳城县北留镇，北连沁水县郑村镇。面积 68.11 平方千米。人口 2.1 万。辖川底村、和村村、焦河村等 17 个行政村。镇人民政府驻川底村。因驻地得名。

民国初属晋城县第四区。1942 年，属晋北县第二区。1949 年，属晋城县第二区。1953 年，分属张泗沟乡、沙沟乡、和村乡、庾山乡、寺河乡 5 个乡。1956 年，并为和村乡、窑头乡 2 个乡。1958 年，分属东沟五星人民公社、周村七一人民公社。1962 年，分设川底人民公社。1984 年，置川底乡。1996 年 8 月，属泽州县。2021 年 5 月，置川底镇。

地处丘陵山区。有牛王山、洞阳山、岳圣山，长河、拐河、上小河、天户河等流经，水利设施有沙沟水库和寺河水库。有煤、铁、石灰石等矿产资源，是县重点产煤乡镇之一。农业以种植业为主，兼有养殖业。境内寺河村为泽州县抗日战争老区村之一，1940 年，日本侵略军曾 3 次血洗寺河村，制造了耸人听闻的"寺河惨案"。古迹纪念地有寺河烈士陵园、建兴村红梅寺遗址、川底佛堂等。省道陵沁公路、晋阳高速公路经境。

川底村 [chuāndǐ Cūn]

居民点。川底镇人民政府驻地。在泽州县人民政府驻地西北 13 千米。面积 2.78 平方千米。人口 0.14 万。原名河西村，因位于长河西岸而得名。后因地势低平，濒临河川而改今名。光绪《凤台县志・里村》："川底，距城四十里。"1956 年，为川底农业社。1961 年，为川底大队。1984 年，为川底行政村。耕地 1931 亩。主要农作物有玉米、谷子、小麦、大豆等。千年古刹川底佛堂位于村北，中轴线上为南殿、正殿，两侧为厢房。现存正殿为金代遗构，其他建筑为清代风格。2013 年，被公布为全国重点文物保护单位。

南岭镇 [Nánlǐng Zhèn]

乡级政区名。属泽州县。在泽州县西南部。东邻南村镇、犁川镇，南连山河镇，西界阳城县东冶镇，北接周村镇 。面积 140 平方千米。人口 2.17 万。辖高会村、陟椒村、李寨村等 32 个行政村。镇人民政府驻李寨村。因镇区由原南岭乡、李寨乡 2 个乡合并而命名。

民国初属晋城县第三区。1942 年，属晋沁县第三区。1949 年，分属晋城县第六区、第七区。1953 年，分属李寨乡、武城乡、阎庄乡等 11 个乡。1958 年，分属犁川火箭人民公社、周村七一人民公社。1962 年，分设南岭人民公社、李寨人民公社。1984 年，分置南岭乡、李寨乡。2021 年 5 月，撤销李寨乡、南岭乡，合并设立南岭镇。

境内山峦起伏，沟壑纵横，犁川河、冶底河流经。矿产资源以煤、铁矿为主，有铝矾土、石灰石等矿藏。植被良好，有天然牧场，农业主产小麦、谷子、玉米、豆类等。经济作物有棉花、油料、药材等。盛产红果、黄梨、柿子、山楂、甜杏、花椒等。境内有李寨风景旅游区。文物古迹有汤帝庙。重要建筑有单孔石拱大桥、晋富大桥等。境内葛万村为台商郭台铭的故乡，有郭氏祖居。自然景观有沁河沿岸的磨滩景区。黄砂底、漏道底、宋泉等地为抗日战争时期晋（城）南县抗日政权的根据地。

李寨村 [lǐzhài Cūn]

居民点。南岭镇人民政府驻地。在泽州县人民政府驻地西南 12 千米。人口约 400 人。原名“东李寨”，因李姓建庄，有寨楼而得名。光绪《凤台县志 · 里村》：“东李寨，距城五十里。”1941 年，为八路军晋豫边支队司令部驻地。1956 年，为李寨农业社。1961 年，为李寨大队。1984 年，为李寨行政村。耕地 3000 亩。主要农作物有玉米、谷子、小麦、大豆等。古迹有中原寺、三教堂。

南岭村 [Nánlǐng Cūn]

居民点。属南岭镇。在泽州县人民政府驻地西南 14 千米。面积 1.83 平方千米。人口约 400 人。与北岭相对而名。光绪《凤台县志 · 里村》：“南岭，距城五十五里。”1956 年，为南岭农业社。1961 年，为南岭大队。1984 年，改南岭行政村。耕地 404 亩。经济以林果业为主，主要种植小麦、云子豆、谷子、梨、桃、核桃。有三教堂，为清代建筑风格。

段河村 [Duànhé Cūn]

居民点。山西省历史文化名村，中国传统村落，中国历史文化名村。属南岭镇。位于泽州县人民政府驻地西南 28.4 千米。面积 2.2 平方千米。人口约 97 人。明朝时因段姓始居，村位于河岸，故名。光绪《凤台县志 · 里村》：“段河，距城六十里。”1956 年，为段河农业社，1961 年，为段河大队，1984 年改段河村民委员会。耕地 244 亩。主要种植小麦、玉米、大豆、谷子、梨、柿子、核桃、杏等。特产传统面食“柴火月饼”。村中有明代中期段家盐商的宅院遗存。古建筑有棋盘院、观音阁、龙王行宫、三教堂、望河亭、古水井等。2014 年 11 月，被列入第三批中国传统村落名录。2017 年 1 月，入选为第五批山西省历史文化名村。2019 年 1 月，入选为第七批中国历史文化名村。

高平市 [Gāopíng Shì]

县级政区名。山西省辖县级市，由晋城市代管。位于晋城市北部。东与陵川县接壤，西与沁水县相连，南与泽州县交界，东北与长治县相接，西北与长子县为邻。面积980平方千米。人口45.3万。辖东城街街道、南城街街道、北城街街道3个街道，寺庄镇、河西镇、米山镇、马村镇、北诗镇、陈区镇、三甲镇、神农镇、野川镇9个镇，原村乡、建宁乡、石末乡3个乡。市人民政府驻北城街街道。

"高平市"因境内有高平城而得名。《魏书·地形志》："高平，永安中置，治高平城。"万历《郡县释名》高平县，"四面皆山，而中有平地故曰高平。"

战国称"长平""泫氏"。秦置泫氏县。两汉、魏晋因之。北魏永安二年（529年）置建州，设长平郡，领泫氏、高平二县，高平县名始于此。北齐末，泫氏县并入。此后高平县名沿用至今。北齐属高都郡。隋历属泽州、长平郡。唐历属盖州、泽州。宋、金、元、明俱属泽州。清雍正六年（1728年），属泽州府。1943年7月，在高平县东北部置建宁县。10月，建宁县撤销。1943年11月，将高平县东南部划入陵高县。1945年12月，陵高县撤销，仍属高平县。1958年11月，高平、陵川、晋城3个县合并为晋城县，原高平县改设为高平人民公社。1961年5月1日，恢复高平县建制。1971年5月，将沁水县所辖的柿庄人民公社、固县人民公社、胡底人民公社、樊庄人民公社4个人民公社划归高平县；将陵川县附城人民公社所辖的双泉、秦庄、南岭3个生产大队划归高平县。1978年4月，柿庄、固县、樊庄、胡底四个人民公社重新划归沁水县。1993年5月，高平撤县设市，为省辖县级市，由晋城市代管。

辖区内政区地名和居民点地名的专名有以下特征：1. 以自然地理实体命名。如：团池、釜山、米山、谷口等。2. 以地理位置命名。如：河东、米南、岭头等。3. 以姓氏命名。如：吴村、姬家、成家山等。4. 以祥瑞、希冀命名。如：建宁、永宁寨、德义、永禄等。5. 以历史古迹或人文地理实体命名。如：故关、长平、酒务、寺庄等。6. 以历史人物命名。如：神农镇、阁老等。

辖区内政区地名和居民点地名的通名有以下地方特色：1. 以古迹或人文地理实体寨、壁、营、寺等为通名。如：古寨、丁壁、康营、王寺等。2. 以自然地形地貌山、河、坪、岭、沟、坡等为通名。如：大北山、前河、牧沟等。3. 以方言俗语圪堆、圪塔等为通名。如：高圪堆、南圪塔等。4. 多为北方常见通名村、庄等。如：原村、陈庄等。

地处泽州盆地北端，东、北、西三面环山，北高南低，中部较为平坦。丹河纵贯全境。在上古神话传说中高平是炎帝故里，是中华民族农耕文化发祥地之一。在以羊头山为中心的区域内，有神农城、神农泉、神农井、神农庙、五谷畦等神农传说遗址。境内相关的炎帝庙、祠、宫、城、碑文石刻等文物多达60余处。与炎帝有关的地名有谷关、中庙、庄里、发鸠山、炎帝陵等20处。炎帝播五谷、尝百草、教稼穑的故事广泛流传。高平历为兵家必争之地，战国秦赵长平之战、十六国时期晋汉长平之战、五代周世宗高平大捷皆发生于此。其中长平之战历史影响深远，留下了高平关、长平关、大粮山、空仓岭、界牌岭、烧石岭、南关坪、康营、牧沟、黄山沟、堡头、安贞寨、古寨等相关遗址地名多达130余处。

著名文物古迹有元代姬氏民居、开化寺壁画、二郎庙金代戏台、崇明寺、长平之战遗址、千佛造像碑、金峰寺、玉皇庙、炎帝陵、羊头山石窟等。有马村镇、河西镇、三甲镇3个全国重点镇，北苏庄村、良户村、大周村、米西村、新庄村、伯方村6个中国历史文化名村、中国传统村落。有牛村1个省级历史文化名村。历史人物有元代治河专家贾鲁、清代学者毕振姬、晚清两广总督祁埙。高平绣活、高平潞绸织造技艺、高平武氏正骨疗法被列入国家级非物质文化遗产名录。

高平市是国家级商品粮生产基地、瘦肉型猪生产基地、机械化旱作农业基地、山西省黄梨生产基地，是受国务院奖励的生猪基地示范市、生猪调出大县，是山西省“一县一业”生猪示范县、第一养猪大县。全市黄梨年产量达2000余万公斤，厦普赛尔食品饮料股份有限公司为山西省三大农产品加工龙头企业之一，所产黄梨汁系列饮品远销中国十几个大中城市。高平市是全国闻名的“煤铁之乡”“丝绸之乡”“黄梨之乡”“生猪之乡”和“上党梆子戏曲之乡”。是全国首批100个重点产煤县（市、区）之一。先后获得中国最具海外影响力明星市、中国中小城市综合实力百强县市、中国中部百强县市、中国和谐中小城市示范市等荣誉称号。

以地名“高平”冠名的社会应用有高平绣活、高平鼓书、高平烧豆腐、高平十大碗。

高平绣活，产品为高平丝绸，以晋东南特产优质蚕丝为原料，工艺精湛，绣品以软、亮、柔、轻四大特色著称，品种繁多，尤以美丽绸为最佳。

高平鼓书，一种富有地方特色的说唱艺术，原初以说为主，一鼓一板一木，无弦乐伴奏；1949年以后加入器乐，以唱为主，多演唱传统历史故事。

高平烧豆腐，是高平特色传统食品。相传长平之战中40万赵军降卒被白起坑杀，后人把豆腐比作“白起肉”，火烧水煮而食之，以泄心中之愤。经过长期演变，“烧豆腐”成为佐以豆腐渣、蒜、姜、炒面调成的配料，皮黄肉白，美味可口的地方食品。

高平十大碗是高平特有的一套菜，共分10道：水白肉、核桃肉、水氽丸子、小酥肉、肠子汤、豆腐汤、芥末粉皮汤、天鹅蛋、软米饭、扁豆汤。一碗一个味道，犹如南北大菜系列，但餐具不用盘而用碗，碗中之菜也可称“汤”，素有“碗汤菜”之说。

以地名“长平”冠名的社会应用有“长平之战”。战争发生在长平，即今高平市境的丹河两岸。长平之战是战国秦、赵之间的战略决战，也是历史上规模最大的一场围歼战。最终秦军取得了战争胜利，赵军降卒40万惨遭坑杀。长平之战加速了秦国统一的进程，也成为中国军事史上的著名战例。

北城街街道 [Běichéngjiē Jiēdào]

乡级政区名。高平市人民政府驻地。位于高平市北部。东临三甲镇、神农镇，南与南城街街道接壤，西与寺庄镇、野川镇相连，北与长子县接界。面积 56.3 平方千米。人口 4.39 万。辖城北社区、城西社区、西关社区、友谊社区等 8 个社区，边家沟村、王降村、王何北村等 22 个行政村。街道办事处驻迎宾路。以地处高平老城北部命名。

清代分属高平县第七都、第一都、第八都、第十四都、第十八都。1912 年，属高平县第一区。1949 年，属高平县第一区。1956 年，分属城关镇、米山乡、围城乡。1958 年，属高平人民公社城关管理区。1960 年，属城关工作区。1961 年，属城关人民公社。1984 年，属城关镇。1994 年，设立北城街街道。2021 年，永禄乡并入北城街街道。

辖区为长平之战主战场，有古战场遗址、遗物，有企甲院、围城、石门、王降等与长平之战有关地名。名胜古迹有城西北大寺古戏台、瑞云观大殿、王何五龙庙古戏台、大冯庄汤王庙、企甲院文昌阁、二仙庙等。境内西王寺村，为西晋名医王叔和故里，保存至今的王叔和使用过的石臼上，有西晋泰始二年的题记。

永禄村 [Yǒnglù Cūn]

居民点。属北城街街道。位于高平市人民政府驻地北 7 千米。人口 0.36 万。“永禄”以美好意愿命名。清代属第八都永禄里。乾隆《高平县志·里甲》：“第八都：永禄里，在县西北，庄七：永禄村。”1912 年，废都里制属第二区。1956 年，属扶市乡。1959 年，属永禄工作区。1962 年，为永禄人民公社驻地。1984 年，设永禄行政村，为永禄乡人民政府驻地。2021 年，属北城街街道。地处平川，居民以种植、养殖业为主，兼商贸服务业。造纸曾为地方传统手工艺，俗称“永禄纸”。产品有仿纸、顶棚纸、包装纸、草纸、烧纸等，以质地柔软、坚韧、吸水远销省内外。抗日战争时期当时人民政府曾用永禄纸印制“冀南”钞票。

古迹有炎帝庙、三官庙、关帝庙、玉皇庙、清代筑堤碑、田家望楼、新石器文化遗址、将军岭战国古道、村西高岗上祈雨坛遗址等。1995 年，在村西北发掘长平之战遗址 1 号尸骨坑，出土有铜镞、铜带钩、铁簪、刀币及陶盼等，坑内约有 130 多个个体。1986 年 8 月，被公布为第二批省级文物保护单位。农历六月十七、九月十七为传统古庙会。

底东山村 [Dǐdōngshān Cūn]

居民点。属北城街街道。位于高平市人民政府驻地北 4 千米。人口约 657 人。原名“东山”。因村子位于东山脚下，按村处方位，故名。1983 年，地名普查中因系重名大队，故改为底东山。清代属第八都临丹南里。乾隆《高平县志·里甲》：“第八都：临丹南，在县西北，庄五：东山村。”1912 年，属第二区。1956—1983 年，先后设东山管理区、生产大队、底东山生产大队，属箭头乡、永禄管理区、永禄工作区、寺庄工作区、寺庄人民公社、永禄人民公社。1984 年，设底东山行政村，属永禄乡。2021 年，属北城街街道。地处平川，以种植、养殖业为主，兼水泥建材、运输、铸造、建筑等。为山西省新农村建设示范村。东山岭上残存有明代烽火台遗址。

三军村 [Sānjūn Cūn]

居民点。属北城街街道。位于高平市人民政府驻地北 6 千米。人口约 580 人。原名参村，来历无考，后改为三军。清代属第八都临丹北里。乾隆《高平县志·里甲》："第八都：临丹北，在县西北，庄十二：参村。" 1912 年，废都里制属第二区。1956 年，属箭头乡。1959 年，属永禄工作区。1962 年，属永禄人民公社，先后设三军管理区、三军生产大队。1984 年，设三军行政村，属永禄乡。2020 年，并入永禄村。2021 年，属北城街街道。地处丘陵，居民以种植、养殖业为主，兼劳务。村办有养猪场、电缆厂、藏獒培训基地。有千亩钙果种植园区。村中古建筑有二仙庙、三官庙，为清代遗构。

东城街街道 [Dōngchéngjiē Jiēdào]

乡级政区名。属高平市。位于高平市中部。东南与米山镇毗连，南、西与南城街街道接壤，西北、东北与北城街街道、三甲镇为界。面积 15.9 平方千米。人口 3.59 万。辖城东社区、凤和社区、小北庄社区等 8 个社区，张家坡村、店上村等 7 个行政村。街道办事处驻育红街。以地处高平老城东部命名。

1949 年，属高平县第一区。1956 年，属城关镇。1958 年，属高平人民公社城关管理区。1961 年，属高平县城关人民公社。1984 年，属城关镇。1994 年，设立东城街街道。地处丹河谷地，丹河纵经全境。有耕地 6632 亩。农区主产玉米、小麦、高粱、谷子、豆类、蔬菜，养殖生猪、蛋鸡为主，种植核桃。为糠醛、糠醇生产基地之一。名胜古迹纪念地有秦庄岭玉皇庙、吕祖坛、小北庄社区三嵕庙、吕祖坛、凤和村抗战殉难烈士纪念碑，八路军 334 旅旅部旧址、七佛山省级森林公园等。为中国民间文化艺术之乡。长晋高速公路、207 国道、北外环路经境。

南城街街道 [Nánchéngjiē Jiēdào]

乡级政区名。属高平市。位于高平市区南部。东与米山镇搭界，南与河西镇接壤，西与野川镇毗邻，北和北城街街道、东城街街道相连。面积 53.6 平方千米。人口 4.67 万。辖城南社区、康华社区、康乐社区等 11 个社区，瓦窑头村、上庄村、谷口村等 17 个行政村。街道办事处驻建设南路。以地处高平老城南部命名。

1949 年，属高平县第一区。1956 年，属城关镇。1958 年，属高平人民公社城关管理区。1961 年，属高平县城关人民公社。1984 年，属城关镇。1994 年 4 月，设南城街街道。2001 年 1 月，唐庄乡并入。地处丹河及其支流小东仓河河谷地带。农区主产玉米、小麦、高粱、谷子。有工业园区 2 个。服务业以商贸物流为主。名胜古迹有骷髅庙、济渎庙、元代金峰寺、高平古八景"金峰夜月""横涧垂虹"等。瓦窑头村建有红色圣地展览馆。长晋高速公路、207 国道、省道长晋线、西环路、省道坪曲线经此。

上庄村 [Shàngzhuāng Cūn]

居民点。中国传统村落。属南城街街道。位于高平市人民政府驻地西 2 千米。人口 1236 人。辖上庄村、小韩庄村 2 个自然村。耕地 988 亩。原名"尚庄"，因尚姓始居而得名，后以谐音改今名。清代属第七都城西南里。乾隆《高平县志·里甲》："第七都：城西南，在县西，庄七：尚庄。”1912 年，属第一区。1956—1983 年，先后属上庄曙照农业生产合作社、瓦窑头乡、城关管理区、城关工作区、城关人民公社、唐庄人民公社。1984 年 5 月，设上庄行政村，属唐庄乡。2001 年 1 月，属南城街街道。地处半山区。以种粮、林果、磨豆腐、养猪为主。特产上庄豆腐，有“豆腐第一村”之誉。名胜古迹有玉皇庙、二仙庙、普照寺、观音堂、月亮池、清代民居狮子院等。玉皇庙为清代建筑，2007 年，被公布为第二批晋城市重点文物保护单位。观音堂为清代建筑风格。农历三月十八日有传统古庙会。2019 年 6 月，被列入第五批中国传统村落名录。

米山镇 [Mǐshān Zhèn]

乡级政区名。山西省历史文化名镇。属高平市。在高平市东南部。东与石末乡、北诗镇接壤，南与河西镇相连，西与南城街街道、东城街街道毗邻，北同三甲镇、陈区镇相邻。面积 71.62 平方千米。人口 3.42 万。辖高平经济技术开发区社区及米东村、米西村、王家庄村等 25 个行政村。镇人民政府驻米西村。因驻地得名。

唐武德元年（618 年），在此置盖州。明、清为米山镇。1949 年，分属高平县第一区、第五区。1956 年，分属米山乡、云泉乡、董寨乡。1958 年，高平与晋城合并，属高平人民公社第二管理区米山工作区。1961 年，恢复高平县，设米山人民公社。1984 年，置米山镇。2001 年，云泉乡并入米山镇。

境内东高西低，东、南、北为丘陵山地，西部为平川。有丹河水渠。地下矿藏煤炭储量 18356.51 万吨。名胜古迹有定林寺、铁佛寺、三王村三嵕庙、风神洞、瘟神洞、祁项墓等。2006 年 11 月，入选为第二批山西省历史文化名镇。长晋高速公路出入口位于该镇西部，省道坪曲线、米双公路经此。

米西村 [Mǐxī Cūn]

居民点。中国传统村落。米山镇人民政府驻地。位于高平市人民政府驻地东南 5 千米。面积 3.77 平方千米。人口 0.45 万。原名“米山”。《明一统志》：“赵将廉颇积米于此”，故名米山。唐武德元年（618 年）为盖州治所。雍正《泽州府志》记载：“盖州故城，邑东十里，即今米山镇。”明、清为米山镇。明万历六年（1618 年）《重修定林寺记》：“晋之名邑，惟高平称首。邑东南十里许，镇名米山，市肆盈溢，人物繁盛。”清代属第十三都米山西里。雍正《泽州府志 · 公署》：“高平县社仓十所：米山。”1912 年，属第一区。1956 年，属米山镇。1958 年，设米山茂乐农业生产合作社，属米山乡。1958 年，设米山生产大队，属米山管理区。1961 年，属米山人民公社。1962 年，以村中为界，分为米东、米西两个生产大队。1984 年，设米西行政村，属米山镇。

高平铁佛寺位于米西村中。原有金大定七年（1167 年）铸造铁佛。现存建筑为明清风格。正殿内明间及东西山墙下辟有佛坛，正中塑一佛二菩萨，两侧为二十四诸天，山面墙塑观音，背后悬塑西游记故事。2019 年 10 月，高平铁佛寺被公布为第八批全国重点文物保护单位。2012 年 12 月，被列入第一批中国传统村落名录。

米东村 [Mǐdōng Cūn]

居民点。属米山镇。高平市人民政府驻地东南 5 千米。耕地面积 2607 亩。人口 0.4 万。原名“米山”。《明统一志》：“赵将廉颇积米于此”，故名米山。唐武德元年（618 年）为盖州治所。明、清为米山镇。清代属第十四都。1912 年，属第一区。1956 年 3 月，属米山镇。1958 年 3 月，设米山茂乐农业生产合作社，属米山乡。同年 9 月，高平并入晋城县设米山生产大队。1959 年 4 月，设米山管理区，属米山工作区。1961 年 5 月，恢复原高平县建制，设米山生产大队，属米山人民公社。1962 年，以村中为界分为米东、米西两个生产大队，属米山人民公社。1984 年 5 月，设米东行政村，属米山镇。以农为主，兼养殖业、商业、饮食服务业。古刹定林寺位于村北七佛山南麓，现存雷音殿为元代建筑，其余皆为明清风格。寺内现存金代重修碑 1 通，明、清碑碣 19 通。2001 年 6 月，定林寺被公布为第五批全国重点文物保护单位。“大粮积雪”为高平古八景之一。大粮山腰建有廉颇庙，后毁于战火。2003 年，重建。还有瘟神洞 。村民苏合仁是高平民间八音会著名的吹奏艺人，唢呐吹奏堪称高平一绝。每年四次古庙会，尤以农历三月二十八和十月十五最盛。

三甲镇 [Sānjiǎ Zhèn]

乡级政区名。全国重点镇。属高平市。在高平市东北部。东连陈区镇，东南与米山镇相邻，西南、西与东城街街道、北城街街道接壤，北邻神农镇。面积 41.3 平方千米。人口 2.34 万。辖三甲村、西栗庄村、北庄村、槐树庄村等 18 个行政村。镇人民政府驻三甲村。因驻地得名。

清代分属第一、二都。1912 年，分属第五区、第二区。1943 年，部分地区先后属建宁县、陵高县。1949 年，分属第五区、第六区。1956 年，设三甲镇。1958 年，高平县并入晋城县，先后设晋城县高平人民公社三甲管理区、三甲工作区。1961 年，恢复高平县建制，设三甲人民公社。1984 年，置三甲乡。1995 年，改置三甲镇至今。

地处丘陵地带，东依汤王山，西靠韩王山，小东仓河流经汇入丹河。冶炼、铸造业历史悠久，有“冶铸之乡”之称。特产铁锅。古迹有嘉祥寺。2014 年 7 月，被确定为全国重点镇。

三甲村 [Sānjiǎ Cūn]

居民点。三甲镇人民政府驻地。在高平市人民政府驻地东北 7 千米。人口 0.38 万。相传廉颇离职被赵括接替后，将帅盔、铠甲、战靴置于此，故名三甲。清代属第一都团池南里。乾隆《高平县志·里甲》：“第一都：团池南，在县东北，庄六：三甲村。”民国时期，先后属第五区、第六区。1956—1961 年，先后属三甲镇、三甲乡、三甲管理区、三甲工作区、三甲人民公社。1962 年，分设三甲南、三甲北生产大队，属三甲人民公社。1984 年，属三甲乡，分设三甲南村、三甲北村 2 个行政村。1995 年 5 月，属三甲镇。2020 年，三甲南村、三甲北村和圪旦村合并为三甲村。

古迹纪念地有炎帝庙、清代店铺、第四区抗战殉难烈士纪念碑等。解放初有上党落子业余剧团，后改为高平县新建剧团。农历二月十一和七月初十、十月初五为古庙会。207 国道经此。

陈区镇［Chénqū Zhèn］

乡级政区名。属高平市。在高平市东北部。东与建宁乡接壤，东南与北诗镇相邻，南与米山镇毗连，西与三甲镇、神农镇相连，北与长治市上党区交界。面积63.14平方千米。人口2.9万。辖陈区村、王村、铁炉村等22个行政村。镇人民政府驻陈区村。因驻地得名。

清代为“陈堰镇”。1949年，属高平县第五区。1953年，设陈堰乡。1956年，分属陈堰乡、西坡乡、中庄乡。1958年，改为晋城县高平人民公社陈堰管理区。1961年，设陈堰人民公社。1984年，置陈堰镇。2003年，经省政府批复，改名为陈区镇。

地处丘陵，境内东有南、北鱼仙山，西有西甲山，北有龙王山，东南有大佛山，中有舍利山和四坪山。群山环绕，山岭重叠、沟壑纵横、村庄分散，唯西南一隅为开阔地带。东西两条季节性河流，从北向南流经全境，汇入东仓河，而后汇入丹河。有全国重点文物保护单位王村开化寺、铁炉村清梦观、中庄村姬氏民居。其中开化寺以宋代大殿、宋代壁画、金代观音殿闻名。2001年6月，被公布为第五批全国重点文物保护单位。姬氏民居创建于元代至元三十一年（1294年），是全国现存最早的民居建筑。1996年11月，被公布为第四批全国重点文物保护单位。

陈区村［Chénqū Cūn］

居民点。陈区镇人民政府驻地。在高平市人民政府驻地东北12千米。人口0.27万。原名“陈堰”。相传春秋时代是古辰子国属地。古辰子死后葬此，故名。（堰，音ōu，指墓地，方言读qū）。清代属第四都陈堰南里。乾隆《高平县志·里甲》：“第四都：陈堰南，在县东北，庄十二：陈堰村。”1912年，属第五区。原为陈堰、柳树底2个自然村，解放后两村合并统称陈堰。1962年，设陈堰大队，先后属陈堰乡、陈堰管理区、陈堰工作区、陈堰人民公社。1984年，设陈堰行政村。因“堰”为生僻字，2003年，经省政府批复，改名为“陈区村”。地处丘陵。耕地2056亩，林地200亩。居民以种植、养殖业为主，兼商业、饮食业及物流等服务业。民间有武术传统，重大节日和庙会都要进行武术表演，颇受群众喜爱。农历四月十五为古庙会。坪上—曲沃省道经此。

铁炉村［Tiělú Cūn］

居民点。中国传统村落。属陈区镇。在高平市人民政府驻地东北12千米。人口约490人。旧有冶铁业，故名。清代属第四都石村西里。乾隆《高平县志·里甲》：“第四都：石村西，在县东北，庄八：铁炉村。”1912年，属第五区。1956—1981年，先后属陈区乡、陈区管理区、陈区工作区、陈区人民公社，1982年，为铁炉生产大队。1984年5月，设铁炉行政村，属陈区镇。地处山区，耕地460亩。居民以农为主，兼劳务输出。特产黄梨，历史上曾为朝廷贡品。道教建筑清梦观位于铁炉村北，创建于元中统二年（1261年），明、清修缮。现存中殿为元代建筑，后殿为明代重建，其余为清代风格。2006年5月，清梦观被公布为第六批全国重点文物保护单位。2019年6月，被列入第五批中国传统村落名录。

北诗镇 [Běishī Zhèn]

乡级政区名。在高平市东部。东接陵川县礼义镇，南邻石末乡，西接米山镇，北与陈区镇、建宁乡相邻。面积 76.5 平方千米。人口 2.57 万。辖北诗村、西诗村、平头村等 26 个行政村。镇人民政府驻北诗村。因驻地得名。

1949 年，属高平县第四区。1956 年，设北诗乡。1958 年，为晋城县高平人民公社，后改为北诗管理区。1961 年，设北诗人民公社。1984 年，置北诗乡。1995 年 5 月，改置北诗镇。2001 年 1 月，拥万乡并入。

地形北高南低，三面环山。煤、铁矿石、石灰岩、铝矾土资源丰富，为“煤铁之乡”。手工业、乡镇企业有衡器铸造、体育健身器材等特色产品。有全国重点文物保护单位中坪二仙宫。还有高庙山的二仙庙、长畛村瘟神洞等古迹。南诗村有清代建筑棱庆阁。传统民俗活动有舞龙灯。丹水村北、拥万村西、西韩村西三村南北呈一字型各长有一棵古柏，株距 2500 米，树形各异，堪称奇观。境内北诗午村为河北东光霍氏的祖居地。天启《霍氏家乘》：“霍氏原籍山右泽州高平县诗五百里，近名南庄东里人也。”近人考证为“诗五北里”，即今北诗午村。其族裔有明代兵部尚书霍维华、清末武术大师霍元甲等历史人物。

北诗村 [Běishī Cūn]

居民点。北诗镇人民政府驻地。位于市区东南 14.5 千米处。人口 0.22 万。原名寺村，因村北有古寺得名。后雅为诗村，俗称大诗村。后又分为南诗、北诗两村。清代属第十六都诗村南里。乾隆《高平县志·里甲》：“第十六都：诗村南，在县东，庄六：北诗村。”1912 年，属第四区。1956—1983 年，先后设北诗建国农业生产合作社、管理区、生产大队。1984 年 5 月，设北诗行政村，属北诗乡。1995 年 5 月，属北诗镇。

民国建有四明山第四高级小学。村西建有明西水库。古迹有清代建筑大庙、炎帝庙及庙内明万历重修神农庙碑 1 通。每年清明节为古庙会。纪念地有死难同志纪念碑。地方人物有清拔贡刘知章，曾赴日本东京铁路学堂学习，归国后，他协助著名的铁路专家詹天佑测量设计了我国第一条自建铁路——京张铁路。在太原创办了尚志小学。和祁鲁斋创办了晋城大德造针工厂。民国初获嘉禾勋章，被选为省议会议员。

河西镇 [Héxī Zhèn]

乡级政区名。全国重点镇。在高平市南部。东与石末乡相邻，南与泽州县相连，西与马村镇为邻，北与米山镇、南城街道相接。面积 99.57 平方千米。人口 4.15 万。辖河西村、北苏庄村、宰李村等 31 个行政村。镇人民政府驻河西村。因驻地得名。

1949 年，分属高平县第三区、第七区。1956 年 2 月，分属河西镇、牛庄乡、悬壶南乡。1958 年，高平并入晋城县，先后设晋城县高平人民公社河西管理区、牛庄管理区。1961 年，恢复高平县建制，设河西人民公社、牛庄人民公社。1962 年，分设悬壶南人民公社。1971 年，将原牛庄人民公社所辖的寨上、南庄 2 个生产大队划归晋城县，1973 年，又重新划归高平，仍由牛庄人民公社所辖。1984 年，设河西镇、牛庄乡、悬壶南乡。2001 年，牛庄乡、悬壶南乡并入河西镇至今。

地处晋城盆地腹地，地形平坦，丹河、许河在境交汇。境内北苏庄为中国历史文化名村、中国传统村落；新庄为中国传统村落；牛村为山西省历史文化名村。有全国重点文物保护单位崇明寺、游仙寺、西李二仙庙、南庄玉皇庙。2014 年 7 月，被确定为全国重点镇。

河西村 [Héxī Cūn]

居民点。中国传统村落。河西镇人民政府驻地。在高平市人民政府驻地南 8 千米。人口 0.46 万。相传原名丹西村，因村在丹河西岸而得名，后改为河西村。清代称“河西镇”，属第二十六都河西东里。乾隆《高平县志・里甲》：“第二十六都：河西东，在县南，庄一：河西镇。”民国时期先后属第三区、第七区。1956—1983 年，先后设河西前进农业生产合作社、管理区、生产大队。1984 年 5 月，设河西行政村，属河西镇。地处平川，耕地 5062 亩。以种植、养殖业为主，兼商业、饮食业及物流等服务业。盛产白萝卜。古迹有三嵕庙、西庙、关帝庙、清代盐铺旧址。村中富户张调元于清光绪旱灾中，开仓济贫，使 400 余户灾民得救。百姓感其功德，送“孝廉方正”匾。农历二月十七、六月初六有古庙会。太焦铁路、二广高速、207 国道经此。2019 年 6 月，被列入第五批中国传统村落名录。

北苏庄村 [Běisūzhuāng Cūn]

居民点。山西省历史文化名村，中国历史文化名村，中国传统村落。属河西镇。位于高平市人民政府驻地南 7 千米。面积 4.965 平方千米。人口 0.17 万。曾名苏庄。因苏姓建庄，与南苏庄相对而改今名。清代属第二十五都庞村里。乾隆《高平县志・里甲》：“第二十五都：庞村里，在县南，庄四：北苏庄。”民国时期先后属第三区、第七区。1956 年，属河西镇。1958 年，设苏庄前行农业生产合作社，属河西乡。1959 年，设苏庄管理区，属河西工作区。1961 年，设苏庄生产大队，属河西人民公社。1984 年，设北苏庄行政村，属河西镇。地处平川。清代富商贾氏家族、杨氏家族曾经在村中大兴土木，修建宅院。现在仍保留了贾氏长门院、老桥底院、贾氏老院、九宅院及杨氏翠锦堂、七宅院、沟底院、油房院、杨家老院、东棱上院、杨家东院等清代建筑群。2006 年 11 月，入选为第二批山西省历史文化名村。2010 年 7 月，入选为五批中国历史文化名村。2012 年 12 月，被列入第一批中国传统村落名录。

新庄村 [Xīnzhuāng Cūn]

居民点。中国传统村落。属河西镇。位于高平市人民政府驻地南 10 千米。面积 2.66 平方千米。人口 0.15 万。因原村落遭丹河水患冲毁，灾后选址重建新村，故名新庄。清代属第二十七都丛桂里。乾隆《高平县志・里甲》：“第二十七都：丛桂里，在县南，庄四：新庄。”民国时期，先后属第三区、第七区。1956 年，属河西镇。1958 年，设新庄交国农业生产合作社，属河西乡。1958 年，设晋城县高平人民公社新庄生产大队，属河西管理区。1959 年，设新庄管理区，属河西工作区。1961 年，设新庄生产大队，属河西人民公社。1984 年，设新庄行政村，属河西镇。有新庄煤矿，建有铁路专线。古迹有佛堂、玉皇庙，为明代风格。另有清代建筑五虎庙、眼光庙。农历六月十一为古庙会。2014 年 11 月，被列入第三批中国传统村落名录。

牛村 [Niú Cūn]

居民点。山西省历史文化名村、中国历史文化名村、中国传统村落。属河西镇。位于高平市人民政府驻地南 11.5 千米。面积 2.442 平方千米。人口 0.2 万。因牛姓始居，故名。一说因村地形如牛而得名。清代属第二十七都丛桂里。乾隆《高平县志·里甲》："第二十七都：丛桂里，在县南，庄四：牛村。" 1949 年，属高平县第七区。1953 年，设牛村乡。1956 年，属河西镇。1958 年初，设牛村众义农业生产合作社，属河西乡。11 月，设高平人民公社牛村生产大队，属河西管理区。1959 年，设牛村管理区，属河西人民公社。1961 年，设牛村生产大队。1984 年，设牛村行政村，属河西镇。古迹有明清建筑焦记店铺、三教堂、玉皇庙、观音阁、佛堂庙等。农历六月二十三为传统庙会。纪念地有 1945 年建立死难烈士纪念碑。2017 年 1 月，入选为第五批山西省历史文化名村。2019 年 1 月，入选为第七批中国历史文化名村。2019 年 6 月，被列入第五批中国传统村落名录。

马村镇 [Mǎcūn Zhèn]

乡级政区名。全国重点镇，全国文明镇，山西省历史文化名镇。属高平市。在高平市西南部。东接河西镇，南邻泽州县大阳镇，西接沁水县胡底乡，北与原村乡、野川镇接壤。面积 68.9 平方千米。人口 2.95 万。辖唐安矿社区、唐丝社区 2 个社区及马村、陈村、康营村等 18 个行政村。镇人民政府驻马村。因驻地得名。

清代为"马村镇"。清代分属第二十一、二十二、二十四都。民国时期属第三区。1949 年，属高平县第三区。1956 年，分属马村镇、北陈乡、悬壶南乡。1958 年，改设马村乡。后设高平人民公社马村管理区（马村工作区）、东周管理区（东周工作区）。1961 年，分设马村人民公社、东周人民公社。1984 年，置马村镇、东周乡。2001 年，东周乡并入马村镇至今。

为高平市西部大镇，"煤铁之乡"。境内有与长平之战相关的高平关、空仓岭、光狼城等古地名，名胜古迹有大周村古寺庙建筑群、宋代建筑资圣寺、成汤王庙、马村吉祥寺、古寨村花石柱庙、东周仙师庙，唐东村金龙宫，西周村汤王庙等。大周村为中国历史文化名村及中国传统村落。2014 年 7 月，被确定为全国重点镇。2011 年 12 月，入选为第三届全国文明村镇。2017 年 1 月，入选为第五批山西省历史文化名镇。

马村 [Mǎ Cūn]

居民点。中国传统村落。马村镇人民政府驻地。在高平市人民政府驻地西南 11.5 千米。耕地面积 4300 亩。人口 0.47 万。相传原名平泉村，因有泉水而名。又传长平之战时秦军在此饮马，故名。雍正《泽州府志·公署》："高平县社仓十所：马村。"清代属第二十二都马村里。乾隆《高平县志·里甲》："第二十二都：马村里，在县西南，庄一：马村镇。" 1949 年，属高平县第三区。1956—1983 年，先后设马村平跃农业生产合作社、马村管理区、马村生产大队。1984 年 5 月，设马村行政村，属马村镇。

古迹有晋城市重点文物保护单位玄帝庙。原有宋代卧佛山吉祥寺，抗日战争时期毁于战火，2008 年，修复。村中关帝庙为清代建筑。农历四月初八、十月初一为古庙会。2019 年 6 月，被列入第五批中国传统村落名录。

大周村 [Dàzhōu Cūn]

居民点。山西省历史文化名村，中国历史文化名村，中国传统村落，国家森林乡村。属马村镇。位于高平市人民政府驻地西南 16 千米。面积 3 平方千米。人口 0.22 万。原名周纂村。村中武氏家谱《周纂纪略》：“后周时，曾遣大将杨纂以镇此地，因以为名焉。”后分为东周纂、西周纂、大周纂三村。大周纂，又简为“大周村”。西阁有明嘉靖十六年（1537 年）镌刻的匾书“周纂镇”。雍正《泽州府志・公署》：“高平县社仓十所：周纂。”乾隆《高平县志・里甲》：“第二十一都：东宅里，在县西南，庄九：大周纂。”1949 年，属高平县第三区。1956 年，属东周乡。1958 年初，为大周华中农业生产合作社，属东周乡。11 月，设高平人民公社大周生产大队，属东周管理区。1959 年，设大周管理区，属东周工作区。1960 年，属马村工作区。1961 年，设大周生产大队，属东周人民公社。1984 年，设大周行政村，属东周乡。2001 年，属马村镇。

大周村为中国规模最大的古村落建筑群之一，现存古寺庙 20 余处，明清及民国时期民宅院落多达 60 余处。有全国重点文物保护单位大周村古寺庙建筑群，资圣寺为省级重点文物保护单位，汤王庙现存正殿为元代遗构。并有清代建筑砖塔、百子桥、元帝阁、五虎庙、宋代地道。农历三月二十为古庙会。2009 年 8 月，入选为第三批山西省历史文化名村。2012 年 12 月，被列入第一批中国传统村落名录。2014 年 2 月，入选为第六批中国历史文化名村。2019 年 12 月，入选为第一批国家森林乡村名单。

野川镇 [Yěchuān Zhèn]

乡级政区名。属高平市。在高平市西部。东接北城街道、南城街道，南邻原村乡、马村镇，西接沁水县，北与寺庄镇相连。面积 89.22 平方千米。人口 1.64 万。辖大野川村、上野川村、乔家沟村等 17 个行政村。镇人民政府驻大野川村。因驻地得名。

清代为“野川镇”。1949 年，分属高平县第一区、第三区。1956 年，设野川乡。1958 年，属晋城县高平人民公社第十五管理区。1961 年，属高平县野川人民公社。1984 年，置野川乡。2001 年，野川乡与杜寨乡合并，置野川镇。

地形以山地丘陵为主，许河流经。耕地 31910 亩。矿藏有煤、锰、铝、土矿等。古迹纪念地有大野川村关帝庙前唐代石经幢、东岳庙泥塑、圪台山北魏石窟、上野川清代汤王庙、模凹村抗日战争高平纪念馆、吴庄村王静波烈士纪念亭。旅游资源有西珏山风景区、杜寨水库等景点。省道坪曲线、外环二级路、模凹村盘山公路经此。

大野川村 [Dàyěchuān Cūn]

居民点。野川镇人民政府驻地。位于市区西 8 千米。耕地面积 3100 亩。人口 0.44 万。相传古名“临时村”，后因地处许河谷地，与上野川相对较大，而称大野川。清代置镇，属十九都野川东里。乾隆《高平县志・里甲》：“第十九都：野川东，在县西，庄七：野川镇。”1949 年，属高平县第三区。1956—1983 年，先后设大野川通大农业生产合作社、大野川管理区、大野川生产大队。1984 年 5 月，设大野川行政村，属野川乡。2001 年，属野川镇。古迹有关帝庙唐开元经幢、明清建筑东岳庙、晚清天主堂。农历五月初五和九月二十六为古庙会。

北杨村 [Běiyáng Cūn]

居民点。属野川镇。在高平市人民政府驻地西北 10 千米。耕地面积 1790 亩。人口 0.11 万。原名杨村。相传因河岸杨树成林，以河为界分别命名北杨村、南杨村 2 个村。乾隆《高平县志 · 里甲》：“第十二都：杨村里，在县西，庄七：北杨村。”1949 年，属高平县第三区。1956 年，属野川乡。1961 年，设北杨生产大队，属野川人民公社。1984 年，设北杨行政村，属野川乡。2001 年，属野川镇。名胜古迹有清代建筑汤王庙、玉皇庙、关帝庙、三清庵等。村西北岭上有一株古松，树围 2.8 米，高 10 米，树冠直径 20 米。农历二月初二、七月初七有古庙会。

北杨村为元代河防大臣、水利专家贾鲁故里。贾鲁，字友恒。高平人。元至正八年（1348 年），贾鲁任行都水监使，完成艰巨浩大的治理黄河工程。为了纪念他的功绩，翰林学士欧阳玄奉旨撰《河平碑》，人们还将贾鲁疏通的河道命名为“贾鲁河”。雍正《泽州府志 · 古迹》：“贾鲁宅，县西三十里，今长平驿杨村。按，元尚书贾鲁善治河，复故道，役丁男十七万，神色不动，机解捷出，四阅月而功成，上《河平图》。事载《至正河防记》。”同治《高平县志》：“贾鲁宅：在杨村。”

寺庄镇 [Sìzhuāng Zhèn]

乡级政区名。属高平市。在高平市西北部。东、南与北城街道相邻，西与野川镇、沁水县毗连，北与长治市长子县交界。面积 137.03 平方千米。人口 3.65 万。辖伯云社区 1 个社区及寺庄村、伯方村、西阳村等 33 个行政村。镇人民政府驻寺庄村。因驻地得名。

清代为寺庄镇。1949 年，属高平县第二区。1956 年，设寺庄乡。1958 年，属晋城县高平人民公社第十六管理区。1961 年，设寺庄人民公社。1984 年，置寺庄镇。2001 年，赵庄乡、釜山乡并入。

东、西、北三面环山，中南部为河谷地带。主要山脉有发鸠山、琉璃山、丹珠岭。丹河发源于境内，矿产资源有煤、锰、铝土矿等，尤以无烟煤分布广，储量多，埋藏浅，宜开采而著名。名胜古迹有民间俗称的“伯方庙，市望塔，秋子戏台，西阳阁，圣皇岭的好挑角”，除秋子戏台外均在镇境。现存全国重点文物保护单位伯方村仙翁庙和王报村二郎庙金代戏台。高平古八景有三处在境内：一是长平村东北的“石室朝霞”；二是伞盖村北鸠山寺的“鸠山暮雨”；三是丹河上游的“丹水秋波”。有釜山水库、赵庄水库。省道长晋线、太焦铁路、北固线、杨界线经境。

寺庄村 [Sìzhuāng Cūn]

居民点。中国传统村落。寺庄镇人民政府驻地。在高平市人民政府驻地西北 8 千米。耕地面积 2200 亩。人口 0.24 万。因村东有清凉寺而得名。清代置寺庄镇，属寺庄东里。乾隆《高平县志 · 里甲》：“第九都：寺庄东，在县西北，庄一：寺庄镇。”1949 年，属高平县第二区。1956 年，设寺庄先进农业生产合作社。1961 年，为寺庄人民公社驻地。1984 年，设寺庄行政村，属寺庄镇。

为国家级农业项目开发园区。古迹纪念地有清代建筑关帝庙、桅高楼、三皇庙，追悼殉难烈士毕进荣、毕长荣、毕好义纪念碑，追悼烈士反恶霸反贪污纪念碑。农历三月十八为古庙会。太焦铁路、公路经此。2019 年 6 月，被列入第五批中国传统村落名录。

伯方村 [Bófāng Cūn]

居民点。山西省历史文化名村，中国历史文化名村，中国传统村落。属寺庄镇。位于高平市人民政府驻地西北 7 千米。面积 3.87 平方千米。人口 0.3 万。清代属第九都寺庄西里。乾隆《高平县志·里甲》：“第九都：寺庄西，在县西北，庄十二：伯方村。”1949 年，属高平县第二区。1956 年，属寺庄镇。1958 年初，设伯方先锋农业生产合作社，属寺庄乡。1958 年 11 月，设高平人民公社伯方生产大队，属寺庄管理区。1959 年，设伯方管理区，属寺庄工作区。1984 年，设伯方行政村，属寺庄镇。

明代道教建筑仙翁庙位于伯方村中。创建年代无考，元皇庆、明景泰历代重修。现存山门、乐楼、献殿、正殿等。正殿为明代遗构，殿内有明代道教壁画 143 平方米。2013 年，仙翁庙被公布为第七批全国重点文物保护单位。

历史名人毕振姬（1612—1681），字亮四，号王孙，又号颉云，明末生于东德义村，晚年居住于伯方村。明崇祯十五年（1642 年）乡试解元。清顺治三年（1646 年）进士。官至广西按察使、湖广布政使。村中有毕振姬故居。

2009 年 8 月，入选为第三批山西省历史文化名村。2014 年 2 月，入选为第六批中国历史文化名村。2014 年 11 月，被列入第三批中国传统村落名录。

长平村 [Chángpíng Cūn]

居民点。中国传统村落。属寺庄镇。在高平市人民政府驻地西北 12 千米。耕地面积 1570 亩。人口 0.11 万。为战国时期长平城故址，明清为长平驿，故名。《括地志》：“长平故城，在高平县西二十一里”，里程与长平村位置符合。清代属第十一都柳村里。乾隆《高平县志·里甲》：“第十一都：柳村里，在县西北，庄九：长平驿。”1949 年，属高平县第二区。1956 年，设长平振胜农业生产合作社。1961 年，为长平生产大队，属寺庄人民公社。1984 年，设长平行政村，属寺庄镇。村北有战国古城残址，文物界命名为“长平城墙遗址”。高平旧时八景之一的“石室朝霞”在村东石室山上。有清代关帝庙、汤王庙。农历三月十二为古庙会。村中有 1947 年所立七烈士殉难烈士碑。二广高速经此。2019 年 6 月，被列入第五批中国传统村落名录。

神农镇 [Shénnóng Zhèn]

乡级政区名。属高平市。在高平市东北部。东接陈区镇，南邻三甲镇，西接北城街街道，北与长治市上党区、长子县交界。面积 50.87 平方千米。人口 2.3 万。辖团东村、团西村、庄里村等 23 个行政村。镇人民政府驻团东村。因境内羊头山有炎帝神农氏传说古迹而命名。

宋代名为“神农乡”。1949 年，属高平县第六区。1956 年，属口则乡、下台乡。1958 年，属晋城县高平人民公社第四管理区。1961年，设团池人民公社。1984年，置团池乡。2000年，经省政府批复，改名神农镇。

地处丘陵和半山区。东、北、西三面环山，有虎头山、狗王山、郎公山、羊头山，东仓河、西仓河流经全境。矿藏有煤、铁、硫矿、铝矾土、石灰石、优质矿泉水等。工业以煤铁为主，有铸造、煤矸石墙体材料、制衣等企业。主产玉米、小麦、谷子，养殖猪、獭兔、羔羊为主，特产大黄梨。

境内羊头山为历史名山，古为泽州、潞州的长治、长子、高平三县界山，有“岭限二郡，麓跨三邑”之称。《魏书·地形志》：“羊头山下神农泉北有谷关，即神农得嘉禾处。”有神农城、神农洞、神农泉、神农井、五谷畦等遗迹。“羊头夕照”即为高平古八景之一。羊头山炎帝文化风景名胜区现为国家级风景名胜区。周边有庄里村炎帝陵、神农祠、五谷庙（炎帝上庙）、炎帝高庙、炎帝中庙、炎帝行宫、炎帝寝宫等炎帝文化建筑群。全国重点文物保护单位有古中庙、羊头山石窟、团东清化寺。位于李家庄村北的羊头山遗址，是距今约2.6万年至1.4万年间的旧石器晚期的文化遗址。长晋二级公路、长晋高速、王浩公路、旅游专线公路经此。

团东村 [Tuándōng Cūn]

居民点。中国传统村落。神农镇人民政府驻地。位于高平市人民政府驻地北10千米。人口0.2万 。原名“团池村”，因村有金龙池，池为圆形，故俗称团池，村以池名。1962年，分设团东、团西两个生产大队。1984年，分为团东、团西两行政村。乾隆《高平县志·山川》：“金龙泉，在县北二十里团池村。”清代属第一都团池南里。乾隆《高平县志·里甲》：“第一都：团池南，在县东北，庄六：团池村。”1949年，属高平县第六区。1956年，设团池联星农业生产合作社。1962年，分设团东、团西2个生产大队，属团池人民公社。1984年，设团东村、团西村2个行政村，属团池乡。2000年7月，属神农镇。

地处丘陵，居民以农为主，兼建筑、铸造及劳务。 主产玉米、小麦、谷子。旧有团池十景之说：南头大庙透明碑，清化寺内大洞口，圪塔爷庙龙掌槐，金陵池里三眼井，魁星楼下大滚珠，土地庙内荆木梁，圣人庙里大柏树等。团东村有全国重点文物保护单位清化寺，其中如来殿为元代遗构。有圪塔爷庙，现存正殿为明代遗构。团西村有明清建筑炎帝庙、魁星楼。传统民间艺术有黄河灯、狮子舞、旱船、宝莲灯、二龙戏珠等。农历三月十八、十月十五为古庙会。村民申富财从小双目失明，是上党地区知名曲艺表演艺术家。二广高速、207国道经此。2019年6月，被列入第五批中国传统村落名录。

庄里村 [Zhuānglǐ Cūn]

居民点。属神农镇。在高平市人民政府驻地北14千米。人口约576人。宋代属神农乡，村中有古迹炎帝陵。相传炎帝葬此，后炎帝陵守陵户繁衍发展为村庄。清代属第三都故关里。乾隆《高平县志·里甲》：“第三都：故关里，在县北，庄九：庄里村。”1949年，属高平县第六区。1956年，属口则乡。1961年，设庄里生产大队，属团池人民公社。1984年5月，设庄里行政村，属团池乡。2000年7月，属神农镇。地处丘陵区。主产玉米、小麦、谷子。古迹有五谷庙，又名神农殿，庙内现存明万历三十九年（1611年）“炎帝陵”石碑1通。有清代建筑观音堂、诸神庙。农历四月初八为古庙会。二广高速、207国道经此。

建宁乡 [Jiànníng Xiāng]

乡级政区名。属高平市。在高平市东北部。东与陵川县礼义镇相邻，南与北诗镇接壤，西与陈区镇相连，北与长治市上党区西火镇交界。面积33.09平方千米。人口1.73万。辖建南村、建北村、郭庄村等14个行政村。乡人民政府驻建北村。因驻地原名建宁村得名。

明代为建宁镇。1943年，曾设建宁县抗日政府。1949年，属高平县第五区。1956年，设建宁乡。1958年，为高平人民公社建宁管理区、建宁工作区。1961年，设为建宁人民公社。1984年，置建宁乡。

境内有南山、金泉山、南鱼仙山和北鱼仙山环绕，中部为盆地。建宁河由北向南过境流入陵川县境。为省玉米示范种植基地，有日光温室、食用菌大棚，有猪、鸡、牛、獭兔等养殖场。有煤矿、铁厂、化工厂、蓝光电子节能灯厂。名胜古迹有全国重点文物保护单位建南济渎庙、省级重点文物保护单位北魏千佛造像碑，以及佛兴寺、建宁北大庙的圣人殿、清代民居等。省道坪曲线横贯东西。

建北村 [Jiànběi Cūn]

居民点。山西省历史文化名村，中国传统村落，中国绿色村庄。建宁乡人民政府驻地。在高平市人民政府驻地东北17千米。人口0.21万。原名“建宁村”。唐代安平折冲府驻地。后名建安，又演变为“建宁村”。1962年，分设建北、建南两个生产大队。1984年，为建北、建南两个行政村。现存陈区镇石堂会村石窟寺的明万历《三义洞记》载名“建宁镇”。雍正《泽州府志·公署》：“高平县社仓十所：建宁。”光绪《山西通志·古迹考》：“泽州五府：安平府。”清代属第六都建宁后里。民国初属高平县第五区。1943年7月，为建宁县抗日政府驻地。1949年，属高平县第五区。1956年，设建宁保共农业生产合作社，属建宁乡。1962年，设建北生产大队，属建宁人民公社。1984年5月，设建北行政村，属建宁乡。

地处丘陵区。居民以农为主，兼养殖业、商业、饮食服务业。打铁钉曾是地方传统产业。名胜古迹有三官庙、文庙、佛堂、关帝庙、奶奶庙、玉皇庙、北魏石窟、智积寺、千佛造像碑。原有上党梆子业余剧团，民间文化娱乐有八音会等。农历三月十八、十月十五为古庙会。2016年12月，被列入第四批中国传统村落名录。2016年12月，入选为中国第一批绿色村庄。2017年1月，入选为山西省第五批历史文化名村。

郭庄村 [Guōzhuāng Cūn]

居民点。中国传统村落。属建宁乡。在高平市人民政府驻地东北16千米。人口0.19万。因郭姓建庄，故名。清代属第五都府下里。乾隆《高平县志·里甲》：“第五都：府下里，在县东北，庄四：郭庄。”1949年，属高平县第五区。1956年，设郭庄保进农业生产合作社，属建宁乡。1962年，设郭庄生产大队，属建宁人民公社。1984年5月，设郭庄行政村，属建宁乡。地处丘陵区。以种植、养殖业为主，兼建材加工、运输及劳务。打制铁钉曾是村民传统手工业。古迹有关帝庙、土地庙。有太极拳队，八音会等。农历八月初一为古庙会。2019 年 6 月，被列入第五批中国传统村落名录。

石末乡 [Shímò Xiāng]

乡级政区名。属高平市。在高平市东南部。东与陵川县附城镇交界，南与陵川县西河底镇接壤，西与河西镇、米山镇为邻，北与北诗镇相连。面积 47.8 平方千米。人口 1.52 万。辖石末村、晁山村、毕家院村等 12 个行政村。乡人民政府驻石末村。因驻地得名。

清代分属第十八都、第二十九都。抗日战争时期分属陵高县、高平县。1949 年，属高平县第四区。1956 年，设石末乡。1958 年，设高平人民公社第九管理区，后改设为石末工作区。1961 年，设石末人民公社。1984 年，置石末乡。

地处山地丘陵区。有墓掌山、红花山、马鞍山、万松山、白龙王山、庙凹山、赵虎山、紫峰山。矿藏有煤、铁、铝钒土、钳土、硫铁矿、石灰石等。农业主产玉米、谷子、薯类等。有优质核桃、优质蚕桑、优质苹果、生猪、苗木、葡萄西瓜六大基地。文物古迹石末宣圣庙，始建于元大德八年（1304 年），为全国重点文物保护单位。另外有龙王山龙王庙、石末村千年酸枣树、侯庄赵家老南院。纪念地有石末乡烈士陵园。高陵高速、米双线、石河线经境。

石末村 [Shímò Cūn]

居民点。中国传统村落。石末乡人民政府驻地。在高平市人民政府驻地东南 19 千米。人口 0.35 万。相传原名“蒲曲镇”，因在蒲河之曲处而名。明代改“石末镇”。村西东阁仍存明末“石末镇”匾额。清代属第十八都石末里。乾隆《高平县志·里甲》：“第十八都：石末里，在县东南，庄四：石末村。”1949 年，属高平县第四区。1956 年，设石末荣建农业生产合作社，属石末乡。1958 年，属高平人民公社第九管理区，后改设为石末工作区。1961 年，为石末生产大队，属石末人民公社。1984 年，为石末行政村，属石末乡。

地处丘陵区。以农为主。村中宣圣庙始建于元大德八年（1304 年），2013 年，公布为全国重点文物保护单位。古迹纪念地有清代建筑白马寺、玉皇庙、大庙、西庙、会馆、1946 年建立翻身纪念碑等。2016 年 12 月，被列入第四批中国传统村落名录。

晁山村 [Cháoshān Cūn]

居民点。属石末乡。在高平市人民政府驻地东南 17 千米。人口约 975 人。又名晁山头。以晁姓始居得名。为金代诗人晁会故里。清属第十八都石末里。乾隆《高平县志·里甲》：“第十八都：石末里，在县东南，庄四：晁山村，旧志：有名晁会者，为一时闻人，晁山之名意者山以人重乎。”1949 年，属高平县第四区。1956 年，设晁山森胜农业生产合作社，属石末乡。1961 年，为晁山生产大队，属石末人民公社。1984 年，设晁山行政村，属石末乡。地处丘陵，以农为主，兼养殖及劳务。为石末乡三樱椒种植示范基地。村有 1946 年立死难同胞纪念碑，1988 年，移至石末乡烈士陵园。古迹有清代建筑双圣神宫、观音堂、白衣阁、三教堂、古戏台、白龙山白龙庙遗址等。农历六月十三为古庙会。

历史名人晁会，字公锡，高平人。生卒年无考，约北宋绍圣中至金大定间在世。宣和末，中武举，仕为太子洗马。入金后，于天眷二年（1139年）中经义进士。为人美风仪，器量宏博，著有诗集《泫水集》。

侯庄村 [Hóuzhuāng Cūn]

居民点。山西省历史文化名村，中国传统村落。属石末乡。在高平市人民政府驻地东南21千米。耕地面积3303亩。人口0.28万。因侯姓聚居而得名。清代属第十八都石末里。民国时期属第四区石末村。1940年，国民党第40军军部、国民党姬镇魁县政府曾驻此。1943—1945年，为陵高县抗日民主政府驻地。1949年，属高平县第四区。1956年，属石末乡。1958年，侯庄村改为侯庄大队，属石末管辖区（工作区）管辖。1984年，设侯庄行政村，属石末乡。

为清代高平商人赵伯洲的故里，号称“出高平东门第一家财主”，现存赵家老南院，建于清乾嘉年间，一进十八院，共600余间，占地14000余平方米。后为抗日战争和解放战争期间的军事重地。2009年8月，入选为第三批山西省历史文化名村。2016年12月，被列入第四批中国传统村落名录。

原村乡 [Yuáncūn Xiāng]

乡级政区名。属高平市。在高平市西部。东、北与野川镇相连，南与马村镇为邻，西与沁水县交界。面积75.5平方千米。人口1.62万。辖原村、狼儿掌村、良户村等19个行政村。乡人民政府驻原村。因驻地得名。

清代分属第二十三都、第二十四都。民国时期，先后属三区、四区、七区。1949年，属高平县第三区。1956年，分属原村乡、董峰乡。1958年，高平与晋城合并，先后属晋城县高平人民公社原村管理区、原村工作区。1961年，属高平县原村人民公社。1984年5月，置原村乡。

西、北部为山区，东、南部为丘陵区，中部为河谷。有皇王山、雷神岭、陈山、相公山和虎头山。山多林密，有国营董峰林场、乡办章庄林场。明公河流经。主产小麦、谷子、玉米、高粱和薯类。油料作物以蓖麻为主。有现代农业科技示范园区、园林绿化基地、生态种养园、老马岭生态型老年公寓、土特产品加工厂、万头猪场综合园区。名胜古迹有全国重点文物保护单位董峰万寿宫、良户玉虚观。还有松棚庙龙凤树、陆军十七师抗日阵亡烈士纪念碑、蟠龙寨侍郎府、长平之战遗址安贞堡。有中国历史文化名村良户村、山西省历史文化名村下马游村等。爱国主义教育基地有陈山村中共高平县委旧址。省道坪曲线经此。

原村 [Yuán Cūn]

居民点。山西省历史文化名村，中国传统村落。原村乡人民政府驻地。在高平市人民政府驻地西南10千米。人口0.36万。原姓始居，故名。清代属第二十四都原村里。乾隆《高平县志·里甲》：“第二十四都：原村里，在县西，庄一：原村。汉原氏居之，故名。”1949

年，属高平县第三区。1956 年，设原村集源农业生产合作社，属原村乡。1961 年，为原村人民公社驻地。1984 年 5 月，设原村行政村，属原村乡。

地处河谷。以农为主。小炉匠为传统手工业。古迹有清代建筑关帝庙、玄帝庙、诸神庙、二郎庙、观音堂、西寺及村南有战国至汉文化遗址。农历三月初一、十月初十为古庙会。2016 年 12 月，被列入第四批中国传统村落名录。2017 年 1 月，入选为第五批山西省历史文化名村。

良户村 [Liánghù Cūn]

居民点。山西省历史文化名村，中国历史文化名村，中国传统村落，全国生态文化村。属原村乡。在高平市人民政府驻地西南 13.5 千米。面积 3.77 平方千米。人口 0.12 万。原名“梁扈”，因梁姓、扈姓始居而得名。后以谐音改为良户。清代属第二十三都通义里。乾隆《高平县志·里甲》：“第二十三都：通义里，在县西，庄五：梁扈村。”1949 年，属高平县第三区。1956 年，设良户农胜农业生产合作社，属原村乡。1961 年，为良户生产大队，属原村人民公社。1984 年，设良户行政村，属原村乡。

名胜古迹有全国重点文物保护单位元代建筑玉虚观、山西省重点文物保护单位良户古建筑群。玉虚观为道教建筑群，现存正殿、西耳殿、中殿为金、元建筑，其余皆明清建筑。2013 年，被公布为第七批全国重点文物保护单位。

历史名人有田逢吉（1629—1699），字凝之，号沛苍，高平良户村人。清顺治乙未进士，翰林庶吉士，历任编修、顺治帝侍读学士、户部右侍郎、康熙帝经筵讲官、户部左侍郎、浙江巡抚等职。良户现存侍郎府为其故居。民间传有颂扬田逢吉历史功绩的楹联：“名流翰院，光留良户；德惠浙江，史汇长平。”2006 年 11 月，入选为第二批山西省历史文化名村。2007 年 5 月，入选为第三批中国历史文化名村。2012 年 12 月，被列入第一批中国传统村落名录。2016 年 6 月，被授予“全国生态文化村”称号。

秦城村 [Qínchéng Cūn]

居民点。属原村乡。在高平市人民政府驻地西南 12 千米。人口 0.11 万。原名小城。相传长平之战秦军在此筑城，故改今名。清属第二十三都冯村里。乾隆《高平县志·里甲》：“第二十三都：冯村里，在县西，庄十一：小城。”1949 年，属高平县第三区。1956 年，设秦城农业生产合作社，属原村乡。1961 年，为秦城生产大队，属原村人民公社。1984 年 5 月，设秦城行政村，属原村乡。地处河谷，居民以种植、养殖业为主，兼劳务。古迹有清代建筑皇王庙、二郎庙、战国至汉文化遗址。农历正月十九为古庙会。

下马游村 [Xiàmǎyóu Cūn]

居民点。山西省历史文化名村，中国传统村落。属原村乡。在高平市人民政府驻地西 11.5 千米。耕地面积 1950 亩。人口约 887 人。相传战国时期，这里是长平之战的主战场，驻过秦国大将白起的骑兵，骑兵在这里牧马游战，故称马游。后分为上马游村、下马游村 2 个村。1949 年，属高平县第三区。1956—1983 年，先后设下马游强大农业生产合作社、管理区、生产大队，属原村乡、原村管理区、原村工作区、原村人民公社。1984 年，设下马游行政村，属原村乡。

地处山区，有地下煤炭资源和铁矿资源，曾办有村办煤矿，联营铁厂、民营炼铁炉、采矿业、运输等，文物古迹有安贞堡、古民居群、玉皇庙、三义庙、真性堂（白衣堂）、犹龙庵、东阁、西阁、三官老翁阁。系长平之战重要遗址之一，村北有两棵千年古树。2010 年 6 月，入选为第三批山西省历史文化名村。2016 年 12 月，被列入第四批中国传统村落名录。

朔州市

SHUOZHOU SHI

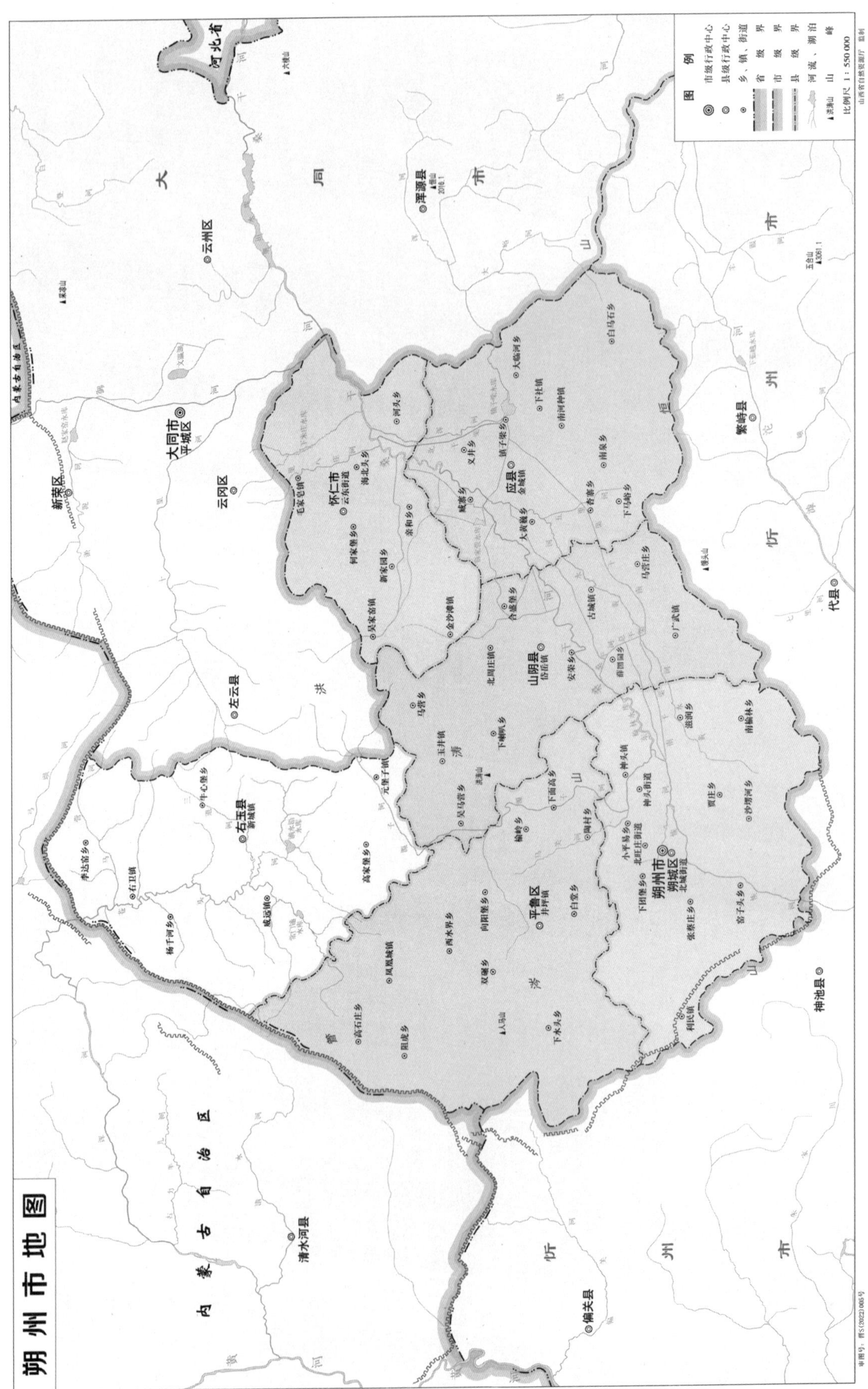
朔州市地图
图例
市级行政中心
县级行政中心
乡、镇、街道
省级界
市级界
县级界
河流、湖泊
山峰
比例尺 1∶550 000
山西省自然资源厅 监制
审图号：晋S(2022)005号
朔州市
朔城区
平鲁区
山阴县
应县
怀仁市
右玉县
大同市
平城区
云冈区
云州区
新荣区
左云县
浑源县
繁峙县
代县
神池县
偏关县
清水河县
内蒙古自治区
河北省
大
同
市
忻
州
市

朔州市 [Shuòzhōu Shì]

地级政区名。山西省辖市、国家园林城市。位于省境西北部，桑干河上游。东、北与大同市相接，南、西南与忻州市接壤，西、西北与内蒙古呼和浩特市、乌兰察布市毗邻。面积 1.06 万平方千米。人口 159 万。辖朔城区、平鲁区 2 个区，怀仁市，山阴县、应县、右玉县 3 个县，共 6 个县级政区。市人民政府驻朔城区。

战国为楼烦地，后属赵国。秦置雁门郡，辖善无、马邑、楼烦、中陵、剧阳、汪陶、埒县等县，班氏县属代郡。西汉增置阴馆县。东汉雁门郡治由善无徙阴馆县（今朔城东南 25 千米夏关城），三国魏徙治今代县境。西晋末，并归代国。北齐天保六年（555 年）迁朔州于新城（今朔城区梵王寺）。八年，朔州治徙招远县（今朔州城区）。又置广安郡，与州同治。北周建德六年（577 年）于朔州置总管府。隋开皇初废广安郡。大业三年（607 年）改朔州为马邑郡。唐武德四年（621 年）复为朔州。天宝元年（742 年）再改为马邑郡。乾元元年（758 年）再改朔州。五代唐天成元年（926 年）析朔州置寰州。宋宣和五年（1123 年）改朔州为朔宁府。辽废寰州入朔州，属西京道。金属西京路。贞祐二年（1214 年）升马邑县为固州，属西京路。元废固州，仍置朔州，属大同路。明属大同府。清雍正三年（1725 年）置朔平府，辖右玉县、平鲁县、马邑县、朔州等。1912 年，废府州，改朔州为朔县。1913 年属雁门道，后废道直隶山西省。1949 年，属察哈尔省雁北专区。1952 年属山西省雁北专区。1958 年，属晋北专区。1961 年，属雁北专区。1971 年，属雁北地区。1989 年 1 月，从雁北地区划出朔县、平鲁县、山阴县 3 个县，设立朔州市，朔县更名朔城区，平鲁县更名平鲁区，市人民政府驻朔城区。1993 年，撤销雁北地区，怀仁县、应县、右玉县 3 个县划入。2018 年 2 月，经国务院批准，撤销怀仁县，设立县级怀仁市，由山西省直辖，朔州市代管。

辖区内地名专名有以下特点：1. 以明代卫所城堡命名。如：右玉，以明代大同右卫与玉林卫而名；平鲁，以明代平鲁卫而名等。2. 以自然地理实体方位命名。如：山阴，以复宿山之阴而名；应县，以西南雁门山与东北龙首山相呼应而名。3. 以追求和向往美好命名。如：怀仁，以怀想仁人、怀德仁里而名。

辖区内地名通名有以下特点：1. 以古代军事设施口、堡、营、寨为通名。如：杀虎口、下团堡、牛心堡、高家堡、合盛堡、吴马营、杏寨等。2. 以自然地理实体为通名。如：沙塄河、大临河、杨千河、南泉、下马峪、金沙滩等。3. 其他多为北方常见村、庄、窑等为通名。如：陶村、贾庄、高石庄、张蔡庄、北周庄、李达窑、吴家窑等。

地处晋西北黄土高原，地势西北高、东南低。地貌类型可分为山地、丘陵和平原。西北部为大面积黄土丘陵，东南部为恒山山脉西北麓，中部为平原，属大同盆地南部。主要山地有卧羊山、洪涛山、紫金山等。河流属海河、黄河两大水系，主要河流有桑干河、苍头河、偏关河、恢河、黄水河、源子河、浑河等，多为季节性河流。

全国重点镇有山阴县古城镇、玉井镇、北周庄镇。省级历史文化名镇有右玉县右卫镇。省级历史文化名村有山阴县旧广武村。中国传统村落有朔城区青钟村、王化庄村、新安庄村、平鲁区七墩村、山阴县旧广武村、右玉县破虎堡村。国家级非物质文化遗产保护项目有朔州秧歌戏、塞戏、应县梨花春白酒传统酿造技艺、怀仁旺火、晋北道情、银铜器制作及鎏金技艺 6 项。省级非物质文化遗产保护项目有踢鼓秧歌、骡驮轿等 13 项。

国家 4A 级景区有应县木塔景区、右玉县生态旅游景区、朔州市崇福寺景区、怀仁金沙滩景区 4 处。国家级水利风景区有朔州桑干河湿地水利风景区、怀仁鹅毛河水利风景区 2 处。国家级工农业旅游示范点平朔煤炭工业公司、右玉县生态旅游示范区 2 个。省级工农业旅游示范点古城乳业、金海洋洁净煤有限责任公司、朔城区西山生态旅游园区 3 个。省级自然保护区有朔州紫金山、应县南山、右玉苍头河生态走廊 3 处。其中，右玉县生态旅游景区是山西省唯一用县命名的国家级 4A 级景区，森林覆盖率约 54%。全国重点文物保护单位有应县木塔、朔城区崇福寺、山阴县广武汉墓群、应县净土寺、山阴县广武城、朔城区峙峪遗址、右玉县宝宁寺 7 处。其中，应县木塔距今 960 余年，高 67 米，是当今世界现存最古老、最高大的纯木结构建筑。崇福寺有“金代文化艺术殿堂”之称，是我国现存三大辽金佛寺之一。省级重点文物保护单位有平鲁区张马营古城遗址、山阴县沙彦珣墓、应县繁畤古城遗址、右玉县中陵古城遗址、怀仁市金沙滩墓群等 16 处。著名历史人物有汉代文学家班婕妤、三国魏将张辽、唐将尉迟恭、辽代平安节度使沙彦珣、明代内阁首辅王家屏等。

地名应用方面有右玉羊肉、朔州秧歌戏、朔州三宝、怀仁旺火等。

朔州秧歌戏：是融武术、舞蹈、戏曲于一体的综合性民间艺术形式，流行于朔州市及周边地区，早期为广场、街头的秧歌舞队表演的朔州秧歌历史悠久，在宋代加入了武术成分，清代后期又加入故事内容，现在以舞蹈和戏曲两种艺术形式活动于民间。2006 年，入选为国家非物质文化遗产目录。

朔州三宝：指“粉浆、糊儿、烂皮袄”，反映古代朔州人常吃的食物和常穿的衣服，为当时朔州风俗习惯的直接概括。

怀仁大旺火：俗称“拢火龙”，又称“大旺火”，是春节、元宵节期间流行于山西省怀仁市的一种社火民俗活动。怀仁地区煤炭资源丰富，清代已形成燃煤旺火祈福迎春民俗，清乾隆《大同府志》记载：“元旦，垒炽炭于门，状若小浮图，名曰‘旺火’。”其主要形式是用大块煤炭垒成一个塔状，名曰旺火，以图吉利，祝贺全年兴旺之意。里面放柴，外面贴上大红字条，上写“旺气冲天”等字。旺火形成时，火苗从无数小孔中喷出，状若浮图，景象壮观。人们围着最大的旺火堆转圈祈求“旺运”。2011 年，入选为国家非物质文化遗产目录。

右玉羊肉：朔州市右玉县特产，右玉羊具有生命力强、善游牧、耐寒、耐旱的特点，右玉羊肉肉质鲜嫩、肥瘦相间、肥而不腻、食之爽口。钾、镁、锌元素含量均高于其他普通羊肉。2010年，中华人民共和国农业部批准对“右玉羊肉”实施农产品地理标志登记保护。

朔城区 [Shuòchéng Qū]

县级政区名。朔州市人民政府驻地。在朔州市境西南部。北与平鲁区交界，南与忻州市的宁武县、代县、原平市相邻，东与山阴县接壤，西与忻州市的神池县毗邻。面积1779.7平方千米。人口56.9万。辖北城街道、南城街道、神头街道、北旺庄街道4个街道，神头镇、利民镇2个镇，下团堡乡、小平易乡、滋润乡、南榆林乡、贾庄乡、沙塄河乡、窑子头乡、张蔡庄乡8个乡。区人民政府驻北城街道。

朔城区古称马邑、招远、善阳、鄯阳、朔州等。战国时为楼烦所居。后属赵国马邑。秦置马邑县，属雁门郡。相传马邑城筑于秦。《元和郡县志》：“秦时筑城于武周塞内，以备胡。城将成，而崩者数焉。有马驰走，周旋反复，父老异之，因依马迹以筑城，城乃不崩。遂名马邑。”西汉在区境东南部置阴馆县。西晋永嘉六年（312年）属代国。北魏初属司州，太和十七年（493年）改属恒州。北齐天保元年（550年）置朔州，八年（557年）朔州移治马邑城，改马邑为招远，州县同治。北周设朔州总管府，唐代改招远县为善阳县。辽改鄯阳，明省鄯阳并入朔州，属大同府。清雍正三年（1725年）改属朔平府。1912年，废府州改为朔县。1914年，属雁门道。1927年，直属山西省。1937年，属山西省第二行政区。1946年，属晋绥边区第五专区。1949年，属察哈尔省雁北专区。1952年，属山西省雁北专区。1958年，平鲁县并入，属晋北专区。1961年，恢复原朔县，属雁北地区。1989年，改称朔城区，属朔州市至今。

南、西、北三面环山，有紫荆山、鱼渠岭、双化岭、大梁山、黑驼山、洪涛山等，中东部为平坦的大同盆地，桑干河、恢河、黄水河、源子河流经，平均海拔1000米以上。有青钟、王化庄、新安庄3个中国传统村落，神头镇为全国重点名镇，小平易乡为全国文明村镇，御龙社区为全国文明社区。地方特色民间艺术有朔州秧歌戏、赛戏、踢鼓秧歌、喜乐等。其中，塞戏、朔州秧歌戏被列入国家非物质文化遗产名录，踢鼓秧歌、喜乐等被列入省级非物质文化遗产名录。国家重点文物保护单位崇福寺1处，省级重点文物保护单位有峙峪遗址、梵王寺墓群、马邑墓群、朔州城墙4处，市级重点文物保护单位5处。崇福寺为国家4A级景区，紫荆山为省级自然保护区，名胜景点还有神头泉域群、神海湿地公园、金沙植物园、恢河湿地公园、古城墙公园、七里河公园、西山森林公园、朔州古八景等。国家级工业旅游示范点有平朔煤炭工业公司，农业旅游示范点有西山生态旅游园区等。著名历史人物有班婕妤、张辽、周德威等。班婕妤为汉代女文学家，祖籍楼烦（今朔城区），以辞赋见长，现存作品有《自伤赋》《捣素赋》和五言诗《怨歌行》。张辽为汉末三国时曹魏名将，雁门郡马邑（今朔城区大夫庄）人。黄初元年（220年）进封晋阳侯。周德威，字镇远，唐末五代名将。曾辅佐李克用、李存勖两代晋王，在梁晋争霸期间屡破梁军，以骁勇著称。

辖区内政区地名和居民点地名专名有以下特征：1. 以泉水、河流、植物等自然地理实体命名，如：神头街道、神头镇、沙塄河乡、南榆林乡。2. 以祥瑞、希冀命名，表达了中华传统文化中对美好的向往和追求，如：北旺庄街道、小平易乡、滋润乡。3. 以边塞军事城堡命名，如：北城街道、南城街道、利民镇、下团堡乡。4. 因姓氏命名。如：贾庄乡、张蔡庄乡。5. 以古城、驿铺命名。如：夏官城、马邑、二十里铺、十里铺等。

辖区内政区地名和居民点地名通名有以下特点：1. 通名中有与明代军事驻防有关的口、堡、屯、营、寨等。如：刘家口、全武营、东小寨、下团堡等。2. 其他以自然地形地貌为通名。如：蒋家峪、芦家岭、李家河、牛圈梁等。3. 还有多为北方常见通名"村""庄""窑"等。如：狼儿村、贾庄、魏家窑。

地名应用方面，有马邑川、马邑之谋、朔县大寺庙、朔县大秧歌、朔县惨案等。

马邑川：即恢河。源出宁武县管涔山，折北入朔州市界，至马邑故城南入桑干河。《水经·水注》："（马邑川水）出马邑西川……其水东径马邑县故城南……东注桑干水。"《读史方舆纪要》："灰河在州南三里。源出宁武军山口，北流至洪崖村，伏流十五六里涌出，经城南至马邑县入桑干河。"

马邑之谋：又称马邑之战、马邑之围。西汉元光二年（前133年），汉武帝发兵30万，企图在马邑县一举诱歼匈奴。匈奴军臣单于率10万大军冒进到武州塞，得知汉军围歼之计，迅速撤退。此役，拉开西汉大规模反击匈奴的序幕。

朔县大寺庙：即崇福寺的俗称，又称大狮庙。崇福寺位于老城东大街，创建于唐代，现存金代建筑、塑像、壁画。为全国重点文物保护单位，4A景区。

朔县惨案：又称"朔县九·二八惨案"。1937年9月28日，日军攻入朔县城，屠城三日，杀害百姓3800余人，为侵华日军在雁北地区制造的"八大惨案"之一。

北城街道［Běichéng Jiēdào］

乡级政区名。属朔城区。简称北城，为区人民政府驻地。在朔城区中部。东、西、北与北旺庄街道毗邻，南与南城街道接界。面积4.13平方千米。人口6.7万。辖马邑路中心社区、北关路中心社区、开发路中心社区等11个社区，小村1个行政村。街道办事处驻西兴街社区。地势平坦，七里河流经。平均海拔1094米。1950年，属城关镇。1958年，属城关人民公社。1984年，属朔县城关镇、城关乡。1989年，属朔城区城关镇、城关乡。1992年，撤销城关镇，分设北城街道至今。因位于朔州古城北而得名。朔州城墙为省级重点文物保护单位。

南城街道 [Nánchéng Jiēdào]

乡级政区名。属朔城区。简称南城，在朔城区南部。东、南、西与北旺庄街道接壤，北与北城街道相连。面积 5.10 平方千米。人口 4.8 万。辖西关街社区、水乡湾街社区、红旗牧场社区等 12 个社区，东关村、西街村、南关村 3 个行政村。街道办事处驻家和苑社区。地势平坦，恢河从西至东流经。海拔 1106 ~ 1116 米。1949 年，属城关区。1950 年，属城关镇。1958 年，属城关人民公社。1984 年，属朔县城关镇。1989 年，属朔城区城关镇。1992 年，撤销城关镇，分设南城街道。因位于朔州古城南而得名。全国重点文物保护单位有崇福寺，省级重点文物保护单位朔州城墙，省级爱国主义教育基地塞北烈士陵园。有马邑博物馆、唐鄂国公庙、护国寺、恢河公园等著名旅游景点。

神头街道 [Shéntóu Jiēdào]

乡级政区名。属朔城区。在朔城区东部。东、南、北与神头镇相连，西与小平易乡毗邻。面积 8.24 平方千米。人口 2.55 万。辖三泉湾中心社区、神苑中心社区、振兴中心社区等 5 个社区，司马泊村、王圐圙村、大洼村 3 个行政村。街道办事处驻神苑社区。1984 年，属朔县城关镇。1989 年，属朔城区城关镇。1992 年，撤销城关镇，分设神头街道。因神头泉而得名。街道办事处驻一电厂社区。地势平坦，海拔 1100 ~ 1105 米。地下水资源丰富，神头泉组有泉眼 600 多个。名胜古迹有唐鄂国公庙、三泉湾、金龙池、五花泉、戏龙湾等。

北旺庄街道 [Běiwàngzhuāng Jiēdào]

乡级政区名。属朔城区。在朔城区北部，环绕市区四周。东与神头镇、贾庄乡接壤，南与沙塄河乡、窑子头乡相邻，西与张蔡庄乡接界，北与下团堡乡、小平易乡相连。面积 104.50 平方千米。人口 7.65 万。辖振华中心社区、平朔中心社区、民福街中心社区等 12 个社区，北旺庄村、曹沙会村、崔家窑村等 21 个行政村。街道办事处驻友谊街中心社区。1949 年，属城关区。1953 年，属城关乡。1958 年，属城关人民公社。1984 年，改属城关乡。2001 年，撤销城关乡，设北旺庄街道至今。因办事处驻北旺庄村得名。街道办事处驻北旺庄村南安泰街社区。地势平坦，有恢河、七里河流经，平均海拔 1094 米。新安庄为中国传统村落。古迹有马邑汉墓群。有恢河湿地、七里河、人民、平朔、静园等公园。尉迟恭塑像为标志性建筑。

辖区内地名有以下特征：1. 以自然地理实体命名。如：泥河、南泉、七里河。2. 以人文地理实体命名。如：二十里铺、十里铺、厦阁等。3. 以祥瑞、希冀命名。如：东富院、新安庄等。4. 以姓氏命名。如：曹沙会、崔家窑、贺家河、胡家窑、李家河、雒儿庄、南邢家河、牛家店、张家河等。

神头镇 [Shéntóu Zhèn]

乡级政区名。属朔城区，为全国重点名镇。地处朔城区东北部，东与山阴县薛圐圙乡交界，南与滋润乡为邻，西与神头街道、小平易乡连接，北靠洪涛山与平鲁区下面高乡毗邻，面积 159.29 平方千米。人口 3.68 万。辖马邑村、神西村、小泊村等 27 个行政村。镇人民政府驻东神头村。因驻地得名。神头之名源于桑干河源头神头泉，以其地有拓跋三大王神庙而得名。明代《新三龙王庙记》记载："马邑龙池之浒有三龙神祠，能兴云致雨，弭风雹水旱之灾。县志以为拓跋公主饮池水生三男。"1946年，属朔县二区，1949年，改属九区，1954年，设神头乡，1958年，属神头人民公社，1984年，设神头镇，2001年，大夫庄乡并入神头镇至今。地势北高南低，西高东低。有洪涛山、神头山、莱背兰山、盘道山，桑干河及其支流恢河、源子河流贯。最高峰莱背兰山，海拔1569米，最低点东榆林水库东，海拔1039米。

辖区内地名有以下特征：1. 以自然地理实体命名。如：沙疃、小泊。2. 以名人命名。如：大夫庄。3. 与军事交通文化命名。如：烟墩、八里铺等。4. 以姓氏命名。如：陈西河底、郭家窑、吉庄、苗山、吴佑庄、肖西河底。5. 以地理位置命名。如：神西、下西关、西神头、东神头、东邵庄、北邵庄等。

古迹有吉庄三大王庙、新磨村遗址、马邑城遗址、大夫庄张辽故里等。有神海湿地公园、虹鳟鱼场、东榆林水库、神头泉群等旅游景点。神头泉群是山西省19大岩溶泉水之一，水温常年保持14℃左右，素有"塞外西湖"之称。当地有传统五月端午庙会。有拓跋公主、三大王和尉迟恭的民间传说。历史人物有三国名将张辽。

东神头村 [Dōngshéntóu Cūn]

居民点。神头镇人民政府驻地。位于朔城区东北部，在区人民政府驻地东北方向15千米。面积5.8平方千米。人口0.2万。地形平坦，桑干河流经。因位于三大王神庙所在神头山之东得名。雍正《朔州志·建置里庄》载名"神头村"。1953年，属神头镇。1958年，属神头人民公社。1984年，属神头镇至今。名胜古迹有誉为"塞上西湖"的神头泉群、湿地景观区、神女山、神女石雕、千佛塔等。村北的神女山传为北魏拓跋公主分娩三子之地，每年端午节香客游人祈福神女山，以求风调雨顺，为古代三大王祭祀活动的遗风。村民流传有尉迟恭夜擒海马，为民除害的传说。现为山西省3A级乡村旅游示范村。

大夫庄村 [Dàifūzhuāng Cūn]

居民点。属神头镇。位于朔城区东北部，在区人民政府驻地东北方向23千米。面积11.5平方千米。人口0.14万。地形平坦。据明《马邑县志》载，为三国时期曹魏著名将领张辽故里。张辽因军功受封为晋阳侯，故后人称大夫庄。雍正《朔州志·建置里庄》载名"大夫庄"。1953年，属大夫庄乡。1958年，属大夫庄人民公社。1984年，属大夫庄乡。2001年，撤并乡镇属神头镇至今。《三国志·张辽传》："张辽，字文远，雁门马邑人也。"张辽屯合肥与孙权战，直冲至孙权麾下，"权人马皆披靡，无敢当者"，由是威震江东。唐代李翰所撰《蒙求》中有"张辽止啼"的典故。唐德宗建中三年（782年），追封古代名将64人，设庙享奠，中有"魏征东将军晋阳侯张辽"。北宋年间成书的《十七史百将传》中，张辽位列其中。

利民镇 [Lìmín Zhèn]

乡级政区名。属朔城区。在区境西北部，管涔山脉北部，为朔城区唯一的山区镇。东与下团堡乡、张蔡庄乡接壤，西、西南与忻州市神池县交界，北、东北与平鲁区下水头乡、白堂乡毗邻。面积262平方千米。人口1.48万。辖利民堡村、东堡村、东庄村等15个行政村，镇人民政府驻利民堡村。因驻地得名。1949年，属朔县六区。1958年，设利民人民公社。1984年，先后改称利民乡、利民镇。2001年，暖崖乡并入设新利民镇至今。四面环山，西南高东北低，中间为小盆地。有黑驼山、儿女山、马鞍山、范家岭等20多座山峰。最高点黑驼山海拔2147米。最低点小北岔村东海拔1268米。偏关河、小北岔河流经。每年农历六月初一举行传统古庙会。古迹有明代长城遗址、利民堡遗址、穆桂英圈马场、阎锡山牧羊场、旌表节孝牌楼、丰王古墓等。清代利民镇盛产胡麻油，有“油篓城”美誉。

辖区地名有以下特征：1. 以自然环境特征命名。如：安子坪、大碓臼沟、东洼、海子堰、东驼梁、暖崖等。2. 以地理位置命名。如：东堡、东庄。3. 以边塞军事设施命名。如：口外歇头场、利民堡等。4. 以姓氏命名。如：蒋家峪、梁家窑等。

利民堡村 [Lìmínbǔ Cūn]

居民点。简称利民。利民镇人民政府驻地。位于朔城区西部，在区人民政府驻地正西方向27千米。面积10.2平方千米。人口0.22万。明弘治二年（1489年）筑利民堡。驻军称为“利民营”。嘉靖二十七年（1548年）、万历四年（1576年）增修。明代《宣大山西三镇图说》：“朔州城，西至山西利民堡六十里。”《读史方舆纪要》：“明兵备使驻利民堡，所辖边二百九里。”雍正《朔州志·建置里庄》载名“利民东关”“利民南关”。光绪《山西通志·关梁考》：“利民堡，旧名达沐河，北出莜麦川口，为朔州、井坪孔道。”1945年，属神池四区。1946年，属朔县六区。1953年，改为利民乡。1958年，属利民人民公社。1984年，先属利民乡，后属利民镇至今。四面环山，位于盆地中央。古迹有古长城、利民古城堡、关口等遗址。利民古城堡为明长城山西镇重要关隘，明成化十七年（1481年）所筑。嘉靖十八年（1539年）设守备，今城堡夯土墙残存，城东砖券拱门完整，门额上嵌有一匾，阴刻横书“利民塞”。城堡附近长城黄土夯筑墙体尚存，包砌砖石皆无，现为当地旅游区。每年农历六月初一举行传统庙会，有踢鼓秧歌表演。

下团堡乡 [Xiàtuánbǔ Xiāng]

乡级政区名。属朔城区。在朔城区西部。东、南与北旺庄街道相邻，西南与张蔡庄乡接壤，西与利民镇相连，北与平鲁区白堂乡交界，东北与小平易乡毗邻。面积127平方千米。人口3.17万。辖下团堡村、上团堡村、四圣店村等27个行政村。乡人民政府驻下团堡村。因乡人民政府驻下团堡村得名。1949年，属朔县一区。1953年，设下团堡乡。1958年，属全武营人民公社。1961年，设下团堡人民公社。1984年，设下团堡乡。2001年，重新调整管辖范围，设立新的下团堡乡至今。

辖区内地名有以下特征：1. 以自然地理特征命名。如：沙涧、上磨石沟、下磨石沟、峙峪、仓房坪、筷子坪、石庄窝、长头。2. 以地理位置命名。如：上庄头、下庄头等。3. 与边塞军事文化有关命名。如：马营堡、铺上、上团堡、下团堡、全武营、小堡等。

4. 以姓氏命名。如：霍庄、李家窑、刘家口、田家窑、武家庄。

地势西高东低，最高点在白家窑村西，海拔1680米，最低点在石庄窝村东，海拔1099米。七里河、北岔河流经。煤炭、黏土等矿产资源丰富。全国重点文物保护单位有峙峪遗址。

下团堡村 [Xiàtuánbǔ Cūn]

居民点。下团堡乡人民政府驻地。在区人民政府驻地西北方向8千米。面积5.6平方千米。人口0.19万。明代为州堡，清废，今废堡犹存。因位于上团堡之南而得名。雍正《朔州志・建置里庄》载名“下团堡”。1946年，属朔县一区。1953年，属下团堡乡。1958年，属全武营乡，后改属全武营人民公社。1961年，属下团堡人民公社。1984年，属下团堡乡至今。地形平坦。民俗活动有踢鼓秧歌等。有西山森林公园、龙王庙、奶奶庙等景观。

峙峪村 [Shìyù Cūn]

居民点。属下团堡乡。在区人民政府驻地西北方向12千米。面积3.2平方千米。人口0.35万。古称寺峪，因村庄位于沟峪寺庙旁得名，又因村民多以烧瓷为生，也称瓷峪，后来讹为峙峪。雍正《朔州志・建置里庄》载名“峙峪村”，属团堡里。1946年，属朔县一区。1953年，属峙峪乡。1956年，属全武营乡。1958年，属全武营人民公社。1961年，属下团堡人民公社。1984年，属下团堡乡至今。七里河支流峙峪河流经。民俗文化活动有每年组织踢鼓秧歌表演。古迹有峙峪旧石器遗址、古瓷窑遗址、清建龙王庙、民国建天主教堂。峙峪遗址为山西省首批重点文物保护单位，2019年，被列入第八批全国重点文物保护单位。

地名应用有峙峪遗址、峙峪文化、峙峪人。峙峪文化是中国华北地区旧石器时代晚期的文化，以发现地“峙峪”命名。遗址位于峙峪村北，1963年，由中国科学院古脊椎动物与古人类研究所发掘，发现遗物有人类枕骨1块，石器1500多件，装饰品1件，各类动物化石5000余枚以及大量的烧石、烧骨等。以细小石制品为主要特征。距今2.8万年，早于山顶洞而晚于丁村。峙峪人是旧石器时代晚期生活于峙峪的古人类。

小平易乡 [Xiǎopíngyì Xiāng]

乡级政区名。属朔城区，为全国文明乡（镇）。在朔城区北部。东与神头镇接壤，南与北旺庄街道为邻，西与下团堡乡相连，北与平鲁区陶村乡接界。面积76.28平方千米。人口3.33万。辖安庄村、大平易村、担水沟村等17个行政村，乡人民政府驻小平易村。因驻地得名。1949年，属朔县一区。1959年，属杨涧人民公社。1961年，设小平易人民公社。1984年，设小平易乡至今。

地势北高南低，北坡为丘陵区，南部为平川区。有洪涛山，马关河、元子河流经。境内最高点林家口村，海拔1476米，最低点祝家庄村，海拔1076米。古迹有北魏道武帝侍姬李氏元姬山墓葬。

辖区内地名有以下特征：1. 以自然地理实体命名。如：上泉观、元子河。2. 以地形命名。如：担水沟、陡沟、梁坡。3. 以姓氏命名。如：耿庄、林家口、刘家窑、魏家窑、杨涧、张家口、祝家庄。

小平易村 [Xiǎopíngyì Cūn]

居民点。属小平易乡。在区人民政府驻地东北方向 9 千米。面积 2.7 平方千米。人口 0.14 万。地形平坦。相传明朝王姓由保德县雅儿崖迁移此地，命名平易村，后居民增多，分为大、小平易村。雍正《朔州志·建置里庄》载名“平易村”。1946 年，属朔县一区。1953 年，属耿庄乡。1956 年，属小平易乡。1958 年，属神头公社。1961 年，属小平易公社。1984 年，归小平易乡。2001 年，撤乡并镇，属新的小平易乡至今。

滋润乡 [Zīrùn Xiāng]

乡级政区名。属朔城区。在区境东部。东与山阴县薛圐圙乡、广武镇接壤，南与南榆林乡相连，西与贾庄乡毗邻，北以恢河为界与神头镇接界。面积 159 平方千米。人口 2.5 万。辖滋润村、桑干河村、陈庄村等 22 个行政村。乡人民政府驻滋润村。因驻地得名。1946 年，属朔县二区。1949 年，属朔县八区。1951 年，属朔县五区。1953 年，设立滋润乡。1958 年，改称滋润人民公社。1984 年，复置滋润乡。2001 年，汴子疃乡北部 8 个村并入，设新滋润乡至今。2021 年，将原福善庄乡所辖的安子村、西郡村、桑干河村 3 个行政村划入滋润乡管辖。黄水河、桑干河流经。古迹有西汉阴馆县遗址。

辖区内地名有以下特征：1. 以自然、人文地理实体命名。如：夏关城、桑干河村、南西河底村等。2. 与边塞军事文化有关地名。如：大霍家营、旧营村、五花营等。3. 以姓氏命名。如：陈庄、罗疃、王东庄、姚庄。

滋润村 [Zīrùn Cūn]

居民点。滋润乡人民政府驻地。在区人民政府驻地东北方向 23 千米。面积 7.6 平方千米。人口 0.18 万。地形平坦，黄水河流经。因地势较低，水位较高，土地湿润，故名。雍正《朔州志·记载里庄》载名“滋润村”。1946 年，属朔县六区。1953 年，归南榆林五区。1956 年，成立滋润乡。1958 年，属于滋润公社。1984 年，属滋润乡至今。民俗文化有每年组织的踢鼓秧歌活动。

夏关城村 [Xiàguānchéng Cūn]

居民点。属滋润乡。在区人民政府驻地东南方向 28 千米。面积 9.9 平方千米。人口约 900 人。地形平坦，广武河流经。原名“下馆城”，因西汉阴馆县治所而得名。后人曾经误作楼烦县治所。《永乐大典》引《元一统志》：“秦始皇十三年移楼烦县于善无县，今勾注山北下馆是也。”后演变为今名。清《朔州志》载名“阴关城”。1946 年，属朔县六区。1953 年，归南榆林五区。1956 年，归汴子疃乡。1958 年，属汴子疃公社。2001 年，属滋润乡至今。古迹有西汉阴馆县城遗址。

南榆林乡 [Nányúlín Xiāng]

乡级政区名。属朔城区。在朔城区东南部。东与山阴县广武镇接壤，南与忻州市代县、原平市、宁武县接界，西与沙塄河乡、贾庄乡相连，北与滋润乡毗邻。面积 212.4 平方千米。

人口 1.74 万。辖东村、徐村、野猪窊村等 19 个行政村。乡人民政府驻东村。因驻地原名“南榆林东村”而得名。1949 年，属朔县五区。1961 年，属神武人民公社。1962 年，设南榆林人民公社。1984 年，改设南榆林乡。2001 年，神武乡并入设新南榆林乡至今。2021 年，将原福善庄乡所辖的南辛庄村、北辛庄村 2 个行政村划入南榆林乡管辖。

地势南高北低，有紫荆山、鹿峰山、莲花山、神武尖山。最高点在大莲花村南，海拔 2122 米，最低点在青钟村北，海拔 1092 米。沙塄河、青钟河、芦子坝河流经。有青钟村、王化庄村 2 个中国传统村落。有省级紫荆山原始次生林自然保护区。神武墓群、古长城为市级文物保护单位。有昭君墓和雁门十八隘口之八岔口、莲花口遗址。有沙洼古榆、白庄古树、徐村壁画等多处景点。

辖区内地名有以下特征：1. 以自然环境命名。如：大莲花、南榆林东村、南榆林西村等。2. 以姓氏命名。如：南白庄、王化庄、辛寨、徐村、梁地等。3. 以名人古迹命名。如：青钟。

东村 [Dōng Cūn]

居民点。原名“南榆林东村”。南榆林乡人民政府驻地。在区人民政府驻地东南方向 26 千米。面积 6.8 平方千米。人口 0.12 万。地形平坦。此村原和南榆林西村为一个村，名南榆林，后因洪水暴发，将村分成两段，得名南榆林东村。雍正《朔州志・建置里庄》载名“南榆林”。1949 年，属朔县八区。1951 年，属朔县五区。1953 年，属南榆林乡。1958 年，属滋润人民公社。1962 年，属南磨石人民公社。1983 年，属南榆林公社。1984 年，属南榆林乡至今。有清代李氏家族墓地、戏台、门楼等建筑。

青钟村 [Qīngzhōng Cūn]

居民点。原名“青冢”。又名“旧堡”“青庄”。属南榆林乡，为中国传统村落，是全国生态文化村、国家级绿色村庄、山西 A 级旅游示范村。在区人民政府驻地东南方向 19 千米。面积 11 平方千米。人口 0.13 万。地形平坦，黄水河流经。村旁有“青冢”，传为王昭君墓而得名。后村民以为“冢”不吉，遂改为青钟。1946 年，属朔县四区。1949 年，属朔县七区。1951 年，属朔县四区。1956 年，属贾庄乡。1958 年，属沙塄河人民公社。1959 年，属南磨石人民公社。1962 年，属神武人民公社。1984 年，属神武乡。2001 年，属南榆林乡至今。传统民俗文化有鼓匠戏班表演。村北 1 千米处有墓冢，称“青冢”，相传为王昭君墓。墓冢直径 140 米，高约 4 米。《辽史・太祖纪上》载：“（神册元年）八月，拔朔州，擒节度使李嗣本，勒石纪功于青冢南。”金元著名诗人、文学家元好问《雁门关外》诗云：“云暗白杨连马邑，天围青冢渺龙沙。凭高吊古情无尽，空对西风数去鸦。”明《云中郡志・陵墓》记载：“青冢，在县西南三十里，周四五亩，高三丈余，俗传汉王昭君墓。”雍正《朔州志・建置里庄》载名“青冢村”。2013 年，立昭君墓碑，青钟村把每年 9 月 2 日定为昭君文化节，开展乡村旅游，纪念和平使者王昭君。村中古建筑有藏山大王庙、教堂、门楼等。

王化庄村 [Wánghuàzhuāng Cūn]

居民点。属南榆林乡。为中国传统村落。在区人民政府驻地东南方向 28 千米。面积 11.6 平方千米。人口约 800 人。原名八岔口，因位于莲花山下第八个峪口之间得名。为雁门十八隘之一，明代建有八岔堡。后王姓、化姓定居，遂更名王化庄。光绪《山西通志·关梁考》：“明正德十一年，都御史李钺于雁门西筑四堡：八岔、石匣、小莲花，以遏马邑之冲。”又转引明代《两镇三关志》：“雁门十八隘自宋有之。有雁门东顾则平刑，西顾则盘道梁。介乎西者则太和、白草、八岔、小莲、夹柳、雁水、雕窝、玄冈焉。”1949 年，属朔县八区。1951 年，属朔县五区。1953 年，属王化庄乡。1956 年，属南榆林乡。1958 年，属滋润人民公社。1959 年，属南磨石人民公社。1962 年，属南榆林人民公社。1984 年，属南榆林乡至今。地处山区，明代建有八岔口古关，为雁门十八隘之一。名胜古迹有古长城、古堡、烽火台、白云寺、古戏台、耶稣教堂、门楼、莲花山旅游区、阎锡山军火战备库等。村南有 2 万余亩原始次生林，有莲花山林场。

贾庄乡 [Jiǎzhuāng Xiāng]

乡级政区名。朔城区辖乡。在区境东南部。东与滋润乡毗邻，南与南榆林乡接界，西与北旺庄街道、沙塄河乡相连，北隔恢河与神头镇相望。面积 141.3 平方千米。人口 2.86 万。辖贾庄、南曹村、北曹村等 24 个行政村。乡人民政府驻贾庄村。因驻地得名。1949 年，属朔县七区。1952 年，设贾庄乡。1958 年，改贾庄人民公社。1984 年，复设贾庄乡。2001 年，将大涂皋村、小涂皋村、官地村 3 个村划归沙塄河乡，原城关乡的太平窑村划入。2021 年，将原福善庄乡所辖的大岱堡村、长润村、下水村、黄水河村、辛村、东小寨村、里林庄村、小坝村、计庄村、福善庄村、小岱堡村 11 个行政村划入贾庄乡。恢河、黄水河、沙塄河等流经。古迹有明代古堡、清代关帝庙壁画。旅游景点有恢河、太平窑水库、薛家庄林场等。

辖区内地名有以下特征：1. 以祥瑞、希冀命名。如：高升庄、太平窑等。2. 以姓氏命名。如：贾庄、乔家梁、薛家店、薛家庄、朱庄。3. 以地理位置命名。如：北曹、南曹等。

贾庄村 [Jiǎzhuāng Cūn]

居民点。贾庄乡人民政府驻地，在区人民政府驻地东南方向 12 千米。面积 13.5 平方千米。人口 0.34 万。土地平坦。明朝万历间由贾姓地庄发展成村庄，故名贾庄。雍正《朔州志·建置里庄》载名“贾庄村”。1946 年，属朔县七区。1951 年，属朔县四区。1954 年，属贾庄乡。1958 年，属沙塄河公社。1960 年，属贾庄乡公社。1984 年，属贾庄乡至今。古迹有寺庙、古城堡遗址、戏台、耶稣教堂。民俗文化有每年组织踢鼓秧歌活动。

沙塄河乡 [Shālénghé Xiāng]

乡级政区名。属朔城区。在区境南部。东与贾庄乡接壤，南与忻州市宁武县、阳方口镇接界，西以北同蒲线为界与窑子头乡相连，北与北旺庄街道毗邻。面积 197 平方千米。人口 1.84 万。辖扒齿沟村、大涂皋村、官井村等 16 个行政村。乡人民政府驻上沙塄河村。因驻地得名。1949 年，属朔县四区。1953 年，设沙塄河乡。1958 年，改沙塄河人民公社。

1984 年，复设沙塄河乡。2001 年，将梵王寺乡东部的前圪塔峰村、后圪塔峰村、南坪村、石城庄村、鄯窑村 5 个村与贾庄乡南部官地村、大涂皋村、小涂皋村 3 个村并入，调整后设立新的沙塄河乡至今。地势南高北低，有翠屏山、禅房山、华盖山，最高峰翠屏山海拔 2106 米，最低点在一半村海拔 1080 米。石碣峪河、沙塄河流经。古迹有唐代鄂国公尉迟敬德故宅遗址。文化团体有小涂皋村道情剧团。

辖区内地名有以下特征：1. 以自然地理实体命名。如：上沙塄河、下沙塄河、圪塔峰、河汇。2. 以自然环境命名。如：扒齿沟、上石碣峪、下石碣峪等。3. 以姓氏命名。如：王万庄、张家嘴。

上沙塄河村 [Shàngshālénghé Cūn]

居民点。沙塄河乡人民政府驻地，在区人民政府驻地东南方向 15 千米。面积 8.2 平方千米。人口 0.15 万。地形平坦。因居沙塄河上游得名。雍正《朔州志・建置里庄》载名“沙楞河”。1949 年，属朔县七区西小寨区。1951 年，属朔县四区贾庄区。1953 年，属沙塄河乡。1958 年，属沙塄河人民公社。1984 年，属沙塄河乡至今。古建筑有门楼、戏台、清代天主教堂。

窑子头乡 [Yáozǐtóu Xiāng]

乡级政区名。属朔城区。在区境西南部。东与沙塄河乡相邻，南与忻州市宁武县交界，西与张蔡庄乡、忻州市神池县毗邻，北与北旺庄街道接界。面积 136.5 平方千米。人口 1.58 万。辖稻畦村、梵王寺村、后寨村等 17 个行政村。乡人民政府驻窑子头村。因驻地得名。1949 年，属朔县三区。1953 年，设窑子头乡。1958 年，改窑子头人民公社。1984 年，复设窑子头乡。2001 年，梵王寺乡 9 个村并入至今。地势由西南向东北倾斜，中部沿恢河两岸平坦，西部是山地和丘陵。有马头山、大梁山，恢河流经。海拔最高 1800 米，最低 1090 米。民间艺术有秧歌表演。名胜古迹有“恢河伏流”奇观、省级重点文物保护单位有梵王寺墓群、明代长城、茶坊庙遗址、老龙洞等。

辖区内地名有以下特征：1. 以自然环境命名。如：稻畦、上中坡、下坡等。2. 以祥瑞、希冀命名。如：丰予村、裕民村等。3. 以人文地理实体命名。如：梵王寺、官堡沟、后寨、前寨、瓦窑头等。

窑子头村 [Yáozǐtóu Cūn]

居民点。窑子头乡人民政府驻地。在区人民政府驻地西南方向 14 千米。面积 6.6 平方千米。人口 0.18 万。地形平坦，恢河流经。因村民居所多为崖头窑洞，故名窑子头。雍正《朔州志・建置里庄》载名“窑子头”。1946 年，属朔县三区。1953 年，属窑子头乡。1958 年，属窑子头公社。1984 年，属窑子头乡。2001 年，属新的窑子头乡至今。古建筑有老爷庙、戏台、门楼、基督教堂、古桥等。

西套村 [Xītào Cūn]

居民点。属窑子头乡，在区人民政府驻地西南方向 22 千米。面积 5.6 平方千米。人口约 900 人。地形平坦。传为元代军马牧场，当地人称西套。雍正《朔州志・建置里庄》

载名“西套村”。1946年，属朔县三区。1953年，属朔县三区梵王寺乡。1958年，属窑子头人民公社。1962年，属梵王寺人民公社。1984年，属梵王寺乡。2001年，属新的窑子头乡至今。地方节庆活动有每年农历六月十九传统庙会。民间艺术有戏曲表演朔州大秧歌。古迹有寺庙、戏台。清康熙三十六年（1697年）三月，康熙帝西征噶尔丹路经西套村，在果树园留住一宿，后人铸钟一口以示纪念，现保存于村内并建有一座凉亭。雍正《朔州志·艺文》载汪嗣圣《恭纪圣祖仁皇帝西巡三首》序云：“圣祖仁皇帝于康熙三十六年春三月銮辂西巡塞外，驻跸朔州三日。”其中《十八日帐殿驻宿西套》：“省方问俗事从容，清跸犹留西套中。”

张蔡庄乡 [Zhāngcàizhuāng Xiāng]

乡级政区名。属朔城区。在区境西南部。东与北旺庄街道相连，东南与窑子头乡为邻，西南与忻州市神池县温岭乡交界，西与利民镇接壤，北与下团堡乡毗邻。面积196平方千米。人口1.09万。辖张蔡庄村、南西沟村、高家庄村等15个行政村。乡人民政府驻张蔡庄村。因驻地得名。1949年，属朔县三区。1953年，设寇庄乡。1958年，改寇庄人民公社。1984年，复设寇庄乡。1996年，乡人民政府由寇庄村迁至张蔡庄村。2001年，撤销寇庄乡，设立张蔡庄乡至今。地势西高东低，有管涔山。海拔最高1812米，最低1090米。名胜古迹纪念地有明代张蔡庄堡址、塞外民居群落“十二连城”窑院、大虫窝抗战历史事件革命遗址、自然景观娘娘洞、朔州古八景之一“双化晚照”、西山森林公园等景点。

辖区内地名有以下特征：1. 以自然环境命名。如：九圪塔、南西沟等。2. 以姓氏命名。如：寇庄、张蔡庄、张家堡。3. 以地理位置命名。如：后村、前村等。

张蔡庄村 [Zhāngcàizhuāng Cūn]

居民点。张蔡庄乡人民政府驻地。在区人民政府驻地西南方向9千米。面积7.5平方千米。人口0.14万。地形平坦。明初洪洞县张、蔡二姓迁此定居，因姓氏得名。雍正《朔州志·建置里庄》载名“张蔡庄”。1949年，属窑子头三区。1953年，属窑子头三区寇庄乡。1954年，属寇庄乡。1961年，属寇庄人民公社。1984年，属寇庄乡。2001年，属张蔡庄乡至今。有古堡一座。

大虫窝村 [Dàchóngwō Cūn]

居民点。属张蔡庄乡。在区人民政府驻地西南方向17千米。面积5.7平方千米。人口约400人。古时因地处山区，森林茂密，有老虎出没，当地居民称老虎为大虫，故得名“大虫窝”。雍正《朔州志·建置里庄》载名“大虫窝”。1949年，属利民六区。1953年，属利民六区井儿上乡。1954年，属井儿上乡。1956年，属安子坪乡。1957年，属大虫窝乡。1958年，属利民人民公社。1961年，属寇庄人民公社。1984年，属寇庄乡。2001年，属张蔡庄乡至今。抗日战争时期属西山革命根据地，有抗日英雄纪念碑。

平鲁区 [Pínglǔ Qū]

县级政区名。属朔州市。为全国煤炭、电力资源大区，国家级小杂粮生产基地。在市境西部。东邻山阴县、右玉县，南接朔城区、忻州市神池县，西连忻州市偏关县，北以长城为界，与内蒙古清水河县接界。面积 2314.9 平方千米，人口 14.7 万。辖井坪镇、凤凰城镇 2 个镇，白堂乡、陶村乡、下面高乡、榆岭乡、向阳堡乡、西水界乡、高石庄乡、阻虎乡、双碾乡、下水头乡 10 个乡。区人民政府驻井坪镇平阳街。

区境在秦汉时期为中陵县地，属雁门郡。北魏时为魏都平城畿内地，后为善无县南境。北齐、北周并属朔州。隋为善阳县地。唐代在境内置保大栅。辽为朔州、武州北境，宁边州东境。明成化十七年（1481 年），置平虏卫，治所在大同城，隶山西行都司。嘉靖年间，平虏卫迁至今凤凰城镇。清顺治初，因讳“虏”字改名平鲁卫。雍正三年（1725 年），撤卫置平鲁县。隶朔平府。1912 年，废朔平府。1913 年，平鲁县属北路道。1914 年，属雁门道。1927 年，废道后直属山西省。1937 年，属山西省第二行政区。抗日战争时期属晋绥边区，先后置清平县、右南县。山朔县。1941 年，后称平鲁县、右南县、山朔县。1945 年 8 月，恢复平鲁县。1949 年，隶察哈尔省雁北专区。1951 年 4 月，县人民政府迁到井坪镇。1952 年 11 月，察哈尔省撤销后，划归山西省雁北专区。1958 年，并入朔县。1961 年，复置，仍属雁北专区。1967 年，属雁北地区。1989 年，划归朔州市，1990 年 6 月，改平鲁县为朔州市平鲁区至今。

辖区内地名专名有以下特点：1. 以军事建置的城堡命名。如：平鲁、阻虎、迎恩堡、响水营、败虎堡等。2. 反映长城军事建筑墩台序列遗存。如：二墩、八墩、十七墩等。3. 以所处的山川地形命名。如：山角嘴村、下水头、下乃河、大泉沟等。4. 以姓氏命名。如：缑家村、冯家岭、康家窑等。5. 以古城、古庙宇命名。如：凤凰城镇、平番城、龙泉寺、后沙城等。6. 以祥瑞、希冀命名。如：向阳堡、朝阳湾、富足庄、胜利村等。

地名通名有以下特点：1. 通名中有与明代军事驻防有关的口、堡、屯、营、寨等。如：白家堡、郑家营、田家大屯、吴兴寨、小冲口等。2. 其他以自然地形地貌为通名。如：干柴沟、黄石崖、王化山、雄沟梁等。3. 还有多为北方常见通名“村”“庄”“窑”等。如：陶家村、施家庄、五家窑。4. 有方言、北方民族语通名，如：“庄窝”指背风处，有南庄窝、陈家庄窝、小庄窝等。如：“花板”为蒙古语，意为“坡”，有周家花板、张家花板等。

地名应用方面有“平朔安太堡露天煤矿”“平鲁三宝”。

平朔安太堡露天煤矿：1984 年 4 月 29 日，中美合资建设亚洲第一大露天煤矿的开发协议签订后，于 1985 年 6 月正式开工。因露天煤矿生活区在朔县，生产区在平鲁县，中心区域在安太堡村，所以取名“平朔安太堡露天煤矿”。经过 30 多年的建设，安太堡煤矿已成为我国规模最大、资源回收率最高、现代化程度最高的露井联采生产企业，并实现由年产千万吨向亿吨级的历史跨越，被誉为我国改革开放的“第一块试验田”。

平鲁三宝：指“莜面、山药、大皮袄”，是指在旧时平鲁干旱、贫瘠且无霜期短的自然条件下，人民赖以生存的主要食品和御寒衣服。

地势西北高、东南低，总体是黄土丘陵区与基岩石山区。有黑驼山、虎头山、天门山、爬楼山等，其中黑驼山主峰为境内最高点，海拔 2147.3 米，最低点是马关河南端河谷，海拔 1130 米。较大河流有沧头河、大沙沟、马关河等，境内水系分属黄河、海河两大流域，多为自产外流型河道，平均海拔 1400 米。平鲁是全国著名的亿吨级煤炭大县（区），探明储量为 137.73 亿吨，煤田面积达 407 平方千米，为优质动力煤。其他自然资源有铁矿石、石灰石、高岭土、石英、云母等。农作物以莜麦、豌豆、荞麦、马铃薯为主，是国家重要的小杂粮生产基地。主要油料作物为胡麻。牧业以养羊为主，特产有“红山荞麦”，获国家地理标志证明商标认证及“中国红山荞麦之乡”称号。

有省级重点文物保护单位张马营古城遗址、井坪南梁战国、秦汉墓群、明长城 3 处。有市级重点文物保护单位井坪城址、上黑水沟遗址、平鲁城、王高登遗址、刘昭墓、北烟墩墓群、李林烈士陵园（省级爱国主义教育基地）7 处。其他名胜古迹有乌龙洞、北固山、南山公园、唐代大将尉迟恭祖坟、故居、祠庙、明代平虏卫城、井坪所、明长城、清代刘绍总兵墓、七墩关帝庙等。省级非物质文化遗产有踢鼓秧歌、骡驮轿。民间文化以踢鼓秧歌、六月六庙会为代表。有高石庄乡七墩村 1 个中国传统古村落。有“中国门神文化之乡”之誉，为门神文化研究基地。

历史人物有唐代名将尉迟恭、明大同昌平总兵刘汉、明昌平总兵计辅、明宣府参将李良才、清顺德总兵刘诏、革命烈士李林等。尉迟恭，今平鲁区上木角村人，唐初开国大将，官累迁至鄂国公。民间推崇他与秦琼为门神。李林（1915—1940），女，福建龙溪县人。李林幼年侨居荷属爪哇，1933 年就读上海爱国女中，参加学生抗日救亡运动。1936 年参加革命，参与创建雁北革命根据地。1940 年 4 月 26 日牺牲于平鲁县。2009 年，被选为 100 位为新中国成立作出突出贡献的英雄模范人物之一。

井坪镇 [Jǐngpíng Zhèn]

乡级行政区名。平鲁区人民政府所在地。位于区境中南部。东与榆岭乡接壤，东南与陶村乡毗邻，南连白堂乡，西连下水头乡，西北接双碾乡，北毗向阳堡乡。有“朔北雄城”之称。面积 177 平方千米。人口 3.32 万。辖古城社区、西泉社区、安东社区等 10 个社区，井坪村、上称沟村、下麻黄头村等 15 个行政村。镇人民政府驻平安东街。

明成化二十一年（1485 年）始建城垣，称井坪所，属大同行都司。万历四年（1576 年）朔州参将移驻井坪，称大同镇井坪路，辖朔州、应州、山阴、怀仁、马邑、井坪、灭胡、将军会、乃河、西安六城四堡。清雍正三年（1725 年），撤所改镇，属平鲁路参将辖，驻都司 1 员，领兵马驻防。民国属朔县二区辖，为区公所驻地。1951 年 4 月，朔县二区划归平鲁县六区，平鲁县人民政府迁驻井坪。1953 年 7 月，设立井坪镇。1958 年 8 月，设超美人民公社，10月后属朔县井坪人民公社。1961年5月，平朔分治，设平鲁县井坪人民公社。1984年7月，置井坪镇至今。

辖区内政区地名和居民点地名有以下特征：1. 以自然地理实体命名。如：西泉、龙卜沟等。2. 以历史人文地理实体命名。如：堡子沟、古城。3. 因姓氏命名。如：高家坡、陈掌、徐辛窑等。4. 以谐音雅化命名。如：羊圈改称"阳眷"。5. 以物产命名。如：大木瓜界、小木瓜界、乱榆卜。6. 以相对位置命名。如：东洼、南红沟、上红沟、前寺怀、上称沟等。

镇西北部是黄土丘陵区，北部为山涧盆地区。地势西、北高，东、南低。为剥蚀堆积地形。平均海拔1400米，最高点虎头山海拔1898米。大沙沟河从西北至东，流经小白羊洼、井坪村出境，境内长度9.8千米。

井坪地方民俗有"六月六"传统庙会。相传始于明代中期，旧时庙会内容有唱戏敬神，祈求风调雨顺，比赛妇女们的"三寸金莲"，杂以骡马、粮食等商品交易。20世纪50年代后，成为全县性的物资交流大会，会期五至七天。届时四方商贾云集，戏剧演出助兴，在当地有较大影响。古迹有省级文物保护单位井坪南梁战国、秦汉墓群，市级文物保护单位井坪城址。名胜纪念地有全国妇女爱国主义教育基地李林烈士陵园、引黄工程北线大梁调节水库、南山公园文昌塔等。

井坪村 [Jǐngpíng Cūn]

居民点。属井坪镇。南距区人民政府驻地2千米。东邻下麻黄头村，南接二铺，西连堡子沟村，北毗大沙沟。面积9.6平方千米。人口0.95万。地势西高，北、南、东低且平坦，大沙沟流经北部，七里河环绕南、东。相传因当地有汲水井，且四周平坦而得名。明成化二十一年（1485年）筑城，设井坪守御千户所。隆庆六年（1572年）扩展南城并砖包。城池周长2250米，高12米，设南、北二门，是大同镇重要卫所之一。明《宣大山西三镇图说·井坪城》："本城土筑自成化二十一年。隆庆六年甎包。周四里九分，高三丈六尺。原设守备官一员，并守御千户所。万历四年移朔州参将本城驻劄。"清初仍设参将驻守，雍正三年（1725年）撤所改镇，属朔州中里。雍正《朔平府志·武备兵司》："井坪城，今归平鲁县。"民国属朔县二区，1951年，划归平鲁县六区，为县人民政府、区公所驻地。1953年7月，属井坪镇。1958年8月，属超美人民公社，10月后，属朔县井坪人民公社。1961年5月，属平鲁县井坪人民公社。1984年7月，属井坪镇至今。有农历"六月六"井坪传统庙会。井坪古城为市级文物保护单位。

凤凰城镇 [Fènghuángchéng Zhèn]

乡级政区名。属平鲁区。全国重点镇。山西省21个小城镇建设示范镇之一。位于平鲁区北部。东北与右玉县接界，西接阻虎乡，南连双碾乡，东南邻西水界乡，北毗高石庄乡。面积182平方千米。人口0.79万。辖凤凰城村、三百户村等13个行政村。镇人民政府驻凤凰城村。因驻地得名。

明代置平虏卫，属大同镇。清初改为平鲁卫。雍正三年（1725年）撤卫置平鲁县。

民国因之。抗战时期日寇占领设平鲁县伪政府。1945 年 8 月 15 日平鲁城解放，仍为平鲁县委、县人民政府驻地。1951 年 4 月，县人民政府迁至井坪城后，为一区公所驻地。1958 年 8 月，设火箭人民公社。10 月，改朔县平鲁城人民公社。1961 年 5 月，改平鲁县平鲁城人民公社。1984 年 7 月，改称平鲁城镇。2001 年，因平鲁区与平鲁城镇专名相同，故根据明代建城时有凤凰落地的传说，更名为凤凰城镇，同年周花板乡并入。

辖境政区地名和居民点地名的专名有以下特征：1. 以自然地理实体命名。如：安架山、三层洞、小野庄。2. 以祥瑞、希冀命名。如：旺家村、凤凰城。3. 以人文地理实体命名。如：三百户、屯军沟、六百户、店坪、团城、龙泉寺等。4. 因姓氏命名。如：郑家营、武家沟、周家花板、张小村、艾家窑、王家村等。

辖境政区地名和居民点地名的通名有以下特点：1. 以常见聚落名称为通名。如：窑、庄、村等。2. 以自然地形地貌为通名。如：坪、沟、洞、山等。

地处管涔山北延山区和黄土丘陵区，平均海拔 1500 米，最高点石楼山海拔 1727 米。沧头河从南向北流经镇境。地方民俗有农历六月十八庙会。相传起源于明代中期，旧以唱戏娱神、物资交流为主，会期 5 天。与会客商来自内蒙古、山西、河北等地。古迹有平鲁古城、李将军府、三层洞观音塔、安架山河神庙、凤凰城北岳神祠等。名胜有清代“平鲁八景”中的五景，即：固山巍焕、石壁龙迹、奎光映照、恒岳峙屏、宝塔凌霄。

历史名人有：明代大同总兵刘汉，平虏卫人，平鲁城南街有表彰他的“云中良将”牌坊。明代昌平总兵计辅，平虏卫人。平鲁城南大街有为他修建的“畿辅元戎”“功高望重”牌坊。清代贵州威宁总兵牛射斗，三层洞村人。

凤凰城村 [Fènghuángchéng Cūn]

居民点。凤凰城镇人民政府驻地。在区人民政府驻地北 32 千米。东邻张小村，南连三里庄，西连郑家营，北毗黄家楼。面积 23.5 平方千米。人口 0.29 万。明成化十七年（1481 年）筑平虏卫城。明《宣大山西三镇图说·平虏城》：“本城土筑于明成化十七年。万历二年甎包。周六里三分，高四丈。本路参将驻劄。原设有平虏卫及守备官。”清雍正三年（1725 年）为平鲁县治所。雍正《朔平府志·武备兵司》：“平鲁卫，今平鲁县。”民国属平鲁县一区，为区公所驻地。1949 年，置城关镇。1951 年 4 月，县人民政府搬迁后，称平鲁城村。1956 年 4 月，属平鲁城乡。1958 年 8 月，属火箭人民公社，10 月后，属朔县平鲁城人民公社。1961 年 5 月，属平鲁县平鲁城人民公社。1984 年 7 月，属平鲁城镇。2001 年，因平鲁区与平鲁城镇专名相同，故根据明代建城时有凤凰落地的传说，更名为凤凰城镇，平鲁城村也相应改为凤凰城村。

民俗文化有农历六月庙会、踢鼓秧歌、面塑。古迹有文昌阁、李将军府、贺龙路居处、清代戏台、北固山寺庙群、平虏卫城、校军场遗址、辽金文化遗址。

屯军沟村 [Túnjūngōu Cūn]

居民点。属凤凰城镇，在区人民政府南 30 千米。东邻懒汉坡，南接安架山，西连阻虎乡小干沟，北毗郑家营，面积 6.5 平方千米。人口 0.19 万。唐代“安史之乱”后，回纥部降唐被安置在此，明朝时又设军驻防，故称屯军沟。明属平虏卫。清属平鲁县。民国属平鲁县一区。1953 年 7 月，属小干沟乡。1956 年 4 月，属大干沟乡。1958 年 8 月，属火箭人民公社，10 月后，属朔县平鲁城人民公社。1961 年 5 月，属平鲁县平鲁城人民公社。1984 年 7 月，属平鲁城镇。2001 年 1 月，属凤凰城镇至今。2005 年 6 月，平鲁区在实施移民搬迁战略时，在该村兴建移民新村和商贸一条街，安置附近乡镇移民。

1979 年 4 月 9 日，屯军沟村民黑云在村边发现并出土金铤等物 195 件，重量 34770 克，其中 5 件金器上刻铭文，均为唐代窖藏珍宝。现存山西省博物院。

三层洞村 [Sāncéngdòng Cūn]

居民点。属凤凰城镇。位于平鲁区北部，在区人民政府北 40 千米。东邻善井沟，南接刘五窑，西连高石庄乡马家湾，北毗草垛山，与右玉县台子村接界。地势西、南、东高，北低，苍头河由此出境入右玉县。面积 12.6 平方千米。人口约 300 人。因村位于塔儿山下，山腰峭壁上有三层大小不一的石窟而得名。明属平虏卫。清属平鲁县。民国属平鲁县一区。1958 年 8 月，属火箭人民公社，10 月后，属朔县平鲁城人民公社。1961 年 5 月，属平鲁县平鲁城人民公社。1962 年 2 月，属周花板人民公社。1984 年 7 月，属周花板乡。2001 年 1 月，划属凤凰城镇至今。名胜古迹有平鲁八景之一的“宝塔凌霄”、三层洞石窟、堡寨、塔儿山观音寺遗址。村中有清代威宁总兵牛射斗故宅。1938 年 6 月 23 日，八路军 358 旅在此伏击日寇给养车队，击毁敌汽车 4 辆，毙敌 36 名，俘虏日军 4 人。

白堂乡 [Báitāng Xiāng]

乡级政区名。属平鲁区，在区境南部，东与陶村乡交界，南、西南与朔城区下团堡乡、利民镇接壤，西与下水头乡相接，北与井坪镇相连，面积 106.56 平方千米。人口 1.5 万。辖马蹄沟村、潘家窑村、白堂村等 16 个行政村。乡人民政府驻安太堡村。乡名因驻地原在白堂村而得名。明属朔州卫。清属朔州中里。民国属朔县二区。1951 年 4 月，划归平鲁县六区。1953 年 7 月，分属白堂乡、西易村乡，太西乡。1958 年 8 月，属永跃人民公社，10 月后，属朔县井坪人民公社。1961 年 5 月，属平鲁县井坪人民公社。1962 年 2 月，设白堂人民公社，驻地白堂村。1984 年 5 月，置白堂乡，2001 年 1 月，划井坪镇南部 9 个村并入。2007 年，乡人民政府迁驻安太堡村。

地处黄土丘陵沟壑区，西南部为土石山区。平均海拔 1400 米，最高点黑驼山海拔 2147 米。七里河源于乡境打莺沟、黄石崖，流经潘家窑、石崖湾入朔城区境。民俗文化有省级非遗产项目窝窝会踢鼓秧歌、“二月二”九曲黄河灯。古迹纪念地有上黑水新石器文化遗址、窝窝会、红沟、二道凹汉代聚落遗址、陶卜洼黄石崖石窟、党家沟龙王庙、圣泉寺遗址、窝窝会村绥蒙军区司令部遗址及纪念墙、碑。历史名人有辛亥革命元老刘懋赏。

安太堡村 [Āntàibǔ Cūn]

居民点。白堂乡人民政府驻地。位于平鲁区南部，在区人民政府驻地南 8 千米。安太堡村原在白堂乡政府东 4 千米处，1986 年，因平朔露天煤矿占地而搬迁西坪新村。东邻乡政府，南接潘家窑，西连窝窝会，北毗元墩。面积 1 平方千米。人口 0.12 万。地势西、北高，东、南低，平均海拔 1400 米，村落平坦。原名苦参坪，因当地多苦参而得名。后村人以村名不雅，改名安太堡，寓意安定太平。清属朔州中里。雍正《朔州志·建置里庄》载名“安太铺”。民国属朔县二区。1951 年 4 月，划归平鲁县六区。1953 年 7 月，属白堂乡。1958 年 8 月，属永跃人民公社，10 月后属朔县井坪人民公社。1961 年 5 月，属平鲁县井坪人民公社。1962 年 2 月，属白堂人民公社。1984 年 7 月，属白堂乡至今。1986 年，国家开工建设平朔安太堡露天煤矿后，安太堡地名迅速走向全国，被誉为国家引进外资和改革开放的“第一块试验田”。

历史名人刘懋赏（1870—1931），安太堡人。1905 年，在日本东京明治大学分校经纬学堂速成师范班毕业后，加入中国同盟会。回国后在山西大学堂同学中秘密宣传革命。1906 年，与冯济川等人，发起争矿运动。1912 年，南京临时政府成立，被选为第一届参议院议员。1918 年，当选为山西省议会副议长。1931 年 5 月，病逝。

白堂村 [Báitāng Cūn]

居民点。属白堂乡。在区人民政府驻地南 13 千米。东邻曹庄，南接高家沟，西连窝窝会，北毗元墩。面积 5.5 平方千米。人口 0.19 万。原名白草梁，后因村有佛堂，俗名为白堂子，故以名村。雍正《朔州志·建置里庄》载名“白堂子”。清属朔州中里。民国属朔县二区。1951 年 4 月，划归平鲁县六区。1953 年 7 月，设白堂乡。1958 年 8 月，属永跃人民公社，10 月，属朔县井坪人民公社。1961 年 5 月，属平鲁县井坪人民公社。1962 年 2 月，设白堂人民公社，为公社驻地。1984 年 7 月，置白堂乡至今。2007 年，乡人民政府搬迁安太堡村。地处丘陵区，地势西、北高，东、南低，平均海拔 1500 米。

西易村 [Xīyì Cūn]

居民点。属白堂乡。第三届全国文明村镇、全国乡村治理示范村。在区人民政府驻地东南 15 千米。地势北高，西、东、南低。东邻东易，南邻上窑，西北与平朔露天煤矿毗连。面积 1.7 平方千米。人口 0.13 万。原名西乱冢，后人以村名不雅，改为西易村。雍正《朔州志·建置里庄》载名“西乱冢”。清属朔州中里。民国属朔县五区。1951 年 7 月，划归平鲁县六区。1953 年 4 月，设西易乡。1956 年 5 月，属白堂乡。1958 年 8 月，属永跃人民公社，10 月后，属朔县井坪人民公社。1962 年 2 月，属白堂乡人民公社。1984 年 7 月，属白堂乡至今。地处丘陵区，平均海拔 1500 米。

石崖湾村 [Shíyáwān Cūn]

居民点。属白堂乡。在区人民政府驻地东南方向 11 千米。东邻陶村乡石曹西村，南与朔城区下窑村接界，西连马蹄沟村，北毗马鞍山。面积 2.1 平方千米。人口约 480 人。地势西、北、东高，南低。七里河从村西南流经，平均海拔 1450 米。村因在石崖峭壁之下的河湾处而得名。清属朔州中里。民国属朔县一区。1953 年 7 月，属朔县刘家口乡。1958 年 8 月，属朔县下团堡人民公社。1961 年 5 月，属平鲁县井坪人民公社。1962 年 2 月，属白堂人民公社。1984 年 7 月，属白堂乡至今。

1938 年 3 月 16 日，八路军 358 旅 716 团在石崖湾村东马鞍山下河道伏击日军驻朔县教导团车队，全歼61名日军军官，击毁汽车6辆，缴获大量武器给养。史称“马鞍山伏击战”。

陶村乡 [Táocūn Xiāng]

乡级政区名。属平鲁区。在区境东南部，洪涛山西麓，东与下面高乡相靠，南与朔城区小平易乡相接，西与白堂乡相邻，北与榆岭、井坪镇相连。面积84.82平方千米。人口1.32万。辖歇马关村、前南沟村、陶西村等14个行政村。乡人民政府驻陶村。乡名因驻地在陶村而得名。清属朔州中里。民国属朔县五区。1951年4月，划归平鲁县五区。1953年7月，分属陶家村乡、王高登乡、歇马关乡。1958年8月，属联盟人民公社，10月后，属朔县下面高人民公社。1961年5月，成立平鲁县陶村人民公社。1984年7月，置陶村乡至今。地处黄土丘陵沟壑区，平均海拔1300米。马关河从西北向南流经杨井沟、王高登、西家寨、陶西、歇马关入朔城区境，境内全长22千米。民俗文化有踢鼓秧歌、剪纸、八音会吹奏乐。古迹有王高登新石器文化遗址、陶村宋代钱币发掘遗址、歇马关辽金遗址、石曹西村元代石窟、清代煤窑等。

陶村 [Táo Cūn]

居民点。陶村乡人民政府驻地。在区人民政府驻地东南方向25千米。东邻白土窑，南接歇马关，西连陶西，北毗西家寨。面积8.9平方千米。人口约800人。地势西、北、东高，南低。马关河从村西流过。平均海拔1300米。原名陶家村，因陶姓建村而得名。1983年，经雁北行署批准，分为陶东和陶西两村。该村在东，称陶村。雍正《朔州志·建置里庄》载名“陶家村”。清属朔州中里。民国属朔州五区。1951年4月，划归平鲁县五区。1953年7月，设陶家村乡。1958年8月，属联盟人民公社，10月后，属朔县下面高人民公社。1961年5月，属平鲁县陶村人民公社。1984年7月，属陶村乡至今。

古迹有陶村宋代钱币发掘遗址。2004年9月27日，平鲁区在修建公路时，在陶村东部500米处发现宋代钱库。经文管部门清理，共有500余公斤宋代钱币，有30多个年号版别，分析认为是金代正隆年间官府库藏。

下水头乡 [Xiàshuǐtóu Xiāng]

乡级政区名。属平鲁区。位于区境西南部。东连井坪镇、白堂乡，南接朔城区利民镇，西与忻州市偏关县、神池县接界，北连双碾乡和阻虎乡。面积444.4平方千米。人口2.01万。辖白养沟村、只泥泉村、南辛庄村等28个行政村。乡人民政府驻另山村。乡名因原驻地在下水头村而得名。清代属朔州右里。民国时属朔县四区，抗战时期为晋绥抗日根据地。1951年4月，划归平鲁县七区。1953年7月，分属前沙沟乡、下井乡、另山乡、只泥泉乡。1956年4月，设下水头乡。1958年8月，为红旗人民公社，10月后，称朔县下水头人民公社。1961年，称平鲁县下水头人民公社。1984年7月，置下水头乡。2001年1月，撤并乡镇，只泥泉乡与刘家窑乡的祝马会、黄土坡两村并入。2021年，撤销下木角乡，将原下木角乡所辖11个行政村全部划入下水头乡。

辖区内政区地名和居民点地名的专名有以下特征：1. 以自然地理实体命名。如：下水头、上水头、前沙沟、山洼沟。2. 因姓氏命名。如：王家泉、杜家阳坡、陈庄等。3. 以人文地理实体命名。如：炭窑背、窑上、寺儿沟等。4. 以相对位置命名。如：下井、中井、上井、下石窑、上石窑、南坪、下纸房等。5. 以物产命名。如：大松沟、韭菜庄、麻地沟等。

辖区内政区地名和居民点地名的通名有以下特点：1. 以常见聚落名称为通名。如：窑、庄、寨等。2. 以自然地理实体为通名。如：泉、沟、山、峁、崖等。

地处土石山区，地势东、南、北高，西低，为侵蚀构造地形。关河横贯全境。平均海拔 1500 米以上。最高点玉石盘山，海拔 1784 米。古迹有乃河堡、窑上汉代遗址、下井辽代遗址、清代总兵刘诏墓园、寨山古堡、口前堡、尉迟敬德故里、云游寺、无极寺、边庄、下木角汉代遗址、白道沟摩岩石刻等。红色纪念地有只泥泉村晋绥边特委驻地、虎头山伏击战遗址、口子上阻击战及南坪、下井惨案遗址。历史名人唐代大将尉迟恭、清康熙广东顺德镇总兵刘诏。抗战英雄有晋绥边区特等劳动英雄孙兴昌、甲等劳动英雄尹茂元、甲等战斗英雄寇丰林、特等民兵英雄尹茂官、甲等民兵英雄李步洲、甲等爆破英雄尹茂仁。历史事件有上、下木角惨案等。民俗文化有踢鼓秧歌、九曲黄河灯。每年农历正月十五，在下木角村都要举办盛大的点灯仪式。

另山村 [Lìngshān Cūn]

居民点。下水头乡人民政府驻地，东距平鲁区人民政府驻地 22 千米。面积 8.05 平方千米。耕地面积 5379 亩。人口 0.1 万。因村后有一孤峰独峙故以山取名另山。雍正《朔州志·建置里庄》载名“另山村”。清代属朔州右里，民国属朔县四区，1951 年 4 月，划归平鲁县七区，1953 年 7 月，在该村设另山乡，1956 年 4 月，属下水头乡，1958 年 8 月，属红旗乡人民公社，10 月后，属朔县下水头人民公社，称生产大队。1961 年 5 月，回归平鲁县，1984 年 7 月，属下水头乡至今。2009 年，下水头乡政府由下水头村搬迁该村。

下水头村 [Xiàshuǐtóu Cūn]

居民点。属下水头乡。在区人民政府驻地西 20 千米。原为下水头乡人民政府驻地。东邻下石窑村，南靠另山村，西依锥子山，北连上乃河村。面积 18.3 平方千米。人口 0.15 万。相传村建于明代，因村西北有山泉发源，与上水头相对而得名。清代属朔州右里。雍正《朔州志·建置里庄》载名“下水头”。民国属朔县四区。1951 年 4 月，划归平鲁县第七区。1953 年 7 月，属另山乡。1956 年 4 月，设下水头乡。1958 年 8 月，属红旗人民公社，10 月后属朔县下水头人民公社。1961 年，属平鲁县下水头人民公社。1984 年 7 月，属下水头乡至今。2009 年，乡人民政府迁驻另山村。传统民俗有踢鼓秧歌。

东昌峪村 [Dōng chāngyù Cūn]

居民点。属下水头乡。东南距平鲁区人民政府驻地 35 千米。面积 19 平方千米。人口约 800 人。关河支流从村前向南流去。清代属朔州右里。雍正《朔州志·建置里庄》载名“东昌峪”。民国属朔县四区，1951 年 4 月，划归平鲁县四区。1953 年 7 月，属祝马会乡，1956 年 4 月，在此设东昌峪乡，1958 年 8 月，属五星人民公社，10 月后属朔县下水头人民公社，称生产大队。1961 年 5 月，属平鲁县下水头人民公社，1984 年 7 月，属下水头乡至今。古迹有清康熙年间顺德镇总兵刘诏墓园及刘氏祖坟，为县级文保单位。

只泥泉村 [Zhīníquán Cūn]

居民点。属下水头乡。在区人民政府驻地西 30 千米。东邻东山上，南接信虎辛窑，西毗下纸坊，北连南辛庄。面积 9.7 平方千米。人口约 600 人。原名“赤泥泉”，因村前沟中泥水呈红色而得名。后以方言谐音演变为“只泥泉”。清代属朔州右里。雍正《朔州志·建置里庄》载名“只泥泉”。民国属朔县四区。1951 年 4 月，划归平鲁县七区。1953 年 7 月，设只泥泉乡。1958 年 8 月，属光明人民公社，10 月后属朔县下水头乡人民公社。1961 年 5 月，为平鲁县只泥泉人民公社驻地。1984 年 7 月，为只泥泉乡人民政府驻地。2001 年，撤乡并镇，并入下水头乡至今。抗日战争期间，先后为中共晋绥边区特委、五分区、中共朔县县委、右南县委、山朔县委、朔县抗日民主政府、八路军六支队、三大队等驻地。1945 年 2 月 27 日，日军残杀干部、民兵 19 人，史称“只泥泉惨案”。现存抗日红色遗址多处。民俗活动有农历六月十三“清泉寺庙会”。

上木角村 [Shàngmùjiān Cūn]

居民点。属下水头乡。在区人民政府驻地西南方向 34 千米。面积 11.3 平方千米。人口约 240 人。唐代称“上无忌”。明代称“上无极”。后演变为上木角。方言读“角”音“jiān”。清代属朔州右里。雍正《朔州志·建置里庄》载名“上木角”。民国属朔县四区。1951 年 8 月，划归平鲁县七区。1953 年 7 月，设上木角乡。1956 年 4 月，属下木角乡。1958 年 8 月，属前进人民公社，10 月后属朔县下水头人民公社。1961 年 5 月，属平鲁县下木角人民公社。1984 年 7 月，属下木角乡。2021 年 4 月，属下水头乡。为唐代名将尉迟恭的故里。抗战期间曾为朔县县委、抗日民主政府驻地。2015 年，被评为“山西省美丽乡村”，在此建设“门神故里景区”。2021 年，被评为第八批“全国民主法治示范村（社区）”。名胜古迹纪念地有朔平西山抗日根据地纪念馆、尉迟恭陈列馆、云游寺、尉迟坟、尉迟窑、九十九眼井等。1944 年 3 月 14 日，日寇在村中残杀我干部群众 7 人，史称“上木角惨案”。

历史人物尉迟恭（585—658），字敬德，上木角村人。隋大业间投军，唐武德二年（619 年）降唐，跟随秦王李世民南征北战，屡立奇功。在“玄武门事变”中，协助李世民斩杀太子、齐王，受封吴国公，后改封鄂国公，名列凌烟阁二十四功臣第七位。逝后陪葬昭陵。因其与秦琼为李世民守卫宫门邪祟夜不敢入的传说，后世奉二人为门神。当地有尉迟恭追蛇得鞭、鞭打碌碡等传说故事。

双碾乡 [Shuāngniǎn Xiāng]

乡级政区名。属平鲁区。位于区境西部，东邻西水界乡，西南接下水头乡，北靠阻虎乡、凤凰城镇，东南连井坪镇。面积 199.5 平方千米。人口 0.97 万。辖东港村、双碾村、乔沟村等 15 个行政村。乡人民政府原驻双碾村，2008 年，搬迁大有坪村。乡名因乡人民政府原驻双碾村而得名。乡境多数村庄在清代属朔州右里，民国属朔县二区。部分村庄清代属平鲁县，民国属平鲁县四区。抗战期间为抗日根据地，平鲁县委等党政机关、八路军六支队长期活动于此。抗战胜利后，在双碾村设平鲁县四区区公所。1951 年 4 月，原属朔县二区的村庄划归平鲁县四区。1953 年 7 月，分属和尚壁乡、阻堡乡、刘井沟乡、兔儿水乡、东港乡等。1956 年 4 月，成立双碾乡。1958 年 8 月称双胜人民公社，10 月后，属朔县双碾人民公社。1961 年 5 月，改平鲁县双碾人民公社。1984 年 7 月，置双碾乡。2001 年 1 月，撤并乡镇时，刘家窑乡东南部 4 个村并入。

乡境政区地名和居民点地名的专名有以下特征：1. 以自然地理实体命名。如：九坪梁、大泉沟、扒齿沟。2. 以人文地理实体命名。如：和尚碧、红娘墓等。3. 因姓氏命名。如：白辛庄、刘井沟、计家窑等。4. 以相对位置命名。如：东水洼、上井沟、东港等。

政区地名和居民点地名的通名有以下特点：1. 多以常见聚落名称为通名。如：窑、庄、寨、寺等。2. 以自然地貌为通名。如：坪、沟、山、坡、崖、梁等。

地处土石山区。地势西北高，东南低，为侵蚀构造地形。平均海拔 1450 米，最高点乌龙洞山，海拔 1830 米。大沙沟河流经。民俗活动有踢鼓秧歌、农历六月二十四乌龙洞庙会。名胜古迹有清代“平鲁八景”之一的“龙洞滴珠”、乌龙洞旅游风景区、人马山地质公园、东水洼战国遗址、潘井沟辽金遗址、红娘墓。纪念地有双碾村李林高小旧址、白辛庄惨案遗址。

大有坪村 [Dàyǒupíng Cūn]

居民点。双碾乡人民政府驻地。东南距平鲁区人民政府驻地 11 千米。面积 58.22 平方千米。人口约 300 人。民国属平鲁县四区，1953 年 7 月，属东水洼乡，1958 年 8 月，属双胜人民公社，10 月后改属朔县双碾人民公社，称生产大队。1961 年 5 月，属平鲁县双碾人民公社，1984 年 7 月，属双碾乡至今。2006 年，平鲁区在此建设移民新村，2008 年，双碾乡人民政府由双碾村搬迁该村。村中建有戏台，村东有 1959 年修筑的大有坪水库。2017 年 11 月，被授予为第五届全国文明村镇。

双碾村 [Shuāngniǎn Cūn]

居民点。属双碾乡。在区人民政府驻地西北 20 千米。面积 9.5 平方千米。人口约 900 人。据传村中原有两盘大石碾，故名双碾。清属朔州右里。雍正《朔州志·建置里庄》载名“双碾儿”。民国时期先属朔县二区，抗战胜利后属平鲁县四区，为区公所驻地。1958 年 8 月，设双胜人民公社，10 月后改属朔县双碾人民公社，为公社驻地。1961 年 5 月，属平鲁县双碾人民公社。1984 年 7 月，为双碾乡人民政府驻地。2008 年，乡驻地迁往大有坪村。1937 年 11 月，双碾村成立党支部，为平鲁县最早的党支部之一。

阻虎乡 [Zǔhǔ Xiāng]

乡级政区名。属平鲁区。在区境西北部。东与凤凰城镇接壤，南与双碾乡相邻，西连内蒙古自治区清水河县，北邻高石庄乡。面积 177.13 平方千米。人口 0.9 万。辖大干沟村、小干沟村、前暖沟村等 21 个行政村。乡人民政府驻阻虎村。因驻地得名。明嘉靖二十三年（1544 年）筑阻胡堡，属平虏卫。清雍正三年（1725 年）属平鲁县。民国属平鲁县三区、四区。抗战时期为晋绥根据地，中共平鲁县委等机构辗转驻扎于此。1953 年 7 月，分属后暖沟乡、大杨家窑乡、阻堡乡、兔儿水乡。1958 年 8 月，分属火箭、新胜人民公社，

10月，属朔县郭家窑人民公社。1961年5月，设平鲁县阻虎人民公社。1984年7月，置阻虎乡。2001年1月，撤并乡镇，刘家窑乡的20个村并入。

境内政区地名和居民点地名的专名有以下特征：1．以自然地理实体命名。如：红山、二道洼。2．以人文地理实体命名。如：迎恩堡、掌柜窑、寺怀、将军会、阻堡等。3．因姓氏命名。如：周家沟、阎家窑、小郭家窑、刘货郎、大杨家窑、金家窑、刘家窑、柴家窑、高家窑等。4．以相对位置命名。如：大干沟、小干沟、前暖沟、后暖沟、南窑等。以谐音命名。如：圭儿峁、正沟、亥子峁、达达井等。5．以动植物命名。如：芦草洼、中马晾沟、兔儿水等。6．方言读音地名。港子村中"港"字平鲁方言读音"jiang"。

政区地名和居民点地名的通名有以下特点：1．多以常见聚落为通名。如：窑、庄、村等。2．以自然地貌为通名。如：洼、沟、峁、山、水等。3．以军事设施遗址为通名。如：寨、堡、墩等。

地势东、西低，南北高，为构造剥蚀地形，山顶浑圆，地形呈波状起伏。平均海拔1500米。最高点卧龙洞山，海拔1694米。大沙沟河发源于乡境杨家窑村。民俗文化有每年7～8月的油菜花旅游观光季和八十道洼系列故事。古迹有阻虎堡、将军会堡、阻堡、迎恩堡四座明代军堡。有明长城20.1千米及附属敌楼4座、数十个台墩。纪念地有迎恩堡六支队党支部纪念馆、后暖沟平鲁县委旧址、二道梁阻击战遗址。特产有"红山荞麦"，为国家地理标志证明商标认证，荣获"中国红山荞麦之乡"称号。

阻虎村 [Zǔhǔ Cūn]

居民点。阻虎乡人民政府驻地。在区人民政府驻地西北31千米。面积7.5平方千米。人口0.14万。明嘉靖二十三年（1544年）筑阻胡堡，意为阻击胡人来犯。明《宣大山西三镇图说·阻胡堡》："本堡西当偏老之冲，南扼雁代之险，当一路孤悬，以屏翰三晋要害。建自嘉靖二十三年，故土筑也。隆庆六年甎包之。周一里一分，高三丈五尺。设操守官一员。"清顺治初改名"阻虎堡"，后属平鲁县。雍正《朔平府志·武备兵司》："阻虎堡，今归平鲁县。"民国属平鲁县三区。1953年5月，属后暖沟乡。1956年4月，属大干沟乡。1958年8月，属火箭人民公社，10月后，属朔县郭家窑人民公社。1961年5月，设阻虎人民公社，为公社驻地。1984年7月，置阻虎乡至今。古迹有阻虎堡遗址，为明长城平鲁段重要军堡之一。堡周长650米，现堡墙坍毁严重，残高5千米，底高8米，留有"官买粮草记"石碑一通。

将军会村 [Jiāngjūnhuì Cūn]

居民点。属阻虎乡。在区人民政府驻地西北38千米。面积4.8平方千米。人口约300人。相传原名白草坪堡，明万历九年（1581年）筑堡。后因蒙、明双方将领在此签订和约，故更名为将军会堡。明代属平虏卫、井坪所。明《宣大山西三镇图说·将军会堡》："本堡旧名白草坪，虏潜伏窃掠无时。万历九年始建土城。万历二十四年石包之。周一里五分有奇。高二丈七尺。原设防守。万历三十一年议改守备。"清雍正三年（1725年），改为民堡，属平鲁县。雍正《朔平府志·武备兵司》："将军会堡，今裁，归平鲁县，改为民堡。”民国时期属平鲁县四区。1953年7月，属刘家窑乡。1956年4月，属兔儿水乡。1958年8月，属长城人民公社，10月后，属朔县双碾人民公社。1961年5月，属平鲁县刘家窑人民公社。1984年7月，属刘家窑乡。2001年，撤并乡镇时划归阻虎乡至今。古迹有将军会堡，为平鲁长城重要军堡之一。堡周长800米，高9米，建有石砌西门，门外有瓮城，明万历年间设守备驻守。是平鲁军堡中保存最为完好的古堡之一，堡门上砖雕花卉精美，留有“将军会创建土堡记”等五块明代石碑。

红山村［Hóngshān Cūn］

居民点。属阻虎乡。在区人民政府驻地西北35千米。面积2.5平方千米。人口约300人。原名“冯儿山”，因村在冯儿山下而得名，后以方言谐音改称“红山”。明代属平虏卫。清属平鲁县。民国属平鲁县三区。1953年7月，属大杨家窑乡。1958年8月，属新胜人民公社，10月后属朔县郭家窑人民公社。1961年5月，属平鲁县阻虎人民公社。1984年7月，属阻虎乡至今。地名应用有“红山荞麦”。红山荞麦为国家农产品地理标志登记保护产品。其种植已有800多年的历史。多次入选国宴，出口十余个国家，20世纪70年代，法国总统蓬皮杜、日本首相田中角荣访华时，曾点名品尝。2013年，荣获国家地理标志证明商标认证，2015年，中国粮食行业协会命名平鲁为“中国红山荞麦之乡”。

高石庄乡［Gāoshízhuāng Xiāng］

乡级政区名。属平鲁区。位于区境北部。东北与右玉县威远镇、杨千河乡接界，东连凤凰城镇，南与阻虎乡、凤凰城镇接壤，西、西北依长城为界与内蒙古清水河县、和林县接壤。面积229.2平方千米。人口1.06万。辖郭家窑村、石湾村、泉子坡村等18个行政村。乡人民政府原驻高石庄村。2007年，迁至泉子坡村。以原乡驻地得名。清代属平鲁县。民国属平鲁县三区。区公所先驻七墩，抗战胜利后迁驻郭家窑。1953年7月，分属民主乡、和平乡、水利乡、大庙坡乡、新民乡、裕民乡。1956年4月，分属大郭家窑乡、索家窑乡。1958年8月，属九一人民公社，10月后，属朔县郭家窑人民公社。1961年5月，属平鲁县郭家窑人民公社。1979年，公社驻地搬迁高石庄村，更名为高石庄人民公社。1984年7月，置高石庄乡，2001年1月，撤并乡镇时，蒋家坪乡并入。2007年12月，乡人民政府搬迁至泉子坡村。

乡境政区地名和居民点地名的专名有以下特征：1. 以自然地理实体命名。如：大河堡、泉子坡、后湾、牛洞沟、响水营。2. 以人文地理实体命名。如：店湾、二墩、小六墩、八墩、少家堡、七墩等。3. 因姓氏命名。如：郭家窑、薛家窑、仇家窑等。4. 以相对位置命名。如：上窑、下水泊、上水泊等。5. 以动植物命名。如：打鱼湾、黑果沟、松良沟等。

政区地名和居民点地名的通名有以下特点：1. 以明代军事设施遗存为通名。如：堡、营、墩等。2. 以自然地形地貌为通名。如：沟、湾、坡等。3. 以常见聚落名称为通名。如：窑、庄、村。

地处黄土丘陵区，属构造剥蚀地形。有君地坡山、东台山、马头山等，最高点王大头山，海拔1732米，平均海拔1600米。为汤溪河、沧头河发源地。有中国传统古村落七墩村。民俗活动有每年农历六月二十四大庙坡庙会，为晋蒙人民物资交流的盛会。名胜古迹有明海湖风景区、28.8 千米的明长城、败虎堡、少家堡、大河堡、七墩镇关帝庙、黑家窑汉代聚落遗址。纪念地有赵家窑、大庙坡惨案遗址。

泉子坡村 [Quánzǐpō Cūn]

居民点。高石庄乡人民政府驻地。地处109国道与直通和林、呼市公路交汇的三角地带，东南距平鲁区人民政府驻地40千米。面积13.59平方千米。耕地面积3112亩。人口约271人。明代始建时称东儿洼，清代年间地震时村中冒出清泉，更名泉旺坡，民国年改为泉子坡。清代属平鲁县，民国属平鲁县三区，1953 年 7 月，属新民乡。1956 年 4 月，属大郭家窑乡。1958 年 8 月，属九一人民公社，10 月后，属朔县郭家窑人民公社，称生产大队。1961 年 5 月，属平鲁县郭家窑人民公社。1979 年，属高石庄人民公社。1984 年 7 月，属高石庄乡至今。2007 年 12 月，高石庄乡政府由高石庄村搬迁到此。

高石庄村 [Gāoshízhuāng Cūn]

居民点。属高石庄乡。在区人民政府驻地北 50 千米。面积 3 平方千米。人口约 700 人。相传因附近高地多石而得名。清雍正间平鲁首任知县王杜在途经时写诗："高石俨成庄，穴居拱朝日，点点若蜂屯，时闻歌蟋蟀"。清属平鲁县。民国属平鲁县三区。1953 年 7 月，属民主乡。1956 年 4 月，属大郭家窑乡。1958 年 8 月，属九一人民公社，10 月后属朔县郭家窑人民公社。1961 年 5 月，属平鲁县郭家窑人民公社。1979 年元月，郭家窑人民公社驻地迁高石庄，更名为高石庄人民公社。1984 年 7 月，置高石庄乡。2007 年，高石庄乡人民政府驻地迁泉子坡村。

败虎村 [Bàihǔ Cūn]

居民点。属高石庄乡。在区人民政府驻地北 50 千米。面积 10 平方千米。人口约 740 人。原为明代大同西路平虏卫辖军堡，始称永宁堡，后称败胡堡，设军驻防。明《宣大山西三镇图说 · 败胡堡》："本堡创自嘉靖二十三年。隆庆六年始甃以甎石。周一里五分。高三丈六尺。设操守官一员。本堡地当冲险，胡骑一驰，呼吸可至。"清初改为败虎堡。雍正三年（1725 年）属平鲁县。雍正《朔平府志 · 武备兵司》："败虎堡，今归平鲁县。"民国属平鲁县三区。1953 年 7 月，设立新民乡。1956 年 4 月，属大郭家窑乡。1958 年 8 月，属九一人民公社，10 月后属朔县郭家窑人民公社。1961 年 5 月，属平鲁县郭家窑人民公社。1979 年 1 月，属高石庄人民公社。1984 年 7 月，属高石庄乡至今。古迹有败虎堡，是平鲁明长城重要军堡之一。始建于明嘉靖二十三年（1544 年），周长 1000 米，堡墙底宽 6 米，高 12 米，设东门，门外有关，有操守驻守，守军 432 名，分管长城 4 千米。现存南、西、北堡墙，东墙塌毁严重，堡内保存有"永宁堡"石匾。明隆庆四年（1570 年）九月，蒙古族首领俺答的孙子把汉那吉因家族矛盾，带领部属夜越长城，赴败胡堡叩关投诚。明王朝利用这次机会，双方和谈达成和平协议，在败胡堡开设马市，供蒙汉人民自由贸易。1943 年 6 月，日寇在此修筑据点，1945 年 8 月，拔除。

西水界乡 [Xīshuǐjiè Xiāng]

乡级政区名。属平鲁区。位于区境北中部，南接井坪镇，东南邻向阳堡乡，东北连右玉县高家堡乡，北接凤凰城，西邻双碾乡。面积210平方千米。人口1.21万。辖泉子上村、担子山村、交界村等23个行政村。乡人民政府驻西水界村。因驻地而得名。明属平虏卫。清属平鲁县。民国属平鲁县一区。1953年7月，分属大路庄乡、前沙城乡、担子山乡、骆驼山乡。1956年4月，设西水界乡。1958年8月，属中心红旗人民公社，10月后属朔县平鲁城人民公社。1961年5月，分属平鲁县西水界人民公社、骆驼山人民公社。1984年7月，置西水界乡、骆驼山乡。2001年1月，骆驼山乡并入至今。

境内政区地名和居民点地名的专名有以下特征：1. 以自然地理实体命名。如：西水界、大石湖、小红沟、泉子上、泉儿沟、大沟、小冲口。2. 以人文地理实体命名。如：五元井、西井、铺上等。3. 因姓氏命名。如：魏庄、侯家村、郭家村、赵小村、于家窑、孙家狮、黑家狮、田家大屯等。4. 以祥瑞、希冀命名。如：富足庄、新荣村等。5. 以相对位置命名。如：北堡、西村、西井等。

境内政区地名和居民点地名的通名有以下特点：1. 以人文地理实体为通名。如：窑、庄、村、街、城等。2. 以自然地形地貌为通名。如：沟、山、石等。

地处土石山区，属构造剥蚀地形。地势东、南、北高，西低。大沙沟河支流从担子山发源向北转西流出。有瞭高山、儿女山、天门山。平均海拔1500米，最高点瞭高山，海拔1828米。地方名人有民国参议员贾述尧、早期共产党员王子承。名胜古迹有清代平鲁八景之一的“天门还翠”、天门山观音寺遗址、上徐坟明代郭氏墓地、上赤岔马氏墓地、小路庄汉代聚落遗址。

西水界村 [Xīshuǐjiè Cūn]

居民点。西水界乡人民政府驻地。 南距平鲁区人民政府驻地18千米，东邻西村，南接铺上，西连榆树洼，北毗大路庄。面积3.33千米。人口约700人。民国属平鲁县一区。1953年7月，属大路庄乡。1956年4月，属西水界乡。1958年8月，属中心红旗人民公社，10月后，属朔县平鲁城人民公社，称生产大队。1961年5月，属平鲁县西水界人民公社。1984年7月，属西水界乡至今。村中有建于1999年占地面积54平方米的戏台。

担子山村 [Dānzǐshān Cūn]

居民点。属西水界乡。位于平鲁区北部，在区人民政府驻地北10千米。东邻向阳堡乡后峰，南接泉儿上，西连双碾乡段山寺，北毗交界村。面积10平方千米。人口0.1万。相传原名三千庄，后因村坐落于担子山麓，故以山为村名。清属朔州后里。民国属平鲁县二区。1953年7月，设担子山乡。1956年4月，属西水界乡。1958年8月，属中心红旗人民公社，10月后，属朔县向阳堡人民公社。1961年5月，属平鲁县西水界人民公社。1984年5月，属西水界乡至今。为大沙沟河发源地之一。名胜古迹有清代平鲁八景之一的“天门还翠”、天门山观音寺。当地有天门山观音现身的传说及杨六郎“手搬担子山，脚踏天门山，一箭射到大青山”的传说。

下面高乡 [Xiàmiàngāo Xiāng]

乡级政区名。属平鲁区。位于于区境东部，东邻山阴县，南与朔城区接界，西连陶村乡、榆岭乡，北毗山阴县。面积205平方千米。人口2.02万。辖赵家山村、上面高村、花圪坨村等26个行政村。乡人民政府驻下面高村。乡名因驻地而得名。清属朔州后里。民国属朔县五区。抗战时期为洪涛山抗日根据地。晋绥边区特委、十一专署、六支队长期驻扎于此。1951年4月，划归平鲁县五区。1953年7月，分属下面高乡、花圪坨、吴辛寨乡。1958年8月，分属卫星、跃进、幸福人民公社，10月后，属朔县下面高人民公社。1961年5月，分属平鲁县下面高人民公社、花圪坨人民公社。1984年7月，置下面高乡、花圪坨乡。2001年1月，花圪坨乡并入至今。

境内政区地名和居民点地名的专名有以下特征：1. 以自然地理实体命名。如：抢风岭、红崖。2. 以姓氏命名。如：冯家岭、赵家山、吴辛寨、白家梁、范庄、张崖沟、孟家山、赵家窑、王家湾、马家湾等。3. 以相对位置命名。如：下面高、上面高、小岭、上街等。

政区地名和居民点地名的通名有以下特点：1. 以聚落名称或军事设施为通名。如：寨、窑、庄、墩等。2. 以自然地形地貌为通名。如：山、沟、湾、岭、梁等。

地处黄土丘陵沟壑区，地势西、北、东高，南低，平均海拔1400米，最高点牛头山，海拔1770米。大沙沟河横经乡境，由高阳坡入朔城区境。民俗文化以平鲁东部踢鼓秧歌著名。名胜古迹有杏园、马家湾汉代文化遗址、北烟墩墓群、吴辛寨关帝庙、吴辛寨堡、张崖沟茶树、花圪坨、上面高清代民居、圣佛崖寨等。纪念地有张崖沟抗日烈士纪念碑及惨案遗址、范庄村苏禄仁烈士故居。地方名人有莺房沟村的原财政部副部长戎子和、寺儿窑村的原晋东南地委书记王尚志。

下面高村 [Xiàmiàngāo Cūn]

居民点。下面高乡人民政府驻地。在区人民政府东25千米。面积7.9平方千米。人口0.23万。因村在高家岭下的沟里，故名下面高。清属朔州后里。雍正《朔州志・建置里庄》载名“下面高”。民国属朔县五区，为区公所驻地。1951年4月，划归平鲁县五区。1953年7月，在此设下面高乡。1958年8月，属幸福人民公社，10月后属朔县下面高人民公社。1961年5月，属平鲁县下面高人民公社。1984年7月，置下面高乡至今。民俗文化有踢鼓秧歌。

莺房沟村 [Yīngfánggōu Cūn]

居民点。属下面高乡。在区人民政府驻地东34千米。面积12.8平方千米。人口约400人。相传原名营房沟，后演变为今名。清属朔州后里。雍正《朔州志・建置里庄》载名“莺房沟”。民国属朔县五区。1951年4月，划归平鲁县五区。1953年4月，属花圪坨乡。1958年8月，属跃进人民公社，10月后，属朔县下面高人民公社。1961年5月，属平鲁县花圪坨人民公社，1984年7月，属花圪坨乡。2001年1月，属下面高乡至今。

地方名人戎子和（1906—1999）为莺房沟村人。曾任财政部副部长、财政部顾问。

张崖沟村 [Zhāngyágōu Cūn]

居民点。属下面高乡。位于平鲁区东部，在区人民政府东31千米。面积7.3平方千米。人口约900人。因村在山崖下，张姓始居而得名。雍正《朔州志·建置里庄》载名“张崖沟”。清属朔州后里。民国属朔县五区。1951年4月，划归平鲁县五区。1953年7月，属吴辛寨乡。1958年8月，属卫星人民公社，10月后，属朔县下面高人民公社。1961年5月，属平鲁县下面高人民公社。1984年7月，属下面高乡至今。1940年3月5日，日寇在此制造“张崖沟惨案”，毒杀我雁北妇救会、步二营的18名干部战士。有张崖沟抗日烈士纪念碑及陵园。村中古庙有树龄三百年的茶树，为当地古树名木。

向阳堡乡 [Xiàngyángbǔ Xiāng]

乡级政区名。属平鲁区。位于区境东北部，东邻右玉县下窑村、山阴县马家河、吴马营，南接井坪镇、榆岭乡，西连井坪镇，北毗西水界乡。面积191平方千米。人口1.87万。辖马家洼村、向阳堡村、店梁村等21个行政村。乡人民政府驻向阳堡村。因驻地得名。明代属朔州卫。清属朔州后里。民国属朔县五区。1951年4月，划归平鲁区一区。1953年7月，分属向阳堡乡、东平太乡。1958年8月，分属东风人民公社和东方红人民公社，10月后，属朔县向阳堡人民公社。1961年5月，属平鲁县向阳堡人民公社。1962年2月，分设东平太人民公社，1984年7月，分设向阳堡乡、东平太乡。2001年1月，东平太乡整体并入向阳堡乡至今。

境内政区地名和居民点地名的专名有以下特征：1. 以人文地理实体命名。如：平番城、石门、中钟牌、西钟牌、铺上等。2. 因姓氏命名。如：马家洼、赵庄、代井沟等。3. 以植物命名。如：下梨园、杨树坡、柳树嘴等。4. 以相对位置命名。如：前梁、东坡上、小庄等。5. 以祥瑞、希冀命名。如：向阳堡、兴村等。

境内政区地名和居民点地名的通名有以下特点：1. 以聚落名称或军事遗址为通名。如：城、牌、园、村、庄等。2. 以自然地形地貌为通名。如：沟、坪、山、梁等。3. 在小峰山周边有很多村庄以小峰为通名命名。如：张小峰、刘小峰、郝小峰、乔小峰、陶小峰等。

地势北、南、西高，东低。最高点黑虎庙梁山，海拔1756米。平均海拔1400米以下。大沙沟河流经乡南部。古迹有向阳堡战国遗址、南汉井汉代遗址、西平太孔家坪汉代遗址、明代古堡向阳堡、平番城。历史事件有“东平太事件”，著名抗日女英雄李林血战日寇牺牲在境内东平太村。

向阳堡村 [Xiàngyángbǔ Cūn]

居民点。向阳堡乡人民政府驻地，位于朔州市平鲁区东北部，距离平鲁区人民政府驻地10千米。东邻小庄窝、南接马家洼，西连石门，北毗代井沟。面积9.6平方千米。人口0.23万。原名黑哨村，相传有某县长认为村名不雅，根据村中筑有古堡及其位置，改名向阳堡。明属朔州卫，清属朔州后里。雍正《朔州志·建置里庄》载名“黑哨村”。民国属朔县五区。1951年4月，划归平鲁县二区，1953年7月，在此设向阳堡乡，1958年8月，属东风人民公社，10月后，属朔县向阳堡人民公社，称生产大队。1961

年 5 月，属平鲁县向阳堡人民公社，1984 年 7 月，改属向阳堡乡至今。民俗文化有踢鼓秧歌队、剪纸。

东平太村 [Dōngpíngtài Cūn]

居民点。属向阳堡乡。在区人民政府驻地东北 18 千米。面积 9.5 平方千米。人口 0.11 万。原名平太村，因村地形平坦而得名。后分为东平太村、西平太村 2 个村。清属朔州后里。雍正《朔州志·建置里庄》载名“东平太”。民国属朔县五区。1951 年 4 月，划归平鲁县二区。1953 年 7 月，在此设东平太乡。1958 年 8 月，属东方红人民公社，10 月后，属朔县向阳堡人民公社。1961 年 5 月，属平鲁县向阳堡人民公社。1962 年 2 月，设东平太人民公社，为公社驻地。1984 年 7 月，属东平太乡。2001 年 1 月，划入向阳堡乡至今。

为“东平太事件”发生地。1940 年 4 月 26 日，日寇在此杀害我晋绥特委、十一专署、步三营等抗日军民 72 人，其中有十一专署秘书主任、归国华侨、抗日民族女英雄李林。2017 年，在东平太村兴建“晋绥敌后抗战纪念碑”及广场。古迹有村西北石垛山下的战国文化遗存。

榆岭乡 [Yúlǐng Xiāng]

乡级政区名。属平鲁区。为煤炭大乡之一。位于区境东部。东邻下面高乡，南接陶村乡，西连井坪镇，北毗向阳堡乡、山阴县吴马营乡。面积 92 平方千米。人口 1.21 万。辖韩村、薛高登村、西石湖村等 14 个行政村。乡人民政府原驻榆岭村。2012 年 8 月，搬迁韩村。乡名因原驻地而得名。清代属朔州后里。民国属朔县五区。1951 年 4 月，划归平鲁县五区。1953 年 7 月，分属榆岭乡、乱道沟乡。1958 年，属人民胜利人民公社，10 月，属朔县向阳堡人民公社。1961 年 5 月，属平鲁县榆岭人民公社。1984 年 7 月，置榆岭乡至今。

境内政区地名和居民点地名的专名有以下特征：1. 以自然地理实体命名。如：东石湖、中石湖、西石湖、石峰等。2. 以人文地理实体命名。如：马营、砖井等。3. 因姓氏命名。如：薛高登、韩村、薛家港等。4. 以相对位置命名。如：上梨园、北水、南水、北岭、东梁、西梁、南窑、南洼等。5. 以祥瑞、希冀命名。如：朝阳湾。

境内政区地名和居民点地名的通名有以下特点：1. 以常见聚落名称为通名。如：窑、村等。2. 以自然地形地貌为通名。如：洼、湾、梁、岭、沟、峰等。

地处黄土丘陵沟壑区，地势西、北高，东、南低。为马营河发源地。平均海拔 1400 米。古迹有省级文物保护单位张马营古城，有市、区级文物保护单位石井沟、石峰汉墓、朝阳湾民居、石峰汉代文化遗址、韩村战国、辽金遗址。地方名人有王培仁，1947 年，在陕北王庄镇战斗中作战英勇，荣获西北野战军司令部彭德怀司令员签发的“特等功臣”证书。

韩村 [Hán Cūn]

居民点。榆岭乡人民政府驻地。在区人民政府驻地东 20 千米。面积 5 平方千米。人口 0.16 万。原名韩家村，以韩姓建村而得名。清属朔州后里。雍正《朔州志·建置里庄》载名“韩家村”。民国属朔县五区。1951 年 4 月，划归平鲁县五区。1953 年 7 月，在此设韩村乡。1956 年 4 月，属吴辛寨乡。1958 年 8 月，属卫星人民公社，10 月后，属朔县下面高人民公社。

1961 年 5 月，属平鲁县榆岭人民公社。1984 年 7 月，属榆岭乡至今。2012 年 8 月 16 日，榆岭乡人民政府迁驻于此。古迹有村西面积 4 万平方米的战国、辽金聚落遗址。

张马营村 [Zhāngmǎyíng Cūn]

居民点。属榆岭乡。在区人民政府驻地东 12 千米。面积 5.5 平方千米。人口约 300 人。村址为古代军营，后张姓建村，故名张马营。清属朔州后里。民国属朔县五区。1951 年 4 月，划归平鲁县二区。1953 年 7 月，属南水乡。1956 年 4 月，属榆岭乡。1958 年 8 月，属人民胜利人民公社，10 月后，属朔县向阳堡人民公社。1961 年 5 月，属平鲁县榆岭人民公社。1984 年 7 月，属榆岭乡至今。为马关河发源地之一。古迹有张马营古城。为战国、汉代城址，在村北 200 米的山梁上，面积 18 万平方米。2004 年，被公布为省级文物保护单位。

山阴县 [Shānyīn Xiàn]

县级政区名。属朔州市。在省境北部。东与应县相接，南与忻州市代县交界，西与朔城区、平鲁区毗邻，北与右玉、大同市左云县接壤，东北与怀仁市相连。面积 1644.6 平方千米。人口 19.6 万。辖玉井镇、北周庄镇、古城镇、岱岳镇、广武镇 5 个镇，吴马营乡、马营乡、下喇叭乡、合盛堡乡、安荣乡、薛圐圙乡、马营庄乡 7 个乡。县人民政府驻岱岳镇。

战国为楼烦地，后属赵国。秦朝属雁门郡楼烦县、汪陶县地。西汉属阴馆县、汪陶县地。隋属马邑郡鄯阳县地。唐属朔州马邑县地。辽置河阴县，治今故驿村，以其地处桑干河之南得名。先后属朔州、应州。金大定七年（1167 年），因河阴县名与郑州属县河阴县同名，遂改名为山阴县，以地处翠微山（又称佛宿山）北麓而命名。清光绪《山西通志》：“辽河阴县，以县在桑干之南。水南曰阴，故曰河阴。其后更名山阴，以在复宿山之北。”金贞祐二年（1214 年）升为忠州。蒙古至元二年（1265 年）废入金城县。《金史·地理志》山阴：“本名河阴，大定七年因与郑州属县同，故更焉。贞祐二年五月升为忠州。”元末复置山阴县，治今古城村，仍属应州。《元史·地理志》山阴：“元至元二年并入金城，后复置。”明属大同府应州。清直属大同府。1913 年，属雁门道。1927 年，废道直属省。1937 年，县城徙治岱岳镇。1949 年，属察哈尔省。1952 年，复属山西省雁北专区。1958 年，应县并入山阴县，属晋北专区。1960 年，恢复原制。1961 年，属雁北专区。1967 年，属雁北地区。1989 年，属朔州市至今。

辖区内政区地名和居民点地名的专名有以下特征：1. 以自然地理实体命名。如：上神泉、东双山、泥河。2. 以祥瑞、希冀命名。如：新兴铺、合盛堡、安荣、安乐庄。3. 以边塞军事设施命名。如：元营、马营、后所、马营庄乡。4. 因姓氏命名。如：北周庄、张家庄、杨村。5. 以古城址命名。如：古城镇、永静城。

政区地名和居民点地名的通名有以下特征：1. 以军事营、屯、堡、寨为通名。如：大营、河阳堡、洪济屯、南辛寨。2. 以自然地理实体为通名。如：面瓮山、陈家岭、东鄯河、王家涧。3. 以方言为通名。如：方言称高地为“圪塔”，有黑圪塔、小圪塔；方言称圈为“圐圙”，有薛圐圙。4. 其他多以村、庄、窑为通名。如：陈庄、杨村、贾家窑。

地名社会应用方面有“山阴奶牛”：山阴养奶牛从民国开始，有近百年历史。1982年山阴县被国家农业部列为全国牛商品基地县。奶牛成为山阴经济的支柱之一。奶牛数量超过8万头，挤奶实现机械化，300头以上的标准化养殖园达130余座，成为全省健康养殖典范。山西古城乳业集团为全省最大的乳制品加工企业。

地处大同断陷盆地南部，东南部为恒山余支翠微山，西北部为吕梁山余支洪涛山，中部为西北—东南向槽型盆地，地势平坦。最高点洪涛山主峰大贝山，海拔1947.5米，最低处为桑干河出境口合盛堡乡北郭庄，海拔1003米，相对高差944.5米。桑干河、黄水河流经，部分低洼区土壤盐碱化较严重。有旧广武村、故驿村、燕庄村3个中国传统村落，旧广武村同时也是省级历史文化名村，有古城镇、玉井镇、北周庄镇3个全国重点镇。全国重点文物保护单位有广武汉墓群、旧广武城2处。广武汉墓群占地32平方千米，共有封土堆293座，是我国最大的汉墓群。旧广武城是我国现存最完整的一座辽代古城。省级重点文物保护单位古长城、沙彦珣墓、王家屏墓3处。奶牛养殖普遍，有“北方奶牛第一县”美誉。煤炭资源丰富，亦有“煤乡”之称。

民俗文化有踢鼓秧歌等戏曲舞蹈。有传统的六月二十四庙会。广武传说入选山西省第一批非物质文化遗产名录。

历史名人有辽平安节度使检校太尉沙彦珣、宋右屯卫大将军米信、明代首辅王家屏、清光绪进士崔增瑞，及杨应魁、丰玉玺、郭丕文、白兴元、王步才、刘辛等。

玉井镇 [Yùjǐng Zhèn]

乡级政区名。全国重点镇。属山阴县。位于县境西北部。东接马营乡，南连下喇叭乡，西邻吴马营乡，北靠右玉县。面积167平方千米。人口2.2万。辖玉井村、口前村、盘道村等18个行政村。镇人民政府驻玉井村。因驻地得名。1949年，属右玉县第五区，1953年，划入山阴县第一区，属史家屯乡。1958年，设玉井人民公社。1984年，设玉井镇。2001年，史家屯乡并入玉井镇。

境内地名的专名有以下特征：1. 以自然地理实体命名。如：水泉、玉井。2. 以地理位置命名。如：口前、东庄。3. 以环境特点命名。如：东石人坡、盘道、王老沟、一堵墙。4. 以姓氏命名。如：董庄窝、范家屯、马家洼、米庄窝、沈庄窝、史家屯、宋家沟、吴家坪。地名通名多为地方环境特色的屯、窝、沟、坪。地处黄土丘陵区，地势西高东低，群山环绕。古迹有乐楼、古寺庙。为县产煤大镇。

玉井村 [Yùjǐng Cūn]

居民点。玉井镇人民政府驻地。在县人民政府驻地西北方向24千米。面积4.52平方千米。人口0.17万。传唐将尉迟恭战马踏出井泉，以水清如玉而名。1945年，属右玉县五区。1953年，改属山阴县一区，为玉井乡驻地。1958年，设玉井人民公社。1984年，置玉井乡，后改玉井镇。古建筑有寺庙、清代民居等。

王老沟村 [Wánglǎogōu Cūn]

居民点。属玉井镇。在县人民政府驻地西北方向 24.2 千米。面积 13.21 平方千米。人口 0.19 万。为丘陵山区。因村庄建于山沟两岸，村内王姓居多，故名王老沟。1945 年，属右玉县五区。1953 年，属山阴县一区口前乡。1958 年，属玉井人民公社。1984 年，属玉井乡，后改属为玉井镇。古迹有明代乐楼 1 处。每年六月初一举行传统庙会。有煤炭、风电资源，有多座风力发电塔。1939 年八路军与日寇在此激战，消灭日寇 300 余人，八路军牺牲 100 余人，史称“血战王老沟”。

北周庄镇 [Běizhōuzhuāng Zhèn]

乡级政区名。全国重点镇。属山阴县。位于县境中北部，东与合盛堡乡接壤，南与岱岳镇交界，西与下喇叭乡、马营乡相连，北与怀仁市金沙滩镇毗邻。面积 164.7 平方千米。人口 2.01 万。辖安岸庄村、白家堡村、柏坡村等 18 个行政村。镇人民政府驻北周庄村。因驻地得名。1947 年，属山阴县第四区，为区公所驻地。1953 年，分属永胜乡、卫国乡、新华乡。1958 年，设红旗人民公社。1959 年，更名北周庄人民公社。1984 年，改乡，同年改镇至今。2001 年，撤乡并镇，将原苑家辛庄乡的 8 个村和甘庄乡的 3 个村并入。2014 年，被列入全国重点镇。

境内地名的专名有以下特征：1. 以自然地理实体命名。如：上神泉、下神泉等。2. 以地理位置命名。如：北周庄等。3. 以环境特点命名。如：柏坡等。4. 以姓氏命名。如：白家堡、郭庄、贺庄等。

地势西高东低，西部为丘陵山坡区，东部地势平坦，木瓜河流经。木瓜河上有水库 3 座。是县经济重镇，工业强镇。为明代内阁首辅王家屏的祖居地。古迹有王宪武墓、永静古城和北周庄古堡等古迹。

北周庄村 [Běizhōuzhuāng Cūn]

居民点。北周庄镇人民政府驻地。省级美丽宜居示范村。在县人民政府驻地东北方向 10.4 千米。面积 16.24 平方千米。人口 0.47 万。原名周家庄，因县南有南周庄，更名北周庄。明崇祯《山阴县志·坊里》：“周家庄，县北四十里。”1946 年，属山阴县第四区。1953 年，属北周庄乡。1958 年，属北周庄人民公社。1984 年，属北周庄镇。民俗活动有农历七月初七传统庙会。旧为大秧歌名村。20 世纪 60 年代，出现著名的戏曲艺人“三兰”，即郭玉兰、杨补兰、石秀兰。抗日战争期间，日伪军制造两次惨案，杀害村民 90 余人。在忻口战役期间，八路军 120 师雁北支队伏击日伪运输车队，大获全胜。有县级文物保护单位王宪武墓。古建筑有古城墙、明清院落、民国商铺等。2016 年，获省级“美丽宜居示范村”称号。

永静城村 [Yǒngjìngchéng Cūn]

居民点。属北周庄镇。在县人民政府驻地北 13.1 千米。面积 15.87 平方千米。人口 0.23 万。古名日没城，又名黄昏城、日落城。明永乐年间更名永宁城，清末民国初改称永静城。

明崇祯《山阴县志·坊里》："永宁城，县北五十五里。"日没城与黄瓜堆高地上的早起城、日中城同属于平城南部的军事防御体系。三城应该是以军队车马行进的时辰和距离命名。《水经注·㶟水》："东南流出山，经日没城南，盖夕阳西颓，戎车所薄之城故也"，即指此地。现存城址平面为长方形，东西长约 295 米，南北宽约 160 米，分布面积约 4.72 万平方米。城垣墙基隐约可辨，现存墙基东西残长 295 米，南北残宽 60 米，墙体夯筑，夯层厚 0.06 ~ 0.1 米。断层暴露有砖、瓦及陶器残片。2001 年，被山阴县人民政府公布为县级文物保护单位。

1949 年，属怀仁县第六区。1956 年，属北周庄乡。1958 年，属北周庄公社。1984 年，属北周庄乡，后改属北周庄镇。1900 年，八国联军侵华期间，慈禧和光绪皇帝逃亡西安，路过永静城。2001 年，永静城遗址被列入县级文物保护单位。村北有木瓜河水库。

古城镇 [Gǔchéng Zhèn]

乡级政区名。全国重点镇。属山阴县。在县境东南部，东与应县大黄巍、杏寨乡接壤，南与马营庄乡、后所乡相邻，西与安荣乡、薛圐圙乡毗邻，北与合盛堡乡、岱岳镇相接。面积 166.81 平方千米。人口 1.82 万。辖古城村、四里庄村、西盐池村等 21 个行政村。镇人民政府驻古城村。镇驻地因在古山阴县城而得名。元代为山阴县治所在地，称山阴城。明清因之。1937 年，县城迁驻岱岳。1946 年，属山阴县第二区，为区公所驻地。1953 年，设山阴城乡。1984 年，改山阴城镇。2001 年，黑圪塔乡并入后，为与县名区别，更名古城镇。

境内居民点地名的专名有以下特征：1. 以自然地理实体命名。如：上河西、西盐池、南盐池、小圪塔、马梁、芦岭。2. 以祥瑞、希冀命名。如：快乐、安居坊、洪济屯。3. 以人文地理实体命名。如：古城、四里庄、东辛庄。4. 以姓氏命名。如：王庄、胡町、杨村、李珠庄。地名通名多为村、庄、疃、铺、营等。

地名应用方面，有"古城奶粉"。古城奶粉为中国十大乳品品牌之一，荣获中国名牌、国家质量免检产品、称号，古城商标是山西省著名商标。

地势西南高东北低，桑干河、黄水河流贯，自流灌溉体系完善。农牧业发达，有山阴县"农区奶都"之称。古城乳业为国家级农业产业化重点龙头企业、省级工业旅游示范点，古城奶粉为中国十大乳品之一。2014 年，被列为全国重点名镇。民间戏曲舞蹈以传统踢鼓秧歌为主。古迹有山阴古城遗址、真武庙、关帝庙、云台寺等。纪念地有刘辛烈士纪念亭。历史名人有明代内阁首辅王家屏。

古城村 [Gǔchéng Cūn]

居民点。古城镇人民政府驻地。在县人民政府驻地东南方向 13.1 千米。面积 8 平方千米。人口 0.26 万。地势西高东低，土地平坦，黄水河流经。元代为山阴县治所，历经明清两代。1937 年，县城迁至岱岳后，称山阴城。2001 年，更名古城。1949 年，属山阴县第二区。1953 年，置山阴城乡。1958 年，设山阴城人民公社。1984 年，置山阴城乡，后改山阴城镇。2001 年，改古城镇。古迹有明代山阴城城墙遗址、王家屏相府遗址。历史人物有明代内阁首辅王家屏。王家屏（1535—1603），字忠伯，号对南，明代山阴县人。隆庆进士，任庶吉士授编修、侍讲学士，历任礼部右侍郎、吏部左侍郎兼东阁大学士、礼部尚书等职，官至内阁首辅大臣。历仕嘉靖、隆庆、万历三朝，有“天下文官祖，三辈帝王师”之称。晚年辞官归乡后著书立说，著有《王文端集》《复宿山房文集》。万历三十一年（1603 年）卒于家，谥文端。

东辛庄村 [Dōngxīnzhuāng Cūn]

居民点。属古城镇。在县人民政府驻地东南 15.5 千米。面积 3.07 平方千米。人口约 860 人。黄水河流经。因村庄曾经重建，又位于山阴县城东，故名东新庄。后演变为今名。明崇祯《山阴县志·坊里》载名“东新庄”。1946 年，属山阴城县第二区。1954 年，属义和乡，为乡政府驻地。1956 年，属东辛乡，为乡人民委员会驻地。1958 年，属山阴城人民公社。1984 年，属山阴城乡，后改属山阴城镇。2001 年，属古城镇。关帝庙 1 座。地方名人有丰玉玺、刘辛等。

岱岳镇 [Dàiyuè Zhèn]

乡级政区名。山阴县人民政府驻地。全省小康建设百强乡镇。位于山阴县中部，东与合盛堡乡、古城镇交界，南与安荣乡为邻，西与下喇叭乡相接，北与北周庄镇毗邻。面积 136 平方千米。人口 10.29 万。辖北街社区、南街社区、和顺社区等 10 个社区，南大道村、堡子巷村、北王庄村等 23 个行政村。镇人民政府驻北街社区。

岱岳镇得名于古村落大要村，为交通要冲而得名。清康熙五十一年（1712 年），山阴路防御都司移驻大要，人口渐增，形成集镇（由一街一堡组成），后谐音演化为岱岳。1935 年北同蒲铁路运营设岱岳站。抗战期间，岱岳镇成为日伪山阴县统治中心。1946 年，山阴县解放，设岱岳市，管辖县城及附近 6 个村庄。1952 年，置岱岳镇。1953 年，在岱岳镇外围设岱岳乡。1954 年，岱岳镇并入岱岳乡。1958 年，设岱岳人民公社。1981 年，析岱岳人民公社置岱岳镇，辖城内 4 个居民委员会。1984 年，分设岱岳乡、岱岳镇。2001 年，岱岳镇并入岱岳乡，同时甘庄乡 5 个村并入。2011 年，岱岳乡更名岱岳镇。

境内居民点地名的专名有以下特征：1. 以自然地理实体命名。如：梁山、七里沟、上沙河、下沙河。2. 以地理位置命名。如：南大道、上岱岳、关岱岳。3. 以祥瑞、希冀命名。如：小快乐、先进、甘庄、鸳鸯会。4. 以人文地理实体命名。如：堡子巷、安祥寺、兰园、花园。5. 以姓氏命名。如：化家岭、阎家巷、刘家岭、解庄、北王庄、麻疃、夏家窑、王家涧、郭家窑、兰家窑、北贾家窑。6. 其他命名形式。如：移民新村、新大滩。地名通名多以村、庄等为主。

地名应用方面有“奇袭岱岳镇”。抗日战争时期，岱岳镇是日军物资重镇。1939 年，八路军主动出击岱岳镇，粉碎日伪对晋绥边的第七次“围剿”，鼓舞中国人民的抗日斗志。

镇境西北依洪涛山，东南临桑干河，地势西高东低。古迹有古城堡、敬爱寺、关帝庙等。桑干河湿地公园于 2012 年兴建，2013 年，被批准为省级湿地公园。每年农历六月二十四有传统的古镇庙会，庙会内容有戏曲舞蹈、集市交易、民间杂耍。

堡子巷村 [Bǎozǐxiàng Cūn]

居民点。属岱岳镇。在县人民政府驻地南0.81千米。面积1.14平方千米。人口约960人。明代称兴盛堡。崇祯元年（1628年），山海关总兵宋伟回到故里，整修城堡，北建玄天庙，南修堡门。因街巷围于古城堡内而得名。1946年，属山阴县第六区。1951年，属山阴县第四区，后改属第六区。1953年，属刘家岭乡。1958年，属岱岳人民公社。1984年，属岱岳乡。2011年，属岱岳镇。地势西高东低，土地平坦。古迹有明代建筑城堡、门楼、影壁等，砖雕精美。明末李自成农民军进攻堡子巷，居家的总兵宋伟率家丁抵抗，战败后饮鸩自杀，民间有铁杆夹死宋总兵的传说。

广武镇 [Guǎngwǔ Zhèn]

乡级政区名。属山阴县。位于山阴县南部。东与马营庄乡相接，南与忻州市代县雁门关乡毗连，西与朔城区南榆林乡、滋润乡交界，北与薛圐圙乡为邻。面积218.34平方千米。人口2.5万。辖后所村、南辛庄村、辛立庄村等24个行政村。镇人民政府驻后所村。1946年，属山阴县第三区。1953年，属后所乡。1958年，设后所人民公社。1961年，分设张家庄人民公社。1984年，分属后所乡、张家庄乡。2021年，撤销张家庄乡、后所乡，合并设立广武镇。镇以当地古迹旧、新广武城命名。有全国重点文物保护单位广武汉墓群、旧广武城2处。有省级重点文物保护单位古长城。县级重点文物保护单位有神武县故城址。古迹有烽火台、化悲岩寺等。现有山阴广武长城景区，包括广武古村落、汉墓群、旧广武城、明长城、新广武城等。2012年，被评为省级风景名胜区。

后所村 [Hòusuǒ Cūn]

居民点。广武镇人民政府驻地。在县人民政府驻地南22.4千米。面积7.46平方千米。人口0.22万。地势南高北低，水峪口河流经。明洪武年间，为振武卫五所之一的后所驻地，故名。1946年，属山阴县第三区。1953年，属后所乡。1958年，属后所人民公社。1984年，属后所乡。2021年，属广武镇。

张家庄村 [Zhāngjiāzhuāng Cūn]

居民点。广武镇辖村。位于山阴县南部，在县人民政府驻地南25.4千米。面积5.87平方千米。人口0.11万。因张姓始居得名。1949年，属山阴三区。1953年，属大合乡。1956年，属张庄乡。1958年，属后所人民公社。1961年，分设张庄人民公社，为公社驻地。1984年，属张庄乡。2021年，属广武镇。有古戏台1座。

旧广武村 [Jiùguǎngwǔ Cūn]

居民点。属广武镇。中国传统村落。在县人民政府驻地西南31千米。面积6.04平方千米。人口0.17万。古为勾注塞、西陉关北口的军事城堡。金代为广武县治所，后因名广武城。《金史·地理志》朔州条下："贞祐三年七月，尝割朔州广武县隶代州。"代州条下："广武，贞祐三年七月来属。"元末古道阻塞后，交通干线改到东陉关，即今雁门关。明洪武初，在新雁门关前筑广武营，俗称新广武，而原广武城俗称旧广武。光绪《山西通志·关梁考》："其西为白草口，界连马邑，有旧广武城，古西陉道也。又西由八叉口循宁武边以抵崞县之芦板寨，是为雁门西隘之南尽。”1949 年，属山阴县三区。1953 年，属永和乡。1958 年，属后所人民公社。1961 年，属张庄人民公社。1984 年，属张家庄乡。2021 年，属广武镇。

旧广武古城创建年代失载，当不晚于金代。原为黄土夯筑城垣，明洪武七年（1374 年）包砖，清代曾作过维修和补葺。现存城墙除外观具有明代特点外，其主体规制和构造基本为金代广武县治原貌。现存城墙保存较完整，是山西省现存最完整的古城之一。2006 年，公布为第六批全国重点文物保护单位。2014 年，被列入国家第三批传统村落名录。

地名社会应用有广武汉墓群、广武传说。

广武汉墓群：本为东汉时期雁门郡治阴馆县城东南部的墓葬区。因位于旧广武村北的开阔地上而得名。现存封土堆 293 座，是目前全国最大最集中保存最完整的汉墓群。1988 年，被公布为第三批全国重点文物保护单位。

广武传说：广武传说是山阴县传统民间文化的重要组成部分，入选第一批山西省非物质文化遗产名录。这些传说分为人物类、风物类、军事类、神话类等。人物类包括刘邦广武押刘敬、杨业四出雁门关、六郎点三军、光武帝续建长城、程不识率军驻北陲、毛主席路过广武等；风物类包括新广武传说、旧广武传说、马厩变城池、章宗帝巧建三门城等；军事类包括李广屈死埋汉墓、卫青广武败匈奴、汉武帝雁门整军容、杨业大战契丹等；神话类包括晋景公巧捉狐狸、六郎城夜闻马嘶声等。

新广武村 [Xīnguǎngwǔ Cūn]

居民点。属广武镇。在县人民政府驻地西南 30 千米。面积 23.34 平方千米。人口 0.2 万。新广武城始建于明洪武七年（1374 年），是明雁门关防御体系的重要组成部分。因有驻军，故名广武营，又因城内设广武驿站，故又名广武站。民间为了与原来的广武城相区别，遂俗称“新广武”，而把原广武城称为“旧广武”。明万历《宣大山西三镇图说》“广武城”条下：“本城洪武七年建，筑土堡。万历三年砖包。周三里，高三丈六尺。设守备一员，所领见在官军一千一十九员名。马骡三百五十四头。分管内边沿长一百里零三十八丈，边墩六十五座，砖楼九座。与所辖八岔、白草、水峪、胡峪四堡把总画地守之。”又载：“若遇有警，雁平兵备移驻于此，居中调度，提东路并北楼兵，同本境官军相机合战。使虏东不得犯平刑之太安岭，西不得犯广武之白草沟，平刑、雁门俱泰山四维之矣。”清光绪《代州志》载：“广武城，在雁门关北二十里，亦曰广武站，洪武七年建，万历三年重筑，周三里有奇。今有巡检司，并设千总驻守。”“土人名为新广武，而以金故县为旧广武。”光绪《山西通志·关梁考》：“广武城，雁门关之北口也，有营、站及巡检司。关道自代西之阳明堡北入山，逾陉岭至是出山，直通大、朔。”

清代为北方商道要隘，代州四大集镇之一。1922 年，由代县划归山阴县。1949 年，属山阴县三区。1953 年，属爱和乡。1958 年，属后所人民公社。1961 年，属张庄人民公社。1984 年，属张家庄乡。2021 年，属广武镇。

新广武城位于雁门关以北 7 千米的隘口河谷之上，河水从城中流过，下设水门。1942 年夏季，山洪将新广武城冲毁，后居民逐步向城外的公路旁边迁居，原城池遂废。现存新广武城有残存城堡轮廓、城门洞和部分城墙。北城门楼石匾上“三晋雄关”四字犹能辨识。古迹有新广武敌台遗址、烽火台、真武庙、龙王庙、

吴马营乡 [Wúmǎyíng Xiāng]

乡级政区名。属山阴县。位于山阴县西北部。东与玉井镇为邻，南与下喇叭乡毗连，西与平鲁区榆岭乡、向阳堡乡区接壤，北与右玉县高家堡乡交界。面积 106 平方千米。人口 0.85 万。辖包家岭村、大坪村、南屯村等 12 个行政村。乡人民政府驻吴马营村。因驻地得名。抗日战争时期属洪涛山敌后抗日根据地。1949 年，属右玉县第五区。1952 年，划入山阴县。1961 年，设吴马营人民公社。1984 年，置吴马营乡。

辖区内地名专名有以下特征：1. 以自然地理实体命名。如：尖山、大窊。2. 以地理位置命名。如：西郭家窑、东短川、前榆林、南屯。3. 以姓氏命名。如：阎家窑、包家岭、马家河、吴马营。通名多为屯、营、窑、河、岭、梁等。地处洪涛山区，山高沟深，沟壑纵横，耕地为坡地。镇区南部与平鲁区交界处为抗日民族英雄李林牺牲地，有烈士纪念碑。

吴马营村 [Wúmǎyíng Cūn]

居民点。吴马营乡人民政府驻地。在县人民政府驻地西北 31 千米。面积 7.45 平方千米。人口约 570 人。古为骑兵营，后吴姓始居，故名。地属洪涛山区，群山环绕。1945 年，属右玉县第五区。1953 年，属右玉县第五区前榆林乡，后属山阴县西短川乡。1958 年，属玉井高峰人民公社。1959 年，属吴马营人民公社。1984 年，属吴马营乡。古迹有吴马营东周—汉文化遗址。采集有东周的泥质灰陶罐及汉代泥质灰陶盆等残片。

东短川村 [Dōngduǎnchuān Cūn]

居民点。属吴马营乡。在县人民政府驻地西北 29.2 千米。面积 7.01 平方千米。人口约 540 人。属洪涛山区，群山环绕。1945 年，属右玉县第五区史家屯乡。1953 年，属右玉县第五区前榆林乡，后属山阴县西短川乡。1958 年，属玉井高峰人民公社。1959 年，属吴马营人民公社。1984 年，属吴马营乡。村中有老洼沟烈士陵园纪念碑和门楼。1938 年 6 月 15 日，晋绥五分区部分机关、右玉县动委会及游击队与参加培训的青年学生等百余人转移到老洼沟，遭到日军千余人包围袭击，53 人罹难，史称“六·一五”事件。1994 年，建立老洼沟烈士陵园，葬有烈士 19 位。

马营乡 [Mǎyíng Xiāng]

乡级政区名。属山阴县。位于山阴县西北部。东与怀仁市吴家窑镇、金沙滩镇相邻，南与北周庄镇、下喇叭乡接壤，西与玉井镇、右玉县元堡子镇相连，北与左云县相望。面积 122 平方千米。人口 1.2 万。辖戈道村、观音堂村、后石门村等 13 个行政村。乡人民政府驻马营村。因驻地得名。1949 年，属怀仁县。1956 年，划入山阴县。1958 年，属偏岭人民公社。1961 年，设马营人民公社。1984 年，设马营乡。2001 年，偏岭乡并入。

辖区内地名专名有以下特征：1. 以自然地理实体命名。如：东水泉、山峡等。2. 以地理位置命名。如：腰寨、后石门、梁头。3. 以姓氏命名。如：梁家店、魏家沟、张家堡。4. 以军事遗址命名。如：马营。属洪涛山区，地势西高东低。小马营河由东而西流经。煤炭、

风力资源丰富。

马营村 [Mǎyíng Cūn]

居民点。马营乡人民政府驻地。在县人民政府驻地西北方向 23.3 千米。面积 8.6 平方千米。人口 0.12 万。相传，宋辽时契丹人在此扎营圈马，故名。1956 年前，属怀仁县，后划归山阴县。1958 年，属偏岭人民公社。1984 年，属偏岭乡。2001 年，属马营乡。地处丘陵区，沟谷纵横。每年五月十八举行传统庙会。有煤矿、光伏电厂。

下喇叭乡 [Xiàlǎbā Xiāng]

乡级政区名。属山阴县。位于县境西北部。东与北周庄镇为邻，南与岱岳镇接壤，西与平鲁区下面高乡相接，北与玉井镇和吴马营乡相连。面积 134 平方千米。人口 0.64 万。辖冻牛坡村、黑龙池村、上喇叭村等 11 个行政村。乡人民政府驻下喇叭村。抗日战争时期属洪涛山敌后抗日根据地。1949 年，属右玉县第五区。1953 年，划入山阴县七区。1956 年，设下喇叭乡。1958 年，属洪英人民公社。1961 年，设下喇叭人民公社。1984 年，设下喇叭乡。2001 年，冻牛坡乡整体并入。

辖区内地名专名有以下特征：1. 以自然地理实体命名。如：上立羊泉、下立羊泉。2. 以地理位置命名。如：后山。3. 以自然特征命名。如：口子梁、柳沟、蓿麻沟、榆坪、榆树洼等。4. 以姓氏命名。如：刘家窑。

地处洪涛山区，下喇叭河流经。名胜古迹有市级重点文物保护单位榆树洼摩崖石刻，县级重点文物保护单位有北魏石窟千佛寺景区、下立羊泉革命烈士墓等。

下喇叭村 [Xiàlǎbā Cūn]

居民点。下喇叭乡人民政府驻地。在县人民政府驻地西北 16.7 千米。面积 10.16 平方千米。人口约 650 人。属洪涛山区，山高沟深，沟壑纵横。原名喇叭井，以井的形状为名。后分为上喇叭村、下喇叭村 2 个村。1958 年，属怀仁县。1959 年，属下喇叭人民公社。1984 年，属下喇叭乡。

下立羊泉村 [Xiàlìyángquán Cūn]

居民点。属下喇叭乡。在县人民政府驻地西北方向 18.8 千米。面积 2.96 平方千米。人口约 90 人。因有立羊泉，与上立羊泉村相对而得名。1956 年，属冻牛坡乡。1958 年，属下喇叭人民公社。1984 年，属下喇叭乡。风电资源丰富。有县级重点文物保护单位下立羊泉革命烈士墓，为市级爱国主义教育基地。1939 年，日伪夜袭八路军卫生队，杀害廖标华等 19 人，史称“下立羊泉惨案”。

榆树洼村 [Yúshùwā Cūn]

居民点。属下喇叭乡。在县人民政府驻地西北 14 千米。面积 13.3 平方千米。人口约 650 人。地处洪涛山区，山高沟深。因村中榆树多，又位于低洼处，故名。1953 年，属建设乡。1956 年，属下喇叭乡。1958 年，属下喇叭人民公社。1984 年，属下喇叭乡。古迹有北魏石窟千佛寺 1 座，寺内有金大定元年碑刻，崖壁上有明嘉靖年间的石刻。

合盛堡乡 [Héshèngbǎo Xiāng]

乡级政区名。属山阴县。在山阴县东北部。东与应县臧寨乡、大黄巍乡接壤，南与古城镇相连，西与岱岳镇、北周庄镇相邻，北与怀仁县金沙滩镇毗邻。面积 115 平方千米。人口 1.23 万。辖合盛堡村、常辛村、大虫堡村等 12 个行政村。乡人民政府驻合盛堡村。因驻地得名。1949 年，属山阴县第四区。1953 年，设合盛堡乡。1958 年，改合盛堡人民公社。1984 年，复设合盛堡乡。

境内地名的专名有以下特征：1. 以自然地理实体命名。如：河头、上小河。2. 以自然特点命名。如：东双山、西双山、高山疃。3. 以祥瑞、希冀命名。如：合盛堡。4. 以姓氏命名。如：陈家岭、贺家堡、康庄、杨庄等。

地势北高南低，土地平坦，桑干河、木瓜河流经，有民生渠、木瓜河水库等水利设施。市级重点文物保护单位有恒山庙、黄花梁。有北京知青展览馆 1 处。有现代化奶牛养殖园区、晋北现代煤化工园区。

合盛堡村 [Héshèngbǎo Cūn]

居民点。合盛堡乡人民政府驻地。在县人民政府驻地东北 10.2 千米。面积 6.47 平方千米。人口 0.13 万。以祥瑞希冀命名。1946 年，属山阴县第四区。1953 年，属合盛堡乡。1958 年，属合盛堡人民公社。1984 年，属合盛堡乡。土地平坦肥沃，木瓜河流经。域内河渠纵横，素有“水上村”之称。古迹永宁寺 1 处。有关帝庙和戏台。

康庄村 [Kāngzhuāng Cūn]

居民点。属合盛堡乡。在县人民政府驻地东北 11.9 千米。面积 9.46 平方千米。人口 0.11 万。原名“康家庄”。因康姓始居建村，故名，后简为今名。明崇祯《山阴县志・坊里》：“康家庄，县东北三十里。”1946 年，属北周庄第六区。1953 年，属合盛堡乡。1958 年，属合盛堡人民公社。1984 年，属合盛堡乡。土地平坦。古迹有关帝庙，庙中的乐楼、正殿、石碑保存较好，2005 年，对庙宇进行修葺。2017 年，获得“朔州市美丽乡村”称号。

高山疃村 [Gāoshāntuǎn Cūn]

居民点。属合盛堡乡。在县人民政府驻地东北 6.7 千米。面积 7.22 平方千米。人口 0.1 万。因地形得名。明崇祯《山阴县志・坊里》：“高山疃，县北三十里。”1946 年，属山阴县第四区。1953 年，属解庄乡。1958 年，属岱岳人民公社。1961 年，属合盛堡公社。1984 年，属合盛堡乡。地方名人有清代光绪进士崔增瑞。

安荣乡 [Ānróng Xiāng]

乡级政区名。属山阴县。位于县境中部。东与古城镇接壤，东南、南与薛圐圙乡相连，西与朔城区神头镇、平鲁区下面高乡毗邻，北与下喇叭乡、岱岳镇相邻。面积 90 平方千米。人口 1.3 万。辖安良铺村、安荣村、八步堰村等 12 个行政村。乡人民政府驻安荣村。因驻地得名。1949 年，属山阴县第五区。1953 年，设安荣乡。1958 年，改安荣人民公社。1984 年，置安荣乡。2001 年，泥河乡并入。

境内地名的专名有以下特征：1. 以自然地理实体命名。如：东鄯河、泥河、西鄯河。

2. 以位置命名。如：河阳堡、西沟。3. 以祥瑞、希冀命名。如：安荣。4. 以姓氏命名。如：贺家窑、岳庄。5. 与边塞军事有关。如：下寨。地势西北高，东南低，西北部属洪涛山区，石灰岩、铝矾土等矿藏资源丰富；南部和东南部为桑干河谷地，桑干河流经，土地平坦。名胜古迹有省级重点文物保护单位王家屏墓，有保存完好的湿地生态系统和省级桑干河湿地公园，及古城堡、河神庙等。

安荣村 [Ānróng Cūn]

居民点。安荣乡人民政府驻地。在县人民政府驻地西南 5.7 千米。面积 11.17 平方千米。人口 0.32 万。原名安营子。相传为辽朝萧太后驻军营城。明代又称安银子。清代改名安荣。明崇祯《山阴县志・古迹》：“萧太后营城，西北二十里安银子村。萧太后驻兵处，遗迹宛然。”1946 年，属山阴县第五区。1953 年，属安荣乡。1958 年，属安荣人民公社。1984 年，属安荣乡。桑干河流经。村南有省级桑干河湿地公园。村中有河神庙，每年八月初一举行传统古庙会。地方名人有民国议员阎鸿举、近代教育工作者郭丕文、北京大学教授倪晋仁等。1900 年，光绪帝与慈禧太后逃亡西安时，途经村中河神庙作短暂休息，慈禧太后为河神庙题“威震桑干”匾，光绪帝为桑干河渡桥题“普济安宁”。

河阳堡村 [Héyángbǔ Cūn]

居民点。属安荣乡。在县人民政府驻地西南 7.2 千米。面积 3.71 平方千米。人口约 540 人。地势西高东低，桑干河流经。明代为内阁首辅王家屏在此筑墓园，守陵人在墓旁筑堡而居形成聚落，因城堡在桑干河北岸，故名河阳堡。明崇祯《山阴县志・坊里》：“河阳堡，县西北三十里。”1946 年，属山阴县第五区。1953 年，属泥河乡。1958 年，属泥河人民公社。1984 年属泥河乡。2001 年，属安荣乡。2018 年，获市级文明村庄称号。名胜古迹有河阳堡城址、王家屏墓、王家屏纪念园。王家屏纪念园区包括纪念馆、南洲书院、复宿山房、管理中心等旅游文化设施。

薛圐圙乡 [Xuēkūlüè Xiāng]

乡级政区名。属山阴县。位于山阴县南部。东与古城镇相接，南与广武镇相靠，西与朔城区滋润乡相邻，北与安荣乡相接。面积 128 平方千米。人口 1.18 万。辖白坊村、曹庄村、大营村等 16 个行政村和 1 个农牧场社区。乡人民政府驻薛圐圙村。因驻地得名。1949 年，属山阴县第五区。1953 年，设薛圐圙乡。1958 年，设薛圐圙人民公社。1984 年，置薛圐圙乡。2001 年，黑圪塔乡并入。

境内地名的专名有以下特征：1. 以自然地理实体命名。如：河曲堡、沙岭。2. 以姓氏命名。如：曹庄、卢岭、罗庄、庞家堡、薛圐圙。3. 以人文地理实体命名。如：大营、西寺院。地势西高东低，桑干河、黄水河流经，河渠纵横。古迹有古寺庙、古戏台、民国时期水利设施等。为县域南部重要的农牧业乡镇，有现代化奶牛养殖园区。

薛圐圙村 [Xuēkūlüè Cūn]

居民点。薛圐圙乡人民政府驻地。在县人民政府驻地西南 12 千米。面积 10.54 平方千米。人口 0.2 万。土地平坦，桑干河流经。圐圙，方言指有围栏或围墙的场地，因薛姓居此而得名。

1946年，属山阴县第九区。1953年，属薛圐圙乡。1958年，设薛圐圙人民公社。1984年，置薛圐圙乡。民俗文化艺术有踢鼓秧歌、民间蒸花馍技艺。古迹有奶奶庙、观音阁和古牌楼。每年农历七月七日举行传统庙会。

白坊村 [Báifāng Cūn]

居民点。属薛圐圙乡。在县人民政府驻地东南9千米。面积7.08平方千米。人口约980人。桑干河流经，土地平坦。相传因村庄建在盐碱滩上，有熬盐坊而得名。明崇祯《山阴县志・坊里》载名"白方子"。1953年，属薛圐圙九联乡。1958年，属泥河人民公社。1961年，属薛圐圙人民公社。1984年，属薛圐圙乡。古迹有二台庙、大雄宝殿和烽火台。有知青教育基地。1968年，刘源等30余名北京知青在此插队。1995年，任解放军总后勤部政委的刘源及当年知青捐资为村民建成雁杰希望小学。王光美亲自为学校题写了校名。现为寄宿制小学。

马营庄乡 [Mǎyíngzhuāng Xiāng]

乡级政区名。属山阴县。位于县境东南部。东与应县下马峪乡毗邻，南与忻州市代县胡峪乡接壤，西与广武镇相连，北与古城镇相接。面积132平方千米。人口1.58万。辖八里庄村、马营庄村、大柴棚村等17个行政村。乡人民政府驻马营庄村。因驻地得名。1949年，属山阴县第二区。1956年4月，设马营庄乡。1958年11月，属山阴城人民公社。1961年7月，设马营庄人民公社。1984年，置马营庄乡。地势南高北低，南部为恒山山脉，土地呈梯田状下降，靠山中泉水自流灌溉，北部为平川，土地平坦，灌溉便利。古迹有省级重点文物保护单位沙彦珣墓、县级重点文物保护单位故驿城址、瑞云寺遗址、烽火台等。风景名胜有清代山阴八景之一的"香山叠翠"。有现代化奶牛养殖园区。

马营庄村 [Mǎyíngzhuāng Cūn]

居民点。马营庄乡人民政府驻地。在县人民政府驻地东南22千米。面积5.7平方千米。人口0.12万。因古为军营而得名。明崇祯《山阴县志・坊里》载名"马营庄"。1946年，属山阴第二区。1953年，属马营庄乡。1958年，属马营庄人民公社。1984年，属马营庄乡。每年农历二月十九举行传统庙会。有烽火台、关帝庙等古迹。抗日战争时期，八路军袭击马营庄日伪据点，当地称为"马营庄抢枪"。"马营庄豆腐"为全县名产。

沙家寺村 [Shājiāsì Cūn]

居民点。属马营庄乡。在县人民政府驻地东南24.6千米。面积7.5平方千米。人口约580人。为辽代名将沙彦珣故里，村中有瑞云寺，故名。明崇祯《山阴县志・坊里》："沙家寺，县南三十里。"地处恒山山脉北麓，地势南高北低。1946年，属山阴县二区。1953年，属沙家寺乡。1958年，属山阴城人民公社。1961年，属马营庄人民公社。1984年，属马营庄乡。古迹有省级重点文物保护单位沙彦珣墓、县级重点文物保护单位瑞云寺、龙王庙、烽火台等。风景名胜有清代山阴八景之一的"香山叠翠"。历史名人有沙彦珣，辽代河阴县（今山阴县）沙家寺村人。生而异常，及长多勇略，有大志，唐明宗称他为"人杰"。长兴二年（931年），任彰国军节度使、右神武统军，又调任云州节度使。后沙彦珣归附辽国，屡建功勋，升平安节度使检校太尉，封太保、开国伯。卒葬于沙家寺村东。

故驿村 [Gùyì Cūn]

居民点。中国传统村落。属马营庄乡。在县人民政府驻地东南 18.6 千米。面积 11.73 平方千米。人口 0.11 万。为辽代河阴县治，金代忠州治，后被山洪冲毁。因村庄旧为古驿站，故名。明崇祯《山阴县志 · 坊里》：“故驿村，县南十五里。”1946 年，属山阴县第二区。1953 年，属故驿乡。1961 年，属马营庄人民公社。1984 年，属马营庄乡。桑干河支流流经，灌溉便利。古迹有汉代古城遗址、乐楼、关公庙、风神祠等。民间艺术有传统戏曲耍孩儿演出，在县内知名。2019 年 6 月，被列入第五批中国传统村落名录。

应　县 [Yìng Xiàn]

县级政区名。属朔州市。为中国绿色名县、全国生态文明先进县、国家园林县城、中国最佳生态宜居旅游名县、山西省休闲农业与乡村旅游示范县。在山西省北部，朔州市东部，桑干河中游。东与大同市浑源县接壤，南与忻州市繁峙、代县毗邻，西与山阴县相连，北与怀仁市接界。面积 1673 平方千米。人口 23.9 万。辖金城镇、南河种镇、下社镇 3 个镇及镇子梁乡、义井乡、臧寨乡、大黄巍乡、杏寨乡、下马峪乡、南泉乡、大临河乡、白马石乡 9 个乡。县人民政府驻金城镇。

秦置繁畤县和剧阳县，属雁门郡。西晋末为拓跋猗卢代国地。北魏复置繁畤县，治所在今应县城下庄。东魏繁畤县废。五代唐置应州，并置金城县。相传因境内西南雁门山与东北龙首山遥相呼应而得名。《辽史 · 地理志》：“（应州）北龙首山，南雁门。”《明一统志》：“应州以龙首、雁门二山南北相应，故名。”乾隆《应州续志序》：“雁门之阴，云中之南有州曰应。其名州也，相传以州之龙首山与南北大山相应。”五代唐天成元年（926 年），于应州置彰国军。五代晋天福元年（936 年）入于辽，属西京道。金属西京路。元属大同路。明洪武八年（1375 年）废金城县入应州，属大同府。清因之。1912 年，废州改为应县，属雁门道，后直属省。抗日战争时期属晋察冀边区。1949 年，属察哈尔省。1952 年，复归山西省，属雁北专区。1958 年，废入山阴县，属晋北专区。1960 年，复置应县。1961 年，属雁北专区。1967 年，属雁北地区。1993 年，属朔州市。

从地名专名来看，辖区内行政区划地名有以下特征：1. 以自然地理实体命名。如：下马峪乡、南泉乡、大临河乡等。2. 以人文地理实体命名。如：臧寨乡、杏寨乡、下社乡、金城乡。3. 以姓氏命名。如：赵家窑村、庞家套村等。

从地名通名来看，辖区内行政区划地名和居民点地名有以下地方特色：1. 以人文地理城、寺、营、铺等为通名。如：三门城、大营、花寨、官道铺。2. 以自然地形地貌山、河、洼、岭、峪、沟、口、为通名。如：北曹山、大临河、安和岭、茹越口。3. 多为北方常见通名村、庄、店等。如：西辛村、蒯庄、武家店。

地处雁门关以北，大同盆地南缘，地势南高北低。恒山、龙首、黄花三山南北拱卫，桑干河、浑河流经其间。最高点卧羊场山，海拔2333米。最低点桑干河河滩，海拔981米。有南河种镇1个全国文明村镇。有南河种镇小石口村、大临河乡北楼口村2个全国传统村落。特色民俗文化有秧歌、抱跤人、高跷、车车灯、龙灯、腰鼓等，此外，地方剧梆子、二人台、耍孩儿、罗罗腔等。应县高跷以快、巧、俏丽著称，一般由20人以上表演，跷子高一米左右，扮演《送妹》《断桥》《杀山》《三打白骨精》等戏曲故事。形式上多跑双出门、大十字、八角楼等，在步供和队形上较秧歌简单。

全国重点文物保护单位有辽建佛宫寺释迦塔、金建净土寺。省级文物保护单位有繁畤古城遗址、田蕙墓、北齐长城遗址应县段、明长城遗址应县段。市级文物保护单位有大安寺遗址、广盈仓、文殊寺、永镇寺、大西头五神宫、席家堡关帝庙、花寨关帝庙、观音阁、下桥头关帝庙、北楼口关帝庙、大石堡崇寿寺、崇祯观、钗里五神庙、南上寨关帝庙、南王庄关公庙、吴庄五神庙、武家店关帝庙等17处。县境南山有内长城横亘其间，中有北楼口、大石口、小石口、茹越口、马岚口等五隘口雄列，均为古代“雁门十八隘”的重镇。有省级自然保护区应县南山自然保护区、应县镇子梁省级湿地公园。

历史名人有唐末五代晋王李克用、后唐庄宗李存勖、后唐明宗李嗣源、后唐重臣安重诲、五代至宋初的周密、周广父子、后周检校太师郭崇、辽南京枢密使邢抱朴、金朝宰相高汝砺、明礼部尚书石瑁、明左通政使田蕙等。近现代名人有曹汝谦、曹祖谦、孙本然、郑足、尹欲仁、李玉堂、养育中、张子珍、刘忍等。

以“应县”“应州”地名冠名的社会应用所固定的词组有：

应县木塔：本名佛宫寺释迦塔，或称释迦塔，俗称应县木塔。位于应县城西北佛宫寺内。建于辽清宁二年（1056年），金明昌六年（1195年）增修。是世界上现存最古老、最高大的木塔，与意大利比萨斜塔、巴黎埃菲尔铁塔并称“世界三大奇塔”。现为全国重点文物保护单位，国家4A级景区。

应县梨花春酒：梨花春酒是应县历史名酒。系以大麦、豌豆、麸皮为制曲原料，以高粱为酿酒原料，在自然生态环境下酿造而成。酿造技艺采取中温制曲、堆积增香、地缸发酵、慢火蒸馏、分级贮藏、精巧勾兑等独特工艺。2008年，应县梨花春白酒传统酿造技艺被列入国家非物质文化遗产名录蒸馏传统酿造技艺项目。

应县牛腰：牛腰是应县的传统食品。传说在清乾隆、嘉庆年间，东关人于耀祖开干货铺卖麻花、饼子等，他发明用白面、胡麻油等制成一种牛腰子形状的食品，人称“牛腰子”。后成为应县的一种特色风味食品。

应州绿：应县从20世纪90年代开始发展蔬菜产业，依其独特的自然地理环境，培育了南河种镇小石口村紫皮大蒜等一系列知名的蔬菜产品，逐渐打造出“应州绿”蔬菜品牌，为山西省著名商标。

应州大捷：又称应州大战、应州之役。明正德十二年（1517年）十月，蒙古鞑靼部落首领小王子率五万人进犯阳和，掠应州，正在出关巡边的明武宗朱厚照自称威武大将军，调集长城一线军队约 6 万人抗击。战事持续了 5 天，最终以小王子败退告终。明武宗回京后“命宣捷于朝”，史称“应州大捷”。

金城镇 [Jīnchéng Zhèn]

乡级政区名。应县县人民政府驻地。在县境西北部。东与镇子梁乡接壤，南与南河种镇毗邻，西与大黄巍乡相连，北与义井乡接界。面积 98.23 平方千米。人口 7.33 万。辖东关社区、东城社区、西南角社区等 9 个社区，苏寨村、五里寨村、范寨村等 22 个行政村。镇人民政府驻县城三环东路。

唐末称天王村。五代唐置金城县，为应州治所。天成元年（926 年），置彰国军。辽属西京道，宋属云中路，金属西京路，元属大同路。明洪武八年（1375 年）废金城县入应州，属大同府。1912 年，改应州为应县，为应县治所。1949 年，属应县第十区。1950 年，属第八区。1953 年，置城关镇。1958 年，设城关人民公社。1962 年，为应州人民公社。1966 年，为城关人民公社。1985 年，置城关镇。2001 年 1 月，改城关镇为金城镇，以五代唐金城县故治而命名。

境内居民点地名的专名有以下特征：1. 以地理位置命名。如：东关、西关、东南角、西南角、东北角、西北角、南城、城西铺等。2. 以距离县城里程命名。如：六里庄、五里寨、八里坡。3. 以祥瑞、希冀命名。如：小穗稔、龙泉。4. 以姓氏命名。如：苏寨、范寨、吴庄蒯庄、席家堡。地名通名以军事设施遗址和常见聚落名称最多，如：村、庄、寨、关、堡等。

地处大同盆地南部，地形平坦，黄水河流经，平均海拔 1005 米。名胜古迹有全国文物保护单位应县木塔、净土寺，有市级文物保护单位广盈仓、席家堡关帝庙、吴庄五神庙。应县木塔为 4A 级风景区。

龙泉村 [Lóngquán Cūn]

居民点。属金城镇。国家级文明村、国家一村一品示范村。在县人民政府驻地东南 4 千米。面积 9.03 平方千米。人口 0.28 万。原名“灰泉子”，以井泉苦涩而得名。同治间曾倡导改名“辉泉”。光绪间知州樊思庆将村名改为“隆泉”，民国初年，县知事陈德易又将村名改为“龙泉”。乾隆《大同府志·疆域·应州村堡》：“灰泉子村，距城十里。”明代属应州接马里。清末属应州东乡。民国属应县。1949 年，属应县第十区。1950 年，属应县第八区。1953 年，属城关镇。1958 年，属城关人民公社。1962 年，属应州人民公社。1966 年，属城关人民公社。1985 年，属城关镇，2001 年，属金城镇。古迹有清代建筑万灵阁，为二层砖木构楼阁建筑。下层石砌基座，高 6 米，中设拱券门洞。上层为砖木楼阁，面宽三间，进深两间，单檐硬山顶，占地面积 110 平方米。地方名人有清末策划反清起义的孙本然、原中国人民志愿军六十七军参谋长刘苏。

南河种镇 [Nánhézhǒng Zhèn]

乡级政区名。属应县。全国文明乡镇。在应县中部偏南，闻名山麓。东与下社镇、白马石乡接壤，南与南泉乡毗邻，西与杏寨乡相连，北与金城镇接界。面积 152 平方千米。人口 3.85 万。辖西堡村、杨街村、小石村等 23 个行政村。镇人民政府驻西堡村。镇因原驻地在南河种村而得名。清代属应州北楼里。民国属应县。1949 年，属应县第三区。1956 年，设南河种乡。1958 年，设南河种人民公社。1984 年，置南河种镇。2001 年，与北曹山乡并入。

境内居民点地名专名有以下特征：1. 以自然地理实体命名。如：小石口、小石等。2. 以地理位置命名。如：西堡、中堡、东堡、中曹山、上甘港、北曹山、南曹山等。3. 以祥瑞、希冀命名。如：长乐、大穗稔。4. 以历史古迹命名。如：护驾岗。5. 以姓氏命名。如：东崔庄、西崔庄、段寨、南王庄等。

居民点地名的通名有以下特点：1. 以人文地理实体为通名。如：堡、寨、口等。2. 以自然地理实体命名。如：山、岗、峪等。

地处大同盆地南端，地势南高北低，山川各半。主要河流小石峪河为季节性河流。有闻名山、翠微山、三里河，平均海拔 1050 米。有小石口村 1 个全国传统村落。民俗艺术活动有小石口耍孩、东堡脑搁、西堡哑老背妻等。市级文物保护单位有大安寺、文殊寺、永镇寺、南王庄关帝庙等。其中小石村文殊寺为辽代创建，现存建筑为清代遗构。寺内有古松，人称“龙松”。坐落于闻名山南麓的殊海寺，仅存清代大殿，为县级文物保护单位。应县王氏中医正骨术为第五批山西省非物质文化遗产。

西堡村 [Xībǔ Cūn]

居民点。南河种镇人民政府驻地。距离应县人民政府驻地东南 10 千米，面积 4.50 平方千米。人口 0.11 万。1949 年，属应县三区。1954 年，属南河种乡。1958 年，属南河种公社。1984 年至今，属南河种镇。唐朝诗人贾岛曾在此游历，称该村为“小江南”。古迹有清代观音寺，现存有清代佛教故事壁画，并有榜题，属县级文物保护单位。建有观音寺。

东崔庄村 [Dōngcuīzhuāng Cūn]

居民点。属南河种镇。在县人民政府驻地东南 12 千米。面积 3.8 平方千米。人口 0.14 万。原名崔家庄，因崔姓始居得名。明代崔家庄分为东、西二堡，清末东堡改名为东崔庄。乾隆《大同府志・疆域・应州村堡》：“崔家庄，距城二十五里。”明、清属应州茹越里。清末属应州南乡。民国属应县。1949 年，属应县第四区。1956 年，属南河种乡。1958 年，属南河种人民公社。1984 年，属南河种镇。地处山前冲积扇地带，地形平坦。村南有古建筑大安寺，修建于元皇庆二年（1313 年），由元仁宗为独峰和尚敕建。明洪武二年（1369 年）重修。现存山门为明清遗构，有明代重修碑 3 通，铁钟 1 口。现为朔州市文物保护单位。

小石口村 [Xiǎoshíkǒu Cūn]

居民点。属南河种镇。中国传统村落。在县人民政府驻地东南 15 千米。面积 10.96 平方千米。人口 0.21 万。因位于小石峪口，与大石峪相邻而得名。小石口本为明代长城边堡，雁门十八隘之一。村南有峪道越过恒山山脉通往繁峙县砂河镇，扼守要隘，位置险要。明正德九年（1514 年）为了防御北方侵袭，在此筑小石口城，城周二里，设守备，属北楼营辖。分管“内边沿长一百六里九十丈，墩台五十一座，砖楼十座”。万历《宣大山西三镇图说》：

“本堡正德九年（1514年）土筑，万历二十八年（1600年）始议包砖”。成化《山西通志》：“小石口堡周围一百五十丈。”光绪《繁峙县志》：“小石口东北一百一十里至北楼城，此孔道，而实峻山崇壁，险道也，大、小石口尤名天险。”清代属应州东乡。民国时属应县。1949年，属应县第三区。1956年，属南河种乡。1958年，属南河种人民公社。1984年，属南河种镇至今。

现在小石口堡城仍有遗存，其平面呈长方形，南北长约250米，东西宽约240米，东、北二墙中各设一门，门外皆有瓮城。城内外有殊海寺、文殊寺、永镇寺、观音阁、观音庵的古建筑。沿山梁有黄土夯筑的小石口段明长城、墩台遗址，局部地段墙体高约5米以上，较为完整。村东北的山前坡地上发现有10万平方米的新石器文化遗存。小石口地名的应用方面有“小石口紫皮蒜”，为“中国地理标志”使用产品。2019年6月，被列入第五批中国传统村落名录。

下社镇 [Xiàshè Zhèn]

乡级政区名。属应县。在应县东南部。东与大临河乡接壤，南与白马石乡毗邻，西与南河种镇、金城镇相连，北与镇子梁乡接界。面积54.46平方千米，集镇面积170万平方米。人口2.32万。辖大石口村、丁堡村、赵堡村等15个行政村。镇人民政府驻李堡村镇前路1号。镇名因原驻地下社村而得名。明代属应州下社里。清末属应州东乡。民国属应县。1949年，属应县第三区。1953年，属应县第四区。1956年，置下社乡，为乡人民政府驻地。1958年，设下社人民公社。1985年，置下社镇至今。

境内居民点地名的专名有以下特征：1. 以自然地理实体命名。如：大石口。2. 以地理方位命名。如：前堡、南丰疃。3. 以姓氏命名。如：丁堡、赵堡、李堡、杨堡、唐庄、姜庄。

地名的通名有以下特点：1. 大量以堡寨等作为通名，如：丰寨、前堡、保安庄等；2. 带有北方地域方言的通名，如：南丰疃、辛圐圙等。

地处大同盆地南端，大石峪洪积扇下游，南部是半山半丘陵地带，地势南高北低，呈梯形分布。民间艺术有辛堡舞龙、丁堡脑搁、前堡二龙戏珠、南丰疃武术等。古建筑有天王寺遗址，在新堡村南侧，占地1500平方米，院内现存清道光四年（1824年）修庙碑一通。丁堡龙王庙，占地面积1180.4平方米，现仅存龙王殿、乐楼和钟亭，均为清代遗构。

李堡村 [Lǐbǎo Cūn]

居民点。下社镇人民政府驻地。在县人民政府驻地东南11千米。面积2.2平方千米。人口0.13万。原名李家堡，后简为今名。乾隆《大同府志 · 疆域 · 应州村堡》：“李家堡，距城二十二里。”民国属应县，1949年，属应县第三区。1953年，属应县第四区。1956年，属下社乡。1958年，属下社人民公社。1985年，属下社镇至今。位于平川地带，地形较为平坦。

大石口村 [Dàshíkǒu Cūn]

居民点。属下社镇，距离朔州市应县人民政府驻地东南14千米，面积8.14平方千米。

人口 0.2 万。大石口位于峪口前端，地形较为平缓，南高北低。亦称大石谷。大石口因位于大石峪出口之处而得名。大石口为明代边堡。嘉靖三十七年（1558 年），大石口堡隶属于北楼路。明《宣大山西三镇图说》记载：雁平道北楼路“设有团城、太安、车道、凌云、大石、茹越、马兰、平刑岭八堡，势如常蛇护守。”乾隆《大同府志·疆域·应州村堡》：“大石村，距城三十里。”清末属应州东乡，民国时属应县，1949 年，属应县第三区。1956 年，属南河种乡。1958 年，属南河种人民公社。1984 年，属南河种镇至今。大石口历史悠久，在村西南处发现有 4 万平方米的属于新石器—东周时代的文化遗存，遗存厚约 1 ~ 1.5 米。大石口为明代边堡，村内堡址尚存，其平面呈长方形，东西长约 70 米，南北宽约 60 米，东西墙保存基本完整，南北墙各残长约 60 米，保存有角台 2 座。地方名人有徐庆（1895—1969），字作新，应县大石口人。

镇子梁乡 [Zhènzǐliáng Xiāng]

乡级政区名。属应县。位于应县东部。东与大临河乡接壤，南与下社镇毗邻，西与金城镇相连，北与义井乡接界。面积 74.99 平方千米。人口 1.85 万。辖镇子梁村、南马庄村、北马庄村等 11 个行政村。县人民政府驻镇子梁村。因驻地得名。清末属应州东乡。民国属应县。1949 年，属应县第五区。1956 年，属魏庄乡。1958 年，属义井人民公社。1962 年，属南马庄人民公社。1981 年，为镇子梁人民公社。1985 年，置镇子梁乡。

境内居民点地名的专名有以下特征：1. 以自然地理实体命名。如：泉子头等。2. 以地理位置命名。如：南马庄、北马庄、东张寨等。3. 以姓氏命名。如：魏庄、郭家寨、吕花疃、赵家湾等。4. 以祥瑞、希冀命名。如：东辉耀、西辉耀。居民点地名通名以人文地理实体为主。如：寨、庄、疃等。

地处大同盆地南部，地势由南向北倾斜，平均海拔 1015 米。名胜古迹有省级文物保护单位繁峙古城遗址、龙首山生态旅游区、龙潭湖公园等。

镇子梁村 [Zhènzǐliáng Cūn]

居民点。镇子梁乡人民政府驻地。国家森林乡村。在县人民政府驻地东南 8.6 千米。面积 13.07 平方千米。人口约 500 人。因位于安边镇之南，又坐落于山梁上，故名。乾隆《大同府志·疆域·应州村堡》：“镇子梁，距城十五里。”清末属应州东乡。民国属应县。1949 年，属应县第五区。1956 年，属魏庄乡。1958 年，属义井人民公社。1962 年，属南马庄人民公社。1981 年，属镇子梁人民公社，为公社驻地。1985 年，属镇子梁乡，为乡人民政府驻地。村东有镇子梁水库风景区，建于 1958 年。1973 年，改造扩建。占地面积 18.4 平方千米，库容量为 4940 万立方米。水库北依龙首山松林，南连安边镇遗址。

西辉耀村 [Xīhuīyào Cūn]

居民点。属镇子梁乡。在县人民政府驻地东南 5.3 千米。面积 6.33 平方千米。人口 0.24 万。俗传村因纪念五代汉刘知远在此种瓜而得名。一说为灰窑的雅化。乾隆《大同府志·疆域·应州村堡》：“西辉耀村，距城十里。”明代属应州魏家里，清末属应州东乡，民国属应县。1949—1952 年，属应县第五区。1953—1955 年，属第五区。1956—1957 年，属城关集镇乡。1958—1961 年，属义井公社。1962—1980 年，属南马庄公社。1981—1984 年，属镇子梁公社。1985 年至今，属镇子梁乡。

义井乡［Yìjǐng Xiāng］

乡级政区名。属应县。位于应县北部。东与大同市浑源县裴村乡接壤，南与金城镇、大临河乡、镇子梁乡毗邻，西与臧寨乡相连，北与朔州市怀仁市河头乡接界。面积 160.65 平方千米。人口 216 万。辖义井村、范店村、大柳树村等 16 个行政村。乡人民政府驻义井村。因驻地得名。清末属应州北乡。民国属应县。1949 年，属应县第五区，区人民政府驻义井村。1956 年，属城关集镇乡。1958 年，设义井人民公社。1985 年，置义井乡。2001 年，边耀乡并入至今。

境内居民点地名的专名有以下特征：1. 以自然地理实体命名。如：水沟门。2. 以地理位置命名。如：东店、北杨庄、南沙城、寺南沟等。3. 以人文地理实体命名。如：义井、三门城、大圐圙等。4. 以姓氏命名。如：范店、周庄柴庄、北冯庄、岑嘴、于嘴等。5. 以祥瑞、希冀命名。如：和平、边耀。6. 以动植物命名，如：大柳树。地名通名多为人文地理实体。如：窑、堡、庄、坊、店、圐圙等。

地处大同盆地南部，东高西低，地形平坦，平均海拔 1050 米。名胜古迹有义井楞严寺、义井三官庙、北张寨关帝庙、三门城真武庙、边耀木瓜寺，应县八景之一的“边耀夕照”即在边耀村。

义井村［Yìjǐng Cūn］

居民点。义井乡人民政府驻地。位于应县北部，在县人民政府驻地东北 10 千米。面积 9.36 平方千米。人口 0.16 万。义井因村中水井得名。俗传村北有井泉，因水量大，因名“溢井”，后演变为今名。乾隆《大同府志·疆域·应州村堡》：“义井村，距城二十里。”清末属应州北乡。民国属应县。1949 年，属应县第五区，为区人民政府驻地。1953 年，第五区人民政府移驻南马庄村。1956 年，属城关集镇乡。1958 年，设义井人民公社。1985 年，置义井乡。地处浑河河谷，地形较为平坦，水土资源较好。古迹有义井关帝庙，创建年代无考，现存乐楼、大殿等建筑。大殿面宽五间，进深两间，单檐硬山顶，存清代壁画 30 平方米。附近有义井汉代文化遗存，面积约 3 万平方米。

三门城村［Sānménchéng Cūn］

居民点。属义井乡。在县人民政府驻地东北 13.5 千米。面积 9.07 平方千米。人口 0.1 万。古称莫含壁、莫回城，为西晋末并州从事莫含故里。后因城堡开三个城门，又改名为三门城。《魏书·莫含传》：“莫含，雁门繁畤人也。其故宅在桑干川南，世称莫含壁，或音讹，谓之莫回城云。”乾隆《大同府志·疆域·应州村堡》：“三门城，距城三十里。”清末属应州北乡。民国属应县。1949 年，属应县第五区。1956 年，属城关集镇乡。1958 年，属义井人民公社。1985 年，属义井乡。村在桑干河与浑河二河交汇处，地形较为平坦，水土资源较好。古迹有三门城堡遗址。

历史人物莫含，西晋末雁门繁畤（今应县）人。刘琨任并州刺史，征用莫含为从事。

代王拓跋猗卢喜爱他的才干，向刘琨求取莫含。于是进入代地，参与国中大事，受到器重。曾任左将军、关中侯。儿子莫显，拓跋什翼犍时为左常侍。孙子莫题，道武帝时为大将，以功赐爵东宛侯。孙子莫云，好学善射，道武帝时赐爵安德侯。迁执金吾，参军国谋议。后进爵安定公。卒谥敬公。

北杨庄村［Běiyángzhuāng Cūn］

居民点。属义井乡。在县人民政府驻地东北 8 千米。面积 7.62 平方千米。人口 0.16 万。原名杨家庄，因村中杨姓居多，故名。明代《应州志》记载："杨家庄铺，去城北十五里。"乾隆《大同府志·疆域·应州村堡》："杨家庄，距城十五里。"后简称杨庄。1980 年，地名普查时，因与应县城南的杨庄重名，故更名为北杨庄。清末属应州北乡。民国属应县。1949 年，属应县第五区。1956 年，属城关集镇乡。1958 年，属义井人民公社。1985 年，属义井乡。村在浑河边，地形较为平坦。古迹有北杨庄汉代文化遗址，面积约 2 万平方米。地方名人有张子珍，曾任兰州军区政治部副主任等职。

臧寨乡［Zāngzhài Xiāng］

乡级政区名。属应县。位于应县西北部。东与义井乡接壤，南与大黄巍乡毗邻，西与山阴县合盛堡乡相连，北与怀仁市亲和乡接界。面积 182.37 平方千米。人口 2.51 万。辖臧寨村、花寨村、曹娘村等 25 个行政村。乡人民政府驻臧寨村。因驻地得名。明代属应州富有里。清末属应州西乡。民国属应县。1949 年，属应县第六区。1956 年，属曹娘集镇乡。1959 年，设曹娘人民公社。1970 年，曹娘人民公社迁驻臧寨村。1985 年，置臧寨乡。2001 年，大营乡并入至今。

境内居民点地名的专名有以下特征：1. 以自然地理实体命名。如：小清水河、黑流堡、海子湾、洞子沟、半沟等。2. 以地理位置命名。如：北贾寨、八里庄、下元、廿五湾、北草场等。3. 以人文地理实体命名。如：上桥头、下桥头、石桥、屯儿、大营等。4. 以姓氏命名。如：臧寨、花寨、韩家坊等。

居民点地名的通名有如下特点：1. 以自然地理实体为通名。如：沟、河、岭等。2. 以人文地理实体为通名。如：窑、堡、庄、营等。

地处桑干河北部，地势平坦开阔，北部黄花梁横亘，为应县与怀仁市的天然分界线。有花寨关帝庙、水磨村观音阁和下桥头关帝庙 3 处市级文物保护单位。石桥马龙烈士墓是爱国主义教育基地。旅游点有黄花岭自然生态旅游景区、薛家营水库旅游景区、桑干河大桥旅游景区等。

臧寨村［Zāngzhài Cūn］

居民点。臧寨乡人民政府驻地。在县人民政府驻地西北 10 千米。面积 6.1 平方千米。人口约 960 人。原名臧家寨，因臧姓始居得名，后简称臧寨。乾隆《大同府志·疆域·应州村堡》："臧家寨，距城二十二里。"明代属应州富有里。清末属应州西乡。民国属应县。1949 年，属应县第六区。1956 年，属曹娘集镇乡。1959 年，属曹娘人民公社。1985 年，属臧寨乡。

大营村 [Dàyíng Cūn]

居民点。属臧寨乡。位于应县西北部，在县人民政府驻地西北 15 千米。面积 24.9 平方千米。人口 0.17 万。因有古军营而得名。相传元代为蒙古兵营，俗称“鞑营”，后取谐音为大营。乾隆《大同府志·疆域·应州村堡》：“大营村，距城三十里。”清末属应州西乡。民国属应县。1949 年，属应县第六区。1958 年，设大营人民公社，为公社驻地。1985 年，置大营乡，为乡人民政府驻地。2001 年，大营乡并入臧寨乡至今。地处黄花岭南麓，桑干河北岸，地形较为平坦。地方名人有“感动山西十大人物”杨立新。

薛家营村 [Xuējiāyíng Cūn]

居民点。属臧寨乡。在县人民政府驻地西北 13 千米。面积 10.98 平方千米。人口约 690 人。因薛姓始居得名。乾隆《大同府志·疆域·应州村堡》：“薛家营，距城二十五里。”明代属应州左里。清末属应州西乡。民国属应县。1949 年，属应县第六区。1956 年，属曹娘集镇乡。1959 年，属曹娘人民公社。1985 年，属臧寨乡。地方名人刘忍，曾任中国人民解放军空军后勤部副部长。

大黄巍乡 [Dàhuángwēi Xiāng]

乡级政区名。属应县。位于应县西部。东与金城镇接壤，南与杏寨乡毗邻，西与山阴县合盛堡乡相连，北与藏寨乡接界。面积 96.06 平方千米。人口 1.2 万。辖大黄巍村、秦庄村、辛义村等 16 个行政村。乡人民政府驻大黄巍村。因驻地而得名。明代属应州潘名里。清末属应州西乡。民国属应县。1949 年，属应县第九区。1950 年，属应县第六区。1956 年，属城关集镇乡。1958 年，属北湛人民公社。1959 年，属曹娘人民公社。1962 年，设大黄巍人民公社。1985 年，置大黄巍乡。

境内居民点地名的专名有以下特征：1. 以自然地理实体命名。如：大黄巍。2. 以地理位置命名。如：西铺、南贾寨、西辛村、东辛寨、北湛等。3. 以人文地理实体命名。如：管道铺、康辛庄等。4. 以姓氏命名。如：秦庄、栗家坊、曹庄铺等。居民点地名的通名多为人文地理实体。如：窑、堡、庄、疃、铺、坊等。

境乡位于黄水河、桑干河夹角地区，地形平坦，平均海拔 1000 米。古迹有师坊真武庙、北湛真武庙、西辛村圣母庙、东辛寨关老爷庙等。

大黄巍村 [Dàhuángwēi Cūn]

居民点。大黄巍乡人民政府驻地。位于应县西南部，在县人民政府驻地西南 10 千米。面积 5.13 平方千米。人口约 200 人。相传因村中原有风积黄土丘，巍然屹立，故名大黄巍。乾隆《大同府志·疆域·应州村堡》：“大黄巍，距城二十里。”明代属应州潘名里。清末属应州西乡。民国属应县。1949 年，属应县第九区。1950 年，属应县第六区。1956 年，属城关集镇乡。1958 年，属北湛人民公社。1959 年，属曹娘人民公社。1962 年，为大黄巍人民公社驻地。1985 年，置大黄巍乡。

杏寨乡 [Xìngzhài Xiāng]

乡级政区名。属应县。位于应县西南部。东与南河种镇接壤，南与下马峪乡毗邻，西与山阴县马营庄乡相连，北与大黄巍乡接界。面积 95.71 平方千米。人口 1.84 万。辖杏寨村、赤堡村、安营村等 18 个行政村。乡人民政府驻杏寨村。因驻地得名。清末属应州南乡。民国属应县。1949 年，属应县第八区，区人民政府驻杏寨村。1953 年，属应县第七区，区人民政府驻杏寨村。1956 年，属杏寨集镇乡。1959 年，为杏寨人民公社。1985 年，置杏寨乡。

境内居民点地名的专名有以下特征：1. 以地理位置命名。如：小南头、大西头、大北头等。2. 以祥瑞、希冀命名。如：下甘港、安营等。3. 以姓氏命名。如：冯庄、石店、大刘庄、郭家庄、贺家地等。地名通名多为人文地理实体。如：窑、堡、庄、坊、疃等。

地处恒山山脉北麓，地势自东南向西北倾斜，属于典型的上游河床冲积扇地带，平均海拔 1049 米。古迹有市级文物保护单位大西头五神庙，及望岩河神庙、杏寨杨家一号宅院、河疃赵家宅院、望岩村三官庙、安营关帝庙等。

杏寨村 [Xìngzhài Cūn]

居民点。杏寨乡人民政府驻地。山西省首批新农村建设村。在县人民政府驻地西南 15 千米。面积 5.6 平方千米。人口 0.12 万。原名杏家寨，因杏姓始居而得名，后简称杏寨。乾隆《大同府志·疆域·应州村堡》：“杏家寨，距城三十四里。”清末属应州南乡。民国属应县。1949 年，属应县第八区，为区人民政府驻地。1953 年，属应县第七区，为区人民政府驻地。1956 年，属杏寨集镇乡。1959 年，属杏寨人民公社。1985 年，置杏寨乡。村处于冲积扇地带，地形较为平坦。古迹有村西北汉代文化遗址，面积 4 万平方米。

下马峪乡 [Xiàmǎyù Xiāng]

乡级政区名。属应县。位于应县西南部。东与南泉乡接壤，南与忻州市繁峙县胡峪乡毗邻，西与山阴县马营庄乡相连，北与杏寨乡接界。面积 119 平方千米。人口 1.26 万。辖下马峪村、马岚庄村、南旺庄村等 8 个行政村。乡人民政府驻下马峪村。因驻地得名。清末属应州南乡。民国属应县。1949 年，属应县第八区。1956 年，属杏寨集镇乡。1959 年，属杏寨人民公社。1972 年，设下马峪人民公社。1985 年，置下马峪乡。2001 年 1 月，将梨树坪乡的安和岭村、团城村、台子底村、双沟村、黑石村、木井村 6 个村并入。

境内居民点地名的专名有以下特征：1. 以自然地理实体命名。如：水泉沟、平座等。2. 以地理位置命名。如：下马峪、下王庄、南旺庄、上马峪等。3. 以祥瑞、希冀命名。如：东安峪、安和岭等。4. 以人文地理实体命名。如：神堂坡、关地沟等。5. 以姓氏命名。如：刘海窑、张庄、段庄、冀家窑、曹碾等。

居民点地名的通名有如下特点：1. 自然地理实体为通名。如：沟、坪、峪、河、坡等。2. 以人文地理实体为通名。如：窑、井、店等。

地处南山峪口的冲积扇地带，山川相间，南高北低，平均海拔 1049 米。古迹有崇祯观和五家店关帝庙 2 处市级文物保护单位。

下马峪村 [Xiàmǎyù Cūn]

居民点。下马峪乡人民政府驻地。在县人民政府驻地西南 18 千米。面积 7.32 平方千米。人口 0.25 万。因位于马岚峪口下游而得名。乾隆《大同府志·疆域·应州村堡》："下马峪，距城三十五里。"清末属应州南乡。民国属应县。1949 年，属应县第八区。1950 年，属应县第四区。1953 年，属应县第七区。1956 年，属杏寨集镇乡，1959 年，属杏寨人民公社。1972 年，为下马峪人民公社驻地。1985 年，为下马峪乡人民政府驻地。

地方名人有曹汝谦。1924 年任中共领导的第一支革命武装铁甲车队政治教官，参加了讨伐陈炯明、第二次东征等战斗。1927 年参加平息夏斗寅叛乱、保卫武汉的战斗。1929 年秋，在河南卫辉县做兵运工作。11 月 30 日被捕遭杀害。曹祖谦，曹汝谦之兄，曾任红四方面军 10 师教导营救导员，1932 年去世。曹福谦，1949 年 10 月，秘密策动驻云南的国民党中央军第 8 军、第 26 军起义。12 月 9 日，参加云南起义。

南泉乡 [Nánquán Xiāng]

乡级政区名。属应县。位于应县南部。东与白马石乡接壤，南与忻州市繁峙县胡峪乡毗邻，西与下马峪乡相连，北与南河种镇接界。面积 143.76 平方千米。人口 1.61 万。辖南泉村、周家地村、西窑村等 16 个行政村。镇人民政府驻南泉村。因驻地得名。1949 年，属应县第四区。1953 年，属应县第三区。1956 年，属杏寨集镇乡。1958 年，属王宜庄乡。1959 年，设南泉人民公社。1985 年，置南泉乡。2001 年 1 月，将梨树坪乡东楼固村、梨树坪村、石栈村、土巷村、窝卜沟村、箭杆村、书堂崖村等 7 个村整体并入。

境内居民点地名的专名有以下特征：1. 以自然地理实体命名。如：品泉沟、窨子沟、火烧坡等。2. 以地理位置命名。如：南泉、下贾庄、东庄等。3. 以祥瑞、希冀命名。如：西安、茹越口、安乐营等。4. 以人文地理实体命名。如：钗里、瓦窑沟、教场等。5. 以姓氏命名。如：周家地、韩庄、高家窑等。

居民点地名的通名有如下特点：1. 以自然地理实体为通名。如：沟、坪、峪、河、坡等。2. 以人文地理实体为通名，如：村、寨、庄、窑、疃等。

地处南山峪口的冲积扇地带，山川相间，南高北低，平均海拔 1049 米。古迹有市级文物保护单位南上寨关帝庙。

南泉村 [Nánquán Cūn]

居民点。南泉乡人民政府驻地。在县人民政府驻地南 15 千米。面积 7.44 平方千米。人口 0.15 万。由张、夏两家始居，以村南有泉水而名。乾隆《大同府志·疆域·应州村堡》："南泉子，距城三十里。"民国属应县。1949 年，属应县第四区。1953 年，属应县第三区。1956 年，属杏寨集镇乡。1958 年，属王宜庄乡。1959 年，为南泉人民公社驻地。1985 年，为南泉乡人民政府驻地。在村西约 20 米处的山前坡地，发现有 20 万平方米左右的汉代文化遗存，出土有泥质灰陶弦纹折沿盆等文物。

茹越口村 [Rúyuèkǒu Cūn]

居民点。属南泉乡。在县人民政府驻地南 17 千米。面积 2.31 平方千米。人口约 250 人。为恒山山脉间的通道，历来属兵家重地。"茹越口"之名出现于五代唐时期。顺治《云中郡志》载："五代唐末修茹越口，开左右道路。"乾隆《应州续志》载："五代唐末帝诏应州修茹越口。”乾隆《繁峙县志》载：“后唐清泰中诏应州修茹越口。”沙陀人李克用，本姓朱邪氏，为西突厥别部处月种。有地方学者对“朱邪”“处月”以及“茹越”进行了对比研究，推断“茹越口”的地名，来源于“朱邪”的谐音，是李克用父子活动于此的历史遗痕。北宋为宋、辽分界线，宋军在此建茹越砦，属代州繁畤县。《宋史・地理志》记载：“繁畤。下。有繁畤、茹越、大石、义兴冶、宝兴军、瓶形、梅回、麻谷八砦。”明代为雁门十八隘之一。洪武二年（1369 年）置茹越口巡检司。明正统十年（1445 年）筑茹越堡城，属北楼营管辖。成化《山西通志》载：“茹越口，有堡，周围八十五丈，洪武二年置巡检司。”清末属应县南乡。民国属应县。1949 年，属应县第四区。1953 年，属应县第三区。1956 年，属杏寨集镇乡。1958 年，属王宜庄乡。1959 年，属南泉人民公社。1985 年，属南泉乡。

地处恒山山脉北麓，茹越峪水流经。现存古迹纪念地有茹越口堡、明代巡检司旧址、关帝庙、玉皇庙、明长城、烽火台、新石器至汉代文化遗址、西南堡、茹越口反击战遗址等。历史事件有“茹越口守卫战”。1937 年 9 月 27 日，侵华日军选择茹越口为南进的突破口，向我晋绥军发起猛攻，负责防御的梁鉴堂 203 旅 427 团激战一昼夜，击退数倍于我的日军。28 日，日军在飞机大炮的掩护下，发起更大规模攻击，梁鉴堂亲率预备队作战，守军将士拼死抵抗。梁鉴堂颈部中弹英勇牺牲，全旅官兵几乎全部殉国。同日茹越口阵地失守。地方名人有李思祖、梁镜斋。

书堂崖村 [Shūtángyá Cūn]

居民点。属南泉乡，距离应县政府驻地南 26 千米。面积 6.16 平方千米。人口约 550 人。书堂崖，又名书堂岩，因古有书堂得名，据《应州志》记载，金朝进士曹之谦曾在此隐居讲学，有书堂，故名“书堂崖”。乾隆《大同府志・古迹・应州》：“书堂岩，在城南三十里茹越山。金进士曹之谦讲学处。”民国属应县。1948 年，属应县第二区。1954 年，属梨树坪乡。1958 年，属梨树坪人民公社。1985 年，属梨树坪乡。2001 年 1 月，书堂崖村、东楼固村、梨树坪村、石栈村、土巷村、窝卜沟村、箭杆村等 7 个村整体并入南泉乡。历史名人有曹之谦，字益甫，云中应人。幼知力学，早擢巍科。为金元之际著名诗人、学者。为当时诗人群体“河汾诸老”之一。元人房祺编辑他们的诗集称作《河汾诸老诗集》。其著作有《兑斋文集》，收录他的古文杂诗三百首。

大临河乡 [Dàlínhé Xiāng]

乡级政区名。属应县。在应县东部。东与大同市浑源县裴村乡接壤，南与白马石乡毗邻，西与下社镇相连，北与镇子梁乡、义井乡接界。面积 180 平方千米。人口 2.75 万。辖大临河村、寺庄村、兴旺坡村等 23 个行政村。镇人民政府驻大临河村。因驻地得名。明属应州下社里。清末属应州东乡。民国属应县。1949 年，属应县第七区，区政府驻临河村。1953 年，属应县第四区，区政府驻下社。1956 年，属下社集镇乡，乡政府驻下社。1958 年，属北楼口乡，乡政府驻北楼口村。1959 年，设大临河人民公社。1985 年，置大临河乡。2001 年 1 月，北楼口乡整体并入。

境内居民点地名只能有以下特征：1. 以自然地理实体命名。如：峰沟、北楼村、东林庄等。2. 以地理位置命名。如：大临河、北小寨、北高庄、四道沟等。3. 以祥瑞、希冀命名。如：兴旺坡、长胜村、兴盛堡等。4. 以人文地理实体命名。如：圣水塘、北楼口、长城沟等。5. 以姓氏命名。如：王家窑、徐峪、康峪等。

居民点地名的通名：1. 以自然地形为通名。如：沟、坪、峪、河等。2. 以聚落为通名。如：村、寨、庄等。

地处翠微山、龙首山之间，浑河横贯，中部河谷平川，平均海拔 1040 米。有北楼口村 1 个中国传统村落。白蕙墓为第四批省级文物保护单位。北楼口关帝庙为市级文物保护单位。

大临河村 [Dàlínhé Cūn]

居民点。大临河乡人民政府驻地。在县人民政府驻地东 15 千米。面积 5.95 平方千米。人口 0.25 万。原名临河堡、临河村，明代筑堡。因在浑河岸边，故名。后因与小临河相对，改称大临河。乾隆《大同府志·疆域·应州村堡》："临河村，距城三十里。"明属应州下社里。清末属应州东乡。民国属应县。1949 年，属应县第七区，为乡政府驻地。1953 年，属应县第四区。1956 年，属下社集镇乡。1958 年，属北楼口乡。1959 年，为大临河人民公社驻地。2001 年，置大临河乡。

北楼口村 [Běilóukǒu Cūn]

居民点。属大临河乡。中国传统村落。在县人民政府驻地东 22 千米。面积 13.45 平方千米。人口 0.24 万。为恒山山脉北麓的最大隘口和南北通道。唐代北楼关。宋代为宋辽分界线上的军事关隘北楼口。明代在此修筑长城，北楼口列为"雁门十八隘"之一。明正德九年（1514 年）北楼口筑城堡，称"北楼营"，并设北楼仓。《新唐书·突厥传》："（武德七年）颉利遣使来，愿款北楼关请互市，帝不能拒。"明成化《山西通志》记载："北楼口在代州东北一百二十里繁峙县界，应州东南四十里，有堡，周围一里一百二十步，高一丈。洪武二年置巡检司。"明万历《宣大山西三镇图说》在"北楼口城"条下介绍："本城正德九年创筑土城，嘉靖二十三年展修，万历五年增修，周四里零九丈，高三丈五尺。"又载："见在官军二千九员名，马骡二千二百匹头。防守分管内边二十三里，边腹墩台六座，砖楼一座。"《明史》记载：北楼口设有巡检司。清末属应州东乡。民国属应县。1949 年，属应县第六区。1953 年，属应县第四区。1956 年，属下社集镇乡。1958 年，属北楼口乡。1959 年，属大临河人民公社。2001 年，属大临河乡。

地处恒山山脉北麓，依山面川。名胜古迹有村东新石器文化遗址、明代北楼口城址、烽火台群、明长城、关帝庙、恒山庙、明清街巷、民居等。其中关帝庙为市级文物保护单位，建于明嘉靖年间，清代重修。由山门、戏台、正殿组成，殿内存清塑 8 尊，明代壁画 120 平方米。恒山庙建于明隆庆二年（1568 年），万历八年（1580 年）增修，崇祯十二年（1639 年）重修。有大殿、东西廊房、山门等。2019 年 6 月，被列入第五批中国传统村落名录。

白马石乡 [Báimǎshí Xiāng]

乡级政区名。属应县。在应县东南。东与大同市浑源县官儿乡接壤，南与忻州市繁峙县集义庄乡毗邻，西与南泉乡相连，北与南河种镇、大临河乡接界。面积 331 平方千米。人口 1.43 万。辖白马石村、黄土嘴村、河蛟村等 21 个行政村。镇人民政府驻白马石村。因驻地得名。民国属应县。1949 年，属应县第一区。1956 年，为白马石集镇乡。1958 年，属北楼口乡。1959 年，为白马石人民公社。1985 年，置白马石乡。2001 年 1 月，三条岭乡、双钱树乡并入。

境内居民点地名的专名有以下特征：1. 以自然地理实体命名。如：黄土嘴、黑土湾、大石堡、界河、水泉、接沟等。2. 以地理位置命名。如：北马圈、大西铺、小西铺等。3. 以祥瑞、希冀命名。如：奋地、安乐泉等。4. 以人文地理实体命名。如：将台背、请佛庵、龙王堂等。5. 以姓氏命名。如：庞家套、董家沟、杨庄等。6. 以动植物命名，如：鹞子沟、鸡儿沟、鹊儿沟等。居民点地名的通名多以自然地理实体为通名。如：沟、坪、峪、河等。

地处恒山山脉腹地，为应县唯一的纯山地乡镇，海拔最高 2333 米，最低 1500 米。旅游资源有跑马梁风景区、白蟒寺等。大石堡崇寿寺为朔州市文物保护单位。

白马石村 [Báimǎshí Cūn]

居民点。白马石乡人民政府驻地。在县人民政府驻地东南 26 千米，面积 8.85 平方千米。人口约 840 人。原名白蟒神，因有白蟒神庙而得名。后以谐音改为今名。民国时属应县。1949 年，属应县第一区。1956 年，属白马石集镇乡。1958 年，属北楼口乡。1959 年，为白马石人民公社驻地。1985 年，属白马石乡。地方名人有赵堪，曾任山西省政协副秘书长。

右玉县 [Yòuyù Xiàn]

县级政区名。朔州市辖县。为国家级生态示范县、联合国最佳宜居生态县、中国古堡之乡、中国低碳旅游示范区。在山西省西北部。东与大同市左云县相连，南与平鲁区、山阴县接壤，西、北以长城为界与内蒙古自治区呼和浩特市和林格尔县、清水河县、乌兰察布市凉城县毗邻。面积 1969 平方千米。人口 8.8 万。辖牛心堡乡、高家堡乡、杨千河乡、李达窑乡 4 个乡，新城镇、右卫镇、威远镇、元堡子镇 4 个镇。县人民政府驻新城镇。

秦置善无县，治今右卫镇，属雁门郡。新莽改善无为阴馆。东汉复旧。建武二十七年（51 年）定襄郡徙治善无县。建安末县废。北魏复置善无县，初隶畿内。东魏天平二年（535 年）于县置善无郡，县属之。唐天宝中在善无故城置静边军，后废。明洪武二十六年（1393 年），仍在此地置定边卫，后迁北直通州。永乐七年（1409 年）大同右卫自今大同市徙治善无故城。正统十四年（1449 年）玉林卫自今大同市迁此，与大同右卫同治，称为“右玉林卫”，属山西行都指挥使司。清初改右玉卫。雍正三年（1725年）升卫为县，于县置朔平府，县属之。1912年，废府。1913年属雁门道。1927年，废道后直属省。抗日战争时期曾一度以右玉县南境及朔县（今朔城区）、左云县部分地区置右南县，属晋绥五专署。1949年，属察哈尔省。1952年，复归山西省，属雁北专区。1958年，右玉、左云两县合并。1961年，复置。1967年，属雁北地区。1972年，县人民政府驻地从城关迁至梁家油坊。1993年，改属朔州市。右玉县因明代境内设大同右卫和玉林卫，各取首字而得名。

境内地名专名有以下特征：1. 地名中边塞军事文化特色较为明显。如：右卫镇、威远镇、破虎堡、杀虎口等。2. 因姓氏官职命名。如：丁家窑、李达窑、杨千河、张千户岭等。3. 以所处的山川地形命名。如：石头河村、双山峡、盘石岭村。4. 以祥瑞、希冀命名。如：南花园、昌里屯、甘泉庄。

地名通名有以下特点：1. 通名中有与明代军事驻防有关的口、堡、屯、营、寨等。如：大沙口、蒲州营、梁信屯、牛心堡、宣阳寨等。2. 其他以自然地形地貌为通名。如：石窑沟、马头山、头水泉、孙家湾等。3. 还有多为北方常见通名“村”“庄”“窑”等。如：布家村、馒头庄、胡四窑。4. 有个别北方民族语通名，如：“花板”为蒙古语，意为“坡”，有金家花板。

地处晋西北黄土丘陵缓坡区，地势东南高、西北低，平均海拔1400米左右。有红家山、雷公山、马头山、桦林山等山峰。最高点红家山海拔1969.3米。有苍头河、源子河、二道河、石匣河、李红河、三道河等，其中苍头河、源子河为长流水河流。

右卫镇为省级历史文化名镇，破虎堡村为中国传统村落。地方特色民间艺术有道情、秧歌、耍孩儿、二人台等，其中道情被列入国家非物质文化遗产。右玉道情戏、杀虎口传说以及右玉民俗剪纸入选山西省非物质文化遗产名录。1973年，曾在高家堡乡大川村出土商代乳钉方格纹铜簋、汉代鎏金温酒樽、汉鼎等8件国家特级文物。省级重点文物保护单位有中陵古城遗址、威远汉墓群、宝宁寺及境内长城与其附属城、堡、烽火台4处。市级重点文物保护单位右玉清真寺、万全桥遗址、杀虎堡堡址、古城村西城址、老爷庙戏台（马营河乐楼）、右玉城汽车站旧址、广义桥、通顺桥、西口古道、晋北实业银行右玉分行旧址等10处；县级重点文物保护单位183处。境内存有古长城84千米，古堡50多座，被命名为“中国古堡之乡”。境内林木绿化率达到57%。右玉生态旅游景区为全域4A旅游景区。苍头河生态走廊为省级自然保护区。有杀虎口风景名胜区、南山森林公园、中陵湖、万亩沙棘园、右卫古城等旅游景点。历史名人有北齐章武郡王库狄干、北魏晋州刺史高市贵、东魏大司马长乐王尉景、明右副都御使孙祥、明宁夏甘肃三关总督缑谦、明右都督李宏、明抗倭英雄麻贵等。

地名社会应用有：右玉精神、右玉精神展览馆、《右玉和她的县委书记们》、右玉生态旅游景区、右玉沙棘、右玉羊肉、右玉剪纸、右玉城保卫战等。

右玉精神：右玉人民坚持不懈改善生态环境，右玉县林地由建国前的8100亩残林增加到170万亩，森林覆盖率由0.3%提高到57%。在实践中形成、树立、发展了以“执政为民、尊重科学、百折不挠、艰苦奋斗”为核心的右玉精神，成为新时代开创全面建设社会主义现代化国家新局面所不可缺少的宝贵精神财富。

右玉精神展览馆：位于右玉县南山森林公园南麓的右玉干部学院内，是学习弘扬右玉精神的重要阵地。2013 年 7 月，完成布展并投入使用，2020 年，在原布展基础上进行了重新布展，建筑面积 1600 平方米。展览通过讲述右玉历届县委带领全县干部群众，将“不毛之地”变为“塞上绿洲”的感人故事，展示右玉精神的形成历程、丰富内涵和时代价值。2019 年 9 月，右玉精神展览馆被评为全国爱国主义教育示范基地。

《右玉和她的县委书记们》：由吴子牛执导，杨铮、缪婷茹、黄品沅等主演的农村题材剧。讲述山西省右玉县历任县委书记带领干部群众植树造林、改变环境的感人故事，以纪实风格全景式再现右玉近 70 年的发展历程和生动实践。2018 年 10 月，正式上映。

右玉生态旅游景区：山西省唯一用县命名的国家级 4A 风景区，森林覆盖率达到 57% 以上。生态景点有南山森林公园、贾家窑松涛园、苍头河生态走廊、苍头河万亩沙棘园区、郊野公园等景区。

右玉沙棘：沙棘又名酸柳、酸刺。右玉盛产沙棘，果实营养成分含量高、产量高，是国家重要的沙棘产业县之一。

右玉羊肉：右玉羊肉肉质鲜嫩、肥瘦相间、肥而不腻、食之爽口。煮沸后肉汤透明澄清，脂肪具有清香之味。2010 年，“右玉羊肉”通过国家农业部农产品地理标志登记，成为山西省首个荣获此殊荣的畜产品。

右玉剪纸：右玉民间剪纸艺术分为单色剪纸和彩色剪纸两种形式，单色剪纸即只用一种颜色的纸张进行裁剪，作品为分人物类、花草鸟兽类、动物类、风景类。彩色剪纸主要是以各色彩纸镶拼而成，其特点是一幅剪纸作品由多种彩色纸剪成的小部件组合创构。2017 年，入选为山西省非物质文化遗产名录。

右玉城保卫战：明嘉靖三十六年（1557 年），俺答以“桃松寨事件”为借口，纵骑扰掠大同，又包围右玉城。右玉城军民浴血奋战，誓死不降，坚持守城达八个月，以少胜多，稳定了北部边防。

新城镇 [Xīnchéng Zhèn]

乡级政区名。右玉县人民政府驻地。全国文明镇。在右玉县中部。东与大同市左云县毗邻，南与元堡子镇、威远镇接壤，西与威远镇、杨千河乡相邻，北与右卫镇、牛心堡乡相邻。面积 232 平方千米。人口 1.36 万。辖福星苑社区、玉河苑社区、银河社区等 12 个社区，七里铺村、马官屯村、梁家油坊村等 30 个行政村。镇人民政府驻玉林东街。1949 年，属右玉县三区。1953 年，设梁家油坊乡。1972 年，县人民政府驻地从城关镇迁至梁家油坊。1984 年，置梁家油坊镇。2001 年，高墙框乡与梁家油坊镇合并，更名新城镇。因镇区为 1972 年新建县城而命名。2021 年，白头里乡的野场村、白头里村、周鱼儿村、庞家堡村、东史村、杨村 6 个行政村并入新城镇。

境内地名的专名有以下特征：1. 以自然地理实体命名。如：石头河。2. 以自然地形命名。如：馒头庄。3. 以祥瑞、希冀命名。如：常青村。4. 以位置而命名。如：南草场、西丁村等。5. 以军事文化命名。如：上堡、下堡、东十里铺、大堡等。6. 以姓氏命名。如：大蒋家屯、小蒋家屯、张家店、梁家油坊、袁家村、贾家窑、邓家村、马官屯、麻家滩。从地名通名多具有边塞军事文化特色，如：堡、寨、城、屯等。

地处黄土丘陵缓坡区，地势开阔，南高北低，平均海拔 1400 米。有大南山、小南山、双山夹山、贾家窑山、柳沟山等。苍头河过境。有"山川秀美、绿树成荫、塞上绿洲"之美称。古迹有大堡村古堡等。景区有贺兰插汉、南山森林公园等。

梁家油坊村 [Liángjiāyóufāng Cūn]

居民点。属新城镇。在县人民政府驻地西南 0.75 千米。东与大同市接界。面积 6.62 平方千米。人口 0.19 万。地势平坦，二道河流经。因由梁姓在此建村开设油坊，故名。1949 年，属三区。1956 年，置梁家油坊乡。1958 年，属灯塔人民公社。1961 年，属梁家油坊人民公社，1984 年，属梁家油坊镇。2001 年，属新城镇至今。景区有南山森林公园。

程家窑村 [Chéngjiāyáo Cūn]

居民点。属新城镇。在县人民政府驻地西北 8 千米。面积 6.62 平方千米。人口 0.19 万。地势平坦，二道河流经。因程姓在此定居而得名。1949 年，属三区。1956 年，属梁家油坊乡。1958 年，属灯塔人民公社。1961 年，属梁家油坊人民公社。1984 年，属梁家油坊镇。2001 年，属新城镇至今。

十里铺村 [Shílǐpù Cūn]

居民点。属新城镇。在县人民政府驻地西南 5 千米。面积 6.62 平方千米。人口 0.19 万。地势平坦，二道河流经。因位于威远堡以东十里处而得名。1949 年，属三区。1956 年，属梁家油坊乡。1958 年，属灯塔人民公社。1961 年，属梁家油坊人民公社。1984 年，属梁家油坊镇。2001 年，属新城镇至今。

白头里村 [Báitóulǐ Cūn]

居民点。属新城镇，在县人民政府驻地东南 7 千米。面积 6.45 平方千米。人口约 483 人。据村中李家祖坟石碑记载，原名白头李，后演变为白头里。1949 年，属右玉县第三区。1953 年，设白头里乡。1956 年，属马莲滩乡。1958 年，属左云县灯塔人民公社。1961 年，属右玉县杨家村人民公社。1972 年，属杨家村人民公社。1983 年，设白头里人民公社，为公社驻地。1984 年，属白头里乡。2021 年，属新城镇。有县级文物保护单位明嘉靖明威将军李享墓。墓地面积约 1200 平方米，地表现存石碑 2 通。村东南有白头里汉代文化遗存，面积约 9 万平方米。古建筑有白头里老爷庙。

右卫镇 [Yòuwèi Zhèn]

乡级政区名。属右玉县。山西省历史文化名镇。在右玉县中北部。东、东北与李达窑乡接壤，东南与牛心堡乡相连，南与新城镇相接，西南与杨千河乡毗邻，西北、北与内蒙古自治区和林格尔县交界。面积 243 平方千米。人口 1.28 万。辖翰林社区及三里庄村、联兴村、北草场村等 26 个行政村。镇人民政府驻联丰村。1949 年，属右玉县一区。1953 年，设城关镇。1958 年，属长城人民公社。1961 年，改城关人民公社。1984 年，复设城关镇。2001 年，杀虎口乡、高墙框乡、欧家村乡部分并入，更名右卫镇。因明代为大同右卫驻地而得名。

境内地名的专名有以下特征：1. 以自然地理实体命名。如：头水泉。2. 以自然地形命名。如：沙梁村。3. 以祥瑞、希冀命名。如：振兴村、联丰、联兴等。4. 以边塞军事设施命名。如：二分关、十八户营、红土堡、红旗口等。5. 以地理位置命名。如：三里庄、中元、五里庄等。6. 以姓氏命名。如：善家堡、姬家沟等。地名通名多为关、营、堡等，具有边塞军事文化特色。

苍头河、马营河流经。有省级重点文物保护单位宝宁寺。右玉清真寺为市级文物保护单位。古建筑有明代右卫古城墙、城隍庙、风神台、右玉城汽车站、晋北实业银行右玉分行旧址等。2009 年，被公布为山西省历史文化名镇。

联丰村 [Liánfēng Cūn]

居民点。右卫镇人民政府驻地。在县人民政府驻地西北 22.29 千米。面积 5.14 平方千米。人口约 808 人。土地平坦开阔，苍头河流经。因 1956 年成立农业社，取联合丰收之意，故名。1949 年，属城关区。1953 年，属城关镇。1956 年，属城关镇。1958 年，属城关人民公社。旋属长城人民公社。1961 年，属城关人民公社。1984 年，属城关镇。2001 年，属右卫镇至今。

杀虎口村 [Shāhǔkǒu Cūn]

居民点。属右卫镇。在县人民政府驻地西北 30 千米。北与内蒙古接界。面积 10.7 平方千米。人口约 892 人。原名杀胡口，明代嘉靖二十二年（1543 年）筑城堡。万历二年（1574 年）砖包城墙。清初更名杀虎口。万历《三云筹俎考》记载：“杀胡堡，嘉靖二十三年土筑，万历二年砖包”。1949 年，属右玉县城关区。1950 年，属一区。1956 年，置杀虎口乡。1958 年，属左云县长城人民公社。1961 年，属右玉县城关人民公社。1962 年，设杀虎口人民公社。1984 年，置杀虎口乡，2001 年，撤并乡镇属右卫镇至今。

地处苍头河谷，地势较平坦。明、清为军事要隘和边贸重镇。康熙帝西征噶尔丹回师曾驻跸于此。民俗艺术有传统舞狮子、扭秧歌等节庆表演。有省级文物保护单位明长城。杀虎堡址、万全桥遗址、广义桥、通顺桥、西口古道为市级文物保护单位。平丰桥为县级文物保护单位。另有唐子山北魏墓、戏台等古迹。杀虎堡址由三个相连的堡城组成，由北向南依次为旧堡、中关城和新堡。旧堡略呈方形，东西长约 220 米，南北宽约 210 米；中关城位于旧堡南侧，东西长约 220 米，南北宽约 130 米；新堡位于中关城南侧，东西长约 220 米，南北宽约 160 米。

地名社会应用有：杀虎口旅游区、杀虎口传说。

杀虎口旅游区：位于晋蒙两省交界处，北倚古长城，西临苍头河。2003 年，在杀虎口村基础上兴建，有古长城、古商贸街、杀虎口民俗旅游区、地方特色食品街、畜牧养殖区、农副产品加工区、自然风景区、晋北风情文化村、游牧民族度假村、生态风景区、长城历史博物馆、杀虎口旅游新村、万壑层林配套工程等旅游景点。

杀虎口传说：是指流传于杀虎口及周边村落的民间传说。其中有艰苦创业、白手起家的晋商传说，也有纵横驰骋、保家卫国的军人传说，还有无数闯荡口外无名无姓的普通人的传说，极具地方特色。对于研究晋商、明清北边军事与民族融合、雁北地区民俗文化等都极具价值。

袁家窑村 [Yuánjiāyáo Cūn]

居民点。属右卫镇。位于右玉县西北部，在县人民政府驻地西北 15.6 千米。人口约 200 人。因最早由袁姓在此挖土窑居住，故名。1949 年，属城关区。1953 年，属一区红土堡乡。1956 年，属黄土坡乡。1958 年，属黄土坡人民公社，不久改属左云县灯塔人民公社。1961 年，属右玉县城关人民公社。1984 年，属城关镇。2001 年，属右卫镇至今。有历史名人明朝右都督麻贵墓。《明史·麻贵传》记载：麻贵，大同右卫人。“果毅骁捷，善用兵，东西并著功伐。先后承特赐者七，锡世荫者六。及殁，予祭葬。称一时良将焉。”麻贵墓现为县级文物保护单位，面积约 900 平方米，地表原墓碑座以及石人、石马等已不存。

马营河村 [Mǎyínghé Cūn]

居民点。属右卫镇。在县人民政府驻地东北 32.6 千米。面积 7.2 平方千米。人口约 352 人。东堡门石碑记载：原名马营堡。因有马营河流经，故又名马营河村。1949 年，属右玉县城关区。1953 年，属一区。1956 年，属杀虎口乡。1958 年，属左云县长城人民公社。1961 年，属右玉县城关人民公社。1962 年，属杀虎口人民公社。1984 年，属杀虎口乡。2001 年，属右卫镇至今。土地为坡地，草地、林地环抱村落，苍头河、马营河流经。为省 3A 级旅游示范村。有乐楼、古庙、军堡、古榆树等古迹。每年正月、四月初八举行传统庙会。马营河乐楼（老爷庙戏台）为市级文物保护单位。

威远镇 [Wēiyuǎn Zhèn]

乡级政区名。属右玉县。在县境西部。东与新城镇、元堡子镇相连，南与高家堡乡接壤，西与平鲁区凤凰城镇、高石庄乡相邻，北与杨千河乡毗邻。面积 290 平方千米。人口 1.44 万。辖威远堡村、台子村、火烧洼村等 27 个行政村。镇人民政府驻威东村。因驻地原在威远堡而得名。1949 年，属四区。1953 年，设威远堡乡。1958 年，改威远堡人民公社。1984 年，改设威远堡镇。2001 年 1 月，威坪堡乡与威远堡镇合并，更名威远镇，镇人民政府由威远堡迁至威东。2021 年，白头里乡的滴水沿村、西史村和丁家窑乡的前胡彩沟村、常坪窑村、白家窑村共 5 个行政村并入威远镇。

境内地名的专名有以下特征：1. 以自然特征命名。如：白塘子、堠林村、树儿照等。2. 以边塞军事设施命名。如：后所堡、威坪堡、威远堡、新墩湾等。3. 以姓氏命名。如：方家堡、牛家堡、王家堡、刘家窑、徐村、肖家村等。4. 以地理位置命名。如：六里庄、北十里铺、南八里等。地名通名有边塞文化特色。如：堡、铺、窑、村、庄等。

地处平川，坡梁地少，苍头河流经。有右玉最大的水库常门铺水库。省级文物保护单位有中陵古城遗址、威远墓群 2 处。名胜古迹有威远堡、威坪堡、中陵湖、苍头河景区。

威东村 [Wēidōng Cūn]

居民点。威远镇人民政府驻地。在县人民政府驻地西南 8.9 千米。面积 2.91 平方千米。人口约 570 人。为新建村。2001 年，将原山区居民迁于此地居住。因位于威远堡村东而命名。2002 年 12 月版《朔州地名志》中记载："由本镇孤山子、燕家堡、燕家窑、南樊家窑、崔家窑、孙家湾、高家辛村、解家窑半个自然村搬迁组建。"地势平坦，苍头河流经。

中陵村 [Zhōnglíng Cūn]

居民点。属威远镇。在县人民政府驻地西南 13.6 千米。面积 1.21 平方千米。人口约 67 人。因有中陵古城遗址而得名。1977 年，石香炉村居民搬迁到该村，仍称中陵村。有省级文物保护单位中陵古城遗址。古城坐落于苍头河西岸，呈长方形，东西长约 800 米，南北宽约 700 米，占地总面积 135 万平方米。城墙基宽约 5 米，残高 0.2 ~ 0.8 米，城内有一墙将其分为东西两部分。中陵古城为秦汉雁门郡中陵县故址，东汉建安末废弃。

元堡子镇 [Yuánbǔzǐ Zhèn]

乡级政区名。属右玉县，为县域煤炭大镇。在县境东南部。东与大同市左云县相接，南与山阴县玉井镇接壤，西与高家堡乡相邻，北与新城镇毗邻。面积 191 平方千米。人口 1.12 万。辖元堡子村、马莲滩村、董半川村等 21 个行政村。镇人民政府驻董半川村。因镇原驻地元堡子村得名。元堡子因村中有圆形城堡，故名圆堡子，后作元堡子。抗战时期属右南县第二区，1949 年，属右玉县二区。1956 年，设元堡子乡。1958 年，属左云县钢铁人民公社。1961 年，设右玉县元堡子人民公社。1984 年，置元堡子乡。2001 年，改元堡子镇，镇人民政府驻地由元堡子村迁至董半川。2021 年，白头里乡的马莲滩村、赵官屯村、康村、北花园村、张化村 5 个行政村并入元堡子镇。

境内地名有以下特征：1. 以边塞军事遗存命名。如：教场坪、大马营、小马营等。2. 以姓氏命名。如：胡村、董半川、蔡家堡、郭家堡等。3. 为区分而命名。如：大油坊头、小油坊头、上吴、下吴、大瓷窑、小瓷窑等。地处小盆地，元子河流贯东西。

董半川村 [Dǒngbànchuān Cūn]

居民点。元堡子镇人民政府驻地。在县人民政府驻地东南 23.6 千米。面积 4.88 平方千米。人口约 784 人。土地平坦开阔，源子河流经。因地处平川，董姓建村而得名。1949 年，属二区。1953 年，属二区董半川乡。1956 年，属董半川乡。1958 年，属左云县钢铁人民公社。1961 年，设右玉县元堡子人民公社。1984 年，属元堡子乡。2001 年，属元堡子镇至今。古迹有古堡遗址。有新建龙王庙 1 座。民俗文化艺术有耍孩儿、秧歌、踢鼓秧歌表演。

大瓷窑村 [Dàcíyáo Cūn]

居民点。属元堡子镇，在县人民政府驻地东南 22.3 千米。面积 6.2 平方千米。人口约 410 人。因瓷器烧造历史悠久，与小瓷窑相对而名。1949 年，属二区。1953 年，属二区西窑头乡。1956 年，属董半川乡。1958 年，属左云县钢铁人民公社。1961 年，属右玉县元堡子人民公社。1984 年，属元堡子乡。2001 年，属元堡子镇至今。村内遗存辽金时期的瓷窑遗址。分布面积 6 万平方米。窑炉形状为圆形，顶部由砖垒砌而成，下半部分外围由片石垒砌。在断崖上发现文化层，厚 1 ~ 3 米，采集有黑釉缸残片等。

牛心堡乡 [Niúxīnbǔ Xiāng]

乡级政区名。属右玉县。在县境东部，东与大同市左云县相邻，南与新城镇相连，西与右卫镇接壤，北与李达窑乡相接。面积 194 平方千米。人口 0.63 万。辖牛心堡村、云阳堡村、何家村等 14 个行政村。乡人民政府驻牛心堡村。因驻地得名。1949 年，属右玉县第三区，驻地梁家油坊。1956 年，设牛心堡乡。1958 年 9 月，左云、右玉合并，属灯塔人民公社。1961 年，复右玉县，设牛心堡人民公社。1984 年，置牛心堡乡。2001 年，将欧家村乡 11 个村并入。

境内地名有以下特征：1. 以自然地理实体命名。如：龙泉沟、海子洼、甘泉庄等。2. 以自然特征命名。如：沙村、黄土坡、盘石岭、山岔沟等。3. 以军事遗存命名。如：云阳堡、施官屯、牛心堡等。4. 以姓氏命名。如：何家村、夏家窑等。

地处丘陵区，山势平缓。欧村河、牛心河流经境内，谷地开阔。中部有老龙山、卧羊山、姥姥山、团山、巴掌山等，海拔高度 1500 ~ 1900 米。牛心山位于牛心堡村南 0.5 千米处，为死火山，海拔 1604 米，相对高差 200 米，周长 5.5 千米。山体为火山喷发形成，整座山峰由黑色火山岩构成，孤峦高耸，顶平底圆，山呈黛色，宛若牛心，故名。山的左右开黑白二峡，冬不积雪，夏不生草，殊为灵异，为清代右玉衡阳十景之一“牛心孕璞”。现为牛心山风景名胜区。

牛心堡村 [Niúxīnbǔ Cūn]

居民点。牛心堡乡人民政府驻地。在县人民政府驻地东北 9.5 千米。面积 12.8 平方千米。人口约 647 人。明嘉靖二十七年（1548 年）筑堡，因在牛心山麓而得名。万历《三云筹俎考》：“牛心堡，嘉靖二十七年土筑，隆庆六年石包”。1949 年，属三区。1956 年，属牛心堡乡。1958 年，属左云县灯塔人民公社。1961 年，属右玉县牛心堡乡人民公社。1984 年，置牛心堡乡至今。

地处牛心山北麓，土地平阔，三道河流经。当地名胜牛心山为死火山，山上有明代文昌阁和玉皇殿遗址。清代右玉衡阳十景之一的“牛心孕璞”即指此。牛心堡为明代建筑，堡址平面呈方形，边长约 270 米，东墙残长约 250 米，北墙残长约 260 米。南墙中部设 1 门，现存马面 9 座。古迹有位于牛心山山顶的平顶山墓群为县级文物保护单位。村东有东周文化遗址，面积约 28 万平方米。村西有的汉代文化遗址，面积约 90 万平方米。

云阳堡村 [Yúnyángbǔ Cūn]

居民点。属牛心堡乡。在县人民政府驻地东北 15 千米。东与大同市左云县接界。面积 16.83 平方千米。人口约 577 人。原名云阳谷，相传北魏稽胡刘蠡升自称天子曾居此。明嘉靖三十七年（1558 年）建云阳堡。万历《三云筹俎考》：“云阳堡，嘉靖三十七年土筑，万历二十四年砖包。”1969 年，村民全迁堡外居住，仍名云阳堡。1949 年，属三区。1956 年，属何家坟乡。1958 年，属左云县灯塔人民公社。1961 年，属右玉县牛心堡乡人民公社。

1984年，属牛心堡乡至今。周边群山环绕，沟壑纵横，植被良好，宜于牧业。有风力发电架3座。古迹有云阳堡堡址、烽火台等。云阳堡堡址为长方形，东西长约180米，南北宽约150米，东墙中部设1门，门外侧有瓮城，现存马面3座。

缑家村 [Gōujiā Cūn]

居民点。属牛心堡乡。在县人民政府驻地东北10千米。面积6.37平方千米。人口约250人。原名“缑家坟”，因有明代三边总督缑谦墓地而得名。后因含义不雅，1983年更名为缑家村。1949年，属三区。1953年，属邓家村乡。1956年，属梁家油坊乡。1958年，属左云县灯塔人民公社。1961年，复右玉县属牛心堡人民公社。1984年，属牛心堡乡至今。历史名人缑谦曾任明辽东巡抚、南京右通政、宁夏三边总督。村内现存缑谦家族墓地，为县级文物保护单位。墓地面积2000平方米，地表现存石人、石羊以及汉白玉石碑2通。

何家村 [Héjiā Cūn]

居民点。属牛心堡乡。位于右玉县东北部，在县人民政府驻地东北13千米。面积4.89平方千米。人口约242人。原名何家坟，因有明万历进士何廷魁墓地而得名。后以含义不雅，1983年，更名何家村。1949年，属三区。1956年，置何家坟乡。1958年，属左云县灯塔人民公社。1961年，属右玉县牛心堡乡人民公社。1984年，属牛心堡乡至今。历史名人何廷魁（？—1621），字汝谦，明大同威远卫（今右玉威远堡）人。天启初年，迁辽阳兵备道。后金军入城，他怀印投井殉国，朝廷追赠光禄寺卿，赐祭葬，谥忠愍。

高家堡乡 [Gāojiābǔ Xiāng]

乡级政区名。属右玉县，在县境西南部。东与元堡子镇相连，东南与山阴县吴马营乡、玉井镇、马营乡接壤，西南与平鲁区凤凰城镇、西水界乡、向阳堡乡接壤，北与威远镇、元堡子镇相接。面积226平方千米。人口1.1万。辖高家堡村、刘虎狮村、古城堡村等18个行政村。乡人民政府驻高家堡村。因驻地得名。抗战时期属右南县第二区。1949年，属右玉县第二区。1953年，设高家堡乡。1958年，属左云县钢铁人民公社。1961年，设高家堡人民公社。1984年7月，置高家堡乡。2001年，西碾头乡并入。地处黄土高原缓坡区，山势平缓、谷地开阔，源子河流经境内。

境内地名有以下特征。1. 以自然环境命名。如：上柳沟、上泥沟、山岔。2. 与边塞军事遗址命名。如：古城堡、高家堡、边家堡等。3. 以姓氏命名。如：何庄、布家村、杨家后山、沙家寺、金家花板。4. 以地理位置命名。如：东碾头、西碾头、西窑头、沟北。

高家堡村 [Gāojiābǔ Cūn]

居民点。高家堡乡人民政府驻地。在县人民政府驻地南16千米。面积14.73平方千米。人口0.1万。因明代高姓在此筑堡定居，故名。抗战时期属右南县第二区。1949年，属右玉县第二区。1953年，属高家堡乡。1958年，属左云县钢铁人民公社。1961年，属高家堡人民公社。1984年7月，属高家堡乡。地势平坦。古迹有高家堡汉代文化遗址。高家堡老爷庙为县级文物保护单位，创建于明代，清光绪间重修。一进院落布局，中轴线现存戏台和正殿。

大川村［Dàchuān Cūn］

居民点。属高家堡乡。在县人民政府驻地西南25.9千米。东南与山阴县为邻，西南与平鲁区接界。面积4.43平方千米。人口约270人。地处山地丘陵区，源子河流经。因村庄处于川原，与平鲁区小川村相对而名。抗战时期属右南县第二区。1949年，属右玉县第二区。1953年，属高家堡乡。1958年，属左云县钢铁人民公社。1961年，属高家堡人民公社。1984年7月，属高家堡乡。1962年，村南出土一批汉代铜器。1970年，在附近地点又发现一件殷商时期乳钉方格纹铜簋。其中温酒樽刻有隶体铭文“中陵胡傅铜温酒樽重廿四斤河平三年造”，被列为“山西十大国宝之一”。

杨千河乡［Yángqiānhé Xiāng］

乡级政区名。属右玉县。在县境西部。东、北与右卫镇相邻，东南与威远镇相接，西南与平鲁县高石庄乡接界，西以长城为界与内蒙古和林格尔县毗邻。面积219平方千米。人口0.68万。辖火烧滩村、榆林村、新庙村等17个行政村。乡人民政府驻杨千河村。因驻地得名。1949年，属右玉县一区。1953年，属新庙子乡。1958年11月，属长城人民公社。1961年，属西黄家窑人民公社。1971年，公社驻地迁址杨千河村。1983年，更名为杨千河人民公社。1984年，置杨千河乡。2021年，将原丁家窑乡的丁家窑村、前鹰卧山村、青草湾村、石仁湾村、云石堡村、前窑子村、大沙口村7个行政村并入。

境内地名有以下特征：1. 以自然环境命名。如：火石沟、二道梁、榆林等。2. 以姓氏命名。如：陆家庄、魏家堡、黄家窑、南崔家窑。3. 以边塞军事遗存命名。如：曹家堡、小蒲州营、杨千河等。

地处黄土丘陵区，西高东低，沟壑纵横。苍头河、杨千河流经。名胜古迹有铁山古堡、三十二明代长城、圣山泉自然景观等。

杨千河村［Yángqiānhé Cūn］

居民点。杨千河乡人民政府驻地。在县人民政府驻地西北37.8千米。面积8.73平方千米。人口约327人。原名杨千户河，明代有杨姓千户居此而名，后简称杨千河。1949年，属右玉县一区。1953年，属新庙子乡。1958年，属左云县长城人民公社。1961年，属右玉县西黄家窑人民公社。1971年，为西黄家窑人民公社驻地。1983年，改杨千河人民公社。1984年，置杨千河乡至今。地势西高东低，土地平坦开阔，杨千河流经。

丁家窑村［Dīngjiāyáo Cūn］

居民点。属杨千河乡。在县人民政府驻地西北23.3千米。面积8.23平方千米。人口约560人。因丁姓建村，故名。1949年，属右玉县四区。1956年，属右玉县丁家窑乡。1958年，属左云县飞跃人民公社。1961年，属右玉县丁家窑人民公社。1984年，属丁家窑乡。2021年，属杨千河乡。有丁家窑大桥、风力发电架2座。村中有二人台班社。

云石堡村［Yúnshíbǔ Cūn］

居民点。属杨千河乡，在县人民政府驻地西北29.2千米。西与内蒙古和林格尔县接界。面积8.2平方千米。人口约143人。因村中盛产云石，明代嘉靖三十八年（1559年）建云石堡，故名。万历《三云筹俎考》："云石堡，嘉靖三十八年土筑，万历十年改建砖包"。后因云石堡据边境较远，交易不便，因又筑新堡，并设马市。万历《三云筹俎考》又载"本堡旧据山为险，缓急可恃。后缘山高无水，防守为难，且离边太远，不便市场，改建于玉石匠河，密迩市口"。1949年，属右玉县四区。1956年，属丁家窑乡。1958年，属左云县飞跃人民公社。1961年，属右玉县丁家窑人民公社。1984年，属丁家窑乡。2021年，属杨千河乡。

地处圣山南麓，群山环绕，沟壑纵横。明长城遗址蜿蜒境内。云石堡分为旧堡和新堡。旧堡呈长方形，东西长约200米，南北宽约150米，西墙南侧设门，有瓮城。现存马面4座，堡内正中有烽火台遗址1座。新堡呈方形，边长约200米，堡墙保存基本完整。东墙上设门一座，外为瓮城。现存马面3座。马市遗址平面为方形，边长约200米，堡墙基宽3米，残高1.5～2米。云石堡现建有村史馆，目前已开发为旅游村落。

铁山村［Tiěshān Cūn］

居民点。属杨千河乡。在县人民政府驻地西北56千米。面积7.7平方千米。人口约276人。明嘉靖三十八年（1559年）筑铁山堡，以祈望城堡坚固而命名。万历《三云筹俎考》："铁山堡，嘉靖三十八年土筑，万历二年砖包。本堡边外小松山地方，虏酋一克哈喇兔部落住牧。嘉靖间虏由此入犯，攻掠靡遗，后葺此堡，遂以'铁山'名之。"1949年，属右玉县一区。1953年，属新庙子乡。1958年，属左云县长城人民公社。1961年，属右玉县西黄家窑人民公社。1971年，为西黄家窑人民公社驻地。1983年，属杨千河人民公社。1984年，属杨千河乡至今。

地处丘陵区，苍头河支流沙沟河流经。村西北有明代铁山堡堡址，为东、西连环堡。西堡平面呈正方形，边长140米，开东门。距西堡55米筑东堡。东堡平面呈长方形，南北长90米，东西宽80米，设东门。后于两堡之间筑南、北墙各一，将两堡连为一体。2005年，被公布为县级文物保护单位。

李达窑乡［Lǐdáyáo Xiāng］

乡级政区名。属右玉县。在县境北部，明长城南侧。东与大同市左云县相邻，南与牛心堡乡毗连，西南、西与右卫镇接壤，北与内蒙古凉城县交界。面积253平方千米。人口0.92万。辖魏家堡村、应州湾村、黄家窑村等19个行政村。乡人民政府驻李达窑村。因驻地得名。1949年，属右玉县第六区。1953年，设李达窑乡。1958年，属左云县营河人民公社。1961年，属右玉县李达窑人民公社。1984年6月，置李达窑乡。2001年1月，破虎堡乡整体、欧家村乡5个村并入。

境内地名有以下特征：1. 以自然地理实体命名。如：暖泉、大庙山等。2. 以自然环境命名。如：大坡、厂湾、盆儿洼等。3. 以边塞军事遗存命名。如：二三墩、八墩沟、官屯堡、残虎堡等。4. 以姓氏命名。如：姚家窑、崔家沟、张家湾、金家园、魏家堡等。

地处马头山南麓，马营河流经。平均海拔1650米以上，地势为全县最高，有"北岭梁"之称。为省级优质小杂粮良种繁育基地、省小杂粮种植"一乡一品"乡、县畜产品生产基地。古迹有明长城、烽火台、残虎堡堡址等。

李达窑村 [Lǐdáyáo Cūn]

居民点。李达窑乡人民政府驻地。在县人民政府驻地北66.8千米。面积10.09平方千米。人口约419人。因李姓建村，多居窑洞，故名。1949年，属右玉县第六区。1953年，置李达窑乡。1958年，属左云县营河人民公社。1961年，属右玉县李达窑人民公社。1984年6月，置李达窑乡至今。

古迹有石塘沟东周文化遗址、李达窑汉代文化遗址、明长城、辽霸山烽火台、李达窑烽火台、马头山墓群等。古建筑有大庙、戏台。每年有农历六月十八传统庙会。

庄窝村 [Zhuāngwō Cūn]

居民点。属李达窑乡。在县人民政府驻地东北67千米。北与内蒙古自治区接界。面积9.82平方千米。人口约375人。原名三千庄窝，后简为庄窝。1949年，属右玉县六区。1953年，属右玉县五区。1956年，属范家窑乡。1958年，属左云县营河人民公社。1961年，属破虎堡人民公社。1984年，属破虎堡乡。2001年，属李达窑乡。马营河流经。古迹有明长城、汉代文化遗址。

破虎堡村 [Pòhǔbǔ Cūn]

居民点。属李达窑乡。在县人民政府驻地北66.3千米。北与内蒙古自治区接界。面积9.51平方千米。人口约288人。明嘉靖二十三年（1544年）筑破胡堡。清初改名破虎堡。万历《三云筹俎考》：“破胡堡，嘉靖二十三年土筑，万历二年砖包。”1949年，属右玉县六区。1953年，属右玉县五区。1956年，属李达窑乡。1958年，属左云县营河人民公社。1961年，属右玉县破虎堡人民公社，为公社驻地。1984年，属破虎堡乡。2001年，属李达窑乡至今。

马营河流经，北距明长城0.5千米。古迹有汉代破虎堡城址、汉代破虎堡墓群、明代破虎堡堡址。汉代破虎堡城址平面呈长方形，东西长约1000米，南北宽约500米。东、西、北城墙保存较好，现为县级文物保护单位。明代破虎堡堡址为长方形，南北长约300米，东西宽约190米。墙体基本保存完好。

怀仁市 [Huáirén Shì]

县级政区名。山西省辖县级市，由朔州市代管。国家级园林县城。有“中国现代日用瓷都”“全国羔羊小区养殖第一县”之称。在朔州市境东北部。东与大同市浑源县、大同市云州区接壤，南与应县、山阴县毗邻，西与大同市左云县相连，北与大同市云冈区交界。面积1234平方千米。人口35.1万。辖何家堡乡、新家园乡、亲和乡、海北头乡、河头乡5个乡，吴家窑镇、金沙滩镇、毛家皂镇3个镇，云东街道、云中街道、云西街道3个街道。怀仁市人民政府驻云东街道。

春秋代国地，战国属赵国。秦汉分属班氏县、剧阳县、汪陶县地。北魏为京畿。北周以后属云中县地。辽代析云中县地置怀仁县，属大同府。相传因辽太祖耶律阿宝机与晋王李克用会盟，有“怀想仁人”之语，故名。《旧五代史·武皇纪》：“天祐二年春，契丹阿保机始盛，武皇召之，阿保机领部族三十万至云州，与武皇会于云州之东，握手甚欢，结为兄弟，旬日而去，留马千匹，牛羊万计，期以冬初大举渡河。”正德《大同府志·建置沿革》：“辽始析云中县地置怀仁县，因阿保机与晋王李克用面会东城，取怀想仁人之义，故名。”金贞祐二年（1214 年）升云州，徙治今云中镇。元复为怀仁县，属大同路。明、清俱属大同府。1912 年，属雁门道，后省直属。1949 年，属察哈尔省。1952 年，复归山西省雁北专区。1954 年，与大同县合并为大仁县。1958 年，为大同市郊区。1960 年，设大同市怀仁区。1964 年，复名怀仁县，属大同市。1965 年，属雁北专区。1970 年，属雁北地区。1993 年，属朔州市。2018 年，设立县级怀仁市。

境内政区、居民点地名的专名有以下特征：1. 以山川地理命名，如：东山村、海北头、清泉。2. 以相对位置命名。如：西关、东关、南窑、北窑子头、三里庄等。3. 以人文地理实体命名。如：日中城、秦城、万金桥、小昌城等。4. 以姓氏命名。如：王卞庄、甄庄、于家园、管庄等。5. 以祥瑞、希冀命名。如：兴旺庄、亲和、新家园、滋润。

地名通名有以下特点：1. 通名中有与明代军事驻防有关的口、堡、屯、营、寨等。如：鹅毛口、西安堡、阎家寨、盐丰营等。2. 其他以自然地形地貌为通名。如：红山峪、羊圈沟、磨道河、古家坡等。3. 还有多为北方常见通名“村”“庄”“窑”等。如：南辛村、南彦庄、裴家窑。

地处大同盆地中部，地势东西高，中间低，西部为洪涛山区，中部和东部为桑干河平川，属大同盆地组成部分。主要山峰有清凉山、台墩山、两狼山等。境内最高点两狼山，海拔 1856 米。最低点桑干河河滩，海拔 996 米。境内河道属海河流域，主要河流有桑干河、御河、浑河、大峪河、鹅毛口河、口泉河等。矿藏有煤、铁、铝、高岭土、石灰岩、耐火粘土等。有金沙滩农牧场及金沙滩林场。

云中镇（今分为云东街道、云中街道、云西街道）、海北头乡鲁沟村为全国文明村镇。何家堡乡中街村、河头乡王浩疃村为中国传统村落。境内有省级重点文物保护单位鹅毛口古石器场遗址、金沙滩汉墓群、丹阳王墓、华严寺塔 4 处。有市级重点文物保护单位南小寨永宁寺等 12 处。民间文化艺术有怀仁旺火、晋北道情、踢鼓子秧歌、耍孩儿、剪纸等。其中，怀仁旺火、晋北道情被列入国家非物质文化遗产。被文化部命名为“全国文化艺术之乡”。有国家 4A 级景区怀仁金沙滩景区。历史名人有元代宰相赵壁、元代监察御史姚天福、明代布政使刘道、明代名将曹文昭、曹变蛟等。

特产有陶瓷、羔羊肉、糖干炉等。农业主产玉米、谷子、高粱、糜黍、马铃薯等。畜牧业以肉羊养殖为主。工业以煤炭、陶瓷、建材、制药、电力、食品加工为主，是朔州市工业生产基地。陶瓷生产历史悠久，在辽代就有“陶埴一技，独擅北方”之说，地名社会应用有“怀仁旺火”。

怀仁旺火俗称“拢火龙”“大旺火”，是春节、元宵节期间流行于怀仁县的一种社火民俗活动。当地煤炭资源丰富，自古形成了燃煤旺火的迎春习俗。乾隆《大同府志》：“元旦，垒炽炭于门，状若小浮图，名曰‘旺火’。”旺火的主要形式是用大块煤炭垒成一个塔状点燃，意为祝福全年兴旺之意。旺火规模宏大，造型讲究，吸引方圆百里的人们前来观赏，具有重要的民俗学价值。

云西街道 [Yúnxī Jiēdào]

乡级行政区名。属怀仁市。在朔州市怀仁市西北部，东与云中街道、毛家皂镇接壤，南、西与何家堡乡相连，北与大同市云冈区接界。面积 52.65 平方千米。人口 10.05 万。辖军营路社区、二道坡北路社区、二道坡南路社区、云州西街社区、云城街社区 5 个社区，北七里寨村、西小寨村、秦城村、甄庄村、于家园村、南窑村、郝家寨村、全福寨村 8 个行政村。街道办事处驻怀安西街。2021 年 4 月，撤销云中镇，设立云西街道、云中街道、云东街道 3 个街道。

云中街道 [Yúnzhōng Jiēdào]

乡级行政区名。属怀仁市。在朔州市怀仁市中部，东与云东街道接壤，南与亲和乡毗邻，西、北与云西街道接界。面积 25.58 平方千米。人口 12.03 万。辖北坛西街社区、北坛东街社区、云中西街社区、农贸西街社区、迎宾西街社区、气象街社区、花园街社区、六小路社区、五里滩社区、怀河街社区 10 个社区，东关村、城内村、西关村、南七里寨村 4 个行政村。街道办事处驻仁人路。2021 年 4 月，撤销云中镇，设立云西街道、云中街道、云东街道 3 个街道。

云东街道 [Yúndōng Jiēdào]

乡级行政区名。怀仁市人民政府驻地。在朔州市怀仁市中部，东与海北头乡接壤，南与亲和乡毗邻，西与云中街道相连，北与毛皂镇接界。面积 35.81 平方千米。人口 6.19 万。辖同仁家园社区 1 个社区、黎寨村、新发村、下寨村、丰火台村、管庄村 5 个行政村。街道办事处驻怀安大街。2021 年 4 月，撤销云中镇，设立云西街道、云中街道、云东街道 3 个街道。

吴家窑镇 [Wújiāyáo Zhèn]

乡级政区名。属怀仁市。在怀仁市西南部。东与新家园乡接壤，南与金沙滩镇毗邻，西与大同市左云县小京庄乡相连，北与大同市左云县马道头乡接界，面积 37.95 平方千米。人口 1 万。有吴家窑村、峙峰山村、窑子头村、东山村 4 个行政村。镇人民政府驻吴家窑村。因驻地得名。

原属左云县地。1945—1949 年，为怀仁县委和县人民政府驻地。1946 年，建吴家窑市。1949 年 10 月，由左云县划入怀仁县。1953 年，设吴家窑乡。1958 年，属新家园人民公社。1963 年，设吴家窑人民公社。1984 年，改为吴家窑镇。地处洪涛山区大峪河谷，为左云县通往怀仁的交通要道。境内重峦叠嶂，沟壑纵横，季节性河流大峪河从北向南流经。有煤炭、高岭土等矿藏，名胜古迹有龙王庙、雕窝寺、朝阳洞、奇骨寺、独木桥、两狼山生态旅游区。

吴家窑村 [Wújiāyáo Cūn]

居民点。吴家窑镇人民政府驻地。在市人民政府驻地西南32千米。面积11.45平方千米。人口0.35万。因吴姓始居，有瓷窑，故名。光绪《怀仁县新志・疆域》："经西官道大峪口至碗窑，入左云吴家窑，为右玉、归化城大路。"光绪《左云县志・八景》："白羊城南六十里许有吴家窑，衢通南北，塞外一大聚落也。抱山滨河，中多胜迹，择其优者，题曰八景，经此地者应有同赏焉。"民国属左云县。1949年，属怀仁县第一区。1953年，属吴家窑乡。1958年，属新家园人民公社。1963年，属吴家窑人民公社。1984年，属吴家窑镇。地处两狼山山地丘陵间，地形崎岖。为辽金以来"怀仁窑"陶瓷生产重地。古迹有吴家窑新石器文化遗址、明代烽火台、吴家窑堡址、明清瓷窑遗址、清代民居等。现存吴家窑堡址呈方形，边长约85米，四面有马面。东墙中部有门。

碗窑村 [Wǎnyáo Cūn]

居民点。属吴家窑镇。在市人民政府驻地西南30千米。面积5.28平方千米。人口0.17万。清代称张毛圪塔，后因有瓷碗窑改今名。明清时期为制瓷中心，有瓷窑遗址。光绪《怀仁县新志・疆域》："经西官道大峪口至碗窑，入左云吴家窑，为右玉、归化城大路。"民国属怀仁县。1949年，属怀仁县第一区。1953年，属吴家窑乡。1958年，属新家园人民公社。1963年，属吴家窑人民公社。1984年，属吴家窑镇。名胜古迹有二郎山、李陵碑、雕窝寺、洪杨洞等。其中雕窝寺圣帝宫为清光绪十七年（1891年）重修。建有大殿，面宽三间，进深二间，单檐硬山顶，前檐设廊，后接摩崖洞。殿内现存塑像、木雕制品和壁画。

金沙滩镇 [Jīnshātān Zhèn]

乡级政区名。属怀仁市。全国城乡一体化改革试点镇、造林绿化百佳乡镇、全省百镇建设示范镇。在朔州市怀仁市西南部，东与亲和乡、应县臧寨乡接壤，南与山阴县北周庄镇、合盛堡乡毗邻，西与山阴县马营乡相连，北与新家园乡交界，面积183.51平方千米。人口2.06万。有日中城村、刘晏庄村、兴旺庄村等17个行政村。镇人民政府驻兴旺庄村。镇因传为宋辽金沙滩古战场而得名。1949年，属怀仁县第六区，区公所在刘晏庄。1953年，区公所设在第三作村。1954年，撤区建第三作办事处，6月，属大仁县。1955年，置第三作乡。1958年，设金沙滩人民公社。1959年，更名第三作人民公社。1960年，复名金沙滩人民公社。1983年，置金沙滩乡。1984年，改金沙滩镇。

境内居民点地名的专名有以下特征：1. 以自然地理实体命名。如：干沟。2. 以地理位置命名。如：小东庄。3. 以祥瑞、希冀命名。如：兴旺庄、向阳等。4. 以人文地理实体命名。如：第三作、禅房、铺上、盐丰营、一间房、日中城等。5. 以姓氏命名。如：南家堡、刘晏庄、魏庄等。居民点地名的通名以庄、堡、寨、营、疃等为主。

地处大同盆地边沿，洪涛山脉东麓，地貌类型属山前倾斜平原，地势西南高，东南低，平均海拔1071米。为玉米、蔬菜、糖菜、小杂粮四大特色农业生产基地。古迹有省级重点文物保护单位金沙滩汉墓群，市级重点文物保护单位有刘宴庄崔府君庙、古乐楼、日中城址等。有国家4A级景区金沙滩景区。

地名社会应用有“金沙滩汉墓群”。金沙滩汉墓群分布在第三作、尚南头、日中城一带。目前地表现存封土13座，面积约300万平方米。大中型墓都是砖室墓，分为单室墓、多室墓两种，由墓道、甬道、墓室组成。小型墓有竖穴土坑和砖室两种。随葬品主要有陶壶、陶楼、陶灶等，也有少量釉陶、漆耳杯、漆盘、石桌、铜镜。曾出土汉代墓葬中罕见的铺地方花砖。1988年，公布为省级文物保护单位。

兴旺庄村 [Xīngwàngzhuāng Cūn]

居民点。金沙滩镇人民政府驻地。在市人民政府驻地西南30千米。面积4.88平方千米。人口0.11万。原名西官道，因坐落在古官道之西得名，光绪年间，村民因染瘟疫死亡不少人，后来为避灾，取吉祥之意，更名兴旺庄。1949年，属六区。1953年，属六区盐丰营乡。1954年，属盐丰营乡。1956年，属刘晏庄乡。1958年，属金沙滩人民公社。1959年，属第三作人民公社。1983年，属金沙滩乡。1984年，属金沙滩镇至今。2003年，金沙滩镇人民政府驻地由第三作村迁至兴旺庄村。以种植业、养殖业为主，是全镇的产粮大村。有关帝庙、戏台。

日中城村 [Rìzhōngchéng Cūn]

居民点。属金沙滩镇。在市人民政府驻地西南25千米。人口0.16万。日中城与黄瓜堆高地上的早起城、日没城同属于北魏时期平城南部的军事防御体系。三城应该是以军队车马行进的时辰和距离命名。《水经注·灅水》：“桑乾水又东，左合武周塞水。水出故城，东南流出山，迳日没城南，盖夕阳西颓，戎车所薄之城故也。东南日中城，城东又有早起城，亦曰食时城，在黄瓜阜北曲中。”古迹日中城址位于村西南约400米。平面呈方形，南北长约850米，东西宽约400米，城墙基宽6～12米，残高1～4米。墙体四面各设一门。城址中部有夯土台基1座，边长约100米，夯层厚约0.15米。现为市级文物保护单位。

毛皂镇 [Máozào Zhèn]

乡级行政区名。属怀仁市。在怀仁市东北部。东与大同市云州区接壤，南与海北头乡、云东街道毗邻，西与云西街道相连，北与大同市云冈区接界，面积131.09平方千米。人口1.61万。辖毛家皂村、里八庄村、霸王店村等16个行政村。镇人民政府驻里八庄村。因原驻地在毛家皂村而命名。

1949年，属一区。1953年，设里八庄乡。1956年，设毛家皂乡人民政府。1958年，成立卫星人民公社，由毛家皂乡、西韩岭乡、马辛庄乡、里八庄乡4个乡组成，属大同市郊区。1959年，由原卫星公社的毛家皂村、马辛庄村、里八庄村合并为毛家皂人民公社。1961年，将毛家皂人民公社划分为毛家皂和马辛庄2个公社。1984年，改为毛皂镇。2001年，里八庄乡并入。

境内居民点地名的专名有以下特征：1. 以地理位置命名。如：南彦庄、前村、后村、里八庄、东作里等。2. 以姓氏命名。如：毛家皂、温庄、杨谷庄、李家场、裴家窑、柳东营、王家堡、支家小村等。3. 以人文地理实体命名。如：大寨、霸王店、新铺等。地名通名多为村、庄、铺、堡、窑等。地处大同盆地中部，地势平坦，口泉河等流经，灌溉便利。

里八庄村 [Lǐbāzhuāng Cūn]

居民点名。毛家皂镇人民政府驻地。在市人民政府驻地东北 10 千米。面积 9.45 平方千米，人口 0.18 万。原名李八庄，当以人名为村名。清代讹为里八庄。正德《大同府志 · 城池》载名“李八庄堡”。光绪《怀仁县新志 · 疆域》：“北由三里庄、柳东营铺经里八庄，凡三十里。入大同秀女村为直隶宣化大路。”境内水资源丰富。主产玉米、谷黍等，养牛。北同蒲铁路过境，设里八庄站。208 国道，大同—忻州省道经过。

毛家皂村 [Máojiāzào Cūn]

居民点。属毛家皂镇。在市人民政府驻地东北 18 千米。面积 16.74 平方千米。人口 0.2 万。明代为百户所，毛姓始居而得名。1949 年，属一区。1953 年，属里八庄乡。1956 年，属毛家皂乡。1958 年，属大同市郊区卫星人民公社。1959 年，属毛家皂人民公社，为公社驻地。1984 年，属毛皂镇。2001 年，镇人民政府从毛家皂搬迁至里八庄。地处大同盆地，海拔 1024 米。古迹有毛家皂汉文化遗址、毛家皂堡址、清代民居等。

何家堡乡 [Héjiābǔ Xiāng]

乡级政区名。在怀仁市西北部。东与云西街道、亲和乡接壤，南与新家园乡毗邻，西、北与大同市左云县、云冈区交界。面积 75.55 平方千米。人口 2.23 万。辖何家堡村、悟道村、北街村等 15 个行政村。乡人民政府驻全福寨村。因原驻地何家堡村命名。1949 年，属怀仁县四区。1953 年，属赵河乡。1954 年，属大仁县赵河乡。1956 年，赵河乡、悟道乡、宋庄乡、磨道河乡等 4 个乡合并为何家堡乡，驻地何家堡乡。1958 年 11 月，属大同市郊区怀仁人民公社。1960 年，属大同市怀仁区怀仁人民公社。1964 年，属怀仁县何家堡人民公社。1984 年，置何家堡乡。2005 年，乡人民政府从何家堡村搬迁至全福寨村。2021 年，原云中镇 7 个村并入。

地处洪涛山前倾斜平原，西北高，东南低，磨道河流经。西部为山区，中东部为平川区，为县生态林区和粮食主产区。古迹有省级重点文物保护单位华严寺塔，市级文物保护单位有磨道河李氏民居、清凉山僧人墓群。有国家级 4A 景区金沙滩生态旅游区、清凉山生态旅游区。有中国传统村落中街村 1 处。

全福寨村 [Quánfúzhài Cūn]

居民点。何家堡乡政府驻地。面积 4.38 平方千米。人口 0.39 万。原古庙钟铸铭文和碑文称千家寨，清代县志载名为拳伏寨，后来取每家每户幸福之意，谐音改为全福寨。1949 年，属四区。1953 年，属四区南窑乡。1954 年，属南窑乡。1956 年，属何家堡乡。1958 年，属东风人民公社。1959 年，属怀仁人民公社。1963 年，属何家堡公社。1984 年，属何家堡乡至今。

何家堡村 [Héjiābǔ Cūn]

居民点。属何家堡乡。在市人民政府驻地西 3 千米。面积 4.45 平方千米。人口 0.47 万。因何姓始居，明代筑有土堡，故名。乾隆《大同府志 · 疆域 · 怀仁县》：“何家堡，距城十里。”1949 年，属怀仁县四区。1953 年，属赵河乡。1954 年，属大仁县赵河乡。1956 年，属何家堡乡，为乡人民政府驻地。1958 年 11 月，属大同市郊区怀仁人民公社。1960 年，属大同市怀仁区怀仁人民公社。1964 年，属怀仁县何家堡人民公社，为公社驻地。1984 年，置何家堡乡。2005 年，乡人民政府从何家堡搬迁至全福寨。盛产杏、桃、梨、葡萄等，有“花果之乡”美称。

悟道村 [Wùdào Cūn]

居民点。属何家堡乡。在市人民政府驻地西 10 千米。人口 0.11 万。原名吴道村，因村邻近清凉寺，后人谐音改为今名。乾隆《大同府志 · 疆域 · 怀仁县》：“吴道村，距城二十里。”光绪《怀仁县新志 · 疆域》：“悟道口，县西二十五里。”1949 年，属怀仁县四区。1956 年，属何家堡乡。1958 年，属大同市郊区怀仁人民公社。1960 年，属大同市怀仁区怀仁人民公社。1964 年，属怀仁县何家堡人民公社。1984 年，置何家堡乡。村西北的清凉山传为文殊菩萨赴五台山途中的第一道场，现为清凉山生态旅游区。古迹有省级文物保护单位华严寺塔和市级文物保护单位清凉山僧人墓群。

北街村 [Běijiē Cūn]

居民点。属何家堡乡。在市驻地云东街道西北 9 千米，面积 5.4 平方千米。人口 0.12 万。原名鹅毛口，1956 年，一村分为三村，因位于鹅毛河口北岸，故名。石灰岩、煤炭、高岭土资源丰富。大同—石咀省道经过。省级重点文物保护单位鹅毛口遗址在境内。遗址位于北街南 2 千米处，1963 年发现。遗址范围约 2 万平方米，是一处大型的石器制造场。发掘出的器物除三小块陶片外，其他主要为石器，现保存有 1120 件石器制品的残片，包括石片、砍砸器、石斧、石镰等。遗址年代为旧石器时代晚期或稍晚。鹅毛口关帝庙为县级文物保护单位。

中街村 [Zhōngjiē Cūn]

居民点。中国传统村落。属何家堡乡。在市政府驻地云东街道西北 10 千米。人口 0.14 万。原名鹅毛口，1956 年，一村分三村，因在鹅毛河口中段，故名。有县级文物保护单位中街关帝庙，现存为清代建筑遗构。有县级文物保护单位中街遗址，为金代文化遗存。2019 年，被列入第五批中国传统村落名录。省道大石线经此。

新家园乡 [Xīnjiāyuán Xiāng]

乡级政区名。属怀仁市。在怀仁市西南部。东与何家堡乡、亲和乡接壤，南与金沙滩镇毗邻，西与吴家窑镇相连，北与何家堡乡接界。面积 141.17 平方千米。人口 2.46 万。辖小峪口社区、大东窑社区、芦子沟社区等 6 个社区和北辛村、段家堡村、滋润村等 16 个行政村。乡人民政府驻新家园村。因驻地得名。1949 年，分属怀仁县六区和四区。1953 年，分属新家园乡、北辛村乡、尚希庄乡、大峪口乡。1955 年，分属新家园乡、尚希庄乡。1958 年，分属金沙滩人民公社尚希庄管理区、新家园管理区。1959 年，设新家园人民公社。1984 年，设新家园乡。2001 年，小峪镇并入。

境内居民点地名的专名有以下特征：1. 以自然地理实体命名。如：大峪口、小峪口等。

2. 以地理位置命名。如：小峪街、南辛村、北辛村等。3. 以祥瑞、希冀命名。如：新家园、滋润等。4. 以人文地理实体命名。如：南铺、北铺等。5. 以姓氏命名。如：尚希庄、路庄、陈家庄、赵麻寨、段家堡、王坪、郝家坪等。地名通名多为庄、堡、寨、铺、村等。地处洪涛山东麓，地势西高东低，大峪河、小峪河流经。有段家庄水库及国家 4A 级旅游景区金沙滩景区。

新家园村 [Xīnjiāyuán Cūn]

居民点。新家园乡人民政府驻地。在市人民政府驻地西南 15 千米。面积 11.13 平方千米。人口 0.23 万。原名薛家庄，因薛姓聚居而名。1952 年，洪水冲毁村庄，人民政府带领群众重建家园，故名新家园。乾隆《大同府志・疆域・怀仁县》："薛家庄，距城三十里。"地处大同盆地，大峪河北岸。1949 年，属四区。1953 年，属四区新家园乡。1954 年，属新家园乡。1958 年，属金沙滩人民公社。1959 年，属新家园人民公社。1984 年，属新家园乡至今。有寺院 1 座，寺院内有两颗古柏，距今 650 多年。

小峪村 [Xiǎoyù Cūn]

居民点。属新家园乡。在市人民政府西北 9.5 千米。面积 13.47 平方千米。人口 0.15 万。地处山区，海拔 1240 米。原名小峪口，因位于台墩山峪口内，与大峪口相对而得名。正德《大同府志・城池》载名"小峪口堡"。光绪《怀仁县新志・疆域》："小峪口，县西南三十里，势最险峻。"1949 年，属怀仁县六区和四区。1953 年，属新家园乡。1958 年，属金沙滩人民公社。1959 年，设小峪人民公社，为公社驻地。1984 年，置小峪镇。2001 年，小峪镇并入新家园乡。为辽金以来"怀仁窑"陶瓷生产地之一，现存大东瓷窑址，面积约 7 万平方米，文化层厚 1.5 ~ 6 米，地表散布有窑炉渣、青釉瓷碗、盘等残片。现为县级文物保护单位。

亲和乡 [Qīnhé Xiāng]

乡级政区名。属怀仁市。武术之乡。在怀仁市南部。东与海北头乡接壤，南与应县臧寨乡毗邻，西与新家园乡、何家堡乡相连，北与云中街道接界，面积 126.3 平方千米。人口 2.33 万。辖安大庄村、南小寨村、清水河村等 15 个行政村。乡人民政府驻清水河村。因驻地清水河村的谐音为名。因居住在晏头村的潘、杨两家都自认为是潘仁美、杨业的后裔，历代邻里不和。1953 年，设乡时特取名"亲和"，表达亲善和睦的意愿。1949 年，属怀仁县第三区。1953 年，设亲和乡。1959 年，设亲和人民公社。1984 年，改亲和乡。

境内居民点地名的专名有以下特征：1. 以自然地理实体命名。如：清水河。2. 以地理位置命名。如：下湿庄、南阜、南小寨、南晏庄等。3. 以人文地理实体命名。如：万金桥。4. 以姓氏命名。如：冯庄、石庄、周家窑、安大庄、阎家寨、田家坊、薛家店、曹四老庄等。地名的通名以庄、坊、寨、店等为主。地处大同盆地，地势平坦，有大峪河等河流流经。古迹有市级重点文物保护单位南小寨永宁寺等。

清水河村 [Qīngshuǐhé Cūn]

居民点。亲和乡人民政府驻地。在市人民政府驻地南 12 千米。面积 8.66 平方千米。

人口0.41万。因村南有清水河流经，故名。正德《大同府志·城池》载名“清水村堡”。光绪《怀仁县新志·山川》：“清水河，一名南河，源出邑南四十五里韭畦村东。”1949年，属怀仁县第三区。1953年，属亲和乡。1959年，设亲和人民公社。1984年，置亲和乡。主产玉米、谷子、马铃薯等。有肉羊养殖园。清水河关帝庙为县级文物保护单位。

海北头乡［Hǎiběitóu Xiāng］

乡级政区名。属怀仁市。在怀仁市东部。东与大同市大同县接壤，南与河头乡、应县臧寨乡毗邻，西与云东街道、亲和乡相连，北与毛家皂镇接界，面积237.35平方千米。人口1.8万。辖海北头村、马辛庄村、西安堡村等17个行政村。乡人民政府驻海北头村。因驻地得名。1949年，属怀仁县三区。1953年，设海北头乡。1958年，属大同市郊区东风人民公社。1959年，设海北头人民公社。1984年，置海北头乡。2021年，马辛庄乡整体并入。

境内居民点地名的专名有以下特征：1. 以自然地理实体命名。如：清泉村。2. 以地理位置命名。如：海北头、下寨、上海子、下海子等。3. 以祥瑞、希冀命名。如：新发村。4. 以人文地理实体命名。如：烽火台、高镇子等。5. 以姓氏命名。如：黎寨、郑庄、黄庄、陈庄等。地名通名多为庄、堡、寨、村等。地处大同盆地，桑干河流经，地势开阔平坦。古迹有市级重点文物保护单位西安堡堡址。

海北头村［Hǎiběitóu Cūn］

居民点。海北头乡人民政府驻地。在市人民政府驻地东7千米。面积11.01平方千米。人口0.22万。因古代有内陆湖名“镇子海”，村在北岸，故名。乾隆《大同府志·疆域》“怀仁县”：“海北头村，距城十五里。”光绪《怀仁县新志·山川》：“镇子海，在县东南十五里，周回二十五里，中产鲤鱼，大十数觔，鹅雁诸禽孕哺其间。因居民决退水渠，导流于桑干，故水涸鱼竭，变为禾黍，近多产盐。”1949年，属怀仁县三区。1953年，属海北头乡，为乡政府驻地。1958年，属大同市郊区东风人民公社。1959年，设海北头人民公社。1984年，置海北头乡。现存古迹有海北头汉墓群，为县级文物保护单位。面积约80万平方米，1988年，曾清理竖穴墓两座，出土陶灶、陶罐、铜镜、带钩等物品。

西安堡村［Xī'ānbǔ Cūn］

居民点。属海北头乡。在市人民政府驻地东14千米。面积10.33平方千米。人口约550人。西安堡始筑于明天顺八年（1464年），置西安驿。隆庆三年（1569年）设操守防御。万历三十一年（1603年）包砖，属大同镇。清顺治五年（1648年）清军平姜瓖之变，大同遭屠城。大同府治迁至西安堡，至顺治九年（1652年）迁回大同。正德《大同府志·铺舍》：“西安驿，在怀仁县城东南三十里疙疸头。”乾隆《大同府志·疆域》“怀仁县”：“西安堡，距城三十里。”光绪《怀仁县新志·堡寨》：“西安堡，距城三十里，居民六十五户。旧为驿地，创于明天顺八年。嘉靖三十八年，北虏攻下之，堡遂废。隆庆三年，特设操守防御。万历三十一年，大同巡抚请发帑砖包，修建大墙四百余丈，高三丈，堞高六尺，池深一丈。门二：南曰‘金汤’，北曰‘镇朔’。校场、官署、驿站爰备，九阅月而工竣。

都司佥书都指挥云中孙应武董工即作记，勒石于北门。国朝知县王度重修。南有史家小堡废村。”1949 年，属怀仁县三区。1953 年，属海北头乡，为乡人民政府驻地。1958 年，属大同市郊区东风人民公社。1959 年，属海北头人民公社。1984 年，属海北头乡。古迹有市文物保护单位西安堡址、西安堡汉代遗址、西安堡墓群等。西安堡址南北长 230 米，东西宽 200 米，南北各有堡门。旧时城墙上、城堡内都有很多庙宇，现已不存。

鲁沟村 [Lǔgōu Cūn]

居民点。属海北头乡，国家级文明村。位于怀仁市东部，在市人民政府驻地东 27 千米。面积 6.58 平方千米。人口约 900 人。因鲁姓始居得名。正德《大同府志 · 城池》载名“鲁沟村堡”。1949 年，属怀仁县第二区。1953 年，属陈庄乡。1956 年，属马辛庄乡。1958 年底，属毛家皂人民公社。1961 年，属马辛庄人民公社。1984 年，属马辛庄乡。2021 年，属海北头乡。古建筑有五爷庙、清代民居。五爷庙创建年代无考，现存为清代建筑。旅游景点有德孝生态园、南湖农业生态旅游景区。2015 年 2 月，中央文明委授予鲁沟村第四届全国文明村镇称号。2020 年 8 月，入选为第二批全国乡村旅游重点村名单。

河头乡 [Hétóu Xiāng]

乡级政区名。属怀仁市。在怀仁市东南部。东与大同市云州区、浑源县接壤，南与应县义井乡毗邻，西、北与海北头乡相连。面积 139 平方千米。人口 1.28 万。辖河头村、闫家堡村、王皓疃村等 15 个行政村。乡人民政府驻河头村。因驻地得名。1949 年，属大同县地。1953 年，分属东昌城乡、小昌城乡、张家堡乡和下峪乡。1956 年，合并为河头乡、王庄乡。1958 年，属大同县桑干河人民公社。1959 年，设河头人民公社。1971 年，由大同县划属怀仁县。1984 年，置河头乡。

境内居民点地名的专名有以下特征：1. 以自然地理实体命名。如：河头、大滩头、小滩头等。2. 以地理位置命名。如：中柳会、下峪等。3. 以祥瑞、希冀命名。如：兴旺、朝阳等。4. 以人文地理实体命名。如：新桥、东昌城、东寺庄、旧站、小昌城等。5. 以姓氏命名。如：李家小村、王庄、张家堡、阎家堡等。地名通名多为庄、堡、村、疃等。

地处龙首山北麓，桑干河南岸，全乡 65% 的耕地位于桑干河、浑河冲积平原，灌溉便利。历为当地粮油主产区，有“雁北粮仓”之誉。古迹有市级重点文物保护单位王皓疃堡址、清代乐楼。有中国传统村落王皓疃村 1 处。

河头村 [Hétóu Cūn]

居民点。河头乡人民政府驻地。在市人民政府驻地东南 32 千米。面积 5.03 平方千米。人口约 584 人。因村庄临近浑河汇入桑干河处，故名。1949 年，属大同县地。1953 年，属东昌城乡。1956 年，属河头乡。1958 年，属大同县桑干河人民公社。1959 年，设河头人民公社，为公社驻地。1971 年，由大同县划属怀仁县。1984 年，属河头乡。

王皓疃村 [Wánghàotuǎn Cūn]

居民点。属河头乡。中国传统村落。在市人民政府驻地东南 37 千米。面积 8.15 平方千米。人口约 706 人。村堡创建于明洪武十七年（1384 年）。清代属大同县地，原名王笏疃。

乾隆《大同府志 · 疆域》：“王笏疃，距城八十里。”传因王姓始居而得名。后以谐音演变为今名。1949 年，属大同县。1956 年，属河头乡。1958 年，属大同县桑干河人民公社。1959 年，属河头人民公社。1971 年，由大同县划属怀仁县。1984 年，属河头乡。

地处龙首山北麓与桑干河南岸台地上。古迹有王皓疃堡址、庙后地新石器文化遗址、王皓疃东新石器文化遗址、王皓疃汉代遗址等。王皓疃堡址平面呈长方形，南北长 270 米，东西宽 260 米。东西墙中段各设一门，门外筑瓮城，瓮城平面呈半圆弧形。现堡墙基本完整，东门门洞为砖券。堡址内采集砖有“大明洪武甲子武节将军大同前卫正千户处州张桂创此城”铭文。2011 年，被公布为市级文物保护单位。堡内南有观音庙，北有云霄寺，东有龙王庙，西有五道庙。堡中部戏台为清代建筑，面宽三间，进深两间，单檐前卷棚顶后硬山顶，现为县级文物保护单位。堡内民居建筑以四合院为主，其中聂氏民居木雕、砖雕、石雕华美，极具雁北民俗风格。2019 年 6 月，被列入第五批中国传统村落名录。

晋中市

JINZHONG SHI

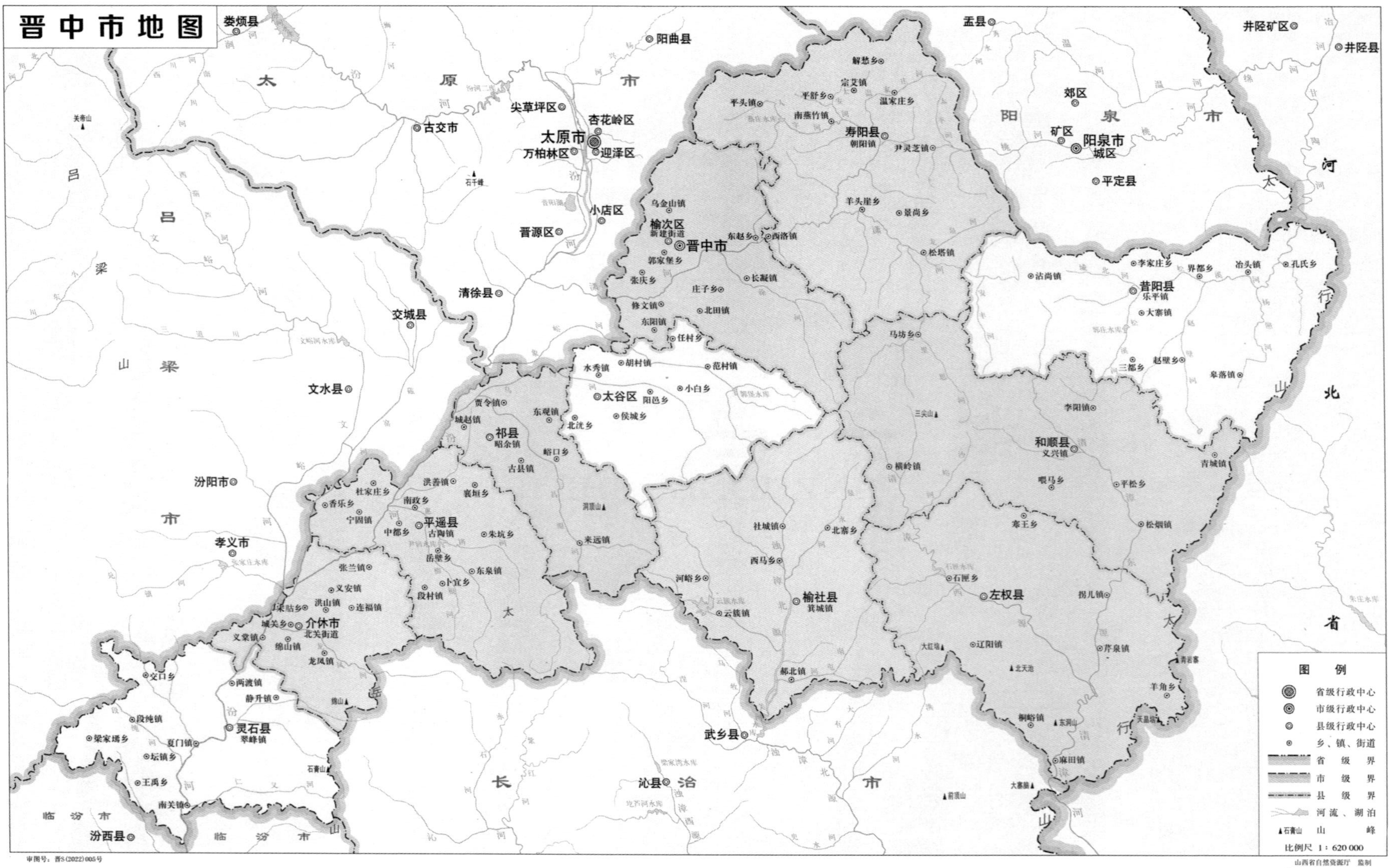
晋中市地图
娄烦县
阳曲县
孟县
井陉矿区
井陉县
太原市
尖草坪区
杏花岭区
万柏林区
迎泽区
小店区
晋源区
古交市
清徐县
交城县
文水县
汾阳市
孝义市
阳泉市
城区
郊区
矿区
平定县
晋中市
榆次区
新建街道
乌金山镇
东赵乡
西洛镇
郭家堡乡
张庆乡
长凝镇
庄子乡
北田镇
修文镇
东阳镇
任村乡
寿阳县
朝阳镇
解愁乡
宗艾镇
平头镇
平舒乡
温家庄乡
南燕竹镇
尹灵芝镇
羊头崖乡
景尚乡
松塔镇
昔阳县
乐平镇
沾尚镇
李家庄乡
界都乡
冶头镇
孔氏乡
大寨镇
赵壁乡
三都乡
皋落镇
太谷区
水秀镇
胡村镇
范村镇
小白乡
阳邑乡
侯城乡
北洸乡
祁县
昭余镇
贾令镇
城赵镇
东观镇
峪口乡
古县镇
来远镇
平遥县
古陶镇
洪善镇
襄垣乡
南政乡
中都乡
朱坑乡
岳壁乡
东泉镇
卜宜乡
段村镇
介休市
北关街道
张兰镇
义安镇
洪山镇
连福镇
宋古乡
城关乡
文峰镇
绵山镇
龙凤镇
灵石县
翠峰镇
两渡镇
静升镇
交口乡
段纯镇
梁家墕乡
夏门镇
坛镇乡
王禹乡
南关镇
和顺县
义兴镇
马坊乡
李阳镇
横岭镇
喂马乡
平松乡
青城镇
松烟镇
榆社县
箕城镇
社城镇
北寨乡
西马乡
河峪乡
云簇镇
郝北镇
左权县
寒王乡
石匣乡
拐儿镇
辽阳镇
芹泉镇
羊角乡
桐峪镇
麻田镇
武乡县
沁县
汾西县
太 原 市
阳 泉 市
吕 梁 市
吕 梁 山
长 治 市
临 汾 市
河 北 省
太 行 山
图 例
省级行政中心
市级行政中心
县级行政中心
乡、镇、街道
省 级 界
市 级 界
县 级 界
河流、湖泊
山 峰
比例尺 1：620 000
审图号：晋S（2022）005号
山西省自然资源厅 监制

晋中市 [Jìnzhōng Shì]

地级政区名。山西省辖市。在山西省中部偏东，太行山西麓。东依太行山与河北省接界，南与临汾市毗邻，西与吕梁市相连，北与太原市接壤。面积 1.64 万平方千米。人口 337.9 万。辖祁县、平遥县、灵石县、寿阳县、昔阳县、和顺县、左权县、榆社县 8 个县，榆次区、太谷区 2 个区，代管介休市 1 个县级市。市人民政府驻榆次区。晋中因地处山西中部而得名。

春秋属晋。战国属赵。秦属太原郡、上党郡。西汉初属代国，后分属太原郡、上党郡。东汉析置乐平郡，属并州。三国魏属并州，分隶于太原、上党、西河、乐平 4 个郡。北魏为并州所属太原、乡郡、乐平、上党 4 个郡和汾州所属西河郡地。隋属并、介、韩、辽、吕 5 个州，后属太原、介休、霍山 3 个郡。唐武德元年（618 年），改属并州总管府。开元十一年（723 年），属太原府，南部属汾州，东部置辽州。宋太平兴国四年（979 年），榆次县为并州治所。七年，移治唐明监（今太原市境）。嘉祐四年（1059 年），属太原府。金代分属太原府、晋州、平定州、汾州和辽州。元代属冀宁路。明洪武元年（1368 年），改属太原府，东部置辽州，南部属汾州、平阳府。清代分属太原府、汾州府、辽州、霍州。1913 年，属中路道，南部属河东道。1914 年，属冀宁道。1927 年，废道直属省。1937 年，分属省第一、三、四、六行政区。1937 年，分属晋察冀、晋冀鲁豫、晋绥边区。1948 年，设晋中区。1949 年，设榆次专区，辖 14 个县区。1951 年 4 月，榆次专区增辖交城县、文水县、汾阳县、孝义县、清源县、徐沟县 6 个县。1952 年 6 月，又增辖临县、离石县、方山县、中阳县 4 个县。此后，清源县、徐沟县合并为清徐县；离石县、方山县合并为离山县；榆次县改设榆次市。1958 年 11 月，榆次专区改名晋中专区。同时调整行政区，晋中专区辖 7 个县 2 个市，即阳泉市（昔阳、盂县并入）、榆次市（寿阳并入）、太谷县（祁县并入）、汾阳县（交城、文水县并入）、介休县（灵石、孝义县并入）、离石县（中阳、离山县合并）、和顺县（左权县并入）、平遥县和临县。1959 年 6 月至 1961 年 5 月，各县陆续分设，恢复原建置。1968 年 9 月，设立晋中地区，辖榆次县、太谷县、祁县等 20 个县。1971 年 4 月，交城县、文水县、汾阳县、孝义县、中阳县、临县、离石县 7 个县划归新设立的吕梁地区。1978 年 5 月，辖太谷县、祁县、平遥县等 13 个县和榆次市。1983 年 7 月，平定县、盂县属阳泉市辖，榆次市、榆次县合并为榆次市。1992 年 2 月，介休县改设介休市。1999 年 9 月 24 日，撤销晋中地区，设立地级晋中市。榆次市改设榆次区。

从地名专名来看，辖区内行政区划地名和居民点地名有以下特征：1. 以自然地理实体命名。如：寿阳因居寿水之阳而得名。太谷因县南部通往晋东南的太谷而得名。祁县因古泽薮昭馀祁而得名。2. 以历史古迹或人文地理实体命名。如：榆社县因境内榆社故城而得名。和顺县因境内和顺故城而得名。3. 以著名人物命名。如：介休市以春秋时晋文公以绵山旌介子的传说而得名。左权县因纪念抗日战争时期牺牲在境内的左权将军而得名。4. 因避免重名和讹写而改名。如：昔阳县原名乐平县，因与江西省乐平县县名重复而改称昔阳县。平遥县原名平陶县，因北方民族讹写而改为平遥县。5. 以特有资源而命名。如：灵石县因有全国第二大铁陨石而得名。

从地名通名来看，辖区内行政区划地名和居民点地名有以下特征：1. 以北方常见通名村、庄、店、窑等为主。如：任村、寺西庄、聂店、化家窑。2. 晋中中部为平川区，古代设防御堡寨，并有军屯驻地，故通名多见城、寨、屯、堡等。如：北掌城、曹家寨、西靳屯、沿村堡。3. 有以自然地理实体如山、沟、泉、峪等为通名，如：洪山、景家沟、东泉、桐峪。4. 有以黄土地貌峁、梁、坪、垴等为通名，如：阎家坪、周家垴。

地势东高西低，地形东部山地、中部丘陵、西部平原。主要山脉有太行、太岳等山脉。境内最高峰牛角鞍海拔 2566.6 米，最低点海拔 506 米。年平均气温 9.6℃。1 月平均气温 -5.7℃，7 月平均气温 23.2℃。年平均降水量 479.6 毫米。无霜期年均 151 天。最大河流汾河的主要支流有潇河、昌源河、惠济河、柳根河、龙凤河、静升河、仁义河、交口河、段纯河等，均属黄河水系；浊漳北源、清漳东源、清漳西源属海河水系。

全国重点文物保护单位有城隍庙、双林寺、镇国寺、乔家大院、袄神楼、后土庙、资寿寺、孔祥熙旧居等 66 处。省级重点文物保护单位有郭有道墓、石马寺、梁村遗址、白燕遗址、惠济桥等 18 处。全国爱国主义教育示范基地有左权麻田八路军总部纪念馆、昔阳大寨展览馆。省级爱国主义教育基地有 13 个。全国历史文化名城有祁县、平遥。1997 年，平遥古城被联合国教科文组织列入世界物质文化遗产名录。

有灵石县静升镇、寿阳县宗艾镇 2 个中国历史文化名镇；介休市龙凤镇张壁村、平遥县岳壁乡梁村、灵石县两渡镇冷泉村等 17 个国家历史文化名村；灵石县静升镇、祁县东观镇、榆次区东阳镇、寿阳县宗艾镇、左权县麻田镇、昔阳县大寨镇 37 个省级历史文化名镇；太谷县北洸乡北洸村、介休市龙凤镇张壁村、介休市张兰镇北贾村、谷县阳邑乡阳邑村、介休市洪山镇洪山村、寿阳县平舒乡平舒村等 38 个省级历史文化名村。榆次区东赵乡后沟村、介休市龙凤镇张壁村、平遥县岳壁乡梁村、太谷县北洸乡北洸村、榆次区东阳镇车辋村、和顺县李阳镇回黄村等 75 个中国传统村落。

国家 5A 级旅游景区有平遥古城、介休绵山风景区。国家 4A 级旅游景区有榆次常家庄园、镇国寺、协同庆钱庄博物馆、城隍庙财神庙、王家大院、双林寺彩塑艺术馆、文庙学宫博物馆、日昇昌票号博物馆、平遥县衙博物馆、乌金山国家森林公园、石膏山风景区。国家级森林公园有介休太岳山、寿阳方山和榆次乌金山。省级森林公园 4 处。省级自然保护区 5 处。有国家级湿地公园祁县昌源河和省级湿地公园 4 处。

晋中有“晋商故里”之称。明清时期，以祁县、太谷、平遥、介休、榆次等县为代表的晋中商人，凭借地利之便，在中国北部边镇贸易中崛起，形成实力强劲的地方商帮。一支以介休范家为代表，漂洋过海开展对日本贸易，俗称“船帮”；一支以榆次常家、王家；太谷曹家、贠家；祁县乔家、渠家；介休侯家、冀家和大盛魁商号等为代表，从事南北贩运，并对俄国等国和蒙古地区进行茶叶贸易，俗称“驼帮”。晋中商帮贸易遍及全国，远涉海外，居全国十大商帮之首。晋商“驼帮”开辟的对俄蒙贸易的“万里茶路”，成为继“丝绸之路”后中国又一条连接东亚和欧洲的重要商路。清道光三年（1823 年），平遥商人雷履泰创立日升昌票号，开中国金融汇兑先河。晋中商人先后在平遥、祁县、太谷先后成立 41 家票号，占全国票号总数的 4/5，在全国 126 个城镇设立 526 个分号（合盛元票号还将分号设到日本、朝鲜等），形成巨大的金融网络，几乎垄断了全国的金融汇兑业。

晋中民间文化艺术有左权小花戏、左权民歌、和顺凤台小戏、昔阳拉话、榆社霸王鞭、晋中莲花落、榆次评说、平遥盲书、左权琴书、介休干调秧歌、榆社土坛秧歌、榆次南庄架火、太谷宫灯、背棍、铁棍、杌棍、抬阁、旱船、高跷等。

历史名人有晋国大夫祁奚，东汉名士郭泰，东汉名臣王允，后赵皇帝石勒，初唐宰相温彦博及其兄温大雅、弟温大有，文学家王勃，诗佛王维，诗人白居易，花间词派作家温庭筠，宋相文彦博，文学家罗贯中，清代票号创始人雷履泰，清代帝师祁寯藻，民国行政院长孔祥熙等。

“晋中”地名的社会应用主要有晋中行署、晋中战役、晋中秧歌、晋中民歌、晋中面食等。

晋中行署：1948 年 8 月，为了组织太原战役，经华北人民政府决定成立晋中行署。将晋绥边区的交城县、文水县、汾阳县、孝义县、清源县、徐沟县、太原县、阳曲县、忻县 9 个县划为晋中行署行政区域。1948 年底，解放军已经迫近太原城郊，太原解放指日可待。1949 年 2 月，华北人民政府决定着即成立太原市市政府，晋中行署并入太原市市政府。前晋中行署所辖地区统归太原市市政府管辖。晋中行署于 2 月 25 日发出通知：“本署奉命自 3 月 1 日起正式与太原市政府合并。原行署名义自合并之日起即行取消。”

晋中战役：是解放战争时期解放军对山西省中部国民党军进行的一次运动战战役。1948 年 6 月 11 日，徐向前指挥所部及地方武装共 6 万余人，向晋中国民党军发起进攻。21 日至 24 日，集中第 1 兵团在祁县、平遥、介休地区歼国民党军万余人；7 月 6 日至 16 日，在太谷以北大常镇地区全歼第 33、第 34 军及第 10 总队。至 21 日逼近太原，战役胜利结束。此役共歼国民党军 10 万余人，俘野战军总司令赵承绶，晋中全部解放。

晋中秧歌：是由祁太秧歌发展演变而成的一种山西地方戏曲剧种。因其在榆次、平遥、介休、交城、文水、汾阳、太原等晋中地区广为流传，故称“晋中秧歌”。晋中秧歌属于晋中民间自编自演的小曲、杂说、歌舞、戏曲的综合体艺术。它以农村生活故事、民间习俗、传闻软事等为题材，以优美的曲调和表演形式，真实地反映百姓生活，深受观众喜爱。

晋中民歌：晋中地区是山西民歌的重要发源地。风格多样，涵盖了小调、山歌、号子等各种民歌题材。其中以左权一带的开花调为代表，始于宋元时期，从曲调上分为大腔、杂曲、山歌、小调。开花调是从小调派生出来，全方位地展示了晋中地区原生态的风俗民情和爱情生活，今天已经成为中国民歌艺术中的瑰宝。2006年6月，开花调被列入国家级非物质文化遗产名录音乐类榜首。

晋中面食：晋中面食文化是指晋中一带以面食为主的饮食文化。其独特的食物结构、烹调技艺、饮食风尚，都有着浓郁的地方气息和传统的生活特色，与毗邻的晋北、晋南、河北、陕西、河南诸地相比，既有北方的同一性，又有其独特的地区性。其特点是以小杂粮为主、粗粮细作，细粮精作、品种丰富、喜盐醋辛辣。通常用小麦粉、高粱面、豆面、荞面、莜面做成数十种的面食，如刀削面、拉面、擀面、推窝窝、剔尖、猫耳朵、灌肠等蒸煮面食、烹制面食以及面塑艺术。因此旅游界有“中国面食在山西，山西面食在晋中”之说。

榆次区 [Yúcì Qū]

县级政区名。晋中市人民政府驻地。在市境北部，太行山西麓。东与寿阳县交界，南与太谷区接壤，西同太原市清徐县、小店区毗邻，西北与太原市迎泽区相连。面积1318平方千米。人口90.45万。辖北关街道、西南街街道、安宁街道、路西街道、经纬街道、新建街街道、新华街街道、锦纶街道、晋华街道9个街道，乌金山镇、长凝镇、北田镇、修文镇、东阳镇5个镇，郭家堡乡、东赵乡、庄子乡、张庆乡4个乡。榆次区人民政府驻新建街道。

俗传上古帝榆罔之后居榆社建古榆州国，榆次因与榆社地相次接属而得名。同治《榆次县志·地理》：“上古帝榆罔凭太行以居冀州，榆罔之后国为榆州，榆州即今榆社等处，榆次与榆社地相次接属，故名。”又传为春秋时期“魏榆”。晋顷公时置“涂水县”。战国时期为赵国榆次邑。秦置榆次县，属太原郡。西汉因之。新莽时改太原亭。东汉复名榆次县。西晋泰始元年（265年），属太原国，北魏太平真君九年（448年），省入晋阳县，又在境内徙置中都县。景明元年（500年），复置榆次县。北齐废榆次县入中都县，治徙榆次故城，属太原郡。隋开皇十年（590年），复名榆次县。唐属并州、太原府。北宋太平兴国四年（979年），为并州治。七年并州治徙唐明镇（今太原），县属并州。嘉祐四年（1059年），属太原府。金因之。蒙古成吉思汗十三年（1218年），属太原路，元大德九年（1305年），改属冀宁路。明洪武元年（1368年）属太原府。清因之。1913年，属中路道。1914年，属冀宁道。1927年，废道直属山西省。1937年，属山西省第三行政区。1948年8月，成立榆次县人民政府，属晋中第三专区。1949年，后属榆次专区，为专署驻地。1954年，以城区部分置榆次市。1958年，榆次、寿阳2县并入榆次市，改属晋中专区，为专署所在地。1963年，改榆次市为榆次县。1967年，属晋中地区。1971年，析置榆次市，榆次县人民政府徙驻长凝镇。1975年，县人民政府徙驻榆次。1999年，撤销县级榆次市，改设榆次区，为晋中市人民政府驻地。

从地名专名来看，辖区内行政区划地名和居民点地名有以下特征：1. 以自然地理实体命名。如：鱼儿池、石山、乌金山。2. 以地理位置命名。如：近城、山头、寨底、东堙。3. 以历史古迹或人文地理实体命名。如：黑马营、寺沟、界牌沟。4. 以祥瑞、希冀命名。如：福堂、保安寨、永康、兴隆庄。5. 以姓氏命名。如：聂村、魏岳、杜家山。6. 以物产命名。如：豆腐庄、杏林塔、麻地沟。7. 因避讳而命名。如：王胡村因清初讳"胡"而改王湖；长宁因避清代道光皇帝旻宁讳改为"长凝"。

从地名通名来看，辖区内行政区划地名和居民点地名有以下地方特色：1. 村落地名中有"寨""堡""营"等军事战争色彩的通名。如：韩家寨、小寨、北六堡、王家堡、胡乔营等。2. 东部地处太行山脉余支的山地丘陵区，以山、岭、垴、沟、峪为通名的村落较为常见。如：南昌山、枝子岭、章子垴、贾鱼沟等。3. 有北方民族语遗存的通名。如：桃河塔、杏林塔，塔，为古代北方民族语言"塔拉"的简称，义为"平地"或"河滩地"。4. 以人文地理实体标志为通名。如：聂店、南要店、焦壁、霍城、佃家院。5. 其他多以村、庄为通名。如：杨村、辛家庄。

地势东高西低。主要山地有八缚岭山和罕山。境内最高峰圪塔海拔1782.3米，最低海拔768.8米。河道属黄河流域，最大河流潇河。有地方特色民间艺术铁棍、背棍、旱船、剪纸等。有省级非物质文化遗产背铁棍、南庄无根架火、四眼井醋制作工艺、黑陶烧制技艺、九曲黄河阵等。全国重点文物保护单位有什贴墓群和榆次城隍庙。省级重点文物保护单位有猫儿岭战国古墓群。名胜古迹有清虚阁等。纪念地有晋华工人运动纪念地旧址、晋中革命烈士陵园等。省级风景区有常家庄园、榆次老城、后沟古村等。国家级森林公园有乌金山。有各级文物保护单位130多处。名胜古迹有常家庄园、榆次老城、乌金山国家森林公园、后沟古村、猫儿岭战国墓群、清虚阁、城隍庙等。

历史文化名人：刘知远（895—948），五代后汉开国皇帝，先祖是少数民族沙陀部人。大唐中和初年（881年），其父率全家迁居榆次西左付村。刘知远初与石敬瑭同为后唐明宗手下将领，后帮助石敬瑭建立后晋，被任为河东节度使等职，后又拜中书令，晋封为北平王。开运四年（947年），后晋灭亡，刘知远在晋阳称帝，更名刘暠，建国号为汉，史称后汉。

常万玘，榆次常家庄园主人，晋商实业家。明弘治十三年（1500年）始祖常仲林迁居榆次车辋村刘家寨，直到八世常威时，开始经商。从乾隆到清末150多年间，常家在恰克图的前十位商号中占有4个，堪称清代的外贸第一世家。常氏由商起家，传至十世，便有"世兼儒贾为业"之称，代代恪守"学而优则贾"的家训，成为清代的儒商望族。

为山西省交通运输的重要枢纽。铁路石太、南同蒲、太焦三线交会境内。太旧、大运高速、108国道及榆长、榆邢、榆盂、榆清省级公路经境。

北关街道 [Běiguān Jiēdào]

乡级政区名。位于榆次区境中部。东与锦纶街道相邻，南与西南街街道相邻，西与晋华街道相邻，北与新华街街道接壤，面积1.65平方千米。人口3.91万。辖荣发社区、太行社区、寿安里社区等 7 个社区。街道办事处驻锦纶东街 423 号。因地处榆次旧城北门外而得名。1984 年，设立北关街道。有粮店街等老街巷。

锦纶街道 [Jǐnlún Jiēdào]

乡级政区名。位于榆次区境中部。东与郭家堡乡相连，南与新华街道、北关街道接壤，西与安宁街道、晋华街道相接，北与郭家堡乡相邻。面积 9.3 平方千米。人口 5.17 万。辖玉湖社区、荣复社区、文华社区等 9 个社区。街道办事处驻中都北路 102 号。因辖区内有山西锦纶厂而得名。1984 年，设立锦纶街道。

新华街街道 [Xīnhuájiē Jiēdào]

乡级政区名。位于榆次区境中部。原为榆次城东门外。东与东赵乡接壤，南至环城南路，西与西南街道、北关街道相接，北与锦纶街道相邻。面积 3 平方千米。人口 2.8 万。辖桥东社区、榆和社区、榆和东社区等 7 个社区。街道办事处驻顺城东街 23 号。因辖区有城区干道新华街而得名。1984 年，成立新华街街道。石太铁路线经此。

西南街街道 [Xīnánjiē Jiēdào]

乡级政区名。位于榆次区境中部。原为榆次老城区。东与新华街街道、北关街道相连，南与郭家堡乡接壤，西与路西街道相邻，北与北关街道交界。面积 5.6 平方千米。人口 2.06 万。辖龙王庙社区、花园社区、城隍庙社区、思凤社区等 9 个社区。街道办事处驻新集街 67 号。因辖区地处榆次城区西南而得名。1984 年，设立西南街道。辖境为榆次老城仿明清建筑旅游区。有城隍庙、榆次县衙、思凤楼、清虚阁、凤鸣书院、市楼、大乘寺、瓮城遗址等名胜古迹。

路西街道 [Lùxī Jiēdào]

乡级政区名。位于榆次区境中部。原为榆次城西南郊。东与西南街道衔接，南至郭家堡乡，西邻经纬街道，北与新建街道相邻，总面积 2.6 平方千米。人口 1.99 万。辖晋榆社区、晋星社区、五二五社区等 8 个社区。街道办事处驻柳东路 27 号。因辖区位于南同蒲铁路以西而得名。1984 年，成立路西街道。

经纬街道 [Jīngwěi Jiēdào]

乡级政区名。位于榆次区境中部。东与郭家堡村相邻，南与荣村相连，西与东营村相接，北连韩村。面积 2.7 平方千米。人口 2.32 万。辖第一社区、第二社区、第三社区、第四社区、第五社区 5 个社区。街道办事处驻经纬南路 1 号。因辖区内有经纬纺织机械厂而得名。1984 年，成立经纬街道。

安宁街道 [Anníng Jiēdào]

乡级政区名。位于榆次区境中部。东与锦纶街道为邻，南与晋华街道相连，西与新建街街道毗邻，北与乌金山镇交界。面积 20.1 平方千米。人口 5.5 万。辖电力社区、三水社区、首创社区等 10 个社区。街道办事处驻安新社区新建北路 188 号。1984 年，设安宁街道。因原为榆次北部安宁、鸣李村地，故名。同治《榆次县志 · 都里》："西北路村庄距县里数：安宁村，五里。"1985 年，建安宁大街。2004 年，榆太路拓建后更名汇通路。

新建街街道［Xīnjiànjiē Jiēdào］

乡级政区名。位于榆次区境中部。东与晋华街道、安宁街道相接，南与路西街道、经纬街道相邻，西与郭家堡乡相连，北接郭家堡乡。面积 14.6 平方千米。人口 2.74 万。辖华钜社区、晋商社区、佳地社区等 7 个社区。街道办事处驻蕴华西街 149 号。因辖区有主干道新建街而得名。1984 年，成立新建街街道。

晋华街道［Jìnhuá Jiēdào］

乡级政区名。位于榆次区境中部。东与北关、锦纶街道相连，南与西南街道、路西街道毗邻，西与新建街街道接壤，北与安宁街道相邻。面积 3 平方千米。人口 4.53 万。辖尧晨社区、迎宾社区、菜园社区等 9 个社区。街道办事处驻汇通路 195 号。因辖区有晋华纺织厂而得名。原属榆次城北门外。清末正太铁路通车设榆次站。民国初建晋华纺织厂。1984 年，设立晋华街道。

乌金山镇［Wūjīnshān Zhèn］

乡级政区名。位于榆次区境北部。东与东赵乡相邻，南与郭家堡乡毗连，西与太原市小店区黄陵乡、迎泽区孟家井乡交界，北与寿阳县平头镇接壤。面积 278 平方千米。人口 5.16 万。辖鸣谦村、志村、小南庄村等 40 个行政村。镇人民政府驻鸣谦村。因境内有乌金山国家森林公园而命名。同治《榆次县志·山川》："乌金山，去县四十里。林木丛蔚，为榆邑清凉胜境，上建水晶院。"

1949 年，属榆次县第十区。1950 年，属榆次县第四区。1953 年，设鸣谦乡。1962 年，设鸣谦人民公社。1984 年 2 月，置鸣谦镇。2001 年，沛霖乡、鸣谦镇合并，更名乌金山镇。2021 年，撤销什贴镇，整建制并入乌金山镇。名胜古迹有乌金山国家森林公园、水晶院、敦崇礼墓、龙王庙、张彪祠堂、太清宫、中林山和合寺、河底福云寺等。有中国传统村落小寨村。

历史名人敦崇礼（1861—1906），苏格兰人。1888 年，以浸礼会传教士的身份来华。1901 年 7 月，来太原办理山西教案事宜，并被聘为山西大学堂西学专斋总教习。1906 年 8 月，在乌金山水晶院辞世，葬乌金山。

张彪（1860—1927），字虎臣。榆次西左付村人。1906 年，任新军第八镇统制，后补授湖北提督。辛亥武昌起义后卸职，于天津日租界筑"张园"做寓公。1925 年，迎溥仪入张园居住。1927 年，病逝于天津，归葬榆次。

鸣谦村［Míngqiān Cūn］

居民点。乌金山镇人民政府驻地。在榆次区人民政府驻地西北 7 千米。人口 0.43 万。鸣谦一名出自《易经》："鸣谦，贞吉。"意谓谦德表著于外。元代以地处西安至北京驿道，置鸣谦驿。元代《析津志》："大都东西馆马步站：太安，八十里鸣谦。"乾隆《山西志辑要·榆次县》："关津：鸣谦驿。"同治《榆次县志·都里》："西北路村庄距县里数：鸣谦镇，二十里。"鸣谦大街穿村而过。古迹有鸣谦商周文化遗址。

什贴村 [Shéntiē Cūn]

居民点。属乌金山镇。在榆次区人民政府驻地东北 20 千米。人口 0.21 万。历史上为晋中交通重镇，村临古驿道。清代为什贴镇。同治《榆次县志 · 都里》："东北路村庄距县里数：什贴镇，四十五里。"什贴村为近代山西义和团活动的主要据点。光绪二十六年（1900 年）五月，村民姜晋华自称大师兄，设坛习武，呼风唤雨，并率什贴团民进入太原，受到山西巡抚毓贤支持。时人石荣昶在《庚子感事》诗中描述姜晋华："威名赫赫大师兄，紫绶红巾按辔行。大吏愚民齐顶礼，农家小子压公卿。"次年辛丑议和后，姜晋华被处以凌迟。地处罕山南麓旱垣丘陵区。古建筑有什贴堡旧址、什贴墓群、千佛寺等。特产"什贴小米"。

"什贴"地名社会应用有什贴堡、什贴墓群、什贴小米。

什贴堡：位于村中，本名永宁堡，为明代嘉靖二十一年（1542 年）为防止俺答入侵所建，堡门额题"永宁堡"。

什贴墓群：为北齐韩轨家族墓地。韩轨，字伯牛，太安狄那（今寿阳县西）人，北齐大司马，封安德郡王，谥肃武。《北齐书》有传。墓群分布面积约 5 万平方米。2006 年，什贴墓群被公布为第六批全国重点文物保护单位。

什贴小米：为地方特产，又称"毛谷小米"，为山西小米中的名品。

颉纥村 [Jiéhé Cūn]

居民点。属乌金山镇。在区人政府驻地东北 30 千米。东与寿阳县交界。人口约 180 人。相传为颉姓、纥姓始居而得名。附近有颉家河村可证。清代属寿阳县地。光绪《寿阳县志 · 舆地》："逯村所辖七村：颉纥，距城七十里。"1942 年，为纪念在颉纥村英勇就义的抗日女英雄张绍文，路北抗日政府将颉纥村改名为绍文村，后又恢复原名。地处要罗山丘陵区。古建筑和纪念地有省级文物保护单位明代建筑颉纥法宝寺、市级文物保护单位张绍文烈士墓、清代传统民居、明代僧人舍利塔等。

抗日烈士张绍文（1919—1942），女，河北省正定县南村人。中共党员。1938 年，参加晋华工人抗日游击队。1939 年，调寿阳县妇联工作，先后担任组织委员、五区妇救会主任。1942 年，调任榆寿县四区区长。4 月，被日军包围，在颉纥村被捕就义。

小寨村 [Xiǎozhài Cūn]

居民点。中国传统村落，山西省历史文化名村。属乌金山镇。在榆次区人民政府驻地东北 15.6 千米。人口约 420 人。因村中有明代村民所筑的防御堡寨，与周边的东寨、焦家寨、韩家寨相对规模小，因名小寨。同治《榆次县志 · 都里》："东北路村庄距县里数：小寨村，三十五里。"古建筑有小寨明代烽火台、清代舞霓亭戏台、清代吕祖坛、神栖宫、小寨清代民居、小寨堡东门等。2016 年，被列入第四批中国传统村落名录。2017 年 1 月，入选为第五批山西省历史文化名村。

东阳镇 [Dōngyáng Zhèn]

乡级政区名。位于榆次区境西南部。东、南与太谷区任村乡、胡村镇接壤，西与清徐县集义乡、王答乡交界，北与修文镇相邻。面积 59.6 平方千米。人口 3.02 万。辖东阳村、车辋村、北社村等 21 个行政村，镇人民政府驻东阳村。因驻地得名。

1949 年，属榆次县第六区，后属第三区。1953 年，分属东阳乡、魏岳乡、车辋乡 3 个乡。1956 年，为东阳乡。1958 年 11 月，属张庆曙光人民公社。1962 年，分设东阳人民公社。1984 年 2 月，置东阳乡。6 月，改东阳镇。2018 年 7 月 3 日，被农业农村部公布列入“前六批全国一村一品示范村镇监测合格名单”。镇区为榆次、太谷、清徐三县区交界处的农产品商品集散中心。以蔬菜种植业为主，被称为“三晋蔬菜第一镇”。常家庄园为车辋村常氏家族的宅院建筑群。古迹有下丁里古文化遗址、常家庄园、清代秦氏民居等。2014 年，被确定为全国重点镇。

东阳村 [Dōngyáng Cūn]

居民点。东阳镇人民政府驻地。在榆次区人民政府驻地南 17.5 千米。人口 0.47 万。战国阳邑城。秦汉阳邑县旧治。北魏阳邑县治所迁至今太谷县境后废，曾名“穰人城”。后演变为为东阳、西阳两村。清代为晋中商贸大镇。《竹书纪年》：“梁惠成王九年，与邯郸榆次、阳邑”，即指此地。杜预《春秋释地》“（箕）城在阳邑南”，“（蒋溪）水北即阳邑县故城也”，也即此地。《永乐大典·太原志·古迹》：“穰人城在（太谷）县东北二十九里。今无遗址。”同治《榆次县志·都里》：“西南路村庄距县里数：东阳镇，三十里。西南接太谷县界。”地处太原盆地，津水河流经。南同蒲铁路经此设东阳站。古建筑和纪念地有清代东阳秦氏宅院、赵氏宅院影壁、肖氏宅院、东阳银店、抗日烈士秦赞忠故居。

车辋村 [Chēwǎng Cūn]

居民点。属东阳镇。中国传统村落。在榆次区人民政府驻地西南 19 千米。面积 3.09 平方千米。人口 0.19 万。由原刘寨村、成寨村、林寨村、王寨村 4 个村组成，相传 4 个村以观音寺为轴心环绕如车辐状，故名车辋。同治《榆次县志·都里》：“车辋村，三十五里。分四寨。”村中常家庄园为清代晋商常氏家族营造的宅院建筑群。始建于乾嘉年间，经过二百多年营建，形成南北向、东西向两条大街，占地 60 万平方米，楼房 50 余幢，房屋 4000 余间，使原先四个村连成一片。20 世纪 80 年代以来逐步修复，2001 年，向游人开放。现为国家 4A 级旅游景区。古迹有战国墓，传为白起墓，俗称王墓。2013 年 8 月，被列入第二批中国传统村落名录。

地方名人常赞春（1872—1941），字子襄，车辋村人。清光绪举人。民国初，受聘于山西大学任文科教授。后在山西大学、山右大学、国民师范、云山中学、进山中学等各校执教或兼教。擅长书画篆刻及金石考据。在书法方面与胞弟常旭春、太谷赵铁山并称为“山西近代书法大师”。常旭春（1873—1949），字晓楼，又字孝麓，车辋村人。清光绪二十八年（1902 年），与兄常赞春同榜中举，传为佳话。平生精研书法，自成一家。与常赞春、赵铁山并称为“二常一赵”。

长凝镇 [Chángníng Zhèn]

乡级政区名。位于榆次区境东南部。东与和顺县马坊乡、横岭镇交界，东南与榆社县社城镇接壤，南与太谷区范村镇相接，西与庄子乡相邻，西北隔潇河与郭家堡乡相望，北与东赵乡和寿阳县西洛镇、杨头崖乡毗邻，面积 328.07 平方千米。人口 1.5 万。辖西长凝村、东长凝村、壁达村等 18 个行政村。镇人民政府驻西长凝村。因驻地得名。

1949 年，属榆次县第一区。1953 年，设长凝乡，1958 年，设长凝红星人民公社。1984 年 2 月，置长凝镇。2001 年，石圪塔乡并入。地处丘陵区。涂河流经。特产茄子、蒜。古迹纪念地有蔺相如祠、贾鱼沟旧石器时代文化遗址、庙岭石崖北魏造像、高国杰烈士纪念亭等。有中国传统村落相立村。

西长凝村 [Xīchángníng Cūn]

居民点。长凝镇人民政府驻地。在榆次区人民政府驻地东南 17 千米，人口 0.2 万。原名长宁寨、长宁府、长宁壁。因北魏将领李长宁所居而得名。唐时为长宁折冲府，以屯府兵。明《太原府志》："后魏人李长宁居此，因名之"。《读史方舆纪要 · 榆次县》："长宁寨，志云在县东南二十五里，后魏将李长宁所居，亦曰长宁壁。"清代避道光皇帝旻宁讳，演变为今名。历史上为榆次东南交通重镇。1971 年至 1974 年，榆次县人民政府曾驻西长凝村。特产大蒜被认定为地理标志农产品，被评为省十佳特色品牌产品。

相立村 [Xiānglì Cūn]

居民点。中国传统村落。属长凝镇。在榆次区人民政府驻地东南 21 千米。人口约 660 人。以复姓相里氏始居而得名。同治《榆次县志 · 都里》："东南路村庄距县里数：相立村，二十八里。"历史上当地妇女以女红针凿技艺精致而闻名。当地故有"东长凝的茄子，西长凝的蒜，相立的婆姨不用看"的民谚。1948 年夏，解放太原战役期间，华北野战军十八兵团前线指挥部进驻相立村。8 月 4 日，团以上干部在相立村召开会议，总结晋中战役，传达中央军委批准的太原战役作战方针和关于太原战役准备工作的批示。徐向前司令员，周士第副司令员，政治部主任胡耀邦均驻此指挥。地处八赋岭北麓，涂河流经。古建筑和纪念地有华北野战军第十八兵团前线指挥部旧址、徐向前旧居、清代戏台、清代民居、村堡西门等。2016 年，被列入第四批中国传统村落名录。

北田镇 [Běitián Zhèn]

乡级政区名。位于榆次区境南部。东、北与庄子乡接壤，南与太谷区范村镇为界，西与修文镇相邻，面积 102.04 平方千米。人口 2.4 万。辖北田村、南田村、张胡村等 24 个行政村。镇人民政府驻北田村。因驻地得名。

1949 年，属榆次县第二区。1953 年，设北田乡。1958 年 6 月，属红旗人民公社。1961 年 6 月，设北田人民公社。1984 年 2 月，置北田乡。2001 年 3 月，改置北田镇。有古迹古南道场沟遗址、小南庄遗址、关帝庙等。为省苹果、葡萄、梨、红枣四大产区之一。被农业部确定为中国新红星开发十大基地之一、省多样化林果基地。

北田村 [Běitián Cūn]

居民点。北田镇人民政府驻地。在榆次区人民政府驻地东南 15 千米。人口 0.38 万。因田氏所居，与南田相对而得名。同治《榆次县志·都里》："西南路村庄距县里数：北田镇，二十里。"古建筑有魁星阁、永安门、王家骏四合院、智觉寺、青云楼院。盛产水果、蔬菜。

修文镇 [Xiūwén Zhèn]

乡级政区名。位于榆次区境南部。东与北田镇毗邻，南与东阳镇接壤，西与太原市清徐县王答乡、集义乡交界，北与张庆乡、郭家堡乡隔河相望，东北与庄子乡为邻。面积 74.68 平方千米。人口 3.5 万。辖修文社区 1 个社区，修文村、王香村、陈侃村等 21 个行政村。镇人民政府驻陈侃村。因境内修文村而命名。

1949 年，属榆次县第六区。1950 年，分属榆次县第二区、第三区。1953 年，属陈侃乡。1961 年，设陈侃人民公社。1984 年，置陈侃乡。2001 年，陈侃乡、修文街道合并，置修文镇。潇河流经。矿产资源有砖瓦粘土和建筑用沙。为榆次重要产粮区。南同蒲、太焦铁路过境并设修文站。古迹有褚鈇墓、明代古地道、魁星阁遗址等。历史名人有明代户部尚书、太子少保褚鈇。

陈侃村 [Chénkǎn Cūn]

居民点。修文镇人民政府驻地。在榆次区人民政府驻地正南 9 千米。人口 0.14 万。古为武观城地。乾隆《山西志辑要·榆次县》："武观城，县西南二十里陈侃村，一名武馆城。卢谌《艰征赋》：'径武馆之故郛。'《水经注》：洞涡水'径武灌城西北。'"同治《榆次县志·都里》："西南路村庄距县里数：陈侃村，二十里。"古迹有明代户部尚书褚鈇墓、明代古地道等。有粘土、建筑用砂等资源。

东长寿村 [Dōngchángshòu Cūn]

居民点。全国文明村。属修文镇。在榆次区人民政府驻地南 10.9 千米。人口 0.19 万。原名长寿村，后与潇河对岸的西长寿相对而改今名。同治《榆次县志·都里》："西南路村庄距县里数：东长寿村，十五里。"古迹有魁星阁遗址、妙相寺等。传统农业村。2014 年，获全国文明村称号。

郭家堡乡 [Guōjiābǔ Xiāng]

乡级政区名。中国民间艺术之乡。位于榆次区境中部。东与东赵乡相邻，南与修文镇相邻，西与张庆乡、太原市小店区西温庄乡交界，北与乌金山镇毗邻。面积 55.9 平方千米。人口 5.2 万。辖郭家堡村、近城村、王村等 17 个行政村。乡人民政府驻市城区西顺城街 227 号。因驻地得名。

1949 年，属榆次县第一区。1953 年，设郭家堡乡。1964 年，改郊区人民公社。1983 年，更名郭家堡人民公社。1984 年，置郭家堡乡。2001 年 1 月，使赵乡并入郭家堡乡。古迹有北合流古文化遗址、盖聂古墓遗址、源涡文化遗址、妙智寺等。有专业化和综合性物流市场。2008 年，被文化部命名为中国民间艺术之乡。2010 年，被国家体育总局评为全国群众体育先进集体。农业以种植粮食和蔬菜作物为主。

郭家堡村 [Guōjiābǔ Cūn]

居民点。全国文明村。属郭家堡乡。在榆次区人民政府驻地南 2 千米。人口 0.54 万。因郭姓聚居，明代筑堡而得名。同治《榆次县志・堡寨》：“郭家堡，在县西门外五里。周三里许，东、西有门。嘉靖二十二年，民郭广等所筑。”鱼羊包烹饪技艺被列为省级非物质文化遗产保护名录。特产江米粘。2005 年，获全国文明村称号。

南关村 [Nánguān Cūn]

居民点。全国文明村。属郭家堡乡。在榆次区人民政府驻地东南 5.3 千米。人口 0.61 万。因位于榆次老城南门外，故名。同治《榆次县志・都里》：“城关十六铺：南关四铺，在关城西南。”属城乡结合部，为榆次城中村。经济以服务业为主。2009 年，获全国文明村称号。

鸣李村 [Mínglǐ Cūn]

居民点。属郭家堡乡。在榆次区人民政府驻地西北 4.7 千米。人口 0.28 万。原名李村，传李村护村堤堰曾有凤凰鸣叫一声离去，不久村里出了后汉皇后李三娘，故名。乾隆《山西志辑要・榆次县》：“昭圣李后故里，县治西北。《五代史》：汉高祖牧马晋阳，夜入其家劫取之。相传榆次鸣李村，村有土井，昭圣后微时汲水灌麻，麻池尚存。”同治《榆次县志・都里》：“西北路村庄距县里数：鸣李村，十五里。”古代为驿道所经。古迹有百年灯山庙、琉璃八角井和果子园等。特产大蒜。石太、太中银、大西铁路经此。

张庆乡 [Zhāngqìng Xiāng]

乡级政区名。位于榆次区境西南部。东与郭家堡乡相连，南与修文镇相接，西南与太原市清徐县王答乡、小店区北格镇相邻，北与晋中经济技术开发区交界。面积 77.98 平方千米。人口 3.9 万。辖张庆村、杨村、南谷村等 21 个行政村。乡人民政府驻张庆村。因驻地得名。

1949 年，属榆次县第七区。1953 年，设张庆乡。1958 年，设张庆人民公社。1984 年，置张庆乡。地处晋中盆地。潇河流经。为榆次粮食生产基地。现为榆次工业园区。特产“四眼井”牌陈醋。古迹有西寺、宋启英祠堂、郝氏祠堂、张庆惨案遗址等。民间艺术铁棍被列入山西省非物质文化遗产目录。

张庆村 [Zhāngqìng Cūn]

居民点。张庆乡人民政府驻地。在榆次区人民政府驻地西南 7.4 千米。人口 0.42 万。传因张庆始居于此得名。明清时处京陕官道，为榆次西部大镇。同治《榆次县志・都里》：“西南路村庄距县里数：张庆村，二十里。”古迹有西寺、观音寺。有赛贡和绞活龙等民间文艺活动。经济以粮食种植为主，旧有“米粮川”之誉。

庄子乡 [Zhuāngzǐ Xiāng]

乡级政区名。位于榆次区境东南部。东与长凝镇为邻，东南与太谷县范村镇交界，南与北田镇毗连，西与修文镇相接，北连长凝镇。面积 159.57 平方千米。人口 1.7 万。辖庄子村、西堨村、东堨村等18个行政村。乡人民政府驻庄子村。因驻地得名。

1949年，属榆次县第四区。1953年，属北赵乡。1962年，设庄子人民公社。1984年，置庄子乡。2001年，与黄彩乡合并。地处太行山西麓。古迹有蒲池村寿圣寺、牛村古官道、古戏台等。主产水果、大棚蔬菜，有蔬菜水果之乡之称。

庄子村 [Zhuāngzǐ Cūn]

居民点。庄子乡人民政府驻地。在榆次区人民政府驻地东南13千米。人口0.17万。原为药村地庄，后成附属小庄，俗称庄子，渐成村落。同治《榆次县志·都里》："东南路村庄距县里数：庄子村，二十里。"古迹有胡巨源墓、社稷庙、圣母祠等。

东赵乡 [Dōngzhào Xiāng]

乡级政区名。位于榆次区境东部。东连寿阳县西洛镇，南邻长凝镇，西接郭家堡乡，北连乌金山镇。面积90.89平方千米。人口1.56万。辖东赵村、上戈村、下戈村等14个行政村。乡人民政府驻东赵村。因驻地得名。

1949年，属榆次县第九区。1953年设东赵乡。1959年，设东赵人民公社。1984年，置东赵乡。潇河、龙门河流经，并于境内交汇。有中国历史文化名村后沟村。古迹有观音庙、真武庙、文昌阁、河神庙、山神庙、关帝庙等。地方特色民间艺术有传统社火、西窑河灯等。有后沟中国民间文化遗产抢救工程古村落调查保护示范基地。为典型山区农业乡。为省四大梨区之一。石太铁路经此并设站。

东赵村 [Dōngzhào Cūn]

居民点。东赵乡人民政府驻地。在榆次区人民政府驻地东17千米。人口0.13万。因赵姓始居于此得名。同治《榆次县志·都里》："东南路村庄距县里数：东赵村，二十五里。"古迹有新石器时代文化、夏代及东周文化等遗址。有砖瓦用土、建筑用砂等资源。特产东赵牙枣。

后沟村 [Hòugōu Cūn]

居民点。属东赵乡。中国历史文化名村。在榆次区人民政府驻地东北19.2千米。面积1.33平方千米。人口约240人。因村庄位于深沟中，故名。同治《榆次县志·都里》："东南路村庄距县里数：后沟村，三十五里。"其民居建筑为典型黄土高原土穴窑居。为中国民间文化遗产抢救工程古村落调查保护示范基地、农耕文化遗产保护采样地所在地。被誉为黄土旱塬农耕文明的传统经典。古迹有观音庙、真武庙、关帝庙、文昌阁、魁星楼、河神庙、山神庙等。2006年6月，被列入山西省历史文化名村名录。2006年12月，被授予"全国农业旅游示范点"称号。2008年11月，授予"山西省旅游名村"称号。有旅游专线。2019年1月，入选为第七批中国历史文化名村。2020年，入选为第二批全国乡村旅游重点村名单。

太谷区 [Tàigǔ Qū]

县级政区名。在晋中市中部。北、东北与榆次区相邻，东南与榆社县交界，西南、西与祁县毗连，西北与清徐县接壤。面积 1045.93 平方千米。人口 32.2 万。辖水秀镇、胡村镇、范村镇 3 个镇，任村乡、侯城乡、小白乡、阳邑乡、北洸乡 5 个乡。区人民政府驻水秀镇箕城街。"太谷"意为"大山谷"，因祁县子洪口至沁县的山谷古称"太谷"而命名。《后汉书·桓冯传》："上党见围，不窥太谷。"唐章怀太子李贤注曰："太谷自太原趣上党之道。今并州太谷县西有太谷是也。"《水经注》："侯甲水又西北历宜岁郊，经太谷，谓之太谷水，出谷西北流。"乾隆《山西志辑要》："隋属并州，后更名太谷，以县西南有太谷，故名。"

秦属阳邑县地，属太原郡。西汉因之。新莽改繁穰县，东汉复旧称。北魏太平真君九年（448 年）废，景明二年（501 年），复置阳邑县，属太原郡，县治在今阳邑村。北周建德六年（577 年），治徙白塔村，即今县城。隋开皇三年（583 年），县属并州。十八年，改名太谷县。大业三年（607 年），属太原郡。唐武德三年（620 年），于县置太州，县属之。六年，废太州，县属并州。开元十一年（723 年），属太原府。宋、金因之。元属冀宁路。明、清俱属太原府。1913 年，属冀宁道。1937 年，属山西省第三行政区。抗日战争时期分置路东、路西 2 县，属晋冀鲁豫边区太行区二专区。1948 年，复为太谷县。1949 年，属榆次专区。1958 年，祁县并入，属晋中专区。1961 年，祁县析出。1968 年，属晋中地区。1999 年，属晋中市。2019 年，撤销太谷县，设立晋中市太谷区。

从地名专名来看，辖区内行政区划地名和居民点地名有以下特征：1. 以自然地理实体命名。如：石梯岭、大涧、北沙河、娥儿泉。2. 以地理位置命名。如：北洸、东山底、前庄。3. 以历史古迹或人文地理实体命名。如：马陵关、白城、白塔。4. 以祥瑞、希冀命名。如：太平庄、朝阳、惠安、龙门。5. 以姓氏命名。如：程家庄、贺家堡、朱家堡、董村等。6. 以物产命名。如：枣涧、西杏林、桃园堡。

从地名通名来看，辖区内行政区划地名和居民点地名有以下地方特色：1. 以人文地理实体标志为通名。如：贺家堡、北付井、石堡寨。2. 山区多以山、岭、垴、河、峪为通名的村落较为常见。如：沿家山、中北岭、石圪垴、下土河等。3. 其他多以村、庄为通名。如：范村、路家庄。

地处太原盆地，地势由东南向西北倾斜，地形分为平川、山地、丘陵。最高点蚂蚁岭海拔 1935.9 米，最低点水秀乡武家堡海拔 768.3 米。境内河道属黄河、海河两大流域，有乌马河、象峪河、津水河、咸阳河、四卦河、石河、小河、朱峪河和水晶坡河。年平均气温 10.1℃，1 月平均气温 -5.6℃，7 月平均气温 23.9℃，年平均降水量 405.8 毫米，无霜期 176 天。

名胜古迹有无边寺、曹家大院、净信寺、安禅寺、真圣寺、白城光化寺、新村妙觉寺、范村圆智寺、孔祥熙故居、山西铭贤学校旧址、白燕遗址、太谷鼓楼、惠安天宁寺、圣果寺、太谷文庙等。北洸村为中国历史文化名村、中国传统村落。上安村为省级历史文化名村。国家级非物质文化遗产有祁太秧歌、形意拳、龟龄集传统制作技艺、定坤丹制作技艺；省级非物质文化遗产有山西民居砖雕艺术、太谷饼传统制作工艺。为中国形意拳的发祥地之一，形意拳体育运动在城乡广泛流行。2011 年，太谷县被文化部命名为“中国文化艺术之乡”。

历史名人有孟子母亲仉氏、北齐中书令骑兵参军白居易曾祖父白建、祖籍阳邑的唐代诗人白居易、明代太极拳宗师王宗岳、清代探花温忠翰、民国书法家赵昌燮、民国财政部部长孔祥熙等。

孟母仉氏，（前 392—前 317），今太谷县西（东）仉村人（唐宋前属榆次三徒乡），魏公子仉启女。周安王十年（前 392 年）农历四月初十，仉氏出生。周烈王喜三年（前 373 年）嫁于孟激为妻，次年农历四月初二己酉生孟轲（孟子）。仉氏在孟子 3 岁时，丈夫孟激去世。仉氏为教育年幼顽皮的小孟轲，留下了杀豚不欺子、三迁择邻、断织劝学的历史典故。

王宗岳（1535—？），又名王林祯，太谷县小王堡村人，太极拳宗师。自幼攻读黄老学说及兵家著述，并随父兄习武，有“铁胳膊王二”之称。著《太极拳论》《阴符枪谱》，武学后人奉为太极拳经典。

赵昌燮，（1877—1945），字铁山，又字惕山、铁珊，号汉持，别号寐斋。40 岁后更名督，字省斋，又署旧铁、错铁，晚年号柴翁、孑然、汉持道人、心隐庵主人，先祖在明末由交城县迁太谷县城内田家后。自幼受名师传授，通经史子集，酷爱金石书画，成为继山西省傅青主、张石舟、杨秋湄之后独树一帜的书法名家。

孔祥熙（1880—1967），字庸之，程家庄村人。清光绪三十一年（1905 年），入耶鲁大学学习矿物学。同年，在美国克利夫兰拜见孙中山并加入同盟会。光绪三十三年（1907 年），在太谷创办铭贤学堂（山西农业大学前身）并任校长。辛亥革命爆发后，主办太谷城防事务。民国年间，曾任国民政府中央银行总裁、行政院副院长兼财政部部长、代理行政院长等职。1967 年 8 月 15 日，因病逝世。曾主编《山西名贤集》，有《孔庸之先生演讲集》出版。

“太谷”地名的社会应用主要有：太谷饼、太谷秧歌。

太谷饼：太谷饼是面制炉烤的实心饼，当地俗称“甘饼”“烧饼”。至今已有 400 多年的生产历史，在清末时已行销京、津、西安、兰州、包头、张家口等地。饼以香、酥、甜、软而闻名，且储存时间长，久储味道不变，可作茶点、旅行食用、馈赠礼品。2006 年，太谷饼传统制作工艺被列入第一批省级非物质文化遗产名录。2007 年，太谷饼被列入中国国家地理标志产品保护目录。

太谷秧歌：又称祁太秧歌，是一种传统民间戏曲，主要流行于晋中、吕梁、太原一带。

明清时期已经形成并广泛流行，内容大多是反映农村劳动人民生活，曲调优美，节奏明快，表演诙谐风趣，语言朴实无华，乡土气息浓郁，极具地域色彩和艺术魅力。2008年，被列为国家级非物质文化遗产保护项目。

胡村镇 [Húcūn Zhèn]

乡级政区名。全国重点镇。在太谷县东北部。东与小白乡、任村乡相邻，南与阳邑乡、侯城乡毗连，西南、西、西北与水秀镇接壤，北与太原市清徐县集义乡交界。面积71.01平方千米。人口3.53万。辖胡村、朝阳村、小常村等16个行政村。镇人民政府驻胡村。因驻地得名。

1949年，属太谷县第八区。1950年4月，属太谷县第二区。1956年，设胡村乡。1958年8月，设胡村人民公社。1984年3月，置胡村乡。8月，改置胡村镇。

地处太原盆地，乌马河、象峪河、津水河流经。为全国最大的玛钢生产基地，被誉为“华夏玛钢第一镇”。有全国文明村朝阳村。有全国文明村朝阳村。特产小常驴肉。历史名人温忠翰（1835—？），字味秋，敦坊村人。清同治元年（1862年）壬戌科探花，授翰林院编修。后历任湖南学政、湖北按察使。著有《名翰赏心集》《红叶庵诗文集》等。

胡村 [Hú Cūn]

居民点。胡村镇人民政府驻地。在太谷区人民政府驻地东北7.5千米。面积9.63平方千米。人口0.6万。因胡姓始居而得名。乾隆《太谷县志·城池》：“堡有二十七：胡村堡。”民国《太谷县志·地理》：“第五区：胡村堡。”历为公社、乡、镇政府驻地。古建筑有明代狐爷庙、清代民居群。有全国最大的玛钢铸造基地。

朝阳村 [Zhāoyáng Cūn]

居民点。全国文明村。属胡村镇。在太谷区人民政府驻地东北6.5千米。耕地面积7600亩。人口0.56万。村以“九凤朝阳”的吉语命名。乾隆《太谷县志·水利》载名“朝阳都”。古迹有清代建筑关帝庙、九圣庵、石窑地新石器文化遗址。多年来，村民以大型玛钢铸造等工业为依托，推进新农村建设，改善人居环境，先后被评为省、市爱国卫生先进村和山西省生态村。2017年，被评为第五届全国文明村。

范村镇 [Fàn Cūn Zhèn]

乡级政区名。在太谷区境东北部。东、南与榆社县社城镇接壤，西南邻阳邑乡，西连小白乡，西北连任村乡，北与榆次区交界。面积299.33平方千米。人口1.08万。辖范村、阎村、冀村等15个行政村。镇人民政府驻范村。因驻地得名。

1949年，属太谷县第五区。1956年12月，设范村乡。1958年8月，任村乡并入范村乡。10月，属东湖人民公社。1961年6月，分设范村人民公社。1984年3月，置范村乡。8月，改置范村镇，辖22行政村。2001年2月，王公乡并入范村镇，辖26个行政村。截至2021年10月31日，范村镇辖15个行政村。地势东高西低，地形分为丘陵和山区，津水河，象峪河流经。名胜古迹有全国重点文物保护单位圆智寺、真圣寺。有象谷三大寺、冀村治平寺、西仉村孟母故里等。有纪念地太谷抗日县政府驻地石堡塞村。有中国历史文化名村、中国传统村落上安村。

范村 [Fàn Cūn]

居民点。范村镇人民政府驻地。在太谷区人民政府驻地东北 25 千米。面积 13.5 平方千米。人口 0.4 万。相传原名康乐庄，因范姓始居，故名。清乾隆四十四年（1779 年），在范村设太谷主簿署，分防县之东乡。乾隆《山西志辑要》："范村镇，今设主簿。"民国《太谷县志·地理》："第二区：范村镇。"地处象谷古道入山口，为太原与上党间交通要隘。《水经注·洞过水》引《魏土地记》："晋阳城东南百一十里，至山，有蒋谷大道，度轩车岭，通于武乡。"文中"蒋谷大道"，即象谷古道。古迹纪念地有圆智寺、三教阁、姑姑庵、东阁、范村民兵纪念碑。圆智寺位于村中，创建年代无考，金、明、清历代修葺。中轴线由南至北依次为山门、天王殿、千佛殿、大雄宝殿，两侧建钟鼓楼、伽兰殿、东西厢房、东西配殿及东禅房院。千佛殿为明代建筑，存壁画 140 平方米。2013 年 5 月，圆智寺公布为第七批全国重点文物保护单位。

上安村 [Shàng'ān Cūn]

居民点。山西省历史文化名村，中国历史文化名村，中国传统村落。属范村镇。在太谷区人民政府驻地东北 26 千米。人口约 400 人。相传原名安村，后与下安村相对为名。民国《太谷县志·地理》载名"第二区：上安村"。村中牛氏家族历代以科举传家，据家谱统计，有进士 3 人，举人 17 人，贡生、监生等 150 余人。现存清代民居有武略将军府、总兵府、牛家闷楼等。古建筑有上安城堡、瞭兵台、关帝庙、上安民居、上安过街戏台、牛天界墓地。2017 年 1 月，入选为第五批山西省历史文化名村。2019 年，入选为第七批中国历史文化名村。2019 年，被列入第五批中国传统村落名录。

历史名人有清乾隆间名将牛天界。牛天界（1717—1773），乾隆七年（1742 年）武进士，授蓝翎侍卫，累迁四川川北镇总兵。三十六年，从攻金川，以功加授贵州提督。三十八年，赴援木果木大营时战死。皇帝按旗员一品大臣的旧例给以抚恤，赐谥号"毅节"，御笔亲书祭文、碑文，并下诏把他的图像挂在了紫光阁，入祀昭忠祠。

水秀镇 [Shuǐxiù Zhèn]

乡级政区名。太谷区人民政府驻地。在太谷区西北部。东与胡村镇、阳邑乡相邻，南与侯城乡接壤，西与北洸乡、祁县东观镇为界，北与太原市清徐县集义乡毗连。面积 95.42 平方千米。人口 20.09 万。辖水秀村、北郭村、明星村等 39 个行政村，白塔社区、文庙社区、开源社区等 19 个社区。乡人民政府驻水秀村。因驻地得名。

1950 年，分属太谷县城关区、第二区。1954 年，分属城关镇、水秀乡、东怀远乡。1958 年 8 月，分属城关镇、胡村乡。10 月，分属远景人民公社、胡村人民公社（火箭人民公社）。1961 年 5 月，分属城关人民公社、水秀人民公社。1984 年 3 月，分置城关乡、水秀乡。2001 年 3 月，分属明星镇、水秀乡。2021 年，太谷区撤销水秀乡、明星镇，合并设立水秀镇。

地处太原盆地，地势平坦。平均海拔 768 米。乌马河流经。名胜古迹有国家级重点文物保护单位孔家大院、无边寺、安禅寺，省级重点文物保护单位太谷鼓楼，还有太谷古城街区、民居群、太谷县衙、山西铭贤学校旧址等。纪念地有张家庄徐向前晋中战役前线指挥部旧址。中国传统村落有北郭村。大西铁路过境，设太谷西站。南同蒲铁路过境，设太谷站。历史人物有祁太秧歌著名艺人王效瑞、太极拳创始人王宗岳等。

水秀村 [Shuǐxiù Cūn]

居民点。水秀镇人民政府驻地。在太谷区人民政府驻地北 4 千米。面积 7.8 平方千米。人口 0.51 万。古名“上善”，也写作“水散”，因乌马河流经而得名。后取山明水秀之意，更名“水秀村”。乾隆《太谷县志·城池》：“堡有二十七：上善堡。”乾隆《山西志辑要》：“唐太宗庙，县北五里上善村。”民国《太谷县志·地理》：“第五区：水秀村。”1949 年，属第八区辖村。1950 年，为第二区辖村。1956 年，为水秀乡驻地。1958 年，为火箭人民公社水秀管区。1961 年，为水秀人民公社驻地。1984 年，为水秀乡人民政府驻地。地处平川，海拔 783 米。古建筑有水秀关帝庙、观音庙、清代民居等。

北郭村 [Běiguō Cūn]

居民点。中国传统村落。属水秀镇。在太谷区人民政府驻地北 15 千米。北邻清徐县。耕地面积 4700 亩。人口 0.34 万。郭姓始居，与南郭村相对，故名。民国《太谷县志·地理》载名“第五区：北郭村”。现存古建筑有法安寺、三官庙、三义庙、龙王庙。法安寺位于村北。创建于元至大二年（1309 年），历代重修，现存过殿、正殿及东西配殿、耳殿为明、清、民国建筑。2019 年 6 月，被列入第五批中国传统村落名录。

侯城乡 [Hóuchéng Xiāng]

乡级政区名。在太谷区东南部，东与阳邑乡接壤，南与榆社县西马乡、祁县峪口乡连接，西与北洸乡相连，西北与水秀镇相接，北与胡村镇相接，东北与阳邑乡相接，面积 191.98 平方千米。人口 2.16 万。辖侯城村、贯家堡村、里修村等 20 个行政村。乡人民政府驻侯城村。因驻地得名。

1949 年，属太谷县第四区。1954 年，设侯城乡。1958 年，设红旗人民公社。1961 年，分设侯城人民公社。1984 年，置侯城乡。2001 年，东庄乡、浒泊乡并入。地处凤山南麓，咸阳河流经境内。名胜古迹纪念地有国家级重点文物保护单位山西铭贤学校旧址、大佛山天宁寺、酌泉寺、马鸣王谷、龙泉宫、凤凰山生态园、马定夫烈士陵园、青基沟古楸树、青龙寨、延寿庄等。有中国传统村落范家庄村。为南山生态旅游度假景区核心区。

侯城村 [Hóuchéng Cūn]

居民点。在山西省太谷县南部。侯城乡人民政府驻地。在太谷区人民政府驻地东南 5 千米。面积 6.95 平方千米。人口 0.3 万。据《太谷县志》载：传说古时有一位侯爷葬于此地，故名，现今侯墓尚存。乾隆《太谷县志·城池》：“堡有二十七：侯城一堡。”民国《太谷县志·地理》：“第三区：侯城镇。”有县级文物保护单位酌泉寺。

范家庄村 [Fànjiāzhuāng Cūn]

居民点。中国传统村落。属侯城乡。在太谷区人民政府驻地东南 14.5 千米。耕地面积1650余亩。人口约300人。由范家庄村、桃沟村、姚家岭村、泊子岭村4个自然村组成。民国《太谷县志·地理》载名“第四区：范家庄”。现存古建筑有第六批省级文物保护单位迁善庄寨址、尺五庄寨址、关帝庙、龙王庙、青龙寺等，皆为清代建筑遗构。2019年，被列入第五批中国传统村落名录。

北洸乡 [Běiguāng Xiāng]

乡级政区名。在太谷区境西部。东与侯城乡为邻，南与祁县峪口乡接壤，西与祁县东观镇交界，北与水秀镇毗连。面积55.1平方千米。人口1.46万。辖北洸村、曹庄村、白城村等13个行政村。乡人民政府驻北洸村。因驻地得名。

1949年，属太谷县第四区。1954年，分属北洸乡、程家庄乡等6个乡。1958年8月，属红旗人民公社。1962年，属侯城人民公社。1978年10月，分设北洸人民公社。1984年3月，置北洸乡。地处太原盆地，地形平坦。为山西省优质果品基地之一。北洸乡生态园区计有百年以上红枣树及新栽植红枣树10万余株，苹果、桃、梨、核桃上万亩。红枣采摘观光区以山西十大名枣太谷壶瓶枣、梨枣、郎枣为主，辅以葫芦枣、磨盘枣、龙须枣、冬枣等珍稀观赏品种。有国家重点文物保护单位曹家大院、光化寺。有中国传统村落、中国历史文化名村北洸村。

北洸村 [Běiguāng Cūn]

居民点。中国历史文化名村、中国传统村落。北洸乡人民政府驻地。在太谷区人民政府驻地西南5千米。面积8.72平方千米，人口0.3万。原名“洸村”，因村南有洸水河而得名。后以洸水河为界，分为北洸村、南洸村。乾隆《太谷县志·城池》：“堡有二十七：洸村堡。”民国《太谷县志·地理》：“第四区：北洸村。”名胜古迹有曹家大院、娘娘真武庙、关帝庙、观音庙、清代民居等。曹家大院，又称三多堂，为晋中富商曹氏宅院。始建于明，清代形成内外宅、15个院落的规模，建筑雕刻、彩绘、联匾艺术别致精美。1999年，开辟为三多堂博物馆。2006年，曹家大院被公布为全国重点文物保护单位。民间节庆社火活动历史悠久，有背棍、铁棍、高跷、旱船、舞龙等传统表演。2010年7月，入选为第五批中国历史文化名村。2012年12月，被列入第一批中国传统村落名录。

阳邑乡 [Yángyì Xiāng]

乡级政区名。在太谷区境中南部。东邻范村镇，东南、南与榆社县西马乡交界，西与侯城乡相连，北与胡村镇、小白乡接壤。面积211.03平方千米。人口1.37万。辖阳邑村、回马村、黄卦村等19个行政村。乡人民政府驻阳邑村。因驻地得名。

清属仁义乡阳邑里。民国初属太谷县第三区。1949年，属太谷县第二区、第三区、第六区。1950年，属第四区。1956年，设阳邑乡。1958年，属卫星人民公社。1961年6月，分设阳邑人民公社。1984年，置阳邑乡。2001年2月，窑子头乡并入阳邑乡。

地处太行山余支北麓，太原盆地东南缘，地势东高西低。地形分为山区、丘陵、平川。境内最高点水磨坡海拔1679米，最低点石象村，海拔920米。乌马河流经。名胜古迹有国家级重点文物保护单位新村妙觉寺、阳邑净信寺，有塔寺山北魏摩崖造像、槐树底北齐摩崖造像等。有中国传统村落阳邑村。

阳邑村 [Yángyì Cūn]

居民点。省级历史文化名村、中国传统村落。阳邑乡人民政府驻地。在太谷区人民政府驻地东 10 千米。面积 9.21 平方千米。人口 0.31 万。北魏景明二年（501 年），为阳邑县治所。北周建德四年（575 年），阳邑县治始迁移至白塔村（今太谷县城）后城废。后因名“阳邑”。村南现存唐代开元《净信寺碑》碑文载名“阳邑古城”。民国《太谷县志・地理》：“第三区：阳邑镇。”

村庄为北魏阳邑县城故地，现存净信寺、关帝庙及大量清代民居建筑。净信寺位于村西南，创建于唐开元元年（714 年），历代重修。现中轴线由南至北存有照壁、戏台、毗卢殿、二进门、正殿，东西两侧存白衣殿、灰泉殿、钟楼、鼓楼等，均为明清建筑。寺内存唐代碑刻、明清彩塑、明清壁画。2006 年 5 月，公布为全国重点文物保护单位。地方名人有清代书法家杜大统、咸丰翰林杜瑞联、同治进士杜瑞麟、当代农村改革经济政策专家杜润生等。2003 年 9 月，被列为第一批山西省历史文化名村。2016 年 12 月，被列入第四批中国传统村落名录。2020 年 11 月，被列为山西省第二批 3A 级乡村旅游示范村。

阳邑为唐代诗人白居易的祖籍。他在自撰《醉吟先生墓志铭并序》中写道：“先生姓白名居易，字乐天。其先太原人也，秦将武安君起之后。”20 世纪 60 年代出土的《唐故开府仪同三司守太傅致仕上柱国太原郡开国公食邑二千户赠太尉白公（敏中）墓志铭并序》中记载：白居易的十世祖白邕，北魏时任太原太守，封为“阳邑侯”，故“子孙因家焉。逮今为太原人也。”白居易五世祖白建为北齐中书令，封高昌郡公。《北齐书・白建传》：“白建，字彦举，太原阳邑人也。”《新唐书・白居易传》：“白居易字乐天，其先盖太原人。北齐五兵尚书建，有功于时，赐田韩城，子孙家焉。又徙下邽。”于是，白建一族从太原阳邑迁下邽。现在阳邑附近有小白、大白、白燕等地名，白姓家族世居于此。大白村有“大白窝老坟”，相传为阳邑白氏的祖茔。

小白乡 [Xiǎobái Xiāng]

乡级政区名。在太谷区境东部。东与范村镇相邻，南与阳邑乡毗连，西与胡村镇接壤，北与任村乡为界。面积 75.18 平方千米。人口 1.32 万。辖小白村、白燕村、王村等 16 个行政村。乡人民政府驻小白村。因驻地得名。

清代分属仁义乡、修文乡。民国初分属第二区、第五区。1949 年，属太谷县第七区。1954 年，设小白乡、上庄乡、东里乡 3 个乡。1956 年，设小白乡。1958 年，属卫星人民公社。1961 年，分设小白人民公社。1984 年，置小白乡。

地处太行山余支北麓，太原盆地东南缘，地势东高西低。地形分为山区、丘陵、平川。乌马河、小河流经。古迹有白燕遗址，位于乡境白燕村西南乌马河北岸台地上。1980 年至 1981 年，由国家文物局、山西省考古研究所、吉林大学考古专业联合组成的晋中考古队发掘近 3000 平方米。属新石器时代、夏至西周遗址。为“龙山文化白燕类型”的命名地。1986 年，被公布为省级文物保护单位。有中国传统村落、全国文明村白燕村。为省最大的壶瓶枣基地。

小白村 [Xiǎobái Cūn]

居民点。小白乡人民政府驻地。在太谷区人民政府驻地东 15.5 千米。面积 19.73 平方千米。人口 0.19 万。因白姓始居，与大白村相对，故名小白。民国《太谷县志·地理》："第二区：小白村。"地处太原盆地边缘。古建筑有清代关帝庙、清代观音堂、清代民居群。为太谷传统西瓜产地，以早熟、含糖量高誉满晋中。

白燕村 [Báiyàn Cūn]

居民点。中国传统村落。属小白乡。在太谷区人民政府驻地东 19 千米。人口 0.16 万。相传原名白念，后更名白燕。民国《太谷县志·地理》载名"第三区：白燕村"。古名"箕城"，民间俗传为商箕子封地。白燕村旁边的王村曾经出土一方"周故王君墓志铭"，镌刻于武周长寿二年（693 年）。铭文中有"葬于箕城之内故茔之北"字样。1980 年至 1981 年，由国家文物局、山西省考古研究所、吉林大学考古专业联合组成的晋中考古队在村西南发掘新石器时代至西周遗址。发掘总面积达 3000 平方米。文化层堆积较厚，可达 5 米之多。遗存丰富，有大量的灰坑和少量的房址、陶窑、墓葬等。考古界命名为"白燕遗址"。村中现存古建筑有清代三官庙、过街楼阁、传统民居等。2016 年，被列入第四批中国传统村落名录。

任村乡 [Réncūn Xiāng]

乡级政区名。在太谷区境北部。东、西、北与榆次区北田镇、东阳镇为邻，南与范村镇、小白乡毗连，西南与胡村镇接壤。面积 46.88 平方千米。人口 1.2 万。辖任村、河东村、大郭村等 14 个行政村。乡人民政府驻任村。因驻地得名。

清代分属修文乡、仁义乡。1949 年，属太谷县第五区。1954 年 4 月，分属任村乡、西贾乡。1956 年，属任村乡。1958 年 8 月，并入范村乡。同年，属东湖人民公社。1960 年，属东湖人民公社任村管理区。1961 年 2 月，分设任村人民公社。1984 年，置任村乡。地处平川、丘陵过渡地带，地势东高西低，平均海拔 820 米。津水河、圪塔河流经。古建筑有王思清代戏台、西贾文昌庙、布袋庄关帝庙等。

任村 [Rén Cūn]

居民点。任村乡人民政府驻地。在太谷区人民政府驻地东北 22 千米。面积 6.69 平方千米。人口 0.25 万。相传曾名苗家堡、安武村。后以姓氏改为任村。又曾一度改名"仁村"。乾隆《太谷县志·城池》："堡有二十七：任村堡。"民国《太谷县志·地理》："第二区：仁村。"地处太原盆地。古迹有任村汉墓群、任村堡址、贾氏宅院、贾氏祠堂、贾氏墓地等。历史名人贾大夏（1779—1837），字受绍，号晓嵋，任村人。清嘉庆二十四年（1819 年）中进士。道光初任刑部员外郎。因复审榆次阎思虎强奸赵二姑案，秉公执法，名声大振。升任吏部稽勋司郎中，在圆明园受到道光帝召见。

榆社县 [Yúshè Xiàn]

县级政区名。属晋中市。在晋中市境东南部。东邻左权县、和顺县，南与长治市武乡县交界，西靠祁县，北与太谷县、榆次区接壤。面积1700.08平方千米。人口11.17万。辖箕城镇、云簇镇、郝北镇、社城镇4个镇，河峪乡、北寨乡、西马乡3个乡，有10个社区，169个行政村。县人民政府驻箕城镇东大街19号。

榆社县因有榆社故城而得名。《读史方舆纪要》："因县西北榆社故城为名。"秦、汉为涅氏县地，属上党郡。东汉为涅县地。西晋泰始初，分置武乡县，属乐平郡。东晋大兴二年（319年），属武乡郡。北魏延和二年（433年），武乡郡改称乡郡，武乡县改称乡县。太和十五年（491年），乡县治所迁南亭川（今武乡县境）。隋开皇十六年（596年），始置榆社县，属韩州。大业二年（606年），榆社县废入乡县。义宁元年（617年），复置榆社县，属并州。唐武德元年（618年），初属并州总管，后改属韩州。三年，分置偃武县，同时置榆州。六年，废榆州、偃武，仍置榆社县，属辽州。八年，属箕州。先天元年（712年），属仪州。天宝元年（742年），属乐平郡。乾元元年（758年），复属仪州。中和三年（883年），属辽州。五代因之。北宋熙宁七年（1074年），废辽州，降榆社为镇，入武乡县，属威胜军。元祐元年（1086年），复置榆社县。金因之。蒙古至元三年（1266年），并入辽山县。六年，复置榆社县。明、清因之。清末，实行乡约制，境域共设5乡28约。

1912年，废辽州直属山西省。1913年，属中路道。1914年6月，属冀宁道。1927年，废道直属山西省。1937年7月，属山西省第三行政区。同年，榆社县抗日民主政府成立。1940年8月，属冀太联办太行区第二办事处。9月，属太行区三专区。1942年，在北翟管村设榆北办事处（俗称榆北县），属太行区二专区。1944年，恢复榆社县，属太行区三专区。1946年，属太行区二专区。1949年5月，属太行区左权专区。8月，属榆次专区。1958年11月，榆社县并入武乡县，属长治专区。1959年7月，恢复榆社县建置，属晋中专区。1999年9月，属晋中市。

从地名专名来看，辖区内行政区划地名和居民点地名有以下特征：1. 以自然地理实体命名。如：河峪、温泉、羊山峪。2. 以地理位置命名。如：后岭、堡下村、坪上、东庄。3. 以历史古迹或人文地理实体命名。如：社城、关园、讲堂。4. 以祥瑞、希冀命名。如：云簇、阳乐庄、凤凰台。5. 以姓氏命名。如：廉村、冀家沟、车家岭。6. 以物产命名。如：麻地湾、杏榛、枣林。

从地名通名来看，辖区内行政区划地名和居民点地名有以下地方特色。1. 村落地名中有"寨""壁"等军事战争色彩的通名。如：官寨、北寨、白壁等。2. 东部地处太行山脉余支的山地丘陵区，以山、垴、沟、峪为通名的村落较为常见。如：东方山、麻池垴、部家沟、邓峪等。3. 其他多以村、庄为通名。如：南白村、赵家庄。

地处太行山中段西麓，地势四周高，中间低；西北高，东南低。地形以丘陵、山地为主，四周为丘陵山区，中部为盆地。境内最高峰四县垴位于河峪乡，海拔 2010 米，最低点位于郝北镇关元则村南侧浊漳河河滩，海拔 957 米。境内河流属海河、黄河两大流域，其中海河流域面积 1620 平方千米，占全县面积的 95.3%；黄河流域面积 80 平方千米，占全县面积的 4.7%。主要河流有浊漳河北源、泉水河、东河、云簇河、南屯河、武源河、乌马河等。

境内有国家级重点文物保护单位岩良福祥寺、上赤峪崇圣寺，省级文物保护单位邓峪村石塔造像、庙岭山石窟、南村造像、张果老峰石塔。省级非物质文化遗产有榆社霸王鞭、榆社阿胶熬制技艺、晋绣手工技艺、建筑彩铃、石勒传说、土滩秧歌、木梁压榨小麻油工艺、九曲黄河灯阵等。省级爱国主义教育基地 2 处。有纪念地马定夫烈士墓、马定夫烈士故居、白庄伏击战遗址、榆社县烈士陵园、太行军区第二军分区、司令部旧址等。有云簇湖风景名胜区、榆社古生物化石国家地质公园等。历史名人有后赵建立者石勒、后赵君主石虎、五代名将王建立、北宋开国将领张光翰、元代廉吏梁宇、革命烈士马定夫等。

箕城镇 [Jīchéng Zhèn]

乡级政区名。榆社县人民政府驻地。在县境中部。东邻左权县石匣乡、讲堂乡，南依郝北镇，西连云簇镇、河峪乡，北接西马乡、北寨乡。面积 307.66 平方千米。人口 5.94 万。辖城关村、河峪村、郝北村等 41 个行政村。镇人民政府驻迎春南路 82 号。因传榆社为商代箕子封国，唐初于此置箕州而得名。

1949 年，属榆社县第一区。1953 年，设城关镇。1958 年，属卫星人民公社。1961 年，改城关人民公社。1984 年 4 月，置城关镇。2001 年，城关镇、银郊乡、东汇乡合并，改名箕城镇。浊漳河北源、泉水河流经。古迹有庙岭山石窟、上西山旧石器遗址、唐代摩崖石刻、紫荆山响堂寺、文峰塔、北朝大同寺佛舍利塔遗址等。民间艺术土滩秧歌于 2015 年被列入山西省第四批非物质文化遗产名录。太焦铁路过境，设榆社站。

东汇村 [Dōnghuì Cūn]

居民点。属箕城镇。在榆社县人民政府驻地东北方 1.4 千米。人口 0.19 万。因村位于东河各支流交汇处得名。光绪《榆社县志》：“东乡村庄八十：东汇。”传统农业村。为革命烈士马定夫故里。马定夫，东汇村人。1936 年，加入中国共产党。曾任八路军第 129 师新编 10 旅 30 团政治委员。1943 年 7 月 23 日，日伪军偷袭太谷县南山枫子岭，在掩护群众撤退的战斗中，他腹部中弹壮烈牺牲，年仅 28 岁。村中有马定夫烈士故居，2011 年，辟为“马定夫故居纪念馆”。故居西建有马定夫烈士陵园和纪念碑。现为榆社县革命传统教育基地、榆社县红色文化教育创作基地、榆社县廉政教育基地、榆社县国防教育基地、晋中市中小学生研学实践教育基地。2021 年，马定夫烈士故居被公布为省级重点文物保护单位。

云簇镇 [Yúncù Zhèn]

乡级政区名。在榆社县境西南部。东邻箕城镇，南连郝北镇，西南、西靠长治市武乡县石北乡，北接河峪乡。面积 130.26 平方千米。人口 1.94 万。辖云簇村、清风村、向阳村等 22 个行政村。镇人民政府驻云簇村。因驻地得名。

1949 年，属榆社县第三区。1956 年，设云簇镇。1958 年，设云簇人民公社。1984 年，置云簇镇。名胜古迹有云簇湖风景区、庙岭山石窟、古脊椎动物化石出土点、南村石刻造像、海银山摩崖造像等。有中国传统村落桃阳村。

云簇村 [Yúncù Cūn]

居民点。云簇镇人民政府驻地。在榆社县人民政府驻地西 20 千米。人口 0.29 万。传建镇初，天空现五色云彩，人以为瑞，故名。光绪《榆社县志》：“云簇镇，在县西三十五里。相传立镇之初，五色云见，因以为名。闾阎鳞次，商贾云集，殆胜于县治云。”有云簇湖风景区。有云竹烈士碑亭、云竹烈士墓。

桃阳村 [Táoyáng Cūn]

居民点。属云簇镇。在榆社县人民政府驻地西南 9.5 千米。人口 0.1 万。民间相传村中旧建筑上有杨桃大梁，故名杨桃，后改今名。光绪《榆社县志・乡镇》：“西乡村庄八十六：桃阳。”地处云簇河与支流桃阳河交汇处。村中大族李氏近代以商贸经营兴起，营建宅院、商铺，形成“李氏一条街”。现存李氏一条街及楼院建筑群。有清代建筑桃阳戏台、李氏酒坊、桃阳传统民居建筑群、李氏家族墓地。古迹纪念地有桃阳汉代文化遗址、桃阳烈士碑，为纪念抗日殉国的 16 名烈士而建。2019 年，被列入第五批中国传统村落名录。

郝北镇 [Hǎoběi Zhèn]

乡级政区名。在榆社县境南部。东邻左权县石匣乡、龙泉乡，南与长治市武乡县贾峪乡、大有乡、洪水镇相邻，西邻武乡县石北乡，西北依云簇镇，北接箕城镇。面积 312.23 平方千米。人口 2.35 万。辖郝北村、台曲村、赵家庄村等 37 个行政村。镇人民政府驻郝北村。因驻地得名。

1949 年，属榆社县第四区。1956 年，设郝壁镇。1958 年，设郝壁人民公社。1984 年，置郝壁镇。2001 年 3 月，郝壁镇、韩村乡合并为郝北镇。2021 年，撤销岚峪乡、讲堂乡，两乡整建制并入郝北镇。浊漳河北源及南屯河流经。古迹有邓峪造像石塔、商代箕城遗址、郝北寿圣寺、魏城唐代偃武县城遗址等。大南沟村为国内外考古专家重点考察古脊椎动物化石地区。太焦铁路经此，设台曲站。

郝北村 [Hǎoběi Cūn]

居民点。郝北镇人民政府驻地。在榆社县人民政府驻地南 16 千米。人口 0.14 万。原名郝壁，以古为壁堡，郝姓始居而得名，后以方言谐音简为“郝北”。光绪《榆社县志》：“南乡村庄八十七：郝壁。”纪念地有抗日战争烈士陵园。

社城镇 [Shèchéng Zhèn]

乡级政区名。在榆社县境北部。东邻北寨乡，南、西连西马乡，北与太谷区阳邑乡、范村镇、榆次区长凝镇接壤，东北与和顺县横岭镇交界。面积324.97平方千米。人口0.8万。辖社城村、西河村、北河村等11个行政村。镇人民政府驻社城村。因驻地得名。

1949年，属榆社县第二区。1956年，设社城镇。1958年，属红旗人民公社。1961年12月，改社城人民公社。1984年，置社城镇。浊漳河北源流经。太焦铁路经此，设石会、阳乐、社城3站。

社城村 [Shèchéng Cūn]

居民点。社城镇人民政府驻地。在榆社县人民政府驻地北15千米。人口0.12万。西晋为武乡县治所。后赵皇帝石勒故乡。石勒曾将此地比作刘邦故乡丰沛枌榆社，后称"榆社故城"，故名。隋开皇十六年（596年），分出武乡县北部区域置榆社县，以榆社故城为治所，因名榆社县。唐初又置榆州。后将榆社故城简称为"社城"。光绪《榆社县志·古迹》："古武乡县，在县北三十里，即今社城镇，晋时置县，属上党郡。"为浊漳河北源发源地。有榆社古城遗址。太焦铁路过境，设社城站。

河峪乡 [Héyù Xiāng]

乡级政区名。在榆社县境西部。东与箕城镇相邻，南与云簇镇毗邻，西与长治市武乡县分水岭乡、祁县来远镇交界，北与西马乡接壤。面积220.58平方千米。人口1.34万。辖河峪村、北水村、圪坨村等24个行政村。乡人民政府驻河峪村。因驻地得名。

1949年，属榆社县第三区。1953年，设河峪乡。1958年，属灯塔人民公社。1961年12月，分设东清秀人民公社。1964年，改河峪人民公社。1984年，置河峪乡。

云簇河、武源河流经，有云簇湖。最高峰吴娃背峰海拔1901米。名胜古迹有岩良福寿寺、禅山崇圣寺、上赤峪崇圣寺、下赤峪资福寺、郭家山果老峰石塔、五代王建立墓、前庄造像。纪念地有西周村革命遗址、河洼村烈士陵园等。有中国传统村落下赤峪村。历史人物王建立，字延绩，唐末榆社王村人。五代唐时任镇州节度副使、右仆射兼中书侍郎平章事。石敬瑭称帝后，封他为韩王。

河峪村 [Héyù Cūn]

居民点。河峪乡人民政府驻地。在榆社县人民政府驻地西北20千米。人口约900人。因地处清秀河谷中，故名。光绪《榆社县志》："西乡村庄八十六：河峪。"有后河墓群、河峪墓群。传统农业村。盛产苹果。

下赤峪村 [Xiàchìyù Cūn]

居民点。中国传统村落。属河峪乡。榆社县人民政府驻地西20千米。人口约340人。因地处赤峪沟外，与沟中的上赤峪村相对称为"下赤峪村"。光绪《榆社县志·乡镇》："西乡村庄八十六：上、下赤峪。"清代地处县西通往武乡县南关的交通要道，曾设"下赤峪铺"。咸丰四年（1854年）裁。地处五云山东麓，南临云簇水库。名胜古迹有第六批省级文物保护单位下赤峪资福寺。寺中大雄宝殿为元代遗构，其余为清代、民国建筑。纪念地有下赤峪烈士亭，1947年，为纪念在抗日战争中牺牲的本村刘启先、刘郁文等11位烈士而建。2016年，被列入第四批中国传统村落名录。

北寨乡 [Běizhài Xiāng]

乡级政区名。在榆社县境东北部。东邻和顺县阳光占乡、横岭镇、左权县石匣乡，南接箕城镇，西、北连西马乡、社城镇。面积 203.99 平方千米。人口 0.87 万。辖北寨村、郭家社村、下城南村等 17 个行政村。乡人民政府驻北寨村。因驻地得名。

1949 年，分属榆社县第二区、第五区。1950 年，将第五区并入第二区。1956 年，设赵王乡。1958 年，属红旗人民公社。1961 年，设北寨人民公社。1984 年，置北寨乡。古迹有赵王村旧石器文化遗址、上城南村汉代石城遗址、赵王村后赵石勒墓、赵王庙、水磨头萌山庙、青峪村老爷庙。纪念地有堡下村革命纪念地。木梁压榨小麻油为当地传统技艺，为山西省特色农产品、山西省著名商标。2014 年，木梁压榨小麻油工艺被列入山西省非物质文化遗产名录。

北寨村 [Běizhài Cūn]

居民点。北寨乡人民政府驻地。在榆社县人民政府驻地东北 18 千米。人口约 300 人。相传原名姚家庄，后因有兵寨，与南寨相对而改今名。泉水河流经。特产线麻。

西马乡 [Xīmǎ Xiāng]

乡级政区名。在榆社县境西北部。东邻北寨乡，南接箕城镇，西连河峪乡，北与社城镇毗邻。面积 200.39 平方千米。人口 1.15 万。辖西马村、东周村、大寨村等 17 个行政村。乡人民政府驻西马村。因驻地得名。

1949 年，属榆社县第二区。1956 年，设大寨乡。1958 年，属红旗人民公社。1961 年，分设大寨人民公社。1981 年，因与昔阳县大寨人民公社重名，更名为西马人民公社。1984 年，置西马乡。2001 年，白北乡并入。地处山区，乌马河流经。传统民间艺术晋绣手工技艺，于 2011 年被列入山西省第三批非物质文化遗产名录。

西马村 [Xīmǎ Cūn]

居民点。西马乡人民政府驻地。在榆社县人民驻地北 10 千米。人口约 800 人。因马姓始居，与东马村相对而得名。光绪《榆社县志》：“北乡村庄九十九：东、西马村。”地形丘陵。为传统农业村。盛产苹果。

左权县 [Zuǒquán Xiàn]

县级行政区。属晋中市。在晋中市东南部，太行山中段，清漳河中游。东与河北省涉县、武安、邢台三县市接壤，南邻长治市的武乡县、黎城县，西接榆社县，北连和顺县。面积 2022.26 平方千米。人口 14.45 万。辖辽阳镇、拐儿镇、芹泉镇、桐峪镇、麻田镇 5 个镇，寒王乡、石匣乡、羊角乡 3 个乡，有 8 个社区、160 个行政村。县人民政府驻辽阳镇。因纪念抗日战争时期牺牲在县境内的八路军副参谋长左权将军而命名。

秦汉属涅县地。东汉延康元年（220年），始置轑河县，属乐平郡。治所在今治北1千米。晋改称轑阳县。北魏太平真君九年（448年），并入乡县。孝昌二年（526年）复置县，改称辽阳县，仍属乐平郡。北齐天宝五年（554年）并入乡县。隋开皇十年（590年），复置县，改称辽山县，属并州。十六年，境内新置交漳县。是年始置辽州（治所辽阳故城），辖辽山、交漳二县。大业二年（606年），废辽州，裁交漳县并入辽山县。唐武德三年（620年），辽山县徙今治。六年，辽州治自今昔阳县亦徙此。八年，辽州改箕州，后改仪州，又改乐平郡。金改南辽州，后复名辽州。明洪武元年（1368年），辽山县废入辽州。九年，升辽州为直隶州。清因之。1912年，废辽州为县，称辽县。1913年，属冀宁道，后直属山西省。1941年，析置辽西县，属太行区三专区。1942年，为纪念牺牲于县境的八路军副总参谋长左权将军，改辽县为左权县。1945年，辽西县并入左权县，属太行区二专区。1949年，属榆次专区。1958年，并入和顺县，次年复置，属晋中专区。1967年，属晋中地区。1999年，属晋中市。

从地名专名来看，辖区内行政区划地名和居民点地名有以下特征：1. 以自然地理实体命名。如：花山、十字岭、水泉。2. 以地理位置命名。如：西山、七里店、滩里。3. 以历史古迹或人文地理实体命名。如：粟城、上交漳（交漳县）、马王庙沟。4. 以祥瑞、希冀命名。如：龙桥、鱼跃口、莲花村。5. 以姓氏命名。如：赵家村、曹家沟、范家庄。6. 以物产命名。如：梨树底、榆林坪、蒿沟。

从地名通名来看，辖区内行政区划地名和居民点地名有以下地方特色。1. 以人文地理实体标志为通名。如：武军寺、泽城、五里堠。2. 地处太行山区，以山、岭、垴、沟、峪为通名的村落较为常见。如：圪料山、西圪岭、望阳垴、草亭沟等。3. 其他多以村、庄为通名。如：赵家村、原庄。

地处太行山断裂带以西，地势东西北高、中南部低。主要山脉有香烟岭、老寒岭、武乡岭、十字岭、界石岭、界碑山、武军山。最高峰孟信垴海拔2141米，最低点海拔650米。年平均气温7.8℃，1月平均气温-7.9℃，7月平均气温21.4℃。年平均降水量517.4毫米。主要河流有清漳西源、清漳东源、桐峪河等。矿产资源有煤、铁、铅、铝土、硫铁、磷等。全国重点文物保护单位有麻田八路军前方总部旧址、文庙大成殿、苇则寿圣寺、寺坪普照寺大殿、西河头八路军129师司令部旧址。重要纪念地有左权将军殉难处、麻田八路军总部纪念馆等。省级爱国主义教育基地有晋冀鲁豫边区临时参议会旧址等3处。古建筑有文庙大成殿、普照寺、寿圣寺、纯阳宫、天门寺等。纪念地有左权烈士陵园。有省级风景名胜区太行龙泉旅游景区、龙泉国家森林公园。省级历史文化名镇有麻田镇。地方特色民间艺术有左权民歌、左权小花戏等。2006年，左权民歌开花调被列入第一批国家级非物质文化遗产。盛产核桃、花椒、柿子、苹果、梨、桃等。2008年，“左权绵核桃”通过国家地理标志保护产品认证。历史名人有左权、先轸、傅明道等。

以“左权”地名冠名的社会应用有左权民歌、左权开花调等。左权民歌蕴藏丰富，宋元以来，当地就有闹元宵、闹社火的传统风俗。历代民众不断创造、传承，陆续产生了多种民间音乐体裁，如山歌、小调、号子、套曲、小花戏和吹打等，其中以开花调最具代表性。该类民歌属“山歌体”，因所有唱词一律以“花”为中心，以“开花”为比兴，故称开花调。2006 年，被列入中国非物质文化遗产名录。

辽阳镇 [Liáoyáng Zhèn]

乡级政区名。左权县人民政府驻地。在县境中部。东北与拐儿镇接壤，东南与桐峪镇为邻，西南、西、西北与石匣乡毗邻，北与寒王乡连接。面积 382.64 平方千米。人口 5.65 万。辖堡则村、东沟村、河南村等 41 个行政村，8 个社区。镇人民政府驻堡则村。因辖境为原辽阳县治而命名。

历为州、县治所。1949 年，属左权县第一区。1958 年，划入和顺县，属红旗人民公社。1960 年，恢复左权县，仍属红旗人民公社。1961 年，分设城关人民公社。1984 年，置城关镇。2001 年，河南乡部分区域并入，改置辽阳镇。2021 年 4 月，乡级行政区划调整，龙泉乡并入辽阳镇，镇人民政府驻堡则村。名胜古迹纪念地有左权烈士陵园、文庙、石佛寺、泰山庙、金代大钟、祝融台古城遗址。有红色遗址 129 师司令部旧址。有省级非物质文化遗产“黄河阵”“竹马”。

堡则村 [Bǎozé Cūn]

居民点。辽阳镇人民政府驻地。位于县人民政府驻地南 10 千米。人口约 800 人。有堡则墓群。207 国道横穿其境。

西河头村 [Xīhétóu Cūn]

居民点。属辽阳镇。在左权县人民政府驻地西 2 千米。人口 0.13 万。因地处漳河西源岸前，故名。雍正《辽州志・坊乡》：“西南村：西河头。”1937 年 11 月 15 日，刘伯承率八路军 129 师由和顺县石拐镇进驻西河头村。征用本地民主人士、士绅常立刚的三进四合式院落作为 129 师司令部。在此期间 129 师先后取得了粉碎日军六路围攻、九路围攻和长生口、神头岭、响堂铺等战役的胜利。11 月下旬，刘伯承在西河头村创办了首届“抗日游击训练班”，为部队和地方造就了一大批游击战指挥人才。西河头村因被誉为“华北抗日游击战争发祥地”。1939 年 6 月，129 师师部离开西河头村，迁至左权县桐峪村。现存纪念地有八路军 129 师司令部旧址，2006 年 5 月，被公布为全国重点文物保护单位。

桐峪镇 [Tóngyù Zhèn]

乡级政区名。全国文明镇。在左权县境东南部。东、东南与麻田镇接壤，南、西南与长治市黎城县黄崖洞镇毗邻，西与长治市武乡县墨镫乡相连，西北与辽阳镇为邻，北与拐儿镇相连、东北与芹泉镇连接。面积 271.66 平方千米。人口 1.75 万。辖桐滩村、下武村、前山村等 15 个行政村。镇人民政府驻桐滩村。因驻地原名桐峪而得名。

1949 年，属左权县第三区。1953 年，设桐峪乡。1958 年，划入和顺县。1960 年，恢复左权县，属卫星人民公社。1961 年，分设桐峪人民公社。1984 年，置桐峪镇。

地处太行山腹地，四围山峦环绕。抗日战争期间，曾为华北敌后抗战政治、军事、经济、文化重镇。中共中央北方局、八路军 129 师司令部、八路军野战政治部、总部特务团、晋冀鲁豫边区政府等机关曾在此驻扎。现存纪念地有晋冀鲁豫临时参议会旧址、129 师司令部旧址、晋冀豫兵工厂旧址、冀南银行旧址等。有国家重点文物保护单位苇则寿圣寺。2017 年 11 月，被评为第五届全国文明村镇。

桐滩村［Tóngtān Cūn］

居民点。桐峪镇人民政府驻地。在左权县人民政府驻地东南 26 千米。人口 0.17 万。原名“峒峪村”，后改为“桐峪村”。2002 年，桐峪村和滩里村合并为“桐滩村”。雍正《辽州志·坊乡》：“正南村：峒峪村。”1939 年 6 月至 1940 年 6 月，八路军 129 师司令部驻扎桐峪村。1941 年 7 月 7 日至 8 月 15 日，晋冀鲁豫边区临时参议会在桐峪村老爷庙召开，会议通过了边区政府施政纲领和各种重要条例、法令，选出了临时参议会驻会委员、正副议长以及边区组成人员。现存纪念地有晋冀鲁豫边区临时参议会旧址、八路军 129 师司令部旧址、边区政府办公室旧址等。地方传统文化有八音会、武术红拳。

上武村［Shàngwǔ Cūn］

居民点。全国文明村。属桐峪镇。在左权县人民政府驻地东南 34 千米。人口约 200 人。相传因附近有武军山，与下武村相对而得名。雍正《辽州志·坊乡》：“正南村：上武村。”雍正《辽州志·山水》：“武军山，在州南七十里武军寺村。数峰挺然，峭立千仞，有骄武不屈之状，故名。”抗日战争时期，八路军 129 师轮训队、朝鲜义勇军华北支队本部、延安鲁艺学校分校先后驻此。2014 年，荣获“全国文明村”称号。

苇则村［Wěizé Cūn］

居民点。属桐峪镇。在左权县人民政府驻地东南 32 千米处。人口约 600 人。原名“苇泽村”，因位于苇泽沟地片，周围沼泽盛产芦苇，故名。后演变为今名。雍正《辽州志·坊乡》载名“东南村：苇泽村。”1937—1945 年，辽县牺盟会建立的各界抗日救国总会曾驻扎该村。全国重点文物保护单位有寿圣寺。现存正殿为元代建筑遗构，南殿、钟楼为清代建筑遗构。

麻田镇［Mátián Zhèn］

乡级政区名。在左权县境东南部。东、东南与河北省邯郸市涉县偏城镇交界，南与长治市黎城县西井镇相连，西南与长治市黎城县黄崖洞镇接壤，西、西北、北与桐峪镇毗邻，东北与羊角乡相接。面积 271.66 平方千米，人口 2.26 万。辖麻田村、云头底村、上口村等 25 个行政村。镇人民政府驻麻田村。因驻地得名。

1949 年，属左权县第三区。1958 年，划入和顺县。1960 年，复归左权县，属左权人民公社。1961 年，分设麻田人民公社。1984 年，置麻田镇。2001 年，泽城乡并入麻田镇。

地处太行山腹地，清漳河流经。山清水秀，气候温和，适于水稻种植，有“太行山小江南”之誉。抗日战争中，八路军总部在境内驻扎五年之久，成为华北敌后抗战的指挥中心，因有“小延安”之称。有麻田八路军总部旧址纪念馆、左权将军殉难处、新华日报社旧址等革命纪念地。2014 年，被确定为全国重点镇。

麻田村 [Mátián Cūn]

居民点。麻田镇人民政府驻地。在左权县人民政府驻地东南 45 千米。人口 0.29 万。因当地农民广种线麻，故名。雍正《辽州志·坊乡》："正南村：上麻田、下麻田。"历史上为晋冀间交通要隘。1941 年 7 月，八路军前方总部、中共中央北方局、晋冀鲁豫边区政府、129 师司令部等机关先后驻扎麻田村一带。彭德怀、左权、刘伯承、邓小平等长期生活工作于此。1945 年 8 月，八路军前方总部撤离。现存八路军前方总部旧址，1981 年，辟为八路军前方总部纪念馆，纪念馆由总部机关旧址、左权旧居、邓小平旧居等组成。1996 年，被公布为全国重点文物保护单位。现为全国爱国主义教育示范基地和著名红色旅游景区。

北艾铺村 [Běiàipù Cūn]

居民点。属麻田镇。在左权县人民政府驻地东南 50 千米处。地处偏僻山区。人口约 200 人。相传原名"白艾铺"，后以方言谐音演变为今名。为左权将军殉难地。1942 年 5 月，日伪对太行根据地发动"铁壁合围"大扫荡。八路军总部、北方局机关被敌包围在北艾铺南 1 千米处的十字岭。5 月 25 日，左权将军在指挥八路军前方总部突围时壮烈殉国。1985 年，在十字岭左权将军殉难处修建了左权将军纪念亭；亭西南 30 米处立"左权将军殉难处"汉白玉碑；亭西北 50 米处立"左权将军临时埋葬处"青石碑。1965 年，被公布为山西省级重点文物保护单位。2014 年，被列入第一批国家级抗战纪念设施遗址名录。2016 年 12 月，入选为全国红色旅游景点景区名录。

芹泉镇 [Qínquán Zhèn]

乡级政区名。在左权县境东南部。东与河北省邢台市邢台县北岸乡接壤，东南与羊角乡为邻，南、西南、西与桐峪镇相连，西北、北与拐儿镇连接，东北与和顺县松烟镇交界。面积 181.19 平方千米。人口 1.57 万。辖芹泉村、箕山村、中店村等 14 个行政村。镇人民政府驻芹泉村。因驻地得名。

1949 年，属左权县第五区。1953 年，设芹泉乡。1958 年，划入和顺县。1960 年，恢复左权县，属前进人民公社。1961 年，分设芹泉人民公社。1984 年，置芹泉镇。2001 年，下庄乡并入。

地处太行山区，清漳东源流经。名胜古迹有紫金山书院遗址、郭守敬读书处等。纪念地有高峪沟抗日战争八路军总部兵工厂旧址、东黄漳村辽县县委旧址、西黄漳村辽县抗日政府旧址。

芹泉村 [Qínquán Cūn]

居民点。芹泉镇人民政府驻地。在左权县人民政府驻地东南 35 千米。人口 0.12 万。因泉而得名。雍正《辽州志·坊乡》载名"正东村：芹泉村。"清漳河流经村西，村落依山面河。为传统农业村。

横岭村 [Hénglǐng Cūn]

居民点。属芹泉镇。在左权县人民政府驻地东南 40 千米。人口约 290 人。因位于横岭之上而得名。1943年，作家赵树理根据横岭村一起因自由恋爱引发的事件，完成《小二黑结婚》的文学创作。后编为戏剧广泛演出，提高了群众对边区婚姻暂行条例和婚姻自由的理解认识。现在村中保留了太行民居特色的石房院落，拟将开发为“小二黑结婚民俗旅游村”，并修葺推出赵树理故居、小二黑院、二诸葛院、小芹、三仙姑院等旅游景点。

拐儿镇 [Guǎiér Zhèn]

乡级政区名。在左权县境东北部。东、东南与芹泉镇接壤，南与桐峪镇相连，西南邻辽阳镇，西、西北与寒王乡毗邻，北、东北与和顺县松烟镇交界。面积233平方千米。人口1.32万。辖拐儿村、骆驼村、西五指村等16个行政村。镇人民政府驻拐儿村。因驻地得名。

1949年，属左权县第六区。1953年，设拐儿乡。1958年，划入和顺县。1960年，恢复左权县，属火箭人民公社。1961年，分设拐儿人民公社。1984年，置拐儿镇。地处太行山区，清漳东源、西沟河流经。古迹有寺坪普照寺大殿、天门寺、经阁寺塔、手掌崖摩崖造像等。为县主要农牧区。

拐儿村 [Guǎiér Cūn]

居民点。拐儿镇人民政府驻地。在左权县人民政府驻地东45千米。人口0.14万。原名“拐子村”，因三条河沟交叉拐弯处得名。雍正《辽州志·坊乡》载名“东北村：拐子村。”村落在清漳河与西沟河交汇处。民间有喜学武风俗，多擅长红拳。

寺坪村 [Sìpíng Cūn]

居民点。属拐儿镇。在左权县人民政府驻地东45千米。人口约500人。因村庄建在普照寺院西面土坪得名。传统农业村。特产核桃、花椒。古建筑有全国重点文物保护单位普照寺大殿，创建于五代后晋天福年间，历代重修，现仅存大殿，为元代遗构。

石匣乡 [Shíxiá Xiāng]

乡级政区名。在左权县境西部。东与辽阳镇、寒王乡相邻，东南、南与辽阳镇相接，西南、西与榆社县讲堂乡、箕城镇、北寨乡接壤，西北、北、东北与和顺县阳光站乡、喂马乡交界。面积428.84平方千米。人口1.39万。辖石匣村、柳林村、上会村等20个行政村。乡人民政府驻石匣村。因驻地得名。

1949年，属左权县第二区。1953年，设石匣乡。1958年，划入和顺县。1960年，恢复左权县，属上游人民公社。1961年，分设石匣人民公社。1984年，置石匣乡。2001年，川口乡、柳林乡部分区域并入。地形为丘陵。建有桃花红杏花白民歌传承基地。

石匣村 [Shíxiá Cūn]

居民点。石匣乡人民政府驻地。在左权县人民政府驻地西北8千米。人口约900人。传因村中延寿寺原有一巨石形似匣状得名。雍正《辽州志·坊乡》载名“正西村：石匣村。”有石匣东阁、天仙阁，为清代遗构。传统农业村。村西北临石匣水库。

羊角乡 [Yángjiǎo Xiāng]

乡级政区名。在左权县境东南部。东、东南、南与河北省武安市管陶乡交界，西南与麻田镇相邻，西与桐峪镇相连，西北、北、东北与芹泉镇接壤。面积 105.1 平方千米。人口 0.78 万。辖羊角村、瓦缸窑村、洞子岩村等 11 个行政村。乡人民政府驻羊角村。因驻地得名。

1949 年，属左权县第五区。1953 年，设羊角乡。1958 年，划入和顺县。1960 年，恢复左权县，设羊角人民公社。1984 年，置羊角乡。名胜古迹有明代长城、黄泽关及“黄泽关城堡图”石碑等。纪念地有 129 师模范医院旧址等。特产中药材、核桃。

羊角村 [Yángjiǎo Cūn]

居民点。羊角乡人民政府驻地。在左权县人民政府驻地东南 55 千米。人口 0.1 万。因地处羊角山麓而得名。雍正《辽州志·坊乡》载名“正东村：羊角村。”地临河北省境，原为晋冀两省间商贸集镇和交通要道，留有东、西阁门、商铺、青石板路面等古村风貌。有八路军 129 师模范医院旧址等纪念地。

寒王乡 [Hánwáng Xiāng]

乡级政区名。在左权县境北部。东、东南与拐儿镇接壤，南、西南与辽阳镇毗邻，西、西北与石匣乡相连，北、东北与和顺县喂马乡交界。面积 194.48 平方千米。人口 1.74 万。辖寒王村、里长村、鹿鸣村等 18 个行政村。乡人民政府驻寒王村。因驻地得名。

1949 年，属左权县第一区。1953 年，设石港口乡。1958 年，划入和顺县。1960 年，恢复左权县，属钢铁人民公社。1961 年，分设寒王人民公社。1978 年 9 月，更名为石港口人民公社。1984 年，置石港口乡。2001 年，更名寒王乡。有石港古村落。枯河从北至南流经。有煤矿开采。

寒王村 [Hánwáng Cūn]

居民点。寒王乡人民政府驻地。在左权县人民政府驻地北 16 千米。人口 0.14 万。相传原名韩王，后谐音改今名。雍正《辽州志·坊乡》载名“正北村：寒王堡。”有寒王遗址，为东周文化遗存。寒王观音庙，为清代建筑遗构。传统农业村。有采煤业。

和顺县 [HéshùnXiàn]

县级政区名。属晋中市。在晋中市东南部，东邻河北省邢台县，南与左权县接壤，西接榆社县、榆次区，北与寿阳县、昔阳县毗连。面积 2194.38 平方千米。人口 12.16 万。辖义兴镇、李阳镇、松烟镇、青城镇、横岭镇等 5 个镇，喂马乡、平松乡、马坊乡 3 个乡和 1 个城区。县人民政府驻义兴镇。

“和顺”县名源于《礼记·乐记》：“和顺积中，英华外发。”《和顺旧志》：“邑名和顺，当日之名有义存焉。盖以人心即天地，人心和即天地之心亦和；人心顺即天地之心亦顺，和以招和，顺以来顺，斯万物咸若，而岁其稔好！”《山西通志》：“民俭啬朴实，勤力农作，盖由唐虞都会遗风尚存。道路不通，焉得不俭，况先达名臣，砥身砺行，犹沿于贫，成为风俗之美也。”

春秋属晋国，俗传为晋大夫梁余子养封邑。战国时期为阏与邑。秦汉后历属沾县。北齐置梁榆县。《水经注·清漳水》：“其水又南得梁榆水口，水出梁榆城西大山。又东北经梁榆城南，即阏与故城也”隋开皇十年（590年），改梁榆县为和顺县，属并州。十六年，从和顺县析置出平城县，县治在今仪城村，属并州。唐武德三年（620年），在仪村分置义兴县，与和顺县同属辽州，平城县属榆州。六年，废义兴县入和顺县，同年废榆州，平城县属辽州。贞观八年（634年），平城县属箕州。先天元年（712年），属仪州，后属辽州。北宋熙宁七年（1074年），降和顺、平城二县为镇，入辽山县。元祐元年（1086年），复置和顺、平城县，同属辽州。金贞元二年（1154年），废平城县为仪城镇，并入辽山县。贞祐四年（1216年），于平城县故治改置仪城县，和顺县、仪城县同属辽州。蒙古至元三年（1266年），废仪城县并入和顺县，属辽州。明、清因之。1914年，属冀宁道。1927年，废道直属省。1937年，属山西省第三行政区。1940年，分置和东、和西两县，分别属晋冀豫边区太行一专区和二专区。1945年，和东、和西县复并为和顺县，属晋冀鲁豫边区第二专区。1949年，属榆次专区。1958年10月，和顺县、左权县合并，称和顺县。1959年6月，恢复和顺县、左权县。1978年5月，属晋中地区。2000年10月，属晋中市。

从地名专名来看，辖区内行政区划地名和居民点地名有以下特征：1. 以自然地理实体命名。如：横岭、合山、白泉。2. 以地理位置命名。如：河北、上庄、西垴。3. 以历史古迹或人文地理实体命名。如：仪城、凤凰庙、义兴。4. 以祥瑞、希冀命名。如：阳光占、龙旺、玉女。5. 以姓氏命名。如：关家窑、崔家坪、梁家庄。6. 以物产命名。如：榆树湾、松垴、核桃树湾。

从地名通名来看，辖区内行政区划地名和居民点地名有以下地方特色：1. 以人文地理实体标志为通名。如：凤凰庙、青城、后营。2. 地处太行山区，以坪、岭、垴、沟、峪为通名的村落较为常见。如：泉水坪、松家岭、棋盘垴、庙沟、下虎峪等。3. 其他多以村、庄为通名。如：许村、蔡家庄。

地处太行山脉中段、地势高峻。主要山脉有东岭山、阳曲山、北万山、五蛇垴、石猴岭、沙帽岭、八赋岭、寒湖岭、松子岭、黄榆岭、马岭。最高峰阳曲山位于松烟镇、海拔2058.5米，最低点位于青城镇新庄村东南石板房沟、海拔878.7米。平均海拔1300米。境内最大的河流清漳河，长70千米，流域面积999平方千米，主要支流有梁余河、张翼河、松烟河、沙峪河等。属温带大陆性气候。矿藏有煤、铝矾石、金刚砂等。有野生动、植物70余种。

名胜古迹有懿济圣母庙、和顺石窟、兵宪牌坊、荣华寺、佛光寺、青岗寺、香山寺、天池寺、禅堂寺、重兴寺、当城背窑湾古人类遗址、赵奢垒古战场遗址、麻衣山麻衣寺、王云凤故里和墓地、李阳故里。中国传统村落有回黄村。旅游景区有国家3A级太行龙口景区、八路军石拐会议纪念园、云龙山森林公园、文昌塔及文昌山森林公园、和顺泰和湿地公园、和顺天凯现代农业科技示范园、天河山风景区、牛郎织女文化园景区、合山景区、海眼寺景区、走马槽景区、阳曲山景区、龙泉寺风景区、青城镇新庄水帘洞。被誉为“中国优秀生态旅游县”。有国家级非物质文化遗产牛郎织女传说；有省级非物质文化遗产夫子岭弦腔、凤台小戏、松烟跑莲灯、寒湖月饼；有市级非物质文化遗产青城音锣鼓、和顺庙堂音乐；有县级非物质文化遗产和顺刺绣、和顺剪纸、富裕泥塑、乞巧手织布。

名特产品有核桃、喂马大莜麦、紫苏油、和顺牛等。2011 年，和顺肉牛被授予全国地理标志保护产品。

义兴镇 [Yìxīng Zhèn]

乡级政区名。和顺县人民政府驻地。在和顺县境中部。东与李阳镇、平松乡接壤，南与喂马乡相邻，西与横岭镇、马坊乡毗邻，北与昔阳县西寨乡为交界。面积 374.65 平方千米。人口 5.29 万。辖东仁村、河北村、尧村等 43 个行政村、7 个社区。镇人民政府驻新建街。以和顺境内唐代有义兴县而命名。民国《和顺县志・地理》：“义兴古县在县境。唐初置。”

1949 年，属和顺县第一区。1958 年，设城关人民公社。1983 年，置城关镇。2001 年，联坪乡、紫罗乡并入。改名义兴镇。地处太行山西翼土石山区，梁余河、张翼河流经，平均海拔 1260 米。最大海拔高差 311 米。名胜古迹有麻衣山麻衣寺、建于元代的青岗寺、建于明朝的禅堂寺、明末兵宪牌坊、云龙山森林公园、文昌塔、文昌森林公园、和顺泰和湿地公园。有地方戏曲凤台小戏。

李阳镇 [Lǐyáng Zhèn]

乡级政区名。在和顺县中北部。东邻大寨镇，南、西邻义兴镇，北邻昔阳县西寨乡、三都乡。面积 223.83 平方千米。人口 3.05 万。辖南李阳村、泊里村、回黄村等 31 个行政村。镇人民政府驻南李阳村。因驻地得名。

1949 年，属和顺县第二区。1956 年 3 月，设李阳乡。1958 年，改为李阳人民公社。1983 年，置李阳乡。1985 年，改置李阳镇。2021 年，撤销牛川乡，整建制并入李阳镇。地处松溪河流域，主要支流有石勒河、三奇河、回黄河等。境内有以历史人物命名的南、北李阳村和上、下石勒村。有石勒与李阳争夺沤麻池的传说。古迹有过街楼、石勒沤麻池、李阳故里等。境内回黄村为中国传统村落。

南李阳村 [Nánlǐyáng Cūn]

居民点。李阳镇人民政府驻地。在和顺县人民政府东北 17 千米。东起其林台村，西至三奇村，南起泊里村，北至郭家垴村。面积 7.9 平方千米。人口约 934 人。相传为十六国时期李阳故里，分为南李阳、北李阳两村。民国《和顺县志・地理》：“北区，南李阳，二十五里。”《晋书・石勒载记》：“初，勒与李阳邻居，岁常争麻池，迭相驱击。至是，谓父老曰：‘李阳，壮士也，何以不来？沤麻是布衣之恨，孤方崇信于天下，宁雠匹夫乎！’”历为李阳乡、李阳人民公社、李阳镇驻地。现存有沤麻池遗迹和“李阳故里”等石刻。

回黄村 [Huíhuáng Cūn]

居民点。中国传统村落。属李阳镇。在和顺县人民政府驻地东北 20 千米，北邻昔阳县界。面积 4.7 平方千米。人口约 96 人。相传以乐府民歌《休洗红》中“回黄转绿无定期”之句命名。民国《和顺县志 · 地理》：“北区，回黄村，四十里。”位于青草岩山麓，松溪河支流回黄河流经村中，原村落以河为界分属昔阳、和顺两县，1950 年，统属和顺县。村落依山而建，民居就地取石修筑，形成太行山区独特的“石头村”建筑风貌。主要民居建筑有清代晋商赵家大院。赵家于清末经营钱庄、票号，在家乡回黄村建有 12 个院落，共 300 余间。现存有 4 组大院，房屋结构均为两层，为楼下石砌窑洞，楼上木构房屋形式。木雕门楼、石雕装饰、砖雕影壁极具清代地方建筑特色。2013 年 8 月，被列入第二批中国传统村落名录。

松烟镇 [Sōngyān Zhèn]

乡级政区名。在和顺县境东南部。东、东南与河北省邢台市邢台县交界，南、西南与左权县拐儿镇相邻，西与左权县寒王乡毗连，西北、北与平松乡、喂马乡、牛川乡接壤。镇人民政府驻松烟村。面积 270.29 平方千米。人口 1.59 万。辖松烟村、东坡村、范庄村等 23 个行政村。镇人民政府驻南松烟村。因驻地得名。

1949 年 10 月，属和顺县第三区。1956 年 3 月，设松烟乡。1958 年 9 月，设松烟人民公社。1983 年 8 月，置松烟乡。同年 12 月，改置松烟镇。2001 年，许村乡并入。

地处山间盆地，清漳东源流经，气候条件独特。年平均气温 8.5℃，较全县年平均气温高 2.2℃；年平均无霜期 140 天，较全县平均无霜期多 16 天。景区纪念地有抗日战争期间阳曲山保卫战遗址、石佛洞、龙泉寺、黄巢寨、走马槽、许村“明清一条街”、富裕泥塑、和顺天凯现代农业科技示范园等。有国家级非物质文化遗产牛郎织女传说。为“中国牛郎织女爱情文化故事”的发源地之一。有关“牛郎织女”故事的地名有牛郎峪、沐浴池、天马池、南天池、喜鹊山、相思背、磨子峪、南天门等。牛郎峪村，相传是牛郎居住的地方，南天池村是传说中仙女下凡的地方。南天池村一带还保留了七月初七“看天”的风俗，夜间在院中南边摆上桌子或案板，供放毛豆、玉茭和蒸馍。

松烟村 [Sōngyān Cūn]

居民点。松烟镇人民政府驻地。在和顺县人民政府驻地东南 22 千米。东起杨家湾村，西至西坡村，南起松树垴村，北至石柱崖。面积 20 平方千米。人口 0.18 万。相传因“松涛阵阵，云雾如烟”而得名。民国《和顺县志 · 地理》：“东区，松烟镇，四十里。”历史上是县东南部商贸集镇，有“和顺旱码头”之称。1949 年以来，历为和顺县第三区公所、公社、乡镇驻地。有围绕牛郎织女文化传说为主题的天河公园。

青城镇 [Qīngchéng Zhèn]

乡级政区名。在和顺县境东北部。东与河北省邢台市邢台县交界，南与松烟镇接壤，西与平松乡毗连，北与昔阳县皋落镇、水峪乡为邻。面积 174.60 平方千米。人口 0.88 万。辖青城村、井洼村、新庄村等 18 个行政村。镇人民政府驻青城村。因驻地得名。

1949年10月，属和顺县第四区。1956年3月，设青城乡。1958年9月，设青城人民公社。1983年8月，置青城乡。12月，改置青城镇。2001年，土岭乡并入。

地处太行山区，平均海拔1300米，属高岭山区。名胜古迹有当城背窑湾古人类活动遗址、赵奢垒阏与之战古战场遗址、后虎峪明朝尚书王云凤墓地、清代和邑十景之一“姑崖天险”、新庄水帘洞等。地方特色民俗文化有青城音锣鼓、跑炮、响马转等。

青城村 [Qīngchéng Cūn]

居民点。青城镇人民政府驻地。在和顺县人民政府驻地东45千米。东起河北省邢台市水堤村，西至石家庄村，南起大川口村，北至朝坡村。面积24平方千米。人口约740人。相传原名“倾城”，因有古城遗址，地形北高南低呈倾斜状，故名。清代更名为青城。民国《和顺县志·地理》：“东区，青城镇，八十里。”历为乡、公社、镇驻地。地方特色传统艺术有青城音锣鼓、跑炮、响马转等。

横岭镇 [Hénglǐng Zhèn]

乡级政区名。全国文明镇。在和顺县西部。东邻义兴镇、喂马乡，南接左权县寒王乡，西接榆社县北寨乡、社城镇、榆次区长凝镇，北连马坊乡。面积442.58平方千米。人口0.92万。辖横岭村、口则村、广务村等21个行政村。镇人民政府驻横岭村。

1949年10月，属和顺县第五区。1956年3月，设横岭乡。1958年9月，设横岭人民公社。1983年12月，置横岭乡。1985年1月，改置横岭镇。2021年，阳光占乡并入横岭镇。

地处八缚岭东南麓，清漳西源发源于境内。海拔1300 ~ 1700米之间。古迹纪念地有春秋赵简子所筑平城、隋代平城县古城、抗日战争石拐会议会址、朱德路居、彭德怀路居等。现为以绿色生态、林牧产业、红色旅游著名的大镇。2015年，荣获第四届全国文明村镇称号。

横岭村 [Hénglǐng Cūn]

居民点。横岭镇人民政府驻地，在和顺县人民政府驻地西56千米。东起庄里村，西至羊蹄凹，南起广务村，北至调畅村。面积1.8平方千米。人口约192人。因村前山岭横亘，山路越岭而过，故名横岭。民国《和顺县志·地理》：“西区，横岭村，八十八里。”1949年，为和顺县第五区公所驻地。后历为乡、公社、镇驻地。以养牛业著名。有策圣寺、戏台，为清代遗构。

石拐村 [Shíguǎi Cūn]

居民点。属横岭镇。在和顺县人民政府驻地西59千米。东起油房村，西至仪城村，南起调畅村，北至翟家庄村。面积38.3平方千米。人口约113人。因村临石山，清漳西源河水拐弯流经，故名“石拐”。民国《和顺县志·地理》：“西区，石拐村，九十里。”

1937年11月7日，朱德、彭德怀率八路军总部进驻石拐镇，当日召开会议，宣告成立晋察冀军区。11月11日，八路军总部在这里召开重要军事会议，史称“石拐会议”。会议进行了坚持华北抗战的动员，传达了中共中央、毛泽东关于以八路军129师为主力，创建以太行山为依托的晋冀豫抗日根据地的指示，具体部署发动群众开展游击战争和建立根据地的工作，为创建太行抗日根据地奠定了基础。现存石拐会议旧址、仪城朱德路居、翟家庄八路军将领路居等。2009年6月至2011年11月，建成八路军石拐会议纪念园。园区包括广场、纪念馆、纪念碑、烈士陵园、石拐会议旧址院落。现为省、市、县青少年爱国主义教育基地、党风廉政教育基地、红色旅游基地、国防教育基地、艰苦奋斗教育基地、党史教育基地。

喂马乡 [Wèimǎ Xiāng]

乡级政区名。在和顺县境南部。东与平松乡为邻，南与左权县寒王乡交界，西与横岭镇相连，北与义兴镇接壤。面积114.58平方千米。人口0.85万。辖上元村、东喂马村、西仁村等16个行政村。乡人民政府驻东喂马村。因驻地得名。

1949年，属和顺县第一区。1954年7月，设东喂马乡。1956年3月，东仁乡并入喂马乡。1958年9月，属城关人民公社。1959年6月，分设喂马人民公社。1983年12月，置喂马乡。地处山区，沟壑纵横分布，海拔在1400米以上。名胜古迹有天池寺、香山寺、荣华寺、远佛口佛教石窟等。天池寺位于窑堤村西，寺内外有桃树数株，在冬季三九天桃花凌寒开放，为当地奇观，人称“天池寒桃”。乡境以佛教文化命名的村名有东远佛、西远佛、大佛头、远佛口、寺沟。

东喂马村 [Dōngwèimǎ Cūn]

居民点。喂马乡人民政府驻地。在和顺县人民政府驻地南12千米。东邻北安驿村，西邻西喂马村，南与上元村接壤，北与西仁村交界。面积1.8平方千米。人口约123人。相传原名“务马”，因古有驻军马场而得名。后演变为“喂马”。民国《和顺县志・地理》：“南区，东喂马，二十里。”历为公社、乡政府驻地。有特色农产品“喂马大莜麦”，曾荣获第二届中国农博会金奖。有省级文物保护单位荣华寺，创建于北宋元祐八年（1093年），现存为明清遗构。

平松乡 [Píngsōng Xiāng]

乡级政区名。在和顺县境东部。东接松烟镇，南连喂马乡，西邻义兴镇，北界牛川乡。面积171.18平方千米。人口0.86万。辖平松村、三泉村、小南会村等14个行政村。乡人民政府驻平松村。因驻地得名。

1949年10月，属和顺县第一区。1954年7月，设平松乡。1956年3月，平松乡、三泉乡、小南会乡合并为玉女乡。1958年9月，属城关人民公社。1959年1月，分设平松人民公社。1983年12月，置平松乡。2001年，瓦房乡并入平松乡。地处莲花山南麓，清漳东源、三泉河、瓦房河流经，平均海拔1320米。有全国重点文物保护单位懿济圣母庙，合山奇泉为国内罕见的间歇泉。

平松村 [Píngsōng Cūn]

居民点。省级新农村试点村。平松乡人民政府驻地。在和顺县人民政府驻地东南13千米。东起十八闯村，西至西峪村，南起玉女村，北至石南坪村。面积7.9平方千米。人口约220人。因村旁南林垴有六棵古松树，树冠呈平直铺开状，故名“平松”。民国《和顺县志・地理》：“东区，平松村，二十里。”历为公社、乡政府驻地。古迹纪念地有平松商文化遗址、平松告示碑、平松惨案遗址纪念碑。

合山村 [Héshān Cūn]

居民点。属平松乡。在和顺县人民政府驻地东南 18 千米。东起寺铺村，西至十八闯村，南起河梁沟村，北至新安庄村。面积 14.2 平方千米。人口约 288 人。村在山谷盆地之中，四周有 72 山峦环抱，四合如围，故名“合山”。民国《和顺县志·地理》：“东区，合山村，三十二里。”

懿济圣母庙位于村北 100 米。庙宇始建于宋代，历代修葺。由圣母庙和显泽侯神祠组成。现存圣母殿为元代遗构，其余为明、清建筑。2006 年，被公布为全国重点文物保护单位。圣母殿前有子母泉、合山奇泉。子母泉水终年流淌，清澈甘洌；合山奇泉每当盛夏泉水出涌，先闻声后出水，流后 40 分钟断流，退回眼中，后又出，周而复始，景观奇异。“合山奇泉”为清代和邑十景之一。

马坊乡 [Mǎfáng Xiāng]

乡级政区名。在和顺县境西北部。东南、南与义兴镇、横岭镇为邻，西与榆次区长凝镇交界，北与寿阳县西洛镇、松塔镇接壤，东北与昔阳县沾尚镇、西寨乡毗连。面积 422.67 平方千米。人口 0.49 万。辖马坊村、城家庄村、乐义村等 10 个行政村。乡人民政府驻马坊村。因驻地得名。

1949 年 10 月，属和顺县第六区。1956 年 3 月，设马坊乡。1958 年 9 月，设马坊人民公社。1983 年 12 月，置马坊乡。地处潇河上游，里思河、西马泉河、树石河流经，为全省无公害污染区域之一，是绿色食品生产基地。抗日战争时期，八路军战斗活动于马坊一带，朱德、彭德怀、左权、任弼时等在此工作。386 旅、769 团汪乃贵支队、秦赖支队曾在南军城一带粉碎了日军“六路围攻”。1945 年 3 月 5 日，太行军区二分区部队攻克马坊日军据点堆儿梁，马坊地区全部解放。现存堆儿梁战斗遗址。

马坊村 [Mǎfáng Cūn]

居民点。马坊乡人民政府驻地。在和顺县人民政府驻地西北 45 千米。东起水牛岩村，西至宣窑沟村，南起独堆村，北至北马坊村。面积 4.1 平方千米。人口约 188 人。因古有牧马、马匹交易活动而得名。每年农历二月初二和十月初二是马坊的传统庙会，以骡马交易为主，上市骡马甚多，遍地搭有马棚，故名“马坊”。民国《和顺县志·地理》：“西区，马坊镇，九十里。”历为公社、乡政府驻地。现为和顺县“一村一品特色村”，地方饮食文化丰富，以杂粮小吃花样繁多著称。

昔阳县 [Xīyáng Xiàn]

县级政区名。属晋中市。地处晋中市东北部，太行山中段东麓。东与河北省石家庄市赞皇县、邢台市内丘县交界，南与和顺县毗连，西与寿阳县相连，北与阳泉市平定县接壤。面积 1945 平方千米。人口 19.08 万。辖乐平镇、皋落镇、冶头镇、沾尚镇、大寨镇 5 个镇，李家庄乡、界都乡、三都乡、赵壁乡、孔氏乡 5 个乡和 1 个管委会。县人民政府驻地昔阳县城新建北路 1 号。

“昔阳”一名最早见于《左传·昭公十二年》：“晋荀吴伪会齐师，因假道于鲜虞，遂入昔阳。八月壬午，灭肥，以肥子绵皋归。”《左传·昭公二十二年》：“荀吴略东阳，使师伪籴者负甲以息于昔阳之门外，遂袭鼓，灭之，以鼓子鸢归。”唐李吉甫《元和郡县志》：“（太原府乐平县）昔阳故城，一名夕阳城，在县东五十里。”相传即今昔阳县东 25 千米东冶头村的“昔阳故城”遗址。昔阳县得名于此。

秦置沾县，属上党郡。西汉因之。东汉建安二十年（215 年），置析上党郡乐平郡，析沾县东部置乐平县。西晋因之。北魏太平真君九年（448 年），废乐平郡，乐平县省入沾县，属太原郡。孝昌二年（526 年），复置乐平郡、乐平县。隋开皇三年（583 年），沾县废入乐平县，属并州，十六年，属辽州。大业三年（607 年），属太原郡。唐武德元年（618 年），属并州。三年，为辽州治所。六年，属受州。贞观八年（634 年），属并州。开元十一年（723 年），属太原府。宋乾德三年（963 年），改平晋军。太平兴国四年（979 年），复名乐平县，属平定军。金大定二年（1162 年），属平定州。兴定四年（1220 年），升皋州。蒙古窝阔台汗六年（1234 年），复名乐平县，属平定州。至元二年（1265 年）省入平定州，七年（1270 年）复置乐平县，属平定州。明因之。清嘉庆元年（1796 年），乐平县省入平定州。1912 年，废平定州，改乐平乡为乐平县。1914 年，因与江西省乐平县重名，因取境内春秋地名昔阳，改名为昔阳县。属冀宁道。1927 年，废道归省辖。1937 年，属山西省第三行政区。1937 年，昔阳县抗日民主政府成立。1938 年，以平辽公路（现 207 国道）为界，分置昔东、昔西两县。1941 年，昔东县属太行区第一专区，昔西县属太行区第二专区。1945 年，昔东、昔西合并为昔阳县，属太行区第二专区。1949 年，属榆次专区。1958 年，属阳泉市。1959 年，属晋中专区。1967 年，属晋中地区。1999 年，属晋中市至今。

从地名专名来看，辖区内行政区划地名和居民点地名有以下特征：1. 以自然地理实体命名。如：石山、白羊岭、水泉。2. 以地理位置命名。如：南峪、寨背、青岩底。3. 以历史古迹或人文地理实体命名。如：九龙关、碧霞观、天圣庙、皋落。4. 以祥瑞、希冀命名。如：东丰稔、安丰、龙凤垴、凤居。5. 以姓氏命名。如：吉家峪、曹家洼、李家庄。6. 以物产命名。如：葱窝、梨园掌、松树岩。

从地名通名来看，辖区内行政区划地名和居民点地名有以下地方特色：1. 以人文地理实体标志为通名。如：南营、库城、大寨。2. 地处太行山区，以山、岭、垴、沟、峪为通名的村落较为常见。如：毛家山、毕家岭、南垴、北井沟等。3. 其他多以村、庄为通名。如：钟村、上庄。

地势西南高东北低，地貌类型有基岩中高山地、土石山地丘陵及河川谷地。主要山地有沾岭山、白羊山、陡泉山等，均属太行山脉。境内最高峰为皋落镇南白羊山，海拔 1827.4 米，最低点为孔氏乡王寨村西北侧松溪河入境处，海拔506米。境内河道属海河、黄河两大流域，主要河道有松溪河、潇河、清漳河等。全国重点文物保护单位有大寨人民公社旧址、石马寺、崇教寺3处；省级重点文物保护单位卧佛寺1处；其他名胜古迹有梵乘寺、县衙署、普宁寺、水磨头渔乡、毛氏民宅等。全国爱国主义教育基地有昔阳大寨展览馆。境内有省级历史文化名镇大寨镇。中国传统村落有长岭村、东寨村、楼坪村、李家沟村、南北岩村、北掌城村、西南沟村、三教河村、前车掌村、大寨村10处。有省级森林公园大寨虎头山森林公园、龙岩大峡谷风景名胜区、黄庵垴风景名胜区。昔阳小米是全国农产品地理标志。有省级非物质文化遗产昔阳迓鼓、昔阳拉话。

乐平镇 [Lèpíng Zhèn]

乡级政区名。昔阳县人民政府驻地。在县境中北部。东与界都乡接壤，南与大寨镇为邻，西与沾尚镇相接，北与李家庄乡毗连。面积181.96平方千米。人口7.83万。辖梁家沟村、李家沟村、白村等38个行政村。镇人民政府驻上城街。因历史上为乐平县、乐平郡治所而得名。

1949年，属昔阳县第一区。1953年，设城关乡。1958年，设城关人民公社。1984年，置城关镇。2001年，安平乡、巴洲乡并入，改名乐平镇。

地处松溪河谷平川区，四周为丘陵，有安平河和巴洲河流经。历为晋东交通要道。名胜古迹有崇教寺、乐平县衙、城隍庙、梯云阁、赵氏祠堂、巴洲汉墓群等。崇教寺俗称北寺，位于昔阳县城西大街，创建于北宋熙宁二年（1069年），历代修缮。现存建筑均为元代遗构，前殿、后殿、东西配殿梁架、屋顶相连。2006年5月，被公布为全国重点文物保护单位。有中国传统村落西南沟村、李家沟村、北掌城村。地方名人马长寿（1907—1971），字松龄，昔阳县西大街人。中国少数民族史研究专家。著有《凉山罗夷考察》《彝族古代史初稿》《氐与羌》等。

西南沟村 [Xīnángōu Cūn]

居民点。中国传统村落。属乐平镇。在昔阳县人民政府驻地西北6千米。面积3.27平方千米。人口约680人。原名“南沟”，因地处鸣水河谷南岸，故名。后因与李家庄乡的南沟村重名，故将在县城之北的李家庄乡南沟称为北南沟，将县城之西乐平镇的南沟定名为西南沟。民国《昔阳县志·都村》：“沾城区所属之村：南沟村。”明清属乐平县陡泉乡。民国初属沾城镇。1949年，属第一区。2011年，属乐平镇至今。地处河谷南岸，地形南高北低。村中现存清代民居建筑群毛氏宅院，始建于清嘉庆间，道光、同治、光绪、民国年间多次增修改建。主体建筑有九德堂、三益堂、聚福巷、英贤巷、演武厅，共6组大院、15座小院，木雕门楼、砖雕影壁、石雕门枕石较为精美。古建筑有毛氏宗祠、石桥、古井等。2016年12月，被列入第四批中国传统村落名录。

李家沟村 [Lǐjiāgōu Cūn]

居民点。中国传统村落。属乐平镇。在昔阳县人民政府驻地西3千米。辖背峪沟自然村。面积3.25平方千米。人口0.1万。因李姓聚居而得名。民国《昔阳县志·都村》：“沾城区所属之村：李家沟。”明清属乐平陡泉乡。1914 年，属沾城镇。1949 年 9 月，属第一区。2011 年，属乐平镇。村落较完整保留了清代格局和原生风貌，现存李氏民居进士院、楼底院等 13 处、田氏民居 6 处、阎氏、赵氏民居 8 处。有明清寺院庙宇开化寺、关帝庙、五道庙、李氏宗祠等。有正月二十五日关帝庙庙会、四月初八开化寺庙会，届时有唱戏、秧歌、锣鼓、社火表演。传统名食有头脑扁食。历史人物有咸丰进士、陕西布政使李希莲；有李希莲子、光绪进士李光宇；有李光宇子、国际语言学界权威学者李方桂。2019 年，被列入第五批中国传统村落。

北掌城村 [Běizhǎngchéng Cūn]

居民点。中国传统村落。属乐平镇。在昔阳县人民政府驻地西 12 千米。面积 4.47 平方千米，人口 0.11 万。与南掌城相对而名。民国《昔阳县志·都村》：“沾城区所属之村：掌城村。”明清属乐平陡泉乡。1914 年，属昔阳县沾城镇。1949 年，属第一区。1984 年，属巴洲乡。2011 年，属乐平镇。村中有清代传统街道、当铺建筑、明代寿圣寺建筑群。2019 年 6 月，被列入第五批中国传统村落名录。

皋落镇 [Gāoluò Zhèn]

乡级政区名。在昔阳县境东南部。东与河北省邢台市内丘县交界，南与和顺县青城镇相邻，西、北与赵壁乡毗连，东北与孔氏乡接壤。面积 188.32 平方千米。人口 1.19 万。辖皋落村、西庄村、南庄村等 13 个行政村。镇人民政府驻皋落村。因驻地得名。

1949 年，属昔阳县第五区。1953 年，设皋落乡。1958 年，设皋落人民公社。1984 年，置皋落镇。

地处太行山腹地，境内白羊山海拔 1884 米，为晋冀分水岭。杨赵河流经。名胜古迹纪念地有黄庵垴嶂石岩风景区、八路军 129 师 385 旅旅部旧址、八路军抗战荣誉碑、鹤度岭关城、马岭关长城等。

皋落村 [Gāoluò Cūn]

居民点。皋落镇人民政府驻地。在昔阳县人民政府驻地东南 39 千米。人口 0.26 万。传为春秋赤狄东山皋落氏所居，故名。民国《昔阳县志·古迹》：“皋落城，县东南七十里。古皋落氏所居。”隋开皇十六年（596 年），为东山县治所。清代为皋落里。民国初为皋川乡。1949 年，为昔阳县第五区驻地。后为公社、镇政府驻地。地处白羊山北麓山间盆地。历史上是晋冀之间交通要道，被称为“太行绝顶东疆第一险隘”。抗日战争时期曾为昔东县抗日民主政府驻地。纪念地有晋东抗日游击队司令部旧址、中共昔东县县委旧址、昔东县抗日民主政府旧址。

南北岩村 [NánBěiyán Cūn]

居民点。中国传统村落。属皋落镇。在昔阳县人民政府驻地东南 54 千米。东临河北省赞皇县界。人口约 238 人。因该村建立在石岩下，原为南岩、北岩两自然村。2002 年 8 月，南岩村、北岩村 2 个村合并为南北岩行政村。（2019 年 12 月，南北岩村合并到东峪沟村。）民国《昔阳县志·都村》：“皋川区所属之村：南岩村、北岩村。”清属皋落里。

民国初属皋川乡。抗日战争时期，昔东县抗日军政学校、昔东县军民用粮储藏库驻此。村落四面环山，山高林茂，海拔1200米。黄庵垴嶂石岩风景区位于南岩村，景区内气候宜人，山川壮丽。有朝官抱笏、九女峰、叠嶂悬钟、宝剑峰四大奇峰及白龙洞、黄龙洞、雾洞、子母洞、连环套洞、义军粮仓、仙人洞、千羊洞、状元洞等景点。2016年12月，被列入第四批中国传统村落名录。

东冶头镇 [Dōngyětóu Zhèn]

乡级政区名。在昔阳县境东北部。东接孔氏乡，南连赵壁乡，西邻界都乡，北界阳泉市平定县东回镇。面积202平方千米。人口1.77万。辖东冶头村、白沙岩村、万家山村等21个行政村。镇人民政府驻东冶头村。因驻地得名。

1949年，属昔阳县第四区。1953年，设东冶头乡。1958年，设东冶头人民公社。1984年，置东冶头镇。后改冶头镇。2021年，闫庄乡5个村民委员会划归东冶头镇管辖。地处松溪河谷，四周丘陵。矿产资源有赤铁矿，古有冶铁业。古迹有春秋时肥子国古城遗址、普宁寺、泥澄口、白皮关等。

东冶头村 [Dōngyětóu Cūn]

居民点。东冶头镇人民政府驻地。在昔阳县人民政府驻地东27千米。人口0.22万。为春秋肥子国旧地，亦名昔阳城，后因古有冶铁坊得名。《元和郡县志》：“昔阳故城，一名夕阳城，在县东五十里。”《读史方舆纪要》：“昔阳城，县东五十里。《左传》：昭十二年，晋荀吴入昔阳灭肥。杜预曰：乐平沾县东有昔阳城，此肥子所都之昔阳也。俗误为夕阳城。七国时，赵置戍于此。”古迹有春秋肥子国古城遗址。

沾尚镇 [Zhānshàng Zhèn]

乡级政区名。在昔阳县境西北部。东与乐平镇相邻，北与平定县接壤，西与寿阳县、南与和顺县交界。面积459平方千米。人口1.38万。辖沾尚村、猛彪村、横河村等23个行政村。镇人民政府驻沾尚村。因驻地得名。

1949年，属昔阳县第六区。1953年，设沾尚乡。1958年，设沾尚人民公社。1984年，置沾尚镇。2021年，撤销西寨乡，整建制并入沾尚镇。地处山区高寒地带，地势东高西低。境内有潇河、清漳河源头。清漳河为漳河源头之一，属海河水系。潇河源属黄河水系。古迹纪念地有沾城遗址、广阳伏击战红色遗址等。

沾尚村 [Zhānshàng Cūn]

居民点。沾尚镇人民政府驻地。在昔阳县人民政府驻地西25千米。人口约920人。因在沾岭山上，故名沾上，后演变为今名。传统农业村。

大寨镇 [Dàzhài Zhèn]

乡级政区名。在昔阳县境中部。东、东南与赵壁乡接壤，南与三都乡、和顺县李阳镇为邻，西与沾尚镇毗邻，北、东北和乐平镇、界都乡交界。面积236平方千米。人口3.54万。辖黄岩底社区和大寨村、潘掌村、厚庄村等48个行政村、5个社区。镇人民政府驻大寨村。因驻地得名。

明代属文苑乡郭庄都和石马都。清代属郭庄都和石马都。1914年，属沾城镇。1949年，属昔阳县第二区。1956年，设大寨乡。1958年，属城关人民公社。1961年，分设大寨人民公社。1962年，阎庄窝人民公社并入大寨公社，辖23个生产大队。1967年，大寨人民公社驻地迁大寨。1984年，置大寨乡，辖23个行政村。2001年2月，洪水乡、杜庄乡并入大寨乡。2002年，改乡置镇。2021年4月，赵壁乡的黄岩底社区居委会和黄岩、寨上、徐峪、凤居4个村委会以及界都乡的南界都村委会划归大寨镇管辖。

地处丘陵地带，山坡地占70%。东北部蒙山海拔为1327米，松溪河流经。地方特色民间艺术有跑旱船、耍老虎、伴朝銮驾等。为全县旅游名镇，有国家级重点文物保护单位石马寺石窟、大寨人民公社旧址。有全国4A级大寨景区、大寨森林公园、大寨展览馆。清代昔阳八景中的蒙山烟雨、古寺园林、洪水池塘、石马寒云四景在镇境。有中国传统村落大寨村。

大寨村 [Dàzhài Cūn]

居民点。全国文明村，中国传统村落，全国乡村旅游重点村。大寨镇人民政府驻地。在昔阳县人民政府驻地南4千米。面积1.88平方千米。人口约510人。西至高家岭村，北至武家坪村。古代以此地四面环山，建成村寨，为避兵藏身之处，因与附近小寨村相对，故名大寨。民国《昔阳县志·都村》："沾城区所属之村：大寨村。"地处丘陵区，有"七沟八梁一面坡"之说。20世纪六七十年代，当地群众搬山填沟造平原，自力更生，改天换地，成为全国农业战线上的一面旗帜，全国掀起了"农业学大寨"的高潮。

建有全国4A级大寨景区、大寨森林公园、大寨展览馆、大寨文化展示馆、周总理三访大寨纪念亭、郭沫若诗魂碑、陈永贵墓等，成为全国农业旅游示范点、山西省著名特色旅游景区、山西省爱国主义教育基地。2005年10月，被评为第一届全国文明村镇。2016年12月，被列入第四批中国传统村落名录。2019年7月，被列入第一批全国乡村旅游重点村名录。

李家庄乡 [Lǐjiāzhuāng Xiāng]

乡级政区名。在昔阳县境北部。东邻界都乡，南、西邻乐平镇，北接阳泉市平定县张庄镇。面积38.05平方千米。人口1.64万。辖南渡海村、安阳岭村、王家山村等13个行政村，1个社区。乡人民政府驻南渡海村。因1953年成立乡政府时，乡政府驻东、西、南三个李家庄之间，故名。

1949年，属昔阳县第一区。1953年，设李家庄乡。1958年，属大寨人民公社。1961年，分设李家庄人民公社。1984年，置李家庄乡。位于丘陵地带，地势西高东低。文保建筑有北渡海烽火台、西水东调水利工程渡槽、北南沟神房戏台。

南渡海村 [Nándùhǎi Cūn]

居民点。李家庄乡人民政府驻地。在昔阳县人民政府驻地北5千米。人口0.13万。村东北有较宽的河道，相传古代村民两岸往来戏谑为"渡海"，沟西两村因称为"南渡海""北渡海"。民国《昔阳县志·都村》："沾城区所属之村：南渡海。"聚落沿207

国道两侧分布。

界都乡 [Jièdū Xiāng]

乡级政区名。在昔阳县境东北部。东邻冶头镇，南靠阎庄乡、赵壁乡，西连大寨镇、乐平镇，西北与李家庄乡接壤，北、东北与阳泉市平定县张庄镇毗邻。面积129.76平方千米。人口1.28万。辖北界都村、石门村、车掌村等17个行政村。乡人民政府驻北界都村。因驻地得名。

1949年，属昔阳县第四区。1953年，设界都乡。1958年，属东冶头人民公社。1961年，分设界都人民公社。1984年，置界都乡。2001年2月，瓦邱乡并入。位于松溪河河谷川原，四周丘陵，地势西高东低。为县农业生产基地。古迹有梵乘寺、柏叶底新石器文化遗址、南界都观音阁等。有中国传统村落长岭村、车掌村。

北界都村 [Běijièdū Cūn]

居民点。界都乡人民政府驻地。在昔阳县人民政府驻地东15千米。人口0.14万。因明清此地设都甲并与平定为界，故名。以松溪河为界分为南、北界都。民国《昔阳县志·都村》："古肥乡所属之村：北界都。"有东西向主街横贯。文保单位有明代建筑梵乘寺、北界都文化广场、北界都供销社旧址。

长岭村 [Chánglǐng Cūn]

居民点。中国传统村落。属界都乡。在昔阳县人民政府驻地东25千米。面积7.73平方千米。人口约574人。因村庄位于绵长的黄土岭上而得名。民国《昔阳县志·都村》："古肥乡所属之村：长岭村。"明清属仙游乡昔阳都。民国初属古肥乡。1938年5月，属昔东县。1949年，属昔阳县第四区。1958年，属东冶头人民公社。1959年，属界都人民公社。1984年，属瓦邱乡。2001年7月，属界都乡至今。为太行山原生态农耕古村落，保留有寨垴古城墙、双井寺、北庙、官坊、神庙、关帝庙、文昌阁、虫王庙、八道庙、五道庙、山神庙、牛王庙、仙神庙、石拱桥、贞节牌坊、双斗旗杆石牌楼等历史建筑。陈家大院是典型的晋东民居建筑群，17处四合院相连，风格多样，气势恢宏。特色民俗活动有伢鼓表演、正月十五民俗展演"报灯火官"、社火、武术等。特产长岭烧锅酒有300年传承酿造历史。2014年11月，被列入第三批中国传统村落名录。2016年，被列入第七届中国景观村落名录。

前车掌村 [Qiánchēzhǎng Cūn]

居民点。中国传统村落。属界都乡。在昔阳县人民政府驻地东22千米。属车掌下属自然村。面积4.8平方千米。人口约294人。相传原名"车障"，因道路崎岖，阻碍车行而得名。又写作"车丈"，后演变为前车掌村、里车掌村2个村。民国《昔阳县志·都村》："古肥乡所属之村：车丈村。"明清属仙游乡昔阳都。1914年，属昔阳古肥乡。1938年5月，属昔东县。1949年，属昔阳县第四区。后属东冶头人民公社、界都人民公社。1984年，属界都乡。村落位于沟谷间，传统石筑民居依坡而建，较完整保留了清代原生风貌。古迹有前车掌商文化遗址。2019年6月，被列入第五批中国传统村落名录。

三都乡 [Sāndū Xiāng]

乡级政区名。在昔阳县境南部。东、东南与赵壁乡接壤，南与和顺县李阳镇相连，西、北与大寨镇为邻。面积 70.13 平方千米。人口 1.07 万。辖三都村、李家河村、罗庄村等 12 个行政村。乡人民政府驻三都村。因驻地得名。

1949 年，分属昔阳县第二区、第三区。1953 年，设三都乡。1958 年，分属杜庄、赵壁人民公社。1961 年，分设三都人民公社。1984 年，置三都乡。

地处丘陵区。矿产资源有煤炭和铝钒土。纪念地有西峪惨案烈士纪念塔。1940 年 10 月 18 日，日军抗日根据地进行扫荡，残杀西峪村民 386 人，史称“西峪惨案”。1977 年，建立纪念塔，正面有叶剑英题字“西峪惨案烈士纪念塔”。1990 年，被公布为县级文物保护单位。

三都村 [Sāndū Cūn]

居民点。三都乡人民政府驻地。在昔阳县人民政府驻地南 21 千米。人口 0.17 万。因明清实施都甲制，以序数排列第三，故名。文保建筑有三都清代文庙、三都工农兵舞台。

赵壁乡 [Zhàobì Xiāng]

乡级政区名。在昔阳县境东南部。东与皋落镇接壤，南与和顺县青城镇交界，西与和顺县牛川乡、三都乡毗连，北与大寨镇、界都乡为邻。面积 251 平方千米。人口 2.58 万。辖闫庄村、赵壁村、有仁村、楼坪村等 31 个行政村。乡人民政府驻赵壁村。因驻地得名。

1949 年，属昔阳县第三区。1953 年，设赵壁乡。1958 年，设赵壁人民公社。1984 年，置赵壁乡。2001 年 2 月，凤居乡、白羊峪乡并入赵壁乡。2021 年 4 月，原赵壁乡 5 个村划为大寨镇管辖，原闫庄乡的 6 个村划归赵壁乡管辖。

赵壁河从南至北流经。历为县重点产粮区，有“米粮川”之誉。古迹有川口村离相寺、杨氏祠堂、黄岩村福严寺、东寨节烈坊等。有中国传统村落楼坪村、东寨村。历史人物杨云翼（1170—1228），字之美，乐平县川口（今昔阳县赵壁乡川口村）人。金明昌五年（1194 年）状元。历任礼部尚书、吏部尚书、御史中丞、翰林学士，谥文献。天性雅重，练达吏事，直言敢谏。主持科举三十年，与赵秉文共掌文柄，世称“杨赵”。事迹载于《金史・杨云翼传》。

赵壁村 [Zhàobì Cūn]

居民点。赵壁乡人民政府驻地。在昔阳县人民政府驻地东南 20 千米。人口 0.16 万。古代曾在此修筑壁堡，赵姓始居故名。1949 年，为昔阳县第三区政府驻地。后为公社、乡政府驻地。古迹有赵壁东周文化遗址、王氏祠堂。

楼坪村 [Lóupíng Cūn]

居民点。中国传统村落。属赵壁乡。在昔阳县人民政府驻地东南 35 千米。东与北石瓮接壤，南与白羊峪相邻，西与北岭沟毗邻，北与南横山相邻。面积 9.8 平方千米。人口约 727 人。据当地碑文记载，原名“怀仁庄”，后因多芦苇，俗称“芦子坪”。后讹为“楼子平”“楼坪”。一说是因村中有堂号“天聚生”李氏在宅院中创建阁楼，故名。民国《昔阳县志·都村》："陡泉乡所属之村：楼子平。"明清属怀仁乡黄岩都。民国初属皋落乡。抗日战争时期，曾属昔东县。1949 年，属昔阳县第三区。1958 年后，历属赵壁公社、白羊峪公社、白羊峪乡。2001 年 3 月，属赵壁乡至今。天聚生古民居位于村西南隅，建于清末民初，为传统北方民居四合院形式，由主院、祠堂、偏院和后院共九个院落组成。石雕、砖雕、木雕繁复华美，有地方特色。2016 年 12 月，被列入第四批中国传统村落名录。

东寨村 [Dōngzhài Cūn]

居民点。中国传统村落。属赵壁乡。在昔阳县人民政府驻地东南 18 千米。面积 11.3 平方千米。人口 0.1 万。相传原名"上花池"。古代乡民砌墙筑寨，避兵于此，曾名"寨里村"。后为区分寨名，以其方位取名"东寨"。民国《昔阳县志·都村》："沾城区所属之村：东寨村。"明清属怀仁乡黄岩都。民国初年属皋落乡。抗日战争时期属昔东县。1949 年，属昔阳县第三区。1958 年后，属赵壁公社、凤居公社、凤居乡。2001 年 3 月，属赵壁乡。村中现存古建筑有王氏祖祠、官坊、神房戏台、节烈坊、关魁阁、清代民居等。2016 年 12 月，被列入第四批中国传统村落名录。

孔氏乡 [Kǒngshì Xiāng]

乡级政区名。在昔阳县境东北部。东、北与河北省石家庄市赞皇县、井陉县交界，南、西南与皋落镇相连，西与赵壁乡、东冶头镇为邻。面积 201.61 平方千米。人口 1.2 万。辖孔氏村、洪川村、南营村等 15 个行政村。乡人民政府驻丁峪村。取境内历史名村孔氏村名命名。

1949 年，属昔阳县第七区。1953 年，设丁峪乡。1958 年，属刀把口人民公社。1981 年，更名丁峪人民公社。1984 年，置丁峪乡。2001 年，王寨乡并入，改名孔氏乡。地处丘陵河谷，松溪河、刀把口河在境交汇。宜种植水稻、小麦，有"小江南"之誉。名胜古迹有龙岩大峡谷旅游区、夫子岩石窟、卧佛寺石窟、清代孔子里灌田水道等。有中国传统村落三教河村。

丁峪村 [Dīngyù Cūn]

居民点。孔氏乡人民政府驻地。在昔阳县人民政府驻地东 40 千米。人口 0.13 万。因村处山谷中，丁姓始居得名。特产核桃、木耳。文保单位有刀把口人民公社社址。

三教河村 [Sānjiāohé Cūn]

居民点。中国传统村落。在昔阳县人民政府驻地东 45 千米。与里沙瑶村、马鞧占岩村毗连。面积 4.7 平方千米。人口约 158 人。因村有三教寺，村临刀把口河，故名"三教河"。民国《昔阳县志·都村》："古肥乡所属之村：三教河。"明清属仙游乡昔阳都。1914 年，属古肥乡。抗日战争时期属昔东县。1949 年，属昔阳县第七区。1953 年至 1957 年，为三教河乡驻地。后属刀把口公社、丁峪乡、王寨乡。2001 年 7 月，属孔氏乡至今。地处龙岩大峡谷旅游景区，有农家乐旅游接待设施。纪念地有三教河抗日高小旧址。2016 年 12 月，被列入第四批中国传统村落名录。

寿阳县 [Shòuyáng Xiàn]

县级政区名。在晋中市东北部。东与阳泉市市区、平定县相连，东南与昔阳县毗连，南临和顺县，西与榆次区相接，北与太原市迎泽区、杏花岭区、阳曲县毗邻。面积2115.67平方千米，人口20.04万。辖朝阳镇、宗艾镇、平头镇、南燕竹镇、西洛镇、松塔镇、尹灵芝镇7个镇，解愁乡、平舒乡、羊头崖乡、景尚乡、温家庄乡5个乡。县人民政府驻朝阳镇。

春秋为晋国大夫祁奚封地。周敬王六年（前514年），晋国将祁氏邑分置为7个县，在县境置马首县。《左传·昭公二十八年》："秋，晋韩宣子卒，魏献子为政。分祁氏之田以为七县""韩固为马首大夫"。秦属榆次县地，属太原郡。西晋始置寿阳县，以县在寿水（今白马河）之阳得名，属乐平郡，永嘉后县废。北魏孝昌中，朔州、夏州一度侨置于县境。隋开皇十年（590年），置受阳县，隶并州。唐武德三年（620年），属受州。六年，受州治所移于寿阳。贞观八年（634年），受州废，属并州。十一年，复名寿阳县。开元间，属太原府。宋因之。金兴定二年（1218年），属平定州。元属冀宁路。明属太原府。清雍正二年（1724年），属平定州。1914年，属冀宁道。1927年，废道直属山西省。抗日战争期间，县境北部建立寿东县、寿西县，属晋察冀边区北岳区。1945年8月，两县政府合并。石太铁路以南建有寿阳路南县政府。归晋冀鲁豫边区太行二专区。1948年8月，路南、路北两政府合并，恢复原寿阳县建制。1949年10月，属榆次专区。1958年11月，寿阳县并入榆次市。1960年，恢复寿阳县，属晋中专区。1967年，属晋中地区。2000年，属晋中市。

从地名专名来看，辖区内地名有以下特征：1. 以自然地理实体命名。如：黑水村、神山庄、石河村、横岭村等。2. 以土壤命名。如：黑土岩、上盐土洼、黑坪等。3. 以方位命名。如：东韩、南庄、西木庄、北榆、上垴、中曲、下湖峪、前塔、后河等。4. 以距离、面积命名。如：七里河、六亩滩、二亩窊。5. 以姓氏命名。如：胡家堙、李家垴、杜家烟。6. 以人文地理实体命名。如：落摩寺、太安驿、寨马营、古城村等。7. 以植物物产命名。如：杏窊、桃园头、上枣庄、梨峪、桑窊、杏杨沟、柳树岩、榆林、松塔、柏林头、桦树沟、苇地沟、小谷坡、黍地岭、麦地堙、麻岩沟、莲花池、上白草坪、蒿子等。8. 以历史政区遗址命名。如：下州（夏州）、神武村（神武郡）、尖山村（尖山县）、南燕竹（燕州）等。9. 以祥瑞、希冀命名。如：长安、胜利、顺华、昌光、大兴庄等。10. 以历史名人命名。如：尹灵芝镇、尹灵芝村，为纪念解放战争时期的女英雄尹灵芝而命名。

从地名通名来看，辖区内地名有以下地方特色：1. 特殊方位词通名：头、口、咀（嘴）、掌、足。如：窑头、牛黄口、洞子咀、后掌、金瑶足等。2. 与建筑有关的通名有：城、寨、堡、院、窑、围、寺、庙、桥等，如：榆城、武家寨、蔡家堡、李生院、宣窑、何家围、落摩寺、牛王庙、胡家桥等。3. 以交通、水利设施命名。有铺、驿、街、渠。如：王强铺、太安驿、黄门街、艾河渠等。4. 其他多为村、庄、店等常见通名。如：东村、冯家庄、任家店。

县境四周环山，地形西北部、北部较高，向东南逐渐倾斜，呈阶梯状分布。最高处海拔 1756 米，东西两边河流出境处最低，分别是 813 米、937 米。平均海拔 1200 米左右。主要山峰有高丘山、罕山、阪泉山、方山等。主要河流有潇河、白马河、龙泉河、木瓜河、涧河、桃河等。名胜古迹纪念地有普光寺、福田寺、龙泉寺、松罗院、百僧庄大王庙、北燕竹德馨庙、崇福寺、大明寺、东刘义崇兴寺、福海寺、肥村关帝庙、范村大庙、冯家山关帝庙、古城墓葬、胡家堙兴福寺、阔郊石佛寺石窟、楼子村老君庙、罗汉寺、灵嵩寺摩崖造像、平舒祁家祠堂、寿阳文庙、寿阳县广度寺、太原战役烈士墓、太平古峰寺、天地塔遗址、武家村关帝庙、尹灵芝烈士纪念馆、种子坡地道战遗址。风景区有方山国家森林公园景区、五峰山风景区等。宗艾镇为全国重点镇。中国历史文化名村有下洲村、南东村、南河村、龙门河村。省级历史文化名村有纂木村、胡家堙村、尹灵芝村。民俗文化艺术有寿阳剪纸、寿阳耍叉、寿阳竹马、寿阳爱社。历史名人有祁韵士、祁寯藻、祁宿藻、祁世长、尹灵芝。

以“寿阳”地名冠名的社会应用有：寿阳爱社、寿阳豆腐干、寿阳平说。

寿阳爱社：“爱社”，俗称闹鬼、傩舞，流传于平头镇沟北一带。活动起源于寿阳民间的春祈、秋报、迎神、祈雨的祭祀酬神活动中。内容以轩辕黄帝大破蚩尤之战为主线，采用浪漫主义手法和夸张、诙谐、多变的舞蹈艺术形式，将国内民间传统武术小洪拳加以舞蹈化，成为一种形式独特、多姿多彩的街头表演艺术。因其独特的文化价值，2008 年，寿阳爱社入选为第二批国家级非物质文化遗产名录。

寿阳豆腐干：为地方传统名产，以大豆为原料，通过浸泡、磨浆、滤浆、煮浆、卤水点制、白糖着色、高温灭菌、挤压、成型制成。有 60 多个品种，在中国农业博览会上屡获金质奖。2003 年，被联合国粮农组织授予“国际名优食品”。

寿阳评说：是一种民间街头的说书形式，类似快板、民谣的民间口头文学，主要流传于寿阳县以及周边地区。特点是方言韵白，合辙押韵，即兴编词，真人真事。内容大都反映当时社会的人民生活和人生哲理，擅长叙述而富于故事性。形式有单口、对口、多口，后来发展为方言评说剧。由于语言生动，风趣幽默，朗朗上口，易学易记，故为群众喜闻乐见。

朝阳镇 [Cháoyáng Zhèn]

乡级政区名。在寿阳县中部。东连尹灵芝镇，南接景尚乡、羊头崖乡，西邻南燕竹镇，北、东北与宗艾镇、温家庄乡交界。面积 248.22 平方千米。人口 7.72 万。辖城西社区、城北社区、城中社区等 10 个社区，草沟村、东河村、中曲村等 24 个行政村。镇人民政府驻县城新开路 9 号。因境内著名古建筑朝阳阁而命名。

清代称在城所。1918 年，属寿阳县第一区。1940 年，属寿阳县第六区。1950 年，属寿阳县第一区。1954 年，分属城关乡、石板沟乡、草沟乡 3 个乡。1958 年，并入榆次市。1960 年，恢复寿阳县，属城关人民公社。1982 年，将城关生产大队划入城关镇。1983 年，置城关乡。2001 年 3 月，城关镇、城关乡、七里河乡合并，命名朝阳镇。2021 年，马首乡并入朝阳镇。

从地名专名来看，辖区内居民点地名有以下特征：1. 以自然地理实体命名。如：七里河、泥河、大南河、草沟、洞子咀。2. 以方位命名。如：西庄、东河、中曲。3. 以姓氏命名。如孙家庄、阎家坪、高家坡。4. 以传说命名。如童子河。从地名通名来看，辖区内居民点地名多以村、庄、河、坡、坪、沟为通名。

地形四面高，中部低，分为沟壑、丘陵、山地、平垣。主要山脉有龙华山、神山，白马河流经。境内最高点神山位于上曲村，海拔 1243 米，最低点白马河谷位于西洛村，海拔 1065 米。古迹有朝阳阁，因位于县城东门外，“日出即照”，故名。始建于明正德十二年（1517 年），下为石台基，上为三层木结构楼阁，为寿阳县城的地标性建筑。旧有“沧州狮子应州塔，不敌寿阳朝阳阁”之谚。有纪念地尹灵芝烈士陵园等。

南燕竹镇 [Nányànzhú Zhèn]

乡级政区名。在寿阳县西部。东与朝阳镇接壤，南与上湖乡毗连，西与平头镇为邻，北与平舒乡、宗艾镇相连。面积 152.45 平方千米。人口 1.67 万。辖南燕竹村、蔡庄村、于家庄村等 17 个行政村。镇人民政府驻南燕竹村。因驻地得名。

北齐置燕州。明、清属清平乡、林六都，西一里。1918 年，属西乡三区。1949 年 10 月，属寿阳县第八区。1950 年，属第四区。1953 年，分设颉家河乡、太安驿、南燕竹乡、韩庄乡、于家庄乡、中庄乡、王强铺乡 7 个乡。1955 年，分设南燕竹乡、赵巷头乡、太安驿乡 3 个乡。1958 年，并入榆次市。1960 年，恢复寿阳县，增设南燕竹人民公社。1984 年，置南燕竹镇。2001 年，太安驿乡并入。2002 年，撤并村组辖 21 个行政村。

地处丘陵地带，白马河、人字河、蔡白河流经。境内最高点风神山海拔 1335 米。最低点白家庄段白马河，海拔 959 米。名胜古迹有五峰山龙泉寺、龙栖湖风景区等。龙泉寺位于镇西孟家沟村，清初傅山在寺中拜访道人郭静中，并出家为道士。建筑群依山势而建，上下七层，中轴线建筑依次为戏台、山门、过殿、檐窑洞、晶月亭。寺北 50 米有凌泾塔。2006 年 6 月，被公布为全国重点文物保护单位。

南燕竹村 [Nányànzhú Cūn]

居民点。南燕竹镇人民政府驻地。在寿阳县人民政府驻地西北 12 千米。面积 12.5 平方千米。人口 0.11 万。北齐于此置燕州，后以方言谐音演变为“燕竹”，并分为南燕竹、北燕竹两村。光绪《寿阳县志·舆地》：“南燕竹镇所，辖二村。南燕竹镇，距城二十五里。”《杂志》：“燕州城，在县西二十五里。北齐置州于此。今名南燕竹村。州、竹语之转，犹《春秋》‘州吁’，《谷梁传》作‘祝吁’。又分北燕竹村，距城三十里。”历为公社、镇政府驻地。地处丘陵地带，海拔 1065 米。古迹有圣寿寺、新石器文化遗址。

太安驿村［Tàiānyì Cūn］

居民点。属南燕竹镇。在寿阳县人民政府驻地西25千米。面积13.72平方千米。人口0.1万。北魏为朔州太安郡侨治地。唐代于此置寿阳驿。元代置太安驿。明代为县西交通商贸大镇。元代《析津志》:“大都东西馆马步站:太安,八十里鸣谦。”明嘉靖四年(1525年)《重修太安镇关帝庙碑记》载:“寿阳有巨镇曰太安,有帝祠,岁久而圮。”光绪《寿阳县志·舆地》:“太安驿所,辖八村。太安镇距城五十里。”1953年,设太安驿乡。1961年,为太安驿公社驻地。1984年,为太安驿乡政府驻地。2002年,属南燕竹镇。地处河谷地带,海拔1160米。古迹有太安驿堡址、安定桥、草山坪遗址。原太安驿丞署故址有韩愈《夕次寿阳驿题吴郎中诗后》诗碑。

井子沟村［Jǐngzǐgōu Cūn］

居民点。属南燕竹镇太安驿行政村。在寿阳县人民政府驻地西28千米。人口约180人。因村落由七沟、两岔、一道梁组成,且沟口有井,故名井子沟。光绪《寿阳县志·舆地》:“太安驿所,辖八村。井子沟,距城五十里。”

宗艾镇［Zōngài Zhèn］

乡级政区名。山西省历史文化名镇,中国历史文化名镇,全国重点镇,全国文明村镇。在寿阳县北部。东与温家庄乡接壤,南与朝阳镇、南燕竹镇相邻,西与平舒乡毗连,北与解愁乡相接。面积64平方千米。人口1.16万。辖宗艾村、范村、荣生村等7个行政村。镇人民政府驻宗艾村。因驻地得名。

北魏孝昌间,夏州、神武郡、尖山县侨治境内。清属太平乡。1918年,属寿阳县第四区。1948年8月,属寿阳县第七区。1952年,设宗艾乡、尖山乡、下洲乡等10个乡。1955年,设宗艾乡。1958年,设宗艾人民公社。同年,寿阳县并入榆次市。1960年,恢复寿阳县,宗艾人民公社辖宗艾管理区、河底管理区、东光管理区等20个管理区。1983年,置宗艾镇,辖20个行政村。2002年,撤并村组后辖8个行政村。2020年6月,辖7个行政村。

从地名专名来看,辖区内地名有以下特征:1. 以姓氏命名。如:东蔚家庄、西蔚家庄、尚家寨、任家店、范村。2. 以地理位置命名。如:河底村、沟西村、沟东村、寨东村、寨北村。3. 以古迹命名。如:尖山村、羊头寨村。

地形以丘陵为主,中部较平坦,白马河、偏甸河流经。平均海拔1135米,无霜期较短,夏季凉爽无炎热,冬季长而寒冷。清代道光间,祁寯藻有感于这一带的特殊气候和农时,在寨北村姑母家居住时整理完成著名农书《马首农言》。有下洲村1个中国历史文化名村。下洲村、宗艾村、尖山村、周家垴村4个中国传统村落。古迹有下洲清代民居群、寨北晋州治所遗址、东汉广牧城址、神武关帝庙等。2009年8月,入选为第三批山西省历史文化名镇。2019年1月,入选为第七批中国历史文化名镇。2020年11月,入选为第六届全国文明村镇名单。

宗艾村［Zōngài Cūn］

居民点。宗艾镇人民政府驻地。中国传统村落。在寿阳县人民政府驻地北11千米。

面积 7.5 平方千米。人口 0.34 万。相传历史上曾名马莲村、五槐树、艾蒿嘴。“宗艾”一名实际上是对古村名“艾蒿嘴”的雅化，意为宗奉战国阴阳家艾子。光绪《寿阳县志·舆地》：“宗艾镇所，距城二十里。”历为县境北部商贸集镇，自古四方商民聚居。据统计，村民分别来自 9 个省 77 个县的移民，现村中 3000 人口有 107 个姓氏。明清属北定二都。清末属宗艾镇所，为全县九十二所之一。1918 年，为寿阳县第四区公所驻地。1948 年 8 月，为寿阳县第七区公所驻地。后为公社、镇政府驻地。古迹纪念地有魁星塔、瑞祥寺、清代民居群、尹灵芝烈士就义处、宗艾血泪井等。2016 年，被列入中国传统村落。

周家垴村 [Zhōujiānǎo Cūn]

居民点。中国传统村落。属宗艾镇。在寿阳县人民政府驻地西北 9.5 千米。人口约 460 人。相传原名“王家垴”，明代寿阳县西关的周氏家族迁此发展，因改名“周家垴”。村中有康熙《周家垴村观音堂碑记》。光绪《寿阳县志·舆地》：“周家垴所，距城二十里。”现存古建筑有周家垴龙天庙、观音堂、戏台，均为清代遗构。2019 年，被列入第五批中国传统村落名录。

尖山村 [Jiānshān Cūn]

居民点。中国传统村落。属宗艾镇神武村。在寿阳县人民政府驻地西北 8 千米。人口约 780 人。原为北魏末朔州神武郡尖山县侨治故地。《魏书·地形志》：“朔州，孝昌中改为州。后陷，今寄治并州界。领郡五，县十三。神武郡，领县二：尖山、殊颓。”现存古建筑有关帝庙、古戏台及清代宅院十余处。2019 年，被列入第五批中国传统村落名录。

下洲村 [Xiàzhōu Cūn]

居民点。山西省历史文化名村，中国传统村落，中国历史文化名村，全国文明村。属宗艾镇。在寿阳县人民政府驻地西北 11 千米。人口约 700 人。原为北魏末西夏州南迁侨治故地。元代名“下周”。清代名“下州”，后演变为今名。《魏书·地形志》：“西夏州，寄治并州界。领郡二，太安郡。神武郡。”光绪《寿阳县志·舆地》：“下州所，辖四村。下州，距城二十五里。”名胜古迹有下洲汉墓、下洲北宋辽金元文化遗存、下洲聂家宅院门楼、下洲戏台、洗心泉及清代民居 28 处、庙宇 5 座。2016 年，被列入第四批中国传统村落名录。2017 年 1 月，入选为第五批山西省历史文化名村。2019 年，入选为第七批中国历史文化名村。2020 年，被评为第六届全国文明村。

平头镇 [Píngtóu Zhèn]

乡级政区名。在寿阳县境西北部。东、东北邻平舒乡，东南与南燕竹镇相连，南、西南与榆次区什贴镇接壤，西与太原市迎泽区交界，西北、北与太原市阳曲县隔北神山相望。面积 198.91 平方千米。人口 2.08 万。辖平头村、黑水村、龙栖村等 19 个行政村。镇人民政府驻平头村。因驻地得名。

明清属清平乡西八里。清代光绪间，设雷公所、张家庄所、石河所等 12 所。1918 年，属西乡三区。1949 年，属寿阳县第九区。1955 年，设平头乡。1958 年，并入榆次市。1960 年，恢复寿阳县，属钢铁人民公社。1961 年，分设平头人民公社，辖 26 个管理区。1983 年，置平头镇。2001 年，南庄乡并入平头镇，辖 48 个行政村。2002 年，合并为 21 个行政村。

地势西高东低。地形分为山地和丘陵。主要山脉有罕山、鹿泉山、北神山、桃子山、牛头山、白鹿寺山、紫金山、要罗山。境内最高峰鹿泉山，海拔 1717 米，最低点北雷公位于蔡庄水库边缘，海拔 1011.6 米。有省级历史文化名村胡家堙村。名胜古迹有福田寺、石河傅山路居、百僧庄大王庙、松罗院等。福田寺位于黑水村北。正殿为元代建筑。殿内现存元至顺四年（1333 年）“刀村福田院创建正殿碑记”。2006 年，被公布为全国重点文物保护单位。有全国非物质文化遗产“寿阳爱社”傩舞。省级非物质文化遗产罕山竹马、山底寿星会。

平头村 [Píngtóu Cūn]

居民点。平头镇人民政府驻地。在寿阳县人民政府驻地西 20 千米。面积 15.6 平方千米。人口 0.38 万。因地处河谷，地势平坦，故名。光绪《寿阳县志 · 舆地》：“平头镇。县西北六十里。”民国初为西乡第三区公所驻地。1949 年后，历为第九区政府、平头乡、公社、平头镇政府驻地。位于鹿泉山东麓，白马河流经。地貌大部为新生代第四纪松散堆积物，变现为黄土丘陵地貌。海拔 1140 米。旧为寿阳县与阳曲县之间的交通要道和商品集散地。现为寿阳煤炭、建材主产区和农产品加工示范乡镇。古迹有明代普照寺大殿、沙圪塔东周遗址。民俗艺术有国家级非遗“寿阳爱社”傩舞、省级非遗有“罕山大竹马”等。

松塔镇 [Sōngtǎ Zhèn]

乡级政区名。在寿阳县东南部。东界阳泉市平定县冶西镇、昔阳县沾尚镇，南接和顺县马坊乡，西连羊头崖乡，北邻景尚乡。面积 311.47 平方千米。人口 1.18 万。辖松塔村、寺庄村、横岭村等 14 个行政村。镇人民政府驻松塔村。因驻地得名。

明、清属平定州。民国时期属平定县。1950 年，划入寿阳县，属第三区。1955 年，设松塔乡。1958 年，并入榆次市。1960 年恢复寿阳县，属上游人民公社。1963 年，分设松塔人民公社。1983 年，置松塔镇。2001 年 2 月，长岭乡并入。2002 年，整合后辖松塔、里庄等 18 个行政村。截至 2020 年 6 月，松塔镇辖 14 个行政村。

地处太行山区，是典型的红岩石干旱土石山区，丘陵众多，沟岔纵横。地势东南高，西北低缓。主要山脉有金牛山、猪头山、蛤蟆山、霍神山、长寿山。潇河、木瓜河、龙泉河、石旧河流经。最高点霍神山海拔 1495 米，最低点蝉头崖村潇河岸海拔 980 米。古迹有里思村兴国寺金代大殿、北榆唐代摩崖造像等。

松塔村 [Sōngtǎ Cūn]

居民点。松塔镇人民政府驻地。在寿阳县人民政府驻地东南 35 千米。面积 16.1 平方千米。人口约 914 人。相传古称九龙镇，后因村临河滩，村前有古松，故名松塔村。原属平定县地，1950 年，划入寿阳县。光绪《平定州志 · 舆地》：“广阳都十三村：松塔镇，州西南八十五里。”地形状况为河川山沟，海拔 1050 米。龙泉河、潇河由村南交汇。古迹有松塔东周文化遗址、清代河神庙。

西洛镇 [Xīluò Zhèn]

乡级政区名。在寿阳县西南部，潇河中游。东与朝阳镇为邻，东南与羊头崖乡相连，南、西与榆次区长凝镇、东赵乡交界，东北与南燕竹镇接壤。面积 332.48 平方千米。人口 1.59 万。辖西洛村、南东村、城冶村等 18 个行政村。镇人民政府驻西洛村。因驻地得名。

1918 年，属寿阳县第二、三区。1949 年，属寿阳县第四区。1952 年，设段廷乡、西洛乡、云烟乡、纂木乡、道坪乡 5 个乡。1955 年，属段廷乡。1958 年，并入榆次市。1960 年，恢复寿阳县，属卫星人民公社。1963 年，分设西洛人民公社。1983 年 6 月，置西洛镇，辖 28 个行政村。2001 年 2 月，纂木乡并入西洛镇。2021 年，上湖乡并入西洛镇。地处潇河川原，地势南北高，中间低。最高点戈山位于戈山村，海拔 1300 米；最低点西洛村潇河出境处，海拔 813 米。有国家级重点文物保护单位普光寺。有中国传统村落南东村、南河村、林家坡村、杏凹村、纂木村。中国历史文化名村有南东村、南河村。

西洛村 [Xīluò Cūn]

居民点。西洛镇人民政府驻地。在寿阳县人民政府驻地西南 43 千米。面积 5.83 平方千米。人口约 536 人。传因雒姓始居，分东雒、西雒两村，也俗写为“西落”“东落”，后演变为今名。光绪《寿阳县志·舆地》：“西落镇所，辖五村。西落镇距城八十五里。”地处土石山区，潇河沿岸，地形北高南低，海拔 820 米。地貌大部为新生代第四纪松散堆积物，变现为黄土丘陵地貌。1981 年，在村西 1 千米处的石虎湾发现旧石器晚期文化遗址。

林家坡村 [Línjiāpō Cūn]

居民点。中国传统村落。属西洛镇南河村。在寿阳县人民政府驻地西南 25 千米。人口约 200 人。因地处丘陵坡地，明代有福建闽侯林氏一支迁居于此，故名“林家坡”。光绪《寿阳县志·舆地》：“林家坡，距城八十里。”现存古迹有清代建筑林家坡阁、林家坡东周文化遗存、清代民居群、清代造纸坊等。2016 年，被列入第四批中国传统村落名录。

南东村 [Nándōng Cūn]

居民点。中国传统村落，中国历史文化名村，山西省历史文化名村。属西洛镇。在寿阳县人民政府驻地西南 29 千米。人口约 530 人。因村位于西洛镇东侧，与北东村相对而得名。地处潇河南岸河谷，南倚黄土丘陵。现存清代建筑有五佛殿、姑姑庵、河神庙、灯山庙、水母庙、三官庙等。民居建筑有地窨四合院。2016 年，被列入第四批中国传统村落名录。2017 年 1 月，入选为第五批山西省历史文化名村。2019 年，被列入第七批中国历史文化名村。

南河村 [Nánhé Cūn]

居民点。中国传统村落，中国历史文化名村，山西省历史文化名村。属西洛镇。在寿阳县人民政府驻地西南 24.7 千米。人口约 320 人。因村邻龙门河而得名。现存古迹有南河菩萨庙、清代防洪设施龙门洞、清代避匪藏身的碉楼、传统民居群、千年古槐等。村中各户均有堂号，现仍保留完整，如天顺堂、静安堂、光裕堂、宏顺堂、德厚堂、东仓堂、庆云堂、永庆堂、祝寿堂、敦厚堂、通顺堂等。2016年，被列入第四批中国传统村落名录。2017年1月，入选为第五批山西省历史文化名村。2019年，被列入第七批中国历史文化名村。

杏凹村 [Xìngào Cūn]

居民点。中国传统村落。属西洛镇。在寿阳县人民政府驻地西南26.9千米。人口约20人。清代名“杏窊”。光绪《寿阳县志·舆地》：“杏窊，距城八十里。”因村在靠山临沟的向阳山窝，旧多杏树而得名。村中清代李氏家族以经商、为宦起家，建有多处宅院。现存清代民居，依山就势，呈阶梯状分布。建筑木雕、石雕、砖雕较为精致。2016年，被列入第四批中国传统村落名录。

纂木村 [Zuǎnmù Cūn]

居民点。山西省历史文化名村，中国传统村落。属西洛镇。在寿阳县人民政府驻地西南28.9千米。人口约520人。地处八赋岭南麓。光绪《寿阳县志·舆地》：“纂木所，辖二十五村。纂木，距城八十里。”村西南现存名刹皇恩寺，寺中正殿石砌台基，面阔三间，进深六椽，单檐硬山顶。斗栱用材较大，形制简洁，具有元代特征。中殿、前殿为明代建筑。东西配殿、耳房均为清代建筑。2017年，被列入第五批山西省历史文化名村。2017年1月，入选为第五批山西省历史文化名村。2019年，被列入第五批中国传统村落名录。

尹灵芝镇 [Yǐnlíngzhī Zhèn]

乡级政区名。在寿阳县境东部。东与阳泉市郊区交界，南与松塔镇为邻，西南与景尚乡毗连，西与马首乡、朝阳镇连接，北与温家庄乡接壤。面积214.34平方千米。人口1.13万。辖芹泉村、太平村、阳坡村等13个行政村。镇人民政府驻芹泉村。为纪念革命烈士尹灵芝而命名。

1949年，属寿阳县第五区。1950年，南部落摩寺从平定县划入寿阳县，属第三区。1952年，分属芹泉乡、张靖乡、库仓乡等。1955年，分属芹泉乡、落摩寺乡。1958年，划入榆次市。1960年，恢复寿阳县，属金星人民公社。1963年，分设芹泉人民公社。1971年，更名为尹灵芝人民公社，驻芹泉。1983年，置尹灵芝镇。2001年，落摩寺乡并入尹灵芝镇。2002年，撤并村组辖16个行政村。

地处土石，丘陵山区，地形东南高，西北低缓。主要山峰有界碑山、大乐山、石雨山。向阳河、泉寺河流经。古迹有太平村北魏太平郡侨治旧址。纪念地有尹灵芝故居、尹灵芝烈士纪念坊。中国传统村落有尹灵芝村、郭王庄村。

革命烈士尹灵芝（1931—1947），尹灵芝镇赵家垴村人。1945年9月，任村妇救会副主任。1947年7月6日，加入中国共产党。11月3日，为中国人民的解放事业献出了生命，是刘胡兰式的女英雄。1971年，尹灵芝的家乡赵家垴村所在芹泉人民公社更名为“尹灵芝人民公社”（今尹灵芝镇），赵家垴村更名“尹灵芝大队”（今尹灵芝村）。

芹泉村 [Qínquán Cūn]

居民点。尹灵芝镇人民政府驻地。在寿阳县人民政府驻地东10千米。面积25平方千米。人口约886人。相传古称凤凰村、笔架村。后因村西南有泉，泉水流淌如琴音，故名“琴泉”，也写作“芹泉”，村遂以泉而得名。《读史方舆纪要》：“又芹泉山，在县东二十里，泉源有二，出南山雅儿谷，曰南芹泉，出北山太平谷，曰北芹泉，二泉合流，东入平定州界，亦曰琴泉。”1989年版《寿阳县志》：“相传古代有一宝泉，泉水叮咚，声如琴音，名曰琴泉，琴、芹同音，故名”。光绪《寿阳县志·舆地》：“芹泉，一名琴泉，在县东南二十里，土陉岭东。相传月晦临晓之际，有纤月微光照泉水中，后人甃以石，因呼为‘晓月井’。”“芹泉镇所，距城二十里。”南北为山地丘陵，中部为河谷。桃河支流向阳河环村流经。村西土陉岭为海河水系与黄河水系的分水岭。自古为晋东交通要道，元代置芹泉驿。元代《析津志》：“大都东西馆马步站：平潭，七十里芹泉。”清代寿阳八景的“芹泉晓月”即指此地。

郭王庄村 [Guōwángzhuāng Cūn]

居民点。中国传统村落。属尹灵芝镇。在寿阳县人民政府驻地东南22.6千米。人口约280人。原名郭家庄，旧属平定县地。1950年，划入寿阳县。后因与寿阳县南庄乡郭家庄自然村重名，1979年，将郭家庄更名为郭王庄。地处丘陵区，村庄依山叠起，民居就地取石砌筑而成。现存清代建筑有关帝庙、观音庙、虎神庙、前檐庙。村中虎神庙有正月二十五传统庙会。2019年，被列入第五批中国传统村落名录。

尹灵芝村 [Yǐnlíngzhī Cūn]

居民点。山西省历史文化名村，中国传统村落。属尹灵芝镇。在寿阳县人民政府驻地东北11.3千米。人口约180人。原名赵家垴村，为革命烈士尹灵芝的故乡。中华人民共和国建立后改名尹灵芝村。光绪《寿阳县志·舆地》：“太平所，辖四十五村。赵家垴，距城三十三里。”现存纪念地有尹灵芝故居、尹灵芝烈士纪念坊、藏粮洞、防空洞。有清代建筑观音庙。2017年，入选为第五批山西省历史文化名村。2019年，被列入第五批中国传统村落名录。

平舒乡 [Píngshū Xiāng]

乡级政区名。在寿阳县西北部。东与宗艾镇接壤，南与南燕竹镇相连，西南、西与平头镇为邻，西北、北与太原市阳曲县交界，东北与阳泉市盂县毗连。面积123.14平方千米。人口1.42万。辖平舒村、太安村、古城村等11个行政村。乡人民政府驻平舒村。因驻地得名。

清属平安乡。民国时期属寿阳县第四区。1949年，属寿阳县第十区。1950年，属第七区。1955年，分属段王乡、西岢乡、平舒乡3个乡。1958年，划入榆次市。1960年，恢复寿阳县，设先锋人民公社。1963年，设平舒人民公社。1983年，置平舒乡。2002年，行政村整合后辖12个行政村。地处土石丘陵区。有牛金山、圣佛山。平舒河、太安河、上峪河、龙门河流经。中国历史文化名村有龙门河村。省级历史文化名村有平舒村。古迹有祁寯藻故居纪念馆、平舒崇福寺、段王村罗汉寺等。

平舒村 [Píngshū Cūn]

居民点。山西省历史文化名村。平舒乡人民政府驻地。在寿阳县人民政府驻地西北15千米。面积10.1平方千米。人口0.11万。相传因处丘陵地带，独此平坦，故名平舒。

光绪《寿阳县志·舆地》："平安所，辖二村。平舒，距城三十里。太安距城三十里。"地处丘陵地区，砂岩质山地型褐土和红黄土质，海拔 1055 米。为清代名臣祁寯藻故里。古迹有祁氏祖宅、祁氏宗祠、祁寯藻墓、祁世长墓、崇福寺等。有祁寯藻故里景区，为集观光旅游、娱乐体验、休闲度假、会议研学于一体的风景区。2003 年 9 月，被评为第一批山西省历史文化名村。历史人物有祁韵士、祁寯藻、祁宿藻、祁世长。

祁韵士（1751—1815），字鹤皋，又字谐庭，别号筠渌，平舒村人。他开创西北少数民族地区地方史志的研究工作，撰有《蒙古王公表传》《西陲要略》《西域释地》《西域行程记》《万里行程记》等。

祁寯藻（1793—1866），字叔颖，祁韵士之子。嘉庆进士。历官至军机大臣，左都御史，兵、户、工、礼诸部尚书，体仁阁大学士、太子太保。卒谥文端。世称"三代帝师""寿阳相国"。

祁宿藻（1801—1853），字幼章，大学士祁寯藻之弟。道光进士。历任湖北黄州知府、广东按察使、江宁布政使等职。太平军攻占江宁时殉难。

祁世长（1825—1892），字子禾。祁寯藻之子。咸丰进士，授编修，数任乡试，会试主考官，督学直隶、安徽、浙江。卒谥"文恪"。著有《思复堂集》《祁文端公年谱》等。

龙门河村［Lóngménhé Cūn］

居民点。中国传统村落，中国历史文化名村。属平舒乡。在寿阳县人民政府驻地西北 10 千米。人口约 790 人。因地处龙门河边而得名。清初傅山寓居寿阳县期间，经此作五律《龙门山迳中》。光绪《寿阳县志·舆地》："龙门河所，辖四村。龙门河村，距城二十五里。"有清代建筑王家宅院、龙门河庆云阁、龙门河登山庙、龙门河戏台等。2016 年，被列入第四批中国传统村落名录。2019 年，入选为第七批中国历史文化名村。

解愁乡［Jiěchóu Xiāng］

乡级政区名。在寿阳县东北部。东与阳泉市盂县交界，南与温家庄乡毗邻，西与宗艾镇接壤，北与太原市阳曲县隔山相望。面积 115.52 平方千米。人口 1.02 万。辖解愁村、下解愁村、安胜村等 9 个行政村。乡人民政府驻解愁村。因驻地得名。

清代属太平乡。民国初属寿阳县第四区。1949 年，属寿阳县第七区。1952 年，分属独壁乡、解愁乡、长榆河乡、赛头乡 4 个乡。1958 年，属宗艾人民公社。同年并入榆次市。1960 年，恢复寿阳县，设解愁人民公社，辖解愁管理区、安胜管理区、堡底管理区等 33 个管理区。1983 年，置解愁乡。

地处太行山西麓，地势西北高东南低。有方山、双凤山、凤鸣山、孤山。最高点双凤山海拔 1582 米，最低点石门水库海拔 1293 米。古迹纪念地有灵嵩寺摩崖造像、寨底玄武庙、羊摩寺惨案遗址、种子坡地道战遗址等。

解愁村［Jiěchóu Cūn］

居民点。解愁乡人民政府驻地。在寿阳县人民政府驻地北 18 千米。面积 20.95 平方千米。人口约 896 人。相传古名上庄，因当地有春旱祭祀轩辕黄帝的传统，俗传应龙施雨助黄帝战败蚩尤的故事发生于此，因名为解愁。光绪《寿阳县志・舆地》："解愁镇所，辖四村。解愁镇距城四十里。"曾为解愁公社、解愁乡政府驻地。地处丘陵区，北部双凤山、凤鸣山与东部方山环绕，石门河流经。

温家庄乡 [Wēnjiāzhuāng Xiāng]

乡级政区名。在寿阳县境东北部。东与阳泉市盂县交界，东南与尹灵芝镇相邻，南与朝阳镇接壤，西与宗艾镇毗邻，北与解愁乡相连。面积 61.29 平方千米。人口 0.69 万。辖温家庄村、大东庄村、富家沟村等 9 个行政村。镇人民政府驻温家庄村。因驻地得名。

清代属太平乡。民国初属第四区。1949 年，属寿阳县第七区。1952 年，设盘湾底乡、程子洼乡。1958 年，并入榆次市。1960 年，恢复寿阳县，设温家庄人民公社，辖温家庄生产大队、胡家庄生产大队、寺沟生产大队等 24 个生产大队。1983 年，置温家庄乡。

地处山地丘陵，地势东高西低。主要山峰有方山、牛王头山，温家庄河流经。名胜古迹有方山国家森林公园、方山旅游风景区。方山为中国佛教圣地五台山南垂，名为朱明垂。唐代华严学者李通玄曾经隐居方山潜心研究《华严经》，著《华严经论》。景点有昭化寺、方山石窟、无影塔、李通玄墓、天然云洞、两池、六奇石、八松景、九泉十景等。

温家庄村 [Wēnjiāzhuāng Cūn]

居民点。温家庄乡人民政府驻地。在寿阳县人民政府驻地东北 15 千米。面积 2.95 平方千米。人口约 654 人。相传有温姓人家从宗艾镇蔚河村（原东蔚家庄）搬迁而来，因名温家庄。光绪《寿阳县志・舆地》："郑家庄所，辖十五村。温家庄距城二十三里。"地处山地，温家庄河流经。地势北高南低，海拔 1125 米。古迹有东周文化遗址。

景尚乡 [Jǐngshàng Xiāng]

乡级政区名。在寿阳县境中南部。东邻尹灵芝镇，南依松塔镇，西靠羊头崖乡，北接马首乡。面积 78.53 平方千米。人口 0.56 万。辖景尚村、贾豹村、库韩村等 7 个行政村。镇人民政府驻景尚村。因驻地得名。

清设景尚所、库韩所。民国初属南乡第二区。1949 年，属寿阳县第一区。1950 年，分属第二区、第三区、第五区。1952 年 10 月，设贾豹乡、张韩河乡、库韩乡、寺塘乡 4 个乡。1956 年 7 月，设景尚乡。1958 年 10 月，分属上游人民公社、金星人民公社。同年并入榆次市。1960 年，恢复寿阳县，设跃进人民公社。后更名为景尚人民公社。1984 年，置景尚乡。古迹纪念地有景尚八路军总部旧址、朱德路居、景尚牌楼、郭村诸真观、南库韩宝峰寺等。

景尚村 [Jǐngshàng Cūn]

居民点。景尚乡人民政府驻地。在寿阳县人民政府驻地南 19 千米。面积 12.70 平方千米。人口约 796 人。相传古名"富家坡"，后以景姓、尚姓始居而得名。据金大定六年（1166 年）所铸浮山寺钟铭文有"景尚村兴国院（寺）僧善真、赵元、孟春、张立、贾朝、郝存施银"字样。光绪《寿阳县志・舆地》："景尚所，辖十一村。景尚距城四十里。"1937 年 10 月 25 日，八路军总司令朱德率总部一行从五台出发，经盂县到达景尚村宿营。现存景尚八路军总部旧址、朱德路居旧址。寿阳县委、县政府现将旧址作为红色革命教育基地，2005 年，被公布为县级文物保护单位。

羊头崖乡 [Yángtóuyá Xiāng]

乡级政区名。在寿阳县境中南部。东邻景尚乡、松塔镇，南连和顺县马坊乡，西靠西洛镇，北与朝阳镇相接。面积 215.32 平方千米。人口 0.86 万。辖羊头崖村、南寺庄村、韩赠村等 15 个行政村。乡人民政府驻羊头崖村。因驻地得名。

清代属永平乡。民国初属第二区。1949 年，属寿阳县第一区。1950 年，属第二区。1955 年，设立羊头崖乡。1958 年，并入榆次市。1960 年，恢复寿阳县，设丰收人民公社。1963 年，分设羊头崖人民公社。1983 年，置羊头崖乡。2001 年，白云乡并入羊头崖乡。

地势南高北低。地形主要为丘陵。主要山峰为鸭子岩山。潇河流经乡境 14 千米。古迹有阔郊石佛寺石窟、强风破隋代摩崖造像等。有中国传统村落西草庄村。

羊头崖村 [Yángtóuyá Cūn]

居民点。羊头崖乡人民政府驻地。在寿阳县人民政府驻地南 16 千米。面积 12.12 平方千米。人口约 378 人。相传原名“雷家寨”，后因当地有山峰名老汉卜嘴，山形似羊头，故名羊头崖。光绪《寿阳县志 · 舆地》：“羊头崖镇所，距城三十五里。”民国初期为南乡第二区区公所驻地。1950 年，为第二区区公所驻地。后为公社、乡政府驻地。地处为土石山区，西北临风神山，海拔 1335 米。白马河、常兰河流经。羊头崖东北老汉卜嘴有片地方，严冬时即使积雪三尺，也能很快融化，但春暖花开时，积雪却比别处难以融化，因有“羊头积雪经盛暑”之说。寿阳八景之一“羊头积雪”即指此地。古迹纪念地有羊头崖抗日烈士纪念塔、千佛寺。

阔郊村 [Kuòjiāo Cūn]

居民点。属羊头崖乡。在寿阳县人民政府驻地南 37 千米。面积 2.5 平方千米。人口约 115 人。相传原名“霍郊”，后演变为“阔郊”。1989 年版《寿阳县志》载：“从前这里居住霍郊两姓，取名霍郊村，后来两姓相继绝迹，异姓不断迁入，更名为阔郊”。据清乾隆三十一年（1766 年）《重修龙王庙碑记》载：“既有如和邑治西古镇阔交旧有龙王庙一所。左临清，右倚峻岭，山清水秀，诚为龙神托迹之乡，一方祈禳之地也。”民国时属和顺县第三区。1949 年，属和顺县第三区。1950 年，划属寿阳县第二区。1953 年，属河家洼乡。1958 年，属羊头崖人民公社。1961 年，属白云人民公社。1984 年，属白云乡。2001 年，属羊头崖乡。地处丘陵区，四周群山环绕，海拔 1340 米。古迹北朝石佛寺石窟位于村西，现存 3 区 9 窟。龛内雕像多为一佛二菩萨、释迦多宝佛和单尊菩萨立像，有石雕门楼 1 座，屋顶卷棚歇山式，檐下雕斗栱、额枋、镂空雀替，为研究北朝建筑的实例。

西草庄村 [Xīcǎozhuāng Cūn]

居民点。中国传统村落。属羊头崖乡。在寿阳县人民政府驻地西南 17 千米。人口约 140 人。相传古代为收集喂马草料的地方，后分为西草庄和东草庄。光绪《寿阳县志 · 舆地》：“西草庄，距城四十五里。”现村中民居、街巷仍然保留了清代原有风貌。民居数量多，保存完好。文保建筑有宋代西草庄塔、清代西草庄庙等。2019年，被列入第五批中国传统村落名录。

祁　县 [QíXiàn]

县级行政区。在晋中市中部。东与太谷县相邻，东南与榆社县毗连，南与长治市武乡县交界，西南、西与平遥县接壤，西北与吕梁市文水县隔汾河相望，北、东北与太原市清徐县毗连。面积854平方千米。人口25.45万。辖昭馀镇、东观镇、古县镇、贾令镇、城赵镇、来远镇等6个镇，峪口乡1个乡。县人民政府驻昭馀镇。

上古因有湖泊“祁薮”，也称“昭馀祁”，县以此得名。《周礼·职方》：“并州薮曰昭馀祁。”《水经注·汾水》：“（侯甲水）经祁县故城南，自县连延，西接邬泽，是为祁薮也，即《尔雅》所谓昭馀祁矣。”

春秋属晋，为大夫祁奚食邑。战国属赵国。秦置祁县，属太原郡。西汉因之。新莽改祁县为示县。东汉初，复称祁县。三国属魏国，属太原郡。西晋初，属太原国。北魏时属并州太原郡。北齐天保七年（556年），裁祁县。隋开皇十年（590年）复置祁县，属并州。唐初属并州。武德三年（620年）属太州。六年，复属并州。开元十一年（723年），属太原府。宋太平兴国四年（979年），属并州。嘉祐四年（1059年），属太原府。金改祁县为祈县。天会六年（1128年），属河东北路。贞祐元年（1213年），在县东南团柏镇置幘州，祈县属幘州。贞祐四年（1216年），废幘州，改属太原府。兴定四年（1220年），属晋州。元初属太原路。大德九年（1305年），改太原路为冀宁路，县属之。明属太原府。清因之。1912年，直属山西省。1913年，属中路道。次年属冀宁道。1927年，废道，直辖山西省。1937年，属山西省第三行政区。1948年7月7日，祁县解放，全县分8个区，辖137个行政村。1949年，属榆次专区。1950年3月，全县调整为4个区，1个镇，辖137个行政村。1952年，城关镇改称区，驻地不变。全县为5个区，137个行政村。1954年，全县为1个区、40个乡、2个镇、309个村。1958年，祁县、太谷县合并，称太谷县，属晋中专区。1961年，恢复祁县。1967年，属晋中地区。1983年12月至1984年3月，完成人民公社改乡镇建制，全县为11个乡、1个镇，有184个生产大队、289个村。1999年9月，属晋中市。2002年，实行撤并村组，全县划分为6个镇、2个乡、160个行政村。

从地名专名来看，辖区内行政区划地名和居民点地名有以下特征：1. 以自然地理实体命名。如：谷峪口、河湾、涧村。2. 以地理位置命名。如：东山头、岭底、河南。3. 以历史古迹或人文地理实体命名。如：古县村、神堂头、祁城村、石佛窑。4. 以祥瑞、希冀命名。如：永安、会善、丰固。5. 以姓氏命名。如：乔家堡、鲁村、温曲。

从地名通名来看，辖区内行政区划地名和居民点地名有以下地方特色。1. 以人文地理实体标志堡、墩、窑、营为通名。如：梁家堡、左墩、段家窑、前营。2. 南部太行山区，以山、岭、沟、峪为通名的村落较为常见。如：井家山、白寺岭、许子沟等。3. 其他多以村、庄为通名。如：申村、杨家庄。

东南部为太岳山脉西北翼，西北部为太原盆地，地势由东南向西北倾斜。地貌类型自东南向西北依次为基岩中高山地、土石山地、山前丘陵及汾河冲积平原。最高点麓台山四县垴海拔 2023.5 米，最低点雅安村海拔 750 米。主要河道有汾河、昌源河、乌马河、伏西河、沙河、退水河等。

祁县古城为中国历史文化名城。谷恋村为中国历史文化名村。东观镇为山西历史文化名镇。名胜古迹有乔家大院、渠家大院、长裕川茶庄旧址、兴梵寺、梁村遗址、镇河楼、洪福寺、祁奚父子墓、聚全堂药铺旧址、文庙、罗家祠堂、大德恒票号旧址、大德诚茶庄旧址等。地方特色文化艺术有祁太秧歌、心意拳、背铁棍、八音会、武秧歌、祁县泥人、城赵剪纸等。2008 年，祁太秧歌被列入国家级非物质文化遗产名录。心意拳，亦称戴氏心意拳、心意六合拳，由清代本县人戴隆邦所创，是我国内家拳种之一。2011 年，心意拳被列入国家级非物质文化遗产名录。背铁棍、武秧歌、小磨香油制作技艺、民居建筑习俗被列入省级非物质文化遗产。历史人物有祁奚、王允、王维、罗贯中等。

祁奚（前 620—前 545），字黄羊，晋献侯四世孙，以封地在祁，遂以祁为氏。他“外举不避仇，内举不避亲”的故事成为千古美谈。后人把他奉为公而无私的楷模。今祁县阎名村北有祁奚父子墓。

王维（701—761），字摩诘，祖籍祁县。唐朝诗人、画家。他精通诗、书、画、音乐等，以诗名于世，尤长五言，多咏山水田园，与孟浩然合称“王孟”，有“诗佛”之称。

罗贯中（约 1330—约 1400），名本，字贯中，号湖海散人，祁县河湾村人。元末明初著名小说家、戏曲家，著有《三国演义》，后人尊为中国章回小说的鼻祖。

昭馀镇 [Zhāoyú Zhèn]

乡级政区名。祁县人民政府驻地。在县境中部。东与东观镇相邻，南与古县镇相邻，西北与城赵镇相邻，北与贾令镇相邻。面积 61.29 平方千米。人口 8.64 万。辖东关社区、王村社区、圪坨社区等 11 个社区，南关村、西关村、北关村等 20 个行政村，镇人民政府驻西北街村。因处昭馀祁故地而得名。

民国属祁县第一区。1949 年，属祁县城关区。1954 年，属城关镇。1958 年 9 月，设城关人民公社。11 月 10 日，祁县、太谷合并，称太谷县。1961 年 5 月，恢复祁县，仍名城关人民公社，辖会善等 14 个生产大队。1984 年，置城关乡，辖会善等 14 行政村。2001 年 2 月，城关乡与城镇合并为古城镇。5 月，改称昭馀镇，辖东关村等 14 个行政村和东风路等 6 个居民委员会。2014 年，辖南关等 9 个行政村和东关社区。2021 年 4 月，撤销西六支乡，整建制并入昭馀镇。

地处太原盆地。名胜古迹有祁县古城历史文化街区、文庙、渠家大院、丹枫阁遗址、何家宅院、长裕川茶庄、会善温大雅墓、温大有墓等。有省级非物质文化遗产晋中吹打。

西六支村［Xīliùzhī Cūn］

居民点。昭馀镇人民政府驻地。在祁县人民政府驻地东 5.4 千米。面积 3.93 平方千米。人口 0.3 万。据康熙版《祁县志》记载，西六支堡，在县东北一十里，嘉靖二十四年筑，围四百八十步，高二丈五尺，底阔二丈，顶阔一丈。女墙高五尺。门一座，敌台九座，俱有楼舍。壕一道，深一丈，阔二丈。护墙一道。1949 年，属七区辖行政村。1950 年，属三区辖行政村。1952 年，属二区辖村。1953 年，属二区南社乡。1954 年，属于南社乡。1956 年，属于西六支乡驻村，荣誉社驻西六支。1958 年到 1960 年，属城关（超英）公社南社管理区辖村。1961 年，属西六支公社辖生产大队。1984 年，属西六支乡辖村民委员会。2021 年，撤并西六支乡，并入昭馀镇。

会善社区［Huìshàn Shèqū］

居民点。属昭馀镇。在祁县人民政府驻地东北 2 千米。面积 1.08 平方千米。人口 0.37 万。2014 年，由行政村改为社区。俗传因当地历史名人众多，故名会善。光绪《祁县志·村坊》："北路：会善村，距县二里。"旧传为春秋晋大夫狐突、狐偃、狐毛故里。村西官道旧有"舅父故里"碑。为"太原温氏"的发祥地，是历史名人温峤、温彦博、温大雅、温大有、温庭筠的故里。

温峤（288—329），字泰（太）真，祁县人。出身太原温氏，东晋名将司徒温羡的侄子。任侍中、中书令，从平王敦之乱、苏峻之乱，拜骠骑将军，册封始安郡公。关汉卿据其轶事编写杂剧《温太真玉镜台》。

温大雅（约 572—629），字彦弘，祁县人，隋末唐初思想家、史学家。著有《大唐创业起居注》，记述了李渊太原起兵至正式登基称帝 357 天中的史事，为历代研究唐初创业的重要史料。

温彦博（574—637），名大临，祁县人。温大雅弟。隋任幽州司马。唐武德初任幽州长史、御史大夫，册封西河郡公。唐太宗即位，出任中书令，进封虞国公，累迁右仆射。

温大有（？—618），字彦将，祁县人。温彦博弟。李渊太原起兵后，封大有为太原令。武德元年，升任中书侍郎，封为清河郡公。

温庭筠（约 812—870），原名岐，字飞卿，祁县人，温彦博后裔。唐代诗人、词人，文思敏捷，每入试，押官韵，八叉手而成八韵，故有"温八叉"或"温八吟"之称。诗与李商隐齐名，时称"温李"。为花间派鼻祖，在词史上，与韦庄齐名，并称"温韦"。后人辑有《温飞卿集笺注》《花间集》《金荃词》。

东观镇［Dōngguān Zhèn］

乡级政区名。全国重点镇、山西省历史文化名镇。在祁县境东部。东与太谷县北洸乡、水秀镇相邻，东南与峪口乡相邻，西南与古县镇相邻，西与昭馀镇相邻，西北与贾令镇相邻，北与太原市清徐县相邻。面积 108.3 平方千米。人口 4.95 万。辖乔家堡社区、会张北社区 2 个社区，东观村、晓义村、北堡村等 28 个行政村。镇人民政府驻东观村。因驻地得名。

1949 年，属祁县第七区。1950 年 3 月，属第三区。1958 年，设东观人民公社，辖 14

个管理区。1961 年 5 月，东观人民公社分为东观、晓义、峪口 3 个公社。1984 年 3 月，置东观乡。8 月，改称东观镇。2001 年，晓义乡并入。

地处太原盆地，以平川为主，地势由东南向西北倾斜，昌源河、乌马河、伏西河流经。名胜古迹有国家级重点文物保护单位乔家大院、兴梵寺、渠家大院 3 处，及关帝庙、戏台、延寿寺、乐楼戏台、石牌坊等。民间文化艺术有晓义背棍铁棍，为省级非物质文化遗产。乡境乔家堡村、晓义村是山西省第二届文化示范村。2014 年 7 月，被定为全国重点镇。2003 年 9 月，被列为第一批山西省历史文化名镇。

东观村 [Dōngguān Cūn]

居民点。东观镇人民政府驻地。在祁县人民政府驻地东 12 千米。面积 5.6 平方千米。人口 0.81 万。原名“东管”，因管姓始居，与西管村相对而得名。后演变为今名。光绪《祁县志・村坊》：“东路：东观镇，距县二十五里。”历为晋中通往上党的要道。宋代建筑兴梵寺位于村北。北宋天圣三年（1025 年），创建于西管村。清康熙二十六年（1687 年）移建至东观村。正殿为宋代建筑。2006 年，被公布为全国重点文物保护单位。

乔家堡社区 [Qiáojiābǎo Shèqū]

居民点。中国传统村落、全国特色景观旅游名村。属东观镇。在祁县人民政府驻地东北 10 千米。面积 3.3 平方千米。人口 0.21 万。传明洪武二年，乔氏从洪洞县大槐树迁此定居，故名乔家堡。光绪《祁县志・村坊》：“东路：乔家堡，距县二十里。”全国重点文物保护单位乔家大院位于乔家堡社区中部。乔家大院始建于清乾隆间，又名“在中堂”，原为清代商业金融资本家乔致庸的宅第。1985 年，设立了祁县民俗博物馆，翌年对外开放。曾为《乔家大院》《大红灯笼高高挂》等 30 多部影视作品的拍摄点。2001 年，乔家大院被公布为全国重点文物保护单位。2010 年 3 月，入选为第一批全国特色景观旅游名村。2013 年 8 月，被列入第二批中国传统村落名录。地方名人乔致庸（1818—1907），字仲登，号晓池，乔家堡村人，出身晋商贾世家。他经营时期，乔家商业、金融达到鼎盛，并拓建重修了乔家大院。

晓义村 [Xiǎoyì Cūn]

居民点。属东观镇。全国文明村。在祁县人民政府驻地东北 19 千米。面积 1.08 平方千米。人口 0.37 万。原名“小义”，后改今名。光绪《祁县志・村坊》：“北路：晓义村，距县四十里。”1953 年，为晓义乡政府驻地。1961 年，为晓义人民公社驻地。1984 年，为晓义乡人民政府驻地。2001 年，属东观镇。有蔬菜种植传统，现为国家 3A 级无公害蔬菜种植基地，产品已获得国家农业部、省农业厅绿色产品认证和产地认证。“晓义铁棍背棍”是当地传统民间表演艺术，2006 年，入选为山西省首批非物质文化遗产名录。2015 年，被评为第四届全国文明村。村有文体演出团体 8 支，群众演员 1000 余人。

古县镇 [Gǔxiàn Zhèn]

乡级政区名。在祁县南部。东与峪口乡相邻，东南、南与来远镇相邻，西南与平遥县朱坑乡相邻，西与平遥县襄垣乡、洪善镇相邻，西北与城赵镇、昭余镇相邻，东北与东观镇相邻。面积 137.33 平方千米。人口 3.46 万。辖任村村、上八洞村、子洪村等 22 个行政村。镇人民政府驻下古县村。因驻地得名。

1949 年，属祁县第二区。1954 年，设蒲桑乡。1958 年，设古县人民公社。1984 年，置古县镇。2001 年 2 月，任村乡并入古县镇。

地处太岳山脉东端与太原盆地过渡带，境内平原、丘陵、山地依次相连，由北向南呈阶梯状分布，平均海拔 780 米。为祁县酥梨主产区，有优质酥梨 7 万亩，年产量 1 亿公斤。2005 年，"祁县酥梨"获国家地理标志产品。2015 年 8 月，被列为第五批全国一村一品示范村镇。古迹有梁村仰韶文化遗址、阎名祁奚父子墓、梁村洪福寺、子洪北魏石窟、小韩戴隆邦故居。纪念地有神堂头徐向前晋中战役指挥纪念馆、北岗头烈士陵园、郜北晋中战役遗址等。乡村旅游景区有阎漫梨花苑、神堂头玫瑰产业园、腾达生态庄园等绿色生态园区。有中国传统村落孙家河村，中国历史文化名村梁村。

历史名人戴隆邦（1713—1802），字兴国，清代乾嘉时期著名武术家。祖籍祁县戴家堡，后迁至祁县小韩村。他自幼嗜武术，继承戴伯苗所传的意拳，又融合姬氏心意六合拳等，开创戴氏心意拳。武术界将他尊为心意拳的开山鼻祖。

下古县村 [Gǔxiàn Cūn]

居民点。古县镇人民政府驻地。在祁县人民政府驻地东南 7.2 千米。面积 4.3 平方千米。人口 0.24 万。春秋为晋大夫姬奚的食邑。前 514 年，魏献子置祁县。《左传・昭公二十八年》："分祁氏之田为七县。贾辛为祁大夫。"秦为祁县治所。汉高祖六年（前 201 年）封缯贺祁侯，为祁侯国。王莽时期改名示县。西晋后祁县徙治，遂名古县。后分为下古县、上古县两村。光绪《祁县志・村坊》："南路：古县村，距县十五里。"1958 年，为古县人民公社驻地。1984 年，为古县镇人民政府驻地。传为唐代诗人王维故里，纪念地有王维衣冠冢。

梁村 [Liáng Cūn]

居民点。中国历史文化名村。属古县镇。在祁县人民政府驻地东南 10 千米。人口 0.16 万。梁姓始居，故名。光绪《祁县志・疆域》："南路：梁村，距县二十五里。"地处昌源河北岸台地。名胜古迹有梁村新石器文化遗址、洪福寺。梁村遗址位于村西。1955 年，试掘出土有仰韶文化庙底类型的泥质红陶折唇壶，敛口钵和线纹小口尖底瓶；庙底沟二期文化的夹砂灰陶绳纹附加堆纹筒形罐，泥质灰陶篮纹喇叭口桥形目罐等残片，另出土有石、凿、蚌刀等。2013 年 5 月，梁村遗址被公布为第七批全国重点文物保护单位。洪福寺位于村南，始建于元大德三年（1299 年）。明、清重修。寺内建筑除东院正殿为元代遗构，山门、过殿、配殿皆为清代建筑。2019 年 10 月，梁村洪福寺被公布为第八批全国重点文物保护单位名单。2007 年，入选为第三批中国历史文化名村。

孙家河村 [Sūnjiāhé Cūn]

居民点。中国传统村落。属古县镇。在县人民政府驻地昭馀镇东南 11.4 千米。人口约 330 人。因清初广东孙姓迁此聚族而居，村东临百泉头河，故名。清咸丰间，族人孙郅在平遥开设"元丰玖"票号，随之在村中兴土木建造宅院。现存古建筑有孙郅所建民居建筑群、清代孙家河戏台、关帝庙、孙家河村堡。地处麓台山北麓丘陵区。特产酥梨。2016年，被列入第四批中国传统村落名录。

贾令镇 [Jiǎlìng Zhèn]

乡级政区名。在祁县北部。东与东观镇相邻，西南与昭馀镇相邻，西与城赵镇相邻，西北与吕梁市文水县南安镇相邻，北与太原市清徐县相邻。面积64.52平方千米。人口2.68万。辖贾令村、西阳羽村、后营村等13个行政村。镇人民政府驻贾令村。因驻地得名。

1949年，属祁县第六区。1954年，设立贾令乡。1958年，设贾令人民公社。1984年3月，置贾令乡。8月，改置贾令镇。

地处太原盆地，昌源河、乌马河流经。为传统农业种植养殖大镇。古建筑有镇河楼、塔寺观音庙、东阳羽慈禧太后路居处等。境内谷恋村是中国历史文化名村、中国传统村落。贾令村、沙堡村是中国传统村落。

贾令村 [Jiǎlìng Cūn]

居民点。中国传统村落、山西省历史文化名村。贾令镇人民政府驻地。在祁县人民政府驻地北7千米。面积9.07平方千米。人口0.43万。相传为纪念春秋祁大夫贾辛而命名。康熙《祁县志·古迹》："贾令镇，北十五里。晋贾辛为祁大夫，相传民德之，故名。"《水经注·汾水》："（太谷水）出谷西北流，经祁县故城南，自县连延，西接邬泽，是为祁薮也。即《尔雅》所谓昭馀祁矣。贾辛邑也。辛貌丑，妻不为言，与之如皋，射雉，双中之，则笑也。王莽之示县也。"古为交通要道，有"川陕通衢"之称。元代置贾令驿。元《析津志·大都东西馆马步站》："贾令，八十义棠。"光绪《祁县志·村坊》："北路：贾令镇，距县十五里。明嘉靖二十年筑堡。"地处太原盆地，昌源河流经。名胜古迹有镇河楼、狐神庙、清代民居等。镇河楼位于村南，为二层砖木构过街楼阁式建筑。原为祈祝镇捍昌源河水患而建，故名"镇河楼"。始建于明宣德间，历代重修，现存为明代遗构。2019年10月，镇河楼被公布为第八批全国重点文物保护单位。2016年12月，被列入第四批中国传统村落名录。2017年1月，入选为第五批山西省历史文化名村。

谷恋村 [Gǔliàn Cūn]

居民点。山西省历史文化名村、中国历史文化名村、中国传统村落。属贾令镇。在祁县人民政府驻地东北10千米。面积3.8平方千米。人口0.19万。原名"圐圙村"，因旧有土围子而得名。后以方言谐音改写为"谷恋村"。光绪《祁县志·村坊》："北路：谷恋堡，俗呼'北圐圙'，距县二十里。明嘉靖二十年筑堡。"地处平川区，南临昌源河，经济以农业为主。历史上以地方富庶，民间誉为"金塔寺，银谷恋"。明嘉靖二十年（1541年），村周建城堡，筑女墙、敌台、城壕等设施。清初，经马家堡村开凿大东渠，引昌源河水入村。村中现存明清庙宇、民居建筑40余处，老街巷仍保持历史原貌。历史名人高锡华（1857—1020），字子春，号紫莼，谷恋村人，清光绪壬辰进士。清末书法家、诗人，著有《澄观草堂诗集》。2006年11月，被评为山西省历史文化名村。2013年8月，被列入第二批中国传统村落名录。2014年2月，入选为第六批中国历史文化名村。

沙堡村［Shābǎo Cūn］

居民点。中国传统村落。属贾令镇。在祁县人民政府驻地东北 6 千米。人口 0.13 万。因村堡靠近昌源河，土地多沙，故名。光绪《祁县志・疆域》："北路：沙堡村，距县十五里。"地处太原盆地，昌源河流经。古建筑有清代民居群、闷房院、关帝庙等。2019 年，被列入第五批中国传统村落名录。

城赵镇［Chéngzhào Zhèn］

乡级政区名。在祁县西北部。东与昭馀镇相邻，东南与古县镇相邻，西南与平遥县洪善镇相邻，西、西北与吕梁市文水县刘胡兰镇、南安镇相邻，东北与贾令镇相邻。面积 74.01 平方千米。人口 3.72 万。辖城赵庄社区和里村、丰固村、苗家堡村等 16 个行政村。镇人民政府驻城赵村。因驻地得名。

1949 年，属祁县第五区。1954 年，设立城赵乡。1958 年，改设城赵人民公社。1984 年 3 月，置城赵镇。2001 年 2 月，里村乡并入城赵镇。

地处平川区，汾河、乌马河、昌源河在境交汇。为全县农业大镇，盛产白酒。民间传统艺术以"城赵剪纸"闻名。2003 年 4 月，被文化部命名为"中国民间文化艺术之乡（剪纸）"。2008 年 3 月，城赵剪纸被列入市级非物质文化遗产名录。古迹有集圣寺、赵襄子墓、东汉司徒王允墓等。修善村是中国传统村落。

城赵村［Chéngzhào Cūn］

居民点。城赵镇人民政府驻地。在祁县人民政府驻地西北 4 千米。面积 6.6 平方千米。人口 0.43 万。相传因春秋时赵襄子在此筑城而得名。《永乐大典・太原志・古迹》："赵襄子城，在祁县西六里。《图志》云：赵襄子所筑。今为赵村，无迹可考。"康熙《祁县志》："赵襄子城，在县西北八里。《图志》云：'赵襄子所筑。'今为城赵村。村东有土台三所，亦云赵襄子所筑。"光绪《祁县志・村坊》："西路：城赵村，距县十里。"历为城赵乡、城赵人民公社、城赵镇人民政府驻地。古迹有慈音寺。

修善村［Xiūshàn Cūn］

居民点。中国传统村落。属城赵镇。在祁县人民政府驻地西北 5 千米。面积 5.1 平方千米。人口 0.2 万。以希冀吉语命名。明代筑村堡，故曾名修善堡，后称为修善村。光绪《祁县志・村坊》："西路修善村，距县十里。"为东汉司徒王允故里。村西有王允墓。康熙《祁县志》："司徒王允墓，在县西北修善村。长二十五步，阔二十步。"墓西北有王司徒祠，明嘉靖中建。历史人物王允（137—192），东汉灵帝时豫州刺史，曾镇压黄巾，诛杀宦官，声名卓著。汉献帝时任司徒，暗结吕布杀董卓。后王允被董卓部将杀害，献帝念其忠，将其柩护送回祁县修善村故里。戏剧《凤仪亭》即根据王允与吕布谋杀董卓的故事所改编。2018 年，被列入第五批中国传统村落名录。

来远镇［Láiyuǎn Zhèn］

乡级政区名。在祁县东南部。东与榆社县河峪乡相邻，南与长治市武乡县分水岭乡相邻，西与平遥县朱坑乡相邻，西北与古县镇相邻，北与峪口乡相邻，东北太谷县侯城乡相邻。面积 275.39 平方千米。人口 0.34 万。辖来远村、盘陀村、东山村等 7 个行政村。镇人民政府驻来远村。因驻地得名。

1949 年，属祁县第一区。1956 年，属来远乡。1958 年，属来远人民公社。1984 年 3 月，置来远乡。8 月，改置来远镇。

地处太岳山地，昌源河谷。境内四县垴，亦名雾云山，位于镇东部的祁县、太谷、榆社三县交界处，为祁县境内最高点，海拔 2023.5 米。因站在峰顶能看到祁县、太谷、榆社、武乡四县地，故名四县垴。有四县垴自然保护区，为山西省重点自然保护区，面积 160 平方千米。区内森林植被茂密，以天然次生混交林为主，林中有金钱豹、黄羊、艾虎等国家级保护动植物。古迹有盘陀新石器文化遗址、团城战国文化遗址、唐河底东魏摩崖造像等。麓台龙洞为祁县八景之一。有中国传统村落唐河底村、盘陀村。

来远村 [Láiyuǎn Cūn]

居民点。来远镇人民政府驻地。在祁县人民政府驻地东南 40 千米。面积 22.53 平方千米。人口约 642 人。相传因地势偏远而得名。光绪《祁县志・村坊》："南路：来远镇，距县七十里。"地处昌源河谷两边高地，平均海拔 1100 米。古为太原与上党间交通要道隆州谷险要路段，迤北盘陀村元代置盘陀驿。民国时期白晋铁路经此设来远火车站。1938 年 4 月，武士敏将军率 169 师在来远一带的河谷里阻击日军，八路军 129 师给予策应。国共合作共御强敌，取得胜利，史称"子洪口护国战役"。现存古迹纪念地有来远关帝庙、来远白晋铁路桥遗址、陆军 169 师子洪口护国战役阵亡烈士纪念碑、来远国共和谈纪念地等。

盘陀村 [Pántuó Cūn]

居民点。中国传统村落。属来远镇。在祁县人民政府驻地东南 20 千米。人口约 540 人。以其地处昌源河谷中，道路迂回弯曲而得名。自古为古隆州谷中要隘。《宋史・姚古传》："金人进兵迎古，遇于盘陀，古兵溃，退保隆德"，即此地。明洪武三年（1370 年），在子洪口设盘陀驿，至清末废。康熙《祁县志・关梁》："盘陀镇，紫红镇东南，去县五十里。宋太祖由盘陀取太原。"光绪《祁县志・疆域》："南路：盘陀镇，距县五十里。"古迹有盘陀新石器文化遗址、清代盘陀戏台。2019 年，被列入第五批中国传统村落名录。

唐河底村 [Tánghédǐ Cūn]

居民点。中国传统村落。属来远镇。在祁县人民政府驻地东南 30 千米。人口约 100 人。因明代永乐间唐氏族人迁此聚居，地处昌源河支流岸边，故名。现存名胜古迹有隋代唐河底南摩崖造像、东魏唐河底西摩崖造像、北齐唐河底唐河南岸摩崖造像、北齐唐河底唐河北岸摩崖造像及传统民居、戏台等清代建筑。2016 年，被列入第四批中国传统村落名录。

峪口乡 [YùkǒuXiāng]

乡级政区名。在祁县东南部。东与太谷区侯城乡相邻，南与来远镇相邻，西与古县镇相邻，西北与东观镇相邻，东北与太谷区北洸乡相邻。面积 132.44 平方千米。人口为 1.08 万。辖鲁村、峪口村、天居村等 11 个行政村。乡人民政府驻鲁村。因原驻地得名。

1949 年，属祁县第三区。1953 年，属北梁乡。1957 年，属生茂乡。1958 年，属东观人民公社。1961 年，分设峪口人民公社。1984 年，置峪口乡至今。地处太原盆地与太岳山地过渡带，昌源河、伏西河流经。古迹有鲁村宋元瓷窑址、北团柏隆州城遗址、段家窑民居等。有中国传统村落上庄村。

鲁村 [Lǔ Cūn]

居民点。峪口乡人民政府驻地。在县人民政府驻地昭馀镇东南 20 千米。人口 0.17 万。鲁姓始居，故名。光绪《祁县志·疆域》："南路：鲁村，距县三十里。"地处太原盆地与太岳山地的过渡带，昌源河流经，为"太谷古道"入山口。历史上为太原通往上党的交通要隘。明代建筑堡寨，俗称"鲁村寨"。1954 年，设鲁村乡。名胜古迹有鲁村古脊椎动物化石点、鲁村宋元窑址、鲁村寨城堡。208 国道经此。

峪口村 [Yùkǒu Cūn]

居民点。属峪口乡。在祁县人民政府驻地东南 20 千米。面积 5.6 平方千米。人口 0.11 万。因村址位于伏西河出山口，故名峪口。光绪《祁县志·村坊》："东路：峪口村，距县四十里。"地处丘陵，下临平川。历为峪口人民公社、峪口乡政府驻地。古迹有峪口新石器文化遗址。

上庄村 [Shàngzhuāng Cūn]

居民点。中国传统村落。属峪口乡。在祁县人民政府驻地东南 26 千米。人口约 40 人。因村在高风錾山上，故名。相传村民刘氏家早年赴京经营粮油生意，在各地发展百余家店铺。因在家乡大兴土木，仿造京城风格的宅院、寺庙，时有"小北京"之称。现存古建筑有清代民居建筑群、戏台、上庄五道庙、上庄佛殿等。2016 年，被列入第四批中国传统村落名录。

平遥县 [PíngyáoXiàn]

县级政区名。中国历史文化名城。属晋中市。在晋中市西南部。东接祁县，南靠长治市沁源县，西邻吕梁市汾阳市，北连吕梁市文水县，东南与长治市武乡县、沁县毗邻，西南与介休市接壤。面积 1253.53 平方千米。人口 45.06 万。辖城东街道、城西街道、古城街道等 3 个街道，古陶镇、洪善镇、东泉镇、段村镇、宁固镇 5 个镇，岳壁乡、南政乡、中都乡、襄垣乡、朱坑乡、卜宜乡、香乐乡、杜家庄乡 8 个乡。县人民政府驻古陶镇。

春秋为晋国中都邑。战国有赵国中都邑。秦置中都县、京陵县，俱属太原郡。中都县治今桥头村一带；京陵县，治今京陵村。西汉为代国都。新莽改京陵县为致城县。东汉复京陵县。北魏始光元年（424 年），平陶县治自今文水县境徙京陵县，废京陵县入平陶县。后改为平遥县，属太原郡。"平陶"原为陶唐氏帝尧所居而得名，北魏时期因避太武帝拓跋焘之讳，改“平陶”为“平遥”。《元和郡县志》：“魏以太武帝名焘，改平陶为平遥。”太平真君九年（448年），中都县治徙榆次县境。隋开皇三年（583年），县属介州。十六年，析置清世县，治今东青村，大业二年（606年），废清世县入平遥县。三年，属西河郡。乾元元年（758年），属汾州。宋、金、元、明因之。明万历二十三年（1595年），属汾州府。清因之。1912年，直属于省。后属冀宁道。1937年，属山西省第三行政区。1941年，分置平介县，属太岳区一专区。1948年，复为平遥县。1949年，属榆次专区。1958年，属晋中专区。1967年，属晋中地区。1999年，属晋中市。

从地名专名来看，辖区内行政区划地名和居民点地名有以下特征：1. 以自然地理实体命名。如：南依涧、西戈山、东泉。2. 以地理位置命名。如：五里庄、桥头、营里。3. 以历史古迹或人文地理实体命名。如：宁固（宁固府）、京陵（京陵县）、源神庙。4. 以祥瑞、希冀命名。如：新胜、北长寿、康宁。5. 以姓氏命名。如：梁坡底、王郭、苏家庄。6. 以物产命名。如：枣林、果子沟、艾蒿坪。

从地名通名来看，辖区内行政区划地名和居民点地名有以下地方特色：1. 以人文地理实体标志为通名。如：西源祠、石城、梁家寨。2. 以自然地理实体标志为通名。如：孟山、南湖、东泉、九龙沟等。3. 其他多以村、庄为通名。如：弓村、杜家庄。

东南部属太岳山脉，西北部为太原盆地，地势东南高，西北低。东南部群山环绕，中部丘陵起伏，沟壑纵横。西北部为广阔平川。主要山脉有孟山、宝塔山、黑神山、麓台山、界碑山、超山、千秋岭等。汾河自北向南流纵贯县境。主要支流有昌源河、惠济河、柳根河、婴涧河、磁窑河等。境内最高点孟山海拔1962米，最低点汾河下游两岸，海拔735米。

平遥古城是1986年被国务院公布为第二批中国历史文化名城。1997年，平遥古城被联合国教科文组织列入世界物质文化遗产名录。全国重点文物保护单位有日升昌票号旧址、双林寺、镇国寺、惠济桥、平遥市楼、平遥文庙、平遥城隍庙、清虚观、利应侯庙、金庄文庙、干坑南神庙、慈相寺、隆福寺、清凉寺、白云寺、北依涧永福寺、襄垣慈胜寺、平遥城墙、雷履泰故居19处。国家4A级旅游风景区有双林寺、镇国寺。国家5A级旅游风景区有日升昌票号、县衙署、平遥文庙、平遥财神庙、协同庆钱庄等。国家级非物质文化遗产有平遥推光漆器修饰技艺、纱阁戏人、冠云平遥牛肉传统加工技艺、道虎壁王氏中医妇科。省级非物质文化遗产有平遥票号、晋商镖局。梁村为中国历史文化名村。有省级历史文化名镇名村10处。

以“平遥”地名冠名的社会应用有平遥古城、平遥牛肉、平遥推光漆器等。

平遥古城：始建于北魏。明洪武三年（1370年），重筑扩修。古城平面呈方形，城区总面积2.25平方公里。全城开六座城门，以东大街、西大街、南大街、北大街为主干，城中心市楼。又名金井楼，为全城中心建筑。市楼的左、右前方对应的县衙署和城隍庙；下东、西门内为对应的道家清虚观和佛家集福寺；上东、西门内有对应的文庙和武庙。全城规划有序，主次分明，中心突出，左右对称，是明清时期城市建设的典范作品。1986年，国务院公布平遥古城为第二批国家历史文化名城。1997年12月，平遥古城申报世界文化遗产获得成功。2015 年 7 月 13 日，平遥古城成为国家 5A 级旅游景点。

平遥牛肉：为平遥县特产。平遥牛肉根据当地特有的土壤、水质、气候、人文等因素，采用考究的选料方法和独特的腌、卤、炖、焖制作工艺，所产的牛肉色泽红润，肉质鲜嫩，肥而不腻，瘦而不柴，醇香可口。2008 年，冠云平遥牛肉传统加工技艺入选为第二批国家级非物质文化遗产名录。

平遥推光漆器：为中国四大漆器之一，因以手掌推出光泽而得名。底漆多以墨黑、霞红、杏黄、绿紫为主，绘以民族风格的图案，如古典小说、戏剧中故事人物、古代神话、花鸟亭台等。外观古雅光亮，绘饰金碧辉煌，色调和谐，富丽堂皇。现有品种多为屏风、挂屏、衣柜、角柜、酒柜、首饰匣等。

平遥县历史名人有西晋文学家孙楚、东晋文学家孙绰、史学家孙盛、清代晋商雷履泰、当代历史学家侯外庐、当代文学家王瑶、当代肖像画家李琦等。

古城街道 [Gǔchéng Jiēdào]

乡级政区名。在平遥县城中部。东临城东街道，南与古陶镇毗邻，西连城西街道，北与古陶镇接壤。面积 2.25 平方千米。人口 1.75 万。辖壁景堡社区、站马道社区、海子街社区等 5 个社区。

2007 年 12 月，根据平遥古城保护和发展需要设立古城街道，与城东街道、城西街道和古陶镇共同构成了平遥城区。因地处平遥古城内得名。为历史文化街区，其中以东、西大街、城隍庙街、衙门街、南大街为主要旅游商业区。全国重点文物保护单位有平遥城墙、市楼、日昇昌票号旧址、清虚观、城隍庙、文庙、雷履泰故居。名胜古迹有平遥县衙、小察院衙署、武庙、二郎庙、天主教堂、蔚泰厚票号旧址、百川通票号旧址、永隆号旧址、长泰永绸缎庄旧址、兰香园炉食铺旧址、长升源炉食铺旧址及众多传统民居。有金井市楼、贺兰仙桥、清虚仙迹、书院弦歌、河桥野望、九龙照壁、凤凰栖台等八景。经济以旅游业、服务业为主。通古城游览车。

城东街道 [Chéngdōng Jiēdào]

乡级政区名。在平遥县城东部。东、南与岳壁乡相连，西南、西与城西街道、古城街道毗邻，北与南政乡相接，东北与洪善镇接壤。面积 3.05 平方千米。人口 1.51 万。辖九眼桥社区、汇丰社区、秋雨社区等 5 个社区。2007 年 12 月，根据平遥古城保护和发展需要设立城东街道，与古城街道、城西街道和古陶镇共同构成了平遥古城。因地处平遥古城东部得名。惠济河流经。有平遥牛肉集团有限公司。2008 年，冠云平遥牛肉传统加工技艺被列入国家级非物质文化遗产名录。

城西街道 [Chéngxī Jiēdào]

乡级政区名。在平遥县城西部。东连古城街道，东南与岳壁乡相连，南、西与中都乡毗邻，西北、北与南政乡相接，东北连城东街道。面积 2.61 平方千米。人口 3.77 万。辖峰岩社区、春蕾社区、宏源社区等 6 个社区。2007 年 12 月，根据平遥古城保护和发展需要设立城西街道，与古城街道、城东街道和古陶镇共同构成了平遥古城。因地处平遥古城西部得名。柳根河流经。南同蒲铁路经境设平遥站。

古陶镇 [Gǔtáo Zhèn]

乡级政区名。平遥县人民政府驻地。在县境北部。东、南与岳壁乡、中都乡相连，西南、西与中都乡接壤，西北、北与南政乡毗邻，东北与洪善镇相接。面积 22.91 平方千米。人口 6.94 万。辖东城村、西城村、南城村等 9 个行政村。镇人民政府驻西城村。以平遥县古名平陶县命名。

北魏以来历为县治。1949 年，属平遥县城区。1956 年，设城关镇。1961 年，设城关人民公社。1984 年，置城关镇。2001 年，改置古陶镇。明成化《山西通志建置沿革》载："平遥县，古陶地，帝尧初封于陶，即此。"地处太原盆地，惠济河流经。名胜古迹有平遥城墙、日升昌票号遗址、清虚观、文庙、城隍庙、惠济桥、雷履泰故居、平遥县衙等。境内平遥古城在 1986 年被列为中国历史文化名城。1997 年 12 月，联合国教科文组织正式将平遥古城列入世界文化遗产名录。

西城村 [Xīchéng Cūn]

居民点。古陶镇人民政府驻地。面积 2.25 平方千米。人口 1.68 万。因在平遥县城内西部而得名。平遥城创建于北魏。现存平遥县城拓筑于明洪武三年（1370 年）。全城以东大街、西大街、南大街、北大街为主干，巷道两侧分布，金井楼为全城中心建筑，左、右前方对应的县衙署和城隍庙；下东、西门内为对应的道家清虚观和佛家集福寺；上东、西门内有对应的文庙和武庙。全城规划有序，中心突出，左右对称，为明清时期城市建设的典范。1997 年 12 月，城内四条大街及城隍庙街、政府街两侧临街铺面改建为景点、民俗客栈。2009 年，以古城为中心，新城向西、南、东发展。东区为教育新区，南区以党政办公大楼、机关、医院为主形成综合发展区，西区以绿色都城、柳根花园为代表形成住宅新区。

段村镇 [Duàncūn Zhèn]

乡级政区名。在平遥县境南部。东邻卜宜乡，南与长治市沁源县王和镇接壤，西与介休市张兰镇相邻，北与中都乡毗连。面积 61.92 平方千米。人口 3.4 万。辖段村、陈西村、横坡村等 16 个行政村。镇人民政府驻段村。因驻地得名。

1949 年，属平遥县第四区。1953 年，设段村乡。1958 年，设段村人民公社。1984 年 3 月，置段村乡。同年 9 月，改段村镇。2001 年，普洞乡并入。

地处太岳山北麓丘陵区，官沟河、佛常河流经。名胜古迹有河西庙、晋商尚家大院、廉庄廉氏祠堂、陈西村七佛殿，北常村乾山楼、马壁村明代结义庙、堡和村槐柏古树奇观、普洞村古村院落、北常普音寺、横坡村道庄庙建筑群、弓村仰韶文化遗址等。有中国传统村落、普洞村、段村、横坡村。民俗文化艺术有凤凰堡龙灯、薰堡背弓、黄河灯、永庆堡走马花灯等。

段村 [Duàn Cūn]

居民点。中国历史文化名村、中国传统村落、山西省历史文化名村。段村镇人民政府驻地。在平遥县人民政府驻地南 15 千米。人口 0.75 万。因段姓聚居得名。光绪《平遥县志·建置》：“西南乡，段郝。”聚落由明代创建的凤凰堡、泰和堡、和薰堡、兴盛堡、永庆堡组成。名胜古迹有河底庙、晋商民居等。民俗文化艺术有凤凰堡龙灯、高跷、和薰堡背弓、铁弓、旱船、秧歌、永庆堡走马花灯、黄河灯、刺绣、剪纸、蒸花馍等。2006 年 11 月，入选为第二批山西省历史文化名村。2014 年 11 月，被列入第三批中国传统村落名录。2019 年 1 月，入选为第七批中国历史文化名村。

横坡村 [Héngpō Cūn]

居民点。中国传统村落，全国文明村。属段村镇。在平遥县人民政府驻地古陶镇南 20 千米。人口 0.15 万。原名为“斜坡”，因地形得名。因平遥方言“斜”与“横”相近，后演变为今名。光绪《平遥县志·建置志》：“东南乡：斜坡儿。”村中旧有四姓分散居处，四家地形地貌，建筑特征各异，故有“姚家的圪洞，郭家的湾，李的吊桥，张家的山”之谚。民居依山就势层层叠起，楼阁、砖窑各具特色。现存古建筑有关帝庙、娘娘庙皆为清代遗构。2016 年，被列入第四批中国传统村落名录。2017 年，被评为第五届全国文明村。

普洞村 [Pǔdòng Cūn]

居民点。中国传统村落、山西省历史文化名村。属段村镇。在平遥县人民政府驻地南 18 千米。人口 0.14 万。明代置普同关巡检司，为平遥、沁源间要隘，后演变为今名。《明史·地理志》汾州府：“平遥县，南有普同关巡检司。”光绪《平遥县志·武备志》：“县治南五十里曰‘普同关’，在普同谷口，东南抵绵上关，通沁源县，西抵关子岭，南入岳阳县，为往来险要之地。明洪武五年，置巡检司。”光绪《平遥县志·建置》：“西南乡，普洞郝。”村内现存清代民居群依山而建，呈台阶式分布，有大小院落 20 余座、古窑洞 340 间，数百年古槐分布其间，保留有原生态古村落的淳朴和静谧。古迹纪念地有五道爷庙，真武爷庙、龙泉寺、观音堂、五爷庙、娘娘庙、文祠神烈士纪念碑、文祠神庙圪塔战役遗址等。2006 年 11 月，入选为第二批山西省历史文化名镇名村。2013 年 8 月，被列入第二批中国传统村落名录。

东泉镇 [Dōngquán Zhèn]

乡级政区名。在平遥县境东南部。东邻长治市武乡县，南与长治市沁源县王和镇接壤，西与卜宜乡、岳壁乡相连，北与朱坑乡毗邻。面积 369.99 平方千米。人口 2.35 万。辖东泉村、圪塔村、水磨头村等 20 个行政村。镇人民政府驻东泉村。因驻地得名。

1949 年，属平遥县第五区。1953 年，设东泉乡。1958 年，设东泉人民公社。1984 年 3 月，置东泉乡。同年 9 月，改东泉镇。2001 年，千庄乡并入。2021 年，撤销孟山乡，整建制并入东泉镇。

地处太岳山北部山地丘陵区。主要山峰孟山海拔 1962 米，宝塔山海拔 1895 米。惠济河、昌源河发源于境内。为县境林果主产区。名胜古迹有超山自然风景区、东泉百福寺、超山百福寺、东戈山宝禅寺、圪塔三教寺、赵壁子夏庙、西赵观音堂。纪念地有平遥县抗日民主政府旧址、抗日烈士纪念碑、梁奔前烈士纪念亭等。中国传统村落有东泉村、彭坡头村。

东泉村 [Dōngquán Cūn]

居民点。中国传统村落、山西省历史文化名村。东泉镇人民政府驻地。在平遥县人民政府驻地东南 15 千米。人口 0.6 万。因有泉水，与西泉村相对而得名。光绪《平遥县志·建置》："东南乡，东泉�武。"地处孟山北麓，惠济河西支流流经。为农业种植、养殖业基地。古迹有东泉新石器文化遗址、百福寺。纪念地有东泉烈士纪念碑等。2006 年 11 月，入选为第二批山西省历史文化名村。2019 年 6 月，被列入第五批中国传统村落名录。

彭坡头村 [Péngpōtóu Cūn]

居民点。山西省历史文化名村，中国传统村落。属东泉镇。在平遥县人民政府驻地东南 16.3 千米。人口约 290 人。因彭姓聚居，地处山坡前，故名。1938 年 2 月，日军占领平遥城后，平遥党组织工作中心转向农村。4 月，在彭坡头村建立了平遥县抗日民主政府。村有五堡组成，现存有戏台、庙宇、古院落等 30 余处。有清代建筑关帝庙、彭家大院、彭家祠堂、平遥县抗日民主政府旧址等。2006 年，被列入第二批山西省历史文化名村。2019 年，被列入第五批中国传统村落名录。

洪善镇 [Hóngshàn Zhèn]

乡级政区名。全国重点镇。在平遥县境东北部。东邻襄垣乡，东南与朱坑乡相连，南与岳壁乡接壤，西南与古陶镇相连，西与南政乡相邻，西北与吕梁市文水县下曲镇相接，北与祁县城赵镇毗邻。面积 69.47 平方千米。人口 3.8 万。辖洪善村、新营村、白家庄村等 20 个行政村。镇人民政府驻洪善村。因驻地得名。

1949 年，属平遥县第七区。1950 年，属平遥县第三区。1953 年，设洪善乡。1958 年，设洪善人民公社。1984 年 3 月，置洪善乡。9 月，改置洪善镇。

地处太原盆地，汾河流经西境。全国重点文物保护单位有慈相寺。古迹有东大阎汉墓群、慈云寺、冀郭塔、三教寺戏台、古佛堂、观音堂、关帝庙等。2014 年 7 月，被确定为全国重点镇。

洪善村 [Hóngshàn Cūn]

居民点。洪善镇人民政府驻地。在平遥县人民政府驻地东北 15 千米。人口 0.24 万。相传原名"凤凰村"，后改为今名。地处平川区，为古代交通要道。元代置洪善驿。明代筑城堡，辟南、北、西三门。清代为洪善镇。元《析津志·大都东西馆马步站》："洪善，七十贯令。"万历《平遥县志》："洪善堡，在县东北二十五里，土筑，周围二里二分，高二丈五尺。南北二门，砖券铁裹。"乾隆《汾州府志》："洪善驿，在县东北二十五里洪善镇。"光绪《平遥县志·建置》："东北乡，洪善郵。"古迹有洪善堡址、清代民居群。南同蒲铁路经此设洪善站。

宁固镇 [Nínggù Zhèn]

乡级政区名。在平遥县境西北部。东隔汾河与中都乡相望，南与介休市义安镇接壤，西与香乐乡相连，北与杜家庄乡毗邻，东北隔汾河与杜家庄乡相望。面积 80.13 平方千米。

人口 4.24 万。辖宁固村、南堡村、南侯村等 20 个行政村。镇人民政府驻宁固村。因驻地得名。

唐代置宁固折冲府。1949 年，属平遥县第六区。1953 年，设宁固乡。1958 年，设宁固人民公社。1971 年，划属汾阳县。1977 年，复属平遥县。1984 年 3 月，置宁固乡。9 月，改宁固镇。2001 年，净化乡并入。地处平川区，汾河流经。为县粮食主产区。古迹有国家级重点文物保护单位岳封村五岳庙及油房堡七佛寺、南堡龙天庙等。

宁固村 [Nínggù Cūn]

居民点。宁固镇人民政府驻地。在平遥县人民政府驻地西北 15 千米。人口 0.4 万。因唐代置宁固折冲府，为府兵驻地得名。后曾名为“宁固府”“银固阜”。方言读作“雷固府”。光绪《山西通志·古迹考》：“汾州十二府：宁固。”光绪《平遥县志·建置》：“西北乡，银固阜。”地处平川区，为县西交通要道。清代为平遥五大集镇之一。古建筑有清代民居群。

南政乡 [Nán Zhèng Xiāng]

乡级政区名。在平遥县境北部。东邻洪善镇，南与古陶镇接壤，西南连中都乡，西与杜家庄乡相连，北与吕梁市文水县下曲镇毗邻，东北与洪善镇相接。面积 57.42 平方千米。人口 4.18 万。辖南政村、娃留庄村、侯郭村等 13 个行政村。乡人民政府驻南政村。因驻地得名。

1949 年，属平遥县第七区。1950 年，属平遥县第三区。1953 年，设南政乡。1958 年，属城关镇。1961 年，设南政人民公社。1984 年，置南政乡。2001 年，王家庄乡并入。

地处太原盆地，汾河、惠济河流经。名胜古迹有国家级重点保护单位隆福寺，有广惠寺、丹阳观等。民间百工传承有刀剑、木雕、推光漆器、手工布鞋、砖雕、铁艺、泥塑、墨盒等传统工艺和旅游纪念品的产业。娃留村有国家级非物质文化遗产平遥推光漆器髹饰技艺。

南政村 [Nán Zhèng Cūn]

居民点。南政乡人民政府驻地。在平遥县人民政府驻地北 2 千米。南与平遥古城相连。人口 0.83 万。光绪《平遥县志·建置》：“东北乡，南政邨。”地处惠济河南岸。有传统肉食加工业。古迹有隆福寺、观音堂。隆福寺位于村北，创建于元大德二年（1298 年），明、清修葺。中轴线建有影壁、山门殿、护法殿、大佛殿及大雄宝殿，两侧建有钟鼓楼、禅房、配殿、耳殿等。为明代遗构。寺内现存壁画是清代壁画中的珍品。2013 年 3 月，隆福寺被公布为全国重点文物保护单位。

中都乡 [Zhōngdū Xiāng]

乡级政区名。在平遥县境西部。东邻古陶镇，东南与岳壁乡、卜宜乡、段村镇接壤，南、西南与介休市张兰镇交界，西与宁固镇毗邻，西北与杜家庄乡相连，北、东北与南政乡相接。面积 52.43 平方千米。人口 3.9 万。辖西庄村、东达蒲村、西达蒲村等 16 个行政村。乡人民政府驻东达蒲村。以地处古中都县故地得名。

1949 年，属平遥县第六区。1953 年，设达蒲乡。1958 年，设达蒲人民公社。1984 年，置达蒲乡。2001 年，改名中都乡。地处平川，汾河、柳根河、青沙河流经。为典型城郊结合型乡镇。名胜古迹有国家级重点产双林寺，有柏仙观、文星塔、中都城遗址、梁赵古堡、梁赵郭家大院等。

东达蒲村 [Dōngdápú Cūn]

居民点。中都乡人民政府驻地。在平遥县人民政府驻地西 2 千米。人口 0.41 万。相传因多蒲草得名。光绪《平遥县志·建置》："西北乡，达蒲邨。"历为公社、乡政府驻地。

桥头村 [Qiáotóu Cūn]

居民点。属中都乡。在平遥县人民政府驻地西 6 千米。人口 0.2 万。因村在中都桥前而得名。著名古刹双林寺位于村北，创建于北齐武平二年（571 年），原名中都寺。宋代重建后，以寺院比作释迦牟尼"双林邃境"，改名"双林寺"。中轴线建筑有山门、天王殿、释迦殿、大雄宝殿和佛母殿，两厢建罗汉殿、武圣殿、阎王殿、土地殿、钟楼、鼓楼、千佛殿和菩萨殿。各殿塑像共计 1566 尊，为明代所塑，并存壁画 400 余平方米，被誉为"东方彩塑艺术宝库"。1988 年 1 月，双林寺被公布为全国重点文物保护单位。1997 年，双林寺作为平遥古城组成部分被列入世界文化遗产。

岳壁乡 [Yuèbì Xiāng]

乡级政区名。在平遥县境中部。东与东泉镇接壤，南与卜宜乡相接，西与中都乡相连，北与古陶镇、洪善镇毗邻。面积 75.89 平方千米。人口 5.21 万。辖岳中村、黎基村、岳南村等 17 个行政村。乡人民政府驻岳中村。因驻地得名。

1949 年，属平遥县第五区。1953 年，设岳壁乡。1963 年，改岳壁人民公社。1984 年，置岳壁乡。2001 年，梁坡底乡并入。

地处太岳山北麓丘陵、平川区。惠济河、柳根河流经。有传统出口产品长山药。有中国传统村落西源祠村、梁村，中国历史文化名村梁村。名胜古迹有金庄文庙、高林观音堂、寿圣寺等。金庄文庙位于乡境金庄村中。庙宇创建于元延祐元年（1314 年），明、清屡有修缮。中轴线建筑为棂星门、明伦堂、泮池、大成殿，东西两庑。大成殿为元延祐二年（1315 年）遗构，有墨书题记。2006 年，被公布为全国重点文物保护单位。

岳中村 [Yuèzhōng Cūn]

居民点。岳壁乡人民政府驻地。在平遥县人民政府驻地东南 5 千米。人口 0.21 万。相传原名"乐壁"，因乐姓始居，古为壁堡而得名。后以谐音演变为今名。光绪《平遥县志·建置》："东南乡，岳壁邨。"聚落南北狭长，现分为岳北村、岳中村、岳南村 3 个行政村。特产长山药、芫荽。有古建筑关帝庙、真武庙、李氏家庙、南新堡清代民居群。

梁村 [Liáng Cūn]

居民点。山西省历史文化名村、中国历史文化名村、中国传统村落。属岳壁乡。在平遥县人民政府驻地东南 5 千米。面积 6.2 平方千米。人口 0.36 万。因梁姓始居得名。光绪《平遥县志·建置》："东南乡，梁邨。"现居民姓氏有冀、雷、毛、梁、赵等 5 大姓氏。村落由东和堡、西宁堡、昌泰堡、南乾堡、天顺堡 5 座古堡组成，现存有 132 座历史传统院落。院落多为清代巨商故宅，如毛鸿翰故居、毛鸿举故居、冀桂故居、邓旺庆故居、毛鸿祥故居、冀鼎选故居、冀氏宅院、白氏宅院、梁氏宅院、史氏宅院等。古建筑有积福寺、广胜寺、渊公宝塔、冀氏宗祠、明代冀氏墓塔、古井等。自古有神泉水涌流，村民种植水稻、莲藕，故有“平遥四百零八村，数一数二数梁村”民谚。地方名人有蔚泰厚票号经理毛鸿翰、晋商人物毛鸿举、冀桂、邓万庆、清代举人民国议员冀鼎选等。2006 年 11 月，入选为山西省历史文化名村。2007 年 6 月，入选为中国历史文化名村。2012 年，被列入第一批中国传统村落名录。

西源祠村 [Xīyuáncí Cūn]

居民点。山西省历史文化名村，中国传统村落。属岳壁乡。在平遥县人民政府驻地东南 7.5 千米，人口 0.37 万。因该村旁边有神池和源神祠，故以祠名村，后分为东源祠、西源祠两村。光绪《平遥县志·建置志》：“东南乡：西源寺。”为平遥蔚丰厚票号北京分号经理李宏龄、日升昌票号第三任大掌柜郝可久、平遥“四盛庆”商号四股东之一赵敬业、清末民初平遥四大乡绅之一乔封山故里。现存古建筑有南堡乔封山故居、西堡李宏龄故居、东堡郝可久故居、西河堡赵敬业故居、源神庙、寿圣寺等。2006 年，入选为第二批山西省历史文化名村。2016 年，被列入第四批中国传统村落名录。

卜宜乡 [Bǔyí Xiāng]

乡级政区名。在平遥县境西南部。东与东泉镇接壤，南连长治市沁源县，西与段村镇相连，北与岳壁乡毗邻。面积 93.11 平方千米。人口 3.57 万。辖西卜宜村、敖坡村、范村村等 21 个行政村。乡人民政府驻西卜宜村。因驻地得名。

1949 年，属平遥县第四区。1953 年，属北石渠乡。1956 年，设西卜宜乡。1958 年，设卜宜人民公社。1984 年，置卜宜乡。2001 年，果子沟乡并入卜宜乡。

地处太岳山北麓丘陵区，柳根河、青沙河流经。有农业种植业、林果业。特产长山药、山药粉条、小磨香油。有省级历史文化名村梁家滩村。名胜古迹有清凉寺、先师庙戏台、白云寺等。清凉寺位于永城村北。创建于元至正二年（1342 年），明清重修。现存正殿为元代遗构，余皆为明代建筑。正殿内佛坛上存明代彩塑佛像及胁侍菩萨像 10 尊。2006 年，被公布为全国重点文物保护单位。有中国传统村落梁家滩村。

西卜宜村 [Xībǔyí Cūn]

居民点。卜宜乡人民政府驻地。在平遥县人民政府驻地南 10 千米。人口 0.18 万。原名薄泥，方言意谓木鱼，以地形得名，后雅为今名。光绪《平遥县志·建置》：“东南乡，卜宜邨。”地处丘陵区，北临太原盆地。名胜古迹有西卜宜新石器文化遗址、西方寺、清代民居等。

梁家滩村 [Liángjiātān Cūn]

居民点。山西省历史文化名村，中国传统村落。属卜宜乡。在平遥县人民政府驻地东南 14 千米。人口约 340 人。因梁姓始居，地处柳根河滩边，故名。光绪《平遥县志·建置志》：“东南乡：梁家滩。”地处太岳山北麓，历为平遥县通往沁源县交通要道。现存古建筑有白云寺、关帝庙、梁家宅院群、明代古井等。白云寺位于村西，古称西域寺。现存山门、弥勒殿、大雄宝殿和禅堂为明清建筑。大雄宝殿内存明代彩塑 3 尊，寺院西南和东北处有 12 座塔墓。2013 年 5 月，白云寺被公布为第七批全国重点文物保护单位。2006 年，入选为第二批山西省历史文化名村。2019 年，被列入第五批中国传统村落名录。

朱坑乡 [Zhūkēng Xiāng]

乡级政区名。在平遥县境东部。东邻祁县来远镇，南与孟山乡接壤，西与东泉镇、岳壁乡相连，北与襄垣乡毗邻。面积 184.69 平方千米。人口 2.72 万。辖朱坑村、庞庄村、洪南村等 19 个行政村。乡人民政府驻朱坑村。因驻地得名。

1949 年，属平遥县第三区。1953 年，设朱坑乡。1958 年，改设朱坑人民公社。1984 年，置朱坑乡。2001 年，南依涧乡、辛村乡并入。

地处太岳山北麓丘陵区，惠济河、婴涧河流经。乡境喜村为省级历史文化名村。古迹有普恩寺、洪堡三义殿、龙跃村雷履泰故宅、北依涧村永福寺、喜村毛家大院、隋代清世县遗址等。纪念地有彭坡头平遥县抗日民主政府旧址。有中国传统村落喜村、六河村。地方名人雷履泰（1770—1849），中国票号创始人。平遥县细窑村（今龙跃村）人。因办事干练，清嘉庆间任平遥县西裕成颜料庄总号掌柜。受亲友间异地汇兑的启发，于道光元年（1821 年）改设“日升昌”兼营汇兑，成为中国历史上第一家票号，并形成一套与现代企业制度相近的企业结构和治理方式。被后人誉为“中国现代金融业的鼻祖”。

朱坑村 [Zhūkēng Cūn]

居民点。朱坑乡人民政府驻地。在平遥县人民政府驻地东 12.5 千米。人口 0.15 万。村因地势低洼，朱姓始居得名。光绪《平遥县志 · 建置》：“东南乡，朱坑�武。”地处丘陵区。农业以林果业为主。古建筑有关帝庙、汤王庙、日升昌大掌柜赵晋魁故宅、清代民居等。

六河村 [Liùhé Cūn]

居民点。中国传统村落。属朱坑乡。在平遥县人民政府驻地东南 12.6 千米。人口约 600 人。原为六庄村、河西凹村 2 个自然村。2003 年，两村合并，兼取首字命名为六河村。地处宝塔山下丘陵区。1943 年，平遥县抗日政府曾移驻六河村。1946 年，由徐向前和周士第指挥的“白晋线自卫反击战”指挥部曾驻此。现存古建筑有六河村堡门、三官庙、戏台。纪念地有平遥县抗日政府旧址、财粮院、抗日纪念馆。2019 年，被列入第五批中国传统村落名录。

喜村 [Xǐ Cūn]

居民点。山西省历史文化名村，中国传统村落。属朱坑乡。在平遥县人民政府驻地东南 8 千米。人口 0.26 万。原名邢村，因与附近的辛村方言同音，造成不便。1981 年 7 月，取谐音字正式更名为“喜村”。光绪《平遥县志 · 建置志》：“东南乡：邢村。”喜村毛氏家族在清代经商兴起，出现毛鸿翙、毛履泰等代表人物，在票号发展史上有重要地位。村中现存有七佛庵、狐神庙、狐神庙古戏台及清代建筑毛家堡、毛家大宅院、毛家书院、毛家祠堂、毛家花园、隆泰当行、关帝庙、道底古商街、后道古槐、道底古槐等古建筑，对于研究晋商历史有重要价值。2016 年，被列入第四批中国传统村落名录。历史人物有日升昌票号的创始人之一毛鸿翙，他成功创办了蔚字五联号。其孙毛履泰，在毛鸿翙去世后经营蔚长厚票号，毛家发展达到鼎盛时期。

襄垣乡 [Xiāngyuán Xiāng]

乡级政区名。在平遥县境东北部。东、北邻祁县城赵镇、古县镇，南与朱坑乡接壤，西与洪善镇相连。面积 65.5 平方千米。人口 2.35 万。辖襄垣村、梁官村、郝洞村等 14 个行政村。乡人民政府驻襄垣村。因驻地得名。

1949 年，属平遥县第三区。1953 年，设襄垣乡。1958 年，改设襄垣人民公社。1984 年，置襄垣乡。地处平川区，婴涧河流经。传统农业乡。名胜古迹有国家级重点文物保护单位镇国寺、利应侯庙、慈胜寺、普明寺，还有洪济寺、古墓塔、观音堂、龙天庙等。

襄垣村 [Xiāngyuán Cūn]

居民点。襄垣乡人民政府驻地。在平遥县人民政府驻地东北 15 千米。人口 0.3 万。相传因襄垣县民移居于此而得名。光绪《平遥县志・建置》：“东北乡，襄垣邨。”地处平川。古迹有慈胜寺、真武庙、李氏祠堂、清代民居群。慈胜寺位于村中，创建年代不详。元至顺三年（1332 年）重建，现存正殿为元代遗构。

郝洞村 [Hǎodòng Cūn]

居民点。属襄垣乡。在平遥县人民政府驻地东北 15 千米。人口 0.23 万。原名郝同，后演变为今名。光绪《平遥县志・建置》：“东北乡，郝洞邨。”传统农业村。著名五代建筑镇国寺位于村北。相传原名京城寺，创建于五代北汉天会七年（963 年），历代补葺始成为今规模。现存万佛殿为五代原构，余皆为明清重建。寺内存五代塑像 11 尊，明清塑像 11 尊，明清壁画 150 平方米。有五代北汉时期残碑遗存。1988 年 1 月，镇国寺被公布为全国重点文物保护单位。1997 年 12 月，作为平遥古城组成部分被列入世界文化遗产。

杜家庄乡 [Dùjiāzhuāng Xiāng]

乡级政区名。在平遥县境西北部。东与南政乡隔汾河相望，南与宁固镇相接，西与香乐乡毗邻，北与吕梁市文水县接壤。面积 44.71 平方千米。人口 2.09 万。辖杜家庄村、阎长头村、苏家堡村等 10 个行政村。乡人民政府驻杜家庄村。因驻地得名。

1949 年，属平遥县第七区。1953 年，设杜家庄乡。1958 年，属宁固人民公社。1961 年，分设杜家庄人民公社。1971 年，划属文水县。1977 年，复属平遥县。1984 年，置杜家庄乡。

地处太原盆地，汾河流经。古迹有东凤落普照寺、元代中书参知政事杜思古墓。纪念地有刘少奇故居、仁庄村平介县抗日民主政府旧址。旅游景区有南良庄村平遥古城生态旅游文化产业园等。

杜家庄村 [Dùjiāzhuāng Cūn]

居民点。杜家庄乡人民政府驻地。在平遥县人民政府驻地西北 12.7 千米。人口 0.18 万。因杜姓聚居而得名。光绪《平遥县志・建置》：“西北乡，杜家庄。”传统农业村。古建筑有明代遗构福智寺。

香乐乡 [Xiānglè Xiāng]

乡级政区名。在平遥县境西北部。东邻宁固镇，南与介休市义安镇接壤，西与吕梁市汾阳县相连，北连杜家庄乡。面积 67.45 平方千米。人口 2.76 万。辖香乐村、安固村、云家庄村等 16 个行政村。乡人民政府驻香乐村。因驻地得名。

1949 年，属平遥县第六区。1950 年，属平遥县第七区。1953 年，设香乐乡。1958 年，属宁固人民公社。1961 年，分设香乐人民公社。1971 年，划属汾阳县。1977 年，复属平遥县。1984 年，置香乐乡。2001 年，西王智乡并入。

地处太原盆地，磁窑河流经。传统农业乡。古迹有南薛靳寿圣寺、三家村祈福寺、薛贤月轮寺等。地方名人侯外庐（1903—1987），中国历史学家。原名兆麟，又名玉枢，自号外庐。平遥县西王智村人。著有《中国古代社会史论》《中国封建社会史论》《中国古代思想学说史》《中国近世思想学说史》等。

香乐村 [Xiānglè Cūn]

居民点。香乐乡人民政府驻地。在平遥县人民政府驻地西北 25 千米。人口 0.25 万。相传古名香炉村，后雅为今名。光绪《平遥县志·建置》：“西北乡，香乐�武。”有仿古木艺家具产业。古建筑有清代民居。地方名人郭兰英（1929—　），平遥香乐村人。中国女高音歌唱家，晋剧表演艺术家。2019 年 9 月 17 日，被授予“人民艺术家”国家荣誉称号。

灵石县 [Língshí Xiàn]

县级行政区。在晋中市西南部，汾河中游、太原盆地与临汾盆地之间。东与长治市沁源县为邻，南与临汾市霍州市毗连，西南与临汾市汾西县相望，西与吕梁市交口县分界，北与吕梁市孝义市接壤，东北与介休市相衔接。面积 1201 平方千米。人口 24.64 万。辖翠峰镇、静升镇、两渡镇、夏门镇、南关镇、段纯镇 6 个镇，王禹乡、坛镇乡、交口乡、梁家墕乡 4 个乡。县人民政府驻翠峰镇新建街北 8 号。

灵石县始置于隋开皇十年（590 年）。万历《灵石县志》：“隋开皇十年，文帝驾幸太原，傍汾河开道获一石，有文曰：‘大道永吉’，因以为瑞，遂于其地建设县治，割介休西南地以益之。”隋属西河郡。义宁元年（617 年），属霍山郡。唐武德二年（619 年），属吕州。贞观十七年（643 年），属汾州，开元十一年（723 年），属太原府。五代属汾州。北宋至道三年（997 年），属河东路汾州。政和六年（1116 年），属平阳路霍州。金天会六年（1128 年），属河东北路汾州。元至元二十三年（1286 年），属平阳路霍州。明洪武九年（1376 年），属平阳府。万历二十三年（1595 年），属汾州府。四十三年，复属平阳府。清乾隆三十七年（1772 年），属霍州直隶州。1912 年，废州直属省。1913 年，属河东道。

1927年，废道直属山西省。抗日战争时期，灵石县分为灵东、灵西两部分。1948年6月12日，灵石解放后合并。1949年9月，属榆次专署。1958年11月，灵石县并入介休县。1961年5月，灵石县恢复建置，属晋中专区。1968年9月，属晋中地区。1999年9月，属晋中市。

从地名专名来看，辖区内行政区划地名和居民点地名有以下特征：1. 以自然地理实体命名。如：泉子坪、冷泉关、墕则村。2. 以地理位置命名。如：沟西、塔上、吴家山头。3. 以历史古迹或人文地理实体命名。如：旌介（旌表介子推）、静升（旌善）、南关、文殊原。4. 以祥瑞、希冀命名，表达了中华传统文化中对美好的向往和追求。如：业乐、逍遥、小和平。5. 以姓氏命名。如：彭家原、宋家山、关家庄。6. 以物产命名。如：核桃洼、枣岭、皂角墕。

从地名通名来看，辖区内行政区划地名和居民点地名有以下地方特色：1. 以人文地理实体标志为通名。如：许家店、军寨、集屯。2. 地处黄土地貌区，以原、墕、洼、沟、峪为通名的村落较为常见。如：兴旺原、梁家墕、田家洼、程家沟等。3. 其他多以村、庄为通名。如：曲村、雷家庄。

地处丘陵河谷区，东屏太岳，西依吕梁。县境最高点东部牛角鞍，海拔2567米。最低点为南关镇石桥村，海拔574米。县域由东西两山和中部汾河谷地自然形成三级阶梯。东部太岳山诸峰（石膏山、尖阳山等）和西部吕梁山诸峰（中华山、老虎山等）遥相对峙，为第一阶梯，海拔均在1000米以上；第二阶梯为高山之下的丘陵地区，海拔800～1200米；中部由汾河及其支流静升河、仁义河中下游冲积淤浸形成的河谷滩地为第三阶梯，海拔600～800米，是县内的平川谷地。

县境汾河河谷古称“雀鼠谷”，历为山西南北交通要隘，素有“秦晋古道，川陕通衢”之称。有全国重点镇静升镇、两渡镇、南关镇；中国历史文化名镇静升镇；中国历史文化名村夏门村、冷泉村、董家岭村；中国传统村落冷泉村、夏门村、静升村、董家岭村、雷家庄村。名胜古迹有灵石、旌介遗址、王家大院、资寿寺、晋祠庙、后土庙、静升文庙等。石膏山森林公园为国家级森林公园、省级风景名胜区、省级地质公园。有国家级非物质文化遗产摸骨正脊术。省级非物质文化遗产独龙杆、抬阁。

灵石县历史名人有清代名臣梁中靖、清代藏书家目录学家耿文光、同盟会元老何澄、当代法学家张有渔、当代法学家张彝鼎、著名版画家力群、中国科学院院士何泽慧、医学家何泽涌、当代作家胡正等。

翠峰镇 [Cuìfēng Zhèn]

乡级政区名。灵石县人民政府驻地。在县境中部。东与静升镇接壤，南与南关镇相连，西与夏门镇毗邻，北与两渡镇为邻。面积207.21平方千米。人口3.37万。辖城关社区、常青社区、水头社区等16个社区，胡家岭村、下庄村、李家沟村等30个行政村。镇人民政府驻新建街169号。

1949年，属灵石县第一区。1953年，设城关镇。1958年，属卫星人民公社。1961年，设城关人民公社。1971年，分设城关人民公社、城关镇。1983年10月，城关人民公社并入城关镇。2001年7月，将城关镇、张家庄镇、水峪乡、南堙乡合并设翠峰镇。因当地名山翠峰山得名。乾隆《灵石县志·山川》："翠峰山，在县城东，高半里，盘踞一里许。石壁巉岩，四时苍翠，故名。"

地处丘陵河谷区，汾河、静升河流经。名胜古迹有吕祖庙、高壁墓葬、高壁村秦晋古道、荡荡岭新石器文化遗址、清代永宁桥、灵石等。清代灵石八景有"翠峰耸秀"，即今县城东南的翠峰山。1995年10月，在此修建翠峰公园。南同蒲铁路经此，设灵石站。

静升镇 [Jìngshēng Zhèn]

乡级政区名。全国重点镇、中国历史文化名镇、全国特色景观旅游名镇、中国特色小镇。在灵石县境东北部。东与介休市绵山镇交界，西与两渡镇、翠峰镇为邻，南与南关镇相连，北与介休市接壤。面积142.17平方千米。人口3.39万。辖静升村、旌介村、集广村等22个行政村。镇人民政府驻静升村。因驻地得名。

1949年，属灵石县第三区。1953年，设静升乡。1958年，属东方红人民公社。1961年，分设静升人民公社。1983年，置静升镇。2021年，撤销马和乡，整建制并入静升镇。

地处丘陵河谷区。静升河为汾河支流，自东向西南流经。名胜古迹有全国重点文物保护单位王家大院、旌介遗址、资寿寺、灵石后土庙、静升文庙。市级重点文物保护单位有何氏宗祠、文笔塔、静升村王家祠堂。2003年，被公布为首批中国历史文化名镇。同年，被确定为首批全国重点镇。2010年3月，被命名为全国特色景观旅游名镇。2017年8月，被公布为中国特色小镇。

静升村 [Jìngshēng Cūn]

居民点。中国传统村落。静升镇人民政府驻地。在灵石县人民政府驻地东北12千米。人口0.15万。古名"旌善村"，取自旌表介子推善行的典故。《左传·僖公二十四年》："晋侯求之不获，以绵上为之田，曰：以志吾过，且旌善人。"本村钟灵巷口旧曾悬联云："距介山十里而遥村名旌善；集王氏一家之秀里号钟灵"。后因方言"旌善"与"静升"音近而改今名。乾隆《灵石县志·建置》："静介里：静昇村。"聚落依山面河分布，主街横贯，连接九沟、八堡、十八街巷。晋商王家大院、红庙、文笔塔及店铺、典当行、水井、石板小路、戏台等散布其间。为全国迄今保存最完整的明清集镇之一。村中王家大院始建于明万历间，清嘉庆间形成现规模，是由高家崖、红门堡两部分组成的大型民居建筑群。其中高家崖建筑群周边堡墙高筑，轴线布局规整有序；红门堡建筑群依山就势，平面布局呈"王"字形。建筑中砖雕、木雕、石雕装饰典雅，工艺精湛。2006年，王家大院被公布为全国重点文物保护单位。经济以旅游业、服务业为主。2013年，被列入第二批中国传统村落名录。

旌介村 [Jīngjiè Cūn]

居民点。属静升镇。在灵石县人民政府驻地东北12千米。人口0.25万。因附近有介子推庙，以晋文公旌表介子推典故而命名。乾隆《灵石县志·建置》："静介里：旌介村。"

地处绵山西麓，静升河谷。名胜古迹有旌介遗址、关帝庙、龙天庙、魁星楼、朝阳庵、张氏宗祠、清代民居群等。旌介遗址位于村东500米的静升河北岸台地上，为新石器时代和商代、汉代的聚落遗址。1976年至1985年，清理商代和汉代墓葬3座，发现大量青铜器。1996年，旌介遗址被公布为全国重点文物单位。

两渡镇［Liǎngdù Zhèn］

乡级政区名。全国重点镇。在灵石县境北部。东与静升镇接壤，南与翠峰镇相连，西南与夏门镇毗邻，西与交口乡为邻，北与吕梁孝义市下栅镇、介休市义棠镇交界。面积154.2平方千米。人口3.54万。辖两渡镇社区、曙光第一社区、曙光第二社区3个社区，两渡村、冷泉村、崔家沟村等25个行政村。镇人民政府驻两渡村。因驻地得名。

1949年，属灵石县第六区。1953年，设两渡乡。1958年，属前进人民公社。1961年，分设两渡人民公社。1971年，分设两渡公社、两渡镇。1983年，置两渡镇。2021年4月，英武乡并入两渡镇。

地处丘陵河谷区。自古为南北交通要道和县北商贸集散地，有“旱码头”之称。为传统农业乡镇。有采煤业、运输业等。古迹有何氏滋福堂民居、索洲村玄天庙、何氏牌坊、冷泉寨等。2014年7月，被确定为全国重点镇。

两渡村［Liǎngdù Cūn］

居民点。两渡镇人民政府驻地。在灵石县人民政府驻地北10千米。人口0.33万。地处汾河岸边，因汾河设曹村和索洲两个渡口而得名。乾隆《灵石县志·建置》：“曹村里：两渡镇。”名胜古迹有两渡新石器文化遗址、财神庙、秋晴桥、何氏家族滋福堂民居、清代灵石八景之一“两渡秋晴”等。新建有何家文化广场。

“两渡何氏”为晋中望族。明代何氏始祖何立本从河南省迁居至此，后从事商贸，遂以致富，列为灵石四大家族之一。清代涌现有何思钧、何元烺、何道生、何炳彝、何荣绪等15名进士、29名举人，贡生以下160余人。清代笔记《郎潜纪闻》：“（何思均）长子元烺，次子道生，同入制科，并有文誉。今灵石之何，尚有掇上第，官清班者，盖遗泽长矣。”近代历史人物有辛亥革命元老何澄，号“两渡村人”，育有5子3女。其中次女何泽慧为杰出的核物理学家，被誉为“中国的居里夫人”。1980年，何泽慧当选为中国科学院学部委员。中国首颗X射线天文卫星“慧眼”的名字即为纪念何泽慧而命名。

冷泉村［Lěngquán Cūn］

居民点。山西省历史文化名村、中国历史文化名村、中国传统村落。属两渡镇。在灵石县人民政府驻地北15千米。人口约664人。古称阳谅北关、冷泉关、灵石口。元代为小灵石县治所。明初设灵石口巡检司。清代为冷泉镇。因关中有冷泉而得名。万历《灵石县志·山川》：“冷泉在县西北四十里。相传今大云寺中井是。又云堡中泉是。”《明史·地理志》平阳府灵石：“又北有灵石口巡检司。”乾隆《灵石县志·建置》：“冷泉里：冷泉镇。”古迹有冷泉寨、冷泉关遗址、大云寺、商山圣母庙遗迹。现存民居多为明清建筑，极具地方特色。“冷泉烟雨”为清代灵石八景之一。2009年，入选为省级历史文化名村。

2010 年，入选为中国历史文化名村。2012 年 12 月，被列入第一批中国传统村落名录。

雷家庄村 [Léijiāzhuāng Cūn]

居民点。中国传统村落。属两渡镇。在灵石县人民政府驻地西北 10 千米。人口约 545 人。相传原名马家庄，后雷氏迁入，故改为今名。清代雷氏家族在天津经商，发达后相继在村中兴建宅院，建成文德堂、忠树堂、东西疙瘩院、饲马店院、染房院、糟房院、当铺院、照壁院、夹壁院、坡坡院、上下新院、打更院等。因此灵石县人称雷家庄为“小天津”。现存有清代民居建筑群。2014 年，被列入第三批中国传统村落名录。

夏门镇 [Xiàmén Zhèn]

乡级政区名。属灵石县。在县境中部。东、南均与翠峰镇接壤，西南与坛镇乡相连，西与段纯镇毗邻，西北与交口乡接壤，北与两渡镇为邻。面积 93.86 平方千米。人口 1.63 万。辖夏门村、后庄村、南村等 16 个行政村。镇人民政府驻夏门村。因驻地得名。

1949 年，属灵石县第五区。1953 年，设夏门乡。1956 年，设文殊原乡。1958 年，属卫星人民公社。1961 年，分设夏门人民公社。1984 年，置夏门镇。

地处丘陵山区，汾河、交口河在此交汇。古为山西南北交通咽喉。唐代置阴地关。有隋末古战场秦王岭和老生寨。万历《灵石县志・地理》：“秦王岭，在县西南三十里。唐太宗取霍邑，驻马于此，今马蹄迹尚存。”境内夏门村为中国历史文化名村、中国传统村落。名胜古迹有夏门古堡等。

夏门村 [Xiàmén Cūn]

居民点。山西省历史文化名村，中国历史文化名村，中国传统村落。夏门镇人民政府驻地。在灵石县人民政府驻地西南 10 千米。人口 0.17 万。因汾河两岸高山对峙如门，相传夏禹治水时开凿通河，故名“夏门”。乾隆《灵石县志・建置》：“街北里：夏门。”夏门古堡建筑群依山临河，为晋中望族“夏门梁氏”所创建。明代中叶，梁氏始祖梁福山从陕西渭南迁居至此，由自耕兼商，后从事粮食商贸致富，列为灵石四大家族之一。经过梁氏家族的长期营建，形成以明代古堡为特色的城堡式古村落。经历了 400 余年的变迁，现仍保留了原有的聚落格局，堡墙、街巷、民居基本保存完整。主要建筑有百尺楼、文昌阁、关帝庙、大夫第、深秀宅、惇叙祠堂、祭祖堂、家庙、关驿、竹林书院、志矢柏舟牌坊等。建于清代乾隆年间的百尺楼是夏门古堡标志性建筑。2006 年 11 月，入选为第二批山西省历史文化名村。2008 年 10 月，入选为第四批中国历史文化名村。2012 年 12 月，被列入第一批中国传统村落名录。

历史名人梁中靖（1765—1833），字与亭，号秋园，夏门村人。清嘉庆辛酉科进士，选翰林院庶吉士。后以清正廉明晋升监察御史。道光二年（1822 年）六月，榆次县发生民女赵二姑强奸案，山西官员层层受贿，包庇罪犯，赵父进京将此案告到都察院。梁中靖当即派员私访，查清原委，上千言书于道光皇帝，亲督刑部司官太谷人贾大夏复核审理，终致真相大白，民冤得以雪清，正义得到伸张。村中现存梁中靖故居。

南关镇 [Nánguān Zhèn]

乡级政区名。全国重点镇。在灵石县境南部。东与长治市沁源县韩洪乡相望，南与霍州市师庄乡交界，西南与临汾市汾西县毗邻，西与王禹乡接壤，西北与坛镇乡相连，北与翠峰镇、静升镇邻。面积 259.09 平方千米。人口 3.5 万。辖镇域社区、河东社区、富家滩社区等 5 个社区和杏卜村、石柜村、三教村等 28 个行政村。镇人民政府驻南关村。因驻地得名。

1949 年，属灵石县第二区。1953 年，设南关乡。1958 年，属钢铁人民公社。1961 年，分设南关人民公社。1971 年，分设南关公社、南关镇。1983 年，设南关镇。2001 年，仁义乡、西许乡、富家滩镇并入。

地处汾河雀鼠谷南端，汾河、仁义河在此交汇。特产枸杞、茵陈、荆芥、甘草等中药材，有东山荞麦、南山西瓜、石膏山小米等特色农产品基地。名胜古迹有仁义驿古村落、石膏山风景名胜区、通济桥、道美过街楼、桃纽关帝庙等。有中国历史文化名村董家岭村。

南关村 [Nánguān Cūn]

居民点。南关镇人民政府驻地。在灵石县人民政府驻地西南 27 千米。人口 0.3 万。古名汾水关、永宁关、阳凉南关。明清称南关，因位于雀鼠谷南口而得名。《新唐书 · 地理志》“汾州”条下：“灵石，上，有贾胡堡，宋金刚拒唐兵，高祖所次。西南有阴地关，又有长宁关。”《宋史 · 地理志》：“灵石有阳凉南关、阳凉北关。”《清一统志》霍州：“汾水关，在灵石县西南汾水上。”乾隆《灵石县志 · 建置》：“桃钮里：南关村。”聚落临汾河分布，主街纵贯。历为山西南北交通要隘，灵石、霍州、汾西三县间的商贸大镇。古迹有清代通济桥。南同蒲铁路经此设南关站。

董家岭村 [Dǒngjiālǐng Cūn]

居民点。中国传统村落。中国历史文化名村。属南关镇。在灵石县人民政府驻地西南 30 千米。人口约 174 人。因地处山区，董姓始居而得名。乾隆《灵石县志 · 建置》：“道美里：董家岭。”清代地方晋商赵氏家族在此营建宅院，形成全封闭城堡式建筑群。聚落依山叠起，重楼杰阁，规模壮观。村落沿七星古槐、泊池、文笔塔组成的中轴线，分布左右两侧。公共设施有银楼、戏院、当铺、镖局、店铺、宰牲院、豆腐院、油坊院、磨坊院、木工院等。村中现存清代民居院落 100 多座。有观音庙、真武庙、佛庙、魁星楼、文笔塔、土地庙等古迹。2013 年，入选为中国传统村落名录。2019 年，入选为中国历史文化名村。

段纯镇 [Duànchún Zhèn]

乡级政区名。在灵石县境西部。东与夏门镇接壤，南与坛镇乡、梁家焉乡相连，西与吕梁市交口县双池镇相望，东北与交口乡毗邻。面积 83.27 平方千米。人口 1.8 万。辖段纯村、山头村、云义村等 22 个行政村。镇人民政府驻地段纯村。因驻地得名。

1949 年，属灵石县第四区。1953 年，设段纯乡。1958 年，属跃进人民公社。1961 年，分设段纯人民公社。1983 年，置段纯镇。地处丘陵河谷区，段纯河流经。为县工业重镇，有采煤、洗煤、焦化、硫铁矿企业。古迹有田家洼竹林寺、山头村魁星楼、罗铺村文笔塔等。

段纯村 [Duànchún Cūn]

居民点。段纯镇人民政府驻地。在灵石县人民政府驻地西 30 千米。人口 0.36 万。原名段村，后演变今名。乾隆《灵石县志・建置》："甘舍里：段纯村。"聚落沿段纯河分布。古迹有段纯水皇圣母庙位于村东，创建年代不详，现存为清代道光重修后遗构。殿内后墙设半圆拱龛，龛内供青石质"水皇圣母之神位"。殿内地面有蓄水池，东山墙嵌有清道光重修水皇圣母庙石碣。

王禹乡 [Wángyǔ Xiāng]

乡级政区名。在灵石县境西南部。东与南关镇接壤，南、西与临汾市汾西县加楼乡、对竹镇相望，北与坛镇乡相连，西北与梁家墕乡毗邻。面积 55.42 平方千米。人口 0.87 万。辖王禹村、罗汉村、赵家沟村等 12 个行政村。乡人民政府驻王禹村。因驻地得名。

1949 年，属灵石县第四区。1953 年，设王禹乡。1958 年，属钢铁人民公社。1961 年，分设王禹人民公社。1983 年，置王禹乡。地处丘陵土石山区。有煤、硫、磷、耐火黏土等矿产资源。有省级历史文化名村王禹村。古迹有南庄牛郎织女庙、罗汉村三教庙、东庄明代堡址等。纪念地有抗日战争高地原战役烈士墓。

王禹村 [Wángyǔ Cūn]

居民点。山西省历史文化名村。王禹乡人民政府驻地。在灵石县人民政府驻地西南 35 千米。人口 0.16 万。因村中有禹王祠，民间有大禹治水经此的传说而得名。乾隆《灵石县志・建置》："道美里：王禹村。""王禹牛家"为当地望族，清代经商起家后营建宅院，开办私塾。现存古迹有牛家大院、牛氏宗祠、禹王祠、望汾原、禹王饮马池等。牛家大院为九院相连的堡寨式建筑群。牛家新院均为三进四合院，屋宇宏敞，雕刻精美。大门外筑砖石结构的星月楼，有登高瞭望和避险自保的作用。2011 年，入选为山西省历史文化名村。

坛镇乡 [Tánzhèn Xiāng]

乡级政区名。在灵石县境西南部。东与夏门镇接壤，东南与南关镇毗邻，南与王禹乡相连，西与梁家墕乡相邻，北与段纯镇相接。面积 59.03 平方千米。人口 0.83 万。辖后坛村、塔上村、镇威村等 11 个行政村。乡人民政府驻后坛村。因驻地得名。

1949 年，属灵石县第四区。1953 年，设坛镇乡。1958 年，属钢铁人民公社。1961 年，分设坛镇人民公社。1983 年，置坛镇乡。地处丘陵山区，段纯河流经。为县制种基地。有采煤业。盛产核桃。古迹有长立村忠义祠、圪垛村五岳庙、槐树原新石器文化遗址等。

后坛村 [Hòután Cūn]

居民点。坛镇乡人民政府驻地。在灵石县人民政府驻地西南 24 千米。人口约 710 人。原名"墰镇"，相传古有道观在此设坛，故名。后分为前坛镇、后坛镇两村。乾隆《灵石县志・建置》："张志里：前、后墰镇。"1949 年，为灵石县第四区人民政府驻地。后为公社、乡政府驻地。为传统农业村。名胜古迹有坛镇汉文化遗址、清代关帝庙、槐抱柏古树。

梁家焉乡 [Liángjiāyān Xiāng]

乡级政区名。在灵石县境西部。东与坛镇乡相连，东南与王禹乡毗邻，南与临汾市汾西县相望，西、北与吕梁市交口县为邻，东北与段纯镇接壤。面积86.52平方千米。人口1.09万。辖梁家焉村、上庄村、岩村等14个行政村。乡人民政府驻梁家焉村。因驻地得名。

1949年，属灵石县第四、五区。1953年，设梁家焉乡。1958年，属双池人民公社。1961年，分设梁家焉人民公社。1983年，置梁家焉乡。地处县西部山岭重丘区。矿产资源有煤炭、硫铁矿。特产小杂粮、核桃。古迹有泊泊村全神庙、田家山文笔塔、杏圪塔村菩萨神庙等。

梁家焉村 [Liángjiāyān Cūn]

居民点。梁家焉乡人民政府驻地。在县人民政府驻地翠峰镇西45千米。人口约972人。因村处两山鞍部，梁姓始居故名。乾隆《灵石县志·建置》："甘舍里：梁家焉。"古迹有关帝庙。盛产核桃。

交口乡 [Jiāokǒu Xiāng]

乡级政区名。在灵石县境西北部。东与两渡镇接壤，南与夏门镇相连，西南与段纯镇毗邻，西、北与吕梁市交口县、孝义市相望。面积61.36平方千米。人口0.79万。辖交口村、漫河村、温家沟村等12个行政村。乡人民政府驻交口村。因驻地得名。

1949年，属灵石县第五区。1953年，设交口乡。1958年，属双池人民公社。1961年，分设交口人民公社。1983年，置交口乡。地处丘陵区，交口河、孙义河流经。煤炭资源丰富。有煤炭、焦化、洗煤企业。古迹有东逻村柏山寺、金庄村安静寺、程家庄玄天庙等。

交口村 [Jiāokǒu Cūn]

居民点。交口乡人民政府驻地。在灵石县人民政府驻地西北27千米。人口0.11万。因位于两条河流交汇处，故名。乾隆《灵石县志·建置》："金庄里：交口村。"有核桃经济林。古迹有交口介庙，现存为清代建筑。中轴线上依次建戏台、正殿，两侧有配殿。

介休市 [Jièxiū Shì]

县级政区名。省辖县级市，晋中市代管。在晋中市西南部，汾河中游。东与平遥县接壤，南与沁源县毗邻，西与灵石县相连，北与吕梁市孝义市、汾阳市接界。面积744平方千米。人口43万。辖北关街道、北坛街道、西关街道、东南街道、西南街道5个街道，义安镇、张兰镇、连福镇、洪山镇、义棠镇、龙凤镇、绵山镇7个镇，城关乡、宋古乡2个乡。市人民政府驻北关街道。相传介休因旌表春秋介子推美善而得名。乾隆《介休县志·沿革》："界休县，以晋文公旌介子繇上之田，故名。"

春秋时期晋顷公置邬县。秦分属界休县、邬县，属太原郡。新莽改界休为界美。东汉复为界休。西晋废邬县，改界休县为介休县，属西河国。北魏太和八年（484年），属西河郡。十九年，复置邬县，属太原郡。东魏孝静帝时，侨置南朔州于此，介休县属汾州。兴和中，侨置宁州于汾州介休城，后废。兴和四年（542年），置平昌县，为定阳郡治所。北齐废邬县，省介休县入永安县。北周废南朔州，改定阳郡为介休郡，附郭置介休县。宣帝时，介休县废入平昌县。隋开皇十八年（598年），改平昌县为介休县，属西河郡。义宁元年（617年），置介休郡，县属之。唐武德元年（618年），改介休郡为介州，县属之。贞观元年（627年），废介州，县属汾州。五代、宋、金因之。蒙元初改属太原府。至元二年（1265年），属汾州。明、清属汾州府。1913年，属冀宁道。1941年，于介休县、平遥县2个县间析置平介县。1942年，在介休县、灵石县2个县间析置介灵县，属晋绥边区。1948年，复为介休县。1949年，属榆次专区。1958年，灵石县、孝义县2个县并入介休县，属晋中专区。1961年，恢复灵石县、孝义县2个县。1967年，属晋中地区。1992年，撤县设市。1999年，属晋中市代管。

从地名专名来看，辖区内行政区划地名和居民点地名有以下特征：1. 以自然地理实体命名。如：关子岭、西湛泉、马山。2. 以地理位置命名。如：河东、北坡、东河底。3. 以历史古迹或人文地理实体命名。如：庙圪塔、大郎神、邬城店。4. 以祥瑞、希冀命名。如：连福、长寿、龙凤。5. 以姓氏命名。如：降家寨、化家窑、樊王。6. 以物产命名。如：北盐场、杏坡、甘草岭。7. 因避讳而命名。如：宋胡村因清初讳“胡”而改宋古。

从地名通名来看，辖区内行政区划地名和居民点地名有以下地方特色：1. 村落地名中有“寨”“堡”“壁”“屯”等军事战争色彩的通名。如：刘家寨、李家堡、张壁、大褚屯等。2. 东部地处太岳山脉余支的山地丘陵区，以山、岭、沟、峪为通名的村落较为常见。如：刘家山、薛家岭、前党峪、柳沟等。3. 其他多以村、庄为通名。如：孟村、董家庄。

地形状况南高北低、有绵山、天峻山，境内平川、丘陵、山区各占三分之一，从北向南梯次排列。最高峰海拔2487米。中部为岗峦起伏的黄土丘陵，北部平川为主要农作区。地势东南高西北低，汾河纵贯境内，并有龙凤河、樊王河等支流汇入，早期有洪山泉等60余处泉水（现洪山泉水已断流）。境内有洪山村、南庄村、大靳村、张壁村4个国家级历史文化名村。有张壁村、南庄村、旧新堡村、张村、板峪村、旧堡村、新堡村、史村、下李侯、刘家山村、张良村、焦家堡村、小靳村、大靳村、兴地村、洪山村、田村等17个中国传统村落。

介休市为省级历史文化名城。全市有不可移动文物458处，其中古遗址46处，古墓葬15处，古建筑384处，石窟石刻5处，近现代重要历史遗迹及代表性建筑8处。其中全国重点文物保护单位11处、省级重点文物保护单位2处、晋中市重点文物保护单位4处、介休市（县）级重点文物保护单位79处。如洪山古窑址、张壁古堡、回銮寺、祆神楼、后土庙、城隍庙、云峰寺石佛殿、太和岩牌楼等。特有民间习俗有贴接（吉）对、坐箕箕（基基）、跑兔兔等婚庆习俗，寓意吉祥，隆重喜庆。

以“介休”冠名的地名社会应用主要有介休寒食清明习俗、介休干调秧歌、介休琉璃、介休洪山全料香、介休三贤、介休八珍、介休贯馅糖等。

介休寒食清明习俗：是起源于介休地区的历史悠久的民间习俗。相传春秋介子推焚于介休绵山，后人于每年这一天禁火寒食，后演变为寒食节。自唐代起，寒食节传说、上巳修禊与清明节习俗融为一体，形成了以祭祖扫墓为中心的介休寒食清明习俗，传承至今。

介休干调秧歌：干调秧歌是起源于沁源县王陶一带，在介休发展流行的地方剧种。因演唱时没有音乐伴奏，只凭演员的自身嗓音演唱，故称其为干调秧歌。主要流行于介休、灵石、沁源一带。干调秧歌豪放粗犷，做戏表演又十分细腻，是山西戏剧中的特殊剧种之一。

介休琉璃：介休琉璃烧制历史不晚于唐代。据洪山镇出土唐贞元法兴寺碑文载："西至琉璃寺，北至石佛脚。"宋、元以后，介休琉璃烧制技艺达到炉火纯青，并赢得"琉璃艺术之乡"的美誉。2008 年 6 月，介休琉璃烧制技艺被列入第二批国家级非物质文化遗产名录。

介休洪山全料香：介休洪山村地处太岳山麓，泉水、煤、药材资源丰富，有着制香得天独厚的条件。同时，佛、道文化在介休的兴盛，也促进了制香业的发展，清代介休洪山全料香已远销东南亚。全料香无化学成分，对人体无任何毒副作用，不仅作为祭祀用品，兼具调和身心、通窍提神之保健功效。

介休三贤：介休三贤是在介休众多的历史人物中，最具代表性的三位名人，即春秋贤人介子推、东汉名士郭泰、北宋名相文彦博。因此，介休有"三贤故里"之称。

介休八珍：是指介休当地传统的八种名特物产。分别是陶瓷、贯馅糖、五灵脂、黄酒、主焦煤、柴木节、绵党参、银条菜。

介休贯馅糖：贯馅糖是介休传统名点之一，以原料糠饧、青红丝，核桃仁、绵白糖、桂花、玫瑰、芝麻等制成，酥脆绵甜，老幼咸宜。

北关街道 [Běiguān Jiēdào]

乡级政区名。介休市人民政府驻地。在介休市中部。东与三佳乡、城关乡接壤，南与东南街道毗邻，西与西关街道相连，北与北坛街道接界。面积 4.14 平方千米。人口 3.51 万。辖北大街社区、彦博路社区、朝阳路社区、水门北街社区、体育路社区、新华南街社区、北河沿街社区、文峰街社区 8 个社区。街道办事处驻北大街社区。因位于介休老城北关而得名。民国时期属东北坊、西北坊、顺城关、文家庄街公所。1955 年，属城关镇。1997 年，设北关街道至今。地形平坦，平均海拔 750 米。名胜古迹有后土庙、城隍庙、祆神楼等。

西关街道 [Xīguān Jiēdào]

乡级政区名。在介休市中部。东与北关街道接壤，南与西南街道毗邻，西与义棠镇相连，北与宋古乡接界。面积 9.92 平方千米。人口 2.92 万。辖绵山北街社区、金融路社区、宏顺路社区、汾秀街社区、馨园路社区、文明北街社区等 6 个社区。街道办事处驻绵山北街社区。因位于介休老城西关而得名。地形平坦，平均海拔 750 米。原属介休市城关镇。1997 年，设立西关街道至今。区域内原有介神庙，后拆除。

东南街道 [Dōngnán Jiēdào]

乡级政区名。在介休市中部。东与城关乡接壤，南与城关乡毗邻，西与西南街道相连，北与北关街道接界。面积 4.01 平方千米。人口 2.3 万。辖南大街社区、迎翠街社区、段家巷社区、水门南街社区 4 个社区。街道办事处驻迎翠街社区。因位于介休老城区东南隅而得名。民国时期属东南街坊公所。1958 年，设东南管理区。1962 年，设东南居委会。后属城关镇。1997 年 1 月，设东南街道。地形状况平坦，平均海拔 750 米。区域内有国家级文物保护单位五岳庙，文庙现在学校占用。

西南街道 [Xīnán Jiēdào]

乡级政区名。在介休市中部。东与东南街道接壤，南与绵山镇毗邻，西与义棠镇相连，北与西关街道接界。面积 4.5 平方千米。人口 2.59 万。辖绵山南街社区、南河沿街社区、新建西路社区、光明路社区、裕华路社区 5 个社区。街道办事处驻裕华路社区。因位于介休老城区西南隅而得名。原属城关镇。1997 年，设西南街道至今。地形状况平坦，平均海拔 750 米。

北坛街道 [Běitán Jiēdào]

乡级政区名。在介休市中部。东与宋古乡接壤，南与北关街道毗邻，西与西关街道相连，北与宋古乡接界。面积 4.23 平方千米。人口 2.05 万。辖安康路社区、介公东路社区、花园街社区、新华北街社区、崇文街社区、文苑街社区 6 个社区。街道办事处驻汾秀社区。因明清时当地有厉坛俗称北坛而命名。原属城关镇。1997 年，设北坛街道至今。地形状况平坦，平均海拔 750 米。史公塔，也称北坛塔，或北坛史公塔，坐落在北坛公园内，为一座七层八角楼阁式砖塔。清乾隆十三年（1748 年），为纪念明万历间介休县知县史记事兴学赈饥而建。

义安镇 [Yìān Zhèn]

乡级政区名。在介休市东北部，汾河中游。东与张兰镇相接，东南与连福镇以铁路为界，南隔樊王河与洪山镇相望，西南、西与宋古乡相接，西北和北部与吕梁市的孝义市、汾阳市相邻，东北与平遥县宁固镇毗邻。面积 86.09 平方千米。人口 5.91 万。辖刘家寨社区、孟村社区 2 个社区，义安村、沙堡村、东大期村等 29 个行政村。镇人民政府驻义安村。因驻地得名。

明初，境内设义安里、大期里、席村里、洪相里、辛武里、仁安里。明万历二十七年（1599 年），义安里与张良里合并设安良里；席村里与人安里合并为席人里；大期里与辛武里合并为大武里；礼城里、东段里、洪相里合并为相城东里。清顺治九年（1652 年），安良里与大武里合并设安大里。1918 年，改为区村制，属介休县第三区。1949 年，属介休县第二区。1953 年 6 月，设义安乡。1958 年 5 月，义安和东湖龙合并为义安乡。同年 9 月，属火箭人民公社。1959 年 3 月，设义安人民公社。1984 年 4 月，置义安乡。8 月，改为义安镇。2000 年 4 月，义安镇、北辛武乡、万户堡乡合并组建义安镇至今 。

地处太原盆地，地势平坦，属平川温暖区。海拔 730 ~ 750 米。历史名产义安咸亨涌黄酒，曾参加1929年巴拿马博览会并获得银质酒类奖，后渐失传。有中国传统村落北辛武村。著名古建筑北辛武琉璃牌坊为全国重点文物保护单位。地方名人有北辛武村晋商冀氏世家的代表人物冀国定、马太夫人、冀以龢等。

义安村 [Yì'ān Cūn]

居民点。义安镇人民政府驻地。在介休市人民政府驻地东北9.6千米。面积5.88平方千米。人口0.6万。相传原名凤凰村，后以当地某巨户堂名“义安堂”改称“义安”。乾隆《介休县志·沿革》载名：“东乡，义安村。”在村西南方有“金岗寨”的地名，传说隋唐时期尉迟恭率军曾在此驻扎，当地有“先有金岗寨，后有义安村”的民谚。地处交通要道，商贸繁荣，旧有“金义安”“小北京”之称。地处太原盆地，海拔750米，属平川温暖区。地方名人有清末义和团首领郭敦源。

张兰镇 [Zhānglán Zhèn]

乡级政区名。在介休市境东北部。东、东北与平遥县中都乡交界，东南与平遥县段村镇相接，南与长治市沁源县相邻，西南、西与连福镇毗连，西北与义安镇接壤。面积99.9平方千米。人口5.05万。辖石场坊社区、沟底社区2个社区，张兰村、张原村、东北里村等26个行政村。镇人民政府驻张兰村。因驻地得名。

明初设南张里、北张里、田堡里、上梁里、下梁里、张原里、史村里。明万历二十七年（1599年），合里并甲，境内设南张里、张史里（张原里与史村里合并）、北堡里（北张里与田堡里合并）、东梁上下里（东神里与上里里、下里里、下梁里合并）。清顺治九年（1652年），谷南兴里与南张里合并为北谷里、北堡里与张史里合并为北史里。1918年，属介休县第四区。1949年，属介休县第一区。1953年6月，设张兰乡。1958年5月，张兰乡、北辛武乡2个乡合并为张兰乡。9月，属跃进人民公社。1959年3月，设张兰人民公社。1961年4月，辖12个生产大队。1963年，辖9个生产大队。1984年4月，置张兰乡。9月，改称张兰镇至今。

地处太岳山北麓，汾河南岸。地势南高北底。南部、西部山高沟深，沟壑纵横，为张涧河上游；中部丘陵沟壑区，有全市库容量最大的上梁水库；北部属太原盆地平川区。南部海拔1357米，北部海拔736米。有旧新堡村、张村、板峪村、旧堡村、新堡村、史村、下李侯村7个中国传统村落。古迹有上岭云祥寺、板峪嵘师庙、侯氏庄园等。地方名人有晋商代表人物范毓馪、侯荫昌。范毓馪，字芝岩，介休张原村人，清康乾年间著名皇商。侯荫昌，字古棠，介休北贾村人。光绪大旱，晋省43家票号救灾捐银12万两，蔚字号侯荫昌独捐1万两，获“乐善好施”牌匾。

张兰村 [Zhānglán Cūn]

居民点。张兰镇人民政府驻地。在介休市人民政府驻地东北20千米。面积7.17平方千米。人口0.55万。隋唐时期名张难堡。明为张南镇。清代演变为“张兰镇”。《资治通鉴·唐纪四》记载唐太宗大败宋金刚于介休，“金刚轻骑走，世民追之数十里，至张难堡”，即此地。清乾隆十七年（1752年），设张兰巡检司。二十二年，置汾州府同知衙驻张兰，专管洪山水利事务。乾隆《介休县志·沿革》：“张兰镇，县东四十里。孔道咽喉，亦县东屏蔽。旧筑土垣。”嘉庆《介休县志·关隘》：“张兰镇，县东四十里。孔道咽喉，亦县东屏蔽。四面旧筑土垣。康熙五十八年重修。乾隆十七年设立巡检，二十二年裁移汾州府同知驻此。”地处平川。海拔754米。历为晋中商贸重镇、交通要隘。古建筑有中心市楼及庵、观、寺、庙40余座。现有著名的张兰古玩市场，是北方农村最大的古玩收藏品集散地。

旧堡村 [Jiùbǎo Cūn]

居民点。中国传统村落。属张兰镇。在介休市人民政府驻地东北21.6千米。东邻平遥县。人口0.19万。原旧堡村与新堡村、旧新堡村合称为北贾村，因贾侯庙得名。解放后，3个堡分为3个行政村。旧堡因在三堡中历史最早，故名。乾隆《介休县志·乡村》载名“北贾村”。地处太原盆地南缘。清代北贾村侯氏家族为介休巨贾，曾大兴土木，营造宅院，形成三堡侯氏宅院群。现存古建筑有清代侯氏始祖侯安墓、侯氏祠堂、龙天庙、侯氏宅院等。2007年，被介休市人民政府公布为介休市文物保护单位。2019年，被列入第五批中国传统村落名录。

旧新堡村 [Jiùxīnbǎo Cūn]

居民点。中国传统村落。属张兰镇。在介休市人民政府驻地东北21.6千米。人口约680人。原旧新堡村与新堡村、旧堡村合称为北贾村，因贾侯庙得名。解放后三堡分为三个行政村。旧新堡因建筑历史早于新堡，故名。乾隆《介休县志·乡村》载名“北贾村”。地处太原盆地南缘。清代北贾村侯氏家族为介休巨贾，曾大兴土木，营造宅院，形成三堡侯氏宅院群。现存古建筑有清代侯氏宅院。古迹有北贾新石器文化遗址。2007年，被介休市人民政府公布为旧新堡为介休市文物保护单位。2016年，被列入国家第四批传统村落名录。

新堡村 [Xīnbǎo Cūn]

居民点。中国传统村落。属张兰镇。在介休市人民政府驻地东北21千米。人口约730人。原新堡村与旧堡村、旧新堡村合称为北贾村，因贾侯庙得名。解放后三堡分为三个行政村。新堡村因建成时间最晚，故名。乾隆《介休县志·乡村》载名“北贾村”。地处太原盆地南缘。清代北贾村侯氏家族为介休巨贾，曾大兴土木，营造宅院，形成三堡侯氏宅院群。现存古建筑有清代侯氏宅院。2007年，被介休市人民政府公布为介休市文物保护单位。2019年，被列入第五批中国传统村落名录。

史村 [Shǐ Cūn]

居民点。中国传统村落。属张兰镇。在介休市人民政府驻地东北20千米。人口0.17万。因史姓始居得名。根据史村禅慧寺现存北齐天保十年千佛石幢所载造像题名，有史、宋、张等姓氏。乾隆《介休县志·乡村》载名“史村”。地处绵山北麓与太原盆地过渡区域。名胜古迹有明清建筑禅慧寺、明代东岳庙、清代财神庙、关帝庙、观音堂、天主堂、宋氏宅院、东沟桥、下河桥、史村新石器文化遗址、史村战国陶窑址等。2019年，被列入第五批中国传统村落名录。

板峪村 [Bǎnyù Cūn]

居民点。中国传统村落。属张兰镇。在介休市人民政府驻地东北 18.6 千米。人口约 970 人。原名“板谷”，地处山谷之间，相传历史上伐木者在此加工板材，故名。后演变为板峪。据下李侯村李陵庙宋天禧二年（1018 年）《故李将军之碑》碑阴即载名有“板谷村”。乾隆《介休县志・乡村》载名“板峪村”。地处太岳山区，张涧河流经。古建筑有清代板峪大庙、板峪㖿师庙、四开台戏楼。有传统农历三月十五㖿师庙会，俗称麻糖会。2018 年 7 月，“板峪麻糖会”被列入县级非物质文化遗产名录。特产贯馅糖、麻糖等供品食品，以板峪祥泰恒粞坊产品远近闻名。2016 年，被列入第四批中国传统村落名录。

张村 [Zhāng Cūn]

居民点。中国传统村落，山西省历史文化名村。属张兰镇。在介休市人民政府驻地东北 22 千米。东邻平遥县。人口 0.32 万。因张姓聚居而得名。乾隆《介休县志・乡村》载名“张村”。地处太岳山北麓丘陵区。古建筑有清代观音堂、永宁寺、张氏祠堂、张氏书院。古遗址有张村新石器文化遗址、龙旋窝新石器文化遗址。2016 年，被列入第四批中国传统村落名录。2017 年 1 月，入选为第五批山西省历史文化名村。

下李侯村 [Xiàlǐhóu Cūn]

居民点。中国传统村落。属张兰镇。在市人民政府驻地东北 14.5 千米。人口 0.1 万。原名“下岭后”，因地处山岭之后，与上岭后村相对而得名。后以方言谐音演变为“下李侯”。乾隆《介休县志・乡村》载名“下李侯”。乾隆《介休县志・冢墓》又载：“李陵墓，在县东四十里下岭后村。宋天禧二年，乡民因墓建庙。”地处太岳山北麓丘陵区。现存古建筑有李陵庙、财神庙、关帝庙、观音阁、千佛寺、三官庙、文昌阁等。古遗址有下李侯新石器文化遗址、李陵墓等。2019 年，被列入第五批中国传统村落名录。

连福镇 [Liánfú Zhèn]

乡级政区名。在介休境市东部，樊王河上游。东与张兰镇接壤，南与长治市沁源县王和镇交界，西与洪山镇、龙凤镇相连，北与义安镇、张兰镇毗邻。面积 90.59 平方千米。人口 3.31 万。辖大许社区、大埝社区、义和堡社区等 10 个社区，连福村、张良村、沙堡庄村等 22 个行政村。镇人民政府驻连福村。因驻地得名。

明初属张良里、王里里、武同里。明万历二十七年（1599 年），张良里与义安里合并为安良里；王里里与王村里合并为王里村里；石涧里与武同里合并为涧武里。清顺治九年（1652 年），分属涧安里、安大里、王相里。1949 年，属介休县第二区。1953 年 6 月，设张良乡。1956 年 2 月，改连福乡。1958 年 5 月，属义安人民公社。同年 9 月，属火箭人民公社。1959 年 5 月，分设连福人民公社。1960 年撤销。1961 年，属张良人民公社。1962 年，更名连福人民公社。1984 年 4 月，置连福乡。8 月，改置连福镇。2000 年，东湖龙乡、樊王乡、化家窑乡并入。

地处狐岐山西北麓，大部分属半丘陵区，樊王河流经。平均海拔 750 ~ 900 米。有刘家山村、张良村 2 个中国传统村落。古迹有张良村宋廷魁故居、刘家山晋商宅院、天峻山文峰塔等。

历史人物宋廷魁，字其英，号竹溪，介休张良村人，乾隆年间诗人、书画家、戏剧家，著有《介山记》《粉妆楼》。白恩佑，字兰岩，号石仙，介休东湖龙村人。道光进士。工书画、诗文，有《进修堂诗集》。

连福村 [Liánfú Cūn]

居民点。连福镇人民政府驻地。在介休市人民政府驻地东 11 千米。面积 1.82 平方千米。人口 0.17 万。原名焦寺，因焦姓始居，村有三教寺而得名。后人以村名不雅，以吉祥语改“连福”。现书面写为“连福村”，口头仍称“焦寺”。乾隆《介休县志・沿革》载名：“东乡，焦寺村。”地处丘陵区，平均海拔 818 米。

刘家山村 [Liújiāshān Cūn]

居民点。中国传统村落。属连福镇。在介休市政府驻地东北 11 千米。人口约 330 人。因地居太岳山北麓边山地区，刘姓始居，故名。乾隆《介休县志・乡村》载名“刘家山”。清代村民张氏家族以经商兴起后，在村中耗费巨资，营造宅院。整体以圪洞楼院、新凤院、有余堂、吉家堡等大型民居宅院为中心，通过特殊结构的“蜈蚣墙”街道为串连，形成了集生活、生产、防御等功能为一体的古村落格局。介休东乡旧有“金沙堡、银义安，比不上刘家山的一半半”的民谚。现存清代民居宅院群。2016 年，入选为中国第四批传统村落名录。

张良村 [Zhāngliáng Cūn]

居民点。中国传统村落。属连福镇。在介休市人民政府驻地东北 10 千米。人口 0.33 万。相传张姓始居，故以家族始祖西汉名臣张良命名。乾隆《介休县志・乡村》载名“张良村”。地处太原盆地。古建筑有清代张良村戏台、清代民居宅院群。纪念地有介休县烈士纪念碑，碑首题“介休县张良村烈士纪念碑”。历史名人宋廷魁（1710—？），字其英，号竹溪，别署竹溪居士、竹溪山人、了翁。清介休县张良村人。乾隆年间诗人、书画家、戏剧家和小说家。诗文作品有《竹溪诗文集》《雪籁集》《鹤鸣集》《介山记》等。2016 年，被列入中国第四批传统村落名录。

洪山镇 [Hóngshān Zhèn]

乡级政区名。在介休市境中部，石河上游。面积 46 平方千米。人口 3.26 万。辖三佳村、永庆村、南两水村等 19 个行政村。镇人民政府驻三佳村。以原驻地洪山村而命名。

明初设石屯里、张家里。明万历二十七年（1599 年），石屯里、张家里合并为张石里。清顺治九年（1652 年），张石里与韩西里、三水里合并为韩张水里。1918 年后，属介休县第三区。1949 年，属介休县第二区。1953 年 6 月，设洪山乡。1954 年，洪山乡归县直管。1958 年 5 月，属义安人民公社。9 月，属火箭人民公社。1959 年 3 月，属三佳人民公社。1960 年，分设洪山人民公社。1984 年 4 月，置洪山乡。8 月，改置洪山镇。2021 年，三佳乡并入，镇人民政府迁驻三佳村。

地处狐岐山西北麓与太原盆地间，东南高，西北低，平均海拔 800 ~ 1000 米。有中国传统村落、中国历史文化名村洪山村。古迹有国家级重点文物保护单位洪山源神庙、洪山窑址。有省级非物质文化遗产洪山名香“全料香”制作工艺。地方名人有清末宝丰隆票号主人乔世杰，又名乔英甫，介休洪山村人。其五子乔鹏书，字云尘，著有《云尘诗集》。鹏书子乔健，为著名人类学家。

三佳村 [Sānjiā Cūn]

居民点。洪山镇人民政府驻地。在介休市人民政府驻地东北 6.1 千米。面积 2.99 平方千米。人口 0.39 万。相传原名朱家堡，因朱姓始居得名。后樊、贺两族兴起，遂更名为“三家堡”。清代又雅为“三嘉村”。后因“嘉”字笔划复杂，遂俗写为“三佳村”。乾隆《介休县志·堡寨》载名“三佳村堡”。嘉庆《介休县志·乡村》载名“三佳村”。1959 年，设三佳生产大队，为公社驻地。1984 年，设三佳行政村。2021 年，为洪山镇人民政府驻地。古建筑有真武庙、文笔塔、山神寺、清代民居等。

洪山村 [Hóngshān Cūn]

居民点。属洪山镇。山西省历史文化名村、中国历史文化名村、中国传统村落。在介休市人民政府驻地东南 10 千米。面积 8 平方千米。人口 0.4 万。因村位于狐岐山麓，狐岐山俗称为洪山，故以名村。乾隆《介休县志·沿革》载名：“东乡，洪山村。”地处丘陵区，平均海拔 909 米。名胜古迹源神庙位于村东南。创建年代无考，北宋以后屡有修葺。现存为清代建筑。中轴线由北向南依次为木牌楼、山门、戏台和正殿。2003 年，被公布为第五批全国重点文物保护单位。洪山窑址位于村东南，属宋至清磁窑遗址，分布面积约 4 万平方米，文化层厚 3 ~ 4 米。2006 年，被公布为第六批全国重点文物保护单位。洪山全料香制作技艺，被列为第五批省级非物质文化遗产。2003 年 9 月，被评为第一批山西省历史文化名村。2019 年 1 月，入选为第七批中国历史文化名村。2019 年 6 月，被列入第五批中国传统村落名录。

义棠镇 [Yìtáng Zhèn]

乡级政区名。在介休市西部，汾河中游。东与城关乡、绵山镇相连，南与灵石县两渡镇接壤，西、北与吕梁市孝义市相邻。面积 75.37 平方千米。人口 3.55 万。辖义棠村、汪沟村、温家沟村等 20 个行政村。镇人民政府驻义棠村。因驻地得名。

明初设义棠里。明万历二十七年（1599 年），义棠里与刘同里合并为义同里。清顺治九年（1652 年），宋西里与义同里合并为三宋义里。1949 年，属介休县第五区。1950 年 3 月，属第四区。1953 年 6 月，设义棠乡。1958 年 5 月，设义棠人民公社。1958 年 9 月，并入钢铁人民公社。同年底，复设义棠人民公社。1984 年 4 月，置义棠乡。9 月，改为义棠镇至今。

地处太岳山西麓，山地丘陵面积约占总面积的 80% 以上。东有沟南山，西有郭壁山，汾河流经两山间，为古关隘雀鼠谷北口。平均海拔 730 ~ 1100 米。有中国传统村落田村。古迹有虹霁寺、银锭山、天圣寺。地方名人有清乾隆间藏书家茹纶常，介休师屯北村人；《光绪介休志》主纂李敦愚，介休义棠镇人；晚清诗人岳鸿举等。

义棠村 [Yìtáng Cūn]

居民点。义棠镇人民政府驻地。在介休市人民政府驻地西南7千米。面积0.66平方千米。人口0.11万。相传原称为“泥潭”，因临近汾河沼泽地而名，后以方言谐音雅名“义棠”。元代置义棠驿。《析津志·天下站名》：“冀宁、正南偏西七十同戈、七十五洪善、七十贾令、八十义棠、八十灵石。”乾隆《介休县志·沿革》：“义棠镇，县西二十里。与灵石接壤。南依山阜，北临汾水，为通衢锁钥，实一邑藩篱。”丘陵地区，海拔750米。因在雀鼠谷古道入山口，地形险要，为晋中交通要隘。南同蒲铁路经此设义棠站。

田村 [Tián Cūn]

居民点。中国传统村落。属义棠镇。在介休市人民政府驻地西南13千米。南邻灵石县界。人口0.17万。原名田堡，因田氏始居，建有村堡而得名，后演变为今名。民间俗传北宋末农民起义军首领田虎曾在此传授武艺，故名田堡。乾隆《介休县志·乡村》：“堡寨：田堡”。田村乔氏家族由吏员起家，清嘉庆年间在村中创建宅院群，大小院落鳞次栉比，高墙耸立，总面积约8000平方米，皆为窑洞与砖瓦房相结合的全封闭建筑。田村现存民居建筑群还有分布在各街巷的西门院、旗杆院、八卦院、石坡院、尤氏土窑洞、任氏三层楼等40多个传统院落。古建筑还有乔氏祠堂、北庙、南庙及相应的3座戏台。村处雀鼠谷北口丘陵区，汾河流经。2019年，被列入第五批中国传统村落名录。

龙凤镇 [Lóngfèng Zhèn]

乡级政区名。在介休市东南部，龙凤河上游。东与连福镇、洪山镇、长治市沁源县王和镇接壤，南、西与绵山镇毗邻，北与洪山镇、城关乡接界。面积114.75平方千米。人口1.42万。辖龙凤村、龙头村、河东村等8个行政村。镇人民政府驻龙凤村。因驻地得名。

明初设遐壁里。清顺治九年（1652年），遐壁里与席人里合并为席遐里。1918年，属介休县第二区。1949年10月，属介休县第三区。1956年，设龙凤乡。1958年，属红旗人民公社。1959年，分设龙凤人民公社。1984年，置龙凤乡。2000年，改置龙凤镇。

地处太岳山西麓，龙凤河流经。平均海拔800 ~ 1200米。有中国传统村落、中国历史文化名村张壁村、南庄村。古迹有三明寺、凌空塔、空王殿、琉璃塔。有“中国十大魅力名镇”殊荣。

龙凤村 [Lóngfèng Cūn]

居民点。龙凤镇人民政府驻地。在介休市人民政府驻地东南8千米。面积13.98平方千米。人口0.4万。原名“瓦瓮村”，因有烧制瓦瓮业而得名。后以谐音雅为“龙凤村”。乾隆《介休县志·沿革》载名：“南乡，瓦瓮村。”2001年5月，桃坪村并入龙凤行政村。古迹有三明寺，创建于唐先天二年（713年），现存为清代建筑。

张壁村 [Zhāngbì Cūn]

居民点。属龙凤镇。山西省历史文化名村，中国历史文化名村、中国传统村落。在介休市人民政府驻地东南8.7千米。面积5.96平方千米。人口0.12万。因张姓聚居，古为壁堡而得名。乾隆《介休县志·沿革》载名：“南乡，张壁村。”地处太岳山西麓丘陵区，村庄为古堡建筑，南、东、北三面有堡墙 1.3 千米，堡墙夯筑，厚约 3 米，高约 10 米，西堡墙临沟。俗传为隋末刘武周的偏将尉迟恭据守此地时修筑。古堡南、北辟门。北门、南门间为主街，长约 300 米，主街两侧有巷道翼布。堡内建有二郎庙、三大士庙、真武庙、空王佛殿、可汗王庙、吕祖阁、关帝庙等庙宇。古堡地下建有地道，分为上、中、下三层，纵横交错，四通八达，总长约 1.3 万米。地道中有防敌设卡的隘口、闸口、陷阱、通风口，下层有粮仓、居室、马厩。地道出口分别通向地面的庙宇、民宅或村外。2006 年，张壁古堡被公布为全国重点文物保护单位。2003 年 9 月，被公布为第一批山西省历史文化名村。2005 年 9 月，入选为第二批中国历史文化名村。2012 年 12 月，被列入第一批中国传统村落名录。

南庄村 [Nánzhuāng Cūn]

居民点。属龙凤镇。山西省历史文化名村、中国历史文化名村、中国传统村落。在介休市人民政府驻地东南 7 千米。面积 2.25 平方千米。人口约 300 人。原为张姓地主为方便耕种，由佃户临时居住的庄地，后形成村落，因与北庄相对而得名。乾隆《介休县志·沿革》载名："南乡，南庄村。"明代始建堡墙，形成村堡。现较完整保留了明清村落风貌，有民居建筑百忍堂、兴笃堂、思箴堂、德兴堂、三多堂、孝思堂、春本堂、陆顺堂、阴家老宅、当铺院等 20 处院落，以及南庙、北庙、浮翠门、迎瑞门等公共建筑。民俗文化有干调秧歌、剪纸、布艺、蒸花馍、正月二十祭古佛庙会等。2006 年 11 月，南庄村公布为第二批山西省历史文化名村。2014 年 11 月，被列入第三批中国传统村落名录。2019 年 1 月，入选为第七批中国历史文化名村。

绵山镇 [Miánshān Zhèn]

乡级政区名。在介休市南部。东接龙凤镇，东南、南与长治市沁源县王陶乡、韩洪乡交界，西南与灵石县两渡镇毗邻，西邻义棠镇，北连西南街道。面积 159.22 平方千米。人口 3.24 万。辖后党峪社区、东内封社区、下城南社区、南靳屯社区 4 个社区，西靳屯村、谢峪村、岳家湾村等 20 个行政村。镇人民政府驻西靳屯村。古称绵上，因境内有绵山风景名胜区而得名。

明初设兴地里，南靳里、党谷里。明万历二十七年（1599 年），兴地里，南靳里、党谷里合并为谷南兴里。清顺治九年（1652 年），并入谷张里。1949 年，属介休县第四区。1956 年 2 月，设大靳乡。1959 年 3 月，属静升人民公社。1962 年，属大靳人民公社。1984 年 9 月，置大靳乡。2000 年，秦树乡、大靳乡、西靳屯乡合并为绵山镇至今。

地处绵山西北麓，多为丘陵地带，兴地河，侯堡河流经。有焦家堡村、小靳村、大靳村、兴地村 4 个中国传统村落。大靳村 1 个历史文化名村。名胜古迹有回銮寺、云峰寺石佛殿、小靳村东岳庙、国家 5A 级绵山风景名胜区。是中国清明（寒食）节发源地，有中国寒食清明文化研究中心及博物馆。地方名人有清乾隆年间著名经学家、教育家梁锡玙，介休南靳屯人。

西靳屯村 [Xījìntún Cūn]

居民点。绵山镇人民政府驻地。在介休市人民政府驻地东 3 千米。面积 10.89 平方千米。人口 0.26 万。因靳姓始居，明代为军屯驻地而得名。乾隆《介休县志·沿革》载名："南乡，西靳屯。"据乾隆《介休县志》载：秦王塔在西靳屯村南原上。唐武德二年，刘武周固守雀鼠谷，秦王兵不得进，遂登南原合战，大败刘武周于此。有宋子浚墓。

焦家堡村 [Jiāojiābǎo Cūn]

居民点。中国传统村落。属绵山镇。在介休市人民政府驻地南 9.1 千米。人口约 740 人。因焦姓始居，建有村堡，故名。乾隆《介休县志·乡村》："南乡六十二村：焦家堡"。地处绵山西麓丘陵区。现存古建筑有明代村堡永泰门、清代古佛庙、观音庙、真武庙遗址、华藏庵遗址、文光塔等。文光塔位于焦家堡村北，建于清嘉庆五年（1800 年）。六角七层楼阁式砖塔，通高约 23 米，为清代文风塔代表作品。1982 年，被公布为介休县第一批文物保护单位。2016 年，被列入第四批中国传统村落名录。

兴地村 [Xīngdì Cūn]

居民点。中国传统村落。属绵山镇。在介休市人民政府驻地南 14.8 千米。西南与灵石县交界。面积 20 平方千米。人口 0.33 万。民间相传原名"溪底"，村庄傍溪水而建，故名。后以方言谐音雅为"兴地"。乾隆《介休县志·乡村》："南乡六十二村：兴地村。"地处绵山西麓，南临静升河。古建筑有名刹回銮寺及兴地龙天庙、兴地三大士庙等。回銮寺原名空王灵谿寺，位于兴地村西。唐僖宗中和年间遭兵燹，惠公禅师重建，赴长安请额，赐号"回銮"。一说唐太宗曾欲登山礼佛至此回銮，故名。现存寺院为二进院布局。现存建筑大雄宝殿、天王殿为元代遗构，余皆为明、清建筑。寺内存金大定二十五年（1185 年）《重修廻銮寺记》碑及明、清记事碑十余通。2006 年，被公布为第六批全国重点文物保护单位。2016 年，被列入第四批中国传统村落名录。

大靳村 [Dàjìn Cūn]

居民点。山西省历史文化名村，中国传统村落，中国历史文化名村。属绵山镇。在介休市人民政府驻地南 9.4 千米。人口约 600 人。靳氏始居而得名，后分为大靳、小靳两村。乾隆《介休县志·乡村》："南乡六十二村：大靳村。"地处绵山西麓。古建筑有大兴寺、观音庙、王家宅院、王氏祠堂、王家当铺等。大兴寺位于大靳村西街。现存正殿为元代遗构，山门、配殿皆为清代建筑。2017 年 1 月，入选为第五批山西省历史文化名村。2019 年 1 月，入选为第七批中国历史文化名村。2019 年 6 月，被列入第五批中国传统村落名录。

小靳村 [Xiǎojìn Cūn]

居民点。中国传统村落。属绵山镇。在市人民政府驻地南 9.4 千米。人口约 350 人。靳氏始居而得名，后分为大靳、小靳两村。乾隆《介休县志·乡村》："南乡六十二村：小靳村。"地处绵山西麓。古建筑有介休东岳庙、观音庙、皮影戏台、清代民居等。介休东岳庙位于小靳村东北。现存为明、清建筑。中轴线上由南向北依次为影壁、山门、戏台、献亭、正殿和后寝殿。庙内存清代彩塑 39 尊。2006 年，被国务院公布为第六批全国重点文物保护单位。2016年，被列入第四批中国传统村落名录。

城关乡 [Chéngguān Xiāng]

乡级政区名。在介休市中部。东北、东接宋古乡、洪山镇，东南与龙凤镇相连，南与绵山镇相接，西与义棠镇相邻，北与吕梁市孝义市交界。面积11.94平方千米。人口1.54万。辖顺城关村、南街村、石河村等9个行政村。镇人民政府驻绵山北街。因辖境在原介休城关区域而得名。

明初设西北坊、西南坊、东南坊。清顺治九年（1652年），设西北坊、西东坊。1918年后，属介休县第一区。1949年，属介休县城关区。1956年3月，设城关镇。1960年，属城市人民公社。1964年6月，改设城关镇。1966年，分设为城关镇和城关人民公社。1984年4月，置城关乡。

地处介休老城近郊。古迹有郭泰墓、贺鲁庙、关帝庙等。历史人物有东汉名士郭泰，字林宗，举有道，人称有道先生，介休郭家村人。他博通群书，为人正直，一生誓不为官。晚年闭门教授，弟子以千人计，受到世人敬仰。《后汉书》有传。顺城关村东门外有郭泰墓，1965年，被公布为山西省第一批重点文物保护单位。

宋古乡 [sònggǔ Xiāng]

乡级政区名。在介休市境中部。东与洪山镇接壤，南与北坛街道相邻，西与城关乡相连，北与吕梁市孝义市交界，东北与义安镇毗邻。面积30.5平方千米。人口3.7万。辖三道河社区、宋古社区、赵家堡社区3个社区，洪善村、南张家庄村、宋安村等10个行政村。乡人民政府驻军民东路170号。因乡政府驻地原在宋古村而得名。

明初分属宋安里、东段里、西段里。明万历二十七年（1599年），宋安里与西段里并为宋西里；东段里并入相城东里。清顺治九年（1652年），宋西里并入三宋义里；相城东里并入王相里。1918年后，属介休县第一区。1949年，属介休县第五区。1956年2月，设西段屯乡。1958年5月，西段屯乡和三佳乡合并为宋古乡。9月，属卫星人民公社。1959年5月，属城关人民公社。1961年4月，分设宋古人民公社。1984年4月，置宋古乡至今。

地处平川区，龙凤河流经注入汾河，平均海拔745米。古迹有裕福寺、双福寺等。地方名人有清代名医王堉（1822—1862），字蓉塘，号润园，介休韩屯村人。著有《醉花窗医案》。有王堉故居。

宋古村 [Sònggǔ Cūn]

居民点。属宋古乡。在介休市人民政府驻地东3.4千米。面积3平方千米。人口0.4万。相传原名宋胡村，清代改“宋胋村”乾隆《介休县志·沿革》载名：“东乡，宋胋村。”近年始改为“宋古村”。

三道河村 [Sāndàohé Cūn]

居民点。全国文明村。属宋古乡。在介休市人民政府驻地东3.1千米。面积1.73平方千米。人口0.21万。相传原名“三马庄”，后因村中有葫芦泉、扁担泉、漂布泉，形成了三条河流，故称为三道河村。乾隆《介休县志·沿革》载名：“东乡，三道河。”《山川》：“三道河，在县东五里。发源宋胋村后，平地涌泉，流分三派，名三道河。经下站村入于汾。”为介休市蔬菜种植基地之一。2020 年 11 月，被授予第六届全国文明村称号。